Schriftenreihe der Neuen Juristischen Wochenschrift

Im Einvernehmen mit den Herausgebern der NJW
herausgegeben von
Rechtsanwalt Prof. Dr. Konrad Redeker
Rechtsanwalt Felix Busse

Band 55

IT-Recht
in der Praxis

von

Dr. Helmut Redeker

Rechtsanwalt und Fachanwalt für Verwaltungsrecht in Bonn

3., neubearbeitete Auflage
des unter dem Titel
„Der EDV-Prozeß"
begründeten Werkes

Verlag C. H. Beck München 2003

Zitierweise: Redeker, NJW-Schriften 55, 3. A., Rdn. ...

Verlag C. H. Beck im Internet:
beck.de

ISBN 3 406 50750 6

© 2003 Verlag C. H. Beck oHG
Wilhelmstraße 9, 80801 München
Druck und Bindung: Druckhaus „Thomas Müntzer" GmbH,
Neustädter Str. 1–4, 99947 Bad Langensalza

Gedruckt auf säurefreiem, alterungsbeständigem Papier
(hergestellt aus chlorfrei gebleichtem Zellstoff)

Vorwort zur 3. Auflage

Nur ca. zwei Jahre sind seit Erscheinen der letzten Auflage, etwas mehr seit Abschluss des letzten Manuskriptes vergangen.

In dieser Zeit wurde an gesetzlichen Regelungen viel mehr geändert als in dem weit längeren Zeitraum zwischen der ersten und zweiten Auflage. Nicht nur ist das Schuldrecht zwischenzeitlich modernisiert worden. Die Regeln zum Formgesetz, Umsetzung verschiedener EU-Richtlinien sowie eine Novellierung der ZPO haben eine Umarbeitung weiter Teile des Buches bedingt.

Hinzu kamen noch Änderungen aus der Mietrechtsreform, des Schadensersatzrechts und die stürmische Entwicklung im Bereich der Rechtsfragen des Internet.

Nur im Schutzrechtsbereich ist die Dynamik der Entwicklung nicht ganz so stark. Aber auch hier gibt es etwa mit dem Vorbringen der Open Source Software neue Entwicklungen. Auch im Patentrecht hat die Rechtsprechung neue Akzente gesetzt.

Weite Teile des Buches mussten daher grundlegend überarbeitet werden. Änderungen gibt es vor allem im Bereich des Vertragsrechts. Dort wurde der Hauptteil der Darstellung auf das neue Schuldrecht konzentriert. Das alte Schuldrecht hat aber weiterhin noch große Bedeutung, weil Fälle aus der Vergangenheit auf seiner Basis abzuwickeln sein werden und die Überlegungen zum alten Schuldrecht sicherlich auch die Auslegung des neuen Schuldrechts beeinflussen werden. Das alte Schuldrecht ist daher auch noch umfassend dargestellt worden. Einzelne Teile sind ergänzt worden, weil sie von größerer praktischer Bedeutung sind. Dies betrifft z.B. die Hinterlegung von Software.

Im Schutzrechtsteil ist insbesondere ein Teil über Open Source Software hinzugekommen. Andere Teile sind überarbeitet, die Systematik an einzelnen Stellen geändert worden.

Der letzte Teil des Buches, der sich in der Ursprungskonzeption mit dem Ziel der Rechtsfragen der Telekommunikation beschäftigte, ist daran angepasst worden, dass mittlerweile das Internet sämtliche anderen technischen Realisierungen von Telekommunikation überlagert. Zivilrechtsfragen der Telekommunikation finden sich praktisch nur noch im Internet. Es geht daher jetzt um Rechtfragen des Internet.

Viele der Teile konnten inhaltlich übernommen werden, mussten allerdings oft z.B. im Bereich des Formgesetzes, an die Gesetzesentwicklung angepasst werden. Hinzu gekommen sind Teile, die sich auf konkrete neue Dienstleistungen des Internet und neue Rechtsfragen beziehen. Zu nennen ist ein eigener Abschnitt über Internetauktionen und eine weitgehende Vergrößerung und Vertiefung der Darstellung zu marken-, namens- und wettbewerbsrechtlichen Problemen des Internet. Hier sind insbesondere die äußerst streitträchtigen Domainnamenprobleme zu nennen. Es gibt aber auch eine ganze Reihe weiterer Rechtsfragen aus diesem Bereich, die insbesondere zu vielen gerichtlichen Entscheidungen geführt haben.

Auch außerhalb des Internetbereichs sind wichtige Grundsatzentscheidungen des BGH zu verzeichnen. Dies gilt z.b. zur Frage der Aufspaltung von Nutzungsrechten im Bereich der OEM-Software von Microsoft oder zum Begriff der Ablieferung. Auch diese Entscheidungen sind in die Darstellung eingearbeitet worden.

Als Klauselwerk sind weiterhin die BVB dargestellt und abgedruckt. Sie sind um den Abdruck der Vorblätter zur Schuldrechtsreform ergänzt worden, die den einzelnen BVB-Klauselwerken beigegeben worden sind.

Nach wie vor handelt es sich um ein weit verbreitetes Klauselwerk. Die EVB-IT, die sie ablösen sollen, sind nach wie vor nicht vollständig. Die BVB sind daher weiterhin ein geeignetes Mittel, Probleme von Klauselgestaltungen im Text darzustellen.

Für manche Anregung darf ich danken.

Bonn, im März 2003   Helmut Redeker

Inhaltsübersicht

	Rdn.	Seite
Vorwort		V
Inhaltsverzeichnis		IX
Literaturverzeichnis...		XVII
Abkürzungsverzeichnis		XLIII

A. Der Schutz von Software 1   1
   I. Rechtliche Grundlagen 2   1
   II. Die prozessuale Durchsetzung von Ansprüchen im Softwareverletzungsprozess 204   75
   III. Vollstreckungsprobleme 271   102

B. Der Erwerb von Soft- und Hardware 278   107
   I. Einige Vorbemerkungen 278   107
   II. Herstellung von Software 296   113
   III. Der Erwerb von Hardware gegen Einmalzahlung 507   194
   IV. Der Erwerb von Software gegen Einmalzahlung 527   201
   V. Der Erwerb von Hard- und Software auf Zeit............. 596   229
   VI. Wartung und Pflege von EDV-Anlagen 631   244
   VII. Der gemeinsame Erwerb von Hard- und Software 681   266
   VIII. Prozessuale Fragen 699   275
   IX. Vollstreckungsprobleme 779   308

C. Spezielle Fragen 781   311
   I. Der Rechenzentrumsvertrag 782   311
   II. Vertriebsverträge 802   319
   III. Produkthaftung.. 821   325

D. Rechtsprobleme des Internet 835   333
   I. Einige einführende Bemerkungen 835   333
   II. Die Übermittlung von Willenserklärungen im Internet 841   335
   III. Internet-Dienstleistungen 920   370
   IV. Weitere Probleme im Internet 998   405

Anhang   427
Sachverzeichnis   547

Inhaltsverzeichnis

	Rdn.	Seite
Vorwort		V
Inhaltsübersicht		VII
Literaturverzeichnis		XVII
Abkürzungsverzeichnis		XLIII

A. Der Schutz von Software

	Rdn.	Seite
I. Rechtliche Grundlagen	2	1
1. Urheberrecht	2	1
a) Schutzobjekte und Schutzanforderungen	2	1
b) Sonderprobleme: Software-Generatorprogramme, Programmbibliotheken	15	6
c) Urheberschaft	17	7
aa) Ausgangslage	17	7
bb) Übertragung	24	9
d) Die Rechte aus dem Urheberrecht	37	14
aa) Urheberpersönlichkeitsrechte	37	14
bb) Verwertungsrechte	44	16
e) Die generelle Beschränkung der Urheberrechte gem. § 69 d UrhG	63	24
f) Nutzungsrechtsübertragungen an Endnutzer	75	28
g) Public-Domain (PD)-Software und Shareware	88	31
h) Open Source Software	90	32
i) Die Dekompilierung nach § 69 e UrhG	95	34
j) Ansprüche bei der Verletzung von Urheberrechten	102	37
k) Besonderheiten des Urheberschutzes von Computerspielen	116	42
2. Patentrecht	126	45
a) Die Patentierbarkeit von Software	126	45
b) Die Rechte des Patentinhabers	151	54
c) Ansprüche bei Rechtsverletzung	153	55
3. Der Schutz von Halbleitern	158	56
4. Der Schutz durch Marken	162	58
a) Allgemeines	162	58
b) Titelschutz	172	62
5. Der wettbewerbsrechtliche Schutz von Software	178	64
a) Der Schutz vor Kopien und Nachahmungen	178	64
aa) Sittenverstoß durch unmittelbare Leistungsübernahme	180	65

    bb) Teilübernahme und Änderungen 185   67
    cc) Nachschaffende Leistungsübernahme 187   69
    dd) Andere Unlauterkeitsmerkmale 189   69
    ee) Beginn des Verstoßes 194   71
    ff) Anspruchsziel 195   71
    gg) Anspruchsinhaber und Anspruchsgegner 197   72
  b) Geheimnisschutz 199   73
6. Ansprüche aus Deliktsrecht 202   74
7. Ansprüche aus Vertrag 203   75

II. Die prozessuale Durchsetzung von Ansprüchen im Softwareverletzungsprozess 204   75

1. Vorbemerkungen, Zuständigkeit 204   75
2. Unterlassungsansprüche 206   76
  a) Der Antrag im Unterlassungsprozess 206   76
  b) Besonderheiten der Darlegungslast 213   79
    aa) Grundsätzliche Bemerkungen, Abmahnung .. 213   79
    bb) Wettbewerbsansprüche 215   80
    cc) Urheberrecht 219   82
    dd) Ansprüche aus Patentverletzungen 234   87
    ee) Ansprüche aus Verletzung von Halbleiterschutzrechten 235   88
    ff) Ansprüche aus Markengesetz 239   90
  c) Beweisfragen 243   90
3. Schadensersatzansprüche 244   91
4. Ansprüche aus ungerechtfertigter Bereicherung 248   92
5. Beseitigungsansprüche 249   92
6. Hilfsansprüche 253   95
  a) Auskunfts- und Rechnungslegungsansprüche 253   95
  b) Besichtigungsansprüche 254   95
7. Einstweilige Verfügung 257   96
8. Praktische Hinweise 267   101

III. Vollstreckungsprobleme 271   102

1. Unterlassungstitel 271   102
2. Beseitigungstitel 273   103
3. Herausgabetitel 276   104
4. Titel im Hinblick auf Hilfsansprüche 277   105

B. Der Erwerb von Soft- und Hardware

I. Einige Vorbemerkungen 278   107

1. Zur Rechtsnatur von Software 278   107
2. Vertragliche Gestaltungsmöglichkeiten 287   110
3. Vorbemerkung zum alten und neuen Schuldrecht ... 295   112

II. Herstellung von Software 296   113

1. Rechtscharakter 296   113
   a) Neues Schuldrecht 296   113
   b) Altes Schuldrecht 300   114
2. Leistungsumfang 302   115
   a) Pflichtenheft 302   115
   b) Dokumentation und Quellcode 312   120
   c) Gescheiterte Vertragsverhandlungen 317   122
3. Mangelhafte Leistung 319   123
   a) Mangelbegriff 319   123
   b) Die Rechte im Überblick 338   135
      aa) Erfüllungs- und Mängelbeseitigungsansprüche 338   135
      bb) Abnahme 341   136
      cc) Mängelrechte im Überblick 349   139
   c) Nacherfüllung und Selbstvornahme 353   141
   d) Minderung/Rücktritt 363   143
   e) Schadensersatz 369   145
   f) Verjährung, Rügepflicht 377   147
   g) Zum alten Schuldrecht 381   149
      aa) Erfüllungs- und Gewährleistungsansprüche 381   149
      bb) Gewährleistungsrechte 383   149
      cc) Schadensersatz 391   151
      dd) Verjährung, Rügepflicht 395   153
4. Vergütung und Fälligkeit 402   156
5. Leistungsstörungen 405   157
   a) Verzug 405   157
   b) Nichterfüllung und Unmöglichkeit 414   160
   c) Verletzung sonstiger Herstellerpflichten 418   162
      aa) Beratungspflichten 418   162
      bb) Geheimhaltung 427   165
      cc) Weitere Pflichten 430   166
      dd) Leistungsstörungen auf Seiten des Bestellers 432   167
6. Änderung des Softwareerstellungsvertrages 436   169
7. Kündigung und Rücktritt 447   173
8. Klauseln zur Änderung von Gewährleistung und Haftung 454   177
   a) Klauseln der Softwareersteller 454   177
   b) Klauseln der Kunden 481   185
9. Besondere Fallgestaltungen 488   187
   a) Komplexe Softwareentwicklung 488   187
   b) Der Subunternehmervertrag 492   189
10. Dienstverträge 502   192

III. Der Erwerb von Hardware gegen Einmalzahlung 507   194

IV. Der Erwerb von Software gegen Einmalzahlung 527 201
1. Die rechtliche Einordnung 527 201
2. Leistungsumfang, Nebenpflichten 535 206
3. Mängelrechte 545 209
   a) Neues Schuldrecht 545 209
      aa) Garantie 547 210
      bb) Spezielle Leistungsbeschreibungen 549 211
      cc) Nacherfüllung durch Updates und Patches 553 212
      dd) Kaufmännische Rügepflicht 557 213
      ee) BVB-Klauseln 560 214
      ff) Rechtsmängel 561 215
   b) Altes Schuldrecht 563 216
4. Verjährung 570 219
   a) Neues Schuldrecht 570 219
   b) Altes Schuldrecht 575 221
5. Sonstige Leistungsstörungen 581 223
6. Schutzhüllenverträge und Entervereinbarungen 582 223
7. Kauf auf Abruf 587 225
8. Softwarehinterlegung 588 226

V. Der Erwerb von Hard- und Software auf Zeit 596 229
1. Allgemeine Probleme des Mietvertrages 596 229
   a) Grundsätzliches 596 229
   b) Gewährleistung 602 231
   c) Schadensersatz 611 235
   d) Weitere Probleme 615 237
2. Besonderheiten des Leasingverhältnisses 618 238
   a) Grundkonzeption 618 238
   b) Besonderheiten des EDV-Leasing 625 241

VI. Wartung und Pflege von EDV-Anlagen 631 244
1. Vertragsinhalt 631 244
   a) Generelle Bemerkungen 631 244
   b) Inhalt der BVB 642 249
2. Verhältnis zu den Mängelansprüchen 643 249
3. Rechtliche Einordnung 648 252
4. Einzelleistungen 652 254
5. Kündigung des Gesamtvertrages 660 257
6. Weitere Rechtsprobleme 668 260

VII. Der gemeinsame Erwerb von Hard- und Software 681 266
1. Vorliegen eines einheitlichen Vertrages 681 266
2. Rechtsnatur des Vertrages 687 269
3. Störungen im einheitlichen Vertrag 688 270
   a) Anfechtung 688 270

b) Rücktritt	689	270
c) Wandlung (altes Schuldrecht)	692	271
d) Ausschluss von Mängelrechten	695	273
4. Andere Möglichkeiten der Vertragsverknüpfung	696	274
5. Besonderheiten bei Mängelrechten	698	274
VIII. Prozessuale Fragen	699	275
1. Klageformen und Antragstellung	699	275
2. Örtliche Zuständigkeit	706	278
3. Darlegungslast	709	279
4. Der Beweis von Mängeln	735	289
a) Der Beweisbeschluss	736	290
b) Augenscheinseinnahme	739	291
c) Zeugenbeweis	741	291
d) Sachverständigenbeweis	743	292
aa) Die Auswahl des Sachverständigen und seine Beauftragung	743	292
bb) Aufgaben und Befugnisse des Sachverständigen	747	295
cc) Die Hilfsmittel des Sachverständigen	753	297
dd) Das Gutachten	754	298
ee) Weitere Aufgaben des Sachverständigen	757	299
ff) Die Haftung des Sachverständigen	761	301
5. Die Besonderheiten des selbstständigen Beweisverfahren	762	302
a) Zuständigkeit	763	302
b) Gegenstand des Verfahrens, Antragsbefugnis	764	302
c) Inhalt des Antrags	767	303
d) Abwehrmaßnahmen des Antragsgegners	769	304
e) Verjährung	774	306
f) Kosten des selbstständigen Beweisverfahrens	775	306
6. Bemerkungen zur Vorgehensweise bei Mängelauseinandersetzungen	778	307
IX. Vollstreckungsprobleme	779	308

C. Spezielle Fragen

I. Der Rechenzentrumsvertrag	782	311
1. Der wesentliche Vertragsinhalt	782	311
2. Die rechtliche Einordnung	785	312
3. Die Leistungspflichten im Einzelnen	789	314
4. Gewährleistung und Haftung	796	316
5. Nebenpflichten	798	317
6. Prozessuale Probleme	801	318
II. Vertriebsverträge	802	319
1. Vorbemerkung; Rückgriffsketten	802	319

2. Hardwarevertriebsverträge 807 320
   a) Allgemeiner Händlervertrag 807 320
   b) OEM-Vertrag 813 322
3. Softwarevertrieb 817 323

III. Produkthaftung 821 325
1. Grundsätzliche Bemerkungen 821 325
2. Das deliktische Modell der Produkthaftung
   (Produzentenhaftung) 825 326
3. Produkthaftung nach dem Produkthaftungsgesetz 830 329
4. Prozessuale Fragen 834 331

D. Rechtsprobleme des Internet

I. Einige einführende Bemerkungen 835 333

II. Die Übermittlung von Willenserklärungen im Internet 841 335
1. Formprobleme 842 336
2. Geschäftsabwicklung im Internet, insbesondere elektronische
   Willenserklärungen 854 340
3. Weitere Wirksamkeitsvoraussetzungen 861 344
   a) Zugang 861 344
   b) Annahme 870 348
4. Handeln unter fremden Namen 872 350
5. Einbeziehung allgemeiner Geschäftsbedingungen 882 353
6. Spezialvorschriften 886 356
   a) Fernabsatzverträge 887 356
   b) § 312 e BGB 895 359
   c) Informationspflichten nach TDG 900 362
7. Beweisfragen 905 363

III. Internet-Dienstleistungen 920 370
1. Grundlagen 920 370
   a) Zum Vorgehen 920 370
   b) Probleme des Gesamtvertrages 921 370
   c) Allgemeine Geschäftsbedingungen 936 376
2. Einzelleistungen 941 378
   a) Nachrichtenübermittlung 942 379
   b) Speicherplatznutzung und Webhosting 947 382
   c) Programmnutzung (Application Service Providing) ... 949 384
   d) Informationsabruf 952 385
   e) Einzelauskunft 956 388
   f) Elektronische Recherchen 957 388
   g) Informationsbroker 962 391

3. Internetauktionen	963	391
4. Elektronische Zahlungssysteme	970	395
IV. Weitere Probleme im Internet	998	405
1. Domain-Namen	999	405
a) Namens- und Markenschutz	999	405
b) Gattungsbezeichnung als Internet-Adresse	1012	411
c) Internationale Fragen	1015	414
d) Haftung der Vergabestelle	1018	415
e) Verträge über Domains	1019	416
2. Weitere wettbewerbsrechtliche Probleme	1021	416
a) Verdecktes Profitieren an Leistungen und Rechten Dritter	1022	417
b) Haftung für Inhalte Dritter	1026	419
c) Allgemeines Wettbewerbsrecht	1036	422
d) Internationale Konfliktlagen	1037	423
e) Spamming	1039	423
3. Probleme außerhalb des Wettbewerbsrechts	1040	424
Anhang		427
I. Formular einer Rückabwicklungsklage		427
II. Besondere Vertragsbedingungen (BVB)		429
1. BVB – Kauf		429
2. BVB – Miete		446
3. BVB – Wartung		464
4. BVB – Überlassung		473
5. BVB – Erstellung		494
6. BVB – Planung		518
7. BVB – Pflege		536
Sachverzeichnis		547

Literaturverzeichnis

Abel, Stefan: Der Millenium-Bug und der lange Arm der Produzentenhaftung, CR 1999, 680
Albrecht, Friedrich: Technizität und Patentierbarkeit von Computerprogrammen, CR 1998, 694
ders.: Telefax in der Rechtsprechung des Bundespatentgerichts, GRUR 1999, 649
Allgaier, Edwin: Anbietervergütung und Fernmeldegebühren im Btx-Dienst, CR 1990, 762
Alpert, Frank: Kommerzielle Online-Nutzung von Computerprogrammen, CR 2000, 345
Altenstein, Petra: Signaturgesetz und Signaturverordnung – eine erste Einführung, in: Rechtsfragen der digitalen Signatur, herausgegeben von Hoeren und Schüngel, Berlin 1999, S. 1
Althammer, Werner/Ströbele, Paul/Klaka, Rainer: Markengesetz, 6. Aufl. 2000, Köln/Berlin/Bonn/München 2000
Anders, Wilfried: Aus der Rechtsprechung des Bundespatentgerichts im Jahre 1999, Teil I: Patentrecht, Gebrauchsmusterrecht und Geschmacksmusterrecht, GRUR 2000, 257
ders.: Wieviel technischen Charakter braucht eine computerimplementierte Geschäftsmethode, um auf erfinderischer Tätigkeit zu beruhen?, GRUR 2001, 555
Arnold, Dirk: Verbraucherschutz im Internet, CR 1997, 526
Augenhofer, Susanne: Gewährleistung und Werbung, Wien 2002
Ayad, Patrick: E-Mail-Werbung – Rechtsgrundlagen und Regelungsbedarf, CR 2001, 533

Bachofer, Thomas: Der VAR-Vertrag, CR 1988, 809
ders.: Der OEM-Vertrag, CR 1988, 1
ders.: Der SHAP-Vertrag, CR 1989, 89
Backu, Frieder: Kundenschutzklauseln mit Subunternehmern/freien Mitarbeitern, ITRB 2002, 193
Banner, Pamela J.: Business Method Patent Update – an US Perspective, Technology and e-commerce Newsletter, IBA, Vol. 19 No. 1 (June 2001), p. 19
Bartl, Harald: Hardware, Software und Allgemeine Geschäftsbedingungen, CR 1985, 13
Bartsch, Michael: Weitergabeverbote in AGB-Verträgen zur Überlassung von Standardsoftware, CR 1987, 8
ders.: Das BGB und die modernen Vertragstypen, CR 2000, 3

ders.: Computerviren und Produkthaftung, CR 2000, 721
ders.: Softwarepflege nach neuem Schuldrecht, NJW 2002, 1526
ders. (Hrsg.): Softwareüberlassung und Zivilprozess, Gewährleistung und Urheberschutz in der prozessualen Durchsetzung, Im Auftrag der Deutschen Gesellschaft für Informationstechnik und Recht e. V., Köln 1991
ders.: Software und das Jahr 2000, Baden-Baden 1998
Bauer, Klaus-Albert: Rechtsschutz von Computerprogrammen in der Bundesrepublik Deutschland eine Bestandsaufnahme, CR 1985, 5
Baum, Florian v.: Gestaltung von Software-Maintenance-Verträgen in der internationalen Praxis, CR 2002, 705
Baumbach, Adolf/Hefermehl, Wolfgang: Wettbewerbsrecht, 22. Auflage, München 2001
Baumbach, Adolf/Lauterbach, Wolfgang: Zivilprozessordnung, mit Gerichtsverfassungsgesetz und Nebengesetzen, bearbeitet von Jan Albers, Peter Hartmann, 61. Auflage, München 2003
Baums, Theodor: Wettbewerbsrechtlicher Schutz von Computerprogrammen, DB 1988, 429
Becker, Helmut/Horn, Wolfgang: Der Schutz von Computersoftware in der Rechtspraxis, DB 1985, 1274
Beckmann, Heiner: EDV-Anwenderdokumentation, CR 1998, 519
ders.: Computerleasing, Köln 1993
Belli, Fevzi/Echtle, Klaus/Görke, Winfried: Methoden und Modelle der Fehlertoleranz, Informatik Spektrum 1986, 68
Belli, Fevzi/Grochtmann, Matthias/Jack, Oliver: Erprobte Modelle zur Quantifizierung der Software-Zuverlässigkeit, Informatik Spektrum 1998, 131
Benzler, Hartwig: Authentisierverfahren mit Assoziation, DuD 1996, 723
Berger, Beate: Standardsoftwarekauf mit Schutzhüllenvertrag, in: Handbuch der IT-Verträge, herausgegeben von Helmut Redeker, Köln, Loseblatt, Stand: Oktober 2002, Abschn. 1.2
dies.: Hinterlegung des Quellcodes, in: Handbuch der IT-Verträge, herausgegeben von Helmut Redeker, Köln, Loseblatt, Stand: Oktober 2002, Abschn. 1.7
Berger, Christian: Zum Erschöpfungsgrundsatz beim Vertrieb von sog. „OEM"-Software, NJW 1997, 300
ders.: Rechtliche Rahmenbedingungen anwaltlicher Dienstleistungen über das Internet, NJW 2001, 1530
Bergmann, Margarethe/Pötter, Godehard/Streitz, Siegfried: Handbücher für Softwareanwender, CR 2000, 555
Bergmann, Margarethe/Streitz, Siegfried: Beweiserhebung in EDV-Sachen – Insbesondere: Anforderungen an die Gestaltung von Beweisbeschlüssen, NJW 1992, 1726
Betten, Jürgen: Patentschutz von Computerprogrammen, GRUR 1995, 775

ders.: Titelschutz von Computerprogrammen, GRUR 1995, 5

Bettinger, Torste/Scheffelt, Michael: Application Service Providing: Vertragsgestaltung und Konflikt-Management, CR 2001, 729

Beutelspacher, Albrecht/Gundlach, Michael: Datenschutz und Datensicherheit in Kommunikationsnetzen, DuD 1988, 189

Beutelspacher, Albrecht/Hueske, Thomas/Pfau, Axel: Kann man mit Bits bezahlen, Informatik Spektrum 1993, 99

Bieser, Wendelin/Kersten, Heinrich: Elektronisch unterschreiben, 2. Aufl. 1999

Bizer, Johann: Digitale Dokumente im elektronischen Rechtsverkehr, in: Internet-Handbuch für Steuerberater und Wirtschaftsprüfer, herausgegeben von Detlef Kröger und Dietrich Kellersmann, Neuwied 1998

ders.: Der gesetzliche Regelungsbedarf digitaler Signaturverfahren, DuD 1995, 459

ders.: Sicherheit durch Interaktion, DuD 2002, 276

ders.: Elektronische Signatur im Rechtsverkehr, in: Handbuch zum Internet-Recht, herausgegeben von Detlef Kröger u. Marc A. Gimmy, Berlin/Heidelberg/New York, 2. Aufl. 2002, S. 39

Bizer, Johann/Hammer, Volker: Elektronisch signierte Dokumente als Beweismittel, DuD 1993, 619

Bogdandy, Armin v.: Die Überlagerung der ZPO durch WTO-Recht, NJW 1999, 2088

Bodewig, Theo: Die neue europäische Richtlinie zum Fernabsatz, DZWiR 1997, 447

Bollack, Gert: Die Rechtsstellung des Urhebers im Dienst- oder Arbeitsverhältnis, GRUR 1976, 74

Bollweg, Hans-Georg/Hellmann, Mathias: Das neue Schadensersatzrecht, Köln 2002

Bons, Heinz: Fehler und Fehlerauswertung, in: Computersoftware und Sachmängelhaftung, herausgegeben von Peter Gorny und Wolfgang Kilian, Stuttgart 1985

Bork, Reinhard: Effiziente Beweissicherung für den Urheberverletzungsprozess – dargestellt am Beispiel raubkopierter Computerprogramme, NJW 1997, 1665

Borsum, Wolfgang/Hoffmeister, Uwe: Bildschirmtext und Vertragsrecht, Hannover 1984

dies.: Bildschirmtext und Bankgeschäfte, BB 1983,1441

dies.: Rechtsgeschäftliches Handeln unberechtigter Personen über Bildschirmtext, NJW 1985, 1205

Bourseau, Frank/Fox, Dirk/Thiel, Christoph: Vorzüge und Grenzen des RSA-Verfahrens, DuD 2002, 84

Bovenschulte, Andreas/Eifert, Martin: Rechtsfragen der Anwendung technischer Produkte nach Signaturgesetz, DuD 2002, 76

Brandi-Dohrn, Matthias: Der Software-Mängelprozess und seine Vorbereitung, in: Rechtsschutz und Verwertung von Computerprogrammen, herausgegeben von Michael Lehmann, 2. Aufl. Köln 1993, S. 931
ders.: Gewährleistung bei Hard- und Softwaremängeln, München 1988
ders.: Vertragsgestaltung zur Haftung bei Softwaremängeln. Insbesondere bei Wandelung, CR 1990, 312
ders.: Softwareschutz nach dem neuen deutschen Urheberrechtsgesetz, BB 1994, 658
ders.: Zur Reichweite und Durchsetzung des urheberrechtlichen Softwareschutzes, GRUR 1985, 179
ders.: Die Verfolgung von Software-Verletzungen mit den Mitteln des Zivilrechts, CR 1986, 63
ders.: Das Risiko im Entwicklungsvertrag, CR 1998, 645
Brandt, Jochen C.: Bewertungskriterien für Anwenderhandbücher, CR 1998, 571
Braun, Manfred: Die Sachkunde des Richters in EDV-Prozessen, in: Softwareüberlassung und Zivilprozeß, herausgegeben von Michael Bartsch, Köln 1991, S. 83
Breidenbach, Stephan: Computersoftware in der Zwangsvollstreckung (1), CR 1989, 873
Brinkmann, Werner: Zivil- und presserechtliche Fragen bei der Nutzung von Bildschirmtext, ZUM 1985, 387
ders.: Vertragliche Probleme bei Warenbestellungen über Bildschirmtext, BB 1981, 1183
Britz, Jörg W.: Urkundenbeweisrecht und Informationstechnologie, München 1996
Bröhl, Georg M./Bender, Rolf/Roder-Mesell, Ernst: Das neue E-Commerce-Recht, Köln 2002
Brunel, André: Trademark Protection for Internet Domain Names, IBL 1996, 174
Buckenberger, Hans-Ulrich: Fernschreiben und Fernkopieren – Formerfordernisse, Absendung und Zugang, DB 1980, 289
Bücking, Jens: Internet-Domains – Neue Wege und Grenzen des bürgerlich-rechtlichen Namensschutzes, NJW 1997, 1886

Canaris, Claus Wilhelm: Bankvertragsrecht, Band 1, Berlin/New York, 3. Aufl. 1988
Cichon, Caroline: Zur Anwendbarkeit des HwiG auf im Internet geschlossene Verträge, CR 1998, 773
Clemens, Rudolf: Die elektronische Willenserklärung, Chancen und Gefahren, NJW 1985, 1998
Clift, Jenny: Electronic Commerce: the UNCITRAL Model Law and Electronic Equivalents to Traditional Bill of Lading, IBL Vol. 27 (1999), No. 7, p. 311

Computerrechtshandbuch, Computertechnologie in der Rechts- und Wirtschaftspraxis, Herausgegeben von Wolfgang Kilian und Benno Heussen Stand: März 2002

Dästner, Christian: Neue Formvorschriften im Prozessrecht, NJW 2001, 3469
Demmel, Annette/Skrobotz, Jan: Rechtsfragen der Nutzung von Premium Rate Diensten (0190er Nummern), CR 1999, 561
Deville, Rainer: Quellcode und Dekompilierung als Vertragsinhalt, NJW-CoR 1998, 108
Diedrich, Kay: Typisierung von Softwareverträgen nach der Schuldrechtsreform, CR 2002, 473
Dilger, Petra: Verbraucherschutz bei Vertragsabschlüssen im Internet, München 2002
Dörner, Heinrich: Rechtsgeschäfte im Internet, AcP 202 (2002), 363
Dörner, Heinrich/Jersch, Ralf: Die Rechtsnatur der Software-Überlassungsverträge, IuR 1988, 137
Dreier, Thomas: Rechtsschutz von Computerprogrammen, CR 1991, 577
ders.: Verletzung urheberrechtlich geschützter Software nach der Umsetzung der EG-Richtlinie, GRUR 1993, 781

Ebel, Hans-Rudolf: Kartellrechtlicher Anspruch auf Abschluß eines EDV-Wartungsvertrages, CR 1987, 273
Ebnet, Peter: Rechtsprobleme bei der Verwendung von Telefax, NJW 1992, 2985
Eckert, Jörn: Zivilrechtliche Fragen des Kreditkartengeschäfts, WM 1987, 161
ECR: Entscheidungen zum Computerrecht, zusammengestellt von Christoph Zahrt, Köln, Loseblattsammlung, Stand: Oktober 1999
Eidenmüller, Horst: Die Verjährung beim Rechtskauf, NJW 2002, 1625
Eisele, Raymond: Sicherheit und elektronische Unterschriften – Smart Disk, DuD 1995, 401
Ellenberger, Martin H./Müller, Claus-Dieter: Zweckmäßige Gestaltung von Hardware-, Software- und Projektverträgen, 2. Auflage, Köln 1984
Engel, Friedrich Wilhelm: Mängelansprüche bei Software-Verträgen, BB 1985, 1159
ders.: Über „Computerprogramme als solche", GRUR 1993, 194
Ensthaler, Jürgen/Möllenkamp, Heinz T.: Reichweite des urheberrechtlichen Softwareschutzes nach der Umsetzung der EG-Richtlinie zum Rechtschutz der Computerprogramme, GRUR 1994, 151
Erdmann, Willi: Der wettbewerbsrechtliche Schutz von Computerprogrammen, In: 175 Jahre OLG Oldenburg, 1989, S. 639

Ernestus, Justus: Nutzung und Vervielfältigung eines Computerprogramms, CR 1989, 784
Erman: Handkommentar zum Bürgerlichen Gesetzbuch, herausgegeben von Harm Peter Westermann unter redaktioneller Mitwirkung von Klaus Küchenhoff, 8. Aufl., Münster 1989
Ernst, Stefan: Internet und Recht, JuS 1997, 776
ders.: Wirtschaftsrecht im Internet, BB 1997, 1057
ders.: Deutsche Städte im Internet und das Namensrecht, NJW-CoR 1997, 426
ders.: Nur nichts vergessen – Informationspflichten Online, ITRB 2002, 265
ders.: Internet-Auktionsvertrag, in: Handbuch der IT-Verträge, herausgegeben von Helmut Redeker, Köln, Loseblatt, Stand: Oktober 2002, Abschn. 3.13
Ernst, Stefan/Vassilaki, Irini/Wiebe, Andreas: hyperlinks, Köln 2002
Escher, Markus: Bankrechtsfragen des elektronischen Geldes im Internet, WM 1997, 1173
Esswein, Werner/Zumpe, Sabine: Realisierung des Datenaustauschs im elektronischen Handel, Informatik Spektrum 25 (2002), 251

Fehl, Norbert: Computerrechtsrelevante höchstrichterliche AGB-Rechtsprechung (III), CR 1990, 508
ders.: Gewährleistungsprobleme beim Finanzierungsleasing. Zu den Wandlungsfolgen für das Leasing, CR 1988, 198
Feil, Thomas/Leitzen, Werner: Die EVB-IT nach der Schuldrechtsreform, CR 2002, 407
dies.: EVB-IT Pflege 5, CR 2003, 161
Feuerborn, Andreas: Abnahme technischer Anlagen, CR 1991, 1
Feuerborn, Andreas/Hoeren, Thomas: Abnahme und Ablieferung von DV-Anlagen, CR 1991, 513
Fischer, Hartmut: Zertifizierungsstellen für digitale Signaturen und das öffentlich-rechtliche Genehmigungsverfahren nach dem Signaturgesetz, NVwZ 1999, 1284
Fox, Dirk: Eine kritische Würdigung des SigG, DuD 1999, 508
ders.: E-Mail-Sicherheit, DuD 2000, 452
Freitag, Andreas: Wettbewerbsrechtliche Probleme im Internet, in: Handbuch zum Internet-Recht, herausgegeben von Detlef Kröger u. Marc A. Gimmy, Berlin/Heidelberg/New York, 2. Aufl. 2002, S. 413
ders.: Marken- und kennzeichenrechtliche Probleme im Internet, in: Handbuch zum Internet-Recht, herausgegeben von Detlef Kröger u. Marc A. Gimmy, Berlin/Heidelberg/New York, 2. Aufl. 2002, S. 459
Fringuelli, Pietro Graf/Wallhäuser, Matthias: Formerfordernisse beim Vertragsschluß im Internet, CR 1999, 93
Fumy, Walter: Sicherheitsstandards für offene Systeme, DuD 1991, 288

ders.: Authentifizierung und Schlüsselmanagement, DuD 1995, 607
Gabel, Detlev: Internet: Die Domain-Names, NJW-CoR 1996, 322
Gall Günter: Der Schutz von Computerprogrammen nach europäischen Patentrecht, in Rechtsschutz und Verwertung von Computerprogrammen, herausgegeben von Michael Lehmann, Köln 1988, 5. 135 ff.
Gassen, Dominik: Digitale Signaturen in der Praxis, Köln 2003
Gaucher, Cyrille: Yahoo! Local law rides 2000, Technology and e-commerce Newsletter, IBA, Vol. 19, No. 1 (June 2001), p. 10
Gaul, Björn: Standardsoftware: Veränderung von Gewährleistungsansprüchen durch AGB, CR 2000, 570
Geis, Ivo: Die digitale Signatur, NJW 1997, 3000
Glatt, Christoph: Vertragsschluss im Internet, Baden-Baden 2002
Goebel, Jürgen W.: Verständigungsprobleme im Dialog zwischen Richter und EDV-Sachverständigen, CR 1987, 571
Goebel, Jürgen W./Scheller, Jürgen: Elektronische Unterschriftsverfahren in der Telekommunikation, Braunschweig 1991
Gößmann, Claudia: Electronic Commmerce, MMR 1998, 88
Götz, Heinrich: Schadensersatzanspruch wegen Nichtbenutzbarkeit eines Werks während der Nachbesserung? – BGH, NJW 1985, 381, JuS 1986, 381
Gorny, Peter: Kategorien von Softwarefehlern, CR 1986, 673 Großkommentar zum Handelsgesetzbuch, begründet von Hermann Staub, 3. Aufl., neubearbeitet von Dieter Brüggemann, Claus-Wilhelm Canaris, Robert Fischer u. 3. Band, 3. Teil, Berlin/New York 1981
Gottschalk, Sabine: Vertragsgestaltung bei Content und Access-Providern, in: Handbuch zum Internet-Recht, herausgegeben von Detlef Kröger u. Marc A. Gimmy, Berlin/Heidelberg/New York, 2. Aufl. 2002, S. 245
Gramlich, Ludwig: Zahlungsverkehr im Internet, in: Handbuch zum Internet-Recht, herausgegeben von Detlef Kröger u. Marc A. Gimmy, Berlin/Heidelberg/New York, 2. Aufl. 2002, S. 195
Grapulin, Sabine: Vertragsschluss bei Internet-Auktionen, GRUR 2001, 713
Gravenreuth, Günter Frhr. von: Urheberrechtsschutz für Computerspiele unter Berücksichtigung der BGH-Rechtsprechung, DB 1986, 1005
ders.: Probleme im Zusammenhang mit der Minderung oder Wandelung mangelhafter Software, BB 1989, 1925
Greulich, H.: Der Fernschreiber – Rechtsfragen bei der Verwendung im Geschäftsverkehr, BB 1954, 491
Grigoleit, Hans Christoph: Besondere Vertriebsformen im BGB, NJW 2002, 1151
Grimm, Rüdiger: Kryptoverfahren und Zertifizierungsinstanzen, DuD 1996, 27
Grönfors, Kurt: The legal Aspects and Practical Implications of Non-Documentary (Paperless) Cargo Movement, BIMCO Bulletin III, 1981, S. 6180

Gruber, Stephan: Internationaler Markenschutz von Computerprogrammen, CR 1991, 10
Grützmacher, Malte: Open-Source-Software – die GNU General Public License, ITRB 2002, 84
Gsell, Beate: Schuldrechtsreform: Die Übergangsregeln für die Verjährungsfristen, NJW 2002, 1297
Günther, Andreas: Auktionen im Internet, ITRB 2002, 93
ders.: Produkthaftung für Informationsgüter, Köln 2001

Haberstumpf, Helmut: Grundsätzliches zum Urheberrechtsschutz von Computerprogrammen nach dem Urteil des Bundesgerichtshofs v. 9. Mai 1985, GRUR 1986, 222
ders.: Der urheberrechtliche Schutz von Computerprogrammen, in: Rechtsschutz und Verwertung von Computerprogrammen, herausgegeben von Michael Lehmann, Köln 1988, 5. 7ff. sowie 2. Auflage Köln 1993, S. 69ff.
Hackemann, Martin: Fragen des Austauschverhältnisses beim Online-Vertrag, CR 1987, 660
ders.: Zivilrechtliche Aspekte des Informationsabrufs via Bildschirmtext, in: GRVI (Hrsg.): Neue Medien für die Individualkommunikation, 1984, S. 43
Hackemann, Martin/Scheller, Jürgen: Rechtliche Aspekte bei Bildschirmtextangeboten, Nachrichten für Dokumentationen, 1984, 21
Häde, Ulrich: Die Zahlung mit Kredit- und Scheckkarte, ZBB 1994, 33
Härting, Niko: Internetrecht, Köln 1999
ders.: Referentenentwurf für neues Fernabsatzgesetz, CR 1999, 507
ders.: Webdesign- und Provider-Verträge, ITRB 2002, 218
ders.: Domainrecht – Eine Zwischenbilanz, BB 2002, 2028
ders.: Die Gewährleistungspflichten von Internet-Dienstleistern, CR 2001, 37
ders.: Webdesign-Vertrag, in: Handbuch der IT-Verträge, herausgegeben von Helmut Redeker, Köln, Loseblatt, Stand: Oktober 2002, Abschn. 3.1
Häublein, Martin: Der Beschaffenheitsbegriff und seine Bedeutung für das Verhältnis der Haftung aus culpa in contrahendo zum Kaufrecht, NJW 2003, 388
Hagemann, Hagen/Schaup, Sonja/Schneider, Markus: Sicherheit und Perspektiven elektronischer Zahlungssysteme, DuD 1999, 5
Hammel, Frank A./Weber, Frauke: AGB. Notwendige Änderungen nach der Schuldrechtsreform in Online-Verträgen, Berlin 2002
Hartmann, Matthias; Koch, Philip: Datenbankschutz gegen Deep-Linking, CR 2002, 741
Hammer, Volker: Gateway „Elektronische Signaturen, DuD 1993, 636
ders.: Sicherungsinfrastrukturen und rechtliche Rahmenbedingungen, DuD 1996, 147

Hammer, Volker/Bizer, Johann: Beweiswert elektronischer signierter Dokumente, DuD 1993, 689
Handbuch des Wettbewerbsrechts, herausgegeben von Wolfgang Gloy, 2. Aufl. München 1997
Harbecke, Christof: Die POS-Systeme der deutschen Kreditwirtschaft, Sonderbeilage 1 zu WM 1994, 3
Harte-Bavendamm, Henning: Wettbewerbsrechtlicher Schutz von Computerprogrammen, CR 1986, 615
Hartmann, Matthias/Thier, Andreas: Typologie der Softwarepflegeverträge, CR 1998, 581
Hartwig, Oskar: Sphären der Darlegungslast von Software-Mängeln, in: Softwareüberlassung und Zivilprozeß, herausgegeben von Michael Bartsch, Köln 1991. S. 1
Heckmann, Dirk: E-Commerce: Flucht in den virtuellen Raum, NJW 2000, 1370
ders.: E-Commerce im Ordnungsrahmen des Gewerberechts, in: Grauf/Paschke/Stober (Hrsg.): Das Wirtschaftsrecht vor den Herausforderungen des E-Commerce, Köln/Berlin/Bonn/München 2002
Heide, Nils: Softwarepatente im Verletzungsprozess, CR 2003, 165
Heinrichs, Helmut: Die Entwicklung des Rechts der Allgemeinen Geschäftsbedingungen im Jahre 1997, NJW 1998, 1447
Hering, Wolfgang: Erfolgsorientierte Softwarewartung; Gewährleistung und Haftung, CR 1991, 398
Heussen, Benno: Vertragsgestaltung und Vertragsabwicklung beim EDV-Einsatz in der Anwaltskanzlei 2. Teil, AnwBl. 1986, 371
ders.: Technische und rechtliche Besonderheiten von Mängeln bei Computerleistungen, CR 1988, 894 (1), 986 (II)
ders.: Computerleistungen und kaufmännische Rügepflichten, BB 1988, 1835
Heussen, Benno/Damm, Maximilian: Millenium Bug: Manager- und Beraterhaftung bei unterlassener Systemprüfung und Notfallplanung, BB 1999, 481
Heymann, Thomas: Gesetzliches Leitbild des Wartungsvertrages, CR 1991, 525
ders.: Haftung des Softwareimporteurs, CR 1990, 176
ders.: Software-Pflege, in: Handbuch der IT-Verträge, herausgegeben von Helmut Redeker, Köln, Loseblatt, Stand: Oktober 2002, Abschn. 1.12
Heyms, Sybille/Prieß, Christiane: Werbung Online, Berlin 2002
Hildebrand, Dietmar: Das Jahr-2000-Problem, CR 1998, 248
Hoene, Thomas: Software und das Jahr-2000-Problem, CR 1999, 281
Hoeren, Thomas: Rechtsfragen des Internet, Köln 1998
ders.: Softwareüberlassung als Sachkauf – Konsequenzen aus dem Urteil des BGH vom 4. November 1987, RDV 1988, 115

ders.: Softwareüberlassung als Sachkauf, Ausgewählte Rechtsprobleme des Erwerbs von Standardsoftware, München 1989

ders.: „Look and Feel" im deutschen Recht. Schutzfähigkeit des Bildschirmdisplays, CR 1990, 22

ders.: Grundzüge des Internetrechts, München 2002

Hoeren, Thomas/Sieber, Ulrich (Hrsg.): Handbuch Multimedia-Recht, München, Loseblatt, Stand: Dezember 1998

Hörl, Bernhard: Aufklärung und Beratung beim Computer-„Kauf", München 1999

ders.: Nachbesserung und Gewährleistung für fehlende Jahr-2000-Fähigkeit von Software, CR 1999, 605

ders.: Softwarenutzung erst nach vollständiger Zahlung, ITRB 2002, 142

Hohlneger, Christoph/Tauschik, Stefan: Rechtliche Problematik digitaler Signaturverfahren, BB 1997, 1541

Hohmann, Harald: Haftung der Softwarehersteller für das „Jahr 2000"-Problem, NJW 1999, 521

Holzhauer, Heinz: Die eigenhändige Unterschrift, Frankfurt 1973

Holzinger, Ernst: Rechtliche Einordnung von Software nach deutschem und österreichischem Recht, DuD 1991, 121

Horns, Axel H.: Anmerkungen zu begrifflichen Fragen des Softwareschutzes, GRUR 2001, 1

Hoß, Dirk: Berufs- und wettbewerbsrechtliche Grenzen der Anwaltswerbung im Internet, AnwBl. 2002, 377

Howard, Anthony: Patentatbility of Computer-Implemented Inventions, CRInt. 2002, 97

Huber, Peter: Der Nacherfüllungsanspruch im neuen Kaufrecht, NJW 2002, 1004

Hubmann, Heinrich/Götting, Horst-Peter: Gewerblicher Rechtsschutz, 7. Aufl., München 2002

Hübner, Claudia: Zum Schutz für sofware-bezogene Erfindungen in Deutschland, GRUR 1994, 883

Hübner u. a., Rechtsprobleme des Bildschirmtextes, 1986

Ihde, Rainer: Das Pflichtenheft beim Softwareerstellungsvertrag, CR 1999, 409

Imhof, Ralf: Wettbewerbsrechtliche Frage des E-Commerce, in: Graf/Paschke/Stober (Hrsg.): Herausforderungen des E-Commerce, Köln/Berlin/Bonn/München 2002

Intveen, Michael/Lohmann, Lutz: Die Haftung des Providers bei ASP-Verträgen, ITRB 2002, 210

Jacobs, Reiner: Werktitelschutz für Computerspiele und Computerprogramme, GRUR 1996, 601

Jaeger, Lothar: Haftung bei Eintritt eines Schadens durch einen Jahr-2000-Fehler, OLG Report Köln 1999, H. 17, K 9

ders.: Grenzen der Kündigung von Softwarepflegeverträgen über langjährige Industrie-Software, CR 1999, 209

Jaeger, Michelle/Kussel, Stephanie: Der Beweiswert digital signierter Dokumente, in: Rechtsfragen der digitalen Signatur, herausgegeben von Hoeren und Schüngel, Berlin 1999, S. 241

Jaeger, Till/Koglin, Olaf: Der rechtliche Schutz von Fonts, CR 2002, 169

Jaeger, Till/Metzger, Axel: Open Source Software, München 2002

Jansen, Günther: Die dreißigjährige Gewährleistung des Werkunternehmers wegen Organisationsverschuldens, OLG Report Köln 1999, H. 14, K 5

Janson, Phil/Waidner, Michael: Electronic Payment Systems, DuD 1996, 350

Jessnitzer Kurt/Friebing, Günter: Der gerichtliche Sachverständige, Köln/Berlin/Bonn/München, 10. Aufl. 1992

Junker, Abbo: Die Entwicklung des Computervertragsrechts in den Jahren 1988 und 1989, NJW 1990, 1575

ders.: Die Entwicklung des Computerrechts im Jahre 1998, NJW 1998, 1294

Junker, Abbo/Benecke, Martina: Computerrecht, 3. Aufl., Baden-Baden 2003

Karger, Michael: Beweisermittlung im deutschen und U. S.-amerikanischen Softwareverletzungsprozeß, Köln 1996

ders.: Rechtseinräumung bei Software-Erstellung, CR 2001, 357

ders.: Software-Miete, in: Handbuch der IT-Verträge, herausgegeben von Helmut Redeker, Köln, Loseblatt, Stand: Oktober 2002, Abschn. 1.9

Kast, Christian R./Meyer, Stephan/Wray, Bea: Software Escrow, CR 2002, 379

Kellerer, Leonhard: Aus der Rechtsprechung des Bundespatentgerichts im Jahre 2001, Teil I: Patentrecht, Gebrauchsmusterrecht und Geschmacksmusterrecht, GRUR 2002, 289

Kiesewetter-Köbinger, Swen: Über die Patentprüfung von Programmen für Datenverarbeitungsanlagen, GRUR 2001, 185

Kilian, Wolfgang: Datenverarbeitungsprogramme als Gegenstand des Rechtsverkehrs, in: Datenverarbeitungsprogramme als Gegenstand des Rechtsverkehrs. Herausgegeben von Hans-Leo Weyers, Baden-Baden 1992

ders.: Haftung für Mängel der Computer-Software, Heidelberg 1986

ders.: Möglichkeiten und zivilrechtliche Probleme eines rechtswirksamen elektronischen Datenaustauschs, DuD 1993, 606

ders.: Vertragsgestaltung und Mängelhaftung bei Computersoftware, CR 1986, 187

Kiranas, Agiris: Neue Sicherheitskonzepte von Point-of-Sale (POS)-Systemen, 1. Teil: DuD 1994, 707, 2. Teil: DuD 1995, 35

ders.: Point-of-Sale (POS)-Systeme, DuD 1996, 94
Klamt, Angelika/Koch, Christian: Das neue Überweisungsgesetz, NJW 1996, 2776
Kleespies, Mathias: Die Domain als selbständiger Vermögensgegenstand in der Einzelzwangsvollstreckung, GRUR 2002, 764
Klinger, Guido: Die gewerberechtliche Beurteilung von sog. Internet-Auktionen, DVBl. 2002, 810
Kloos, Bernhard/Wagner, Axel-Michael: Vom Eigentum zur Verfügbarkeit, CR 2002, 865
Knorr, Michael/Schläger, Uwe: Datenschutz bei elektronischem Geld, DuD 1997, 396
Koch, Frank A.: Zivilprozeßpraxis in EDV-Sachen, Köln 1988
ders.: Urheberrechte an Computerprogrammen im Arbeitsverhältnis, CR 1985, 86
ders.: Aktuelle Rechtsprobleme der Jahr-2000-Konformität von Software und Systemen, NJW-CoR 1999, 423
ders.: Rechtsfragen der Nutzung elektronischer Kommunikationsdienste, BB 1996, 2049
ders.: Neue Rechtsprobleme der Internetnutzung, NJW-CoR 1998, 45
ders.: Begründung und Grenzen des urheberrechtlichen Schutzes objektorientierter Software, GRUR 2000, 191
ders.: Urheber- und kartellrechtliche Aspekte der Nutzung von Open-Source-Software, CR 2000, I: 273; II: 333
ders.: Annahme als Erfüllung – neue Rechtsunsicherheit in der Vertragspraxis, ITRB 2002, 221
ders.: Computer-Vertragsrecht, 6. Aufl., Berlin 2002
Koch, Frank A./Schnupp, Peter: Expertensysteme als Gegenstand von Entwicklungsverträgen und Schutzrechten, CR 1989, 776 (I), 893 (II), 975 (III)
dies.: Software-Recht, Band 1, Berlin/Heidelberg usw., 1991
Koch, Ingwer: Der Halbleiterschutz nach nationalem, internationalem und europäischen Recht, in: Rechtsschutz und Verwertung von Computerprogrammen, herausgegeben von Michael Lehmann, 2. Aufl. Köln 1993, S. 333
Köhler, Helmut: Die Problematik automatisierter Rechtsvorgänge, insbesondere von Willenserklärungen, AcP 182 (1982), 129
ders.: Die Rechte des Verbrauchers beim Teleshopping (TV-Shopping, Internet-Shopping), NJW 1998, 185
Köhler, Helmut/Fritsche, Jörg: Die Herstellung und Überlassung von Software im bürgerlichen Recht, in: Rechtsschutz und Verwertung von Computerprogrammen, herausgegeben von Michael Lehmann, 2. Aufl. Köln 1993, S. 513
König, Michael: Zur rechtlichen Bewertung der Überlassung von Quellprogrammen (-codes), NJW 1992, 1731

ders.: Zur Zulässigkeit der Umgehung von Software-Schutzmechanismen, NJW 1995, 3293

König, M. Michael: Das Computerprogramm im Recht, Köln 1991

König, Reimar: Patentfähige Datenverarbeitungsprogramme – ein Widerspruch in sich, GRUR 2001, 577

Körner, Marita: Gleichnamigkeitskonflikte bei Internet-Domain-Namen – Die „shell.de"-Entscheidung des BGH, NJW 2002, 3442

Kohl, Helmut: Telematikdienste im Zivilrecht: Rechtsgeschäfte – allgemeine Geschäftsbedingungen – unlauterer Wettbewerb und Urheberrecht, in: Telekommunikation und Wirtschaftsrecht, herausgegeben von Joachim Scherer, Köln 1988, 5. 91 ff.

Kolle, Gert: Der angestellte Programmierer, GRUR 1985, 1016

Kort, Michael: Fehlerbegriff und Produkthaftung für medizinische Software. Einordnung im deutschen und US-amerikanischen Recht, CR 1990, 251

Koutses, Inge/Lutterbach, Sabine: Auswirkungen des Produkthaftungsgesetzes auf Informations- und Steuerungstechnologien, RDV 1989, 5

Kraßer, Rudolf: Der Schutz von Computerprogrammen nach deutschen Patentrecht, in: Rechtsschutz und Verwertung von Computerprogrammen, herausgegeben von Michael Lehmann, 2. Aufl. Köln 1993, 221

Krebber, Sebastian: Die vertragliche Pflicht des Verkäufers zur Übergabe der Gebrauchsanweisung, AcP 201 (2001), 333

Kronke, Herbert: Electronic Commerce und Europäisches Verbrauchervertrags-IPR, RIW 1996, 985

Kühn, Ulrich: Technische Grundlagen digitaler Signaturverfahren, in: Rechtsfragen der digitalen Signatur, herausgegeben von Hoeren und Schüngel, Berlin 1999, S. 65

Kühnel, Wolfgang/Ulbrich, Thomas: Instandhaltung und das Jahr 2000 im Maschinen- und Anlagenbau, BB 1998, 2585

Kümpel, Siegfried: Elektronisches Geld (cyber coins) als Bankgarantie, NJW 1999, 313

ders.: Rechtliche Aspekte der neuen Geldkarte als elektronischer Geldbörse, WM 1997, 1037

ders.: Rechtliche Aspekte des elektronischen Netzgeldes (Cybergeld), WM 1998, 365

Kuhlmann, Jan: Kein Rechtsschutz für den Kopierschutz? Standardsoftware in rechtlicher Sicht, CR 1989, 177

Kuhn, Matthias: Rechtshandlungen mittels EDV und Telekommunikation, München 1991

Kulartz, Hans-Peter/Steding, Ralf: IT-Leistungen, Köln 2002

Kullmann, Hans Josef: Die Rechtsprechung des BGH zum Produkthaftpflichtrecht in den Jahren 1989/90, NJW 1991, 675

Kumbruck, Christel: Der „unsichere Anwender" – vom Umgang mit Signaturverfahren, DuD 1994, 20

Kuner, Christopher: Signaturgesetze und „Political Correctnes", DuD 1999, 227

Lapp, Thomas: E-Business mit digitalen Signaturen, ITRB 2001, 67
Lauer, Jörg: Verträge über Software-Leistungen in der Praxis, BB 1982, 1756.
Lehmann, Michael: Der wettbewerbsrechtliche Titelschutz von Computerprogrammen, in: Rechtsschutz und Verwertung von Computerprogrammen, herausgegeben von Michael Lehmann, 2. Aufl. Köln 1993, S. 383
ders.: Portierung und Migration von Anwendersoftware, Kartell- und AGB-rechtliche Probleme, CR 1990, 700
ders.: Freie Schnittstellen („interfaces") und freier Zugang zu den Ideen („reverse engineering"). Schranken des Urheberrechtsschutzes von Software, CR 1989, 1057
ders.: Der neue Europäische Rechtsschutz von Computerprogrammen, NJW 1991, 2112
ders.: Die Europäische Richtlinie über den Schutz von Computerprogrammen, GRUR 1991, 327
ders.: Produkt- und Produzentenhaftung für Software, NJW 1992, 1721
ders.: Der wettbewerbsrechtliche Titelschutz für Computerprogramme, CR 1986, 373
ders.: Das neue Software-Vertragsrecht, Verkauf und Lizenzierung von Computerprogrammen, NJW 1993, 1822
ders.: Titelschutz für Software, CR 1998, 2
ders.: Titelschutz von Computerprogrammen – eine Erwiderung, GRUR 1995, 250
Lehmann, Michael/Schneider, Jochen: Computerspiele – Prüfungskriterien für die Schutzfähigkeit gem. § 2 UrhG, RDV 1990, 68
Leistner, Matthias/Bettinger, Torsten: Creating Cyberspace, Beilage zu CR 12/1999
Leitermann, Richard: Vertragsrecht der Telekommunikationsdienstleistungen und Kundenschutz, in: Handbuch Telekommunikationsrecht, herausgegeben von Sven-Erik Heun, Köln 2002
Leitzen, Werner/Intveen, Michael: IT-Beschaffungsverträge der öffentlichen Hand, CR 2001, 493
Lejeune, Matthias: Rechtsprobleme bei der Lizensierung von Open Source Software nach GNU GPL, ITRB 2003, 10
Lenckner, Theodor/Winkelbauer, Wolfgang: Computerkriminalität – Möglichkeiten und Grenzen des 2. WiKG (1), CR 1986, 483
Lensdorf, Lars: Aspekte der Software-Hinterlegung, CR 2000, 80
Lesshaft, Karl/Ulmer, Detlef: Softwarefehler und Gewährleistung, CR 1988, 813
dies.: Urheberschutz von Computerprogrammen nach der Europäischen Richtlinie, CR 1991, 519

Lettl, Tobias: Rechtsfragen des Direktmarketings per Telefon und e-mail, GRUR 2002, 977

Lewinski, Kai v.: Privacy Policies: Unterrichtung und Einwilligung im Internet, DuD 2002, 395

Liggesmeyer, Peter/Rothfelder, Martin/Rettelbach, Michael/Ackermann, Thomas: Qualitätssicherung software-basierter technischer Systeme – Problembereiche und Lösungsansätze, Informatik Spektrum 1998, 249

Linke, Thomas: Das Recht der Namensgleichen bei Domains, CR 2002, 271

Löhnig, Martin: Die Einbeziehung von AGB bei Internet-Geschäften, NJW 1997, 1688

Loewenheim, Ulrich: Urheberrechtlicher Schutz von Videospielen, in: FS Hubmann, S. 307 ff.

Lorenz, Stephan: Rücktritt, Minderung und Schadensersatz wegen Sachmängeln im neuen Kaufrecht: Was hat der Verkäufer zu vertreten?, NJW 2002, 2497

Luckey, Jan: Das Schiedsgerichtsverfahren der ICANN – Lösung der Domain Disputes?, NJW 2001, 2527

Lütcke, Jens: Fernabsatzrecht, München 2002

Mack, Holger: Sperren von Zertifikaten in der Praxis – eine Fallanalyse, DuD 2001, 464

Malzer, Hans Michael: Der Softwarevertrag, Köln 1991

Mankowski, Peter: Wie problematisch ist die Identität des Erklärenden bei E-Mails wirklich?, NJW 2002, 2822

ders.: Fernabsatzrecht: Information über das Widerrufsrecht und Widerrufsbelehrung bei Internetauftritten, CR 2001, 767

ders.: Für einen Anscheinsbeweis hinsichtlich der Identität des Erklärenden bei E-Mails, CR 2003, 44

Marly, Jochen P.: Softwareüberlassungsverträge, 3. Aufl. München 2000

ders.: Zur Dekompilierung von Computerprogrammen – Das Recht in den USA und in Europa, NJW-CoR 1994, 40

Matthes, Jens: Der Herstellerregress nach § 478 BGB in Allgemeinen Geschäftsbedingungen – ausgewählte Probleme, NJW 2002, 2505

Mayen, Thomas: Geheimnisschutz im Gerichtsverfahren, AnwBl. 2002, 495

Meder, Stephan: Die Kreditkartenzahlung als Anweisungsgeschäft, AcP 198 (1998), 72

Meents, Jan Geer: Ausgewählte Probleme des Fernabsatzgesetzes bei Rechtsgeschäften im Internet, CR 2000, 610

Megede, zur, Ekkehard: Bemerkungen zu Rechtsfragen im Bereich der EDV, NJW 1989, 2581

Mehrings, Josef: Computersoftware und Mängelhaftung, GRUR 1985, 189

ders.: Zum Wandlungsrecht beim Erwerb von Standardsoftware, NJW 1988, 2438

ders.: Computersoftware und Gewährleistungsrecht, NJW 1986, 1904
ders.: Vertragsschluß im Internet. Eine Herausforderung für das „alte" BGB, MMR 1998, 30
ders.: Verbraucherschutz im Cyberlaw: Zur Einbeziehung von AGB im Internet, BB 1998, 2373
ders.: Im Süd-Westen wenig Neues: BGH zum Vertragsabschluss bei Internet-Auktionen, BB 2002, 469
Meier, Klaus/Wehlau, Andreas: Produzentenhaftung des Softwareherstellers, CR 1990, 95
Melullis, Klaus-J.: Zur Patentfähigkeit von Programmen für Datenverarbeitungsanlagen, GRUR 1998, 843
Merz, Michael/Tu, Tuan/Lamersdorf, Winfried: Electronic Commerce – Technologische und organisatorische Grundlagen, Informatik Spektrum 1999, 328
Metternich, Hans-Christian: Rechtsfragen im Zusammenhang mit der elektronischen Anmeldung, GRUR 2001, 647
Metzger, Axel: Erschöpfung des urheberrechtlichen Verbreitungsrechts bei vertikalen Vertriebsbindungen, GRUR 2001, 210
Michalski, Lutz/Bösert, Bernd: Vertrags- und schutzrechtliche Behandlung von Computerprogrammen, Stuttgart 1992
Micklitz, Hans-W./Reich, Norbert: Umsetzung der EG-Fernabsatzrichtlinie, BB 1999, 2093
Micklitz, Hans-W./Ebers, Martin: Der Abschluss von privaten Versicherungsverträgen im Internet: VersR 2002, 641
Micklitz, Hans-W./Tonner, Klaus: Vertriebsrecht, Baden-Baden 2002
Möschel, Wernhard: Dogmatische Strukturen des bargeldlosen Zahlungsverkehrs, AcP 1986, 187
Moos, Flemming: Datenschutz im Internet, in: Handbuch zum Internet-Recht, herausgegeben von Detlef Kröger u. Marc A. Gimmy, Berlin/Heidelberg/New York, 2. Aufl. 2002, S. 497
Moon, Ken: Internet Patents: Classification and Judification, Technology and E-Commerce Law Newsletter, IBA, Vol. 19, No. 1 (June 2001), p. 27
Moritz, Hans-Werner: Softwarepflegevertrag – Abschlußzwang und Schutz vor Kündigung zur Unzeit, CR 1999, 541
Moritz, Hans-Werner/Dreier, Thomas (Hrsg.): Rechts-Handbuch zum E-Commerce, Köln 2002
Moritz, Hans-Werner/Hütig, Stefan: Fortbildung des Computerrechts von 1998 bis heute, Beil. 10 zu BB 2000, H. 48, S. 2
Moritz, Hans-Werner/Tybussek, Barbara: Computersoftware. Rechtsschutz und Vertragsgestaltung, Eine systematische Darstellung nach deutschem und EG-Recht, 2. Auflage, München 1992
Müglich, Andreas: Auswirkungen des EGG auf die haftungsrechtliche Behandlung von Hyperlinks, CR 2002, 583

Müller, Harald: Erwerb und Nutzung von Software und Datenträgern in Bibliotheken, Berlin 1990
Müller-Hengstenberg, Claus-Dieter: BVB/EVB-IT-Computersoftware, Besondere Vertragsbedingungen für die Überlassung, Erstellung und Pflege von DV-Programmen, sowie Ergänzende Vertragsbedingungen für IT-Überlassung Typ A und B und IT-Dienstleistungen, 6. Auflage, Berlin 2003
ders.: Urteilsanmerkung zu OLG Köln, CR 1991, 17 f.
ders.: Bemerkungen zum Software-Gewährleistungsrecht, CR 1986, 441
ders.: BVB-Planung, CR 1988, 633
Müller-Hengstenberg, Claus-Dieter/Krcmar, Helmut: Die Verwendung von Gattungsbegriffen in Internet-Domains, OLG Report Köln 2002, K 39
Müller-Hengstenberg, Claus-Dieter/Wild, Hans Jochen: Abnahme von Computerprogrammen, CR 1991, 327
Münchener Kommentar, Münchener Kommentar zum Bürgerlichen Gesetzbuch, herausgegeben von Kurz Rebmann und Franz-Jürgen Säcker Band 1, Allgemeiner Teil und AGB-Gesetz, Redakteur Franz-Jürgen Säcker, 4. Auflage 2001; Band 1a, Allgemeiner Teil, §§ 80, 81, 105a, 126–127, 194–218, ProstG, 4. Aufl. 2003; Band 4, Schuldrecht, Besonderer Teil, Teil II, Redakteur Peter Ulmer, 3. Auflage München 1997
Münz, Anja: Vertrieb von Software über das Internet, in: Handbuch der IT-Verträge, herausgegeben von Helmut Redeker, Köln, Loseblatt, Stand: Oktober 2002, Abschn. 1.16
Münzberg, Wolfgang: Die Abhängigkeit der Vollstreckungsreife eines Zahlungstitels von der Herausgabe bestimmter Software, BB 1990, 1011

Nauroth, Dieter: Computerrecht für die Praxis, München 1990
ders.: Leistungsbeschreibung: Notwendiges Instrument zur Konkretisierung vertraglicher Leistungen hei Softwareverträgen, CR 1987, 153
Nickels, Sven: Neues Bundesrecht für E-Commerce, CR 2002, 302
Niedermeier, Robert/Damm, Maximilian: Rechtliche Folgen des Cloning eines Betriebssystems, CR 1999, 737
Nöcker, Gregor: Urkunden und EDI-Dokumente, CR 2000, 176
Nordemann, Axel: Internet-Domains und zeichenrechtliche Kollisionen, NJW 1997, 1991
Nordemann, Wilhelm: Bildschirmspiele – eine neue Werkart im Urheberrecht, GRUR 1981, 891

Odutola, Bayo: What's in a domain name?, IBL 1999, 38
Ohly, Ansgar: Software und Geschäftsmethoden im Patentrecht, CR 2001, 809
Omsels, Hermann-Josef: Die Kennzeichenrechte im Internet, GRUR 1997, 328

Paefgen, Thomas Christian: Bildschirmtext aus zivilrechtlicher Sicht, Weinheim/Basel/Cambridge/New York 1988

Palandt (Bearbeiter), Kommentar Bürgerliches Gesetzbuch, bearbeitet von Peter Bassenge, Wolfgang Edenhofer, Andreas Heldrich, Uwe Diederichsen, Helmut Heinrichs, Hans Putzo, Heinz Thomas, 61. Auflage, München 2002; 62. Auflage, München 2003

Pausch, Manfred: Die Sicherheit von Magnetstreifenkarten im automatischen Zahlungsverkehr, CR 1997, 174

Perrey, Elke: Das Namensrecht der Gebietskörperschaften im Internet – Umfang und Durchsetzung, CR 2002, 349

Peuckert, Heribert: Sicherheit in Netzen und Systemen, DuD 1991, 393

Pfeiffer, Tim: Cyberwar gegen Cybersquatter, GRUR 2001, 92

Pichler, Rufus: Kreditkartenzahlung im Internet, NJW 1998, 3234

ders.: Rechtsnatur, Rechtsbeziehungen und zivilrechtliche Haftung beim elektronischen Zahlungsverkehr im Internet, Münster 1998

Pieper, Helmut: Richter und Sachverständiger im Zivilprozeß, ZZP 84 (1971), 1 ff.

Pilny, Karl H.: Die „Schnittstelle" zwischen Technik und Recht – Probleme bei der juristischen Beurteilung von „Interfaces" und „Reverse engineering", DuD 1990, 442 f.

Piltz, Burghard: Der Anwendungsbereich des UN-Kaufrechts, AnwBl. 1991, 57

Plath, Kai-Uwe: Abnahme bei Individualsoftwareverträgen, ITRB 2002, 98

Pordesch, Ulrich: Elektronische Unterschrift im Zahlungsverkehr, DuD 1993, 561

Pordesch, Ulrich/Roßnagel, Alexander: Elektronische Signaturverfahren rechtsgemäß gestalten, DuD 1994, 82

Prasch, Hermann: Technische Problemlösungen mit Datenverarbeitungssystemen aus patentrechtlicher Sicht, CR 1987, 337

Pres, Andreas: Gestaltungsformen urheberrechtlicher Softwarelizenzverträge, Köln 1994

Probandt, Wolfgang: Zivilrechtliche Probleme des Bildschirmtextes, UFITA 98 (1984), 9

Püttner, Paul Stefan: Maschinelle Authentifizierung im Zahlungsverkehr, DuD 1987, 67

Raubenheimer, Andreas: Die jüngste Rechtsprechung zur Umgehung/Beseitigung eines Dongles, NJW-CoR 1996, 174

Raßmann, Steffen: Elektronische Unterschrift im Zahlungsverkehr, CR 1998, 36

Rawolle, Joachim/Lassahn, Claus/Schumann, Matthias: Wege zur Absicherung eines Intranets, Informatik Spektrum 1999, 181

Recker, Wilfried: Schadensersatz statt der Leistung – oder: Mangelschaden und Mangelfolgeschaden, NJW 2002, 1247

Redeker, Helmut: Die Ausübung des Zurückbehaltungsrechts im Wartungs- und Pflegevertrag, CR 1995, 385
ders.: Handel mit personenbezogenen Daten (1), CR 1989, 670
ders.: Der Abruf von Informationen im Bildschirmtextsystem als Rechtsgeschäft, DB 1986, 1057
ders.: Vertragsgestaltung für die Benutzer privater Telematikdienste, in: Telekommunikation und Wirtschaftsrecht, herausgegeben von Joachim Scherer, Köln 1988, 5. 111 ff.
ders.: Geschäftsabwicklung mit externen Rechnern im Bildschirmtextdienst, NJW 1984, 2300
ders.: Vollstreckungsfähige Titel über die Herausgabe von Programmträgern, CR 1988, 277
ders.: Vollstreckung im Softwareverletzungsprozess, in: Softwareüberlassung und Zivilprozess, herausgegeben von Michael Bartsch, Köln 1991, S. 105
ders.: Der Rechtsbegriff des Mangels beim Erwerb von Software, CR 1993, 193
ders.: Gestaltung von Subunternehmerverträgen, CR 1999, 137
ders.: Abgrenzung zwischen Werk- und Dienstvertrag, ITRB 2001, 109
ders.: Softwareerstellung im neuen Schuldrecht, ITRB 2002, 119
ders.: Change Request, ITRB 2002, 190
Rehmann, Wolfgang A.: Substantiierungspflicht im Softwareprozess, CR 1990, 575
Renck, Andreas: Kennzeichenrechte versus Domain-Namen – Eine Analyse der Rechtsprechung, NJW 1999, 3587
Revell, Stephen: Round Table on the Year 2000, IBL Vol. 26, No. 10 (Nov. 1998), p. 468
Rihaczek, Karl: OSIS – Open shops für information services, DuD 1983, 116
ders.: Der Stand von OSIS, DuD 1985, 213
ders.: The Chipcard as 5 bill of lading, Manuskript 1985
ders.: Der elektronische Beweis – eine Lücke bei der Umsetzung von Technik zum Rechtsgebrauch, DuD 1994, 127
Röhl, Klaus F.: Fehler in Druckwerken, JZ 1979, 369
Röhrborn, Jens/Sinhart, Michael: Application Service Providing – eine juristische Einordnung und Vertragsgestaltung, CR 2001, 69
Rössel, Markus: Haftung für Computerviren, ITRB 2002, 214
ders.: Patentierung von Computerprogrammen, ITRB 2002, 90
Röttinger, Moritz: Patentierbarkeit computerimplementierter Erfindungen, CR 2002, 616
Rombach, Wolfgang: Killer-Viren als Kopierschutz für Computerprogramme. Vertragliche und deliktische Anspruchsgrundlagen der Betroffenen. Haftungsbegrenzung, Rechtfertigung und Kausalität (1), CR 1990, 101

Rossa, Caroline Beatrix: Mißbrauch beim electronic cash. Eine zivilrechtliche Betrachtung, CR 1997, 219
Roßnagel, Alexander: Digitale Signaturen im Rechtsverkehr, NJW – CoR 1994, 96
ders.: Das Signaturgesetz nach zwei Jahren, NJW 1999, 1591
ders.: Das neue Recht elektronischer Signaturen, NJW 2001, 1817
ders.: Recht der Multimedia-Dienste. Kommentar zum IuKDG und zum MDStV, München 1999
Roth, Birgit: Verträge zur Netznutzung – wichtige Regelungsinhalte, in: Praxis des Online-Rechts, herausgegeben von Ulrich Loewenheim und Frank A. Koch, Weinheim/NewYork/Chichester/Brisbane/Singapore/Toronto 1998, S. 57
dies.: Vertrieb von Dienstleistungen im Internet, ITRB 2002, 248
Rott, Peter: Die Auswirkungen des Signaturgesetzes auf die rechtliche Behandlung von elektronischem Datenmanagement und Datenaustausch – eine Prognose, NJW-CoR 1998, 420
Ruland, Christoph: Vertrauenswürdigkeit und Vertraulichkeit elektronischer Dokumente, RDV 1990, 168
Runte, Christian: Produktaktivierung, CR 2001, 657
Rupp, Wolfgang: Verstößt die unbefugte Benutzung eines urheberrechtlich geschützten Computerprogramms gegen §§ 97ff., 106 UrhG?, GRUR 1986, 147

Salje, Peter: Buchbesprechung: Kilian, Haftung für Mängel der Computer-Software, JZ 1987, 342
Schack, Haimo: Die Zusicherung beim Kauf, AcP 1985, 333
Schafft, Thomas: Die systematische Registrierung von Domain-Varianten, CR 2002, 434
ders.: „Reverse Auctions" im Internet, CR 2001, 393
Scheller, Jürgen: Vertrieb und Zahlungsverkehr im Netz, in: Praxis des Online-Rechts, herausgegeben von Ulrich Loewenheim und Frank A. Koch, Weinheim/New York/Chichester/Brisbane/Singapore/Toronto 1998, S. 199
Scherer, Joachim (Hrsg.): Telekommunikation und Wirtschaftsrecht, Zivilrecht und Vertragsgestaltung, Unlauterkeitsrecht, Kartellrecht, Fernmelderecht, Datenschutz, Europa- und Völkerrecht, mit Beiträgen von Franz Arnold, Michael Bothe, Hans-Willi Hefekäuser u.a., Köln 1988
Schimansky, Herbert/Bunte, Hermann-Josef (Hrsg.): Bankrechts-Handbuch, München, Bd. 1: 1997
Schlatter, Sybille: Der Rechtsschutz von Computerspielen und Computerkunst, in: Rechtsschutz und Verwertung von Computerprogrammen, herausgegeben von Michael Lehmann, 2. Aufl. Köln 1993, S. 169 ff.
Schmidt, Burkhard: Zur unberechtigten Kündigung aus wichtigem Grund im Werkvertrag, NJW 1995, 1313

Schmidt, Harry: Die Kontrolle Allgemeiner Geschäftsbedingungen in Programmüberlassungsverträgen, in: Rechtsschutz und Verwertung von Computerprogrammen, herausgegeben von Michael Lehmann, 2. Aufl. Köln 1993, S. 701

Schmidt, Markus: Vertrag zur Lieferung eines kompletten EDV-Systems, in: Handbuch der IT-Verträge, herausgegeben von Helmut Redeker, Köln, Loseblatt, Stand: Oktober 2002, Abschn. 1.5

Schmidt, Michael: Die elektronische Signatur, CR 2002, 508

Schmidt, Reimer: Rationalisierung und Privatrecht, AcP 166 (1966), 1

Schmidt-Bogatzky, Florian: Die Verwendung von Gattungsbegriffen als Internet-Domains, GRUR 2002, 941

Schmieder, Hans-Heinrich: Die Entwicklung des Markenrechts seit Ende 1997, NJW 1999, 3088

Schmitz, Heribert/Schlatmann, Arne: Digitale Verwaltung – Das Dritte Gesetz zur Änderung verwaltungsverfahrensrechtlicher Vorschriften, NVwZ 2002, 1281

Schneider, Jochen: Handbuch des EDV-Rechts, 3. Aufl. Köln 2003

ders.: Rechenzentrumsvertrag, in: Handbuch der IT-Verträge, herausgegeben von Helmut Redeker, Köln, Loseblatt, Stand: Oktober 2002, Abschn. 7.1

Schneider, Jochen/Bischof, Elke: Das neue Recht für Softwareerstellung/-anpassung, ITRB 2002, 273

Schneider, Jochen/Günther, Andreas: Haftung für Computerviren, CR 1997, 389

Schneider, Jochen/Hartmann, Matthias: Haftungsklauseln in CD-ROM-Nutzungsbedingungen, CR 1998, 517

Schneider, Jörg: Softwarenutzungsverträge im Spannungsfeld von Urheber- und Kartellrecht, München 1989

ders.: Vervielfältigungsvorgänge beim Einsatz von Computerprogrammen, Vorrang urheberrechtlicher Grundwertungen gegenüber technischen Zufälligkeiten, CR 1990, 503

Schneider, Michael: Message-Handling-Systeme. Im Spannungsfeld zwischen technischer, gesellschaftlicher und juristischer Evolution (II), CR 1988, 868

Schnupp, Peter: Von virtuellen Wahrheiten, NJW-CoR 1999, 217

Schölch, Günther: Softwarepatente ohne Grenzen, GRUR 2001, 16

Schön, Wolfgang: Prinzipien des bargeldlosen Zahlungsverkehrs, AcP 198 (1998), 401

Schönberger, Katja: Der Schutz des Namens von Gerichten gegen die Verwendung als oder in Domain-Namen, GRUR 2002, 478

Schöniger, Franz-Josef: Patentfähigkeit von Software, CR 1997, 598

Schricker, Gerhard (Hrsg.): Urheberrecht. Kommentar, München 2. Aufl. 1999

Schröder, Detlef/Mütter, Günter: Potentiale und Hürden des Electronic Commerce, Informatik Spektrum 1999, 252

Schubert, Werner: Klageantrag und Streitgegenstand bei Unterlassungsklagen, ZZP 1985, 29
Schulze, Gernot: Urheberrechtsschutz von Computerprogrammen – geklärte Rechtsfrage oder bloße Illusion?, GRUR 1985, 997
ders.: Beweislast und Bestimmtheitsgebot im Software-Verletzungsprozeß, CR 1986, 779
Schumacher, Dirk: Wirksamkeit von typischen Klauseln in Softwareüberlassungsverträgen, CR 2000, 641
Schumacher, Stephan: Digitale Signaturen in Deutschland, Europa und den U.S.A. – Ein Problem, zwei Kontinente, drei Lösungen, CR 1998, 758
Schumacher, Ulrich: Schuldrechtsreform: Neuregelungen im AGB-Recht, MDR 2002, 973
Schuppert, Stefan: Web-Hosting, in: Handbuch der IT-Verträge, herausgegeben von Helmut Redeker, Köln, Loseblatt, Stand: Oktober 2002, Abschn. 3.3
Schwamb, Thomas: Haftungsausschlüsse bei EDV-Miete. Gleichzeitig Anmerkung zu dem Urteil des LG Essen, CR 1987, 428, CR 1987, 500
Schwarze, Jochen/Schwarze, Stephan: Electronic Commerce.Grundlagen und praktische Umsetzung, Hemer/Berlin 2002
Schweyer, Stefan: Der warenzeichenrechtliche Schutz von Computerprogrammen, in: Rechtsschutz und Verwertung von Computerprogrammen, herausgegeben von Michael Lehmann, 2, Aufl., Köln 1993, S. 357
Schwintowski, Hans Peter/Schäfer, Frank A.: Bankrecht, 1997
Seffer, Adi: Gestaltung von Softwarelizenzverträgen, ITRB 2002, 244
Sester, Peter: Open-Source-Software: Vertragsrecht, Haftungsrisiken und IPR-Fragen, CR 2000, 797
Sieber, Ulrich: Bilanz eines „Musterverfahrens". Zum rechtskräftigen Abschluß des Verfahrens BGHZ 94, 276 (Inkassoprogramm), CR 1986, 699
Sobola, Sabine: Homepage, Domainname, Meta-Tags – Rechtsanwaltswerbung im Internet, NJW 2001, 1113
Soergel (Bearbeiter): Bürgerliches Gesetzbuch, begründet von Hs. Th. Soergel, neu herausgegeben von W. Siebert, bearbeitet von Jürgen Baur, Volker Beuthien, Jürgen Damrau u. 5., Band 2, Schuldrecht 1 (§§ 241–432), Redaktion Hans-Joachim Mertens, 12. Auflage, Stuttgart/Berlin/Köln 1990 Band 4/1: Schuldrecht III/1 (§§ 516–651), Redaktion Otto Mühl und Arndt Teichmann, 12. Aufl., Stuttgart/Berlin/Köln 1997
Spindler, Gerald: Das Jahr 2000-Problem in der Produkthaftung: Pflichten der Hersteller und Softwarenutzer, NJW 1999, 3737
ders.: Inhaltskontrolle von Internet-Provider-Verträgen – Grundsatzfragen, BB 1999, 2037
ders.: Haftungsklauseln in Provider-Verträgen. Probleme der Inhaltskontrolle, CR 1999, 626
ders. (Hrsg.): Vertragsrecht der Internet-Provider, Köln 2000

ders.: Das Gesetz zum elektronischen Geschäftsverkehr – Verantwortlichkeit der Diensteanbieter und Herkunftslandprinzip, NJW 2002, 921

Sponeck, Henning: Beweiswert von Computerausdrücken, CR 1991, 269

Stadler, Thomas: Haftung für Informationen im Internet, Berlin 2002

Staudinger: Kommentar zum Bürgerlichen Gesetzbuch, Zweites Buch: Recht der Schuldverhältnisse (§§ 535–563, Anlage zu § 556a), 13. Aufl., bearbeitet von Volker Emmerich und Jürgen Sonnenschein, Redaktor: Heinrich Honsell, Berlin 1995
AGBG, 13. Aufl., bearbeitet von Michael Coester, Dagmar Coester-Waltjen und Peter Schlosser, Redaktor: Michael Martinek, Berlin 1998
§§ 812–822, bearbeitet von Werner Lorenz, 1999

Sternel, Friedemann: Mietrecht, 3. Auflage, Köln 1988

Steup, Elisabeth/Koch, Ingwer: Der Halbleiterschutz nach nationalem, internationalem und europäischem Recht, in: Rechtsschutz und Verwertung von Computerprogrammen, herausgegeben von Michael Lehmann, Köln 1988, S. 183 ff.

Störmer, Werner: Elektronische Kartensysteme, Heidelberg 1997

Stratmann, Holger: Internet domain names oder der Schutz von Namen, Firmenbezeichnungen und Marken gegen die Benutzung durch Dritte als Internet-Adresse, BB 1997, 689

Streitz, Siegfried: Beweisführung, NJW-CoR 1996, 309

Swoboda, Michael: Der Btx-Staatsvertrag und zivilrechtlichen Aspekte bei Bildschirmtextanwendungen, Manuskript, Vortrag auf dem Btx-Kongress Berlin, 30. November 1983

Syndikus, Bernhard: Computerspiele und Urheberrecht, CR 1988, 819

Taeger, Jürgen: Außervertragliche Haftung für fehlerhafte Computerprogramme, Tübingen 1995

Taschner, Hans Claudius/Fritsch, Edwin: Produkthaftungsgesetz und EG – Produkthaftungsrichtlinie, 2. Aufl., München 1990

Tauchert, Wolfgang: Zur Patentierbarkeit von Programmen für Datenverarbeitungsanlagen, GRUR 1999, 965

ders.: Zur Beurteilung des technischen Charakters um Patentanmeldungen aus dem Bereich der Datenverarbeitung unter Berücksichtigung der bisherigen Rechtsprechung, GRUR 1997, 149

ders.: Patentschutz für Computerprogramme – Sachstand und neue Entwicklungen, GRUR 1999, 829

Tellis, Nikolaus: Gewährleistungsansprüche bei Sachmängeln von Anwendersoftware, BB 1990, 500

Tempel, Otto: Der Bauprozeß, JuS 1979, 492

Thamm, Michael: Die Mängelrüge nach Gesetz, Rechtsprechung und AGB-Praxis, BB 1994, 2224

Thot, Norman B./Gimmy, Marc A.: Vertragsschluss im Internet, in: Handbuch zum Internet-Recht, herausgegeben von Detlef Kröger u. Marc A. Gimmy, Berlin/Heidelberg/New York, 2. Aufl. 2002, S. 3

Tiling, Johann: Software-Güteprüfung und Rechtsproblematik, CR 1987, 80

Tilmann, Winfried/Schreibauer, Marcus: Die neueste BGH-Rechtsprechung zum Besichtigungsanspruch nach § 809 BGB, GRUR 2002, 1015

Towle, Holly/Bruggemann, Alan: Service Level Agreements, CRInt 2002, 75

Tröndle, Herbert/Fischer, Thomas: Strafgesetzbuch und Nebengesetze, 50. Aufl., München 2001

Ubber, Thomas: BB-Kommentar (zu BGH, shell.de), BB 2002, 1167

ders.: Markenrecht im Internet, Heidelberg 2002

Ulbricht, Johannes: Unterhaltungssoftware: Urheberrechtliche Bindungen bei Projekt- und Publishingverträgen, CR 2002, 317

Ulrici, Bernhard: Zum Vertragsschluss bei Internet-Auktionen, NJW 2001, 1112

Ullmann, Eike: Sachverhalt und Beweisbeschluss zur Urheberrechtsschutzfähigkeit von Software, in: Softwareüberlassung und Zivilprozess, herausgegeben von Michael Bartsch, Köln 1991, S. 96

Ulmer, Detlef: Der Bundesgerichtshof und der moderne Vertragstyp „Softwareüberlassung", CR 2000, 493

Ulmer, Peter/Brandner, Hans Erich/Hensen, Horst-Dieter: AGB-Gesetz, 9. Aufl., Köln 2001

Ultsch, Michel L.: Zugangsprobleme bei elektonischen Willenserklärungen, NJW 1997, 3007

Varadinek, Brigitta: Trefferlisten im Internet als Werbeplatz für Wettbewerber, GRUR 2000, 279

Vehshage, Thorsten: Entwurf eines Fernabsatzgesetzes, DuD 1999, 639

Vogt, Stefan: Die Entwicklung des Wettbewerbsrechts in den Jahren 1997–1999, NJW 1999, 3601

Waas, Bernd: Verjährungsunterbrechung von Gewährleistungsansprüchen bei erfolglosen Nachbesserungsversuchen des Schuldners, BB 1999, 2472

Waechter, Michael: Die „komplementäre" Nutzung von Standardsoftware bei Inanspruchnahme von Rechenzentrumsleistungen, NJW-CoR 1999, 292

Waldenberger, Arthur: Grenzen des Verbraucherschutzes beim Abschluß von Verträgen im Internet, BB 1996, 2365

Waltl, Peter: Der mehrfache Nachbesserungsversuch, CR 1998, 449

ders.: Elektronischer Geschäftsverkehr und EDI, in: Praxis des Online-Rechts, herausgegeben von Ulrich Loewenheim und Frank A. Koch,

Weinheim/New York/Chichester/Brisbane/Singapore/Toronto 1998, S. 179

Wandtke, Artur-Axel/Bullinger, Winfried (Hrsg.): Praxiskommentar zum Urheberrecht, München 2002

Weber, Caroline: Zahlungsverfahren im Internet, Köln 2002

Weis, Rüdiger/Lucks, Stefan/Geyer, Werner: Stand der Faktorisierungsforschung, DuD 2000, 150

Werner, Stefan: Rechtsprobleme im elektronischen Zahlungsverkehr, Beil. Nr. 12 zu BB 1999, S. 21

ders.: Geldverkehr im Internet, Heidelberg 2002

ders.: Mailorderverfahren: Verschuldensunabhängige Rückbelastungsklausel in AGB von Kreditkartenunternehmen ist unwirksam, BB 2002, 1382

Werner, Ulrich/Pastor, Walter: Der Bauprozeß, Prozessuale und materielle Probleme des zivilen Bauprozesses, 9. Aufl., Düsseldorf 1999

Westphalen, Friedrich Graf von: Allgemeine Verkaufsbedingungen, München 1990

ders.: Allgemeine Einkaufsbedingungen nach neuem Recht, 3. Aufl., München 2002

ders.: Das neue Produkthaftungsgesetz, NJW 1990, 83

ders.: Rechtsprobleme des Computerleasing, CR 1987, 477

ders.: Der Software-Entwicklungsvertrag – Vertragstyp – Risikobegrenzung, CR 2000, 73

ders.: AGB-Recht im BGB – eine erste Bestandsaufnahme, NJW 2002, 12

ders.: Die Entwicklung des AGB-Rechts im Jahr 2001, NJW 2002, 1688

ders. (Hrsg.): Vertragsrecht und AGB-Klauselwerke, Loseblatt (Stand: Januar 2002)

Westphalen, Friedrich Graf von/Seidel Ulrich: Aktuelle Rechtsfragen der Software-Vertrags- und Rechtspraxis, 2. Auflage, Köln 1989

Westphalen, Friedrich Graf von/Langheid, Theo/Streitz, Siegfried: Der Jahr 2000 Fehler, Köln 1999

Weyer, Wolfgang: Wartung gekaufter Informationstechnikprodukte, CR 1988, 711

Wichard, Johannes Christian: Domain-Names-Streitbeilegung durch das WIPO Arbitration and Mediation Center, Beil. Nr. 7 zu BB 46/2002, S. 13

Wiebe, Andreas: Rechtsschutz für Software in den neunziger Jahren, BB 1993, 1094

Wilmer, Thomas: Rechtliche Probleme der Online-Auktionen, NJW-CoR 2000, 94

Witte, Andreas: Erstellung von Individualsoftware, in: Handbuch der IT-Verträge, herausgegeben von Helmut Redeker, Köln, Loseblatt, Stand: Oktober 2002, Abschn. 1.4

Witzel, Michaela: Gewährleistung und Haftung im Application Service Providing – Verträgen, ITRB 2002, 183

Wohlgemuth, Michael: Computerwartung, München 1999
Wolff, Stephan: Erreichen Gutachten ihre Adressaten?, NJW 1993, 1510
Wuermeling, Ulrich/Deike, Thies: Open Source Software. Eine juristische Risikoanlage, CR 2003, 87

Zahrnt, Christoph: Abschlußzwang und Laufzeit beim Softwarepflegevertrag, CR 2000, 205
ders.: Beweislast bei Fehlen, insbesondere bei Softwarefehlern, IuR 1986, 301
ders.: Erstellung von DV-Programmen – geschuldete Leistung bei Pauschalpreis, DB 1986, 157
ders.: Gewährleistung bei Überlassung von Standardprogrammen, IuR 1986, 252
ders.: Die Kreditkarte unter privatrechtlichen Gesichtspunkten, NJW 1972, 1077
ders.: Titelschutz für Software-Produkte – ein Irrtum?, BB 1996, 1570
ders.: Die Rechtsprechung zur Beweislast bei Fehlern in Standardsoftware, NJW 2002, 1531
ders.: Projektmanagement von IT-Verträgen, Heidelberg 2002
ders.: VOC, Teil 1, 2. Auflage 1982; Teil 2, 1981
Zehentmeier, Ursula: Unaufgeforderte E-Mail-Werbung – Ein wettbewerbswidriger Boom im Internet, BB 2000, 940
Zekoll, Joachim/Bolt, Jan: Die Pflicht zur Vorlage von Urkunden im Zivilprozess – Amerikanische Verhältnisse in Deutschland?, NJW 2002, 3129
Zitzelsberger, Ralf/Hogen, Guido: Die Chipkarte der Deutschen Kreditwirtschaft, DuD 2002, 271
Zöller, Richard: Zivilprozessordnung, 23. Auflage, Köln 2002
Zuther, Ingo Arnd: Die Auswirkung der Rationalisierung im Rechtsverkehr auf die Abgabe und Anfechtung von Willenserklärungen, Diss., Hamburg 1968
Zwißler, Sonja: Secure Electronic Transaction – SeT, (1): DuD 1998, 711, (2): DuD 1999, 13

Abkürzungsverzeichnis

a.A.	anderer Ansicht
abl.	ablehnend
ABl.	Amtsblatt
Abs.	Absatz
Abschn.	Abschnitt
AcP	Archiv für civilistische Praxis
ADSp	Allgemeine Deutsche Spediteurbedingungen
a.F.	Alte Fassung
AG	Amtsgericht
AGB	Allgemeine Geschäftsbedingungen
AGBG	Gesetz über Allgemeine Geschäftsbedingungen
AK	Alternativ-Kommentar
Anm.	Anmerkung
AnwBl.	Anwaltsblatt
AnwGH	Anwaltsgerichtshof
APSL	Apple Public Source License
ArbErfG	Arbeitnehmererfindungsgesetz
ASP	Application Service Providing
BAG	Bundesarbeitsgericht
BAnz	Bundesanzeiger
BauR	Baurecht
BB	Betriebsberater
BDSG	Bundesdatenschutzgesetz
Beil.	Beilage
Beschl.	Beschluss
BGB	Bürgerliches Gesetzbuch
BGB-InfoV	BGB-Informationspflichten-Verordnung
BGH	Bundesgerichtshof
BGHZ	Entscheidungen des Bundesgerichtshofs in Zivilsachen
BIOS	Basic Input Output System
Bl.	Blatt
BL	Baumbach/Lauterbach
Blatt für PMZ	Blatt für Patent-, Muster- und Zeichensachen
BPatG	Bundespatentgericht
BRAK-Mitt.	Mitteilungen der Bundesrechtsanwaltskammer
BSD	Berkeley State Distribution
Btx	Bildschirmtext

BVB	Besondere Vertragsbedingungen
CAD	Computer Aided Design
CAM	Computer Aided Manufacturing
CD	Compact Disc
CD-ROM	Compact Disc Read-Only
c.i.c.	culpa in contrahendo
CMI	Comité Maritime International
CPU	Central Processing Unit
CR	Computer und Recht
CRInt.	Computer und Recht international
DB	Der Betrieb
DENIC	Deutsches Network Information Center
DIN	Deutsche Industrienorm
Dok.	Dokument
DÖV	Die Öffentliche Verwaltung
DuD	Datenschutz und Datensicherung
DV	Datenverarbeitung
DVBl.	Deutsches Verwaltungsblatt
DZWiR	Deutsche Zeitschrift für Wirtschaftsrecht
EC	Eurocheque
ECR	Entscheidungen zum Computerrecht
EDI	Electronic Data Interchange
EDV	Elektronische Datenverarbeitung
EGBGB	Einführungsgesetz zum Bürgerlichen Gesetzbuch
Einl.	Einleitung
EPA	eventuell
EWG	Europäische Wirtschaftsgemeinschaft
FS	Festschrift
gew.	gewerblich
GewO	Gewerbeordnung
GPL	General Public License
GRUR	Gewerblicher Rechtsschutz und Urherberrecht
GRURInt.	Gewerblicher Rechtsschutz und Urheberrecht international
GWG	Gesetz gegen Wettbewerbsbeschränkungen
H.	Heft
HalbSchG	Halbleiterschutzgesetz
HGB	Handelsgesetzbuch
HOAI	Honorarordnung für Architekten und Ingenieure
Hrsg.	Herausgeber
HTML	HyperText Markup Language
IBA	International Bar Association
IBL	International Business Lawyer

ICANN	Internet Corporation for Assigned Names and Numbers
i.d.R.	in der Regel
i.E.	im Ergebnis
InsO	Insolvenzordnung
ISO	International Standards Organization
IT	Informationstechnik
ITRB	Der IT-Rechtsberater
IuR	Informatik und Recht
i.V.	in Verbindung
JR	Juristische Rundschau
JuS	Juristische Schulung
JZ	Juristenzeitung
KB	Kilobyte
KG	Kammergericht
KO	Konkursordnung
K&R	Kommunikation und Recht
krit.	kritisch
LG	Landgericht
LGPL	Lesser General Public License
LS	Leitsatz
m.	mit
MarkenG	Markengesetz
MB	Megabyte
MDR	Monatsschrift für Deutsches Recht
MDStV	Mediendienstestaatsvertrag
MedR	Medizinrecht
MMR	MultiMedia und Recht
mwN	mit weiteren Nachweisen
NJW	Neue Juristische Wochenschrift
NJW-CoR	NJW Computerreport
NJWE WettbR	NJW Entscheidungsdienst Wettbewerbsrecht
NJW-RR	NJW Rechtsprechungs-Report Zivilrecht
No.	Number
Nr.	Nummer
NStZ	Neue Zeitschrift für Strafrecht
NVwZ	Neue Zeitschrift für Verwaltungsrecht
NZA	Neue Zeitschrift für Arbeitsrecht
OEM	Original Equipment Manufacturer
OLG	Oberlandesgericht
p.	page
PatG	Patentgesetz
PC	Personal Computer
PD	Public Domain

PIN	Persönliche Identifzierungsnummer
POS	Point-of-Sale-System
ProdHaftG	Produkthaftungsgesetz
RAK	Rechtsanwaltskammer
RAM	Random Access Memory
Rdn.	Randnummer
RDV	Recht der Datenverarbeitung
RG	Reichsgericht
RGZ	Entscheidungen des Reichsgerichts in Zivilsachen
Rn.	Randnummer
Rspr.	Rechtsprechung
RZ	Rechenzentrum
S.	Seite
s.a.	siehe auch
SET	Secure Electronic Transaction
SGB	Sozialgesetzbuch
SHAP	Software House Assistant Programm
SigG	Signaturgesetz
SigV	Signaturverordnung
SIM	Subscriber Identity Module
sog.	sogenannt
StGB	Strafgesetzbuch
StPO	Strafprozessordnung
str.	streitig
StV	Staatsvertrag
SWIFT	Society for Worldwide Interbank Financial Telecommunication
TDDSG	Teledienstedatenschutzgesetz
TDG	Teledienstegesetz
TDSV	Telekommunikations-Datenschutzverordnung
TKG	Telekommunikationsgesetz
TKV	Telekommunikations-Kundenschutzverordnung
TRIPs	Trade Related Aspects on Intellectual Property Rights (Übereinkommen)
u.ä.	und ähnliches
UFITA	Archiv für Urherber-, Film-, Funk- und Theaterrecht
UKlaG	Unterlassungsklagengesetz
UNCITRAL	United Nations Commission on International Trade Law
UNIX	Uniplexed Information and Computing System
UrhG	Urhebergesetz
Urt.	Urteil
usw.	und so weiter

u.U.	unter Umständen
UWG	Gesetz gegen unlauteren Wettbewerb
VAR	Value Added Resale
Vbdg.	Verbindung
VerbrKrG	Verbraucherkreditgesetz
VersR	Versicherungsrecht
vgl.	vergleiche
VOB	Verdingungsordnung Bau
Vol.	Volume
VwGO	Verwaltungsgerichtsordnung
WM	Wertpapiermitteilungen
WRP	Wettbewerb in Recht und Praxis
WuM	Wohnungswirtschaft und Mietrecht
z.B.	zum Beispiel
ZBB	Zeitschrift für Bankrecht und Bankwirtschaft
ZfBR	Zeitschrift für deutsches und internationales Baurecht
ZIP	Zeitschrift für Wirtschaftsrecht und Insolvenzpraxis
ZPO	Zivilprozessordnung
ZUM	Zeitschrift für Urheber- und Medienrecht
ZZP	Zeitschrift für Zivilprozess

A. Der Schutz von Software

Software als geistiges Produkt bedarf wie auch andere geistige Produkte speziellen Schutzes. Das nicht genehmigte **Kopieren von Software** kommt häufig vor, weil das Anfertigen einer Programmkopie weit weniger aufwändig ist als das Erstellen eines Programms. Erfordert das Erstellen eines Programms einen Sachaufwand von mehreren Mann-Monaten bis zu vielen Mann-Jahren, so ist das bloße Kopieren ein Vorgang, der automatisch in Minuten, allenfalls Stunden abläuft. Selbst das Überwinden von Kopiersperren und Anpassungsarbeiten an andere Betriebssysteme bzw. Änderungen in der Absicht, die Tatsache zu verschleiern, dass das Programm kopiert ist, erfordern wesentlich weniger Aufwand als die Programmentwicklung. Die so erzeugten Programme sind zum einen relativ leicht einsetzbar und können im Übrigen – und dies dürfte den wesentlich ökonomischen Schaden darstellen – wesentlich preiswerter als das Ursprungsprogramm vertrieben werden. Gegen das nicht genehmigte Kopieren werden viele technische Sicherungsmöglichkeiten eingesetzt. Sie sind auch oft anfangs erfolgreich, aber spätestens mittelfristig werden sie von technisch erfahrenen Schwarzkopierern überwunden. Nach wie vor gibt es auch einen großen Markt für schwarzkopierte Programme. Neben technischen sind daher auch rechtliche Schutzmöglichkeiten nötig. Hierzu bieten sich verschiedene juristische Ansätze. In der Folge sollen der urheberrechtliche (Rdn. 2 ff.), patentrechtliche (Rdn. 126 ff.), markenrechtliche (Rdn. 162 ff.), wettbewerbsrechtliche (Rdn. 178 ff.) und strafrechtliche Schutz (Rdn. 202 ff.) erläutert werden. Hinzu kommen vertragsrechtliche Schutzmöglichkeiten (Rdn. 203) sowie der spezielle Schutz von Mikrochips durch das Halbleiterschutzgesetz (Rdn. 158 ff.). In weiteren Abschnitten werden sodann die Probleme der prozessualen Durchsetzung von Ansprüchen (Rdn. 204 ff.) und Vollstreckungsprobleme (Rdn. 271 ff.) dargestellt.

I. Rechtliche Grundlagen

1. Urheberrecht

a) Schutzobjekte und Schutzanforderungen

Eine erste Schutzmöglichkeit bietet der **urheberrechtliche Schutz** von Software. Aus § 2 Abs. 1 Ziff. 1 des UrhG ergibt sich, dass Programme für die Datenverarbeitung grundsätzlich zu den urheberrechtlich geschützten Werken zählen. Der bundesdeutsche Gesetzgeber hat sich mit dieser bereits im Jahre 1985 vollzogenen Einbeziehung von Software in den Katalog der geschützten Werke des § 2 UrhG dafür entschieden, diese urheberrechtlich zu schützen. Er lag damals und liegt weiterhin auf der international mehrheitlich verfolgten Ebene.

3 Prinzipiell ist die Software damit urheberrechtlich schutzfähig. Was im Einzelnen geschützt ist, ist in einem besonderen Abschnitt des UrhG geregelt, der im wesentlichen die Übernahme einer entsprechenden EU-Richtlinie[1] darstellt.

4 Der **Schutzgegenstand** wird zunächst in § 69a Abs. 1 und 2 UrhG beschrieben. Danach sind Computerprogramme im Sinne des UrhG Programme in jeder Gestalt, einschließlich des Entwurfsmaterials.

Damit sind sowohl das **Quellprogramm** als auch das **Objektprogramm** geschützt. Daneben können auch sämtliche Vorformen, die im Rahmen der Softwareentwicklung physikalisch verkörpert auftreten, urheberrechtlich geschützt sein.[2] Zum **Entwurfsmaterial**, das in § 69a Abs. 1 UrhG ausdrücklich genannt wird, gehören insbesondere Flussdiagramme und andere Dokumentationen von Vor- und Zwischenstufen. Dabei kommt es nicht darauf an, ob sie in gedruckter, digitaler oder grafischer Form niedergelegt sind.[3] Daher sind z.B. auch Grob- und Feinkonzept i.S.d. BVB nach § 69a Abs. 1 UrhG geschützt. Auch das Pflichtenheft ist Entwurfsmaterial, egal, ob es vom Auftraggeber oder vom Auftragnehmer erstellt wird.[4] Nicht geschützt sind reine Datensammlungen.[5]

5 Völlig unerheblich ist, zu welchem Zweck die Programme eingesetzt werden. Textverarbeitungsprogramme sind ebenso geschützt wie Grafikprogramme, Betriebsprogramme oder auch Programme, die Computerspielen zugrunde liegen. Wie sich aus § 69a Abs. 2 UrhG ausdrücklich ergibt, sind auch **Schnittstellen** und Schnittstellengestaltungen schutzfähig. Warum unter diesen Umständen eine Benutzeroberfläche, die im Prinzip eine Schnittstelle zum Benutzer darstellt, grundsätzlich nicht schutzfähig sein soll, ist nicht ersichtlich.[6]

Allerdings sind auch diejenigen, die die **Benutzeroberfläche** nicht als Computerprogramm schützen wollen, der Ansicht, sie könne als Sprachwerk oder als wissenschaftlich technische Darstellung geschützt sein.[7]

---

[1] Richtlinie 91/250/EWG, ABl. Nr. 122 v. 17. 5. 1991, S. 42; abgedruckt z.B. CR 1991, 382 ff.
[2] *Schricker/Loewenheim*, § 69a Rdn. 10.
[3] *Schricker/Loewenheim*, § 69a Rdn. 5.
[4] **A.A.** *Wandtke/Bulllinger-Grützmacher*, § 69a UrhG, Rdn. 9.
[5] *Wandtke/Bullinger-Grützmacher*, § 69a UrhG, Rdn. 16; *Jaeger/Koglin*, CR 2002, 169 (173f.).
[6] Gegen einen solchen Schutz aber *Schricker/Loewenheim*, § 69a, Rdn. 7; *Wandtke/Bulllinger-Grützmacher*, § 69a UrhG, Rdn. 14; für einen Schutz OLG Karlsruhe, *Zahrnt*, ECR OLG 165; prinzipiell auch *Lehmann*, GRUR Int. 1991, 327 (329).
[7] Vgl. insoweit *Schricker/Loewenheim*, § 69a, Rdn. 7; *Wandtke/Bulllinger-Grützmacher*, § 69a UrhG, Rdn. 14.

I. Rechtliche Grundlagen

Bei digitalisierten Schriften ist jedenfalls das ihnen zugrundeliegende Programm geschützt, wenn es ein solches gibt.[8] Ob auch die Schriften selbst geschützt sind, hängt vom Einzelfall ab.

Einzelne **Internetpräsentationen** sollen nach der Rechtsprechung nicht als Computerprogramme geschützt sein.[9] Dies mag für Präsentationen, die rein statisch durch HTML-Beschreibungen dargestellt werden, zutreffen, weil die HTML-Beschreibungen nur unfreie Bearbeitungen der Vorgaben für die Präsentationsgestaltungen darstellen. Die HTML-Beschreibung ist damit ein Computerprogramm, es fehlt aber an der für das den urheberrechtlichen Schutz notwendigen Individualität. Möglicherweise ist die Präsentation aber als andere Werkart oder als Datenbank geschützt.[10] Falsch ist die Annahme von Grützmacher,[11] es handele sich bei diesen Beschreibungen nur um Daten. Vielmehr enthalten die Beschreibungen Anweisungen zur Herstellung einer Bildschirmdarstellung und sind daher Programme. Für Seiten, die dynamische Darstellungen enthalten und damit über reine HTML-Beschreibungen hinausgehen, kann ein Schutz der ihnen zugrunde liegenden Software als Computerprogramme gemäß § 69a UrhG im Prinzip nicht zweifelhaft sein.[12]

6

Festzuhalten ist, dass Computerprogramme in jeder Gestalt geschützt sind. Dies gilt auch für die in Hardware integrierte Programme.

Als Sprachwerk geschützt ist auf jeden Fall **Begleitmaterial** wie Handbücher, Bedienungsanleitungen oder Wartungshandbücher. Diese unterfallen damit nicht dem speziellen Softwareschutz nach § 2 Abs. 1 Nr. 1 UrhG i.V. mit §§ 69a ff. UrhG, sondern den allgemeinen Regeln des Schutzes von Sprachwerken. Sie können auch als wissenschaftlich technische Darstellung geschützt sein (§ 2 Abs. 1 Nr. 7 UrhG).[13]

7

Geschützt sind nach § 69a Abs. 2 UrhG alle Ausdrucksformen eines Computerprogramms, nicht jedoch **Ideen und Grundsätze**, die dem Computerprogramm zugrunde liegen.

8

Hintergrund dieser Überlegung ist, dass zum einen nicht das geschützt ist, was schon vorgegeben ist, weil es Allgemeingut oder zumindest Stand der Technik und/oder Wissenschaft ist. Zum anderen sind aber auch neue abstrakte Gedanken und Ideen nicht geschützt und zwar deswegen, weil sie im Interesse der Allgemeinheit prinzipiell frei bleiben sollen und

---

[8] Zu platt LG Köln, NJW-RR 2000, 1150; a.A. *Wandtke/Bulllinger-Grützmacher*, § 69a UrhG, Rdn. 15; wie hier: *Jaeger/Koglin*, CR 2002, 169 (171 ff.).

[9] OLG Düsseldorf, NJW-CoR 1999, 501 (LS); *Wandtke/Bulllinger-Grützmacher*, § 69a UrhG, Rdn. 18.

[10] Vgl. *Dreier*, in: Moritz/Dreier (Hrsg.): Rechts-Handbuch zum E-Commerce, Abschn. E Rdn. 4.

[11] *Wandtke/Bulllinger-Grützmacher*, § 69a UrhG, Rdn. 18.

[12] Näher *Leistner/Bettinger*, Beil. zu CR 12/1999; vgl. auch LG Düsseldorf, DuD 1999, 236.

[13] So *Schricker/Loewenheim*, § 69a, Rdn. 6; *Wandtke/Bulllinger-Grützmacher*, § 69a UrhG, Rdn. 13.

nicht durch das Urheberrecht monopolisiert werden dürfen. Dies ist ein Grundprinzip des Urheberrechts, das in § 69 a Abs. 2 UrhG nur ausdrücklich formuliert ist.[14] Konkret heißt dies für die Computerprogramme, dass Algorithmen und Programmiersprachen insoweit nicht schutzfähig sind, als darin allgemeine Ideen zugrunde gelegt sind. Unter Algorithmus versteht man in der Informatik eine Vorschrift, die für ein Verfahren eindeutig vorbestimmt, welche Schritte bei welchen Vorfällen durchgeführt werden müssen.[15] In diesem Sinne ist selbstverständlich jedes Computerprogramm ein Algorithmus. Diese Tatsache steht seinem Schutz nicht entgegen. Nicht jeder Algorithmus scheidet aus dem Schutzbereich des § 69 a UrhG aus. Nicht schutzfähig sind nur allgemeine Algorithmen höherer Stufe, die für die Lösung bestimmter Arten von Aufgaben grundsätzlich geeignet und daher als wissenschaftliche Lehren zu behandeln sind.[16] Ihre konkrete Ausgestaltung in einem Programm kann jedoch geschützt werden. Worin die nicht schutzfähigen allgemeinen Algorithmen und worin die schutzfähigen Einzellösungen zu sehen sind, lässt sich abstrakt nicht näher definieren. Es bedarf der jeweiligen Abwägung der verschiedenen Interessen im Einzelfall.

9   Immer wieder wird allerdings in der Literatur Kritik an diesem Ansatz geübt und versucht, andere, möglichst klarere **Abgrenzungskriterien** zu finden.[17] Mit Ausnahme des Kriteriums einer Trennung von Inhalt von Form, das in der urheberrechtlichen Literatur und Rechtsprechung seit langem verwendet wird, gelingt es aber nicht, auch nur ansatzweise Kriterien für grobe Leitlinien für die Entscheidung des Einzelfalls zu erarbeiten, die in sich stimmig sind. Der sehr weitgehende Anspruch auf Freihaltung von Algorithmen, den z. B. Ensthaler/Möllenkamp[18] formulieren, führt – konsequent durchgehalten – dazu, dass besonders hochwertige Programme weniger geschützt werden als Alltagsprogramme, weil bei ihnen mehr ungeschützte wichtige grundsätzliche Algorithmen entstehen, die freihaltebedürftig sind. Dieses Kriterium ist daher abzulehnen. Umgekehrt kann man auch nicht jede Konzeptidee durch Urheberrecht schützen lassen, weil sonst die Entwicklung der Technik massiv behindert wird.[19] Die oben erwähnte Abgrenzung von Inhalt und Form ist – so nützlich sie im allgemeinen oft ist – im Bereich der Programmierung praktisch schwer zu treffen,[20] so dass sie auch praktisch kaum verwendbar ist. Die Abgrenzung von allgemeinen Al-

---

[14] *Schricker/Loewenheim*, § 69 a, Rdn. 9; ausführlich *Ensthaler/Möllenkamp*, GRUR 1994, 151 ff.
[15] Näher *Horns*, GRUR 2001, 1 (7).
[16] Ähnlich *Schricker/Loewenheim*, § 69 a Rdn. 12; ausführlich *Wiebe* BB 1993, 1094 (1096); *Wandtke/Bullinger-Grützmacher*, § 69 a, Rdn. 27 ff.
[17] Namentlich *Ensthaler/Möllenkamp*, GRUR 1994, 151 ff.
[18] GRUR 1994, 151 ff.
[19] Zu weitgehend *Hübner*, GRUR 1994, 883 ff.; *Pres*, Gestaltungsformen, S. 31 ff.
[20] Ebenso *Pres*, Gestaltungsformen, S. 30 f.

I. Rechtliche Grundlagen 5

gorithmen, die nicht schutzfähig sind und spezifischen, die geschützt werden können, ist damit letztendlich das einzig geeignete Abgrenzungskriterium im Bereich des Programmschutzes. Dieses Kriterium ist auch in § 69a Abs. 2 UrhG formuliert. Man sollte es daher heranziehen.

In § 69a Abs. 3 UrhG wird als weitere Schutzvoraussetzung vom Gesetz formuliert, dass Computerprogramme geschützt werden, wenn sie **individuelle Werke** in dem Sinne darstellen, dass sie das Ergebnis der eigenen geistigen Schöpfung ihres Urhebers sind. Weitere Kriterien dürfen für die Bestimmung der Schutzfähigkeit nicht angelegt werden.

Demgemäß müssen Programme zunächst einmal individuell sein, sie müssen gegenüber den bekannten Gestaltungen individuelle Eigenart aufweisen.

Mehr darf aber auch nicht verlangt werden. Diese sehr ungewöhnliche Formulierung des § 69a Abs. 3 UrhG ist darauf zurückzuführen, dass der BGH in seiner älteren Rechtsprechung[21] in Abweichung zu anderen Bereichen des Urheberrechts bei Programmen mehr als eine individuelle Gestaltung als Schutzvoraussetzung verlangt hat. Er formulierte nämlich, dass ein schutzfähiges Programm nur dann vorliege, wenn es in seiner Formgestaltung so ausgeprägt sei, dass es weit oberhalb des Könnens eines Durchschnittsprogrammierers läge. Erst dann beginne die Schutzfähigkeit.

Diese stark einschränkende, in der Literatur weitgehend abgelehnte[22] und in der Praxis unbrauchbare Rechtsprechung sollte durch § 69a Abs. 3 UrhG, die eine entsprechende Formulierung der EG-Richtlinie übernahm, ausdrücklich abgeschafft werden.

Es besteht heute Einigkeit auch darüber, dass diese zusätzlichen Anforderungen an die Software nicht mehr gestellt werden können.[23]

Dies bedeutet, dass auch die sogenannte „kleine Münze" geschützt wird. Schutzfähig ist alles, was nicht banal ist.[24] Man kann daher davon ausgehen, dass der Urheberrechtsschutz von Computerprogrammen die Regel und fehlende Schöpfungshöhe die Ausnahme ist.[25] Dies bedeutet freilich umge-

---

[21] BGHZ 94, 276 ff.; 112, 264 ff.
[22] Seinerzeit zusammengefasst bei *Haberstumpf*, in: Lehmann (Hrsg.), Rechtsschutz und Verwertung von Computerprogrammen, 1. Aufl., S. 7 (26); sehr früh schon *Bauer*, CR 1985, 5 ff.; *Schulze*, GRUR 1985, 997.
[23] So BGHZ 123, 208 (210) („Buchhaltungsprogramm"); OLG Karlsruhe, GRUR 1994, 726; OLG Düsseldorf, CR 1995, 730; CR 1997, 337 f.; OLG Karlsruhe, CR 1996, 341; OLG Celle, CR 1994, 749 f.; *Schricker/Loewenheim*, § 69a Rdn. 17; *Brandi-Dohrn*, BB 1994, 658 (659); *Wiebe*, BB 1993, 1094 (1096 f.); LG Oldenburg, GRUR 1996, 481.
[24] So ausdrücklich OLG Düsseldorf, *Zahrnt*, ECR OLG 254; OLG Frankfurt/Main, *Zahrnt*, ECR OLG 266; OLG München, NJW-RR 2000, 1211; OLG Hamburg, CR 2001, 434 (435); *Karger*, Beweisermittlung, S. 25; zur EU-Richtlinie: *Lehmann*, GRUR Int. 1991, 327 (329).
[25] *Schricker/Loewenheim*, § 69a Rdn. 20; *Lehmann*, NJW 1993, 1822; OLG Düsseldorf, CR 1997, 337; *Pres*, Gestaltungsformen, S. 27; *Harte-Bavendamm*, Handbuch Wettbewerbsrecht, § 43 Rdn. 214.

kehrt nicht, dass bei Computerprogrammen das Schutzrechtsniveau niedriger liegt als bei anderen Werken.[26]

Nicht schutzfähig sind damit insbesondere kleine und kurze Programme, die jedermann in kurzer Zeit herstellen kann und an deren Vertrieb daher kaum ein ökonomisches Interesse besteht. Normale Programme, die kommerziell vertrieben werden können, sind in aller Regel schutzfähig.

13 In der Praxis hat es allerdings relativ wenige Entscheidungen gegeben, die sich mit der Frage der **Schutzfähigkeit** überhaupt noch beschäftigen. Insbesondere fehlt es noch an jeder höchstrichterlichen Rechtsprechung. Die wenigen Formulierungen in der Entscheidung „Buchhaltungsprogramm"[27] geben als Anhaltspunkte, wann denn die für die Schutzfähigkeit notwendige Eigenart vorliegt, auch nicht viel her.

Allerdings bestätigt die Praxis insbesondere der Instanzgerichte, dass die Urheberrechtsfähigkeit von Computerprogrammen oft unproblematisch angenommen wird und auch zwischen den Parteien letztendlich unstreitig ist. Dies ist zwar für die Subsumtion normalerweise rechtliche ohne Belang. Praktisch hat aber die neue Regel hier ihre Bedeutung gewonnen. Allerdings gibt es auch abweichende Entscheidungen, die eine relativ umfangreiche Darlegung der Individualität verlangen.[28]

14 Was das Begleitmaterial sowie die Handbücher betrifft, so muss sowohl für das Begleitmaterial als auch für die Handbücher selbstständig entschieden werden, ob ein Urheberrechtsschutz eingreift. Dabei kommt es auf die Form der Darstellung im jeweiligen Begleitmaterial bzw. im jeweiligen Handbuch an. Auf den Schutz des zugrunde liegenden Programms kann in diesem Zusammenhang nicht zurückgegriffen werden.

b) Sonderprobleme: Software-Generatorprogramme, Programmbibliotheken

15 Die Weiterentwicklung der Programmiertechnik hat auch zum Einsatz von **Software-Generatorprogrammen** geführt.

Diese können in gewissem Umfang aus einer Problemstellung betriebsfertige Programme erzeugen, wenn die Problemstellung in geeigneter Form beschrieben ist. Hier kann das fertige Programm nur dann Urheberrechtsschutz erlangen, wenn die Darstellung der Problemstellung, die dem Generatorprogramm eingegeben wird, urheberrechtlich schutzfähig ist. Nur bei der Erstellung der Vorgaben für den Generator werden ja noch Menschen tätig. Nach der Erstellung der Vorgaben gibt es keine menschlichen und damit keine urheberrechtlich relevanten Schöpfungshandlungen mehr. Die

---

[26] *Haberstumpf*, in: Lehmann (Hrsg.): Rechtsschutz und Verwertung von Computerprogrammen, S. 69 (119); a.A. OLG Karlsruhe, *Zahrnt*, ECR OLG 165.
[27] BGHZ 123, 208 (210) („Buchhaltungsprogramm").
[28] Namentlich LG München I, CR 1998, 655; zu den Einzelheiten unten Rdn. 150 ff.

urheberrechtliche Schutzfähigkeit der Problemstellung richtet sich dabei nach den angegebenen Kriterien. Oft scheidet aufgrund der gegebenen Sondersituation Urheberrechtsschutz aus.

Das Generatorprogramm selbst kann selbstverständlich nach den üblichen Regeln schutzfähig sein.

Werden im Rahmen der Programmherstellung Programme aus **Programm-** **bibliotheken** herausgenommen und in das neu entwickelte Programm eingebunden, so werden damit Programme kopiert und ggf. überarbeitet. Am Gesamtprogramm bestehen daher auch Urheberrechte derjenigen, die das Bibliotheksprogramm geschaffen haben.[29]

c) Urheberschaft

aa) Ausgangslage

Ist ein Computerprogramm oder auch die gesamte Software urheberrechtlich schutzfähig, stellt sich die Frage, wer eigentlich **Urheber** ist. Urheber können nach deutschem Recht nur **natürliche Personen** und keine Unternehmen sein. Dies gilt trotz § 69b UrhG auch für Software. Das Urheberrecht als solches ist außerdem nicht übertragbar.

Software wird aber in aller Regel **nicht** durch **Einzelne,** sondern durch **Teams** qualifizierter Fachleute geschaffen, deren Besetzung möglicherweise im Laufe der Programmentwicklung wechselt. In der Regel arbeiten diese Teams auf vertraglicher Basis für ein Unternehmen, das die Software vertreiben oder im eigenen Betrieb einsetzen will. Dabei können einzelne Teammitglieder auch Inhaber dieses Unternehmens sein. Es dürfte aber nur selten vorkommen, dass sämtliche Programmentwickler Mitinhaber des auftraggebenden Unternehmens sind. Urheber der Software können aber in aller Regel nur die Mitglieder des Teams gemeinsam sein.

Das Gesetz sieht nun mehrere Formen solcher gemeinsamer Urheberschaft an einem Werk vor. Für Programmierteams kommt in aller Regel die sogenannte **Miturheberschaft** im Sinne des § 8 UrhG in Frage. Auch diese Vorschrift ist im Rahmen des Softwarerechts anwendbar.[30] Eine solche Miturheberschaft an der gesamten Software setzt zunächst voraus, dass sich das geschaffene Werk nicht in einzelne, gesondert verwertbare Teile zerlegen lässt, die den einzelnen beteiligten Personen jeweils als Werk zugewiesen werden können, für das die jeweiligen Personen also allein einzelne Urheber sind. Dies ist bei Software in aller Regel nicht der Fall, da man meist nur die gesamte Software verwerten kann und auch die einzelnen, möglicherweise abtrennbar verwertbaren Teile selten allein von einem Urheber geschaffen werden. Weiterhin wird verlangt, dass alle Urheber sich bei der Schaffung des Werks einer **Gesamtidee** unterwerfen und ihre Beiträge auf diese Gesamtidee abstimmen. Nur dann ist gewährleistet,

---
[29] Vgl. detailliert *Koch,* GRUR 2000, 191.
[30] *Schricker/Loewenheim,* § 69a Rdn. 24.

dass das Werk im Sinne von § 8 Abs. 1 UrhG gemeinsam geschaffen wird. Auch dies ist bei der Softwareerstellung der Fall. Ohne eine solche Unterordnung der einzelnen Beiträge unter einer Gesamtidee lässt sich ein brauchbares Programm nicht erstellen. Dies gilt auch im Hinblick auf in laufenden Softwareentwicklungsprozessen hinzukommende neue Mitarbeiter in den Teams. Auch diese müssen sich in die vorgegebene Aufgabenstellung des Teams einordnen und ihre Beiträge auf die Aufgabenstellung abstellen.[31]

20 Insgesamt bleibt festzuhalten, dass bei der Erstellung von Software in der Regel Miturheberschaft aller im Laufe der Zeit der Entwicklung Beteiligten am Werk vorliegen wird.[32] Eine Schwierigkeit könnte allenfalls darin liegen, dass jeder Miturheber eine **eigene schöpferische Leistung** erbringen muss.[33] Dies müsste bei einem Streit zwischen den Urhebern über ihre Beteiligung an der Softwareerstellung von jedem einzelnen dargelegt werden, wenn er sich auf seine eigene Urheberstellung berufen will.[34] Es kann im Einzelfall auch für den Auftraggeber bzw. Arbeitgeber von Bedeutung sein, nämlich dann, wenn er entscheiden muss, wer ihm Rechte übertragen muss, damit er die Nutzungsrechte ausüben und eventuell auch weitergeben kann und wer eventuell Urheberpersönlichkeitsrechte hat.[35] Neue Techniken wie z. B. Wasserzeichen können im Einzelfall erleichtern, die Anteile einzelner Programmierer an der entwickelten Software zu bestimmen.[36] Dennoch wird man wegen der engen Zusammenarbeit aller Teammitarbeiter in der Regel von Miturheberschaft der Mitarbeiter im Team ausgehen können.

21 In diesem Falle ist es so, dass über Veröffentlichung und Verwertung des Werks prinzipiell von den Urhebern gemeinsam entschieden werden muss und auch Änderungen des Werks nur mit Einwilligung aller Miturheber zulässig sind (§ 8 Abs. 2 Satz 1 UrhG). Außerdem gebühren die Erträgnisse aus der Nutzung des Werkes den Miturhebern nach dem Umfang ihrer Mitwirkung an der Schöpfung des Werks, soweit nicht anderes vereinbart ist (§ 8 Abs. 3 UrhG).

22 Gerade im Bereich der **Open Source Software**[37] kann es – anders als in den bisher betrachteten Fällen – vorkommen, dass verschiedene Programmierer weltweit einzelne Softwaremodule unabhängig voneinander entwi-

---

[31] Ebenso *Haberstumpf*, in: Lehmann (Hrsg.), Rechtsschutz und Verwertung von Computerprogrammen, S. 69 (126).
[32] *Becker/Horn*, DB 1985, 1274 (1275); *Harte-Bavendamm*, in: Computerrechtshandbuch, Abschn. 54, Rdn. 42; zur Rechtslage bei der Entwicklung von Expertensystemen *Koch/Schnupp*, CR 1989, 975 (978); vgl. auch BGHZ 123, 208 (210) („Buchhaltungsprogramm").
[33] *Schulze*, GRUR 85, 997 (1000); ausgiebig *Kolle*, GRUR 85, 1016 (1019f.).
[34] Die Möglichkeit von Diskrepanzen bei großer Arbeitsteilung zeigt *Schulze*, GRUR 1985, 997 (1000) auf.
[35] *Kolle*, GRUR 1985, 1016 (1020).
[36] *Ulbricht*, CR 2002, 317 (319).
[37] Dazu unten Rdn. 90ff.

I. Rechtliche Grundlagen

ckeln und dann zusammen in Form einer **Werkverbindung** gemäß § 9 UrhG verbreiten.³⁸

Neben dieser Miturheberschaft sind auch bei der Softwareentwicklung 23 Fälle der **Bearbeitung** denkbar, in denen der Bearbeiter das Werk unabhängig vom Originalurheber vollendet, verändert oder weiterentwickelt. Dies ist insbesondere dann der Fall, wenn komplette Teams gewechselt werden, nachdem bestimmte Abschnitte bei der Softwareentwicklung wie z.B. die Erstellung des Pflichtenheftes abgeschlossen sind.³⁹ Die Bearbeiter erhalten eigene Urheberrechte freilich nur, wenn auch sie eigenschöpferische Leistungen erbracht haben. Wann dies der Fall ist, kann man generell kaum sagen.⁴⁰ Neben den oben genannten Beispielen kommt eine solche Bearbeitung bei Software insbesondere bei der Anpassung des Programms an konkrete Hardwarekonfigurationen⁴¹ oder der Einbindung von Bibliotheksprogrammen in Frage. In all diesen Fällen dürfte es so sein, dass sowohl die Ausgangsschöpfer als auch die Bearbeiter Teams sind, deren Mitglieder wieder Gesamturheber des jeweils von ihnen hergestellten Werkes sind.

Alle hier dargestellten Formen (Miturheberschaft, Bearbeitung, Werkverbindung) können bei komplexer Software, die über Jahre weiterentwickelt wurde, auch gleichzeitig vorkommen.

bb) Übertragung

Die bis jetzt geschilderte gesetzliche Regelung der gemeinschaftlichen Ver- 24 wertungsbefugnis der Urheber entspricht im Bereich der proprietären Software, d.h. außerhalb des Bereichs der Open-Source-Software, im Ergebnis nicht der Situation in der Praxis. Da es sich bei den Teams in der aller Regel um Mitarbeiter bzw. Auftragnehmer von Firmen handelt, sollen nicht die Urheber selbst, sondern die Firmen die wirtschaftliche Rechte haben und die urheberrechtlichen Ansprüche geltend machen. Gelegentlich kommt es natürlich auch zum Streit über die Urheberstellung zwischen Firma und Auftragnehmer. In diesem Fall kann die Inhaberschaft von Rechten umstritten und von erheblicher Bedeutung sein. Ansonsten kommt es darauf an, dass die Firmen die **Verwertungsrechte** erhalten.

Dass Firmen als solche keine Urheber sein können, ist bereits ausgeführt worden.⁴² Die Stellung als Urheber kann ihnen auch nicht übertragen werden. Allerdings lassen sich alle kommerziellen interessanten Nutzungsrechte auf sie übertragen. Wie und in welchem Umfang dies geschieht, ist im Einzelfall unterschiedlich zu beurteilen.

---

³⁸ *Jaeger/Metzger,* Open Source Software, S. 26 ff.
³⁹ Für den Fall von Expertensystemen vgl. *Koch/Schnupp,* CR 1989, 975 (978).
⁴⁰ *Haberstumpf,* in: Lehmann (Hrsg.), Rechtsschutz und Verwertung von Computerprogrammen, S. 69 (143 ff.).
⁴¹ *Haberstumpf,* in: Lehmann (Hrsg.), Rechtsschutz und Verwertung von Computerprogrammen, S. 69 (148).
⁴² Anders teilweise im Ausland, vgl. *Kolle,* GRUR 85, 1016 (1018).

aaa) Arbeitnehmer

25 Ist der jeweilige Programmierer als **Arbeitnehmer** für den Auftraggeber tätig, so hat schon die frühere Rechtsprechung eine weitgehende Rechtsübertragung auf den Arbeitgeber angenommen.[43]

Seit der Novellierung hat der Gesetzgeber für Software in § 69b UrhG abweichend von dem sonst geltenden Urheberrecht eine Sonderregelung geschaffen. Danach ist es so, dass dann, wenn ein Computerprogramm von einem Arbeitnehmer in Wahrnehmung seiner Aufgaben oder nach den Anweisungen seines Arbeitgebers geschaffen wird, ausschließlich der **Arbeitgeber** zur **Ausübung aller vermögensrechtlichen Befugnisse** an dem Computerprogramm berechtigt ist. Abweichendes muss ausdrücklich vereinbart werden. Diese Regelung gilt freilich nur für die Urheberrechte an der Programmiererleistung. Soweit Urheberrechte an anderen Werkarten in Betracht kommen, was insbesondere im Bereich der Computerspiele der Fall ist, gilt die Vorschrift nicht. In diesem Bereich müssen die Rechte des Arbeitnehmers vertraglich übertragen werden.[44]

26 § 69b UrhG ist anwendbar auf jeden Fall dann, wenn der Arbeitnehmer im Rahmen seiner **arbeitsvertraglichen Tätigkeit** Software erstellt. Hier gehen die Rechte auf den Arbeitgeber über. Dies gilt aber nicht, wenn der Arbeitnehmer eigentlich nicht zur Erstellung von Software verpflichtet ist, aber im Rahmen seiner dienstlichen Tätigkeit etwa zur Erleichterung seiner Aufgaben Software geschrieben hat.[45]

Was zu den Aufgaben des Arbeitnehmers gehört, ergibt sich im Einzelnen aus dem Arbeitsvertrag, aus der betrieblichen Übung, tarifvertraglichen Regelungen, dem Berufsbild und der Üblichkeit. Abstrakte Regeln kann man dazu nicht aufstellen.

Es kommt auch nicht primär darauf an, ob das Programm in der Arbeitszeit oder in der Freizeit geschaffen worden ist. Wichtig ist der Bezug zu den arbeitsvertraglichen Aufgaben.

Auch Anweisungen können sich sowohl auf die Programmgestaltung als auch auf die Tatsache der Programmierung richten.

27 **Keine Rechte** erwirbt der Arbeitgeber an Programmen, die der Arbeitnehmer **vor dem Arbeitsvertrag** geschaffen hat und dann dienstlich nutzt. Hier fehlt es an dem Bezug zwischen Erstellung des Programms und Arbeitsvertrag.[46]

---

[43] BAG, GRUR 1984, 429 (431, „Statikprogramm"); ebenso noch zum alten Recht BAG CR 1997, 88.
[44] *Ulbricht*, CR 2002, 317 (318); *Karger*, CR 2001, 357 (361).
[45] BGH, CR 2000, 429; a.A. *Schricker/Loewenheim*, § 69b UrhG, Rdn. 6; KG, CR 1997, 612 = NZA 1997, 718 = NJW-RR 1997, 145 = *Zahrnt*, ECR OLG 247; i.E. ebenso LG München I, CR 1997, 351, aber über eine analoge Anwendung des § 4 ArbErfG.
[46] *Schricker/Loewenheim*, § 69b UrhG, Rdn. 8; *Wandtke/Bullinger-Grützmacher*, § 69b UrhG, Rdn. 10.

I. Rechtliche Grundlagen

Nicht unter § 69b UrhG fallen auch Programme, die der Arbeitnehmer **ohne Beziehung zu seiner Arbeitstätigkeit** unter Verwendung von Arbeitsmitteln und Kenntnissen aus dem Betrieb des Arbeitgebers geschaffen hat. Es kann nur eine Andienungspflicht bestehen.[47] Dies ergibt sich daraus, dass für den entsprechenden Fall der Arbeitnehmererfindung § 4 ArbErfG eine ausdrückliche Gleichstellung vorsieht, was aber im Bereich des Urheberschutzes von Software nicht geschehen ist. Hier gibt es auch keine gesetzgeberische Lücke.[48] Der Gesetzgeber hat offenkundig nur die Rechte an den Programmen übertragen, die in Ausübung aller arbeitsvertraglichen Pflichten entstanden sind.[49] Dafür spricht auch der Ausnahmecharakter dieser Vorschrift im Urhebergesetz. Eventuelle Probleme zwischen Arbeitnehmer und Arbeitgeber müssen vertragsrechtlich gelöst werden.

Nicht in den Bereich des § 69b UrhG fallen auch Computerprogramme, die für **rein private Zwecke** erstellt worden sind.

Allerdings gehen die Rechte an den Programmen schon während der Durchführungen der Arbeiten auf den Arbeitgeber über und nicht erst nach deren Abschluss. Auch ein Programmierer, der im Laufe eines Projekts **ausscheidet**, hat keine wirtschaftlichen Verwertungsrechte an den von ihm verwirklichten Teilen des Programms. Jede andere Auslegung ist mit Sinn und Zweck des § 69b UrhG nicht vereinbar.[50]   28

Die Vorschrift des § 69b UrhG gilt auch für Dienstverhältnisse. Gemeint   29
sind damit sämtliche öffentlich-rechtliche Dienstverhältnisse. Dazu gehören in aller Regel Beamte, Soldaten, Richter, Lehrer u.a. Für diese Berufsgruppen gelten die gleichen Regeln wie sie oben für das Arbeitsrecht geschildert worden sind.[51]

Die Vorschrift soll nach einer in der Literatur vertretenen Meinung auch für arbeitnehmerähnliche Personen gelten.[52]

Arbeitgeber und Dienstherr erwerben gem. § 69b UrhG ein **ausschließ-**   30
liches Recht zur Ausübung aller vermögensrechtlichen Befugnisse. Es handelt sich insoweit um eine gesetzliche Lizenz. In urheberrechtlicher Terminologie erhält der Arbeitgeber ein aus dem Urheberrecht des Arbeitnehmers abgeleitetes umfassendes ausschließliches Nutzungsrecht im Hinblick auf sämtliche denkbaren Nutzungsarten. Das ausschließliche Nutzungsrecht ist sachlich, räumlich und zeitlich nicht beschränkt. Für die Anwendung der

---

[47] *Schricker/Loewenheim*, § 69b UrhG, Rdn. 9; *Wandtke/Bullinger-Grützmacher*, § 69b UrhG, Rdn. 7.
[48] Teilweise a.A. LG München I, CR 1997, 351.
[49] So auch OLG München, CR 2000, 429 = NJW-RR 2000, 1212.
[50] *Wandtke/Bullinger-Grützmacher*, § 69b UrhG, Rdn. 10; a.A. zum alten Recht OLG Celle, *Zahrnt*, ECR OLG 132 m. krit. Anm. *Zahrnt*.
[51] *Wandtke/Bullinger-Grützmacher*, § 69b UrhG, Rdn. 3; teilweise a.A. lediglich für Professoren, *Schricker/Loewenheim*, § 69b UrhG, Rdn. 6.
[52] *Götting*, VersR 2001, 410; a.A. *Wandtke/Bullinger-Grützmacher*, § 69b UrhG, Rdn. 3.

Zweckübertragungslehre, die eine solche Rechtsübertragung üblicherweise begrenzt, ist in diesem Zusammenhang kein Raum.[53] Insbesondere erhält der Arbeitgeber auch das Bearbeitungsrecht, er kann die Software also auch weiterentwickeln und anderen Erfordernissen anpassen. Er kann das Nutzungsrecht übertragen, weitere Nutzungsrechte einräumen usw. Diese Möglichkeiten bestehen nicht nur während, sondern auch nach Beendigung der Arbeits- und Dienstverhältnisse.

Dagegen erwirbt der Arbeitgeber nicht die urheberpersönlichkeitsrechtlichen Befugnisse, über die unten[54] noch zu sprechen sein wird. Allerdings sind auch diese urheberpersönlichkeitsrechtlichen Befugnisse dahingehend beschränkt, dass der Zweck der vollständigen Zuordnung der vermögensrechtlichen Befugnisse an den Arbeitgeber bzw. Dienstherrn durch die Urheberpersönlichkeitsrechte nicht beschränkt werden kann.

31 Die Rechtsfolgen des § 69b UrhG können abbedungen werden. Dies ist auch konkludent möglich.[55]

bbb) Freie Mitarbeiter

32 Möglich ist natürlich auch, dass die Software durch **freie Mitarbeiter** erstellt wird.

Wann ein solcher freier Mitarbeitervertrag vorliegt, muss im Einzelfall entschieden werden. Insbesondere die Abgrenzung zum Arbeitsvertrag ist in der Praxis oft umstritten. Insoweit werden wohl auch die Vermutungsregeln des § 7 Abs. 4 SGB IV (Scheinselbstständige) Anwendung finden.[56]

33 § 69b UrhG ist auf solche Dienstverträge nicht anwendbar. Allerdings dürfte sich aus den üblichen Vertragsregeln solcher Dienstverträge oft ergeben, dass wirtschaftliche Verwertungsrechte am geschaffenen Programm in gleichem Umfang übertragen werden, wie dies sich für Arbeitnehmer aus § 69b UrhG ergibt.

Allerdings ist in diesem Zusammenhang die **Zweckübertragungslehre** nicht auszuschließen. Dies begrenzt die Übertragung insbesondere im Hinblick auf die zum Zeitpunkt der Programmerstellung nicht absehbare Nutzung. Wer also als freier Mitarbeiter Programme erstellt, die lediglich für den eigenen Zweck des Arbeitgebers gedacht sind, weil dieser zum Zeitpunkt der Programmerstellung Software nicht vertreibt und auch gar nicht beabsichtigt, diese zu vertreiben, kann dann, wenn der Arbeitgeber später die Software doch vertreiben will, möglicherweise eine Zusatzvergütung verlangen.[57] Nicht übertragen werden können auch die Nutzungsrechte für

---

[53] *Schricker/Loewenheim,* § 69b UrhG, Rdn. 12.
[54] Rdn. 37 ff.
[55] *Schricker/Loewenheim,* § 69b UrhG, Rdn. 15.
[56] Vgl. auch unten Rdn. 504.
[57] So *Wandtke/Bullinger-Grützmacher,* § 69a UrhG, Rdn. 64; zur früheren Rechtslage auch für Arbeitnehmer *Bollak,* GRUR 76, 74 (77); *Koch,* CR 1985, 96 (89); wohl auch *Kindermann,* GRUR 185, 1008 (1013).

I. Rechtliche Grundlagen

Verwertungsformen, die im Zeitpunkt der Rechtseinräumung noch nicht absehbar waren. Angesichts der kurzen Verwertungszeit für Software dürfte dieser Fall in der Praxis selten auftreten.

Schwieriger ist die Situation dann, wenn kein Dienst- sondern ein **Werkvertrag** vorliegt, weil ein konkretes Programm geschuldet ist.[58]

In diesem Fall gilt die **Zweckübertragungstheorie** uneingeschränkt. Wird der Werkunternehmer für ein Softwarehaus tätig, das die erstellte Software vertreiben will, so ergibt sich allein aus dieser Zweckvereinbarung eine vollständige Übertragung aller Rechte einschließlich des Bearbeitungsrechts an das Softwarehaus.[59] Dem Auftragnehmer ist ja bekannt, dass das erstellte Produkt an Dritte vertrieben werden soll. Auch in dieser Situation ist allerdings eine ausdrückliche vertragliche Regelung sinnvoll, weil man sonst vor einer überraschenden Auslegung durch etwa entscheidende Gerichte nicht gesichert[60] ist. Nicht übertragen werden können lediglich Rechte für zum Zeitpunkt der Programmerstellung noch nicht absehbare Nutzungsarten.

Anders sieht dies möglicherweise dann aus, wenn **Individualsoftware** für reine **Anwender** hergestellt wird. Diese haben im Rahmen des Vertrages an sich nur ein Interesse an einem einfachen Nutzungsrecht eventuell mit einer Bearbeitungserlaubnis.[61] Da sie das Programm nicht vertreiben wollen, benötigen sie kein ausschließliches Nutzungsrecht und keine Erlaubnis, Dritten ein weiteres Nutzungsrecht einzuräumen, vielleicht mit Ausnahme des Falls einer endgültigen Abgabe des Programms, wenn sie selbst die Software nicht mehr benötigen. Ohne entsprechende Vereinbarung wird man daher kaum von der Übertragung eines ausschließlichen Nutzungsrechts ausgehen können.

Grund für die Annahme, es solle ein ausschließliches Nutzungsrecht übertragen werden, könnte sein, zu verhindern, dass die Konkurrenz zu eventuell günstigeren Bedingungen das gleiche Programm erhält. Außerdem soll der Auftraggeber, der die Entwicklung bezahlt, auch volle Rechte erhalten. Diese Gründe sind allerdings nicht geeignet, ein über die Einräumung eines einfachen Nutzungsrechts hinausgehende Rechtsübertragung im Wege ergänzender Vertragsauslegung zu konstruieren. Weitergehende Rechte so einzuschränken, dass der jeweilige Anwender nur im Hinblick auf die bei Vertragsabschluss bestehende Konkurrenz geschützt ist und nicht weitergehende Rechte erhält, ist kaum möglich. Ein über den Konkurrenzschutz hinausgehende Übertragung lässt sich aber mit der gesetzlichen Wertung des § 31 Abs. 5 UrhG nicht vereinbaren. Auch der bloße Gesichtspunkt des

---

[58] Zur Abgrenzung vgl. unten Rdn. 316.
[59] Wie hier *Karger*, CR 2001, 357 (363); *Wandtke/Bullinger-Grützmacher*, § 69a UrhG, Rdn. 63 f.; a. A. OLG Frankfurt, *Zahrnt*, ECR OLG 195 m. abl. Anm. *Zahrnt*.
[60] *Wandtke/Bullinger-Grützmacher*, § 69a UrhG, Rdn. 63 f.
[61] Vgl. unten Rdn. 38, 61 f.

Erhalts der Verwertungsrechte im Gegenzug zur vollständigen Bezahlung genügt nicht, um den Zweckübertragungsgrundsatz auszuschalten. Demgemäß ist eine stillschweigende, über die Einräumung eines einfachen Nutzungsrechts hinausgehende Rechtsübertragung nicht anzunehmen. Will der Anwender einen weitergehenden Schutz erreichen, muss er ihn explizit vereinbaren (und eventuell zusätzlich bezahlen). Tut er dies nicht, kann seinem Konkurrenzschutzbedürfnis und seinen Interessen am endgültigen Erhalt des Produkts jedenfalls nicht im Rahmen der Einräumung zusätzlicher urheberrechtlicher Verwertungsbefugnisse geholfen werden. Möglicherweise lässt sich im Wege ergänzender Vertragsauslegung eine schuldrechtliche Konkurrenzschutzklausel dem Vertrag entnehmen. Dies bedeutet, dass auch der Ersteller möglicherweise die Software ohne Zustimmung des Auftraggebers nicht vertreiben kann. Ein Vertrieb muss dann ausdrücklich zwischen den Parteien vereinbart werden. Mehr kann aus einem solchen Vertrag konkludent aber nicht entnommen werden.

Auch hier empfiehlt sich dringend eine vertragliche Gestaltung, damit Unklarheiten vorgebeugt wird.

d) Die Rechte aus dem Urheberrecht

Dem Rechtsinhaber erwachsen aus dem Urheberrecht verschiedene Rechte.

aa) Urheberpersönlichkeitsrechte

37 Eine erste Gruppe von Rechten sind die sog. **Urheberpersönlichkeitsrechte**. Dazu gehören das **Veröffentlichungsrecht** (§ 12 UrhG) und das **Entstellungsverbot** (§ 14 UrhG). Diese Rechte verbleiben nach der Regelung des § 69 b UrhG grundsätzlich bei den Arbeitnehmern. Allerdings muss er insoweit Einschränkungen hinnehmen, die sich aus dem Zweck der vollständigen Zuordnung der vermögensrechtlichen Befugnisse an den Arbeitgebern (Dienstherrn) ergeben. Dies ist insbesondere beim Entstellungsverbot wichtig, weil die Weiterentwicklung der Programme dem Arbeitgeber selbstverständlich möglich sein muss. Insoweit ist das Entstellungsverbot eindeutig eingeschränkt.

38 Ein weiteres Urheberpersönlichkeitsrecht ist das **Änderungsverbot** des § 39 UrhG. Der Erwerber eines Nutzungsrechts ist im allgemeinen Urheberrecht nicht zur Änderung des Werks befugt, er kann es nur unverändert nutzen. Anderes gilt nur, wenn der Urheber Änderungen gestattet oder die Änderungen nach Treu und Glauben dulden muss (§ 39 Abs. 2 UrhG). Für Software allgemein und für Computerprogramme speziell ist diese Regelung insgesamt wenig praxisgerecht. Programme (und auch Handbücher) sind keinesfalls immer fehlerfrei. Die Behebung von Fehlern ist eine Änderung des Werkes.

Sinngemäß ist in § 69 d Abs. 1 UrhG auch die Fehlerberichtigung durch jeden zur Verwendung eines Vervielfältigungsstücks des Programms Berechtigten als Ausnahme von den zustimmungsbedürftigen Handlungen vorgesehen. Insoweit ist das Änderungsverbot generell eingeschränkt. Etwas anderes mag nur dann gelten, wenn individuell insbesondere etwas anderes vereinbart ist und darüber hinaus der Urheber jederzeit zur Fehlerbeseitigung bereit ist und sich auch dazu verpflichtet hat.

Überträgt freilich der Urheber ein ausschließliches Nutzungsrecht, übergibt er gar den Quellcode, so räumt er damit auf jeden Fall weitergehende Bearbeitungsrechte ein. Der Vertrieb von Software bedingt sowohl die individuelle Anpassung als auch die generelle Weiterentwicklung des Produkts, jedenfalls dann, wenn es sich um den Alleinvertrieb aufgrund eines ausschließlichen Nutzungsrechts handelt. Wird der Quellcode übergeben (oder entsprechendes vereinbart), so ist branchentypisch klar, dass die für solche Anpassungen und Weiterentwicklungen notwendigen Änderungen oder gar Bearbeitungen im Sinne von § 23 UrhG erlaubt sind.

Dies gilt insbesondere dann, wenn ein Fall des § 69b UrhG vorliegt. Es ist für den Arbeitgeber notwendig, dass er das Programm weiterentwickelt und anpasst.[62]

Das Änderungsverbot des § 39 UrhG gilt daher in aller Regel nicht.

Ein weiteres Urheberpersönlichkeitsrecht ist das **Recht auf Urheberbezeichnung** (§ 13 UrhG). Es ist allerdings im Bereich der Software allgemein nicht üblich, den Namen der persönlichen Urheber im Programm bei Programmaufruf oder in den Handbüchern vollständig zu nennen. Allerdings wird in der Literatur davon ausgegangen, dass das Recht auf Namensnennung den Arbeitgeber in seinen Rechten üblicherweise nicht beschränkt. Im Bereich von Computerspielen werden Namen auch oft im Einzelnen genannt. Dort dürfte daher ein Namensnennungsrecht bestehen, das auch in allgemeinen Geschäftsbedingungen nicht abbedungen werden kann.[63] In anderen Bereichen werden die einzelnen Namen der Urheber üblicherweise nicht genannt. Dies gilt auch für den Bereich der freien Mitarbeiter und von Subunternehmen. Dieser Branchenbrauch ist bei der Auslegung des § 13 UrhG zu beachten.

Nach § 41 UrhG steht dem Urheber ein **Rückrufrecht** hinsichtlich eines ausschließlichen Nutzungsrechts zu, wenn dessen Inhaber dieses nicht oder nur unzureichend ausübt und dadurch berechtigte Interessen des Urhebers erheblich verletzt werden. Dies dürfte im Bereich der angestellten Programmierer selten von Bedeutung sein, da diese Bezüge für die erbrachten Leistungen erhalten haben und durch eine Nichtausübung der Rechte seitens des Arbeitgebers ihre Interessen kaum verletzt sein können.[64]

---

[62] So auch *Schricker/Loewenheim*, § 69b UrhG, Rdn. 14.
[63] *Ulbricht*, CR 2002, 317 (318).
[64] Schon zum alten Recht *Kindermann*, GRUR 1985, 1008 (1012); *Kolle*, GRUR 1985, 1016 (1024); *Koch*, CR 1985, 86 (92); teilweise a. A. für die Zeit nach Ende des Arbeitsverhältnisses *Bollack*, GRUR 1976, 74 (76); vgl. auch zu allg. Regelungen *Schricker/Rojahn*, § 43 Rdn. 88.

Ähnlich dürfte die Interessenlage auch dann sein, wenn die Übertragung der Rechte durch eine Einmalzahlung endgültig abgegolten werden sollte. Ein Rückrufrecht könnte aber bestehen, wenn als Entgelt für den Urheber eine Beteiligung an den Umsätzen des Nutzungsinhabers vereinbart ist. Man wird aber in der Regel die Situation des Einzelfalls zu betrachten haben.

42 Ein **Rückrufrecht** gem. § 42 UrhG, das dem Urheber wegen **gewandelter Überzeugung** zusteht, scheidet im Bereich der Software schon deshalb in aller Regel aus, weil die Software den sich wandelnden politischen, religiösen und künstlerischen Überzeugungen ihren Urhebern üblicherweise neutral gegenübersteht.[65] Ob dies allerdings auch dann gilt, wenn etwa ein Programmierer eine Software zur Steuerung einer Nuklearwaffe mit entwickelt hat und später überzeugter Pazifist wird, ist fraglich.[66] Ob die in der Literatur vertretene Überzeugung zutrifft, dass auf keinen Fall der Arbeitgeber (Dienstherr) an der Benutzung des Computerprogramms gehindert werden kann, erscheint zumindest bei so gravierenden Fällen problematisch, ist aber von der Rechtsprechung bislang nicht entschieden worden.[67]

43 Des weiteren gibt es ein **Recht auf Zugang zu Werkstücken** gemäß § 25 Abs. 1 UrhG. Nach dieser Vorschrift kann der Urheber vom Besitzer des Originals oder eines Vervielfältigungsstückes seines Werkes verlangen, dass er ihm das Original oder das Vervielfältigungsstück zugänglich macht, soweit dies zur Herstellung von Vervielfältigungsstücken oder Bearbeitung des Werkes erforderlich ist und nicht berechtigte Interessen des Besitzers entgegenstehen.

Insbesondere bei Übertragung des ausschließlichen Nutzungsrechts an den Auftraggeber und im Arbeitsverhältnis ist dieses Recht mit Sicherheit **eingeschränkt**. Ein Interesse des ausschließlich Nutzungsberechtigten und des Arbeitgebers besteht ja gerade darin, dass der Arbeitnehmer bzw. frühere Auftraggeber kein Vervielfältigungsstück nutzt. Hier wird in aller Regel ein überwiegendes Interesse an einer Verhinderung einer weiteren Vervielfältigung bestehen, zumal ja oft sogar das Behalten eines Vervielfältigungsstücks – insbesondere im Arbeitsverhältnis – verboten wird. Dennoch wird man im Einzelfall immer eine Interessenabwägung zu tätigen haben.[68]

bb) Verwertungsrechte

44 Wirtschaftlich interessanter als die Urheberpersönlichkeitsrechte sind die **Verwertungsrechte**. Diese sind für Software in § 69c UrhG ausdrücklich geregelt. Diese Regelung geht den Regelungen der §§ 16, 17 und 23 UrhG

---

[65] *Kindermann*, GRUR 1985, 1008 (1012); *Kolle*, GRUR 1985, 1016 (1024).
[66] Ein anderes Beispiel bei *Harte-Bavendamm*, in: Computerrechtshandbuch, Abschn. 54, Rdn. 56.
[67] Vgl. dazu Schricker/Loewenheim, § 69b UrhG, Rdn. 14.
[68] *Schricker/Loewenheim*, § 69b UrhG, Rdn. 14.

im Hinblick auf Vervielfältigungsrecht, Umarbeitungsrecht und Verbreitungsrecht vor.[69]

aaa) Vervielfältigungsrecht

Für den Bereich von Software von zentraler Bedeutung ist das zunächst **Vervielfältigungsrecht** des Urhebers. Dieses Recht umfasst die Befugnis, die dauerhafte oder vorübergehende Vervielfältigung, ganz oder teilweise, eines Computerprogramms mit jedem Mittel und in jeder Form zu erstellen. Des weiteren führt § 69c Abs. 1 Nr. 1 UrhG aus, dass auch das Laden, Anzeigen, Ablaufen, Übertragen oder Speichern des Computerprogramms einer Erlaubnis des Rechtsinhabers bedürfen, wenn dieses eine Vervielfältigung erfordert. Dies bedeutet, dass das Erzeugen von Kopien eines Programms auf irgendeinem Speicher unter dieses Recht fällt. Diesem Recht kommt damit entscheidende Bedeutung für den Vertrieb von Softwareprodukten zu. Dabei kann auch die Übernahme von bloßen Teilen des Programms oder Änderungen anderer Teile eine Vervielfältigung sein, wenn die Veränderungen nur mechanische Routinearbeiten betreffen und keine eigenschöpferische Leistung darstellen.[70]

Das Vervielfältigungsrecht ist im **Softwarebereich** besonders geschützt. Auch private Kopien sind verboten. Dies war früher in § 53 Abs. 4 UrhG geregelt. Nach der Novellierung soll sich dies aus § 69c Abs. 1 Nr. 1 i.V.m. § 69a Abs. 4 UrhG ergeben. Es ist wohl auch unstrittig, obwohl der Wortlaut der Vorschriften dafür relativ wenig ergibt.[71]

Streitig ist allerdings, ob auch eine eigentlich nur vorübergehende Speicherung dadurch, dass das Programm in den **Arbeitsspeicher eingelesen** wird, eine Vervielfältigungshandlung im Sinne von § 16 UrhG ist. Dies ist in der Praxis von großer Bedeutung, weil die Benutzung urheberrechtlich unzulässiger Kopien als solche ja im Urheberrecht prinzipiell erlaubt ist. Im Softwarebereich wäre eine solche Nutzung immer dann untersagt, wenn sie bedingt, dass man dabei vorübergehend eine Vervielfältigung durch Laden in den Arbeitsspeicher erzeugt. Darüber hinaus kann auf diesem Wege urheberrechtlich der Umfang der Nutzung etwa in einem Netzwerk begrenzt werden, weil ohne einen solchen Schutz von Vervielfältigungshandlungen in aller Regel mehrere Benutzer das urheberrechtliche Werksstück gleichzeitig benutzen können. Die herrschende Meinung nimmt auch an, dass das Einlesen das Vervielfältigungsrecht berührt, weil das Programm kopiert und auf einen physikalischen Träger gespeichert wird.[72]

---

[69] *Schricker/Loewenheim*, § 69c UrhG, Rdn. 1.
[70] *Rupp*, GRUR 1986, 147 (150).
[71] *Schricker/Loewenheim*, § 53, Rdn. 10 unter Berufung auf die amtliche Begründung.
[72] *Becker/Horn*, DB 1985, 1274 (1278); *Rupp*, GRUR 1986, 147 (148ff.); *Ernestus*, CR 1989, 784 (789); *Koch*, Zivilprozeßpraxis, S. 126f., alle zum alten Recht; zum neuen Recht: *Schricker/Loewenheim*, §69c Rdn. 9; *Pres*, Gestaltungsformen, S.110ff.;

Die Gegenmeinung wendet dagegen ein, dass die Kopie im Arbeitsspeicher nur der Ausführung, nicht aber der Verbreitung oder dem Genuss des Werkes diene und der Gesetzgeber durch das absolute Vervielfältigungsverbot keine Kontrolle über Nutzungshandlungen des berechtigten Benutzers erreichen wolle. Im Übrigen fehle es bei der Abspeicherung im Arbeitsspeicher an einer hinreichend dauerhaften Verkörperung der Kopie, weil diese nur der Abarbeitung des Programms diene und danach gelöscht werde.[73]

48 Man wird aber letztendlich der herrschenden Meinung folgen müssen. Diese hat insoweit schon den Wortlaut des § 69c Abs. 1 Nr. 1 UrhG für sich, als dort ausdrücklich auch eine vorübergehende Vervielfältigung als Inhalt des Vervielfältigungsrechts festgehalten ist. Insoweit ist der früher fehlende Hinweis auf die Art der Verkörperung durch einen ausdrücklichen Verweis darauf gesetzt worden, dass es nicht auf die Dauer der Verkörperung ankommt. Außerdem spricht für diese Auslegung auch die Interessenlage. Immerhin wäre es sonst urheberrechtlich gestattet, mit einem Datenträger mehrere Datenverarbeitungsanlagen zu laden und gleichzeitig laufen zu lassen, obwohl nur die Benutzung auf einer Anlage gestattet und nur dafür Entgelt gezahlt wurde. Gegen die herrschende Meinung spricht auch nicht das Interesse des berechtigten Benutzers, das Programm ablaufen zu lassen. Er ist – nach dem neuen Recht – unmittelbar aus § 69d UrhG berechtigt, die dafür notwendige Vervielfältigung anzufertigen. Dies gilt sogar ohne explizite Vereinbarung. Selbst wenn – was in der Praxis nie geschieht – das Gegenteil vereinbart werden sollte, ist eine solche Vereinbarung unter dem Gesichtspunkt einer widersprüchlichen Handlungsweise unwirksam.

49 Aus dem Vorstehenden ergibt sich, dass das **Ablaufenlassen des Programms** immer dann mit einer Vervielfältigung verbunden und daher urheberrechtlich von Belang ist, wenn dabei das Programm in den Arbeitsspeicher eingelesen wird. Auch diese Konsequenz ist wohl Grundlage der ansonsten tautologischen Regelung des § 69c Abs. Nr. 1 Satz 2 UrhG. In der Praxis ist diese Voraussetzung in den meisten Fällen gegeben. Eine Ausnahme gibt es nur dann, wenn das Programm im Festspeicher des Rechners dauernd vorhanden ist, weil dann normalerweise die Befehle des Programms bei Programmablauf ohne Umspeicherung direkt abgerufen und verarbeitet werden.[74]

Haberstumpf, in: Lehmann (Hrsg.): Rechtsschutz und Verwertung von Computerprogrammen, S. 69 (133 ff.); *Lehmann*, GRUR Int. 1991, 327 (331); *Wiebe*, BB 1993, 1094 (1097); *Brandi-Dohrn*, BB 1994, 658 (659); *Marly*, Softwareüberlassungsverträge, Rdn. 133; *Moritz/Hütig*, Beil. 10 zu BB 2000, H. 48, S. 2 (8); *Wandtke/Bullinger-Grützmacher*, § 69c UrhG Rdn. 5.
[73] *Brandi-Dohrn*, GRUR 1985, 179 (185); *Müller*, Erwerb und Nutzung, S. 29 ff.; *Schneider*, CR 1990, 503 (504 f.); ausführlich *Schneider*, Softwarenutzungsverträge, S. 26 ff.; *Hoeren*, Softwareüberlassung, S. 43 ff. (Rdn. 103 ff.); *König*, Das Computerprogramm, S. 144 ff.
[74] *Rupp*, GRUR 1986, 147 (150), *Haberstumpf*, in: Lehmann (Hrsg.) Rechtsschutz und Verwertung von Computerprogrammen, S. 69 (136 ff.).

I. Rechtliche Grundlagen

Das bloße Ablaufenlassen des Programms im Rechner als solches ist keine urheberrechtlich relevante Handlung.[75]

bbb) Verbreitungsrecht

Das **Verbreitungsrecht** ist in § 69c Abs. 1 Nr. 3 Satz 1 UrhG geregelt. Danach ist jede Form der Verbreitung des Originals eines Computerprogramms oder von Vervielfältigungsstücken einschließlich der Vermietung eine zustimmungsbedürftige Handlung. Diese Rechte stehen dem Urheber zu. Was Verbreitung ist, definiert auch im Rahmen des § 69c UrhG § 17 Abs. 1 UrhG. Danach ist das Verbreitungsrecht die ausschließliche Befugnis, das Original oder Vervielfältigungsstück des Werkes der Öffentlichkeit anzubieten oder in den Verkehr zu bringen.[76] Ein Angebot an die Öffentlichkeit liegt vor, wenn der Anbieter einer nicht abgegrenzten oder durch keine persönlichen Beziehungen miteinander verbundenen Mehrheit von Personen seinen Willen kund tut, das Original oder ein Vervielfältigungsstück entgeltlich oder unentgeltlich zu veräußern, zu vermieten, zu verleihen oder sonst zu überlassen. Dabei reicht auch das Angebot an eine Einzelperson, die zu einem solch unbestimmten Personenkreis gehört, aus.[77] Inverkehrbringen ist jede Handlung, durch die das Werkstück aus einem abgeschlossenen persönlichen oder betrieblichen Bereich an die Öffentlichkeit gebracht wird.[78]

50

Sehr streitig ist, ob das bloße **Bereithalten des** Programms zum Abruf im Internet und seiner Verbreitung in nicht körperlicher Form auch dem Verbreitungsrecht unterliegt. Schließlich wird kein körperliches Werk weitergegeben, was eigentlich Gegenstand des Verbreitungsrechts ist. Deswegen wird in der Literatur die Meinung vertreten, der Online-Vertrieb von Software unterfalle nicht dem Verbreitungsrecht.[79]

51

Es ist aber fraglich, ob dies der Interessenlage entspricht. Praktisch geschieht ja bei der Online-Verbreitung nichts anderes als bei der Verbreitung von körperlichen Werkstücken. Letztendlich wird beim Empfänger auch eine Kopie gefertigt, so dass der Empfänger über eine körperliche Vervielfältigung verfügt. Zum dritten ist die Frage, ob eine Verbreitung zwar möglicherweise nicht bei Online-Vertrieb vorliegt, aber dann, wenn lediglich ein Datenträger zum Kunden gebracht und dort vervielfältigt, anschließend aber wieder mitgenommen wird. Es liegt wesentlich näher, dass all diese Vertriebsformen unter das Verbreitungsrecht fallen.[80]

---

[75] *Haberstumpf*, GRUR 1986, 222 (234f.); *Pres*, Gestaltungsformen, S. 112; LG Mannheim, NJW-CoR 1999, 54 (LS).
[76] So auch *Schricker/Loewenheim*, § 69c, Rdn. 21.
[77] *Schricker/Loewenheim*, § 69c Rdn. 22f.; BGH, *Zahrnt*, ECR BGH 12.
[78] *Schricker/Loewenheim*, § 69c Rdn. 24.
[79] *Schricker/Loewenheim*, § 69c Rdn. 25; *Wandtke/Bullinger-Grützmacher*, § 69c UrhG Rdn. 28.
[80] So *Schneider*, Softwarenutzungsverträge, S. 22f.

Der Verweis darauf, dass dann, wenn der Online-Vertrieb nicht unter das Verbreitungsrecht fiele, dieser unter einer anderen Form der ausschließenden Rechte nach § 15 UrhG fiele, hilft nicht weiter. Zum einen fragt sich dann, warum der Gesetzgeber in den besonderen Regelungen des Software-Rechts gerade diese Form der Verbreitung, die auch damals schon erkennbar eine zukünftige Entwicklung bedeuten konnte, nicht erwähnt hat. Zum anderen sind die Konsequenzen des Unterfallens unter § 15 Abs. 2 UrhG z.B. im Hinblick auf den Erschöpfungsgrundsatz wesentlich anders als im Bereich anderer Verwertungsrechte. Man muss aber beachten, dass es auch bei Unterfallen des Online-Vertriebs unter das Verbreitungsrecht beim Kunden kein Werkstück gibt, dass als solches verbreitet wird, so dass das Eingreifen des Erschöpfungsgrundsatzes auch dann problematisch ist.[81]

Eine EU-Richtlinie hat den Streit im Sinne der Einführung eines speziellen Rechts der Bereitstellung zum Abruf entschieden. Ein solches Recht wird auch im deutschen Recht binnen kurzem eingeführt werden.

52 Das Verbreitungsrecht kann einem oder mehren Dritten jeweils **räumlich, zeitlich oder inhaltlich beschränkt eingeräumt** werden. Wann was getrennt eingeräumt werden kann, ist allerdings streitig. Klar ist gem. § 69c Nr. 3 UrhG lediglich, dass zum Verbreitungsrecht auch das Vermietungsrecht gehört. Dieses Recht kann aber auch dinglich wirksam abgespalten und getrennt übertragen werden.

53 Die Frage, in welcher Form das Verbreitungsrecht ansonsten aufgespalten werden kann, ist sehr streitig.

Das Verbreitungsrecht kann nach der Rechtsprechung nur für solche **Verwertungsformen** aufgespalten und getrennt eingeräumt werden, die nach der Verkehrsauffassung klar abgrenzbar sind und eine wirtschaftlich und technisch einheitliche und selbständige Nutzungsart darstellen.[82] Insoweit besteht Einigkeit. Einigkeit dürfte heute auch darin bestehen, dass der Vertrieb über Diskette und CD eine einzige Nutzungsart darstellt.[83] Was aber im Übrigen solche klar abgrenzbaren wirtschaftlich und technisch einheitlichen und selbstständigen Nutzungsarten sind, ist streitig.

54 Das **Kammergericht**[84] und das **OLG Frankfurt** (6. Senat)[85] haben entschieden, dass die Beschränkung des Rechts dergestalt, dass Programme in einer bestimmten Aufmachung nur in Verbindung mit dem Kauf eines Computers vertrieben werden dürfen, eine zulässige Beschränkung des Verbreitungsrechts darstelle und damit mit dinglicher Wirkung auch Dritte und nicht nur den Vertragspartner des einschränkenden Unternehmens binde.

---

[81] *Koch*, CR 2002, 629 (631).
[82] *Schricker/Loewenheim*, § 69c Rdn. 29.
[83] I.E. so schon OLG Hamburg, *Zahrnt*, ECR OLG 151.
[84] NJW 1997, 330 = CR 1996, 531 m. Anm. *Witte* und *Erben/Zahrnt* = *Zahrnt*, ECR OLG 227; KG, CR 1998, 137.
[85] CR 2000, 581.

I. Rechtliche Grundlagen

Demgegenüber haben **OLG München**[86] und **OLG Frankfurt** (11. Senat)[87] entschieden, dass eine solche selbstständige Nutzungsart nicht darin bestehe, vorhandene Software zu einem geringen Preis nur als Update-Version zu vertreiben.

Das dahinterstehende Problem ist, dass in beiden Fällen die Software, um die es geht, technisch exakt der Vollversion entspricht, die zu wesentlich höheren Preisen an Ersterwerber und Erwerber ohne Computererwerb vertrieben werden sollte. Die Abgrenzung des jeweils ausgegrenzten Softwarerechts diente zur Sicherung eines besonderen Vertriebswegs. Der Software als solcher sah man – von der Aufmachung der Datenträger abgesehen – die Beschränkung nicht an. Sie unterschied sich in keiner Weise von der zu wesentlich höheren Preisen verbreiteten Vollversion. Unter diesem Aspekt wird man wohl sagen müssen, dass eine Abspaltung nicht möglich ist, zumal die Veräußerung nur zusammen mit einem Computer oder die bloße Veräußerung der Vollversion als Update weder nach der Verkehrsanpassung klar abgrenzbar ist noch sich als wirtschaftlich und technisch einheitliche und selbstständige Nutzungsart darstellt.[88] Dies haben Gerichte aber unterschiedlich gesehen. Der BGH hat den Streit auf anderem Weg entschieden.[89]

Wichtig ist die oben erörterte Frage insbesondere im Hinblick auf den **Erschöpfungsgrundsatz**, der in § 69c Abs. 3 Satz 2 UrhG geregelt ist. Es handelt sich um zwingendes Recht. Der Erschöpfungsgrundsatz besagt, dass Werkstücke, die mit Zustimmung des Berechtigten in den Verkehr gebracht worden sind, ohne weitere Zustimmung weiter veräußert werden können. Dies gilt allerdings nur bei einer endgültigen Veräußerung, nicht bei einer bloßen zeitweisen Nutzungsüberlassung. Veräußerung bedeutet dabei die endgültige Überlassung des Werkstücks. In welchen zivilrechtlichen Formen dies geschieht, ist unwesentlich. Wann eine solche endgültige Veräußerung vorliegt, ist im Einzelfall gerade bei Software schwer zu entscheiden. Der Zweck des Erschöpfungsgrundsatzes, nämlich dem Urheber zwar den wirtschaftlichen Wert seiner Schöpfung zu überlassen, ihn aber daran zu hindern, den Verkehr mit geschützten Werken übermäßig zu behindern, gebietet eine wirtschaftliche Betrachtung. Eine endgültige Veräußerung liegt danach vor, wenn der Urheber eine marktkonforme Vergütung für seine schöpferische Leistung erhalten hat.[90]

55

---

[86] NJW 1998, 1649 = CR 1998, 265 m. Anm. *Erben/Zahrnt* = *Zahrnt*, ECR OLG 273; ebenso LG München I, CR 1998, 141; zustimmend auch *Leistner*, MMR 2000, 751 (752).
[87] *Zahrnt*, ECR OLG 291.
[88] So auch *Schricker/Loewenheim*, § 69c Rdn. 29; *Berger*, NJW 1997, 300; a.A. *Junker*, NJW 1999, 1294 (1295).
[89] Dazu gleich Rdn. 58 f.
[90] Näher *Schneider*, Softwarenutzungsverträge, S. 132 f; *Harte-Bavendamm*, in: Computerrechtshandbuch, Abschn. 54, Rdn. 79 ff.; wie hier i.E. *Hoeren*, RDV 1987, 115 (117).

Hat der Veräußerer daher für ein einmaliges Entgelt dem Erwerber ein zeitlich unbegrenztes Nutzungsrecht an der Software eingeräumt, wird man von einer endgültigen Überlassung der Software ausgehen können.[91]

56 Außerdem muss das Werkstück innerhalb der EU oder einem Vertragsstaat des Abkommens über den europäischen Wirtschaftsraum in den Verkehr gebracht werden.[92] Eine Verbreitung von Werkstücken, die etwa in den USA oder in Japan verbreitet wurden, ist nicht erlaubt.[93]

57 Der Erwerber darf das Werkstück nach einer solchen Veräußerung weiter veräußern, d. h. selbst auf die Benutzung verzichten und sie einem Dritten einräumen. Dieses Recht kann ihm vom Urheber nicht genommen werden. Der Erschöpfungsgrundsatz ist allerdings dahingehend eingeschränkt, dass eine Weitervermietung des Werkstücks nicht zulässig ist.

58 Den oben[94] dargestellten Streit über die Unwirksamkeit der Einschränkung des Vertriebs einer Softwarekopie auch den Vertrieb nur in Verbindung mit dem Verkauf eines PC hat der **BGH** mit Hilfe des Erschöpfungsgrundsatzes gelöst. Im Ergebnis ist der BGH dabei den Entscheidungen des OLG München und des 11. Senats des OLG Frankfurt gefolgt – die Begründung ist aber anders. Jedenfalls dann, wenn der Erstvertreiber der Rechte sich an die Vorgaben des Urheberrechtsinhabers gehalten habe und das Programm zusammen mit einem PC vertrieben habe, sei eine Erschöpfung des Vertriebsrechts eingetreten mit der Folge, dass ein unzulässiger Vertrieb durch einen in der Vertriebskette weiter unten befindlichen Händler keine Verletzung des Urheberrechts darstelle und gegen Dritterwerber nichts unternommen werden könne.[95] Ob die Beschränkung des Vertriebs auf den Verkauf nur in Verbindung mit dem Kauf eines Computers ursprünglich dinglich wirksam sei oder nicht, sei dabei unerheblich.

59 Ob diese Rechtsprechung des BGH auch für eine zeitliche Einschränkung des Nutzungsrechts in einer Demo-Version gilt,[96] ist fraglich, nach der Begründung aber denkbar. Praktisch muss bei einem solchen Programm freilich die Zeitsperre ausgebaut oder umgangen werden, um es nutzbar zu machen. Eine solche Änderung ist freilich jedenfalls unzulässig.

60 Allerdings ergibt sich aus dem **Erschöpfungsgrundsatz** und der sich daraus ergebenden Berechtigung zur Veräußerung des Werkstücks noch keine Berechtigung des Erwerbers, urheberrechtliche **relevante Nutzungshandlungen** an der erworbenen Software durchzuführen. Im Gegensatz

---

[91] Wie hier *Breidenbach*, CR 1989, 873 (876); *Schricker/Loewenheim*, § 69 c Rdn. 34; *Schneider*, Handbuch des EDV-Rechts, Rdn. C 210.
[92] OLG Hamburg, *Zahrnt*, ECR 45 (noch zum alten Recht).
[93] LG Mannheim, NJW-CoR 1996, 120 (LS).
[94] Rdn. 54.
[95] BGH, NJW 2000, 3571 = CR 2000, 651 = GRUR 2001, 153; im Ergebnis zustimmend: *Metzger*, GRUR 2001, 120.
[96] Dafür jedenfalls KG, NJW-RR 2001, 185.

zu sonstigen urheberrechtlich geschützten Werken sind solche urheberrechtlich relevanten Nutzungshandlungen bei Software zum sinnvollen Einsatz in aller Regel nötig. Das Lesen eines Buches z.B. ist urheberrechtlich unerheblich, das für die Nutzung notwendige Speichern eines Programms auf den Arbeitsspeicher greift in das **Vervielfältigungsrecht** ein.[97] Dennoch wird in aller Regel ausgeführt, dass das Vervielfältigungsrecht durch den Erschöpfungsgrundsatz nicht beeinträchtigt ist.[98]

Nimmt man diesen Satz ernst, müsste der Erschöpfungsgrundsatz praktisch im Bereich der Software leer laufen. Hier greift die Regelung des § 69d Abs. 1 UrhG ein. Danach bedarf ein berechtigter Besitzer eines Computerprogramms für Vervielfältigungen und vergleichbare Handlungen nicht der Zustimmung des Rechtsinhabers, wenn sie lediglich der bestimmungsgemäßen Benutzung des Computerprogramms einschließlich der Fehlerberichtigung dienen. Man wird diese Vorschrift auch auf ein Werkstück anwenden, dass in Übereinstimmung mit dem Erschöpfungsgrundsatz weiterverbreitet worden ist. Der jeweilige Besitzer kann daher die notwendigen Handlungen zum Ablaufenlassen des Programms nach § 69d Abs. 1 UrhG auch ohne ausdrückliche Zustimmung des Urhebers durchführen.[99]

ccc) Umarbeitungsrecht

Der Urheber des Softwareprogramms hat über die genannten Rechte hinaus gemäß § 69c UrhG auch das ausschließliche Recht zur Vornahme von **Übersetzungen, Bearbeitungen, Arrangements und anderen Umarbeitungen** eines Computerprogramms. Hier verwendet der deutsche Gesetzgeber abweichend von der allgemeinen urheberrechtlichen Terminologie als Oberbegriff den Begriff der Umarbeitung, während sonst im wesentlichen der Begriff der Bearbeitung (vgl. § 23 UrhG) verwendet wird.

61

Eine wesentliche sachliche Änderung ist darin nicht zu sehen. Der deutsche Gesetzgeber passt sich damit nur an den internationalen urheberrechtlichen Sprachgebrauch und den Sprachgebrauch der EU-Richtlinie an.

Der Begriff der Umarbeitung ist ein weiter Begriff, der grundsätzlich jede Abänderung eines Computerprogramms umfasst. Eine eigene schöpferische Leistung muss im Recht der Umarbeitung nicht vorliegen.[100] Jede Änderung des Programms bedarf der Erlaubnis des Urhebers.

Hat freilich die **Umarbeitung schöpferische Qualitäten,** kann auch für den Umarbeiter ein weiteres eigenes Urheberrecht an der Umarbeitung ent-

---

[97] Vgl. dazu näher oben Rdn. 45 ff.
[98] *Schricker/Loewenheim,* § 69c Rdn. 39; *Wiebe,* BB 1993, 1094 (1097).
[99] *Wandtke/Bullinger-Grützmacher,* § 69c UrhG, Rdn. 37; *Wiebe,* BB 1993, 1994 (1097); wohl auch *Lehmann,* NJW 1993, 1822 (1825); *Haberstumpf,* in: Lehmann (Hrsg.): Rechtsschutz und Verwertung von Computerprogrammen, S. 69 (141 f.) fingiert eine Zustimmung des Urhebers.
[100] *Schricker/Loewenheim,* § 69c Rdn. 13.

stehen. Hier greift der Gesetzgeber in § 69c Nr. 2 Satz 2 UrhG den Begriff der Bearbeitung des § 23 UrhG auf und bestimmt, dass dieses Bearbeiterurheberrecht durch die Rechte des Urhebers des bearbeiteten Programms nicht berührt wird. Es entstehen damit in dem Falle einer eigenschöpferischen Umarbeitung zwei Urheberrecht, nämlich das des ursprünglichen Urhebers und das des Bearbeiters.

Will man die bearbeitete Version verwenden, muss man die Zustimmung beider Urheber haben.

62 Darüber hinaus ist zu beachten, dass die sogenannte **freie Bearbeitung** eines Programms zulässig bleibt (§ 24 UrhG). Diese liegt dann vor, wenn die dem geschützten älteren Werk entnommenen individuellen Züge gegenüber der Eigenart des neu geschaffenen Werkes verblassen.[101] Was freie Benutzung ist, ist allerdings oft schwer zu entscheiden. Die Interessenlage der Parteien, die Schöpfungshöhe des benutzten Werkes und auch die Frage des wissenschaftlich-technischen Fortschritts wird bei der Abwägung eine Rolle spielen.[102]

e) Die generelle Beschränkung der Urheberrechte gem. § 69d UrhG

63 Als spezifisch softwarebezogene Norm begrenzt § 69d UrhG die soeben geschilderten umfassenden Rechte des Urhebers. Diese Norm stellt sich als eine Schrankenbestimmung dieser Urheberrecht dar.[103] Gemäß § 69d Abs. 1 sind Handlungen ohne Zustimmung des Rechtsinhabers zulässig, wenn sie für eine **bestimmungsgemäße Benutzung** des Computerprogramms einschließlich der Fehlerberichtigung durch jeden zur Verwendung eines Vervielfältigungsstücks des Programmberechtigten notwendig sind.

Was dazu gehört, bestimmt der Gesetzgeber nicht näher. Es ist vertraglicher Regelung zugänglich; allerdings gibt es einen zwingenden Kern von Benutzerbefugnissen, die nicht abbedungen werden können.

64 Zunächst ist es auf jeden Fall zulässig, wenn der berechtigte Benutzer das Programm zunächst in den Arbeitsspeicher lädt und auch während des Ablaufenlassens **die notwendigen Vervielfältigungshandlungen** vornimmt. Diese Handlung gehört auch zum Kernbereich der dem Benutzer zustehenden Rechte, der vertraglich nicht abbedungen werden kann.[104] Vertraglich geregelt werden kann allerdings, in welchem Umfang und wie eine solche Vervielfältigung erfolgt. So bleibt es unter diesem Gesichtspunkt sicher zulässig, zu bestimmen, dass das Programm nur auf einer Zentraleinheit gleichzeitig benutzt wird und auch im Netzwerk nur mit einer bestimmten Begrenzung von Benutzern benutzt werden kann. Auch ähnliche

---

[101] *Schricker/Loewenheim*, § 69c Rdn. 15.
[102] *Haberstumpf*, in: Lehmann (Hrsg.), Rechtsschutz und Verwertung von Computerprogrammen, S. 69 (145f.).
[103] *Schricker/Loewenheim*, § 69d Rdn. 1.
[104] *Pres*, Gestaltungsformen, S. 129; *Schumacher*, CR 2000, 641 (645f.).

Regelungen, die dem Partizipationsinteresse des Urhebers dienen, sind zulässig.[105]

Zu den letztendlich auch nicht abdingbaren Rechten gehört auch das **Recht auf Fehlerberichtigung.** Dieses ist im Text ausdrücklich erwähnt. Da es um Mangelbeseitigung geht, wird dieses Recht letztendlich nicht wirksam vollständig ausgeschlossen werden können.[106] Das Recht auf Fehlerbeseitigung kann möglicherweise dahingehend eingeschränkt werden, dass zunächst Nachbesserungsversuche durch den zur Nacherfüllung berechtigten und verpflichteten Urheber durchgeführt werden. Dies gilt jedenfalls dann, wenn die entsprechende Verjährungsfrist noch nicht abgelaufen ist oder ein Pflegevertrag besteht. Sollte diese Handlung allerdings nicht zum Erfolg führen, dürfte es nicht zulässig sein, eine weitergehende Beschränkung zu vereinbaren.[107] Nur in diesem Rahmen dürfen auch Programmsperren und andere Sicherungsmechanismen eingesetzt werden.[108] 65

Programmverbesserungen, Erweiterungen des Funktionsumfangs, Anpassung an neue gesetzliche Lagen u.ä. mögen in gewissem Umfang ebenfalls notwendige Umarbeitungshandlungen sein. Dies gilt insbesondere dann, wenn durch andere zumutbare Maßnahmen die bestimmungsgemäße Benutzung des Programms nicht mehr ermöglicht werden kann.[109] 66

Man wird hier aber eine gewisse Vorsicht walten lassen müssen. Jedenfalls lassen sich diese Rechte durch vertragliche Beschränkungen ausschließen, soweit es nicht um Mangelbeseitigung geht und solange Pflegeverträge bestehen.

Änderungen des Programms, die etwa dazu führen, eine **Dongle-Anfrage** zu umgehen, sind nach § 69d Abs. 1 UrhG nicht zulässig.[110] Stellt der Einbau eines Dongles freilich eine mangelhafte Lieferung dar, gelten die obigen Ausführungen: Prinzipiell kann der Dongle entfernt werden. Vertragliche Einschränkungen des Rechts sind möglich. Es gibt keinen Grund, Mängel, die durch einen Dongle verursacht werden, anders zu behandeln als andere Mängel.[111] 67

---

[105] *Schricker/Loewenheim,* § 69d Rdn. 12.f.
[106] *Haberstumpf,* in: Lehmann (Hrsg.), Rechtsschutz und Verwertung von Computerprogrammen, S. 69 (130); *Schneider,* Handbuch des EDV-Rechts, Rdn. C 577.
[107] *Pres,* Gestaltungsformen, S. 130 will dies sogar dann annehmen, wenn es keine entsprechende Vertragsklausel gibt.
[108] Vgl. dazu *Koch,* CR 2002, 629 (634f.).
[109] *Schricker/Loewenheim,* § 69d Rdn. 11.
[110] OLG Karlsruhe, CR 1996, 341 = *Zahrnt,* ECR OLG 221; OLG Düsseldorf, CR 1997, 337 = *Zahrnt,* ECR OLG 254, *Raubenheimer,* NJW-CoR 1996, 174 (175ff.); etwas differenzierend *Zahrnt,* Anm. zu ECR OLG 221.
[111] Wie hier *König,* NJW 1995, 3293 (3294); LG Mannheim, NJW 1995, 3322; i.E. wohl auch *Wandtke/Bullinger-Grützmacher,* § 69d UrhG, Rdn. 19; a.A. *Raubenheimer,* NJW-CoR 1996, 194 (175); OLG Karlsruhe, CR 1996, 341 = *Zahrnt,* ECR OLG 221.

68 Nicht vom Recht nach § 69 d Abs. 1 UrhG umfasst ist nach einer in der Literatur vertretenen Auffassung die **Dekompilierung**.[112] In welchem Umfang sie zulässig sei, ergäbe sich aus der weiteren Regelung des § 69 e UrhG. Diese Konsequenz, die Schricker/Loewenheim[113] auch nicht unbedingt ziehen, ist allerdings vom Wortlaut her nicht zwingend. § 69 d Abs. 1 UrhG gestattet alle zur Fehlerbehebung notwendigen Handlungen, soweit diese in § 69 c Nr. 1 und 2 UrhG genannt werden. Ein Ausschluss der Dekompilierung ist dort nicht geregelt. Dagegen betrifft § 69 e UrhG einen Fall, der mit Fehlerbeseitigung nichts zu tun hat. Diese Gedanken sprechen dafür, ggf. auch die **Dekompilierung zur Fehlerbeseitigung** zuzulassen.[114] Dennoch spricht die sehr detaillierte Regelung über die Verwendung des dekompilierten Codes in § 69 e UrhG dafür, eine weitergehende Dekompilierung nicht zuzulassen. Auch Erwägungsgründe der EU-Richtlinie sprechen für ein Verbot der Dekompilierung zu Fehlerbeseitigungszwecken, so dass wohl der erst genannten Literaturmeinung der Vorzug zu geben ist.

69 Sehr viel differenzierter ist die Frage zu beantworten, ob nach § 69 d UrhG oder anderen Befugnissen eine **Portierung** von Software erlaubt ist. Dabei geht es um die Übertragung der Software auf einen neuen Rechner.[115]

Dabei dürfte es auf jeden Fall zulässig sein, eine unveränderte Software auf einen Rechner zu übertragen, dessen Leistungsfähigkeit letztendlich nicht größer ist als die des früheren. Hier muss zwar möglicherweise eine Neuinterpretation der Software durchgeführt werden und dabei eine zusätzliche teilweise Vervielfältigung erfolgen. Dies dürfte aber im Rahmen des § 69 d Abs. 1 UrhG zulässig sein, soweit nicht ausdrücklich und wirksam etwas anderes vereinbart ist.

Das gleiche dürfte dann gelten, wenn die Software mittels geeigneter Hilfsprogramme nur in eine andere Sprache übersetzt wird, damit sie genutzt werden kann. Auch insoweit geht es um eine Veränderung, die zum bestimmungsmäßigen Nutzen der Software nötig ist. Auch hier kann es im Einzelfall andere Vereinbarungen geben, die primär individuell vereinbart werden müssen.

Sobald es um ernsthafte Änderungen geht, dürften die Grenzen des § 69 d UrhG relativ rasch überschritten sein. Prinzipiell sind ja Änderungen auch dann zulässig, wenn sie über die Beseitigung von Fehlern hinaus zur bestimmungsmäßigen Nutzung der Software erlaubt sind. Dies mag dann auch Anpassungen an Gesetzesänderungen beinhalten. Eine Portierung, die gleich-

---

[112] *Schricker/Loewenheim*, § 69 d Rdn. 3; *Wandtke/Bullinger-Grützmacher*, § 69 d UhrG, Rdn. 22.
[113] A. a. O. Fn. 112.
[114] *Wohlgemuth*, Computerwartung, S. 212 ff.; wohl auch *Koch*, NJW-CoR 1999, 423 (428).
[115] Vgl. auch die ausführliche Darstellung bei *Schneider*, Handbuch des EDV-Rechts, Rdn. C 584 ff.; *Wandtke/Bullinger-Grützmacher*, § 69 d UrhG, Rdn. 21.

I. Rechtliche Grundlagen 27

zeitig eine Veränderung umfasst, dürfte von der Änderungsbefugnis nach
§ 69 d UrhG nicht umfasst sein.

Nicht zu den nach § 69 d Abs. 1 UrhG zulässigen Handlungen gehört 70
es auch, die Software, statt sie selbst zu nutzen, durch ein **Rechenzentrum**
nutzen zu lassen. Dabei wechselt ja der Nutzer, was von § 69 d UrhG nicht
gedeckt ist. Im Übrigen wird oft vom Softwareersteller für Rechenzentren
eine besondere Lizenz vergeben.[116] Ähnliches dürfte auch für eine Nutzung
im Rahmen von Application Software Providing (ASP) gelten.[117]

Ob eine **Rechenzentrumsnutzung** auch eine Nutzung im Rahmen von 71
ASP umfasst, bedarf noch der Diskussion. Wird ASP dabei allerdings öffentlich für jedermann im Internet angeboten, stellt sich auch die oben[118]
erörterte Frage, ob dies nicht eine besondere Nutzungsform darstellt. Ein
solches Angebot dürfte aber auf jeden Fall von einer Lizenz zur Rechenzentrumsnutzung nicht umfasst sein.

Weiterhin zwingend und nicht veränderbar ist das Recht des rechtmä- 72
ßigen Nutzers auf Herstellung einer **Sicherungskopie** und zur Durchführung von **Programmtestläufen**. Zum Beobachten, Untersuchen und Testen
der Funktion des Programms darf also gehandelt werden, allerdings nur mit
Handlungen, zu denen der Benutzer ohnehin berechtigt ist.[119] Kann der
rechtmäßige Benutzer eine Sicherungskopie nicht selbst herstellen (z. B. wegen eines Dongles), muss ihm der Hersteller diesen nach einer Literaturmeinung sogar liefern.[120] Dies dürfte aber nur dann zutreffen, wenn es vereinbart ist. Aus der Befugnis zur eigenen Herstellung von Kopien lässt sich
kein vertraglicher Anspruch auf Kopienherstellung durch den Vertragspartner herleiten. Ebenso wenig lässt sich aus § 69 d Abs. 2 UrhG der Anspruch
auf Beseitigung einer Kopiersperre herleiten.[121]

Eine **Sicherungskopie** darf im Übrigen nur gefertigt werden, wenn der 73
Hersteller keine liefert. Ob die Lieferung eines Programms auf einer nicht
überschreibbaren CD die Lieferung einer Sicherheitskopie darstellt, ist
streitig.[122] Die Entscheidung hängt von der Frage ab, wie sicher die Speicherung auf der CD ist. Da bei einer (bei Sicherheitskopien auch sonst nötigen)
vorsichtigen Aufbewahrung die CD lange hält, dürfte die Lieferung eines
Programms auf einer CD im Regelfall die Lieferung einer Sicherheitskopie
darstellen.

---

[116] *Wandtke/Bullinger-Grützmacher*, § 69 d UrhG, Rdn. 13.
[117] *Bettinger/Scheffelt*, CR 2001, 729 (735); *Wandte/Bullinger-Grützmacher*, § 69 d UrhG, Rdn. 13.
[118] Rdn. 51.
[119] *Schricker/Loewenheim*, § 69 d Rdn. 22.
[120] *Lehmann*, NJW 1993, 1822 (1823).
[121] So aber *Haberstumpf*, in: Lehmann (Hrsg.), Rechtsschutz und Verwertung von Computerprogrammen, S. 69 (146).
[122] Dafür: *Koch*, Computer-Vertragsrecht, Rdn. 1328; *Marly*, Softwareüberlassungsverträge, Rz. 908; dagegen: *Wandtke/Bullinger-Grützmacher*, § 69 d UrhG, Rdn. 55; *Werner*, CR 2000, 807.

74 Wer **berechtigter Benutzer** ist, bestimmt sich nach allgemeinen Regeln. Insbesondere gehört derjenige dazu, dem das Programm zulässigerweise übertragen worden ist. Wie oben schon erwähnt, gehört dazu auch derjenige, dem das Programm sachdienlich wirksam zur Nutzung überlassen worden ist, wie derjenige, der ein Werkstück benutzt, für das der **Erschöpfungsgrundsatz** eingreift. Wegen der Weite des Anwendungsbereichs dürfte die Regelung des § 69d UrhG eine gesetzliche Lizenz und nicht eine Interpretationsrichtlinie für einen eventuellen Überlassungsvertrag sein.[123]

f) Nutzungsrechtsübertragungen an Endnutzer

75 Unabhängig von den eben geschilderten gesetzlichen Regelungen werden in Softwareverträgen **Nutzungsrechtsübertragungen** meist explizit geregelt. Die Vielfalt der Klauseln ist praktisch unübersehbar. Rechtsprechung gibt es erst aus letzter Zeit etwas häufiger.

76 So hat das OLG Düsseldorf[124] entschieden, dass eine **Generallizenz** zur Nutzung eines Computerprogramms durch eine Vielzahl von Mitarbeitern des Lizenznehmers die Zustimmung des Lizenzgebers umfasst, dass die Mitarbeiter des Lizenznehmers von Dritten mit Hilfe von deren Computern geschult werden. Das LG Düsseldorf[125] entschied, dass die Klausel, nach der das Nutzungsrecht auch die Übertragung auf ein „Computersystem mit einem anderen Betriebssystem" umfasse, auch die Übertragung auf ein geändertes Betriebssystem auf einem anderen Rechner umfasse. Diese Klausel gestatte auch die im Rahmen des Übertragungsvorgangs zwangsweise erforderliche doppelte Nutzung der Software auf beiden Computersystemen. Diese Entscheidungen zeigen, dass selbst konkret ausgehandelte Nutzungsregeln in Einzelfällen durchaus Probleme erzeugen können.

77 Im Vordergrund der literarischen Diskussion und einzelnen früherer Entscheidungen stehen jedoch übliche Standardklauseln.
Zu diesen wird an anderer Stelle noch näher ausgeführt, dass eine Klausel, nach der die Nutzungsübertragung von der vollständigen Zahlung des Kaufpreises abhänge, zulässig ist, allerdings nur dann, wenn nicht eine von der gesetzlichen Zug-um-Zug-Regelung abweichende Zahlungsklausel vereinbart wird.[126]

78 Sehr problematisch sind Klauseln, die die Weitergabe **endgültig gegen einmalige Zahlung** erworbener Software nach Abschluss des Gebrauchs an Dritte regeln. Hier könnte ein entsprechendes **Weitergabeverbot,** das in zahlreichen allgemeinen Geschäftsbedingungen der Softwarehersteller und -vertreiber vorgesehen ist und mittlerweile teilweise technisch realisiert

---

[123] *Köhler/Fritzsche,* in: Lehmann (Hrsg.) Rechtsschutz und Verwertung von Computerprogrammen, S. 513 (540, 546f.); a.A. *Pres,* Gestaltungsformen, S. 120f.
[124] NJW-RR 2002, 1049.
[125] CR 2002, 326.
[126] Vgl. unten Rdn. 544.

wird,¹²⁷ mit dem urheberrechtlichen Erschöpfungsgrundsatz nicht vereinbar und damit nichtig sein.

Wenn ein solcher Fall vorliegt, ist das Weitergabeverbot sicherlich dinglich unwirksam. Es ist aber auch **schuldrechtlich unwirksam,** soweit es die Weitergabe der Software auch bei Verzicht auf weitere eigene Nutzung durch allgemeine Geschäftsbedingungen verbietet. Insoweit stimmt es mit eindeutigen gesetzgeberischen Wertungen nicht überein. Dies ergibt sich unabhängig vom Urheberrecht aus § 307 Abs. 2 Nr. 1 BGB, in dem Fall, in dem der zugrunde liegende Vertrag als Vertrag über eine endgültige dauernde Überlassung der Nutzung zu werten ist.¹²⁸ Dies ist in vielen Fällen durchaus der Fall, insbesondere dann, wenn eine Software zur Nutzung auf Dauer ohne Rückgabeverpflichtung überlassen wird.¹²⁹ Da in diesem Fall ein Vermögenswert endgültig überlassen wird und nicht wieder zurückgegeben werden soll, ist es mit den Grundzügen der Vertragsgestaltung nicht vereinbar, ein entschädigungsloses Weitergabeverbot durch allgemeine Geschäftsbedingungen einzuführen. Dies ergibt sich auch daraus, dass gerade dieses entschädigungslose Weitergabeverbot vom Gesetzgeber für urheberrechtlich geschützte Gegenstände generell ausgeschlossen worden ist. Es gibt auch kaum ein schützenswertes Interesse der Hersteller, die Weitergabe eines endgültig überlassenen Programms unter Verzicht auf eigene Nutzung zu unterbinden.¹³⁰ Diese Wertung gilt auch dann, wenn in den allgemeinen Geschäftsbedingungen eine **Rückgabeverpflichtung** formuliert wird. Auch eine solche Klausel wäre unwirksam, da sie dem Grundcharakter des Vertrages widerspricht. Sie dürfte im Übrigen auch überraschend sein. 79

Unzulässig ist wohl auch eine Klausel, die die Weiterverbreitung an die **Zustimmung des Herstellers** bindet.¹³¹ Allenfalls, wenn zugesichert wird, dass die Zustimmung immer erteilt wird, wenn keine sachlichen Gründe dagegen sprechen, mag die Klausel zulässig sein. Ob die von *Koch*¹³² erwähn- 80

---

¹²⁷ Dazu *Koch,* CR 2002, 629.
¹²⁸ Wie hier *Hoeren,* RDV 1988, 115 (118) und Softwareüberlassung, Rdn. 162 ff.; *Bartsch,* CR 1987, 8 (9); *Schneider,* Handbuch des EDV-Rechts, Rdn. C 573; *Brandi-Dohrn,* BB 1994, 658 (660); *Lehmann,* NJW 1993, 1822 (1825); *Haberstumpf,* in: Lehmann (Hrsg.) Rechtsschutz und Verwertung von Computerprogrammen, S. 69 (141 f.); *Wandtke-Bullinger-Grützmacher,* § 69 c UrhG, Rdn. 38; *Koch,* CR 2002, 629 (630 f.); *Schumacher,* CR 2000, 641 (648 f.); OLG Bremen, *Zahrnt,* ECR OLG 248; einschränkend auf den Fall der Betriebssoftware, die mit der Hardware veräußert werden soll: *Schmidt,* in: Lehmann (Hrsg.), Rechtsschutz und Verwertung von Computerprogrammen, S. 433 (487 f., Rdn. 63); für diesen Fall genauso OLG Nürnberg, NJW 1989, 2634 f. = *Zahrnt,* ECR OLG 40; das OLG Frankfurt, Beil. Nr. 24 zu BB 1990, S. 8 (9 f.) mit krit. Anm. Zahnrt = *Zahrnt,* ECR OLG 36 hält die Klausel für wirksam.
¹²⁹ OLG Nürnberg, NJW 1989, 2634 (2635) = *Zahrnt,* ECR OLG 40.
¹³⁰ Ebenso *Malzer,* Der Softwarevertrag, S. 130 ff.
¹³¹ *Koch,* CR 2002, 629 (632 f.).
¹³² *Koch,* CR 2002, 629 (632 f.).

ten Bedenken wegen mangelnder Klarheit der Klausel nicht auch dann eingreifen, ist jedoch offen.

81 Ebenso dürfte eine Klausel in allgemeinen Geschäftsbedingungen unwirksam sein, die die **Nutzung** der Software **nur auf einer konkreten Anlage** zulässt.[133] Wirksam dagegen ist eine Klausel, die zwar einen Wechsel der benutzten Anlage zulässt, aber nur, wenn dadurch der Benutzungsumfang nicht erhöht wird. Dies entspricht vernünftigen wirtschaftlichen Interessen beider Parteien.[134] Wirksam ist eine Beschränkung, nach der die Software nur auf einer Anlage gleichzeitig genutzt werden kann, weil durch sie eine doppelte wirtschaftliche Ausnutzung der erworbenen Software verhindert wird.[135]

82 Anders ist die Situation natürlich bei **Mietverträgen** und ähnlichen Vertragsgestaltungen. Hier sind Weitergabeverbote und CPU-Klauseln zulässig. Allerdings wird ein Vertrag nicht schlichtweg dadurch Mietvertrag, dass er als solcher bezeichnet wird. Er wird auch nicht dadurch Mietvertrag, dass in allgemeinen Geschäftsbedingungen bei einem Vertrag, der ganz offenkundig eine dauernde Überlassung gegen Einmalzahlung beinhaltet, eine Rückgabepflicht eingeführt wird, wenn der Benutzer die Software nicht weiterbenutzen will. Diese Klausel ist vielmehr – wie schon gesagt – unwirksam. Auch die bloße Bezeichnung eines Vertrages als Lizenzvertrag ist zur Annahme eines Mietvertrages nicht ausreichend. Es kommt entscheidend auf den Vertragsinhalt an.

83 Grundsätzlich zulässig sind Klauseln, die die Nutzung von Software in einem Netzwerk abhängig von der Benutzerzahl regeln.[136] Für solche Klauseln gibt es ein legitimes Interesse des Herstellers, zumal es sich meist auch um Preisvereinbarungen handelt.

84 Allerdings sind im Einzelfall bei **individuell ausgehandelten Verträgen** alle oben genannten Verwendungsbeschränkungen zulässig. Sie können allerdings auch kartellrechtlich verboten sein.[137]

85 Gelegentlich wird im Rahmen der Nutzungsüberlassungsvereinbarung dem Kunden auch die Verpflichtung auferlegt, das Programm **Dritten nicht zugänglich zu machen**. Diese Vereinbarung hindert den Kunden aber nicht daran, Dritte mit der Fehlerbeseitigung zu beauftragen und diesen das Programm zugänglich zu machen.[138] Hat der Kunde auch Änderungsrechte,

---

[133] Ebenso *Schneider*, Handbuch des EDV-Rechts, Rdn. C 383; *Wandtke/Bullinger-Grützmacher*, § 69d UrhG, Rdn. 42; *Brandi-Dohrn*, BB 1994, 658 (660); OLG Frankfurt, CR 1991, 345; *Zahrnt*, ECR OLG 156 = CR 1994, 398; CR 2000, 146 (149f.).
[134] Ebenso *Zahrnt*, Anm. zu ECR OLG 156; LG Arnsberg, Beil. Nr. 7 zu BB 1997, S. 3 m. krit. Anm. *Zahrnt*; a. A. OLG Frankfurt/M. eben dort.
[135] Zu weiteren Klauseln mit ähnlichen und vergleichbaren Inhalten vgl. *Schneider*, Handbuch des EDV-Rechts, Rdn. C 373 ff.
[136] Teilweise einschränkender: *Schumacher*, CR 2000, 641 (649 f.).
[137] Dazu noch zum früheren Recht *Lehmann*, CR 1990, 700; *Schneider*, Softwarenutzungsverträge, S. 184 ff.
[138] BGH NJW 2000, 3213 = CR 2000, 656 = GRUR 2000, 866 = BB 2000, 2227.

darf er auch die Pflege Dritten übertragen und diesen das Programm zugänglich zu machen.

Klauseln, die **Vervielfältigungsverbote** vorsehen, sind zulässig, soweit sie 86
nicht den Kernbereich der Nutzungsrechte nach § 69d UrhG einschränken.

Neuerdings gibt es eine ganze Reihe weiterer **Nutzungsvereinbarungen**, 87
die an die technischen Möglichkeiten vernetzter Rechner **im Internet** anknüpfen.[139] So wird z.B. verlangt, dass die Nutzung nur auf einem Rechner erfolgt, der an das Internet angebunden ist. Ferner wird vereinbart, dass der Hersteller den Rechner auf das Vorhandensein illegaler Kopien überprüfen kann oder auch alle Updates über das Internet liefert. Teilweise wird dabei als Vergütungssystem eine Vergütung pro Nutzung vereinbart oder auch eine Nutzung des lokalen Programms nur gleichzeitig mit der Aktivierung eines beim Hersteller vorhandenen Programms möglich gemacht.

Fast alle diese Klauseln können individualvertraglich vereinbart werden. Als allgemeine Geschäftsbedingungen sind sie nur wirksam, wenn die Software nicht endgültig überlassen wird, weil sie andernfalls die versprochene Leistung des Veräußerers zu sehr einschränken. Die Klausel, die ein jederzeitiges Besichtigungsrecht des Herstellers im Kundenrechner vorsieht, sie auch bei bloß zeitweiliger Überlassung der Software gem. § 307 Abs. 2 Nr. 1 BGB unzulässig, weil sie die Voraussetzungen des Besichtigungsrechts nach § 809 BGB[140] zu Lasten des Kunden massiv verschiebt und dem Hersteller die voraussetzungsfreie Möglichkeit gibt, den Rechner des Kunden zu besichtigen. In vielen Fällen führt dies auch zu gravierenden Verstößen gegen datenschutzrechtliche Normen. Dies führt dazu, dass diese Klausel auch durch individuellen Vertrag kaum wirksam vereinbart werden kann.

g) Public-Domain (PD)-Software und Shareware

In der Literatur und gelegentlich auch in der Rechtsprechung taucht auch 88
das Problem der sogenannten **Public-Domain-Software** und **Shareware** auf.[141]

Im Gegensatz zu häufig in der Praxis herrschenden Vorstellung ergibt insbesondere auch die Auswertung der Rechtsprechung, dass es hier keine einheitlichen Begriffsbildungen gibt.

Grob gesprochen ist bei **Public-Domain-Software** die Nutzung prinzi- 89
piell erlaubt und zwar kostenfrei und primär ohne Grenzen. Demgegenüber ist bei Shareware eine Mitbenutzung für eigene Zwecke erlaubt, wobei diese oft auf eine bestimmte Zeit begrenzt wird. Wer das Programm länger benutzen will, muss eine Vollversion erwerben. Der gewerbliche Weitervertrieb

---

[139] Näher zum Folgenden: *Koch*, CR 2002, 629 (636 ff.); vgl. auch *Runte*, CR 2001, 657.
[140] Dazu unten Rdn. 156.
[141] Dazu auch *Wandtke/Bullinger-Grützmacher*, § 69c UrhG, Rdn. 55 ff.

ist aber in aller Regel verboten.[142] Das OLG Stuttgart hat in der schon zitierten Entscheidung[143] ausgeführt, der Vertrieb von Public-Domain-Software führe dazu, dass der Urheber auf die Geltendmachung etwaiger Ansprüche wegen unerlaubter Vervielfältigung gegen eine Person, welche das Programm vervielfältigt und weitervertreibt, von vornherein verzichtet. Richtiger dürfte der Ansatz des OLG Köln[144] sein, hier auf die Bestimmungen abzuheben, die ein jeweiliger **Autor** dem Programm im **Einzelfall** beigegeben hat. Dies geschieht insbesondere bei Shareware in großem Umfang. Ist nichts beigefügt, dürfte primär eine Nutzung für eigene Zwecke sowie ein kostenloser gewerblicher Weitervertrieb zulässig sein.[145] Ein gewerblicher Weitervertrieb, bei dem die Programmvervielfältigung selbst noch Gewinne abwerfen soll, dürfte allerdings auch bei Public-Domain-Software nicht zulässig sein. In aller Regel müssen die Beteiligten in solchen Fällen bemüht sein, die konkreten Umständen des Einzelfalls aufzudecken, um den Umfang der Rechtsübertragung zu ermitteln. Ist einmal Public-Domain-Software oder Shareware unter bestimmten Bedingungen in den Vertrieb gelangt, kann nicht ohne **Aufbrauchfrist** der Weitervertrieb in der Zukunft verboten werden, weil diejenigen, die im Hinblick auf die Erlaubnisse in der Vergangenheit Aufwendungen getroffen haben, die getätigten Investitionen noch abarbeiten können (z. B. den Vertrieb schon gepresster CD's zum Erstehungspreis dieser CD's).[146]

h) Open-Source-Software

90 Auf den ersten Blick ähnlich der Public-Domain-Software ist die **Open Source Software**. Auch diese kann ohne Kosten genutzt werden. Dennoch ist der Ansatz der Verbreiter solcher Software rechtlich und tatsächlich ein anderer als der der Verbreiter von Public-Domain-Software. Open Source Software soll in der Tat ohne Zahlung von Lizenzgebühren vertrieben und vor allem auch weiterentwickelt werden. Gerade der Bereich der freien Weiterentwicklung zusammen mit der Offenlegung des Quellcodes ist ein wichtiger Gesichtspunkt für Open-Source-Software, die auch ihren Anspruch auf gesteigerte Zuverlässigkeit gerade daraus ableitet. Zu Erreichung dieses Zwecks wird im Prinzip nicht nur die Weitergabe, sondern auch die Veränderung der Software erlaubt. Außerdem wird der Quellcode zur Nut-

---

[142] Zu Einzelfällen vgl. OLG Stuttgart, *Zahrnt*, ECR OLG 145; OLG Hamburg, *Zahrnt*, ECR OLG 151 und OLG Köln, *Zahrnt*, ECR OLG 239 = OLG-Report Köln 1997, 5; BGH GRUR 2000, 76; ausführlich alles dargestellt bei *Schneider*, Handbuch des EDV-Rechts, Rdn. J 19 ff.
[143] *Zahrnt*, ECR OLG 145.
[144] *Zahrnt*, ECR OLG 239 = OLG-Report Köln 1997, 5.
[145] *Wandtke/Bullinger-Grützmacher*, § 69 c, Rdn. 56; *Haberstumpf*, in: Lehmann (Hrsg.): Rechtsschutz und Verwertung von Computerprogrammen, S. 69 (153) hält nur die Nutzung für eigene Zwecke für zulässig.
[146] So ausdrücklich OLG Köln, *Zahrnt*, ECR OLG 239.

I. Rechtliche Grundlagen

zung durch Jedermann freigegeben. Allerdings geschieht dies in den meisten im Bereich der Open Source Software verbreiteten Lizenzen nicht bedingungsfrei. In den am meisten gebrauchten Lizenzen muss sich der Nutzer dazu verpflichten, sich hinsichtlich der von ihm vorgenommenen Änderungen den gleichen Regeln zu unterwerfen. Diese Verpflichtung des Benutzers wird dadurch erreicht, dass die freie Nutzung der Open Source Software urheberrechtlich unter die Bedingung[147] gestellt wird, dass der Nutzer seine Weiterentwicklungen in gleicher Weise freigibt. Andere Bedingungswerke sehen weniger strenge Auflagen vor. Urheberrechtliche Regelungen werden damit zur Erreichung der Ziele der Open Source Bewegung eingesetzt. Die Software wird eben nicht bedingungslos freigegeben, vielmehr muss ihr Nutzer urheberrechtliche Lizenzbedingungen akzeptieren.[148]

Zur Erreichung dieses Zweckes sind verschiedene Lizenzbedingungen entwickelt worden. Am bekanntesten ist die **GNU General Public License (GPL)**. Diese erlaubt die Bearbeitung der Software, ferner ist ihre Vervielfältigung und Verbreitung an alle erlaubt – allerdings nur unter der Bedingung, dass ein entsprechender Copyrightvermerk, ein Haftungsausschluss und eine Kopie der GPL-Bedingungen beigefügt werden. Ferner muss die Weitergabe unentgeltlich erfolgen. Lediglich Kosten für die Erstellung des Vervielfältigungsstücks und Entgelte für Zusatzleistungen können verlangt werden. Bei der Weitergabe von Veränderungen müssen diese mit einem auffälligen Vermerk gekennzeichnet werden. Auch die Veränderung muss der GPL unterstellt werden. Kommerzielle Anbieter müssen die Software zusammen mit dem Quellcode weitergeben, alle anderen Anbieter müssen sich jedenfalls bereiterklären, den Quellcode zur Verfügung zu stellen. Wichtig ist noch, dass Software, die Open Source Software ergänzt oder nutzt, durchaus entgeltlich und ohne Offenlage vertrieben werden kann. Die dargestellten Lizenzbedingungen gelten nur für das Ursprungsprogramm selbst und seine Weiterentwicklungen, nicht aber für Ergänzungen, wenn sie klar getrennt erstellt und vermarktet werden. Die Klauseln der GPL sind allerdings sehr unklar.[149] Demgemäß dürfte im Normalfall auch der Zugriff eines Programms auf eine **Bibliotheksroutine** aus einer Bibliothek, die unter GPL steht, nicht dazu führen, dass dieses Programm unter GPL gestellt werden muss. Um hier Probleme zu vermeiden, ist aber speziell die **Lesser General Public License (LGPL)** entwickelt worden.[150]

Andere Bedingungswerke für Open Source Software stellen ähnliche Bedingungen. Nicht immer müssen Veränderungen des Programms auch

---

[147] Auch juristisch: näher *Jaeger/Metzger*, Open Source Software, S. 38.
[148] Näher dazu *Grützmacher*, ITRB 2002, 84; *Koch*, CR 2000, 273 (274); die verschiedenen Klauselwerke werden ausführlich dargestellt bei *Jaeger/Metzger*, Open Source Software, S. 30 ff.
[149] Näher: *Lejeune*, ITRB 2003, 101; *Wuermeling/Deike*, CR 2003, 87.
[150] Näher dazu *Jaeger/Metzger*, Open Source Software, S. 44 ff.; *Wandtke/Bullinger-Grützmacher*, § 69 c UrhG, Rdn. 60 ff.

den Ursprungsbedingungen unterstellt werden. Teilweise reicht ein bloßer Urheberhinweis.[151] Teilweise behalten sich die Ersteller des Erstcodes auch Sonderrechte vor. So lässt sich Apple in der Apple Public Source License Version 1.2 (APSL) das Recht zubilligen, Weiterentwicklungen Dritter selbst proprietär vermarkten zu dürfen.[152] Manchmal muss der Lizenzgeber bei einzelnen Regelungen auch darauf Rücksicht nehmen, dass er ihm nicht gehörende Drittsoftware verwendet hat.[153] Was konkret verlangt wird, richtet sich nach der konkreten Lizenz.

93 Eine Wirkung der Lizenzbedingungen gegenüber jedermann ergibt sich freilich nur, wenn es sich bei der **Open Source Software** um eine **eigenständige Nutzungsform** handelt.[154] Davon wird man freilich angesichts der sehr detaillierten Regelungen der einzelnen Bedingungswerke nicht ohne weiteres ausgehen können.[155] Möglicherweise ist aber das Grundprinzip „Open Source Software" eine durchaus abgrenzbare Nutzungsart, so dass Dritten gegenüber, die aus irgendeiner Quelle die Software ohne Lizenzbedingungen erhalten haben, zumindest die Grundprinzipien gelten, wie es z.B. die Pflicht zur Offenlage des Quellcodes und zur unentgeltlichen Weitergabe darstellen. Dafür spricht insbesondere das eigenständige Marktsegment, dass die Open Source Software mittlerweile erreicht hat und dass deutlich anderen Nutzungsprinzipien als der Markt der proprietären Software unterfällt.

94 Besondere Probleme stellen sich hinsichtlich der Urheberschaft an der Software und der Aktivlegitimation. Diese werden an anderer Stelle erörtert.[156]

i) Die Dekompilierung nach § 69 e UrhG

95 Eine weitere explizite, auf Softwareprodukte beschränkte Begrenzung des Urheberrechts ergibt sich aus § 69 e UrhG.

Danach ist die Zustimmung des Rechtsinhabers nicht erforderlich, wenn die Vervielfältigung des Codes oder die Übersetzung der Code-Form unerlässlich ist, um die erforderlichen Informationen zur Herstellung der **Interoperabilität** eines unabhängig geschaffenen Computerprogramms mit anderen Programmen zu erhalten. Diese Erlaubnis ist an drei weitere Bedingungen geknüpft, nämlich daran, dass die Handlung von dem Lizenznehmer oder von einer anderen zur Verwendung eines Vervielfältigungsstücks des Programms berechtigten Person oder in deren Namen von einer hierzu

---

[151] So in der BSD (Berkeley State Distribution-)License: *Jaeger/Metzger*, Open Source Software, S. 54 f.
[152] *Jaeger/Metzger*, Open Source Software, S. 79.
[153] Vgl. näher *Jaeger/Metzger*, Open Source Software, S. 61 f. zu den Gründen für die Mozilla Public License 1.1 im Zusammenhang mit der Freigabe des Codes des Netscape Navigators.
[154] Vgl. oben Rdn. 53.
[155] So *Grützmacher*, ITRB 2002, 84 (87).
[156] Oben Rdn. 22 und unten Rdn. 230, 245.

I. Rechtliche Grundlagen 35

ermächtigten Person vorgenommen werden, die für die Herstellung der Interoperabilität notwendigen Informationen für diese Person nicht ohne weiteres zugänglich gemacht sind und die Handlung sich auf die Teile des ursprünglichen Programms beschränken, die zur Herstellung der Interoperabilität notwendig sind.

Es handelt sich also allein schon in diesem Bereich um eine sehr komplexe Vorschrift. Es handelt sich um eine typische Kompromissvorschrift, die nach langen Verhandlungen im Rahmen der EU-Richtlinie erlassen worden ist.

Der Begriff der **Dekompilierung** taucht nur in der Überschrift auf. Gemeint ist damit das, was in Absatz 1 zunächst beschrieben worden ist. Es geht um die Rückübersetzung eines Programms aus dem Objektcode in den Quellcode.[157]

Die Vorschrift erlaubt also zunächst eine solche **Rückübersetzung**. Nicht nach dieser Vorschrift erlaubt sind weitere Techniken des sog. **Reverse Engeneering**, nämlich Testläufe, Speicherabzüge und die Protokollierung der Signalkommunikation.[158] Diese können u. U. in anderen Vorschriften erlaubt sein, nicht jedoch nach § 69 e UrhG.

Allerdings erlaubt die Vorschrift nach ihrem Text ausdrücklich nicht nur die Rückübersetzung und damit die Dekompilierung, sondern jede Form der Übersetzung oder Vervielfältigung, die unerlässlich ist, um die Interoperabilität möglich zu machen. Man kann also dann den erzeugten Quellcode auch wiederum in den Sourcecode rückübersetzen und hinreichend zahlreiche Vervielfältigungen erzeugen.

Notwendige Voraussetzung für eine Erlaubnis nach der hier fraglichen Vorschrift ist freilich, dass die durch die Maßnahmen erworbene Informationen notwendig sind, um die Interoperabilität von Programmen herzustellen. Zu anderen Zwecken darf nicht dekompiliert werden, also insbesondere auch nicht zu Wartungszwecken.[159]

Es geht dabei nicht nur um **Herstellung der Interoperabilität** eines Programms zum dekompilierten Programm. Ein solcher Zweck steht zwar oft im Vordergrund, wenn der Hersteller des neuen Programms ein Programm herstellen will, das mit dem dekompilierten Programm zusammenarbeiten will und dazu die notwendigen Kenntnisse über die Schnittstellen des Programms erwerben will. Zulässig ist die Dekompilierung aber auch, um ein Produkt herzustellen, das wiederum seinerseits mit dem dekompilierten Programm konkurrieren will und deswegen die Schnittstelleninformationen braucht, um nämlich für Programme nutzbar zu sein, die mit dem dekompilierten Programm zusammen arbeiten. Es wäre also nicht nur zulässig, Schnittstellenspezifizierungen eines PC-BIOS durch Dekompilierung zu gewinnen, um ein Programm herzustellen, das mit diesem PC-BIOS arbei-

96

97

---

[157] *Schricker/Loewenheim*, § 69 e Rdn. 4.
[158] *Schricker/Loewenheim*, § 69 e Rdn. 6.
[159] *Schricker/Loewenheim*, § 69 e Rdn. 10; *Lehmann*, GRUR Int. 1991, 327 (333).

ten kann, sondern auch, um ein konkurrierendes BIOS herzustellen.[160] Vergleichbares gilt selbstverständlich auch für Betriebssysteme von größeren Rechnern.

Darüber hinaus ist eine Einschränkung auch dahingehend notwendig, dass die Informationen für die Herstellung der Interoperabilität unerlässlich sind. Sie dürfen damit auf anderem Wege nicht zu beschaffen sein. Weiterhin dürfen nur Personen eine Dekompilierung durchführen, die zur Nutzung des jeweiligen Werkstücks berechtigt sind.[161] Wer also ein Werkstück analysieren will, muss es zunächst erwerben.

98 Eine weitere wichtige Voraussetzung ist, dass die **Informationen nicht auf anderem Wege zugänglich sind.** Sie sind ohne weiteres zugänglich, wenn sie veröffentlicht, in der Begleitdokumentation zum Programm enthalten oder vom Programmhersteller auf Anforderung zu erhalten sind. Die letzte Anforderung ist allerdings streitig. Klar ist, dass sie kostenlos erhältlich sein müssen. Teilweise wird freilich Ansicht vertreten, es reiche nicht aus, dass der Hersteller die Information auf Anforderung zur Verfügung stelle. Es könne dem Interessenten nicht zugemutet werden, beim Hersteller die Informationen anzufordern.[162] Der Hersteller müsse sie von sich aus herausgeben, d. h. veröffentlichen. Diese Einschränkung erscheint aber nicht sinnvoll zu sein. Sobald der Hersteller auf Anforderung Informationen sofort kostenfrei zur Verfügung stellt, dürfte dies ausreichen. Es ist nicht erforderlich, die Informationen zu veröffentlichen oder sie den Handbüchern beizugeben. Insbesondere bei nicht weit verbreiteten Programmen ist dies ziemlich sinnlos. Normale Nutzer werden Informationen über Schnittstellen nicht benötigen. Für eine Veröffentlichung wird es an entsprechenden Organen fehlen. Allenfalls dürfte man daran denken können, zu verlangen, die Information im Internet zum Abruf bereitzustellen. Die Bereitschaft, die Informationen auf Anforderung jederzeit umfassend kostenlos zur Verfügung zu stellen, dürfte aber trotz der Möglichkeit der Bereitstellung im Internet ausreichen. Es dürfte dem Interessenten zumutbar sein, beim Hersteller nach diesen Informationen anzufragen, zumal der damit verbundene Aufwand in keinem Verhältnis zu dem für eine Dekompilierung notwendigen Aufwand steht.

99 Im Übrigen dürften nur die notwendigen Programmteile dekompiliert werden. Diese Einschränkung ist im Begriff der Unerlässlichkeit ohnehin enthalten und eine völlig überflüssige Einschränkung.

100 Die nach der Vorschrift des § 69e UrhG gewonnenen Informationen dürfen, auch wenn sie erlaubterweise gewonnen worden sind, nur begrenzt benutzt werden.

---

[160] *Schricker/Loewenheim*, § 69e Rdn. 12; *Wandtke/Bullinger-Grützmacher*, § 69e UrhG, Rdn. 8.
[161] *Wandtke/Bullinger-Grützmacher*, § 69e UrhG, Rdn. 13.
[162] So *Schricker/Loewenheim*, § 69e Rdn. 15.

§ 69e Abs. 2 UrhG enthält ein **Verwertungsverbot,** das besagt, dass die Informationen zum einen nur zur Herstellung der Interoperabilität des unabhängigen geschaffenen Programms verwendet werden dürfen. Die erlaubtermaßen gewonnene Informationen dürfen also auch nicht weiteren Zwecken, z.B. der Programmwartung oder der Erweiterung des analysierten Programms zugrunde gelegt werden. Auch die Befriedigung wissenschaftlicher Neugier ist nicht erlaubt.[163] Darüber hinaus dürfen sie an Dritte nur dann weitergegeben werden, wenn dies für die Interoperabilität des unabhängig geschaffenen Programms notwendig ist. Sie dürfen des weiteren nicht für urheberrechtlich verletzende Handlungen verwendet werden. Letztere Einschränkung versteht sich von allein.

Darüber hinaus enthält **§ 69e Abs. 3** UrhG noch eine weitere Klausel, nach der die Absätze 1 und 2 so auszulegen sind, dass ihre Anwendung weder die normale Auswertung des Werkes beeinträchtigt noch die berechtigten Interessen des Rechtsinhabers unzumutbar verletzt. 101

Diese Klausel ist als solche eine **Leerformel** und versteht sich im wesentlichen von selbst, zumal eine wortgleiche Formulierung in Artikel 9 Abs. 2 RBÜ enthalten ist.[164]

Aus dieser Vorschrift kann man bei dem ohnehin sehr engen Anwendungsbereich der Vorschrift kaum weitere Einschränkungen der Dekompilierung entnehmen. Insbesondere kann sich aus dieser Vorschrift nicht ergeben, dass etwa ein Verbot zur Herstellung von Konkurrenzprodukten aus ihr herausgelesen werden kann. Diese Konkurrenzprodukte sollten gerade mit Hilfe der durch Dekompilierung eventuell gewonnenen Schnittstellen Informationen hergestellt werden können.

Insgesamt ist die Vorschrift sehr umfassend und relativ kompliziert. Praktisch spielt sie nur eine begrenzte Rolle, zumal die Dekompilierung ein sehr aufwändiges Verfahren ist.

j) Ansprüche bei der Verletzung von Urheberrechten

Bei der Verletzung von Urheberrechten gelten zunächst die allgemeinen Vorschriften. Darüber hinaus gibt es in § 69f UrhG einige kleine Erweiterungen im Bereich von bestimmten Ansprüchen. 102

Der Verletzte kann zunächst gem. § 97 Abs. 1 S. 1 UrhG **Unterlassung** der Verletzungshandlungen verlangen. Dazu ist Wiederholungsgefahr erforderlich, die schon bei vorliegender Verletzungshandlung vermutet wird und nur durch Abgabe einer strafbewehrten Unterlassungserklärung ausgeschlossen werden kann.[165]

Die Situation ist hier nicht anders als sonst im gewerblichen Rechtsschutz.

---

[163] *Marly,* NJW-CoR 1994, 40 (42).
[164] *Schricker/Loewenheim,* § 69e Rdn. 22.
[165] *Schricker/Wild,* § 97 Rdn. 42 mwN.

Es gibt auch die Möglichkeit, diesen Unterlassungsanspruch vorbeugend geltend zu machen, wenn nur die Begehung einer Rechtsverletzung ernsthaft droht. Wann dies der Fall ist, richtet sich nach den im allgemeinen gewerblichen Rechtsschutz geltenden Kriterien.[166]

Gegebenenfalls kann auch die Beseitigung der Störung verlangt werden. All diese Ansprüche sind verschuldensunabhängig.

103 Daneben ist bei **Verschulden** ein **Schadensersatzanspruch** gegeben. Für das Verschulden reicht auch Fahrlässigkeit. Die Fahrlässigkeit kann auch in einer falschen Beurteilung der Rechtslage bestehen. Wer irrtümlich meint, das von ihm verwendete Programm sei nicht urheberrechtlich geschützt, kann schuldhaft handeln. Nach heutigen Kriterien dürfte dieses Verschulden nahezu immer gegeben sein. Softwareprogramme sind heute ja im Zweifel urheberrechtlich geschützt. Bestehen dennoch entsprechende Zweifel, muss sich der Handelnde nach der Rechtslage erkundigen. Die falsche Auskunft eines Rechtsanwalt soll sein Verschulden freilich nicht immer ausschließen.[167] Es reicht u. U. auch nicht, sich auf die vorhandene Rechtsprechung der Instanzgerichte zu verlassen.[168] Nur wer sich auf die Rechtsprechung des BGH verlässt, ist wirklich sicher. Allerdings ist zu beachten, dass der Umfang der Erkundungs- und Prüfpflichten sehr davon abhängt, wer der Verletzer ist. Jeder muss nur die Sorgfalt beachten, die die Verkehrskreise zu beachten haben, denen er angehört. Ein großes Softwarehaus muss daher grundsätzlich mehr prüfen als ein Jugendlicher, der Kopien für seinen PC fertigt.[169] Aber auch bei Jugendlichen ist bekannt, dass Software in aller Regel nicht kopiert werden darf.

104 Was die **Schadenshöhe** betrifft, so kann im Urheberrecht der Geschädigte seinen Schaden entweder konkret oder anhand einer angemessenen Lizenzgebühr abstrakt berechnen.[170]

Die letztere Möglichkeit beseitigt häufig auftretende Darlegungs- und Beweisschwierigkeiten. Angemessen ist die Lizenzgebühr, die verständige Vertragspartner zum Zeitpunkt des Eingriffs vereinbart hätten.[171]

Außerdem kann anstelle der beiden genannten Berechnungsmöglichkeiten nach § 97 Abs. 1 Satz 2 UrhG auch die Herausgabe des vom Verletzer erzielten Gewinns verlangt werden. Welcher dieser drei Berechnungsarten gewählt wird, steht im Belieben des Geschädigten, der die Berechnungsart auch im Prozess noch ändern kann.[172]

---

[166] Vgl. *Schricker/Wild*, § 97 Rdn. 43 mwN.
[167] BGH NJW 1980, 2810 (2811).
[168] BGHZ 8, 88 (97, „Magnettonbänder").
[169] Viele Einzelnachweise bei *Schricker/Wild*, § 97 Rdn. 52 ff.
[170] Dazu *Schricker/Wild*, § 97 Rdn. 57 ff.
[171] *Schricker/Wild*, § 97 Rdn. 61.
[172] Dazu *Schricker/Wild*, § 97 Rdn. 58 mwN; *Wandtke/Bullinger-Grützmacher*, § 97 Rdn. 54.

I. Rechtliche Grundlagen

Geht der Anspruch auf **Herausgabe des Gewinns**, kommt gem. § 97 Abs. 1 Satz 2 UrhG noch ein Anspruch auf Auskunft und Rechnungslegung hinzu. Dieser Anspruch ist aber auch sonst generell gegeben.[173] Er geht aber nur so weit, wie er zur Berechnung des Schadensersatzes erforderlich ist. Dabei sind auch die Geschäftsinteressen des Verletzers zu berücksichtigen. Die Ausgestaltung im Einzelnen ist Sache des Einzelfalls. Gegebenenfalls müssen spezielle Angaben nur gegenüber einem vereidigten Wirtschaftsprüfer gemacht werden, der auch dem Verletzten gegenüber zur Geheimhaltung verpflichtet ist.[174] 105

Wer im geschäftlichen Verkehr durch die Herstellung oder Verbreitung von Vervielfältigungsstücken Urheberrechtsverstöße begeht, kann vom Verletzten ohne weitere Voraussetzungen nach § 101a Abs. 1 u. 2 UrhG auf **Auskunft** in Anspruch genommen werden. Der Verpflichtete muss hier Angaben machen über Namen und Anschrift des Herstellers, des Lieferanten und andere Vorbesitzer der Vervielfältigungsstücke, des gewerblichen Abnehmers oder Auftraggebers sowie über die Menge der hergestellten, ausgelieferten, erhaltenen oder bestellten Vervielfältigungsstücke. 106

Die ursprünglichen Urheber, nicht jedoch ein Lizenznehmer kann daneben noch ein **Schmerzensgeld** als Ersatz immateriellen Schadens geltend machen (§ 97 Abs. 2 S. 1 UrhG).[175] Dieser Anspruch dürfte im Softwarerecht allerdings eine Ausnahme darstellen. 107

Seit dem 1. 1. 2002 gelten für die Verjährung die allgemeinen Vorschriften des BGB. 108

Neben den genannten Ansprüchen sind noch **Bereicherungsansprüche** nach § 812 BGB wichtig. Sie werden durch § 97 UrhG nicht ausgeschlossen (§ 97 Abs. 3 UrhG). Sie setzten vor allem **kein Verschulden** voraus. Erlangt ist vom unberechtigt Nutzenden die Nutzungsmöglichkeit am urheberrechtlich geschützten Gegenstand. Die Nutzung kann nicht mehr herausgegeben werden, so dass Wertersatz in Höhe der üblichen Lizenzgebühren zu leisten ist. Der BGH[176] hat eine Entreicherung dabei in einer älteren Entscheidung abgelehnt, da es sich um einen rein rechnerischen Vermögensvorteil handele.[177] Jedenfalls können die Erwerbskosten für die urheberrechtswidrig vervielfältigte oder verbreitete Software nicht als Entreicherung abgesetzt werden.[178] Sie müssen beim Veräußerer zurückgeholt werden, der ja wegen Rechtsmangel haftet. Das Insolvenzrisiko trägt der Erwerber des urheberrechtswidrigen Vervielfältigungsstücks. 109

---

[173] *Schricker/Wild*, § 97 Rdn. 81.
[174] So z. B. BGH, GRUR 1981, 517 (518 „Rollhocker").
[175] *Schricker/Wild*, § 97 Rdn. 75 ff.
[176] BGHZ 56, 317 (322).
[177] Zustimmend *Schricker/Wild*, § 97 Rdn. 87.
[178] *Staudinger-Lorenz*, § 818 Rdn. 37.

110 Neben den dargestellten Ansprüchen kommt noch ein Anspruch auf **Vernichtung** rechtswidrig hergestellter oder vertriebener Kopien in Betracht. Dieser Anspruch ergibt sich im allgemeinen Urheberrecht aus § 98 Abs. 1 UrhG. Diese Vorschrift ist aber durch die Vorschrift des § 69f UrhG überlagert. Nach dieser Vorschrift kann nämlich der Rechtsinhaber von dem Eigentümer oder Besitzer einer rechtswidrig hergestellten und verbreiteten oder zur rechtswidrigen Verbreitung bestimmten Vervielfältigungsstücks die Vernichtung dieses Vervielfältigungsstücks verlangen. Dabei ist es nicht notwendig, dass der Eigentümer oder Besitzer selbst Verletzer im Sinne des Urheberrechts ist. Da der bloße Besitz rechtswidrig hergestellter Kopien keine Verletzungshandlung darstellt, ist dieser Anspruch eindeutig weiter als der nach allgemeinem Urheberrecht. Dies ist angesichts der leichten Vervielfältigungshandlung und der Tatsache, dass eine Benutzung der Softwarestücke auch durch den Nichtverletzer nur möglich ist, wenn wiederum Vervielfältigungen angefertigt und damit eine Verletzungshandlung begangen wird, zu verstehen und gerechtfertigt.[179] Theoretisch kann der Rechtsinhaber anstelle der Vernichtung auch Herausgabe der Kopie gegen Zahlung einer angemessenen Gebühr verlangen. Diese Vorschrift des § 98 Abs. 2 UrhG ist ausdrücklich in § 69f UrhG genannt. In der Praxis dürfte ein solches Interesse in aller Regel nicht bestehen.

111 In § 69f Abs. 2 UrhG ist außerdem vorgesehen, dass der Rechtsinhaber die **Vernichtung von Mitteln** verlangen kann, die allein dazu bestimmt sind, die unerlaubte Beseitigung oder Umgehung technischer Programmschutzmechanismen zu erleichtern. In der Praxis ist diese Vorschrift im wesentlich benutzt worden, um Programme vernichten zu lassen, die der Umgehung von Dongles und damit der Umgehung von hardwaremäßigen Kopierschutzmechanismen dienen. Ob diese Rechtsprechung bezüglich der Umgehung von Dongleanfragen zutrifft, wenn die Entfernung des Dongles eine Mangelbeseitigung ist, ist freilich fraglich.[180] Sicher ist, dass **CD-Brenner** aufgrund dieser Vorschrift nicht vernichtet werden können, weil diese z.B. auch für private Zwecke erlaubten Vervielfältigungen von Musik-CD's oder der Anfertigung von Archivkopien dienen. Auch diese Vorschrift geht weiter als die entsprechende Vorschrift des § 99 UrhG, weil es auch hier nicht darauf ankommt, dass der Besitzer oder Eigentümer der zu vernichtenden Programme selbst Rechtsverletzer ist.

112 Alle vorstehenden Rechte können gem. § 100 UrhG auch gegen den **Unternehmensinhaber** geltend gemacht werden, wenn das jeweils geschützte Recht von einem Arbeitnehmer oder Beauftragten dieses Unternehmens widerrechtlich verletzt worden ist. Eine Ausnahme gilt hier

---

[179] *Wandtke/Bullinger-Grützmacher,* § 69f. UrhG, Rdn. 1.
[180] Dagegen *König,* NJW 1995, 3293 (3294 f.).

für den Schadensersatzanspruch. Diese Vorschrift hat den Zweck, den Inhaber eines Unternehmens daran zu hindern, sich bei ihm zugute kommenden Urheberrechtsverletzungen hinter abhängigen Dritten zu verstecken.[181]
Diese Vorschrift ist in § 69f UrhG nicht ausgedehnt worden.

Neben den genannten Ansprüchen steht als Hilfsanspruch dem Verletzten ggf. auch ein Anspruch auf **Besichtigung eines Programmplagiats** gem. § 809 BGB, insbesondere eines Quellcodeplagiats, zur Verfügung. Der Anspruch geht aber in allen praktisch relevanten Fällen nur auf Besichtigung durch einen zur Verschwiegenheit auch seinem Auftraggeber gegenüber verpflichteten Sachverständigen, weil nur so die Interessen der Parteien gewahrt bleiben.[182] Der Anspruch setzt nämlich nur einen begründeten Verdacht auf eine Urheberrechtsverletzung voraus, nicht das Vorliegen einer solchen Verletzung. Wegen dieser erleichterten Voraussetzungen sind im Rahmen der Durchführung der Besichtigung die Interessen des Anspruchsgegners zu wahren.[183] Dies fordert in der Regel, die Besichtigung nur durch einen zur Verschwiegenheit verpflichteten Sachverständigern durchführen zu lassen, der seine Erkenntnisse nur in dem Umfang weitergibt, wie sie zur Durchsetzung eines Anspruch des Verletzten notwendig sind, wenn sich der Verdacht erhärtet. 113

Der Besichtigungsanspruch wirft allerdings im Bereich der Software besondere Probleme auf. Die Besichtigung von Software, die z.B. auf einer Diskette, einer CD oder einem anderen magnetischen Datenträger gespeichert ist, ist ohne Benutzung technischer Hilfsmittel nicht möglich. Die Gewährung eines bloßen Besichtigungsrechts hilft daher dem potentiell Verletzten nicht weiter. Dem Sachverständigen müsste schon gestattet werden, die technischen Hilfsmittel zur Lesbarmachung der Software, eventuell auch zu einem Lauf der Programme, zu verwenden. Dies dürfte auch zulässig sein, da der Besichtigungsanspruch alles umfassen kann, was Inaugenscheinnahme gem. § 371 ZPO ist.[184] Dazu dürften auch diese Tätigkeiten zählen. Auch dies kann aber oft nicht reichen, weil dem Sachverständigen die technischen Mittel, die er benötigt, nicht ohne weiteres so zur Verfügung stehen, dass er sie unmittelbar benutzen kann. Dies gilt jedenfalls immer dann, wenn die Software nicht auf leicht transportablen PCs abläuft. In diesen Fällen müsste der Sachverständige die Software entweder zu einer geeigneten Anlage transportieren oder die Anlage des potentiellen Verletzers 114

---

[181] *Schricker/Wild*, § 100 Rdn. 1.
[182] OLG München, CR 1987, 761; KG NJW 2001, 233 = CR 2001, 80; *Koch*, Zivilprozeßpraxis, S. 210f.; vgl. schon RGZ 69, 401 (405f.); *Moritz/Tybussek*, Computersoftware, Rdn. 167; ausführlich *Karger*, Beweisermittlung, S. 62ff.
[183] BGH, CR 2002, 791 m. Anm. *Grützmacher* = GRUR 2002, 1046; insofern weitergehend als BGH, GRUR 85, 512 („Druckbalken"); ausführlich *Tilmann/Schreibauer*, GRUR 2002, 1015.
[184] BGH, GRUR 1985, 512 (516, „Druckbalken").

benutzen.¹⁸⁵ Im Übrigen darf der Sachverständige nicht mehr als der Berechtigte auch, d. h. insbesondere wohl nicht Dekompilieren oder Verändern.¹⁸⁶
Jedenfalls letzteres muss der potentielle Verletzter aber nach dem Inhalt des Besichtigungsanspruchs dulden. Immerhin richtet sich der Anspruch auf die Besichtigung seiner Sachgesamtheit. Dazu gehört auch die Hardware, auf der die Software gespeichert ist und ohne die die Software nicht lauffähig ist. Jedenfalls der BGH hat hier keine Probleme gesehen.¹⁸⁷

115 Allerdings muss sich der Verletzte sich seiner Ansprüche schon ziemlich sicher sein, bevor er einen Besichtigungsanspruch geltend machen kann. Auch die Geltendmachung des Besichtigungsanspruchs kann nämlich, wenn keine Urheberrechtsverletzung vorliegt, **Schadensersatzansprüche wegen unberechtigter Schutzrechtsverwarnung** auslösen.¹⁸⁸

k) Besonderheiten des Urheberschutzes von Computerspielen

116 Bei **Computerspielen** kommt für das ihnen zugrunde liegende Programm zunächst ein Softwareschutz nach den oben genannten Kriterien in Frage. Computerspiele können aber auch unabhängig davon einen besonderen Schutz genießen.¹⁸⁹ Unter Umständen können schon **Spielidee**¹⁹⁰ und **Spielbeschreibung**¹⁹¹ geschützt sein. Sollte die Spielbeschreibung ein geschütztes Werk sein, ist unter Umständen das Spiel selbst eine Bearbeitung der Beschreibung und unterliegt als solche urheberrechtlichem Schutz, da eine solche Bearbeitung vom Urheber der Spielbeschreibung erlaubt werden muss.¹⁹²

Ob eine konkrete Spielbeschreibung allerdings geschützt ist, kann nur im Einzelfall entschieden werden. Entscheidend ist auch hier die eigenschöpferische Gestaltung dieser Beschreibung.

Ähnliches gilt im Übrigen auch für während des Spielverlaufs auf dem Bildschirm erscheinende Texte.¹⁹³ Angesichts der lapidaren Kürze der

---

¹⁸⁵ Zu den Problemen vgl. *Koch*, Zivilprozeßpraxis, S. 211; *Dreier*, GRUR 1993, 781 (789 f.) mit einer Tendenz zu einer erweiternden Auslegung des Besichtigungsanspruchs; vgl. auch BGH, CR 2002, 791 m. Anm. *Grützmacher* = GRUR 2002, 1046; *Tilmann/Schreibauer*, GRUR 2002, 1015 (1019).
¹⁸⁶ Vgl. unten Rdn. 232; näher *Schneider*, Handbuch des EDV-Rechts, Rdn. P 141 ff.
¹⁸⁷ CR 2002, 791 m. Anm. *Grützmacher* = GRUR 2002, 1046.
¹⁸⁸ Zu diesen Ansprüchen *Baumbach/Hefermehl*, UWG, Allg., Rdn. 136.
¹⁸⁹ Näher dazu *Schlatter*, in: Lehmann (Hrsg.), Rechtsschutz und Verwertung von Computerprogrammen, S. 169 (178 f.).
¹⁹⁰ Dazu *Loewenheim*, FS Hubmann, S. 307 (310 ff.); a. A. OLG Hamburg, GRUR 1983, 436 (437, „Puckmann"); *Harte-Bavendamm*, in: Computerrechtshandbuch, Abschn. 54, Rdn. 33.
¹⁹¹ OLG Frankfurt, GRUR 1983, 753 (754, „Pengo").
¹⁹² *Schlatter*, in: Lehmann (Hrsg.), Rechtsschutz und Verwertung von Computerprogrammen, S. 169 (178 ff.).
¹⁹³ *v. Gravenreuth*, DB 1986, 1005 (1007).

I. Rechtliche Grundlagen 43

meisten dieser Texte dürfte ein Urheberrechtsschutz hier eher selten vorliegen.

Computerspiele verwenden in der Regel **grafische Gestaltungen**, insbesondere menschliche oder tierische Phantasiegestalten. Diese können Schutz als Werke der bildenden Kunst im Sinne von § 2 Abs. 1 Nr. 4 UrhG erlangen.[194] Dies gilt um so mehr, je mehr durch die technische Weiterentwicklung differenzierte Gestaltungsmöglichkeiten eröffnet werden. Sollte ein Computerspiel Standbilder aufweisen, käme auch für diese ein Schutz in Betracht, wenn die erforderliche Gestaltungshöhe gewährleistet ist. Zu beachten ist freilich, dass manche der grafischen Gestaltungen zwar sehr schön sind, aber wiederum ihrerseits auf alte Vorbilder zurückgehen, die in aller Regel wegen Zeitablauf längst nicht mehr geschützt sind. 117

Streitig ist, ob die **Computerspiele** insgesamt als **Filmwerke** im Sinne von § 2 Abs. 1 Nr. 6 UrhG Schutz genießen oder zumindest dem Leistungsschutz für Laufbilder gem. § 95 UrhG i. V. mit § 94 UrhG unterfallen. Insbesondere das OLG Frankfurt[195] hat dies abgelehnt, weil der Verlauf des Spieles nicht endgültig feststehe, er vielmehr vom Spieler beeinflusst werde. Im Hinblick auf die Eingriffe des Spielers gäbe es auch keinen feststehenden Bildablauf. Außerdem hätte das Filmwerk keinen über die Software hinausgehenden eigenschöpferischen Inhalt, Laufbilder seien nur die Wiedergabe natürlicher Dinge, keinesfalls aber die Darstellung von Ergebnissen von Software. Mit der überwiegenden Rechtsprechung und der Literatur ist dem aber entgegenzuhalten, dass zum einen ein absolut feststehender Bildverlauf für den Schutz nach § 2 Abs. 1 Nr. 6 bzw. §§ 95, 94 UrhG nicht erforderlich ist und zum anderen die Spiele durch ihre Tätigkeit ja keine neuen graphischen Abfolgen erzeugen. Sie bestimmen lediglich, welche schon abgespeicherten Bildabfolgen in welcher Reihenfolge gezeigt werden. Demgemäß ist davon auszugehen, dass Computerspiele prinzipiell als Filmwerk bzw. Laufbilder geschützt werden können.[196] 118

Voraussetzung für einen **Schutz als Filmwerk** im Sinne von § 2 Abs. 1 Nr. 6 UrhG ist allerdings wieder, dass es sich bei dem Videospiel um eine 119

---

[194] *Schricker/Katzenberger,* vor §§ 88 ff. Rdn. 44.

[195] GRUR 1983, 757 (758, „Donkey-Kong-Junior"); 1983, 753 (756, „Pengo"); ebenso OLG Düsseldorf, CR 1990, 394 (396 ff.), später offengelassen in OLG Frankfurt, CR 1993, 29 f.

[196] OLG Hamburg, GRUR 1983, 436 (437 f., „Puckmann"); CR 1990, 770 (771, „Super Mario III"); OLG Karlsruhe, CR 1986, 723 (725); OLG Hamm, *Zahrnt,* ECR OLG 74; OLG Köln, *Zahrnt,* ECR OLG 85 = Beil. Nr. 10 zu BB 1992, S. 7; BayObLG, DuD 1993, 364; *Schricker/Loewenheim,* § 2 Rdn. 183; *Schricker/Katzenberger,* § 95, Rdn. 7, 12; *Koch,* Zivilprozeßpraxis, S. 116; *v. Gravenreuth,* DB 1986, 1005 (1006 f.); AG Kaufbeuren, NStZ 1985, 180; LG Köln, zitiert bei *v. Gravenreuth,* DB 1986, 1005 (1007); *Loewenheim,* FS Hubmann, S. 307 (318 ff.); *Nordemann,* GRUR 1981, 891 (893 f.); *Erdmann,* in: FS für das OLG Oldenburg, S. 639 (645); vgl. auch *Lehmann/Schneider,* RDV 1990, 68 (71 f.); *Syndikus,* CR 1988, 819; *Harte-Bavendamm,* in: Computerrechtshandbuch, Abschn. 54, Rdn. 33.

persönlich-schöpferische Leistung im Sinne von § 2 Abs. 2 UrhG handelt. Angesichts der mittlerweile doch sehr fortgeschrittenen technischen Entwicklung, die insbesondere die jeweils neuste Entwicklung der Hardware an PCs ausnutzt, dürfte dies in einer ganzen Reihe von Spielen mittlerweile der Fall sein, soweit nicht die Spiele selbst in ihrer grafischen Gestaltung und in ihren Laufbildern wiederum auf anderweitig geschützte Vorbilder zurückgehen, die teilweise nicht selbst geschützt sind. Allerdings gibt es nach wie vor auch Spiele, bei denen eine persönlich-schöpferische Leistung nicht vorliegt.

120 Einen **Laufbildschutz** erhalten Computerspiele unabhängig von der Schöpfungshöhe. Dieser Schutz ist allerdings insbesondere deswegen eingeschränkt, weil es beim Laufbildschutz keinen Schutz vor Bearbeitungen gibt.[197] Der praktisch sehr wichtige Schutz gegen unerlaubte Vervielfältigungen ist aber auch für Laufbilder gegeben. Zu beachten ist, dass der Laufbildschutz für ausländische Werke wegen teilweise fehlender internationaler Abkommen nur eingeschränkt eingreift.[198]

121 Der **Produzent von Computerspielen** erhält darüber hinaus für seine organisatorische Leistung noch ein eigenes, vom Schutz nach § 2 Abs. 1 Nr. 6 UrhG unabhängiges Leistungsschutzrecht für das Laufbildwerk, das sogar dann besteht, wenn die für § 2 Abs. 1 Nr. 6 erforderliche Schöpfungshöhe nicht erreicht wird (§§ 94, 95 UrhG). Dieses Recht ist allerdings gegenüber dem Urheberrecht im Schutzumfang wie in der Zeitdauer deutlich begrenzt.

122 Soweit ein Computerspiel ein **Filmwerk** darstellt, erwirbt der **Filmhersteller** im Zweifel von den an der **Herstellung** des Spiels **Beteiligten** die ausschließlichen Rechte an evtl. entstandenen Urheberrechten am Gesamtwerk und zwar dahingehend, dass er das Filmwerk sowie Übersetzungen und andere filmische Bearbeitungen oder Umgestaltungen des Spiels auf alle bekannten Nutzungsarten nutzen darf (§ 89 Abs. 1 UrhG). Ferner entfallen verschiedene Rechte der an der Herstellung Beteiligten, insbesondere auch das Rückrufsrecht wegen gewandelter Überzeugung (§ 90 UrhG). Die Stellung des Spielproduzenten ist also dann stark, wenn es sich bei ihnen um Filmwerke handelt. Heute übliche Computerspiele werden wegen ihrer graphischen Gestaltung, der komplexen Spielideen und der vielfältigen Spielmöglichkeiten in der Regel als Filmwerke angesehen.[199]

123 §§ 88 ff. UrhG gelten allerdings nur für das filmische Gesamtwerk, nicht für einzelne integrierte Werke wie z.B. eine Spielfigur, die als graphische Gestaltung geschützt ist. Hinsichtlich dieser Werke gelten die allgemeinen Vorschriften.[200]

---

[197] *Loewenheim,* FS Hubmann, S. 307 (322); *Nordemann,* GRUR 1981, 891 (894).
[198] So soll nach OLG Frankfurt/M., Beil. Nr. 13 zu BB 1993, S. 7 = *Zahrnt,* ECR OLG 110 für Videospiele aus Japan kein Laufbildschutz bestehen.
[199] *Ulbricht,* CR 2002, 317 (320).
[200] *Ulbricht,* CR 2002, 317 (320).

Die bloße Abspeicherung und Vervielfältigung von **Spielständen** verletzt 124
allerdings keine Rechte der Ersteller.[201]

Bei Rechtsverletzungen ergeben sich auch für die Rechte nach §§ 94, 95
UrhG die Ansprüche aus §§ 97 ff. UrhG. Die Spezialregelungen in §§ 69 f. 125
UrhG gelten nicht. Auf die obigen Ausführungen[202] ist zu verweisen.

2. Patentrecht

a) Die Patentierbarkeit von Software

Ein weiteres absolutes Schutzrecht, das für den Schutz von Software heran- 126
gezogen werden kann, ist das Patentrecht. Ein Patentinhaber kann jedermann die gewerbliche Herstellung der geschützten Ereignisse oder die gewerbliche Nutzung des geschützten Verfahrens untersagen (§ 9 PatG).
Allerdings sind nach § 1 Abs. 2 Ziffer 3 PatG Programme für Datenverarbeitungsanlagen vom Patentschutz ausgenommen. Sie stellen nach der ausdrücklichen Regelung des Gesetzes keine schutzfähigen Erfindungen dar.
Dieser Ausschluss gilt allerdings gem. § 1 Abs. 3 PatG nur für **Programme als solche,** also nicht für Erfindungen, die neben anderen Bestandteilen auch ein Programm enthalten.

Aus diesen Vorschriften ergibt sich, dass ein normales Programm ohne weiteres keinen Patentschutz erhalten kann. Umgekehrt ergibt sich aber, dass Programme in bestimmten Zusammenhängen durchaus patentierbar sind.

Die Auslegung der vorgenannten Bestimmungen hat zu einer Vielfalt un- 127
terschiedlicher gedanklicher Ansätze geführt. Letztendlich vermag keine der Ansätze dahingehend zu überzeugen, dass er eine auch nur halbwegs klare Abgrenzung von patentierfähiger und nicht patentierfähiger Software gefunden hat. Dies ist auch nicht verwunderlich, weil schon der Grund der gesetzlichen Regelung nur schwer erkennbar ist.

Zu bemerken ist zunächst, dass die oben genannte Bestimmung durch 128
ein Gesetz von 1976 mit Wirkung ab dem 1. 1. 1978 im Zuge der Anpassung des Patentgesetzes an das EPÜ in das Patentgesetz aufgenommen wurde.[203]
Die ganz herrschende Lehre sieht sie allerdings auch als Ausdruck der früher geltenden Rechtslage an.[204] Damit wird die Begründung, die die Rechtsprechung und Lehre zum Ausschluss von Computerprogrammen aus dem

---

[201] OLG Hamburg, CR 1998, 332.
[202] Rdn. 102 ff.
[203] Zur Vorgeschichte, auch des EPÜ, vgl. insb. *Gall*, in: Lehmann (Hrsg.), Rechtsschutz und Verwertung von Computerprogrammen, 1. Aufl., S. 135 (142 ff., Rdn. 10 ff.).
[204] Vgl. *Kraßer*, in: Lehmann (Hrsg.), Rechtsschutz und Verwertung von Computerprogrammen, S. 221 (225); *Schneider*, Softwarenutzungsverträge, S. 36; kritisch *Horns*, GRUR 2001, 1 ff.

Patentschutz vor der neuen Rechtslage gegeben hat, auch für die neue Rechtslage fruchtbar zu machen sein. Nach der ganz herrschenden Meinung geht der Ausschluss der Programme als solche aus dem Patentschutz im deutschen Recht auf den herkömmlichen Begriff der **patentrechtlich geschützten Erfindung** zurück. Erfindungen im Sinne des Patentrechts dürfen nämlich nur **technische Neuerungen** sein, nicht technische Neuerungen sind vom Patentschutz von je her ausgenommen gewesen. Dabei verstehen Rechtsprechung und Literatur trotz mancher unterschiedlicher Formulierungen im Einzelnen unter Technik mehr oder minder die Beherrschung der Natur, wobei der BGH diese Anforderung so konkretisiert, dass eine Erfindung nur dann technisch ist, wenn sie beherrschbare Naturkräfte planmäßig ausnutzt und dadurch unmittelbar kausal einen Erfolg erzielt. Dabei gehört die menschliche Verstandestätigkeit nicht zu den beherrschbaren Naturkräften. Anweisungen an den menschlichen Geist sind nicht technisch und nicht patentierbar.[205] Computerprogramme als solche werden als spezielle Form der oben genannten Anweisungen an den menschlichen Geist angesehen und damit für nicht patentierbar gehalten.[206]

Verstärkt wird diese Argumentation dadurch, dass auch die anderen Ausnahmen vom Patentschutz, die in § 1 Abs. 2 PatG geregelt sind, sich im wesentlichen gerade auf den Ausschluss solcher nicht-technischen Erfindungen beziehen. Daher geht die ganz herrschende Meinung davon aus, dass der Ausschluss der Computerprogramme von der Patentierbarkeit vom Gesetzgeber als ein Ausdruck ihres nicht technischen Charakters angesehen wurde und keine Änderung der Rechtslage beabsichtigt war.[207]

129 Vom tatsächlichen Sachverhalt her ist freilich die **Begründung kaum nachvollziehbar**. Programme stellen nicht etwa eine Anweisung an den menschlichen Geist, sondern Anweisungen an den Ablauf von technischen Zuständen dar. Ihr technischer Charakter liegt daher eigentlich auf der Hand.[208] Es dürfte daher rechtstheoretisch kaum begründbar sein, auch den Ausschluss der Computerprogramme vom Patentschutz lediglich darauf zurückzuführen, dass es sich um Anweisungen an den menschlichen Geist handelt und daher eine nicht technische Erfindung vorliegt. Die gesetzgeberische Entscheidung, Programme als solche vom Patentschutz auszuschließen, muss trotz dieser Bedenken ohne weiteres hingenommen werden. Dem Gesetz lässt sich nämlich die oben genannte Systematisierung der Ausschlüsse auf den Ausschluss nicht technischer Erfindungen schlichtweg nicht entnehmen. Das Gesetz enthält eine Liste von Dingen, die nicht pa-

---

[205] Zum Erfindungsbegriff im Einzelnen vgl. *Hubmann/Götting,* Gewerblicher Rechtsschutz, § 8 Rdn. 1ff.; BGH, GRUR 1977, 152f. m. Anm. *Müller-Börner.*
[206] *Hubmann/Götting,* Gewerblicher Rechtsschutz, § 8 Rdn. 9; vgl. dazu auch BGH, CR 1986, 325 = GRUR 1986, 531 („Flugkostenminimierung").
[207] *Tauchert,* GRUR 1999, 829 (830).
[208] Zu Recht so *Melullis,* GRUR 1998, 843, 844; auch BPatG, GRUR 1999, 1078 (1079) („Automatische Absatzsteuerung"); kritisch auch *Horns,* GRUR 2001, 1 (7f.).

I. Rechtliche Grundlagen

tentierbar sind. Dazu gehören auch Computerprogramme als solche.[209] Ebenso soll hingenommen werden, dass Erfindungen technischen Charakters auch dann als patentfähig anerkannt werden, wenn ein Programm Teil der Erfindung ist. Der bloße Einschluss eines Programms durch eine Erfindung schließt diese nicht vom Patentschutz aus.[210]

Nimmt man die **gesetzgeberische** Wertung ernst, was um so näher liegt, als dass das deutsche Gesetz hier nur Ausdruck des europäischen Rechts ist, stellt sich die Frage, welche zusätzlichen Kriterien ein Programm erfüllen muss, um patentierbar zu sein. 130

In der **Literatur** wird häufig die Meinung vertreten, der Ausschluss von Programmen als solchen von der Patentierbarkeit bedeute, dass Programme grundsätzlich nicht patentierbar seien, aber Teil einer patentfähigen Erfindung sein könnten, wobei bei einer solchen Erfindung der erfinderische Beitrag auch in dem an sich nicht patentfähigen Programm liegen könne.[211] 131

Die **Rechtsprechung** ist diesem Ansatz nicht gefolgt. Vielmehr fällt auf, dass sie bei der Entscheidung über die Patentierbarkeit angemeldeter softwarebezogener Erfindungen praktisch überhaupt **nicht auf § 1 Abs. 2 Nr. 3 PatG** eingegangen ist. Lediglich eine einzige Entscheidung des BPatG[212] sowie eine neue Entscheidung des BGH[213] beschäftigen sich mit dieser Frage. Danach ist ein Programm als solches lediglich der als nichttechnisch anzusehende Programmcode und dessen Aufzeichnung auf einem beliebigen Speichermedium, nicht jedoch die zugrundeliegenden Algorithmen und Verfahren. Die bloße Darstellung einer nichttechnischen Lehre als Programm machen diese nicht patentierbar. 132

Alle anderen Entscheidungen beschäftigen sich losgelöst von § 1 Abs. 2 Nr. 3 PatG mit der Frage, ob das jeweils konkret untersuchte Programm einen **technischen Beitrag** leistet oder nicht. Neuerdings wird mit ähnlichen Argumenten die Frage diskutiert, ob das angemeldete Patent auf erfinderischer Tätigkeit beruht(§ 4 PatG).[214]

Hier hat der BGH früher im wesentlichen danach entschieden, ob bei einem angemeldeten Patent der als neu und erfinderisch beanspruchte Kern der angemeldeten Lehre technischen Charakter hat, nicht jedoch danach, ob das gesamte angemeldete Verfahren technisch ist oder nicht (sog. **Kerntheorie**).[215] Diese Kerntheorie führte nicht nur dazu, dass in Deutschland 133

---

[209] *Kiesewetter-Köbinger,* GRUR 2001, 185 (187).
[210] Vgl. dazu grundlegend BGH, GRUR 1980, 849 („ABS").
[211] So *König,* GRUR 2001, 577; ähnlich auch *Kiesewetter-Köbinger,* GRUR 2001, 185 (187).
[212] CR 2001, 155.
[213] Beschl. v. 17. 10. 2001 – X ZB 16/00, JurPC Web-Dok. 253/2001.
[214] Vgl. *Betten/Esslinger,* in: Moritz/Dreier (Hrsg.): Rechts-Handbuch zum E-Commerce, Abschn. E Rdn. 30.
[215] Grundlegend BGHZ 78, 98 (= GRUR 1981, 39; „Walzstabteilung"); bestätigt durch BGH, CR 1986, 325 = GRUR 1986, 531 („Flugkostenminimierung").

48   A. *Der Schutz von Software*

sehr viel weniger Software patentfähig war als in weiten Bereichen des Auslandes, sondern war auch in sich unschlüssig, weil sie die Frage der Patentierbarkeit mit der Frage der Neuheit vermischte.[216]
Demgemäß wird diese Lehre – soweit in den Formulierungen erkennbar – vom BGH seit geraumer Zeit auch nicht mehr aufrecht erhalten. Durchgesetzt hat sich wohl auch beim BGH[217] die von den Beschwerdekammern des europäischen Patentamtes getragene Abgrenzung, dass ein **Computerprogramm** dann **patentfähig ist, wenn es als ganzes betrachtet einen technischen Beitrag zum Stand der Technik liefert.**[218] Dabei reicht die bloße Tatsache, dass das Programm Anweisungen an die Maschine gibt, für die Technizität nicht aus. Vielmehr muss ein weiterer Beitrag zur Technik geleistet werden.

134   Übereinstimmend – auch im Bereich der Literatur, die teilweise andere Abgrenzungskriterien verwendet[219] – werden als **patentfähige Softwareprogramme** immer solche **Programme** aufgenommen, die unmittelbar einen **technischen Effekt auslösen.** Vor allen Dingen technische Anwendungsprogramme, die Messergebnisse aufarbeiten, den Ablauf technischer Einrichtungen überwachen oder auch sonst in technische Systeme eingreifen, sind patentfähig.
Schon die grundlegende Entscheidung „ABS"[220] betraf ein solches Antiblockiersystem, das programmgesteuert den Bremsvorgang eines Autos optimierte. In diesem Bereich gibt es eine ganze Reihe von Entscheidungen, mit denen entsprechende Programme für patentfähig gehalten wurden. **Beispielhaft** seien genannt:
– ein Programm, das die beim Betrieb eines Röntgengeräts auftretenden relevanten Daten automatisch auswertete und das Röntgengerät aufgrund dieser Auswertung ansteuerte, um das Gerät insgesamt zu optimieren.[221]
– ein Programm, das eine Schaltung elektrischer Geräte und Verbraucher auf Grundlage von unmittelbar erkannten und unterschiedenen Informationen steuerte.[222]

---

[216] Ähnlich die Kritik bei *Tauchert*, GRUR 1999, 829 (830).
[217] BGHZ 115, 11 = GRUR 1992, 33 („Seitenpuffer"); BGHZ 115, 23 = GRUR 1992, 36 („chinesische Schriftzeichen"); BGH, GRUR 1992, 430 („Tauchcomputer").
[218] EPA, GRUR Int. 1987, 175 = CR 1986, 193 („Vicom"), CR 1987, 671 = GRUR Int. 1988, 585, 586 („Röntgeneinrichtung"); so auch Ziff. 4.3.3 der Richtlinien für das Prüfungsverfahren von Patentanmeldungen v. 2. 6. 1995, veröffentlicht Blatt für PMZ, 1995, S. 269; vgl. auch *Betten*, GRUR 1995, 775; *Albrecht*, CR 1998, 694 sowie die umfassende Darstellung bei *Melullis*, GRUR 1998, 843 (848); ausdrücklich so BPatG, GRUR 2002, 869 (870).
[219] *Wiebe*, BB 1993, 1094 (1098f.); *Tauchert*, GRUR 1997, 149 (153ff.); *Engel*, GRUR 1993, 194; *Pres*, Gestaltungsformen, S. 37ff.
[220] BGH GRUR 1980, 849.
[221] EPA ABl. 1988, („Röntgeneinrichtung").
[222] EPA, GRUR 1989, 42 („Rolladensteuerung"); GRUR 1991, 195 („Temperatursteuerung"); GRUR 1987, 799 (800) („elektronisches Stellwerk").

– Programme, die Leiterbahnen oder Verdrahtungen einer integrierten Halbleiterschaltung optimierten, in dem sie diese zunächst simulierten und anschließend intensiv ermittelten.[223]

Ähnlich werden auch Programme für **patentierbar** gehalten, die **Datenverarbeitungshardware unmittelbar steuernd** optimieren.[224] Dazu gehören etwa das Betriebssystem sowie Programme, die die aktuelle Speicherbelastung erfassen und durch eine darauf aufbauende Ladestrategie eine optimierte Speicherausnutzung erreichen.[225] Die Anzahl der Beispiele lässt hier noch länger fortsetzen.[226]

Demgegenüber werden als **nicht patentfähig** Programme angesehen, die mehr oder minder **Verwaltungstätigkeiten** steuern.   135

So ist weitgehend unstreitig, dass **Buchhaltungsprogramme nicht patentierbar** sind. Das gleiche gilt für Programme, die etwa Schriftzeichen zwischen verschiedenen Schriftarten übersetzen.[227] Ähnliches gilt z.B. für ein Programm, in dem ein Rechner in ihm gespeicherte Dokumente sortiert und wiederfindet.[228]

Dennoch bleiben eine ganze Reihe von **Grenzfällen und Widersprüchen,**   136
die die auf ersten Blick relativ klare Abgrenzung schwierig machen.

Dies gilt zunächst dann, wenn es um die Analyse technischer, nicht verwaltungsmäßiger Daten und eine sich daraus ergebende Steuerung technischer Geräte geht. Auch hier hat das BPatG die Patentierbarkeit abgelehnt, weil das Programm keine unmittelbar technischen Auswirkungen habe.[229] Probleme gibt es auch dann, wenn das Verwaltungsprogramm letztendlich auch noch eine technische Steuerung beinhaltete. Insbesondere ist die Frage, ob die ablehnende Entscheidung im Fall Flugkostenminimierung, die seinerzeit noch auf die Kerntheorie zurückzuführen ist und darauf beruhte, dass die Steuerung des Flugbenzinverbrauchs im wesentlichen unter betriebswirtschaftlichen Gesichtspunkten geschah,[230] auch heute noch aufrechtzuerhalten wäre.

Darüber hinaus gibt es durch die sog. Form der **Produktkategorie** noch   137
Versuche, eine Patentfähigkeit dadurch zu erreichen, dass an sich nicht neue Teile einer DV-Anlage mit neuen Programmen in der Patentanmeldung verknüpft werden und so Technizität und Neuheit erreicht werden

---

[223] BPatG Bl. f. PUZ, 1997, 37.
[224] Ziff. 4.3.5 der Richtlinien für das Prüfungsverfahren von Patentanmeldungen v. 2. 6. 1995, veröffentlicht Blatt für PMZ 1995, S. 269; BPatG, GRUR 1997, 617 („Vorbereitung von Musterdaten").
[225] BGHZ 115, 11 (21) = GRUR 1992, 33 („Seitenpuffer").
[226] Umfassend dargestellt bei *Melullis*, GRUR 1998, 843 (847 ff.); vgl. z.B. auch BPatG CR 1997, 532; GRUR 1996, 866 = DuD 1997, 228 („Viterbi-Algorithmus").
[227] BGHZ 115, 23 = GRUR 1992, 36 („Chinesische Schriftzeichen").
[228] EPA ABl. 1990, 12 („Zusammenfassen und Wiederauffinden von Dokumenten").
[229] BPatG, CR 1997, 296; CR 1998, 651; kritisch zu dieser Rechtsprechung *Schöniger*, CR 1997, 598.
[230] BGHZ 1986, 325 = GRUR 1986, 531.

sollen.²³¹ Ob dies erreichbar sein wird, bleibt abzuwarten. Das BPatG hat in zwei Entscheidungen²³² ausdrücklich ausgeführt, dass dann, wenn das Programm als Verfahren oder Produkt nicht schutzfähig ist, auch kein Schutz des ablaufenden oder gespeicherten Programms besteht. Dies muss dann auch für einen evtl. begehrten Schutz der Produktkategorie gelten. Im Übrigen ist der Schutzumfang begrenzt.²³³

138 Neue Wege scheint das BPatG gehen zu wollen. Es hat in einem neuen Beschluss formuliert, dass eine **Absatzsteuerung**, die rein betriebswirtschaftliche Daten (z.B. Umsatzhöhe) automatisch erfasst, auswertet und darauf aufbauend automatisch Schritte wie z.B. eine Preissenkung einleitet, um Zielumsätze zu erreichen, keine Zwischenschaltung menschlicher Verständnistätigkeit beinhalte und daher als Verfahren technisch sei.²³⁴ Der Ansatz geht weiter als alle bisherigen Entscheidungen des BGH, entspricht aber vom Wortverständnis her auch den oben schon zitierten Richtlinien des Bundespatent- und Markenamtes. Ähnlich wird einem Verfahren für die Ausgabe von Postgebühren technischer Charakter zugesprochen, weil es sich nicht in einer bloßen Organisationsregel für gedankliche Tätigkeiten erschöpfe, sondern auf dem Gebiet des Postversands für die Erstellung von Adresslisten für Poststücke diene.²³⁵ Keinen technischen Charakter hatte ein Verfahren zur Einstellung und Aktualisierung von Adresslisten für Mailingaktionen.²³⁶ Auch mehreren Verfahren mehr mathematischen Charakters wurde die Technizität abgesprochen.²³⁷

139 Auch der **BGH** scheint neue Wege zu gehen.²³⁸ Er will eine wertende Betrachtung des im Patentanspruch definierten Gegenstandes vornehmen. Wird ein Patent für eine in bestimmter Weise programmtechnisch eingerichtete DV-Anlage begehrt, hat diese nach einer weiteren Entscheidung des BGH²³⁹ technischen Charakter, auch wenn die Anlage nur der Bearbeitung von Texten dient. Allerdings ist dann immer noch die Frage, ob das angemeldete Verfahren auf einer erfinderischen Tätigkeit beruht (§ 4 PatG). Der frühere Ausschluss der Patentfähigkeit wegen mangelnder

---

[231] Dazu *Tauchert,* GRUR 1999, 829 (832); so auch BGH, BB 2000, 1696 = CR 2000, 500 = NJW 2000, 3282 = GRUR 2000, 1007 m. Anm. *Betten.*

[232] GRUR 2002, 869 (871) = CR 2002, 716 m. krit. Anm. *Sedlmaier;* GRUR 2002, 871 (874) = CR 2002, 796.

[233] Vgl. *Betten/Esslinger,* in: Moritz/Dreier (Hrsg.): Rechts-Handbuch zum E-Commerce, Abschn. E Rdn. 34.

[234] BPatG, GRUR 1999, 1078 („Automatische Absatzsteuerung"); ähnlich auch CR 2002, 559 („cyber-cash") = GRUR 2002, 791.

[235] Beschl. v. 15. 3. 2001 – 17 W (pat) 4/00, zitiert bei *Kellerer,* GRUR 2002, 289 (290).

[236] Beschl. v. 13. 11. 2001, CR 2002, 248.

[237] Vgl. die Beispiele bei *Kellerer,* GRUR 2002, 289 (290 f.).

[238] CR 2000, 281 = GRUR 2000, 498 m. Anm. *Betten* = NJW 2000, 1953.

[239] BB 2000, 1696 = CR 2000, 500 = NJW 2000, 3282 = GRUR 2000, 1007 m. Anm. *Betten;* kritisch *Schölch,* GRUR 2001, 16.

I. Rechtliche Grundlagen

Technizität wird jetzt häufig mit gleichen Argumenten und gleichem Ergebnis an diesem Kriterium festgemacht.[240] Welche Linie sich bei dieser Wertung durchsetzt, bleibt abzuwarten. Letztlich scheint es aber nach einigen Schwankungen i.e. wieder bei der oben skizzierten Abgrenzung zu bleiben.[241]

In der Literatur gibt es sogar Stimmen, die für bestimmte Bereiche die 140 Tatsache, dass etwas nur mit dem Computer realisiert werden kann, als Grund für den technischen Charakter der Erfindung ansehen. So wird die Ansicht vertreten, dass **Geschäftsmethoden** dann patentierbar sind, wenn sie nur mit Hilfe eines Computers realisiert werden können.[242] Angesichts der Tatsache, dass Software nur dann patentierbar ist, wenn sie zur Technik beiträgt und eine Geschäftsmethode als solche nicht technisch ist, kann dieser Auffassung aber nicht gefolgt werden. Im Gegensatz zum amerikanischen Recht,[243] bei dem die Technizität nicht Voraussetzung der Patentfähigkeit ist, sind Geschäftsmethoden gem. § 1 Abs. 2 Nr. 3 PatG in Deutschland nicht patentfähig.[244] Das gilt auch dann, wenn sie durch Software realisiert werden.

Auf ähnlicher Basis wie die eben beschriebene Rechtsprechung der Be- 141 schwerdekammer des Europäischen Patentamtes und der neueren BGH-Entscheidung beruhen auch die **Richtlinien des Bundespatent- und Markenamtes**.[245]

Diese führen aus, dass bei der Prüfung, ob eine Erfindung technischen Charakter hat oder nicht, vom angemeldeten Gegenstand der Erfindung in seiner Gesamtheit auszugehen sei. Die einzelnen Merkmale seien nicht isoliert zu betrachten, vielmehr seien alle Merkmale, die zur Lösung der Aufgabe beitrügen, in die Betrachtung einzubeziehen. Als Anmeldungsgegenstand sei zugrunde zu legen, was der Anmelder als neu und erfinderisch offenbart habe (Nr. 4.3.3). Bei programmbezogenen Erfindungen sei der technische Charakter nicht davon abhängig, dass eine feste Schaltungsanordnung (Spezialschaltung) vorliege. Der selbe Erfindungsgedanke, der einer solchen technischen Anordnung zugrunde liege, könne auch als Verfahren und unter Zusammenwirken von Software mit programmierbarer

---

[240] Vgl. z.B. BPatG GRUR 2002, 791 = CR 2002, 559 m. Anm. *Sedlmaier; Ohly*, CR 2001, 809 (813).
[241] *Rössel*, ITRB 2000, 90 (92); vgl. auch BGH, Beschl. v. 17. 10. 2001, X ZB 16/00, JurPC Web-Dok. 253/2001; BPatG, GRUR 2003, 138; ebenso *Ohly*, CR 2001, 809 (817).
[242] *Anders*, GRUR 2001, 555.
[243] Dazu z.B. *Banner*, Technology and E-Commerce Newsletter, IBA, Vol. 19 No. 1 (June 2001), p. 19; *Moon*, Technology and E-Commerce Newsletter, IBA, Vol. 19 No. 1 (June 2001), p. 27; *Swinson*, Technology and E-Commerce Newsletter, IBA, Vol. 19 No. 1 (June 2001), p. 23; *Betten/Esslinger*, in: Moritz/Dreier (Hrsg.): Rechts-Handbuch zum E-Commerce, Abschn. E Rdn. 39 ff.
[244] *Hubmann/Götting*, Gew. Rechtsschutz, § 8 Rdn. 9.
[245] Veröffentlicht in Blatt für PMZ 1995, 269.

Hardware patentfähig sein (Nr. 4.3.4). Programmbezogene Erfindungen könnten auch dann technischen Charakter haben, wenn die zur Lösung erforderliche Datenverarbeitungsanlage bzw. die erforderlichen Rechner, Schalt- und Steuerelemente bereits bekannt seien (Nr. 4.3.5). Hiernach sei z. B. eine programmbezogene Erfindung für eine Steuerungsvorrichtung technisch, wenn es zur Lösung der Aufgabe des Einsatzes der nach einer programmartigen Anweisung arbeitenden Schaltelemente bedürfe. Unschädlich sei, dass die Elemente für sich genommen jeweils in bekannter Weise arbeiten (Nr. 4.3.5). Weiter könne eine programmbezogene Erfindung für eine Datenverarbeitungsanlage technisch sein, wenn sie die Funktionsfähigkeit der DV-Anlage als solche betrifft und damit das unmittelbare Zusammenwirken ihrer Elemente ermöglicht (Nr. 4.3.5).

142 In der Literatur gibt es eine ganze Reihe **weiterer Abgrenzungskriterien**, die teilweise allerdings nicht weiterführen. Interessant ist der Ansatz von Melullis,[246] nach der die Grundzüge der Ideen, die dem Programm zugrunde liegen, als letztendlich wissenschaftliche und technische Lehren nicht schutzfähig seien, die konkreten Programme aber schutzfähig seien, weil sie Anweisungen an den Computer darstellten. Dieser Ansatz widerspricht aber der Ansicht des BPatG,[247] genau dieser Code sei das nicht schutzfähige Programm als solches.

Dieser Ansatz hat manche Abgrenzungsvorteile für sich, hat aber Schwierigkeiten bei der Erfindungshöhe, weil bei diesem Ansatz die Erfindungshöhe sich nur bei der Umsetzung der entwickelten Ideen in Programmen zeigen kann. Hier dürfte bei Durchführung des Ansatzes zwar nahezu jedes Programm grundsätzlich patentfähig sein, letztendlich aber eine erfinderische Leistung praktisch nie gegeben sein.[248]

143 Auffällig ist auch, dass die Anmeldepraxis wohl genau gegenteilig verfährt und als Anmeldegegenstände in aller Regel Probleme und abstrakte Lösungsansätze annimmt.[249] Eine solche Praxis läuft freilich Gefahr, zu viel und vor allem mathematische Methoden zu schützen, die wieder nach § 1 Abs. 2 Nr. 1 PatG nicht schutzfähig sind.[250] Dennoch hat sich hier wohl ein praktisch funktionsfähiger Kompromiss durchgesetzt, der auch nicht allzu viele Streitverfahren hervorgerufen hat.

144 Generell ist es nämlich so, dass dann, wenn eine Software grundsätzlich patentfähig ist, sie, um patentiert werden zu können, die weiteren Voraussetzungen für ein Patent erfüllen muss. Sie muss **gewerblich anwendbar** sein, was in der Regel der Fall sein dürfte und darf weder zum Stand der Technik gehören, der vor dem für den Zeitpunkt der Patentanmeldung

---

[246] GRUR 1998, 843 (850 ff.).
[247] CR 2001, 155.
[248] Kritik auch bei *Tauchert*, GRUR 1999, 965.
[249] So jedenfalls *Kiesewetter-Köbinger*, GRUR 2001, 185 (189 ff.).
[250] Eingehende Kritik bei *Kiesewetter-Köbinger*, GRUR 2001, 185 (189 ff.).

I. Rechtliche Grundlagen

maßgeblichen Tag vorhanden war (§ 3 PatG), noch darf sie sich für den Fachmann in naheliegender Weise aus dem Stand der Technik ergeben (§ 4 PatG).[251]

Diese Voraussetzungen verhindern u. a. die Patentierung einer Software, die wie **Open Source Software**[252] schon vorher veröffentlicht war. Sowohl diese Software als auch die ihr zugrundeliegenden Verfahren sind bei Antragstellung ja bereits bekannt. 145

Praktisch schwierig ist freilich oft die Prüfung solcher Vorveröffentlichungen, weil es im Softwarebereich entsprechende Dokumentations- und Nachweissysteme nur in Ansätzen gibt.[253] Niemand ist freilich gehindert, Verfahrensweiterentwicklungen patentieren zu lassen, die in der ursprünglich Software nicht enthalten waren und sich auch nicht für den Fachmann naheliegender Weise aus ihr ergeben. Dies ist auch durch keine Open Source Lizenz verboten. Verwendet man zur Realisierung dieser weiterentwickelten Verfahren freilich Teile einer Open Source Software, die unter GPL steht,[254] muss man die Nutzung auch des patentierten Teils freigeben, weil man sonst gegen die urheberrechtlichen Auflage für die Weiterverwendung der Open Source Software verstößt.[255] 146

Die Probleme der §§ 3 und 4 PatG haben in den veröffentlichten Entscheidungen im Bereich der Software bis vor kurzem selten eine Rolle gespielt. Sie können aber bei dem sehr weiten Ansatz patentfähiger Programme, den das BPatG neuerdings hinsichtlich der Technizität verfolgt,[256] durchaus wichtig werden. So scheiterte die Patentfähigkeit in der zitierten Entscheidung[257] daran, dass es nur um eine für den Fachmann naheliegende Automation vorher manuell durchgeführter Tätigkeiten ging. Ähnlich entschied das BPatG, dass ein bestimmtes Verfahren zum Ausstellen individueller Chipkarten nicht patentierbar war, weil es auf für den Fachmann naheliegende Wünsche der Nutzer zurückgehe und sich daher für einen solchen ohne weiteren Nachweis aus dem Stand der Technik ergebe.[258] Das gleiche galt für das Cyber-Cash-Verfahren, weil dort alles evtl. Neue kaufmännischen Hintergrund hat.[259] 147

Liegen alle Voraussetzungen für die Patentierbarkeit vor, muss das Bundespatent- und -markenamt das Patent erteilen. Der Erteilung geht ein aufwendiges Prüfverfahren voran, das hier nicht weiter erörtert werden kann.[260] 148

---

[251] Näher zu diesen Erfordernissen mit zahlreichen Nachweise *Hubmann/Götting*, Gewerblicher Rechtsschutz, § 8 Rdn. 19, § 9 Rdn. 1 ff.
[252] Dazu oben Rdn. 90 f.
[253] *Jaeger/Metzger*, Open Source Software, S. 115 ff.
[254] Dazu oben Rdn. 91.
[255] Näher *Jaeger/Metzger*, Open Source Software, S. 125 ff.
[256] Seit BPatG, GRUR 1999, 1078 („Automatische Absatzsteuerung").
[257] BPatG, GRUR 1999, 1078 („Automatische Absatzsteuerung").
[258] BPatG GRUR 2002, 418.
[259] BPatG CR 2002, 559 m. Anm. *Sedlmaier* = GRUR 2002, 791.
[260] Dargestellt z. B. bei *Hubmann/Götting*, Gewerblicher Rechtsschutz, § 29.

In diesem Verfahren muss die Erfindung relativ früh offengelegt werden, so dass sich Patentschutz und Geheimhaltung ausschließen.

149 In Zukunft kann auch eine entsprechende **EU-Richtlinie** bei der Patentierung von Software von Bedeutung sein. Diese ist aber sehr umstritten und liegt erst in einem Entwurf vor.[261] Nach ihrem bisherigen Inhalt bestätigt sie die bisherige Praxis. Insbesondere kommt in ihr auch zum Ausdruck, dass der bloße Code eines Programms nicht patentierbar ist, sondern nur das dort dargestellte Verfahren.

150 Trotz häufiger Erwähnung in der Literatur[262] hat **Art. 27 TRIPS** in der Rechtsprechung noch keine Rolle gespielt. Nach dieser Vorschrift müssen Patente für Erfindungen auf allen Gebieten der Technik erhältlich sein, vorausgesetzt, sie sind neu, beruhen auf einer erfinderischen Tätigkeit und sind gewerblich anwendbar. Diese Vorschrift spricht freilich in Deutschland schon immer entscheidende Kriterien an, so dass verständlich ist, dass sie nicht zu Änderungen in der Rechtsprechung führt.

b) Die Rechte des Patentinhabers

151 Welche Rechte ein Patentinhaber hat, hängt von der Art des erteilten Patentes ab. Wird ein Erzeugnis patentiert, darf niemand ohne Zustimmung des Patentinhabers ein Erzeugnis mit Merkmalen herstellen, anbieten, in Verkehr bringen, gebrauchen oder zu diesen Zwecken einführen oder besitzen, wenn dieses Erzeugnis dem durch das Patent geschützten Erzeugnisses entspricht (§ 9 Satz 2, Nr. 1 PatG). Hier geht der Schutz des Patentes wesentlich weiter als der des Urheberrechts, weil im Urheberrecht gleiche Erzeugnisse, die ohne Kenntnis des urheberrechtlich geschützten Produktes von anderen neu erarbeitet worden sind, grundsätzlich zulässig sind. Ist Gegenstand des Patentes ein Verfahren, so darf niemand ohne Zustimmung des Patentinhabers das patentierte Verfahren anwenden oder anbieten (§ 9 Satz 2 Nr. 2 PatG). Das Anbieten ist nur verboten, wenn der Anbietende weiß, dass die Anwendung des Verfahrens ohne Zustimmung des Patentinhabers verboten ist oder dies offensichtlich ist. Auch hier geht der Schutz weiter als im Urheberrecht. Insbesondere schützt das Urheberrecht nicht vor der Anwendung von Verfahren, die in einem urheberrechtlich geschützten Werk dargestellt sind, sondern nur vor der Kopie dieser Darstellung.[263] Der Patentschutz gilt allerdings nicht für Handlungen im privaten Bereich zu nicht gewerblichen Zwecken. Hier könnte das Urheberrecht möglicherweise weiter gehen. Diese Einschränkung ist Ausdruck des rein gewerblichen Charakters des Patentrechts und Kehrbild des ansonsten sehr weitgehenden Schutzes.

---

[261] Dazu *Röttinger,* CR 2002, 616; *Howard,* CR Int. 2002, 97.
[262] Z.B. *Betten/Esslinger,* in: Moritz/Dreier (Hrsg.): Rechts-Handbuch zum E-Commerce, Abschn. E, Rdn. 28.
[263] Plastisch *Prasch,* CR 1987, 337 f.; vgl. auch *Heide,* CR 2003, 165.

I. Rechtliche Grundlagen

Beim Patentschutz von Software dürfte in aller Regel **ein Verfahrensschutz** in Betracht kommen. In diesem Falle ist allerdings das bloße Kopieren im Gegensatz zum Urheberrecht nicht verboten, wohl aber die Ausführung des Programms. Im europäischen Patentrecht gibt es allerdings schon einen weitergehenden Ansatz, der auch die mit der patentrechtlich geschützten Software geladene Datenverarbeitungsanlage als Ergebnis unter Schutz stellt.[264] In diesem Fall wäre auch das Besitzen der geladenen Datenverarbeitungsanlage nach § 9 Satz 2 Nr. 1 PatG verboten, weil man davon ausgehen kann, dass die Anlage gebraucht werden soll.

152

c) Ansprüche bei Rechtsverletzung

Wird ein Recht des Patentinhabers verletzt, kann er vom Verletzter (vorbeugend) **Unterlassung** verlangen (§ 139 Abs. 1 PatG). Daneben kommt auch ein Beseitigungsanspruch bei fortwährender Störung in Betracht, der sich aus § 1004 BGB analog ergibt. Dieser Anspruch kann soweit gehen, dass die Vernichtung des patentverletzenden Gegenstandes verlangt werden kann. Wie im Urheberrecht ist aber auch hier eine Interessenabwägung erforderlich. Beide Ansprüche setzen kein Verschulden des Störers voraus.

153

Verschuldensabhängig ist dagegen der **Schadensersatzanspruch** des § 139 Abs. 2 PatG. Der Verletzer muss also vorsätzlich oder fahrlässig handeln. Zum Verschulden gilt im Prinzip das zum Urheberrecht Gesagte. Dabei sind insbesondere an große Unternehmen hohe Anforderungen im Hinblick auf die Prüfung eventueller Patentverletzungen zu stellen. Ob und inwieweit eine Stellungnahme eines Patentanwalts oder anderer Sachverständiger sie zu entlasten vermag, kann nur im jeweiligen Einzelfall entschieden werden. Diese Prüfungspflicht gilt ganz besonders nach dem Erhalt von Verwarnungen. Die Schadenshöhe kann wie im Urheberrecht nach dem konkreten Schaden des Verletzten, im Wege der **Lizenzanalogie** oder nach dem vom Verletzter gezogenen Gewinn berechnet werden. Im Falle der leichten Fahrlässigkeit können die Gerichte statt des Schadensersatzes auch eine Entschädigung festlegen, die zwischen dem Schaden des Verletzten und dem Vorteil des Verletzers liegt (§ 139 Abs. 2 Satz 2 PatG). Die Vorschrift wird praktisch nur selten angewandt. Schadensersatzansprüche **verjähren** nach den allgemeinen Regeln (§ 141 PatG).

154

Neben dem Schadensersatzanspruch kommt auch ein **Bereicherungsanspruch** in Betracht, der auf Zahlung einer Lizenzgebühr als Wertersatz gem. § 818 Abs. 2 BGB geht. Dieser Anspruch ist verschuldensunabhängig und verjährt nach den allgemeinen Regeln.

155

Zur Vorbereitung der Durchsetzung der hier geschilderten Ansprüche kommt auch im Patentrecht ein **Besichtigungsanspruch** in Betracht. Er

156

---

[264] Beschwerdekammer des EPA, GRUR Int. 1987, 173 („Vicom") = CR 1986, 193.

setzt allerdings voraus, dass ein erheblicher Grad an Wahrscheinlichkeit für die Verletzung des Patents vorliegt.[265] Der Anspruch richtet sich im Übrigen möglicherweise nur auf Besichtigung durch einen zunächst zur Verschwiegenheit verpflichteten Sachverständigen. Dieser darf Informationen nur weitergeben, wenn eine Patentverletzung auch vorliegt. Auch im Patentrecht gelten die im Urheberrecht für die Software geschilderten Probleme.

157   Zur Vorbereitung von Schadensersatzansprüchen hat der Verletzte darüber hinaus einen **Auskunfts- und Rechnungslegungsanspruch** gegen den Verletzer. Auch bei diesem Anspruch kann es sein, dass Auskunft und Rechnungslegung nur einem zur Verschwiegenheit verpflichteten Dritten erteilt werden müssen.

3. Der Schutz von Halbleitern

158   Ein speziell auf den Schutz von EDV-Elementen ausgerichtetes Schutzrecht ist das 1987 eingeführte **Halbleiterschutzrecht**.[266] Geschützt werden dadurch Topographien von Mikrochips. Gemeint ist damit die innere Struktur, sozusagen die Architektur der Halbleiterchips. Nicht geschützt sind die dieser Architektur zugrunde liegenden Überlegungen, Schaltungen, Schaltpläne, Pflichtenhefte usw.[267] Halbleiterchips sind dabei dreidimensional aufgebaute Systeme von Transistoren und ihren Verbindungen, die sehr komplexe Schaltungen realisieren können. Solche Schaltungssysteme können prinzipiell auch patentierbar sein oder Gebrauchsmusterschutz erlangen. Sogar das Layout kann patentierbar sein.[268] Dafür fehlt es aber in der Mehrheit der Fälle an der für beide Schutzrechte notwendigen erfinderischen Höhe. Die Entwicklung der Chips ist in der Regel gerade nicht auf eine neue Erfindung, sondern auf eine systematische Weiterentwicklung bekannter Umstände ausgerichtet.[269] In Einzelfällen greift u.U. auch ein urheberrechtlicher Schutz ein, jedenfalls für eine zeichnerische Darstellung dieser Topographien. Dies ist aber angesichts der schon erörterten Probleme der eigenschöpferischen Neubildung, die auch für die zeichnerische Darstellungen von Schaltungen geltend dürften, keinesfalls sicher. Außerdem wäre es urheberrechtlich nicht untersagt, Schaltbilder oder Lay-outs zur Produktion von Chips zu verwenden. Unzulässig wäre nur die Kopie der Lay-outs.[270] Da auch das Wettbewerbsrecht nur begrenzten Schutz bietet

---

[265] BGH, GRUR 1985, 512 ff. („Druckbalken").
[266] Gesetz über den Schutz der Topographien von mikroelektronischen Halbleitererzeugnissen (Halbleiterschutzgesetz) v. 22. 10. 1987 (BGBl. I, 2294).
[267] *Koch,* Zivilprozeßpraxis, S. 141 f.
[268] BPatG, CR 1998, 12 (LS).
[269] Näher dazu *Koch,* in: Lehmann (Hrsg.), Rechtsschutz und Verwertung von Computerprogrammen, S. 333 (337).
[270] Näher dazu *Koch,* in: Lehmann (Hrsg.), Rechtsschutz und Verwertung von Computerprogrammen, S. 333 (337).

I. Rechtliche Grundlagen

und insbesondere die USA Druck in Richtung auf eine Entwicklung eines eigenständigen Schutzrechts für Halbleiterschaltelemente ausübten, kam es zur Verabschiedung einer entsprechenden EG-Richtlinie[271] und des entsprechenden deutschen Gesetzes.[272] Die praktische Bedeutung des neuen Schutzrechts blieb aber gering.[273]

Schutz wird gewährt dagegen, dass andere die **Topographie nachbilden** 159 oder sie oder das sie enthaltende **Halbleitererzeugnis anbieten,** in Verkehr bringen, verbreiten oder zu den genannten Zwecken einführen (§ 6 Abs. 1 HalbSchG). Der Schutzumfang ist damit gegenüber absoluten Schutzrechten begrenzt und auch zeitlich auf zehn Jahre beschränkt. Diese Schutzdauer beginnt mit dem Zeitpunkt, in dem die Topographie entweder erstmals geschäftlich verwendet oder beim Deutschen Patentamt angemeldet wird (§ 5 Abs. 1 HalbSchG). Ansprüche gegen unbefugte Nutzung im oben bezeichneten Sinne können aber nur gestellt werden, wenn die Topographie nach dem In-den-Verkehr-Bringen binnen zwei Jahren beim Deutschen Patentamt angemeldet wurde (§ 5 Abs. 2 HalbSchG). Außerdem gibt es keine Ansprüche gegen Gutgläubige, die allerdings ab dem Zeitpunkt, zu dem sie bösgläubig werden, eine Lizenzgebühr zahlen müssen (§ 6 Abs. 3 HalbSchG).[274] Im Gegensatz zum Patentrecht prüft das Patentamt bei der Registrierung der Halbleiter die materielle Berechtigung des Anmelders nicht (§ 4 Abs. 1 HalbSchG).

Schutzrechtsinhaber ist der, der die Topographien geschaffen hat (§ 2 Abs. 1 HalbSchG). Wird die Topographie allerdings in einem Arbeits- oder Auftragsverhältnis geschaffen, steht das Schutzrecht dem Arbeit- oder Auftraggeber zu (§ 2 Abs. 2 HalbSchG).

Zwei Problemkreise werden sich wohl in Zukunft stellen:

Zum einen muss auch eine Topographie, um geschützt zu werden, eine 160 **Eigenart** aufweisen (§ 1 HalbSchG). Sie soll keine bloße Nachbildung sein, geistige Eigenart aufweisen und nicht alltäglich sein.[275] Dieses Erfordernis soll aber wesentlich geringere Anforderungen stellen als etwa die Erfindungshöhe im Patentrecht oder die schöpferische Eigenart im Urheberrecht. Sie soll nur solche Topographien vom Schutz ausschließen, die nachgebildet oder in der Halbleiterindustrie alltäglich sind.[276] Rechtsprechung liegt zu diesem Merkmal noch nicht vor, man wird also abwarten müssen, wie weit dieses Merkmal

---

[271] Richtlinie Nr. 87/54 EWG v. 16. 12. 1986, ABl. MR. L 24 v. 27. 1. 1987, S. 36–40.

[272] Zu dieser Entwicklung näher *Koch,* in: Lehmann (Hrsg.), Rechtsschutz und Verwertung von Computerprogrammen, S. 333 (338 ff.).

[273] *Koch,* in: Lehmann (Hrsg.), Rechtsschutz und Verwertung von Computerprogrammen, S. 333 (356); *Schneider,* Handbuch des EDV-Rechts, Rdn. C 716.

[274] Näher *Koch,* in: Lehmann (Hrsg.), Rechtsschutz und Verwertung von Computerprogrammen, S. 333 (352).

[275] *Koch,* Zivilprozeßpraxis, S. 142.

[276] *Koch,* in: Lehmann (Hrsg.), Rechtsschutz und Verwertung von Computerprogrammen, S. 333 (354).

Topographien vom Topographienschutz ausschließt. Es spricht manches dafür, für die Auslegung dieses Begriffs die zur Frage der wettbewerblichen Eigenart ergangene Rechtsprechung zu § 1 UWG heranzuziehen.[277] Teilweise wird auf die Eigentümlichkeit im Sinne des Geschmacksmusterrechts verwiesen.[278]

161 Das zweite Problem ist das des „reverse engineering". Aus dem US-amerikanischen Recht hat das HalbSchG in § 6 Abs. 2 Nr. die Regel übernommen, dass es zulässig ist, eine geschützte Topographie zu analysieren und die dabei gewonnenen Erkenntnisse in eine eigene Topographie umzusetzen. Da die einer Topographie zugrunde liegenden Schaltungen, logischen Strukturen usw. ohnehin nicht geschützt sind und daher eine nachschöpfende Entwicklung, die nur diese Konzepte verwendet, zulässig ist, egal, wie nahe das Ergebnis der Ursprungstopographie kommt, muss diese Ausnahme wohl erlauben, Teile einer Topographie vollständig zu kopieren.[279] Wie weit das erlaubt ist und wann eine unerlaubte Nachbildung vorliegt, bedarf noch der richterlichen Entscheidung. Dabei ist auch darauf zu achten, dass die im EDV-Bereich recht strengen Grenzen, die § 1 UWG einer Verwendung fremder Ergebnisse setzt,[280] beachtet werden.

4. Der Schutz durch Marken

a) Allgemeines

162 Praktisch bedeutsam kann auch der Schutz von Software durch **Marken** werden.[281] Dieser Schutz ist nur begrenzt, in vielen Fällen aber nützlich und prozessual leicht durchzusetzen. Die Grenze dieses Schutzes liegt darin, dass nicht etwa die Programme als solche geschützt werden. Geschützt wird nur die Marke, unter der sie vertrieben werden. In vielen praktischen Fällen ist dies ein wichtiger Schutz. Eine Marke ist ein Zeichen, unter dem eine Person, die am Geschäftsleben teilnimmt, ihre Waren und Dienstleistungen kennzeichnen will, um sie von den Waren anderer zu unterscheiden. Daneben hat die Marke in der geschäftlichen Praxis weitere, durch das Gesetz aber nur teilweise geschützte Funktionen.[282] Was als Marke benutzt wird, ist im Prinzip gleichgültig. Es gibt **Wortzeichen, Bildzeichen** und **Zei-**

---

[277] Vgl. dazu näher unten Rdn. 181.
[278] *Schneider*, Handbuch des EDV-Rechts, Rdn. C 720; anders aber ein Merkblatt des DPA, hier zit. nach *Schneider*, a.a.O., Rdn. C 726; a.A. auch *v. Gravenreuth*, in: Computerrechtshandbuch, Abschn. 53, Rdn. 11.
[279] So auch *Koch*, in: Lehmann (Hrsg.), Rechtsschutz und Verwertung von Computerprogrammen, S. 333 (354f.).
[280] Vgl. dazu LG Hamburg, CR 1989, 697.
[281] So ausgiebig dargelegt von *Harte-Bavendamm*, in: Computerrechtshandbuch, Abschn. 56; zum internationalen Schutz vgl. *Gruber*, CR 1991, 10.
[282] *Hubmann/Götting*, Gew. Rechtsschutz, § 37, Rdn. 1ff.

I. Rechtliche Grundlagen

chen, die aus **Worten** und **Bildern** zusammengesetzt sind. Mittlerweile können selbst dreidimensionale Gestaltungen Marken sein. Dies dürfte für Software uninteressant sein. Markenschutz erwirbt man durch eine Eintragung eines Zeichens als Marke in das vom Patentamt geführte Register (§ 4 Nr. 1 MarkenG). Marken können auch durch Benutzung entstehen, wenn die Marke Verkehrsgeltung erwirbt (§ 4 Nr. 2 MarkenG) oder durch notorische Bekanntheit im Sinne des Art. 6bis der Pariser Verbandsübereinkunft.[283]

Nicht jedes Wort oder jedes Bild kann als Zeichen eingetragen werden. Sogenannte **absolute Schutzhindernisse** sind in § 8 MarkenG geregelt. Wichtig ist insbesondere der Ausschluss für Marken, denen für die Waren oder Dienstleistungen jegliche Unterscheidungskraft fehlt, die ausschließlich aus Zeichen oder Angaben bestehen, die im allgemeinen Sprachgebrauch zur Bezeichnung der Waren oder Dienstleistungen üblich geworden sind oder die ausschließlich aus Zeichen oder Angaben bestehen, die im Verkehr zur Bezeichnung der Art, der Beschaffenheit, der Menge, der Bestimmung, des Wertes, der geografischen Herkunft, der Zeit der Herstellung der Waren oder Erbringung der Dienstleistung oder zur Bezeichnung sonstiger Merkmale der Waren oder Dienstleistungen dienen können (§ 8 Abs. 2 Nr. 1, 3, 2 MarkenG). 163

Sinn dieser Bestimmungen ist es, nicht durch den Markenschutz den Konkurrenten die Beschreibung ihrer Ware rechtlich unmöglich zu machen. Bestimmte Zeichen sollen daher vom Schutz freigehalten werden. Sowohl die Frage der Unterscheidungskraft (§ 8 Abs. 2 Nr. 1 MarkenG) als auch die Frage des Freihaltebedürfnisses beurteilen sich letztendlich nach der Verkehrsauffassung. Sie bezieht sich dabei nur auf die von der Marke bezeichneten Waren oder Dienstleistungen. Worte, die eine bestimmte Ware beschreiben, können zwar nicht für diese Ware, wohl aber für andere Waren als Marken eingetragen werden. Ein Zeichen, das an sich nicht unterscheidungskräftig ist oder an dem ein Freihaltebedürfnis besteht, kann dann geschützt werden, wenn es sich im Verkehr als Marke durchgesetzt hat (§ 8 Abs. 3 MarkenG). Diese Formulierung bedeutet, dass sich das Zeichen zumindest bei der Mehrheit der beteiligten Verkehrskreise, d.h. insbesondere bei der Mehrheit der letztendlichen Verbraucher oder Benutzer der von ihm gekennzeichneten Ware durchgesetzt haben muss.[284] Was dies im Einzelnen bedeutet, muss im Einzelfall entschieden werden und hängt u.a. auch von der Frage ab, wie stark der Mangel an Unterscheidungskraft oder das Freihaltebedürfnis sind.

Weitere **Eintragungsvoraussetzung** ist, dass die Marke die **Waren** oder **Dienstleistungen** bezeichnen soll. Es muss also einen Geschäftszweig geben, auf den sich die Anmeldung bezieht. Es muss klar sein, dass der Schutz für den Vertrieb bestimmter Waren und/oder bestimmter Dienstleistun- 164

---

[283] Dazu *Hubmann/Götting*, Gew. Rechtsschutz, § 44 Rdn. 1.
[284] Vgl. dazu *Hubmann/Götting*, Gewerblicher Rechtsschutz, § 38, Rdn. 9.

gen begehrt wird. Diese sind systematisch in verschiedenen Waren- bzw. Dienstleistungsklassen erfasst. Ist das Zeichen für eine den Geschäftsbetrieb nicht entsprechende Waren- und/oder Dienstleistungsklasse eingetragen, so kann es sein, dass es gegenüber einer Verletzung nicht geschützt ist. Ein genereller Schutz einer Marke unabhängig von Waren oder Dienstleistungen existiert nicht.[285] Bei der Softwareherstellung kann es dabei sowohl um den Schutz von Waren als auch um den Schutz von Dienstleistungen gehen. In der Regel wird man beim Vertrieb von Standardprogrammen wohl von Waren sprechen können, während man bei der Herstellung von Individualsoftware von Dienstleistung sprechen muss.[286] In Frage kommen insbesondere die Warenklassen 9 und 42 aus der internationalen Qualifikation von Waren und Dienstleistungen. Im Übrigen muss das Zeichen innerhalb von fünf Jahren nach der Eintragung in Benutzung genommen werden, um nicht Gefahr zu laufen, die Ansprüche aus der Marke zu verlieren (§ 25 MarkenG).

165 Dem **Inhaber einer Marke** steht ein **ausschließliches Recht** zu (§ 14 Abs. 1 MarkenG). Dritten ist es untersagt, Markenzeichen so zu benutzen, dass Verwechslungsgefahr besteht. Dies bedeutet zunächst, dass ein Verbot besteht, mit der eingetragenen Marke identische Zeichen für Waren oder Dienstleistungen zu benutzen, die mit denjenigen identisch sind, für die die Marke eingetragen ist (§ 14 Abs. 2 Nr. 1 MarkenG).

Ferner ist verboten, auch **ähnliche Marken** zu benutzen, wenn **Verwechslungsgefahr** besteht. Die Verwechslungsgefahr muss sowohl dahingehend bestehen, dass mit der eingetragenen Marke eine Verwechslung möglich, als auch dahingehend, dass die Waren oder Dienstleistungen, für die die Marke benutzt wird, marktmäßig den Waren oder Dienstleistungen, für die die Marke eingetragen ist, so nahe stehen, dass eine Verwechslung droht (§ 14 Abs. 2 Nr. 2 MarkenG). Wann Verwechslungsgefahr besteht, hängt im Einzelnen zu einen von der Nähe der jeweils betroffenen Waren oder Dienstleistungen untereinander ab. Wer eine Marke für Software eingetragen hat, kann die Verwendung der gleichen Marke für den Vertrieb von Getränken schwerlich verhindern. Zum anderen müssen auch Verwechslungsgefahren sowohl beim Lesen als auch beim Hören oder Sehen bestehen können. Wie stark die Verwechslungsgefahr sein muss, hängt auch von der Unterscheidungskraft der Marken ab. Eine sehr prägnante und unterscheidungskräftige Marke genießt größeren Schutz als eine Marke, die von sich aus nicht besonders unterscheidungskräftig ist und nur soeben noch als eintragungsfähig bezeichnet wurde.

166 Für **bekannte Marken** gibt es darüber hinaus gem. § 14 Abs. 2 Nr. 3 MarkenG noch ein besonderes Recht des Verbots verwechslungsfähiger

---

[285] *Hubmann/Götting*, Gewerblicher Rechtsschutz, § 37 Rdn. 25.
[286] So auch *Schweyer*, in: Lehmann (Hrsg.), Rechtsschutz und Verwertung von Computerprogrammen, S. 357 (361); die Möglichkeit, dass Standardsoftware eine Ware sein kann, wurde v. BGH ausdrücklich anerkannt, BGH, CR 1986, 130.

I. Rechtliche Grundlagen

oder identischer Zeichen auch für fremde Waren, wenn dadurch die Unterscheidungskraft oder die Wertschätzung der bekannten Marke ohne rechtfertigen Grund in unlauterer Weise ausgenutzt oder beeinträchtigt wird.

Wird eine **Markenware** vertrieben, ist es auch **unzulässig, ihre Beschaffenheit zu verändern** und die Marke weiter zu benutzen. Wird eine mit einer Marke versehene CD-ROM vom Hersteller nur zusammen mit dem Handbuch, einem Lizenzvertrag und sonstigen Unterlagen vertrieben, ist es auch markenrechtlich unzulässig, die Bestandteile der einzelnen Lieferung aufzuteilen und sie getrennt zu vertreiben.[287]

167

Wird ein Zeichen widerrechtlich in Gebrauch genommen, hat der Zeicheninhaber **Unterlassungsansprüche** (§ 14 Abs. 5 MarkenG). Ob darüber hinaus Ansprüche des Berechtigten nur dann bestehen, wenn die Marke markenmäßig benutzt wird oder nicht, ist streitig.[288] Bei schuldhaften Verstößen gibt es darüber hinaus **Schadensersatzansprüche** (§ 14 Abs. 6 MarkenG). Die Schadensberechnung kann wieder nach den bei Urheber- und Patentverletzungen üblichen drei Methoden vorgenommen werden.[289] Im Hinblick darauf gibt es auch wieder **Auskunftsansprüche**, die jedenfalls teilweise auch im Gesetz geregelt sind (§ 19 Abs. 1 MarkenG). Ein Besichtigungsanspruch ist nicht gegeben, weil es dafür an einem Bedarf fehlt.

168

Eine besondere Schutzvorkehrung beinhaltet § 146 MarkenG. Danach kann die Zollbehörde auf Antrag widerrechtlich gekennzeichnete ausländische Waren bei ihrer Einfuhr oder Durchfuhr **beschlagnahmen** und einziehen. Der Antragsteller kann die Sachen nach Beschlagnahme besichtigen. Führt er dann innerhalb einer Frist von zwei Wochen eine gerichtliche Entscheidung herbei, die die Beschlagnahme oder eine Verfügungsbeschränkung anordnet, kann er diese gerichtliche Entscheidung in die beschlagnahmten Waren vollstrecken. Tut er dies nicht, wird die Ware wieder freigegeben. Ein ähnliches Verfahren enthält auch die Verordnung (EG) 395/94.[290]

169

Bei Programmen für Datenverarbeitungsanlagen ist der **Markenschutz** insbesondere gegen solche **Raubkopien** von Bedeutung, bei denen die Marke mit kopiert wird, sei es, um tatsächlich den Wert der Marke auszunutzen, sei es, weil der Kopierer nicht in der Lage ist, die Marke (bzw. die Programmteile, die ihr Erscheinen auf dem Bildschirm auslösen) zu löschen.[291] Wer für sein Programm Markenschutz in Anspruch nehmen will, sollte es so erstel-

170

---

[287] OLG Karlsruhe, Urt. v. 23. 2. 2000 – 6 U 204/99, JurPC Web-Dok. 204/2000.
[288] Streitstand z. B. dargestellt *Hubmann/Götting*, Gew. Rechtsschutz, S. 257 f.
[289] *Hubmann/Götting*, Gew. Rechtsschutz, § 47 Rdn. 4.
[290] Dazu *Harte-Bavendamm*, Handbuch Wettbewerbsrecht, § 43 Rdn. 160 ff.
[291] *Schweyer*, in: *Lehmann*, (Hrsg.), Rechtsschutz und Verwertung von Computerprogrammen, S. 357 (377); OLG Frankfurt, GRUR 1983, 753 (756 f.) „Pengo"; *Schneider*, Softwarenutzungsverträge, S. 42; LG Berlin, IuR 1986, 24.

len, dass die Entfernung der Marke aus dem Programm schwierig oder sogar unmöglich ist. Gegen den vertragswidrigen Verkauf einer einmal in den Verkehr gebrachten Softwarekopie hilft der Markenschutz aber auch nicht, da auch im Markenrecht der **Erschöpfungsgrundsatz** gilt (§ 24 MarkenG). Dies gilt freilich nur dann, wenn die Softwarekopie in der EU in den Verkehr gebracht wurde.

171 Auch **Begleitmaterialien** können mit der **Marke** versehen und geschützt werden. Wichtig ist, dass sowohl im Programm als auch bei den Begleitmaterialien die Marke als Marke, also als Kennzeichen verwendet wird. Dies gilt insbesondere für Angaben, die einen beschreibenden Charakter haben, dennoch aber als Marke eingetragen sind. Am besten ist ein Hinweis darauf, dass es sich um eine eingetragene Marke handelt. Wer Markenschutz auch als Kopierschutz einsetzen will, muss diese Voraussetzung sorgfältig im Auge haben.

b) Titelschutz

172 Mittlerweile im Markenrecht integriert ist auch der Schutz sogenannter geschäftlicher Bezeichnungen. Interessant im Zusammenhang mit Software ist der **Schutz von Werktiteln**, die gemäß § 5 Abs. 1 MarkenG zu den geschäftlichen Bezeichnungen gehören. Nach § 5 Abs. 3 sind Werktitel die Namen oder besonderen Bezeichnungen von Druckschriften, Filmwerken, Tonwerken, Bühnenwerken oder sonstigen vergleichbaren Werken. Es war lange streitig, ob die Namen von Computerprogrammen auch solche Werktitel sein können. Dabei ging es insbesondere um die Frage, ob es sich bei Computerprogrammen um sonstige vergleichbare Werke im Sinne von § 5 Abs. 3 MarkenG handelt. Dafür spricht, dass es sich um unkörperliche geistige Werke handelt, die insbesondere auch einem Urheberrechtsschutz zugänglich sind.[292] Dagegen spricht insbesondere, dass die sonstigen Werke im Sinne von § 5 Abs. 3 künstlerische Werke sind, deren Titel traditionell nur begrenzt dem Markenschutz unterliegen und die deswegen eines besonderen Schutzes bedürfen. Historisch passt aus Sicht dieser Auffassung der Werktitelschutz nicht zu Computerprogrammen.[293] Diese Meinung ist sachlich zutreffend.

173 **Der Bundesgerichtshof** hat Computerprogrammen aber **Werktitelschutz gewährt** mit der Erwägung, dass es sich um geistige Werke handelt, die auch Urheberschutz genießen und in dieser Hinsicht den anderen Werktiteln vergleichbar sind. Im Übrigen ist es auch möglich, selbst Buchtitel, jedenfalls aber Zeitungstitel als Marken einzutragen. Ähnliches dürfte auch für Filmtitel gelten, so dass die Tatsache, dass Computernamen als Marken eingetragen werden können und auch eingetragen sind, einen Werktitel-

---

[292] Für Werktitelschutz: *Lehmann*, CR 1986, 373 (375 ff.); GRUR 1995, 250; *Jacobs*, GRUR 1996, 601 (603 ff.).
[293] *Betten*, GRUR 1995, 5; *Zahrnt*, BB 1996, 1570.

I. Rechtliche Grundlagen

schutz nicht ausschließen.[294] Angesichts der Rechtsprechung ist für die Praxis davon auszugehen, dass Computerprogramme Werktitelschutz genießen.

Wichtig ist die Frage des **Werktitelschutzes** insbesondere dann, wenn die Markenanmeldung für Computerprogramme später als die Benutzung einsetzt und durch den Werktitelschutz die **Priorität** auch gegenüber später eingetragenen verwechslungsfähigen Marken Dritter eingreifen muss. Werktitelschutz gem. § 15 Abs. 1 MarkenG gewährt nämlich auch dem Inhaber einer geschäftlichen Bezeichnung, d. h. auch dem Inhaber eines Werktitels, ein ausschließliches Recht. Dritten ist es gemäß § 15 Abs. 2 MarkenG untersagt, die geschäftliche Bezeichnung oder ein ähnliches Zeichen im geschäftlichen Verkehr unbefugt in einer Weise zu benutzen, die geeignet ist, Verwechslungen mit der geschützten Bezeichnung hervorzurufen. Demgemäß kann ein erworbener Werktitelschutz auch gegenüber einer neu eingetragenen Marke eingewandt werden und sogar zur Löschung dieser Marke führen. 174

Der **Erwerb des Werktitelschutzes** geschieht üblicherweise durch Benutzung. Ein Eintragungsverfahren ergibt sich nicht. 175

Allerdings ist die **öffentliche Ankündigung** eines Werkes unter dem zu schützenden Titel üblicherweise geeignet, den Werktitelschutz zum Zeitpunkt der Ankündigung entstehen zu lassen, wenn das Werk in angemessenem zeitlichen Abstand unter diesem Titel in den Verkehr gebracht wird.[295] Für die übliche Veröffentlichung stehen dafür geeignete und eingeführte Organe zur Verfügung.

Diese Frage der Vorveröffentlichung hat in der Rechtsprechung eine wichtige Rolle gespielt. Wer Titelschutz in Anspruch nehmen sollte, sollte die Vorveröffentlichung systematisch betreiben.[296] Im Nachhinein die Priorität auf Ankündigungen in Fachzeitschriften abstützen zu wollen, ist ausgesprochen schwierig. Es reicht im Normalfall auch nicht aus, nur die ausländische Version des Programms anzukündigen und dann lediglich die deutsche zu vertreiben.[297] Auch der Probelauf beim Kunden reicht nicht aus.[298] 176

Im Übrigen gibt es auch **titelschutzunfähige Bezeichnungen**, wie z. B. reine Gattungsbezeichnungen, Eine Software mit der Bezeichnung „Textverarbeitung" kann keinen Werktitelschutz erlangen. 177

---

[294] BGH, CR 1998, 5 („Power Point") = NJW 1997, 3313 = GRUR 1998, 155 m. krit. Anm. *Betten*; 6 („FTOS") = NJW 1997, 3315 = GRUR 1997, 902; zustimmend *Lehmann*, CR 1998, 2; ebenso schon vorher OLG Hamburg, *Zahrnt*, ECR OLG 188 („Power Point") = NJW-RR 1995, 430; OLG München, *Zahrnt*, ECR OLG 196 („Wincad").
[295] *Hubmann/Götting*, Gew. Rechtsschutz, § 45 Rdn. 9; LG Düsseldorf, CR 2001, 438 (439).
[296] *Lehmann*, CR 1998, 2 f.
[297] BGH, CR 1998, 457 („WINCAD") = GRUR 1998, 969.
[298] BGH, CR 1998, 6 (7 f.) („FTOS") = NJW 1997, 3315 = GRUR 1997, 902; zum Ganzen vgl. auch OLG Hamburg, Beschl. v. 15. 2. 2001 – 3 U 200/00, JurPC Web-Dok. 165/2002.

Solche Gattungsbezeichnungen könnten nur dann Schutz erlangen, wenn sie aufgrund von Verkehrsgeltung Unterscheidungskraft als Werktitel erlangen. Dieser Fall dürfte im Softwarebereich eher angesichts des raschen Wechsels von Programmen selten sein.

Ist Titelschutz entstanden, gibt es **Unterlassungsansprüche** (§ 15 Abs. 4 MarkenG) und bei schuldhafter Begehung auch **Schadensersatzansprüche** (§ 15 Abs. 5 MarkenG). Die Schadensberechnung richtet sich nach den auch im Markenbereich üblichen Regeln.

5. Der wettbewerbsrechtliche Schutz von Software

a) Der Schutz vor Kopien und Nachahmungen

178 Nach den bisherigen Ausführungen ist ein relativ umfangreicher Schutz der Software vor unberechtigten Kopien und anderen Nachahmungen durch insbesondere das Urheberrecht gegeben. Dennoch ist es nach wie vor auch interessant, **Kopierschutz unter wettbewerbsrechtlichen Gesichtspunkten** zu erhalten. Dies gilt insbesondere auch deswegen, weil einstweilige Verfügungen in diesem Bereich leichter erreichbar sind. Solch ein Leistungsschutz ist im Wettbewerbsrecht im Prinzip auch schon seit langem anerkannt.[299] Er hatte eine sehr große Bedeutung in der Zeit, wo der Urheberschutz von Software wegen der Rechtsprechung des BGH nur schwer erreichbar war. Die Bedeutung liegt auch weiterhin noch darin, dass die Schutzvoraussetzungen im Wettbewerbsrecht unabhängig von dem Urheberschutz leichter darlegbar sind.[300] Allerdings geht der Schutz im Wettbewerbsrecht nicht so weit wie ein Schutz aus einem absoluten Leistungsschutz recht. Er umfasst z.B. nicht Handlungen Privater zu persönlichen Zwecken, da diese Handlungen dem Wettbewerbsrecht nicht unterliegen.

179 Anspruchsgrundlage für einen **wettbewerbsrechtlichen Unterlassungsanspruch** ist § 1 in Verbindung mit § 12 Abs. 2 UWG. Danach kann jeder Wettbewerbsteilnehmer (und auch verschiedene Verbände) von einem Mitwettbewerber die Unterlassung von Handlungen verlangen, die mit den im Wettbewerb üblichen guten Sitten nicht vereinbar sind.

Diese Norm greift freilich nur ein, wenn der sie Verletzende zu Zwecken des Wettbewerbs handelt. Dies bedeutet, dass durch die Kopie letztendlich bezweckt wird, mit demjenigen, der das Ursprungsprodukt erlaubt vertreibt, in Wettbewerb zu treten. Dies schließt nicht nur einen Anspruch gegen Private aus, die Kopien nur in ihrer Privatsphäre anfertigen und benut-

---

[299] Statt vieler vgl. die Bemerkungen von *Erdmann*, FS für das OLG Oldenburg, S. 639 (643) und die Darstellung bei *Hubmann/Götting*, Gew. Rechtsschutz, § 50 Rdn. 1.
[300] Einschränkender *Hubmann/Götting*, Gew. Rechtsschutz, § 50 Rdn. 1.

I. Rechtliche Grundlagen

zen wollen, sondern auch gegen Firmen, die die Kopie nur für den internen Gebrauch erstellen. Beide handeln nicht zum Zwecken des Wettbewerbs.[301] Sobald aber nach außen hin – auch in kleinem Umfang – gehandelt wird, greift das Wettbewerbsrecht ein.[302] Dies gilt auch dann, wenn ein Privater eine Liste von Raubkopien anbietet, die er mit beliebigen Dritten gegen andere Schwarzkopien tauschen will.[303]

aa) Sittenverstoß durch unmittelbare Leistungsübernahme

Ein Unterlassungsanspruch nach § 1 UWG setzt – wie schon erwähnt – einen Sittenverstoß des Mitbewerbers voraus. Ein solcher Sittenverstoß kann zunächst daraus hergeleitet werden, dass vom Kopierer **ein fremdes Produkt nachgeahmt** wird. Entgegen einem weit verbreiteten Irrtum ist eine solche Nachahmung allerdings keinesfalls in jedem Fall verboten. Dies gilt selbst für den sogenannten Fall der **sklavischen Nachahmung** oder Nachbildung. Vielmehr ist aus der Tatsache, dass kein spezielles Leistungsschutzrecht eingreift, zunächst abzuleiten, dass auch die Nachahmung, sei sie auch noch so sklavisch, grundsätzlich erlaubt ist. Verboten ist eine Nachahmung nur, wenn sich aus besonderen Umständen die Sittenwidrigkeit ergibt.[304] In vielen Fällen kann die Nachahmung fremder Leistungen allerdings sittenwidrig sein. Dazu gehören insbesondere die Fälle, in denen sich ein Mitbewerber das Ergebnis fremder Anstrengungen ohne nennenswerte Eigenleistung aneignet, also **praktisch an der fremden Leistung schmarotzt**. Dass diese Fallgruppe bei Vertrieb von Schwarzkopien von Computersoftware eingreifen kann, liegt auf der Hand.

180

Grundsätzlich ist allerdings nur eine solche Leistung vor einer Übernahme durch Dritte geschützt, die eine **wettbewerbliche Eigenart** aufweist. Dieses Kriterium besagt, dass als wettbewerbswidrig nur eine solche Übernahme angesehen kann, die eine fremde, mit erheblichen Kosten entwickelte, wettbewerblich nicht unbedeutende Leistung ohne nennenswerte Eigenleistung übernimmt und so den Entwickler um die „Früchte seiner Arbeit" bringt.[305] Die wettbewerbliche Eigenart bedeutet hier nicht, dass etwas verlangt wird, was der eigenschöpferischen Entwicklung im Urheberrecht oder der Erfindung im Patentrecht entspricht. Es geht vielmehr um den Schutz betrieblicher Investitionen.[306] Dies besagt vor allem, dass es einen nennenswerten Einsatz solcher Investitionen überhaupt gegeben haben muss. Da-

181

---

[301] *Koch*, Zivilprozeßpraxis, S. 144; *Erdmann*, FS für das OLG Oldenburg, S. 639 (650f.).
[302] *Harte-Bavendamm*, CR 1986, 615 (616).
[303] OLG Celle, *Zahrnt*, ECR OLG 107.
[304] Statt aller *Baumbach/Hefermehl*, § 1 UWG, Rdn. 439ff.
[305] *Lehmann*, in: Lehmann (Hrsg.), Rechtsschutz und Verwertung von Computerprogrammen, S. 383 (391).
[306] *Lehmann*, in: Lehmann (Hrsg.), Rechtsschutz und Verwertung von Computerprogrammen, S. 383 (394).

rüber hinaus müssen sie ein wettbewerblich einsetzbares, in irgendeiner Weise besonderes Ergebnis haben. Dieses Ergebnis muss irgendwelche Merkmale aufweisen, die geeignet sind, entweder auf die betriebliche Herkunft oder auf Besonderheiten des Erzeugnisses hinzuweisen.[307] Es geht nur um den Schutz dieses Ergebnisses, nicht um den Schutz von Ideen, die ihm zugrunde liegen. So sind z. B. Werbeideen oder die **Spielidee eines Computerspiels**[308] in diesem Sinne nicht schutzfähig.

182 Für Software heißt dies, dass auch hier der dem Programm zugrunde liegende allgemeine **Algorithmus** nicht schutzfähig ist, wohl aber das entwickelte Programm und die entwickelten Begleitmaterialien. Darüber hinaus muss ein gewisser Entwicklungsaufwand vorliegen. Kleine Trivialprogramme unterliegen auch diesem Leistungsschutz nicht. Mehr als das ist aber für einen Unterlassungsanspruch bei unmittelbarer Leistungsübernahme nicht erforderlich. Je weniger Aufwand für den Übernehmer bei der Übernahme entsteht, desto weniger groß muss nämlich die wettbewerbliche Eigenart des übernommenen Programms sein.[309] Da die Übernahme von Software sehr wenig Aufwand verlangt, reicht eine nur geringe wettbewerbliche Eigenart aus, um die Software zu schützen. Diese **geringe wettbewerbliche Eigenart** dürfte Software in aller Regel aufweisen, zumal die ganz trivialen Programme in aller Regel nicht unmittelbar übernommen und dann auch vertrieben werden. Für Wettbewerbszwecke übernommene Software dürfte in aller Regel keine Dutzendware sein, die keinen Wettbewerbsschutz genießt. Dass Software wettbewerblich eigenartig ist, kann man in der Regel auch schon daraus ableiten, dass die Software überhaupt kopiert wurde – ein unbrauchbares und nicht eigenartiges Programm hätte der Mitbewerber schon nicht kopiert.

Geschützt sind ferner u. U. auch Benutzeroberflächen.[310]

183 Da eine Raubkopie darüber hinaus praktisch überhaupt keinen Eigenaufwand des Kopierers erfordert, ist im Kopierfall die unmittelbare Übernahme ohne nennenswerten eigenen Aufwand in aller Regel offenkundig. In der Anfertigung einer 1 : 1-Kopie liegen auch die besonderen wettbewerblichen Umstände, die das Sittenwidrigkeitsurteil im Hinblick auf die Übernahme rechtfertigen. Demgemäß dürfte in diesen Fällen in aller Regel ein Wettbewerbsverstoß vorliegen.[311]

---

[307] *Erdmann,* FS für das OLG Oldenburg, S. 639 (651); *Harte-Bavendamm,* in: Computerrechtshandbuch, Abschn. 57, Rdn. 7 f.
[308] OLG Hamburg, GRUR 1983, 436 („Puckman").
[309] Vgl. z. B. *Erdmann,* FS für das OLG Oldenburg, S. 639 (649).
[310] *Junker/Benecke,* Computerrecht, Rdn. 115.
[311] *Koch,* Zivilprozeßpraxis, S. 145 ff.; *Lowenheim,* FS Hubmann, S. 307 (30); *Schneider,* Handbuch des EDV-Rechts, Rdn. C 462; *Harte-Bavendamm,* Handbuch Wettbewerbsrecht, § 43 Rdn. 186; *Baumbach/Hefermehl,* § 1 UWG, Rdn. 518 a; LG München I, CR 1986, 332 mit Anm. *Brandi-Dohrn;* LG Berlin, IuR 1986, 24; LG Oldenburg, GRUR 1996, 481; *Wiebe,* BB 1993, 1094 (1100 f.); wohl auch *Michalski/ Böset,* Vertrags- und schutzrechtliche Behandlung, S. 133 ff.

I. Rechtliche Grundlagen 67

Allerdings ergibt sich aus dem Vorstehenden, dass ein Schutz nur so lange 184
besteht, wie der Investitionsaufwand sich nicht amortisiert und der Entwickler einen angemessenen Gewinn erwirtschaftet hat. Dies bedeutet insbesondere, dass der **Schutz zeitlich begrenzt** ist.[312] Wo diese Zeitgrenze liegt, hängt vom jeweiligen Softwareprodukt ab – bei Computerspielen ist schon von einer Grenze von einem Jahr die Rede,[313] bei komplexen Betriebssystem ist die Schutzdauer länger. Ob man von einer Höchstgrenze der Schutzgrenze von 20 Jahren in Anlehnung z. B. an das PatG,[314] von 25 Jahren in Anlehnung an den Leistungsschutz gemäß § 85 UrhG[315] oder von einer von 10 Jahren in Anlehnung an das HalbSchG ausgehen soll oder besser überhaupt keine Höchstgrenze setzt, sollte man der Entscheidung durch die Rechtsprechung und dem sich daraus ergebenden Fallmaterial überlassen.[316] Die Übernahme fester Zeitgrenzen aus anderen Gesetzen scheint aber wegen der unterschiedlichen Schutzumfänge und Schutzrichtungen problematisch.

bb) Teilübernahme und Änderungen

Oft werden auch nicht ganze Programme übernommen, sondern nur Teile. 185
In vielen Fällen werden die Programme auch in vielerlei Hinsicht geändert. Solche **Teilübernahmen und Änderungen** können ein Verstoß gegen § 1 UWG ausschließen, müssen dies aber keineswegs.

Änderungen sind nur dann relevant, wenn sie die funktionelle Identität des Pogramms ändern, d.h. nicht bloße Umbenennungen von Befehlen oder triviale Aufbauänderungen bedeuten. Das LG Hamburg hat z.B. schon bei einer Übereinstimmung von lediglich 5695 von 7000 Befehlen Identität angenommen, weil das Spielprogramm, um das es ging, nur wegen überstimmungsverdeckender Manipulationen und hardwarebedingten Anpassungen verändert worden war.[317] Der BGH hat bei der Beseitigung von Fehlern und einer sich daraus ergebenden Änderungsquote von 5% eine identische Übernahme angenommen.[318] Wann wesentliche Änderungen vorliegen und

---

[312] Grundsätzlich dazu *Baumbach/Hefermehl*, § 1 UWG, Rdn. 501; ebenso LG München, I, CR 1986, 332 (333) mit Anm. *Brandi-Dohrn; Schneider*, Softwarenutzungsverträge, S. 49f.
[313] Z.B. *Lehmann*, in: Lehmann (Hrsg.), Rechtsschutz und Verwertung von Computerprogrammen, S. 383 (400); *Harte-Bavendamm*, Handbuch Wettbewerbsrecht, § 43 Rdn. 187; OLG München, CR 1987, 298 reduziert auf sechs Monate; vgl. *Loewenheim*, FS Hubmann, S. 306 (309).
[314] So *Lehmann*, in: Lehmann (Hrsg.), Rechtsschutz und Verwertung von Computerprogrammen, S. 383 (398f.).
[315] So *Baums*, DB 1988, 429 (433).
[316] Zu den Problemen vgl. auch *Harte-Bavendamm*, Handbuch Wettbewerbsrecht, § 43 Rdn. 187.
[317] LG Hamburg, Urt. v. 7. 9. 1983 – 150 1285/81 – „Centipede".
[318] BGH, CR 1990, 188 (189) = *Zahnrt*, ECR BGH 5.

wann nicht, kann generell nicht gesagt werden. Es bedarf einer Entscheidung im Einzelfall.

186 Bei der **Übernahme nur von Teilen** der Software muss zunächst geprüft werden, ob nicht alle wesentlichen Teile übernommen wurden und damit in Wirklichkeit die gesamte Software bzw. das gesamte Programm übernommen wurde. Ist das der Fall, liegt eine vollständige Übernahme vor. Ist das nicht der Fall, muss zunächst geprüft werden, ob der übernommene Teil als solcher wettbewerbliche Eigenschaften hat. Dies kann bei wesentlichen Teilen auch dann der Fall sein, wenn es sich nur um einen kleinen Teil der Software des Ursprungsherstellers handelt. Das LG Hamburg hat es in einer anderen Entscheidung als unerheblich angesehen, dass der Anteil der von ihm untersuchten übernommenen Software nur ein Promille des Ausgangsprodukts darstelle.[319] Wichtig war ihm nur, dass die übernommene **Benutzerschnittstelle** einer Mailbox wettbewerblich von erheblicher Bedeutung sei. Man wird dem Gericht darin zustimmen müssen, dass es nicht um eine quantitative, sondern um eine qualitative Betrachtung geht. Wichtig ist nicht, wie groß die übernommene Einheit ist, sondern ob sie gerade wettbewerbliche Bedeutung hat. Eine solche Bedeutung wird man gerade bei Schnittstellen, Systemstrukturen und dem generellen Aufbau der Software oft annehmen können.[320] Zu beachten ist hier allerdings, dass das Wettbewerbsrecht ähnlich wie das Urheberrecht keinen Schutz für eine wissenschaftlich-technische Lehre oder einen Algorithmus gewährt, und auch der wettbewerbliche Leistungsschutz die Übernahme von Lehren und Ideen, allgemeinen gestalterischen Elementen oder Motiven nicht untersagen darf.[321] Kritisch bleibt weiterhin anzumerken, dass ein solcher Schutz für Benutzerschnittstellen nicht sehr verbraucherfreundlich ist, weil sie dem Schnittstelleninhaber praktisch eine Monopolstellung verschafft. Weiterhin muss man auch darauf hinweisen, dass im Urheberrecht teilweise die Meinung vertreten wird, Benutzerschnittstellen unterlägen keinem Schutz, weil sie allgemeinfrei sein sollten.[322] Folgt man dieser Meinung, kann man nicht im Wege des Leistungsschutzes nach Wettbewerbsrecht die urheberrechtlich gemeinfreien Benutzerschnittstellen wettbewerbsrechtlich monopolisieren. Diese Problematik konnte dem LG Hamburg seinerzeit noch nicht geläufig sein, zeigt aber, dass es zwar rechtlich vertreten wird, dass die Beschreibung einer

---

[319] CR 1989, S. 697 (699) = NJW 1990, 1610 (1611f.); zustimmend *Schlatter*, in: Lehmann (Hrsg.): Rechtsschutz und Verwertung von Computerprogrammen, S. 169 (209f.); *Harte-Bavendamm*, in: Computerrechtshandbuch, Abschnitt 57, Rdn. 10; sowie *Hoeren*, CR 1990, 22 (24) unter Bezugnahme insbesondere auf das amerikanische Recht.

[320] *Koch*, Zivilprozeßpraxis, S. 153.

[321] *Lehmann*, in: Lehmann (Hrsg.), Rechtsschutz und Verwertung von Computerprogrammen, S. 383 (395f.).

[322] S. o. Rdn. 5 (Fn. 6); zur Ablehnung des Urheberrechts aus vergleichbaren Gründen vgl. *Lehmann*, CR 1989, 1057 (1058).

konkreten Benutzerschnittstelle dem Wettbewerbsschutz unterliegt, diese Frage aber umstritten ist.[323]

cc) Nachschaffende Leistungsübernahme

Wesentlich seltener als bei einfachen Kopien liegt ein Verstoß gegen § 1 UWG allerdings vor, wenn der Mitbewerber das Produkt nicht übernimmt, sondern **nachschafft**, also insbesondere im größeren Umfang eigene Mittel zur Nachahmung einsetzt.[324] In diesem Falle werden nicht nur höhere Anforderungen an die wettbewerbliche Eigenart der nachgemachten Leistung gestellt, auch die Sittenwidrigkeit muss detaillierter dargelegt werden als bei der unmittelbaren Leistungsübernahme. 187

Im Bereich der Software dürfte eine eigenschöpferische Nachahmung in der Praxis selten in Betracht kommen. Der Spielraum möglicher Ergebnisse ist zu groß, als dass man ernsthaft annehmen könnte, Software, die praktisch identisch ist, könne nur nachgeschaffen und nicht kopiert werden. Die Behauptung des Nachschaffens dürfte in der Regel eine **Schutzbehauptung** sein.[325] Ein wirkliches Nachschaffen ist zudem in der Regel eher teurer als eine Neuprogrammierung.[326] Denkbar ist nur die Übernahme bestimmter Programmstrukturen und Schnittstellen und die Neuprogrammierung des Restes. Dies ist aber weniger ein Problem der nachschaffenden Leistungsübernahme als der Teilübernahme.

In diesen Fällen könnte es im Übrigen einfacher sein, urheberrechtliche Überlegungen herbeizuziehen als sich auf das Wettbewerbsrecht zu konzentrieren.

Eine Ausnahme mag freilich in den Fällen vorliegen, in denen das angeblich kopierte Programm und die Kopie möglicherweise auf eine **gemeinsame Quelle** zurückgehen. In diesem Fall ist eine freie Nachschaffung durchaus realistisch denkbar, so dass wettbewerbsrechtliche Ansprüche ohne weiteren Nachweis, dass tatsächlich nachgeahmt und nicht nachgeschaffen wurde, ebenso ausscheiden können wie urheberrechtliche Ansprüche.[327] 188

dd) Andere Unlauterkeitsmerkmale

Neben dem Gesichtspunkt des aufwandfreien oder aufwandarmen Übernehmens kann die Unlauterkeit einer Übernahme einer fremden Leistung auch unter dem Gesichtspunkt der **Irreführung** von Bedeutung sein. Dies 189

---

[323] Zur internationalen Diskussion bzgl. des Urheberrechts vgl. auch *Pilny*, DuD 1990, 442 f.
[324] Zur Differenzierung vgl. *Junker/Benecke*, Computerrecht, Rdn. 117.
[325] So auch *Lehmann*, in: Lehmann (Hrsg.), Rechtsschutz und Verwertung von Computerprogrammen, S. 383 (396); *Junker/Benecke*, Computerrecht, Rdn. 117.
[326] Ebenso *Harte-Bavendamm*, in: Computerrechtshandbuch, Abschn. 57, Rdn. 11.
[327] So der Fall OLG Frankfurt, CR 1989, 905 (907 f.) = NJW 1989, 236 f. („PAM-Crash").

gilt dann, wenn nicht unerhebliche Teile des Verkehrs beim nachgemachten Produkt annehmen, es handele sich um ein Originalprodukt des Ursprungsherstellers. Der Nachahmer hat alles ihm Zumutbare zu tun, um solche Täuschungen zu vermeiden.[328] Im Bereich der Software, deren Gestaltung ja sehr frei ist, lassen sich solche Täuschungen eigentlich immer vermeiden, so dass hier eine Irreführung immer zu Unlauterkeit führen dürfte.

In der Praxis bekannt geworden sind auch eher Fälle, in denen bewusst und gezielt etwa durch täuschende Nachahmung von Originalzertifikaten oder gar durch die Verwendung gestohlener Originalzertifikate Echtheit bewusst vorgespiegelt wurde. Darüber hinaus gibt es natürlich die Fälle, in denen auch der Käufer weiß, dass es sich nicht um das Originalprodukt handelt und dies ganz offen dargestellt wird. Diese Fälle gehören nicht in den Bereich der Täuschung durch Irreführung.

Eine Irreführung kann auch vorliegen, wenn ein Händler-Restprogramm vertrieben und dabei die entsprechenden Hinweise des Herstellers auf den Testcharakter entfernt werden, weil dem Kunden für dieses Programm keine Updates geliefert werden.[329]

190 Ein weiteres Unlauterkeitskriterium kann auch darin liegen, dass bei der Herstellung einer Kopie ein **Kopierschutz überwunden** wird. Dadurch wird ja eine Art „geistiger Einbruch" durchgeführt. Es wird eine bewusste Schutzmaßnahme des Erstellers überwunden.[330] Gegebenenfalls kann sich hier die Sittenwidrigkeit auch daraus ergeben, dass bei Überwindung des Kopierschutzes gegen § 202a StGB verstoßen wurde. In dieser Besonderheit liegt über § 17 Abs. 2 UWG hinaus die rechtliche Bedeutung technischer Kopierschutzmaßnahmen.

191 Sittenwidrig kann es auch sein, wenn die Kopie nur durch einen **Vertragsbruch** eines Dritten erlangt wurde und er zu diesem Vertragsbruch verleitet oder dieser Vertragsbruch ausgenutzt wurde.[331]

192 **Sittenwidrig ist es auch,** wenn Hard- oder Software verbreitet wird, deren Zweck es ist, den **Kopierschutz von anderen Programmen zu entfernen.** Dies gilt insbesondere auch für Programme, die einen Dongle-Schutz umgehen. Praktisch sind diese Programme fast nur dazu bestimmt, das wettbewerbs- oder gar urheberrechtswidrige Kopieren oder die Nutzung solcher unerlaubter Kopien zu ermöglichen. Dass sie auch zur Anfertigung erlaubter Kopien (etwa von Sicherungskopien) bestimmt sind, ist in aller Regel vorgeschoben. Der Vertrieb solcher Hilfsmittel ist daher sittenwidrig. Da in

---

[328] Stdg. Rspr. z.B. BGH, GRUR 81, 517 (519, „Rollhocker"); näher dazu *Baumbach/Hefermehl*, § 1 UWG, Rdn. 450ff.
[329] OLG München, GRUR 2000, 339 = CR 2000, 211.
[330] *Brandi-Dohrn*, CR 1986, 333 (334); *Freitag*, in: Kröger/Gimmy (Hrsg.): Handbuch zum Internet-Recht, S. 413 (437); *Junker/Benecke*, Computerrecht, Rdn. 120ff.
[331] Näher *Harte-Bavendamm*, in: Computerrechtshandbuch, Abschn. 57, Rdn. 22; zu weiteren Unlauterkeitskriterien vgl. *Harte-Bavendamm*, CR 1986, 615 (621).

I. Rechtliche Grundlagen 71

diesen Fällen auch die Wettbewerbssituation des Softwareherstellers betroffen wird, greifen auch in solchen Fällen die wettbewerbsrechtlichen Ansprüche ein.[332] Allerdings ist dies alles fraglich, weil der **Einbau von Dongles** auch einen Mangel des Programms darstellen kann.[333] Allerdings sind die bekanntgewordenen Fälle der mangelhaften Software durch Dongles so selten, dass der gezielte Vertrieb von Dongle-Umgehungsprogramm wohl dennoch wettbewerbswidrig ist, weil er in ganz überwiegenden Fällen zur Umgehung eines Programmschutzes ohne rechtfertigen Grund eingesetzt wird.

Offen ist die Frage, ob der Vertrieb von Produkten wettbewerbswidrig 193 ist, bei denen die Umgehungsmechanismen nur eine von vielen Funktionen darstellen.[334]

In Zukunft werden sich entsprechende Ansprüche auch aus dem UrhG ergeben, weil dies sich aus der Umsetzung der entsprechenden EU-Verordnung ergibt.

ee) Beginn des Verstoßes

In der Literatur ist streitig, ob ein wettbewerbswidriges Handeln erst dann 194 vorliegt, wenn eine Kopie auch in den Verkehr gebracht wurde[335] oder schon dann, wenn etwa durch das Kopieren selbst oder in anderer Weise Vorbereitungen dafür getroffen werden. Soweit klar ist, dass ein Handeln im Wettbewerb vorliegt, ist aber schon die **Vorbereitungshandlung unlauter,** da sie ja ein unlauteres Handeln unmittelbar vorbereitet. Demgemäß werden auch allgemein Handlungen zur Vorbereitung zukünftigen Wettbewerbs als Wettbewerbshandlung angesehen.[336] Auch die Vorbereitungshandlungen stellen daher wettbewerbswidriges Handeln dar.

ff) Anspruchsziel

Der wettbewerbsrechtliche Anspruch geht primär auf das **Unterlassen** 195 der wettbewerbswidrigen Handlung. Daneben kann bei Verschulden Schadensersatz gefordert werden. Auch ein Anspruch auf **Beseitigung** oder Herausgabe der durch wettbewerbsverletzenden Handlungen erstellten

---

[332] Heute ganz überwiegende Meinung wie hier: LG Düsseldorf, CR 1990, 46 f. mit zust. Anm. v. *Gravenreuth;* LG München I, NJW-CoR 1993, 193 (LS); OLG Stuttgart, NJW 1989, 2633 f. = CR 1989 685 (687) mit zust. Anm. *Lehmann;* BGH, *Zahrnt,* ECR BGH 27; OLG München, *Zahrnt,* ECR OLG 176; ECR OLG 202; OLG Düsseldorf, CR 1991, 352 f.; *Schneider,* Handbuch des EDV-Rechts, Rdn. C 469; OGH, CR 1990, 113 zum österreichischen Recht, kritisch dazu *Röttinger* in der Anm. CR 1990, 116 ff.; a. A. OLG Düsseldorf, CR 1990, 394 (397); *Kuhlmann,* CR 1989, 177 (182 f.), *König,* NJW 1995, 3293.
[333] Vgl. oben Rdn. 67.
[334] *Junker/Benecke,* Computerrecht, Rdn. 122.
[335] *Koch,* Zivilprozeßpraxis, S. 151; *Junker/Benecke,* Computerrecht, Rdn. 119.
[336] *Baumbach/Hefermehl,* Einl. UWG, Rdn. 215.

Kopien gem. §§ 1 UWG, 1004 BGB analog kann in Betracht kommen.[337] Dies setzt allerdings voraus, dass ein solche Beseitigung oder Herausgabe zur Durchsetzung der wettbewerblichen Ansprüche notwendig und dem Verpflichteten gegenüber zumutbar ist. Dies gilt insbesondere dann, wenn sich beim Bösgläubigen noch illegal gezogene Kopien befinden. Was verlangt werden kann, hängt hier stark von den Umständen des Einzelfalls ab.[338]

196 Beim **Schadensersatzanspruch** richtet sich das Verschulden nach den beim Urheberrecht geschilderten Maßstäben.[339] Bei 1 : 1-Kopien dürfte das Verschulden danach in der Regel vorliegen.

Bei der **Schadenshöhe** ist wettbewerbsrechtlich prinzipiell eine konkrete Berechnung des Schadens erforderlich, es können also nur die Gewinneinbußen und sonstige Schäden geltend gemacht werden, die durch das wettbewerbswidrige Verhalten verursacht werden. Dazu können auch Kosten von Gegenmaßnahmen gehören.[340] Allerdings wird im Bereich der sklavischen Nachahmung fremder Leistungen auch eine Berechnung des Schadens im Wege der **Lizenzanalogie** zugelassen. In diesem Fall kann der Schaden so berechnet werden, dass er den üblicherweise für die Erlaubnis zur Nachahmung zu zahlenden Gebühren entspricht.[341] Dies nähert den Anspruch wieder einem Schadensersatzanspruch im Bereich verletzter ausschließlicher Leistungsrechte an.[342] Daneben kommt auch ein **Marktverwirrungsschaden** in Betracht.[343] Die Voraussetzungen des BGH für die Lizenzanalogie können im Bereich unerlaubt kopierter Software relativ häufig vorliegen. Dieses Ergebnis entspricht auch der Tatsache, dass für die Benutzung fremder Software unabhängig von der Qualität und Marktwert fast immer eine Lizenzgebühr zu zahlen ist.

gg) Anspruchsinhaber und Anspruchsgegner

197 Anspruchsinhaber ist jeder Wettbewerber desjenigen, der unlauter tätig ist, nicht nur derjenige, dessen Software kopiert wurde. Der Wettbewerber muss nur Waren oder gewerbliche Leistungen gleicher oder verwandter Art vertreiben (§ 13 Abs. 2 Nr. 1 UWG). Der Begriff Ware oder gewerbliche

---

[337] *Lehmann* in: Lehmann (Hrsg.) Rechtsschutz und Verwertung von Computerprogrammen, S. 383 (403).
[338] So auch generell zum wettbewerbrechtlichen Beseitigungsanspruch *Baumbach/Hefermehl*, Einl. UWG, Rdn. 307 ff.; ähnlich auch *Baums*, DB 1988, 429 (434); vgl. z. B. auch LG Hamburg, Urt. v. 7. 9. 1983 – 15 O 1285/81 – „Centipede".
[339] Dazu oben Rdn. 103.
[340] *Baumbach/Hefermehl*, Einl. UWG, Rdn. 385.
[341] BGH, NJW 1972, 102 („Wandsteckdose II") mit krit. Anm. *Haines*, NJW 72, 482 sowie *Hefermehl*, GRUR 1972, 191 und *Loewenheim*, JZ 72, 323; bestätigt in BGH, GRUR 1981, 517 (520, „Rollhocker"); *Baumbach/Hefermehl*, Einl. UWG, Rdn. 383.
[342] Dazu oben Rdn. 103 f.
[343] *Harte-Bavendamm* in: Computerrechtshandbuch, Abschn. 57, Rdn. 60.

Leistungen gleicher oder verwandter Art ist weit auszulegen.[344] Je nach Art der Software können daher alle in der Softwarebranche Tätigen oder nur bestimmte Softwareproduzenten oder -händler klagebefugt sein. Daneben sind gem. § 13 Abs. 2 Nr. 2–4 UWG unter den dort genannten einschränkenden Voraussetzungen verschiedene Verbände klagebefugt.

Anspruchsgegner ist jeder, der irgendwie wettbewerbswidrig handelt, in welcher Form auch immer, d. h. jeder, der sich an der Herstellung und dem Vertrieb der unerlaubt gezogenen Kopien beteiligt. Gem. § 13 Abs. 4 UWG haftet dabei jeder Betriebsinhaber für seine Angestellten, eine Vorschrift, die § 100 UrhG entspricht. Da der Unterlassungsanspruch kein Verschulden voraussetzt, gibt es gerade bei ihm also einen großen Kreis von möglichen Anspruchsgegnern.

Beim verschuldensabhängigen Schadensersatzanspruch ergibt sich eine Einschränkung allerdings daraus, dass ein Händler hinsichtlich der Marktbeobachtung und sonstigen Überprüfungen von Wettbewerbsverletzungen eine geringere Sorgfaltspflicht hat als ein Hersteller,[345] so dass ein Verschulden bei ihm seltener vorliegen wird. Diese Einschränkung gilt allerdings nicht, wenn der Hersteller zugleich Importeur ist.[346] 198

Im Übrigen ist zu beachten, dass ein Schadensersatzanspruch nach Lizenzanalogie selbstverständlich nur für denjenigen gegeben ist, dessen Software nachgeahmt wurde.

b) Geheimnisschutz

Das Kopieren und auch das Nachschöpfen von Software können auch deshalb sittenwidrig sein, weil das dabei verwendete Programm unter Verletzung **von §§ 17 und 18 UWG erlangt wurde.**[347] Wichtig dabei ist, dass die verwendete Software ein Betriebsgeheimnis[348] darstellt. Bei im Verkehr befindlicher Software trifft dies auf den Objektcode nicht zu, da dieser verbreitet wird. Es kann aber bei entsprechend guter Geheimhaltung auf den Quellcode zutreffen, da dieser meist nicht mitverbreitet wird. Wird er, wie bei interpretierten Programmen nötig und heute häufiger üblich, mit verbreitet, unterliegt er keinem Geheimnisschutz. Der Quellcode kann allerdings dann ein Geheimnis darstellen, wenn er an eine geringe Zahl von Abnehmern unter strengen Geheimhaltungsvereinbarungen weitergegeben wird. Geheimnisschutz kann darüber hinaus auch das Know-how genießen, das einem Programm zugrunde liegt. 199

---

[344] *Baumbach/Hefermehl*, § 13 UWG, Rdn. 14.
[345] BGH, GRUR 1957, 347 („Underberg").
[346] BGH, GRUR 1981, 517, 520 („Rollhocker"); vgl. auch LG Hamburg, Urt. v. 7. 9. 1983 – 15 O 1285/81 – „Centipede".
[347] Näher zu diesen Vorschriften *Harte-Bavendamm*, Handbuch Wettbewerbsrecht, § 43 Rdn. 191 ff.
[348] Zum Begriff vgl. *Harte-Bavendamm*, CR 1986, 615 (618) mwN; vgl. auch *Karger*, Beweisermittlung, S. 45.

200 § 18 UWG stellt allerdings nicht allgemein auf Betriebsgeheimnisse ab, sondern auf **Vorlagen technischer Art**. Man könnte im Hinblick auf den patentrechtlichen Technikbegriff.[349] Zweifel haben, ob auch Programme solche technischen Vorlagen sein können. Der Technikbegriff in § 18 UWG ist aber mit dem des PatG nicht identisch, so dass man § 18 UWG auch auf Computerprogramme anwenden kann.

201 **Täter** kann nach § 17 Abs. 1 UWG im wesentlichen nur ein Angestellter eines Unternehmens sein. §§ 17 Abs. 2 UWG, 18 gelten auch für Dritte. Insbesondere werden die möglichen Täter auf Geschäftspartner ausgedehnt, allerdings nur, wenn diesen eine Geheimhaltungspflicht auferlegt wurde. Darüber hinausgehende Dritte sind nur betroffen, wenn sie sich bei der Mitteilung oder Verwertung des Wissens beteiligt haben oder unbefugte Ausspähungs- oder Verschaffungshandlungen begangen haben.[350] Dazu gehört auch eine intensive Einzelanalyse des Programms.[351] Ob ein „**Reverse-Engineering**" eine unbefugte Verwertungshandlung darstellt, ist streitig. Allerdings sollte im Rahmen der Befugnis zur Durchführung von Handlungen die Vorschrift des § 69e UrhG beachtet werden. Was urheberrechtlich zulässig ist, kann nicht nach § 17 UWG verboten sein.[352]

Sollten §§ 17 oder 18 UWG verletzt sein, ergeben sich die üblichen wettbewerbsrechtlichen Ansprüche des Verletzten. Hinzu kommt, dass die §§ 17, 18 UWG auch Schutzgesetze im Sinne des § 823 Abs. 2 BGB sind. In diesem Bereich sind Ansprüche auch denkbar, wenn die unlauter erlangte Kopie nicht dem Handel zugeführt, sondern nur im eigenen Unternehmen eingesetzt wird.[353] Die bloß private Benutzung reicht allerdings auch in diesem Bereich nicht aus, weil dann wieder kein Verstoß gegen §§ 17, 18 UWG vorliegt.

6. Ansprüche aus Deliktsrecht

202 Neben den bislang geschilderten Ansprüchen sind auch **Ansprüche aus §§ 823 und 826 BGB** denkbar. Möglich sind insbesondere Ansprüche, die auf einem Eingriff in den eingerichteten und ausgeübten Gewerbebetrieb oder auf einer vorsätzlichen sittenwidrigen Schädigung beruhen. Solche Ansprüche dürften angesichts der vorhandenen wettbewerbsrechtlichen Ansprüche praktisch Ausnahmen bleiben.

Wichtiger könnte ein Anspruch aus § 823 Abs. 2 BGB in Verbindung mit § 202a StGB sein. Dieser Anspruch ist auch gegen Private zu richten, die

---

[349] Vgl. oben Rdn. 128.
[350] Näher dazu *Schneider*, Softwarenutzungsverträge, S. 43 ff.; *Junker/Benecke*, Computerrecht, Rdn. 123 ff.
[351] *Harte-Bavendamm*, Handbuch Wettbewerbsrecht, § 43 Rdn. 203.
[352] I. E. ebenso *Wiebe*, BB 1993, 1094 (1102).
[353] *Baums*, DB 1988, 429 (431).

sich die Programme durch **Überwindung von Schutzvorrichtungen** beschafft haben. Zur Durchsetzung dieser Ansprüche braucht man nicht nachzuweisen, dass das Programm urheberrechtlich geschützt ist. Wichtig ist nur, dass ein Unbefugter Schutzvorrichtungen überwunden hat, die zur Sicherung der Programme vorhanden waren. Derjenige, der die Schutzvorrichtungen überwindet, muss zum Zeitpunkt der Überwindung der Schutzvorrichtungen ein Unbefugter gewesen sein. Gegen den Missbrauch von Daten und Programmen durch Befugte richtet sich § 202a StGB nicht.[354]

7. Ansprüche aus Vertrag

Neben den bisher geschilderten Ansprüchen kommen selbstverständlich auch **Ansprüche aus Vertrag** in Betracht. Jedermann kann sich vertraglich verpflichten, Software nicht zu kopieren oder auch nicht an Dritte weiterzugeben, wobei die oben[355] genannten Einschränkungen für solche Vereinbarungen insbesondere in allgemeinen Geschäftsbedingungen zu beachten sind. Er kann auch Dritten den Alleinvertrieb seines Programm übertragen und ist dann auch selbst vom Vertrieb ausgeschlossen.[356] 203

Solche Verträge werden häufiger geschlossen. In aller Regel sind sie rechtlich verbindlich. Für ältere Verträge ist allerdings nach wie vor darauf zu achten, dass sie die Schriftformerfordernisse nach § 34 GWG erfüllt haben.[357] Die Vorschrift ist mit Wirkung zum 1. 1. 1999 aufgehoben worden. Die Aufhebung führt aber nicht dazu, dass früher formwidrig geschlossene Verträge nachträglich wirksam werden.[358]

II. Die prozessuale Durchsetzung von Ansprüchen im Softwareverletzungsprozess

1. Vorbemerkungen, Zuständigkeit

Die rechtlichen Grundlagen von eventuellen Ansprüchen im Hinblick auf verletzte Rechte an Software sind vorstehend im wesentlichen dargestellt worden. Im folgenden Abschnitt ist die prozessuale Durchsetzung entsprechender Ansprüche Thema. 204

Bei der klageweisen Durchsetzung von Unterlassungs- und anderen Schutzansprüchen ist vorab auf die eventuell gegebenen Spezialzuständig-

---

[354] *Tröndle/Fischer*, § 202a Rdn. 7; *Lenckner/Winkelbauer*, CR 1986, 483.
[355] Rdn. 79ff.
[356] Vgl. z. B. LG Berlin, CR 1989, 816.
[357] Ausgiebig dazu *Hoeren*, Softwareüberlassung, S. 103ff. (Rdn. 270ff.).
[358] BGH NJW 1999, 3187 (3188).

keiten zu achten. Gemäß §§ 105 UrhG, 143 PatG, 140 Abs. 2 MarkenG und § 27 Abs. 2 UWG können die Landesregierungen für landgerichtliche Streitigkeiten Spezialkammern einrichten, die für mehrere Landgerichtsbezirke zuständig sind. Von dieser Ermächtigung haben die einzelnen Länder in unterschiedlichem Umfang Gebrauch gemacht. Vor einer Klageerhebung ist das Vorliegen einer solchen Spezialzuweisung und ihr Inhalt daher zu prüfen.

205 Gerade im Softwarebereich gibt es wegen der zunehmenden Nutzung des Internet viele internationale Bezüge. Es stellt sich dann immer wieder die Frage der **internationalen Zuständigkeit** deutscher Gerichte. Die internationale Zuständigkeit folgt dabei der örtlichen Zuständigkeit. Wichtig ist vor allem der Gerichtsstand des Delikts (§ 32 ZPO). Danach befindet sich bei Delikten, zu denen auch Urheber- oder Patent- oder Markenverstöße gehören, ein Gerichtsstand am Ort der deliktischen Handlung. Dies ist z.B. bei Verletzungshandlungen im Internet zum einen der Ort, wo Software ins Internet gestellt wird, aber auch der Ort, wo sie heruntergeladen werden kann. Damit dürften deutsche Gerichte – wie die Gerichte anderer Staaten – in fast allen Fällen zuständig sein, in denen es um Delikte im Internet geht.[359]

2. Unterlassungsansprüche

a) Der Antrag im Unterlassungsprozess

206 Will man eine Klage vorbereiten, so muss zunächst ein **konkreter Antrag** formuliert werden. Dies ist von Bedeutung sowohl im Hinblick auf die prozessualen Voraussetzungen des Erkenntnisverfahrens als auch im Hinblick auf die eventuell notwendige spätere Vollstreckung. Die Formulierung solcher Ansprüche erfordert erhebliche Sorgfalt und wirft gerade im Bereich der Softwareverletzungen ganz erhebliche Probleme auf.

Zunächst muss im Antrag die **verletzende Handlung** genau bezeichnet werden. Geht es darum, das Anfertigen von Kopien oder fast identischen Nachahmungen einer bestimmten Software sowie das Nutzen solcher Kopien oder Nachahmungen zu verbieten, musste die verletzte Software genau bezeichnet werden.[360] Ohne eine solche Bezeichnung dürfte es schon schwerfallen, den prozessualen Anforderungen des § 253 Abs. 2 Nr. 2 ZPO zu genügen. Ganz sicher lässt sich ohne eine solche genaue Bezeichnung der Software eine Vollstreckung nicht durchführen.

Geht es nicht um unerlaubtes Kopieren, sondern darum, einem Wettbewerber den Vertrieb einer nachgeahmten, veränderten oder unveränderten,

---

[359] *Jaeger/Metzger*, Open Source Software, S. 87 f.; vgl. auch die Hinweise im Bereich der Domain-Streitigkeiten, unten Rdn. 1015 f.
[360] Zu ähnlichen Problemen vgl. BAG, CR 1990, 336 mit Anm. *Schulze*; BGHZ 112, 264 (267 f.).

gleich oder anders bezeichneten Software zu untersagen, muss diese **nachgeahmte Software** genau bezeichnet werden. Das gleiche gilt auch dann, wenn es um die unerlaubte Nutzung einer solchen Software geht. Darüber hinaus Situationen denkbar, in denen beide Softwarepakete beschrieben werden müssen.

Dabei dürfte es in der Regel nicht ausreichen, die Software nur durch eine Namensbezeichnung zu kennzeichnen. Dies wäre nur dann ausreichend, wenn dadurch die Software eindeutig, auch für den Fall der Vollstreckung, gekennzeichnet wäre.[361] Dies dürfte nur dann der Fall sein, wenn es um eine häufig verbreitete Standardsoftware geht. Es müssen in der Regel sämtliche Programmbestandteile aufgeführt werden, soweit sie einen Namen haben und getrennt erstellt und vertrieben werden.[362]

207

Es müssen außerdem auch **andere Bestandteile** der Software wie Dokumentationen, Benutzungsanleitungen u. ä. **aufgeführt werden,** wenn es um diese im Streitfall geht. Reicht die Bezeichnung mit Namen nicht aus, muss die Software noch detaillierter, ggf. unter Darlegung von Befehlsstrukturen, bezeichnet werden. Möglicherweise reicht auch eine Bezugnahme auf in einer Anlage beigefügter Disketten oder andere Datenträger.[363] In der Literatur wird sogar die Meinung vertreten, dass das verletzte Programm bereits im Antrag in jeder Einzelheit dargelegt werden muss. Anderenfalls sei die Klage von vornherein nicht präzise genug und schlüssig. Dieser Meinung kann in der in der Literatur ausgesprochenen Allgemeinheit nicht gefolgt werden. Es mag Situationen geben, in denen eine solche Präzisierung des Antrags notwendig ist. Auch dabei wird zu überlegen sein, ob nicht die Bezugnahme auf Anlagen im Antrag vollständig ausreicht.[364] Jedenfalls muss aber nicht in jedem Prozess bereits im Antrag jede Einzelheit des Programms genannt werden, um den Anforderungen des § 253 Abs. 2 Nr. 2 ZPO zu genügen.[365] Dies gilt im Übrigen im Unterlassungsprozess auch im Hinblick auf die Vollstreckung. Hier ist es ja so, dass alle Vollstreckungsmaßnahmen durch das Prozessgericht angeordnet werden, das den Streitstoff ohnehin kennt. Es werden daher nicht so hohe Anforderungen an die Präzision des Titels gestellt, wie in den Fällen, wo das Vollstreckungsorgan nicht das Prozessgericht ist.[366] Es ist hier insbesondere zu berücksichtigen, dass das Prozessgericht auch als Vollstreckungsgericht einen Titel auslegen kann und muss.[367]

---

[361] Vgl. dazu OLG Hamm, CR 1989, 592; *Schulze,* CR 1989, 799 (800).
[362] *Schulze,* CR 1986, 779 (788); weniger verlangt von OLG Karlsruhe, CR 1986, 807 (808).
[363] *Schulze,* CR 1989, 799 (800); BGH, CR 1991, 81 (82); *Karger,* Beweisermittlung, S. 51.
[364] *Redeker,* in: Bartsch (Hrsg.), Softwareüberlassung und Zivilprozess, S. 105 (110).
[365] *Harte-Bavendamm,* in: Computerrechtshandbuch, Abschn. 54, Rdn. 128.
[366] *Schulze,* CR 1986, 779 (788).
[367] BGH, GRUR 1958, 346 (350, „Spitzenmuster"); BGHZ 109, 275 (279f.).

208 Neben der Bezeichnung der Software muss aber auch die **zu unterlassene Handlung genau bezeichnet werden.** Diese Bezeichnung darf nicht zu abstrakt sein, um einerseits nicht Rechtsschutzbedürfnis und Wiederholungsgefahr entfallen zu lassen und andererseits auch die Anforderungen eines bestimmten Antrages gem. § 253 ZPO zu erfüllen.[368] Auf keinen Fall reicht die Wiederholung des Gesetzestextes.[369] Die Bezeichnung darf aber auch nicht zu konkret sein, um möglichst keine Ausweichmöglichkeiten für den Verletzer zu ermöglichen. Ein von der konkret begangenen Verletzungshandlung etwas abstrahierender, den wesentlichen Inhalt dieser Verletzungshandlung aber wiedergebender Antrag ist dabei auch im Hinblick auf die Bestimmtheit zulässig.[370] Die Oberlandesgerichte stellen hier allerdings sehr unterschiedliche Anforderungen. So geht der Wettbewerbssenat des OLG Köln davon aus, dass nur eine Wiederholung der konkreten Verletzungshandlung verboten werden darf. Auch kleinere Abstrahierungen werden von diesem Senat nicht zugelassen. Andere Oberlandesgerichte sehen dies anders.

209 Im Bereich der Vollstreckung hilft allerdings auch noch die sogenannte **Kerntheorie,** nach der mit einem Unterlassungstitel auch das Unterlassen von Handlungen verboten ist, die dem Kern des konkret verbotenen Handelns entsprechen, auch wenn sie sich im Einzelfall äußerlich von ihm unterscheiden.[371] Eine nicht so konkrete Fassung des Antrages ist insbesondere dann erforderlich, wenn es darum geht, den Vertrieb oder die Vervielfältigung von Software zu unterbinden.

210 Software kann **in ganz verschiedener Weise,** auf verschiedenen Datenträgern, ggf. auch über das Internet, **vertrieben werden.** Sie kann auch auf ganz unterschiedliche technische Art vervielfältigt werden. Beschränkt man den Antrag auf nur eine dieser Vervielfältigungsarten, besteht die Gefahr, dass der Verletzer auf andere Vervielfältigungsarten oder Vertriebsarten ausweicht. Allerdings kann man in den Unterlassungsantrag nur solche Vervielfältigungs- bzw. Vertriebsarten aufnehmen, die der schon begangenen oder kurz bevorstehenden Verletzungshandlung zumindest äquivalent sind. Liegen diese Voraussetzungen nicht vor, wird es in der Regel an einer **Wiederholungsgefahr** fehlen.[372] Dabei dürfte dann, wenn die Verbreitung des Software auf einem Speichermedium erfolgt, die Verbreitung jedenfalls durch jedes andere Speichermedium als „äquivalent" angesehen werden können. Die Verbreitung jedenfalls durch jedes andere Speichermedium als „äquivalent" angesehen werden können. Die Verbreitung über das Internet stellt demgegenüber einen anderen Markt dar. Dafür spricht insbesondere

---

[368] Plastisch BGH, GRUR 1979, 859 (860, „Hausverbot II"); ausführlich *Schubert,* ZZP 85, 29.
[369] OLG Düsseldorf, CR 2001, 571.
[370] BGH, GRUR 1961, 288 (290, „Zahnbürsten").
[371] Dazu näher unten Rdn. 271.
[372] *Koch,* Zivilprozeßpraxis, S. 205 f.; *Schulze,* CR 1989, 799 (800).

die Problematik des Abrufs, die ja schon bei der Frage des Verbreitungsrechts im Urheberrecht eine gewisse Rolle spielt.[373] Ohne weiteren Hinweis dürfte daher in aller Regel keine „Äquivalenz" zwischen dem Vertrieb von etwa CD-ROMs und der Verbreitung im Internet gegeben sein.

Keine Äquivalenz besteht im Übrigen zwischen dem professionellen Vertrieb von Software und der bloßen Kopie für die eigene Verwertung. Daher kann dann, wenn bislang nur Kopien gefertigt wurden, die der Verletzer im eigenen Betrieb verwendet, kein Antrag gestellt werden, der das Unterlassungsgebot über das Kopieren der Software hinaus auch auf den Vertrieb unerlaubter Kopien erstreckt.

211

Kommt es dann doch zum Vertrieb, muss ggf. ein neuer Titel erwirkt werden, da auch die Kerntheorie dann nicht dazu führen kann, den ersten Titel auch auf Vertriebshandlungen zu beziehen. Das Anfertigen jeder für den Vertrieb notwendigen Kopie ist allerdings durch den ersten Titel untersagt.

Sollte eine präzise Formulierung eines Antrages noch nicht möglich sein, weil es etwa an Wissen über die verletzenden Programme oder die verletzende Software fehlt, kommt – neben solchen Mitteln wie Testkäufen – primär ein **Auskunfts-** oder **Besichtigungsanspruch** in Betracht. Gerade im Hinblick auf die Besichtigungsansprüche dürften die Anforderungen an die Bezeichnung der verletzenden Software nicht so groß sein wie bei Unterlassungsansprüchen. Ein Besichtigungsanspruch kann daher im Bereich der Software nicht nur im Hinblick auf die Begründetheit einer Unterlassungsklage von Bedeutung, er kann auch schon im Hinblick auf die Formulierung von Anträgen in solchen Unterlassungsklagen wichtig sein. Bei Auskunftsansprüchen ergeben sich aus § 101a UrhG bzw. § 19 MarkenG erweiterte Möglichkeiten.

212

b) Besonderheiten der Darlegungslast

aa) Grundsätzliche Bemerkungen, Abmahnung

Auch in Unterlassungsprozessen muss der Verletzte die Voraussetzungen seiner Ansprüche darlegen und ggf. beweisen. Demgemäß richtet sich der Umfang der **Darlegungs- und Beweislast** nach den Voraussetzungen der einzelnen Ansprüche. Will man seinen Anspruch auf mehrere Anspruchsgrundlagen abstützen, sollte man dies ausdrücklich darlegen und einen für alle Anspruchsgrundlagen geeigneten Lebenssachverhalt vortragen.[374]

213

Am einfachsten dürften im Zweifel **Vertragsansprüche** sein. Hier muss nur dargelegt werden, dass die verletzte Software mit der Vertragssoftware identisch ist und die Verletzungshandlung zu den vertraglich untersagten Handlungen gehört. Dies mag im Einzelfall schon zu Schwierigkeiten führen, beide Voraussetzungen sind aber in sämtlichen anderen Unterlassungs-

---

[373] Vgl. oben Rdn. 51.
[374] Vgl. BGH, Urt. v. 7. 12. 2000 – I ZR 146/98 – JurPC Web-Dok. 134/2001.

prozessen ebenfalls notwendige Voraussetzung. Bei allen anderen Ansprüchen kommen weitere Erfordernisse hinzu.

214 Weiterhin wäre generell vorzutragen, dass der gerichtlichen Geltendmachung von Ansprüchen eine **Abmahnung** vorangegangen ist. Dies gilt aber für Softwareverletzungsprozesse im Gegensatz zur allgemeinen Praxis nicht immer.[375] Im Bereich unerlaubter Softwarekopien ist eine Abmahnung vor Erlass einer einstweiligen Verfügung oft **entbehrlich**. Durch eine fehlende Abmahnung kann weder ein Rechtsschutzinteresse im Hinblick auf die einstweilige Verfügung entfallen noch belastet sich der Verfügungskläger mit einem Kostenrisiko. Dies ergibt sich daraus, dass ein Überraschungseffekt in den vorliegenden Fällen häufig zwingend erforderlich ist. Bei bösgläubigen Gegnern ist dies offenkundig, weil eine erhebliche Gefahr dahingehend besteht, dass diese (z.B. durch Unbenennung von Dateien) die Vollstreckung erschweren oder vereiteln. Dies ist im Softwarebereich recht einfach und nachträglich nur schwer nachzuweisen. Der Verfügungskläger wird in aller Regel nicht wissen, ob der Gegner gutgläubig oder bösgläubig ist. Im Übrigen ergibt sich aus der Lebenserfahrung, dass ursprünglich gutgläubige Verfügungsbeklagte möglicherweise Maßnahmen zur Vereitelung der Vollstreckung aus einer absehbaren einstweiligen Verfügung treffen, insbesondere dann, wenn sie erhebliche wirtschaftliche Investitionen getroffen haben.[376] Es muss aber darauf hingewiesen werden, dass die Praxis der Gerichte im Hinblick auf die Entbehrlichkeit der Abmahnung sehr unterschiedlich ist. Die einschlägige Rechtsprechung des zuständigen Oberlandesgerichts sollte daher in jedem Einzelfall eingehend geprüft werden.[377]

bb) Wettbewerbsansprüche

215 Neben den Unterlassungsansprüchen aus Vertrag dürften die Unterlassungsansprüche aus **Wettbewerbsrecht** am einfachsten dazulegen sein. Hier muss als Anspruchsvoraussetzung primär die **wettbewerbliche Eigenart** des Softwareprodukts dargelegt werden. Es muss also dargelegt werden, dass die verletzte Software mit einer gewissen Mühe und einem Investitionsaufwand entwickelt wurde und gewisse Eigenarten aufweist. Dies dürfte im Normalfall zu keinen größeren Schwierigkeiten führen.

Des Weiteren muss naturgemäß dargelegt werden, dass der Verletzer § 1 UWG dadurch verletzt hat, dass er eine fremde Leistung entweder sklavisch kopiert oder nachgeahmt hat. Sollte die kopierte Software bekannt sein, dürfte dies nicht weiter schwierig sein. Sowohl die eigene als auch die kopierte Software müssen dann vorgelegt und die Übereinstimmungen darge-

---

[375] Zu der Situation im Allgemeinen vgl. *Baumbach/Hefermehl*, Einl. UWG, Rdn. 542 ff.
[376] *Harte-Bavendamm*, Handbuch Wettbewerbsrecht § 43 Rdn. 159; *Koch*, Zivilprozeßpraxis, S. 236.
[377] *Gloy*, Handbuch Wettbewerbsrecht, § 60 Rdn. 5 ff.

tan werden. Diese können sich z.B. durch Übereinstimmung struktureller Eigenarten ergeben.[378] Größere Schwierigkeiten könnten sich bei nicht bekannter Software ergeben. Hier wären ggf. wieder **Besichtigungsansprüche** zu berücksichtigen. Die bloße Darlegung, dass ein fremdes Programm sich in vielen Punkten an den Benutzerschnittstellen wie das eigene verhält, kann zur Begründung einer Verletzungshandlung im Hinblick auf die Kopie von Software in aller Regel nicht ausreichen. Es mag allerdings sein, dass dadurch die unzulässige Kopie fremder Schnittstellen dargelegt wird.[379] Auch dann kann es Unterlassungsansprüche geben, dies setzt aber voraus, dass die Schnittstellen alleine schon wettbewerbliche Eigenschaften aufweisen. Außerdem können solche Übereinstimmungen eventuell zur Darlegung von Beseitigungsansprüchen ausreichen.[380]

Liegt eine **weitgehende Übereinstimmung** beider Programme vor, so wird in aller Regel vermutet, dass eine Nachahmung oder ein Kopiervorgang zugrunde liegt. Die bloße Abweichung in nicht wesentlichen Programmteilen widerlegt diese Vermutung nicht. In Einzelfällen kann es sie sogar bestärken, weil angenommen wird, dass die Veränderungen zur Vertuschung der Vervielfältigungshandlung durchgeführt worden sind. Diese Kopiervermutung kann widerlegt werden. Dies gilt insbesondere dann, wenn beide Programme auf eine gemeinsame Quelle zurückgeführt werden können.[381] In diesem Fall wird aus der Übereinstimmung nicht die Vermutung der Kopie hergeleitet. Vielmehr bedarf es weiterer Darlegungen seitens des Klägers, um das Nachahmen oder Vervielfältigen zu beweisen. 216

Neben diesen beiden Punkten muss auch das **weitere Unlauterkeitskriterium** dargelegt werden, das die an sich erlaubte Nachahmung zu einer wettbewerbswidrigen Handlung macht. Im Bereich der Datenverarbeitung dürfte dies in aller Regel deswegen einfach sein, weil man von einem relativ aufwandsarmen Kopiervorgang ausgehen kann, der im Verhältnis zur Neuprogrammierung ganz erhebliche Kosten spart. Deswegen dürfte in aller Regel ein Schmarotzen an fremder Leistung vorliegen, ohne dass es dazu weiterer Darlegung bedarf.[382] 217

Soll der Anspruch auf andere Unlauterkeitskriterien, wie z.B. das der unerlaubten Herkunftstäuschung, gestützt werden, so müssen diese vom Kläger dargelegt werden. Das gleich gilt dann, wenn der Unterlassungsanspruch auf die Verletzung von Betriebsgeheimnissen (§§ 17, 18 UWG) abgestützt werden soll. 218

---

[378] Ausführlich *Karger*, Beweisermittlung, S. 26 ff.
[379] LG Hamburg, CR 1989, S. 627 (629).
[380] S. u. Rdn. 254 f.
[381] OLG Frankfurt, CR 1989, 905 (907 f., „PAM-Crash").
[382] *Lehmann*, in: Lehmann (Hrsg.), Rechtsschutz und Verwertung von Computerprogrammen, S. 383 (391 ff.); *Koch*, Zivilprozeßpraxis, S. 145 f.; *Loewenheim*, FS Hubmann, S. 307 (309); *Baumbach/Hefermehl*, § 1 UWG, Rdn. 518a; LG München I, CR 1986, 332 mit Anm. *Brandi-Dohrn*.

cc) Urheberrecht

219 Nach wie vor dürfte es aufwendiger sein, im **Urheberrechtsprozess** Unterlassungsansprüche geltend zu machen als im Wettbewerbsprozess.[383] Zwar sind einige Anforderungen aus der früheren Rechtsprechung entfallen. Nichts desto trotz muss der Verletzte nach wie vor darlegen, dass die Software überhaupt urheberrechtsfähig ist.[384] Ob und in welchem Umfang dafür Listen der verletzten Programme, möglichst zusammen mit weiteren Unterlagen wie Pflichtenheft, Datenschutzpläne usw. vorzulegen sind, ist im Einzelnen umstritten.[385] Es muss nämlich eine für den Richter verständliche Darlegung erfolgen, die beschreibt, was das Programm tut. Von sich aus kann das Gericht nämlich durch das bloße Sehen des Programms nicht entscheiden, ob ein Urheberrechtsverstoß vorliegt. Da das Programm für die normalen Richter jedenfalls unverständlich ist, reicht auch nicht die Bezugnahme auf ein Sachverständigengutachten als Beweis für die Erfüllung der Darlegungslast aus. Es muss dargestellt werden, was das Programm leistet. Die Beschreibung muss außerdem eine konkrete Darstellung der schöpferischen Elemente enthalten, die das Programm urheberrechtsfähig machen.

220 Dabei ist es insbesondere wichtig, **Gestaltungsspielräume darzulegen,** die bei der Erfüllung der dem Programm gestellten Aufgabe vorhanden waren. Demgemäß sollte man möglichst verständlich darlegen, um welche Aufgabenstellung es ging und welche softwaretechnischen, sonstigen technischen, betrieblichen, organisatorischen und sonstigen Bedingungen gegeben werden und inwieweit trotz dieser Bedingungen und Grenzen Wahlfreiheit bei der Realisierung des Programms existierte.[386] Darüber hinaus sollte natürlich dargelegt werden, wie das Programm realisiert ist und in welcher Art und Weise etwa Bildschirme gestaltet und Funktionen in das Programm in Teilfunktionen aufgegliedert ist.[387]

221 Wichtig ist, dass dabei insbesondere auch die **Formgestaltung** berücksichtigt werden muss, weil manche Gerichte die Schutzfähigkeit sich nach wie vor nach der Individualität der Formgestaltung beurteilen,[388] obwohl dieses Kriterium eher zweifelhaft ist.

---

[383] Zum folgenden vgl. auch die Darlegung bei *Schneider,* Handbuch des EDV-Rechts, Rdn. P 124 ff.; *Haberstumpf,* in: Lehmann (Hrsg.) Rechtsschutz und Verwertung von Computerprogrammen, S. 69 (121 ff.).

[384] Früher so schon LG Berlin, CR 1989, 989; insbesondere LG München I, CR 1998, 655 f.; vgl. auch OLG Celle, *Zahnt,* ECR OLG 148.

[385] Vgl. insbesondere *Haberstumpf,* in: Lehmann (Hrsg.), Rechtsschutz und Verwertung von Computerprogrammen, S. 69 (122).

[386] *Haberstumpf,* in: Lehmann (Hrsg.), Rechtsschutz und Verwertung von Computerprogrammen, S. 69 (122 f.).

[387] Insoweit LG München I, CR 1998, 656.

[388] Näher dazu noch zum früheren Recht *Koch,* Zivilprozeßpraxis, S. 102 ff.; vgl. auch OLG Düsseldorf, CR 1990, 394 (396).

II. Die prozessuale Durchsetzung von Ansprüchen

Der bloße Rückgriff auf den Umfang der Programmierarbeiten oder die Komplikation der Programmgestaltung als solche reicht nicht immer aus. Auch der Hinweis, das Programm sei effizient, robust oder anwenderfreundlich, ist in aller Regel nicht ausreichend. Allerdings dürfte die Komplikation der Programmgestaltung sehr wohl ein Indiz dafür sein, dass ein Spielraum besteht, der auch ausgenutzt wurde.[389] Zu hohe Anforderungen sind nicht zu stellen, da auch die „kleine Münze" der Programmierung urheberrechtlich geschützt ist.[390] Die Rechtsprechung ist aber noch uneinheitlich. Im Zweifel sollte hier sorgfältig vorgetragen werden.

Dabei hängt der **Umfang der Darlegungslast** auch davon ab, ob Urheberrechtsschutz für das Programm und alle seine Vorstufen insgesamt oder nur für einzelne Teile des Programm oder nur für einzelne Stufen der Programmerstellung verlangt wird und inwieweit als Verletzungshandlung die Übernahme des gesamten Programms oder lediglich einzelner Teile dargelegt wird. Geht es um die Komplettübernahme des gesamten Programms, dürfte es ausreichen, Individualität nur für bestimmte Teile des Programms oder der Vorstufen darzulegen, weil dann auf jeden Fall eine Verletzung gegeben ist. Je spezieller der Eingriff bzw. der begehrte Urheberrechtsschutz ist, desto umfangreicher wird die Darlegungslast, weil in den speziellen Fällen dargelegt werden muss, dass das schöpferische Element gerade in dem betreffenden Programmteil oder in der betreffenden Stufe der Programmerstellung liegt. Bei weitgehender Übernahme des gesamten Programms ist die Darlegungslast insgesamt vergleichsweise geringer.[391] Weitergehende Anforderungen sind wohl heute nicht mehr zu erheben. Insbesondere ist es nicht nötig, im Einzelnen darzulegen, dass das Programm von früheren Formgestaltungen abweicht.[392]

222

Die **Rechtsprechung** hat die oben genannten Darlegungsanforderungen sehr unterschiedlich ausgelegt. So hat es das OLG Düsseldorf[393] als überwiegend wahrscheinlich bezeichnet, dass ein besonders schnelles Übersetzungsprogramm für die englische Sprache schutzfähig im Sinne des Urheberrechtsgesetzes ist. In einer anderen Entscheidung hat es das Vorliegen aufwendiger technischer Sicherungsmaßnahmen gegen unerlaubtes Kopie-

223

---

[389] *Haberstumpf,* in: Lehmann (Hrsg.), Rechtsschutz und Verwertung von Computerprogrammen, S. 69 (123); *Dreier,* GRUR 1993, 781 (788 f.); eher a. A. OLG Hamburg, CR 2002, 484.

[390] So ausdrücklich OLG München, CR 1999, 658 f. gegen das LG München I.; auch CR 2000, 429 = NJW-RR 2000, 1212; ebenso OLG Hamburg, CR 2002, 474, das aber im entschiedenen Fall den grundsätzlich richtigen Ansatz extrem urheberrechtsfeindlich auslegt.

[391] So schon BGHZ 112, 264 (270 f.); ebenso *Haberstumpf,* in: Lehmann (Hrsg.), Rechtsschutz und Verwertung von Computerprogrammen, S. 69 (122).

[392] **A.A.** *Schulze,* CR 1989, 798 (800) zum alten Recht; wie hier *Haberstumpf,* in: Lehmann (Hrsg.), Rechtsschutz und Verwertung von Computerprogrammen, S. 69 (123).

[393] CR 1995, 730.

ren als Indiz für die Schutzfähigkeit angesehen.[394] Das OLG Frankfurt/Main hat die Auszeichnung eines Programms als „Software-Innovation" des Jahres als Indiz für mangelnde Banalität angesehen.[395] Demgegenüber hat das Landgericht München I[396] nach wie vor eine Darlegung der Individualität im Einzelnen verlangt. Das OLG Celle[397] verlangt genauere Darlegungen, äußert sich zu einzelnen Anforderungen aber nicht. Das OLG Hamburg[398] hält es nicht für ausreichend, dass einem Programm hohe Komplexität und Variabilität bescheinigt wird.

224 In der Praxis gibt es auch viele **Vermutungsentscheidungen,** insbesondere wenn die Urheberrechtsfähigkeit im Prinzip unstreitig ist. Dies ist an sich nicht ausreichend, weil die Frage der Urheberrechtsfähigkeit als Rechtsfrage einer Überstimmung zwischen den Parteien nicht zugänglich ist. Besteht aber kein Streit zwischen den Parteien, wird die Urheberrechtsfähigkeit oft ohne Diskussion angenommen. Man kann hier möglicherweise insbesondere für komplexe Programme von einer tatsächlichen Vermutung für die für die Urheberfähigkeit notwendigen Tatsachen ausgehen.[399]

Dennoch empfiehlt sich dringend, entsprechende Darlegungen in der Klageschrift aufzunehmen, da die Klage sonst unschlüssig ist.

225 Ist insoweit vorgetragen, ist es Sache des **Beklagten,** darzulegen, dass der Kläger bei seiner Werkschöpfung auf **vorbekannte Formgestaltungen** zurückgegriffen habe. Dabei hat er die vorbekannten Formen darzulegen und zu beweisen. Nur dann, wenn der Beklagte hier vorgetragen hat, muss der Kläger im Hinblick auf diesen Einwand weiterhin vortragen.[400] Hier hat insbesondere das OLG Hamm[401] sehr viel weitergehende Anforderungen aufgestellt, die der BGH aber zu Recht zurückgewiesen hat.

226 Trotz aller Erleichterungen gibt es nach wie vor **erhebliche Schwierigkeiten** bei diesen Darlegungsanforderungen insbesondere dann, wenn sie so weit gehen, wie beim LG München I. Insbesondere der Zeitaufwand für eine Erarbeitung der für den Urheberprozess notwendigen Unterlagen ist sicherlich groß. Die Probleme werden noch dadurch verstärkt, dass immer abzuwägen ist, inwieweit Einzelheiten der Programmgestaltung und der ihr zugrunde liegenden Formgestaltung überhaupt in einem Prozess dargelegt werden sollen. Die Darlegung beendet ja das darüber bestehende Geschäftsgeheimnis und erleichtert möglicherweise anderen Raubkopierern und

---

[394] CR 1997, 337 (338); zweifelnd: *Wandtke/Bullinger-Grützmacher,* § 69a UrhG, Rdn. 37.
[395] *Zahrnt,* ECR OLG 266.
[396] CR 1998, 655 f.
[397] *Zahrnt,* ECR OLG 148.
[398] CR 2002, 485.
[399] So jedenfalls *Wandtke/Bullinger-Grützmacher,* § 69a UrhG, Rdn. 37.
[400] BGH, GRUR 1981, 820 (822, „Stahlrohrstuhl II"); BGHZ 112, 264 (273); beide zum alten Recht; *Haberstumpf,* in: Lehmann (Hrsg.), Rechtsschutz und Verwertung von Computerprogrammen, S. 69 (123).
[401] CR 1989, 592 (594).

Schmarotzern den Zugang zu den Programmen. Angesichts der Unsicherheiten des Prozessausgangs muss hier sehr sorgfältig geprüft werden, ob man diese Risiken eingehen will.[402]

Es hat in der Rechtsprechung Versuche gegeben, die hier dargelegten ganz erheblichen **Schwierigkeiten für den Kläger zu reduzieren**. Insbesondere das OLG Nürnberg hat die Probleme der **Geschäftsgeheimnisse** aufgegriffen und es für die Substantiierung einer Klage ausreichen lassen, dass die Details des verletzten Programms in den klägerischen Schriftsätzen nicht genannt wurden, vielmehr nur einem Sachverständigen bekannt gemacht wurden, dessen tatsächliche Feststellung dem Beklagten offenbar teilweise auch nicht bekanntgegeben wurden.[403] Das OLG Nürnberg beruft sich für seine Entscheidung auf die entsprechenden Einschränkungen im Bereich der Auskunfts- und Besichtigungsansprüche.

227

Es ist nicht zu verkennen, dass das OLG Nürnberg mit seiner Entscheidung den Geschäftsinteressen des Klägers und damit des Verletzten stark entgegenkommt. Dennoch ist die Entscheidung unhaltbar. Sie beschränkt die Verteidigungsmöglichkeiten des Beklagten erheblich. Er kann ja zum Sachverständigenguten selbst nur ungenügend Stellung nehmen, weil er es nicht im Detail kennt. Ihm wird praktisch ein Geheimprozess gemacht. Der Grundsatz des rechtlichen Gehörs ist verletzt. Es ist vor Ausgang des Prozesses ja nicht sicher, ob der Kläger wirklich verletzt ist. Auch Sachverständigengutachten können falsch sein. Dem Beklagten muss die Möglichkeit gegeben werden, in allen Punkten zu dem Gutachten des Sachverständigen Stellung nehmen zu können. Eine Einschränkung dieses Rechts kann durch die klägerischen Interessen nicht gerechtfertigt werden. Der Kläger muss sich letztendlich entscheiden, ob er sein Geschäftsgeheimnis schützt oder den Prozess durchführen will. Insoweit ist die Situation auch anders als im öffentlichen Recht, wo das BVerfG[404] ein solches Verfahren im Ausnahmefall für den Beklagten zugelassen hat, allerdings mit dem Ziel, den Kläger zu begünstigen (vgl. mittlerweile auch § 99 Abs. 2 VwGO).

Die Situation ist auch **nicht** mit der von **Auskunfts- und Besichtigungsansprüchen** vergleichbar. Dort betreffen die Einschränkungen nur den Kläger, der sein Verhalten entsprechend einrichten kann und in der Regel im Laufe des Prozesses auch alle für ihn wichtigen Erkenntnisse des Sachverständigen erhält. Es wird im Einzelfall nach Treu und Glauben ja abgewogen, ob und in welcher Weise dem Kläger Informationen zugänglich gemacht werden. Der Beklagte kennt in diesen Prozessen alles, was der Sachverständige weiß und kann sich ggf. verteidigen, indem er bei aus seiner Sicht falschen Darstellungen des Sachverständigen seine Geschäftsgeheimnisse offenbart und dadurch den Sachverständigen widerlegt. Er kann darauf

228

---

[402] Sehr skeptisch: *Nauroth*, Computerrecht, S. 204.
[403] OLG Nürnberg, BB 1984, 1252.
[404] DÖV 2000, 287.

auch verzichten und die entsprechenden prozessualen Konsequenzen tragen, die Möglichkeit der Entscheidung verbleibt aber bei ihm. Eine solche Entscheidung kann er im Fall des OLG Nürnberg nicht treffen, weil nicht alle Informationen gegeben werden, auf deren Grund der Sachverständige entscheidet. Der Sachverständige ist im Übrigen bei der Realisierung der Ansprüche Beauftragter des Klägers, der ihn auch bezahlt. Dies schützt wiederum den Kläger. Diesen Effekt gibt es bei dem vom OLG Nürnberg diskutierten Weg nicht.

Der Weg, den das OLG Nürnberg zur Verringerung der Darlegungslast des Klägers auch im Interesse des Geschäftsgeheimnisses eingeschlagen hat, ist daher nicht gangbar.[405]

229 Hat man die Urheberrechtsfähigkeit des Werkes dargelegt, muss man ebenfalls die **Rechtsinhaberschaft** des Klägers darlegen. Dies dürfte erfahrungsgemäß wenig Schwierigkeiten machen, wenn die Software von Arbeitnehmern des Klägers geschaffen wurde. Auch bei Auftragsnehmern dürfte das selten ein Problem darstellen. Auch die Vorschrift des § 10 Abs. 1 UrhG kann hilfreich sein. Danach wird eine Urheberschaft desjenigen vermutet, der auf dem Werkstück als Urheber angegeben wird.[406] Diese Vorschrift soll analog auch hinsichtlich des für Computerspiele wichtigen Laufbildschutzes gelten.[407]

230 Schwierig wird dies freilich bei **Open Source Software**. An der Erstellung haben meist zahlreiche Programmierer als Miturheber, Teilurheber oder Bearbeiter mitgewirkt. Für Miturheber gilt, dass sie nach § 8 Abs. 2 S. 3 UrhG allein klagen können, Leistung aber nur an alle Miturheber verlangen können. Dies löst die Probleme für Miturheber bei Unterlassungsklagen. Für Bearbeiter und für den Fall der Werkgemeinschaft fehlt es an einer entsprechenden Regelung. In der Literatur wird eine analoge Anwendung des § 8 Abs. 2 S. 3 UrhG vorgeschlagen.[408] Folgt man dem nicht, so können Bearbeiter und Ersteller einzelner Softwareteile in Werkgemeinschaft Unterlassung nur hinsichtlich der von ihnen geschaffenen Teile bzw. Bearbeitungen verlangen. Dies macht es dem Verletzer leichter, ihm entstehende Probleme zu umgehen. Es spricht daher viel für eine analoge Anwendung. Nach Ansicht des OLG Frankfurt kann allerdings § 8 Abs. 2 S. 3 UrhG neu eingreifen, wenn ein Miturheber persönlich klagt. Sind seine Nutzungsrechte auf den Arbeitgeber übergegangen, gilt diese Vorschrift nicht.[409]

231 Des weiteren muss natürlich dargelegt werden, dass eine **unerlaubte Vervielfältigungshandlung** durchgeführt wurde. Dies ist bei einer unmittel-

---

[405] Ebenso *Heymann,* CR 1990, 9 (11); Teilweise a.A. *Mayen,* AnwBl. 2002, 495 (502).
[406] BGHZ 123, 208 (212 f., „Holzhandelsprogramm").
[407] OLG Köln, *Zahrnt,* ECR OLG 85; tendenziell auch OLG Hamm, *Zahrnt,* ECR OLG 74.
[408] *Jaeger/Metzger,* Open Source Software, S. 29.
[409] OLG Frankfurt, CR 2003, 50 (53).

baren weitgehenden Übernahme des Programms relativ leicht möglich, weil man ja die beiden ausführbaren Codes miteinander vergleichen kann. Bei Änderungen wird dies schwieriger. Der Quellcode des verletzenden Programms wird für den Kläger in aller Regel nicht zugänglich sein.

Es können sich sogar im Rahmen von Anpassungen, vor allem zur Verdeckung von Übernahmen, erhebliche Eingriffe im ausführbaren Code ergeben, so dass eine Übereinstimmung an dieser Stelle nicht mehr dargelegt werden kann.

Man kann dann nur noch auf einer im Entwicklungsprozess früher anzusiedelnden Stufe eine Übereinstimmung feststellen. Eine entsprechende Übernahme schlägt sich allerdings auch im ausführbaren Code nieder, weil es sich insoweit sicherlich um eine Bearbeitung handelt. Dies darzulegen, bedarf eines **Privatgutachtens**. Für die Anfertigung eines solchen Privatgutachtens müssen möglicherweise intensive Untersuchungen des erworbenen angeblich verletzenden Codes stattfinden. Dabei ist das Laden, Anzeigen, Ablaufen, Neuübertragung und Speichern des Programms im Rahmen der Befugnisse nach § 69d Abs. 3 UrhG sicher zulässig. Darüber hinausgehende Untersuchungen sind oft nicht zulässig.[410]

232

Sie können allenfalls durch ein besonders berechtigtes Interesse des Klägers gerechtfertigt sein. Hier sind Abwägungen zu treffen, die insbesondere deswegen schwer fallen, weil Verletzungen bei Beginn der Untersuchung keinesfalls sicher feststehen, möglicherweise noch nicht einmal halbwegs sicher prognostiziert werden können.

Rein sachlich müsste es für die Klägerin ausreichen, seinerseits alles Erforderliche, möglicherweise einschließlich des Quellcodes, vorzulegen und die Anhaltspunkte für die Verletzungen vorzutragen. Es müsste dann Sache des Verletzten sein, ggf. substantiiert zu bestreiten, dass eine Übernahme stattgefunden hat und dabei selbst wieder Unterlagen vorzulegen. Die Darlegungslasten in diesen Prozessen im Einzelnen abstrakt zu bestimmen, ist schwierig. Hier wird viel von den Umständen des Einzelfalls abhängen.[411]

233

dd) Ansprüche aus Patentverletzungen

Was die Ansprüche aus **Patentverletzungen** betrifft, so sind diese eher leichter nachzuweisen als die Urheberrechtsansprüche. Ist das Patent einmal eingetragen, besteht es zunächst. Die Berechtigung des Patents wird in Verletzungsprozessen ohne eine entsprechende Rüge des Beklagten nicht gesondert geprüft. Dafür müsste der Verletzter gesonderte Vernichtungsprozesse anstrengen. Naturgemäß muss auch hier die Verletzungshandlung näher dargelegt und nachgewiesen werden. Dafür dürfte in aller Regel die bloße Übernahme von Software nicht ausreichen, weil die Software ja nur

234

---

[410] Vgl. im Einzelnen *Schneider*, Handbuch des EDV-Rechts, Rdn. P 142.
[411] Vgl. auch insoweit *Schneider*, Handbuch des EDV-Rechts, Rdn. P 143f.; ein Beispiel OLG Hamburg, CR 2001, 434 (435f.).

Teil des patentierten Verfahrens oder des patentierten Produkts ist. Es müssten sicher noch weitere Teile übernommen werden. Sollte eine reine Software geschützt sein, ist natürlich auch ihre Nutzung patentrechtlich untersagt. Die Verletzungshandlung muss allerdings sorgfältig dargelegt werden. Dabei ist insbesondere auch genau darzulegen, in welcher Weise die Verletzungshandlung in den geschützten Bereich der angemeldeten Erfindung eingreift. Diese Situation verlangt eine sorgfältige Sachaufklärung und genaue Analyse des angemeldeten Patents vor Antrags- oder Klageeinreichung. Dazu müssten unter Umständen auch Besichtigungsansprüche zu Hilfe genommen werden. Das mögliche Vorgehen und seine Probleme ergeben sich sehr deutlich aus der Druckbalkenentscheidung des BGH.[412] Die mangelnde Sachaufklärung geht bei einer Entscheidung zu Lasten des Patentinhabers.[413]

ee) Ansprüche aus Verletzung von Halbleiterschutzrechten

235 Bei der **Verletzung von Halbleiterschutzrechten** stellt sich zunächst als spezielle Frage schon die des Antrages. Es geht ja hier nicht um eine Unterlassung von Softwareverletzungen, sondern um die Verletzung von Topographien. Auch hier verlangt der Klageantrag bereits eine exakte Darlegung der verletzenden Handlung, da anderenfalls weder das Erfordernis der Bestimmtheit des Klageantrags gemäß § 253 ZPO erfüllt wird noch ein vollstreckungsfähiger Titel entsteht. Im Prinzip stellen sich ähnliche Probleme wie bei den Anträgen im Softwareverletzungsprozess. Sollte die verletzte Topographie im Klageantrag exakt bezeichnet werden müssen, dürfte in der Regel die Beifügung der auch im Registrierungsverfahren gem. § 3 Abs. 2 HalbSchG dem Patentamt vorgelegten Unterlagen ausreichen. Insoweit stellen sich keine zusätzlichen Probleme, da auch diese beim Verletzten ja immer vorhandenen Unterlagen der Individualisierung der angemeldeten Topographie dienen. Weit schwieriger dürfte es sein, die verletzende Topographie oder das verletzende Haltleitererzeugnis zu beschreiben. Ob die Bezeichnungen nur mit dem Namen ausreicht, wenn der Gegenstand in den Vertrieb gelangt ist, dürfte in vielen Fällen zweifelhaft sein. Hier dürfte möglicherweise eine wesentlich detailliertere Darlegung erforderlich sein.

236 In der Klagebegründung muss dann zunächst **substantiiert** dargestellt werden, dass die **verletzte Topographie** Eigenart im Sinne von § 1 HalbSchG aufweist. Dies wird im Registrierungsverfahren des Patent- und Markenamtes ja nicht geprüft, so dass es im Verletzungsprozess einer selbstständigen Prüfung durch das angerufene Gericht bedarf. Nun ist freilich § 7 Abs. 1 HalbSchG so formuliert, als wäre das Nichtvorliegen der Eigenart eine Ausnahme, die vom Verletzer dargelegt werden müsste, so dass man zumindest im Verfahren über den Antrag auf einstweilige Verfügung über

---

[412] GRUR 1985, 512 ff.
[413] *Koch*, Zivilprozeßpraxis, S. 137.

dieses Erfordernis hinweggehen könnte, da ein entsprechender Einwand jedenfalls bei einer Entscheidung ohne mündliche Verhandlung nicht erhoben werden kann. Angesichts der grundlegenden Bedeutung des Merkmals Eigenart für die Konstituierung des Schutzumfangs ist ein solches Vorgehen aber nicht möglich. Es gehört zur Pflicht des Antragstellers, darzulegen, dass eine Topographie auch eigenartig ist.[414]

Welche Anforderungen im Einzelnen gestellt werden, ist nach dem oben Gesagten noch nicht absehbar. Nach hier vertretener Ansicht dürften ähnliche Anforderungen wie bei wettbewerblicher Eigenart gestellt werden müssen.[415]

Neben der Eigenart muss insbesondere die **Verletzungshandlung** genau dargestellt werden. Hier geht es insbesondere darum, nachzuweisen, dass der Dritte eine Topographie nachgebildet hat oder eben das von ihm im Verkehr angebotene, verbreitete oder vorbereitend eingeführte Produkt entweder die Topgraphie oder ein Halleitererzeugnis ist, dass die verletzte Topographie enthält. Hier dürften wohl die größten Probleme auftreten, da zur Darlegung sicherlich eine genau Analyse der jeweils streitigen Topographie erforderlich ist. Dies dürfte auch vorgerichtlich ohne Sachverständigengutachten gar nicht möglich sein. Die bloße Vorlage zweier Topographien mit der Behauptung, sie seien identisch, dürfte nicht ausreichen, da das Gericht selbst keinerlei Einblick in diese Topographien hat.[416] Vielmehr muss eine dem Gericht verständliche Darlegung der Übereinstimmung erfolgen. Dies dürfte hier technisch ähnlich schwierig sein wie im Urheberrecht. Der Aufwand für die Vorbereitung eines solchen Prozesses ist demgemäß hoch. 237

Es stellt sich im Übrigen auch die Frage, in welchem Grad Identität zwischen den Topographien erforderlich ist. Der Wortlaut des Gesetzes ist eng, so dass man ein hohes Maß an Übereinstimmung zwischen Original und Kopie verlangen muss. Allerdings sind sicher auch Teilübernahmen denkbar, die allerdings eine entsprechende Teilidentität aufweisen müssen.

Letztendlich könnte im Prozess immer noch die Frage eine Rolle spiele, ob nicht die angeblich verletzende Topographie im Wege **des Reverse Engineering** entstanden und damit nicht verletzend ist (vgl. § 6 Abs. 2 Nr. 2 und 3 HalbSchG). Dies ist allerdings ein Einwand des Antragsgegners bzw. Beklagten. Es kann vom Kläger nicht verlangt werden, darzulegen, dass das angegriffene Problemprodukt nicht durch Reverse Engineering entstanden ist. Die Tatsache, dass es sich insoweit um einen Einwand handelt, ergibt sich im Übrigen auch aus der Formulierung des § 6 Abs. 2 HalbSchG. In diesem Zusammenhang spielt auch die Frage der Abweichung in einzelnen Detailpunkten eine ganz wichtige Rolle. Sie könnte durchaus ein Beweis- 238

---

[414] *Koch,* Zivilprozeßpraxis, S. 143.
[415] Oben Rdn. 160.
[416] *Koch,* Zivilprozeßpraxis, S. 143.

zeichen dafür sein, dass es sich um ein Produkt handelt, das im Wege des Reverse Engineering entstanden ist.

In diesem Bereich ist prozessual noch vieles unklar, da angesichts der geringen praktischen Bedeutung des Topographieschutzes praktisch keine Entscheidungen vorliegen.

ff) Ansprüche aus Markengesetz

239 Eine letzte Gruppe von Unterlassungsansprüchen kann sich aus der **Verletzung** von **Marken** und dem **Werktitelschutz** ergeben.

Bei der Verletzung von Marken ist zunächst darzulegen, dass eine verletzte Marke vorliegt. Des weiteren muss die Verletzungshandlung dargelegt werden.

Dazu gehört insbesondere auch die Darlegung, dass das verletzte Zeichen markenmäßig benutzt worden ist. In vielen Fällen, insbesondere bei einer Verwendung von Kopien mit kopierten Marken gibt es hier keine Probleme. Probleme können aber auftreten, wenn die Marke nur im Zusammenhang mit Begleitmaterial verwandt wird, das der Software beigefügt ist. Eine markenmäßige Verwendung könnte dann problematisch sein.

240 Bei einem Anspruch aus einer eingetragenen Marke muss die Schutzfähigkeit der Marke selbst nicht mehr näher dargelegt werden. Ein Problem könnte sich nur daraus ergeben, dass eine Marke zwar eingetragen ist, aber nicht für die Warenklasse, für die Schutz begehrt wird. Hier können sich Ansprüche nur bei nahegelegenen Warenklassen ergeben.

Dargelegt werden muss, dass die Marke oder ein mit ihr ähnliches Zeichen so verwandt wird, dass Verwechslungsgefahr besteht.

241 Die Verwechslungsgefahr kann sowohl beim Lesen als auch beim Hören oder Sehen gegeben sein.

242 Ein weiterer Rechtsanspruch kann sich hier aus der Bezeichnung der **Software als Werktitel** ergeben. Hier muss man zunächst darlegen, dass der Titel, dessen Schutz begehrt wird, vom Anspruchsinhaber benutzt wird. Ferner ist darzulegen, dass er unterscheidungskräftig ist. Dies ist bei von Natur aus unterscheidungskräftigen Titeln ohne weiteres möglich.

Bei weniger unterscheidungskräftigen Titeln oder solchen, die nur durch Verkehrsgeltung Schutz erlangen können, sind umfangreichere Darlegungen notwendig, insbesondere zur Verkehrsdurchsetzung. Des weiteren muss eine Benutzung des Titels darlegt werden, der zur Verwechslung Anlass gibt.

c) Beweisfragen

243 Neben der Vernehmung von Zeugen wird bei Unterlassungsansprüchen oft der Sachverständigenbeweis notwendig, auch zur Feststellung der Urheberrechtsfähigkeit.[417]

---

[417] Dazu *Ullmann,* in: Bartsch (Hrsg.), Softwareüberlassung und Zivilprozeß, S. 96 ff.

Zum Sachverständigenbeweis wird unten[418] ausführlich Stellung genommen. Auf die dortigen Ausführungen ist zu verweisen. Besondere Probleme gibt es im Unterlassungsprozess insoweit nicht.

3. Schadensersatzansprüche

Die Formulierung eines Antrags bei **Schadensersatzansprüchen** wirft keine Probleme auf, da eine Zahlungsklage erhoben wird. Im üblichen Umfang ist daneben auch eine Klage auf Feststellung, dass Schadensersatz geschuldet wird, möglich.[419] 244

Nur im Falle der **Miturheberschaft** bei **Open Source Software** stellen sich praktisch unlösbare Probleme. Es müsste Zahlung an alle Miturheber verlangt werden (§ 8 Abs. 2 S. 3 UrhG). Diese müssten auch namentlich benannt werden. Sie sind aber in der Regel größtenteils dem Kläger unbekannt und können mangels entsprechender Dokumentation auch nicht gefunden werden, so dass ein Schadensersatzantrag nicht gestellt werden kann.[420] 245

Sachlich müssen zunächst alle Voraussetzungen vorgetragen werden, die auch für einen Unterlassungsanspruch vorgetragen werden müssen, also insbesondere ein verletztes Recht und eine rechtsverletzende Handlung. 246

Hinzu kommt hier, dass Schadensersatzansprüche in allen hier vorliegenden Fällen verschuldungsabhängig sind. Es muss also ein **Vortrag zum Verschulden** erfolgen. Dafür reicht im Zivilrechtsbereich **Fahrlässigkeit** aus. Wie schon erwähnt wurde,[421] ist hier ein objektiver Maßstab anzusetzen, wobei drauf abgestellt wird, welche Sorgfalt die dem jeweiligen Verletzer vergleichbaren Verkehrskreise aufwenden müssen.[422] Je nach Umständen des Einzelfalls ist hier ein detaillierter Vortrag erforderlich. Bei 1 : 1 Kopien dürfte sich ein Vortrag nahezu erübrigen, da in diesen Fällen das Verschulden offenkundig ist.

Neben dem Verschulden ist ein Vortrag zur **Schadenshöhe** erforderlich. Was hier vorgetragen werden muss, hängt davon ab, welche Berechnungsmethode für die Schadensberechnung gewählt wird. Am einfachsten dürfte der Vortrag bei der Lizenzanalogie sein. Hier ist nur darzulegen, welche Lizenzgebühr für das verletzte Programm üblicherweise gezahlt wird und in welchem Umfang Verletzungshandlungen durchgeführt wurden. 247

Bei den anderen Schadensberechnungsmethoden ist ein konkreter, auf den Einzelfall bezogener Vortrag erforderlich. Soll die Berechnung nach dem Gewinn des Verletzten erfolgen, müsste angegeben werden, welchen Ver-

---

[418] Rdn. 743 ff.
[419] LG Hamburg, Urt. v. 7. 9. 1983, 15 O 1285/81 „Centipede".
[420] *Jaeger/Metzger*, Open Source Software, S. 28.
[421] Vgl. oben Rn 67.
[422] Nachweise im Einzelnen bei *Baumbach/Hefermehl*, Einl. UWG, Rdn. 370 und speziell zum Urheberrecht bei *Schricker/Wild*, § 97 Rdn. 52 ff.

kaufserlös dieser erzielt hat und welche Selbstkosten er davon abziehen kann. Dazu gehören Materialkosten, Löhne, Verwaltungskosten, Vertriebsgemeinkosten, Sonderkosten des Vertriebes und möglicherweise weitere andere Kosten.[423] Sollte der entgangene Gewinn dargelegt werden, muss ausgeführt werden, welcher Gewinn durchschnittlich mit dem verletzten Programm erzielt wurde und in welcher Weise Gewinn entgangen ist. Dabei kann gem. § 251 BGB in gewisser Weise abstrakt gerechnet werden. Es müssen aber schon konkrete Angaben zum Betrieb des Verletzten und dem Anteil des verletzten Programms daran gemacht werden. Dies gilt trotz der Möglichkeit des Gerichts, den Schaden gem. § 287 Abs. 1 ZPO zu schätzen.

Spezielle Probleme, die nur den Softwarebereich betreffen, treten in diesem Zusammenhang nicht auf.

4. Ansprüche aus ungerechtfertigter Bereicherung

248 Bei Ansprüchen aus **ungerechtfertigter Bereicherung** stellen sich letztendlich gegenüber den vorgenannten Ansprüchen keine wesentlich neuen Probleme. Was den Antrag betrifft, so geht es hier immer um Zahlungsanträge. Darzulegen wäre im wesentlichen der Eingriff in ein Schutzrecht, die dafür angemessenen Lizenzgebühren und der Umfang der Verletzung.

5. Beseitigungsansprüche

249 Prozessuale Probleme wirft die Durchsetzung der **Beseitigungsansprüche** auf.
Dies betrifft zunächst den **Antrag.** Hier ist zunächst wie beim Unterlassungsanspruch genau das zu bezeichnen, dessen Beseitigung verlangt wird. Da es hier allerdings um einen Anspruch geht, bei dem das Vollstreckungsorgan in aller Regel nicht das Prozessgericht ist, ist die Präzision, die für den Antrag erforderlich ist, jedenfalls im Hinblick auf die Vollstreckung deutlich höher als im Bereich der Unterlassungsanträge. Es muss genau dargelegt werden, welches Programm bzw. welcher Programmteil beseitigt werden soll. Sollen körperliche Gegenstände beseitigt werden, müssen auch diese ganz genau bezeichnet werden. Es muss insbesondere bezeichnet werden, welche Kopien des Programms beseitigt werden sollen. Das bloße Verlangen, alle Kopien, die beim Gegner vorhanden sind, zu vernichten, dürfte in aller Regel nicht ausreichend sein.[424] Vielmehr sind auch die möglichen Programmträger, auf denen sich Kopien befinden, präzise zu bezeichnen. Es dürfte ausreichen, im Antrag die Löschung aller beim Antragsgegner

---

[423] *Koch,* Zivilprozeßpraxis, S. 208.
[424] Ähnlich KG, *Zahrnt,* ECR OLG 155; vgl. auch OLG Naumburg, NJW-RR 1995, 1149.

II. Die prozessuale Durchsetzung von Ansprüchen 93

(Beklagten) vorhandenen Kopien einer bestimmten Software zu verlangen und zusätzlich noch die Speichermedien anzugeben, auf denen sich Kopien befinden und auf denen sie gelöscht werden sollen. Selbstverständlich kann der Antrag auf Löschung konkreter Kopien beschränkt werden, vor allem dann, wenn es nur einen so eingeschränkten materiellen Anspruch gibt. Dabei muss sorgfältig darauf geachtet werden, dass sämtliche Teile der streitbefangenen Software exakt erfasst und auch sämtliche möglichen Datenträger genau beschrieben werden. Dabei ist zu beachten, dass Kopien aus technischen Gründen im Detail etwas unterschiedlich sein können. Dies gilt nicht nur für die physikalische Verkörperung der Daten, die je nach Speichermedium ganz unterschiedlich ist. Auf diese muss im Antrag sicherlich nicht eingegangen werden. Dies gilt aber möglicherweise auch für die Dateiorganisation, eventuell auch für andere technische Details.[425] Trotz dieser Unterschiede liegen immer wieder Kopien gleicher Programme vor. Es ist nicht erforderlich, im Löschungsantrag sämtliche dieser leicht unterschiedlichen Arten von Kopien explizit zu erwähnen. Es dürfte in der Regel auch nicht notwendig sein, die Einzelheiten der Dateiorganisation darzulegen, die der jeweiligen Kopie zugrunde liegt. Es ist weder dem Gericht noch den Parteien zuzumuten, im Antrag sämtliche denkbaren technischen Unterschiede verschiedener Kopien auf verschiedenen Datenträgern, abhängig möglicherweise von der Codierung einzelner Zeichen durch das jeweils verwendete Betriebssystem und den Aufbau der Dateien durch das jeweils verwendete Dateiverwaltungssystem oder andere äußeren Umstände zu formulieren bzw. zu lesen. Es dürfte ausreichen, dass im Antrag die Software exakt beschrieben wird und die Löschung aller entsprechenden Kopien verlangt wird. Unter Kopien ist dann jede Abschrift oder Vervielfältigung des ursprünglichen Programms zu verstehen, die semantisch oder pragmatisch den gleichen Inhalt wie das Ursprungsprogramm hat. Die Gleichheit muss nur im Vollstreckungsverfahren ggf. durch Sachverständigengutachten nachgewiesen werden.[426]

Die eben genannten Anforderungen gelten auch dann, wenn nicht Kopien des verletzten Programms beseitigt werden sollen, sondern etwa dabei verwandte Programme zur Umgehung von Kopiersicherungsmechanismen.

Soweit die **Vernichtung von Disketten** oder ähnlichen körperlichen Gegenständen verlangt wird, ist darauf zu achten, dass auch diese körperlichen Gegenstände unverwechselbar bezeichnet werden. Dies dürfte bei Disketten recht schwierig werden. Hier lässt sich eine Konkretisierung oft nur über die auf der jeweiligen Diskette gespeicherten Programm vornehmen. Dazu muss man genau wissen, um welche Programme es geht und welchen Inhalt sie haben. Insbesondere muss man darauf achten, in seiner

250

---

[425] Vgl. *Koch,* Zivilprozeßpraxis, S. 206.
[426] Zum Einsatz von Sachverständigen im Vollstreckungsverfahren vgl. BL-*Hartmann,* § 756, Rdn. 5; *Zöller-Stober,* § 756 Rdn. 7, jeweils mwN.

Beschreibung nicht die falsche Version des Programms zu wählen.[427] Bei Disketten stellt sich das zusätzliche Problem, dass der Speicherinhalt von Disketten relativ leicht zu ändern ist. Bei CD-ROMs ist eine Inhaltsänderung schwierig.

Andere Möglichkeiten der Bezeichnung bieten sich meist nicht an, da unverwechselbare Nummern wie etwa die Fahrgestellnummer bei Pkws in der Regel nicht vorhanden sein dürften.

251 Es fragt sich des weiteren, ob nicht im Antrag schon dargelegt werden muss, welche Maßnahmen für die **Durchführung der Vernichtung** notwendig sind.[428] Dies ist aber nicht notwendig. Für eine hinreichende Bestimmtheit des Klageantrages reicht es aus, darzulegen, was beseitigt werden soll. Auch für die Vollstreckung ist eine genaue Bezeichnung der notwendigen Handlung bereits im Klageantrag nicht erforderlich. Die Vollstreckung richtet sich nach § 887 ZPO, da es um vertretbare Handlungen geht. Dann kann im Rahmen eines Antrags nach § 887 ZPO die vorzunehmende und vom jeweiligen Schuldner zu duldende Handlunge genauer bezeichnet werden.[429] Es ist überflüssig, dies schon vorher im Erkenntnisverfahren zu tun. Im übrigen würde eine solche genauere Antragsformulierung die im Vollstreckungsverfahren sonst bestehende Möglichkeit, verschiedene Vollstreckungsanträge mit verschiedenen Maßnahmen zu stellen, verhindern, da der Klagegegenstand von vornherein viel zu weit eingeschränkt würde. Der Beseitigungsanspruch geht ja nicht nur auf Beseitigung durch bestimmte Maßnahmen, sondern beschäftigt sich mit der Beseitigung als solcher. In diesem Bereich ist eine zu starke Präzisierung des Klageantrags also weder erforderlich noch sinnvoll.

252 Ist der Antrag formuliert, müssten die **Voraussetzungen eines Beseitigungsanspruchs** im Einzelnen genau dargelegt werden. Dies macht im Bereich des Urheberrechts hinsichtlich rechtswidrig hergestellter oder vertriebener Kopien gem. § 98 Abs. 1 UrhG keine über die Darlegung der Schutzfähigkeit des Programms[430] hinausgehenden Schwierigkeiten. In allen anderen Fällen sind aber Interessenabwägungen notwendig. Bei der Vernichtung von Hilfsmitteln zur Herstellung unerlaubter Kopien ist aber auch im Urheberrecht genauer dazulegen, dass es um Gegenstände geht, die ausschließlich der Herstellung unerlaubter Kopien dienen. Dies dürfte oft sehr schwierig sein. Mehr als dies muss der Verletzte allerdings in keinem Fall darlegen.

Freilich kann der Verletzter gem. § 98 Abs. 3 UrhG darlegen, dass der durch die Rechtsverletzung verursachte Zustand auch auf andere Weise als durch die Beseitigung der Gegenstände beseitigt werden kann. In diesem

---

[427] Näher dazu *Redeker*, CR 1988, 277 (278).
[428] So *Koch*, Zivilprozeßpraxis, S. 203 f.
[429] BL-*Hartmann*, § 887 Rdn. 13.
[430] Dazu oben Rdn. 219 ff.

Fall greift der Vernichtungsanspruch nicht durch. Insoweit handelt es sich aber um einen prozessualen Einwand. Es ist nicht Aufgabe des Klägers, Darlegungen zu machen, aus denen sich ergibt, dass eine andere Art der Beseitigung nicht möglich ist. Vielmehr muss die konkrete andere Art der Beseitigung durch den Beklagten dargelegt werden.[431]

6. Hilfsansprüche

a) Auskunfts- und Rechnungslegungsansprüche

Was die **Auskunfts- und Rechnungslegungsansprüche** betrifft, so stellt die Formulierung des Antrags keine über die üblichen Auskunfts- und Rechnungslegungsklagen hinausgehenden Schwierigkeiten. Allerdings muss auch in diesem Zusammenhang die verletzte Software präzise bezeichnet werden, damit klar ist, über welche Gewinne, Geschäfte usw. Auskunft gegeben und Rechnung gelegt werden soll. 253

Bei der **Begründetheit** ist zunächst auf die Ausführungen zum Schadensersatzanspruch bzw. dem Anspruch auf ungerechtfertigte Bereicherung zu verweisen. Das mögliche Vorliegen solcher Ansprüche ist Voraussetzung für Auskunfts- und Rechnungslegungsansprüche. Diese setzen voraus, dass ein anderer Anspruch dem Grunde nach besteht, aber nicht hinreichend präzisiert werden kann, weil noch Informationen fehlen, die der Anspruchsinhaber aus eigener Kenntnis nicht haben kann. Des weiteren ist präzise darzulegen, warum eine Auskunft bzw. eine Rechnungslegung erforderlich ist. Dies dürfte dann, wenn es um Informationen geht, die im Geschäftsbetrieb des Verletzers anfallen, nicht sonderlich schwierig sein, da der Umfang des Geschäftsbetriebs des Verletzers dem Verletzten nicht bekannt sein kann.

Weitergehende Anforderungen stellen sich hier nicht.

b) Besichtigungsansprüche

Ein weiterer Hilfsanspruch ist der **Besichtigungsanspruch**. Die mit dem Besichtigungsanspruch verbundenen materiellen Probleme sind im Bereich des Urheberrechts schon dargelegt worden.[432] 254

Hier stellt sich die Problematik der Präzision des Klageantrags. Insbesondere müsste auch hier im Klageantrag schon bezeichnet werden, was denn der jeweilige Sachverständige tun darf und was der jeweils Verletzte dulden muss. Hier gehen die Ansprüche an die Präzision des Klageantrags deutlich weiter als im Falle der Vernichtung, weil im Wege der Vollstreckung wenig nachgeholfen werden kann. Auch daher sind hier größte Anforderungen an die Präzision des Klageantrags zu stellen. Allerdings kann

---

[431] *Schricker/Wild,* § 98 Rdn. 10.
[432] Vgl. oben Rdn. 113 f.

die Klagebegründung zur Interpretation des Antrags herangezogen werden.[433]
Dies gilt auch für die Bezeichnung der Software.

255 Im Übrigen müssen die **Voraussetzungen des Besichtigungsanspruchs** klar und deutlich dargelegt werden. Probleme gibt es hier insbesondere dahingehend, dass dargelegt werden muss, dass der Besichtigungsanspruch sozusagen das letzte Hilfsmittel zur Erforschung einer feststehenden Verletzungshandlung ist. Das Problem besteht darin, den Besichtigungsanspruch von einem Ausforschungsanspruch, der nicht besteht, abzugrenzen. Allerdings können äußerliche Übereinstimmungen in Maskengestaltung, Datenstruktur und Programmablauf als Grundlage für einen Besichtigungsanspruch eine ausreichende Darstellung sein, auch wenn sie als Grundlage für die Darlegung anderer Ansprüche nicht ausreichen. Für einen vorgelagerten Hilfsanspruch dürften starke Indizien für eine Rechtsverletzung als Vortrag hinreichend sein, auch wenn dies für den Hauptanspruch nicht gilt. Der BGH hat für den Bereich des Urheberrechts relativ wenig Indizien ausreichen lassen. Er verlangt aber eine Abwägung dieser Indizien mit dem Geheimhaltungsbedürfnis des Beklagten.[434]

256 Die **Kosten des Sachverständigen,** der aufgrund des Besichtigungstitels tätig geworden ist, sind keine Prozesskosten. Der Sachverständige ist zwar zur Geheimhaltung verpflichtet, aber nicht vom Gericht beauftragt worden. Es liegt auch kein Beweissicherungsverfahren vor. Da der Sachverständige auch nicht im Wege der Zwangsvollstreckung tätig wird, handelt es sich auch nicht um Vollstreckungskosten. Die Kosten des Sachverständigen hat daher zunächst der Verletzte zu tragen.[435]

Liegt freilich eine Schutzrechtsverletzung bzw. ein wettbewerbswidriges Verhalten vor, können diese Kosten eine Schadensposition des Schadensersatzanspruchs darstellen.

7. Einstweilige Verfügung

257 In vielen Fällen wird sich gerade bei der **Verletzung von absoluten Schutzrechten** oder bei Wettbewerbsverletzungen der Erlass einer einstweiligen Verfügung als Rechtsverfahren aufdrängen. Dabei kommen in den vorliegenden Fällen sowohl Sicherungsverfügungen gem. § 935 ZPO als auch Regelungsverfügungen gem. § 940 ZPO in Betracht. Ein denkbarer Fall für eine Sicherungsverfügung wäre das Unterlassen einer noch nicht durchgeführten, aber geplanten unzulässigen Verwendung eines Warenzeichens. Ein

---

[433] BGH, CR 2002, 791 m. Anm. *Grützmacher* = GRUR 2002, 1046.
[434] BGH, CR 2002, 791 m. Anm. *Grützmacher* = GRUR 2002, 1046; näher dazu *Tilmann/Schreibauer*, GRUR 2002, 1015.
[435] OLG München, CR 1987, 761 (762 f.); *Schneider*, Handbuch des EDV-Rechts, Rdn. P 172.

II. Die prozessuale Durchsetzung von Ansprüchen

Beispiel für eine Regelungsverfügung wäre das Einstellen des wettbewerbs- bzw. urheberrechtswidrigen Vertriebs von Computerprogrammen.[436]

Im **Antrag auf Erlass einer einstweiligen Verfügung** muss sowohl der Verfügungsanspruch als auch der Verfügungsgrund dargelegt und glaubhaft gemacht werden. Was im Hinblick auf die Verfügungsansprüche darzulegen ist, entspricht den Darlegungspflichten im Hauptsacheprozess. Die Darlegungspflicht geht allerdings in den Fällen, in denen keine mündliche Verhandlung durchgeführt wird, oft auch noch weiter. In diesen Fällen muss auch das Fehlen von Einwendungen und Einreden dargelegt und glaubhaft gemacht werden. Dies gilt jedenfalls dann, wenn sich aus dem vorgetragenen Sachverhalt Anhaltspunkte für vermutliche Einwände und Einreden ergeben.[437] Nach dem oben Gesagten gibt es im Hinblick auf den Verfügungsanspruch nach wie vor erhebliche Probleme im Bereich des Urheberrechts. Auch nach dem neuen Recht dürften für die Darlegung und Glaubhaftmachung erhebliche Ausführungen von Sachverständigen einfließen müssen. Jedenfalls ist dies im **Urheberrechtsverletzungsfall** nach wie vor eher der Regelfall. Dies erfordert nicht nur ganz erhebliche Aufwendungen, sondern auch viel Zeit, da auch ein beauftragter Privatsachverständiger ein in vielen Fällen nicht ganz einfaches Gutachten über die besondere Formgestaltung des verletzten Programms und die sich daraus ergebende Urheberrechtsfähigkeit nicht in ganz kurzer Zeit abfassen kann.[438] Die **Gerichte** stellen nach wie vor gerade im Bereich der einstweiligen Verfügung **relativ hohe Anforderungen**.[439] Oft erlassen sie einstweilige Verfügungen nur dann, wenn der Anspruch des Antragstellers offenkundig ist. Diese dogmatische Einschränkung ist möglicherweise mit Artikel 50 TRIPS nicht vereinbar.[440] Auch im Patentrecht gibt es entsprechende Einschränkungen. Zum Bereich des Halbleiterschutzes fehlen entsprechende Entscheidungen; eine Übertragung der Einschränkung des einstweiligen Rechtsschutzes auf dieses Gebiet ist aber in der Praxis nicht auszuschließen.

Diese Schwierigkeiten dürften sich im Bereich des **Wettbewerbsrechts** in aller Regel nicht stellen. Dass ein Verfügungsgrund besteht, wird bei Wettbewerbsverstößen gem. § 25 UWG vermutet. Diese Vermutung ist aber widerleglich, wobei sich die Widerlegung auch aus Umständen ergeben kann, die vom Verfügungskläger vorgetragen werden. Dies gilt insbesondere für den Zeitablauf. Dabei kommt es sehr auf die Umstände des Einzelfalls an. Bemüht sich insbesondere der Antragsteller während längerer Zeit um Mittel zur Glaubhaftmachung seines Anspruchs, so kann auch eine längere Zeit, die er seit Kenntnis vom Wettbewerbsverstoß verstreichen lässt, bevor er

---

[436] Vgl. auch *Koch*, Zivilprozeßpraxis, S. 233.
[437] *Baumbach/Hefermehl*, § 25 UWG, Rdn. 8 mwN.
[438] Zum früheren Recht *Koch*, Zivilprozeßpraxis, S. 234.
[439] OLG Celle, *Zahrnt*, ECR OLG 148; GRUR 1998, 50; KG, *Zahrnt*, ECR OLG 157; skeptisch zur einstweiligen Verfügung auch *Karger*, Beweisermittlung, S. 58.
[440] *Von Bogdandy*, NJW 1999, 2088 (2089).

das Verfügungsverfahren einleitet, nicht zu einem Wegfall des Verfügungsgrundes führen.[441] Dies kann wiederum anders sein, wenn durch den Zeitablauf bereits die **Zeitgrenze für die Vollamortisation** des Produktes erreicht ist.[442] Dies ist namentlich im Bereich der Computerspiele zu berücksichtigen. Bemüht sich der Antragsteller freilich nicht um Mittel zur Glaubhaftmachung, führt auch keine Testkäufe durch, entfällt die Dringlichkeitsvermutung.[443] Die Rechtsprechung ist insbesondere bei der Frage, inwieweit die volle Ausnutzung von Rechtsmittel- und Rechtsmittelbegründungsfristen einschließlich der üblicherweise gegebenen Verlängerungsmöglichkeiten sowie die Zustimmung zu Vertagungsanträgen die Dringlichkeit ausschließt, widersprüchlich.[444] Im Zweifel ist hier Eile geboten. Einstweilige Verfügungsverfahren sind in aller Regel rascher zu bearbeiten als übliche Prozesse.

260 **Außerhalb** des **Wettbewerbsrechts** stellen sich vergleichbare Probleme bei der **Darlegung des Verfügungsgrundes**. Hier muss aber zusätzlich immer noch dargelegt werden, warum im konkreten Fall besondere Eile droht. Dazu kann etwa darauf hingewiesen werden, dass durch die drohende weitere Verwertung einer unzulässig kopierten Software Vertriebschancen unwiederbringlich verloren gehen. Auch auf die Darlegung dieser Umstände sollte große Sorgfalt gelegt werden. Ein Verfügungsgrund liegt z. B. dann nicht vor, wenn die eigene Software jetzt oder in absehbarer Zeit überhaupt nicht vertrieben werden kann.[445] Zu bemerken ist, dass im Bereich des Markenrechts von den meisten – aber nicht allen – Oberlandesgerichten § 25 UWG analog angewandt wird.[446]

Im Übrigen ist hier in vielen Fällen noch darzulegen, warum eine besondere Dringlichkeit besteht, so dass eine Entscheidung ohne mündliche Verhandlung erfolgen soll. Hier ist vor allem darauf hinzuweisen, dass der Überraschungseffekt bei der Sicherstellung unzulässig gezogener Kopien von ganz großer Bedeutung sein kann, weil aller Erfahrung nach bei Kenntnis drohender einstweiliger Verfügung solche Kopien rasch entfernt und versteckt werden.[447]

Auch hier ist darauf zu verweisen, dass die langwierige Vorbereitung etwa einer einstweiligen Verfügung aufgrund von Urheberrechtsverletzungen den Verfügungsgrund nicht entfallen lassen kann.

261 Der die Verfügung beantragende Schriftsatz muss einen **konkreten Antrag** enthalten. Daran ist das Gericht zwar nicht im Einzelnen gebunden, es kann auch in anderer Form Verfügungen erlassen. Der Antrag bezeichnet

---

[441] Vgl. die Beispiele bei *Baumbach/Hefermehl*, § 25 UWG, Rdn. 15.
[442] *Koch*, Zivilprozeßpraxis, S. 236.
[443] OLG Hamm, *Zahrnt*, ECR OLG 106.
[444] Zahlreiche Einzelheiten bei *Baumbach/Hefermehl*, § 25 UWG, Rdn. 16 f.; sehr großzügig OLG Hamburg, GRUR 1983, 436 („Puckman").
[445] *Koch*, Zivilprozeßpraxis, S. 236 f.
[446] Streitstand dargestellt bei OLG Düsseldorf, Urt. v. 13. 11. 2001, 20 U 114/01, JurPC Web-Dok. 123/2002.
[447] Dazu *Harte-Bavendamm*, Handbuch Wettbewerbsrecht, § 43 Rdn. 159.

aber den Rahmen, den das Gericht für seine Entscheidung hat.[448] Dabei ist zu beachten, dass in der Regel weniger beantragt werden kann als im Hauptsacheprozess. Im Bereich der Softwareverletzung dürfte eine Leistungsverfügung, bei der dieser Grundsatz nicht gilt, nicht in Betracht kommen.

In der Regel wird man die **vorläufige Unterlassung bestimmter Handlungen** und/oder die **Sicherstellung konkreter Gegenstände** (Softwarekopien usw.) verlangen können. Dabei geht es um eine Sicherstellung durch den Gerichtsvollzieher. Die sicherzustellenden Gegenstände sind genau zu bezeichnen. Dies gilt insbesondere deshalb, weil mit dem Gerichtsvollzieher ein am Erkenntnisverfahren nicht beteiligtes Vollstreckungsorgan für die Vollstreckung zuständig ist.[449] Eventuell ist es hilfreich, wenn der Antragsteller oder ein sachkundiger Mitarbeiter bei der Vollstreckung anwesend ist. Die Anforderungen der einzelnen Gerichte an die Konkretisierung des Antrags sind übrigens unterschiedlich. Zu den Einzelheiten ist auf die Ausführungen zum Beseitigungsanspruch zu verweisen.[450]

In der Literatur wird eine einstweilige Verfügung auch mit dem Ziel empfohlen, die **Untersuchung der Sache durch einen zur Geheimhaltung verpflichteten Sachverständigen** durchführen zu lassen.[451] Solche Verfügungen werden auch von Gerichten erlassen.[452] Es erscheint aber zweifelhaft, ob in solchen Fällen ein Verfügungsgrund vorhanden ist.[453] Man muss also zumindest diesen genau darlegen. Denkbar ist immerhin, dass die vorläufige Überprüfung der Sache dann eilbedürftig ist, wenn der Verstoß andauert und eine Sicherstellung entweder wegen fehlenden Beweismaterials noch nicht durchsetzbar oder dem Verfügungsgegner wegen der Größe des Eingriffs nicht zumutbar ist. Immerhin hat das KG betont, dass Verfügungen mit diesem Inhalt auch dann erlassen werden können, wenn nur eine gewisse Wahrscheinlichkeit der Urheberrechtsverletzung dargelegt und glaubhaft gemacht ist.[454]

262

Im Softwarebereich dürfte eine **Aufhebung der einstweiligen Verfügung** nach § 939 ZPO nicht in Betracht kommen. Nach dieser Vorschrift kann eine einstweilige Verfügung in besonderen Fällen aufgehoben werden, wenn eine Sicherheitsleistung geleistet wird. Diese Sicherheitsleistung muss den Zweck der einstweiligen Verfügung ebenfalls sichern.[455] Dies bedeutet, dass

263

---

[448] BL-*Hartmann*, § 938 Rdn. 4.
[449] *Harte-Bavendamm*, Handbuch Wettbewerbsrecht § 43, Rdn. 158.
[450] Oben Rdn. 249 ff.
[451] *Schneider*, Handbuch des EDV-Rechts, Rdn. P 121, 141; *Karger*, Beweisermittlung, S. 96 ff.; *Tilmann/Schreibauer*, GRUR 2002, 1015.
[452] So offenbar im Fall OLG München, CR 1987, 761 ff.; KG, NJW 2001, 233 = CR 2001, 80; LG Frankfurt, Beschl. v. 28. 7. 1998 – 2–03 O 243/98, zit. bei *Tilmann/Schreibauer*, GRUR 2002, 1015 (1020).
[453] *Tilmann/Schreibauer*, GRUR 2002, 1015 (1021) wollen auf den Verfügungsgrund verzichten.
[454] KG, NJW 2001, 233 = CR 2001, 80.
[455] BL-*Hartmann*, § 939 Rdn. 3.

die Nachteile, die dem Verfügungskläger bei Aufhebung der Verfügung drohen, durch die Sicherheitsleistung abgesichert sein sollen. Bei einer Softwareverletzung heißt dies, dass der dem Verfügungskläger möglicherweise durch die unerlaubte Verwertung von Software entstehende Schaden bis zur Entscheidung in der Hauptsache abgesichert werden muss. Die Höhe dieses Schadens dürfte sich in aller Regel nicht bestimmen lassen, so dass für eine Aufhebung nach § 939 ZPO die Grundlage fehlt.[456]

264 Gemäß §§ 936, 921 Abs. 2 ZPO kann eine einstweilige Verfügung auch erlassen werden, wenn zwar der Verfügungsgrund nicht glaubhaft gemacht ist, aber eine **entsprechende Sicherheit geleistet** wurde. Dabei ist auch hier der Nachteil abzusichern, der dem Verfügungsbeklagten aus einer ungerechtfertigten einstweiligen Verfügung entstehen kann. Dieser Schaden kann im Bereich des Urheberrechts z. B. sehr hoch sein.[457] Von daher dürfte sich auch diese Möglichkeit in aller Regel nicht anbieten. Es ist zu betonen, dass die Sicherheitsleistung nicht etwa eine fehlende Schlüssigkeit des Verfügungsgrundes ersetzen kann. Sie kann nur eine fehlende Glaubhaftmachung in bestimmten Fällen ersetzen.[458] Da vornehmlich im Bereich des Urheberrechts Substantiierung und Glaubhaftmachung oft ineinander übergehen, dürfte sich das Mittel dort kaum einsetzen lassen. Dies gilt aber im Prinzip auch im Bereich des Wettbewerbsrechts, weil schwerlich Fälle denkbar sind, in denen eine so gravierende Maßnahme wie eine einstweilige Verfügung auf Unterlassung des Vertriebs erlassen werden kann, ohne dass deren Voraussetzungen glaubhaft gemacht sind.

265 Alles in allem ergibt sich, dass die einstweilige Verfügung sehr wohl ein sehr **wichtiges Mittel zur Durchsetzung von Ansprüchen** sein kann, dass aber wohl der Bereich des Wettbewerbsrechts und der Bereich der verletzten Warenzeichen das eigentliche Einsatzfeld für einstweilige Verfügungen sein dürften. In allen anderen Rechtsgebieten dürfte es angesichts der restriktiven Rechtsprechung mühselig sein, die Voraussetzungen einer einstweiligen Verfügung so substantiiert darzulegen, dass eine einstweilige Verfügung auch erlassen wird.

Hinzuweisen ist allerdings darauf, dass bei Aufhebung einer einstweiligen Verfügung ein **verschuldensunabhängiger Schadensersatzanspruch** entsteht. Der Antragsteller muss sich seiner Sache also sicher sein, bevor er einen Verfügungsantrag stellt. Er sollte auch schon im Verfügungsantrag Dinge, die eventuell erst im Widerspruchsverfahren relevant werden, vortragen.

266 Hinzuweisen ist noch darauf, dass nach **Artikel 50 VI TRIPS** eine einstweilige Verfügung auf Antrag des Antragsgegners ohne Sachprüfung aufzuheben ist, wenn nicht binnen einer Frist von 20 Arbeitstagen oder 31 Kalen-

---

[456] Allgemein ähnlich BL-*Hartmann*, § 939, Rdn. 3; i. E. ebenso *Koch*, Zivilprozeßpraxis, S. 235.
[457] *Koch*, Zivilprozeßpraxis, S. 235 f.
[458] BL-*Hartmann*, § 921 Rdn. 9; die Frage ist streitig.

dertagen, wobei der längere der beiden Zeiträume gilt, Klage zur Hauptsache erhoben ist. Diese Regelung ist bislang in die ZPO nicht übernommen worden. § 926 ZPO sieht ein anderes Verfahren (Fristsetzung nur auf Antrag) vor. Angesichts des klaren Wortlauts verbietet sich auch eine Auslegung dieser Vorschrift im Sinne von Artikel 50 VI TRIPS.[459] Hier ist also der Gesetzgeber gefordert. Derzeit gilt das ZPO-Verfahren, das auch durch die ZPO-Reform nicht geändert worden ist.

8. Praktische Hinweise

Besteht in der Praxis der **Verdacht einer unerlaubten Kopie** oder einer sonstigen Wettbewerbs- oder Schutzrechtsverletzung oder des Verstoßes gegen eine vertragliche Abmachung, empfiehlt sich das folgende Vorgehen: 267

Zunächst muss versucht werden, die **verletzende Software** oder sonstige Ware **zugänglich zu machen,** um zu überprüfen, ob wirklich eine Pflichtverletzung vorliegt. Will oder kann man dies nicht durch Testkäufe und Beobachtung der Software allein tun und muss Ansprüche geltend machen, muss man sich wegen eventueller Schadensersatzansprüche aus unerlaubter Schutzrechtsverletzung bereits zu diesem Zeitpunkt ziemlich sicher sein, dass eine Verletzung vorliegt.[460]

Zivilprozessual lässt sich die Software normalerweise durch eine **einstweilige Verfügung sicherstellen.** Nach der Prozesspraxis sind möglicherweise darüber hinaus auch Besichtigungsansprüche durch einstweilige Verfügungen durchzusetzen. Nur wenn schon hinreichend Beweismaterial vorliegt, lässt sich auch ein Unterlassungsanspruch schon im ersten Anlauf durch eine einstweilige Verfügung durchsetzen. 268

Im **Markenrecht** steht neben dem zivilprozessualen Weg bei Importen noch die Möglichkeit offen, Software **durch die Zollbehörden** beschlagnahmen zu lassen. Nach der Beschlagnahme durch die Zollbehörden ist aber kurzfristig auch der Erlass eines zivilprozessualen Titels nötig.

Im Bereich von Urheber- und Patentrechtsverletzungen ist außerdem die Zuhilfenahme **strafrechtlicher Ermittlungsverfahren** denkbar.[461] Allerdings können die Strafverfolgungsbehörden das Strafverfahren nach § 154 d StPO einstellen und zunächst den Ausgang des Zivilverfahrens abwarten. Deshalb ist diese Möglichkeit eher skeptisch einzuschätzen.[462] 269

Ist die Software bzw. die andere Ware einmal sequestriert oder auf anderem Wege zugänglich, muss festgestellt werden, ob ein Verstoß wirklich 270

---

[459] Vgl. *v. Bogdandy,* NJW 1999, 2088 (2089 f.).
[460] *Schneider,* Handbuch des EDV-Rechts, Rdn. P. 173 f.; vgl. auch *Bork,* NJW 1997, 1665, *Brandi-Dohrn,* BB 1994, 658 (662).
[461] *Sieber,* CR 1986, 699 (701); *Moritz/Tybussek,* Computersoftware, Rdn. 166.
[462] Ähnlich *Schneider,* Handbuch des EDV-Rechts, P 124.

vorliegt. In besonderen Fällen ist dazu ein **selbstständiges Beweisverfahren** möglich.[463] Meist muss man sich aber sowohl aus Zeitgründen als auch wegen der noch nicht konkret formulierbaren Beweisfragen auf ein privates Sachverständigengutachten beschränken. Hat man einen Besichtigungsanspruch durchgesetzt, bleibt ohnehin nur diese Möglichkeit offen.

Nach Vorliegen des Gutachtens kann man dann über das weitere Vorgehen entscheiden. Insbesondere muss danach Klarheit darüber herrschen, ob ein Verstoß vorliegt und welche Ansprüche man geltend machen will. Diese sind dann wie üblich durchzusetzen.

III. Vollstreckungsprobleme

1. Unterlassungstitel

271 Die **Vollstreckung aus Unterlassungstiteln** unterscheidet sich im hier fraglichen Bereich nicht wesentlich von der allgemeinen Unterlassungsvollstreckung gemäß § 890 ZPO. Unterlassungsansprüche werden mit Hilfe von Ordnungsgeldern durchgesetzt. Die Androhung des Ordnungsgeldes sollte möglichst schon im Urteil erfolgen. Interessant ist auch die Vorschrift des § 890 Abs. 3 ZPO. Der Schuldner kann auf Antrag des Gläubigers zur Bestellung einer Sicherheit für den durch die fernere Zuwiderhandlung entstehenden Schaden auf bestimmte Zeit verurteilt werden.

Zu beachten ist hier die **Kerntheorie**, die allgemein für alle Unterlassungstitel gilt, im wesentlichen aber im Wettbewerbsrecht entwickelt worden ist. Nach dieser Theorie ist es so, dass nicht nur die in einem Unterlassungstitel konkret verbotene Handlung vom Schuldner unterlassen werden muss. Das Unterlassungsgebot richtet sich vielmehr über diese Handlung hinaus auch auf das Unterlassen zunächst praktisch identischer Handlungen und darüber hinaus auf das Unterlassen aller Handlungen, die im Kernbereich dem verbotenen Handeln entsprechen. Was dazu gehört, ist anhand der Urteilsgründe auslegend zu ermitteln.[464] Aufgrund dieser Theorie kann man in vielen Fällen eine Unterlassung auch dann verlangen, wenn etwa die Art und Weise der Kopie leicht von dem verbotenen Kopieren abweicht und eventuell auch verdeckende Änderungen in etwas anderer Form als ursprünglich vorgenommen wurden. Dem Schuldner wird so ein Ausweichen auf formal unterschiedliche, im Kernbereich aber gleiche Verletzungshandlungen unmöglich gemacht.

---

[463] Einzelheiten dazu unten Rdn. 762 ff.
[464] Grundlegend BGHZ 5, 189 (192 ff.); dazu *Spätgens*, Handbuch Wettbewerbsrecht, § 93, Rdn. 44; BL-*Hartmann*, § 890, Rdn. 4; aus der Rspr.: OLG Celle, MDR 1972, 521; OLG Hamburg, GRUR 1989, 458 (nur LS); kritisch *Schubert*, ZZP 85, 29 ff.

Mit Hilfe dieser Theorie ist die Vollstreckung in den Bereichen, wo die Verletzungshandlung praktisch öffentlich stattfindet, etwas vereinfacht. Dies ist vor allem im Bereich der Wettbewerbsverletzung sehr häufig der Fall. Allerdings erfordert auch hier die Vielfalt des Wettbewerbs eine sorgfältige Beobachtung.

Schwieriger dürfte die Vollstreckung von Unterlassungstiteln dann sein, wenn **Verstöße nicht in der Öffentlichkeit** stattfinden. Im Rahmen des Vollstreckungsverfahrens ist bei Bestreiten der Verletzungshandlung diese nicht nur glaubhaft zu machen, sondern vollständig zu beweisen, bevor ein Ordnungsgeld festgesetzt werden kann.[465] Dies kann im Bereich nichtöffentlicher Verletzungshandlungen zu recht langwierigen und teuren Vollstreckungsverfahren führen. Interessant dürften solche Verfahren demgemäß primär bei der unerlaubten Nutzung sehr umfangreicher und teurer Programm im eigenen Betrieb des Verletzenden sein. Der bloße private Weitervertrieb weniger teurer Programme dürfte den aufwand für das Vollstreckungsverfahren oft nicht lohnen. Hier macht die leichte Kopierbarkeit von Software die Verfolgung von Verletzungshandlungen schwer.

272

Außer dieser praktischen Überlegung gibt es allerdings wenig spezielle Probleme bei der Unterlassungsvollstreckung im Softwarebereich im Verhältnis zu den allgemeinen Problemen der Unterlassungsansprüche.

Bei der Durchsetzung von Schadensersatz- und Bereichungsansprüchen stellen sich keine speziellen Probleme, da es um die Vollstreckung von Zahlungstiteln geht.

2. Beseitigungstitel

Spezielle EDV-Probleme stellen sich bei der **Durchsetzung von Beseitigungsansprüchen**. Bei diesen Ansprüchen ist zunächst davon auszugehen, dass ohne anderweitige Formulierungen im Antrag bei einem titulierten Anspruch auf Beseitigung von Kopien deren physikalische Löschung, nicht die bloß logische Löschung durch Anbringung von Sperrvermerken und ähnlichem, verlangt werden kann.[466] Gelöscht werden müssen darüber hinaus sämtliche beim Schuldner vorhandenen Kopien der Programme, die vom jeweiligen Titel umfasst sind.

273

Dieser Anspruch geht grundsätzlich auf eine vertretbare Handlung, da die Löschung außer durch den Schuldner auch durch jeden entsprechenden sachkundigen Dritten durchgeführt werden kann. Dies mag in extremen Einzelfällen bei besonderen Umständen anders sein, im Normalfall wird man aber von vertretbaren Handlungen ausgehen können. Die **Vollstreckung** richtet sich daher nach **§ 887 ZPO**. Das Gericht kann den Gläubiger

---

[465] BL-*Hartmann*, § 890 Rdn. 15.
[466] *Koch*, Zivilprozeßpraxis, S. 203 f.

ermächtigen, auf Kosten des Schuldners die geschuldete Leistung vornehmen zu lassen.

274 Bei der **Durchführung dieser Vollstreckungsmaßnahmen** kann das Gericht in seinem Beschluss im Einzelnen genau angeben, was der Dritte tun darf und welche Maßnahmen etwa der Schuldner zur Unterstützung des Dritten erbringen oder dulden muss. Das letztere ist insbesondere wichtig für den ohne Mithilfe des Schuldners für jeden kaum möglichen Zugang zum Rechner und zu den Kopien. Gerade bei der Vorbereitung einer solchen genauen Beschreibung der vom Dritten zu treffenden und vom Schuldner zu erbringenden Handlung durch das Gericht ist der Gläubiger gefordert. Das Gericht wird ohne seine Mithilfe nicht hinreichend präzise beschreiben können, was notwendig ist. Der Gläubiger muss dann, wenn er die einzelnen Schritte aufgrund z. B. mangelnder Kenntnis der Datenverarbeitungsanlage des Verletzers nicht kennt, umgekehrt darauf achten, dass die Schritte nicht zu präzise beschrieben werden, damit die Anordnung nicht ins Leere läuft. Eine zu präzise Formulierung kann auch vermieden werden, da die gerichtliche Ermächtigung nicht jeden einzelnen Arbeitsschritt detailliert erwähnen muss.[467] Teilweise wird sogar die Meinung vertreten, die Beschreibung müsse nicht detaillierter sein als die Angaben im zugrunde liegenden Titel.[468]

Bei mangelnden eigenen Fachkenntnissen des Gläubigers dürfte der sachkundige Dritte, der bei der Durchführung der Vollstreckung eingeschaltet werden soll, bei der Formulierung dieser Punkte sicher mitarbeiten können. Ohne eine Mindestkenntnis der Anlage des Verletzers ist allerdings eine Antragstellung oft schwer.

275 Zu bemerken ist noch, dass bei den Beseitigungsansprüchen eine der Kerntheorie vergleichbare erweiternde Auslegung des Titels nicht möglich ist. Hier kann nur das beseitigt werden, was im Titel bezeichnet ist. Dies ergibt sich schon daraus, dass die Beseitigung von Gegenständen ein gravierender Eingriff in die Rechte des Schuldner ist, der der Prüfung im Erkenntnisverfahren bedarf und nicht im vereinfachten Vollstreckungsverfahren noch erweitert werden kann, auch wenn wie hier im Unterlassungsbegehren das Prozessgericht das Vollstreckungsorgan ist. Der Beseitigungsanspruch kann aber in gewisser Weise umfassend formuliert werden.[469]

3. Herausgabetitel

276 Bei **Herausgabeansprüchen** muss man für die Vollstreckung zwischen den echten Herausgabeansprüchen unterscheiden, die auf die Herausgabe von Disketten oder anderen Datenträgern hinauslaufen und den Titeln, die so

---

[467] BL-*Hartmann*, § 887 Rdn. 13.
[468] OLG Hamm, MDR 1984, 591, allerdings str.
[469] Vgl. oben Rdn. 249.

formuliert sind, dass die Herausgabe einer noch zu ziehenden Kopie eines Programms nebst Löschung dieses Programms auf dem ursprünglichen Datenträger geschuldet ist. Die ersteren sind nach § 883 ZPO zu vollstrecken, weil es um die Herausgabe vertretbarer Sachen geht.[470] Besondere Probleme außer der Frage der Identifizierung der Datenträger stellt sich dabei nicht. Die zweite Form von Titeln unterliegt nicht der Vollstreckung nach § 883 ZPO, sondern der Vollstreckung nach § 887 ZPO. Es handelt sich nämlich um zwei vertretbare Handlungen, das Kopieren eines Programms und das Löschen der Ausgangsversion. Für beide Fälle gilt sinngemäß das, was soeben zu den Beseitigungsansprüchen gesagt worden ist. Jeweils nach Ziffern getrennt sind sicher unterschiedliche Maßnahmen vom Vollstreckungsgericht anzuordnen. Dazu kann aber generell wenig gesagt werden. Welche Maßnahmen für ein Kopieren erforderlich sind, hängt von den im Spiel befindlichen Datenverarbeitungsanlagen, Programmträgern und Datendateien ab.

4. Titel im Hinblick auf Hilfsansprüche

Im Bereich der Hilfsansprüche werfen EDV-spezifische Vollstreckungsprobleme nur die **Besichtigungsansprüche** auf. Auskunfts- und Rechnungslegungstitel sind im Bereich der EDV genau so zu vollstrecken wie auch sonst.

277

Bei den **Besichtigungsansprüchen** ist darauf hinzuweisen, dass hier schon der **Titel sehr präzise bezeichnen muss**, was der jeweilige Sachverständige tun darf und was der jeweilige Schuldner dulden muss. Die Vollstreckung richtet sich bei Duldungsansprüchen nach § 890 ZPO, wobei bei den Besichtigungsansprüchen auch die Vorschrift des § 892 ZPO zu verweisen ist. Hinsichtlich der Duldungspflichten ist ein Widerstand des Schuldners gegen die Vornahme einer Handlung des Sachverständigen ggf. durch einen **Gerichtsvollzieher** zu überwinden. Damit der Gerichtsvollzieher hier tätig wird, müssen die Duldungspflichten aber im jeweiligen Titel präzise beschrieben werden. Anderenfalls droht die Gefahr, dass der Gerichtsvollzieher nicht genau weiß, was er durchsetzen muss und deshalb ein Tätigwerden unterlässt. Auch der dann mögliche Rechtsbehelf der Erinnerung wird nicht viel weiterführen, da das dafür zuständige Amtsgericht im Hinblick auf die komplexen Vorgänge, die im Prinzip nur in einem Erkenntnisverfahren ordnungsgemäß aufgeklärt werden können, im Zweifel nicht hinreichend sachkundig ist, um letztendlich beurteilen zu können, was denn nun der Schuldner unterlassen muss. Dies zeigt deutlich, wie wichtig eine Präzisierung des Titels gerade auch in diesem Bereich ist.

---

[470] A. A. für Standardsoftware wohl *Koch*, Zivilprozeßpraxis, S. 199.

Über die Duldungsansprüche hinaus dürfte eine Vollstreckung bei Besichtigungsansprüchen nicht in Betracht kommen, da insbesondere eine **Mitwirkungspflicht des Schuldners nicht besteht.**[471]

---

[471] Vgl. oben Rdn. 114.

B. Der Erwerb von Soft- und Hardware

I. Einige Vorbemerkungen

1. Zur Rechtsnatur von Software

Eine intensive Auseinandersetzung hat es insbesondere in der Literatur in den vergangenen Jahren über die Frage gegeben, ob **Software eine Sache** ist oder nicht. Der BGH hat ohne irgendeine Begründung Software in einem vertragsrechtlichen Urteil zur Sache erklärt,[1] in einem urheberrechtlichen Urteil einen Eigentumsvorbehalt als Software zwanglos als entsprechende urheberrechtliche Rechtseinräumung behandelt.[2] Diese beiden Entscheidungen widersprechen sich. Der Urheberrechtssenat geht offenkundig davon aus, dass ein Eigentumsvorbehalt an Software umgedeutet werden muss, während der Vertragssenat davon ausgeht, dass Software eine Sache ist.

Schon dieser Widerspruch zeigt deutlich, dass eine saubere Durchdringung des Rechtsproblems insoweit jedenfalls beim BGH nicht erfolgt ist. In einer neuen Entscheidung hat der BGH diese Frage ausdrücklich offen gelassen.[3] Bei Durchsicht der Literatur kann man sich des Eindrucks nicht erwehren, dass die Verfechter der **Sacheigenschaft** von der Software[4] im wesentlichen vertragsrechtliche Konsequenzen erreichen wollen, nämlich insbesondere die Anwendung des kaufrechtlichen Sachmängelrechts.[5] Dafür ist aber die Sacheigenschaft von Software gar nicht erforderlich, wie die entsprechende Anwendung des Sachmängelrechts schon in der Vergangenheit auch beim Unternehmenskauf und beim Kauf anderer immaterieller Güter zeigt.[6] Heute ergibt sich diese Rechtsfolge unmittelbar aus 453 Abs. 1 BGB. Die Annahme, Software sei eine Sache, hat umgekehrt Auswirkungen gerade außerhalb des Vertragsrechts.

---

[1] CR 1993, 681.

[2] BGH GRUR 1994, 363 = Beil. Nr. 7 zu BB 1994, S. 2 = DuD 1994, 518 (Holzhandelsprogramm).

[3] BGH CR 2002, 93 (94 f.).

[4] Insbesondere *Marly*, Softwareüberlassungsverträge, Rdn. 90 ff.; *Hoeren*, Softwareüberlassung, S. 21 ff.

[5] *Schneider*, Handbuch des EDV-Rechts, Rdn. D 275 ff. erörtert das Problem auch konsequent bei der Frage der vertragstypologischen Einordnung von Softwareverträgen.

[6] *Köhler/Fritzsche*, in: Lehmann (Hrsg.): Rechtsschutz und Verwertung von Computerprogrammen, S. 513 (519); *Kort*, DB 1994, 1505 (1506 f.).

280 Analysiert man das Problem näher, so muss man insbesondere das **Programm als solches** von seiner Verkörperung auf Festspeichern, Diskette, CD oder einem anderen Speichermedium unterscheiden. Davon ist trotz der in der Literatur[7] geübten Kritik festzuhalten. Programm existieren unabhängig von ihrer jeweils gehandelten konkreten Verkörperung.

Wer eine **Software in Auftrag** gibt, um umfassende Rechte an ihr zu erwerben und diese ggf. weiter zu betreiben, braucht Rechte an dem Programm unabhängig von seiner Verkörperung genauso wie ein Verlag Rechte an einem Manuskript unabhängig davon braucht, ob es gedruckt, geschrieben oder auf einer Diskette gespeichert ist. Ein solcher Besteller ist jedenfalls in einer anderen Lage als derjenige, der ein einziges Exemplar einer Software auf einer CD erwirbt.

Jedermann behandelt die CD und die auf ihr verkörperte Software als Sache. Streit herrscht darüber, ob ein Programm als solches eine Sache im Sinne von § 90 BGB ist.

Wer Software als Sache behandelt, muss allerdings auch den Entwicklungsvertrag für Software zum Zwecke des Erwerbs mit Weitervermarktungsabsicht als Herstellung einer Sache qualifizieren. Außerdem müsste er auch Pfändungsvorgänge in das dann hergestellte Werk, nämlich die Software mit umfassenden Vermarktungsrechten, im wesentlichen als Sachpfändung ansehen. An dieser Software müsste auch Eigentum und nicht nur ein umfassendes Nutzungsrecht erworben werden. Schon eine genaue Analyse dieser Art zeigt deutlich, dass dem so nicht sein kann. Solche Konsequenzen will letztendlich auch niemand ziehen.[8]

281 Wer freilich eine **Software auf CD** als vorgefertigtes Exemplar eines Programms erwirbt, erwirbt natürlich Eigentum an der CD. Er erwirbt darüber hinaus ein einfaches Nutzungsrecht an der Software. Dass dies ein **Sachkauf** ist, ist ernsthaft nicht zu bestreiten, aber nicht Gegenstand der hier geführten Diskussion. Die Sache ist die CD. Diese wird gekauft. Richtig ist natürlich, dass eine ungebrannte CD wesentlich weniger wert ist als eine CD, auf der Daten oder Programme gespeichert sind. Dies ist allerdings im Verhältnis zwischen einem Buch und dem dabei verwendeten Papier auch nicht anders. Dennoch kommt niemand auf die Idee, das literarische Werk als solches und nicht das jeweils vorhandene Buchexemplar als Sache zu bezeichnen.

282 Ein wesentlicher Unterschied ist freilich, dass die Software in der Tat nur mit Hilfe von weiteren Gegenständen, nämlich einer Rechenanlage genutzt werden kann und bei ihrer Nutzung auf der Rechenanlage physikalische Änderungen an verschiedenen Teilen vorgenommen werden. Insbesondere muss die Software eingespeichert werden, aber auch der Bildschirm verändert natürlich bei Nutzung der Software seine jeweils konkrete Gestalt. Klar

---

[7] *Marly*, Softwareüberlassungsverträge, Rdn. 96.
[8] Ausführlich gegen solche Schlüsse *König*, NJW 1992, 1731 ff.

ist, dass Festplatten, Prozessoren, Motherboards und andere Bestandteile der Hardware Sachen sind. Diese verändern im Laufe der Bearbeitung ihre Gestalt, in dem ummagnetisiert wird und möglicherweise auch andere Änderungen vorgenommen werden. Dadurch allein wird Software nicht zu einer Sache. Die Software wird nach entsprechender Implementierung im Rechner dort physikalisch gespeichert und erhält dadurch eine neue, zusätzliche physikalische Ausprägung. Diese physikalische Ausprägung selbst kann von der Festplatte, auf der sie gespeichert wird, nicht getrennt werden. Bei einer Umorganisation einer Festplatte, wie sie z.b. bei Windows 98 durch eine Defragmentierung vorgenommen wird, wird diese physikalische Ausprägung z. B. wieder abgeändert, ohne dass dies irgendeine Auswirkung auf die Nutzbarkeit des Programms hat.

Bei den verschiedenen Ausprägungen der immer gleichen Software handelt es sich – soweit sie nicht auf nicht änderbaren Datenträgern installiert sind – um flüchtige Repräsentationen dieser Software, nicht um unterschiedliche Sachen.

Software kann auch **ohne Übergabe einer konkreten** Sache übertragen **283** werden. Das Herunterladen von Software auf einen Rechner, die gezielte Übertragung auf einen Rechner von einem anderen Rechner aus, all dies sind eindeutige Vorgänge, in dem nicht eine vorhandene Sache auf eine dritte Sache übertragen wird, sondern mit Hilfe elektrischer Signale die Magnetisierung von Festplatten u. ä. Dingen geändert werden.

Gehandelt wird bei diesen Vorgängen nicht mit Sachen, sondern aus- **284** schließlich mit Nutzungsrechten. Ob der zugrunde liegende Vertrag als Kaufvertrag zu behandeln ist oder nicht, ist eine getrennt davon zu entscheidende Frage.

Würde man Software darüber hinaus als Sache ansehen, so käme dann, **285** wenn die Nutzungsrechte an der Software einem anderen zustehen als das Eigentum am jeweiligen Rechner, die Frage auf, ob durch Einspeicherung der Software etwa die Regeln der §§ 947 und 948 BGB über Verbindung und Vermischung eingreifen. Niemand kommt auf die Idee, dass durch Einspeicherung einer Software der Inhaber der Nutzungsrechte an dieser Software **Miteigentümer an der Festplatte würde.**

All die Beispiele zeigen deutlich, dass Software als solche keine Sache sein kann. Dies entspricht auch der natürlichen Anschauung, die im Rahmen der Interpretation des § 90 BGB eine wichtige Rolle spielt. Sachen sind dabei im Raum abgegrenzte, sinnlich wahrnehmbare Gegenstände. Dies ist Software als solche nicht.

Es bleibt daher festzuhalten, dass **Software als solche keine Sache** **286** **ist.**[9]

---

[9] Ebenso *Köhler/Fritzsche*, in: Lehmann (Hrsg.): Rechtsschutz und Verwertung von Computerprogrammen, S. 513 (517f.); *Pres*, Gestaltungsformen, S. 21; *Diedrich*, CR 2002, 473 (475); *Günther*, Produkthaftung, S. 633 ff.

2. Vertragliche Gestaltungsmöglichkeiten

287 Nach diesen Vorbemerkungen soll auf die in der Praxis am häufigsten sich ergebenden **Rechtsstreitigkeiten** über Datenverarbeitungsanlagen eingegangen werden. Es geht dabei um Streitigkeiten aus Leistungsstörungen beim Erwerb von Soft- und Hardware. Auch die weit überwiegende Anzahl von Gerichtsentscheidungen, die sich mit Rechtsproblemen der hier betrachteten Art beschäftigen, betrifft diesen Bereich.
Der Erwerb von Hard- und Software kann sich in ganz unterschiedlichen Formen vollziehen.

288 Zunächst gibt es die Möglichkeit, sich **Hard- oder Software** oder beides gemeinsam sozusagen **von der Stange zu besorgen**. Daneben kann man sich Software auch für den **individuellen Fall** erstellen lassen. Theoretisch denkbar ist auch die Erstellung von Hardware. Dieser Fall kommt praktisch sehr selten vor und hat mehr mit Anlagenbau als mit Datenverarbeitungsproblematiken zu tun. Er soll daher hier nicht näher betrachtet werden.

289 Die Erwerbsgeschäfte können so vollzogen werden, dass die jeweiligen Produkte (Hard- und/oder Software) gegen eine **Einmalzahlung** endgültig überlassen werden. Sie können aber auch so abgewickelt werden, dass eine oder beide Komponenten nur gegen **regelmäßige Zahlungen** für eine bestimmte Zeit oder vorübergehend auf unbestimmte Zeit mit der Möglichkeit der Kündigung überlassen werden. Eine besondere Ausgestaltung des letzten Falls, bei der allerdings eine dritte Vertragspartei einbezogen wird, ist die Möglichkeit, Datenverarbeitungsanlagen und/oder Software auch zu leasen. Schließlich stellt sich sowohl hinsichtlich der Hardware als auch hinsichtlich der Software das Problem der Aufrechterhaltung der Funktionsfähigkeit. Bei der Software kommt das Problem hinzu, diese an im Lauf der Zeit geänderte Anforderungen, z. B. neue Gesetze oder Verordnungen oder auch geänderte Betriebssystemumgebungen, anpassen zu müssen. Aber auch unabhängig davon wird das jeweils zugrunde liegende Programm meist durch Erstellung neuer Versionen verbessert und wieterentwickelt. Die Übernahme dieser neuen Programmentwicklungen im laufenden Betrieb ist für den Erwerber wirtschaftlich interessant. Auch diese Betreuung während der Laufzeit kann vertraglich geregelt werden. Dabei wird in der Praxis zwischen der Aufrechterhaltung der Funktionen und der Anpassung und Weiterentwicklung nicht penibel unterschieden. Verträge über solche Betreuungsleistungen nennt man im Bereich der Hardware Wartungsverträge. Im Bereich der Software wird in Anlehnung an die besonderen Vertragsbedingungen der öffentlichen Hand (BVB) von Pflegeverträgen gesprochen. Allerdings wird auch diese terminologische Unterscheidung in der Praxis nicht konsequent durchgehalten.

290 In der Folge soll zunächst die Herstellung von Software (Rdn. 296 ff.), sodann der Erwerb von Hardware (Rdn. 507 ff.) und der Erwerb von Soft-

I. Einige Vorbemerkungen

ware (Rdn. 527 ff.) gegen Einmalzahlung behandelt werden. Der nächste Abschnitt betrifft den Hard- und Softwareerwerb auf Zeit (Rdn. 596 ff.), im Anschluss daran werden Wartungs- und Pflegeverträge betrachtet (Rdn. 631 ff.). Ein weiteres Kapitel behandelt den gemeinsamen Erwerb von Hard- und Software (Rdn. 681 ff.). Abgeschlossen werden die Betrachtungen durch eine Darstellung der prozessualen Probleme (Rdn. 699 ff.).

Bei Betrachtung der einzelnen Probleme wird in aller Regel auf verschiedene denkbare vertragliche Gestaltungsmöglichkeiten eingegangen. Besondere Aufmerksamkeit wird dabei den durch §§ 305 ff. BGB gezogenen Grenzen der Verwendung allgemeiner Geschäftsbedingungen gewidmet.

Als **Beispiel solch allgemeiner Geschäftsbedingungen** werden immer wieder die sogenannten **BVB** herangezogen (vgl. Anhang II). Dabei handelt es sich um Regelungen, die die öffentliche Hand als ein Großabnehmer von Leistungen im Bereich der Datenverarbeitung – wie auch in sonstigen Bereichen – im Hinblick auf das aus haushaltsrechtlichen Vorschriften resultierende Gebot der Sparsamkeit und Wirtschaftlichkeit als einheitliche Vertragsbedingungen entwickelt hat und die im einzelnen mit Vertretern der Hersteller ausgehandelt worden sind. Insgesamt gibt es hier sieben Formularwerke, die jeweils als besondere Vertragsbedingungen (BVB) gekennzeichnet sind. Für den Bereich der Hardware gibt es drei Komplexe: BVB-Kauf, BVB-Miete und BVB-Wartung, für den Bereich der Software die Komplexe BVB-Erstellung, BVB-Überlassung, BVB-Pflege und BVB-Planung.[10]

291

Die jeweiligen Auftraggeber aus dem Bereich der öffentlichen Hand sind aufgrund von Verwaltungsvorschriften gehalten, diese Vertragswerke ihren Vertragsabschlüssen zugrunde zu legen. Allerdings befinden sich im Augenblick neue Vertragsbedingungen, die sogenannten **EVB-IT** (ergänzende Vertragsbestimmungen Informationstechnik) in der Entwicklung. Diese liegen aber nur teilweise vor. Bislang gibt es lediglich EVB-IT Kauf (nebst Kurzfassung), EVB-IT Dienstleistung, EVB-IT Überlassung Typ A (nebst Kurzfassung), EVB-IT Überlassung Typ B, EVB-IT Instandhaltung[11] und seit dem 1. 3. 2003 die EVB-IT Pflege.[12]

292

Zivilrechtlich gesehen handelt es sich bei den **BVB um allgemeine Geschäftsbedingungen,** da sie im konkreten Einzelfall mit dem jeweiligen Hersteller bzw. Lieferanten nicht mehr ausgehandelt werden. Die Bedingungen sind zwar generell mit den Vertretern der Hersteller ausgehandelt, nicht aber jeweils im Einzelfall mit dem konkreten Vertragspartner. Ihre Einbeziehung in den Vertrag unterliegt daher den Vorschriften über allgemeine Geschäftsbedingungen. Die Rechtsprechung ist dabei sogar so weit gegangen, dass dann, wenn der Lieferant im Wissen darum, dass der Auf-

293

---

[10] Zur Letzteren *Müller-Hengstenberg*, CR 1988, 633.
[11] *Kulartz/Steding*, IT-Leistungen, S. 126; *Leitzen/Intveen*, CR 2001, 493.
[12] Dazu *Feil/Leitzen*, CR 2003, 161.

traggeber nur mit BVB abschließt, diese von sich aus in die Vertragsverhandlungen einführt, die Bedingungen als Bedingungen des Bestellers behandelt werden.[13] Sie unterliegen also auch in diesem Fall den Regeln über allgemeine Geschäftsbedingungen in der Weise, dass ihre Wirksamkeit sozusagen als Einkaufsbedingungen geprüft werden. Einzelne Urteile haben die BVB in früheren Zeiten generell als ausgewogenes Vertragswerk angesehen[14] mit der möglicherweise beabsichtigten Konsequenz, die einzelnen Bedingungen von der Inhaltskontrolle gemäß §§ 307–309 BGB ebenso freizustellen wie dies bei VOB/B und ADSp der Fall ist. Diese Rechtsprechung ist aber vom BGH[15] ausdrücklich abgelehnt worden. Auch bei dem BVB müsse jede einzelne Klausel an den Anforderungen der Regelungen über allgemeine Geschäftsbedingungen gemessen werden. Hinsichtlich verschiedener Klauseln wird dies in der Folge auch exemplarisch vorgenommen.

294   Die BVB sind auch keinesfalls so verbreitet wie etwa die VOB im Bereich der Bauleistung. Dennoch dürften sie – schon wegen der Bestellermacht der öffentlichen Hand – zu den verbreitetsten Klauselwerken zählen.[16] Sie sind schon deswegen ein gutes Beispiel für denkbare Regelungsinhalte. Darüber hinaus sind sie von sachkundigen Herstellern und Abnehmern ausgehandelt worden und stellen auch deswegen ein gutes Beispiel für mögliche, aber auch für problematische Regelungen dar. Ob sie im Einzelfall insgesamt brauchbare allgemeine Geschäftsbedingungen für konkrete Verträge sind, soll hier nicht beurteilt werden.[17] Ob die EVB-IT eine ähnliche Bedeutung erlangen, muss man abwarten.

In der Folgen sollen die BVB als eine Beispiel allgemeiner Geschäftsbedingungen häufiger dargestellt und diskutiert werden. Auf die EVB-IT wird an einzelnen Stellen ebenfalls eingegangen.

3. Vorbemerkung zum alten und neuen Schuldrecht

295   Zum 1. 1. 2002 ist das Schuldrecht im BGB grundlegend reformiert worden. Nach den Übergangsregeln gilt für vor diesem Zeitpunkt abgeschlossene Verträge das alte Recht fort, für Dauerschuldverhältnisse freilich nur bis zum 1. 1. 2003 (Art. 229 § 5 EGBGB). Dies bedingt für längere Zeit die Anwendung beider Fassungen. Für neue Verträge, d.h. insbesondere für die Beratung im Rahmen der Vertragsgestaltung, gilt das neue Recht; für Auseinandersetzungen gilt oft noch das alte. Rechtsprechung gibt es praktisch nur zum alten Recht. Dieser Tatsache wird bei der folgenden Darstellung da-

---

[13] BGH, NJW 1997, 2043 (2044).
[14] LG München I, CR 1990, 465 (467).
[15] BB 1991, 373 = CR 1991, 273 = NJW 1991, 976.
[16] So auch *Schneider*, Handbuch des EDV-Rechts, Rdn. A 160ff.
[17] Zu den BVB und EVB-IT vgl. die ausführlichen Darstellungen von *Zahrnt*, VOC, Teil 1, 2. Auflage 1982, Teil 2, 1981 sowie von *Müller-Hengstberg*, BVB/EVB-IT-Computersoftware.

durch Rechnung getragen, dass beide Rechte dargestellt werden. Zunächst wird dabei das neue Recht dargestellt. Im Anschluss daran wird auf das alte Recht eingegangen – wenn nötig, in einem eigenen Abschnitt. Gibt es materiell wenig Änderungen, wird lediglich auf eventuelle Abweichungen im alten Recht hingewiesen.

II. Herstellung von Software

1. Rechtscharakter

a) Neues Schuldrecht

Wird zwischen den Parteien vereinbart, dass die eine Partei der anderen Software **erstellt**, so handelt es sich um eine Vereinbarung, nach der eine Partei ein Produkt herstellen muss. Es kommt auf die Herstellung dieses Produktes an, nicht etwa auf die zur Herstellung geleisteten Dienste, mit anderen Worten: Die Leistung ist erfolgsorientiert. Es entsprach daher weit überwiegender Meinung, dass ein Vertrag über die Herstellung von individueller Software dem **Werkvertragsrecht** unterlag.[18] Teilweise wurde dabei die Herstellung der Software von der Lieferung des Programmträgers unterschieden, auf dem die Software verkörpert ist. Die Vereinbarung zur Lieferung des letzteren sei ein Werklieferungsvertrag über eine vertretbare Sache,[19] so dass weitgehend Kaufvertragsrecht zur Anwendung komme. Diese Differenzierung ist aber nicht gerechtfertigt, weil sie nicht trennbares auseinanderreißt. Bei einem herkömmlichen Gutachterauftrag wird z.B. auch nicht zwischen der Erstellung des Gutachtens (Werkvertrag) und der Lieferung des Papiers unterschieden, auf dem das Gutachten geschrieben wird (Werklieferungsvertrag). Der Vertrag war hier vielmehr einheitlich als Werkvertrag zu behandeln. Davon gehen auch z.B. die hier einschlägigen BVB-Erstellung[20] aus.

296

---

[18] Grundlegend BGH, WM 1971, 615 (616); BGH, CR 1990, 708 (709); *Junker/Benecke*, Computerrecht, Rdn. 166; ebenso *Engel*, BB 1985, 1159 (1161); *Bartl*, CR 1985, 13 (15); *Unger*, CR 1986, 85; *Mehrings*, NJW 1986, 1904 (1907); *Brandi-Dohrn*, CR 1986, 63 (64); *zur Megede*, NJW 1989, 2581 (2582); *Moritz/Tybussek*, Computersoftware, Rdn. 515; *Kilian*, in: Weyers (Hrsg.): Datenverarbeitungsprogramme als Gegenstand des Rechtsverkehrs, 1992, S. 77 (92); *Köhler/Fritzsche*, in: Lehmann (Hrsg.), Rechtsschutz und Verwertung von Computerprogrammen, S. 513 (527); *Schneider*, Handbuch des EDV-Rechts, Rdn. D 153; *Malzer*, Der Softwarevertrag, S. 256; LG Berlin, CR 1987, 295 (296); *Tellis*, BB 1990, 500 (504); LG Oldenburg, CR 1990, 201 (202); a.A. *v. Westphalen*, CR 1987, 477 (487): Lizenzvertrag; *v. Westphalen/Seidel*, Aktuelle Rechtsfragen, S. 2 ff.: Mischung aus Werkvertrag und Pacht- (Lizenz-)vertrag; *König*, Das Computerprogramm, S. 196 ff.: Werklieferungsvertrag, allerdings aufgrund der Bewertung von Programmen als Sachen.

[19] *Engel*, BB 1985, 1159 (1161).

[20] Veröffentlicht Beilage Nr. 13a zum Bundesanzeiger Nr. 13 v. 21. 1. 1986.

297 Qualifiziert man freilich Programme wie dies der BGH tut,[21] als Sachen, käme in der Tat ein **Werklieferungsvertrag** in Betracht. Nach § 651 BGB unterliegt die Herstellung von Software dann dem Kaufrecht. Daneben gelten für die Herstellung von Software als Herstellung einer vertretbaren Sache nur wenige Regeln des Werkvertragsrechts, insbesondere solche, die die Mitwirkungsobliegenheiten betreffen. Hält man Software daher für eine bewegliche Sache, gilt primär Kaufrecht. Ist dies nicht der Fall, gilt Werkvertragsrecht. Wegen der teilweisen gewichtigen Unterschiede muss der BGH diese Frage bald entscheiden. Eine neue Entscheidung des BGH[22] lässt es offen erscheinen, wie er sich entscheidet. Nach hier vertretener Meinung gilt jedenfalls Werkvertragsrecht.[23]

298 Für die Bearbeitung von Software, die dem Besteller gehört oder von diesem von Dritter Seite beschafft wird, gilt auch dann Werkvertragsrecht, wenn Software eine Sache ist, weil bei diesem Geschäft keine bewegliche Sache erzeugt oder hergestellt wird. Auch sonst gilt ja, dass die Bearbeitung beweglicher Sachen Werkvertrag ist.

299 Neben den hier geschilderten Vertragsgestaltungen kommen allerdings auch Vertragsgestaltungen vor, in denen **nur Programmierarbeiten**, aber keine fertigen Programme geschuldet sind. In diesem Fall handelt es sich um **Dienst- (möglicherweise um Arbeits-)verträge**, weil kein Erfolg geschuldet wird.[24] Welche Vertragsart eingreift, ist im Einzelfall im Wege der Auslegung gemäß § 133 BGB zu entscheiden.[25] Von einem Werkvertrag kann dabei nur gesprochen werden, wenn der zu erzielende Erfolg, die fertigzustellende Software, einigermaßen nachvollziehbar beschrieben wird. Die bloße Vereinbarung, Programme zu erstellen, die im einzelnen noch nicht feststehen, reicht dazu nicht aus. Verträge mit einem solchen Inhalt sind Dienstverträge.[26] Umgekehrt ändert die Bezeichnung der Leistungen als „Dienste" und die Bezahlung nach Stundensätzen nichts am Vorliegen eines Werkvertrages, wenn eindeutig ein konkretes Programm geschuldet ist.[27]

In der Folge wird zunächst die – jedenfalls im Bereich veröffentlichte Entscheidungen – häufigere Form des Werkvertrages betrachtet.

b) Altes Schuldrecht

300 Im alten Recht stellte sich die Frage nach dem Unterschied zwischen Werkvertrag und Werklieferungsvertrag zwar auch, aber nicht so scharf wie im

---

[21] Dazu oben Rdn. 278 ff.
[22] BGH CR 2002, 93; dazu unten Rdn. 300.
[23] Ebenso *Diedrich*, CR 2002, 473; a. A. wohl *Härting*, ITRB 2002, 218 (219).
[24] *Moritz/Tybussek*, Computersoftware, Rdn. 314; zur Abgrenzung: *Schneider*, Handbuch des EDV-Rechts, Rdn. D 154.
[25] Vgl. dazu auch noch unten Rdn. 502 ff.
[26] LG München I, Beilage Nr. 7 zu BB 1991, S. 7 ff. mit zust. Anm. *Zahrnt*; vgl. auch ArbG Stuttgart, Beil. Nr. 7 zu BB 1991, S. 13 ff. mit krit. Anm. *Zahrnt*; zur Abgrenzung vgl. auch BGH NJW 2002, 3317 und BB 2002, 2039 = NJW 2002, 3323.
[27] OLG Düsseldorf, NJW-RR 1998, 345.

neuen Recht. Bei der Erstellung von Software handelt es sich nämlich um einen Werklieferungsvertrag über eine nicht vertretbare Sache, da ein individuelles Werkstück und nicht irgend etwas massenweise Hergestelltes geschuldet ist, so dass sich die rechtlichen Unterschiede zwischen Werkvertrag und Werklieferungsvertrag eher gering sind. In einem Fall, in dem es darauf ankam, hat der BGH allerdings dezidiert die Auffassung vertreten, dass es sich bei einem Vertrag über Softwareerstellung um einen Werklieferungsvertrag handele.[28] In einer neuen Entscheidung hat er diese Auffassung differenziert. Er hat ausgeführt, dass die Einordnung als Werklieferungsvertrag dann richtig sei, wenn Vertragsgegenstand die Lieferung und Abänderung einer dem Unternehmer gehörenden Software sei. Gleichzeitig hat er aber deutlich gemacht, dass die Überarbeitung (im entschiedenen Fall: Portierung) einer dem Besteller gehörenden Software reinem Werkvertragsrecht unterliegt, weil der Unternehmer keine von ihm hergestellte Sache liefert. Was für den Fall gilt, dass der Unternehmer nicht eine ihm schon gehörende und dem Besteller zu liefernde Software abändert, sonder eine solche neu herstellt, hat er nicht ausgeführt.[29] Die Entscheidung für den letzten Fall ist daher offen.

Nach der hier vertretenen Ansicht sind Programme als solche keine Sachen, so dass die Herstellung von Software nicht Gegenstand eines Werklieferungsvertrages, sondern Gegenstand eines Werkvertrags ist.

301

2. Leistungsumfang

a) Pflichtenheft

Bei der Herstellung von Individualsoftware muss der Leistungsumfang im einzelnen jeweils bei **Vertragsschluss vereinbart** werden.[30] Dies versteht sich hier wie bei allen anderen Werkverträgen im Prinzip von selbst. In aller Regel wird bei diesen Aufträgen ein sog. **Pflichtenheft** erarbeitet.[31] Darin wird festgelegt, was das zu erstellende Programm leisten soll.

Üblicherweise muss ein dem Pflichtenheft vergleichbares Dokument vom jeweiligen **Auftraggeber erarbeitet** werden.[32] Denn diesem obliegt die Definition des Werkes. Dieses ist allerdings im Bereich der EDV oft nicht

302

---

[28] BGH, NJW 1993, 2436 (2437) = CR 1993, 681; zustimmend *Marly*, Softwareüberlassungsverträge, Rdn. 57; OLG Celle, CR 1997, 150.
[29] BGH, CR 2002, 93; dazu auch *Plath*, ITRB 2002, 98 (100); *Schneider/Bischof*, ITRB 2002, 273.
[30] Zum sachgerechten Vorgehen vgl. im Einzelnen z.B. *Ellenberger/Müller*, Zweckmäßige Gestaltung, S. 37 ff.; *Zahrnt*, Projektmanagement, S. 17 ff.
[31] *Engel*, BB 1985, 1149 (1161).
[32] Ebenso OLG Köln, OLG-Report Köln 1992, 150; OLG-Report Köln 1993, 237 = Beil. Nr. 7 zu BB 1994, S. 11; NJW-RR 1993, 1529; *Koch*, Computer-Vertragsrecht, Rdn. 20; differenzierend OLG Köln, NJW-RR 1999, 51; vgl. auch zur *Megede*, NJW 1989, 2581 f.

möglich, weil es dem Auftraggeber insoweit an Sachkompetenz fehlt. In solchen Fällen bieten sich zwei Möglichkeiten an. Zum einen kann der jeweilige Auftraggeber einen sachkundigen Mitarbeiter zur Erstellung eines entsprechenden Pflichtenheftes beauftragen und diesen gesondert bezahlen. Dieser Mitarbeiter hat Aufgaben, die manchen Aufgaben der Architekten im Baubereich entsprechen. Eine solche Art der Auftragsvorbereitung bzw. Projektbetreuung wie sie durch einen Architekten im Baubereich geschieht, kommt im EDV-Bereich aber nur eingeschränkt vor. Sehr viel häufiger wird die zweite Möglichkeit gewählt: Das Pflichtenheft wird von den Vertragsparteien gemeinsam erarbeitet. Dabei teilt der Auftraggeber seinem Auftragnehmer seine Vorstellungen von der Funktion des zu erwerbenden Programms bzw. der zu erwerbenden EDV-Anlage mit und bringt seine Sachkunde über seinen Betrieb und die im Betrieb üblichen Abläufe ein. Der Auftragnehmer muss seine EDV-Sachkunde einbringen und ggf. auf sachkundige Aufgabenstellungen hinwirken. Unter Umständen muss er auch darauf hinweisen, dass die vom Kunden gewünschte Anwendung auf einer vorhandenen EDV-Anlage oder mit der – für Teilbereiche fast immer vorgesehenen – Standardsoftware nicht realisierbar ist.[33] Das **Pflichtenheft** wird dann vom **Auftragnehmer formuliert**[34] Der Auftraggeber überprüft und akzeptiert das Pflichtenheft. Ändern sich im Laufe der Erstellung des Pflichtenheftes Hardwarekonstellationen oder andere Umgebungsbedingungen, hat der Auftragnehmer den Auftraggeber auf eventuelle Konsequenzen für die Gestaltung des Pflichtenheftes hinzuweisen.[35]

303 Die Gerichte haben teilweise sehr weitgehende **Mitwirkungspflichten** des **Herstellers** bei der Erstellung des Pflichtenhefts angenommen, auch wenn diese vom Auftraggeber erstellt wurde. Dies ist wohl auch angemessen, da der Hersteller in Fällen der gemeinsamen Erstellung des Pflichtenheftes quasi Aufgaben eines planenden Architekten mit übernimmt. In diesem Falle muss er auch die entsprechende Sorgfalt erbringen. Sollte der Hersteller sich dazu etwa aus Gründen der mangelnden Sachkunde über den Betrieb des Auftraggebers nicht in der Lage sehen, müsste er darauf hinwirken, dass entsprechend sachkundige Personen als Mittler eingeschaltet werden.

304 Aber auch in diesem Zusammenhang dürfen die **Mitwirkungspflichten** des Softwareerstellers insbesondere bei größeren Unternehmen und sachkundigen Auftraggebern **nicht übertrieben** hoch angenommen werden. Es ist sicherlich nicht Aufgabe des Auftragnehmers, in der Softwarekonstruktion eventuell bestehende Mitwirkungspflichten des Betriebsrats oder die Einhaltung der für den Betrieb des Auftraggebers geltenden gesetzlichen Bestimmungen sicherzustellen. Solche Vorgaben muss der Auftraggeber von

---

[33] OLG Celle, CR 1988, 303 (305); IuR 1986, 311 (313).
[34] Vgl. LG Bamberg, Beilage Nr. 11 zu BB 1989, S. 2; eine andere Form bei OLG Köln, OLG-Report Köln 1993, S. 297 = Beil. Nr. 7 zu BB 1994, S. 11.
[35] OLG Celle, CR 1988, 219 (LS).

II. Herstellung von Software

sich aus in die Aufgabenstellung mit einbringen. Das Gleiche gilt für Betriebsabläufe, zumal hier ja oft auch Organisationsentscheidungen des Auftraggebers gefragt sind. Der Auftraggeber mag allenfalls auf eventuell mögliche unterschiedliche Organisationsstrukturen hinweisen. Es ist im Normalfall nicht Aufgabe des Softwareerstellers, Organisationsentscheidungen des Unternehmens zu treffen. Im Einzelfall können Verträge dies alles gestalten und auch solche Aufgaben dem jeweiligen Auftragnehmer übertragen. Ohne spezifische Vereinbarungen muss die Situation so sein, dass der **Auftraggeber** von sich aus die Vorgaben einbringt, die er an die **Organisation** stellt und der Auftragnehmer ggf. Anregungen zur Änderung gibt, wenn sich dies **EDV-technisch** anbieten.[36]

Im Laufe der Entwicklung der letzten Jahre hat im übrigen auch die Rechtsprechung wieder stärker betont, dass die **Erstellung des Pflichtenheftes** an sich **Sache des Auftraggebers** ist.[37] Der vor Jahrzehnten bestehende Informationsvorsprung des Auftragnehmers im Hinblick auf Einsatzmöglichkeiten der EDV ist angesichts des breiten Einsatzes dieser Technik auch zunehmend geringer geworden, so dass der Auftraggeber sehr viel stärker als zum Zeitpunkt der ersten gerichtlichen Entscheidungen in der Lage ist, das Pflichtenheft zu erstellen oder zumindest seine Bedeutung einzuschätzen.[38] Anders ist dies nur bei der Anpassung, Parametrisierung oder Ergänzung von spezifischer Standardsoftware des Auftragnehmers. Hier besteht ein Informationsvorsprung hinsichtlich der technischen Gegebenheiten und inhaltlichen Möglichkeiten der Standardsoftware auf Seiten des Auftragnehmers, der bei der Verteilung der Verantwortlichkeiten für das Pflichtenheft zu berücksichtigen ist.

Die **Erstellung des Pflichtenheftes** sollte sorgfältig von der Erstellung des **Programms getrennt** werden. In den BVB werden z.B. zunächst die Phasen bis zur Entstehung des Pflichtenheftes (dort fachliches Feinkonzept genannt) von der eigentlichen Programmierung einschließlich ihrer ersten Phase, der Erarbeitung des DV-technischen Feinkonzepts unterschieden. Nur das Letztere fällt überhaupt in den Bereich der BVB-Erstellung (vgl. § 1 Nr. 1 a) BVB-Erstellung). Die vorhergehenden Phasen werden vom Bereich der BVB-Planung[39] umfasst. Darüber hinaus sollen gemäß einer Anmerkung zu § 1 BVB-Erstellung das DV-technische Feinkonzept und die Programmierung nur dann gleichzeitig vergeben werden, wenn Vergütung und Ausführung schon festlegbar, d. h. die Vorarbeiten schon sehr weit fortgeschritten sind. Grundlage dieser Trennung ist ein sehr umfangreiches Phasenkonzept, das bei der Erstellung von Software zugrunde zu legen ist.[40]

---

[36] Ebenso schon 1988 der BGH, *Zahrnt* ECR BGH 1.
[37] OLG Köln, CR 1998, 459 = NJW-RR 1999, 51.
[38] Vgl. *Ihde*, CR 1999, 409 (410 f.).
[39] Bekannt gemacht am 24. 10. 1988.
[40] Das Phasenkonzept ist enthalten z. B. in Anlage 2 zu BVB-Erstellung.

Auch außerhalb des Bereichs der öffentlichen Hand ist ein so sorgfältig getrenntes Vorgehen – wie es ja auch im Bereich des Architektenwesens mit den Leistungsphasen der HOAI vorgesehen ist – dringend zu empfehlen. In diesem Fall sind auch getrennte Vergütungen für die einzelnen Arbeitsphasen zu vereinbaren.

Selbst bei kleineren Projekten empfiehlt sich prinzipiell eine sorgfältige Trennung.

307 Soll zunächst ein **Pflichtenheft** erstellt werden, wird dieses aber **nicht erstellt,** kann der Auftraggeber vom Auftragnehmer die Softwareerstellung nicht verlangen. Ohne das Pflichtenheft stand nämlich nicht fest, welches Werk geleistet werden muss.[41] Der Vertrag ist unvollkommen. Wird das Werk dennoch fertiggestellt und in Betrieb genommen, entfällt nach der Rechtsprechung des BGH die Pflicht zur Erstellung des Pflichtenheftes.[42] Die Instanzgerichte sehen dies teilweise anders.[43]

Letztendlich dürfte die Differenz aber kleiner sein als angenommen. Wird das Programm ohne Pflichtenheft fertiggestellt und abgenommen, macht es wenig Sinn, nachträglich noch die Fertigstellung des Pflichtenheftes zu verlangen. In aller Regel wird ja ein Benutzerhandbuch, ggf. auch weitere Dokumentationsunterlagen, vorliegen, die das Produkt beschreiben. Fehlen sie, ist das Produkt unfertig, der Vertrag kann dann ggf. über § 323 Abs. 1 BGB (bislang § 326 BGB a. F.) rückabgewickelt werden.[44] Eine Pflicht zur nachträglichen Erstellung des Pflichtenheftes entfällt.

Wird das Produkt nicht abgenommen, z.B. weil Streit darüber herrscht, was geschuldet ist, weil eben das Pflichtenheft fehlt, muss das Pflichtenheft noch erstellt werden. In diesem Fall wird man wohl in aller Regel davon ausgehen müssen, dass die Erstellung des Pflichtenheftes Hauptleistungspflicht ist, so dass allein schon das **fehlende Pflichtenheft eine teilweise Nichterfüllung** darstellt und damit die Rechte aus § 323 BGB (bislang § 326 BGB a. F.) gewährt.[45]

308 Kann man freilich den geschuldeten Leistungsumfang des Produkts auch ohne Pflichtenheft bestimmen, stellt sich wieder die Frage, ob überhaupt ein Pflichtenheft erstellt werden muss. Ihde[46] geht dann von einer Nebenpflicht aus. Die Differenzierung erscheint aber zu feinsinnig. Gibt es eine Pflicht zur Erstellung des Pflichtenheftes, ist diese Hauptpflicht. Diese Pflicht läuft aber nach Erstellung des Programms ins Leere, so dass in dem Fall, dass das Pflichtenheft für die Feststellung des Leistungsumfangs entbehrlich ist, die-

---

[41] Ähnlich *Zahrnt* DB 1986, 157 (158); OLG Saarbrücken, *Zahrnt*, ECR OLG 173.
[42] BGH, Beil. Nr. 3 zu BB 1993, 2.
[43] OLG Düsseldorf, *Zahrnt*, ECR OLG 103; LG Berlin, Urt. v. 12. 11. 1998, 5 O 43/96, zitiert bei *Ihde*, CR 1999, 409 (412).
[44] Vgl. Rdn. 408, 411.
[45] *Ihde*, CR 1999, 409 (413).
[46] CR 1999, 409 (412).

ses auch nicht mehr angefertigt werden muss. Dieser Fall dürfte aber eher selten sein.[47]

Die Parteien können auch Vereinbarungen über die Herstellung eines Pflichtenheftes treffen. So war in einem vom OLG Köln entschiedenen Fall die Fertigstellung des Pflichtenhefts aufschiebende Bedingung für das Zustandekommen des Hauptvertrages.[48] Die Folgen der Nichterstellung des Pflichtenheftes richten sich dann nach diesen Vereinbarungen. 309

Wird das Programm nicht erstellt, stellt sich das Problem, ob der Unternehmer für eventuell von ihm erbrachte **Vorleistungen eine Vergütung** verlangen kann.[49] Soweit für eine fertig gestellte Leistung eine gesonderte Vergütung vereinbart ist, ist diese jedenfalls zu zahlen. Ist dies nicht so, ist vielmehr nur eine Gesamtvergütung vereinbart worden, müssen verschiedene Fälle unterschieden werden. 310

Die Vergütungspflicht hängt zunächst davon ab, ob das Zustandekommen des Pflichtenheftes an der mangelnden Leistung des Unternehmers gescheitert ist oder an der mangelnden Mitwirkung des Auftraggebers. Im ersten Fall stehen dem Auftraggeber die Rechte aus § 323 Abs. 1 BGB (bislang §§ 326 bzw. 636 BGB a. F.) zu.[50] Die Erstellung des Pflichtenheftes ist – wie oben[51] gesagt – jedenfalls Hauptleistungspflicht des Auftragnehmers. Der Auftraggeber kann ggf. auch Schadensersatz verlangen. Im Übrigen dürfen Vergütungsansprüche des Auftragnehmers nicht fällig werden, weil keine Abnahme erfolgt. Im zweiten Fall kann der Auftragnehmer eine Vergütung gemäß § 642 BGB verlangen und den Vertrag durch entsprechende Fristsetzung mit Kündigungsandrohung gem. § 643 BGB beenden.[52] Diese Vorschriften gelten auch für den Werklieferungsvertrag (§ 651 S. 3 BGB). In diesem Fall ergibt sich der Vergütungsanspruch aus § 649 BGB analog oder § 280 BGB.[53]

Ist das Scheitern **nicht dem Fehlverhalten einer Partei** zuzuordnen, besteht kein Vergütungsanspruch, weil weder die Voraussetzungen des § 643 BGB vorliegen noch ein Schadensersatzanspruch gem. §§ 280 ff. BGB besteht. Vertraglich kann etwas anderes vereinbart werden, wobei eine solche Vereinbarung auch konkludent erfolgen kann.[54] Sollte im Übrigen ein für den Auftragnehmer brauchbares Zwischenergebnis entstanden sein und dieser dieses Zwischenergebnis erhalten und nutzen, so ist jedenfalls ein Anspruch aus ungerechtfertigter Bereicherung gegeben, wenn keine vertrag- 311

---

[47] A. A. *Hörl*, Aufklärung und Beratung S. 250 ff., der von diesem Fall als Regelfall ausgeht und überhaupt nicht differenziert.
[48] OLG Köln, OLG-Report Köln 1999, 309 = NJW-RR 1999, 1733.
[49] Zum Folgenden vgl. *Zahrnt*, DB 1986, 157 (158).
[50] OLG Köln, OLG-Report Köln 1994, S. 13.
[51] Rdn. 307.
[52] *Ihde*, CR 1999, 409 (413).
[53] *Palandt-Sprau*, § 643 BGB Rdn. 1.
[54] Z. B. OLG Nürnberg, NJW-RR 1993, 760.

lichen Vergütungsansprüche bestehen. Vergütungsansprüche können sich u.U. auch aus § 632a BGB ergeben. Diese Vorschrift gilt freilich für Werklieferungsverträge nicht.

Wegen der zahlreichen Unsicherheiten im Bereich der Pflichtenheftgestaltung empfehlen sich klare vertragliche Regelungen in den Verträgen über die Erstellung von Software.

b) Dokumentation und Quellcode

312 Neben dem Programm muss der Softwareersteller dem Abnehmer jedenfalls eine **Benutzerdokumentation** liefern, damit dieser in der Lage ist, das Programm zu nutzen.[55] Diese gehört zum Umfang der Hauptleistungspflichten bei der Erstellung von Individualsoftware. Bei Nichtlieferung der Dokumentation ist nur eine Teilleistung erfolgt.[56] Die Benutzerdokumentation muss so beschaffen sein, dass sie vom Auftragnehmer und dessen Personal mit dessen EDV-Kenntnissen und einer ggf. spezifischen Systemschulung verstanden werden kann.[57] Zumindest **zentrale Teile** sollten in **deutscher Sprache** gehalten sein.[58] Ist das Programm zweisprachig, ist u.U. auch eine zweisprachige Benutzerdokumentation geschuldet.[59] Die Benutzerdokumentation muss auch **vollständig** sein. Geschuldet ist sie aber nur für das endgültige Programm und nicht etwa auch für Zwischenfassungen.[60] Orientierungspunkte für ihre Ausgestaltung ergeben sich aus DIN 66230 (Programmdokumentation), DIN 66231 (Programmentwicklungs-Dokumentation) und DIN 66232 (Datenbeschreibung).[61] Allerdings beschreibt keiner dieser Normen die Benutzerdokumentation, sondern lediglich Unterlagen, die für eine Wartung und Weiterentwicklung des Programms notwendig sind. Die Benutzerdokumentation, teilweise auch Anwenderhandbuch genannt, benötigt nur einen Teil der in diesen DIN-Normen benötigten Angaben. Sie muss insbesondere allerdings auch für Nichtfachleute ver-

---

[55] *Engel*, BB 1985, 1159 (1160); LG Bamberg, Beil. Nr. 11 zu BB 1989, S. 2; OLG Karlsruhe, CR 2003, 95 (96); kritisch *Krebber*, AcP 201 (2001), 333 (341 f.).
[56] BGH, Beil. Nr. 13 zu BB 1993, S. 2; NJW 1993, 1063 = Beil. Nr. 13 zu BB 1993, S. 4; OLG Hamm, *Zahrnt*, ECR OLG 189; OLG Köln, OLG-Report Köln 1997, 121; OLG Köln, OLG-Report Köln 1999, 118; a.A. (ohne Diskussion des BGH) OLG Saarbrücken, NJW-RR 1997, 558 = DuD 1998, 48; früher streitig, für die Annahme eines Mangels z.B. OLG Köln, *Zahrnt* ECR OLG 72; OLG Frankfurt a.M., *Zahrnt*, ECR OLG 87; OLG Koblenz, *Zahrnt*, ECR OLG 108.
[57] OLG Hamm, CR 1990, 715 (716).
[58] OLG Karlsruhe, *Zahrnt*, ECR OLG 73; OLG Düsseldorf, GRUR 1994, 902 = DuD 1996, 41; OLG Köln, NJW-RR 1996, 44; OLG München, OLG-Report München 1999, 78 = NJW-CoR 1999, 248 (LS); LG Koblenz, NJW-RR 1995, 942; *Beckmann*, CR 1998, 519 (521 f.).
[59] OLG Köln, CR 2000, 585.
[60] BGH, NJW 1998, 2133; BB 2001, 803 = NJW 2001, 1718 = CR 2001, 367 m. Anm. *Hoene*.
[61] *Schneider*, Handbuch des EDV-Rechts, Rdn. A 82.

II. Herstellung von Software

ständlich sein.[62] Der EDV-Gerichtstag hat dazu 1999 einen sogenannten Saarbrücker Standard vorgeschlagen, der Kriterien zur Bewertung der Benutzerdokumentation beinhaltet.[63]

In den letzten Jahren hat sich eine Praxis entwickelt, nach der die Benutzerdokumentation mehr und mehr durch **Hilfehinweise während des Programmaufrufs** ersetzt werden. Oft wird auch eine **Rundtour** durch das Programm zu Beginn der Programmnutzung angeboten.

Dies mag bei kleinen und einfach zu bedienenden Programmen möglicherweise eine Lösung darstellen. Auch bei diesen muss zumindest die Installationsanweisung so klar sein, dass eine Installation jederzeit möglich ist.

Bei komplexeren Programmen erscheint der hier vorgeschriebene Weg ungeeignet.

Auch die beste Rundtour kann eine mit Stichwortverzeichnis und Gliederung erschlossene Textfassung nicht ersetzen. Sowohl der Überblick über die gebotenen Möglichkeiten als auch die gezielte Aufarbeitung spezifischer Problemfelder und die Durchsicht, welche der angebotenen Lösungen für das eigene Problem vielleicht besonders geeignet sind, ist praktisch nur mit einem entsprechend ausgestalteten Papierwerk möglich. Weder der Umfang des auf dem Bildschirm lesbaren Textes, noch die Suchfunktionen, die üblicherweise zur Verfügung stehen, reichen dafür aus.

Der Ersatz eines Handbuchs durch elektronische Hilfefunktionen ist daher nur in einfachen Fällen möglich.[64] Hinzu kommt, dass in der Praxis in aller Regel die elektronischen Hilfen noch schlechter lesbar sind als die gedruckten Papiere.

Es dürfte daher in den meisten Fällen notwendig sein, eine gedruckte Dokumentation zu liefern. Eine elektronische Hilfeleistung und eine elektronische Übersicht ist sicherlich nicht allein ausreichend.

Es wird aber sicherlich ausreichend sein, wenn ohne große Mühe die **Dokumentation nach Installation des Programms ausgedruckt** werden kann.[65] Sie muss nicht in Papierform mitgeliefert werden. Allerdings setzt auch dies voraus, dass auf einem gängigen Drucker ein hinreichend gegliederte und vernünftig lesbare Dokumentation ausgedruckt wird. Im Bereich der Privatanwendungen, insbesondere der Spiele, dürfte diese Ausnahme nicht gelten. Nicht jeder Private muss auf diesem Wege gezwungen werden, einen Drucker zu installieren, wenn er ihn sonst nicht braucht.

Im Übrigen gelten für eine eventuell vorhandene elektronische Dokumentation und Hilfefunktionen die gleichen Anforderung wie an die Benutzerdokumentation.

---

[62] Vgl. dazu *Lesshaft*, zitiert bei *Zahrnt*, ECR OLG 139; ausführlich *Brandt*, CR 1998, 571.
[63] Dazu *Bergmann/Potter/Streitz*, CR 2000, 555.
[64] Ähnlich *Beckmann*, CR 1998, 519 (521).
[65] LG Heilbronn, Beil. Nr. 7 zu BB 1994, S. 7 m. Anm. *Zahrnt;* einschränkend *Beckmann*, CR 1998, 519 (521); a. A. LG Stuttgart, CR 2001, 585.

315   Ob auch eine **Herstellungsdokumentation** bzw. ein Quellcode zur Verfügung gestellt werden muss, ist im übrigen streitig. Außer in dem Fall einer ausdrücklichen Vereinbarung dürfte eine solche Pflicht dann bestehen, wenn der Softwareersteller keine weiteren Wartungsaufgaben übernimmt und/oder sämtliche Rechte am Programm dem Auftraggeber überträgt.[66] In diesem Fall benötigt der Abnehmer Herstellerdokumentation und Quellcode. In anderen als in hier genannten Fällen wird eine Pflicht zur Lieferung von Herstellerdokumentationen und Quellcodes nur selten anzunehmen sein.[67] Die Rechtsprechung hat sehr stark auf die Umstände des Einzelfalls abgestellt.[68]

Ist die Lieferung des Quellcodes geschuldet, gehören dazu auch evtl. benutzte Linkbibliotheken, weil nur so die Wartbarkeit der Software gesichert ist.[69] Die Verwendung von Programmbibliotheken und das Vorgehen nach den Regeln objektorientierter Programmierung kann gerade in diesem Bereich erhebliche praktische Probleme zur Folge haben.

316   In den **BVB-Erstellung** fehlt eine ausdrückliche Regelung über die Übergabe des Quellcodes.

c) Gescheiterte Vertragsverhandlungen

317   Oft **scheitern Vertragsverhandlungen,** teilweise, nachdem beide Seiten erheblichen **Aufwand** in die Vertragsvorbereitungen gesteckt haben. Es stellt sich dann die Frage, wer diesen Aufwand tragen soll. Grundsätzlich gilt, dass jede Seite ihren Aufwand selbst trägt. Anspruchsgrundlagen, die einen Anspruch auf Ersatz dieser Aufwendungen durch den potentiellen Vertragspartner beinhalten, gibt es prinzipiell nicht.

Man kann allerdings anderes vereinbaren.[70] Dann gilt die vertragliche Vereinbarung.

Fehlt eine solche, kann es in seltenen Fällen auch einen Anspruch aus **§ 311 BGB** (ehemals culpa in contrahendo) in Verbindung mit §§ 280ff. BGB geben. Dies setzt aber voraus, dass der Geschädigte begründet darauf vertrauen konnte, dass ein Vertrag abgeschlossen werde, und dass derjenige, der die Vertragsverhandlungen abgebrochen hat, dies ohne zureichenden Grund tat.[71] Man wird bei der Annahme dieser Voraussetzungen sehr vor-

---

[66] *Engel*, BB 1985, 1159 (1160); LG München I, DuD 1990, 39 = CR 1989, 990 f. mit Anm. *Malzer* = NJW 1989, 2625; LG Aschaffenburg, CR 1998, 203; LG Köln, CR 2000, 505; ausgiebig *Schneider*, Handbuch des EDV-Rechts, Rdn. C 583; H 101ff.; a. A. *Wandtke/Bullinger-Grützmacher*, § 69a UrhG, Rdn. 65.
[67] Sehr zurückhaltend z. B. OLG München, CR 1988, 38 (39 f.); *Pres*, Gestaltungsformen, S. 167; *Karger*, CR 2001, 357 (365); für Herausgabepflicht allerdings OLG Frankfurt/a. M., Beil. Nr. 3 zu BB 1993, S. 4 f.; differenzierend auch *Deville*, NJW-CoR 1997, 108.
[68] *Lensdorf*, CR 2000, 80 (81).
[69] LG Köln, CR 2000, 505.
[70] So z. B. LG Stuttgart, CR 2002, 644.
[71] Vgl. dazu *Palandt-Heinrichs*, § 311, Rdn. 26.

sichtig sein müssen, weil die Parteien ja gerade noch keinen Vertrag geschlossen haben. Der Grundsatz der Vertragsfreiheit soll nicht durch Schadensersatzansprüche ausgehöhlt werden.

Besteht ein vertraglicher Aufwendungsersatzanspruch oder ein Schadensersatzanspruch, so sind **nur die Aufwendungen zu ersetzen**, die nach Lage des Falles für den Anspruchsteller **notwendig** waren und mit denen die Gegenseite auch rechnen musste. Es kann in aller Regel nur um Aufwendungen gegen, die der Vertragsvorbereitung dienten und nicht um solche, die eigentlich erst nach Vertragsschluss erfolgen sollten.[72] Daher sind Kosten, die der Ermittlung etwa des Mengengerüst dienen, ersetzbar, weil sie für ein realistisches Angebot erforderlich sind, nicht aber Kosten für den Kauf eines Programms durch den Händler, das dem Kunden erst noch verkauft werden soll. Mit dem Kauf eines solchen Programms muss bis zum Vertragsschluss gewartet werden. 318

3. Mangelhafte Leistung

a) Mangelbegriff

Dass im Werkvertrag der Werkunternehmer nicht vertragsgerecht geliefert hat, wenn die Ware **mangelhaft** ist, ist im Prinzip unbestritten. Im EDV-Bereich herrscht allerdings oft Streit darüber, wann im Einzelfall Mangel vorliegen. Viele Hersteller wenden ein, eine total fehlerfreie Software könne gar nicht hergestellt werden. Diese Aussage ist technisch gesehen sicher richtig. Sie gilt jedoch für viele andere komplexe Werkstücke auch; kundige Baufachleute behaupten für das Bauwesen dasselbe. Gleichwohl muss dort unbestritten ohne Mangel geliefert werden. Rechtlich besagt diese Aussage somit wenig. Die Rechte aus mangelhafter Lieferung sind teilweise verschuldensunabhängig, so dass dann, wenn Mängel im Rechtssinne vorliege, diese Rechte unabhängig davon gegeben sind, ob nach der Erfahrung ein fehlerfreies Werkstück geliefert werden kann oder nicht.[73] Dabei kommt es auch nicht darauf an, ob ein Mangel erheblich ist oder nicht. Lediglich der Rücktritt und der Anspruch auf Schadensersatz statt Leistung scheiden aus, wenn die der mangelhaften Leistung zugrunde liegende Pflichtverletzung mangelhaft ist (§§ 323 Abs. 5 S. 2, 281 Abs. 1 S. 3 BGB). 319

Mit diesem generellen Befund muss es aber nicht sein Bewenden haben. Vielmehr muss im Sprachgebrauch aufgepasst werden, dass nicht jeder Fehler, den Techniker als unschön ansehen, einen rechtlichen Mangel darstellen muss. In der Literatur wird diese Frage immer unter der Unterscheidung des 320

---

[72] LG Stuttgart, CR 2002, 644 (646).
[73] *Meier/Wehlau*, CR 1990, 95 (96); *Köhler/Fritzsche*, in: Lehmann (Hrsg.), Rechtsschutz und Verwertung von Computerprogrammen, S. 557; *Marly*, Softwareüberlassungsverträge, Rdn. 716; ähnlich für Produkthaftung *Kullmann*, NJW 1991, 675 (678) unter Berufung auf BGH, NJW 1990, 908; *König*, Das Computerprogramm, S. 210 ff.

technischen vom **rechtlichen Mangelbegriffs** diskutiert.[74] Ausgangspunkt ist eine Feststellung von Bons in einem der grundlegenden Werke zur Sachmängelhaftung im EDV-Bereich.[75] Dort ist der Begriff Fehler wie folgt definiert: „Ein Fehler beinhaltet jegliche Abweichung in Inhalt, Aufbau und Verhalten eines Objekts zwischen ermittelten, beobachteten, gemessenen Daten einerseits und den entsprechenden, in den Zielvorgaben spezifizierten oder theoretisch gültigen Daten andererseits".

Wenn man als Zielvorgabe macht, dass technisch ordnungsgemäß programmiert wird und lege artis alle Abläufe ungestört verlaufen, kommt man natürlich bei komplexen Systemen wie größeren EDV-Programmen zu einer Vielzahl von Fehlern. Die meisten dieser Fehler wirken sich im Ablauf des Programms letztendlich nicht aus. Von Mängel im rechtlichen Sinne kann insoweit bei diesen Fehlern nicht die Rede sein. Auch die Informatik untersucht im Übrigen keinesfalls so abstrakt. Schon in der obigen Definition wird ja von Zielvorgaben geredet. Zielvorgaben haben durchaus einen Funktionalitätsbezug. So spricht Belli in einem grundlegenden Aufsatz aus dem Jahre 1986 bei Fehlerbeschreibungen nicht nur davon, dass mitgeteilt werden muss, aus welchem Subsystem der Fehler stammt, sondern auch davon, in welcher Weise die Funktion des Subsystems durch den Fehler beeinträchtigt wird, geht also von der sogenannten funktionellen Fehlerbetrachtung aus.[76] In der neueren informatischen Literatur wird von Fehlern, bzw. Versagen und dem Ausfall von Systemen gesprochen.[77] Andere unterscheiden auch zwischen Fehlverhalten und Fehler und sprechen davon, dass der Fehler die Ursache eines Fehlverhaltens sei.[78] Dabei wird das Versagen und der Ausfall eines Systems in aller Regel als das nicht spezifikationsgemäße Reagieren des Systems auf eine Eingabe aufgrund einer näheren Ursache beschrieben, während die Ursache zu diesem Versagen der Fehler ist. Eine so feine Differenzierung ist dem juristischen Mangelbegriff fremd. Aber auch in den vorliegenden informatischen Aufsätzen wird im Hinblick auf die Fehler immer wieder davon gesprochen, dass ein Fehler die Nichterfüllung eines festgestellten Merkmals ist.[79] Definiert man das Merkmal funktionsbezogen – wie dies oft der Fall ist – weicht man kaum vom juristischen Mangelbegriff ab.

321 Geht man nämlich jetzt zur juristischen Fragestellung über, wann ein **Mangel im Sinne des Werkvertragsrechts** vorliegt, so ist Ausgangspunkt

---

[74] Dazu ausgiebig *Redeker*, CR 1993, 193 ff.; *Schneider*, Handbuch des EDV-Rechts, Rdn. D 776 ff.
[75] Fehler und Fehlerauswertung in: *Gorny/Kilian* (Hrsg.), Computersoftware und Sachmängelhaftung, 1985, S. 35.
[76] *Belli/Echtle/Görke*, Informatik Spektrum 1986, 68 (70).
[77] So *Belli/Grochtmann/Jack*, Informatik Spektrum 1998, 131 (133).
[78] So *Liggesmeyer/Rothfelder/Rettelbach/Ackermann*, Informatik Spektrum 1998, 249 (259).
[79] So *Belli/Grochtmann/Jack*, Informatik Spektrum 1998, 131.

für die Betrachtung dort, dass der jeweilige Programmbenutzer daran interessiert ist, dass das erworbene Programm die bestellten und bezahlten Funktionen ordnungsgemäß erfüllt. Fehler, die die **Funktionsfähigkeit des Programms beeinflussen,** sind dann rechtlich Mängel. Das Gesetz drückt dies so aus, dass das Werk frei von Sachmängeln ist, wenn es eine vereinbarte Beschaffenheit hat. Fehlt es an konkreten Vereinbarungen, so ist das Werk frei von Sachmängeln, wenn es sich für die nach dem Vertrag vorausgesetzte, sonst für die gewöhnliche Verwendung eignet und eine Beschaffenheit aufweist, die bei Werken der gleichen Art üblich ist und die der Besteller nach der Art des Werks erwarten kann (§ 633 Abs. 2 bzw. § 434 Abs. 1 S. 1 u. 2 BGB). Auch hier geht es also um die Abweichung der Software von definierten Vorgaben. Entscheidend ist, ob von der **Soll-Beschaffenheit des Systems nach Pflichtenheft** oder sonstigen Auftragsunterlagen im Hinblick auf die **Ist-Beschaffenheit abgewichen** wird.[80] Die Sollbeschaffenheit kann sich auch aus Unterlagen ergeben, die in einem vertraglich vorgesehenen Verfahren zur Konkretisierung oder Änderung der ursprünglichen Werkbeschreibung zwischen den Parteien vereinbart worden sind. Ist demgegenüber das Pflichtenheft der Aufgabe des Programms nicht adäquat, ist es widersprüchlich oder enthält es andere Fehler, entspricht aber das Programm seinen Vorgaben, so ist das Programm nicht fehlerbehaftet,[81] es sei denn, es geht um so grundlegende Dinge, dass es sich für den Programmersteller von selbst versteht, dass er diese Funktionalität schuldet. Fälle dieser Art liegen z.B. darin, dass ein Schreibprogramm die Buchstaben des Alphabets kennt.[82] Greift diese Ausnahme nicht ein, können Ansprüche gegenüber dem Softwarehersteller sich nur aus Fehlern bei der Erstellung des Pflichtenheftes oder aus dem Gesichtspunkt zu später Aufklärung über die auftretenden Probleme ergeben.

Im **alten BGB** fehlte es an der oben genannten Definition. Die Neufassung des Gesetzes greift aber mit der oben zitierten Formulierung im wesentlichen nur die bisher von Rechtsprechung und Lehre vertretene Definition des Mangelbegriffes auf, so dass alle hier getroffenen Aussagen auch für das alte Recht gelten. Ein Problem stellt sich freilich schärfer. Bislang galt folgendes: 322

Bei der Beurteilung, ob Mängel vorliegen oder nicht, kommt es nicht darauf an, ob im Normalfall Software, die erstellt wird, mit solchen Mängel be- 323

---

[80] *Moritz*, in: Computerrechtshandbuch, Abschn. 42 Rdn. 48, 128; *Köhler/Fritzsche*, in: Lehmann (Hrsg.), Rechtsschutz und Verwertung von Computerprogrammen, S. 513 (557); *Engel*, BB 1985, 1159 (1164); *zur Megede*, NJW 1989, 2581 (2585); Beispiele bei LG Stuttgart, CR 1986, 382 und LG Essen, CR 1987, 428 ff.; so z.B. auch § 12 Nr. 1 Abs. 1 BVB-Erstellung.
[81] Ebenso LG Landau, IuR 1986, 496 (497); *Moritz*, in: Computerrechtshandbuch, Abschn. 42 Rdn. 133.
[82] Aus dem Baubereich vgl. dazu OLG Frankfurt, NJW 1983, 456 (zu Rissen in Spannbetonbrücken); BGH, NJW 2003, 200 (201) (zu einer Lüftungsanlage in einer Restaurantküche).

haftet ist oder nicht.[83] Bei Standardsoftware kommt es auch nicht darauf an, ob eine Software mit der geschuldeten Soll-Beschaffenheit auf dem Markt überhaupt verfügbar ist.[84] Bei einem Bauwerk ist sogar schon entschieden worden, dass ein Mangel in solchen Fällen sogar dann gegeben ist, wenn die geschuldete Funktionalität erst aufgrund späterer technischer Kenntnisse überhaupt erreichbar ist.[85] Auch kommt es u. U. noch nicht einmal darauf an, ob die technischen Regelwerke eingehalten werden.

Angesichts der Formulierung in § 633 Abs. 2 S. 2 Nr. 2 bzw. § 434 Abs. 1 S. 2 Nr. 2 BGB, nach der es auf die Beschaffenheit ankommt, die bei Sachen der gleichen Art üblich ist, könnte diese Aussage jetzt nicht mehr gelten. Allerdings enthalten beide zitierten Bestimmungen auch die Aussage, dass das Werk die Beschaffenheit aufweisen muss, die der Besteller nach Art des Werkes erwarten kann. Weisen demnach alle üblichen Werke eine Eigenschaft auf, die der Käufer nach der Art des Werkes nicht erwarten kann, weil ihr Nichtvorliegen selbstverständlich ist, sind alle vorhandenen Werke mangelhaft. Schlechter Handelsbrauch vermindert nicht die vertraglichen Pflichten. Insoweit ändert sich am Mangelbegriff nichts.

324 Sollte im **Pflichtenheft** oder in sonstigen Auftragsunterlagen nichts enthalten sein, wird eine **Beschaffenheitsabweichung** häufig nicht vorliegen.[86] Auch unter diesem Gesichtspunkt ist die Erstellung eines Pflichtenheftes also sehr wichtig.[87] Das Gleiche gilt auch für korrekte und handhabbare Verfahren zur Verfeinerung und Änderung des Projektumfangs. Allerdings ist auch ohne eine Darstellung im Pflichtenheft oder sonstigen Unterlagen selbstverständlich, dass das Programm den üblichen Standards vergleichbarer Programme nach dem jeweiligen Stand der Technik zum Zeitpunkt der Auftragserteilung bzw. zum Zeitpunkt der Ablieferung entspricht, in der Formulierung des Gesetzes zur „gewöhnlichen Verwendung" vergleichbare Programme geeignet ist.[88] Ist also z.B. Stand der Technik, dass sämtliche gängigen Betriebssysteme es ermöglichen, dass Zugang zum System nur demjenigen gestattet wird, der ein Passwort benutzt, so wäre ein Betriebs-

---

[83] Ähnlich auch LG Heidelberg, CR 1989, 197 (198); *Mehrings*, NJW 1986, 1904 (1906); a. A. LG Verden CR 1996, 26 mit krit. Anm. *Etter*.
[84] BGH, NJW 2003, 200 (201); OLG Köln, NJW 1996, 1683 = OLG-Report Köln 1995, 285.
[85] OLG Frankfurt, NJW 1983, 456.
[86] Vgl. z.B. OLG Koblenz, CR 1990, 41 (43) = WM 1989, 222, 223.
[87] Dazu z.B. *Mehrings*, NJW 1986, 1904 (1906); *Nauroth*, CR 1987, 153; *Michalski/Bosert*, Vertrags- und schutzrechtliche Behandlung von Computerprogrammen, S. 47f.; *Moritz*, in: Computerrechtshandbuch Abschn. 42 Rdn. 129; vgl. auch OLG München, CR 1990, 646 (647f.).
[88] BGH, Beil. Nr. 3 zu BB 1993, 2 m. krit. Anm. *Zahrnt*; KG, *Zahrnt*, ECR OLG 178; i. E. so auch *Koch*, Zivilprozeßpraxis, S. 52 f.; *Mehrings*, NJW 1986, 1904 (1906); *Zahrnt*, IuR 1986, 252 (255); *Kilian*, in: Weyers (Hrsg.), Datenverarbeitungsprogramme als Gegenstand des Rechtsverkehrs, 1992, S. 77 (102 f.); vgl. auch LG Landau, IuR 1986, 456 (457).

II. Herstellung von Software

system, das diese Möglichkeit nicht vorsieht, auch dann mangelbehaftet, wenn die Möglichkeit des Passwortschutzes im Pflichtenheft nicht ausdrücklich vereinbart ist. Etwas anderes würde nur gelten, wenn im Pflichtenheft ausdrücklich vereinbart wurde, dass eine solche Möglichkeit nicht vorgesehen wird. Bestehen für die zu lösenden Aufgaben gesetzliche Vorgaben, sind auch diese vom Programm einzuhalten.[89] Ebenso ist das geschuldet, was sich im Einzelfall aus den Gesamtumständen als notwendig ableiten lässt.[90] Dies gilt dann, wenn beide Parteien die Einhaltung bestimmter Branchengepflogenheiten bei der Programmerstellung stillschweigend vorausgesetzt haben.

Eine **Abweichung vom Stand der Technik** setzt freilich immer voraus, dass ein solcher Stand der Technik überhaupt feststellbar ist. Dies kann insbesondere bei spezieller und neuer Individualsoftware gelegentlich nicht der Fall sein. Es kann aber keineswegs davon die Rede sein, dass ein solcher Stand der Technik im Softwarebereich überhaupt nicht feststellbar ist.[91] Ein Maßstab zur Beurteilung der Mangelhaftigkeit fehlt freilich auch dann, wenn das Pflichtenheft die nur grob skizzierten Zielsetzungen und Zielvorstellungen der Parteien konkretisieren sollte und nicht erstellt wurde. Lassen sich dann aus allgemeinen Erwägungen und den Umständen des Einzelfalls Konkretisierungen nicht ableiten, läßt sich nicht feststellen, was geschuldet war.[92] 325

In einzelnen Fällen kann auch die bloße **Gefahr von Disfunktionalitäten** einen Mangel darstellen, wenn etwa Fertigungstoleranzen bei sicherheitsrelevanten System nicht eingehalten sind. Dieser Mangel relativiert sich auch nicht durch eine längere Zeit störungsfreien Lauf.[93]

In der **Rechtsprechung**[94] (ausschließlich zum bisherigen Recht) ist als Mangel z.B. die fehlende Benutzerfreundlichkeit von Anwendersoftware angesehen worden, die sich daraus ergab, dass Plausibilitätsprüfungen fehlten und Fehleingaben nicht zurückgewiesen wurden;[95] in einem Fall wurden bei Fehleingaben durch Überschreiben von Datenbereichen auch Dateninkonsistenzen erzeugt.[96] In einer älteren Entscheidung wurde freilich bei Billigprodukten das Fehlen von Kontrollen hinsichtlich von Fehlbedienungen nicht als Mangel angesehen.[97] Dies dürfte heute nicht mehr gelten. Eine 326

---

[89] OLG Koblenz, Beil. Nr. 10 zu BB 1992, S. 4.
[90] OLG Frankfurt/a.M., *Zahrnt*, ECR OLG 128.
[91] Ebenso *Koch*, Zivilprozeßpraxis, S. 53; *Köhler/Fritzsche*, in: Lehmann (Hrsg.), Rechtsschutz und Verwertung von Computerprogrammen, S. 513 (558f.); a.A. OLG Stuttgart, CR 1986, 381; LG Oldenburg, NJW 1992, 1771f. zu Standardsoftware.
[92] Vgl. OLG Düsseldorf, *Zahrnt*, ECR OLG 103.
[93] **A.A.** OLG Düsseldorf, *Zahrnt*, ECR OLG 219.
[94] Zu einer Systematisierung von Fehlern aus Informatiksicht vgl. z.B. *Gorny*, CR 1986, 673; *Heussen*, CR 1988, 894ff.
[95] LG Heilbronn, CR 1989, 603 (604) mit krit. Anm. *Schnell;* ähnlich LG Flensburg, CR 1988, 132 (133).
[96] LG Flensburg, CR 1988, 132 (133).
[97] OLG Karlsruhe, CR 1986, 549 (550) mit zust. Anm. *Seitz*.

nicht ordnungsgemäße Fehlermeldung stellt einen Mangel dar.[98] Ebenso können schwer verständliche Fehlermeldungen oder das Abspeichern leerer Sätze aufgrund zu langen Festhaltens einer Taste ohne Warnanzeige Mängel darstellen.[99] Die Notwendigkeit häufigen Wechsels zwischen Anwenderprogramm und Betriebssystemebene ist ebenfalls ein Mangel.[100] Auch der Ausdruck von Fragezeichen an Stelle von Umlauten ist jedenfalls bei einem Programm, das Adressen ausdruckt, als Mangel bewertet worden.[101] Für ein Textverarbeitungsprogramm gilt dies freilich entsprechend. Das Gleiche gilt dann, wenn Rechnungen falsch ausgedruckt werden oder eine Auftragsbestätigung nicht erstellt werden kann.[102] Auch zu lange Ausdruckzeiten für Listen können einen Mangel darstellen.[103] Das Gleiche gilt für ein zu langsames Antwortzeitverhalten.[104] Bei Arztprogrammen ist es ein Mangel, wenn die Quartalsabrechnung nicht erstellt wird[105] oder wenn entsprechende Unterlagen von der kassenärztlichen Vereinigung nicht akzeptiert werden – und zwar unabhängig davon, ob die Weigerung der abrechnenden Stellen zu Recht erfolgt.[106] Eine zu geringe Buchungskapazität kann ein Mangel sein, wenn bei Vertragsschluss über den Umfang notwendiger Buchungen gesprochen wurde.[107] Das Gleiche gilt, wenn ein Finanzbuchhaltungsprogramm nicht in der Lage ist, einen Scheckbetrag aus mehreren Rechnungen zusammenzusetzen.[108] Ein Mangel eines Finanzbuchhaltungsprogramms liegt auch dann vor, wenn der Kontenrahmen nicht den Vorschriften des Bilanzrichtliniengesetzes entspricht.[109] Das Fehlen vereinbarter Bildschirmmasken ist ebenfalls ein Mangel.[110] Zeigt ein Lagerverwaltungsprogramm bei einer Suche nach Artikeln zwar den geforderten Artikel an, aber nicht die Artikelnummer und weist es auch Textfehler auf, ist auch dies ein Mangel.[111] Das Überlaufen von Dateien als solches ist jedenfalls dann als Mangel angesehen worden, wenn die Anlage dies nicht anzeigte oder den Betrieb einstellte und es so zu Folgefehlern kam.[112] Ist ein Programm auf der

---

[98] Vgl. OLG Köln, CR 1989, 391 (392).
[99] OLG Hamm, CR 1990, 715 (716).
[100] OLG Hamm, *Zahrnt*, ECR OLG 81.
[101] LG Augsburg, CR 1989, 22 (24); bestätigt von OLG München, CR 1990, 646 (648); ein ähnlicher Fall bei OLG Stuttgart, CR 1988, 296 f.
[102] LG München I, CR 1987, 364 (365).
[103] LG Bielefeld, IuR 1986, 76; KG, CR 1990, 768 (769).
[104] OLG Koblenz, CR 1988, 463 (469f.); LG Ravensburg, Beil. Nr. 7 zu BB 1991, S. 12f.
[105] BGH, NJW 1985, 129 (130).
[106] BGH, NJW 1982, 696 f., sehr fraglich; a. A. OLG Hamm, CR 1990, 37 (38) (für nachträgliche Änderungen der Anforderungen bei gemieteter Software).
[107] LG Siegen, zit. Bei *Brandi-Dohrn*, CR 1986, 63 (70); vgl. auch LG Saarbrücken, IuR 86, 358 (359).
[108] LG Bielefeld, Beil. 5 zu BB 1989, S. 6 (7).
[109] OLG Hamm, NJW-RR 1995, 941 (942).
[110] OLG Schleswig, ZIP 1982, 457 (458).
[111] OLG Karlsruhe, *Zahrnt*, ECR OLG 78.
[112] LG Duisburg, CR 1989, 494 (495).

II. Herstellung von Software

für seinen Einsatz vorgesehenen DV-Anlage wegen Speicherplatzmangels nicht lauffähig, kann auch dies einen Mangel darstellen.[113] Das Gleiche gilt dann, wenn Sicherungsläufe nicht durchgeführt und daher Daten nur begrenzt gespeichert werden können.[114] Ein Programm muss außerdem – soweit nicht anders vereinbart ist – Dateien und Grafiken verarbeiten, die mit gängigen Systemen erstellt worden sind.[115] Wer ein Zeiterfassungssystem an einen Gastronomiebetrieb veräußert, muss dafür sorgen, dass die geschuldete Funktionen auch am Sonntag zur Verfügung stehen.[116] Ein Mitgliederverwaltungsprogramm muss Mitglieder nicht nur nach Nachnamen, sondern auch (zusätzlich) nach Vornamen suchen können.[117]

Möglicherweise stellt auch die Lieferung eines selbstentwickelten Adapters anstelle handelsüblicher Controllerkarten einen Mangel dar, wenn die Lieferung eines Streamercontrollers vereinbart ist.[118] Einen Mangel stellt es jedenfalls dar, wenn ein Rechner vereinbarungsgemäß ohne Festplatte und Controller geliefert wird, mit einer gängigen Festplatte und einem hochwertigen Controller aber nicht lauffähig ist.[119] Auch der dauernd vorkommende Ausfall der DV-Anlage oder auch nur von Schnittstellenkarten in einem Rechnersystem kann einen Mangel darstellen.[120] Es bedurfte einer Gerichtsentscheidung, um festzustellen, dass ein System, das überhaupt nicht startet, mangelhaft ist.[121] Ebenso ist es ein Mangel, wenn eine als Mehrplatzsystem bestellte Anlage nur als Einplatzanlage funktioniert.[122] Das Gleiche gilt dann, wenn für ein System, das dreidimensionale Grafiken erstellen soll, eine zweidimensionale Grafikkarte geliefert wird.[123] Auch das Fehlen von Druckersteuerzeichen für einen gängigen Drucker ist schon als Mangel gewertet worden,[124] eine Entscheidung, die sich auf gängige PC's unter Windows 95, Windows 98 oder Windows XP nicht ohne weiteres übertragen lässt, weil die Treiber meist mit den Druckern geliefert werden.

Es kann auch einen Mangel darstellen, wenn trotz entsprechender Vereinbarung ein Datensicherungsgerät nicht in der Lage ist, selektiv nur einen Teil der gespeicherten Daten zu sichern[125] oder – auch ohne entsprechende

---

[113] OLG Karlsruhe, CR 1988, 921.
[114] LG Frankfurt, CR 1988, 922.
[115] OLG Köln, NJW 1996, 1683 = OLG-Report Köln 1995, 285.
[116] OLG Köln, NJW-RR 1993, 566.
[117] OLG Köln, *Zahrnt*, ECR OLG 256 = CR 1998, 140 = NJW-RR 1998, 1592.
[118] BGH, NJW 1997, 1914 (1915) = CR 1997, 462 (463 f.).
[119] OLG Köln, NJW-RR 1997, 557 = OLG-Report Köln 1996, 174.
[120] OLG Köln, NJW-RR 1997, 1415 = OLG-Report Köln 1997, 105 = CR 1997, 412; NJW-RR 1998, 1353 = OLG-Report Köln 1998, 261.
[121] OLG Frankfurt/M., CR 1999, 73 (74).
[122] OLG Köln, NJW-RR 1994, 1204 = OLG-Report Köln 1994, 105.
[123] OLG Köln, NJW-RR 1998, 1591 = BB 1998, 17 = OLG-Report Köln 1997, 346 = CR 1998, 10.
[124] OLG Nürnberg, Beil. 13 zu BB 1993, 14 mit Anm. *Zahrnt*.
[125] OLG Frankfurt, CR 1990, 767.

Vereinbarung – dem Programm ein Datensicherungskonzept fehlt, obwohl eine Datensicherungskomponente vorhanden ist.[126] Einen Mangel stellt es auch dar, wenn ein Installationsprogramm auf einen Lesefehler beim Kopieren auf die Festplatte nicht reagiert.[127] Die Aussage, ein Programm sei auf IBM-kompatiblen Rechnern lauffähig, führt zu einem Mangel, wenn das Programm auf üblicherweise als IBM-kompatibel zu bezeichnenden Geräten nicht funktionsfähig ist.[128] Selbstverständlich ist auch die Lieferung virenbefallener Programme Lieferung einer mangelhaften Sache[129] und zwar unabhängig davon, ob man diesen Mangel mit einem gängigen Programm korrigieren kann oder nicht, da es für die Erheblichkeit des Mangels nicht darauf ankommt, mit welchem Aufwand er beseitigt werden kann.[130] Das Gleiche gilt, wenn ein Teil der geschuldeten Software überhaupt nicht geliefert wird.[131] Soll Quellcode geliefert werden, so ist er mangelhaft, wenn er für einen Fachmann nicht verständlich und verwertbar kommentiert ist.[132] Wie viele Ausfälle in welcher Zeit die Software trotz erfolgreicher Beseitigung mangelhaft machen, ist Frage des Einzelfalls.[133]

328 **Kein Mangel** soll das Vorliegen einer Programmsperre zum Schutz vor unbefugter Nutzung sein, wenn dadurch die Nutzbarkeit des Programms nicht beeinträchtigt wird. Allerdings muss auf diese Sperre hingewiesen werden.[134] Wird die Nutzbarkeit durch die Sperre beeinträchtigt, liegt ein Mangel vor.[135] Der Einbau einer Programmsperre, die nur durch eine Registrierung beim Programmhersteller überwunden werden kann, stellt ohne Hinweis jedenfalls einen Mangel dar.[136] Mängel sind auch technische Sicherungsmaßnahmen, die unzulässige Nutzungsbeschränkungen durchsetzen, also z.B. eine Neuinstallation der Software nach Weitergabe an einen Dritten, nach einem Rechnerwechsel oder sogar nach Löschen der Festplatte

---

[126] LG Köln, Beil. Nr. 3 zu BB 1993, S. 10 (zu weitgehend).
[127] LG Köln, DuD 1997, 358.
[128] LG Karlsruhe, CR 1990, 719 (LS) zu einer „Speedcard"; einschränkend OLG Köln, DuD 1994, 341.
[129] *Müller*, Erwerb und Nutzung, S. 37; *Schneider/Günter*, CR 1997, 389 (390); *Rössel*, ITRB 2002, 214.
[130] *Moritz* in: Computerrechtshandbuch Abschn. 42 Rdn. 128; *Schneider*, Handbuch des EDV-Rechts, Rdn. D 782 mit einer Ausnahme dann, wenn der Kunde den Fehler selbst beseitigen kann; a.A. zum konkreten Fall LG Regensburg, NJW-RR 1998, 1353; vgl. auch OLG Celle, Zahrnt, ECR OLG 201.
[131] OLG Hamm, CR 1990, 520 f.
[132] AG Pforzheim, CR 1989, 497.
[133] Vgl. z.B. die Nachweise bei *Brandi-Dohrn*, CR 1986, 63 (72).
[134] BGH, NJW 1981, 2684 f.; zustimmend *Lauer*, BB 1982, 1756 (1761); ebenso OLG Köln, OLG-Report Köln 1995, 285; vgl. aber unten Rdn. 430 sowie LG Wiesbaden, CR 1990, 651 f. für den Fall, dass auf die Programmsperre nicht hingewiesen wird OLG Köln, OLG-Report Köln 2000, 21 = CR 2000, 354.
[135] OLG Celle, NJW-RR 1993, 432 (434) für einen Großhändlervertrag.
[136] Nach LG München I, CR 2000, 506 und OLG München, CR 2001, 11 ist der Vertrieb solcher Programme sogar wettbewerbswidrig.

II. Herstellung von Software

verhindern oder von einer Handlung des Herstellers abhängig machen.[137] Ohne ausdrückliche Vereinbarung dürfte es auch einen Mangel darstellen, wenn das Programm auf Dauer nur nach Aktivierung seitens des Herstellers genutzt werden kann.[138]

Keinen Mangel stellt es dar, wenn die von einer Scanner-Kasse mittels eines standardisierten Übertragungsprotokolls gelieferten Daten von einem (von dritter Seite bezogenen) Warenwirtschaftsprogramm nicht verarbeitet werden können.[139] Unter bestimmten Umständen stellt auch der nicht abgesprochene Austausch von Hardwarekomponenten keinen Mangel dar.[140] Ob es ein Mangel ist, dass ein hochwertiges PC-System zusammen mit einem minderwertigen, eine sehr viel kürzere Lebenszeit aufweisenden Drucker geliefert wird, ist fraglich. Im Zweifel müssen die vertraglichen Vereinbarungen ausgelegt werden.[141] Auch der Einbau einzelner alter Hardwarekomponenten ist als solcher kein Mangel, wenn die Funktion der Anlage nicht beeinträchtigt ist.[142] Bei Standardprogrammen soll auch ein konzeptionell veraltetes Programm unter Umständen mangelfrei sein.[143] Umgekehrt stellt es einen Mangel dar, wenn eine Festplatte nicht von der Firma hergestellt wurde, unter deren Firmenbezeichnung der Computer verkauft wurde, jedenfalls dann, wenn die Firmenbezeichnung als solche einen Wert darstellt.[144] Erscheint auf dem Bildschirm, der zwar eingeschaltet, aber nicht benutzt ist, rechts ein weißer Streifen, der bei Benutzung verschwindet, soll dies kein Mangel sein.[145] Das Gleiche gilt dann, wenn eine Festplatte eine Minderkapazität von 5% aufweist[146] oder die Akkus eines Lap-Tops sich schneller entladen als im Handbuch angegeben.[147] Eine Abweichung in der Speicherkapazität von 640 KB zu 1 MB ist aber ein Mangel.[148] Kein Mangel ist auch ein hoher Geräuschpegel innerhalb eines Rechners.[149] Hat der Coprozessor eine niedrigere Taktfrequenz als der Hauptprozessor, liegt ein Mangel vor.[150] Auch die Einsortierung von Umlauten hinter dem Buchstaben „Z" soll kein Mangel sein.[151]

329

---

[137] *Koch,* CR 2002, 629 ff.
[138] Näher *Runte,* CR 2001, 657 (660 f.).
[139] OLG Köln, NJW 1992, 1772.
[140] OLG Köln, OLG-Report Köln 1998, 422.
[141] Dafür aber OLG Schleswig, MDR 1981, 402;
[142] OLG Düsseldorf, CR 1993, 429 = NJW 1993, 3142.
[143] LG Oldenburg, NJW 1992, 1771 (eher abzulehnen).
[144] OLG Köln, *Zahrnt,* ECR OLG 72.
[145] OLG Köln, NJW-RR 1995, 1077.
[146] LG Stuttgart, Beil. Nr. 7 zu BB 1994, S. 15.
[147] OLG Köln, DuD 1994, 341.
[148] LG München I, Urt. v. 16. 5. 1991, hier zitiert nach *Moritz,* in: Computerrechtshandbuch Abschn. 42 Rdn. 49.
[149] OLG Köln, NJW 1993, 3143.
[150] OLG Stuttgart, *Zahrnt,* ECR OLG 122.
[151] LG Heilbronn, Beil. Nr. 7 zu BB 1994, S. 7 m. Anm. *Zahrnt* (fraglich).

330   Auch **Mängel in der Dokumentation**, also z.B. das Fehlen von Erläuterungen oder von Teilen in einer umfangreichen Dokumentation,[152] ein unübersichtliches, fremdsprachliches,[153] für Nichtfachleute schwer verständliches oder gar fehlerhaftes[154] Handbuch[155] sind Mängel. Sie sind in aller Regel auch erheblich. Sie berechtigen auch dann zum Rücktritt, wenn der ursprünglich gemeldete Fehler kein Mangel ist, sondern auf einen Bedienungsfehler zurückzuführen ist, der seinerseits wieder auf dem mangelhaften Handbuch beruht.[156]

331   Aus den vorstehenden allgemeinen Überlegungen heraus ist auch die Frage des Problems der „**Jahr 2000-Umstellung**" zu lösen. Dabei geht es darum, dass Programme die Jahrtausendumstellung nicht bewältigen können, weil sie zweistellige Jahreszahlen verwenden und „00" als „1900" und nicht als „2000" interpretieren.[157] In der Literatur wird vielfach vertreten, dass die Software in diesem Zusammenhang nur dann mangelhaft ist, wenn sie zu einem Zeitpunkt geliefert wurde, zu dem die technischen Normierungen nicht mehr eine bloß zweistellige Jahresangabe im Datum vorsahen. Hier liegt die Problematik darin, dass die deutsche DIN-Norm 5008 erst im Mai 1996 ein vierstelliges Jahresfeld vorsah. Die im Jahre 1975 für Cobol eingeführte Anweisung sah nur eine zweistellige Jahreszahl vor. Das Gleiche galt für die 1985 ausgegebene Norm ANI X 3.23/1985 und ISO 1989. Erst 1988 stellte die ISO-Norm 8601 auf ein vierstelliges Jahresdatum um, das sich erst langsam durchsetzte, in Deutschland – wie erwähnt – erst im Mai 1996 übernommen wurde.[158]

Es wird wegen dieser Historie die Frage gestellt, ob Software, die vor 1990 oder gar vor 1996 mit zweistelligen Jahreszahlen erstellt wurde, mangelhaft ist oder nicht. Die Literatur untersucht ausgiebig, wann diese Normregeln als Stand der Technik durch entsprechende Fachaufsätze überwunden wurden.[159]

332   Betrachtet man die oben genannten allgemeinen Aussagen zum Mangelbegriff, ist dieser Ansatz falsch. Dass eine einmal erstellte Software auch im

---

[152] OLG Celle, *Zahrnt*, ECR OLG 238.
[153] Dazu OLG Köln, NJW-RR 1996, 44 = OLG-Report Köln, 1995, 49.
[154] LG Köln, Beil. 3 zu BB 1993, S. 10.
[155] OLG Hamm, CR 1990, 715 (716); OLG Köln OLG-Report Köln 1996, 54; OLG Celle, NJW-RR 1993, 432 (433 f.); *Zahrnt*, ECR OLG 139; OLG Frankfurt/M., CR 1999, 73 (74).
[156] OLG Köln, NJW 1988, 2477.
[157] Nähere Einzelheiten bei *Bartsch*, Software und das Jahr 2000, 1998; *Hildebrand*, CR 1998, 248; *Graf v. Westphalen/Langheid/Streitz*, Der „Jahr 2000"-Fehler, 1999; knappe Darstellung des Problems auch hinsichtlich von „embedded systems" bei Revell, IBL, Vol. 26 (1998), No. 10, p. 468.
[158] Dazu im Detail *Bartsch*, Software und das Jahr 2000, S. 27; *Hohmann*, NJW 1999, 521 (522).
[159] Vgl. dazu *Bartsch*, Software und das Jahr 2000, S. 66 f.; *Hohmann*, NJW 1999, 521; *Jaeger*, OLG-Report Köln 1999, H. 17 K 9 (10).

Jahre 2000 noch lauffähig sein sollte, ist als Anforderung selbstverständlich und bedarf keiner näheren Begründung. Software, die diese Funktionalität nicht hat, war von Anfang an mangelhaft. Es handelt sich sicherlich zunächst um einen verborgenen Mangel, ein Mangel war es aber immer. Dass technische Normen nach der damaligen Gestaltung eine solche Programmierung vorsahen oder der Auftraggeber sie durch Vorgaben erzwang, ändert am Vorliegen eines Mangels nichts.[160] Dies hat die Rechtsprechung in Bausachen immer wieder entschieden, selbst wenn zum Zeitpunkt der Erstellung des jeweiligen Bauwerks nach dem damaligen Stand der Technik ein mangelfreies Werk gar nicht erstellt werden konnte. Diese Voraussetzung gilt im Bereich der Software selbstverständlich nicht. „Jahr 2000" feste Software konnte immer hergestellt werden. Nur die Programmiervorgaben waren falsch. Gerade hier zeigt sich, dass eine schlechte Normierung ebenso wenig wie ein schlechter Handelsbrauch geeignet ist, die vertraglichen Pflichten zu beeinflussen.

Es ist also festzuhalten, dass der Mangel an „Jahr 2000-Festigkeit" der Software immer und unabhängig vom Datum ihrer Erstellung einen Mangel darstellt. Etwas anderes kann sich nur bei explizit anderer Vereinbarung zwischen den Parteien ergeben, z.B. dann, wenn die Parteien eindeutig und klar vereinbart haben, dass die Software nur für wenige Jahre laufen sollte und daher das Jahr 2000 für sie völlig ohne Bedeutung war. Mit Ausnahme solcher Spezialitäten ist ein nicht „Jahr 2000" feste Software immer mangelhaft.[161]

Ähnliches gilt für die **Euro-Umstellung**, allerdings erst ab dem Zeitpunkt, zu dem klar war, dass und wann der Euro eingeführt wurde Jedenfalls im Jahre 2001 musste ein Quellcode zum Auslesen von Geldkarten auch eine Euro-Lesefähigkeit aufweisen.[162] 333

Insgesamt ergibt sich daraus ein **sehr weitgehender Mangelbegriff**. Software ist ein komplexes Gebilde. Mängel können auch dort auftreten, wo Funktionen nur ganz selten und in ganz ungewöhnlichen Konstellationen genutzt werden. Wenn jeder Fehler in einer selten auftretenden, eher ungewöhnlichen Konstellation ein Mangel ist, der zu Ansprüchen führt, bedeutet dies eine sehr weitgehende Haftung. 334

Diese ist aber vom Gesetzgeber gewollt. Die meisten Rechte wegen mangelhafter Lieferung gibt es auch bei unerheblichen Mängeln. Lediglich Rücktritt und Schadensersatz statt der Leistung scheiden bei solchen Mängeln aus. Das Gesetz spricht zwar nicht von unerheblichen Mängeln, sondern von einer unerheblichen Pflichtverletzung (§§ 281 Abs. 1 S. 3 bzw. 323

---

[160] Vgl. dazu OLG Frankfurt, NJW 1983, 456.
[161] Ebenso *Hoene*, CR 1999, 281; ähnlich auch LG Leipzig, CR 1999, 620f. = NJW 1999, 2975f.; *v. Westphalen*, in: v. Westphalen/Langheid/Streitz, „Der Jahr 2000"-Fehler, Rdn. 407ff., 413ff.; *Hörl*, CR 1999, 605 (607).
[162] LG Coburg, CR 2002, 325.

Abs. 5 S. 2 BGB). Dennoch geht die Kommentarliteratur davon aus, dass es auch dabei um die Unerheblichkeit des Mangels geht und die Schwere der Schuld nur sekundär eine Rolle spielt.[163] Unerheblich kann ein funktionsbeeinträchtigender Mangel aber nur dann sein, wenn er das Programm in seiner normalen Funktion praktisch überhaupt nicht beeinflusst.[164] Ein solcher Fall kann nur bei ganz seltenen und ungewöhnlichen Konstellationen, die vertraglich nicht vorausgesetzt wurden oder bei ganz geringfügigen Beeinträchtigungen vorkommen. Bei Individualsoftware dürfte dies nur ganz selten vorkommen. Alle darüber hinausgehenden Mängel sind erheblich.[165] Dies gilt auch für nicht reproduzierbare Fehler.[166]

335 Teilweise wird einschränkend allerdings die Meinung vertreten, dass Mängel dann **unerheblich** sind, wenn ein Programm seine Aufgabe im allgemeinen ordnungsgemäß erfüllt und nur ab und zu eine Störung des Programmlaufs oder anderer Fehler auftritt.[167] Dem kann aber in dieser Allgemeinheit nicht gefolgt werden. Auch ein gelegentlich auftretender Fehler kann sehr wohl den Ablauf des Programms und die Funktionsfähigkeit der Anlage stören. Einen solchen Fehler muss der Besteller nicht hinnehmen. Lässt sich eine Nachbesserung nicht durchführen, kann er demgemäss vom Vertrag zurücktreten. Es gibt keinen Grund, Software hier anders zu behandeln als andere Waren.

Im **alten Recht** war bei unerheblichen Mängeln (nicht bei einer unerheblichen Pflichtverletzung) im Werkvertragsrecht lediglich das Wandlungsrecht ausgeschlossen.

336 Darüber hinaus wird in der Literatur die Meinung vertreten, der **Mangelbegriff** bei Softwareverträgen müsse unter Bezugnahme auf die Rechtsprechung zu **Patentlizenzverträgen** eingeschränkt werden.[168] Unabhängig von der Frage, wie weit diese Einschränkung reicht, ist festzuhalten, dass sie schon vom Ansatz her verfehlt ist. Patentlizenzverträge betreffen Vermarktungsabsprachen, bei denen der Lizenznehmer das Marktrisiko trägt. Diese sind im Softwarebereich mit Verträgen über Herstellungs- oder Vertriebslizenzen zu vergleichen. Bei Verträgen über die Lieferung von Software zur Anwendung beim Nutzer geht es um ein völlig anderen Fall, dessen Interessenlage nicht mit der von Lizenzverträgen vergleichbar ist. Eine Einschränkung der Gewährleistungsrechte ist daher nicht im Wege über den Rückgriff auf die Rechtsprechung zu Patentlizenzverträgen zu erreichen.

Allerdings bleibt zu beachten, dass der **Mangelbegriff** vom **vertraglich vorausgesetzten Zweck und dem Inhalt der Vertragsbeziehung** zwischen Softwareersteller und Softwareabnehmer abhängt. Der hier beschriebene

---

[163] *Palandt-Sprau*, § 281 Rdn. 48.
[164] OLG Köln, OLG-Report Köln 1999, 362.
[165] Ähnlich i. E.: *Heussen*, CR 1988, 986 (988 f).
[166] *Schneider*, Handbuch des EDV-Rechts, Rdn. D 794f.
[167] *Engel*, BB 1985, 1159 (1165).
[168] *Moritz/Tybussek*, Computersoftware, Rdn. 403.

Mangelbegriff ist insbesondere für den Fall entwickelt, dass der Besteller die Software unmittelbar selbst anwenden will. Will er sie z.B. weitervertreiben oder gar in ein anderes Programmpaket bzw. DV-System einbetten und das Gesamtsystem sodann an Dritte weiterveräußern, kann insbesondere die Erheblichkeit des Mangels und damit ein evtl. Möglichkeiten, zurückzutreten und Schadensersatz statt der Leistung zu verlangen, anders zu beurteilen sein.[169] In diesem Fall wird viel von den einzelnen Vertragsumständen abhängen.

Nach dem neuen Recht sind **Rechtsmängel und Aliudlieferungen** auch mangelhafte Lieferungen im Sinne von § 633 Abs. 1 BGB. Sie unterliegen damit den gleichen Rechtsfolgen wie die Sachmängel. Dies war im alten Recht anders. Diese Fragen spielen aber im Bereich der Softwareerstellung keine sehr große Rolle und werden daher im Bereich des Erwerbs von Standardsoftware behandelt.[170]   337

b) Die Rechte im Überblick

aa) Erfüllungs- und Mängelbeseitigungsansprüche

Im neuen Schuldrecht hat sich bei den Rechtsfolgen für das Werkvertragsrecht praktisch wenig geändert. Die Systematik der gewährten Rechte ist aber völlig anders.   338

Ausgegangen wird hier von der oben näher dargestellten Rechtsauffassung, nach der ein Vertrag über die Herstellung von Software Werkvertrag ist. Geht man von der Annahme eines Werklieferungsvertrages aus, gilt bei mangelhafter Lieferung Kaufvertragsrecht (§ 651 BGB). Dieses stimmt in weiten Bereichen mit dem Werkvertragsrecht überein. Seine Systematik und die Abweichungen vom Werkvertragsrecht werden im Bereich des Hardwarekaufs[171] und in einigen wenigen Punkten im Bereich des Erwerbs von Standardsoftware[172] dargestellt. Auf diese Darstellungen sei an dieser Stelle verwiesen.

Nach hier vertretener Auffassung gilt für die Herstellung von Individualsoftware **Werkvertragsrecht**. Dies bedeutet, dass bei Mängeln die Regelungen der §§ 633 ff. gelten. Vor Abnahme des Werks gibt es einen Herstellungsanspruch. Solange die Herstellung nicht mängelfrei erfolgt, stehen dem Besteller die Rechte nach §§ 280 ff., 323 ff. BGB zu. Dies bedeutet insbesondere, dass er dem Unternehmer eine Frist zur mangelfreien Herstellung des Werkes setzen kann und nach Verstreichen der Frist der Unternehmer in Verzug gerät. Bei festgelegten kalendermäßig bestimmten oder anderweitig berechenbaren Terminen kann der Unternehmer auch ohne Fristsetzung   339

---

[169] So zutreffend *Heussen*, CR 1989, 986 (988).
[170] Unten Rdn. 561 f.
[171] Unten Rdn. 511 ff.
[172] Unten Rdn. 545 ff.

in Verzug geraten. Ferner stehen dem Besteller ein Rücktrittsrecht nach § 323 BGB und Schadensersatzansprüche nach §§ 280 ff. BGB zu.

Die Situation ändert sich mit der Abnahme. Ab diesem Zeitpunkt gelten zwar letztendlich die gleichen Ansprüche. Sie unterliegen aber wesentlichen Modifikationen.[173] Ein Werk muss allerdings auch dann abgenommen werden, wenn es lediglich unerhebliche Mängel aufweist (§ 640 Nr. 1 S. 3 BGB).

340 Es bedarf bei Softwareerstellung auch immer dieser **Abnahme**. Dabei kommt es nicht darauf an, ob Software eine körperliche Sache ist oder nicht. Jedenfalls ergibt sich aus ihrer Beschaffenheit, dass eine Abnahme immer erforderlich ist.[174]

Fälle, in denen die Beschaffenheit der Software die Abnahme ausschließt und daher die Vollendung der Software gemäß § 646 BGB an Stelle der Abnahme tritt, sind praktisch nicht denkbar.[175]

Die Abnahme entfällt freilich dann, wenn der Kunde keine Verbesserungen mehr will, weil er z.B. Minderung begehrt. Insbesondere wird ab diesem Zeitpunkt die Vergütung fällig.[176] Das Gleiche gilt dann, wenn der Vertrag nach Ansicht des Kunden gescheitert ist, weil er z.B. den Rücktritt erklärt. Ob und in welcher Höhe ein Vergütungsanspruch besteht, hängt dann nur noch davon ab, ob rechtlich relevante Mängel vorliegen oder nicht.

bb) Abnahme

341 Abnahme bedeutet üblicherweise **körperliche Hinnahme** des Werkes in Verbindung mit der Erklärung des Bestellers, dass er das Werk als vertragsgemäße Leistung im Wesentlichen anerkennt.

Wann dieser Fall bei erstellter Software im einzelnen vorliegt, ist sehr umstritten. Oft wird bei zu erstellender Individualsoftware ja nicht nur die Erstellung der Software, sondern auch die Installation im Hause des Abnehmers sowie eine gewisse Einweisung und Schulung des Personals geschuldet. Dann kann die Werkleistung frühestens nach Durchführung auch dieser Zusatzaufgaben abgenommen werden, weil vor der Durchführung dieser Zusatzaufgaben die Software vom Besteller gar nicht auf ihre Ordnungsgemäßheit überprüft werden kann. Darüber hinaus wird man eine nicht ganz unerhebliche Anzahl von Testläufen als notwendig ansehen müssen. Der dabei notwendige Umfang hängt von der Komplexität der erstellten Individualsoftware ab. Auch hier können und werden in vielen Fällen vertragliche Vereinbarungen getroffen, die detailliert bestimmen, was zur Abnahme ge-

---

[173] *Palandt-Sprau*, Vorbem. v. § 633 BGB Rdn. 6 f.
[174] OLG Hamburg, CR 1986, 83 (84) mit zust. Anm. *Unger;* OLG Hamm, CR 1989, 385 (386) = NJW 1989, 1041; CR 1989, 1091; OLG Celle, CR 1988, 219 (LS); LG Karlsruhe, CR 1991, 544 (545); *Kilian,* CR 1986, 187 (194).
[175] *Köhler/Fritzsche,* in: Lehmann (Hrsg.), Rechtsschutz und Verwertung von Computerprogrammen, S. 513 (596).
[176] BGH, NJW 2002, 3019; NJW 2003, 288.

II. Herstellung von Software

hört, wie die Abnahmeprozedur aussehen soll und welche Abnahmekriterien gelten.[177] Wenn sie nicht getroffen werden, tendiert die Rechtsprechung dazu, die Abnahme erst dann anzunehmen, wenn die Software nach einer gewissen **Nutzungs- und Erprobungszeit mängelfrei** gelaufen ist.[178] Solange noch Mängel gerügt werden und Nachbesserungs- und Fehlerbeseitigungswünsche geäußert werden, komme eine Abnahme nicht in Betracht.[179]

Diese Annahmen sind sicher für einen gewissen **Zeitraum der Erprobung** und der entsprechenden Rügen **richtig**. Wenn jedoch über einen Zeitraum von Monaten und Jahren die Benutzung der Anlage fortgesetzt wird und regelmäßig dennoch Mängelrügen erhoben werden, muss man doch zu irgend einem Zeitpunkt von einer Abnahme sprechen. Möglicherweise kommt es dabei auch auf die Zahlung der vereinbarten Vergütung an.[180] Jedenfalls kann nicht davon ausgegangen werden, dass über Monate und Jahre hinweg keine Abnahme erfolgt und deswegen die Vergütung des Auftragnehmers nicht fällig wird, dem Besteller noch immer die unmodifizierten Rechte aus §§ 280 ff., 323 ff. BGB zustehen und die Verjährung der Mängelansprüche nicht zu laufen beginnen, obwohl die Anlage produktiv läuft. 342

Sicherlich liegt eine Abnahme dann vor, wenn zu irgend einem Zeitpunkt trotz Mängelrügen die Abnahme des Softwareprodukts als im Wesentlichen vertragsgemäß **ausdrücklich erklärt** wird.[181] § 640 BGB läßt ja gerade Mängelrügen neben der Abnahme zu. Auch in einer vorbehaltlosen Zahlung kann eine solche Abnahmeerklärung liegen.[182] Darüber hinaus dürfte es für die Annahme einer konkludenten Abnahmeerklärung ausreichend sein, wenn die Software mehrere Monate nicht nur zu Testzwecken genutzt wird – auch wenn während dieser Zeit Mängelrügen erhoben werden.[183] Jedoch beginnt auch diese Frist erst mit Lieferung der gesamten Software zu laufen.[184] Notwendig ist auch die Lieferung des Handbuchs bzw. der Dokumentation,[185] wobei einzelne Unvollständigkeiten des Handbuchs eine Ab- 343

---

[177] Sehr ausgiebig dazu *Müller-Hengstenberg/Wild*, CR 1991, 327.
[178] *Schneider*, Handbuch des EDV-Rechts, Rdn. H 220 f. unter Berufung auf OLG Hamburg, CR 1986, 83.
[179] OLG Hamburg, CR 1986, 83 (84) mit zust. Anm. *Unger*, zust. auch *v. Gravenreuth*, BB 1989, 1925; OLG Celle, IuR 1986, 311 (312); OLG Düsseldorf, CR 1989, 689 (690); LG Heidelberg, CR 1989, 197 (199); OLG Hamm, NJW 1990, 1609 f.; OLG Köln, OLG-Report Köln 1999, 337 = CR 1999, 747; tendenziell zust. *Feuerborn*, CR 1991, 1 (3).
[180] Vgl. OLG Karlsruhe, *Zahrnt*, ECR OLG 212.
[181] Ein Fall bei OLG Saarbrücken, CR 1988, 470 (471); ähnlich OLG Düsseldorf, CR 1999, 689 (LS).
[182] OLG Hamm, CR 1989, 385 (386) = NJW 1989, 1041 (1042).
[183] Ebenso OLG München, Beil. Nr. 7 zu BB 1991, S. 4 (5 f.) mit insoweit zust. Anm. *Zahrnt;* OLG Köln, Beil. Nr. 13 zu BB 1992, S. 12, MünchKomm-*Soergel*, § 640 Rdn. 11 a.
[184] OLG Nürnberg, Beilage Nr. 7 zu BB 1991, S. 10 (12).
[185] BGH, NJW 1993, 1063 = Beil. Nr. 13 zu BB 1993, S. 4 = DuD 1993, 530; OLG Köln, OLG-Report Köln 1999, 118; OLG Düsseldorf, CR 2002, 324 (325).

nahme nicht ausschließen.[186] Ist eine Einweisung geschuldet, muss auch diese erbracht werden.[187] In der Regel wird man auch verlangen müssen, dass die Software vor Abnahme installiert und in Betrieb genommen wird – auch wenn dies der Kunde selbst bewirken muss.[188]

Ob freilich eine Nutzung über einen oder drei oder gar neun Monate eine konkludente Abnahme auch bei Mängelrügen zur Folge hat, ist generell nicht zu sagen. Bei einer langdauernden Nutzung kann auch der Einwand der Nichtlieferung von Handbüchern **verwirkt** sein.[189] Muss der Kunde selbst installieren, kann er sich der Abnahmewirkung auch nicht auf Dauer dadurch entziehen, dass er die Software nicht installiert.

344 Lehnt der Kunde eine vom Hersteller angebotene zureichende Mängelbeseitigung ab und war die Software vorher berechtigt nicht abgenommen, so kommt der Kunde mit der Entgegennahme der Leistung in Annahmeverzug. Zu Gunsten des Lieferanten greift dann § 322 Abs. 2 BGB ein. Er kann auf Zahlung nach Durchführung der Mängelbeseitigung klagen.[190]

345 Für die Praxis ist aus dieser Situation die Konsequenz zu ziehen, dass zu einem möglichst frühen Zeitpunkt eine **Klärung der Abnahme** herbeigeführt werden muss. Dies ist nach § 640 Abs. 1 S. 3 BGB auch ohne entsprechende vertragliche Regelung im Wege einer Fiktion möglich. Es ist allerdings darauf zu achten, dass eine Abnahme vom Kunden nur verlangt werden kann, wenn die Software im wesentlichen mängelfrei ist. Nur in diesem Fall kann die Fiktion greifen. Sonst kommt nur eine ausdrückliche Abnahmeerklärung in Betracht. Allerdings kann auch eine solche Erklärung nicht immer als Abnahme im Rechtssinn betrachtet werden kann, wenn sie etwa vor einer möglichen Erprobung des Werkes abgeben wird. Zu einem so frühen Zeitpunkt kann der Unternehmer schlechterdings nicht davon ausgehen, dass eine Abnahme des Werkes als im Wesentlichen vertragsgemäß auf Seiten des Bestellers erfolgt. Dies gilt ganz besonders dann, wenn der Besteller lediglich eine vorgefertigte Erklärung des Unternehmens unterzeichnet.

346 Gefährlich sind für den Ersteller auch Klauseln in seinen **allgemeinen Geschäftsbedingungen,** die die Abnahme etwa bei Ingebrauchnahme oder kurze Zeit danach fingieren. Liegt der durch diese AGB-Klauseln festgelegte Zeitpunkt deutlich vor dem von der Rechtsprechung im allgemeinen angenommenen Zeitpunkt der Abnahme, so dürfen die Klauseln mit § 307 Abs. 2 BGB nicht vereinbar sein.[191] Dies gilt auch und gerade im

---

[186] OLG Celle, CR 1997, 150.
[187] OLG Nürnberg, *Zahrnt*, ECR OLG 186.
[188] OLG Düsseldorf, OLG-Report 2002, 41.
[189] OLG Düsseldorf, NJW-RR 1996, 821; OLG Köln, NJW-RR 1995, 1460; NJW-RR 1996, 44; OLG-Report Köln 1997, 121; vgl. auch BGH, *Zahrnt*, ECR BGH 3.
[190] BGH, BB 2002, 646.
[191] Vgl. OLG Hamm, CR 1989, 385 (386) = NJW 1989, 1041 (1042); OLG Köln NJW-RR 1992, 1326 = Beil. Nr. 3 zu BB 1993, S. 5; *Schneider*, Handbuch des EDV-

kaufmännischen Geschäftsverkehr. Im nicht kaufmännischen Geschäftsverkehr ist außerdem § 308 Nr. 5 BGB zu beachten. Danach können fingierte Erklärungen in AGB's meist nur vereinbart werden, wenn dem Kunden eine ausreichende Frist zur Abgabe der Erklärung gewährt wird und zusätzlich der AGB-Verwender bei Beginn der Frist auf die laufende Frist ausdrücklich hinweist. Angesichts der Regelung des § 640 Abs. 1 S. 3 BGB sind solche Regelungen heute entbehrlich. Aus diesen Problemen ergibt sich, dass allgemeine Geschäftsbedingungen individuelle Vereinbarungen über die erfolgte Abnahme oder über die Abnahmeprozedur nicht ersetzen können.[192] Denkbar sind auch in allgemeinen Geschäftsbedingungen Vereinbarungen über eine Testphase und eine Abnahmefiktion, wenn nach Ablauf der definierten Testphase keine Mängel gerügt werden.

Eine Klausel, nach der der Ersteller eine förmliche Abnahme verlangen kann, schließt eine konkludente Abnahme nicht aus, wenn solches Verlangen unterbleibt.[193] Eine solche Klausel erreicht damit nicht das beabsichtigte Ziel und sollte daher nicht in allgemeine Geschäftsbedingungen aufgenommen werden. Der generelle Ausschluss einer konkludenten Abnahme durch allgemeine Geschäftsbedingungen dürfte auch unwirksam sein. 347

Werden freilich Mängel gerügt, muss die Testphase von vorne beginnen.[194] Auch bei einer solchen Testphase ist freilich § 308 Nr. 5 BGB zu beachten, wenn nach ihrem Ablauf fingierte Abnahmen anknüpfen.

In **§ 11 BVB-Erstellung** ist vorgesehen, dass eine Abnahme erst nach einer erfolgreichen Funktionsprüfung erfolgt. Die Einzelheiten der Funktionsprüfung sollen im Erstellungsschein individuell für jeden Fall festgelegt werden. Dies gilt nicht nur für das Verfahren, sondern auch für Abnahmekriterien, insbesondere für Testfälle. Auch eine Abnahme von Teilleistungen ist nach § 11 Nr. 2 BVB-Erstellung denkbar. Die Regelung zeigt deutlich, dass eine generelle Abnahmeregelung in allgemeinen Geschäftsbedingungen wohl schwer formulierbar ist und hier im Einzelfall Regelungen getroffen werden müssen. 348

cc) Mängelrechte im Überblick

Nach Abnahme des Werkes ergeben sich die Rechte bei mangelhafter Lieferung aus § 634 BGB. Danach kann der Kunde zunächst **Nacherfüllung** verlangen (§ 634 Nr. 1 BGB). Verlangt der Kunde Nacherfüllung, kann der 349

Rechts, Rdn. H 226 ff.; *Feuerborn*, CR 1991, 1 (3); *Schmidt*, in: Lehmann (Hrsg.), Rechtsschutz und Verwertung von Computerprogrammen, S. 701 (740); *Witte*, in: Redeker (Hrsg.): Handbuch der IT-Verträge, Abschn. 1.4, Rdn. 104; *Köhler/Fritzsche*, in: Lehmann (Hrsg.), Rechtsschutz und Verwertung von Computerprogrammen, S. 513 (597).
[192] Ähnlich auch *Brandi-Dohrn*, CR 1990, 312 (314).
[193] OLG Köln, OLG Köln Report 2002, 247.
[194] Vgl. *Lauer*, BB 1982, 1758 (1760).

Hersteller nach seiner Wahl den Mangel beseitigen oder ein neues Werk herstellen (§ 635 Abs. 1 BGB). Dies bedeutet, dass sich nach der Gesetzesdogmatik die Leistungspflicht des Herstellers auf das hergestellte Werkstück beschränkt und er entscheiden kann, ob er dieses repariert oder ein neues liefert. Für Software dürfte diese Unterscheidung ohne Bedeutung sein. Auch wenn das gelieferte Programm nachgebessert wird, wird es nach Nachbesserung neu installiert, d. h. ein neues Werkstück verwendet und nicht etwa die vorhandene Installation nachgebessert. Nur wenn der Fehler lediglich bei der Installation erfolgt ist, dürfte – gelegentlich – nachgebessert werden. Einen Anspruch des Kunden auf Neuerstellung des Programms gibt es freilich nur dann, wenn der Mangel nur durch eine vollständige Neuprogrammierung beseitigt werden kann.[195]

350 Neben der Nacherfüllung gibt es **weitere Rechte**, allerdings nur bei Vorliegen weiterer Voraussetzungen. § 634 BGB erwähnt als nächstes in Nr. 2 das **Selbstvornahmerecht**. Nach § 637 BGB setzt dies Recht voraus, dass der Kunde dem Hersteller eine Frist zur Nacherfüllung setzt und diese ungenutzt verstreicht. Nach Fristablauf kann der Kunde dann die Nacherfüllung selbst vornehmen und vom Hersteller die Kosten sowie einen Vorschuss dafür (§ 637 Abs. 3 BGB) verlangen. Unter den Voraussetzungen des § 323 Bs. 2 BGB ist die Fristsetzung entbehrlich. Das Selbstvornahmerecht scheidet aus, wenn der Ersteller die Nacherfüllung wegen Unverhältnismäßigkeit nach §§ 275 Abs. 2 oder 635 Abs. 3 BGB verweigern kann

351 Als weitere Rechte erwähnt § 634 Nr. 3 BGB **Rücktritt** und **Minderung**. Beides sind Gestaltungsrechte.[196] Beide Rechte können unter verschiedenen Voraussetzungen ausgeübt werden. Dazu gehört wie im Falle der Selbstvornahme eine erfolglose Fristsetzung (§ 323 Abs. 1 BGB), die unter den Voraussetzungen des § 323 Abs. 2 BGB entbehrlich ist. Ferner kann man mindern oder zurücktreten, wenn der Ersteller die Nacherfüllung verweigert, sei es berechtigt (§ 636 BGB) oder unberechtigt (§ 323 Abs. 2 S. 1 BGB). Hier ist zu beachten, dass dann, wenn die anfänglich verweigerte Mängelbeseitigung vor der Wandlung wieder angeboten wird, eine Fristsetzung nachträglich wieder erforderlich werden kann.[197] Beide Rechte kommen auch dann in Betracht, wenn die Nachbesserung fehlschlägt oder dem Kunden unzumutbar ist (§ 636 BGB). Beide Rechte sind ausgeschlossen, wenn der Mangel unerheblich ist.

352 Letztendlich gibt es **Schadensersatzansprüche** (§ 634 Nr. 4 BGB). Diese bestehen immer, es sei denn, der Hersteller hat die mangelhafte Softwareerstellung nicht zu vertreten (§ 280 BGB). Schadensersatzansprüche setzen keine Fristsetzung voraus und treten prinzipiell neben die anderen Ansprü-

---

[195] *Köhler/Fritzsche*, in: Lehmann (Hrsg.), Rechtsschutz und Verwertung von Computerprogrammen, S. 513 (593).
[196] Zur Minderung vgl. *Palandt-Sprau*, § 638 Rdn. 1.
[197] BGH, BB 1990, 1662 f.

che.[198] Dies gilt allerdings nicht für alle Arten von Schadensersatzansprüchen. Schadensersatz statt Leistung kann nur verlangt werden, wenn eine erfolglose Fristsetzung vorangegangen ist (§ 281 Abs. 1 BGB). Diese Fristsetzung kann nach § 281 Abs. 2 BGB entfallen, wenn der Hersteller die Mangelbeseitigung ernsthaft und endgültig verweigert oder besondere Umstände vorliegen. Nach §§ 636 und 283 BGB entfällt die Notwendigkeit der Fristsetzung auch, wenn der Hersteller die Mangelbeseitigung berechtigt verweigert oder die Nachbesserung fehlgeschlagen oder dem Kunden unzumutbar ist. Dies alles gilt nach § 311 a BGB auch dann, wenn eine mangelfreie Lieferung **von Anfang an objektiv oder subjektiv unmöglich** war. Anstelle des Schadensersatzes kann der Kunde nach § 284 BGB auch Ersatz seiner Aufwendungen verlangen.

c) Nacherfüllung und Selbstvornahme

Im Falle mangelhafter Lieferung ist primär der Anspruch auf Nacherfüllung gegeben. Dies ist insbesondere bei Individualsoftware auch sachgerecht, weil in aller Regel die mit den Mängeln verbundenen Probleme sich am besten dadurch beseitigen lassen, dass der Ersteller der Software die Mängel beseitigt. Er kann dies am leichtesten und schnellsten, da er allein das Programm kennt. 353

Vor Durchführung der Nacherfüllung müssen ihm die Mängel allerdings ordnungsgemäß **angezeigt** werden. Dazu dürfte es bei einem nicht spezifisch EDV-kundigen Abnehmer ausreichen, dass das Mangelerscheinungsbild genau dargelegt wird.[199] Dies muss allerdings schon verlangt werden. Wieweit im Übrigen beim Auftreten des Fehlers die jeweils benutzte Anlagenkonfiguration einschließlich der Frage, welche Terminals gerade in welchem Zustand sind, beschrieben werden muss, ist im Einzelfall zu entscheiden.[200] Es dürfte im ersten Anlauf zunächst ausreichen, den konkreten Mangel nebst den dabei auftretenden Fehlermeldungen zu dokumentieren und dem Hersteller zu überreichen. 354

Es empfiehlt sich, insoweit ein „Logbuch" über die auftretenden Fehler zu führen, das im Detail festhält, welche Fehler wann eingetreten sind. Festzuhalten wäre hier je nach Art der genutzten Software bzw. DV-Anlage, der Zeitpunkt des Fehlerauftritts, Bediener, eingegebene Daten, Menü des Programms, das bearbeitet wird, Fehleranzeigen und eventuelle Fehlerbehebungsversuche.[201] 355

---

[198] *Palandt-Heinrichs*, § 280 Rdn. 18.
[199] Vgl. *Engel*, BB 1985, 1149 (1165); s. a. OLG Hamm, CR 1990, 715 (717); OLG Köln, BB 1998, 17 = NJW-RR 1998, 1274; vgl. auch die Regelung in § 12 Nr. 4 BVB-Erstellung.
[200] Sehr umfangreiche Anforderungen in einem speziellen Fall bei OLG Köln, OLG-Report Köln 1997, 1.
[201] *Schneider*, Handbuch des EDV-Rechts, Rdn. P 31.

356 Welche Erscheinungen wie **genau dargelegt werden können,** hängt im Übrigen von der Art und Weise des Fehlers ab. Fehlen bestimmte Funktionalitäten, reicht es schlicht aus, dies zu rügen. Näher detaillierte Angaben sind insbesondere dann erforderlich, wenn es sich um unregelmäßig auftretende Abstürze oder Fehlfunktionen handelt, da nur dann überhaupt überprüft werden kann, worum es dabei geht. Auch die Fehlermeldungen müssen dann dargelegt werden.[202] Mehr als **das Erscheinungsbild des Fehlers** muss aber nie dargelegt werden. Es ist nicht Aufgabe des Kunden, Ursachenforschung zu betreiben und zu überprüfen, aus welchen Gründen die gelieferte Anlage oder das gelieferte Programm nicht funktioniert.[203] Das Erscheinungsbild der Fehler muss aber immer dargestellt werden. Die bloße Behauptung, die Software oder die Anlage funktioniere nicht, reicht nicht aus.[204] Sind mehrere Gegenstände geliefert worden, muss auch angegeben werden, welche mangelhaft sind.[205] Darüber hinaus ist eine Fehlermeldung auch dann ordnungsgemäß, wenn nur ein Teil der dargestellten Probleme wirklich Fehler sind. Der Unternehmer kann sich nicht darauf berufen, dass nur ein Teil der gerügten Fehler wirklich besteht.[206]

357 Sind an einem Produkt **mehrere Produzenten** beteiligt oder kommt als Mangelursache auch ein Hardwarefehler in Betracht, empfiehlt sich, allen Beteiligten entsprechende Fehlermeldungen zukommen zu lassen.
Gerade in diesem Falle muss allerdings die Fehlermeldung ggfs. sehr viel detaillierter sein. Schon im Vorgriff auf eine eventuelle Auseinandersetzung ist hier möglicherweise auch eine Ursachenforschung angezeigt, da der Besteller schon darlegen muss, dass die eingetretenen Fehlererscheinungen im Zusammenhang mit dem Produkt stehen, das der Unternehmer geliefert hat.

358 Auf eine hinreichend **detaillierte Fehlermeldung** muss der Unternehmer sofort reagieren und die notwendigen Maßnahmen ergreifen. Ist die Fehlermeldung zu verschwommen, muss er auf eine Präzisierung hinwirken. Jedenfalls muss er mitteilen, dass er die Beschreibung für nicht ausreichend hält.

359 Wird die Nacherfüllung trotz Fristsetzung nicht rechtzeitig durchgeführt, kann der Besteller auf Kosten des Unternehmers den Mangel beseitigen lassen und dafür auch einen Vorschuss fordern (§ 637 Abs. 3 BGB, **Selbstvornahme).**[207] Dieser Weg dürfte bei Software selten beschritten werden. Insbesondere eine Selbstbeseitigung des Mangels durch einen dritten Auftragnehmer dürfte nur in seltenen Fällen möglich sein, da dies ganz erhebliche Zusatzaufwendungen des jeweiligen Dritten bedeuten dürfte, der

---

[202] *Gaul,* CR 2000, 570 (572 f.).
[203] BGH, WM 1987, 1492 (1495); *Schneider,* Handbuch des EDV-Rechts, Rdn. H 246.
[204] OLG Düsseldorf, CR 1999, 145 f. = NJW-RR 1999, 563.
[205] OLG Köln, NJW 1993, 2627.
[206] LG Hannover, BB 1985, 143 f.
[207] *Erman-H. H. Seiler,* § 633 Rdn. 36 mwN.

sich erst einmal in die Programmstruktur des nicht von ihm erstellten Programms einarbeiten müsste.

Die **Nacherfüllungsfrist** muss insbesondere in der Anfangsphase wegen der dort bekanntermaßen häufig auftretenden Schwierigkeiten **recht lang** sein. Die Anfangsphase kann aber – insbesondere dann, wenn der Abnahmezeitpunkt spät liegt – nur wenige Wochen dauern. Im übrigen richtet sich die Länge der Frist nach den Umständen des Einzelfalls.[208]

360

In manchen Fällen muss sich auch der **Besteller** teilweise an den **Kosten** der Nacherfüllung **beteiligen**. Dies gilt z.B. dann, wenn bei Aufwandspreis die Herstellungskosten von vornherein höher gewesen wären, wenn mangelfrei geliefert worden wäre („sowieso-Kosten"). In diesem Fall muss der Besteller auf Verlangen des Unternehmers vor Durchführung der Nachbesserung für diese Kosten eine Sicherheitsleistung in angemessener Höhe erbringen.[209]

361

In einigen Fällen kann der Ersteller die Nacherfüllung **berechtigt verweigern**. In diesen Fällen scheidet das Selbstvornahmerecht des § 637 BGB aus. Dies gilt nach § 636 BGB insbesondere dann, wenn die Nacherfüllung nur mit unverhältnismäßig hohen Kosten möglich ist. Dabei sind die Kosten der Nacherfüllung mit dem Wertverlust durch den Mangel zu vergleichen. Stehen sie außer Verhältnis, kann der Hersteller die Nacherfüllung verweigern. Auf weitere Umstände kommt es nicht an. Ein Leistungsverweigerungsrecht besteht ferner aufgrund der allgemeinen Unverhältnismäßigkeitsregelungen der § 275 Abs. 2 u. 3 BGB. In der Praxis dürften sie neben § 636 BGB nur selten eine Rolle spielen. Eine vergleichbare Regelung enthielt § 633 Abs. 2 S. 3 BGB a.F. Dort war von unverhältnismäßigem Aufwand und nicht von unverhältnismäßigen Kosten die Rede. Die Regelung wurde restriktiv ausgelegt. Ein Verweigerungsrecht wurde nur angenommen, wenn der Beseitigungsaufwand in keinem vernünftigen Verhältnis zum Nutzen stand.[210] Dies dürfte ähnlich auch in Zukunft gelten.

362

d) Minderung/Rücktritt

Unter den oben[211] dargestellten Voraussetzungen, insbesondere nach vergeblicher Fristsetzung, erhält der Kunde das Recht auf Rücktritt oder Minderung.

363

Nach dem Rücktritt sind die empfangenen Leistungen zurückzugewähren und die gezogenen Nutzungen herauszugeben (§ 346 Abs. 1 BGB). Soweit gezogenen Nutzungen nicht herausgegeben werden können, ist Wertersatz zu leisten (§ 346 Abs. 2 Nr. 1 BGB). Für die Berechnung dieses Wertersat-

---

[208] Vgl. KG CR 1990, 768 (769f.).
[209] BGH, NJW 1984, 1676; NJW 1998, 3707.
[210] *Köhler/Fritzsche*, in Lehmann (Hrsg.), Rechtsschutz und Verwertung von Computerprogrammen, S. 513 (593).
[211] Rdn. 351.

zes ist auf die bisherige Rechtsprechung zur **Nutzungsentschädigung** zurück zu greifen.

364 In Literatur und Rechtsprechung wird in aller Regel von einem **Wertverlust** ausgegangen, der bei einer **Nutzungszeit von 3 bis 5 Jahren** linear oder degressiv berechnet wird. Die relevante Frist bemisst sich nach sogenannten üblichen Nutzungszeiten, die im Einzelfall natürlich eine Schematisierung darstellen, die aber unvermeidlich ist, weil die Höhe der Nutzungsentschädigung nach objektiven Kriterien bemessen sein muss. Minderungen wegen Mängeln werden von den Ausgangspositionen sodann abgezogen.[212] Die Nutzungsentschädigung kann allerdings nur für den Zeitraum verlangt werden, der bei der Wertverlustberechnung zugrunde gelegt wird. Anderenfalls würde sie ja den – geminderten – Verkaufspreis übersteigen.

365 Schon der Gedanke der Nutzungsentschädigung zeigt, dass die bloße Weiternutzung der Software das Rücktrittsrecht nicht verwirken lässt, insbesondere nicht, wenn der Rücktritt gerichtlich durchgesetzt werden muss.[213]

366 Darüber hinaus muss der Anwender nach dem Rücktritt nicht nur die **Software zurückgeben,** sondern auch alle bei ihm verbliebenen **Kopien löschen,** da er ohne eine solche Maßnahme das Programm weiter nutzen kann.[214] Die Rückgabe der Software ist prinzipiell auf dem gleichen Weg wie ihre Übergabe zu vollziehen. Oft werden aber die Datenträger, auf denen die Software übergeben wurde, nicht mehr vorhanden sein, weil die Software auf das System des Anwenders überspielt und danach die Träger vom Unternehmer wieder mitgenommen wurden. In diesem Fall muss der Unternehmer dem Anwender neue Träger überlassen, auf die die Software sodann (auf Kosten des Unternehmers) überspielt wird.[215] Oft wird dem Unternehmer die Löschung ausreichen, weil er über die Software ohnehin weiter verfügt.

Schwierig wird die Rückabwicklung dann, wenn im Rahmen der vertraglichen Beziehungen bei einer oder gar bei beiden Seiten Kenntnisse und/oder Produkte entwickelt worden sind, die im Rahmen der Rücktrittsabwicklung nicht zurückgegeben werden können. Auf sie passen auch die Wertersatzregeln des § 346 Abs. 2 BGB nicht. Hier werden praktische Lösungen aber nur im jeweils konkreten Einzelfall möglich sein, jedenfalls

---

[212] Vgl. dazu OLG München, CR 1989, 288; OLG Köln, *Zahrnt,* ECR OLG 72; OLG Koblenz, *Zahrnt,* ECR OLG 100; OLG Nürnberg, *Zahrnt,* ECR OLG 125 (Nutzungsdauer: 10 Jahre!); AG Essen, CR 1998, 309 (310); *Schneider:* Handbuch des EDV-Rechts, Rdn. P 51 f.; *Köhler/Fritzsche,* in: Lehmann (Hrsg.), Rechtsschutz und Verwertung von Computerprogrammen, S. 513 (567).
[213] OLG Karlruhe, *Zahrnt,* ECR OLG 199; OLG Köln, OLG-Report Köln 1999, 362.
[214] v. *Gravenreuth,* BB 1989, 1925 (1926); skeptisch *Köhler/Fritzsche,* in: Lehmann (Hrsg.), Rechtsschutz und Verwertung von Computerprogrammen, S. 513 (567).
[215] Teilweise a.A. v. *Gravenreuth,* BB 1989, 1925 ff., der auch weitere Fallkonstellationen untersucht.

solange nicht ein größerer Tatsachenstoff zumindest die Erarbeitung von Fallgruppen erlaubt.²¹⁶

Nach § 323 Abs. 6 BGB ist der **Rücktritt** dann **ausgeschlossen**, wenn der Kunde für den Umstand, der ihn zum Rücktritt berechtigen würde, allein oder weit überwiegend verantwortlich ist oder wenn ein vom Hersteller nicht zu vertretender Umstand zu einer Zeit eintritt, zu welcher der Kunde im Annahmeverzug ist. Diese Regelung greift Überlegungen auf, nach denen im bisherigen Recht im Rahmen der Wandlung § 254 BGB analog anwendbar sein sollte²¹⁷ – eine Überlegung, die sich im alten Recht nicht durchsetzen konnte. Auch die neue Vorschrift berücksichtigt das Mitverschulden nur sehr eingeschränkt. Sie schließt das Rücktrittsrecht wohl nur dann aus, wenn evtl. Schadensersatzansprüche nach § 254 BGB ganz ausgeschlossen sein würden, was eine Mitverantwortungsquote des Rücktrittsberechtigten von mindestens 80% bedeutet.²¹⁸ Daneben ist das Rücktrittsrecht auch bei schwerwiegender sonstiger Vertragsuntreue des Rücktrittsberechtigten ausgeschlossen.²¹⁹ Dies gilt z.B. bei fehlerhaften oder deutlich verspäteten Mitwirkungshandlungen des Kunden.

367

Im Bereich der **Minderung** ergeben sich keine besonderen Probleme. Die Vergütung ist gem. § 638 Abs. 3 BGB in dem Verhältnis herabzusetzen, in welchem zur Zeit des Vertragsschlusses der Wert des Werks in mangelfreiem Zustand zu dem wirklichen Wert gestanden haben würde. Notfalls ist zu schätzu schätzen. Die Rechtsprechung erlaubt eine Minderung – entgegen dem Wortlaut auch von § 472 Abs. 1 BGB a.F. – teilweise sogar durch Abzug von Reparaturkosten.²²⁰

368

e) **Schadensersatz**

Schadensersatzansprüche entstehen nach § 280 BGB bei jeder Pflichtverletzung. Dies gilt nicht, wenn der Schuldner die Pflichtverletzung nicht zu vertreten hat. Die Herstellung einer mangelhaften Software ist in aller Regel eine objektive Pflichtverletzung, so dass Schadensersatzansprüche gegeben sind. Allerdings gilt diese Aussage nur generell. Für spezielle Schadensersatzansprüche gibt es nämlich besondere Voraussetzungen.

369

Dies gilt zunächst für reine **Verzögerungsschäden**. Hier gibt es Schadensersatzansprüche nur bei Verzug, also in der Regel erst nach einer vergeblichen Fristsetzung. Nur dann, wenn ein konkreter Liefertermin vereinbart ist, tritt Verzug mit Überschreiten dieses Termins ein (§ 286 BGB).²²¹ Im Prinzip gilt hier das alte Recht weiter, wenn auch mit Modifikationen.

370

---

²¹⁶ Zu Expertensystem vgl. *Koch/Schnupp*, CR 1989, 393 ff.
²¹⁷ Näher dazu *Brandi-Dohrn*, CR 1990, 312 (316).
²¹⁸ *Palandt-Heinrichs*, § 323 Rdn. 29.
²¹⁹ *Palandt-Heinrichs*, § 323 Rdn. 29.
²²⁰ LG Düsseldorf, CR 1988, 133 (134); vgl. dazu auch *Erman-Weitnauer*, § 473 Rdn. 5.
²²¹ **A. A.** wohl *Lorenz*, NJW 2002, 2497 (2502 f.).

Allerdings ergibt sich jetzt auch aus dem Gesetz, dass ein Verzögerungsschaden neben Rücktritt und Minderung geltend gemacht werden kann.

371 Engere Voraussetzungen gelten auch dann, wenn der Gläubiger durch den Schadensersatzanspruch so gestellt werden will, als wäre der Vertrag erfüllt worden, er also **Schadensersatz an Stelle der Erfüllung** haben will (sog. **Schadensersatz statt der Leistung**). Ein solcher Anspruch setzt eine Fristsetzung voraus. Erst wenn in dieser Frist keine erfolgreiche Nacherfüllung durchgeführt wird, gibt es Schadensersatz statt Leistung (§§ 634 Nr. 4, 280, 281 BGB). Nach dem Willen des Gesetzgebers soll dieser Anspruch nur gegeben sein, wenn auch ein Rücktrittsrecht gegeben ist. Er setzt freilich Vertretenmüssen voraus und gibt mehr als das Rücktrittsrecht, weil er auch den entgangenen Gewinn umfasst. Auch er besteht neben dem Rücktrittsrecht.

Sachlich kann man wie bisher den kleinen oder der großen Schadensersatzanspruch wählen. Letzterer scheidet aus, wenn die Pflichtverletzung, die dem Anspruch zugrunde liegt, unerheblich ist (§ 281 Abs. 1 S. 3 BGB).

372 In der **Literatur** wird davon gesprochen, dass der Schadensersatz statt Leistung die **Mangelschäden**, der allgemeine Schadensersatzanspruch die **Mangelfolgeschäden** umfasse.[222] Es ist aber äußerst fraglich, ob die vielen Grenzziehungen, die im alten Recht vor allem wegen Verjährungsfragen erforderlich waren, und die eine besondere Komplikation des alten Rechts darstellten, auf diesem Wege in das neue Recht übernommen werden sollten[223]. Das Gesetz greift die Terminologie nicht auf.

373 Geht man von **möglichen Fallgestaltungen** aus, so hat sich ihre Subsumtion unter das Gesetz deutlich geändert. Wird eine mangelhafte Software erstellt und geliefert, können verschiedene Schäden entstehen. Schäden können schon durch eine verspätete Lieferung oder eine verzögerte Nacherfüllung entstehen. Diese müssen bei Verzug ersetzt werden. Weiterhin kann die mangelhafte Software Schäden an anderen Rechtsgütern oder Vermögensschäden verursachen. Auf den Ersatz dieser Schäden gibt es ohne weiteres einen Anspruch aus § 280 BGB.[224] Zuletzt kann das Geschäft scheitern, weil der Kunde die mangelhafte Software nicht akzeptiert oder ihm die Nacherfüllung zu lange dauert. Dann kann er höhere Kosten der Ersatzbeschaffung oder entgangenen Gewinn als Schaden nach § 281 BGB geltend machen oder auch nur seine vergeblichen Aufforderungen nach § 284 BGB ersetzt verlangen.

Welche Schäden im Ergebnis unter welchen Voraussetzungen geltend gemacht werden können, wird die Rechtsprechung zu klären haben. Ob alle zum alten Recht ergangenen Entscheidungen übertragen werden, muss man abwarten. Dies dürfte aber unwahrscheinlich sein. Man wird ferner z. B. be-

---

[222] *Palandt-Heinrichs*, § 280 Rdn. 8; zur Abgrenzung vgl. Rdn. 391.
[223] Kritisch auch *Recker*, NJW 2002, 1247.
[224] So auch *Lorenz*, NJW 2002, 2497 (2499 ff.).

achten müssen, dass Kosten einer Selbstvornahme, die nach § 637 BGB nicht ersatzfähig sind, auch keine Schadenspositionen sein können.

Bei **Körper- oder Gesundheitsschäden** kommt auch bei rein vertraglichen Ansprüchen **Schmerzensgeld** in Betracht (§ 253 Abs. 2 BGB), allerdings nur in Fällen, die ab dem 1. 8. 2002 eingetreten sind (Art. 229 § 8 Abs. 1 EGBGB). 374

Der Besteller muss seinerseits im Rahmen des § 254 BGB Vorkehrungen zur Schadensbegrenzung treffen. Dazu gehört jedenfalls eine regelmäßige Datensicherung.[225] Allerdings muss der Unternehmer bei Installation die Funktionsfähigkeit der Datensicherungsroutine fachgemäß überprüfen.[226] Erklärt er den Datenverlust für endgültig, stimmt dies aber nicht, löst schon diese Erklärung Schadensersatzansprüche aus.[227] 375

Alle Schadensersatzansprüche setzen im Übrigen **Vertretenmüssen** voraus. In der Regel liegt Vertretenmüssen bei Verschulden vor. Für mangelndes Verschulden muss sich der Schuldner entlasten. Verschulden ist jedenfalls immer dann gegeben, wenn der Ersteller die Regeln der Technik bei der Erstellung oder dem Abtesten der Software verletzt.[228] Hier dürfen insbesondere die Standardisierungen im Hinblick auf Verfahrensabläufe (DIN 9000 etc.) eine wichtige Rolle spielen. Zu den Pflichten des Auftragnehmers gehört selbstverständlich eine Produktkontrolle vor Ablieferung, zu der z. B. auch eine Kontrolle auf Virenbefall gehört.[229] 376

f) Verjährung, Rügepflicht

Die **Verjährung** der Mängelansprüche ist in § 634a BGB **sehr differenziert** geregelt. Soweit Software vom Ersteller neu hergestellt wird, liegt kein Sonderfall vor. Mängelansprüche verjähren dann gem. § 634a Abs. 1 Nr. 3 BGB in der regelmäßigen Verjährungsfrist. Diese beträgt nach § 195 BGB drei Jahre und beginnt mit dem Ende des Jahres, in dem der Anspruch entstanden ist und der Gläubiger von den den Anspruch begründenden Umständen und der Person des Schuldners Kenntnis erlangt oder ohne grobe Fahrlässigkeit erlangen musste, längstens in 10 Jahren nach ihrer Entstehung (§ 199 Abs. 1, 3 Nr. 1 BGB). Dies bedeutet, dass Mängelansprüche wegen verborgener Mängel in aller Regel drei Jahre nach Aufdecken des Mangels am Jahresende und wohl spätestens 10 Jahre nach Abnahme verjähren – gegenüber der bisherigen 6monatigen Verjährung eine gravierende Änderung. Schadensersatzansprüche können auch erst nach 30 Jahren verjähren (§ 199 Abs. 3 Nr. 2 BGB). 377

---

[225] OLG Karlsruhe, NJW-RR 1997, 534 = NJW-CoR 1996, 188 m. Anm. *Völle*; LG Kleve, Beil. Nr. 10 zu BB 1992, S. 4; AG Kassel, NJW-CoR 1997, 496 (LS); vgl. auch *Schneider*, Handbuch des EDV-Rechts, Rdn. E 195.
[226] BGH, NJW 1996, 2924; OLG Köln, NJW-RR 1994, 1262; NJW-RR 1997, 558.
[227] BGH, CR 2000, 424.
[228] *Kilian*, CR 1986, 187 (194).
[229] *Schneider/Günter*, CR 1997, 389 (394).

Bei Annahme eines Werklieferungsvertrages beträgt die Verjährungsfrist nur 2 Jahre ab Ablieferung.[230]

378 **Gehemmt** wird die Verjährung u. a. durch Verhandlungen über den Anspruch (§ 203 BGB). Beginn und Ende solcher Verhandlungen sollten daher genau dokumentiert werden. Zu den Verhandlungen gehört z. b. auch Überprüfung der Software auf das Vorliegen von Mängeln.[231]

379 Auf eine **Besonderheit** sei hingewiesen: Selbst wenn man Software als bewegliche Sache ansieht[232] und daher ihre Erstellung dem Recht des Werklieferungsvertrags unterordnet, ist die spätere Bearbeitung fremder Software als Bearbeitung einer Sache Werkvertrag. In diesem Fall beträgt die Verjährungsfrist für Mängelansprüche zwei Jahre ab Abnahme (§ 634a Abs. 1 Nr. 1 BGB).

Nach Eintritt der Verjährung sind auch Minderung und Rücktritt ausgeschlossen (§ 218 BGB).

Liegt der Fall der Arglist vor, gilt immer die regelmäßige Verjährungsfrist (§ 634a Abs. 3 BGB). Für den Hauptfall des Softwareerstellungsvertrages ändert dies an der Verjährungsfrist nichts.

380 Sind beide Parteien **Kaufleute,** so ist streitig, ob eine **Rügeobliegenheit** gemäß § 381 Abs. 2 HGB besteht. Nach hier vertretener Ansicht liegt bei der Erstellung von Individualsoftware kein Werklieferungsvertrag über eine bewegliche Sache vor, so dass die Vorschrift nicht anwendbar ist. Sie ist aber zumindest analog anwendbar, weil die Interessenlage im vorliegenden Fall ähnlich wie beim Werklieferungsvertrag über eine bewegliche Sache ist. Immerhin scheitert die Anwendung nur an der Tatsache, dass nach hier vertretener Ansicht Software keine Sache ist.[233] Die überwiegende Meinung tritt auch für eine Rügeobliegenheit ein.[234] Die **Rügefrist** ist auch bei Software kurz. So ist die Rüge mangelnder Kompatibilität schon nach 13 Tagen verfristet.[235] Die Rüge muss aber nicht sehr spezifisch sein. So soll die Aussage „Der Drucker ist nicht zu gebrauchen" ausreichen.[236] Diese Rüge ist aber sicher nicht ausreichend. Insoweit kann man sich an dem oben[237] Gesagten auch im Hinblick auf §§ 377, 381 HGB orientieren.[238]

---

[230] Vgl. unten Rdn. 520.
[231] *Palandt-Heinrichs*, § 203 Rdn. 2.
[232] Dazu oben Rdn. 278 ff.
[233] Dazu oben Rdn. 278 ff.
[234] BGH, NJW 1993, 2436 (2437 f.) = BB 1993, 1753 = DB 1993, 1871; zustimmend *Thamm*, BB 1994, 2224 (2225); OLG Celle, IuR 1986, 311 (312) mit insoweit zustimmender Anmerkung *Zahrnt; Moritz,* in: Computerrechtshandbuch, Abschn. 42 Rdn. 164 f.; a. A. *Junker,* NJW 1990, 1575 (1578).
[235] *Thamm,* BB 1994, 2223 (2224) mit weiteren Beispielen; *Gaul,* CR 2000, 570 (571).
[236] So *Thamm,* BB 1994, 2223 (2225) unter Berufung auf OLG Hamm, CR 1994, 290 = NJW-RR 1993, 1527.
[237] Rdn. 354 ff.
[238] I. E. ähnlich *Junker/Benecke,* Computerrecht, Rdn. 253.

g) Zum alten Schuldrecht

aa) Erfüllungs- und Gewährleistungsansprüche

Bei Individualsoftware gilt **Werkvertragsrecht**. Dies bedeutet, dass bei Mängeln die Regelungen der §§ 633 ff. BGB gelten. Vor Abnahme des Werks gibt es einen Herstellungsanspruch. Solange die Herstellung nicht mängelfrei erfolgt, stehen dem Besteller die Rechte nach §§ 323 ff. BGB zu. Dies bedeutet insbesondere, dass er dem Unternehmer eine Frist zur mangelfreien Herstellung des Werkes setzen kann und nach Verstreichen der Frist der Unternehmer in Verzug gerät. Bei festgelegten kalendermäßig bestimmten Terminen kann der Unternehmer auch ohne Fristsetzung in Verzug geraten. Die Regelungen des § 326 BGB sind im Verzugsfall ebenfalls anwendbar. 381

Die Situation ändert sich mit der **Abnahme**. Der Erfüllungsanspruch geht unter, an seine Stelle treten die Gewährleistungsansprüche. Ein Werk muss auch dann abgenommen werden, wenn es lediglich unerhebliche Mängel aufweist (§ 640 Nr. 1 S. 3 BGB). 382

Im übrigen gelten zur Notwendigkeit der Abnahme und den Einzelheiten ihrer Durchführung die obigen Ausführungen zum neuen Recht. Die Vorschriften haben sich nicht geändert. Dies gilt auch hinsichtlich der allgemeinen Geschäftsbedingungen. Für das alte Recht galten nur §§ 9–11 AGBG anstelle der jetzt neuen §§ 307–309 BGB.

bb) Gewährleistungsrechte

Nach Abnahme des Werkes ergibt sich zunächst ein Anspruch auf **Mängelbeseitigung** nach § 633 Abs. 2 BGB. Dieser Anspruch umfasst auch die Befugnis, die Neuherstellung des Programms zu fordern, falls der Mangel nur durch komplette Neuherstellung beseitigt werden kann.[239] 383

Eine solche Neuherstellung kann der Abnehmer selbst dann verlangen, wenn schon mehrere Nachbesserungsversuche fehlgeschlagen sind und selbst wenn beim Hersteller ein ganz erheblicher zusätzlicher Kostenaufwand entsteht. Zwar scheidet ein Mangelbeseitigungsanspruch möglicherweise nach § 633 Abs. 2 Satz 3 BGB dann aus, wenn die Relation zwischen Aufwand und Nutzen der Mängelbeseitigung unverhältnismäßig ist. Dies wird von der Rechtsprechung allerdings nur dann angenommen, wenn der Aufwand in keinem vernünftigen Verhältnis zu dem Vorteil für den Besteller steht.[240]

Kommt der Hersteller mit der **Mängelbeseitigung** in Verzug, so kann der Besteller den Mangel entweder selbst beseitigen lassen und Ersatz der dafür erforderlichen Aufwendungen verlangen (§ 633 Abs. 3 BGB). Es steht ihm 384

---

[239] *Köhler/Fritzsche*, in: Lehmann (Hrsg.), Rechtsschutz und Verwertung von Computerprogrammen, S. 513 (593).
[240] Ebenso *Köhler/Fritzsche*, in: Lehmann (Hrsg), Rechtsschutz und Verwertung von Computerprogrammen, S. 513 (593).

aber auch frei, unabhängig vom Verzug[241] ein angemessene Frist zur Mängelbeseitigung zu setzen und eine Ablehnungsandrohung damit zu verbinden. Die Länge der Frist ist nach den Umständen zu bemessen.[242] Beseitigt der Hersteller die Mängel nicht innerhalb dieser Frist, kann der Besteller anstelle der schon geschilderten Verzugsrechte Wandlung, Minderung und Schadensersatz wegen Nichterfüllung verlangen. Einer Ablehnungsandrohung bedarf es nur dann nicht, wenn der Hersteller die Beseitigung des Mangels verweigert oder die Beseitigung des Mangels unmöglich ist. Praktisch dürfte insbesondere der Fall der verweigerten Mängelbeseitigung häufig vorkommen. Eine solche Verweigerung liegt auch in einem Leugnen des Mangels. Hier ist zu beachten, dass dann, wenn die anfänglich verweigerte Mängelbeseitigung vor der Wandlung wieder angeboten wird, eine Fristsetzung mit Ablehnungsandrohung nachträglich wieder erforderlich werden kann.[243]

385 Daneben kann eine Fristsetzung auch dann entbehrlich sein, wenn sich dies aus einem besonderen Interesse des Bestellers ergibt. Dies ist im Hinblick auf eine Wandlung auch angenommen worden bei einem Projekt, dessen Fertigstellung über einen längeren Zeitraum mit immer neuen Versprechungen dauernd verzögert wurde.[244]

386 Sollte eine endgültige Nachbesserungsverweigerung seitens des Herstellers vorliegen oder eine erfolglose Fristsetzung mit Ablehnungsandrohung erfolgt sein, kommen **Wandlung und Minderung** in Betracht. Die gesetzte Frist muss angemessen sein.[245]

Die Wandlung wird erst durch die Zustimmung des Softwareerstellers wirksam. Diese Zustimmung kann darin liegen, dass der Softwareersteller den Kunden auffordert, das Programm zu löschen, nachdem der Kunde die Wandlung verlangt hat.[246]

387 Bei der **Wandlung** ist es schwierig, die Nutzungen, die der Benutzer zwischenzeitlich gezogen hat und für die er **Nutzungsentschädigung** zahlen muss, zu beziffern. Zur Berechnung ist auf die Ausführungen zum neuen Recht[247] zu verweisen.

388 Schon der Gedanke der Nutzungsentschädigung zeigt, dass die bloße Weiternutzung der Software Wandlungsrechte nicht verwirken lässt, insbesondere nicht, wenn die Wandlung gerichtlich durchgesetzt werden muss.[248]

---

[241] *Erman-H. H. Seiler,* § 634 Rdn. 6.
[242] Vgl. KG, CR 1990, 768 (769f.).
[243] BGH, BB 1990, 1662f.
[244] LG Oldenburg, CR 1990, 202 (202); vgl. OLG Oldenburg, CR 1988, 214 (215) sowie auch RGZ 52, 314 (316f.), wo noch sehr bestellerfreundlich argumentiert wird; ähnlich OLG Düsseldorf, *Zahrnt,* ECR OLG 205.
[245] Dazu BGH, NJW-RR 1993, 178.
[246] OLG Köln, OLG-Report Köln 2001, 375.
[247] Oben Rdn. 364.
[248] OLG Karlsruhe, *Zahrnt,* ECR OLG 199; OLG Köln, OLG-Report Köln 1999, 362.

II. Herstellung von Software

Darüber hinaus muss der Anwender bei der **Wandlung** nicht nur die Software zurückgeben, sondern auch alle bei ihm verbliebenen **Kopien löschen**, da er ohne eine solche Maßnahme das Programm weiter nutzen kann.[249] Hier gilt das oben[250] für den Rücktritt Gesagte. Darauf kann verwiesen werden.

Neben der Rückzahlung des Entgelts kann der Besteller bei der Wandlung auch die Zahlung der **Vertragskosten** verlangen. Dazu gehören insbesondere Transport- oder Einbaukosten.[251] Nicht dazu gehören die Kosten einer eventuellen Ermittlung der Mängel.[252] Wandlungskosten sind auch nicht Kosten für die Eingabe von Informationen in die alte, wieder in Benutzung genommene Anlage.[253] Diese Kosten fallen dem Besteller zur Last und können nur Gegenstand eines Schadensersatzanspruchs sein.

Im Bereich der **Minderung** ergeben sich keine besonderen Probleme. Auch hier ist auf die obigen Ausführungen[254] zu verweisen.

389

390

cc) Schadensersatz

Schwierigere Probleme stellen sich beim **Schadensersatz**. Zu bemerken ist zunächst, dass der Schadensersatzanspruch nach § 635 BGB nur anstelle und nicht neben der Wandlung oder Minderung geltend gemacht werden kann. Angesichts der Möglichkeit des großen Schadensersatzanspruchs ist dies aber nicht von zentraler Bedeutung.

Darüber hinaus ist vor allem die Abgrenzung zwischen dem Schadensersatzanspruch aus **§ 635 BGB** und dem Schadensersatzanspruch aus sonstiger **positiver Vertragsverletzung** ein schwieriges Problem. Die Differenzierung ist wegen der unterschiedlichen Verjährung in vielen Fällen von gravierender Bedeutung. Nach § 635 BGB ersatzfähig sind nach der Rechtsprechung nur die sog. **Mangelschäden** sowie die im engen Zusammenhang mit dem Mangel stehenden **Mangelfolgeschäden**. Für die sonstigen Mangelfolgeschäden tritt ein Anspruch aus positiver Vertragsverletzung ein. Ein enger Zusammenhang wird bejaht, wenn die Mängel sich mehr oder minder zwangsläufig auf ein anderes Werk übertragen, weil sie sich darin realisieren und verkörpern. Entwickelt worden ist diese Rechtsprechung z.B. im Hinblick auf den Architektenvertrag und die Verkörperung, die das Architektenwerk im dann entstehenden Bauwerk findet. Diese Rechtsprechung lässt sich damit primär auf technisch einsetzbare Software (CAD/CAM) übertragen, weil auch hier sich Mängel in der Software in aller Regel unmittelbar im Werk – der erstellten Zeichnung oder Planung – verkörpern. Dies mag

391

---

[249] *V. Gravenreuth*, BB 1989, 1925 (1926); skeptisch *Köhler/Fritzsche*, in: Lehmann (Hrsg.), Rechtsschutz und Verwertung von Computerprogrammen, S. 513 (567).
[250] Rdn. 366.
[251] LG Ravensburg, Beil. Nr. 7 zu BB 1991, S. 12 (13).
[252] A.A. *Köhler/Fritzsche,* in: Lehmann (Hrsg.), Rechtsschutz und Verwertung von Computerprogrammen, S. 513 (565).
[253] OLG Koblenz, CR 1997, 606.
[254] Rdn. 368.

ebenso gelten bei einer Software, die Buchhaltung oder Lohnabrechnungen erstellen soll und in der sich der Mangel unmittelbar in der Lohnabrechnung bzw. Buchhaltung verkörpert und dadurch Schaden entsteht. Dies ist allerdings schon sehr fraglich. Der Fehler mag zwar in der Lohnbuchhaltung entstanden sein, der Schaden realisiert sich aber nicht unmittelbar in der Lohnbuchhaltung, sondern nur dadurch, dass ein falscher Lohn ausgezahlt wird, der entweder aus Rechtsgründen oder aus tatsächlichen Gründen nicht zurück gefordert werden kann. Noch viel indirekter wird ein Schaden bei einer fehlerhaften Kalkulation, aufgrund derer fehlerhafte Angebote ergehen. Sind die Angebote zu hoch und wird dies vom Abnehmer nicht berücksichtigt, kann man wohl kaum noch von einem unmittelbaren Mangelschaden sprechen. Das Gleiche dürfte aber auch dann gelten, wenn die Kalkulation zu niedrig liegt und sich dadurch nicht alle erzielbaren Gewinne realisieren. Hier wird eine sehr sorgfältige Differenzierung der unterschiedlichen Mängel notwendig sein. Immerhin hat der BGH z.B. bei Rechtsgutachten einen entfernen Mangelfolgeschaden angenommen und dadurch eine längere Verjährung bei fehlerhaften Gutachten erreicht, wenn der Auftraggeber sich in seinem weiteren Vorgehen auf die Wertungen und Empfehlungen stützte und dabei Schaden erlitt.[255] Entfernte Mangelfolgeschäden dürften auch vorliegen, wenn Schäden in der DV-Anlage des Abnehmers entstehen, weil das übergebene Programm virenverseucht war.[256]

392 Daneben hat der BGH Ansprüche aus § 635 BGB sogar **ohne Vorliegen der Voraussetzung des § 634 BGB** angenommen, soweit es dabei um Schäden geht, die durch eine Nachbesserung nicht zu verhindern waren.[257] Dies dürfte z.B. für den Fall der Virenverseuchung gelten.

Dazu kann insbesondere der Verdienstausfall während der Nachbesserungszeit gehören, eventuell aber auch die Kosten eines Privatgutachtens, das die Möglichkeiten einer weiteren Nachbesserung klärt. Die letzteren Kosten sind aber nur dann erstattungsfähig, wenn schon einige fehlgeschlagenen Nachbesserungsversuche vorangegangen sind.[258]

393 Welche Schäden im Übrigen nach **§ 635 BGB** und welche nach **positiver Vertragsverletzung** ersatzfähig sind, kann im Einzelnen hier nicht erörtert werden.[259] Allerdings gehören dazu die Kosten für den Vertragsschluss, die Feststellung und Behebung von Mängeln sowie die Kosten für die Beschaffung einer Ersatzsoftware (Deckungskauf), mindestens aber der aufgewen-

---

[255] Enger als hier *Brandi-Dohrn,* CR 1986, 63 (65) für den Fall mangelnder Überwachung von Schutzfristen durch ein Patentanwaltssystem und dadurch eintretenden Verfall von Schutzfristen.
[256] Vgl. z.B. LG Köln, NJW 1999, 3206.
[257] BGH, NJW 1985, 387 = JR 1985, 235 (236) krit. Anm. *Schubert;* BGHZ 92, 3108; *Erman-H. H. Seiler,* § 635 Rdn. 3; ablehnend insoweit *Götz,* JuS 1986, 14 (15).
[258] Vgl. insoweit BGH, NJW 1985, 381 (382).
[259] Ein Beispiel bei OLG Saarbrücken, CR 1990, 713 (714); vgl. die umfangreiche Darstellung bei *Köhler/Fritzsche,* in: Lehmann (Hrsg.), Rechtsschutz und Verwertung von Computerprogrammen, S. 513 (570f.).

dete Kaufpreis. Auch der entgangene Gewinn, der sich aus der Unbrauchbarkeit der Sache ergibt, kann einen Mangelschaden darstellen. Unter anderem können auch Aufwendungen in der Gestaltung von Personalkosten für das Aufspüren von Programmfehlern oder die Beseitigung von Schäden[260] dazu gehören.

In der Literatur wird als **Mangelfolgeschaden** z. B. der **Datenverlust** angenommen, wenn die Daten selbst, die verloren gegangen sind, einen Vermögenswert darstellen oder ihre Rekonstruktion Kosten verursacht. Hier gibt es aber sicher umfangreiche Schadensminderungspflichten. Erklärt der Auftragnehmer freilich, die Daten seien nicht rekonstruierbar, sind sie es aber, kann die falsche Erklärung alleine eine Pflichtverletzung darstellen, die Schadensersatzansprüche auslöst.[261] Zu den Mangelfolgeschäden werden weiterhin **unnütze Aufwendungen** gerechnet, die der Anwender im Vertrauen auf die Lieferung einer mangelfreien Software macht. Dazu gehören etwa Kosten einer Schulung für Mitarbeiter,[262] Kosten für die Installierung des Systems oder die Anschaffung von Zusatzzubehör.

Eine abstrakte **Nutzungsentschädigung** für entgangene Gebrauchsvorteile des nicht nutzbaren Programms oder Rechners hat die Rechtsprechung bislang abgelehnt.[263]

Der Besteller muss seinerseits im Rahmen des § 254 BGB Vorkehrungen zur Schadensbegrenzung treffen. Dazu gehört jedenfalls eine regelmäßige Datensicherung.[264] Allerdings muss der Unternehmer bei Installation die Funktionsfähigkeit der Datensicherungsroutine fachgemäß überprüfen.[265]

Alle Schadensersatzansprüche setzen im Übrigen **Verschulden** voraus. 394
Dies ist immer dann gegeben, wenn der Ersteller die Regeln der Technik bei der Erstellung oder dem Abtesten der Software verletzt.[266] Hier dürfen insbesondere die Standardisierungen im Hinblick auf Verfahrensabläufe (DIN 9000 etc.) eine wichtige Rolle spielen. Zu den Pflichten des Auftragnehmers gehört selbstverständlich eine Produktkontrolle vor Ablieferung, zu der z. B. auch eine Kontrolle auf Virenbefall gehört.[267]

dd) Verjährung, Rügepflicht

Die **Verjährung** der Gewährleistungsansprüche beginnt gemäß § 638 BGB 395
mit der Abnahme. Alle Gewährleistungsansprüche einschließlich der Scha-

---

[260] OLG Köln, *Zahrnt,* ECR OLG 223; stark einschränkend OLG Koblenz, *Zahrnt,* ECR OLG 257.
[261] BGH, CR 2000, 424.
[262] A. A. OLG Celle, *Zahrnt,* ECR OLG 226.
[263] AG Ulm, NJW-RR 1997, 556.
[264] OLG Karlsruhe, NJW-RR 1997, 534 = NJW-CoR 1996, 188 m. Anm. *Völle;* LG Kleve, Beil. Nr. 10 zu BB 1992, S. 4; AG Kassel, NJW-CoR 1997, 496 (LS); LG Stuttgart, CR 2002, 487; vgl. auch *Schneider,* Handbuch des EDV-Rechts, Rdn. E 195.
[265] BGH, NJW 1996, 2924; OLG Köln, NJW-RR 1994, 1262; NJW-RR 1997, 558.
[266] *Kilian,* CR 1986, 187 (194).
[267] *Schneider/Günter,* CR 1997, 389 (394).

densersatzansprüche gemäß § 635 BGB verjähren in sechs Monaten nach Abnahme. Eine Ausnahme gilt für die Schadensersatzansprüche, die nicht auf § 635 BGB, sondern auf positive Vertragsverletzung gestützt werden. Diese verjähren erst in 30 Jahren.

Allerdings wird die Verjährung **gehemmt**, solange Nachbesserungsversuche durchgeführt werden oder der Unternehmer die Sache auf Mängel untersucht (§ 639 Abs. 2 BGB). Dies gilt nur im Hinblick auf die Mängel, deren Beseitigung versucht wird. Diese müssen vom Kunden einigermaßen klar beschrieben werden, wobei die Darstellung der Mängelerscheinungen ausreicht.[268] Die Beschränkung darf aber nicht zu streng gesehen werden. Hängen verschiedene Fehler durch gleiche Ursachen oder ähnliche äußere Erscheinungsformen miteinander zusammen, tritt die Hemmung bezüglich aller Fehler ein.[269] Dies gilt u. U. auch dann, wenn sich erst später herausstellt, dass alle Fehler auf der grundsätzlichen Ungeeignetheit der Software zur Lösung der vorgesehenen Aufgabe beruhen. In diesem Fall kann sich die Hemmung auch auf einen Schadensersatzanspruch wegen eines Beratungsfehlers beziehen.[270] Wie weit die Hemmung reicht, hängt aber wieder von den Umständen des Einzelfalls ab. Eine Hemmung gibt es auch dann, wenn ein Sachverständiger die Sache im Einvernehmen der Parteien prüft. Die Hemmung beginnt dann zu dem Zeitpunkt, in dem der Unternehmer der Einschaltung des Sachverständigen zustimmt.[271] Werden umfangreiche Nachbesserungsarbeiten ohne Hinweis auf Kulanz durchgeführt, kann darin je nach Einzelfall auch eine Anerkennung der Gewährleistungspflicht gesehen werden. Dies führte früher zu einer **Unterbrechung** der Verjährung.[272] Seit dem 1. 1. 2002 gilt auch hier neues Recht, d. h. es gelten die Vorschriften über die Hemmung der Verjährung.

396 Darüber hinaus tritt Verjährung erst nach **30 Jahren** ein, wenn der Unternehmer den Mangel **arglistig verschweigt**. In Betracht kommt hier insbesondere der Fall, dass ein mit der Abnahme beauftragter Mitarbeiter des Unternehmens einen Mangel erkennt, aber nicht offenbart. Der BGH hat den Bereich der 30-jährigen Verjährung allerdings weit über diesen Fall hinaus ausgedehnt. Die 30-jährige Verjährung tritt schon dann ein, wenn der Unternehmer nicht für eine den Umständen nach angemessene Überwachung und Prüfung der Leistung sorgt und er dadurch verhindert, dass er oder seine Erfüllungsgehilfen Mängel erkennen können.[273] Damit kann auch ein Organisationsverschulden die Haftung in den Bereich der Arglist ausdehnen.

Diese im Baurecht entwickelte Rechtsprechung dürfte auch auf die Softwareentwicklung anwendbar sein. Wer den Softwareentwicklungsprozess,

---

[268] OLG Köln, CR 1997, 732.
[269] Vgl. BGHZ 110, 99 (103 f.); OLG Köln, NJW-RR 1995, 1456.
[270] OLG Köln, CR 1988, 723 (728 f.) mit Anm. *Schweyer*.
[271] BGH, BB 1999, 1351.
[272] BGH, BB 1999, 1783 = NJW 1999, 2961; die Entscheidung wird besprochen von *Waas*, BB 1999, 2472.
[273] BGH, NJW 1992, 1754 = BGHZ 117, 318 = BB 1992, 1162.

insbesondere die Qualitätskontrolle nicht ordentlich durchführt, für den kann daher eine 30-jährige Gewährleistung eintreten.[274] Was allerdings an Organisationsmaßnahmen erforderlich ist, kann nur im Einzelfall entschieden werden.

Hinsichtlich der Rügeobliegenheit ist auf die Ausführungen oben[275] zu verweisen. 397

Das Problem der „**Jahr 2000-Festigkeit**" insbesondere für alte Software löst sich für die Gewährleistungsrechte allerdings meist an dieser Stelle. Die Rügepflicht greift zwar nicht ein, weil es sich um einen verdeckten Mangel handelt. Es stellt sich nur die Frage, ob bei Kaufleuten nicht schon seit 1997 oder 1998 eine Untersuchung der Software hätte stattfinden müssen mit der Folge des Verlustes der Mängelansprüche wegen Verletzung der Rügeobliegenheit. Hier wird man aber darauf hinweisen müssen, dass möglicherweise die Hersteller auch auf das Problem hätten hinweisen können. Jedenfalls aber dürfte bei alter Software jedes Gewährleistungsrecht verjährt sein.[276] 398

Die Arglisteinrede dürfte in der Regel nicht eingreifen.[277] Eine Ausnahme gilt insbesondere im Bereich der „Jahr 2000" Software dann, wenn auch 1997 oder 1998 nicht „Jahr 2000" feste Software ausgeliefert wurde. Zu diesem Zeitpunkt hätte der Hersteller auf diese Situation hinweisen müssen. Das Nichthinweisen dürfte in aller Regel Arglist darstellen, zumal der BGH ja mittlerweile eine Arglist schon dann vorsieht, wenn ein grob fahrlässiges Organisationsverschulden vorliegt.[278] Ab dem genannten Zeitpunkt ist eine Softwareerstellung, die nicht auf die „Jahr 2000" Festigkeit achtet oder ein Softwarevertrieb, der dies Problem nicht prüft, als grob fahrlässiges Organisationsverschulden zu sehen.[279] Dies gilt auch dann, wenn der Hersteller davon ausging, den Mangel – etwa im Rahmen eines Pflegevertrages – noch beseitigen zu können.[280] Auch darauf hätte zumindest hingewiesen werden müssen. Die bloße Hoffnung auf Beseitigung in der Folge reicht nicht aus, um Arglist zu verneinen. Dies gilt ganz besonders im Bereich der Software, wo ja Weiterentwicklungsprojekte oft nicht fertig werden. 399

Generell ist im Bereich der Verjährung zu beachten, dass selbständige **Garantieerklärungen** etwa der Hersteller oft so ausgelegt werden, dass bei während der Garantiefrist eingetretenen Garantiefälle die Verjährungsfrist erst bei Entdeckung des Mangels beginnt.[281] 400

---

[274] Vgl. auch *Jansen*, OLG-Report Köln 1999, H. 14 K 5.
[275] Rdn. 380.
[276] *Koch*, NJW-CoR 1999, 423 (424).
[277] Ebenso *Heussen/Damm*, BB 1999, 481 (486 f.).
[278] BGH, NJW 1992, 1754; enger *Koch*, NJW-CoR 1999, 423 (424).
[279] Ähnlich *Hohmann*, NJW 1999, 521 (523), der dies schon für die Jahre 1995 annimmt. Dies mag für größere Softwareunternehmen mit Sicherheit so gelten, ob dies für jeden kleinen Softwarehersteller auch gilt, muss aber bezweifelt werden.
[280] **A.A.** *Hoene*, CR 1999, 281 (283).
[281] Z.B. OLG Köln, Beil. Nr. 14 zu BB 1992, 8; *Zahrnt*, ECR OLG 137.

401 Besondere **Verjährungsprobleme** entstehen, wenn die Lieferung und Abnahme der aufgrund eines vor dem 1. 1. 2002 geschlossenen Vertrages entstandenen Software erst nach dem 1. 1. 2002 erfolgt. Für diesen Vertrag gilt prinzipiell altes Recht. Insbesondere gibt es die Gewährleistungsansprüche nach dem BGB in der bis zum 1. 1. 2002 geltenden Fassung (Art. 229 § 5 S. 1 EGBGB). Allerdings gilt dies nicht für die Verjährung: Hier gilt neues Recht (Art. 229 § 6 S. 1 EGBGB) und zwar auch für am 1. 1. 2002 schon bestehende Ansprüche. Für solche schon früher bestehenden Ansprüche enthält allerdings Art. 229 § 6 EGBGB eine Reihe von Sonderregeln, die letztendlich darauf hinauslaufen, dass hinsichtlich dieser Ansprüche alte und neue Verjährungsregeln verglichen werden und dann die jeweils im konkreten Fall kürzere Frist gelten soll.[282] Diese Regeln gelten aber für die hier betrachteten Gewährleistungsansprüche nicht, weil diese erst mit Abnahme nach dem 1. 1. 2002 entstehen. Daher sind nach dem Gesetzeswortlaut auf diese Ansprüche die neuen – weit längeren – Verjährungsfristen anzuwenden. In der Literatur wird allerdings wegen der Besonderheiten des geänderten Gewährleistungsrecht eine analoge Anwendung des Art. 229 § 6 Abs. 3 EGBGB gefordert, der zu einer Geltung der alten kürzeren Verjährungsfrist führen würde.[283] Sachlich spricht viel für eine solche Analogie, zumal die Gesamtstruktur der Gewährleistungsansprüche und auch die sehr viel stärkeren Differenzierung der Verjährungsfristen in §§ 634a und 438 BGB die Anwendung der neuen Vorschriften auf die Ansprüche nach altem Recht schwierig macht. Angesichts des klaren Wortlauts der Regelungen in Art. 229b § 6 EGBGB ist eine solche Analogie aber schwierig. Im übrigen gilt für Hemmung bzw. Unterbrechung der Verjährung ab dem 1. 1. 2002 für alle Ansprüche neues Recht.

4. Vergütung und Fälligkeit

402 Im Werkvertrag ist die Vergütung prinzipiell erst bei **Abnahme fällig** (§ 641 Abs. 1 Satz 1 BGB). Nach dem Gesetz ist lediglich bei Teilabnahmen und gleichzeitigem Ausweis von Teilzahlungen die Fälligkeit für jede Teilzahlung bei der Teilabnahme fällig (§ 641 Abs. 1 Satz 2 BGB).

Auch die Regelung des § 632a BGB ändert hierzu wohl nur in wenigen Fällen etwas, da im Bereich der Softwareentwicklung ihre Voraussetzungen selten vorliegen werden.

Fälligkeit tritt außerdem dann ein, wenn der Kunde trotz berechtigter Abnahmeverweigerung keine Erfüllung des Werkvertrages, sondern Minderung oder Schadensersatz verlangt.[284]

---

[282] Ausgiebig dazu *Gsell*, NJW 2002, 1297.
[283] *Gsell*, NJW 2002, 1297 (1303).
[284] BGH, NJW 2002, 3019; NJW 2003, 288.

Diese vom Gesetz vorgesehene Nachschüssigkeit der Zahlungspflicht ist 403
insbesondere bei größere Projekten für den Unternehmer nicht hinzunehmen, da er bis zur Abnahme des Werkes sämtliche Kosten tragen muss. Demgemäss wird sie in der Praxis in aller Regel abbedungen. Es werden verschieden **Fälligkeitsregeln** vereinbart. Diese sind in Individualverträgen auch unbegrenzt zulässig.[285]

Auch in **allgemeinen Geschäftsbedingungen** lassen sich solche Regelungen treffen. Dabei ist aber darauf zu achten, dass ein nennenswerter Teil der Vergütung jedenfalls erst nach Abnahme gezahlt werden muss, ggf. sogar für Mängelansprüche noch Vorsorge getroffen wird. Die AGB-mäßige Vereinbarung einer Vorfälligkeit der Zahlung in dem Sinne, dass auch vor Abnahme alles gezahlt werden muss, ist unzulässig, weil sie einseitig zu Lasten des Bestellers geht. Demgemäss dürfte im Werkvertrag auch eine Klausel, nach der die Nutzungsrechte erst nach vollständiger Zahlung des Entgelts durch den Besteller übergehen, in allgemeinen Geschäftsbedingungen unzulässig sein.

In aller Regel werden dementsprechend auch **Teilzahlungen vereinbart**. 404
Wichtig ist, dass bei diesen Teilzahlungsvereinbarungen klare Regelungen getroffen werden. Unklarheiten werden in der Rechtsprechung oft zu Lasten der Unternehmer ausgelegt. Jedenfalls ist für alle Parteien die Fälligkeitsregelung unsicher. Wird allerdings eine Teilfälligkeit bei Installation vereinbart, ist entgegen der Rechtsprechung davon auszugehen, dass für die Teilzahlung dieser Art die Abnahme nicht Voraussetzung ist, zumal dann, wenn eine weitere Zahlung erst zu einem deutlich späteren Zeitpunkt, der jedenfalls nach Abnahme liegt, vorgesehen ist.[286] Auch hier lässt sich Klarheit dadurch schaffen, dass eine Teilzahlung bei Installation, eine andere bei Abnahme fällig ist. In diesem Fall ist klar, dass die Zahlung nach Installation nicht die Abnahme voraussetzt. Eine möglichst klare Regelung ist jedenfalls geboten. Eine Teilzahlungspflicht nach Installation kommt allerdings nach § 632a BGB in Betracht.

Das gesetzgeberische Modell von Teilabnahmen sollte in der Vertragspraxis nicht ganz außer acht gelassen werden, wobei klargestellt sein muss, dass die Teilabnahme sich nur auf die zu diesem Zeitpunkt prüfbaren Eigenschaften beziehen kann.

5. Leistungsstörungen

a) Verzug

Eine häufig eintretende Leistungsstörung bei der individuellen Erstellung 405
von Software ist der **Leistungsverzug**. Sehr oft stellt sich heraus, dass die geplante Software in der vorgesehenen Zeit nicht ordnungsgemäß entwickelt

---

[285] BGH, Urt. 29. 1. 2002, X ZR 231/00, JurPC Web.-Dok. 168/2002.
[286] A. A. OLG Düsseldorf, *Zahrnt*, ECR OLG 208.

werden kann, sei es, dass unvorhergesehene Hindernisse aufgetreten sind, sei es, dass von vornherein die kalkulierte Zeit zu knapp bemessen war.

War für die Fertigstellung der Software von vornherein ein bestimmter Termin zwischen den Parteien vereinbart, so tritt mit Ablauf dieses Termins ohne weitere Mahnung Verzug ein. Allerdings kann der Hersteller sich damit entlasten, dass er an der Verzögerung kein Verschulden trägt. Dafür ist er aber darlegungs- und beweispflichtig.

406 Sicherlich **nicht ausreichend** ist eine Darlegung, dass die gestellte Aufgabe in der vereinbarten Zeit eigentlich gar nicht lösbar ist. Dies hätte der Hersteller vorher wissen müssen. Er hat sich aber durch die Übernahme der Aufgabe verpflichtet, sie in der angegebenen Zeit zu erledigen. Es dürfte sich auch niemals um eine absolute Unmöglichkeit der Herstellung in der Zeit handeln. Vielmehr kann sie im Zweifel nur der Hersteller mit seiner Kapazität in der angegebenen Zeit nicht erledigen. Mit einem solchen Einwand kann er nicht gehört werden.

Anders ist es, wenn etwa der wesentliche Mitarbeiter des Herstellers zwischenzeitlich erkrankt ist und deswegen für längere Zeit ausfällt. Sollte auf dem Markt keine Ersatzkraft beschaffbar sein, dürfte die Entschuldigung den gesamten Krankheitszeitraum umfassen. Lässt sich eine Ersatzkraft beschaffen, dürfte eine entschuldigte Verzögerung jedenfalls hinsichtlich der Einarbeitungszeit vorliegen. Dabei ist allerdings zu beachten, dass im Hinblick auf Krankheit oder anderen Ausfall der Mitarbeiter jedenfalls ein größeres Softwarehaus auch entsprechende Reserveplanungen unterhalten muss.

407 Problematisch ist der Fall, wenn während der Entwicklungszeit **Auftragsänderungen** einvernehmlich beschlossen werden, die Fertigstellungszeit aber nicht zugleich verlängert wird, und der Unternehmer später argumentiert, durch die geänderten Wünsche des Benutzers eine Fertigstellung innerhalb der gesetzten Zeit sei nicht mehr möglich gewesen.[287] Auch hier wird man letztendlich so entscheiden müssen wie im zuerst genannten Fall. Hat der Unternehmer bei Vereinbarung der Zusatzfunktionen oder der Abänderungen nicht auf die Verzögerung hingewiesen und ist keine andere Leistungszeit vereinbart worden, hat er die Fertigstellung innerhalb der gesetzten Zeit übernommen. Er kann sich nicht nachträglich darauf berufen, dies sei für ihn gar nicht möglich gewesen. Weist der Unternehmer allerdings darauf hin, dass die geänderten Vorstellungen dazu führen, dass eine Zeitverzögerung eintritt und widerspricht daraufhin der Besteller nicht, kann man jedenfalls von einer stillschweigenden Aufhebung der ursprünglichen Vereinbarung über den Fertigstellungszeitraum ausgehen. Ein neuer fixer Fertigstellungstermin dürfte in aller Regel nicht vereinbart sein, so dass vor Verzugseintritt eine Mahnung erforderlich ist. Will der Besteller am ursprünglichen

---

[287] Zu einer ganz ungewöhnlichen Fallgestaltung OLG Düsseldorf, *Zahrnt*, ECR OLG 228.

Fertigstellungszeitpunkt festhalten, ist ihm im Rahmen der laufenden Vertragsbeziehung zuzumuten, dieses gegenüber dem Unternehmer klar zum Ausdruck zu bringen. Ein Verzug liegt auch vor, wenn der Unternehmer die Weiterarbeit von unzulässigen Voraussetzungen abhängig macht.[288]

Ein Verzug kann im Einzelfall allerdings dann ausgeschlossen sein, wenn der Besteller ihm obliegende Mitwirkungshandlungen nicht erbringt.[289]

Kommt der Unternehmer in Verzug, so kann der Besteller zunächst den **Verzugsschaden** geltend machen (§§ 280, 286 BGB). Der Verzugsschaden kann in nutzlos aufgewendeten Mieten für eine Hardware, er kann aber auch im entgangenen Gewinn liegen, wenn etwa eine Produktionsverbesserung erst später eingesetzt werden kann. Er kann auch in sonstigen Mehraufwendungen liegen, die dem Besteller im Zusammenhang mit der Verzögerung der Programmerstellung entstehen. **408**

Bei verspäteter Herstellung kann der Bestellung im Übrigen eine Frist zur Fertigstellung setzen und nach Ablauf der Frist vom Vertrag zurücktreten. Er kann freilich auch nach Ablauf der Frist noch Fertigstellung verlangen und nicht zurücktreten. Das Gesetz setzt keine zeitliche Grenze, binnen derer das Wahrecht ausgeübt werden kann.

Vertraglich wird daher versucht, hier früher Klarheit zu schaffen. Die EVB-IT, ein neues, nur teilweise fertiges Vertragswerk der öffentlichen Hand,[290] sieht hier vor, dass der Unternehmer während des Fristverlaufs vom Besteller eine Erklärung verlangen kann, ob dieser zurücktritt oder nicht. Bis zur Beantwortung dieser Frage läuft die Frist weiter.[291] Eine solche Klausel kann von der öffentlichen Hand als Besteller auch als allgemeine Geschäftsbedingung verwendet werden. Ein Softwareersteller kann dies nicht. Faktisch wird ja so eine Art Fristsetzung mit Ablehnungsandrohung verlangt. Eine Frage nach der Reaktion auf nicht fristgerechte Leistung noch während des Laufs der Frist mit der Konsequenz der Verlängerung der Frist bis zur Antwort ist eine deutliche Abweichung vom gesetzlichen Normalfall und daher unzulässig nach § 307 Abs. 2 Nr. 1 BGB. Während der gesetzten Frist soll der Unternehmer erfüllen und erst bei Misslingen weiter nachdenken. Reagiert freilich der Besteller nach Fristablauf binnen angemessener Frist nicht, kann eine Klausel vorsehen, dass der Unternehmer nachfragt, was geschehen soll. Als Konsequenz kann dann auch vorgesehen werden, dass der Kunde bei Schweigen auf ein solches Schreiben mit seinem Rücktrittsrecht ausgeschlossen ist. **409**

---

[288] OLG Celle, *Zahrnt,* ECR OLG 201 a.
[289] Näher dazu unten Rdn. 432 ff.; vgl. *Heussen,* CR 1989, 809 (810); BGH, CR 1989, 102 (104); NJW 1996, 1745; OLG Köln, Beil. Nr. 3 zu BB 1993, S. 9; OLG-Report Köln 1993, 150 f. = Beil. Nr. 3 zu BB 1993, S. 8 m. Anm. *Zahrnt;* OLG Stuttgart, *Zahrnt,* ECR OLG 158; *Köhler/Fritzsche,* in: Lehmann (Hrsg.): Rechtsschutz und Verwertung von Computerprogrammen, S. 513 (554).
[290] Dargestellt bei *Feil/Leisten,* CR 2002, 407 ff.
[291] Näher *Feil/Leitzen,* CR 2002, 407 (408).

410 Trifft den Unternehmer an der bei Fristablauf nicht erbrachten Leistung ein Verschulden, kommt sogar Schadensersatz statt Leistung in Betracht.[292] Zum letzteren Schaden gehören u.a. die vergeblichen Aufwendungen des Bestellers im Zusammenhang mit der Vertragsdurchführung, etwa für die Anmietung von Räumen oder für die Schulung von Mitarbeitern.[293] Möglicherweise sind auch die Mehrkosten für seine Ersatzbeschaffung als Schaden geltend zu machen. Die vergeblichen Aufwendungen können im Übrigen dann, wenn sonst kein Schaden entstanden ist, auch nach § 284 BGB verlangt werden.

411 Das Verzugsrecht entspricht **im bisherigen Recht** im Wesentlichen der oben dargestellten Rechtslage (§ 286 BGB a.F.). Für die Fristsetzung gilt aber anderes.

Im Falle des Verzugs konnte der Besteller nämlich eine **Fristsetzung mit Ablehnungsandrohung** gem. §§ 636, 634 bzw. 326 BGB a.F. aussprechen und nach Ablauf der gesetzten Frist vom Vertrag zurücktreten oder gar Schadensersatz wegen Nichterfüllung verlangt werden kann. Dieser Schadensersatz bemisst sich wie der Schadensersatz statt Leistung im neuen Recht. Der Besteller konnte allerdings neben den Rechten aus § 326 BGB auch Gewährleistungsrechte geltend machen.[294]

412 In den **BVB-Erstellung** ist der Schadensersatzanspruch nach § 326 BGB ausgeschlossen. Es ist lediglich ein Rücktrittsrecht vorgesehen (§ 10 Nr. 3 i.V.m. § 14 Nr. 1 BVB-Erstellung). Neben dem Rücktrittsrecht besteht das Recht, eine Vertragsstrafe von 1/15 der Angebotssumme zu verlangen (§ 10 Nr. 3 Abs. 2 BVB-Erstellung). Diese Klausel dürfte mit § 307 Abs. 2 BGB nicht vereinbar sein, weil sie von der gesetzlichen Regelung abweicht, dass ein Rücktritt einen Schadensersatzanspruch ausschließt.[295]

413 Der Lieferant kann die Rechtsfolgen des Verzugs auch nicht durch Klauseln einschränken, nach denen er zur Teilleistungen berechtigt ist. Gerade diese Rechtsfolge macht solche Klauseln unwirksam.[296]

b) Nichterfüllung und Unmöglichkeit

414 Möglich ist auch, dass die Software letztendlich überhaupt nicht hergestellt wird und der Unternehmer irgendwann einmal erklärt, er könne sie auch nicht mehr fertig stellen, weil er z.B. die erforderlichen Rechte nicht erhalten habe oder die sachkundigen Mitarbeiter ausgeschieden seien. In diesem Fall liegt der Fall der nachträglichen **subjektiven Unmöglichkeit** vor. In al-

---

[292] Vgl. oben Rdn. 371 f.
[293] *Köhler/Fritzsche*, in: Lehmann (Hrsg.), Rechtsschutz und Verwertung von Computerprogrammen, S. 513 (570).
[294] Zuletzt BGH, BB 1999, 1025.
[295] So BGH, BB 1991, 373 (374) zu der vergleichbaren Regelung des § 9 Nr. 4 Abs. 2 BVB-Überlassung.
[296] OLG Stuttgart, *Zahrnt*, ECR OLG 183.

II. Herstellung von Software

ler Regel wird der Unternehmer hier Schadensersatz zu leisten haben, da die Unmöglichkeit in aller Regel von ihm zu vertreten ist.

In Einzelfällen kommen auch Ansprüche wegen eines **anfänglichen subjektiven Unvermögens** in Betracht. Dies hat das OLG Frankfurt dann angenommen, wenn ein Datenverarbeitungssystem von vornherein nicht erstellt werden konnte, weil die Hardware und die Betriebssoftware nicht ausreichen, um das beabsichtigte Programmsystem zu unterstützen.[297] Das geschuldete System war in diesem Fall noch nicht ausgeliefert, so dass die Vorschriften über das anfängliche Unvermögen anwendbar waren. Nach Abnahme dürften auch in solchen Fällen nur Rechte wegen mangelhafter Lieferung in Betracht kommen. Im **alten Recht** war die Frage wegen der möglichen Schadensersatzansprüche von großer Bedeutung. Bei anfänglichem Unvermögen gab es wegen der von der herrschenden Meinung angenommenen regelmäßigen Leistungsgarantie des Verpflichteten[298] sogar Schadensersatzansprüche ohne Verschulden, während sie im Gewährleistungsrecht insbesondere im Hinblick auf den Erwerb von Standardsoftware oft völlig ausschieden. Im **neuen Recht** gibt es hier nach § 311a Abs. 2 BGB grundsätzlich Schadensersatzansprüche. Diese scheiden nur dann aus, wenn der Ersteller das Leistungshindernis bei Vertragsschluss nicht kannte und seine Unkenntnis auch nicht zu vertreten hat. Diese Situation dürfte im hier diskutierten Fall nicht vorliegen, so dass Schadensersatzansprüche gegeben sind. Nach Abnahme gilt allerdings im Wesentlichen das Gleiche, weil die an sich nach § 281 Abs. 1 S. 1 BGB erforderliche Fristsetzung nach § 281 Abs. 2 BGB entfallen kann, weil es eine sinnlose Förmelei wäre, einen Schuldner zu einer Leistung aufzufordern, die er nicht erbringen kann.

415

Das Gleiche gilt im Übrigen für den Fall der **objektiven Unmöglichkeit**. Diese ist im neuen Recht genauso geregelt wie das Unvermögen.

Anders im **alten Recht**. War die Aufgabenstellung des Pflichtenheftes von **vornherein objektiv unmöglich**, war der Vertrag nach § 306 BGB a. F. nichtig. In vielen Fällen wurde diese Rechtsfolge aber durch das Gewährleistungsrecht verdrängt. Es kam aber ein Schadensersatzanspruch im Hinblick auf fehlende oder falsche Aufklärung vor Vertragsschluss in Betracht. Immerhin war und ist der Unternehmer im EDV-Bereich verpflichtet den Auftraggeber, jedenfalls dann, wenn dieser nicht sachkundig ist, über die Unmöglichkeit der im Pflichtenheft vorgesehene Leistungen aufzuklären.[299] Eine Ausnahme gilt sicher dann, wenn die Unmöglichkeit in der Phase der Erstellung des Pflichtenheftes nicht erkennbar ist oder wenn der Auftraggeber sachkundig ist und er das Pflichtenheft von Anfang an ohne Absprache mit dem Unternehmer erstellt hat.

416

---

[297] OLG Frankfurt, BB 1984, 300.
[298] Mit Nachweisen *Soergel-Wolf*, § 306 Rdn. 25 ff.
[299] LG Osnabrück, CR 1985, 32 (LS).

417 Die **bloße Leistungsverweigerung** durch den Unternehmer stellt im Übrigen keine Unmöglichkeit dar. Vielmehr kann der Unternehmer auch auf Fertigstellung des Programms verklagt werden. In solchen Fällen bietet sich allerdings in aller Regel der Weg über § 281 BGB an, wobei in solchen Fällen eine Fristsetzung gem. § 281 Abs. 2 BGB entbehrlich ist. Eine Klage auf Programmerstellung dürfte unpraktikabel sein. Theoretisch denkbar ist sie. Da es um einen Werkvertrag geht, kommt auch eine Vollstreckung in Betracht. § 888 Abs. 2 ZPO ist hier nicht anwendbar.

Im **alten Recht** ergab sich aus § 326 BGB a.F. das Gleiche.

c) Verletzung sonstiger Herstellerpflichten

aa) Beratungspflichten

418 Unabhängig von den bislang vorgetragenen Leistungsstörungen kommt eine Reihe von weiteren Pflichten des Unternehmers in Betracht, aus deren Verletzung sich Schadensersatzansprüche gemäß § 280 Abs. 1 BGB entweder wegen der Verletzung vertraglicher Nebenpflichten (früher positive Vertragsverletzung) oder wegen der Verletzung von Pflichten aus dem sich aus § 311 BGB ergebenden gesetzlichen Schuldverhältnis durch die Aufnahme von Vertragsverhandlungen (früher culpa in contrahendo) ergeben. Dies gilt zunächst für vorvertragliche **Aufklärungspflichten**.[300]

Werden vor Abschluss des Vertrages zwischen den Parteien Verhandlungen oder Gespräche darüber geführt, ob und in welcher Weise sich eine datenverarbeitungstechnische Lösung der Probleme des Bestellers anbietet, so ist der Hersteller, der in Fällen der vorliegenden Art oft sachkundiger als der Besteller ist, verpflichtet, die EDV-Bedürfnisse des Bestellers sorgfältig zu analysieren und ggf. entsprechende Nachfragen zu stellen.[301] Er muss sodann aus seiner Sachkenntnis korrekte Angaben zu möglichen und geeigneten Lösungen der gegebenen Problemstellungen aus EDV-technischer Sicht geben. Diese Lösungen müssen auch für den dem Hersteller erkennbaren Betriebsablauf beim Kunden geeignet sein. Es dürfen keine Lösungen empfohlen werden, die komplizierte, nur EDV-technisch begründete Abläufe verlangen, die den üblichen Betriebsablauf stören und zu erhöhten Ausfallgefahren der Anlage führen.[302] Auch auf Umweltbedingungen, die eine korrekte Arbeit der DV-Anlage verhindern, muss der Hersteller hinweisen.[303]

419 Verstößt der Hersteller gegen die eben genannten Pflichten, kommen **Schadensersatzansprüche** aus Verletzung eines selbständigen Beratungs-

---

[300] Zu diesen ausgiebig *Heussen*, in: Computerrechtshandbuch, Abschn. 31, Rdn. 16ff.
[301] Beispielhaft OLG Celle, *Zahrnt*, ECR OLG 175; a.A. *Knörzer*, CR 1987, 24 (25).
[302] Plastisch OLG Köln, CR 1988, 723 (727f.) für Plattenwechsel mit Datensicherung bei jedem Wechsel zwischen zwei Anwendungssoftwarepaketen.
[303] LG Münster, CR 1988, 467 (468) für Staubfreiheit und Netzschwankungen.

vertrages³⁰⁴ oder §§ 311, 280 BGB in Betracht. In Einzelfällen haben die Gerichte daraus auch auf eine Mangelhaftigkeit der gelieferten Software geschlossen. Dies dürfte in der Regel aber fehl gehen, weil durch das Beratungsverschulden die Beschaffenheit der Software nicht korrekt vereinbart wurde.³⁰⁵

Wieweit die Beratungs- und Informationspflichten des Unternehmers gehen, hängt sehr stark von den Umständen des Einzelfalls ab. Insbesondere die Sachkunde der Beteiligten, die Komplexität der Software, die von beiden Seiten gestellten Fragen und die sonstigen Umständen des Vertragsschlusses spielen eine ganz wichtige Rolle.³⁰⁶ Zu beachten ist, dass nach der Literatur und der Rechtsprechung teilweise auch weitere Aufklärungs- und Mitwirkungspflichten nach Übergabe der Software bestehen sollen. Dies ist oben zum „Jahr 2000" – Problem schon teilweise im Zusammenhang mit der Verjährung ausgeführt worden, gilt aber auch im Übrigen dann, wenn nachträglich noch Mangelprobleme auftreten oder sonstige Umstände dem Unternehmer bekannt werden. die für die Nutzung der Software relevant sind und zwar unabhängig von der Frage, ob ein Pflegevertrag abgeschlossen ist. Bei den nachvertraglichen Aufklärungspflichten dürfte man aber keine allzu großen Anforderungen an den Unternehmer stellen, jedenfalls keine weit größeren, als sie nach dem Produkthaftpflichtgesetz ohnehin bestehen. Dies gilt auch für das „Jahr 2000-Problem".³⁰⁷ 420

In der **Rechtsprechung** wird insbesondere davon gesprochen, dass ein Hersteller die Pflicht hat, nach dem Umfang der anfallenden Daten zu fragen, wenn der Kunde erkennbar auf seine Fachkunde vertraut hat und es auf diese Frage ankommen kann.³⁰⁸ Weitergehend wird dann, wenn ein gesamtes EDV-System gekauft wird, ein Pflicht angenommen, nach der der Hersteller ein Pflichtenheft erstellen bzw. auf seine Erstellung hinwirken muss, wenn der Kunde auf seine Sachkunde vertraut.³⁰⁹ Er kann auch verpflichtet sein, neben dem Pflichtenheft einen Organisationsvorschlag zu machen, wenn der Besteller eine Umorganisation seines Betriebes beabsichtigt.³¹⁰ Bezeichnet er dem Kunden eine Software, die auf dessen individuelle Bedürfnisse abgestimmt werden soll, so ist er verpflichtet, diese Software auf ihre Eignung 421

---

³⁰⁴ Für einen selbstständigen Beratungsvertrag in gewissen Fällen z.B. *Mehrings*, GRUR 1985, 1989 (1995); ebenso BGH, BB 2001, 1602 = NJW 2001, 2630.
³⁰⁵ Plastisch OLG Düsseldorf, *Zahrnt*, ECR OLG 144.
³⁰⁶ Ausführlich *Köhler/Fritzsche*, in: Lehmann (Hrsg.), Rechtsschutz und Verwertung von Computerprogrammen, S. 513 (580f.); *Schneider*, Handbuch des EDV-Rechts, Rdn. D 546ff.
³⁰⁷ *Hörl*, CR 1999, 605 (608f.).
³⁰⁸ OLG Koblenz, CR 1990, 41 (43) = WM 1989, 222 (223f.); vgl. auch LG Bielefeld, IuR 1986, 76.
³⁰⁹ OLG Koblenz, CR 1990, 41 (43); ergänzend OLG Stuttgart, CR 1989, 598 (599f.) mit zust. Anm. *Breidenbach;* vgl. auch *Mehrings*, NJW 1986, 1904 (1907).
³¹⁰ So z.B. OLG Hamm, CR 1989, 498 (LS) vgl. auch LG Kiel, CR 1987, 22 (24).

sorgfältig zu untersuchen.³¹¹ Ebenso muss er dem Kunden dann Hinweise geben, wenn dieser erkennbar einer DV-Anlage oder Software irrtümlich bestimmte Eigenschaften beimisst. Die Hinweise müssen klar und dem Kunden verständlich sein. Setzt er bestimmte Installationsmethoden für die Software ein, die Konsequenzen für die Unterstützung durch den Hersteller des Betriebssystems haben, muss er auf diese Konsequenzen hinweisen.³¹²

422 Die **Pflichten des Herstellers** werden hier **teilweise überspannt**.³¹³ Der Kunde muss sich auch im Rahmen seiner Fähigkeiten bemühen, bei der Vorbereitung und Erstellung des Softwareprodukts mitzuwirken. Dabei werden beim Kunden auch gewisse intellektuelle Grundfähigkeiten vorausgesetzt.³¹⁴ Insbesondere kann ein Umorganisationsvorschlag nur dann Pflicht eines EDV-Unternehmens sein, wenn dieses über eine besondere Sachkunde im Hinblick auf die Branche verfügt, der der Kunde angehört, oder wenn er die entsprechende Beratung ausdrücklich übernommen hat. Darüber hinaus muss die Sachkompetenz sich gerade auch auf die Gestaltung innerbetrieblicher Organisationen beziehen. Keine Beratungspflichten bestehen z. B. dann, wenn ein Kunde bereits mit festen Vorstellungen kommt und von sich aus konkrete Bestellungen aufgibt.³¹⁵ Die Beratungspflichten sind auch reduziert, wenn der Kunde ein Pflichtenheft selbständig korrigiert und die neue, aufgrund seiner Korrekturen erstellte Version dann unbeanstandet lässt.³¹⁶ Es ist auch nicht Aufgabe des Lieferanten, ohne Nachfrage bei Bestellung einer einzelnen Anwendungssoftware durch den Kunden zu prüfen, ob der Speicherplatz des Kunden, der prinzipiell für die Anwendung ausreicht, durch andere Anwendungsprogramme so beschränkt ist, dass das Programm nicht lauffähig ist.³¹⁷

423 **Beratungspflichten** kann es auch im Hinblick auf mögliche **rechtliche** Problematiken geben, die datenverarbeitungsspezifischer Natur sind. Man wird aber mit der Annahme solcher Pflichten vorsichtig sein müssen, da die Hersteller von EDV-Anlagen keine allgemeine Rechtsberatungspflicht haben können. Insbesondere eine Beratung in betriebsverfassungsrechtlichen Fragen oder auch in steuerrechtlicher Hinsicht über die Normen hinaus, die sich lediglich mit den DV-technischen Fragen wie der Struktur eventuell zu übergebender Daten oder dem Aufbau eines Datensicherungsverfahrens beschäftigen, ist den Herstellern der EDV-Anlagen nicht zuzumuten. Ihnen dürfte die dafür notwendige Sachkunde fehlen. Insoweit müssen die Beteiligten ggf. die entsprechend fachkundigen Berater mit einschalten. Allerdings kann die Beachtung rechtlicher Aspekte bei der Softwaregestaltung

---

[311] LG Augsburg, IuR 1986, 208.
[312] *Niedermeier/Damm,* CR 1999, 737 (742 f.).
[313] Kritisch auch *Schneider,* Handbuch des EDV-Rechts, Rdn. D 534 ff.
[314] BGH, CR 1989, 102 (104) mit zust. Anm. *Köhler.*
[315] LG München I, CR 1987, 96 (97 f.).
[316] LG Landau, IuR 1986, 456 (457).
[317] **A. A.** OLG Karlsruhe, *Zahrnt,* ECR OLG 174.

durchaus zu berücksichtigen sein. So sind z. B. bei der Herstellung von Buchhaltungssoftware steuerrechtliche, u. U. auch sozialversicherungsrechtliche Vorschriften zu beachten.

Eine wichtige Frage hat im **alten Recht** die Frage gespielt, ob sich die verletzten Beratungspflichten auf die Eigenschaften der erstellten Software bezogen oder nicht. Es war nämlich zu beachten, dass sich das jeweilige Verschulden bei den oben genannten Ansprüchen nicht auf die Tatsache beziehen durfte, dass ein mangelhaftes Produkt geliefert wurde. In diesem Falle gingen die Mängelgewährleistungsrechte vor.[318] Bei den Beratungspflichten war zu beachten, dass die Verjährung bei Ansprüchen aus ihrer Verletzung im Hinblick auf Sachmängel nach 6 Monaten, sonst nach 30 Jahren eintrat.[319] 424

Nach **neuem Recht** dürfte bei der Verletzung von Beratungspflichten einheitlich die regelmäßige Verjährungsfrist eingreifen. Allerdings ist noch unklar, ob es ein Nebeneinander der Ansprüche aus der Verletzung von Beratungspflichten und aus Mängelrechten gibt.[320] Im Übrigen ist die Differenzierung ohne Bedeutung.

Ist der Hersteller an der Erstellung des **Pflichtenhefts** nicht beteiligt, ist er prinzipiell nicht gezwungen, dieses auf Richtigkeit zu überprüfen. Entdeckt er Fehler und Inkonsistenzen, muss er dies dem Besteller aber sofort mitteilen und Lösungsvorschläge unterbreiten. Tut er dies nicht oder zu spät, können Schadensersatzansprüche entstehen.[321] Diese Situation kann u. U. erst sehr spät im Laufe der Programmierarbeiten entstehen.[322] 425

Bei Verletzung von Beratungspflichten kann ein Schadensersatzanspruch auch auf Rückgängigmachung des Vertrages gerichtet sein.[323] 426

bb) Geheimhaltung

Eine zweite Gruppe von Pflichten ist die der **Geheimhaltungspflichten**. Bei der Erstellung von Individualsoftware muss der Unternehmer in aller Regel zwangsläufig mit Details der Betriebsgestaltung des Bestellers vertraut werden, da er anderenfalls die Software gar nicht erstellen kann. Er erhält so oft Kenntnis von Geschäftsgeheimnissen des Bestellers. Auch ohne ausdrückliche Vereinbarung ist er im Hinblick auf diese Geschäftsgeheimnisse zur vertraulichen Behandlung verpflichtet. Eine eindeutige vertragliche Rege- 427

---

[318] *Köhler/Fritzsche,* in: Lehmann (Hrsg.), Rechtsschutz und Verwertung von Computerprogrammen, S. 513 (579).
[319] Umfassend *Hörl,* Aufklärung und Beratung; *Köhler/Fritzsche,* in: Lehmann (Hrsg.), Rechtsschutz und Verwertung von Computerprogrammen, S. 513 (579); vgl. auch BGH, NJW 1999, 540 zu einem selbstständigen unentgeltlichen Beratungsvertrag; ebenso BGH, BB 2001, 1602 = NJW 2001, 2630.
[320] Ausführlich *Häublein,* NJW 2003, 288.
[321] OLG Celle, *Zahrnt,* ECR OLG 71.
[322] Vgl. dazu *Rehmann,* CR 1990, 575 (576).
[323] OLG Koblenz, CR 1990, 41 (43) = WM 1989, 222 (223 f.).

lung ist dennoch dringend angezeigt. Insbesondere sollte auch vereinbart werden, in welcher Art und Weise der Unternehmer die Geheimnisse schützt und dass er auch seine Arbeitnehmer selbst zur Einhaltung der Betriebsgeheimnisse verpflichtet.

Bei Verletzung der Geheimhaltungspflicht muss der Unternehmer Schadensersatz leisten. Die Höhe des Schadens dürfte in vielen Fällen freilich schwer darlegbar sein, so dass sich in aller Regel im Hinblick auf Geheimhaltungspflichten die Vereinbarung einer **Vertragsstrafe** für den Fall der Verletzung anbietet. Dies ist auch nicht nur in individuellen Verträgen, sondern auch in allgemeinen Geschäftsbedingungen zulässig. Die Höhe muss freilich angemessen sein. Darüber hinaus ist bei einer nachhaltigen Pflichtverletzung die Grundlage für eine vertrauensvolle Zusammenarbeit entfallen, so dass der Softwareerstellungsvertrag nach § 324 BGB vom Vertrag zurücktreten kann. Er kann dann aber schon erbrachte Teilleistungen auch dann nicht behalten, wenn sie für ihn von Interesse sind.

428 Anders im **alten Recht**: In einem solchen Fall hatte die Rechtsprechung dem Kunden das Recht eingeräumt, den Vertrag fristlos zu kündigen. Es handelte sich dann nicht um eine Kündigung nach § 649 BGB, sondern um eine Kündigung aus wichtigem Grund, so dass auch die Vergütungspflicht des § 649 Abs. 2 BGB nicht eingriff. Wollte der Besteller allerdings schon erbrachte Leistungen des Unternehmers verwenden, könnte er diese zwar herausverlangen, musste aber die entsprechende (anteilige) Vergütung zahlen.

429 Bei **komplexeren Entwicklungsaufträgen** dürfte sich ein solches Kündigungsrecht im neuen Recht aus § 314 BGB ergeben. Auch Werkverträge können im Einzelfall Dauerschuldverhältnisse sein.[324]

cc) Weitere Pflichten

430 Weiterhin sind Fälle bekannt geworden, in denen der Unternehmer in das Programm eine **Sperre** einbaute oder durch sonstige programmtechnische Gestaltungen die Nutzungsmöglichkeit des Programms einschränkte. Soweit Sperren dem Schutz gegenüber unbefugten Dritten dienten und der Abnehmer so unterrichtet und ausgebildet wird, dass seine Benutzungsmöglichkeiten nicht eingeschränkt werden, ist dies zulässig.[325] Werden hingegen die Nutzungsmöglichkeiten des Anwenders durch diese Maßnahmen beeinträchtigt und die Maßnahmen vor Abnahme ergriffen, handelt es sich um Mängel des Werks, so dass die Mängelansprüche eingreifen.[326] Neben diesen Ansprüchen dürfte ein darüber hinausgehender Schadensersatzanspruch nicht gegeben sein.

---

[324] *Palandt-Heinrichs*, § 314 Rdn. 2.
[325] BGH, NJW 1981, 2684; vgl. oben Rdn. 328.
[326] BGH, CR 1987, 358 (360 ff.) = NJW 1987, 2004; OLG Stuttgart, CR 1986, 639; OLG Celle, NJW-RR 1993, 432 (434).

II. Herstellung von Software

Werden diese Sperren **nach Abnahme** etwa im Zuge von Nachbesserungsarbeiten oder im Zuge der üblichen Wartungsarbeiten eingebaut, so ist dann, wenn ein Wartungs- bzw. Pflegevertrag besteht, die Frage im Zusammenhang mit diesem Vertrag zu erörtern.[327]   431

Geht es um Nachbesserungsarbeiten, so geht es entweder um ein Mangel in der Nachbesserungsarbeit oder um eine eigenständige Vertragsverletzung, die sich aus weitergehenden Treuepflichten während der Vertragsabwicklung hinsichtlich des ursprünglichen Werkvertrages ergibt. In diesem Fall ist im Zuge des Schadensersatzes der Unternehmer sowohl zur Beseitigung dieser von ihm bewußt eingebauten Mängel verpflichtet als auch zum Ersatz darüber hinausgehender Schäden.

dd) Leistungsstörungen auf Seiten des Bestellers

Auch der **Besteller** muss bei der Softwareerstellung **mitwirken**. Je nach Komplexität der Aufgabe kann es dabei um sehr umfangreiche Mitwirkungshandlungen gehen.[328] Im Vordergrund stehen Informationen über den Betrieb des Bestellers und dessen Organisation, die notwendig sind, damit die Software ordnungsgemäß erstellt werden kann. Dazu gehört u. U. auch der Hinweis auf die Änderung maßgeblicher gesetzlicher Vorschriften oder einschlägiger Normen.[329] Gegebenenfalls muss der Besteller auch Hardware zum Testen zur Verfügung stellen.   432

Werden die entsprechenden Leistungen vom Besteller trotz Aufforderung seitens des Unternehmers nicht erbracht, handelt es sich in aller Regel um Obliegenheitsverletzungen. Unterlässt der Besteller trotz entsprechender Aufforderung die erforderlichen Mitwirkungshandlungen, kommt er in Annahmeverzug (§ 295 Satz 2 BGB) mit den sich daraus ergebenden Konsequenzen.[330]

So reduziert sich die Haftung des Unternehmers auf grobe Fahrlässigkeit. Der Unternehmer kann außerdem in diesem Fall nach § 642 BGB eine angemessene Entschädigung verlangen und nach Fristsetzung gemäß § 643 BGB vom Vertrag zurücktreten. In bestimmten Fällen hat die Rechtsprechung sogar entschieden, dass der Unternehmer vor Fertigstellung der Software den vollen Werklohn fordern kann.[331] Die ist angesichts der Regelung des § 649 BGB aber problematisch. All diese Normen gelten auch dann, wenn man den Vertrag über die Erstellung von Software als Werklieferungsvertrag ansieht (§ 651 S. 2 BGB).

Zu beachten ist allerdings, dass die Mitwirkungsobliegenheiten des Bestellers aus Gründen seiner **eingeschränkten Sachkunde** von diesem nicht   433

---

[327] Es dürfte eine Schlechterfüllung dieses Vertrages vorliegen.
[328] Näher *Müller-Hengstenberg/Krcmar*, CR 2002, 549.
[329] OLG Frankfurt, Urt. v. 22. 3. 1980, zitiert bei *Brandi-Dohrn*, CR 1986, 63 (71).
[330] BGH, NJW-RR 1994, 1469 (1470); *Köhler/Fritzsche*, in: Lehmann (Hrsg.), Rechtsschutz und Verwertung von Computerprogrammen, S. 513 (554 f.).
[331] OLG Köln, *Zahrnt*, ECR OLG 204.

immer einfach zu erfüllen sind. Darauf hat auch der Unternehmer Rücksicht zu nehmen. Er kann nicht etwa mit für den Besteller schwer verständlichen Fragen Informationen heraus verlangen. Er muss die Fragen so stellen, dass der Besteller in der Lage ist, sie ordnungsgemäß zu beantworten. Macht der Unternehmer sich nicht hinreichend verständlich oder fragt er überhaupt nicht, so kann er sich auf einen mangelnde Mitwirkung nicht berufen.[332] Die Mitwirkung des Bestellers muss diesem zumutbar sein. Dies ist sie nicht, wenn er entweder gestellte Fragen überhaupt nicht beantworten kann oder aufgrund seiner mangelnden Sachkenntnis gar nicht erkennen kann, dass bzw. in welcher Hinsicht Fragen beantwortet werden müssen. Ist eine Verständigung auch dem Hersteller wiederum nicht zuzumuten, weil er die notwendigen Darstellungsaufgaben nicht übernehmen kann, muss er zumindest anregen, einen Sachkundigen sozusagen als „Dolmetscher" zu engagieren.

434 In einzelnen Fällen kann sich im Übrigen ergeben, dass die Mitwirkungsobliegenheiten **Mitwirkungspflichten** sind. Dies ist dann vorstellbar, wenn die Entwicklung der Individualsoftware als Pilotprojekt für eine mögliche Nutzung als Standardsoftware dient oder wenn die Individualsoftware beim Unternehmer eine große Anzahl von Arbeitskräften bindet, die in anderer Weise nicht eingesetzt werden können.[333] In aller Regel kann sich diese Mitwirkungspflicht des Bestellers allerdings nur aus **ausdrücklichen Vereinbarungen** ergeben.[334] Denkbar ist auch, dass die fristgerechte Herstellung des Werkes von den Vorausleistungen des Bestellers abhängt und das Werk nach Fristablauf sinnlos wird (z.B. weil es als Messepräsentation gedacht war). Auch in diesem Fall stellt sich die Obliegenheit des Bestellers als Pflicht dar. Ihre verspätete Erfüllung führt zu Schadensersatzansprüchen des Unternehmens.[335]

Demgemäss versuchen die meisten Softwareersteller in ihren Verträgen eine entsprechende Vereinbarung einzubauen. In individuellen Vereinbarungen ist dies sicherlich möglich. Inwieweit dies auch in **allgemeinen Geschäftsbedingungen** möglich ist, ist eine noch weitgehend nicht erörterte Frage. Die Verwandlung sämtlicher Mitwirkungsobliegenheiten in Pflichten dürfte aber weit vom gesetzlichen Leitbild dieses Vertrages abweichen und daher zumindest mit § 307 Abs. 2 BGB auch im Unternehmensverkehr nicht vereinbar sein.

Die oben genannten Fälle, in denen eine Mitwirkungspflicht sich unabhängig von vertraglichen Vereinbarungen ergibt, setzt in aller Regel einen sachkundigen Besteller voraus. Derartige Projekte haben nämlich entweder

---

[332] OLG Stuttgart, *Zahrnt*, ECR OLG 168.
[333] Zu weitgehend: *Müller-Hengstenberg/Krcmar*, CR 2002, 549 (554f.).
[334] *Köhler/Fritzsche*, in: Lehmann (Hrsg.), Rechtsschutz und Verwertung von Computerprogrammen, S. 513 (600); *Heussen*, CR 1989, 809f.
[335] OLG Köln, *Zahrnt*, ECR OLG 154.

für die Planung des Auftragnehmers eine so große Bedeutung, dass er schon deswegen darauf achten muss, dass ihm ein sachkundiger Besteller gegenübersteht oder sie sind von einem solchen Umfang, dass der Besteller von vornherein sachkundige Personen zur Betreuung des Projekts einstellen wird. Ist Letzteres nicht der Fall, kann dies allerdings dem Besteller zugerechnet werden, wenn er erkennen konnte, dass das Projekt eine solche Dimension annimmt, dass ohne sachkundige Betreuung auf seiner Seite eine ordnungsgemäße Abwicklung nicht möglich ist. Er kann die sachkundige Betreuung allerdings auch durch eine entsprechend weitergehende Beauftragung des Unternehmers – gegen Entgelt – sicherstellen.

In vielen Verträgen wird im Übrigen eine **sachkundige Betreuung** seitens des Bestellers von Seiten des Unternehmers als Mitwirkungspflicht verlangt. Auch hier stellt sich die Frage, wie weit eine solche Vereinbarung jedenfalls in allgemeinen Geschäftsbedingungen zulässig ist. Auch diese Frage ist bislang noch nicht entschieden.

Kommt der Besteller bei vereinbarten oder sich sonst ergebenden Mitwirkungspflichten mit diesen **Pflichten in Verzug,** greifen die Vorschriften der §§ 280, 286 BGB (Schuldnerverzug) ein. Es kommt dann sogar eine Schadensersatzpflicht in Betracht. Es kann sogar sein, dass der Unternehmer sich nach § 323 BGB vom Vertrag lösen kann, wenn diese Mitwirkungspflichten sich als Pflichten im Gegenseitigkeitsverhältnis darstellen. In diesem Falle kann der Besteller bei zu vertretender Nichterfüllung der Mitwirkungspflicht vom Vertrag zurücktreten und den vollen Werklohn abzüglich eventueller Ersparnisse verlangen im Wege des Schadensersatzes statt Leistung.

435

Im Übrigen muss der Besteller das Werk **abnehmen.** Diese Verpflichtung ist Hauptleistungspflicht. Nimmt der Besteller das Werk nicht ab, so kommt er dadurch in Annahmeverzug und nach Mahnung auch in Schuldnerverzug. Der Unternehmer kann dann sogar nach § 323 BGB vorgehen. Allerdings setzen all diese Pflichten voraus, dass das Werk überhaupt abnahmefähig ist. Dies setzt die im Wesentlichen mangelfreie Erbringung aller vom Unternehmer geschuldeten Leistungen voraus.[336]

Über diese Pflichten hinaus kann es je nach Vereinbarung im Einzelfall weitergehende Verpflichtungen des Bestellers geben, bei deren Verletzung ebenfalls Schadensersatzansprüche denkbar sind.

6. Änderung des Softwareerstellungsvertrages

In vielen Fällen wird bei der Erstellung von Individualsoftware die **Realisierung** im Laufe der Erstellungszeit von der **anfänglich konzipierten Lösung** abweichen.[337] So kann sich während der Laufzeit herausstellen, dass die zunächst gewählte Lösung möglicherweise nicht besonders geeignet ist. Es

436

---

[336] Näher dazu oben Rdn. 345.
[337] Zum Ganzen vgl. auch *Redeker*, ITRB 2002, 190.

können sich die gesetzlichen Rahmenbedingungen ändern. Es kann zwischenzeitlich im Betrieb des Unternehmens ein Betriebsrat gebildet worden sein, der Mitbestimmungsrechte geltend macht. Vielleicht will der Kunde auch nur eine komfortablere EDV-Lösung. **Projektänderungen** sind aus vielen Gründen denkbar.[338] Sie werden auch häufig in der Praxis durchgeführt.

Erfahrungsgemäß treten auch bei ordnungsgemäß erstellen Pflichtenheften oft **Interpretationsspielräume** auf. Das Pflichtenheft muss interpretiert werden. Insbesondere bei modernen Entwicklungsmethoden stellt das Pflichtenheft oft nur einen ersten Einstieg zur Problemlösung dar.[339] Oft ist es auch so, dass sich im Pflichtenheft Fehler eingeschlichen haben. Es können auch Angaben unzweckmäßig oder gar unausführbar sein. Demgemäss müssen ggf. Aufgabenstellungen nachkorrigiert werden. Dieser Fall lässt sich von einem Änderungsverlangen oft nicht sauber trennen.

437 Für beide Fälle sollten daher die vertraglichen Vereinbarungen bereits ein **Änderungsverfahren** (sog. Change-Request-Verfahren) vorsehen, wie dies in Ansätzen auch in der BVB-Erstellung vorgesehen ist. In der Praxis haben sich Projektausschüsse, Projektlenkungsausschüsse u.ä. bewährt, die gemeinsam entscheiden. Bei besonderen Streitfällen müssen ggf. auch die Gesamtprojektverantwortlichen oder gar die Geschäftsleitung in das Verfahren mit einbezogen werden. Nur so kann das Projekt in der notwendigen vertrauensvollen Zusammenarbeit fertig gestellt werden. Es sollte auf jeden Fall dafür gesorgt werden, dass die Handelnden die notwendigen Vollmachten haben.

Es sollte in all diesen Verfahren auch geklärt sein, was denn bei **Nichteinigung** geschieht und wer für die Lösung der dabei auftretenden Probleme verantwortlich ist.[340] Gibt es keine solche Regelungen, wird der Vertrag nach Treu und Glauben unter Berücksichtigung der Interessen beider Parteien auszulegen sein. Der Unternehmer hat dabei insbesondere die betriebliche Situation des Auftraggebers zu beachten, der Kunde kann demgegenüber nicht die optimal denkbare Lösung verlangen, wenn diese gegenüber einer durchaus zumutbaren und branchenüblichen Lösung einen erheblichen Zusatzaufwand für den Unternehmer bedeutet.[341]

Oft sind mit den Projektänderungen erhebliche **Zusatzaufwendungen** verbunden. Hier stellt sich die Frage, wer diese Zusatzaufwendungen tragen muss. Auch dies sollte in der geschilderten Weise durch Änderungsvereinbarung geklärt werden.

---

[338] *Heussen,* in: Computerrechtshandbuch, Abschn. 33, Rdn. 13 geht davon aus, dass aufgrund von Budgetsteuerungen in größeren Unternehmen in vielen Fällen sogar Projektänderungen von vornherein einkalkuliert sind.
[339] *Koch,* Computer-Vertragsrecht, Rdn. 17b zu Rapid Application Development und Business-Reengineering.
[340] Plastisch zu dem Problem OLG München, CR 1989, 803, Anm. *Heussen.*
[341] Näher *Zahrnt,* DB 1986, 157f.

II. Herstellung von Software

Wird **nichts vereinbart**, gilt Folgendes: Zunächst ist festzustellen, ob überhaupt eine Änderung vorliegt oder lediglich Mängel beseitigt oder das Pflichtenheft präzisiert wird. Dazu ist ein ordentliches Pflichtenheft nötig.[342] Fehlt es an einem solchen, lässt sich oft nicht einmal feststellen, ob das Projekt überhaupt geändert oder nur schon grob vereinbarte Leistungen jetzt detaillierter verlangt werden. Im letzteren Fall wird ein eventueller Zusatzaufwand vom Unternehmer zu tragen sein. Selbst dann, wenn es sich möglicherweise um Änderungen handelt, kann der Zusatzaufwand bei einer nicht genau beschriebenen Aufgabenstellung vom Unternehmer zu tragen sein, nämlich dann, wenn diese Änderungen vorhersehbar waren, vom Unternehmer aber nicht vorhergesehen wurden.[343]

438

Liegt eine Änderung vor, ist zu unterscheiden. Ist ein **Festpreis** vereinbart und wird eine Änderung der Leistungsbeschreibung vereinbart, ohne am Festpreis etwas zu ändern, gilt der ursprünglich geschuldete Festpreis. Dies kann freilich nicht unbegrenzt gelten. Die Rechtsprechung hat im Baurecht bei einer vergleichbaren Problemstellung eine „Schmerzgrenze" anerkannt, bei deren Überschreitung dem Bauunternehmer, bei deren Unterschreitung dem Bauherrn ein Festhalten am Pauschalpreis nicht mehr zugemutet wird. Die Grenze liegt im Bereich von 20% bis 25%.[344] Auch im EDV-Recht gilt das gleiche. Es muss aber immer darum gehen, dass der Aufwand unvorhersehbar höher war als ursprünglich kalkuliert. In erster Linie geht es dabei um erhebliche Zusatzleistungen, die im ursprünglichen Auftrag nicht enthalten waren. Gibt es solche Zusatzleistungen, ist die Vergütung anzupassen.[345]

439

Ist kein Festpreis vereinbart, sondern ein **Aufwandsentgelt**, muss der Besteller die Kosten für einen eventuell zusätzlichen Aufwand tragen. Umgekehrt muss er bei geringerem Aufwand weniger zahlen. Auf große Abweichungen muss der Unternehmer aber hinweisen.[346]

440

Liegt keine Veränderung, sondern eine **Mangelbeseitigung** vor, wird also durch die geänderten Vorgaben ein entstehender oder entstandener Mangel beseitigt wird, muss der Zusatzaufwand vom Unternehmer getragen werden. Dies gilt freilich wiederum dann nicht, wenn der Mangel auf fehlerhaften Vorgaben des Bestellers beruht. In diesem Falle muss der Besteller zumindest die Kosten tragen, die bei ursprünglich richtigen Vorgaben ent-

441

---

[342] *Mehrings*, NJW 1986, 1904 (1906); *Zahrnt*, DB 1986, 157.
[343] KG, CR 1990, 768 ff.; die veröffentlichten Urteilsgründen ergeben aber nicht genau, ob es überhaupt um Änderungen geht.
[344] BGH, *Schäfer/Finnern*, Z 2, 311 Bl. 5 (Erhöhung um 20% noch zumutbar); OLG Stuttgart, BauR 1992, 639 (Veränderung unter 20% zumutbar); OLG Düsseldorf, BauR, 1976, 363 (Überschreitung von mehr als 20% erheblich); OLG München, NJW-RR 1987, 598 (Risikorahmen bei etwa 20%); *Tempel*, JuS 1979, 494 m. w. N.
[345] BGH, Urt. v. 8. 1. 2002, X ZR 6/00, BB 2002, 648 (LS) = JurPC Web-Dok. 98/2002.
[346] OLG Köln, OLG-Report Köln 1998, 157 = CR 1998, 600.

standen wären. Nur die eventuellen Zusatzkosten, die durch die nachträgliche Mängelbeseitigung entsteht, müsste der Unternehmer tragen.

442 Ähnliches gilt, wenn der Zusatzaufwand auf ein **mangelhaftes Projektmanagement** zurückzuführen ist. Solange dies ein Mangel im Projektmanagement des Unternehmers ist, muss dieser die Zusatzaufwendungen tragen. Ähnliches gilt auch dann, wenn ein Zusatzaufwand dadurch entsteht, dass der Unternehmer zunächst fehlerhaft aufgeklärt hat und jetzt nachträglich die Folgen der mangelnden Aufklärung durch Projektänderung beseitigt werden müssen. Auch hier ist – wie oben – allerdings zu beachten, dass dann kein Schaden entstanden ist, wenn die mangelnde Aufklärung letztendlich nicht zu einem ernsthaften Zusatzaufwand führt, weil das, was jetzt zusätzlich erbracht werden muss, bei rechtzeitiger Aufklärung auch hätte erbracht werden müssen (sog. **Ohnehin-Kosten**). In diesem Fall muss der Besteller den Zusatzaufwand tragen. Für die letztere Tatsache ist allerdings der Unternehmer darlegungs- und beweispflichtig. Weigert der Unternehmer sich in den hier geschilderten Fällen, die Zusatzleistung zu erbringen, kann der Besteller u. U. sogar Rechte nach §§ 323, 280, 281 BGB haben. Jedenfalls kann der Besteller die Bezahlung der Vergütung bis zur Erfüllung durch den Unternehmer verweigern.[347]

Diese Probleme sollen durch ein vernünftiges Projektmanagement vermieden werden.

443 Problematisch wird die Situation dann, wenn sich die Parteien über eine **Projektänderung nicht verständigen** können. In diesem Falle hat zunächst prinzipiell der Besteller keinerlei Anspruch auf eine Vertragsänderung. Einmal geschlossene Verträge müssen eingehalten werden.

Ein **Anspruch auf Zustimmung zur Vertragsänderung** kann sich nur aus den Regeln über die Veränderung der Geschäftsgrundlage (§ 313 BGB) ergeben. Ein solcher Fall ist insbesondere dann denkbar, wenn Rechtsvorschriften in unvorhergesehener Weise geändert werden. In diesem Falle dürfte eine Vertragsanpassung im Hinblick auf die geänderten Rechtsvorschriften möglich und vom Unternehmer auch geschuldet sein – allerdings nur zu den der Änderung angemessenen Bedingungen.

444 Ergibt sich der Zusatzwunsch allerdings nicht aus solchen Änderungen, sondern aus anderen Dingen, die im Verantwortungsbereich des Bestellers liegen, gilt dies nicht. Solches ist zum Beispiel dann der Fall, wenn der Betriebsrat, der zunächst nicht unterrichtet war, nachträglich seine Mitbestimmungsrechte geltend macht und Änderungen der geplanten Programmstruktur verlangt. Hier ist der Unternehmer im Prinzip berechtigt, eine Änderung des Vertrages abzulehnen. Er ist allerdings bei für den Besteller zwingend notwendigen Änderungen verpflichtet, in Verhandlungen über eine Änderung des Auftrages einzutreten. Er darf in diesen Verhandlungen auch keine ganz unangemessenen Forderungen stellen und dabei die

---

[347] So jedenfalls BGH, CR 1991, 86 (88) mit. krit. Anm. *Brandi-Dohrn*.

Zwangsposition des Bestellers ausnutzen. Verhandelt er ohne triftigen Grund nicht oder macht er überhöhte Forderungen geltend, kann in Einzelfällen eine Kündigung aus wichtigem Grund seitens des Bestellers in Frage kommen. In diesem Fall ist ein Werklohn für noch nicht fertiggestellte Teile der Software nicht geschuldet.[348] In allen anderen Fällen bleibt beim Scheitern der Vertragsverhandlungen dem Besteller nur eine Kündigung nach § 649 BGB, allerdings verbunden mit der Notwendigkeit, dann den vollen Werklohn abzüglich möglicher Ersparnisse des Unternehmers zu zahlen.

Änderungswünsche können sich letztendlich auch ohne zwingende Notwendigkeit im Bereich des Bestellers einfach dadurch ergeben, dass der Besteller gerne zusätzliche Leistungen hätte. Insoweit geht es um Zusatzwünsche, die frei verhandelbar sind. Scheitern die Verhandlungen, bleibt dem Unternehmer nur der Weg nach § 649 BGB.[349]

Das soeben Gesagte gilt sinngemäß auch dann, wenn die **Änderungen** des Projektes sich in Wirklichkeit als eine **Einschränkung des Auftrages** darstellen. Auch hier kommt eine Anpassung nur im Rahmen der Veränderung der Geschäftsgrundlage in Betracht. In allen anderen Fällen herrscht Verhandlungsfreiheit. Der ursprünglich vereinbarte Vertrag muss eingehalten werden. Kommt keine einvernehmliche Änderung zustande, bleibt dem Besteller nur der Weg nach § 649 BGB. In diesen Fällen ist jedoch auch eine Teilkündigung denkbar.

Der hier dargelegten Rechtslage entsprechen im Wesentlichen auch die **BVB-Erstellung**. Dort ist vorgesehen, dass der Auftraggeber schriftlich eine Änderung verlangen kann, wenn diese dem Auftragnehmer nicht unzumutbar ist (§ 5 Nr. 1 Abs. 1 BVB-Erstellung). Es ist vorgesehen, bei entsprechendem Mehraufwand über die neue Vergütung, die geänderten Ausführungsfristen oder eine Abänderung des Abnahmeverfahrens zu verhandeln. Dies muss der Auftragnehmer allerdings binnen drei Wochen schriftlich verlangen, sonst gelten die alten Vereinbarungen weiter (§ 5 Abs. 2 BVB-Erstellung). Binnen dieser Frist muss er auch die Unzumutbarkeit geltend machen. Kommt man zu keiner Einigung über notwendige Veränderungen, verbleibt es auch hinsichtlich der Leistung bei der bisherigen Vereinbarung (§ 5 Abs. 3 BVB-Erstellung).

7. Kündigung und Rücktritt

Von einem Werkvertrag kann nach den allgemeinen Vorschriften **zurückgetreten** werden, also insbesondere bei Nichtlieferung nach Nachfristsetzung oder wegen Unmöglichkeit oder Verweigerung der Lieferung.

---

[348] *Köhler/Fritzsche*, in: Lehmann (Hrsg.), Rechtsschutz und Verwertung von Computerprogrammen, S. 513 (603).
[349] *Köhler/Fritzsche*, in: Lehmann (Hrsg.), Rechtsschutz und Verwertung von Computerprogrammen, S. 513 (603 f.).

Weiterhin gibt es ein Kündigungsrecht für den Unternehmer gem. **§ 643 BGB** bei mangelnder Mitwirkung des Bestellers.

Der Unternehmer hat dann einen Teilvergütungsanspruch für die schon erbrachte Leistung gemäß § 645 Abs. 1 Satz 2 BGB. Ist in der mangelnden Mitwirkung ein Verschulden des Bestellers zu sehen, was sicherlich oft der Fall sein wird, gibt es auch Schadensersatzansprüche. Diese dürften sich auf den entgangenen Gewinn richten, den der Unternehmer deswegen verloren hat, weil das Werk nicht zu Ende durchgeführt wurde. In diesem Fall muss der Unternehmer allerdings seine Kalkulation zur Darlegung des entgangenen Gewinns voll offen legen.

448 Der Besteller hat des Weiteren ein **Kündigungsrecht nach § 649 BGB**, ohne dass es irgend eines Grundes bedarf. Allerdings behält in diesem Fall der Unternehmer seinen Vergütungsanspruch. Er muss sich nach der Vorschrift allerdings das anrechnen lassen, was er durch die Aufhebung des Vertrages an Aufwendungen erspart oder durch anderweitige Verwendung seiner Arbeitskraft erwirbt oder zu erwerben böswillig unterlässt. Das Vorliegen dieses Abzugspostens ist vom Besteller darzulegen und zu beweisen.

449 Bei **Festvergütungsvereinbarungen**, bei denen die Kalkulationsgrundlage des Unternehmers dem Besteller nicht dargelegt wird, wird es dem Besteller sehr schwer fallen, hier irgend etwas vernünftiges darzulegen, weil er einfach die Kalkulationsgrundlage nicht kennt. In diesem Falle hat der BGH die **Darlegungs- ggf. auch Beweislast** etwas abgeändert. In diesem Falle muss der Unternehmer nämlich darlegen, wie die Grundlagen seiner Kalkulation sind und welche Ersparnisse oder Nichtersparnisse vorliegen. Gegebenenfalls hat er dazu die maßgeblichen Preisermittlungsgrundlagen nachträglich zusammenzustellen und mit ihnen die ersparten Aufwendungen konkret vorzutragen.[350] Wie weit diese Darlegungspflichten gehen, ist allerdings vom Einzelfall abhängig. Hat der Unternehmer konkret dargelegt, müsste dann wiederum der Besteller darlegen, dass die Kalkulation nicht zutrifft oder etwa von der üblichen Kalkulation in vergleichbaren Fällen abweicht.[351] Insbesondere vor Bekannt werden der zitierten BGH-Entscheidungen waren die Instanzgerichte allerdings gegenüber den Unternehmern relativ großzügig. So wurde teilweise schlicht unterstellt, dass Softwareunternehmen immer an Auftragsüberhang leiden und dadurch überhaupt keine Aufwendungen ersparen, wenn ihnen ein Auftrag entgeht.[352] Diese Rechtsprechung dürfte aber mit der jüngeren BGH-Rechtsprechung nicht übereinstimmen. Angesichts der heutigen wirtschaftlichen Lage vieler EDV-Unternehmen ist die Annahme des LG München I heute auch vom Tatsächlichen her falsch.

---

[350] BGH, BB 1997, 636.
[351] Vgl. dazu BGH, BB 1999, 926; OLG Oldenburg, NJW-RR 1999, 1575.
[352] So LG München I, Anlage 3 zu BB 1993, S. 14.

II. Herstellung von Software

Neben den erörterten, im Gesetz vorgesehenen Kündigungsmöglichkeiten wird im Werkvertragsrecht jedenfalls dann, wenn eine längere Zusammenarbeit für die Durchführung des Werkes notwendig ist, auch ein sonstiges **Kündigungsrecht aus wichtigem Grund** (§ 314 BGB) gewährt.[353] Im Gegensatz zu dem in diesen Fällen meist auch gegebenen Rücktrittsrecht wird der Vertrag durch die Kündigung nur mit Wirkung für die Zukunft beendet. Dies bedeutet, dass die erbrachten Leistungen beim Besteller verbleiben, dieser die erbrachten Leistungen allerdings auch vergüten muss.[354]

450

Eine solche Vergütungspflicht setzt freilich voraus, dass das erbrachte Werk mangelfrei ist. Der Besteller kann einer solchen Vergütungspflicht auch entgegenhalten, das erbrachte Teilwerk sei für ihn völlig nutzlos. Dies muss er allerdings darlegen und beweisen. Es fragt sich dann allerdings, ob der Besteller in solchen Fällen nicht zurücktreten muss. Eine entsprechende Erklärung kann ggf. umgedeutet werden.

Wann eine solche **Kündigung aus wichtigen Grund möglich und begründet ist,** ist im Einzelnen streitig. In der schon mehrfach zitierten Entscheidung BGH-Entscheidung ging es um eine langfristig verzögerte Lieferung, die sicherlich auch zu einem Rücktritt berechtigt hätte. Auch in einem anderen Fall hat der BGH für das Vorliegen eines wichtigen Grundes für eine Kündigung die Voraussetzungen des seinerzeit noch geltenden § 326 BGB geprüft.[355] Darüber hinaus haben einzelne Gerichte schon den Einbau einer Programmsperre als Kündigungsgrund angesehen.[356] Andere Gerichte haben diesen Kündigungsgrund unter gleichen Voraussetzungen abgelehnt.[357]

451

Richtig dürfte sein, dass der Einbau einer **Programmsperre,** der die konkrete Gefahr eines Programmabbruchs möglich macht, jedenfalls dann, wenn nach Abmahnung die Programmsperre nicht entfernt wird, eine Kündigung aus wichtigem Grund rechtfertigt. Ohne eine solche Abmahnung dürfte nur in Extremfällen ein Kündigungsgrund vorliegen. Der Kündigungsgrund ist sicherlich dann gegeben, wenn der Eintritt der Sperre kurzfristig zu befürchten ist.

Ist die Sperre entfernt, besteht kein Kündigungsgrund mehr.[358] Besteht keine Gefahr, dass die Programmsperre bei ordnungsgemäßer Benutzung des Programms aktiviert wird und liegt deswegen auch nach der Rechtsprechung des BGH kein Mangel vor, dürfte ein Kündigung aus wichtigem Grund ebenfalls ausscheiden.

---

[353] BGH, NJW 1993, 1972; NJW-RR 1999, 360; OLG Frankfurt, CR 2001, 503; *Palandt-Sprau,* § 649 Rdn. 10; *Schmidt,* NJW 1995, 1313.
[354] Vgl. dazu ausführlich BGH, NJW 1993, 1972 ff.
[355] BGH, NJW-RR 1999, 360.
[356] OLG Düsseldorf, Beil. Nr. 13 zu BB 1993, S. 6 f.
[357] OLG Köln, OLG-Report Köln 1995, 285.
[358] **A. A.** OLG Düsseldorf, Beil. 13 zu BB 1993, S. 6 f.

Ein Kündigungsgrund aus wichtigem Grund könnte auch dann vorliegen, wenn etwa Mitarbeiter des Softwareherstellerunternehmens **Betriebsgeheimnisse** weiterleiten und das Softwareunternehmen nach Abmahnung dagegen nichts unternimmt.

452 Ob eine Kündigung aus wichtigem Grund bei **Nichtvorliegen des wichtigen Grundes** als Kündigung nach § 649 BGB zu behandeln ist, ist streitig.[359] Die Rechtsprechung neigt zu dieser Rechtsfolge.[360] Dies ist in aller Regel auch zweckmäßig, weil bei Entscheidung eines Rechtsstreits eine – sonst notwendige – Fortführung des Werks meist kaum noch möglich ist. Wegen der sehr unterschiedlichen Rechtsfolgen der Kündigungen sollte aber im Einzelfall exakt abgewogen und sollten die Umstände des Falles genau betrachtet werden.

Es empfiehlt sich, in der Vertragsgestaltung die Rechtsfolgen solcher Kündigungen jedenfalls bei komplexeren Projekten ausgiebig zu regeln und eventuell je nach Projektfortschritt auch sonstige Teilkündigungsmöglichkeiten, insbesondere unter Verzicht des Unternehmers auf die Rechte aus § 649 BGB vorzusehen. Die Vertragsparteien haben hier zahlreiche Gestaltungsmöglichkeiten

453 Eine Klausel in den **allgemeinen Geschäftsbedingungen** des Bestellers, die ein einseitiges **freies Kündigungsrecht** des Bestellers vorsieht, verstößt gegen § 307 Abs. 2 Nr. 1 BGB und ist daher unwirksam. Demgemäss ist auch § 9 Nr. 4 BVB-Überlassung von der Rechtsprechung nicht anerkannt worden.[361] Ob Klauseln in allgemeinen Geschäftsbedingungen, die beiderseitige freie Kündigungsmöglichkeiten nach Fertigstellung einzelner Teilabschnitte vorsehen, als allgemeine Geschäftsbedingungen wirksam sind, ist offen. Da es um definierte Zeitpunkte und beidseitige Rechte geht, dürfte aber keine unangemessene Benachteiligung vorliegen, auch wenn die Vergütungspflicht des Bestellers nach § 649 BGB ausgeschlossen ist. Immerhin geben die Klauseln auch klar an, welche Voraussetzungen vorliegen müssen, damit eine Kündigungsmöglichkeit besteht. Diese Voraussetzungen genügen auch den Anforderungen des § 308 Nr. 3 BGB.[362] Weiterhin ist zu beachten, dass sich ein Werkvertrag mit solchen Klauseln meist einem Dauerschuldverhältnis annähert.

Allerdings muss beachtet werden, dass sich nicht aus den individuellen Leistungsvereinbarungen bei Vertragsschluss ergibt, dass ein solches Kündigungsrecht nicht besteht. Eine solche Vereinbarung würde nämlich wegen des Vorrang der Individualabrede den Klauseln in den allgemeinen Geschäftsbedingungen vorgehen.

---

[359] Näher *Schmidt*, NJW 1995, 1313.
[360] Z. B. OLG Düsseldorf, *Zahrnt*, ECR OLG 228.
[361] BGH, NJW 1997, 2043 (2044) = CR 1997, 470 (471 ff.) m. zust. Anm. *Lehmann;* ebenso für eine ähnliche Klausel OLG Köln, CR 1998, 82 (noch zu § 9 Abs. 2 Nr. 1 AGBG).
[362] Vgl. dazu *H. Schmidt*, in: Ulmer/Brandner/Hensen, § 10 Nr. 3 AGBG, Rdn. 10 ff.

II. Herstellung von Software

Im übrigen kann der Unternehmer natürlich dem Besteller ein freies Kündigungsrecht gewähren.[363]

8. Klauseln zur Änderung von Gewährleistung und Haftung

a) Klauseln der Softwareersteller

Der Hersteller von Individualsoftware wird häufig bestrebt sein, die **Mängelansprüche** seines Kunden bzw. seine eigene **Schadensersatzhaftung** generell zu beschränken oder gar ganz auszuschließen. Im Individualvertrag sind hier vielfältige Gestaltungsmöglichkeiten offen. Die Grenze liegt bei Vorsatz und Arglist sowie in Einzelfällen vielleicht bei der sittenwidrigen Ausnutzung einer Vormachtstellung. Generell sind hier wenig Grenzen zu beachten. 454

Anders ist dies bei Vereinbarungen in **allgemeinen Geschäftsbedingungen**.[364] Jede Regelung der Gewährleistung muss hier die Grenzen des AGBG, insbesondere die Vorschriften des **§ 309 Nr. 8 b BGB (früher § 11 Nr. 10 AGBG)** beachten.

Diese Vorschriften gelten zunächst nur für neu hergestellte Sachen und Leistungen. Da Computerprogramme keine körperlichen Sachen sind,[365] und auf den ersten Blick nicht unter den Begriff „Leistungen" fallen, könnte zweifelhaft sein, ob die Vorschrift hier anwendbar ist. Es unterliegt aber wohl keinem Zweifel, dass die Vorschrift des § 309 Nr. 8 b BGB auch auf Computerprogramme anwendbar ist. Zunächst ist schon fraglich, ob der Sachbegriff in der Vorschrift überhaupt mit dem Sachbegriff des BGB übereinstimmt oder nicht ohnehin weitergeht. Jedenfalls der Begriff der Leistung ist aber so weit zu fassen, dass er Computerprogramme auch unabhängig von dem jeweiligen Träger, auf dem sie bei Lieferung abgegeben werden, umfasst. Demgemäss ist die **Vorschrift auf Computerprogramme anwendbar**.[366] Dies gilt auch für Open Source Software, jedenfalls wenn sie nicht zur Weiterentwicklung, sondern zur Nutzung geliefert werden.[367]

§ 309 Nr. 8 b aa BGB **verbietet** zunächst den **Ausschluss der Mängelansprüche** sowie die Beschränkung auf die Einräumung von Ansprüchen gegenüber Dritten. Er verbietet auch, in allgemeinen Geschäftsbedingungen vorzusehen, dass Gewährleistungsansprüche von der vorherigen gericht- 455

---

[363] OLG Düsseldorf, *Zahrnt*, ECR OLG 172.
[364] Zum Folgenden ausführlich *Schmidt*, in: Lehmann (Hrsg.), Rechtsschutz und Verwertung von Computerprogrammen, S. 701 ff.
[365] Vgl. Rdn. 278 ff.
[366] Ebenso *Hensen*, in: Ulmer/Brandner/Hensen, AGBG, § 11 Nr. 10 Rdn. 5 a. E.; *Schmidt*, in Lehmann (Hrsg.), Rechtsschutz und Verwertung von Computerprogrammen, S. 701 (735); wer im Übrigen einer so erweiterten Wortauslegung nicht folgen will, muss nach Sinn und Zweck der Vorschrift eine Gesetzeslücke annehmen, die im Wege der Analogie zu schließen wäre.
[367] A. A. *Sester*, CR 2000, 797.

lichen Inanspruchnahme Dritter abhängig gemacht werden. Hinsichtlich des Gewährleistungsausschlusses gilt die Vorschrift auch im Geschäftsverkehr.[368]

Ein **genereller Ausschluss der Vorschriften der Mängelansprüche** kommt daher im Bereich der Individualsoftware in allgemeinen Geschäftsbedingungen **nicht in Betracht.** Dies gilt auch für Klauseln, die anstelle der Gewährleistung einen für den Kunden kostenpflichtigen Wartungsvertrag vorsehen oder Gewährleistungsrechte nur während einer Testphase gewähren.[369] Auch ist es nicht zulässig, die Gewährleistung bei Veränderungen der Software durch den Kunden oder von ihm beauftragte Dritte generell auszuschließen.[370] Dadurch wird die Gewährleistung ja auch für Mängel ausgeschlossen, die bei Abnahme vorlagen und von den Änderungen nicht berührt sind. Für das Vorliegen solcher Mängel ist allerdings der Kunde beweispflichtig.[371]

456 **Unwirksam** wegen eines Verstoßes gegen das **Transparenzgebot** (jetzt § 307 Abs. 1 S. 2 BGB) soll auch eine Klausel in allgemeinen Geschäftsbedingungen sein, nach der keine Gewährleistungsansprüche gegen den Softwareersteller bestehen, wenn der Liefergegenstand aufgrund der Vorgaben des Bestellers erstellt wurde und der Mangel hierauf beruht.[372] Bei dieser Klausel kann es nur um Fälle gehen, in denen die Vorgaben allgemein übliche Eigenschaften der Software gefährden. In anderen Fällen bestimmen die Vorgaben ja den Sollzustand der Software, so dass bei vorgabengetreuer Erstellung keine Mängel vorliegen können. Für den sich daraus ergebenden Einsatzbereich der Klausel ist die Entscheidung richtig.

457 **In Nichtverbraucherverträgen** ist es allerdings möglich, auch in allgemeinen Geschäftsbedingungen ein Vorgehen gegen Dritte anstelle der Geltendmachung eigener Gewährleistungsansprüche vorzusehen. Ob dies im Einzelnen immer zulässig ist, hängt allerdings auch von weiteren Umständen ab. Sitzt der Dritte z. B. im weit entfernten Ausland, kommt eine Verweisung auf ihn also praktisch einem Ausschluss der Gewährleistung gleich, wird jedenfalls im konkreten Einzelfall die Berufung auf die AGB-Klausel unzulässig sein, wenn nicht die Klausel von vornherein unwirksam ist. Unzulässig sind solche Klauseln u. U. auch beim Erwerb von EDV-Gesamtsystemen.[373]

458 § 309 Nr. 8 a bb BGB **verbietet** es, die Gewährleistungsansprüche auf **Nacherfüllungsansprüche zu beschränken.** Vielmehr müssen Minderung

---

[368] *Palandt-Heinrichs,* § 309 Rdn. 60.
[369] *Schmidt,* in: Lehmann (Hrsg.), Rechtsschutz und Verwertung von Computerprogrammen, S. 701 (736 f.); *Weyer,* CR 1988, 711 (712).
[370] Vgl. dazu OLG Hamm, NJW-RR 2000, 1224 = CR 2000, 811.
[371] *Schmidt,* in: Lehmann (Hrsg.), Rechtsschutz und Verwertung von Computerprogrammen, S. 701 (735 f.).
[372] LG Stuttgart, Urt. v. 10. 8. 1999, 20 O 170/99, JurPC Web-Dok. 230/2000.
[373] Dazu unten Rdn. 695.

und Rücktritt jedenfalls für den Fall des Fehlschlagens der Nacherfüllung vorbehalten bleiben. Möglich ist nur, vor der Erklärung von Minderung und Rücktritt vom Kunden zu verlangen, zunächst Nacherfüllungsversuche zuzulassen. Erst nach **Fehlschlagen der Nacherfüllung** kommen Rücktritt oder Minderung in Betracht. Dabei ist im Einzelnen sehr streitig, wann denn nun die Nacherfüllung fehlgeschlagen ist, insbesondere wie viele Nacherfüllungsversuche der Abnehmer zulassen und welche Nacherfüllungsfristen er gewähren muss.[374] Der Gesetzgeber vermutet das Fehlschlagen der Nacherfüllung für den Kaufvertrag bei zwei fehlgeschlagenen Nacherfüllungsversuchen (§ 440 S. 2 BGB). Diese Vorschrift gibt auch für den Werkvertrag gewisse Anhaltspunkte.[375] Dies gilt auch für Verträge, die altem Recht unterliegen. Jedenfalls ist die Nacherfüllung dann fehlgeschlagen, wenn der Ersteller das Vorliegen von Mängeln verneint und weitere Nacherfüllungsversuche ablehnt.[376]

Die Klausel muss darüber hinaus textlich strengen Anforderungen genügen. So durften schon bislang z.B. die Worte „Wandlung" und „Minderung" nicht verwendet werden, obwohl sie dem damals geltenden Gesetzeswortlaut entnommen waren, sondern mussten durch entsprechende Worte der üblichen Umgangssprache ersetzt werden.[377] Die Klausel muss auch ausdrücklich alle Fälle umfassen, in denen die Rechte auf Rücktritt und Minderung nach dem Gesetz wieder aufleben müssen. Allerdings reicht die Verwendung der Worte „Fehlschlagen der Nacherfüllung" als Oberbegriff aus.[378] Angesichts der komplexen Struktur der neuen Mängelrechte ist eine solche Klausel auch sehr schwer zu formulieren. Sie muss z.B. klar machen, dass ein Rücktrittsrecht auch dann besteht, wenn der Unternehmer die Nacherfüllung zu Recht wegen Unverhältnismäßigkeit verweigert.[379] 459

Angesichts all dieser Umstände ist es **fraglich**, ob der **Hersteller von Individualsoftware durch eine Änderung** der gesetzlichen Gewährleistung überhaupt **viel gewinnen kann**. Praktisch muss er die gleichen Rechte gewähren. Rücktritt und Minderung werden allerdings abhängig von einem 460

---

[374] Endgültiges Fehlschlagen schon bei einer einzigen fehlgeschlagenen Nachlieferung nimmt an OLG Hamburg, MDR 1974, 577 (578); das AG Mannheim, NJW-RR 1997, 560 hält drei Nachbesserungsversuche für unzumutbar; demgegenüber hält sie das AG Offenburg, CR 1997, 96 für zumutbar; vgl. auch *Brandi-Dohrn*, CR 1990, 312 (313); AG Stuttgart, CR 1988, 923 (LS); *Schmidt*, in: Lehmann (Hrsg.), Rechtsschutz und Verwertung von Computerprogrammen, S. 701 (738f.); OLG Köln, OLG Report Köln 2000, 325 = CR 2000, 503; ausführlich *Waltl*, CR 1998, 449; *Gaul*, CR 2000, 570; ausgiebig OLG Düsseldorf, Beil. Nr. 18 zu BB 1991, S. 17ff. mit zust. Anm. *Zahrnt*.
[375] *Palandt-Sprau*, § 636 Rdn. 15.
[376] LG München I, CR 1987, 364 (366).
[377] Näher dazu *Brandi-Dohrn*, CR 1990, 312 (313).
[378] BGH, NJW 1998, 677; 679; OLG Köln, OLG Report Köln 2000, 325 = CR 2000, 503; zustimmend *Heinrichs*, NJW 1998, 1447 (1461); OLG Düsseldorf, BB 1992, 2103; *Schmidt*, in: Lehmann (Hrsg.), Rechtsschutz und Verwertung von Computerprogrammen, S. 701 (738).
[379] V. *Westphalen*, NJW 2002, 12 (24).

Fehlschlagen der Nacherfüllung, die das Gesetz jetzt auch kennt. Sachlich kann man also nichts gewinnen. Möglicherweise kann man auch das Aufzeigen von zumutbaren Fehlerumgehungsmöglichkeiten als Nacherfüllung definieren. Ob dies in allgemeinen Geschäftsbedingungen geht oder es sich um einen unzulässigen Ausschluss von Mängelansprüchen handelt, ist aber noch nicht entschieden.

461 Wichtig ist weiter noch die Grenze des § 309 Nr. 8b ee BGB. Danach kann für die Anzeige nicht offensichtlicher Mängel vom Verwender der AGBG's eine **Ausschlussfrist** nicht gesetzt werden, wenn diese kürzer als 1 Jahr ist. Bei Individualsoftware dürften die meisten auftretenden Mängel nicht offensichtlich sein, so dass die Setzung von Mängelrügefristen nur begrenzt möglich ist. Im übrigen geht die Rechtsprechung auch davon aus, dass selbst bei der Rüge von offensichtlichen Mängeln eine Rügefrist von in der Regel mindestens zwei Wochen einzuräumen sei.[380] Diese Frist ist also deutlich länger als die kaufmännische Rügepflicht.[381]

Eine **schriftliche Rüge** kann verlangt werden. Die verbreitete Klausel, dass Mängel auf Formularen des Lieferanten gerügt werden müssen, ist aber unwirksam.[382]

462 Dies alles gilt **nicht im Unternehmensbereich,** wo Rügefristen durchaus gesetzt werden können, wenn sie nicht im Einzelfall zu kurz sind oder die Klausel aus anderen Gründen unzulässig ist.[383] Unzulässig wäre etwa eine Klausel, die vorsieht, dass verborgene Sachmängel nur bei Ablieferung gerügt werden können.[384] Dies stünde einem Ausschluss der Gewährleistung für verborgene Mängel gleich. Eine nur dreitägige Frist bei komplexen EDV-Anlagen dürften ebenfalls zu kurz sein.[385] Klauseln, die die Erklärung enthalten, durch Annahme der Software würde deren Mängelfreiheit bestätigt, sind ebenfalls unzulässig.[386]

463 § 309 Nr. 8b ff. verbietet im Übrigen die **Verkürzung** der Verjährung auf unter ein Jahr. Diese Vorschrift gilt nur im Verbraucherbereich, im Einzelfall wird aber sehr oft eine vergleichbare Regelung auch im Unternehmerbereich gelten.[387]

464 Angesichts der **Verjährungsfrist** von nunmehr zwei bzw. ggf. zehn Jahren für Mängelansprüche dürfte eine Verkürzung durch allgemeine Geschäfts-

---

[380] Vgl. dazu OLG Zweibrücken, NJW-RR 1998, 348; BGH, CR 1998, 656 (LS); vgl. auch *Gaul*, CR 2000, 570 (574); a.A. *Schneider*, Handbuch des EDV-Rechts, Rdn. I 238; *Schmidt*, in: Lehmann (Hrsg.), Rechtsschutz und Verwertung von Computerprogrammen, S. 701 (740) (eine Woche).
[381] Dazu oben Rdn. 380.
[382] *Schmidt*, in: Lehmann (Hrsg.), Rechtsschutz und Verwertung von Computerprogrammen, S. 701 (740); *Gaul*, CR 2000, 570 (574f.).
[383] *Thamm*, BB 1994, 2224 (2226).
[384] BGH, WM 1985, 1145; *Thamm*, BB 1994, 2224 (2227).
[385] Vgl. dazu OLG Hamburg, MDR 1974, 577 (zur Lieferung einer Rechenmaschine).
[386] *Gaul*, CR 2000, 570 (574).
[387] Vgl. dazu *Schumacher*, MDR 2002, 973 (980).

II. Herstellung von Software

bedingungen im Unternehmensverkehr möglich sein. Ob dies freilich auch auf weniger als 1 Jahr, der Grenze des § 309 Nr. 8b ff BGB, möglich ist, ist offen. Immerhin hat der BGH bei Verträgen über die Errichtung von Gebäuden sogar eine Verkürzung der fünfjährigen Verjährungsfrist nicht zugelassen.[388]

Der Gesetzgeber hat im Übrigen für Werke, die keine beweglichen Sachen sind, bewusst lange Gewährleistungsfristen vorgesehen. Diese durch allgemeine Geschäftsbedingungen deutlich zu verkürzen, könnte mit § 307 Abs. 2 BGB nicht vereinbar ein. Der Gesetzgeber hat die langen Gewährleistungsfristen mit zwei Argumenten begründet. Zum Einen hat er betont, dass bei geistigen Gütern, um die es ihm ging, Mängel sich oft erst sehr spät finden lassen. Zum Anderen hat er auf die schwierige Abgrenzung zum Dienstvertrag abgehoben. Diese gesetzgeberische Wertung durch allgemeine Geschäftsbedingungen grundlegend abzuändern und etwa eine kenntnisunabhängige Verjährungsfrist von zwei Jahren einzuführen, dürfte nicht möglich sein.[389] 465

Die Gewährleistung für zugesicherte Eigenschaften konnte im alten Recht ebenfalls nicht ausgeschlossen oder eingeschränkt werden (§ 11 Nr. 11 AGBG).[390] Die neue Regelung des § 639 BGB schließt dies sogar in Individualverträgen aus. Nur der Umfang der Garantie kann inhaltlich beschränkt werden. Die neue Regelung ist äußerst problematisch und verbietet es meist, Garantien überhaupt zu übernehmen. 466

Für die Individualsoftware ergibt sich aus dem Vorstehenden, dass eine Änderung der Vorschriften über die Mängelansprüche nicht zweckmäßig ist. Dies gilt nicht für Schadensersatzansprüche, auf die noch eingegangen wird. Abschließend sei noch angemerkt, dass die häufig verwendete salvatorische Klausel, die feststellt, dass Software technisch nicht fehlerfrei hergestellt werden kann, schon deshalb wirkungslos ist, weil sie weder einen irgendwie gearteten Gewährleistungsausschluss vorsieht, noch die Kenntnis konkreter Mängel vermittelt.[391] Auf sie sollte daher verzichtet werden. 467

Oft werden in der Praxis die **Kosten für Fehlerbeseitigungsmaßnahmen** dem Kunden aufgebürdet, wenn sich kein Fehler finden lässt. Da aber auch nicht reproduzierbare Fehler Mängel darstellen können, stellt das einen teilweisen Gewährleistungsausschluss dar, der unzulässig ist. Zulässig wäre eine Klausel nur, wenn nach ihr die Kunden die Kosten dann tragen müssen, wenn nachweisbar kein Fehler vorliegt. Allerdings haben verschiedene 468

---

[388] BGH, BB 1999, 925.
[389] Näher *Redeker*, ITRB 2002, 119 (121).
[390] *Bartl*, CR 1985, 13 (17).
[391] Ebenso *Zahrnt*, IuR 1986, 252 (256); a.A. *Schneider*, Handbuch des EDV-Rechts, Rdn. D 807 ff., die ihr dort beigemessenen Konsequenzen können einer Klausel in allgemeinen Geschäftsbedingungen aber nicht zukommen, sie ergeben sich allenfalls unabhängig von der Klausel aus der Tatsache, dass Software in der Tat nie „fehlerfrei" ist.

Oberlandesgerichte auch solche Klauseln für unwirksam erklärt und eine Kostenüberwälzung auf den Kunden nur zugelassen, wenn dessen Fehlermeldung grob fahrlässig war. Anderenfalls werde der Anwender zu stark an einer Reklamation gehindert.[392] Dies geht aber zu weit. Dass der Veranlasser die Kosten trägt, wenn feststeht, dass kein Mangel vorliegt, kann auch in allgemeinen Geschäftsbedingungen vereinbart werden. Ob dies auch ohne eine solche Regelung gilt,[393] spielt dabei keine Rolle.

469 Neben dem bislang Diskutierten ist insbesondere von Interesse, inwieweit die **Haftung begrenzt** werden kann. In der Praxis finden sich dabei viele offenkundig unwirksame Klauseln.[394]

In diesem Bereich sind zunächst die Vorschriften des § 309 Nr. 7 b BGB zu beachten. Gemäß § 11 Nr. 7 AGBG kann die Haftung für **vorsätzliche oder grob fahrlässige** Handlungen des Verwenders, seines gesetzlichen Vertreters oder seines Erfüllungsgehilfen prinzipiell nicht ausgeschlossen werden. Es kommt nur eine Begrenzung der Haftung auf vorsätzliche und grob fahrlässige Vertragsverletzungen in Betracht. Daraus ergibt sich zumindest eine Beschränkungsmöglichkeit im Bereich der leichten Fahrlässigkeit. Dies gilt allerdings nicht für die Haftung aus einer Garantie, die nach § 639 BGB auch in individuell ausgehandelten Verträgen nicht begrenzt werden kann.

470 Ferner kann nach **§ 309 Nr. 7 a BGB** die Haftung für die Verletzung des Lebens, des Körpers oder der Gesundheit nicht begrenzt oder ausgeschlossen werden.

471 Eine **Haftungsbegrenzung** stellt auch die **Verkürzung** der Verjährung dar.[395] Verkürzt man daher die Verjährung für Mängelansprüche nach § 309 Nr. 8b ff. BGB auf ein Jahr, muss man Schadensersatzansprüche jedenfalls teilweise von dieser Verkürzung ausnehmen. Andernfalls ist diese Klausel unwirksam und zwar wegen des Verbots der geltungserhaltenden Reduktion insgesamt.[396] Diese Rechtslage verbietet z. B. auch die Verwendung der entsprechenden Verjährungsregelung im Deckblatt zu den BVB-Erstellung durch einen Softwareersteller.

472 Im **alten Recht** gab es eine weitere Fallgruppe, in der Schadensersatzansprüche wegen leichter Fahrlässigkeit nicht generell ausgeschlossen werden konnten (§ 11 Nr. 8 AGBG). Sie konnten im Falle der leichten Fahrlässigkeit nur eingeschränkt werden. Ob dies freilich auch dann ging, wenn im Wege der Einschränkung alle praktisch auftretenden Fallgruppen von Schäden letztendlich ausgeschlossen wurden, war und ist zumindest fraglich. Steht eine Einschränkung in ihren praktischen Auswirkungen dem Aus-

---

[392] So z. B. OLG Hamm, Urt. v. 27. 9. 1999, 13 U 71/99, JurPC Web-Dok. 95/2001: eine entsprechende Klausel widerspricht § 9 AGBG (jetzt § 307 Abs. 2 BGB).
[393] So jedenfalls LG Freiburg, CR 1999, 417 (418).
[394] Typisches Beispiel bei OLG Köln, BB 1998, 17 = NJW-RR 1998, 1274.
[395] *Palandt-Heinrichs*, § 309 Rdn. 44.
[396] *Schumacher*, MDR 2002, 973 (978, 980).

II. Herstellung von Software

schluß gleich, durfte sich ein Verbot der Klausel bereits aus § 11 Nr. 8 AGBG ergeben.

Diese Einschränkung ist nicht in das **neue Recht** übernommen worden. **473**
Weiterhin soll aber weiterhin eine Einschränkung **gelten**, die sich nicht unmittelbar aus dem Gesetz, wohl aber aus der Rechtsprechung des BGH ergibt. Danach ist ein Ausschluss der Haftung im Falle leichter Fahrlässigkeit dann nach § 307 Abs. 2 BGB unzulässig, wenn es um die Erfüllung sogenannter **Kardinalpflichten** geht, also um die Erfüllung solcher Pflichten, die für die Leistung des AGB-Verwenders gerade typisch sind.[397] v. Westphalen leitet daraus sogar ab, dass man sich von Schadensersatz statt Leistung generell nicht freizeichnen kann.[398] Wahrscheinlich fallen die in § 11 Nr. 8 AGBG genannten Fallgruppen auch unter die Fälle, in denen ein Haftungsausschluss ausscheidet, weil es um Kardinalpflichten geht.[399]

Zusammen mit dem generellen Verbot der geltungserhaltenden Reduk- **474** tion von AGB-Klauseln für den Fall, dass die Reduktion nicht dadurch durchgeführt werden kann, dass einzelne Worte oder Satzteile aus den Klauseln gestrichen werden, ergibt sich aus dieser letzten Einschränkung eine erhebliche Problematik bei der Gestaltung von Haftungsbegrenzungsklauseln. Was nämlich Kardinalpflichten im **Bereich der Softwareerstellung** eigentlich sind, ist **schwer abschätzbar** und kaum entscheidbar.[400] Auch Rechtsprechung gibt es zu diesem Thema nach wie vor überhaupt nicht. Lediglich die Prüfung auf Virenfreiheit ist in einem Spezialfall als solche Kardinalpflicht angesehen worden.[401]

Letztendlich wird man zu den Kardinalpflichten jedenfalls die Pflicht zählen, nach den Regeln der Technik ordnungsgemäß zu programmieren. Wegen dieser Fähigkeiten nämlich wird der Besteller dem Unternehmer den Auftrag zu Erstellung der Individualsoftware erteilen. Der Unternehmer wird mit seiner besonderen Sachkenntnis der Softwareerstellung werben. Seine besondere Sachkenntnis kennzeichnet damit den Vertrag. Die nach der Regel der Technik ordentliche Erstellung der Software dürfte demnach zu den Kardinalpflichten gehören.

Dies wird in der Literatur teilweise wesentlich einschränkender gesehen. **475** Die Einschränkung überzeugen aber nicht. Vor einer abschließenden höchstrichterlichen Entscheidung sind alle Klauseln, die in diesem Bereich ernsthafte Einschränkungen über den gekennzeichneten Rahmen hinaus vorsehen, damit äußerst problematisch. Die Rechtsprechung hat einen pau-

---

[397] Grundlegend BGH, NJW 1985, 3016 (Textilveredelung); ebenso *Bartl*, CR 1985, 13 (21).
[398] NJW 2002, 1688 (1694); NJW 2002, 12 (22 f.).
[399] So für Verzug *v. Westphalen*, NJW 2002, 12 (23 f.).
[400] Ebenso *Schmidt*, in: Lehmann (Hrsg.), Rechtsschutz und Verwertung von Computerprogrammen, S. 701 (754 ff.).
[401] LG Hamburg, CR 2001, 667 = NJW 2001, 3486; generell so *Rössel*, ITRB 2002, 214 (215).

schalen Haftungsausschluss auch bei einfacher Fahrlässigkeit für unwirksam erklärt.[402]

476 Allerdings hat die Rechtsprechung nur einen **Haftungsausschluss für unwirksam** erklärt. Möglich sind Klauselformen, die die **Haftungshöhe** höhenmäßig auf vertragstypisch vorhersehbare Schäden begrenzen oder die Haftung für unvorhersehbare Schäden ausschließen.[403] Ob man eine höhenmäßige Begrenzung finden kann, die einerseits den vertragstypisch vorhersehbaren Schaden umfasst und andererseits tatsächlich eine Einschränkung darstellt, muss aber offen bleiben.

477 In der Praxis werden außerdem oft Klauseln verwendet, nach denen die **Haftung bei Datenverlust** auf die Wiederherstellung ordnungsgemäß gesicherter Daten oder auf den Schaden begrenzt wird, der bei ordnungsgemäßer Datensicherung entstanden wäre. Zumindest die zweite Klausel ist im Falle einfacher Fahrlässigkeit zulässig. Sie dürfte noch nicht einmal eine Haftungsbegrenzung darstellen, weil sie im Prinzip nur den Rechtsgedanken des § 254 BGB wiedergibt. Die erste Klausel ist eine echte Einschränkung, da die Kosten der Rekonstruktion der zuletzt vorhandenen Daten aus den gesicherten, etwa durch Nachbuchung von Belegen oder Neueingabe anderer Daten, Sache des Geschädigten bleibt, ohne dass der Schaden ersetzt werden muss, der bei ordnungsgemäßer Datensicherung entstanden wäre. Für den Bereich einfacher Fahrlässigkeit dürfte dies (noch) zulässig sein. Im Falle grober Fahrlässigkeit sind beide Klauseln problematisch. Außerdem greifen beide Klauseln nicht ein, wenn der Schadensfall darauf beruht, dass die Datensicherungsmechanismen nicht ordnungsgemäß arbeiten. In diesen Fällen können die Daten ja nicht richtig gesichert werden.

Im Einzelnen herrscht aber auch insoweit erhebliche Unsicherheit.[404]

478 In den **BVB-Erstellung** in Form des Deckblatts v. 1. 5. 2002 ist hinsichtlich der Haftung geregelt, dass für jedes Schadensereignis pro Personen- und Sachschaden eine Haftungsbegrenzung auf 500 000 € und bei Vermögensschäden eine Haftungsbegrenzung bis zur Höhe der zu zahlenden Gesamtvergütung vereinbart wird. Für Verstöße gegen Datenschutzvorschriften gibt es gesonderte Regelungen. Die Haftungsbegrenzung gilt nicht bei Vorsatz oder grober Fahrlässigkeit und bei Verletzung des Lebens, des Körpers oder der Gesundheit.

---

[402] BGH NRW-RR 1998, 1426; OLG Köln, CR 1998, 80 = NJW-CoR 1998, 178; CR 1997, 736; LG Augsburg, CR 1989, 22 (26), allerdings fast ohne Begründung, a. A. ohne Begründung OLG Koblenz, *Zahrnt*, ECR OLG 257.
[403] Grundlegend BGH, NJW 1993, 335 ff.; NJW 2001, 292 (302); *Schmidt*, in: Lehmann (Hrsg.), Rechtsschutz und Verwertung von Computerprogrammen, S. 701 (757); *Schneider/Hartmann*, CR 1998, 517; *v. Westphalen*, NJW 2002, 1688 (1694 f.); *Seffer*, ITRB 2002, 244 (247).
[404] Die Unsicherheit spiegelt sich in den verschiedenen Klauselfassungen bei *v. Westphalen*, Allg. Verkaufsbedingen, S. 96; *Roth*, in: Loewenheim/Koch (Hrsg.), Praxis des Online-Rechts, S. 57 (131 f.).

Ob diese Klausel bei einer Verwendung der BVB durch Softwareersteller wirksam ist, muss nach dem oben Gesagten offen bleiben. Bei einer Verwendung durch die öffentliche Hand als Softwareabnehmer ist sie wirksam.

Das Vorstehende gilt grundsätzlich auch im Bereich von Unternehmern, wobei allerdings in bestimmten Branchen kraft Handelsbrauches auch eine Haftung für grobes Verschulden der Erfüllungsgehilfen ausgeschlossen werden kann. In der Softwarebranche ist ein solcher Handelsbrauch aber nicht festzustellen. 479

Bei **anfänglicher Unmöglichkeit** kann ein Haftungsausschluss durch allgemeine Geschäftsbedingungen nicht vereinbart werden.[405] § 309 Nr. 8 a BGB verbietet im Übrigen eine Klausel, die bei Verzug oder Unmöglichkeit das Rücktrittsrecht des Bestellers ausschließt. Auch darauf ist bei der Klauselgestaltung zu achten. 480

b) Klauseln der Kunden

Bei der Erstellung von Individualsoftware muss neben der Frage, ob der Unternehmer durch Verwendung allgemeiner Geschäftsbedingungen seine Gewährleistung und Haftung einschränken kann, auch die Frage betrachtet werden, ob der **Besteller die Haftung des Unternehmers kraft seiner Marktstellung** ausnahmsweise auch **ausweiten kann**. Dies gilt insbesondere im kaufmännischen Geschäftsverkehr, wo zahlreiche Firmen durch Einkaufs- bzw. Auftragsbedingungen versuchen, ihrerseits für sich günstigere Regeln bei mangelhafter Lieferung und Schadensersatz als die gesetzliche Rechtslage sie hergibt, zu schaffen. Wichtig sind hier im Wesentlichen Beweislastumkehrungen, Verjährungsverlängerungen und Schadenspauschalen bzw. Vertragsstrafenvereinbarungen. 481

Nach dem neuen Recht sind Vereinbarungen über die Verjährung generell zulässig (§ 202 BGB). Dies betrifft auch eine evtl. Verlängerung der Verjährung etwa von Mängelansprüchen. Spezielle Regelungen, die solche Vereinbarungen etwa in allgemeinen Geschäftsbedingungen Grenzen setzen, sind im Gesetz nicht enthalten. Man muss daher für die Inhaltskontrolle auf § 307 Abs. 2 BGB zurückgreifen. Angesichts der ohnehin schon langen Verjährungsfrist für Mangelansprüche in einem Softwareerstellungsvertrag dürfte eine weitere Verlängerung aber kaum in Betracht kommen. 482

Im alten Recht war eine begrenzte Verlängerung (auf 24 Monate) wohl zulässig.[406]

Ebenso dürfte es kaum möglich sein, die Frist zur Untersuchung von Mängeln gem. §§ 377, 381 HGB durch allgemeine Geschäftsbedingungen z.B. auf drei Wochen zu verlängern.[407]

---

[405] OLG Frankfurt, BB 1984, 300f.; teilweise a.A. *Schmidt*, in: Lehmann (Hrsg.), Rechtsschutz und Verwertung von Computerprogrammen, S. 701 (752).
[406] *Gaul*, CR 2000, 570 (576); BGH, ZIP 1990, 237 (238f.).
[407] *Gaul*, CR 2000, 570 (572).

483 Eine **Veränderung der Beweislast** ist nach § 309 Nr. 12 BGB prinzipiell unmöglich.
Dies gilt auch im Geschäftsverkehr. Hier sind nur einzelne seltene Klauseln möglicherweise wirksam.[408]

484 Bei **Schadenspauschalen** bzw. **Vertragsstrafenvereinbarungen** sind die §§ 309 Nr. 5 und 6 BGB zu beachten. Danach dürfen Schadenspauschalen die Grenze des üblicherweise zu erwartenden Schadens nicht überschreiten. Außerdem muss dem Vertragspartner der Nachweis möglich bleiben, dass ein Schaden überhaupt nicht oder aber wesentlich niedriger als die Pauschale eingetreten ist. Vertragsstrafen sind nur in bestimmten Fällen, für Besteller in der Regel nicht interessanten Fällen gänzlich verboten. Freilich müssen sie immer angemessen sein. Die Regelung für Schadenspauschalen gilt auch im Geschäftsverkehr.[409]

485 In den **BVB-Erstellung** ist geregelt, dass für den Fall des Verzuges der Ersteller ab dem 30. Verzugstag höchstens 100 Tage lang eine Geldsumme von täglich 1/1500 seiner Vergütung zu zahlen hat (§ 10 Nr. 1 BVB-Erstellung). Dies soll wohl eine Vertragsstrafe sein.[410]
Im Hinblick auf § 11 Nr. 5 AGBG a. F. ist die Gültigkeit der Klausel als Schadenspauschale eher zweifelhaft, weil der Gegenbeweis des niedrigeren oder gar nicht eingetretenen Schadens abgeschnitten wird.[411]
Im übrigen müssten die Klauselverwender auch nachweisen, dass die Schadenspauschale nicht überhöht ist.[412] Ob dies einem Auftragsgeber der öffentlichen Hand gelingt, ist jedoch zweifelhaft.[413] Ganz generell ist angesichts dieser Probleme zweifelhaft, ob man Schadenspauschalen jedenfalls für Verzugsschäden in allgemeinen Geschäftsbedingungen überhaupt vorsehen sollte.

486 Auch **Vertragsstrafen** können **zu hoch** sein. So hat der BGH wiederholt eine Vertragsstrafe von 0,5% des Auftragswerts für jeden Tag der Verzögerung als zu hoch bezeichnet, auch wenn eine Höchstsumme der Vertragsstrafe (von z. B. 10% des Auftragswertes) festgesetzt wurde.[414] Der Auftragnehmer werde zu sehr unter Druck gesetzt. Die Vertragsstrafe nach BVB liegt weit darunter, so dass die Klausel wohl wirksam ist. Je nach Auftragssumme ist aber insbesondere die Höhenbegrenzung faktisch oft zu niedrig.

---

[408] Vgl. dazu *Brandner*, in: Ulmer-Brandner-Hensen, § 11 Nr. 15, Rdn. 20.
[409] *Hensen*, in: Ulmer/Brandner/Hensen, § 11 Nr. 5, Rdn. 27; BGH, BB 1991, 373 (374).
[410] *Müller-Hengstenberg*, BVB/EVB-IT-Computersoftware, S. 227 ff.; a. A. zu § 9 Nr. 4 BVB-Überlassung a. F., OLG Köln, CR 1991, 17 f.; BGH, BB 1991, 373 (374).
[411] OLG Köln, CR 1991, 17. F. mit insoweit abl. Anm. *Müller-Hengstenberg;* BGH, BB 1991, 373 (374).
[412] *V. Westphalen*, Allg. Einkaufsbedingungen, S. 73.
[413] Dazu vgl. *Müller-Hengstenberg*, BVB/EVB-IT-Computer-Software, S. 227.
[414] BGH, BB 2000, 1057 = NJW 2000, 2106; BB 2002, 698; NJW 2002, 2322.

Zur **Haftungserhöhung** würde auch eine Klausel führen, nach der alle 487
Angaben des Lieferanten als Garantie behandelt werden. Eine solche Klausel ist unwirksam, weil sie gegen § 307 Abs. 2 Nr. 1 BGB verstößt. Die normale gesetzliche Regelung würde auf den Kopf gestellt.

9. Besondere Fallgestaltungen

a) Komplexe Softwareentwicklung

In Literatur und Praxis spielt ein besonderer Fall der Softwareentwicklung 488
eine immer wieder auftauchende, in der Gerichtspraxis allerdings bislang nicht anerkannte Sonderrolle. Es geht um einen sogenannten **Entwicklungsvertrag**.[415] Darunter wird ein Vertrag über die Entwicklung relativ neuer, **völlig ungewöhnlicher** Software in einer komplexen Umgebung verstanden. Die Vorstellung nicht nur der Softwarehersteller, sondern auch weite Teile der Literatur ist, dass die alleinige Übernahme des Herstellungsrisikos durch den Softwareersteller, wie es im Werkvertrag vorgesehen ist, in diesen Fällen unangemessen ist. Man muss betonen, dass es in all diesen Fällen ausschließlich um die Entwicklung von Software geht, die in dieser Art und Weise und bei dieser Komplexität noch nicht entwickelt worden ist. Dass von Brandi-Dohrn beispielsweise herangezogene Fallmaterial beschäftigt sich immer mit der Entwicklung einer später für den Weitervertrieb einzusetzenden Software, die dann nach längeren Arbeiten letztendlich schief gegangen ist. Brandi-Dohrn spricht von der Entwicklung eines medizinischen Gerätes zur Messung der Knochenfestigkeit nach großen Brüchen, von einem Entwicklungsauftrag für eine Gerätesteuerung und schließlich von der Entwicklung einer UNIX-kompatiblen CPU-Karte.[416]

In all diesen Fällen hielt er die **Anwendung des Werkvertragrechts** mit der sich daraus ergebenden Erfolgshaftung wie auch die Anwendung der §§ 323 ff. a. F. für beiderseits nicht zu vertretende Unmöglichkeit nicht für angemessen, weil der Entwickler auch unter Anwendung der Vorschriften der §§ 323 ff. a. F. ein sehr hohes Risiko des Wegfalls der Vergütung im Falle einer beidseitig nicht zu vertretenden Unmöglichkeit hat.

Bei Verträgen der vorliegenden Art ist ja häufig nicht vorhersehbar, ob 489
letztendlich das Produkt erfolgreich entwickelt werden kann. Dies erwarten zwar sicher beide Seiten bei Vertragsschluss. Die Verfahren zeigen aber, dass dies oft nicht gelingt.

Geht man dann von einem **Vorliegen eines Werkvertrages** aus, trägt das Entwicklungsrisiko weitgehend der Entwickler. Wird das Werk nicht fertig und nicht abgenommen, entsteht eigentlich überhaupt kein Vergütungsanspruch. Ist zwischenzeitlich Vergütung gezahlt worden, weil Abschlags-

---

[415] Dazu z. B. *Brandi-Dohrn,* CR 1998, 645.
[416] Letzterer Fall entschieden bei BGH, CR 1993, 85.

zahlungen vereinbart wurden, oder die Voraussetzungen des § 632a BGB vorlagen, entfällt nach § 323 Abs. 1 BGB a.F. beim Scheitern des Vertrages der Anspruch auf die Gegenleistung und die Vergütung muss zurückgezahlt werden. Lediglich dann, wenn die schon erbrachten Teilleistungen vermögensrechtlich ein Gewicht haben, entfällt der Anspruch auf Rückvergütung der Gegenleistung gemäß §§ 323 Abs. 2, 818 Abs. 3 BGB a.F.[417] Der Auftraggeber schuldet nur dann Vergütung, wenn er eine Gegenleistung erhält.

Diese Rechtsfolgen ergeben sich heute aus §§ 634, 323, 346 BGB, so dass sich für die hier diskutierten Probleme keine neuen Lösungsansätze ergeben.

490 Anders ist dies Modell im **Dienstvertrag**. Hat der Entwickler ordnungsgemäße Leistung erbracht und nicht schuldhaft Fehler gemacht, steht ihm jedenfalls ein Vergütungsanspruch für die geleisteten Dienste zur Verfügung. Das Entwicklungsrisiko trägt der Auftraggeber.

Möglich ist auch eine gemeinsame Entwicklung und eine beabsichtigte gemeinsame Vermarktung. Es liegt dann nahe, in solchen Fällen ggf. auch die Anwendung des **BGB-Gesellschaftsrechts** anzunehmen. Die Risiken sind dann anteilsmäßig verteilt. Jedenfalls trägt nicht der Entwickler allein das Risiko.

Primär sollte die Risikotragung im Vertrag geregelt werden. Bei so komplexen Entwicklungsmodellen empfiehlt es sich, schon vertragsmäßig die Risiken anders als gesetzlich vorgegeben zu regeln. Dies geht freilich nicht durch allgemeine Geschäftsbedingungen, weil diese in sehr vielen Fällen an der Inhaltskontrolle gemäß §§ 307ff. BGB scheitern werden. Individuell ausgehandelte, dem Vertragsverlauf angemessene vertragliche Regelungen sind aber zulässig. Bei einem komplexen Softwareprojekt ist auch der entsprechende Verhandlungsaufwand angemessen.

Haben die vertragschließenden Parteien keine Regelung getroffen, sei es, weil sie die Probleme vorher so nicht gesehen haben, sei es, weil die Vertragsmacht des Auftraggebers als deutlich größer als die des Entwicklers sind, sind die Lösungsmöglichkeiten gering.

491 Man kann freilich versuchen, durch **Auslegung** den vertraglichen Regelungen das Ergebnis zu entnehmen, dass den besonderen Risiken des Vertrages entspricht. Dabei sind alle Umstände des Einzelfalls eingehend zu würdigen.[418] Kommt man dabei aber zur Annahme eines Werkvertrags, wird man die Grundregeln sowohl des Rechts des Vertragstyps als auch des allgemeinen Schuldrechts nicht abändern können. Eine ergänzende Vertragsauslegung scheidet in diesem Fall aus.[419] Vertrag und Gesetz lassen nur wenig Regelungslücken.

---

[417] Vgl. *Brandi-Dohrn*, CR 1998, 645 (648).
[418] Dazu BGH, BB 2002, 2039.
[419] V. *Westphalen*, CR 2000, 75; a.A. *Brandi-Dohrn*, CR 1998, 645 (648f.).

Kommt man zu einem Dienstvertrag, stellen sich die Probleme nicht.
Angesichts der Rechtsprechung zur Abgrenzung von Werkvertrag und Dienstvertrag dürfte diese Auslegung allerdings relativ selten in Betracht kommen.

Zur Annahme eines **Gesellschaftsvertrages** wird man wohl auch nur dann kommen können, wenn nicht nur die gemeinsame Entwicklung, sondern auch die gemeinsame Vermarktung von vornherein beabsichtigt war.[420] Anderenfalls bedarf die Annahme eines Gesellschaftsvertrags doch wohl klarer Regelungen.

Allerdings wird man bei Auslegung der vorhandenen Umstände insbesondere bei unklaren Vertragsregelungen dem Entwickler möglicherweise helfen können. Wird allerdings von vornherein ein klares Softwareentwicklungsprojekt vergeben und werden gar etwa Abnahmeprozeduren geregelt, dürfte man an der Annahme eines Werkvertrages selten vorbeikommen.

b) Der Subunternehmervertrag

Ein weiterer häufig auftretender Spezialfall ist der **Subunternehmervertrag**. In diesem Fall erarbeitet ein Subunternehmer einen Teil einer Softwareentwicklung. An dieser Stelle betrachtet werden sollen nur der Fall, der Subunternehmervertrag ein echter Werkvertrag ist. Dies bedeutet, dass der Subunternehmer ein eigenes Softwaremodul mit klar definierter Aufgabenstellung selbst erarbeitet. Die bloße Mitarbeit in einem Fallprojekt ist Dienstvertrag und wird unten[421] erörtert.

492

Die **rechtlichen Grundregeln des Subunternehmervertrags** sind die gleichen wie die des Hauptvertrags. Es handelt sich um einen Werkvertrag. Allerdings ist Auftraggeber für den Subunternehmervertrag der Auftragnehmer des Gesamtvertrags. Für die erfolgreiche Abwicklung ist daher eine ordnungsgemäße Koordinierung der verschiedenen Pflichten im Hauptvertrag und Subunternehmervertrag wichtig.[422]

493

Wichtig ist insbesondere, dass bei Auftragsvergabe der Auftrag an den Subunternehmer den Anforderungen entspricht, die auch der Hauptauftragnehmer übernehmen muss.

Zum zweiten muss sichergestellt werden, dass die Weiterentwicklung und Präzisierung des Auftrags verfahrensmäßig **koordiniert wird** mit der Weiterentwicklung und Präzisierung des Hauptauftrags.[423]

494

Dies kann in verschiedener Weise geschehen. Denkbar ist es, dass je nach Fortschritt des Detaillierungs- und Änderungsgrades im Hauptvertrag der

---

[420] A.A. wohl *Müller-Hengstenberg/Krcmar*, CR 2002, 549 (554f.), die unklar von einem Kooperationsmodell sprechen.
[421] Rdn. 502 ff.
[422] Näher dazu *Redeker*, CR 1999, 137.
[423] Dazu oben Rdn. 436 ff.

Hauptauftragnehmer dem Subunternehmer entsprechende einseitige Vorgaben gibt. Das Verfahren ist aber wenig interessengerecht und dürfte in allgemeinen Geschäftsbedingungen nicht wirksam zu vereinbaren sein. Es wird in diesem Fall weder geklärt, ob die Detaillierung oder Änderungen überhaupt möglich sind noch wird geklärt, ob es sich um Detaillierungen oder Änderungen handelt. Der Subunternehmer kann auch nichts zur Zweckmäßigkeit dieser Detaillierung bzw. Änderung sagen. Es wird auch nichts über die Änderung oder Nichtänderung der Vergütung besprochen.

495   Demgemäß muss der **Subunternehmer** hinsichtlich seines Auftrages in das Detaillierungs- und Änderungsverfahren des **Hauptauftrags mit einbezogen werden.** Wie dies praktisch geschieht, muss der Entscheidung im Einzelfall überlassen bleiben. Man kann gemeinsame Gesprächsrunden bilden, man kann auch die Abänderung des Hauptvertrages von der Abänderung des Subunternehmervertrages abhängig werden lassen. Dies wird der Hauptauftraggeber in aller Regel nicht akzeptieren, da der Zweck einen einheitlichen Auftrag an einen größeren Unternehmer zu erteilen, dadurch unterlaufen würde. Es bleibt also nichts anderes übrig, als verfahrensmäßig sicherzustellen, dass die jeweiligen Änderungsvereinbarungen soweit nötig in gleicher Weise erfolgen.

Für den **Subunternehmervertrag** selbst ist klar, dass **Änderungen** und **Detaillierungen** erst dann wirksam sind, wenn sie im Subunternehmervertrag in dem dort vereinbarten Verfahren ausgehandelt wurden. Der Hauptauftragnehmer darf demgemäss Änderungen und Detaillierungen im Hauptvertrag erst dann zustimmen, wenn der Subunternehmer den entsprechenden Änderungen in seinem Vertrag ebenfalls zugestimmt hat.

Schwierig ist es dabei, Reaktionsfristen zu koordinieren, die in den meisten Verträgen ja enthalten sind. Diese müssen im Hauptvertrag etwas länger als im Subunternehmervertrag sein, damit ggf. der Subunternehmer noch gefragt werden kann.

Eng mit dieser Koordinierung zusammen hängt die Frage des **Informationsaustauschs.** Auch hier muss geregelt werden, wie die Informationen, die letztendlich nur der Subunternehmer erteilen kann, zum Auftraggeber gelangen können.

Die Frage ist allerdings, ob der Hauptauftragnehmer bereit ist, einen unmittelbaren Kontakt zwischen Subunternehmer und Auftraggeber herzustellen.

496   Ein weiteres wichtiges Ziel muss es sein, die **Ansprüche bei der Mangelhaftung** zu koordinieren und zwar sowohl, was ihren Inhalt, als auch, was die Verjährung betrifft.

Zunächst ist dabei wichtig, dass die Leistungsanforderungen im Subunternehmervertrag denen im Hauptvertrag entsprechen. Differieren die Anforderungen, kann im Subunternehmervertrag ein Mangel vorliegen, wenn im Hauptauftrag keiner vorliegt und umgekehrt.

II. Herstellung von Software

Nicht im vorhinein zu regeln ist die Frage des unterschiedlichen **Verjährungsbeginns** und der unterschiedlichen Abnahme. Das Werk im Hauptvertrag wird erst abgenommen, wenn es vollständig fertig ist. Es mag Teilabnahmen geben. Eine Gesamtabnahme insgesamt kann erst dann stattfinden, wenn das Werk als solches fertig ist. Demgemäss wird das Subunternehmerwerk abgenommen, wenn es selbst fertig ist. Dies kann sehr viel früher als das Gesamtwerk sein, insbesondere bei groß angelegten EDV-Projekten.

Es ist jedenfalls in allgemeinen Geschäftsbedingungen unzulässig, den **Abnahmetermin** für das Werk des Subunternehmers auf die Abnahme des Hauptvertrages zu verlegen.[424] Hintergrund ist, dass die Abnahme des Gesamtwerks aus Gründen scheitern kann, die mit dem Subunternehmerwerk nichts zu tun haben. Allein deswegen kann die Abnahme sich auch sehr lange hinziehen. Es ist dem Subunternehmer nicht zuzumuten, so lange mit dem Beginn der Gewährleistungsfrist – und in der Regel auch mit der Schlusszahlung – zu warten.

497

Möglich ist allerdings, in jeweils individuell ausgehandelten **Abnahmeprozeduren** spezielle Regelungen zur Abnahme des Subunternehmerprodukts zu treffen. Diese sind individuell ausgehandelt und werden dann, wenn es sachliche Gründe dafür gibt, auch dazu führen können, dass jedenfalls bestimmte Funktionalitäten des Werks des Subunternehmers erst geprüft werden müssen, wenn das Gesamtwerk fertig ist. Es kann ja durchaus sein, dass auch insoweit noch eine Schlussabnahme stattfinden muss. Wichtig ist, dass die Abnahme des Werkes des Subunternehmers durch die Hauptauftragnehmer und nicht durch den Auftraggeber erfolgt.

Es ist auch darauf zu achten, dass die **Verjährungsfristen** nicht so liegen, dass im Hauptvertrag noch Ansprüche wegen mangelhafter Lieferung bestehen, wenn die entsprechenden Ansprüche im Subunternehmervertrag schon verjährt sind. Dies lässt sich wegen der unterschiedlichen Abnahmedaten nur dann regeln, wenn die Verjährungsfristen im Subunternehmervertrag länger als im Hauptauftrag sind. Dies ist sogar in allgemeinen Geschäftsbedingungen in Maßen möglich, wenn denn die Verjährungsfristen im Hauptvertrag im gesetzlichen Rahmen verkürzt werden, im Subunternehmervertrag jedoch nicht.

498

Achten muss man auch darauf, dass eventuelle Änderungen der gesetzlichen Rechte im Hauptvertrag auch im Subunternehmervertrag auftauchen und umgekehrt. Anderenfalls könnte es sein, dass im Hauptvertrag noch Nacherfüllung geschuldet wird, während der Subunternehmer nicht mehr nacherfüllen muss oder umgekehrt.

Koordiniert werden müssen auch **Zahlungstermine,** da ja in aller Regel mit Vorschüssen und Abschlagszahlungen gearbeitet wird.

499

---

[424] Vgl. die entsprechende Entscheidungen BGHZ 107, 75; BGH, BB 1997, 176; BGH, NJW-RR 1991, 540, alle zum Baurecht.

Wichtig ist auch die Frage, wie **Verträge beendet werden**. Ein einseitiges Kündigungsrecht des Hauptauftragnehmers bei Beendigung des Hauptauftrages gegenüber dem Subunternehmer wird es über den § 649 BGB hinaus nicht geben.

Alles andere wäre ausgesprochen ungerecht. Wenn der Hauptauftrag scheitert, kann dies nur dann dem Subunternehmer angelastet werden, wenn es um seine Leistung geht. Man sollte daher die gesetzlichen Kündigungsrechte nicht abändern. Eine einvernehmliche Aufhebung unter allen Parteien bleibt dann ja vorbehalten.

Eine Kündigung nach § 649 BGB ist ohnehin immer zulässig.

500 Abschließend ist noch zu bemerken, dass auch die **Rechtsübertragung** im Subunternehmervertrag dahin gehen muss, dass dem Hauptauftragnehmer die Rechte zustehen, die er jedenfalls dem Auftraggeber zubilligt und die er für die Weiterentwicklung und Pflege des Programms benötigt. In aller Regel reicht nur eine vollständige Rechtsübertragung aus. Auch hier muss aber im Vertrag alles genau verhandelt werden.

501 Praktisch wichtig sind ferner **Wettbewerbsklauseln**. Sie verbieten in aller Regel dem Subunternehmer während und für eine begrenzte Zeit nach Ende des Subunternehmervertrages für den Auftraggeber unmittelbar tätig zu werden und werden mit einer Vertragsstrafe bewehrt. Solche Vereinbarungen sind sogar in allgemeinen Geschäftsbedingungen zulässig, weil sie das Interesse des Hauptauftragnehmers daran schützen, dass die eigenen Akquisitionsbemühungen, die zu seinem Vertragsverhältnis mit dem Auftraggeber führten, auch vergütet werden.[425] Die Begrenzung auf Kunden des Hauptauftragnehmers und eine zeitliche Befristung der Abrede sind aber nötig.[426]

10. Dienstverträge

502 Wie schon erwähnt, können Softwareerstellungsverträge auch ohne Erfolgsverpflichtungen vereinbart werden. Sie unterliegen dann dem **Dienstvertragsrecht**. Im Dienstvertragsrecht gibt es keine Regeln wegen mangelhafter Lieferung. Bei Schlechterfüllung kommt daher keine Kürzung der Vergütung in Betracht. Denkbar sind nur Schadensersatzansprüche aus §§ 280 ff. BGB. Daneben gelten im Falle von Verzug und Unmöglichkeit die oben näher dargelegten Regeln. Für eine Kündigung aus wichtigem Grund ist die Zwei-Wochen-Frist des § 626 Abs. 2 BGB zu beachten.[427]

---

[425] BGH, DB 1998, 1961.
[426] Näher *Backu*, ITRB 2002, 193; vgl. auch OLG Düsseldorf, Urt. v. 7. 6. 2000, U (Kart.) 12/00, JurPC Web-Dok. 44/2001; LG Wuppertal, CR 2000, 358.
[427] BGH, BB 1999, 389.

Ein **Dienstvertrag** liegt nur dann vor, wenn die Parteien **keinen Erfolg** 503
vereinbart haben. Dies bedeutet bei der Softwareentwicklung, dass es ausschließlich darum gehen muss, den Auftraggeber in der Entwicklung zu unterstützen oder ihn dabei zu beraten. Dieser Fall liegt vor allem dann vor, wenn die Projektleitung beim Aufraggeber liegt und der Auftragnehmer nur unselbständige Beiträge zum Projekt liefert. Hat der Auftragnehmer die Projektleitung oder entwickelt er einzelne selbstständige Teile der Software in eigener Verantwortung, liegt ein Werkvertrag vor.[428]

Soll der Auftragnehmer die Software selbst entwickeln, dürfte in aller Regel ein Werkvertrag vorliegen, auch wenn die Parteien den Vertrag anders bezeichnet haben.[429] Umgekehrt liegt bei Mitarbeit des Auftragnehmers im Projekt auch dann ein Dienstvertrag vor, wenn der Vertrag als Werkvertrag bezeichnet wird. Bei der Abgrenzung sind alle Umstände des Einzelfalls zu berücksichtigen, zu denen sowohl konkrete vertragliche Vereinbarungen als auch die tatsächliche Durchführung zählt. Der Vertragscharakter kann sich bei einvernehmlicher Änderung während Durchführung des Vertrages auch von einem Werk- in einen Dienstvertrag ändern.[430] Eine solche Änderung wird insbesondere bei einer zunehmenden Einbindung eines einzelnen Auftragnehmers in den betrieblichen Ablauf des Auftraggebers anbieten.

In der Rechtsprechung gibt es nur wenige Entscheidungen, in denen ein 504 Softwareerstellungsvertrag als **Dienstvertrag** angesehen wird.[431] Am häufigsten treten solche Verträge bei der Einbeziehung freier Mitarbeiter wie z.B. von Studenten in die Softwareerstellung auf. Diese freien Mitarbeiter werden nach Stunden bezahlt und arbeiten ohne Erfolgsgarantie. Das eigentliche rechtliche Problem bei ihnen ist meist die Frage, ob es sich angesichts der intensiven Einordnung in den Betrieb des Auftraggebers wirklich um freie Mitarbeiter oder nicht vielmehr um **Arbeitnehmer** oder zumindest um arbeitnehmerähnliche Personen handelt.[432] Außerdem stellt sich die Frage, ob es sich um Scheinselbständige im Sinne von § 7 Abs. 4 SGB IV handelt.

Dienstverträge treten daneben insbesondere dann auf, wenn lediglich **Be-** 505
ratung bei einem EDV-Projekt des Kunden oder die **Planung** eines solchen EDV-Projekts Vertragsgegenstand ist. Während allerdings die bloße Bera-

---

[428] Wie hier: *Karger*, CR 2001, 357 (359); näher *Redeker*, ITRB 2001, 109; vgl. auch BGH, BB 2002, 2039 = NJW 2002, 3323; BGH, NJW 2002, 3317.
[429] *Junker*, NJW 1999, 1294 (1297).
[430] LG Saarbrücken, NJW-CoR 1999, 304 (LS).
[431] Z.B. OLG Düsseldorf, *Zahrnt*, ECR OLG 79; OLG München, *Zahrnt*, ECR OLG 231.
[432] Hinweise dazu und zu den praktisch wichtigen Problemen der Arbeitnehmerüberlassung bei *Schneider*, Handbuch des EDV-Rechts, Rdn. E 207 ff.; aus der Rspr. vgl. z.B. LG München I, CR 1988, 556; sowie Beilage Nr. 7 zu BB 1991, S. 7 ff. m. Anm. *Zahrnt*; Arbeitsgericht Stuttgart, Beilage Nr. 7 zu BB 1991, S. 13 ff. mit Anm. *Zahrnt*; LAG Baden-Württemberg, Beil. Nr. 14 zu BB 1992, S. 11; LAG München,

tung in der Regel Gegenstand eines Dienstvertrages ist, ist bei der Planung ähnlich wie im Architektenrecht eher von einer werkvertraglichen Gestaltung auszugehen.[433]

506 Auch in Dienstverträgen können **Wettbewerbsklauseln** wichtig werden. Bei wirtschaftlich vom Auftraggeber unabhängigen Dienstnehmern sind sie in dem oben[434] geschilderten Umfang zulässig. Bei abhängigen Dienstnehmern, insbesondere bei **Arbeitnehmern**, ist zu ihrer Wirksamkeit eine **Karenzentschädigung** notwendig.[435]

III. Der Erwerb von Hardware gegen Einmalzahlung

507 Der **Erwerb einer bloßen Hardwareanlage** gegen ein einmaliges Entgelt ist nach ganz überwiegender Meinung **Kaufvertrag**.[436] Gelegentlich wird aber auch von einem Werklieferungsvertrag gesprochen.[437] Diese Meinung ist dann richtig, wenn es um die Lieferung einer speziell angefertigten Anlage geht. In aller Regel werden aber schon vorhandene Hardwareanlagen bestellt. Das diese möglicherweise für die konkrete Anwendung aus verschiedenen Fertigbestandteilen zusammengesteckt werden, ändert an diesem Befund nichts. Im Normalfall ist vom Kaufvertrag auszugehen.[438]

508 Problematisch ist nur u. U. die Einbeziehung der **Betriebssoftware**. Diese wird wohl immer noch in der Mehrheit der Fälle gemeinsam mit der Hardware geliefert. Dies gilt auch für den PC-Bereich, zumal dort die weit verbreitete Praxis der „**OEM**"-**Lieferung**[439] von Software zu einem deutlich ermäßigten Preis sehr nahe liegt, diese Software mit zu erwerben. Bei einem Gesamtkauf wird gelegentlich der Preis der Betriebssoftware auch nicht gesondert ausgewiesen. Es stellt sich dann die Frage, ob ein einheitlicher Vertrag über Hardware und Betriebssoftware vorliegt. Dies muss sicher nach den Umständen des Einzelfalls entschieden werden. Details einer solchen Bewertung werden an anderer Stelle diskutiert.[440] Wird allerdings eine einheitliche Lieferung von Hardware und Betriebssoftware gegen Zahlung eines Gesamtpreises vereinbart, so kann man in aller Regel von einem einheitlichen

---

Beil. Nr. 10 zu BB 1992, S. 11; OLG Karlsruhe, CR 2002, 643; LG Konstanz, CR 2002, 647 m. Anm. *Erben;* LG Wuppertal, CR 2000, 358; OLG Düsseldorf, CR 2000, 428.

[433] Wie hier *Müller-Hengstenberg*, CR 1988, 633 (634).
[434] Rdn. 501.
[435] *Backu*, ITRB 2002, 193 (194).
[436] *Schneider*, Handbuch des EDV-Rechts, Rdn. D 156.
[437] LG Konstanz, CR 1991, 93 f.
[438] OLG Frankfurt, CR 2002, 638.
[439] Der Sprachgebrauch differiert hier von den OEM-Verträgen, s. u. Rdn. 813 ff.
[440] S. u. Rdn. 681 ff.

III. Der Erwerb von Hardware gegen Einmalzahlung

Kaufvertrag ausgehen.[441] Gelegentlich mag es aber zu anderen Vertragsgestaltungen kommen.[442] Ist in einem Vertrag über Hardware und Standardsoftware die Betriebssoftware nicht erwähnt, dürfte sie meist geschuldet sein.[443] Auch dies muss im PC-Bereich nicht der Fall sein. Man wird auf die Umstände des Einzelfalls abstellen müssen.

Zum Lieferumfang gehört in jedem Fall nach der Rechtsprechung auch ein **Handbuch**.[444] Die Anforderungen an dieses Handbuch entsprechen denen an die Benutzerdokumentation bei der Softwareerstellung.[445]

Die für diesen Bereich geltenden **BVB-Kauf**[446] gehen in § 1 davon aus, **509** dass sie sowohl für den Kauf der Hardware als auch für den Erwerb der dort Grundsoftware genannten Betriebssoftware[447] gelten. Dies entspricht der seinerzeit allgemein üblichen Praxis, die Hardware nur gemeinsam mit der Betriebssoftware zu verkaufen (sog. Bundling).

Daneben werden in aller Regel auch **Installationsarbeiten** geschuldet, die **510** selbst werkvertraglichen Charakter haben. Sie können Nebenpflichten sein, können aber in Ausnahmefällen den gesamten Vertrag zum Werklieferungsvertrag machen.[448] Im alten Recht ist man oft von Werkverträgen ausgegangen. Dies ist im neuen Recht nicht möglich, weil der Kernpunkt der Lieferung, die Hardware, eine bewegliche Sache ist. Ein Ausnahmefall und damit ein Werklieferungsvertrag sollte aber eher selten angenommen werden. Oft sind Installationspflichten ausdrücklich vereinbart. Gibt es eine solche Vereinbarung nicht, ist die Rechtsprechung hinsichtlich von stillschweigenden Vereinbarungen schwankend. Bei PCs wird üblicherweise ein mit Betriebssoftware vorinstallierter PC geliefert, der seinerseits praktisch nur noch an das Netz angeschlossen werden muss. In der Praxis werden in aller Regel auch die Druckertreiber u.ä. installiert, wenn denn Drucker und Bildschirme mitgeliefert werden. Bei größeren Anlagen empfehlen sich angesichts der schwankenden Rechtsprechung klare Vereinbarungen. Allerdings wird in der Praxis auch oft vereinbart, dass die Erstellung der für die Installation notwendigen Leitungen und die sonstigen Installationsvorbereitungen im Haus des Kunden dessen Sache sind.

Soweit Kaufrecht anwendbar ist, gelten die kaufrechtlichen Vorschriften **511** über die Mangelhaftung. Der **Mangelbegriff** entspricht im Wesentlichen

---

[441] *Brandi-Dohrn*, CR 1986, 63 (64).
[442] Vgl. *Müller-Hengstenberg*, CR 1986, 441 (442f.); *Schneider*, Handbuch des EDV-Rechts, Rdn. F 6; aus der Rechtsprechung z.B. LG Aachen, CR 1988, 216 = IuR 1987, 298.
[443] OLG Karlsruhe, *Zahrnt*, ECR OLG 73.
[444] OLG Stuttgart, CR 1989, 810 (811f.).
[445] Vgl. oben Rdn. 312ff.
[446] Veröffentlicht in Beilage Nr. 15 zum BAnz. Nr. 135 v. 25.7.1974.
[447] Vgl. die Begriffsbestimmungen zu den Anlagen zur BVB-Überlassung, veröffentlicht in Anlage Nr. 26 zum BAnz Nr. 216 v. 19.11.1977.
[448] *Schneider*, Handbuch des EDV-Rechts, Rdn. F 52; zu weitgehend, OLG Celle, *Zahrnt*, ECR OLG 235.

dem oben Geschilderten. Grundlage ist § 434 Abs. 1 BGB, der in weiten Teilen wortgleich mit § 633 BGB ist. Allerdings ist auch § 434 Abs. 1 S. 2 BGB zu beachten. Danach gehören zur geschuldeten Beschaffenheit der Kaufsache auch Eigenschaften, die der Käufer nach den öffentlichen Äußerungen des Verkäufers, des Herstellers oder seines Gehilfen insbesondere in der Werbung oder bei der Kennzeichnung über bestimmte Eigenschaften der Sache erwarten kann. Diese Bestimmung gilt nicht für vertraglich vereinbarte oder aus dem Vertragszweck abgeleitete Eigenschaften, wohl aber für die allgemein zu erwartenden Eigenschaften. Sie begründet eine relativ weite Haftung des Verkäufers für Angaben des Herstellers oder von dessen Gehilfen. Zu den Gehilfen gehört z.B. auch eine Werbeagentur.[449] Letztlich ist die Ware mangelhaft, wenn sie nicht die in der Werbung angepriesenen Eigenschaften hat. Eine Ausnahme gibt es dann, wenn die Werbung berichtigt ist oder der Verkäufer sie weder kannte noch kennen musste. Was Berichtigung bedeutet, ist dabei noch offen. Eine öffentliche Rückrufaktion ist sicher ausreichend,[450] die bloße kommentarlose Änderung eines Internetauftritts sicher nicht. Die mangelnde Kenntnis des Verkäufers kann es eigentlich nur bei nicht für den deutschen Markt bestimmten Äußerungen geben. Dies wird in der Literatur freilich teilweise weit händlerfreudiger gesehen. Teilweise wird vertreten, dass der Händler den Internetauftritt des Herstellers nicht kennen müsse.[451] Jedenfalls beim Handel mit Hard- oder Software ist dies aber falsch. Der Händler muss jedenfalls einen deutschsprachigen, der Fachhändler wohl auch einen englischsprachigen Internetauftritt kennen.

Im **alten Recht** waren die Mängelbegriffe in Kauf- und Werkvertragsrecht praktisch identisch.

512 An **Mängeln** sind in der **Rechtsprechung** folgende Beispiele entschieden worden:

Ein sogenannter „Head crash" (Berührung der Platte durch den Lesekopf) sowie Druckerausfälle;[452] Drucker, die die eingezogenen Seiten verrutscht einziehen, übereinander drucken bzw. die Perforation der Randlöcher einreißen; ein thermischer[453] Defekt in einer Controllerplatine.[454] Auch ein dauerhafter Pfeifton bei Nutzung des Computers ist ein Mangel.[455] Demgegenüber ist eine leichte Geräuschentwicklung kein Mangel, wenn der Geräuschpegel innerhalb der Herstellertoleranz liegt.[456]

Ebenso ist es ein Mangel, wenn ein Bildschirm nach ca. 20 minütiger Benutzung ausfällt und bei Wiedereinschalten das zuletzt geladene Programm

---

[449] *Palandt-Putzo*, § 434 Rdn. 36.
[450] *Palandt-Putzo*, § 434 Rdn. 39.
[451] *Augenhofer*, Gewährleistung und Werbung, S. 73.
[452] OLG Hamm, CR 1989, 910 (912) = NJW 1989, 2629 (2630).
[453] Vgl. LG Bielefeld, CR 1989, 915.
[454] LG Düsseldorf, IuR 1986, 315.
[455] LG München I, CR 1987, 20.
[456] OLG Köln, NJW 1993, 3143.

III. Der Erwerb von Hardware gegen Einmalzahlung

gelöscht ist.[457] Ein Mangel kann bei Zubehörteilen auch dann vorliegen, wenn sie selbst technisch einwandfrei sind, sie aber wegen eines Fehlers der Hauptsache nicht benutzbar sind. Sie sind dann nämlich nicht wie vertraglich vereinbart als Zubehör nutzbar.[458] Werden Originalverbrauchsmaterialien bestellt, soll nach altem Recht die Lieferung kompatibler Fremdprodukte keine Schlecht-, sondern eine Aliudlieferung sein.[459] Diese Unterscheidung ist nach neuem Recht belanglos. Die Aliudlieferung steht der mangelhaften Lieferung gleich (§ 434 Abs. 3 BGB).

Auch eine mangelhafte Montage oder Installation und/oder eine mangelhafte Montage- oder Installationsanleitung führt zur Sachmängelhaftung (§ 434 Abs. 2 BGB). Dies galt im **alten Recht** nicht.

Im übrigen sei auf die ausführliche Darstellung oben[460] verwiesen.

Hinsichtlich der Zuverlässigkeit der Geräte sieht z.B. **§ 8 Nr. 2 BVB-Kauf** vor, dass eine Abnahme erfolgen soll, wenn die Geräte an 30 aufeinanderfolgenden Kalendertagen die vereinbarte Leistung erbringen und die vom Verkäufer zu vertretende Ausfallzeit bei 100 Stunden Nutzungszeit nicht mehr als 10% der Gesamtlaufzeit (einschließlich Ausfallzeit) beträgt. Dies zeigt, welche Zuverlässigkeitsanforderungen die öffentliche Hand stellt. Die Regelung ist allerdings speziell (schon gar mehr als 20 Jahre nach Veröffentlichung) und nicht in der Weise generalisierbar, dass man für die Zuverlässigkeit von Hardware im Allgemeinen daraus etwas ableiten kann. AGB-rechtlich ist sie bei Verwendung durch DV-Firmen nur haltbar, wenn sie so interpretiert wird, dass sie sich auf die Gewährleistung nicht auswirkt. Anderenfalls würde sie für bestimmte Mängel die Gewährleistung ganz ausschließen.

513

Betrachtet man die sich bei Mängeln ergebenden Rechte, so gilt der Sache nach fast das Gleiche wie im Werkvertrag. Auch hier muss zunächst Nacherfüllung verlangt werden (§ 437 Nr. 1 BGB). Unter den schon dargestellten Voraussetzungen[461] gibt es dann Rücktritts- und Minderungsrechte (§ 437 Nr. 2 BGB) und die Möglichkeit, Schadensersatz zu verlangen (§ 437 Nr. 3 BGB). Es gibt freilich kein Selbstvornahmerecht. Außerdem kann der Käufer und nicht der Verkäufer die Art und Weise der Nacherfüllung wählen (§ 439 Abs. 1 BGB). Der Verkäufer kann die vom Käufer gewählte Art der Nacherfüllung zurückweisen, wenn sie nur mit unverhältnismäßigen Kosten möglich ist. Bei der Abwägung ist neben dem Wert der Sache in mangelfreiem Zustand und der Bedeutung des Mangels insbesondere zu berücksichtigen, ob ohne erhebliche Nachteile für den Käufer auf die andere Art der Nacherfüllung zurückgegriffen werden kann (§ 439 Abs. 3 BGB). Wann

514

---

[457] OLG München, CR 1987, 506 f.
[458] AG Recklinghausen, CR 1989, 496 f. (fraglich).
[459] OLG Hamm, CR 1998, 135.
[460] Rdn. 326 ff.
[461] Oben Rdn. 351 f.

unter Berücksichtigung der hier genannten Kriterien Verweigerungsrechte nach § 439 Abs. 3 BGB bestehen, wird in der Literatur intensiv diskutiert. Teilweise werden absolute Obergrenzen gesetzt. So sollen Nacherfüllungskosten in Höhe von 150% des Werts der Sache die Nacherfüllung grundsätzlich ausschließen.[462] Es soll auch eine Nachlieferung unzumutbar sein, wenn sie 20% teurer ist als eine Nachbesserung.[463] Solche absoluten Grenzen sind aber problematisch. Man wird im Einzelfall entscheiden und praxisbezogen Fallgruppen bilden müssen, bei denen u. U. auch das Verschulden der Parteien berücksichtigt werden muss.

Im Bereich der Hardware ist das Wahlrecht durchaus von Bedeutung. Eine Reparatur dürfte hier im Unterschied zur Software, in der meist eine neue Version der Software neu installiert wird,[464] durchaus möglich sein.

515 Ein besonderes Problem besteht dann, wenn der Käufer die gekaufte Hardware an einen **anderen Ort** als den verbringt, an dem sie gekauft wird. Der Verkäufer muss dann bei der Reparatur auch die **Reisekosten** tragen, weil er nach § 439 Abs. 2 BGB alle Reparaturkosten tragen muss. Das Gesetz sieht keine besondere Regel für Reisekosten vor. Allenfalls in Extremfällen kann sich der Verkäufer auf die Unzumutbarkeitsvorschrift des § 439 Abs. 3 BGB berufen, die Reparatur verweigern und nachliefern – etwa dann, wenn der Verkäufer einer preiswerten Netzwerkkarte zu deren Reparatur von München nach Greifswald reisen soll.[465]

516 Bei Kaufleuten ist darüber hinaus zu beachten, dass Mängel rechtzeitig gerügt werden müssen (§§ 377 HGB).[466]

517 In **allgemeinen Geschäftsbedingungen** kann man im Unternehmensverkehr das Wahlrecht des Verkäufers im Hinblick auf die Art der Nacherfüllung abbedingen. Beim Verbrauchsgüterkauf geht dies nicht (§ 475 Abs. 1 BGB). Eine entsprechende Klausel dürfte auch im Hinblick auf die angesprochenen Fahrtkosten viele Probleme lösen. Ob man in allgemeinen Geschäftsbedingungen mehr zu diesem Problem regeln kann, ist zweifelhaft.

518 Im **alten Recht** war es hinsichtlich der Gewährleistungsrechte so, dass nach § 380 BGB ein Nachlieferungsanspruch bestand. Daneben kamen Wandlung und Minderung in Betracht.

Allerdings wird in den meisten Kaufverträgen die Gewährleistung durch **allgemeine Geschäftsbedingungen** anders geregelt. Zu dem, was hier zulässig ist, ist bereits oben[467] hinreichend viel ausgeführt worden.

---

[462] Vgl. *Huber*, NJW 2002, 1004 (1007f.).
[463] LG Ellwangen, NJW 2003, 517.
[464] Vgl. unten Rdn. 553 ff.
[465] *Huber*, NJW 2002, 1004 (1006).
[466] LG München I, CR 1988, 218 (219); 1004 (LS); LG Tübingen, CR 1988, 306 (307); OLG München, CR 1991, 19 (20); BGB, CR 1990, 384 (386f.); *Brandi-Dohrn*, in: Lehmann (Hrsg.), Rechtsschutz und Verwertung von Computerprogrammen, S. 931 (935).
[467] Rdn. 454ff.

III. Der Erwerb von Hardware gegen Einmalzahlung

§ 9 Ziff. 2 BVB-Kauf sieht eine **Nachbesserungspflicht** des Verkäufers vor. Ist die Nachbesserung nicht binnen 30 Kalendertagen erfolgreich durchgeführt, kann der Käufer vom Vertrag zurücktreten. Ein Minderungsrecht ist nur in Form eines pauschalierten Schadensersatzes bei bloßer Beeinträchtigung der Funktion der Anlage durch die Mängel vorgesehen.[468]

519

Die Verjährungsfrist für alle genannten Ansprüche beträgt 2 Jahre ab Ablieferung (§ 438 Abs. 1 Nr. 3 BGB). Der Begriff der Ablieferung ist gegenüber dem alten Recht unverändert. Hier gab es in der Rechtsprechung Tendenzen, auch im Kaufvertragsrecht den **Verjährungsbeginn** für Gewährleistungsansprüche relativ weit hinauszuschieben, indem sie auch hier nicht unbedingt den Übergabezeitpunkt, sondern einen der Abnahme ähnlichen Zeitpunkt zugrunde legte.[469] Auch die **Rügefrist** des § 377 HGB beginnt dann erst mit diesem Zeitpunkt.[470] Dies erschien zwar im Ergebnis eigentlich sachgerecht, weil im Gegensatz zur Übergabe üblicher Kaufgegenstände die Funktionsfähigkeit und Mangelfreiheit des hier überlassenen Gegenstandes erst nach einem hinreichend langen Test feststeht. Ob man sie aus der Formulierung des Wortes „Ablieferung" wirklich herleiten konnte, blieb jedoch zweifelhaft. In anderen Rechtsgebieten, wo auch komplexe Gegenstände überlassen werden, wird eine entsprechende rein faktische Verlängerung der Gewährleistungsfrist nicht gewährt. Es gibt eigentlich keinen Grund, hier Hardware oder auch gesamte Datenverarbeitungsanlagen anders zu behandeln als andere ebenfalls komplexe Kaufgegenstände. Diesem kritischen Ansatz ist der **BGH** gefolgt.[471] Nach seiner auch für das neue Recht maßgeblichen Auffassung liegt Ablieferung dann vor, wenn die Sache dem Käufer so übergeben wird, dass er sie prüfen kann. Die Prüfung selbst ist nicht Voraussetzung der Ablieferung, sondern folgt ihr zeitlich nach. Ablieferung ist damit etwas deutlich anderes als Abnahme.

520

Allerdings ist es oft so, dass Kaufverträge über Datenverarbeitungsanlagen hinsichtlich der **Installation** und **Schulung** des Personals auch werk- und dienstvertragliche Elemente aufweisen und daher die bloße Übergabe der Kaufsache in aller Regel noch nicht die volle Erbringung der Leistung durch

521

---

[468] Die gesamte Regelung ist im Hinblick auf die zu § 9 Nr. 4 BVB-Überlassung ergangene Entscheidung BGH, BB 1991, 373 problematisch.
[469] So z.B. ausdrücklich, allerdings für den Erwerb einer gesamten Datenverarbeitungsanlage, OLG Düsseldorf, CR 1989, 689 (690); OLG Köln, *Zahrnt*, ECR OLG 72; OLG Koblenz, *Zahrnt*, ECR OLG 108: ähnlich auch LG Offenburg, CR 1988, 1004 (LS); weniger weitgehend z.B. OLG Hamm, CR 1989, 486 (488); OLG Köln, CR 1988, 723 (728); LG Freiburg, CR 1988, 829 (830); Tendenz wie hier analysierend *Junker*, NJW 1990, 1575 (1578); wie hier auch *Köhler/Fritzsche*, in: Lehmann (Hrsg.), Rechtsschutz und Verwertung von Computerprogrammen, S. 513 (572f.). Einschränkende Rechtsprechung findet sich z.B. bei OLG Düsseldorf, DuD 1990, 41 (42); OLG München, *Zahrnt*, ECR OLG 76.
[470] LG Tübingen, CR 1988, 306 (307); vgl. auch LG München I, CR 1987, 20 (21) mit krit. Anm. *Wandt*; zust. *Heussen*, BB 1988, 1835.
[471] BB 2000, 638 = CR 2000, 207.

den Lieferanten darstellt.[472] Außerdem gehört nach dem oben Gesagten[473] auch die Übergabe der Handbücher und der Benutzungsanleitung zur Ablieferung der Sache. Werden Handbücher und Benutzerdokumentationen nicht übergeben, ist noch keine vollständige Ablieferung eingetreten, so dass insoweit weder Verjährungsfristen noch die Rügefrist beginnen.[474] Das Gleiche gilt auch für die Durchführung einer eventuell geschuldeten **Einweisung**.[475] Insoweit kommt es zu einer Hinausschiebung des **Beginns der Verjährungsfrist**.

522 Allerdings hat die Rechtsprechung dann, wenn eine Anlage in Betrieb genommen wurde und letztendlich erst im Prozess oder kurz davor **nach jahrelanger Nutzung** das **Fehlen des Handbuchs** gerügt wird, angenommen, dass die entsprechenden Einwendungen **verwirkt** oder rechtsmissbräuchlich gebraucht wurden.[476] Diese Meinung dürfte – jeweils unter Berücksichtigung der Umstände des Einzelfalls – durchaus zutreffend sein. Auch die kaufmännische Rügefrist beginnt erst mit vollständiger Lieferung.[477]

523 In der Praxis gibt es weiterhin eine Tendenz, den **Verjährungsbeginn vertraglich** hinauszuschieben und auch im Bereich des Hardwarekaufs eine Abnahme einzuführen. So sieht z. B. § 8 BVB-Kauf ausdrücklich eine Abnahme vor, deren Verfahren in vieler Hinsicht der entsprechenden Regelung in § 11 BVB-Erstellung entspricht. Die Gewährleistungsfrist endet gemäß § 9 Nr. 1 Abs. 2 BVB-Kauf frühestens neun Monate nach der Abnahme. Sie beginnt freilich bereits mit einem nach der Systematik der BVB-Kauf früher liegenden Zeitpunkt, nämlich dem Tag nach der Erklärung der Betriebsbereitschaft (§ 5 Nr. 4 BVB-Kauf). Dies liegt wohl daran, dass die Verfasser der BVB-Kauf spätestens diesen Zeitpunkt als Zeitpunkt der Ablieferung gemäß § 477 BGB ansahen und damit mit ihm für sie der primäre Leistungsanspruch wegen Erfüllung unterging. Auch diese Regelung zeigt deutlich die Problematik der Verlagerung des Verjährungsbeginns in den Fällen, in denen keine vertraglichen Regelungen bestehen. In diesen Fällen bleibt letztendlich nichts anderes übrig als die Verjährung an dem Tag beginnen zu lassen, an dem die Anlage geliefert und betriebsbereit aufgestellt ist.[478] Sollte die Aufstellung gar Sache des Käufers sein, beginnt die Verjährung bereits mit der Lieferung. Wird eine DV-Anlage vollständig geliefert und erst nach und nach betriebsfertig gemacht, beginnt die Verjährung allerdings erst mit der Betriebsbereitschaft auch des letzten Teils.[479] Den Beginn der Verjäh-

---

[472] Dazu *Brandi-Dohrn*, CR 1986, 63 (64).
[473] Vgl. oben Rdn. 312f.
[474] BGH, BB 1993, 1755 = NJW 1993, 2436 = DB 1993, 1871.
[475] OLG Nürnberg, *Zahrnt*, ECR OLG 186.
[476] OLG Köln, NJW-RR 1995, 1460; NJW-RR 1996, 44; OLG-Report Köln 1997, 121; vgl. auch BGH, *Zahrnt*, ECR BGH 3.
[477] *Junker/Benecke*, Computerrecht, Rdn. 249.
[478] Wie hier *Feuerborn/Hoeren*, CR 1991, 513 (515f.).
[479] OLG Bremen, Beilage Nr. 7 zu BB 1991, S. 2; vgl. auch OLG Saarbrücken, CR 1990, 713 (714); *Nauroth*, Computerrecht, S. 103 f.

rung generell an die Abnahme zu knüpfen, ist problematisch, weil die Verjährungsfrist dann in unkalkulierbarer Weise hinausgeschoben wird.[480]

Die relativ lange Verjährungsfrist lässt eine Verkürzung für den Verkäufer wünschenswert sein. Eine Verkürzung auf ein Jahr ist auch in allgemeinen Geschäftsbedingungen möglich, soweit es um den Unternehmensbereich geht (§ 309 Nr. 8b ff BGB) und Schadensersatzansprüche davon nicht erfasst werden.[481] In Verträgen mit Verbrauchern lässt sich die Verjährung nur beim Kauf gebrauchter Hardware auf ein Jahr verkürzen (§ 475 Abs. 2 BGB). 524

Im übrigen gibt es die Sachmängelrechte auch bei Rechtsmängeln, bei denen hinsichtlich der Verjährung evtl. Besonderheiten gelten. Diese Frage wird im Bereich des Erwerbs von Software näher erörtert.[482] 525

Für Voraussetzungen und Folgen allgemeiner Leistungsstörungen gilt sinngemäß das oben Gesagte.[483]

Auch beim Hardwarekauf bestehen die oben[484] dargestellten **Beratungspflichten**. Sie können aber nicht so weitgehend sein wie bei der Erstellung eins Individualprogramms. So muss der Lieferant z.B. nicht darauf hinweisen, dass der verkaufte Drucker beim Druckbetrieb in seiner Geräuschentwicklung den nach der Arbeitsstätten-Verordnung zulässigen Maximalgrenzwert überschreitet.[485] Für die Einzelheiten kommt es darauf an, wo der Kunde einkauft. Von einem Fachgeschäft kann mehr Beratung erwartet werden als von einem PC-Discounter.[486] 526

IV. Der Erwerb von Software gegen Einmalzahlung

1. Die rechtliche Einordnung

Ein komplizierteres rechtliches Problem stellen Verträge dar, in denen **Software** gegen **Zahlung eines einmaligen Entgeltes** erworben wird. Hier geht es in aller Regel um den Erwerb von körperlichen Gegenständen, weil die Software in aller Regel auf einem Datenträger übergeben wird. Dennoch ist dieser Ausgangspunkt fraglich. Zum einen muss dies nicht so sein; auch der Erwerb von Software über Telekommunikationsleitungen kommt – seit der stürmischen Entwicklung des Internet stark zunehmend – vor.[487] Zum 527

---

[480] Näher dazu *Redeker*, ITRB 2002,119.
[481] Näher dazu oben Rdn. 463ff.
[482] Unten Rdn. 574.
[483] Rdn. 405ff.
[484] Rdn. 418ff.
[485] LG Stuttgart, CR 1997, 547.
[486] OLG Hamm, CR 1997, 691 (LS).
[487] Dazu schon *Redeker*, in: Scherer (Hrsg.), Telekommunikation und Wirtschaftsrecht, S. 111 (125ff.).

anderen kommt es dem Erwerber der Software erkennbar nicht auf den Datenträger, sondern auf die in ihm verkörperte geistige Leistung, nämlich die Software, an. Außerdem übersteigt der Wert der verkauften Software den Wert des Datenträgers um ein Vielfaches.[488]

Dies führt dazu, dass in der Literatur sehr **unterschiedliche Meinungen** zu der Frage vertreten wurden und noch immer vertreten werden, welche Rechtsnatur die Verträge über die Überlassung der Software gegen eine einmalige Zahlung von Geld haben.

528 Vertreten wird hier insbesondere die Meinung, es handele sich um einen **Lizenzvertrag** oder um einen **Know-how-Vertrag**.[489]

Es ist zunächst darauf hinzuweisen, dass diese Kennzeichnung im Hinblick auf das erörterte Problem nicht weiterhilft. Es geht bei dem Einordnungsproblem der Verträge um die Einordnung des Softwareüberlassungsvertrages in die Vertragstypik des BGB. Dem BGB sind Lizenzverträge oder Know-how-Verträge als Vertragstypen unbekannt. Dies hindert nicht ihre Einordnung in die Vertragstypen. So werden Lizenzverträge oft als Pachtverträge angesehen, Know-how-Verträge, d.h. die Überlassung von Know-how gegen die Zahlung eines Einmalentgeltes, werden auch als Kaufverträge betrachtet. Die Rechtsprechung richtet sich stark nach den Gegebenheiten des Einzelfalls.[490]

529 In der älteren Literatur wird anknüpfend an den Lizenzvertrag gelegentlich die Meinung vertreten, es handele sich vorliegend um **Pachtverträge**.[491] Begründet wird dies damit, dass hier ja lediglich ein einfaches Nutzungsrecht an der Software auf unbestimmte Zeit überlassen werde. Es werde kein Vermögensgegenstand endgültig aus dem Vermögen des Veräußerers herausgelöst, sondern lediglich dem Erwerber ein Vermögensgegenstand zur Nutzung auf Dauer überlassen. Der Veräußerer gewähre auch dauernd etwas Neues, nämlich die Nutzungserlaubnis für jeden Fall der Nutzung.[492]

Gegen die Annahme eines Pachtvertrages spricht allerdings, dass in der hier betrachteten Vertragsgestaltung weder ein Ende der Nutzungsdauer vorgesehen, noch davon ausgegangen wird, dass der Vertrag regulär gekündigt werden kann. Denn mindestens das letztere Merkmal ist ein wesentlicher Punkt eines Miet- oder Pachtverhältnisses. Ist ein ordentliches Kündigungsrecht ausdrücklich ausgeschlossen, ist das Pachtverhältnis praktisch eine Überlassung eines Gegenstandes auf Dauer. Eine solche Überlassung des Pachtgegenstandes auf Dauer ist aber nicht mehr Pachtvertrag, sondern Kaufvertrag. Mit dem Wesen eines Pacht- bzw. Mietvertrages ist eine Ver-

---

[488] *Tellis*, BB 1990, 500 (501) m.w.N.
[489] *Müller-Hengstenberg*, CR 1986, 441 (443).
[490] Vgl. die Darstellung bei *Heussen*, in: Computerrechtshandbuch, Abschn. 30, Rdn. 4ff.
[491] Vgl. z.B. *Lutz*, GRUR 1976, 331 (334); ähnlich wohl auch *v. Westphalen/Seidel*, Aktuelle Rechtsfragen, S. 7.
[492] So *Ruppelt*, CR 1988, 994.

IV. Der Erwerb von Software gegen Einmalzahlung

tragsregelung unvereinbar, die ein ordentliches Kündigungsrecht auf Dauer ausschließt. Es wird durch eine solche Vertragsgestaltung ja mehr als ein nur vorübergehendes Gebrauchsrecht eingeräumt.[493] Auch die dauerhafte Nutzungserlaubnis ist wertungsmäßig nicht eine bei jedem Gebrauch wieder neu gewährte Erlaubnis, sondern eine im voraus für unbegrenzte Zeit nicht widerrufbar gewährte Dauererlaubnis als Ausfluss der einmal erfolgten endgültigen Überlassung der Software.

Denkbar wäre es auch, dass hier ein **Werkvertrag** vorliegt. Dies gilt insbesondere deshalb, weil ja in vielen Fällen neben der Überlassung der Software die Installations- und Schulungsmaßnahmen vom Softwarevertreiber geschuldet sind.[494] Diese Pflichten sind von der Rechtsprechung ihres Umfangs oder der besonderen vertraglichen Vereinbarungen wegen teilweise als Hauptleistungspflichten angesehen worden.[495] In der Literatur wird in der Regel von Nebenpflichten ausgegangen.[496]

530

Ob es sich um Haupt- oder Nebenpflichten handelt, kann nur im Einzelfall entschieden werden. Es sind Fälle denkbar, in denen es um Hauptleistungspflichten geht. Dies gilt insbesondere dann, wenn mit den Installationsarbeiten eine Anpassung der Software an die individuellen Umständen der einzelnen Anlage verbunden ist. In diesem Fall kann auch durchaus insgesamt ein Werkvertrag bzw. ein Werklieferungsvertrag vorliegen,[497] man kann aber auch von typengemischten Verträgen ausgehen.[498] Im Normalfall ist aber davon auszugehen, dass es sich bei den Anpassungspflichten lediglich um Nebenpflichten handelt. Der Schwerpunkt des Vertrages liegt in der Überlassung der Software auf Dauer. Solche Nebenpflichten selbst mögen werkvertraglichen Regelungen unterliegen, sie allein lassen aber nicht den Gesamtvertrag zu einem Werk- bzw. Werklieferungsvertrag werden.[499] Im übrigen gibt es durchaus auch Vertragsgestaltungen, bei denen keine Anpassungsarbeiten geschuldet sind. Dies ist insbesondere im Bereich der PC-Software absolut gängig. In den hier einschlägigen BVB-Überlassung[500] sind sogar beide Möglichkeiten ausdrücklich vorgesehen (§ 1 BVB-Überlassung).

---

[493] Ebenso *Köhler/Fritzsche*, in: Lehmann (Hrsg.), Rechtsschutz und Verwertung von Computerprogrammen, S. 513 (528); gegen ihn *zur Megede*, NJW 1989, 2581 (2584).

[494] So z. B. OLG Düsseldorf, CR 1989, 696; LG Köln, CR 1986, 23; zum Ganzen vgl. auch oben Rdn. 510.

[495] OLG Düsseldorf, NJW 1989, 2627 = DuD 1990, 41; LG München I, CR 1990, 465 (466) wegen BVB.

[496] *Köhler/Fritzsche*, in: Lehmann (Hrsg.), Rechtsschutz und Verwertung von Computerprogrammen, S. 501 (549 f.).

[497] Vgl. z. B. BGH, CR 1991, 86 (87); OLG Hamm, CR 1989, 385; OLG Koblenz, CR 1988, 463 (466 f.); OLG München, Beil. Nr. 7 zu BB 1991, S. 4 (5) mit krit. Anm. *Zahrnt*; LG Augsburg, CR 1989, 22 (25); *Brandi-Dohrn*, CR 1986, 63 (64); undeutlich OLG Köln, CR 1991, 17 f. zu einem Vertrag nach BVB-Überlassung, Typ II.

[498] Detailliert dazu *Dörner/Jersch*, IuR 1988, 137 (142 f.).

[499] LG München I, CR 1987, 364 f.; OLG Schleswig, ZIP 1982, 457 (458); OLG Brandenburg, CR 1999, 748; a. A. OLG Hamm, CR 1989, 486 (488).

[500] Veröffentlicht in Beil. Nr. 26 zum BAnz. Nr. 216 v. 19. 11. 1977.

531 Es können natürlich in **Einzelfällen Werkvertragsregeln** Anwendung finden, wenn es in Wirklichkeit um die Herstellung oder Bearbeitung von Software geht. Beim bloßen Vertrieb schon vorhandener Standardsoftware wird man davon aber nicht ausgehen können. Die Situation ist sicher auch anders als beim Kauf eines Hauses von Bauträgern, weil es bei Standardsoftware um vielfach vervielfältigte Software und nicht um einen konkret individuell hergestellten, unvertretbaren Gegenstand geht. Der Gesetzgeber wendet bei vertretbaren Sachen selbst im Werkvertragsbereich weitgehend Kaufrecht an, nämlich immer dann, wenn es um Werklieferungsverträge geht. Diese Vorschrift ist zwar nach der hier vertretenen Auffassung auf Software prinzipiell nicht anwendbar, weil es nicht um vertretbare Sachen geht.[501] Sieht man Software als Sache an, ist sie allerdings unmittelbar einschlägig. Sie zeigt aber unabhängig davon deutlich eine gesetzgeberische Interessenwertung auf, aus der sich ergibt, dass die bloße Überlassung von Standardsoftware kein Werkvertrag sein muss. Da die Merkmale eines Werkvertrages üblicherweise eben nicht vorliegen, kann man nicht von einem Werkvertrag ausgehen.

532 Der letzte unter den gesetzlich vertypten Vertragsarten, die in Betracht kommen, ist der Vertragstyp des **Kaufvertrages**. Kaufgegenstände können über den Wortlaut des § 433 Abs. 1 BGB hinaus nicht nur Sachen und Rechte, sondern auch sonstige unkörperliche Gegenstände, im Prinzip alle „verkehrsfähigen" Güter sein. Dies gilt z. B. für „Know-how", aber auch für Informationen, Adresslisten[502] usw. Dies ist jetzt in § 453 Abs. 1 BGB ausdrücklich vorgesehen.

Wird Software nur zu ausschließlichen und unbeschränkten Nutzung auf Dauer überlassen, dürfte es unter Berücksichtigung dieser Rechtsprechung keine Zweifel daran geben, dass es sich um einen Kaufvertrag handelt. Es wird eben ein **verkehrsfähiger Gegenstand gegen Zahlung eines einmaligen Entgeltes** auf Dauer einem anderen überlassen.[503]

533 Dies ist aber nicht der Regelfall. Meistens wird nur ein einfaches Nutzungsrecht auf Dauer eingeräumt. Der bisherige Inhaber dieses Nutzungsrechts, der es einräumt, kann auch weitere Nutzungsrechte Dritten einräumen und die Software weiterhin selbst nutzen. Ihm geht eigentlich überhaupt kein Vermögensgegenstand verloren. Daraus wird in der Literatur teilweise abgeleitet, dass kein Kaufvertrag vorliege, weil letztendlich kein **Vermögenswert** transferiert wird.[504] Das Gleiche wird daraus abgeleitet, dass oft nur ein nicht weiter übertragbares Recht übertragen wird.[505] Schließlich könne der Verkäufer über den Vertragsgegenstand nicht frei

---

[501] A. A. OLG Hamm, CR 1987, 363 (364).
[502] *Redeker*, CR 1989, 670 (671).
[503] Ebenso *Moritz/Tybussek*, Computersoftware, Rdn. 735.
[504] *Brandi-Dohrn*, CR 1986, 63 (66).
[505] So auch der Regelfall der § 3 BVB-Überlassung.

IV. Der Erwerb von Software gegen Einmalzahlung

verfügen, so dass eine entsprechende Vertragsklausel mit dem Leitbild des Kaufvertrages nicht übereinstimme.[506] Diese Argumente überzeugen aber nicht. Letztendlich sind sämtliche Kaufvertragsregeln nur darauf abgehoben, dass der Käufer einen Vermögensgegenstand endgültig erwirbt. Dies ist aber der Fall. Das einfache Nutzungsrecht erwirbt der Käufer zeitlich unbegrenzt auf Dauer. Er erhält einen Vermögensgegenstand gegen Zahlung eines Entgeltes. Die Rückgabe des Vermögensgegenstandes ist nicht vorgesehen. Auch die Verfügungsbeschränkung als solche ist sicher vereinbar. Kaufverträge mit Verfügungsbeschränkungen gibt es auch sonst.[507] Individuelle Vereinbarungen dieser Art sind ohne Zweifel prinzipiell zulässig. Ob solche Vereinbarungen freilich auch durch allgemeine Geschäftsbedingungen getroffen werden können, ist ebenso fraglich wie ihre kartellrechtliche Zulässigkeit.[508] Diese Frage ist aber von der vertragstypologischen Einordnung des Vertrages zu trennen. Es ist unzulässig, die Vertragseinordnung unter dem Blick der Zulässigkeit von allgemeinen Geschäftsbedingungen vorzunehmen. Bei der **Überlassung** eines **Programms auf Dauer gegen Einmalzahlung** ist aber das Bild des Kaufes so eindeutig gegeben, dass man einen **Kaufvertrag** annehmen muss. Klauseln in allgemeinen Geschäftsbedingungen vermögen daran nichts zu ändern. Dies sehen im Ergebnis auch die Befürworter einer Miet- oder Pachtvertragsregelung so, weil sie für das Gewährleistungsrecht nicht die für das Pachtrecht typischen Dauerverpflichtungen einräumen, sondern die §§ 459 ff. BGB a. F., insbesondere auch die kurze Verjährungsfrist des § 477 BGB a. F., analog anwenden wollten.[509] Diese Regelung ist aber dem Pachtrecht wesensfremd. Wer die Anwendung des § 477 BGB a. F. befürwortet, bestreitet gerade die Dauerbindung des Vermieters, die das Miet- und Pachtrecht prägt. Er sieht den Vertrag als punktuelle Leistungsbeziehung an. Damit spricht er sich implizit für einen Kaufvertrag und nicht für einen Pachtvertrag aus.

Es ist daher insgesamt so, dass auf die **entgeltliche Überlassung von Software** gegen Zahlung eines einmaligen Entgeltes für die Nutzung auf Dauer in der Regel **Kaufrecht** anzuwenden ist.[510] Dies gilt auch für den Fall, 534

---

[506] So *zur Megede,* NJW 1989, 2581 (2584).
[507] Ebenso OLG Düsseldorf, NJW 1989, 2627; *Dörner/Jersch,* IuR 1988, 137 (145).
[508] Vgl. dazu oben Rdn. 77 ff.
[509] So z. B. *zur Megede,* NJW 1989, 2581 (2585); diese Meinung kann nur als „Rosinenpickertheorie" bezeichnet werden.
[510] So ausdrücklich BGHZ 109, 97 (98); BGH, CR 1990, 708 (709); ebenso OLG Hamm, CR 1989, 486 (487); CR 1989, 490; OLG München, CR 1988, 130 (131); OLG Stuttgart, BB 1986, 1675; OLG Düsseldorf, NJW 1989, 2627; OLG Schleswig, ZIP 1982, 457 (458); OLG Nürnberg, Beil. Nr. 13 zu BB 1993, S. 14; LG Ulm, CR 1988, 921 (LS); LG Freiburg, CR 1988, 829 (830); LG München I, CR 1987, 364 f.; *Bartl,* CR 1985, 13 (15); *Mehrings,* NJW 1986, 1904 (1905); NJW 1988, 2438 (2439); *v. Westphalen,* CR 1987, 477 (487); *Nauroth,* Computerrecht, S. 90; ausgiebig *Hoeren,* Softwareüberlassung, S. 21 ff.; *Michalski/Bosert,* Vertrags- und schutzrechtliche Behandlung von Computerprogrammen, S. 16 f. *Köhler/Fritzsche,* in: Lehmann (Hrsg.):

dass der Lieferant Standardkomponenten nach den Bedürfnissen des Kunden zusammenstellt.[511]
Ein Vertrag sui generis liegt daher nicht vor.[512]

2. Leistungsumfang, Nebenpflichten

535 Auch beim Verkauf von Standardsoftware ist es zu empfehlen, dass der **Leistungsumfang** im Einzelnen vertraglich beschrieben wird. Dies muss allerdings nicht so weit gehen, wie bei der Herstellung von Individualsoftware, wo ein Pflichtenheft erforderlich ist. Es kann völlig ausreichen, wenn nur die einzelnen Softwarepakete, die veräußert werden, benannt werden. Dann sind allerdings nur diese Kaufgegenstände Vertragsinhalt geworden mit den Eigenschaften, die ihnen standardmäßig zustehen. Diese werden in der Regel aus der **Dokumentation** zu entnehmen sein. Gerade hier ist freilich auch § 434 Abs. 1 S. 2 BGB zu beachten.[513]

536 In den Fällen, wo neben der **Installation** auch kleinere Anpassungsarbeiten vorzunehmen sind, werden auch diese wohl explizit mit Hilfe eines Pflichtenheftes zu vereinbaren sein. Insoweit ist auf die Ausführungen zum Werkvertrag zu verweisen. Zu beachten ist, dass die Gerichte gelegentlich dazu neigen, aus solchen kleinen Anpassungsarbeiten zu schließen, der ganze Vertrag sei Werkvertrag. Mit solchen Annahmen sollte man aber vorsichtig sein. Im Zweifel sind nur die Anpassungsleistungen werkvertragsrechtlich zu beurteilen.[514] Jedenfalls führt die **Übernahme von Installation und Schulung** durch den Lieferanten **nicht** zu einem **Werkvertrag**.[515] Folgt man der Annahme des BGH, Software sei eine bewegliche Sache, ist die angesprochene Unterscheidung wegen des Rückverweises des § 651 BGB auf das Kaufrecht weitgehend ohne Belang.[516]

Ob ein erworbenes Programm in Form einer Diskette oder einer CD geliefert werden muss oder ob es ausreicht, wenn es lediglich auf der Festplatte installiert wird, ist eine Frage des Einzelfalls.[517] Dabei ist aber zu berücksich-

---

Rechtsschutz und Verwertung von Computerprogrammen, S. 513 (530ff.); *Schneider*, Handbuch des EDV-Rechts, Rdn. D 166 ff.; *Koch*, Computer-Vertragsrecht, Rdn. 806; auch im UN-Kaufrecht fallen Softwareüberlassungsverträge der vorliegenden Art unter Kaufrecht: *Piltz*, AnwBl. 1991, 57 (59); a. A. *Moritz*, in: Computerrechtshandbuch, Abschn. 42, Rdn. 122 ff., der stark auf die Umstände des Einzelfalls abstellen will.
[511] OLG Koblenz, *Zahrnt*, ECR OLG 108.
[512] Für Vertrag sui generis: *Lauer*, BB 1982, 1756 (1759); wohl auch *Ulmer*, CR 2000, 493.
[513] S. o. Rdn. 511.
[514] Vgl. OLG München, *Zahrnt*, ECR OLG 192 mit. krit. Anm. *Zahrnt*; oben Rdn. 510.
[515] OLG Köln, NJW-RR 1995, 1456.
[516] Dazu oben Rdn. 297 f.
[517] Vgl. die unterschiedlichen Entscheidungen LG Freiburg, CR 1988, 829 (830) und LG München I, CR 1988, 831 (832) mit Anm. *Engelhardt*.

tigen, dass bei der Standardsoftware für PCs in aller Regel die Hersteller der Software die Übertragung der Rechte an dem einzelnen Softwareexemplar an die Übergabe der CD knüpfen, so dass die reine **Installation** in aller Regel nicht ausreichen dürfte, zumal in der Praxis ja oft auch nachinstalliert wird.

Ob eine **Installation** des Programms geschuldet ist, richtet sich zunächst nach den getroffenen Vereinbarungen. Fehlen sie, wird man bei einfachen PC-Programmen davon ausgehen können, dass der Kunde sie selbst installiert. Bei umfangreichen Programmen nimmt die Rechtsprechung eine Installationspflicht des Lieferanten an.[518] Viel dürfte sich aber auch hier nach den Umständen des Einzelfalls richten, insbesondere danach, ob der Kunde über eigenes fachkundiges Personal verfügt, also ohne weiteres selbst installieren kann oder ob dies nicht der Fall ist. Eine ausdrückliche Regelung im jeweiligen Vertrag ist freilich allen Vertragspartnern anzuraten. 537

Wird ein **Pflichtenheft** erarbeitet, richtet sich die Frage, was zu leisten ist, nach dem Inhalt des Pflichtenheftes. Eine weitergehende Bedeutung, z.B. im Sinne einer Eigenschaftszusicherung, wird das Pflichtenheft – im Gegensatz zu manchen Äußerungen in der Rechtsprechung[519] – in der Regel nicht haben, weil die in einer solchen Zusicherung liegende Garantieübernahme in der Regel nicht beabsichtigt ist.[520] Dies gilt angesichts des § 444 BGB ganz besonders im neuen Recht. 538

In aller Regel wird darüber hinaus nur die Überlassung des **Objektcodes**, nicht die des Quellcodes geschuldet sein. Dies ergibt sich in vielen Fällen bereits aus einer ausdrücklichen Vereinbarung.[521] Ansonsten entspricht dies der Interessenlage, weil ja ein standardisiertes, vielfach vorhandenes Programm für eine konkrete Nutzung überlassen wird. Die Änderung oder Ergänzung des überlassenen Programms wird durch den Erwerber meist nicht beabsichtigt und ist diesem darüber hinaus vertraglich verboten. 539

Ein **Handbuch** oder eine Benutzerdokumentation ist jedenfalls immer geschuldet.[522] Die Rechtsprechung verlangt teilweise auch die Lieferung in deutscher Sprache, jedenfalls bei Endanwendern.[523] In den BVB-Überlassung ist eine Lieferung in deutscher Sprache in § 16 Nr. 1 ausdrücklich vorgesehen.[524] Hinsichtlich der Vollständigkeit und Verständlichkeit gilt das zur Individualsoftware Gesagte.[525] 540

---

[518] OLG Hamm, CR 1998, 202.
[519] So z.B. OLG Celle, Urt. v. 3.7. 1981, zitiert bei *Brandi-Dohrn*, CR 1986, 63 (72); LG Berlin, CR 1985, 145 (LS).
[520] Ebenso *Kilian,* CR 1986, 187 (193); *Nauroth,* CR 1987, 153 (156).
[521] Vgl. dazu *Kilian*, Haftung, S. 22.
[522] BGH, CR 1990, 189 (192); OLG Hamm, CR 1990, 715 (716); AG Essen, CR 1988, 3099 (3100); LG Mannheim, BB 1985, S. 144 f.
[523] Vgl. OLG München, IuR 1986, 114; zustimmend *Schneider,* Handbuch des EDV-Rechts, Rdn. A 76.
[524] Ähnlich auch § 13 Nr. 1 BVB-Kauf.
[525] Oben Rdn. 312 f.

In Einzelfällen gehört auch eine Garantiekarte des Herstellers zum Lieferumfang.[526]

541 Im Prinzip bestehen auch beim Kauf von Software für den Verkäufer Pflichten **zur Beratung** des Käufers in ähnlicher Weise, wie sie für den Ersteller von Software im Hinblick auf seinen Kunden bestehen.[527] Sie sind aber gewöhnlich weniger weitreichend. Denn zum einen ist die Leistungsbeziehung zwischen Händler und Käufer flüchtiger und weniger einzelfallbezogen als die zwischen Programmersteller und Abnehmer bei der Herstellung von Individualsoftware, und zum anderen ist der Verkäufer nicht ohne weiteres so sachkundig wie ein Softwareersteller. Dies gilt insbesondere dann, wenn der Verkäufer lediglich Händler und nicht Hersteller ist.[528] Aufklären muss der Verkäufer aber z.B. darüber, dass es gegenüber dem von ihm angebotenen Produkt neuere Versionen im Handel gibt. Ebenso hat er z.B. darauf hinzuweisen, dass ein bestimmtes Qualitätssiegel für die verwendete Hardwarekonfiguration nicht gilt. Ein reiner Verkäufer muss sich z.B. nicht um Betriebsabläufe des Kunden kümmern.[529] Er muss auch nicht ermitteln, ob ein anderer Anbieter ein Programm anbietet, das für den Kunden wirtschaftlich günstiger ist als das eigene Angebot.[530] Hat er freilich selbst ein geeigneteres – wenn auch billigeres – Programm im Angebot, muss er darauf hinweisen.[531] Je nach Verhalten im Einzelfall kann sich aber auch eine weitergehende Beratungspflicht ergeben, wenn z.B. der Händler die betrieblichen Bedürfnisse des Kunden ermittelt.[532]

542 In der Rechtsprechung ist darüber hinaus auch noch die Meinung vertreten worden, auch die **Einweisung** sei – abhängig von der Verständlichkeit des Programms und seiner Dokumentation – eine Nebenpflicht, die im Kaufpreis enthalten sei.[533] Dieser Meinung kann aber nur in Ausnahmefällen gefolgt werden. In aller Regel wird die Einweisung getrennt vergütet.[534] Angesichts des erheblichen Zeitaufwandes für eine ordnungsgemäße Einweisung ist dies auch die einzig vertretbare Lösung. Nur in extrem gelagerten Ausnahmefällen mag dies anders sein. Die Rechtslage ist beim Kauf von Software auch insoweit nicht anders als beim Kauf anderer Gegenstände. Eine Ausnahme kann dann vorliegen, wenn Einweisungen in kleinem Umfang schon unentgeltlich erbracht worden sind und der Hersteller nicht darauf hinweist, dass eine neuerliche Einweisung

---

[526] AG Essen, CR 1988, 309 (310).
[527] Vgl oben Rdn. 418 ff.
[528] Vgl. z.B. OLG Saarbrücken, CR 1988, 470 (472); einschränkender *Malzer,* Der Softwarevertrag, S. 113 ff.
[529] OLG Hamm, *Zahrnt,* ECR OLG 246.
[530] OLG Dresden, CR 1998, 598.
[531] OLG Köln, NJW 1994, 1355.
[532] OLG Celle, *Zahrnt,* ECR OLG 226.
[533] OLG Stuttgart, BB 1986, 1675 f.; LG Ulm, CR 1988, 921 (LS); tendenziell zustimmend *Moritz,* in: Computerrechtshandbuch, Abschn. 41, Rdn. 12.
[534] Ebenso *zur Megede,* NJW 1989, 2581 (2587); vgl. auch AG Konstanz, NJW 1991, 1360.

vergütungspflichtig sein soll.⁵³⁵ Auch aus vertraglichen Klauseln etwa des Inhalts, dass der Kunde vor Installation der Software geschultes Personal zur Verfügung stellen müsse, lässt sich eine Einweisungspflicht des Herstellers nicht entnehmen. Allenfalls lässt sich die Pflicht des Lieferanten herleiten, eine Schulung entweder gegen Entgelt durchzuführen oder einen geeigneten Veranstalter solcher Schulungen zu vermitteln.

Wird dem Lieferanten die Virenbefallenheit der von ihm gelieferten Software bekannt, ist er u. U. vertraglich verpflichtet, dafür eine Hotline einzurichten und evtl. ein Virensuchprogramm zu verbreiten.⁵³⁶

Im übrigen ist der Vertrag durch einmalige Leistung erfüllt. Dies gilt auch für die Lieferung von **Dongles**. Wird dem Kunden der Dongle geliefert, ist sein Anspruch aus dem Kaufvertrag erfüllt. Kommt ihm der Dongle abhanden, kann er keine Nachlieferung verlangen.⁵³⁷ Dies ist bei Software nicht anders als bei jedem anderen Gut. **543**

Im Kaufvertrag ist es im Allgemeinen unproblematisch zulässig, die **Übertragung von Nutzungsrechten** aufschiebend bedingt von der **Zahlung des Kaufpreises** abhängig zu machen. Dies entspricht dem Leitbild des Gesetzes, dass einen Leistungsaustausch Zug-um-Zug vorsieht (§§ 433, 320 BGB).⁵³⁸ Wird dieses Leitbild freilich etwa durch einen Ratenkaufvertrag aufgehoben, bei dem die Software mit der ersten Rate übergeben wird, kann eine solche Bedingung nicht in die allgemeinen Geschäftsbedingungen aufgenommen werden. Durch die Ratenzahlungsvereinbarung ist das gesetzliche Leitbild verändert worden; diese individuelle Regelung kann nicht durch allgemeine Geschäftsbedingungen ihrerseits wieder aufgehoben werden (§ 305b BGB).⁵³⁹ Daran ändert sich auch nichts dadurch, dass eine solche Klausel im Prinzip wie ein Eigentumsvorbehalt wirken soll.⁵⁴⁰ Eine unter Eigentumsvorbehalt verkaufte Sache kann vom Erwerber genutzt werden, ein Softwareprogramm ohne Einräumung eines einfachen Nutzungsrechts nicht. Deswegen ist die entsprechende Klausel in in üblichen Kaufverträgen über Standardsoftware bei Ratenzahlungsvereinbarungen in aller Regel unzulässig. **544**

3. Mängelrechte

a) Neues Schuldrecht

Die Mängelrechte beim Softwarekaufvertrag entsprechen denen beim Hardwarekauf. Dies gilt auch dann, wenn man Software nicht als beweg- **545**

---

⁵³⁵ LG Bielefeld, Beil. Nr. 5 zu BB 1989, S. 6.
⁵³⁶ *Rössel*, ITRB 2002, 214 (215).
⁵³⁷ LG Frankfurt/Main, CR 1997, 25 m. Anm. *Raubenheimer*.
⁵³⁸ *Palandt-Putzo*, § 433 Rdn. 38.
⁵³⁹ Zu den bilanzrechtlichen Problemen der hier geschilderten Klauseln: *Hörl*, ITRB 2002, 142.
⁵⁴⁰ *Karger*, CR 2001, 357 (363).

liche Sache ansieht. Auch für den Kauf anderer Gegenstände gelten gem. § 453 Abs. 1 BGB die gleichen Regeln wie beim Sachkauf. Das gilt auch und gerade für den Softwarekauf. Hinsichtlich der Mängelrechte kann daher grundsätzlich auf die entsprechenden obigen Ausführungen verwiesen werden.[541]

546 Eine praktische Besonderheiten ergeben sich aber beim Softwarekauf. Dies gilt zunächst für die Frage, wann Mängel vorliegen.

Der Mangelbegriff ist in § 434 Abs. 1 BGB definiert.[542] Er entspricht ist Wesentlichen dem im Werkvertragsrecht. Auf die früheren Ausführungen nebst zahlreichen Beispielen soll daher verwiesen werden.[543]

aa) Garantie

547 Im Kaufvertragsrecht haben im alten Recht zugesicherte Eigenschaften eine wesentliche Rolle gespielt, weil dem Käufer beim Fehlen zugesicherter Eigenschaften mehr Rechte zustanden als beim bloßen Vorliegen eines Sachmangels. Der Begriff der zugesicherten Eigenschaften ist nun vom Gesetz durch den umfassenden Begriff der **Garantie** ersetzt worden, die jetzt in § 443 BGB geregelt ist. Im Garantiefall stehen dem Käufer die in der Garantie genannten Rechte zu den dort genannten Bedingungen zu. Es können also Details geregelt werden. Ist nichts Konkretes geregelt, wird man bei einer **Verkäufergarantie** davon ausgehen können, dass dem Käufer im Garantiefall alle in § 437 BGB genannten Rechte zustehen. Wichtig ist dann nur, dass die Haftung für die Garantie nach § 444 BGB auch durch eine individuelle Vereinbarung nicht eingeschränkt werden kann. Ansonsten ergeben sich aus einer solchen Garantie keine weiteren Rechte. Durch die Formulierung in allgemeinen Geschäftsbedingungen, eine bestimmte Vereinbarung stelle keine Garantie dar, wird das Vorliegen einer Garantie freilich nicht ausgeschlossen, weil dies eine Frage der Auslegung des Individualvertrages ist. Dies gilt auch für Art. 7.2 EVB-IT Überlassung Typ A n. F.[544]

548 Anders ist bei **Drittgarantien**, insbesondere der Hersteller. Hier erhält der Kunden einen weiteren Anspruchsgegner, der im Garantiefall das tun muss, was er zu tun versprochen hat. Was dies genau ist, ist der Garantieerklärung und ggfs. der Werbung zu entnehmen, auf die § 443 Abs. 1 BGB ausdrücklich Bezug nimmt.

Wann man insbesondere eine Verkäufergarantie annehmen kann, ist noch offen. Nach der Rechtsprechung zum alten Recht kam dies auch konkludent in Betracht.[545] Mit einer solchen Annahme sollte man im neuen Recht sehr vorsichtig sein. Die gravierende Folge des § 444 BGB gebietet Zurückhal-

---

[541] Oben Rdn. 514.
[542] Vgl. oben Rdn. 511.
[543] Oben Rdn. 326 ff., 512.
[544] Dargestellt bei *Feil/Leitzen*, CR 2002, 407 (409).
[545] Vgl. dazu unten Rdn. 565 f.

tung und ein Bedarf besteht kaum noch. Daher sollte eine Garantie nur bei einer entsprechenden ausdrücklichen Erklärung angenommen werden.

bb) Spezielle Leistungsbeschreibungen

Auch im Bereich der Software gibt es darüber hinaus **Gütesiegel** und andere **Qualitätskennzeichen**. Diese können vom Hersteller oder Anwendergruppen vergeben werden.[546] Wer als Vertreiber von Software solche Gütesiegel verwendet, macht sich ihren Inhalt zumindest als Zustandsbeschreibung zu eigen. Die Soll-Beschaffenheit der Software wird dann auch durch den Inhalt der Qualitätskriterien des jeweiligen Qualitätskennzeichens bestimmt. Aber auch hier muss man streng darauf achten, wie bestimmt die Qualitätskriterien überhaupt sind und was sie besagen. Oft beziehen sich die Prüfungen z. B. nur auf eine bestimmte Handwarekonfiguration, so dass das Gütesiegel bei einer anderen Konfiguration keine Bedeutung hat. 549

Wenn im konkreten Fall freilich keine solche Konfiguration vorliegt, ist es allerdings oft so, dass der Verwender auf das Problem vor Vertragsabschluss hätte hinweisen müssen, so dass sich eine Haftung aus Beratungsfehlern ergibt.

Die **Soll-Beschaffenheit** von Software kann sich auch aus Eigenschaften einer versandten **Demo-Version** ergeben. 550

Rechtlich problematisch ist es dann, wenn sich aus den Prospekten nicht viel ergibt, die gelieferte Software aber für den Zweck, den der Erwerber eigentlich mit ihr verfolgt hat, letztendlich ungeeignet ist, sei es, dass die Bildschirmmasken in der Bedienung so umständlich sind, dass sie gewünschte Arbeitserleichterungen nicht bringen, sei es, dass bestimmte Funktionen, die vorausgesetzt wurden, gar nicht geleistet werden können. Nicht immer führt dies ohne weiteres zu einem Mangel der gelieferten Software, nämlich immer dann nicht, wenn sich aus den Beschreibungen und Darlegungen ergibt, dass genau die Software geliefert wurde, die auch geschuldet war. In diesem Fall kann allerdings ein **Beratungsfehler** des Softwarelieferanten vorliegen. Dieser wird u. U. gegenüber dem wesentlich weniger sachkundigen Erwerber des Software Beratungspflichten haben. Dies gilt insbesondere dann, wenn der Erwerber ausdrücklich auf den beabsichtigten Verwendungszweck hinweist und nach einer geeigneten Software fragt. Soweit also dann keine Mängel vorliegen, wird man unter dem Gesichtspunkt der Verletzung von Beratungspflichten auch zu Ansprüchen des Softwareerwerbers kommen können. Der Umfang der Aufklärungspflichten ist oben näher dargelegt worden.[547] 551

Ist das **Handbuch so mangelhaft,** dass man daraus keine vernünftige Leistungsbeschreibung ableiten kann, ist dies meist schon für sich genommen ein Mangel, weil dann nämlich das Handbuch mangelhaft ist. 552

---

[546] Vgl. dazu *Harte-Bavendamm*, in: Computerrechtshandbuch, Abschn. 56, Rdn. 29.
[547] Rdn. 418 ff.

Das Fehlen eines Handbuchs ist kein Mangel, sondern Nichtlieferung.[548] Bei Nichtlieferung sind daher die §§ 323 ff. BGB anwendbar. Ist das Handbuch freilich mangelhaft, wird auch hier Gewährleistungsrecht anwendbar sein.[549]

cc) Nacherfüllung durch Updates und Patches

553 Spezielle Probleme entstehen noch dadurch, dass im Bereich des Kaufes von Standardsoftware oft durch **Lieferung von Updates** und **Patches** nacherfüllt werden soll. Hierzu wird in der Literatur die Meinung vertreten, solche Lieferung stellten eine Neulieferung und keine Nacherfüllung dar. Verlange der Kunde Nacherfüllung, könne dies zurückgewiesen werden, weil es sich bei Mängeln der Standardsoftware um Serienfehler handele.[550]

Dies ist sachlich falsch. Die Lieferung von Updates oder Patches soll die auf dem Rechner der Kunden vorhandene Software reparieren. Es handelt sich also um eine Nachbesserung und nicht um eine Neuerfüllung. Technisch wird diese freilich teilweise so ausgestaltet, dass eine Neulieferung erfolgt, weil die Reparatur so einfacher wird. Dies muss aber nicht so sein und ist insbesondere bei Patches auch oft nicht so.

554 Das **Verlangen** nach einer **Neulieferung** kann der Verkäufer oft zurückweisen. Die Reparatur durch Updates oder Patches ist einfacher und läuft sachlich auf das Gleiche hinaus. Insbesondere ist es aber so, dass bei Neulieferung der an sich gegebene Anspruch auf Rückgabe der mangelhaften Erstlieferung (§ 439 Abs. 4 BGB) nur schwer kontrolliert realisiert werden kann. Dieser Anspruch geht bei Software insbesondere auch auf Löschung aller Kopien der Erstlieferung beim Anbieter, weil ja sonst eine Doppelnutzung möglich ist. Insbesondere im Massengeschäft ist dies nicht kontrollierbar, während man Updates und Patches so programmieren kann, dass eine Doppelnutzung ausscheidet. Unter diesen Umständen kommt eine Zurückweisung des Neulieferungsbegehrens nach § 439 Abs. 3 BGB in Betracht, wenn einfache Nachbesserungsmöglichkeiten zur Verfügung stehen.

Technisch können Updates freilich – wie erwähnt – auch Vollversionen sein. In diesem Fall kann auch bei ihnen eine Doppelnutzung ermöglicht werden. Es liegt aber am Verkäufer, hier technisch Abhilfe zu schaffen. Rechtlich dürfte freilich auch in diesem Fall ein Rückgabe- und damit ein Löschungsanspruch nach § 439 Abs. 4 BGB analog bestehen.

555 Das oben angesprochene Problem der mangelnden Prüfbarkeit der Löschung besteht primär im Massengeschäft mit Verbrauchern. Beim Verkauf größerer Softwarepakete an Unternehmen dürften Prüfungen eher möglich

---

[548] Im Ergebnis so OLG Stuttgart, CR 1989, 811 (812); OLG Saarbrücken, CR 1988, 470 (472); LG Baden-Baden, CR 1988, 308 f.; *Czermin*, CR 1986, 272 f.; wohl auch LG Mannheim, BB 1985, 144 f; früher streitig, siehe die weiteren Nachweise unter Rdn. 312.
[549] LG Flensburg, CR 1988, 132 (133).
[550] *Hammel/Weber*, AGB, S. 69.

sein. Hier kann aber der Verkäufer sich das Wahlrecht hinsichtlich der Art der Nacherfüllung auch in allgemeinen Geschäftsbedingungen vorbehalten, so dass sich die Frage der Zurückweisung nach § 439 Abs. 3 BGB meist nicht stellen wird.

Ein weiteres Problem bei Updates und Patches besteht darin, dass sie in aller Regel nicht sofort zur Verfügung stehen. Der Nacherfüllungsanspruch muss aber **sofort** erfüllt werden. Setzt der Käufer eine angemessene Frist zur Nachbesserung, kann sich der Verkäufer nicht auf noch nicht vorhandene Patches und Updates berufen. Bessert er nicht nach, kann der Käufer mindern oder zurücktreten.

Diese Rechtsfolge lässt sich auch in allgemeinen Geschäftsbedingungen nicht ändern, weil entsprechende Klauseln einen teilweisen Ausschluss von Mängelbeseitigungsansprüchen darstellten und daher mit § 309 Nr. 8 b aa BGB nicht vereinbar sind.

dd) Kaufmännische Rügepflicht

Sind die Parteien Kaufleute, ist auch beim Softwareerwerb **§ 377 HGB** zu beachten.[551] Wird nicht rechtzeitig gerügt, scheiden alle Gewährleistungsansprüche aus. Dabei beginnt die Rügefrist erst dann, wenn sämtliche Teilleistungen des Veräußerers erbracht worden sind.[552] In der Rechtsprechung ist z. B. schon in der noch nicht durchgeführten Übergabe eines Wartungszertifikats für die zugrunde liegende Hardware das Noch-Nicht-Erbringen einer Teilleistung gesehen worden.[553] Auch die Möglichkeit zum Testen zumindest der Grundfunktionen muss vorhanden gewesen sein.[554] Allerdings muss bei Bestehen der Prüfungsmöglichkeiten das Austesten auch stattfinden, wobei der Prüfungsumfang je nach Einzelfall sehr unterschiedlich ist. Ein Fachmann mit eigenem Prüfungsprogramm wird mehr zu testen haben als ein durchschnittlicher Anwender. Aber auch dieser muss z. B. eine evtl. Kompatibilität mit Industriestandards prüfen.[555] Auf Virenbefall muss jedenfalls getestet werden.[556] Besteht eine Prüfpflicht, kann sogar eine Rüge nach 11 Tagen verspätet sein.[557] Bei einem Fehler im Handbuch kann aber auch eine Rüge nach drei Monaten noch ausreichen, weil die Qualität des Handbuchs erst im Laufe der Zeit festgestellt werden kann.[558]

Wichtig ist auch, dass **vor Beginn der Rügefrist** auch das **Handbuch vollständig** ausgeliefert sein muss. Die Fälle des nicht gelieferten Hand-

---

[551] BGHZ 110, 130 (137 ff.).
[552] LG Bielefeld, CR 1989, 915 (916); *Junker/Benecke,* Computerrecht, Rdn. 249.
[553] OLG Stuttgart, CR 1989, 1093 (1094).
[554] Vgl. *Heussen,* BB 1988, 1835 (1836); OLG Stuttgart, CR 1989, 1093 (1094).
[555] OLG München, CR 1991, 19 (20) zur IBM-Kompatibilität; zum Ganzen vgl. *Nauroth,* Computerrecht S. 108 ff.
[556] *Rössel,* ITRB 2002, 214.
[557] OLG München, CR 1991, 19 (20).
[558] LG Essen, CR 1989, 498 (LS).

buchs sind gerade Fälle der verzögerten Rügepflicht. Dies ist sachlich auch angemessen, weil eine Prüfpflicht ohne Handbuch schwerlich realisiert werden kann. Eine vereinbarte Schulung soll aber nicht Voraussetzung für den Beginn der Frist nach § 377 HGB sein.[559] Dies kann freilich nur für Fehler gelten, die auch ohne Schulung erkennbar sind. Allerdings ist auch hier zu beachten, dass nach einer länger dauernden Benutzung bei Nichtrügen des nicht gelieferten Handbuchs eine Verwirkung eintreten kann.[560]

Die Rügepflicht besteht nach einer Entscheidung des OLG Köln[561] sogar schon dann, wenn eine Untersuchungsmöglichkeit besteht, auch wenn die Ware noch nicht am Bestimmungsort eingetroffen ist.

559 Für die Rüge reicht meist die Darlegung **der äußeren Erscheinungsform** der auftretenden Probleme aus.[562] Ursachen müssen nie dargelegt werden. Reicht dem Verkäufer die Darlegung nicht aus, muss er nachfragen und ggf. die Anlage selbst überprüfen.[563] Soweit freilich Systemprogramme an fachkundige Käufer veräußert werden, können die Anforderungen im Einzelfall auch deutlich höher sein.[564] Sind all die eben genannten Voraussetzungen erfüllt, ist unverzüglich zu rügen.

Hinzuweisen ist freilich darauf, dass eine Abbedingung der kaufmännischen Rügepflicht nach §§ 377 HGB in Einkaufsbedingungen der Käufer unzulässig ist.[565]

ee) BVB-Klauseln

560 Die **BVB-Überlassung** sehen – wie schon erwähnt – zwei Typen von Überlassungen vor, einen mit Nachbesserungspflicht und einen ohne. Die Gewährleistungsregeln in § 10 bzw. § 11 BVB-Überlassung gehen primär von einer Überlassung auf Zeit aus, so dass sie an dieser Stelle nur kurz erörtert werden sollen. Sie sehen aber auch bei einer unbefristeten Überlassung für den Fall einer Nichtbeseitigung ein Kündigungsrecht vor (§ 10 Nr. 9 bzw. § 11 Nr. 7 BVB-Überlassung). Eine Minderungsmöglichkeit besteht nur dann, wenn das Programm für eine gewisse Zeit praktisch nicht sinnvoll genutzt werden kann (§ 10 Nr. 6 bzw. § 11 Nr. 4 BVB-Überlassung). Eine Minderungsmöglichkeit bei der bloßen Einschränkung der Funktionstauglichkeit ist nicht vorgesehen. Den Anforderungen des § 11 Nr. 10 Buchst. b AGBG dürfte diese Regelung kaum genügen. Sie orientiert sich auch bei der Berechnung der Minderung eindeutig an mietrechtlichen Ge-

---

[559] OLG München, CR 2000, 731.
[560] *Köhler/Fritzsche*, in: Lehmann (Hrsg.), Rechtsschutz und Verwertung von Computerprogrammen, S. 517 (575).
[561] NJW-RR 1999, 565 = CR 1998, 335.
[562] OLG Celle, IuR 1986, 311 (313); vgl. auch BGH, WM 1986, 1286 (1287); wie hier auch *Heussen*, BB 1988, 1835 (1837).
[563] BGHZ 102, 135 (147).
[564] Zu weitgehend allerdings die Anforderungen von *Zahrnt*, IuR 1986, 301 f.
[565] *Schneider/Günther*, CR 1997, 389 (390) m.w.N.

IV. Der Erwerb von Software gegen Einmalzahlung

danken und passt deshalb nur begrenzt auf den Fall der Programmüberlassung auf Dauer. Dies liegt daran, dass die BVB-Überlassung ohnehin primär von einer zeitlich befristeten Überlassung ausgehen und die unbefristete Überlassung immer nur ergänzend mitregeln.[566]

ff) Rechtsmängel

Die Rechte des § 437 BGB stehen dem Käufer auch bei **Rechtsmängeln** zu. Rechtsmängel liegen gem. § 435 BGB dann vor, wenn Dritte Rechte an der Software geltend machen, die im Kaufvertrag nicht vorbehalten sind. Faktisch geht es immer darum, dass der Verkäufer Rechte an der Software übertragen will, die er nicht übertragen kann. Er hat z. B. Software verkauft, die er illegal kopiert hat. Oder: In seiner Software, an der er umfassende Rechte übertragen hat, ist ein Bibliotheksprogramm eingebunden, in dem er die Rechte nicht in dem geschuldeten Umfang übertragen kann, weil der Hersteller dieses Programms ihm diese Rechte nicht eingeräumt hat. In allen diesen Fällen gelten jetzt die gleichen Regeln wie bei den Sachmängeln.

Streitig ist freilich, ob beim Verkauf einer Software, an der man überhaupt keine Rechte übertragen hat, ein Fall von Rechtsmängeln vorliegt oder man die Rechtsfolgen aus subjektiver Unmöglichkeit ableiten muss. Putzo[567] geht wohl von den allgemeinen Regeln aus. Rechtsmängelregel will er erst ab der (nie eingetretenen) Rechtsübertragung anwenden. Eidenmüller[568] geht von der Anwendbarkeit des Sachmängelrechts aus. Jedenfalls bei Software, bei der der Kunde ja auch bei mangelnder Rechtsübertragung etwas erhält, nämlich eine Softwarekopie, dürfte der Auffassung Eidenmüllers zu folgen sein. Auch bei der vollständigen Nichtübertragung des Nutzungsrecht ist daher Sachmängelrecht anzuwenden.

In diesem Bereich ist es sehr wichtig, **vertragliche Regelungen darüber zu treffen,** in welcher Weise vorzugehen ist, wenn Dritte Rechte an der Software anmelden. Ohne solche Regeln ist der Käufer nachweispflichtig dafür, dass die Rechte nicht bestehen – eine Obliegenheit, die er in aller Regel nicht erfüllen kann. Daher muss in aller Regel ein Verfahren entwickelt werden, nach dem im Falle der Behauptung Dritter, Rechte an der Software zu haben, von Käufer und Verkäufer gemeinsam vorgegangen wird. Die BVB-Überlassung sehen hier vor, dass der Verkäufer sich nach außen hin mit dem Dritten auseinandersetzt und der Käufer ihn dabei unterstützt (vgl. § 13 BVB-Überlassung). Dieses Verfahren dürfte auch in allgemeinen Geschäftsbedingungen eingeführt werden können, weil der Verkäufer in aller Regel den Sachproblemen solcher Auseinandersetzungen näher steht als der Käufer. Denkbar sind aber auch andere Regeln. Wichtig ist nur, dass ein gemeinsames Verfahren vorgesehen wird.

---

[566] *Müller-Hengstenberg,* BVB/EVB-IT-Computersoftware, S. 55.
[567] *Palandt-Putzo,* § 435 Rdn. 7.
[568] NJW 2002, 1625 (1626).

Zu Möglichkeiten der Gestaltung von allgemeinen Geschäftsbedingungen ist auf die Ausführungen zur Softwareerstellung zu verweisen.

b) Altes Schuldrecht

563 Im alten Recht ist die Frage streitig, ob Sachmängelrecht gilt. Letztendlich werden die Sachmängelgewährleistungsvorschriften aber von Rechtsprechung und überwiegender Meinung in der Literatur angewandt, auch von denjenigen, die Software nicht für eine Sache halten.[569] Kritisiert wurde vor allem die fehlende Nachbesserungsmöglichkeit. Allerdings konnte der Veräußerer einen **Nachbesserungsanspruch** einräumen und zwar auch in allgemeinen Geschäftsbedingungen.[570] In der Praxis geschah dies auch oft[571] – wie bei der Lieferung anderer Gegenstände auch. Auch diese Möglichkeit ist in den BVB-Überlassung ausdrücklich vorgesehen (§ 10 BVB-Überlassung).

564 Die Anwendbarkeit der Gewährleistungsregeln setzt voraus, dass die gelieferte Software **mangelhaft** ist. Es muss also eine fehlerhafte Lieferung gegeben sein. Zum Mangelbegriff ist dabei auf die Ausführungen zum Werkvertragsrecht[572] zu verweisen. Der Mangelbegriff ist zwischen Werkvertrag und Kaufvertrag nicht unterschiedlich. Auch im Kaufrecht kommt es darauf an, dass die gelieferte Software negativ von der vertraglich geschuldeten Beschaffenheit abweicht.[573] Ist die Software mangelhaft, gibt es Gewährleistungsrechte, die durch Nachbesserung, insbesondere auch die nachträgliche Übersendung von Updates nicht ausgeräumt werden.[574]

Das Problem kann aber in vielen Fällen darin liegen, dass der von den **Vertragsparteien vorausgesetzte Zweck** die Funktion des Programms nicht so deutlich und klar definiert wie in Werkvertragsfällen. Bei einer Vereinbarung des Kaufs ganz bestimmter Softwarepakete sind nur die Eigenschaften vereinbart, die diese Softwarepakete gemäß den **Beschreibungen des Lieferanten** haben. Hier ist in aller Regel auf Prospektunterlagen, Handbücher und ähnliches abzuheben, die im Bereich der Vertragsverhandlungen übergeben worden sind.[575] Dabei geht es nicht um Zusicherungen, sondern lediglich um Beschreibungen der Leistungen. Das Problem besteht hier darin, dass im Gegensatz zu vielen üblichen Mängel, die sich im

---

[569] *Malzer*, Der Softwarevertrag, S. 144 ff., *Köhler/Fritzsche*, in: Lehmann (Hrsg): Rechtsschutz und Verwertung von Computerprogrammen, S. 517 (553); Vorauflage, Rdn. 340 ff.

[570] Zu den Einzelheiten oben Rdn. 58 f.

[571] Vgl. *Lesshaft/Ulmer*, CR 1988, 813 (817).

[572] Oben Rdn. 319 ff.

[573] Vgl. z. B. von *Westphalen/Seidel*, Aktuelle Rechtsfragen, S. 17; ebenso *Moritz*, in: Computerrechtshandbuch, Abschn. 42, Rdn. 128.

[574] OLG Köln, CR 2000, 354.

[575] Vgl. dazu OLG Karlsruhe, CR 1986, 549 (550); AG Plön, CR 1989, 916 (LS); AG Essen, CR 1988, 309 (310 f.), das sogar Herstellerprospekte einbezieht, die der Verkäufer nicht selbst übergeben hat.

IV. Der Erwerb von Software gegen Einmalzahlung

Gebrauch zeigen, die Mängel allen Exemplaren der jeweils veräußerten Standardsoftware anhaften dürften. Es gibt keinen Anlass anzunehmen, dass die verschiedenen Kopien unterschiedliche Eigenschaften aufweisen. Insoweit gibt es den individuellen Mangel, der nur einer bestimmten Kopie der Software anhaftet, praktisch nicht. Gerade dieser individuelle Mangel ist der normale Streitgegenstand, wenn es bei Kaufverträgen über die herkömmlichen Gegenstände um Gewährleistung geht, und zwar auch dann, wenn es sich um Fälle des Gattungskaufes handelt. Legt man die Eigenschaft zugrunde, die ein Softwarepaket, das dem vertraglich geschuldeten entspricht, üblicherweise hat, gibt es prinzipiell gar keine Mängel. Demgemäss muss man hier nicht auf die Eigenschaften der tatsächlich gelieferten Softwarepakete abheben, sondern auf die Eigenschaften, die ihnen von den Veräußerern vor Übergabe oder die solchen Paketen nach dem Stand der Technik als zum gewöhnlichen Gebrauch geeignet üblicherweise zugeschrieben werden. Diese Eigenschaften sind Grundlage der vertraglichen Vereinbarungen.

Daneben steht es den Parteien frei, kraft individueller Vereinbarung bestimmte Eigenschaften als vertragswesentlich, ggf. auch im Wege einer **Zusicherung** zu vereinbaren. Wann dies der Fall ist, wann insbesondere eine Zusicherung vorliegt, entscheidet sich dabei nach den Umständen des Einzelfalls.[576]

Die allgemeinen Grundsätze der Vertragsauslegung und der Voraussetzungen des Vorliegens von Zusicherungen gelten auch hier. Die Anforderungen an das Vorliegen einer Zusicherung sollten weder höher noch niedriger als allgemein üblich angenommen werden.[577] Ohne solche ausdrücklichen Leistungsvereinbarungen sind Eigenschaften, die sich auf die konkreten Umstände des Einzelfalls beziehen, nicht zu vereinbaren.[578] **In aller Regel** sind **bloße Beschreibungen** geschuldeter Programmleistungen **keine Zusicherung,** weil es an dem entsprechenden Willen des Veräußerers zur Garantieübernahme fehlt.[579] Oft scheitert die Annahme einer Zusicherung schon daran, dass die Aussage, um die es geht, nicht hinreichend eindeutig ist. Allerdings können sich Zusicherungen auch aus Angaben im Handbuch und Preisliste ergeben.[580]

Eine **Zusicherung** ist z. B. angenommen worden bei einer Vereinbarung, nach der ein Programm in deutscher Sprache zu liefern war,[581] bei

565

566

---

[576] Wie hier v. Westphalen/Seidel, Aktuelle Rechtsfragen, S. 19 ff; Köhler/Fritzsche, in: Lehmann (Hrsg.), Rechtsschutz und Verwertung von Computerprogrammen, S. 517 (564 f.); Marly, Softwareüberlassungsverträge, Rdn. 697 ff.
[577] Vgl. Tellis, BB 1990, 500 (502); Mehrings, NJW 1986, 1904 (1907); grundsätzlich zur Zusicherung auch Schack, AcP 1985, 333, teilweise mit einem von der h. M. abweichenden dogmatischen Ansatz; vgl. auch Moritz, in: Computerrechtshandbuch, Abschn. 42, Rdn. 136.
[578] OLG Koblenz, CR 1990, 41 (43).
[579] Ebenso Nauroth, CR 1987, 153 (156).
[580] OLG Köln, CR 1998, 80.
[581] OLG Hamm, CR 1989, 995 (LS).

der Angabe, es werde ein Originalgerät geliefert[582] oder der Zusage, die Software enthalte ein konkretes Verfahren.[583] Möglicherweise ist bei Auswahl von Fremdhardware durch den Softwarelieferanten auch die Kompatibilität der Software mit der ausgewählten Hardware zugesichert.[584] Dies erscheint allerdings schon zweifelhaft, weil es sich eher um einen Beratungsfehler handelt. Zu weitgehend ist jedenfalls die Entscheidung des LG Saarbrücken,[585] die volle Verwendbarkeit der Anlage für einen beabsichtigten Zweck sei zugesicherte Eigenschaft. Dies kann ohne explizite Zusage in aller Regel nicht sein. Wird allerdings einem professionellen Anwender erklärt, das von ihm erworbene Entwicklungswerkzeug erzeuge auf einem PC Programme mit gleichem Quellcode wie ein – eingeführtes – paralleles Großrechnerprogramm auf einem Großrechner, ist die Annahme einer Zusicherung naheliegend.[586] Keine Zusicherung war die Angabe, es werde ein komplettes Anwendungspaket geliefert, das auch von EDV-Laien und Hilfskräften zu bedienen sei.[587] Auch im Bereich der Software gibt es darüber hinaus Gütesiegel und andere Qualitätskennzeichen. Hier ist auf das oben Gesagte zu verweisen.[588]

567 Im Kaufvertragsrecht gibt es **Schadensersatzansprüche** eigentlich nur bei verletzten Zusicherungen. Daneben kommen allerdings Beratungsfehler in Betracht, wenn ungeeignete Software empfohlen wird und dann bei der Installation nicht nur überflüssige Kosten für den Erwerb der Software und eventuell auch für den Erwerb der zugrunde liegenden Hardware aufgewandt werden müssen, sondern auch im großen Umfang ein unnützer Arbeitsaufwand beim Erwerber zu verzeichnen ist.[589] Solche Schadensersatzansprüche sind prinzipiell denkbar, sei es unter dem Gesichtspunkt der culpa in contrahendo, sei es unter dem Gesichtspunkt der positiven Forderungsverletzung. Auch hier wird man allerdings kurzfristige Verjährungsfristen zu beachten haben. Zur Schadensberechnung sei auf die Ausführungen im Werkvertragsrecht verwiesen.[590]

568 Sind die Parteien Kaufleute, sind auch beim Softwareerwerb die §§ 377, 378 HGB zu beachten.[591] Für die Einzelheiten ist auf die obigen Ausführungen zu verweisen.[592]

---

[582] OLG Oldenburg, CR 1989, 107 (108).
[583] OLG Düsseldorf, *Zahrnt*, ECR OLG 130.
[584] So OLG Saarbrücken, CR 1990, 713 f.
[585] IuR 1986, 358 (359).
[586] So auch OLG Frankfurt, NJW-RR 1997, 555.
[587] OLG Karlsruhe, CR 1986, 549 (550); ähnlich OLG Düsseldorf, NJW-RR 1999, 563.
[588] Oben Rdn. 549.
[589] OLG Düsseldorf, *Zahrnt*, ECR OLG 130.
[590] Oben Rdn. 393.
[591] BGHZ 110, 130 (137 ff.).
[592] Rdn. 557 ff.

IV. Der Erwerb von Software gegen Einmalzahlung

Wichtig sind im Kaufvertragsrecht insbesondere eventuell auftretende **569**
Rechtsmängel. Es kommt immer wieder er Fall vor, dass der Verkäufer
nicht alle Rechte an der verkauften Software übertragen kann. Dafür haftet
er nach §§ 434, 440 BGB auch bei anfänglichem Unvermögen nach §§ 323 ff.
BGB.[593] Es entstehen also Schadensersatzansprüche, die bei anfänglicher
Unmöglichkeit nach herrschender Meinung kein Verschulden voraussetzen.[594] Allerdings kann sich der Schaden auf die Kosten einer nachträglichen
Lizenzierung oder der Beschaffung eines Ersatzprogramms beschränken,
insbesondere, wenn die Rechte nur an einem kleinen Teilprogramm nicht
vollständig übertragen werden.[595] Ein **Rücktritt** dürfte allerdings nur dann
möglich sein, wenn eine Nachfrist fruchtlos verstrichen ist, binnen derer
dem Lieferanten nachträglich auferlegt wird, die Rechte auch wirksam zu
beschaffen.[596] Der Lieferant kann auch nicht etwa nach Vertragsschluss vom
Kunden eine Erklärung verlangen, die dessen Rechte beschränkt.[597]

4. Verjährung

a) Neues Schuldrecht

Gewährleistungsansprüche **verjähren** im Kaufrecht in zwei Jahren ab Ab- **570**
lieferung der Kaufsache (§ 438 Abs. 1 Nr. 3 BGB). Bei **arglistigem Verschweigen** eines Mangels tritt eine Verjährung erst nach der Regelfrist des
§ 195 BGB ein. Sie beträgt drei Jahre und beginnt mit dem Ende des Jahres,
in dem der Käufer Kenntnis vom Mangel und seinem arglistigen Verschweigen erhält, spätestens 10 Jahre aber Entstehung des Anspruchs (§ 199 BGB),
bei Schadensersatzansprüchen evtl. erst 30 Jahre nach der Pflichtverletzung.
Ist freilich neben Lieferung auch Installation geschuldet, kommt Arglist möglicherweise schon dann in Betracht, wenn der Unternehmer Organisationspflichten im Zusammenhang mit der Ablieferungskontrolle vernachlässigt. Insoweit lassen sich werkvertragliche Pflichten möglicherweise auf Kaufverträge mit einer werkvertraglichen Nebenpflicht übertragen.[598]

Für den **Beginn der Verjährungsfrist** ist die Frage wichtig, was mit **Ab- 571
lieferung** gemeint ist. Wie schon ausgeführt wurde, setzen die Gericht im
Bereich der Software die Ablieferung oft der Abnahme im Sinne von § 640

---

[593] OLG Hamm, CR 1991, 15; OLG Nürnberg, *Zahrnt*, ECR OLG 98; *Junker*,
Computerrecht, Rdn. 401; *Köhler/Fritzsche*, in: Lehmann (Hrsg.), Rechtsschutz und
Verwertung von Computerprogrammen, S. 517 (555).
[594] *Palandt-Heinrichs*, 61. Aufl., § 440, 441 Rdn. 4 mwN.
[595] OLG Hamm, CR 1991, 15.
[596] **A.A.** OLG Hamm, *Zahrnt*, ECR OLG 2000 mit krit. Anm. *Zahrnt*.
[597] OLG Köln, NJW 1997, 1016.
[598] So *Schneider*, Handbuch des EDV-Rechts, Rdn. J 264 zu BGHZ 117, 318, dazu
näher oben Rdn. 396.

BGB gleich.[599] Dieser Meinung ist der BGH[600] zu Recht nicht gefolgt. Er hat ausgeführt, dass Ablieferung die Übergabe der Software als Erfüllung des Kaufvertrages in der Weise ist, dass die Software vom Kunden geprüft werden kann. Ist freilich Installation geschuldet, setzt die Ablieferung auch die Installation voraus. Ferner setzt die Ablieferung jedenfalls die Lieferung von Handbuch und Dokumentation sowie – wenn geschuldet – die Durchführung der Einweisung voraus.[601] Wird zusätzlich eine Schulung vereinbart, soll dies nicht Voraussetzung der Ablieferung sein.[602] Der von der obergerichtlichen Rechtsprechung darüber hinaus verlangte im Wesentlichen ordnungsgemäße Probelauf[603] als Voraussetzung für eine Ablieferung ist im Bereich des Kaufrechts aber nicht Voraussetzung der Ablieferung. Dadurch würde die Ablieferung der Abnahme zu sehr gleichgestellt. Neuerdings wird in der Literatur die Meinung vertreten, bis zur Annahme der Software als Erfüllung nach § 363 BGB sei die Verjährung nach § 293 S. 1 BGB gehemmt, weil die dieser Annahme vorausgehende Prüfung der Software auf Mangelfreiheit durch den Kunden als Verhandlung im Sinne dieser Vorschrift gelten müsse.[604] Dieser Meinung kann aber nicht gefolgt werden. Die bloße Aufnahme interner Prüfungen stellt – im Gegensatz zu Prüfungen, die der Lieferant auf Veranlassung des Kunden vornimmt – kein Verhandeln dar.

572   In **allgemeinen Geschäftsbedingungen** wird die **Abnahme** teilweise auch ausdrücklich als Beginn der Verjährung vorgesehen. Dies gilt z.B. für die BVB-Überlassung (§ 10 Nr. 3 Abs. 1 bzw. § 11 Nr. 2 Abs. 3 BVB-Überlassung). Bei unbegrenzter Nutzungsdauer dauert die Verjährungsfrist zwölf Monate (§ 10 Nr. 3 Abs. 2 bzw. § 11 Nr. 2 Abs. 3 BVB-Überlassung). Die Verjährungsfrist wird um die Tage verlängert, an denen die Anlage aufgrund von Mängeln wirtschaftlich nicht voll eingesetzt werden kann. Dieser Zusatz dürfte mit § 307 Abs. 2 Nr. 2 BGB kaum vereinbar sein, da eine Verlängerung der Verjährungsfrist zwar aufgrund technisch komplizierter Anlagen und damit längerer Untersuchungsdauer gerechtfertigt werden kann, die Frage wirtschaftliche Einsatzmöglichkeit aber kein sinnvoller An-

---

[599] Vgl. dazu OLG Düsseldorf, CR 1989, 689; ausführlich analysiert von *Schneider*, Handbuch des EDV-Rechts, Rdn. D 284 ff.; vgl. auch *Moritz*, in: Computerrechtshandbuch, Abschn. 42, Rdn. 151 ff.; ähnlich auch OLG Köln, *Zahrnt*, ECR OLG 72; OLG Koblenz, *Zahrnt*, ECR OLG 108 einschränkend OLG Düsseldorf, DuD 1990, 41 (42: gilt nur im Werkvertragsrecht); die Entscheidung verkennt aber die Bedeutung der früheren Entscheidung; ebenso einschränkend OLG München, *Zahrnt*, ECR OLG 76; vgl. auch oben Rdn. 520.
[600] BB 2000, 638 = CR 2000, 207.
[601] OLG Nürnberg, *Zahrnt*, ECR OLG 186; OLG Köln, NJW-RR 1995, 1456; OLG Celle, *Zahrnt*, ECR OLG 234 = DuD 1997, 295; *Schneider*, Handbuch des EDV-Rechts, Rdn. D 312 ff.
[602] OLG München, NJW-RR 2001, 1712 = CR 2000, 731.
[603] OLG Hamburg, *Zahrnt*, ECR OLG 240.
[604] *Koch*, ITRB 2002, 221 (223).

IV. Der Erwerb von Software gegen Einmalzahlung

satz für die Verlängerung der Verjährungsfrist ist.[605] Im übrigen stellt sich auch **generell die Frage**, ob man die **Abnahme** als Zeitpunkt für den **Beginn der Verjährung** vorsehen kann. Durch eine solche Regelung wird die Verjährung verlängert. Der Zeitpunkt des Verjährungsbeginns wird unbestimmt herausgeschoben. Gerade solche Verlängerungsklauseln hat die Rechtsprechung immer sehr kritisch gesehen.[606] Von daher kann eine Verjährungsregelung, die an die Abnahme anknüpft, allenfalls dann möglich sein, wenn sie die werkvertraglichen Regelungen zur Abnahme einschließlich der Regelungen zu ungerechtfertigten oder verzögerten Abnahmen voll übernehmen.

Die **Abnahme** ist verfahrensmäßig in den BVB-Überlassung ähnlich wie in den BVB-Erstellung geregelt (vgl. § 9 BVB-Überlassung). 573

Für **Rechtsmängel** stellt sich die Frage, ob nicht § 438 Abs. 1 Nr. 1 BGB Anwendung findet und die Verjährungsfrist 30 Jahre beträgt. Der Text der Regelung gibt dafür allerdings keinen Anhaltspunkt. Dort ist nämlich von dinglichen Rechten die Rede. Die Regelung hebt auch erkennbar auf die 30jährige Verjährung der Herausgabeansprüche nach § 196 BGB ab. Ansprüche aus Urheber- und Patentrechte sind von den in §§ 196 und 438 Abs. 1 Nr. 1 BGB genannten dinglichen Ansprüchen nicht umfasst.[607] Teilweise[608] wird die Vorschrift analog angewandt. Dies erscheit aber nicht richtig, weil der Gesetzgeber die Verjährungsfrist keinesfalls für alle Rechtsmängel auf 30 Jahre festlegen wollte, sondern nur für bestimmte, ausdrücklich erwähnte Rechte. Es muss daher auch für Rechtsmängel bei der Verjährungsfrist von 2 Jahren bleiben, obwohl die Ansprüche der Dritten länger bestehen. 574

b) Altes Schuldrecht

Gewährleistungsansprüche **verjähren** im Kaufrecht in 6 Monaten ab Ablieferung der Kaufsache (§ 477 BGB). Danach können sie aktiv nicht mehr geltend gemacht werden. Sie können allerdings einer Kaufpreisforderung auch später noch entgegengehalten werden, wenn die Mangelanzeige nur rechtzeitig abgesandt wurde (§§ 478 Abs. 2, 479 BGB). Dabei reicht beim Softwareerwerb auch die Anzeige der Mangelerscheinung, es muss nicht jede Ursache des Mangels dargelegt werden.[609] 575

Die Verjährungsfrist **gilt in der Regel** auch für **Schadensersatzansprüche** wegen fehlerhafter Beratung bei der Anschaffung der Software, da es dabei um einen Anspruch geht, der in einem engen Zusammenhang mit dem Man- 576

---

[605] Vgl. oben Rdn. 482.
[606] BGHZ 107, 75; NJW-RR 1991, 540; BB 1997, 176; vgl. auch oben Rdn. 497 und *Redeker*, ITRB 2002, 119.
[607] *Palandt-Putzo*, § 435 Rdn. 8, unterscheidet zwischen dinglichen und anderen absoluten Rechten, zu denen er auch Ansprüche aus Urheber- und Patenrechten zählt.
[608] *Eidenmüller*, NJW 2002, 1625 (1626).
[609] BGH, CR 1989, 916 (LS); vgl. auch OLG Hamm, CR 1990, 716 (717).

gel steht.⁶¹⁰ Etwas anderes gilt nur dann, wenn die beratende Tätigkeit nach Inhalt, Umfang, Intensität und Bedeutung für den Käufer den üblichen Rahmen einer Beratung durch den Verkäufer weit überschreitet. Dann gilt die allgemeine Verjährungsfrist des § 195 BGB.⁶¹¹ Dieser Fall dürfte vor allen Dingen dann gegeben sein, wenn der Verkäufer eigenständig berät, Erkundigungen einzieht und der Kunde ihm praktisch wie einem selbstständigen Berater vertraut.

577 Bei **arglistigem Verschweigen** eines Mangels tritt eine Verjährung erst nach 30 Jahren ein. Ist freilich neben Lieferung auch Installation geschuldet, kommt Arglist möglicherweise schon dann in Betracht, wenn der Unternehmer Organisationspflichten im Zusammenhang mit der Ablieferungskontrolle vernachlässigt. Insoweit lassen sich werkvertragliche Pflichten möglicherweise auf Kaufverträge mit einer werkvertraglichen Nebenpflicht übertragen.⁶¹²

578 Für den **Beginn der Verjährungsfrist** und auch für das Ende der allgemeinen Leistungsstörungsrechte nach §§ 325 ff. BGB ist die Frage wichtig, was mit **Ablieferung** im Sinne von § 477 BGB gemeint ist. Der Begriff spielt auch im neuen Recht eine wichtige Rolle. Auf die obigen Ausführungen ist zu verweisen.⁶¹³

579 Im übrigen gilt hinsichtlich der **Hemmung der Verjährung** § 639 Abs. 2 BGB entsprechend und zwar nicht nur dann, wenn ein Nachbesserungsrecht vereinbart ist,⁶¹⁴ sondern auch sonst, wenn Nachbesserungsversuche unternommen werden.⁶¹⁵ Die Hemmung bezieht sich auf alle Gewährleistungsrechte und auch einen evtl. Schadensersatzanspruch wegen fehlerhafter Beratung in bezug auf diese Mängel.⁶¹⁶ Sie bezieht sich allerdings nur auf den jeweils gerügten Mangel. Die Verjährung wegen anderer Mängel wird nicht gehemmt.

580 Nach dem 1. 1. 2002 gilt für die **Hemmung** allerdings **neues Recht**.
In umfangreichen Nachbesserungsarbeiten kann darüber hinaus auch ein Anerkenntnis des Mangels und damit eine Unterbrechung der Verjährung liegen.⁶¹⁷

---

⁶¹⁰ BGH, WM 1984, 1092 (1095); OLG München, CR 1988, 130 (132) = BB 1984, 1895 (1896).
⁶¹¹ BGH, BB 1999, 1999.
⁶¹² So *Schneider*, Handbuch des EDV-Rechts, Rdn. J 264 zu BGHZ 117, 318, dazu näher oben Rdn. 396.
⁶¹³ Rdn. 571.
⁶¹⁴ Grundlegend BGHZ 39, 287 (292 ff.); OLG Köln, CR 1988, 723 (728 f.); OLG München, CR 1988, 130 (131).
⁶¹⁵ BGH, NJW 1999, 2961 = BB 1999, 1783.
⁶¹⁶ BGH, WM 1984, 1092 (1095); *Heussen*, AnwBl. 1986, 371 (373).
⁶¹⁷ BGH, NJW 1999, 2961 = BB 1999, 1783; die Entscheidung bespricht *Waas*, BB 1999, 2472.

IV. Der Erwerb von Software gegen Einmalzahlung

5. Sonstige Leistungsstörungen

Die **Konsequenzen von Leistungsstörungen** im Übrigen sind im Kaufrecht denen im Werkvertragsrecht weitgehend gleich. Insbesondere gelten auch im Kaufvertragsrecht vor der endgültigen Erfüllung, d.h. vor der Ablieferung, die Leistungsstörungsregelung des allgemeinen Schuldrechts, also insbesondere die §§ 323 ff. BGB. Hier ist vor allem die Möglichkeit zu nennen, nach Fristsetzung gemäß § 323 BGB vom Vertrag zurückzutreten oder nach §§ 280 ff. BGB Schadensersatz zu verlangen. Unabhängig davon kann während der Zeitdauer des Verzuges der Verzugsschaden geltend gemacht werden. 581

Zu den Einzelheiten ist auf die Ausführungen oben[618] zu verweisen.

Bei handelsüblicher Software kann ein **mehrjähriger Verzug** mit der Ablieferung an einen Zwischenhändler zur **Unmöglichkeit** führen, weil die Software nicht mehr vertrieben werden kann.[619]

6. Schutzhüllenverträge und Entervereinbarungen

In der Branche sehr üblich sind insbesondere bei Massenware besondere Vertragsgestaltungsformen. 582

Der Hersteller, der in aller Regel ja nicht mit dem Verkäufer identisch ist, schweißt Benutzungsbedingungen in die **Hüllen** ein, in denen die Datenträger oder das sonstige Material verpackt sind. Angeblich soll durch **Aufreißen** dieser Hüllen ein Vertrag zu den dort genannten Konditionen zustande kommen.

Ähnlich ist es so, dass bei den heute gängigen PC-Programmen bei der **Installation** abgefragt wird, ob die Herstellerbedingungen bekannt sind und man mit ihnen einverstanden ist. Nur dann, wenn man die entsprechende Frage mit ja beantwortet, wird die Installation durchgeführt. Es fragt sich, ob und mit wem hier mit welchem Inhalt Verträge zustande gekommen sind.

Zu bemerken ist zunächst, dass Grundlage des **Erwerbs** der jeweiligen Software Verträge mit dem jeweiligen Verkäufer sind, die in den hier gewählten Konstellationen in aller Regel nicht mit dem Hersteller identisch ist. Diesen Verträgen können allgemeine Geschäftsbedingungen zugrunde liegen, die auch Lizenzbedingungen umfassen. Ob und wie dies der Fall ist, ist in Einzelfällen sehr unterschiedlich. Verträge mit den Herstellern will der Kunde nicht abschließen. Er hat das Produkt ja auch schon vom Händler gekauft. Die Hersteller möchten gerne aber direkte Vertragsbeziehungen haben, um auch Nutzungseinschränkungen durchsetzen zu können. 583

---

[618] Rdn. 405 ff.
[619] OLG Frankfurt/a. M., *Zahrnt*, ECR OLG 259 = CR 1997, 734.

Wird die Installation vom Verkäufer vorgenommen, der ein fertig installiertes Produkt übergibt, was zumindest im PC-Bereich mit der aktuellen Version von Windows und manchen anderen Grundprogrammen häufig geschieht, ist ganz offenkundig, dass ein Vertrag nicht zustande gekommen sein kann. Von den getroffenen Vereinbarungen mit Microsoft erfährt der Kunde nichts.

584 Installiert der Kunde selber oder reißt er selbst die Datenträgerpackungen auf, kann die Situation anders sein. Handelt dabei freilich ein zum Abschluss von Verträger nicht bevollmächtigter Mitarbeiter des Kunden, kommt jedenfalls kein Vertrag zustande. Auch der Mitarbeiter haftet nicht, weil dem Hersteller keine Erklärung zugeht, auf die er in irgendeiner Weise vertrauen kann.

585 Handelt der Kunde selbst oder ein bevollmächtigter Vertreter, kann ein Vertragsschluss in Betracht kommen. In diesem Fall geht es allerdings nicht darum, die **Herstellerbedingungen** als Vertragsbestandteile des Vertrages mit dem Verkäufer zu vereinbaren. Dazu müsste der Verkäufer auf die entsprechenden Herstellerbedingungen ausdrücklich hinweisen und diese vor oder spätestens bei Vertragsschluss auch kenntlich machen. Dies ist in aller Regel nicht der Fall.[620] Man wird angesichts der Vertragswirklichkeit nicht davon ausgehen können, dass der Verkäufer zu den Lizenzbedingungen des Herstellers Verträge abschließen kann und will.

In Frage käme noch, dass ein eigener **Vertrag mit dem Hersteller** geschlossen wird. Dies liegt in den vorliegenden Konstellationen nicht im Interesse des Kunden. Er begreift dies auch nicht so. Dies gilt auf jeden Fall für das Aufreißen von Schutzhüllen, weil kein Kunde damit irgendein Erklärungsbewusstsein verbindet, wenn er auf diese Weise nur die Nutzung einer von einem Vertragshändler erworbenen Kopie ermöglicht. Ein solcher Vertrag ist auch nicht erforderlich, da sich die Nutzungsrechte zum einen aus dem Vertrag mit dem Vertragshändler herleiten können und zum anderen sich eben diese Rechte auch aus § 69d UrhG ergeben.[621]

Man wird daher davon ausgehen können, dass die Schutzhüllenverträge zu keinem relevanten Vertragsschluss führen.[622]

586 Anders stellt sich die Situation bei dem Aufruf bei der Installation dar. Selbstverständlich entstehen dadurch keine **neuen AGB-rechtlichen Beziehungen** zum Händler. Dessen Vertrag bleibt unverändert. Möglicherweise ergibt sich aber hier ein zusätzlicher Vertrag mit dem Hersteller. Immerhin wird klar erklärt, dass ein solcher Vertrag geschlossen werden soll.

---

[620] Ebenso *Marly*, Softwareüberlassungsverträge, Rdn. 376; *Schumacher*, CR 2000, 640 (642).

[621] Vgl. die ausführlichen Erörterungen bei *Marly*, Softwareüberlassungsverträge, Rdn. 379 ff.; wie hier auch *Pres*, Gestaltungsformen, S. 183 f.; *Schneider*, Handbuch des EDV-Rechts, Rdn. J 4 ff.; *Schumacher*, CR 2000, 640 (642).

[622] A. A. *Berger*, in: Redeker (Hrsg.): Handbuch der IT-Verträge, Abschn. 1.2, Rdn. 27 ff.

IV. Der Erwerb von Software gegen Einmalzahlung

Ergeben sich dadurch Einschränkungen in den Nutzungsrechten gegenüber dem ursprünglichen Kaufvertrag, wäre der Kaufvertrag teilweise nicht erfüllt, so dass möglicherweise die dort vorhandenen Rechte geltend zu machen sind.

Allerdings dürfte es auch hier allenfalls um ein **Entgegennehmen von Nutzungseinschränkungen** hinsichtlich der Nutzung der Software gehen, also allenfalls eine dingliche Nutzungseinschränkung erfolgen. Dazu bedarf es keiner eigenen Erklärung der Kunden. Einen eigenen Vertrag mit eigenen Pflichten des Kunden gegenüber dem Hersteller wird man auch in diesen Fällen in aller Regel nicht ableiten können. Die Verträge sind insoweit nicht eindeutig. Für die Kunden wird nicht erkennbar, dass ein weiterer Vertrag abgeschlossen wurde. Rechte des Herstellers gegenüber dem Kunden lassen sich daraus also über die gesetzlich bestehenden Rechte hinaus nicht ableiten.[623] Die dinglichen Einschränkungen sind aber wirksam, soweit sie zulässig sind.[624]

In früherer Zeit scheiterten all diese Dinge ohnehin auch noch an § 34 GWB. Diese Einschränkung gilt heute nicht mehr.

Gerichtliche Entscheidungen zu den hier vorliegenden Problemen gibt es allerdings so gut wie nicht.

7. Kauf auf Abruf

Nicht ungewöhnlich ist eine Vertragsgestaltung, in der Software an größere Unternehmen so verkauft wird, dass zwar eine bestimmte Anzahl von Lizenzen gekauft wird, diese aber erst nach und nach abgerufen und auch erst dann bezahlt werden.

587

Ruft der Kunde nicht ab, hat der Lieferant einen einklagbaren Anspruch auf Abruf, der freilich nach einer Entscheidung des BGH nur eine Nebenverpflichtung darstellt.[625] Allerdings haftet der Lieferant auch bei Verletzung dieser Verpflichtung auf Schadensersatz. Insbesondere muss er bei Vorliegen der Verzögerungsfolgen auch den Verzugsschaden (insbesondere Zinsschäden) ersetzen. Möglicherweise ist freilich § 375 HGB analog anwendbar.

Offen ist freilich, ob der Lieferant bei mangelndem Abruf Abruf und Zahlung gleichzeitig einklagen kann oder ob zwei Verfahren erforderlich sind. Kann man § 375 HGB analog anwenden, bedarf es nur eines Verfahrens. Diese Frage hat der BGH aber ausdrücklich offen gelassen.

---

[623] Noch einschränkender (ganz wirkungslos) *Schneider,* Handbuch des EDV-Rechts, Rdn. J 8; *Marly,* Softwareüberlassungsverträge, Rdn. 383.
[624] Dazu oben Rdn. 53 ff.
[625] BGH, NJW 1972, 99 ff.; zustimmend *Staudinger-Köhler,* § 433 Rdn. 190 ff.

8. Softwarehinterlegung

588 In der Praxis viel verlangt, theoretisch relativ streitträchtig, in Gerichtsurteilen aber völlig unerheblich, ist eine **Art von Sicherung**, die zwischen einem Softwarelieferanten und seinem Kunden häufig dann vereinbart wird, wenn der Kunde weder Quellcode noch umfassende Rechte an der Software erhält, also insbesondere im Bereich des Erwerbs von Standardsoftware.[626] Hintergrund ist die Befürchtung der Kunden, dass dann, wenn das Softwareunternehmen seine Geschäftstätigkeit einstellt und auch kein Ersatzanbieter am Markt vorhanden ist, die Software nicht mehr gepflegt werden kann. Hat dann der Kunde nicht selbst den Quellcode und entsprechende Kenntnisse sowie die hinreichend notwendigen Entwicklungs- und Wartungsdokumentationen, kann er weder Fehler reparieren noch die Software in anderer Weise weiterentwickeln. Er findet am Markt auch niemanden, der dies könnte, weil bei der bloßen Benutzung von Objektcode eine solche Möglichkeit überhaupt nicht besteht. Die Software wird dann möglicherweise kurzfristig unbrauchbar. Dem soll vorgebeugt werden.

589 Das Problem wäre dadurch **lösbar**, dass der Kunde den **Quellcode** der Software nebst den notwendigen Dokumentationen und entsprechende Änderungsrechte erhielte. In den hier betrachteten Fällen kommt dies nicht in Betracht. Der Quellcode der Software und die Änderungsrechte an ihm sind das entscheidende Kapital des Unternehmens. Ihre Weitergabe an den Kunden mit den sich daraus ergebenden Missbrauchsgefahren ist nicht möglich. Der sich hier ergebenden Konfliktsituation zwischen dem legitimen Interesse des Kunden, in bestimmten Situationen über den Quellcode verfügen zu können und dem Interesse des Unternehmens, seinen Quellcode an möglichst wenig Personen herauszugeben und die daran bestehenden Rechte selbst zu behalten, soll die Softwarehinterlegung entgegenwirken. Nicht der Kunde, sondern eine neutrale Stelle erhält die Software und darf sie nur unter ganz bestimmten Voraussetzungen herausgeben. Nur für den Fall, in dem der Quellcode herausgegeben werden darf, erhält der Kunde die notwendigen Rechte, insbesondere die Änderungsrechte. Man spricht von **Softwarehinterlegung**. Beteiligt an dem dadurch entstehenden Rechtsverhältnis sind drei Parteien, der Softwarelieferant, der Kunde und die Hinterlegungsstelle.

Hinterlegungsstelle können theoretisch alle Personen sein. Eingebürgert hat sich eine Hinterlegung bei Notaren, gelegentlich auch spezialisierten Rechtsanwälten sowie bei speziellen Firmen, den sogenannten Escrow Agents.

---

[626] Zum Folgenden vgl. *Kast/Meyer/Wray*, CR 2002, 379; *Karger*, in: Computerrechtshandbuch, Abschn. 36, Rdn. 9ff.; *Kammel*, in: Computerrechtshandbuch, Abschn. 171, Rdn. 113 ff.; *Lensdorf*, CR 2000, 80 ff.

IV. Der Erwerb von Software gegen Einmalzahlung 227

In den **Verträgen** muss Verschiedenes **geregelt** werden. Insbesondere 590 wichtig eine Regelung darüber, welche Software wann zu hinterlegen ist. Hier geht es zum Einen darum, welche **Materialien** (insbesondere Dokumentationen) hinterlegt werden sollen, und weiterhin darum, dass nach jeder Fehlerbehebung, sei es durch Patches, sei es durch neue Versionen, nach jeder Weiterentwicklung der Software, überhaupt nach jeder Änderung der Softwarecodes auch das hinterlegte Exemplar des Quellcodes aktualisiert wird. Dies muss ausdrücklich in den Vereinbarungen zwischen dem Softwarehersteller und seinem Kunden und auch im Vertrag mit der Hinterlegungsstelle geregelt sein. Insbesondere sollte darauf geachtet werden, dass die Hinterlegungsstelle immer wieder prüft, ob bei ihr tatsächlich der aktuelle Code hinterlegt ist und sie zu entsprechenden Nachfragen sowohl beim Softwarehersteller wie auch beim Kunden berechtigt und verpflichtet ist.[627] Dieses Problem legt es auch nahe, eine Hinterlegungsstelle zu beauftragen, die dieses Problem sachkundig bearbeiten kann. Gerade die wichtige Situation der Insolvenz verlangt hier sorgfältige Kontrollen, denn das Softwareunternehmen wird bei drohender Insolvenz viele Dinge für wichtiger halten als die sorgfältige Pflege der hinterlegten Quellcodes. In diesem Zusammenhang muss auch geregelt werden, wie und in welcher Weise die Hinterlegungsstelle den Code aufbewahrt, damit nicht etwa durch fehlerhafte Hinterlegung die Speichermedien beschädigt und dadurch der hinterlegte Code unbrauchbar wird.

Wichtig ist ferner zu regeln, **wann und unter welchen Umständen** die Hinterlegungsstelle **berechtigt** und **verpflichtet** ist, den Code an den Kunden **herauszugeben**. Widerstreitende Interessen des Softwareherstellers und des Kunden müssen an dieser Stelle zum Ausgleich gebracht werden. Natürlich möchte der Softwarehersteller den Code möglichst in seinem Verfügungsbereich haben und ebenso klar ist, dass der Kunde möglichst immer dann, wenn es aus seiner Sicht sinnvoll erscheint, den Code haben möchte.

Einfach sind Fälle der **Insolvenz.** In dem Augenblick, in dem entweder 591 ein vorläufiger Insolvenzverwalter bestellt oder die Insolvenz eröffnet wird, soll eine Herausgabe erfolgen können. Diese Regelung ist als solche zwischen den Parteien relativ leicht zu klären. Hier gibt es allerdings andere juristische Probleme, auf die noch einzugehen sein wird.

Zwischen den Parteien schwieriger zu regeln sind alle **anderen Heraus-** 592 **gabefälle.** Noch relativ leicht zu regeln wird auch der Fall sein, dass das Softwareunternehmen seine Tätigkeit einstellt und die Software auch keinem anderen Unternehmen übertragen wird, so dass am Markt überhaupt keine Pflege der Software mehr zu erhalten ist. Hier wird man auch eine entsprechende Herausgabe vereinbaren können. Fraglich ist nur, wie denn

---

[627] Näher: *Karger,* in: Computerrechtshandbuch, Absch. 36, Rdn. 34 f.; *Lensdorf,* CR 2000, 80 (84).

ein solcher Fall nachgewiesen werden kann, wenn zwischen den Parteien keine Übereinstimmung herrschte, ob dieser Fall vorliegt.

Noch schwieriger wird es dann, wenn nur im individuellen Fall die **Wartung eingestellt wird** und im Prinzip eine Weiterwartung noch erhältlich ist, möglicherweise aber der Vertragspartner dem Kunden nicht mehr gut genug erscheint oder schlichtweg nur Streit über die Ordnungsmäßigkeit der Wartung und Pflege herrscht und der Kunde, weil er die Softwarepflege seines Lieferanten für ungenügend hält, jetzt dazu übergehen möchte, selbst zu pflegen oder ein anderes Unternehmen damit zu beauftragen. Hat der Kunde sachlich recht, mag er auch einen entsprechenden Anspruch haben. Hier wird aber schon eine vertragliche Vereinbarung dahingehend, dass ein solches Recht überhaupt besteht, mit dem Softwarehersteller schwer herzustellen sein. Ähnliches gilt für eine Vereinbarung dahingehend, dass der Quellcode während eines Softwareprojekts z. B. wegen einer Kündigung des Kunden herauszugeben ist.[628]

593 Noch viel schwieriger ist, zu regeln, wie denn die entsprechende **Voraussetzung** der Hinterlegungsstelle gegenüber **glaubhaft gemacht werden** kann, so dass diese den Code dann auch herausgeben wird. Immerhin muss ja die Hinterlegungsstelle prüfen, ob sie den Code überhaupt herausgeben kann, wenn sich die Parteien über eine solche Voraussetzung streiten. In der Praxis wird meist mit eidesstattlichen Versicherungen gearbeitet. Solche eidesstattlichen Versicherungen mögen wegen einer eventuellen Strafbarkeit bei fahrlässiger Abgabe relativ nützlich sein. Sie lösen das Problem aber nur begrenzt.

Möglicherweise wird man hier eine Regelung herbeiführen müssen, nach der bei Streit über das Vorliegen solcher Voraussetzungen relativ kurzfristig eine Schiedsstelle entscheidet, die auch die Hinterlegungsstelle sein kann.[629]

594 Eine Herausgabe kommt möglicherweise auch bei einem **Gesellschafterwechsel** im Bereich des Softwarelieferanten in Betracht, wenn dadurch lebenswichtige Interessen des Kunden berührt sind (z. B. bei Übernahme des Lieferanten durch einen unmittelbaren Konkurrenten des Kunden). Auch hier kann der Nachweis des Hinterlegungsfalles schwierig werden.

Insgesamt sind der Vertragsgestaltung hier viele Aufgabe gestellt.[630]

Prinzipiell lässt sich zumindest in individuellen Verträgen viel regeln. Eine Pflicht zur Hinterlegung, die sich aus allgemeinen Geschäftsbedingungen ergibt, dürfte jedenfalls problematisch sein, wenn es sich um die Einkaufsbedingungen des Kunden handelt.

---

[628] Vgl. *Lennsdorf*, CR 2000, 80 (84 f.).
[629] Vgl. auch *Karger*, in: Computerrechtshandbuch, Abschn. 36, Rdn. 97 ff., 116 ff.; *Lensdorf*, CR 2000, 80 (85).
[630] Vgl. dazu z. B. und zu weiteren Vertragsinhalten: *Karger*, in: Computerrechtshandbuch, Abschn. 36; *Berger*, in: Redeker (Hrsg.): Handbuch der IT-Verträge, Abschn. 1.7.

Der praktisch wichtigste Fall ist der schon erwähnte Fall der Insolvenz. Dieser wirft allerdings unabhängig von dem bisher Diskutierten auch die größten rechtlichen Probleme auf. Diese haben mit den Spezialitäten des Insolvenzrechts zu tun. Insbesondere muss die Vertragsgestaltung so sein, dass der Vertrag wirksam und auch nicht durch den Insolvenzverwalter anfechtbar ist.

Hier ist zunächst einmal wichtig, dass die **Hinterlegungsvereinbarung** sozusagen **Teil** des zugrundeliegenden **Erwerbsvertrages** ist – jedenfalls was ihre Grundzüge im Verhältnis zwischen Softwarelieferant und dessen Kunden betrifft.[631] Dadurch wird deutlich, dass die Hinterlegung nicht unentgeltlich, sondern entgeltlich erfolgt ist. Dies ist sehr wichtig, weil dies im Rahmen der Insolvenzanfechtung nach §§ 130ff. InsO von Bedeutung ist. Ferner dürfen die Rechte, die der Kunde erhält, nicht weiter gehen als sie zur Wahrung der weiteren Nutzbarkeit seiner Software erforderlich sind.[632] Es wird dadurch deutlich, dass der Kunde nur eine Leistung erhält, die er braucht, um die von ihm bezahlte Software weiter nutzen zu können. Die **Regelung** muss die eingangs geschilderte **Interessenlage wiedergeben** und darf die Insolvenzmasse nicht mehr belasten als unbedingt nötig. Ferner muss der Kunde die ihm zustehenden Positionen – wenn auch bedingt – schon bei Vertragsschluss und nicht erst bei Insolvenzeröffnung erhalten.

Auch bei Berücksichtigung dieser Gesichtspunkte kann man derzeit nicht ausschließen, dass eine Insolvenzanfechtung erfolgreich sein kann. Man kann das Risiko aber deutlich reduzieren. Die rechtliche Unsicherheit spiegelt sich auch darin, dass in der Literatur hier sehr unterschiedliche Vertragsgestaltungen vorgeschlagen werden.[633] Eine Sicherheit kann man erst bei einer gesicherten höchstrichterlichen Rechtsprechung haben können. Solche Rechtsprechung fehlt aber noch vollständig, was man – optimistisch – auch als Indiz für eine mangelnde praktische Relevanz des Problems ansehen kann.

595

V. Der Erwerb von Hard- und Software auf Zeit

1. Allgemeine Probleme des Mietvertrages

a) Grundsätzliches

So problematisch die Einordnung von Softwareüberlassungsverträgen bei Einmalzahlung für eine Nutzung ist, so im Wesentlichen unstreitig ist die **Einordnung von Verträgen** über die Nutzung von Hardware oder Soft-

596

---

[631] Vgl. *Karger*, in: Computerrechtshandbuch, Abschn. 36, Rdn. 72.
[632] Zum Ganzen: *Kast/Meyer/Wray*, CR 2002, 379 (383 f.).
[633] *Kammel*, in: Computerrechtshandbuch, Abschn. 171, Rdn. 121 ff. schlägt z.B. vor, den Quellcode vollständig gegen Zahlung eines Preises an den Kunden zu überlassen; anders *Berger*, in: Redeker (Hrsg.): Handbuch der IT-Verträge, Abschn. 1.7, Rdn. 7ff., 87ff.; vgl. auch *Haines*, CR 2002, 779.

ware **auf Zeit** bei zumeist regelmäßigen Zahlungen. Hardwareverträge dieser Art sind völlig unstreitig **Mietverträge**. Bei Softwareverträgen ist eine Einordnung als Mietvertrag an sich problematisch, wenn man Software als solche nicht als Sache ansieht. Mietverträge können eigentlich nur über Sachen abgeschlossen werden. In der Erstauflage ist daher die Meinung vertreten worden, es handele sich in aller Regel um Pachtverträge. Es hat sich aber die allgemeine Meinung durchgesetzt, auch bei **Software** handele es sich um **Mietverträge**.[634] Letztendlich ist die Frage deswegen nicht so umstritten, weil nach allgemeiner Meinung auf jeden Fall die Regeln des Miet- oder Pachtvertrages, die in fast allen wesentlichen Fragen identisch sind,[635] zumindest analog Anwendung finden sollen.

597 Neuerdings spricht das **OLG Köln**[636] in einem solchen Fall von einem **Lizenzvertrag** und hält auch einen Lizenzvertrag über noch herzustellende Gegenstände für möglich. Auf diesen Vertrag soll außerdem Werkvertragsrecht Anwendung finden. Die Kennzeichnung als Lizenzvertrag ist jedoch wenig hilfreich, weil der Lizenzvertrag vom BGH vertragsrechtlich unterschiedlich eingeordnet wird.[637] Es bleibt in der Entscheidung auch unklar, ob es um eine Überlassung auf Zeit geht oder nicht. Bei einer Überlassung auf Dauer ist aber die Einordnung als Lizenzvertrag jedenfalls ungewöhnlich, weil es dann um einen Werk- oder Werklieferungsvertrag ginge.[638] Daher ist wohl von einer Überlassung auf Zeit auszugehen.[639] Dann kann man aber von einem Mietvertrag über eine noch herzustellende Sache ausgehen. Solche Verträge gibt es im Bereich der Vermietung noch herzustellender Gebäude durchaus häufig. Auch im Softwarebereich kann man sie einsetzen.

598 Festzuhalten bleibt aber, dass es bei den hier vorliegenden Betrachtungen nur um eine von vornherein zeitlich begrenzte oder nach den Vorstellungen der Parteien durch Kündigung zu beendende ebenfalls zeitlich begrenzte Überlassung von Software geht. Es geht nicht um Verträge, in denen Software bzw. Hardware gegen **mehrfache Zahlung,** aber von vornherein auf Dauer überlassen werden. Im letzteren Fall greift hier Kaufrecht ein, wobei bei einem Verbrauchergeschäft die Vorschriften der §§ 499 ff. BGB zu beachten sind. Umgekehrt kann es auch eine zeitlich begrenzte Überlassung von Software gegen eine einmalige Zahlung geben. Auch dies wäre ein Mietvertrag.[640]

---

[634] Z. B. *zur Megede,* NJW 1989, 2581 (2582); *Dörner/Jersch,* IuR 1988, 137 (146); *Köhler/Fritzsche,* in: Lehmann (Hrsg.), Rechtsschutz und Verwertung von Computerprogrammen, S. 517 (604 f.).
[635] Zu den Unterschieden in Einzelfällen: *Karger,* in: Redeker (Hrsg.): Handbuch der IT-Verträge, Abschn. 1.9, Rdn. 18.
[636] Urt. v. 14. 2. 2001, 19 U 176/95, JurPC WebDok. 31/2002.
[637] Vgl. oben Rdn. 528 ff.
[638] Dazu oben Rdn. 296 ff.
[639] A. A. (Kombination aus Werk- und Mietvertrag): *Karger,* CR 2002, 357 (359) und in: Redeker (Hrsg.): Handbuch der IT-Verträge, Abschn. 1.9, Rdn. 25 f.
[640] Wie hier *Koch,* Computer-Vertragsrecht, Rdn. 797 ff.

Wie auch sonst im Miet- oder Pachtrecht üblich, kann die zeitliche Be- 599
grenzung entweder durch eine befristete Vertragsdauer oder durch **Einräumung** von regulären **Kündigungsmöglichkeiten** zum Ausdruck kommen. Die bloße Einräumung eines außerordentlichen Kündigungsrechts im
Falle von Vertragsverstößen in Verträgen, in denen Software auf Dauer gegen Einmalzahlung überlassen wird, macht diese noch nicht zu Mietverträgen. Denn es ist an sich eine Überlassung auf Dauer vorgesehen. Es geht lediglich um eine Sanktion für Vertragsverstöße. Die zugrunde liegenden
Verträge blieben Kauf-, Werk- oder Werklieferungsverträge.

Die **Pflicht zur Mietzahlung** beginnt mit der **Überlassung der Anlage** 600
in **betriebsbereitem Zustand**. In der Praxis wird teilweise vereinbart,
diesen Zustand durch eine Abnahme festzustellen (so z.B. § 8 der für die
Miete von Hardware einschlägigen BVB-Miete[641] bzw. § 9 BVB-Überlassung). Die Pflicht zur Mietzahlung beginnt konsequenterweise erst mit der
Abnahme (so auch sinngemäß § 8 Nr. 6 BVB-Miete bzw. § 5 Nr. 2 BVB-
Überlassung). Rechtliche Bedenken gegen eine solche Gestaltung auch in
allgemeinen Geschäftsbedingungen des Mieters sind nicht bekannt geworden.

Ohne ausdrückliche Vereinbarung kann weder Mieter noch Vermieter das
Mietobjekt während der Mietzeit ändern. Meist werden freilich entsprechende Änderungsklauseln vereinbart. **Änderungsrechte** des Vermieters
können dabei jedenfalls in allgemeinen Geschäftsbedingungen nur dann vereinbart werden, wenn solche Rechte nur in dem Fall bestehen, in dem durch
die Änderungen die Gebrauchsmöglichkeiten des Mieters einschließlich des
Betriebs von mit der Mietsache verbundenen Anlagen nicht beeinträchtigt
werden. Alle anderen Klauseln widersprechen § 9 Abs. 2 AGBG. Ein pau-
schales Änderungsverbot für den Mieter, das auch Mängelbeseitigungsrechte
ausschließt, ist ebenfalls nicht vertretbar.[642]

Während der Mietzeit besteht auch eine **Beratungspflicht** des Vermieters, 601
insbesondere zur Abklärung darüber, ob gemeldete Mängel Mängel sind
oder es sich um Bedienungsfehler handelt.[643]

b) Gewährleistung

Probleme ergeben sich im Miet- bzw. Pachtrecht aus den dortigen Gewähr- 602
leistungsregeln. Der **Mangelbegriff** im Mietrecht entspricht letztlich dem
des Werkvertrags- bzw. Kaufrechts.[644] Allerdings ist § 536 Abs. 1 S. 1 BGB
der Terminologie von §§ 434 Abs. 1, 633 Abs. 2 BGB nicht angepasst worden, so dass auf den ersten Blick deutliche Unterschiede bestehen. Aber wie

---

[641] Veröffentlicht in Anl. Nr. 2 zum BAnz. Nr. 23 v. 2. 2. 1973.
[642] Zu verschiedenen Klauseln vgl. *Schneider*, Handbuch des EDV-Rechts, Rdn. J 439 ff.
[643] OLG Hamm, *Zahrnt*, ECR OLG 115.
[644] Ebenso *Schneider*, Handbuch des EDV-Rechts, Rdn. F 230.

schon oben[645] ausgeführt, bestehen zwischen dem Mangelbegriff des alten und des neuen Rechts nur geringe Unterschiede, so dass der terminologische Unterschied nicht wichtig ist. Es fehlt allerdings im Mietrecht der weitgehende Bezug des § 434 Abs. 1 S. 3 BGB auf die Werbung des Herstellers als Sachbeschreibung. Diese Norm ist daher im Mietrecht nicht anwendbar. Allerdings konnten Beschreibungen in Herstellerprospekten auch bislang schon Eigenschaften der Sache beschreiben.[646] Dies gilt auch im Mietrecht. Mit dieser Einschränkung kann für den Mangelbegriff im Mietrecht auf die Ausführungen zu Werkvertrags- und Kaufrecht[647] verwiesen werden.

603 Eine mietrechtliche **Besonderheit** ergibt sich bei Mängeln, die auf Umgebungsumständen beruhen, die erst nach Beginn des Mietverhältnisses entstehen. In der Rechtsprechung sind solche Mängel teilweise nicht als Mängel im Rechtssinne behandelt worden. Dies hat das OLG Hamm jedenfalls für den Fall entschieden, dass ein Zahnarztsystem deswegen für den Mieter unbrauchbar wurde, weil es den nach Mietbeginn erlassenen Vorschriften der Kassenzahnärztlichen Vereinigung nicht entsprach.[648] Diese Entscheidung ist aber nicht richtig. Wenn die Unbrauchbarkeit des Systems wegen Unvereinbarkeit mit Vorschriften der Kassenzahnärztlichen Vereinigung einen Mangel darstellt,[649] handelt es sich auch dann um einen Mangel, wenn er nachträglich eintritt. Die Gewährleistungsregeln des Mietrechts – für nachträgliche Mängel – greifen ein. Der Vermieter muss die Sache nämlich während der Dauer des Mietverhältnisses in einem **brauchbaren Zustand halten,** der die Benutzung der Sache zu dem durch die Miete gedeckten Zweck möglich macht. Ändern sich die Vorschriften der kassenzahnärztlichen Vereinigung, muss das Programm entsprechend angepasst werden. Der Vermieter muss eine gemietete Software auch von DM auf Euro umstellen, wenn die Mietdauer den Zeitpunkt der Währungsumstellung erfasst.[650] Ähnliches gilt im Wohnraummietrecht z.B. dann, wenn sich nach Mietvertragsabschluß abstrakte Gesundheitsgefahren der Sache – etwa wegen geänderter Normen – herausstellen. Auch dann liegt jedenfalls ein **nachträglicher Mangel** vor.[651] Es wird nur darüber gestritten, ob es sich um anfängliche Mängel handelt. Dass dies beim Kauf anders ist, liegt ausschließlich daran, dass der Mangel bei Gefahrübergang nicht vorhanden war. Darauf kommt es im Mietrecht als zeitlich begrenzte Überlassung nicht an. Jeder – aus welchem Grund auch immer – während der Mietzeit entstehende Mangel ist ein Mangel.[652]

---

[645] Rdn. 322, 511.
[646] Vgl. oben Rdn. 564.
[647] Oben Rdn. 319 ff., 511 ff.
[648] OLG Hamm, CR 1990, 37 f.
[649] So BGH, NJW 1982, 696 f.
[650] LG Wuppertal, Urt. v. 28. 9. 2001, 11 O 94/01, JurPc Web-Dok. 27/2002.
[651] BayObLG, WM 1999, 568 = NJW-RR 1999, 1533.
[652] *Schneider,* Handbuch des EDV-Rechts, Rdn. K 88.

V. Der Erwerb von Hard- und Software auf Zeit

Eine gewisse Akzentverschiebung stellt sich damit auch bei der Frage der **Jahr-2000-Problematik** im Mietrecht ein. Ist der Mietvertrag zeitlich befristet bzw. kündbar vor Eintritt in das Jahr 2000 und wird er gekündigt oder nicht verlängert, liegt im Fehlen der „Jahr 2000"-Festigkeit in aller Regel kein Mangel, weil während der Mietzeit der kaufrechtlich vorhandene verborgene Mangel nicht aktuell wird. In diesem Falle wirkt die zeitliche Begrenzung des Mietvertrages auch mangelbegrenzend. Dies gilt natürlich dann nicht, wenn der Mangel sich etwa wie bei der Führung eines Terminkalenders schon vor dem Jahr 2000, etwa im Jahre 1999 auswirkt. Der Mangel muss sich aber während der Dauer des Mietverhältnisses auswirken, um einen Mangel dazustellen. Ist von vornherein klar, dass die Mietdauer bis in das Jahr 2000 dauert, liegt ein Mangel vor, der auch schon frühzeitig geltend gemacht werden kann. Hier gelten dann ähnliche Grundsätze wie im Kauf- bzw. Werkvertragsrecht. 604

Beim Vorliegen eines **Mangels** gelten folgende Rechte: 605
Zunächst ist es so, dass während der gesamten Mietdauer ein **Minderungsrecht** gem. § 536 Abs. 1 BGB für den Mieter bzw. Pächter besteht. Die Miete wird sogar kraft Gesetzes gemindert, ohne dass es einer weiteren Erklärung des Mieters/Pächters bedarf. Dabei mindert sich die Miete je nach Einschränkung des Gebrauchs, also nach der Erheblichkeit des Fehlers.[653]

Eine Rechtsprechung, die im EDV-Bereich für unterschiedliche Mängel differenzierte Minderungsquoten entwickelt hat, fehlt noch fast vollständig. Allerdings wird die **Minderungsquote** häufig tendenziell eher **großzügiger** angenommen als im sonstigen Mietrecht.[654] In aller Regel geht es aber bei Entscheidungen über Mietverträge weniger um Minderungen als um die Möglichkeit vorzeitiger Kündigungen. Im Übrigen ist darauf hinzuweisen, dass selbst in dem vergleichsweise mit zahlreichen Entscheidungen bedachten Bereich der Wohnraummiete die Minderungsquoten von Aspekten des Einzelfalles und den jeweiligen Einschätzungen der entscheidenden Gerichte abhängig sehr unterschiedlich ausfallen. Eine Prognose ist selbst in diesem Bereich nur schwer möglich.

Das Minderungsrecht ist im Individualvertrag allerdings abdingbar. Ob 606 dies auch in allgemeinen Geschäftsbedingungen möglich ist, ist zweifelhaft. Nach der Rechtsprechung des BGH[655] ist § 11 Nr. 10 AGBG (heute § 309 Nr. 8b BGB) hier nicht anwendbar. Diese Frage ist freilich streitig.[656]

Die **Überlassung einer mangelfreien Sache** während der gesamten Zeit- 607 dauer des Mietverhältnisses ist **Essentialia** jedes Mietvertrages. Der vollständige Ausschluss eines Gewährleistungsrechts durch AGB wäre ein Ver-

---

[653] *Köhler/Fritzsche*, in: Lehmann (Hrsg.), Rechtsschutz und Verwertung von Computerprogrammen, S. 513 (607).
[654] Vgl. dazu *Köhler/Fritzsche*, in: Lehmann (Hrsg.), Rechtsschutz und Verwertung von Computerprogrammen, S. 513 (607).
[655] BGHZ 94, 180 (186 ff.); ebenso KG, Urt. v. 14. 2. 2002, 8 U 8203/00.
[656] A. A. z. B. OLG Düsseldorf, WuM 1985, 58.

stoß gegen die Grundprinzipien der gesetzlichen Regeln und demgemäss nach § 307 Abs. 2 Nr. 1 BGB unzulässig.[657] Das Minderungsrecht kann daher jedenfalls nicht generell ausgeschlossen werden. Möglich ist aber, es in der Weise auszuschließen, dass ein Abzug von der monatlichen Miete nicht gemacht wird, sondern der Minderungsberechtigte auf seine Ansprüche nach § 812 BGB auf Rückzahlung der zu viel geleisteten Miete verwiesen wird.[658] Ob eine solche Einschränkung freilich bei Nichtunternehmenskunden zulässig ist, ist noch nicht geklärt. Ob eine Möglichkeit besteht, das Minderungsrecht während einer Nachbesserungszeit auszuschließen, erscheint fraglich.[659] Eine Haftungsbegrenzungsklausel muss berücksichtigen, dass die Pflicht zur Überlassung einer mangelfreien Sache während der gesamten Mietzeit Kardinalpflicht ist.[660] Die Haftung für leichte Fahrlässigkeit kann daher nur in dem oben [661] beschriebenen Rahmen beschränkt, jedoch nicht ausgeschlossen werden.

608 Nach § 535c Abs. 1 S. 1 BGB muss der Mangel **unverzüglich angezeigt** werden. Soweit der Vermieter aufgrund mangelnder Mängelanzeige des Mieters den Mangel nicht beseitigen kann, sind Minderungs-, Schadensersatz- und Kündigungsrechte ausgeschlossen (§ 536c Abs. 2 S. 2 BGB).

609 Neben dem Minderungsrecht besteht während der gesamten Mietdauer ein Anspruch auf **Mängelbeseitigung**. Dieser ergibt sich bereits aus § 535 BGB. Kommt der Softwarevermieter mit der Mängelbeseitigung in Verzug, so kann der Mieter den Mangel selbst beseitigen und den Ersatz der erforderlichen Aufwendungen verlangen (§ 536a Abs. 2 BGB). Er kann auch einen Vorschuss verlangen.[662] Werden erhebliche Mängel trotz Fristsetzung mit entsprechender Androhung nicht beseitigt, steht dem Softwaremieter darüber hinaus ein Kündigungsrecht gem. § 543 Abs. 2 Nr. 1 BGB zu.[663]
All dies gilt sinngemäß auch für Hardwaremiete.

610 Die hier skizzierten Gewährleistungsregeln werden in den Regelungen der **BVB-Miete** im Wesentlichen mit kleineren Modifikationen aufgegriffen (§ 9 BVB-Miete). Eine interessante Ergänzung liegt darin, dass die Stellung einer Ersatzanlage während der Dauer der Mängelbeseitigung bzw. des

---

[657] *Schmidt*, in: Lehmann (Hrsg.), Rechtsschutz und Verwertung von Computerprogrammen, S. 711 (740); a.A. wohl *zur Megede*, NJW 1989, 2581 (2585) (ohne Ausführungen zu § 9 Abs. 2 Nr. 1 AGBG); auch *Lauer*, BB 1982, 1758 (1761) jedenfalls nach einer gewissen Mietdauer; *Staudinger-Emmerich*, 13. Aufl. § 537, Rdn. 104, anders noch 12. Aufl. Rdn. 60; alle noch zum alten § 9 Abs. 2 Nr. 1 AGBG.
[658] BGH, NJW-RR 1993, 519 = WM 1993, 914; *Schneider*, Handbuch des EDV-Rechts, Rdn. J 452.
[659] So *Schmidt*, in: Lehmann (Hrsg.), Rechtsschutz und Verwertung von Computerprogrammen, S. 701 (741).
[660] BGH, NJW 2002, 673 (675).
[661] Rdn. 473 ff.
[662] *Staudinger-Emmerich*, § 538, Rdn. 52 m. w. N.
[663] Instruktiv hier der Fall OLG Hamm, NJW 1989, 2629 f. sowie OLG Hamm, CR 1990, 520 f.; vgl. auch LG Stuttgart, CR 1986, 382 f.

V. Der Erwerb von Hard- und Software auf Zeit

Mangelzustandes vereinbart werden kann. Demgegenüber ist das Minderungsrecht in § 10 Nr. 6 der auch für zeitlich begrenzte Überlassung von Software geltenden BVB-Überlassung auf die Fälle der praktisch vollständigen Unbrauchbarkeit eingeschränkt. Diese Regelung ist bei einer Verwendung der **BVB-Überlassung** durch die Mieter (wie z. B. die öffentliche Hand) zulässig, bei einer Verwendung durch die Vermieter aber wohl kaum. Die BVB-Überlassung sehen auch eine zeitlich unbegrenzte Gewährleistungspflicht vor (§ 10 Nr. 3 Abs. 1 bzw. § 11 Nr. 2 Abs. 2 BVB-Überlassung). Allerdings entfällt bei Verträgen ohne Mängelbeseitigungspflicht eben gerade die für den Mietvertrag essentielle Pflicht des Vermieters zur ständigen Breithaltung einer mangelfreien Sache. Dies ist individuell vereinbar, eine solche Vereinbarung in allgemeinen Geschäftsbedingungen des Vermieters dürfte aber kaum möglich sein. Allerdings ist eine solche Klausel dann zulässig, wenn der Mieter ausdrücklich zwischen Verträgen mit und ohne Gewährleistungspflicht wählen kann. In diesem Fall liegt in der Wahl des Mieters eine Individualvereinbarung.

c) Schadensersatz

Ein schwerwiegendes Problem besteht in der Härte des **Schadensersatzrechts**. Nach § 536a Abs. 1 BGB haftet der Vermieter für **anfängliche Mängel ohne Rücksicht auf das Verschulden** auf Schadensersatz.[664] Es handelt sich insoweit um eine Garantiehaftung wegen anfänglicher Mängel. Diese Vorschrift ist insbesondere im Softwarebereich von großer Bedeutung, weil die auftretenden Mängel in aller Regel von Anfang an vorhanden waren. Eine Ausnahme ergibt sich nur aufgrund von Mängeln wegen geänderter Umgebungsbedingungen. Dies bedeutet, dass bei Softwareüberlassung auf Zeit wegen sämtlicher Mängel ein verschuldensunabhängiger Schadensersatzanspruch besteht, während bei Softwareüberlassung auf Dauer ein Schadensersatzanspruch nur bei Verschulden besteht. Dieses auf den ersten Blick überraschende Ergebnis entspricht aber der gesetzgeberischen Wertung bei der Überlassung auch andrer Gegenstände. Der Gesetzgeber hat diese mietrechtliche Besonderheit auch im neuen Mietrecht beibehalten.[665] Diese unterschiedliche Haftung ist Konsequenz der Tatsache, dass bei nur zeitweiliger Überlassung der jeweilige Vermieter Verfügungsberechtigter bleibt und damit auch entscheiden muss, was mit dem jeweils vermieteten Gegenstand konkret geschieht und in welcher Weise er repariert wird oder ob er unrepariert bleibt. Aus den vorgenannten Gründen ist die gesetzliche Regelung Ausdruck der vorhandenen Interessenlage zwischen den Parteien und ist auch im Bereich von Software anwendbar.[666]

611

---

[664] Vgl. schon *Lutz*, GRUR 1976, 331 (335); zur möglichen Höhe der Schäden vgl. z. B. LG Essen, CR 1987, 428 (429).
[665] *Palandt-Weidenkaff*, § 536a Rdn. 1.
[666] Wie hier *Köhler/Fritzsche*, in: Lehmann (Hrsg.), Rechtsschutz und Verwertung von Computerprogrammen, S. 513 (606); *Malzer*, Der Softwarevertrag, S. 234 f.; a. A.

Der eindeutige Wortlaut der gesetzlichen Bestimmungen schließt es auch aus, die Haftung dann auszuschließen, wenn die Mängel auch bei Anwendung äußerster Sorgfalt für niemanden erkennbar waren.[667] Auch eine Einschränkung der Haftung für bestimmte Schäden ist kaum vorstellbar.[668] Die Schadensersatzhaftung ist demgemäss sehr weitgehend. Aus diesem Grunde sind Mietvertragsregeln für die Überlassung von Software auch schon als grundsätzlich ungeeignet angesehen worden.[669]

612 Allerdings ist § 538 Abs. 1 BGB dispositiv. Selbst in allgemeinen Geschäftsbedingungen kann die **Haftung** hier auf Fälle von Vorsatz und grober Fahrlässigkeit **begrenzt werden**.[670] Ein Ausschluss für leichte Fahrlässigkeit ist demgemäß grundsätzlich möglich. Es bleibt aber abzuwarten, inwieweit die Rechtsprechung des BGH zu den **Kardinalpflichten**[671] auch auf Haftungsausschlussklauseln der hier vorliegenden Art Auswirkungen hat. Festzuhalten bleibt, dass sämtliche Klauseln die Haftung für Vorsatz und grobe Fahrlässigkeit nicht ausschließen dürfen. Tun sie dies, sind sie unwirksam.

613 Eine Haftung besteht außer in den Fällen der anfänglichen Mängel noch dann, wenn ein Mangel **später** infolge eines Umstandes **entsteht,** den der **Vermieter zu vertreten hat,** oder dann, wenn der Vermieter mit der Beseitigung des Mangels in **Verzug** gerät. Insbesondere der ersten Fall kann dann vorliegen, wenn durch Pflegeverträge neue Softwareversionen übernommen werden und diese sich als fehlerhaft erweisen. In diesem Fall haftet der Vermieter aus dem Gesichtspunkt des Mietvertrages nur bei Verschulden, das in vielen Fällen gegeben sein dürfte. Er haftet nicht garantiemäßig wie bei der zunächst überlassenen Software.

Eine Haftung besteht auch für **zugesicherte Eigenschaften. Im Mietrecht gibt es diesen Begriff weiterhin.** Diese Haftung ist in allgemeinen Geschäftsgeschäftsbedingungen nicht abdingbar. Dies ergibt sich jetzt aus § 307 Abs. 2 Nr. 1 BGB, weil durch allgemeine Geschäftsbedingungen nicht aufgehoben werden kann, was individuell vereinbart ist. Eine dem früheren – im Mietrecht analog anwendbaren – § 11 Nr. 11 AGBG entsprechende Vorschrift fehlt im neuen § 309 BGB.[672]

Mehrings, NJW 1986, 1904 (1908); *Brandi-Dohrn,* CR 1986, 63 (68); *Moritz/ Tybussek,* Computersoftware, Rdn. 855.

[667] So aber *Köhler/Fritzsche,* in: Lehmann (Hrsg.), Rechtsschutz und Verwertung von Computerprogrammen, S. 513 (606).
[668] So aber *Köhler/Fritzsche,* in: Lehmann (Hrsg.), Rechtsschutz und Verwertung von Computerprogrammen, S. 517 (606).
[669] *Kilian,* Haftung, S. 41.
[670] *Schwamb,* CR 1987, 500 (503); *Köhler/Fritzsche,* in: Lehmann (Hrsg.), Rechtsschutz und Verwertung von Computerprogrammen, S. 517 (606); *Schmidt,* in: Lehmann (Hrsg.), Rechtsschutz und Verwertung von Computerprogrammen, S. 701 (751).
[671] Dazu oben Rdn. 473 ff.
[672] Zum alten Recht wie hier *Schwamb,* CR 1987, 500 (503).

In den **BVB-Miete** ist eine Haftung nur für den Fall einer vom Vermieter 614
zu vertretenden nicht rechtzeitigen Mängelbeseitigung bzw. nicht rechtzeitigen Stellung einer Ersatzanlage vorgesehen. Der Begriff des Vertretenmüssens ist aber so weit gefasst, dass er auch ein Eintretenmüssen für anfängliche Mängel umfassen kann (§ 9 Nr. 4 Abs. 2 u. 3 BVB-Miete). Die Regelung enthält auch eine AGB-rechtlich zweifelhafte Schadenspauschalierung.[673]

Eine entsprechende Regelung gibt es im Bereich der BVB-Überlassung für Verträge mit Installationspflichten des Vermieters und Mängelbeseitigungspflichten (§ 10 Nr. 7 u. 8 BVB-Überlassung).

d) Weitere Probleme

Für den Mieter bedeutsam ist, dass er **nach Ende** des Vertrages Hard- und 615
Software **zurückgeben** muss. Dies ergibt sich schon aus § 546 Abs. 1 BGB. Bei Software führt eine Verletzung dieser Pflicht nicht ohne Weiteres zu Schadensersatzansprüchen des Vermieters, weil dieser nicht auf die Rückgabe der Kopie angewiesen ist, sondern meist ohne Weiteres eine neue Kopie ziehen und diese vermieten kann. Als Schaden kämen hier allenfalls die Kopierkosten in Betracht. Daher kann die Rückgabeverpflichtung auch durch eine **Vertragsstrafe** bewehrt werden. Dies ist auch in den allgemeinen Geschäftsbedingungen möglich. § 309 Nr. 6 BGB greift hier nicht ein.[674]

Daneben hilft auch die Vorschrift des § 546 a Abs. 1 BGB. Gibt der Mieter danach die gemietete Sache nach Beendigung des Mietverhältnisses nicht zurück, so kann der Vermieter für die Dauer der Vorenthaltung als Entschädigung den vereinbarten Mietzins verlangen.

Darüber hinaus kann bei Anmietung von Hard- und Software dem An- 616
wender vom Überlasser untersagt werden, **Geräte und Software dritter Hersteller anzuschließen** bzw. mit der Anlage zu verbinden. Auch in allgemeinen Geschäftsbedingungen dürfte es jedenfalls zulässig sein, einen solchen Anschluss unter Erlaubnisvorbehalt zu stellen, wobei der Mieter bei erlaubtem Anschluss Schadensrisiken übernehmen muss. Diese Situation ergibt sich daraus, dass solch ein Anschluss technisch negative Einflüsse auf den Mietgegenstand haben kann. Der Vermieter muss in jedem Einzelfall überprüfen können, ob solche Gefahren drohen. Das Risiko für den Eintritt von Schäden und Störungen muss dann der Mieter übernehmen.

Ferner muss bemerkt werden, dass im Gegensatz zur KO nach der InsO 617
das Wahlrecht des Insolvenzverwalters nach **§ 103 InsO** auch Mietverträge über Software umfasst. Nur Mietverträge über unbewegliche Gegenstände sind nach §§ 108 ff. InsO von diesem Wahlrecht ausgenommen. Der Insolvenzverwalter kann daher entscheiden, ob ein Mietvertrag über Software

---

[673] Vgl. zu der ähnlichen Regelung in den BVB-Erstellung oben Rdn. 485; in den BVB-Miete ist allerdings ausdrücklich von pauschaliertem Schadensersatz die Rede.
[674] LG Lüneburg, CR 1989, 606 (LS), näher dargestellt bei *Fehl*, CR 1990, 508 (512 f.).

weitergeführt wird oder nicht und zwar auch dann, wenn der Schuldner Vermieter der Software ist. Wählt der Insolvenzverwalter nicht die Erfüllung, erlischt das Recht zur Nutzung der Software mit Insolvenzeröffnung.[675] Hier sind die Risiken des Kunden deutlich erhöht worden. Das Wahlrecht des Insolvenzverwalters kann auch nicht vertraglich ausgeschlossen werden.

2. Besonderheiten des Leasingverhältnisses

a) Grundkonzeption

618 Hardware und Software **können geleast werden**. Dies ist für Hardware unproblematisch. Aber auch für Software wird dies vom BGH anerkannt.[676]

Der **Leasingvertrag** ist nach der ständigen Rechtsprechung des BGH prinzipiell **Mietvertrag**. Dies gilt auch und gerade für den Finanzierungsleasingvertrag. Demgemäss müsste der Leasinggeber dem Leasingnehmer nach den eben beschriebenen Regeln Gewährleistung leisten. Diese Folge ist mit dem dem Finanzierungsleasing zugrunde liegenden Konzept der Anschaffung des Wirtschaftsgutes auf Raten und unter Ausnutzung besonderer steuerlicher Vorteile nur begrenzt vereinbar. Sollte vertraglich freilich nichts anderes geregelt sein, werden dennoch in aller Regel die Mietvertragsregeln zwischen Leasinggeber und Leasingnehmer anzuwenden sein. Zwischen Leasingnehmer und Softwarelieferanten dürfte es in der Regel um Kaufverträge gehen und zwar auch im Hinblick auf die Software.

619 Leasingverträge, in denen keine zusätzlichen Regelungen über **Gewährleistungsrechte getroffen** sind, dürften allerdings in der Praxis nicht vorkommen. Vielmehr wird in sämtlichen gängigen Leasingverträgen eine Regelung des Inhalts getroffen, dass die mietrechtlichen Gewährleistungsvorschriften zwischen Leasinggeber und Leasingnehmer ausgeschlossen sind und statt dessen dem Leasingnehmer die dem Leasinggeber gegenüber dem Hersteller zustehenden kaufrechtlichen bisher Gewährleistungs-, jetzt Mängelansprüche abgetreten oder zur Ausübung im eigenen Namen überlassen werden. Eine solche vertragliche Regelung ist **prinzipiell auch zulässig**. Dies gilt auch in allgemeinen Geschäftsbedingungen sowohl gegenüber Unternehmen als auch gegenüber Nichtunternehmen.[677] Gerade in diesem Zusammenhang hat der BGH entschieden, dass **§ 11 Nr. 10 AGBG** (jetzt § 309 Nr. 8 b BGB) auf den Leasingvertrag **nicht anwendbar ist**.[678] Darüber hinaus kann der Leasinggeber auch die Gefahr des zufälligen Untergangs

---

[675] *Kammel*, in: Computerrechtshandbuch, Abschn. 171, Rdn. 114; *Lensorf*, CR 2000, 80 (87).
[676] BGH, WM 1984, 1091 (1093); BGH, Beil. Nr. 5 zu BB 1989, S. 3 (4); näher dazu *Fehl*, CR 1988, 198 ff.; *Junker/Benecke*, Computerrecht, Rdn. 173 mit Nachweisen in Fn. 59; ausgiebig *Beckmann*, Computerleasing.
[677] BGHZ 81, 298 (302 f.); BGH, WM 1984, 1089 (1091).
[678] Ausgiebig BGHZ 94, 180 (186 f.); *Fehl*, CR 1988, 198 (199).

der Leasingsache auf den Leasingnehmer abwälzen. Dies gilt auch hinsichtlich der Gegenleistungsgefahr.[679] Auch ein Untermietverbot ist abweichend von § 540 BGB sogar in allgemeinen Geschäftsbedingungen zulässig.[680]

Bei der **Abtretung der Mängel- bzw. Gewährleistungsrechte** muss sorgfältig darauf geachtet werden, dass **sämtliche dieser Rechte** übertragen werden und nicht zu weitgehend Ansprüche ausgeschlossen werden. Anderenfalls droht die Unwirksamkeit des Gewährleistungsausschlusses in seiner Gänze.[681] Konsequenz dieser Abtretung ist, dass die Wandlung bzw. der Rücktritt vom Leasingnehmer gegenüber dem Lieferanten durchgesetzt werden muss. Freilich ist es so, dass die Rückabwicklung wiederum im Verhältnis zwischen Leasinggeber und Lieferanten durchgeführt werden muss. Dies ist jedenfalls Konsequenz der ständigen Rechtsprechung des BGH.[682] 620

Allerdings kann der Leasingnehmer nur **Zahlung** des Kaufpreises **an den Leasinggeber Zug um Zug gegen Rückgabe des Kaufgegenstandes** verlangen. Dies ist Konsequenz der Tatsache, dass der Kaufvertrag prinzipiell zwischen Leasinggeber und Lieferant geschlossen wird.[683] Man könnte hier freilich auch die Meinung vertreten, die Abtretung der Mängel- bzw. Gewährleistungsansprüche führe zu einer Rückzahlung des Kaufpreises an den Leasingnehmer. Dies lässt sich aber mit der sogleich darzustellenden bisherigen Rechtsprechung über den Wegfall der Geschäftsgrundlage des Leasingvertrages durch Vollzug der Wandlung nicht vereinbaren, weil in der Konsequenz der Leasingnehmer sonst keine Leasingraten mehr zahlen müsste, dennoch aber den Kaufpreis zurückerhalten könnte. 621

Die **Rückabwicklung** des Kaufvertrages zwischen Leasinggeber und Lieferant muss Auswirkungen auf den Leasingvertrag haben. Immerhin ist es ja so, dass der Leasinggegenstand dadurch an den Hersteller zurückgelangt. Für die Zukunft jedenfalls kann der Leasinggeber dem Leasingnehmer den Vertragsgegenstand nicht mehr zur Verfügung stellen. Jedenfalls für die Zukunft müßten daher alle Leistungsverpflichtungen des **Leasingnehmers** entfallen. Dies ließe sich u. U. schon aus den Regelungen des §§ 320 ff. BGB herleiten, ggf. käme man zu einem Kündigungsrecht nach § 543 Abs. 2 Nr. 1 BGB. Der BGH ist allerdings einen anderen Weg gegangen. Mit Vollzug der Wandlung entfällt für ihn bislang die **Geschäftsgrundlage des Leasingvertrages ex tunc**.[684] Dies gilt selbst dann, wenn die Leasingsache vom Leasingnehmer zeitweilig benutzt wurde und der Leasinggeber deswegen dem Hersteller Nutzungsentschädigung leisten muss. Insoweit bleibt der Leasing- 622

---

[679] BGH, CR 1987, 846 (849).
[680] BGH, BB 1990, 1796.
[681] *Beckmann*, Computerleasing, Rdn. 166 ff.
[682] Ausführlich mit krit. Anm. *Fehl*, CR 1988, 200 ff.
[683] OLG Koblenz, CR 1988, 463 (465) mit zust. Anm. *Kather*; BGH, WM 1988, 979 (982 f.); OLG Köln, *Zahrnt*, ECR OLG 72.
[684] BGHZ 81, 298 (308); kritisch *Beckmann*, Computerleasing, Rdn. 329.

geber dem Leasingnehmer gegenüber auf Bereicherungsansprüche verwiesen.[685] Abweichende Klauseln in allgemeinen Geschäftsbedingungen sind unwirksam.[686]
An welche Tatsache diese Rechtsprechung in Zukunft den Wegfall der Geschäftsgrundlage anknüpft, ist noch offen. Konsequent wäre es, hier an die Durchführung der Rückabwicklung nach Rücktritt anzuknüpfen.

623 Die Einrede des Wegfalls der Geschäftsgrundlage auf die **Zahlungsklage** des Leasinggebers kann schon dann erhoben werden, wenn die **Wandlung bzw. Rückabwicklung noch nicht** endgültig durchgeführt, wohl aber der entsprechende **Prozess anhängig** ist. Der Zahlungsprozess muss dann im Zweifel bis zur Entscheidung über den Rückabwicklungsprozess ausgesetzt werden.[687] Während der Dauer des Rückgabestreits ist die Verjährung der Leasingraten gehemmt.[688] Die Vertragsgrundlage entfällt nach der bisherigen Rechtsprechung sogar dann, wenn die Wandlung deswegen nicht durchgeführt werden kann, weil der Lieferant in Konkurs gegangen ist.[689] Der Leasinggeber trägt also das Konkursrisiko für den Konkurs des Lieferanten. Schließt der Leasingnehmer einen Vergleich mit dem Lieferanten, hat dies der Leasinggeber zu akzeptieren. Eine dort vereinbarte Wandlung bzw. Rückabwicklung entzieht dem Leasingnehmer die Geschäftsgrundlage. Eine eventuell niedrigere Rückzahlungssumme zur Vermeidung des Prozessrisikos ist allerdings vom Leasingnehmer zu tragen.[690]
Der Leasingnehmer muss bei der hier diskutierten Vertragsgestaltung alle Ansprüche des Leasinggebers geltend machen. Dies gilt insbesondere für eventuelle Ansprüche auf Zinsen für den Kaufpreis.[691] Denkbar ist auch ein **Schadensersatzanspruch des Leasinggebers** auf entgangenen Gewinn.[692]

624 Sollten freilich die Abtretungsklauseln fehlen oder nicht wirksam sein, gilt im Verhältnis Leasinggeber/Leasingnehmer Mietrecht mit allen Konsequenzen. In diesem Fall muss sich der Leasingnehmer mit allen Gewährleistungsansprüchen an den Leasinggeber halten und ggf. ihn abmahnen und ihm gegenüber kündigen.[693] Eigene Ansprüche gegen den Lieferanten hat er nicht.[694]

---

[685] BGHZ 109, 139 (143 f.); noch anders BGHZ 81, 298 (309).
[686] OLG Düsseldorf, *Zahrnt*, ECR OLG 104.
[687] *zur Megede*, NJW 1989, 2581 (2584); *Kather*, CR 1988, 469 (470); *Beckmann*, Computerleasing, Rdn. 339; OLG Koblenz, OLG Report Koblenz 2001, 124.
[688] OLG Koblenz, OLG Report Koblenz 2001, 124 noch zum alten Recht (§ 202 Abs. 1 BGB a. F.).
[689] BGH, WM 1984, 1089 (1091 f.); BGHZ 109, 139 (143); OLG Hamm, *Zahrnt*, ECR OLG 189.
[690] OLG Hamm, *Zahrnt* ECR OLG 82; OLG Düsseldorf, *Zahrnt* ECR OLG 104.
[691] *Kather*, CR 1988, 469 (470).
[692] *Kather*, CR 1988, 469 (470).
[693] BGH, Beil. 5 zu BB 1989, S. 3 (4); vgl. auch BGH, CR 1988, 111 (114) zu einer etwas anderen Fallkonstellation mit insoweit krit. Anm. *Bokelmann*.
[694] BGH, NJW 1974, 847 f.

Zu den Einzelheiten ist auf die Ausführungen zum Mietrecht zu verweisen. Abschließend sei noch darauf hingewiesen, dass am 1. 1. 2002 laufende Leasingverträge ab dem 1. 1. 2003 neuem Recht unterliegen, die zugrunde liegenden Lieferverträge aber nicht, weil diese keine Dauerschuldverhältnisse darstellen (Art. 229 § 5 EGBGB).

b) Besonderheiten des EDV-Leasing

Diese **Grundkonzeption des Leasingrechts** gilt auch für den Bereich der EDV. Besondere Probleme stellen sich freilich bei einem **Beratungsverschulden**. BGH[695] und OLG Köln[696] hatten den Fall zu entscheiden, dass der Lieferant zunächst Vertragsverhandlungen mit dem Leasingnehmer aufgenommen hatte und dabei umfangreich zur Datenverarbeitungsgestaltung beraten hatte. Diese Beratung war teilweise fehlerhaft. Es stellt sich die Frage, welche Konsequenzen daraus zu ziehen sind. Soweit sich die Beratung dahingehend auswirkt, dass die gelieferte Leasingsache letztendlich fehlerhaft ist, weil sie entweder für den gewöhnlichen Gebrauch oder für den vertraglich vorausgesetzten Gebrauch ungeeignet ist, ist es überflüssig, hier neben den vorhandenen Gewährleistungsansprüchen noch weitere Beratungspflichten zu konstruieren. Jedenfalls lässt sich die Vertragsrückabwicklung gewährleistungsrechtlich regeln. Nicht immer muss allerdings die Fehlberatung sich in einem Mangel der gelieferten Anlage auswirken. Möglicherweise ist die gelieferte Anlage letztendlich mangelfrei, weil schon die Erstellung des Pflichtenheftes, dass die Charakteristika der Anlage beschreibt, fehlerhaft war, die Anlage aber dem Pflichtenheft entspricht. Vielleicht ergeben sich auch weitergehende Schadensersatzansprüche.[697]

Das eigentliche Problem besteht darin, dass zwischen dem **Leasingnehmer** und **Lieferanten** letztendlich **keine vertraglichen Beziehungen** bestehen. Die vertraglichen Beziehungen bestehen zwischen Leasingnehmer und Lieferanten einerseits und Leasingnehmer und Leasinggeber andererseits. Demgemäss sind die auch mit dem Vertrag im Zusammenhang stehenden Ansprüche einschließlich der Ansprüche aus einer Verletzung von Beratungspflichten nicht gegen den Lieferanten, sondern gegen den Leasinggeber zu richten. Dies wäre dann unproblematisch möglich, wenn der Lieferant sozusagen als Erfüllungsgehilfe des Leasinggebers aufgetreten wäre. Dies mag zwar in einzelnen Fällen möglich sein, es entspricht aber nicht den üblichen Gestaltungen. Hinzu kommt, dass sehr fraglich ist, ob EDV-bezogene Beratungspflichten des Leasinggebers gegenüber dem Leasingnehmer im Normalfall der Leasinganbahnung überhaupt bestehen.[698] Man muss daher

625

---

[695] WM 1984, 1092 = BB 1984, 1895.
[696] CR 1988, 723 ff.
[697] Vgl. hierzu auch v. *Westphalen*, CR 1987, 477 (485), der sich aber nicht zum Anspruchsgegner äußert.
[698] *Beckmann*, Computerleasing, Rdn. 114 f.

versuchen, unmittelbare Ansprüche gegen den Lieferanten zu konstruieren. Hier muss man aber mit der Annahme von Beratungspflichten, die unabhängig von den nachher geschlossenen Verträgen sind, vorsichtig sein. Natürlich ist es denkbar, dass der Lieferant umfangreiche Beratungstätigkeiten aufnimmt und diese mit dem danach geschlossenen Leasingvertrag nichts zu tun haben. Dies kann aber nur in Einzelfällen vorkommen, insbesondere dann, wenn diese Beratungstätigkeit zusätzlich vergütet wird. Eine unentgeltliche Beratungstätigkeit wird man ohne Weiteres nicht annehmen können.

626 Dennoch haben vor allem der BGH, aber auch das OLG Köln das **Vorliegen solcher Verpflichtungen angenommen,** im konkreten Fall allerdings dadurch erleichtert, dass zunächst sogar Verträge zwischen Leasingnehmer und Lieferanten geschlossen wurden, die später vom Leasinggeber übernommen wurden. Das OLG Köln hat als Schadensersatzanspruch sodann eine Pflicht des Lieferanten angenommen, den Leasingnehmer hinsichtlich seiner Verpflichtungen aus dem Leasingvertrag freizustellen, weil die Anlage für ihn letztendlich unbrauchbar war.

Unter Umständen ist es außerdem möglich, fehlerhaftes Handeln des Lieferanten dem Leasinggeber zuzurechnen. Dazu muss es freilich engere Beziehungen zwischen Lieferanten und Leasinggeber geben.[699] Die Einzelheiten können hier nicht dargestellt werden. Insoweit ist auf das Spezialschrifttum zum Leasingvertrag zu verweisen.

627 Ein weiteres häufig auftretendes Problem ist das der Unterschrift unter eine letztendlich **nicht korrekte Lieferbestätigung.** Viele Leasingfirmen verlangen von ihrem Leasingnehmern eine Unterschrift unter eine Bestätigung, dass der gelieferte Kaufgegenstand vollständig geliefert wurde.

Offenbar kommt es im Bereich der EDV häufig vor, dass solche Lieferscheine unterschrieben werden, obwohl die Anlage noch nicht vollständig geliefert wurde. Daraus soll nach der Rechtsprechung hauptsächlich die Konsequenz gezogen werden, dass eine Beweislastumkehr des Inhalts stattfindet, dass nunmehr der Leasingnehmer nachweisen muss, dass er lediglich eine unvollständige Leistung erhalten hat.[700] Daneben sind Schadensersatzansprüche denkbar,[701] wobei Mitverschulden durch das Verhalten des Lieferanten möglich ist. Immerhin ist der Lieferant hinsichtlich der Lieferverpflichtung Erfüllungsgehilfe des Leasinggebers.[702] Dies gilt besonders dann, wenn der Lieferant zwischenzeitlich in Konkurs gefallen und den Kaufpreis

---

[699] So insbesondere *Köhler/Fritzsche,* in: Lehmann (Hrsg.), Rechtsschutz und Verwertung von Computerprogrammen, S. 517 (611f.); ein interessantes Beispiel bei OLG Frankfurt, CR 1990, 518ff.; OLG Koblenz, WM 1989, 222 (224) = CR 1990, 41.
[700] BGH, CR 1988, 111 (114f.); *Zahrnt,* ECR BGH 3; das OLG Nürnberg, *Zahrnt,* ECR OLG 186 hat eine solche Erklärung als unwirksam behandelt; auch das OLG Hamm, *Zahrnt,* ECR OLG 189 lehnt eine Beweislastumkehr im Einzelfall ab.
[701] Vgl. OLG, Köln, BB 2000, 15 (LS).
[702] Vgl. BGH, CR 1988, 111 (114f.) mit ausf. Anm. *Bokelmann.*

für eine im Wesentlichen unvollständige Leistung erhalten hat. Hier ist ein Verschulden des Leasingnehmers gegenüber dem Leasinggeber gegeben, da die Unterschrift unter die Vollständigkeitsbescheinigung erkennbar damit zu tun hat, dass der Leasinggeber, der die Sache ja nicht selbst sieht, von seinem Kunden, der als einziger in der Lage ist, die Vollständigkeit zu beurteilen, ordnungsgemäß unterrichtet wird, bevor er seinerseits den Kaufpreis zahlt. Hier wird sorgfältig auf die einzelne Fallkonstellation abzuheben sein, insbesondere darauf, wie eng das Verhältnis zwischen Lieferant und Leasinggeber ist. Dessen Mitverschulden kann eine Haftung des Leasingnehmers ausschließen.[703]

Der Abnahmebestätigung kann durch allgemeine Geschäftsbedingungen nicht die Bedeutung beigemessen werden, dass der Leasingnehmer durch sie zur unbedingten Zahlungen der Leasingraten verpflichtet wird. Eine solche Klausel ist auch im geschäftlichen Verkehr unwirksam.[704] 628

Eine Vertragsdauer von 42 Monaten ist beim EDV-Leasing auch gegenüber Endverbrauchern und auch in allgemeinen Geschäftsbedingungen zulässig.[705]

Darauf hinzuweisen ist außerdem, dass der **Leasinggeber** zur **Rüge gemäß § 377 HGB** gegenüber dem Lieferanten auch dann **verpflichtet** ist, wenn sein Leasingnehmer dazu nicht verpflichtet wäre, weil er kein Kaufmann ist.[706] Innerhalb des Leasingvertrages besteht eine solche Rügepflicht nicht, da es sich um einen Mietvertrag und keinen Kaufvertrag handelt. Um hier nicht Diskrepanzen zwischen dem Leasingvertrag und dem Kaufvertrag entstehen zu lassen, müsste wohl eine unverzügliche **Rügeverpflichtung** auch in den **Leasingvertrag** aufgenommen werden. Im Gegensatz zur allgemeinen Regelung wird eine solche Klausel allgemein als **zulässig** angesehen.[707] Bei Abtretung der entsprechenden Ansprüche muss auf die bestehende Rügepflicht ggf. ausdrücklich hingewiesen werden. Rügen des Leasingnehmers gegenüber dem Lieferanten werden von der Rechtsprechung als solche des Leasinggebers angesehen.[708] Ob eine zu späte Rüge des Leasingnehmers eventuell sogar Schadensersatzansprüche des Leasinggebers auslöst (§ 545 BGB),[709] hängt von den Umständen des Einzelfalls ab. Bei einer vollständigen Gewährleistungsabtretung erscheint dies aber eher unwahrscheinlich. 629

---

[703] OLG Hamm, *Zahrnt*, ECR OLG 189.
[704] BGH, CR 1988, 111 (115 f.) mit zust. Anm. *Bokelmann*.
[705] OLG Celle, OLG Report Celle/Braunschweig/Oldenburg 1999, 149.
[706] BGHZ 110, 130 (141 f.) = CR 1990, 384 (386 f.); *Köhler/Fritzsche*, in: Lehmann (Hrsg.), Rechtsschutz und Verwertung von Computerprogrammen, S. 517 (610).
[707] *Köhler/Fritzsche*, in: Lehmann (Hrsg.), Rechtsschutz und Verwertung von Computerprogrammen, S. 517 (610).
[708] OLG Köln, OLG-Report Köln 1995, 33 (LS) = *Zahrnt*, ECR OLG 171.
[709] So *Köhler/Fritzsche*, in: Lehmann (Hrsg.), Rechtsschutz und Verwertung von Computerprogrammen, S. 517 (610).

630 Treten nach Ende des Leasingvertrages Schwierigkeiten bei der Bewertung des Restwertes der Leasingsache auf, so bietet sich u. U. eine Schiedsgutachtenabrede an. Diese ist in allgemeinen Geschäftsbedingungen jedoch auch gegenüber Unternehmen nicht möglich, weil durch sie eine Beweislastveränderung zu Lasten des Leasingnehmers geschieht.[710]
Ansprüche des Leasingnehmers aus dem Leasingvertrag unterliegen in der Regel der allgemeinen Verjährung der §§ 195, 199 Abs. 1, 4 BGB, Ansprüche gegen den Lieferanten auch hinsichtlich der Verjährung Kauf- bzw. Werkvertragsregeln.[711]

VI. Wartung und Pflege von EDV-Anlagen

1. Vertragsinhalt

a) Generelle Bemerkungen

631 Gängig sind in der Praxis auch Vereinbarungen, deren Gegenstand die **Aufrechterhaltung der Betriebsbereitschaft** der EDV-Anlage, der Hardware oder der Software ist. Dabei geht es darum, zum einen die laufende Betriebsfähigkeit sicherzustellen und bei Störungen schnell einen Beratungs- und Entstördienst zu haben und zum anderen laufende Verbesserung der Software im Rahmen eines vertraglichen Verbesserungsanspruchs rasch auf der Anlage verfügbar zu haben. In Anlehnung an die Terminologie der BVB spricht man für die Hardware von **Wartung** und für die Software von **Pflege**.

632 Die jeweils von den Vertragspartnern geschuldeten **Leistungen** sind sachlich recht unterschiedlich.[712]
Kernpunkt der in den **Wartungsverträgen** geschuldeten Leistungen ist die **ständige Bereitschaft**, jedenfalls während der Bürozeiten bei auftretenden Hardwarefehlern, zu denen in der Regel auch Fehler der Betriebssoftware gehören, zur Beseitigung der Fehler tätig zu werden. Gelegentlich wird auch eine regelmäßige Überprüfung der Anlage vereinbart.[713] In manchen Verträgen wird vereinbart, dass der Wartende sich verpflichtet, die Anlage in betriebsfähigem Zustand zu halten, d. h. einerseits alles zu tun, um Störungen zu verhüten und andererseits eingetretene Störungen zu beseitigen.[714]

---

[710] OLG Frankfurt, BB 1988, 2274.
[711] OLG Koblenz, WM 1989, 222 (224 f.).
[712] Siehe zum Folgenden die ausführlichen Darstellungen von *Wohlgemuth*, Computerwartung; *Kühnel*, BB 1985, 1227 ff.; *Hartmann/Thier*, CR 1998, 581; *Moritz* in: Computerrechtshandbuch, Abschnitt 42 Rdn. 193 ff. und *Schneider*, Handbuch des EDV-Rechts, Abschn. G zum Wartungsvertrag und Abschn. K zum Pflegevertrag.
[713] Vgl. insoweit OLG München, Beilage 10 zu BB 1990, S. 9 f.; instruktiv auch OLG Hamm, Beilage 15 zu BB 1990, S. 8 mit Anm. *Zahrnt*.
[714] So *Schneider*, Handbuch des EDV-Rechts, Rdn. G 53 unter Berufung auf OLG München, CR 1989, 283.

VI. Wartung und Pflege von EDV-Anlagen

Gelegentlich wird insoweit auch eine **Verfügbarkeitsgarantie** abgegeben.

Oft werden Details dieser Leistungen nicht in konkreten Vereinbarungen festgelegt, sondern sind Gegenstand **allgemeiner Geschäftsbedingungen**. Bei Verwendung allgemeiner Geschäftsbedingungen muss man allerdings klare Leistungsbeschreibungen verwenden und darf auch nicht etwa die eigentlich ausgehandelten und versprochenen Leistungen indirekt reduzieren.[715] Eine Klausel, nach der das Wartungsunternehmen nach seiner Wahl Neuteile oder Austauschteile liefern wollte, ist für unwirksam erklärt worden.[716] In der Praxis wichtig ist vor allem eine Vereinbarung darüber, wie schnell eine Reaktion auf eine gemeldete Störung erfolgen muss (sogenannte **Reaktionszeit**).[717] Diese Regelung muss sowohl was den Beginn als auch was die Dauer betrifft klar sein; Gefahr droht z.B. immer dann, wenn nicht vereinbart ist, ob die vereinbarte Stundenzahl auf Zeitstunden oder auf Arbeitsstunden bezogen ist.

633

Man kann Reaktionszeiten auch in sog. Service Level Agreements nach Fehlerklassen oder nach der Bedeutung der gewarteten Anwendungen für das Unternehmen differenzieren.[718]

Sehr viel unterschiedlicher sind die Inhalte der **Pflegevereinbarungen**.[719] Ein Schwerpunkt stellt die Beseitigung von Mängel dar, wobei sehr unterschiedlich teilweise die Beseitigung der Mängel, teilweise nur ein Bemühen um diese Beseitigung versprochen wird. Für diesen Bereich sind die oben geschilderten Vereinbarungen über Reaktionszeiten u. ä. ebenfalls wichtig. Sehr weit verbreitet sind auch sogenannte **Hotline-Verträge**.[720] Danach stehen täglich während üblicher Bürozeiten, die in den einzelnen Verträgen vom Umfang her etwas differieren, Mitarbeiter der pflegenden Firma ihren Kunden zur Beratung zur Verfügung. Diese Verpflichtung wird teilweise dahingehend eingeschränkt, dass nur für schwierigere Fragen diese Hotline zur Verfügung steht, während der Kunde selbst im internen Bereich einen sogenannten First-Level-Support zur Verfügung stellt, d.h. einfache Fragen seiner allgemeinen Anwender durch spezifisch geschulte eigene Mitarbeiter beantworten lässt. Teilweise wird auch noch weiter in Second-level-support und Third-level-support differenziert, wobei die den einzelnen Aufgaben zugeordneten Ebenen unterschiedlich sind.

634

---

[715] *Schneider*, Handbuch des EDV-Rechts, Rdn. K 15.
[716] OLG Frankfurt, BB 1983, 2146.
[717] *Schneider*, Handbuch des EDV-Rechts, Rdn. G 47; K 33 ff. 172 ff.; *Wohlgemuth*, Computerwartung, S. 14 f.
[718] Detaillierte Vorschläge z. B. bei *Towle/Bruggemann*, CR Int. 2002, 75.
[719] Ebenso *Schneider*, Handbuch des EDV-Rechts, Rdn. K 4; *Heymann*, in: Redeker (Hrsg.): Handbuch der IT-Verträge, Abschn. 1.12, Rdn. 2; *v. Baum*, CR 2002, 705.
[720] Dazu *Schneider*, Handbuch des EDV-Rechts, Rdn. K 30 ff.; *Wohlgemuth*, Computerwartung, S. 25 f.

635 Einen dritten Leistungsbereich in Pflegeverträgen stellt die Verpflichtung dar, nach der **neue Versionen** des jeweiligen Programms dem Pflegeberechtigten kostenlos oder zu einem gegenüber dem allgemeinen Marktpreis niedrigeren Preis regelmäßig zur Verfügung gestellt werden. Dabei ist je nach Vereinbarung die Software nur zu liefern oder auch zu installieren. Ist nichts vereinbart, dürfte sich die Frage, ob installiert werden muss oder nicht, danach richten, wie dies im Liefervertrag geregelt war.[721] Lieferung und Installation können – ebenso wie die Fehlerbeseitigung – auch im Wege der **Fernwartung** erfolgen. Gelegentlich stellt sich die Frage, ob der Kunde die neue Versionen abnehmen muss, wenn sie ihm zur Verfügung gestellt werden oder ob er sie nur bei gesonderter Bestellung abnehmen muss. Diese Frage stellt sich insbesondere dann, wenn die jeweils neuen Versionen gesondert vergütet werden müssen. In den meisten Vereinbarungen dürfte eine **Abnahmepflicht des Kunden** nicht geregelt sein.[722]

Die Terminologie, wie diese Versionen genannt werden, ist uneinheitlich. Es wird **von Updates, von Upgrades,** von neuen Versionen und neuen **Releases** gesprochen. Eine einheitliche Sprachbildung hat sich nicht herausgebildet.[723] Inhalt ganz einfacher solcher neuer Versionen ist die bloße Beseitigung der von allen Kunden gemeldeten Fehler. Hinzu kommen Anpassungen an gesetzliche oder vertragliche Änderungen. Oft machen auch neue Versionen der Betriebssoftware neue Versionen der Anwendersoftware notwendig. Insbesondere die Fehlerbeseitigung ist natürlich wichtig. Die Einzelbeseitigung von Fehlern bei einzelnen Kunden ist oft unwirtschaftlich, so dass solche Fehler eben im Wege der Lieferung neuer Versionen beseitigt werden. In der Regel werden allerdings im Rahmen der Fehlerbeseitigung zumindest Umgehungsmöglichkeiten für den Einzelfall aufgezeigt. Auch hier differenzieren wiederum die Verträge manchmal zwischen wichtigen und weniger wichtigen Fehlern. Im Rahmen der Neuinstallationen solcher Versionen muss der Unternehmer in aller Regel dafür sorgen, dass der aktuelle Datenbestand gesichert wird.[724]

636 Eine wichtige Frage ergibt sich auch daraus, ob der Pflegeverpflichtete **verpflichtet** ist, bei geänderten Rahmenbedingungen **Updates** zur Anpassung der Software an diese Rahmenbedingungen **zu liefern.** Dies wird bei gesetzlichen Änderungen zu bejahen sein. Durch den Pflegevertrag soll die Software funktionsfähig bleiben. Dazu gehört, dass sie den jeweils geltenden gesetzlichen Rahmenbedingungen entspricht. Entsprechend wird eine Anpassung notwendig sein. Demgegenüber besteht ohne entsprechende Vereinbarung keine Pflicht, die Software der neuesten Version des Betriebssystems anzupassen. Es besteht ja kein Zwang, die neueste Version des Be-

---

[721] So OLG Hamm, CR 1998, 202 f.
[722] So auch *Wohlgemuth*, Computerwartung, S. 23.
[723] Vgl. *Schneider*, Handbuch des EDV-Rechts, Rdn. K 21 f.
[724] OLG Köln, NJW-RR 1997, 558.

triebssystems zu benutzen. Viele Kunden werden dies auch nicht tun und können daher mit einer Anpassung an dieses Betriebssystem nichts anfangen. Wenn ein Kunde dies anders wünscht und die Sicherheit einer Anpassung auch für diesen Fall wünscht, wird er eine entsprechende Anpassungspflicht ausdrücklich vereinbaren müssen.[725]

Bei der **Vertragsgestaltung** haben insbesondere die Hersteller darauf zu achten, dass nicht zu viele, möglicherweise gar nicht zu erbringende Leistungen versprochen werden, die Anwender müssen demgegenüber darauf achten, dass die für sie wesentlichen Leistungen versprochen werden. Insbesondere beim Abschluss eines Wartungsvertrages ist darüber hinaus zu überlegen, ob dieser beim Umfang der vorhandenen Hardware und der derzeitigen technischen Entwicklung wirklich sinnvoll und notwendig ist oder ob die Einzelreparatur auch ausreicht. Erfahrungsgemäß dürfte die Verfügungsbereitschaft des Wartungsdienstes bei laufenden Wartungsverträgen manchmal besser sein. Letztendlich dürfte sich hier eine Kostenfrage stellen.[726] 637

Für die Pflege- bzw. Wartungsverpflichteten ist wichtig, dass sie nicht etwa die **Beseitigung von Mängeln** und auftretenden Fehlern verbindlich **zusagen**. Eine solche Zusage ist in vielen Fällen nur beschränkt erfüllbar. In der Regel reicht eine Zusage, entweder die Fehler zu beseitigen oder entsprechende Umgehungsmöglichkeiten aufzuzeigen. Die bloße Bereitschaft, tätig zu werden, dürfte marktmäßig in der Regel nicht ausreichen, obwohl aus Sicht der Hersteller dies das einzige ist, was sie verbindlich zusagen können. Dies gilt insbesondere im Hinblick auf die Software.[727] Unmöglich ist es, zuzusagen, die Anlage bzw. die Software so zu warten oder zu pflegen, dass gar keine Störungen auftreten.[728] Demgemäss werden Zusagen, die Funktionssicherheit aufrecht zu erhalten oder eine Formulierung wie sie oben bei der Leistungsbeschreibung in ähnlicher Weise erwähnt ist, von der Rechtsprechung auch zurückhaltend dahingehend ausgelegt, dass nur das üblicherweise Notwendige an Wartung geschuldet. Es kann allerdings sein, dass einer solchen Verfügbarkeitsgarantie eben ein Garantiecharakter zugrunde gelegt wird. Gerade bei solchen Fällen muss der Wartende und Garantiegeber sehr sorgfältig darauf achten, dass er nichts verspricht, was seine Leistungsfähigkeit übersteigt.[729]

---

[725] A. A. in einem speziellen Fall, wo der Kunde die Software vertreiben sollte: OLG Brandenburg, NJW-RR 2000, 931.

[726] *Schneider*, Handbuch des EDV-Rechts, Rdn. G 10, hält eine Wartung gegen laufende Pauschalzahlung in erster Line noch bei großen Anlagen und großen Netzen für sinnvoll.

[727] Vgl. im Detail: *Schneider*, Handbuch des EDV-Rechts, Rdn. K 44 ff.

[728] So schon OLG Stuttgart, BB 1977, 118 (119); vgl. dazu auch OLG Düsseldorf, CR 1988, 31 (32); OLG München, CR 1988, 283 (284); ausgiebig *Heymann*, CR 1991, 525 ff.; vgl. *Wohlgemuth*, Computerwartung, S. 18 f.

[729] Zu der Auslegung im Einzelfall vgl. *Schneider*, Handbuch des EDV-Rechts, Rdn. G 53 ff.

638 Demgegenüber gehört es umgekehrt zu den **Pflichten des Wartungsleistenden**, der Ursache auftretender Fehler nachzugehen und zu überprüfen, ob sie seinem Wartungsbereich zuzurechnen sind. Diese Überprüfung kann er nicht dem Kunden überlassen. Gerade wegen einer solchen Prüfungsmöglichkeit und seiner in dieser Hinsicht besonderen Fähigkeit ist der Wartungsunternehmer ja beauftragt worden.[730]

639 Gängig ist eine **Einschränkung** der Pflegeleistung auf die Pflege der jeweils **neuesten Softwareversion**.[731] Diese Einschränkung ist in den allgemeinen Geschäftsbedingungen aber nur haltbar, wenn dem Kunden die Übernahme dieser Version zumutbar ist, er also bei Übernahme z. B. nicht andere Teile seiner Anlage oder gar seine betriebliche Organisation ändern muss, und die neue Version nicht stark fehlerbehaftet ist. Dabei ist nicht zu verkennen, dass es für die Herstellerfirma möglicherweise schwierig ist, mehrere Versionen gleichzeitig zu pflegen, zumal dann, wenn eine ältere Version nur noch für ein oder zwei Kunden gepflegt werden muss. Dennoch kann es kaum angehen, dass der Kunde indirekt über eine solche Klausel im Pflege- oder Wartungsvertrag gezwungen wird, etwa neuere Betriebssoftware oder gar neuere Hardware zu kaufen. Je nach Einzelfall kann dies zu erheblichen Zusatzkosten und zur Umrüstung eines ganzen Softwaresystems führen. Will man eine solche Vereinbarung mit dem Kunden treffen, könnte diese jedenfalls nicht in allgemeinen Geschäftsbedingungen geregelt werden, sondern müsste in der konkreten Leistungsbeschreibung enthalten sein.

Das Problem dürfte praktisch nicht sehr zentral sein, wenn man **keine zu langen Laufzeiten** für Pflegeverträge vereinbart. Dann ist auf beiden Seiten eine regelmäßige Kündigung möglich. Auch hier sind die Gebräuche sehr unterschiedlich und ein einheitlicher Marktgebrauch derzeit nicht feststellbar, zumal es an rechtstatsächlichen Untersuchungen über die in der Praxis verwendeten Pflegeverträgen fehlt.

640 In der Praxis werden in **allgemeinen Geschäftsbedingungen** weitere Pflichten des Kunden geregelt. Dazu gehört z. B. die Pflicht, einen konkreten Ansprechpartner zu stellen oder Fehler möglichst auf bestimmten Formularen zu melden. Manche dieser Pflichten sind angemessen, andere, z. B. die Pflicht, Formulare zu benutzen, dürften den Kunden unangemessen benachteiligen und daher nach § 307 Abs. 2 BGB unwirksam sein.

641 In vielen Verträgen werden den Kunden **Mitwirkungspflichten** auferlegt.[732]

Als Entgelt wird meist eine feste Pauschale, in aller Regel ein Prozentsatz des Erwerbsentgelts für die gewartete oder gepflegte Hard- oder Software verlangt. Hinzu kommen manchmal noch gesonderte Entgelte für Updates,

---

[730] OLG Hamburg, CR 1998, 297 (302 f.).
[731] Zum Folgenden vgl. auch *Schneider*, Handbuch des EDV-Rechts, Rdn. K 208 ff.
[732] Auflistung und Systematisierung bei *Schneider*, Handbuch des EDV-Rechts, Rdn. K 202 ff.

die meist gegenüber dem Neuerwerbspreis reduziert sind. Vereinbarungen dieser Art haben einzelne Gerichte schon für sittenwidrige Knebelverträge gehalten.[733] Dies kann aber nur für Einzelfälle gelten. Generell sind solche Regelungen – soweit sie transparent sind – zulässig.

b) Inhalt der BVB

Die für die Wartung einschlägige **BVB-Wartung**[734] sehen für den Bereich Wartung vor, dass der jeweilig Wartende verpflichtet ist, die zur Erhaltung der Betriebsbereitschaft notwendigen Instandhaltungs- und Instandsetzungsarbeiten durchzuführen (§ 4 BVB-Wartung); die für den Bereich der Pflege einschlägigen BVB-Pflege[735] sehen vor, dass der Auftragnehmer die Mängel der Programme beseitigt und dafür Sorge zu tragen hat, dass die Programme bei vertragsgemäßem Einsatz die in der Leistungsbeschreibung festgelegten Leistungen erbringen (§ 4 BVB-Pflege). Hier ist eine Mängelbeseitigungspflicht vereinbart. Mit allgemeinen Überlegungen zur Schwierigkeit der Mängelbeseitigung im DV-Bereich lässt sich diese Verpflichtung angesichts des klaren Wortlauts nicht bestreiten.[736] Hinsichtlich der Mängelbeseitigung ist eine neue Programmversion gemäß BVB-Pflege dann vom jeweiligen Auftragnehmer anzunehmen, wenn ihm die Übernahme zumutbar ist. Ist die Übernahme unzumutbar, hat der Auftragnehmer die alte Programmversion noch ein Jahr weiter zu pflegen, der Auftraggeber kann bei Unzumutbarkeit der Übernahme der neuen Version den Vertrag außerordentlich kündigen (§ 4 Nr. 3 BVB-Pflege). Diese Regelung enthält einen sehr umfangreichen Ausgleich der verschiedenen Interessen und dürfte daher insgesamt als allgemeine Geschäftsbedingung auch wirksam zu vereinbaren sein. Rechtsprechung dazu gibt es noch nicht.

642

2. Verhältnis zu den Mängelansprüchen

Ein schwieriges Problem wirft die Tatsache auf, dass Wartungs- und Pflegeverträge oft auch für die Zeit abgeschlossen werden, in der gleichzeitig unverjährte Ansprüche aus mangelhafter Lieferung bestehen. Damit wird ein bestehendes gesetzliches oder vertragliches Nacherfüllungsrecht in der Weise verändert, dass zwar weiterhin ein Nacherfüllungsanspruch besteht, für die Erfüllung dieses Anspruchs aber eine Vergütung gezahlt werden müsste. Dies ist jedenfalls in allgemeinen Geschäftsbedingungen unzulässig.[737] Nach dem neuen Recht ist dies alles wegen der verlängerten Verjährungsfrist praktisch noch wichtiger als früher.

643

---

[733] AG Hanau, NJW-CoR 1998, 434.
[734] Veröffentlicht in Beilage Nr. 15 zum BAnz. Nr. 135 v. 25. 7. 1974, S. 27–31.
[735] Veröffentlicht in Beilage Nr. 41 zum BAnz. Nr. 239/79 v. 21. 12. 1979.
[736] **A. A.** *Müller-Hengstenberg*, BVB/EVB-IT-Computersoftware, S. 303.
[737] Vgl. dazu *Bartl*, CR 1985, 13 (19); OLG Celle, *Zahrnt*, ECR OLG 220.

Dies wird von der BVB berücksichtigt. Nach ihrer Regelung ist die Systematik so gestaltet, dass Verträge über Pflege bzw. Wartung erst nach Ablauf der jeweiligen Gewährleistungsfrist nach BVB-Kauf, BVB-Erstellung oder BVB-Überlassung abgeschlossen werden sollen. Wartung und Pflege während der Gewährleistungsfristen richten sich jeweils nach BVB-Kauf (§ 17), BVB-Erstellung (§ 18) und BVB-Überlassung (§ 21).[738]

644　Die Verträge zur **Wartung von Hardware** umfassen allerdings **nicht nur die Beseitigung von Mängeln**, die von Anfang vorlagen, sondern auch die Behebung von später auftretenden Störungen. Inwieweit unter diesem Gesichtspunkt eine vorbeugende Wartung der Hardware sinnvoll ist, muss allerdings gefragt werden. EDV-Anlagen unterliegen in aller Regel weniger Abnutzungserscheinungen als andere technische Anlagen, so dass eine vorbeugende Wartung, z.B. bei üblichen Bürocomputern, technisch möglicherweise nicht geboten ist. Die auftretenden Fehler sind in aller Regel anfängliche Mängel, ohne dass man dies im Hardware-Bereich freilich immer sicher sagen kann. Bei größeren EDV-Anlagen oder gar Anlagen, die mit Produktionsanlagen verbunden ist, mag die Situation u.U. anders sein. Jedenfalls während der Zeit der unverjährten Mängelansprüche ist daher der Abschluss von Wartungsverträgen für Hardware sehr zweifelhaft und auch rechtlich jedenfalls dann zu beanstanden, wenn die Wartung nicht ausdrücklich auf diejenigen Arbeiten beschränkt ist, die keine Mängelbeseitigungsarbeiten sind. Dies gilt insbesondere dann, wenn Wartungsverträge zusammen mit dem Ursprungsvertrag unter Geltung der allgemeinen Geschäftsbedingung des Herstellers abgeschlossen werden. Dann greifen die AGB-rechtlichen Bedenken gegen die Abbedingung der Kostentragung für die Nacherfüllungsleistungen durch den Softwarelieferanten auch gegenüber dem Wartungsvertrag. Für den Bereich der Wartung dürfte im Normalfall die Systematik der BVB angemessen sein.

645　**Anders ist die Situation** bei einer ganzen Reihe von Leistungsbestandteilen der **Pflegeverträge**. Jedenfalls was die Hotline und was die Lieferung neuer Versionen betrifft, so handelt es sich zum einen um Beratungsleistungen, die durchaus nicht nur die Beseitigung oder Umgehung von Mängeln umfassen, sondern etwa auch Hilfestellung bei schwierigen Anwendungsproblemen geben, zum anderen geht es um neue Versionen, die oft funktionale Verbesserungen, in manchen Fällen auch Anpassung an die Weiterentwicklung technischer oder rechtlicher Gegebenheiten bringen und daher nicht nur Mängelbeseitigung darstellen. Nur die Behandlung oder Beseitigung von Mängeln, die ja auch Gegenstand der meisten Pflegeverträge ist, gehört zum Gewährleistungsrecht. Hinzu kommen Fehlerbeseitigungen durch die Lieferung neuer Versionen. Diese Komponente dürfte daher eigentlich erst nach Ablauf der Verjährungsfrist für Mängelansprüche beginnen. Die Schwierigkeit besteht hier u.a. darin, die ja in der Regel ja pau-

---

[738] *Müller-Hengstenberg*, BVB/EVB-IT-Computersoftware, S. 150 f.

VI. Wartung und Pflege von EDV-Anlagen

schale Vergütung auf die verschiedenen Vertragsbestandteile aufzuteilen. Ohne Beachtung dieser Grenzen ist auch die Vereinbarung der Softwarepflege während der Gewährleistungsfristen prinzipiell nicht zulässig, jedenfalls wenn dies im Rahmen allgemeiner Geschäftsbedingungen geschieht.

Die Praxis hilft sich hier **oft** mit der Vereinbarung, dass **während der Dauer der Mängelansprüche** nur der **halbe Pflegebetrag** gezahlt wird. Diese Vereinbarung erscheint aus Sicht des Verfassers angemessen. Ob sie einer Prüfung durch die Rechtsprechung standhält, ist offen.[739] Entscheidungen zu diesem Problem gibt es nicht. Auf jeden Fall schließt ein Pflegevertrag die gegebenen Mängelansprüche aus dem Erwerbsvertrag nicht aus.[740] Dazu bedarf es einer – wirksam nur individuell vereinbaren – ausdrücklichen Regelung.

Neben einem **Mietvertrag** dürfte ein **Hardwarewartungsvertrag** in aller Regel unzulässig sein. Die Aufrechterhaltung der Betriebsbereitschaft der gemieteten Sache gehört zu den Kardinalpflichten des Vermieters. Diese können individualvertraglich, in gewissem Umfang auch durch allgemeine Geschäftsbedingungen dem Mieter übertragen werden. Diese in einem gesonderten Vertrag neben dem Mietvertrag dem Mieter zu übertragen, dürfte zumindest gegen die Unklarheitenregel (jetzt § 307 Abs. 1 S. 2 BGB) verstoßen.

Anderes kann nur dann gelten, wenn in dem gesonderten Vertrag besondere Leistungen des Vermieters vereinbart werden, die über den Umfang der mietvertraglichen Verpflichtungen hinausgehen (z.B. besondere Reaktionszeiten oder Back-up-Verträge).[741]

Möglicherweise kann man die Verträge aber als einen einheitlichen Mietvertrag ansehen.

Was die **Softwarepflege** betrifft, so empfiehlt sich auch hier nicht, neben dem **Mietvertrag** einen Pflegevertrag zu setzen. Vielmehr sollten die Elemente des Pflegevertrages in den Mietvertrag integriert werden. Anderenfalls würde ja bei jedem Wechsel der Version der Mietgegenstand ausgewechselt. Probleme ergeben sich freilich dann, wenn der Mietvertrag und der Pflegevertrag mit unterschiedlichen Vertragspartnern abgeschlossen werden. Wie allerdings durch einen Dritten der Mietgegenstand ausgewechselt werden kann, der dem Vermieter gehört und welche rechtlichen Konsequenzen sich daraus ergeben, bedarf in diesem Fall einer spezifischen Vereinbarung, die relativ komplex sein dürfte.

Die Vertragskonstruktion erscheint daher schon praktisch unbrauchbar. Allenfalls die Hotlinedienste mögen Dritten übertragen werden. Der ge-

---

[739] Kritisch wegen evtl. Nichteinhaltung des Transparenzgebotes: *Schneider*, Handbuch des EDV-Rechts, Rdn. K 80; kritisch auch *Heymann*, in: Redeker (Hrsg.): Handbuch der IT-Verträge, Abschn. 1.12, Rdn. 69 ff.; *v. Baum*, CR 2002, 705 (709 f.); seltsame Auslegung bei OLG Celle, *Zahrnt*, ECR ECR 220.
[740] *Moritz*, in: Computerhandbuch, Abschn. 42, Rdn. 217.
[741] Dazu *Schneider*, Handbuch des EDV-Rechts, Rdn. G 20, K 86 ff.

samte übrige Bereich von Pflege und Wartung sollte nicht parallel zum Mietvertrag in einem gesonderten Vertrag geregelt werden, sondern Bestandteil des Mietvertrages sein.[742] In der Praxis gibt es aber viele Parallelverträge.[743] Gerade bei ihnen stellt sich intensiv die Frage, ob nicht Miet- und Pflegevertrag einen einheitlichen Vertrag darstellen.

3. Rechtliche Einordnung

648 Die rechtliche Einordnung der Verträge über Wartung und Pflege ist schwierig. Gemeinhin werden sie als **Werkverträge** angesehen,[744] wobei von einzelnen Autoren auch nach dem jeweils geschuldeten Leistungsumfang differenziert wird.[745] § 651a BGB steht dem nicht entgegen. Es wird ja keine neue Software hergestellt, sondern nur schon vorhandene bearbeitet. Für Verträge, in denen bei Störungsauftritt die Störungsbeseitigung geschuldet wird, wird allerdings auch von fast allen Autoren von einem Werkvertrag ausgegangen. Von ihnen wird eine Ausnahme dann gemacht, wenn der im EDV-Bereich seltene Fall reiner Inspektionen oder reiner vorbeugender Wartung vorgesehen ist. In diesen Fällen ist von **Dienstverträgen** auszugehen. Entsprechendes gilt dann, wenn lediglich Maßnahmen zur Störungsbehandlung, nicht aber eine Störungsbeseitigung vereinbart wird.[746] Eine solche Vereinbarung ist grundsätzlich auch in Formularverträgen möglich. Sie verstößt entgegen Bartl[747] nicht gegen § 307 BGB, weil es sich um eine Leistungsbestimmung handelt, auf die gemäß § 307 Abs. 3 BGB §§ 307ff. BGB nicht anwendbar sind. Dem steht auch nicht ein Leitbild des Pflegevertrages entgegen, zu dem zwingend auch Mängelbeseitigung gehört.[748] Dieses Leitbild ist jedenfalls in der Geschäftspraxis wegen der großen Vielfalt der verwendeten Vertragsinhalte nicht erkennbar. Allein auf technische Lehrbücher kann nicht abgestellt werden, weil sie nicht die Ver-

---

[742] Vgl. zum Ganzen *Seitz*, CR 1988, 33f.
[743] Siehe die Beispiele bei *Schneider*, Handbuch des EDV-Rechts, Rdn. I 475ff.
[744] OLG Stuttgart, BB 1977, 118 (119); OLG München, CR 1985, 138; OLG Düsseldorf, CR 1988, 31; OLG Karlsruhe, CR 1987, 232; OLG Frankfurt, BB 1983, 2140; LG Hagen, Beilage Nr. 5 zu BB 1989, S. 8f.; LG Hamburg, CR 1989, 1102 (1103); LG Berlin, CR 2001, 743; *Bartl*, CR 1985, 13 (18); zur *Megede*, NJW 1989, 2581 (2587); krit. *Schneider*, Handbuch des EDV-Rechts, Rdn. G 25; K 107 in ähnlicher Differenzierung wie in der Folge auch hier; systematische Untersuchung bei *Wohlgemuth*, Computerwartung, S. 31ff.; *Bartsch*, NJW 2002, 1526 hält die Unterscheidung nicht für wichtig.
[745] So vor allem *Kühnel*, BB 1985, 1227 (1231f.); *Hartmann/Thier*, CR 1998, 581; *Schneider*, Handbuch des EDV-Rechts, Rdn. G 25ff., K 107; *Heymann*, in: Redeker (Hrsg.): Handbuch der IT-Verträge, Abschn. 1.12, Rdn. 8ff.; in mancher Hinsicht auch *Heymann*, CR 1991, 525 (526f.).
[746] *Hering*, CR 1991, 398.
[747] CR 1985, 13 (18).
[748] So aber *Bartsch*, CR 2000, 1 (10); NJW 2002, 1526 (1527).

tragspraxis, sondern das im Auge haben, was aus technischer Sicht sinnvoll ist.[749]

Allerdings muss die **Beschränkung** auf Maßnahmen zur Störungsbeseitigung eindeutig **in der Leistungsbeschreibung geregelt** sein. Ist sie in der Leistungsbeschreibung nicht enthalten und erfolgt die Beschränkung der Leistungspflichten irgendwo mitten unter Gewährleistungs- oder anderen Klauseln, dürfte die Beschränkung in aller Regel unwirksam sein, weil es sich um eine überraschende Klausel im Sinne von § 305 c Abs. 1 BGB handelt. Jedenfalls wäre eine solche Klausel als Ausschluss einer Hauptpflicht mit § 307 Abs. 2 BGB nicht vereinbar.

Die Qualifizierung der **Verträge mit Störungsbeseitigungspflichten** als Werkverträge ist auf den ersten Blick unproblematisch, weil ganz offenkundig die typische Leistung eines Werkvertrags, nämlich die Beseitigung von auftretenden Schwierigkeiten, als Hauptleistung vereinbart ist.

Für die hier vorliegenden Verträge ist Werkvertragsrecht allerdings nicht das allein Entscheidende. Kennzeichnend für einen Wartungs- oder Pflegevertrag ist die ständige Bereitschaft des Wartenden oder Pflegenden, auf Abruf Mängel zu beseitigen. Es geht hier also um eine ständige Leistungsbereitschaft, das typische Zeichen eines **Dauerschuldverhältnisses.**[750]

In der Regel wird für diese Bereitschaft auch das Entgelt gezahlt, ohne dass es darauf ankommt, dass Wartungs- oder Pflegeleistungen tatsächlich erbracht werden.[751]

Demgegenüber ist ein Werkvertrag nach BGB kein Dauerschuldverhältnis. Die im Werkvertrag geregelten Vorschriften betreffen die einmalige Erstellung eines konkreten Werkes, nicht die dauernde Bereitschaft zur Leistung.[752]

Aus diesem Grunde ist in der Literatur schon die analoge Anwendung von mietvertraglichen Regelungen befürwortet worden.[753] Dieser Meinung kann nicht gefolgt werden, da der Mietvertrag mit der beim Wartungsvertrag geschuldeten Leistungs- bzw. Erfolgserbringung nicht vergleichbar ist. Man kann auch nicht etwa durch Verweis auf den Mietvertrag dem Wartungsvertrag einen Inhalt geben, den er nach den Vereinbarungen der Parteien nicht hat (etwa den einer ständigen Gewährleistung der Mangelfreiheit).[754] Ist mit dem Wartungsvertrag eine Back-up Vereinbarung verbunden, kann diese freilich einen mietvertraglichen Vertragsteil darstellen. Der Wartungsvertrag wird dadurch aber kein Mietvertrag.[755]

---

[749] *A. A. Bartsch,* NJW 2002, 1526 (1527).
[750] *Soergel-Teichmann,* § 241 Rdn. 6; vgl. auch *Schneider,* Handbuch des EDV-Rechts, Rdn. G 79, K 49 ff.
[751] Vgl. z. B. LG Hagen, Beilage Nr. 5 zu BB 1989, S. 8 f.
[752] Ebenso *Wohlgemuth,* Computerwartung, S. 62 ff.
[753] *Löwe,* CR 1987, 219 (220 f.); *Seitz,* CR 1988, 33 f.; tendenziell wohl auch *Schneider,* Handbuch des EDV-Rechts, Rdn. K 50.
[754] So aber z. B. *Seitz,* CR 1988, 33 f.; wie hier *Hartmann/Thier,* CR 1998, 581 (584).
[755] So auch *Wohlgemuth,* Computerwartung, S. 69 ff.

651 Richtigerweise wird man – wie bei Dauerschuldverhältnissen üblich – zwei Ebenen unterscheiden müssen: Zum Einen geht es um die jeweils einzeln erbrachten Leistungen, die konkrete Mängelbeseitigung oder andere Leistungen, etwa die Zurverfügungstellung einer Hotline. Die Einzelleistungen sind nach den für sie geltenden Regeln, also bei der Mängelbeseitigung nach Werkvertragsrecht, im Fall der Hotline nach Dienstvertragsregeln, zu behandeln. Dies gilt insbesondere für die Frage, ob werkvertragliche Gewährleistungsregeln anwendbar sind oder aber etwa die Abwicklung von fehlerhaften Leistungen über die Regeln der positiven Vertragsverletzung durchzuführen ist. Neben dieser Ebene der Einzelleistungen gibt es noch die Ebene des Gesamtvertrages, die eigenen, im Werkvertragsrecht nicht notwendig enthaltenen Regeln folgt.[756]

4. Einzelleistungen

652 Wie schon oben ausgeführt, dürfte eine **Pflicht zur Fehlerbeseitigung** im vorliegenden Fall **Werkvertragsregeln** folgen. Hier wird die Beseitigung des Fehlers als Erfolg geschuldet. Soweit Werkvertragsrecht anwendbar ist, sind alle erbrachten Leistungen auch abnahmefähig. Der gegenteiligen Ansicht des OLG München[757] ist nicht zu folgen.[758] Dies schließt nicht aus, dass die Fälligkeit der Vergütung unabhängig von der Abnahme geregelt werden kann,[759] zumal die Vergütung in aller Regel nicht wegen der konkret erbrachten Leistungen, sondern wegen der dauernd bestehenden Leistungsbereitschaft, also nicht im Hinblick auf die Einzelleistungen, sondern im Hinblick auf den Gesamtvertrag bezahlt wird.

653 Tritt eine Schlechtleistung oder sonstige Störung bei den werkvertraglichen Einzelleistungen auf, fragt sich zunächst, ob es sich um einen Mangel im Sinne des § 633 Abs. 2 BGB handelt. Bei der Entscheidung dieser Frage ist nicht nur die Einzelleistung, sondern auch der Zweck des Gesamtvertrages zu berücksichtigen.

Ein Mangel liegt demzufolge nicht nur dann vor, wenn die Beseitigung (bzw. Umgehung) einer Störung nicht gelingt, sondern auch dann, wenn die Wartungsarbeiten die Anlage in einen Zustand versetzen, in dem Störungen zu erwarten sind.[760]

654 Primär ergibt sich bei Vorliegen eines Mangels ein **Nacherfüllungsrecht**. Erst nach Fristsetzung ergibt sich ein Rücktritts- bzw. Minderungsrecht,

---

[756] Grundsätzlich ebenso *Schneider*, Handbuch des EDV-Rechts, Rdn. K 107; a.A. *Wohlgemuth*, Computerwartung, S. 81 f.: insgesamt Dienstvertrag.
[757] CR 1989, 283 (284).
[758] Zweifelnd auch *Junker*, NJW 1990, 1575 (1577, Fn. 43).
[759] So zu Recht OLG München, Beilage 10 zu BB 1990, S. 9 (10); ebenso LG Hagen, CR 1989, 814 (815); OLG Karlsruhe, CR 1986, 366 (LS).
[760] Vgl. dazu OLG München, CR 1989, 283; der Leitsatz 5 der Redaktion gibt den Inhalt des Urteils allerdings nicht ganz vollständig wieder.

VI. Wartung und Pflege von EDV-Anlagen

das sich jedoch nur auf die konkreten Wartungs- bzw. Pflegeleistungen bezieht. Schadensersatzansprüche entstehen nach §§ 280ff. BGB unter den dort genannten Voraussetzungen. U. U. ist daher eine Fristsetzung erforderlich.[761]

Probleme gibt es dann noch bei der Berechnung der eventuellen Minderung bei Schlechterfüllung, wenn eine Pauschalvergütung vereinbart ist. Diese muss aber im jeweiligen Einzelfall errechnet werden. Zu den Einzelheiten ist auf die Ausführungen oben[762] zu verweisen. Was Ausgangspunkt für solche Minderungsberechnungen ist, ist in der Rechtsprechung noch nicht geklärt. Teilweise wird die Meinung vertreten, die Wartungsleistung müsse um den Minderwert der nur eingeschränkt nutzbaren Software gemindert werden.[763] Dies greift aber eher Schadensgesichtspunkte auf. Man muss auf den Minderwert der Wartungsleistung abstellen. Dabei ist auf den Marktwert abzustellen und daraus die Minderung zu berechnen. Ein Marktwert dürfte in der Regel zu ermitteln sein, weil ja auch Einzelwartungsleistungen erbracht werden. Geht dies nicht, muss anhand vergleichbarer Leistungen geschätzt werden.

Schadensersatzansprüche ergeben sich bei werkvertraglichen Einzelleistungen nur verschuldensabhängig nach §§ 280ff. BGB. Demgegenüber sieht insbesondere § 8 Nr. 3 BVB-Wartung einen pauschalierten Schadensersatz ab einer gewissen Mindestdauer der Mängel vor. Der Wartende muss sich hinsichtlich seines Vertretenmüssens entlasten. Diese Klausel ist schon deshalb unhaltbar, weil die Schadenspauschalierung, die an die Höhe der Wartungsvergütung anknüpft, in keinem erkennbaren Zusammenhang mit dem gewöhnlicherweise zu erwartenden Schaden steht und daher gegen § 11 Nr. 5a AGBG verstößt.[764] Darüber hinaus enthält sie aber auch eine Beweislastumkehr, die gegenüber einem Nichtkaufmann nach § 11 Nr. 15 AGBG unwirksam und deren Wirksamkeit auch gegenüber einem Kaufmann zweifelhaft ist.[765]

Eine ähnlich zweifelhafte Regelung enthält auch § 8 Nr. 2 BVB-Pflege.

Der **Kunde** muss dem Wartenden die auftretende **Störung möglichst genau beschreiben** und auch sonst bei der Störungsbeseitigung mitwirken, um nicht Gefahr zu laufen, die Mängelrechte zu verlieren. Der Umfang solcher Mitwirkungspflichten wird oft ausdrücklich vereinbart. Ob dabei in Allgemeinen Geschäftsbedingungen eine schriftliche Störungsmeldung – möglichst noch auf einem vom Pflegeverpflichteten vorgegebenen Formular –

655

656

---

[761] V. *Baum*, CR 2002, 705 (708f.); zum alten Recht: LG Berlin, CR 2001, 743, notwendig: Fristsetzung mit Ablehnungsandrohung.
[762] Vgl. oben Rdn. 368.
[763] *Hartmann/Thier*, CR 1998, 581 (587).
[764] Vgl. zu diesem Problem oben Rdn. 484.
[765] Zu Beweislastklauseln im kaufmännischen Geschäftsverkehr vgl. *Brandner*, in: Ulmer/Brandner/Hensen, § 11 Nr. 15 Rdn. 25 f.

verlangt werden kann,⁷⁶⁶ ist angesichts der Eilbedürftigkeit der Störungsbeseitigung fraglich. Eine Übermittlung durch Telefax genügt freilich dem Schriftformerfordernis (§ 127 Abs. 2 S. 1 BGB), so dass die einfache Schriftform vereinbart werden kann. Das Verlangen nach einem Formular ist aber in allgemeinen Geschäftsbedingungen unwirksam.

657 Ist eine **Reaktionszeit** vereinbart und wird diese überschritten, so gerät der Wartende ohne Mahnung in Verzug, da die Vereinbarung der Reaktionszeiten sonst sinnlos wäre.⁷⁶⁷ Er ist daher zum Ersatz des durch die im Einzelfall eingetretene Verzögerung verursachten Verzugsschadens verpflichtet, wie er sich z. B. durch den längeren Ausfall der Anlage ergibt. Für weitergehende Rechte des Kunden wie z. B. das Recht zur Ablehnung der Leistung ist aber eine Fristsetzung gemäß § 323 Abs. 1 BGB erforderlich.

658 Für manche Einzelleistung gilt freilich **Dienstvertragsrecht**. Dies gilt insbesondere für den **Hotline-Service**. Gibt es Leistungsstörungen, richten sich evtl. Folgen grundsätzlich nach den Regeln des allgemeinen Schuldrechts. Es gibt also im Einzelfall bei Verschulden des Leistungsverpflichteten Schadensersatzansprüche gemäß §§ 280 ff. BGB.

659 Die **Lieferung neuer Softwareversionen**, ein weiterer Leistungsbestandteil, ist ebenfalls **kein Werkvertrag**. In diesem Fall wird ja nicht konkret die Verpflichtung übernommen, eine neue Softwareversion zu entwickeln. Es wird in der Regel nur vereinbart, eine geeignete Softwareversion bei Vertriebsreife auch dem jeweiligen Pflegeberechtigten zu überlassen. Es handelt sich insoweit bei Vorliegen eines Kaufvertrages über das Ursprungsprojekt um die Verpflichtung zur Auswechselung des Kaufobjekts, bei ursprünglichem Werkvertrag um die Pflicht zur Auswechselung des Werkobjektes, in keinem Fall aber um eine einzelne werkvertragliche Leistung, da insoweit der individuelle Bezug der zu erbringenden Leistung auf den konkreten Kunden fehlt. Es handelt sich auch **nicht** um einen **Sukzessivliefervertrag** im üblichen Sinne, eher kann man von einem **Abonnementvertrag** sprechen, wobei allerdings Zeit und Umfang der Lieferungen bei Vertragsschluss nicht feststehen.⁷⁶⁸ Man wird daher auf solche nachgelieferten Versionen wohl die Ansprüche der jeweils zugrunde liegenden Ursprungsverträge anwenden müssen und eine jeweils neue Gewährleistungsfrist nach den gesetzlichen Vorschriften für die jeweils neue Softwareversion gewähren müssen, soweit nicht vertraglich etwas anderes vereinbart ist. Dies belastet den Hersteller nicht außerordentlich, da auch bei Annahme eines Werkvertrages hinsichtlich dieser einzelnen Versionen entsprechende Verjährungsfristen entstehen. Das Gleiche gilt für die Annahme eines jeweils neuen Kaufvertrages bei Übernahme der Version. Für den jeweiligen Ab-

---

⁷⁶⁶ So viele in der Praxis verwendete Klauseln, vgl. z. B. *Schneider*, Handbuch des EDV-Rechts, Rdn. G 109.
⁷⁶⁷ *Schneider*, Handbuch des EDV-Rechts, Rdn. G 162.
⁷⁶⁸ Hierzu auch *Schneider*, Handbuch des EDV-Rechts, Rdn. K 109 f.

nehmer dürfte auch keine zusätzliche Belastung entstehen, da er sich bei der Übernahme neuer Versionen ähnlich verhalten muss wie bei der ursprünglichen Abnahme des Vertrages bzw. bei der Prüfung nach Ablieferung. Die neu eröffneten Mängelansprüche gelten allerdings nur für solche Mängel, die in den neuen Softwareversionen neu auftreten. Für schon früher vorhandene und nicht beseitigte Mängel gelten sie nicht.

Für Regelungen in Allgemeinen Geschäftsbedingungen, die die Mängel solcher neuen Versionen betreffen, gelten sinngemäß die Ausführungen zu den Mängelansprüchen beim Softwareerwerb, die an anderer Stelle erörtert sind.[769]

5. Kündigung des Gesamtvertrages

Das Schicksal des Gesamtvertrags ist primär nach den generellen Regelungen über **Dauerschuldverhältnisse** zu behandeln, die die Rechtsprechung aus den einzelnen im BGB enthaltenen Dauerschuldverhältnissen abgeleitet hat. 660

Dies heißt zunächst, dass es ein nicht abdingbares außerordentliches Kündigungsrecht für beide Seiten bei wichtigem Grund gibt.

Ein wichtiger Grund kann für den Kunden die dauernde Schlechterfüllung des Werkvertrages sein.[770] Neben der häufigen Schlechterfüllung der Wartungs- bzw. Pflegeverpflichtung gehört dazu auch die häufige Überschreitung einer vereinbarten Reaktionszeit. In beiden Fällen muss der Kündigung allerdings eine Abmahnung vorangehen (§ 314 Abs. 2 BGB). Ob die Verlagerung des Sitzes des Anwenders über eine größere Entfernung ein wichtiger Grund für den Auftragnehmer, den Wartungsverpflichteten, zur Kündigung ist, ist eine noch nicht entschiedene Frage.

Die **Beendigung der Nutzung** der EDV-Anlage ist nach der Rechtsprechung **kein Grund für den Kunden zur Kündigung**.[771] Möglicherweise ist eine unverschuldete Nichtnutzbarkeit der Software (etwa wegen geänderter gesetzlicher Bestimmungen) ein Kündigungsgrund.[772] 661

Für den Wartungsunternehmer ist vor allem die **mangelnde Zahlung** der Vergütung ein **Kündigungsgrund**. Daneben kann aber z. B. ein solcher Kündigungsgrund auch darin liegen, dass bei der Wartung eines Druckers der Kunde sich trotz großer Störanfälligkeit des Druckers und hohem Schadensrisiko bei Ausfall keinen zweiten Drucker anschafft.[773] Auch Verstöße

---

[769] Siehe oben Rdn. 454 ff.
[770] *Hartmann/Thier*, CR 1998, 581 (585); *Wohlgemuth*, Computerwartung, S. 182 f.
[771] LG München I, Beilage Nr. 7 zu BB 1991, S. 6 f.; OLG Oldenburg, CR 1992, 722; *Schneider*, Handbuch des EDV-Rechts, Rdn. G 81; *Moritz*, in: Computerrechtshandbuch, Abschn. 42, Rdn. 214; *Wohlgemuth*, Computerwartung, S. 179 ff.
[772] Vgl. *Schneider*, Handbuch des EDV-Rechts, Rdn. K 200; a.A. *Wohlgemuth*, Computerwartung, S. 180 f.
[773] OLG Hamm, NJW-RR 1998, 380 (381 f.) = CR 1997, 604 (605).

gegen urheberrechtliche Regelungen oder Geheimhaltungsvereinbarungen können – nach Abmahnung – Kündigungsgründe darstellen.[774]

662 Ob mangels anderweitiger Vereinbarungen neben dem außerordentlichen Kündigungsrecht auch ein **ordentliches Kündigungsrecht** besteht, ist noch offen.[775]

Das Kammergericht[776] hat auf den Wartungsvertrag die im Dienstvertragsrecht geltenden Kündigungsvorschriften analog angewandt. Diese spezielle Beiziehung des Dienstvertragsrechts ist im Ergebnis auch sachgerecht, weil jeder Wartungsvertrag im Hinblick auf seine Dauerverpflichtung stark dienstvertragliche Elemente enthält und anderweitige geeignete gesetzlich geregelte Vertragstypen, die ihm näherstehen, nicht ersichtlich sind. Diese Analogie gilt allerdings nur im Hinblick auf das Kündigungsrecht.

663 Daneben wird ein **Kündigungsrecht** in der Literatur schon aus § 649 BGB analog abgeleitet.

Allerdings ergeben sich daraus eventuelle Weiterzahlungspflichten des Anwenders, eine Konsequenz, die einem Dauerschuldverhältnis fremd ist, so dass auf diesem Wege eine beiden Seiten gerecht werdende Problemlösung schwerlich zu finden ist. Dass sich der Unternehmer ersparte Aufwendungen anrechnen lassen kann, hilft oft auch nicht weiter, weil er gerade im Falle des Wartungs- bzw. Pflegevertrages oft keine solche Aufwendungen erspart.[777] Dass das Unternehmen bei guter Organisation möglicherweise Drittaufträge annimmt und daher die Arbeitskräfte nicht unbeschäftigt lässt, ist kein Grund für eine Vergütungskürzung, weil ein solches Unternehmen diese Aufträge auch sonst eingefahren hätte.[778]

Die bloße Gewährung eines Kündigungsrechts nach § 649 BGB analog reicht daher nicht aus. Das **Dienstvertragsrecht** ist **ergänzend anzuwenden.**

664 In aller Regel werden **Vertragsdauer und Kündigungsmöglichkeiten vertraglich geregelt.**[779] Soweit keine völlig unangemessene Bedingungen gesetzt werden, ist dies auch AGB-rechtlich zulässig. Dabei dürfen die dem Kunden zur Verfügung stehenden Kündigungsfristen nicht zu lang sein. Bei Nichtunternehmern ist § 309 Nr. 9 BGB zu beachten. Im Geschäftsverkehr gilt § 309 Nr. 9 BGB nach allgemeiner Meinung nicht, da es sich um eine typisch verbraucherschützende Vorschrift handelt.[780]

---

[774] *Hartmann/Thier*, CR 1998, 581 (588).

[775] Generell beim Dauerschuldverhältnis ist die Frage streitig: *Soergel-Teichmann*, § 241, Rdn. 9.

[776] CR 1986, 772 (773) (LS); zustimmend *Moritz* in: Computerrechtshandbuch, Abschn. 42, Rdn. 210.

[777] A. A. *Schweyer*, CR 1989, 1102 f.

[778] AG Tempelhof-Kreuzberg, NJW-RR 1999, 421.

[779] Eine ausgiebige Darlegung verschiedener Klauseln bei *Schneider*, Handbuch Praxis des EDV-Rechts, Rdn. G 79 ff.

[780] *Staudinger-Coester-Waltjen*, § 11 Nr. 12 Rdn. 25; *Hensen*, in: Ulmer/Brandner/Hensen, § 11 Nr. 12 Rdn. 18 noch zu § 11 Nr. 12 AGBG; *Palandt-Heinrichs*, § 309 Rdn. 89.

Bindungsgrenzen lassen sich nur bedingt festlegen. Das Interesse der Kunden geht in aller Regel in Richtung auf eine Bindung des Leistenden für die gesamte Nutzungszeit der EDV-Anlage, das des Leistenden ist nicht ganz so vorgeprägt. Im kaufmännischen Verkehr hat die Rechtsprechung bei einzelnen Verträgen (etwa bei Telefonmiete) auch lange **Laufzeiten von 10 Jahren** als angemessen angesehen.[781] Dies ist auch Wartungsverträgen über Telefonanlagen von Gerichten so gesehen worden.[782] So lange Zeiten dürften bei den hier vorliegenden Verträgen in aller Regel nicht angemessen sein. Gerade angesichts der technischen Weiterentwicklung muss dem Kunden Flexibilität bei der Neuanschaffung von Anlagen gewährt werden, die nicht durch zu lange Pflege- oder Wartungsbindungen unterlaufen werden sollte. Umgekehrt sind die Investitionen der Wartenden nicht allzu groß. In aller Regel liegt die Bindungsfrist auch eher bei ein bis zwei Jahren. Längere Bindungsfristen gehen auf Kundenwünsche zurück.[783] Auch eine **5-Jahresbindung mag noch hinnehmbar** sein. Eine weitergehende Bindung dürfte im Normalfall unangemessen sein. Über die hier genannten Grenzen hinausgehende Anforderungen gibt es nicht.[784]

Umgekehrt darf der **Wartende** allerdings sich selbst **keine zu kurzen Kündigungsfristen** einräumen, damit der Kunde ggf. eine Nachfolgewartung sicherstellen kann. Kunden dürfen in ihren Einkaufsbedingungen umgekehrt keine zu langen Bindungsfristen vorsehen. Generell erscheinen auch Klauseln, die die Bindung des Verwenders kürzer festsetzen als die des Vertragspartners – eine Klauselgestaltung, die insbesondere in Einkaufsbedingungen der Kunden häufiger vorkommt – problematisch.[785] Unzulässig ist eine Kündigung dann, wenn ein Kontrahierungszwang für die Pflegeverpflichteten besteht.[786] Zu dieser Frage wird unten[787] Stellung genommen.

Unzulässig ist die **Abbedingung des Kündigungsrechts aus wichtigem Grund**. Ein solches Kündigungsrecht ist auch nicht etwa durch die – sachlich unangemessene – Regelung des § 649 BGB begrenzt.[788] In § 3 BVB-Wartung ist z.B. eine detaillierte Kündigungsregelung ebenso enthalten wie in § 3 BVB-Pflege. 665

In seltenen Einzelfällen kann eine an sich zulässige Kündigung nach Treu und Glauben ausgeschlossen sein. Dies gilt aber im Normalfall nicht, wenn der Kündigende den Vertrag beendet, z.B. um seine Software nicht mehr auf

---

[781] Nachweise bei *Hensen*, in: Ulmer/Brandner/Hensen, § 11 Nr. 12 Rdn. 18.
[782] LG Berlin, NJW-RR 1999, 1436.
[783] *Schneider*, Handbuch des EDV-Rechts, Rdn. K 186f.
[784] OLG Oldenburg, CR 1992, 722f.
[785] *Schneider*, Handbuch des EDV-Rechts, Rdn. 185.
[786] Insoweit richtig LG Köln, CR 1999, 218.
[787] Rdn. 674ff.
[788] Teilweise a.A. *Schneider*, Handbuch des EDV-Rechts, Rdn. G 82.

das **Jahr 2000** umstellen zu müssen.[789] Das OLG Koblenz[790] hat allerdings eine Kündigung für unwirksam erklärt, die erfolgte, um den Vertragspartner zur Zahlung einer nicht geschuldeten Upgradegebühr zu zwingen. Spezieller Hintergrund war hier freilich die sich aus § 21 BVB-Überlassung ergebende Pflicht zum Abschluss eines Pflegevertrages.

666 Ein spezielles Problem stellt sich bei gleichzeitigem Abschluss von **Leasing- und Wartungs- bzw. Pflegeverträgen**. In vielen praktischen Fällen sind die vertraglich geregelten Kündigungsfristen bzw. die Enddaten der Verträge unterschiedlich. Die Verträge sind dann nach dem Vertragswortlaut nicht gleichzeitig zu beenden. Dies läge aber im Interesse jedenfalls des Anlagenbetreibers, weil die Nutzung der Anlage mit dem Ende des Leasingvertrages beendet wird. Dennoch wird man auch für diesen Fall keine speziellen Kündigungsvorschriften einführen können, weil das Problem bei Vertragsschluss gelöst werden kann und in aller Regel der Zeitraum zwischen den unterschiedlichen Enddaten nicht allzu groß ist.[791]

667 Wird die Wartung mehrerer Hardwareteile oder die Pflege verschiedener Softwarepakete vereinbart, stellt sich auch die Frage einer auf einzelne Hardwarekomponenten oder Softwarepakete beschränkten **Teilkündigung**. Auch hier empfiehlt sich eine ausdrückliche vertragliche Regelung. Fehlt sie, ist die Teilkündigungsmöglichkeit in Dauerschuldverhältnissen normalerweise stark eingeschränkt.[792] Bei Wartungsverträgen hat die Rechtsprechung sie aber schon recht großzügig zugelassen.[793] Es handelt sich aber um Einzelfallentscheidungen, die nur schwer generalisierbar sind.

6. Weitere Rechtsprobleme

668 Viele Verträge sehen **Fälligkeitsregelungen** vor. Traditionell wird die Wartungs- und Pflegegebühr jährlich im Voraus verlangt. Es gibt aber auch Vertragsgestaltungen, die von monatlichen Gebühren ausgehen. Einzelne Verträge sehen sogar vor, dass die Wartung sich monatlich pauschal berechnet, aber jährlich auf einmal im voraus verlangt wird. Eine solche Klausel wäre als allgemeine Geschäftsbedingung mit Sicherheit unwirksam, weil sie in sich widersprüchlich und intransparent ist.[794] Ob ansonsten eine **Vorauszahlung** jährlich möglich ist, ist umstritten. Sieht man den Wartungsvertrag als reinen Werkvertrag und beachtet die Dauerschuldverpflichtung nicht,

---

[789] Wie hier *Moritz*, CR 1999, 541 (544); teilweise a. A. *Bartsch*, Software und das Jahr 2000, S. 129 f.; *Jaeger*, OLG-Report Köln, H. 17, K 9 (12) differenziert für Instandhaltungsverträge im Maschinenbau: *Kühnel/Ulbrich*, BB 1998, 2585.
[790] NJW 1993, 3144 = DuD 1994, 164 = CR 1993, 626; kritisch dazu *Schneider*, Handbuch des EDV-Rechts, Rdn. K 75.
[791] Ebenso LG München I, Beilage Nr. 7 zu BB 1991, S. 6 f. mit abl. Anm. *Zahrnt*.
[792] Vgl. *Staudinger-Emmerich*, § 543 Rdn. 5; § 553, Rdn. 62.
[793] OLG Hamm, NJW-RR 1980, 380 (381).
[794] Ebenso *Schneider*, Handbuch des EDV-Rechts, Rdn. G 117.

VI. Wartung und Pflege von EDV-Anlagen

dürfte eine solche Klausel unwirksam sein, weil im Prinzip eine Vergütung dann erst nach Abnahme der Werkleistung möglich wäre.[795] Man muss aber den Dauerschuldcharakter des Wartungsvertrages im Auge behalten. Freilich war es so, dass auch in den üblicherweise gesetzlich geregelten Dauerschuldverhältnissen eine Vergütung immer erst nach dem Ablauf eines Zeitabschnitts für diesen fällig ist (vgl. § 551 Abs. 1 BGB a. F. für das Mietrecht, § 614 BGB für das Dienstvertragsrecht). Im Mietrecht ist jetzt monatliche Vorfälligkeit vorgesehen (§ 556b Abs. 1 BGB). Im Dienstvertrag ist dagegen § 614 BGB unverändert geblieben. Dieser Rechtsgedanke dürfte sich auch auf den Wartungsvertrag übertragen lassen, so dass auch unter diesem Gesichtspunkt und auch dann, wenn man den Wartungsvertrag zumindest teilweise als Dienstvertrag ansieht, eine Vereinbarung der Fälligkeit im Voraus eine Abweichung von den gesetzlichen Regelungen darstellt, die an den Vorschriften des AGBG gemessen werden muss. Es handelt sich insoweit um **kontrollfähige Preisnebenabreden.**[796]

669 Betrachtet man diese Klauseln unter diesen rechtlichen Gesichtspunkten, so wäre eine mäßige Vorzahlungspflicht der jeweiligen Kunden mit dem AGB-Gesetz wohl vereinbar, zumal der Gesetzgeber eine solche Regelung für den Mietvertrag ausdrücklich vorgesehen hat. Auch früher wurde eine Vorauszahlungspflicht des Mieters auch in Allgemeinen Geschäftsbedingungen des Vermieters allgemein akzeptiert. Auch die Vorauszahlung im Reisevertragsrecht ist AGB-rechtlich immer akzeptiert worden, knüpft allerdings heute unter europarechtlichen Gesichtspunkten an zusätzliche Voraussetzungen an.[797] **Nicht akzeptabel** dürfte aber eine **Vorauszahlung für ein ganzes Jahr** sein. Dies schneidet das Zurückbehaltungsrecht des Kunden bei Mängeln des Wartungsvertrages zu sehr ab. Der Kunde kann praktisch bei Nichterbringung, verzögerter Erbringung o. ä. im Laufe des jeweiligen Vertragsjahres nicht reagieren. Eine solche Vereinbarung wäre daher in Allgemeine Geschäftsbedingungen, die ja üblicherweise eingesetzt werden, unzulässig.[798]

670 Diskutiert wird auch, ob in Allgemeinen Geschäftsbedingungen das Recht des jeweils Wartenden vorgesehen werden kann, den **Wartungsvertrag** auf einen Dritten **zu übertragen.** Dies ist im Nichtunternehmensverkehr nach § 309 Nr. 10 BGB nur dann zulässig, wenn der Dritte schon im Vertrag namentlich bezeichnet ist oder dem jeweiligen anderen Vertragsteil ein Kündi-

---

[795] So für einen Werkvertrag auch *Schneider*, Handbuch des EDV-Rechts, Rdn. G 116.
[796] *Brandner*, in: Ulmer/Brandner/Hensen, AGB-Gesetz, § 8 Rdn. 21.
[797] Vgl. zu Vorauszahlungsklauseln im Detail *Hensen*, in: Ulmer/Brandner/Hensen, AGBG, § 11 Nr. 2 Rdn. 14.
[798] So auch OLG München, CR 1992, 402 m. Anm. *Zahrnt;* a. M. (ohne Begründung); LG Köln, ECR OLG 197; differenzierend *Schneider*, Handbuch des EDV-Rechts, Rdn. G 116 ff. mit weiteren denkbaren und zulässigen Klauseln, Rdn. K 210b f.

gungsrecht eingeräumt wird. Ob dies angesichts der besonderen Sachkunde, die gerade im EDV-Bereich im Hinblick auf die jeweils konkrete Anlage für eine ordnungsgemäße Wartung bzw. Pflege erforderlich ist, ausreichend ist, ist allerdings zweifelhaft. Ein Kündigungsrecht hilft nicht weiter, wenn der jeweilige Kunde auf Wartung bzw. Pflege angewiesen ist und neben dem neuen Unternehmen ein anderes Unternehmen als das ursprünglich vertraglich gebundene nicht zur Verfügung steht. Das OLG Bamberg[799] hat schon entschieden, dass auch im Unternehmensverkehr generell eine Klausel, nach der ohne weiteres die Wartung einem Dritten übertragen werden kann, unzulässig ist.

Ob dieser Rechtsprechung auch bei massenhaft vertriebener Standardsoftware mit vielen Vertragshändlern des Herstellers zu folgen ist, ist fraglich.

671 Umgekehrt hat das OLG Köln[800] es als möglich angesehen, dass die Weigerung, der Übernahme des Pflegevertrags auf einen Drittunternehmer zuzustimmen, treuwidrig sei und daher zur Kündigung durch den Pflegeverpflichteten führen könne. Dies erscheint aber allenfalls in extremen Einzelfällen denkbar. Niemand kann ohne Verpflichtung zum Wechsel seines Vertragspartners gezwungen werden.[801]

672 Angesichts der Vertragsdauer sind auch **Preisanpassungsklauseln** oft sinnvoll. Ihre Zulässigkeit ist ähnlich zu beurteilen wie die der entsprechenden Klauseln im Rechenzentrumsvertrag. Auf die dortigen Ausführungen ist daher zu verweisen.[802] Daneben ist eine normale Kündigung zum vertraglich vereinbarten Zeitpunkt zulässig, auch wenn mit ihr eine Preiserhöhung verfolgt wird.

673 Ein weiteres Rechtsproblem stellt sich bei der Frage, inwieweit der Wartende seine Leistungen aus dem Wartungsvertrag **zurückbehalten** kann, wenn die Vergütung nicht bezahlt wird. Hinsichtlich der Vergütung aus der laufenden Wartungsperiode ist dies unproblematisch möglich. Das Zurückbehaltungsrecht ergibt sich hier aus § 320 BGB. Nur in seltenen Ausnahmefällen dürfte eine Einschränkung des Zurückbehaltungsrechts gem. § 320 Abs. 2 BGB gegeben sein.

Ähnliches gilt im Ergebnis auch dann, wenn eine Vergütung für eine frühere Wartungs- bzw. Pflegeperiode nicht gezahlt worden ist.

Ein Zurückbehaltungsrecht nach **§ 273 BGB** besteht dann, wenn die Vergütung aus dem zugrunde legenden Erwerbsvertrag nicht gezahlt ist und die Vertragspartner des Pflege- bzw. Wartungsvertrags und des Erwerbsvertrags die gleichen sind. Es besteht hier nämlich Konnexität. Allerdings ist die

---

[799] CR 1987, 234; *Schneider,* Handbuch des EDV-Rechts, Rdn. G 141.
[800] OLG-Report Köln 1998, 377.
[801] Im entschiedenen Fall hat das OLG Köln das Kündigungsrecht auch nicht als gegeben angesehen.
[802] Vgl. unten Rdn. 709 f.

VI. Wartung und Pflege von EDV-Anlagen

Ausübung dieses Zurückbehaltungsrechtes stärker eingeschränkt als die Ausübung des Zurückbehaltungsrechts nach § 320 BGB. Wartungsleistungen sind nicht nachholbar, so dass insbesondere auch die Bereitschaft, ständig zu warten oder zu pflegen mit Ausübung des Zurückbehaltungsrechts für einen bestimmten Zeitraum untergeht. Dies gebietet Zurückhaltung bei der Anwendung des Zurückbehaltungsrechts. Anders mag dies bei der Lieferung neuer Versionen sein. Dennoch ist bei der Ausübung des Zurückbehaltungsrechts Vorsicht geboten.[803]

Schließlich wird neben dieser Frage noch oft die Frage erörtert, ob es einen **Kontrahierungszwang** für den jeweiligen Lieferanten gibt, auch einen Wartungs- bzw. Pflegevertrag abzuschließen. Dies kann bei einer Alleinstellung und der Notwendigkeit eines Wartungs- bzw. Pflegevertrages aus § 20 GWB folgen. Voraussetzung ist allerdings, dass von dem jeweiligen Unternehmen überhaupt Wartungs- bzw. Pflegeverträge abgeschlossen werden, weil es bei dieser Vorschrift um ein Differenzierungsverbot für marktbeherrschende oder marktstarke Unternehmen geht.[804] Kriterien dazu wird sein, ob es eine anderweitige Pflegemöglichkeit gibt und ob etwa der Quellcode dem Kunden zugänglich gemacht wird, so dass er vielleicht in der Lage ist, sich eine andere Pflegemöglichkeit zu schaffen. Man wird hier viel von den Umständen des Einzelfalls abhängen lassen müssen. In der Automobilindustrie gibt es solche Selbstverpflichtungen, die die Softwareindustrie in diesem Umfang noch nicht kennt. Eine **Notwendigkeit besteht** insbesondere wegen der Tatsache, dass in aller Regel der **Quellcode nicht zugänglich** ist. Eine Verpflichtung wird sich allerdings nicht herleiten lassen, wenn Konkurrenzunternehmen ebenfalls einen Wartungsvertrag anbieten. In den BVB-Regelungen ist eine solche Pflicht freilich vertraglichvorgesehen (§ 18 BVB-Kauf, § 18 BVB-Erstellung, § 21 BVB-Überlassung).

674

Darüber hinaus wird in der Literatur eine Pflegeverpflichtung und damit ein **Kontrahierungszwang** auch aus allgemeinen **vertragsrechtlichen Nebenpflichten** hergeleitet und zwar bis zu einem Zeitpunkt von fünf bis sechs Jahren nach Ende des sogenannten „Lebenszyklus" also des Zeitpunkts, wo die Software vertrieben wird.[805] Diese Pflegeverpflichtung soll sogar dann bestehen, wenn der Hersteller seine gesamte Pflegeabteilung auf ein Drittunternehmen übertragen hat und dieses zur Pflege bereit ist.[806] Aus diesen Nebenpflichten ergibt sich dann auch das Recht, den Vertrag nicht etwa wegen technischer Probleme zu kündigen und zwar auch nicht ordentlich. Eine

675

---

[803] Näher dazu *Redeker*, CR 1995, 385 ff.
[804] Dazu z. B. KG, CR 1986, 772 (LS); ausgiebig *Ebel*, CR 1987, 273 ff.; *Wohlgemuth*, Computerwartung, S. 232 ff.; *Moritz*, in: Computerrechtshandbuch, Abschnitt 42 Rdn. 204; eher skeptisch *Koch*, NJW-CoR 1999, 423 (427 f.); dagegen *Moritz*, CR 1999, 541 (542 f.).
[805] So *Jaeger*, CR 1999, 209 ff.; LG Köln, Urt. v. 16. 10. 1997, 83 O 26/97; *Zahrnt*, CR 2000, 205.
[806] *Jaeger*, CR 1999, 209 (212 f.).

solche vertragliche Nebenpflicht geht aber über den Rahmen einer üblichen vertraglichen Nebenpflicht weit hinaus. Es ist selbstverständlich niemandem unbenommen, entsprechende Pflichten im Vertrag ausdrücklich zu verankern, wie dies in dem BVB ja auch geschehen ist. Bei einer Nichtregelung die Annahme zu treffen, es bestehe eine fünfjährige Pflegepflicht, ist mit allgemeinen vertraglichen Grundlagen allerdings kaum vereinbar. Über den Rahmen des § 20 GWB hinaus dürfte daher eine solche Nebenpflicht nicht bestehen.[807] Ganz sicherlich besteht also die Pflicht dann nicht, wenn ein Drittunternehmen und sei es auch ein Tochterunternehmen des Lieferanten, zur Pflege bereit ist. Dann kann der Kunde ja die entsprechenden Probleme lösen. Hätte er Wert darauf gelegt, dies mit dem ganz konkreten Unternehmen zu lösen, mit dem er am Anfang einen Vertrag abgeschlossen hätte, hätte er dies vorher vertraglich vereinbaren müssen. Jedenfalls nach Ablauf von vertraglichen Verpflichtungen kann eine Übertragung auf das Drittunternehmen stattfinden. Dies alles gilt natürlich auch nur dann, wenn sozusagen eine **Pflegenotwendigkeit** besteht. Dies einfach pauschal ohne Betrachtung des Einzelfalls anzunehmen, ist nicht begründbar. Da Software sich nicht abnützt, kann dies nur daraus begründet werden, dass auf diesem Wege eine andauernde Mängelbeseitigungspflicht am Gesetz vorbei konstruiert werden soll. Ansonsten ist eine Pflegenotwendigkeit möglicherweise zur Anpassung an veränderte gesetzliche Rahmenbedingungen gegeben. Dies betrifft aber keinesfalls alle Programme. Für eine Buchhaltungssoftware mag die Annahme zutreffen, für eine Lagerverwaltung ist sie eher fernliegend. Ob eine solche Anpassungspflicht im Hinblick auf veränderte Betriebssysteme gegeben ist, ist ohne Weiteres nicht klar. Die pauschale Annahme einer Pflegeverpflichtung aus Nebenpflichten des Vertrages ist nach allen Umständen nicht begründet. Ein Kontrahierungsgang kann vielmehr nur aus § 20 GWB hergeleitet werden.

676 Dies gilt noch viel stärker für den Fall der **handelsüblichen Massensoftware** für den Privathaushalt. In diesen Fällen gibt es ja üblicherweise mittlerweile überhaupt keine Pflegeverträge mehr. Allenfalls in sehr eingeschränktem Rahmen werden diese angeboten. Hier können die vertreibenden Händler ja auch die Pflege selbst gar nicht vornehmen. Eine Annahme, der Hersteller, der gar nicht Vertragspartner ist, sei zur Pflege verpflichtet, verbietet sich aus vertragsrechtlichen Gründen von alleine. Allerdings hilft hier auch das GWB nicht weiter. Hier wird man nur in Ausnahmefällen über allgemeine Grundsätze von Treu und Glauben zu einer Vertragsschlusspflicht kommen. Dies dürfte nur dann gelten, wenn ohne Weiterentwicklung eine zumutbare Ersatzlösung nicht existiert und die Software überhaupt nicht mehr betrieben werden kann und zwar schon nach einer relativ kurzen Dauer der Nutzung.

---

[807] Ebenso *Moritz*, CR 1999, 541 ff.; *Bartsch*, NJW 2002, 1526 (1530).

VI. Wartung und Pflege von EDV-Anlagen

Eher kann sich eine **Wartungsverpflichtung** dann ergeben, wenn es um eine Rechtsbeziehung zwischen dem Hersteller der Software und dessen **Vertriebspartner** handelt und die regelmäßige Wartung der Software erforderlich ist, um den Vertrieb der Software zu marktüblichen Konditionen zu ermöglichen.[808] Aber auch hier ist für den Normalfall davon auszugehen, dass die Parteien dies im Vertrag regeln können. Haben sie nichts geregelt, gilt prinzipiell der Grundsatz der Vertragsfreiheit. 677

Wird der **Wartungsvertrag** mit dem Lieferanten der Hardware bzw. der **Pflegevertrag** mit dem Lieferanten der Software geschlossen, so erlischt der Wartungsvertrag jedenfalls bei wirksamen Rücktritt. Es dürfte sogar so sein, dass bei Rücktritt (oder auch bei der Durchsetzung eines großen Schadensersatzanspruchs) die Geschäftsgrundlage des Wartungsvertrages ex tunc entfällt, so dass auch für die Vergangenheit keine Wartungs- bzw. Pflegevergütung zu zahlen ist.[809] 678

Ansprüche aus Wartung- und Pflegeverträgen **verjähren** nach den üblichen Regeln. Insbesondere für die Mangelbeseitigungspflicht ergibt sich damit eine längere Verjährungsfrist als im Kaufvertrag. Die Differenz ist aber deutlich kleiner als im alten Recht. Ist allerdings die ursprüngliche Mangelbeseitigungspflicht ihrerseits mangelhaft erfüllt worden, so greifen die Rechtskonsequenzen des Mängelrechts ein mit der Konsequenz, dass der Nacherfüllungsanspruch gem. § 634a Abs. 1 Nr. 1 BGB in zwei Jahren verjährt. Wird der Anspruch aber überhaupt nicht erfüllt, gilt die allgemeine Verjährungsfrist. Diese Unterscheidung gewinnt ihre Bedeutung nach dem Ende der Vertragslaufzeit. Der dann bestehende Nacherfüllungsanspruch verjährt in zwei Jahren, ein evtl. bestehender Erfüllungsanspruch nach §§ 195, 199 BGB in drei bzw. zehn Jahren.[810] 679

Die **lange Verjährungsfrist** hat durchaus Konsequenzen. Schuldet der Pflegende die Beseitigung von Mängeln, die während seiner Tätigkeit als Pflegeverpflichteter vorhanden waren, bleibt er dazu auf maximal 10 Jahre verpflichtet, und zwar auch dann, wenn die Mängel damals noch gar nicht bekannt waren. Demgemäss ist in den meisten Pflegeverträgen eine Einschränkung dahingehend enthalten, dass nur Mängel beseitigt werden, die gemeldet worden sind. Dies reduziert die Leistungspflicht. Aus Verjährungsgründen ist auf diese Einschränkung unbedingt zu achten.

Das Beispiel der Umstellungsschwierigkeiten zum **Jahr 2000** macht dies deutlich. Will sich ein Pflegender etwa der Umstellungsnotwendigkeit entziehen, indem er den Pflegevertrag rechtzeitig und fristgerecht vor dem Jahr 2000 kündigt, so kann er an der Kündigung nicht gehindert werden. Wird 680

---

[808] Vgl. den Fall LG Coburg, Urt. v. 29. 1. 2002 – 22 O 398/00 – JurPC Web-Dok. 346/2002.
[809] Ebenso im Ergebnis OLG Hamm, CR 1989, 490 (492); vgl. auch OLG München, CR 1985, 138 (139).
[810] *Bartsch*, NJW 2002, 1526 (1530) übersieht die Differenz.

ihm das Problem der 2000-Fähigkeit allerdings vorher gemeldet, muss er trotz Kündigung die Umstellungsarbeiten durchführen, weil es sich insoweit auch schon deutlich vor dem Jahr 2000 um einen Mangel handelt. Dies gilt selbstverständlich auch für sämtliche andere Mängel, die beseitigt werden müssen. Auch eine Pflicht zur Auslieferung von neuen Release-Ständen endet nicht mit der Kündigung. Hätten die Releases vorher ausgeliefert werden müssen, müssen sie auch noch nach der Kündigung geliefert werden.

VII. Der gemeinsame Erwerb von Hard- und Software

1. Vorliegen eines einheitlichen Vertrages

681 Will ein Käufer nicht eine einzelne Software in Ergänzung einer schon vorhandenen Hardware oder eine Hardware zu einer schon von ihm passend erworbenen Software kaufen, sondern **einheitlich ein gesamtes EDV-System erwerben**, so wird er bei einem Hersteller bzw. Verkäufer ein solches System insgesamt bestellen. Dies ist allen nicht besonders EDV-kundigen Erwerbern auch in Zeiten der PC's nach wie vor dringend zu empfehlen, jedenfalls im Hinblick auf ein Kernpaket von Leistungen, das für betriebliche oder private Bedürfnisse gebraucht wird. Selbst in Zeiten allgemein definierter Industriestandards gibt es immer wieder Fälle, in dem einzelne Softwarepakete, Grafikkarten, Motherboards und andere Bestandteile von Hard- oder Software, die eigentlich zueinander passen sollten, dies nicht tun. Bei komplexeren EDV-Anlagen gibt es vergleichbare Probleme in deutlich gesteigertem Umfang. Bei getrenntem Erwerb werden sich die Software-Lieferanten häufig auf Mängel der Hardware und die Hardware-Lieferanten auf Mängel der Software zurückziehen und so jedenfalls ihre Verantwortung für aufgetretene Störungen abzuwenden versuchen. Probleme, die sich aus dem Zusammenspiel verschiedener Komponenten ergeben, werden überhaupt nicht erfasst, weil die einzelnen Teillieferungen korrekt sind, nur das vom jeweiligen Erwerber geplante Zusammenspiel nicht so funktioniert, wie er dies gedacht hat. Es muss also, wenn Fehler auftreten, jeweils im Einzelfall durch intensive Arbeit geklärt werden, wo denn nun der Fehler liegt. Erwirbt man einheitlich, wird ein komplett lauffähiges System geschuldet. Man muss nicht prüfen, wo die Fehler liegen. **Fehler im Zusammenspiel sind Mängel der Anlage.**[811]

682 Die hier beschriebene praktische Konsequenz kann allerdings nur dann eintreten, wenn in der Tat **ein einheitlicher Vertrag** über den Erwerb einer gesamten EDV-Anlage vorliegt und nicht getrennte Verträge über den Erwerb von Hardware- und Software. Ob ein solcher einheitlicher Vertrag

---

[811] BGH, Urt. v. 29. 1. 2002, X ZR 231/00, JurPC Web-Dok, 108/2002; vgl. auch BGH, BB 2002, 1508 (zu einem Bauträgervertrag).

oder getrennte Verträge vorliegen, richtet sich dabei nach dem nach außen hin erkennbaren Willen der Parteien. Ein solcher Wille zu einer einheitlichen Vertragsgestaltung wird in aller Regel dann anzunehmen sein, wenn der Erwerb der Hard- und Software in einer **einheitlichen Vertragsurkunde** vereinbart wurde.[812]

Allerdings lässt sich eine solche Vermutung **widerlegen**. Der BGH hat in einem Fall[813] eine solche **Widerlegung** dann **angenommen**, wenn ein **handelsüblicher Computer und Standardsoftware** erworben wurden. Dieser Meinung kann aber nicht gefolgt werden, da eine einheitliche Urkunde ein deutliches Indiz für einen einheitlichen Vertrag darstellt und der jeweilige Anwender in der Tat Anlage und Software gemeinsam für einen bestimmten Zweck erwerben will. Die oben genannten Probleme des Zusammenspiels treten im Übrigen auch bei handelsüblichen Computern und Standardsoftware auf. Im Übrigen sind die Preise oft aufeinander abgestimmt, so dass die Einzelpreise insgesamt höher als der Gesamtpreis. Dass die beiden einheitlichen erworbenen Teile technisch trennbar sind, mag sein, ist aber für den Willen der Parteien letztendlich nicht maßgeblich. Bestenfalls kann man hier ein sehr weit entfernt liegendes Indiz für eine Trennung der Verträge annehmen, das aber im Hinblick auf die einheitliche Urkunde nicht durchgreift. Demgemäss hat die neuere Rechtsprechung immer wieder auch in solchen Fällen einen einheitlichen Vertrag angenommen.[814]

Von einem **einheitlichen Vertrag** wird man **auch dann ausgehen können**, wenn zu einer Hardware eine dafür **passende Software** für einen bestimmten Zweck geliefert bzw. erstellt werden soll. In diesem Fall ist die einheitliche Problemlösung Vertragsgegenstand, eine Trennung in Einzelkomponenten scheidet aus.[815] Freilich können u. U. auch hier wieder einzelne Umstände wie z. B. eine einvernehmliche Reduzierung des Lieferumfangs nach Vertragsschluss gegen eine entsprechende Vertragseinheit sprechen.[816]

Ein einheitlicher Vertrag liegt darüber hinaus z. B. dann vor, wenn zwischen den Parteien vor oder bei Vertragsschluss davon die Rede war, dass ein einheitliches „Paket" aus Hard- und Software erworben werden solle.[817]

In beiden Fällen liegt **kein einheitlicher Vertrag** vor, wenn die Software direkt bezogen, die Hardware aber geleast wurde.[818] Gleiches gilt, wenn

---

[812] BGHZ 54, 71 (72); BGH, WM 1977, 390 (391); OLG München, CR 1988, 130; Beilage Nr. 3 zu BB 1993, 11; OLG Koblenz, Beilage Nr. 10 zu BB 1992, S. 4; vgl. zu Folgendem auch *Moritz*, in: Computerrechtshandbuch, Abschn. 42, Rdn. 32 ff.; *Junker/Benecke*, Computerrecht, Rdn. 176 ff.
[813] CR 1987, 358 = NJW 1987, 2004.
[814] Vgl. OLG Köln, OLG-Report Köln 1999, 177.
[815] OLG München, CR 1990, 646 (649 f.); OLG Karlsruhe, CR 1991, 280 (281); OLG Frankfurt/Main, *Zahrnt*, ECR OLG 128; OLG Stuttgart, *Zahrnt*, ECR OLG 168; *Schneider*, Handbuch des EDV-Rechts, Rdn. D 467.
[816] BGH, RDV 1990, 178 (180 f.) = CR 1990, 707 (709 f.).
[817] LG München I, CR 1987, 364 (366); vgl. auch OLG München, *Zahrnt*, ECR OLG 76.
[818] OLG München, CR 1989, 295 (LS); a. A. wohl *Zahrnt*, Beil. Nr. 5 zu BB 1989, S. 4 (5).

zwar Hard- und Software geleast werden, die Schulung aber direkt bestellt wurde. Die Schulung ist dann nicht Teil des Erwerbsvertrages.[819] Der BGH ist bei der Annahme eines einheitlichen Vertrages trotz mancher Nuancen in einzelnen Entscheidungen[820] bei seiner früheren, der Annahme eines einheitlichen Vertrags sehr vorsichtig gegenüberstehenden Linie geblieben.[821] Die OLG-Rechtsprechung neigt eher zur Annahme einheitlicher Verträge.[822]

685 Liegt **keine einheitliche Urkunde** vor, spricht dies zunächst für getrennte Verträge.[823] Es gibt aber durchaus Umstände, aus denen sich ergeben kann, dass in einem konkreten Fall keine Trennung beabsichtigt war.[824] Dies ist z. B. dann der Fall, wenn im Zuge des einheitlichen Verkaufes verschiedene Formulare des Herstellers verwendet werden, die sich auf die unterschiedlichen Teile beziehen, aber nicht auf den Einzelfall bezogen hergestellt wurden.[825] In diesem Fall ist davon auszugehen, dass die verschiedenen Formulare mehr der internen Abwicklung des Herstellers dienen und auf die einzelnen Teile bezogene unterschiedliche Geschäftsbedingungen wiedergeben sollen, nicht aber, dass verschiedene Verträge geschlossen werden sollen. Sollte der Hersteller/Veräußerer dies beabsichtigten, müsste er angesichts der Tatsache, dass der Anwender in aller Regel ein einheitliches Geschäft wünscht, auf die Trennung der Verträge ausdrücklich hinweisen und diese klar fordern.[826] Wann dies in ausreichendem Maße der Fall ist, kann abstrakt nicht gesagt werden. Es kommt auf die Sachkunde und die Geschäftsbeziehungen zwischen den Parteien an. Es sind außerdem viele Umstände des Einzelfalls zu berücksichtigen.

Auch die **Übernahme der Installation** für ein Gesamtsystem führt zur Annahme eines einheitlichen Vertrages über Hard- und Software.[827]

Liegt ein einheitlicher Vertrag vor, kann je nach den Umständen auch eine Auftragserweiterung zum Vertragsumfang gehören.[828]

686 **Kein einheitlicher Vertrag** dürfte in aller Regel dann vorliegen, wenn Hardware und Software von **verschiedenen Vertragspartnern** bezogen werden.[829] Dies lässt deutlich den Willen der Parteien erkennen, verschiedene Verträge abzuschließen. Dies gilt auch bei einem ursprünglich einheit-

---

[819] OLG Hamburg, *Zahrnt*, ECR OLG 240.
[820] Vgl. BGH, BB 1988, 20.
[821] Vgl. z. B. BGH, CR 1990, 707 = RDV 1990, 178; dazu auch *Zahrnt*, Beil. Nr. 18 zu BB 1991, S. 15 f.
[822] Vgl. z. B. OLG Karlsruhe, *Zahrnt*, ECR OLG 78.
[823] BGHZ 76, 43 (49).
[824] Plastisch z. B. BGHZ 78, 346 (348 ff.); vgl. auch OLG Nürnberg, Beil. Nr. 7 zu BB 1991, S. 10 (11).
[825] OLG Hamm, *Zahrnt*, ECR OLG 81; ähnlich auch *Brandi-Dohrn*, CR 1986, 63.
[826] Ähnlich z. B. *Knörzer*, CR 1987, 25.
[827] OLG Köln, NJW-RR 1994, 1204.
[828] OLG Hamm, NJW-RR 2000, 1224.
[829] I. E. so auch OLG München, CR 1988, 130 f.

VII. Der gemeinsame Erwerb von Hard- und Software 269

lichen Vertrag, wenn dieser (teilweise) aufgehoben und eine neuer Softwarelieferant eingeschaltet wird. Dieser hat mit der Hardware nichts zu tun.[830] Im Einzelfall kann allerdings auch bei verschiedenen Vertragspartnern ein einheitlicher Vertrag vorliegen, wenn allen Parteien klar ist, dass die Verträge so voneinander abhängig sind, dass sie miteinander „stehen und fallen" sollen.[831] Darüber hinaus kann es sein, dass die Verträge in gewisser Weise miteinander verknüpft werden, so dass die Unwirksamkeit oder Rückabwicklung eines dieser Verträge Konsequenzen für den anderen haben kann. Dies alles kann auch für die Konstellation gelten, in der die Hardware geleast, die Software aber gekauft wird.[832] Liegt nach den Umständen des Einzelfalls ein einheitlicher Vertrag vor, so kann durch Klauseln in allgemeinen Geschäftsbedingungen nicht erreicht werden, dass die Vertragsteile getrennt werden. Insoweit gilt der Vorrang der Individualabrede.[833]

2. Rechtsnatur des Vertrages

Liegt ein einheitlicher Vertrag vor, handelt es sich dann, wenn sowohl der Hardwareteil als auch der Softwareteil als Kaufvertrag zu qualifizieren sind, um einen **einheitlichen Kaufvertrag**. Sind beide Teile aus sich heraus unterschiedlichen Vertragstypen zuzuordnen, wird man in aller Regel von einem **typengemischten Vertrag** ausgehen können. Dies gilt auch dann, wenn wirtschaftlich einer der Teile ganz deutlich dem anderen überlegen ist.[834]

Dies wird in der Rechtsprechung teilweise anders gesehen. So hat das OLG Nürnberg einen Vertrag über Hardware und Individualsoftware insgesamt als Werkvertrag angesehen, obwohl der Wertanteil der zu erstellenden Software nur etwas über einem Viertel des Gesamtwertes lag.[835] Dem kann dann gefolgt werden, wenn der Schwerpunkt des Vertrages darin besteht, aus verschiedenen Standardkomponenten und Individualbestandteilen ein einheitliches Werk herzustellen.[836] In diesen Fällen dürfte allerdings die

687

---

[830] OLG Köln, OLG Report Köln 2001, 21 (LS).
[831] BGH, NJW 1976, 1931 (1932); OLG Karlsruhe, Beil. Nr. 7 zu BB 1991, S. 2 (3).
[832] Vgl. dazu z. B. auch OLG Stuttgart, Beil. 5 zu BB 1989, S. 12; Beil. 11 zu BB 1989, S. 10 ff.; ausgiebig mit Nachweisen *v. Westphalen*, CR 1987, 477 (479 ff.).
[833] *V. Westphalen*, CR 1987, 477 (484).
[834] BGH, CR 1990, 707 (708); OLG Saarbrücken, CR 1990, 713; OLG Karlsruhe, CR 1991, 280 (281); a. A. wohl OLG Saarbrücken, *Zahrnt*, ECR OLG 185 (im Baurecht); wohl auch *Junker/Benecke*, Computerrecht, Rdn. 176.
[835] OLG Nürnberg, Beil. Nr. 7 zu BB 1991, S. 10 (11); ähnlich OLG Celle, *Zahrnt*, ECR OLG 164; vgl. auch LG Konstanz, CR 1991, 93 f., das insgesamt einen Werklieferungsvertrag annimmt.
[836] So auch OLG Hamm, *Zahrnt*, ECR OLG 81, was angesichts des sehr geringfügigen Aufwands für die Individualprogrammierung im entschiedenen Einzelfall aller-

Annahme des LG Konstanz schon zum alten Recht (Werklieferungsvertrag) nahe liegen.[837] Darüber hinaus kann der Auffassung dann gefolgt werden, wenn der Anteil des jeweils nicht berücksichtigten Bestandteils wertmäßig so gering ist, dass er praktisch überhaupt nicht ins Gewicht fällt.[838] In allen anderen Fällen haben die einzelnen Teile eine so große Bedeutung, dass auf sie die jeweils für sie passenden Vertragsregeln Anwendung finden müssen. Keinesfalls können geringfügige Werkleistungen aus einem Kaufvertrag einen Werkvertrag machen.

3. Störungen im einheitlichen Vertrag

a) Anfechtung

688 Liegt ein einheitlicher Vertrag vor, so ist bei der **Anfechtung** auf § 139 BGB abzustellen. Danach ist dann, wenn sich Anfechtung auf einen Teil des Geschäfts beziehen, das ganze Rechtsgeschäft nichtig, wenn nicht anzunehmen ist, dass es auch ohne den nichtigen Teil vorgenommen worden wäre. In aller Regel wird man von einer Gesamtanfechtung des Geschäfts ausgehen können.

b) Rücktritt

689 Anders ist dies beim **Rücktritt** nach § 323 BGB. Nach § 323 Abs. 5 BGB kann bei Nichterbringung nur eines Teils der Leistung nur ein Teilrücktritt erfolgen. Ein Rücktritt für das gesamte Geschäft ist nur möglich, wenn der nicht betroffene Teil für den Rücktrittsberechtigten ohne Interesse.

Ein **Interessewegfall** kann dann vorliegen, wenn der nicht gelieferte Teil entweder gar nicht oder nicht zu wirtschaftlich vertretbaren Konditionen von dritter Seite bezogen werden kann und außerdem die gelieferten Teile ohne den nicht gelieferten Rest nicht nutzfähig sind. An dieser Stelle kann es durchaus sein, dass ein Teilrücktritt schon deswegen ausscheidet, weil ein eventuell individuell anzupassender Teil der Software nicht geliefert wurde, der von dritter Seite so ohne weiteres überhaupt nicht beschafft werden kann und der Rest der Anlage für sich genommen ökonomisch und wirtschaftlich ohne Bedeutung ist. Es kann auch reichen, dass es für den Gläubiger günstiger ist, das gesamte Geschäft neu abzuschließen und nicht etwa nur den nichtgelieferten Teil nachzubeschaffen.[839]

690 Die Rechtsprechung hat zu der wortgleichen Vorschrift des § 325 Abs. 1 S. 2 BGB a.F. entschieden, dass ein Teilrücktritt auch nicht in Betracht

---

dings äußerst zweifelhaft ist; grundsätzlich auch *Schmidt,* in: Redeker (Hrsg.): Handbuch der IT-Verträge, Abschn. 1.5, Rdn. 6.

[837] A. A. *Diedrich,* CR 2002, 473 (478f.): Werkvertrag.

[838] Für 7% Werkvertragsanteil so gesehen von OLG Karlsruhe, *Zahrnt,* ECR OLG 73.

[839] *Palandt-Heinrichs,* § 323 Rdn. 26.

kommt, wenn vereinbart ist, dass die Leistung unteilbar sein soll.[840] Eine solche Vereinbarung war konkludent möglich. An eine solche Annahme waren aber angesichts der Abweichung von § 325 BGB hohe Anforderungen zu stellen, wobei die Rechtsprechung die zur Frage des einheitlichen Vertrages entwickelten Kriterien zur Entscheidung heranzog. Man kann an einem Gesamtrücktritt vor allem dann denken, wenn sich aus den Verhandlungen vor Abschluss des Vertrages ergibt, dass das Gesamtobjekt als Gesamtproblemlösung geliefert werden sollte und nicht etwa einzelne, sich ergänzende Teillösungen gewollt waren.[841] Allerdings dürfte der BGH die Unteilbarkeit der Leistung eher selten annehmen, so dass der Anwender, will er diese geltend machen, von vornherein eine ausdrückliche Vereinbarung anstreben sollte.[842]

Diese Rechtsprechung dürfte auch für das neue Recht gelten.

Unter den für den Gesamtrücktritt genannten Voraussetzungen kann im Übrigen bei einer schuldhaften **Teilleistung Schadensersatz** statt Leistung für den gesamten Vertrag verlangt werden (§ 281 Abs. 1 S. 2 BGB). 691

Diese Regeln gelten auch dann, wenn zwar alles geliefert wurde, aber nur ein Teil der Leistungen mangelhaft ist. Zusätzlich muss freilich die Pflichtverletzung des Lieferanten nicht unerheblich sein (§§ 281 Abs. 1 S. 3, 323 Abs. 5 S. 2 BGB).

c) Wandlung (altes Schuldrecht)

Im alten Recht gelten für die Wandlung Sonderregeln. Nach § 469 S. 1 BGB ist dann, wenn sich ein Mangel nur auf einen Teil von Sachen bezieht, für die ein einheitlicher Kaufpreis festgelegt ist, nur dieser Teil zurück abzuwickeln. Anders ist dies nur, wenn es sich um eine **einheitliche Sache** handelt oder wenn mehrere Sachen als zusammengehörend verkauft werden (§ 469 Satz 2 BGB). Von einer einheitlich Sache kann man möglicherweise ausgehen, wenn eine Hardware aus verschiedenen Komponenten zusammengestellt und/oder mit einer darauf speziell für einen bestimmten Zweck hergestellten Software oder eine Standardsoftware mit einer für den speziellen Fall ausgesuchten Spezialhardware veräußert wurde.[843] Möglicherweise gilt das Gleiche auch für die Hardware und die dazugehörige Betriebssoftware.[844] Aber auch dann dürften Zweifel bestehen. Beim Verkauf von Standardanwendungssoftware und üblicher Hardware kann man wohl nicht von einer Einheit ausgehen, da eine Trennung möglich und heute weit verbreitet ist.[845] 692

---

[840] BGH, CR 1990, 707 (709); OLG Düsseldorf, *Zahrnt*, ECR OLG 103.
[841] BGH, CR 1990, 707 (709f.).
[842] *Köhler*, CR 1990, 711 (712).
[843] Beispiele bei *Moritz*, in: Computerrechtshandbuch, Abschn. 42, Rdn. 37.
[844] Vgl. dazu BGHZ 102, 135 (150).
[845] Ähnlich *Mehrings*, NJW 1988, 2438 (2440); OLG Koblenz, NJW-RR 1994, 1206; einschränkend OLG München, CR 1990, 646 (650f.).

Dabei kommt es für die Abgrenzung, ob es um eine einheitliche Kaufsache geht, nicht auf den Parteiwillen, sondern auf die Verkehrsanschauung zum Zeitpunkt des Vertragsschlusses an.[846] Was nach der Verkehrsanschauung einheitlich ist oder nicht, bestimmt sich nach der Anschauung der am jeweiligen Bereich des EDV-Marktes beteiligten Personen. In der Tendenz wird man aufgrund der technischen Entwicklung und den Marktgegebenheiten von einer immer stärkeren Trennbarkeit der Systembestandteile ausgehen können.[847] Insbesondere im Bereich der PC's werden einheitliche Verträge immer seltener. Wird aber z.B. ein fertiger PC bei einem Discounter gekauft, der keine Einzelteile in seinem Angebot hat, wird man von einer einheitlichen Kaufsache ausgehen müssen.

693 Liegt keine Sacheinheit vor, können die Sachen **dennoch als zusammengehörend verkauft worden** sein.[848] Diese Frage beurteilt sich nicht nach der Verkehrsanschauung, sondern nach den konkreten Umständen des Einzelfalls. Man wird z.B. dann, wenn Hard- und Software aus einer Hand erworben werden, von einem Verkauf als zusammengehörend ausgehen können, wenn nicht konkrete Einzelumstände dagegen sprechen.[849] Solche konkreten Einzelumstände können darin liegen, dass eine getrennte Bezahlung von Hardware und Software vereinbart wurde.[850] Ein Gesamtwandelungsrecht hinsichtlich der als zusammengehörend verkauften Sachen setzt des Weiteren voraus, dass die mangelhaften Sachen nicht ohne Nachteil für den Käufer von den übrigen getrennt werden können.[851]

Dies wäre z.B. der Fall, wenn eine funktionsfähige Software für die mangelfreie Hardware überhaupt nicht beschafft werden kann und die Hardware daher für den Erwerber unbrauchbar ist.[852] Ebenso kann dies dann der Fall sein, wenn ein mangelhaftes Programm mit einem mangelfreien so eng verknüpft ist, dass ein Austausch nur des einen Programms technisch nicht oder nur unter erheblichem Aufwand möglich ist.[853]

Der Nachteil der Trennung kann sowohl ein wirtschaftlicher als auch ein technischer sein. Der Begriff ist weit auszulegen. Ein Nachteil ist daher auch dann denkbar, wenn der Käufer zwar eine neue Software für eine vorhandene Hardware erhalten kann, dabei aber deutlich mehr zahlen muss als bei dem einheitlichen Preis, der für die Gesamtanlage gezahlt wurde oder bei einem einheitlichen Erwerb einer vergleichbaren Anlage bei einem anderen

---

[846] BGHZ 102, 135 (149); LG Heilbronn, CR 1989, 603 (604); a.A. OLG Stuttgart, CR 1988, 296 (297).
[847] *Schneider*, Handbuch des EDV-Rechts, Rdn. D 466.
[848] Vgl. z.B. OLG Oldenburg, CR 1989, 107 (108) mit krit. Anm. *Ruppelt*; LG Augsburg, CR 1989, 22 (26).
[849] OLG München, CR 1987, 506 (507); *Mehrings*, NJW 1988, 2438 (2441).
[850] OLG München, Beil. Nr. 7 zu BB 1991, S. 4 (5).
[851] Dieser Aspekt wird v. OLG München, CR 1987, 506 (507) verkannt; auch das OLG Stuttgart, *Zahrnt*, ECR OLG 127 geht darauf nicht ein.
[852] LG Offenburg, CR 1988, 1004 (LS).
[853] Vgl. OLG Hamm, CR 1991, 15 (16).

Hersteller.[854] Beim Kauf eines PC nebst Modem, ZIP-Laufwerk, Monitor sowie Software soll ein wirtschaftlicher Teilungsnachteil gegeben sein.[855] Lässt sich eine Ersatzsoftware leicht beschaffen, gibt es kein Gesamtwandlungsrecht.[856]

Die **Rechtsprechung** ist insgesamt relativ **uneinheitlich**. Sie hat sogar bei fehlerhaften Trägerbandsätzen, die gemeinsam mit einem Drucker geliefert wurden, die Wandlung auch hinsichtlich des Druckers zugelassen. Die Wandlung durfte aber nicht auf den zum Drucker gelieferten Einzelblatteinzug ausgedehnt werden.[857] Diese in sich wenig konsequente Entscheidung mag im entschiedenen Einzelfall berechtigt gewesen sein, verallgemeinern lässt sie sich nicht.

694

In vielen praktischen Fällen wird eine Gesamtwandlung eines einheitlichen Vertrages über Hard- und Software auch bei Mängel nur der Software oder der Hardware denkbar sein. Jedenfalls beim Endanwender kann man oft von einem einheitlichen Wandlungsrecht ausgehen.

d) Ausschluss von Mängelrechten

Gelegentlich werden **Mängelrechte** auch dadurch **eingeschränkt**, dass der Lieferant seinem Kunden die ihm zustehenden Gewährleistungsrechte gegen Dritte abtritt und verlangt, diese sollten zunächst **gegen die Dritten** vorgehen und erst bei einem – unterschiedlich definierten – Scheitern gegen ihn vorgehen können. Dies ist in gewissem Rahmen zulässig. § 309 Nr. 8 b) BGB schließt dies zwar gegenüber Verbrauchern weitgehend aus. Gegenüber Unternehmen gilt diese Einschränkung aber jedenfalls dann nicht, wenn das Scheitern nicht notwendig einen – verlorenen – Prozess gegen den Dritten voraussetzt.[858] Dennoch lassen sich solche Klauseln in einem kombinierten Vertrag über ein EDV-System oder eine vergleichbare Paketlösung in Allgemeinen Geschäftsbedingungen nicht wirksam vereinbart, wenn – wie im Normalfall – der Kunde dadurch gezwungen wird, aufzuklären, welcher Vorlieferant für den Mangel verantwortlich ist und ob der Mangel nicht erst durch das Zusammenspiel der verschiedenen Komponenten entstanden ist. Müsste der Kunde dies nämlich tun, gingen dem Kunde wesentliche Vorteile des einheitlichen Vertrages verloren. Eine solche Klausel ist mit § 307 Abs. 2 BGB nicht vereinbar. Dies hat der BGH (noch zu § 9 AGBG) jedenfalls für eine entsprechende Klausel in den Allgemeinen Geschäftsbedingungen eines

695

---

[854] LG München I, CR 1987, 364 (366); OLG München, CR 1990, 646 (650 f.); in der Tendenz auch BGHZ 102, 135 (159 f.); enger *Mehrings*, NJW 1988, 2438 (2441).
[855] OLG Düsseldorf, CR 2000, 350 = NJW-RR 2000, 1223.
[856] Vgl. hierzu OLG Hamm, CR 1991, 15 (16); OLG München, Beil. Nr. 7 zu BB 1991, S. 4 (5).
[857] OLG Hamm, CR 1989, 490 (491).
[858] Oben Rdn. 457.

Bauträgers entschieden.[859] Die oben genannten, auch vom BGH betonten Argumente gelten für einen Gesamtvertrag über verschiedene EDV-Leistungen eher stärker als für einen Bauträgervertrag. Die Entscheidung ist daher auf entsprechende Klauseln in Allgemeinen Geschäftsbedingungen eines EDV-Vertrages übertragbar.

4. Andere Möglichkeiten der Vertragsverknüpfung

696 Liegt kein einheitlicher Vertrag vor, ist damit noch nicht gesagt, dass die Verträge keine gemeinsames Schicksal haben müssen. Es kann durchaus sein, dass zwar kein einheitlicher Vertrag gewollt, aber dennoch klar war, dass das Schicksal des einen Vertrages nicht ohne Einfluss aus dem anderen bleiben sollte. In diesem Falle würde die Rückabwicklung oder Nichtigkeit eines Vertrages Auswirkungen auf den Bestand des anderen haben. Es griffen die Regeln für das **Nichtbestehen** oder den **Wegfall der Geschäftsgrundlage** (jetzt § 313 BGB) ein. In diesem Fall würde primär eine Anpassung des anderen Vertrages an die geänderten Umstände in Frage kommen. Wenn eine solche Anpassung nicht möglich oder nicht zumutbar ist, kann ein Gesamtrücktrittsrecht gegeben sein. Dabei hängt hier sehr viel von den Umständen des Einzelfalls ab.[860]

Die hier beschriebenen Rechtsfolgen können auch bei Verträgen mit verschiedenen Personen über den Erwerb von Hard- und Software denkbar sein. Dies setzt allerdings eine ausdrücklich Inbezugnahme des jeweils anderen Vertrages in den einzelnen Verträgen voraus.[861] Ohne eine solche ausdrückliche Verknüpfung dürften in solchen Fällen die Regeln über die Geschäftsgrundlage nicht eingreifen.[862]

697 Allerdings kann es sein, dass sich z. B. **Beratungsfehler** hinsichtlich der Software dahingehend auswirken, dass der fehlberatende Hardwarelieferant nach Wandelung des Softwarevertrages als Schadensersatz den Hardwarevertrag rückabwickeln muss.

Im Bereich der **Verbrauchergeschäfte** ist auf die Verknüpfung mehrerer Verträge durch die Rechtsfigur der verbundenen Verträge (§ 358 BGB) zu verweisen. Bei verbundenen Verträgen hat der Widerruf eines Vertrages auch die Unwirksamkeit anderer Verträge zur Folge.

5. Besonderheiten bei Mängelrechten

698 Besonderheiten können sich bei einheitlichen Verträgen auch im Rahmen der **Nacherfüllung** ergeben. Wird hier die Software nachgebessert oder neu

---

[859] BGH, BB 2002, 1508.
[860] Ebenso OLG München, CR 1989, 295 (LS).
[861] Vgl. dazu OLG Hamm, Beil. 15 zu BB 1989, S. 8f.
[862] Vgl. dazu auch LG Frankfurt, CR 1988, 1004 (LS).

geliefert und muss für die nacherfüllte Software die Hardware aufgerüstet werden, kann es sein, dass der Lieferant diese Aufrüstung kostenfrei liefern muss. Dies hat das OLG Dresden[863] in dem Fall angenommen, dass ein Pauschalpreis für das System vereinbart war und die Hardware für den Kunden über den notwendigen Einsatz mit der verbesserten Software hinaus keinen Nutzen hatte.

VIII. Prozessuale Fragen

1. Klageformen und Antragstellung

Die zuvor erörterten materiell-rechtlichen Probleme werden prozessual meist entweder in Form einer **Zahlungsklage** des EDV-Lieferanten oder in Form einer Mängelklage des Abnehmers auftreten. Dabei kommen bei **Mängelklagen** mehrere Gestaltungsmöglichkeiten in Betracht. Dazu gehören insbesondere die Rückabwicklungsklage, die Minderungsklage wegen der Rückzahlung bereits erbrachter Entgeltzahlungen oder die Schadensersatzklage. 699

Hinsichtlich der Antragstellung kommen bei Minderung und Schadensersatz keine Schwierigkeiten auf. Es geht um Zahlungsanträge. Gleiches gilt für die Zahlungsklage des Lieferanten.

Schwieriger ist die **Rückabwicklungsklage** (vgl. Anhang I). Schon die Formulierung des Zahlungsantrags **nach altem Recht** ist u.U. schwierig. Für die Rückforderung des Entgelts begann die Verzinsung nämlich schon ab Zahlung (§§ 467, S. 1, 347 S. 3 BGB a.F.). Für die Wandlungskosten begann die Verzinsung dagegen erst mit Verzug oder Klagezustellung. Diese Differenzierung gilt im neuen Recht nicht. Unterschiedliche Zinsbeginne sind aber auch dort denkbar. 700

Wichtiger ist, dass man die Zahlung nur Zug-um-Zug gegen Herausgabe der gelieferten EDV-Anlage, Hardware oder Software verlangen kann. Der Antrag muss in diesem Fall so präzise formuliert werden, dass ein entsprechender **Zug-um-Zug-Zahlungstitel** auch vollstreckbar ist.[864] Hier ist zunächst auf die früheren Ausführungen zur Präzisierung des Antrags bei Beseitigungsansprüchen zu verweisen.[865] Festzuhalten ist, dass eine genaue Bezeichnung der herauszugebenden Gegenstände nötig ist, die insbesondere hinsichtlich der Rückgabe von Programmträgern und Softwarepaketen schwierig ist. Bei Programmträgern muss in der Regel eine Kennzeichnung über die auf ihnen gespeicherten Programme erfolgen. Andere Kennzeich-

---

[863] CR 2002, 254 m. Anm. *Bartsch*.
[864] Antragsbeispiel im Anhang I.
[865] Oben Rdn. 249; sehr strenge Anforderungen bei KG, NJW-RR 1994, 954 = Beil. Nr. 7 zu BB 1994, S. 6.

nungen scheiden in aller Regel aus. Insbesondere bei Individualsoftware ist aber auch das ein schwieriger Weg.

701 Wird der **Antrag nicht präzise genug gestellt**, so kann die Klage nicht abgewiesen werden, wenn im Prinzip feststeht, dass der Wandlungsanspruch besteht. Es wäre unbillig, dem Kläger den Zahlungsanspruch abzuweisen, weil der Titel u. U. nicht vollstreckungsfähig ist.[866] Der BGH hat zwar eine Präzisierung von Zug-um-Zug-Gegenleistungen selbst dann verlangt, wenn sie noch nicht bezifferbar sind.[867] Allerdings hat er in diesen Fällen erwogen, eine Klage ohne Zug-um-Zug-Verurteilung zuzulassen. Im vorliegenden Fall sollte aber unabhängig davon eine Verurteilung möglich sein.

Die **unpräzise Beschreibung der Gegenleistung** kann nur zu Schwierigkeiten in der Vollstreckung führen, durch die es zu einer erneuten (Festellungs-)klage kommen kann.[868] Diese Schwierigkeiten können dann, wenn der Beklagte ein Wandlungsbegehren abgelehnt hat, durch einen zweiten Antrag im Hauptsacheverfahren ausgeschlossen werden. Wird nämlich ergänzend beantragt, festzustellen, dass der Beklagte sich hinsichtlich der Rückgabe des gelieferten Gegenstandes in **Annahmeverzug** befindet und erkennt das Gericht auch nach diesem Antrag, so kann der Kläger allein aus diesem Urteil auf Zahlung vollstrecken, ohne seinerseits die Rückgabe der gelieferten Gegenstände noch einmal anbieten zu müssen. Denn in diesem Fall ist der Annahmeverzug durch öffentliche Urkunde bewiesen. Nach § 756 ZPO kann ohne Weiteres die Zahlungsvollstreckung durchgeführt werden. In aller Regel ist bei der Wandlungsklage ein solcher Zusatzantrag daher zu empfehlen. Wegen der geschilderten Schwierigkeiten besteht für ihn auch ein Rechtsschutzbedürfnis. Dieses Verfahren ist auch dann möglich, wenn auf Zahlung nach Empfang der Gegenleistung (§ 322 Abs. 2 BGB) geklagt wird.[869]

Sollte der Beklagte an einer vollständigen Rückgabe und daher an einer korrekten Entscheidung interessiert sein, kann er bei der Präzisierung der Zug-um-Zug-Gegenleistung mitwirken. Dies müsste er ohnedies dann tun, wenn er gegen einen unbedingten Zahlungsanspruch den Zug-um-Zug-Einwand erheben will.

702 Zusätzliche Schwierigkeiten ergeben sich, wenn der Wandlungsgegner bei Rückabwicklung eines Softwarekaufs nicht nur die Rückgabe der gelieferten Software auf dem gelieferten Datenträger, sondern auch die **Löschung** aller im Rechner des Softwareerwerbers vorhandenen Kopien verlangt. Ein solches Begehren kann durchaus gerechtfertigt sein, weil die Löschung der Kopien materiell Teil der Herausgabe der erworbenen Software ist.[870] Sollte ein entsprechendes Zug-um-Zug-Urteil ergehen, stellen

---

[866] OLG Nürnberg, CR 1989; 694; *Redeker*, CR 1988, 277 (279).
[867] BGH, NJW 1994, 587.
[868] Näher *Redeker*, CR 1988, 277 (279f.); vgl. auch BGH, MDR 1977, 133.
[869] BGH, BB 2002, 646.
[870] Vgl. oben Rdn. 389.

sich wegen des in § 756 ZPO vorgeschriebenen Vollstreckungsverfahrens u. U. erhebliche Vollstreckungsprobleme, die unten[871] noch näher dargelegt werden.[872]

Auch diese Komplikationen lassen sich vermeiden, wenn man im Urteil feststellen lässt, dass hinsichtlich der Herausgabe der Software Annahmeverzug besteht. Dies setzt ggf. einen entsprechenden Beweis im Prozess voraus. Da dort aber in der Regel ohnehin ein Sachverständiger eingeschaltet ist, ist der Zusatzaufwand eher gering. Jedenfalls liegt er weit unterhalb des Aufwands eines neuen Prozesses.

Achten muss man bei der Antragstellung bzw. als Wandlungskläger bei Einwänden des Gegners darauf, dass nicht eine Gegenleistung verlangt wird, die aus einer Zug-um-Zug-Verurteilung eine **bedingte Verurteilung** macht.[873] In diesem Fall greift nämlich § 756 ZPO nicht ein. Der Eintritt der Bedingung muss durch öffentliche oder öffentlich beglaubigte Urkunden geführt werden. Dies ist hinsichtlich der Löschung praktisch unmöglich. Dennoch ist angesichts der klaren gesetzlichen Regelung eine Beweiserleichterung nicht möglich.[874] Eine Klage nach § 731 ZPO wird im Streitfall unvermeidlich sein.[875] 703

Bei Rückabwicklungsklagen des **Leasingnehmers** gegen den Lieferanten ist darauf zu achten, dass nach der wohl überwiegenden Meinung ein Zahlungsantrag nur auf **Zahlung an den Leasinggeber** gerichtet sein kann.[876] Jedenfalls kann ein Streitbeitritt des Leasinggebers einen Folgeprozess vermeiden helfen.[877] Eine Streitverkündung dürfte freilich nicht in Betracht kommen, weil sich Auswirkungen auf das Leasingverhältnis in erster Linie bei einem günstigen Prozessausgang ergeben und für diesen Fall die Streitverkündung unzulässig ist.[878] 704

Denkbar ist ja auch eine **Nachbesserungsklage,** auch wenn diese in der Praxis eher selten auftritt. Erhebt man sie, muss auch dann, wenn man Nachbesserung einklagt, der Titel vollstreckbar sein. Das Problem eines solchen Klageantrags liegt in einer hinreichenden Spezifizierung der Nachbesserungsleistung. Der Anwender wird meist nur in der Lage sein, seine Anforderungen zu formulieren, d. h. z. B. zu formulieren, dass der Lieferant dafür sorgen muss, dass bei Annahme einer Bestellung der verfügbare Lagerbestand automatisch gemäß der Bestellung vermindert wird. Er wird 705

---

[871] Rdn. 779 f.
[872] Dazu näher *Münzberg,* BB 1990, 1011.
[873] Beispiele bei *Münzberg,* BB 1990, 1011 (1012).
[874] A. A. wohl *v. Gravenreuth,* BB 1989, 1925 (1927).
[875] OLG Frankfurt, Beschl. v. 22. 9. 1988, zit. nach *v. Gravenreuth,* BB 1989, 1925 (1926).
[876] OLG Koblenz, CR 1988, 463 (466); i.E. zustimmend wohl *Kather,* CR 1988, 469 f.; vgl. auch oben Rdn. 621.
[877] Vgl. *Beckmann,* Computerleasing, Rdn. 299 ff.
[878] *Zöller-Vollkommer,* § 72 Rdn. 4.

nicht in der Lage sein, die dafür notwendigen Schritte bei der Programmierung zu beschreiben. Dies muss er auch nicht.[879]

Allerdings muss der Mangel eindeutig und klar beschrieben sein. Dies ist bei Fehlen der Funktionalität nicht schwierig, problematisch aber dann, wenn der Mangel darin besteht, dass häufige Programmabstürze o. ä. auftreten. In diesen Fällen muss man wahrscheinlich schon zur Antragsvorbereitung eine Aufklärung des Sachverhaltes betreiben und eventuell sogar einen privaten Sachverständigen einschalten, um aufzuklären, welche Ursachen die Abstürze haben können und was der Lieferant eigentlich tun soll.

2. Örtliche Zuständigkeit

706 Die örtliche Zuständigkeit des Gerichts richtet sich zunächst nach einer Gerichtsstandvereinbarung, die in vielen Fällen vorhanden und zwischen Kaufleuten oder juristischen Personen des öffentlichen Rechts gem. § 38 Abs. 1 ZPO auch zulässig ist.

Liegt keine Vereinbarung vor, richtet sich die örtliche Zuständigkeit nach dem Wohn- oder Geschäftssitz der jeweils beklagten Partei (§§ 13, 17 ZPO).

707 Bei **Rückabwicklungsprozessen** interessiert aber auch der Gerichtsstand des Erfüllungsorts (§ 29 ZPO). Für Wandlungsklagen nach altem Recht war nämlich der Ort, an dem sich die zurückzugebende Sache vertragsgemäß befand, anerkanntermaßen der Erfüllungsort für den Wandlungsanspruch.[880]

Hintergrund dieser Meinung ist die Überzeugung, dass Zug-um-Zug-Verpflichtungen, wie sie auch Gegenstand des Wandlungsbegehrens sind, einen einheitlichen Erfüllungsort dort haben sollen, wo die sie prägende Leistung erbracht wird.[881] Dies ist in aller Regel nicht die Zahlungs-, sondern die Rückgabepflicht. Diese ist dort zu erfüllen, wo sich die Sache befindet, weil der Lieferant die Sache dort wieder abholen muss.[882] Demzufolge gilt dieser gemeinsame Erfüllungsort auch bei einem Rücktritt wegen Nichterfüllung, wie er insbesondere im Werkvertragsrecht vor Abnahme vorkommen kann.[883] Dies dürfte sinngemäß auch für Schadensersatzklagen

---

[879] OLG Stuttgart, NJW-RR 1999, 792; *Brandi-Dohrn*, in: Lehmann (Hrsg.), Rechtsschutz und Verwertung von Computerprogrammen, S. 931 (945 f.); so auch zur vergleichbaren Situation im Baurecht: *Werner/Pastor*, Bauprozeß, Rdn. 2413.

[880] BL-*Hartmann*, § 29 Rdn. 26, Stichwort „Kaufvertrag"; *Zöller-Vollkommer*, § 29, Rdn. 25 Stichwort „Kaufvertrag"; RGZ 70, 198; BGHZ 87, 104 (109 f.); a. A. LG Krefeld, MDR 77, 1018; AK-*Röhl*, § 29 Rdn. 6.

[881] Vgl. dazu auch OLG Stuttgart, NJW 1982, 529.

[882] BGHZ 87, 104 (109 f.).

[883] OLG Nürnberg, NJW 74, 2237; OLG Hamm, MDR 89, 65; a. A. LG Tübingen, MDR 86, 756.

VIII. Prozessuale Fragen

gelten, wenn es um den „großen Schadensersatzanspruch" geht. Das Gleiche gilt auch bei einem Rücktritt wegen Nichterfüllung, der insbesondere im Werkvertragsrecht vor Abnahme vorkommen kann.[884] Ähnliches dürfte auch für die Rückabwicklung nach Rücktritt gemäß § 323 BGB gelten.

Bei reinem Softwareverträgen ist die Übertragung dieser Rechtsprechung nicht ganz offenkundig, weil die Software nach hier vertretener Ansicht keine Sache ist.[885] Die Rechtsprechung sieht dies anders. Daher dürfte sie hier keine Probleme haben. Aber auch dann, wenn man der hier vertretenen Auffassung folgt, ergibt sich nichts anderes. Die Software ist in aller Regel dort abzuholen, wo sie der Kunde benutzt bzw. benutzen will. Der besondere Gerichtsstand der Erfüllung greift also auch in diesen Wandlungsfällen ein. Dies gilt ganz besonders dann, wenn Zug-um-Zug Löschung der Software auf der Anlage des Kunden verlangt wird.

Der Gerichtsstand greift möglicherweise dann nicht ein, wenn die Gegenleistung schon erbracht ist und der Kunde nur noch Rückzahlung des Geldes verlangt.[886]

Umstritten ist die Rechtslage auch dann, wenn sich die Sache schon vollständig beim Lieferanten befindet, z.B. weil er Nachbesserungsarbeiten durchführen wollte. Da der Lieferant in diesem Fall die Sache tatsächlich ja nicht mehr abholen muss, wird hier teilweise der besondere Gerichtsstand des Abholungsorts nicht mehr angenommen. Andere Gerichte haben diesen aber angenommen.[887]

Minderungsklagen auf Rückzahlung geleisteter Summen sind auf jeden Fall im allgemeinen Gerichtsstand des Lieferanten zu erheben. 708

3. Darlegungslast

Trotz der geschilderten unterschiedlichen Klageformen gibt es bei ihnen in der Darlegungslast letztendlich keine größeren Unterschiede. 709

Der EDV-Lieferant muss bei einer Zahlungsklage Vertragsschluss und Zahlungshöhe sowie Fälligkeit darlegen. EDV-spezifische Probleme gibt es dabei kaum. Zur Fälligkeit gehört im Bereich des Werkvertrages die Abnahme. Sollte für die Erstellung von Software nach neuem Recht Kaufrecht gelten,[888] entfällt die Abnahme. Ist die Abnahme verweigert worden, muss der Lieferant eine grundlose Abnahmeverweigerung vortragen, d.h. insbesondere, er muss darlegen, dass sein Produkt im Wesentlichen fehlerfrei ist. Das Gleiche gilt im Kaufrecht bis zur Annahme der Software als Erfüllung.[889]

---

[884] AG Münsingen, CR 1993, 502 (503).
[885] Vgl. oben Rdn. 278 ff.
[886] Sehr str. vgl. *Zöller-Vollkommer*, § 29 Rdn. 25 Stichwort „Kaufvertrag".
[887] Insbesondere AG Münsingen, CR 1993, 502 (503).
[888] Vgl. dazu oben Rdn. 296 f.
[889] Dazu *Koch*, ITRB 2002, 221.

Das Fehlen eines Pflichtenheftes kann sich in diesem Zeitraum für die Lieferanten als sehr negativ erweisen.[890]

710 Besondere Probleme gibt es dann, wenn **Zusatzvergütungen für Mehraufwand** verlangt werden, über die zuvor keine Einigung erzielt worden ist. Wird eine solche Klage eingereicht, ist darzulegen, dass es sich entweder um einen vom Kunden zu vertretenden Mehraufwand handelt, z.B. wegen einer grundlosen Mängelrüge, oder der Kunde z.B. wegen eines entsprechenden Hinweises erwarten musste, dass die erbrachten Mehraufwendungen vergütet werden müssen.[891] Dies wird man bei klaren Zusatzleistungen in der Regel unterstellen können.[892]

Diese Klarheit wird aber oft fehlen, weil die Leistungsbeschreibung, die dem Vertrag zugrunde lag, von Anfang an nicht sehr klar war. In diesem Falle muss der Lieferant schon deutliche Hinweise vortragen und sehr sauber auch unterscheiden, ob es um Mehraufwendungen oder Mängelrügen geht.

Geht es um eine erhöhte Vergütung wegen nicht vorhersehbaren Zusatzaufwandes ohne Änderung der Leistungsbeschreibung, müsste der Hersteller zunächst einmal darlegen, dass für ihn dieser Zusatzaufwand nicht vorhersehbar war. Außerdem müsste er noch darlegen, dass die Schmerzgrenze von 20% überschritten ist.

711 Geht es um eine **Vergütung nach Aufwand,** ist es sicher wünschenswert, wenn der Aufwand möglichst nach Tagen und Stunden projektbezogen dargelegt wird. Geschieht dies nicht exakt, steht aber fest, dass Aufwand entstanden ist, genügt auch eine pauschalierte Darstellung, insbesondere wenn der Beklagte nichts einwendet. Gegebenenfalls muss das Gericht den Aufwand nach §§ 286, 287 ZPO schätzen.[893] Insbesondere die Instanzgerichte fordern allerdings oft mehr als der BGH, so dass zur Vermeidung einer Klageabweisung wegen mangelnder Substantiierung so viel vorgetragen werden sollte wie irgend möglich.

712 Verlangt der Lieferant Vergütung, nachdem der Kunde gemäß **§ 649 BGB** gekündigt hat, ist es an sich Aufgabe des Kunden, Abstriche des Lieferanten an der Gesamtvergütung nach § 649 BGB darzulegen. Handelt es sich allerdings um ein Pauschalangebot, ist der Lieferant verpflichtet, seine Kalkulation des Angebots offenzulegen und auch darzulegen, inwieweit er durch die frühzeitige Kündigung Aufwendungen erspart hat.[894] Die Rechtsprechung geht zunehmend dahin, hier die Anforderungen an den Lieferanten höher zu schrauben.

713 Verteidigt sich der Kunde gegen einen Zahlungsanspruch mit **Mängeleinreden,** muss er dann, wenn er die Ware entgegengenommen bzw. abge-

---

[890] Vgl. OLG Düsseldorf, *Zahrnt,* ECR OLG 103.
[891] Vgl. dazu oben Rdn. 438 ff.; eher noch einschränkender *Schneider,* Handbuch des EDV-Rechts, Rdn. P 96.
[892] Vgl. *Zahrnt,* DB 1986, 157.
[893] BGH, NJW-RR 1999, 1586.
[894] Zuletzt BGH, BB 1999, 926.

VIII. Prozessuale Fragen

nommen hat, grundsätzlich das Vorliegen der Mängel darlegen und auch beweisen. Dies ergibt sich jedenfalls in analoger Anwendung des § 363 BGB.[895] Dies bedeutet, dass er zumindest die Erscheinungsformen der Mängel darlegen und darüber hinaus im Einzelnen vortragen muss, in welcher Weise die Mängel die vertraglich vereinbarte oder vorausgesetzte Nutzbarkeit der DV-Anlage beeinträchtigen.[896] Der Kunde muss dabei auch darlegen, was zur Leistung des Lieferanten gehört. Dies gilt für den geschuldeten Leistungsumfang der Software ebenso wie für eine evtl. Verpflichtung des Lieferanten zur Installation.[897]

Wird dabei eine **Abweichung vom gewöhnlichen Gebrauch** bzw. vom Stand der Technik behauptet, muss auch der gewöhnliche Gebrauch bzw. der Stand der Technik dargelegt werden.[898] Ggfs. kann auf Herstellerprospekte zurückgegriffen werden, insbesondere im neuen Recht (§ 433 Abs. 1 S. 3 BGB). Lässt sich mangels konkreter Vereinbarungen und eines genauen Handbuches die vereinbarte Beschaffenheit der Software nicht feststellen, so stellt dies als solches schon einen Mangel dar. Zumindest muss der Lieferant in diesem Fall darlegen, dass der vom Kunden geschilderte konkrete Zustand keinen Mangel darstellt.

714

Die Darlegung der **Erscheinungsform der Mängel** reicht jedenfalls aus, wenn es um den Erwerb kompletter DV-Systeme einschließlich Standard- oder Individualsoftware geht.[899] Weitere Darlegungen sind nicht erforderlich. Insbesondere müssen die Ursachen der Mängel nicht dargelegt werden.[900] Dies gilt insbesondere dann, wenn dargelegt wird, dass die Datenverarbeitungsanlage bzw. die Software bestimmte, vertraglich geschuldete Leistungen nicht erbringt. Dabei reicht die Darlegung des fehlerhaften Ablaufs auf der Benutzeroberfläche aus, wenn eine bestimmte Anwendersoftware mit bestimmten Leistungen geschuldet war.[901] Der Kunde sollte allerdings darauf achten, den Mangel so darzustellen, dass er nicht als Kleinigkeit und damit als unerheblich erscheint.[902] Die bloße Behauptung, eine Anlage funktioniere nicht, ist keine ausreichende Darlegung.[903] Entgegen der An-

715

---

[895] Ebenso OLG Köln, NJW-RR 1995, 1460; LG Köln, CR 1987, 234 (236); LG Heilbronn, Beil. Nr. 7 zu BB 1994, S. 7; *Malzer*, Der Computervertrag, S. 184 ff.

[896] Näher *Verfasser*, Computerrechtshandbuch, Abschn. 190, Rdn. 92 f.; *Zahrnt*, NJW 2002, 1531.

[897] OLG Köln, CR 2000, 503 (504) = OLG Report-Köln 2000, 325.

[898] Grundsätzlich ebenso *Hartweg* in: Bartsch (Hrsg.), Softwareüberlassung und Zivilprozeß, S. 1 (19).

[899] Vgl. z. B. LG München I, CR 1987, 364 (365): Fehler in der Anwendung müssen nicht auf ihre Ursachen untersucht werden; LG Düsseldorf, IuR 1986, 315 für Hardwarefehler; zum Ganzen vgl. auch *Zahrnt*, IuR 1986, 301 ff.

[900] *Bergmann/Streitz*, NJW 1992, 1726 (1727).

[901] Ebenso *Rehmann*, CR 1990, 575 (576).

[902] Wichtig vor allem bei häufig auftretenden kleinen Fehlern, vgl. *Schneider*, Handbuch des EDV-Rechts, Rdn. P 93.

[903] OLG Düsseldorf, NJW-RR 1999, 563; ähnlich OLG Köln, CR 1997, 213; CR 1997, 613.

sicht des OLG Hamm[904] reicht es aber aus, zu behaupten, bei der Installation der Software seien alle Rechner des Netzwerks des Kunden abgestürzt. Es reicht auch der Vortrag, es sei nur eine Demo-Version und keine Vollversion geliefert worden, da eine Demo-Version erfahrungsgemäß Einschränkungen bei der Nutzung unterliegt.[905]

716 Anders mag dies sein, wenn es nahe liegt, dass die beschriebenen Fehler nicht auf einem Fehler der DV-Anlage, sondern auf **anderen Ursachen beruhen können.** Hier ist z. B. an einen Kläger zu denken, der einen Mangel einer DV-Anlage dadurch darlegen möchte, dass er wenige Fehlermeldungen der Anlage aufführt und keine weiteren Ausführungen macht. Meist ist ja schon die **Fehlermeldung** als solche mehrdeutig, so dass außer der Fehlermeldung noch anzugeben ist, in welchem Benutzungszusammenhang der Fehler aufgetreten ist (z. B. letzter Eingabebefehl, Programmteil, der verwendet wurde usw.).[906] Außerdem liegt nahe, dass solche einzelnen Fehlermeldungen nicht nur durch Fehler der DV-Anlage, sondern auch durch Bedienungsfehler verursacht sein können, wie sie bei jeder DV-Anwendung regelmäßig vorkommen. Aus der bloßen Auflistung solcher Fehler kann man daher einen Mangel der Anlage nicht entnehmen. Der Vortrag dürfte nicht ausreichen. Denkbar wäre es, dass die beschriebenen Fehlermeldungen etwa deswegen bei einer ordnungsgemäß arbeitenden Anlage nicht auftreten dürfen, weil sie Fehler auf einer Ebene darstellen, auf die der Anwender gar keinen Zugriff hat und die Anwendungssoftware nach dem Vertrag oder dem Stand der Technik gerade das Auftreten der durch die Fehlermeldung angezeigten fehlerhaften Zustände der Maschine zuverlässig auch bei Bedienungsfehlern auf der Anwenderebene verhindern soll. Möglicherweise sind auch die Fehlermeldungen unvollständig oder in sonstiger Weise mangelhaft. Das Gleiche gilt dann, wenn ein Fehler dieser Art nach dem Stand der Technik nicht auftreten darf. Zumindest müsste dann aber einer dieser Alternativen neben den Fehlermeldungen vorgetragen werden. Es kann auch sein, dass die **Bedienungsfehler** auf einer ungeeigneten Bildschirmgestaltung oder einer **fehlerhaften Dokumentation** beruhen.[907] Auch andere Gründe, aus denen sich aus diesen Fehlermeldungen einen Mangel ergibt, sind denkbar. All diese Gründe müssten aber ergänzend vorgetragen werden.

Anders liegt die Situation dann, wenn immer wieder gleiche Fehlermeldungen auftreten, der Hersteller versucht hat, diese abzustellen und dies über einen längeren Zeitraum nicht gelungen ist. In diesem Falle ist die Annahme von Bedienungsfehlern nicht naheliegend, so dass ein solcher

---

[904] OLG-Report Hamm, 2000, 197.
[905] **A.A.** OLG Oldenburg, Urt. v. 6. 7. 2000, 14 U 5/2000, JurPC Web-Dok. 162/2000.
[906] *Schneider,* Handbuch des EDV-Rechts, Rdn. P 29 ff.
[907] Vgl. die Nachweise bei *Zahrnt,* IuR 1986, 252 (255 f.).

Vortrag als Vortrag für Mängel ausreichend ist. Dem Lieferanten bleibt es überlassen, seinerseits das Nichtvorliegen eines Mangels substantiiert darzulegen.

Treten bei der Benutzung der Anwendersoftware **Fehlermeldungen** auf der Betriebssoftwareebene auf, wird oft davon auszugehen sein, dass die Anwendersoftware fehlerhaft ist und zwar selbst dann, wenn die Fehler auf Bedienungsfehler zurückzuführen sind. 717

Die Anwendersoftware muss nämlich dafür sorgen, dass Bedienungsfehler auf ihrer Ebene auch nur zu Fehlermeldungen auf der Anwenderebene führen oder evtl. nicht unterdrückte Betriebssystemmeldungen zumindest ignoriert werden können. Jedenfalls darf es nicht so sein, dass der Anwender auf die Betriebssystemebene zurückgreifen muss, um den Fehlerzustand zu beheben. Dies gilt jedenfalls in all den Fällen, in denen der Anwender ein Anwendungssystem kauft und jedenfalls ein Großteil seiner Mitarbeiter prinzipiell von der Benutzung der Betriebssystemebene ausgeschlossen ist.

In modernen, mit einer Windows-Variante ausgestatteten PC's gilt dies selbstverständlich nicht in dem Sinne, dass nicht auf die Ebene von Windows zurückgegriffen werden kann. Viel hängt in diesen Fällen aber von der einzelnen Anwendung ab. Im übrigen gibt es leider auch viele Fehler in den Windows-Varianten, die die Anwendung nicht umgehen kann. Die bloße Darstellung einer Windows-Fehlermeldung reicht daher für die Beschreibung eines Fehlers der Anwendung nicht aus. Man müsste z.B. ergänzend darlegen, dass der Fehler bei Benutzung des Anwendungssystems immer wieder auftritt.

Durch die hier beschriebene **Darlegungslast** wird der **Anwender** auch **nicht überfordert**. Er muss prinzipiell nur das beschreiben, was ihm als Mangelerscheinung zugänglich ist. Eine substantiierte Darlegung ist durch eine sorgfältige Beobachtung der Anlage erreichbar. Dass er daneben auch darlegen muss, dass die aufgetretenen Fehler die Funktionsfähigkeit des Rechners beeinträchtigen, ist ihm ebenfalls zumutbar, weil es dabei um die Abläufe bei der Benutzung des Rechners geht, die dem Kunden jederzeit zugänglich sind. 718

Schwieriger wird der Vortrag dann, wenn es nicht um Fehler in der Anwendungssoftware, sondern um **Fehler in einer anderen Ebene** geht, weil eben solche Software und nicht die Anwendersoftware bestellt und geliefert wird. Dort wird schon die Beschreibung der Fehlererscheinungen schwieriger. Hinzu kommt, dass etwa auf der Betriebssystemebene die Benutzerführung nicht so narrensicher sein muss wie im Bereich der Anwendersoftware. Dennoch ergeben sich auch daraus letztendlich keine übermäßigen Anforderungen an die Darlegungslast des Benutzers. Es kann ja bei solchen Fehlern nur um Fehler gehen, die bei der direkten Benutzung der Betriebssoftware auftreten. Erwirbt der Anwender ein System, in dem er auch die Systemebene benutzen will, muss man davon ausgehen, dass er jedenfalls 719 sachkundig genug ist, die Systemebene zu nutzen. Er dürfte dann auch in der Lage sein, dort auftretende Fehlermeldungen oder Fehlfunktionen zu beschreiben.

Noch weniger als auf der Anwenderebene reicht aber auf der Systemebene die bloße Aufzählung von Fehlermeldungen zur Darlegung eines Mangels aus. Es müsste sowohl zur Beeinträchtigung der Funktionsweise wie zur Ursache der Fehlermeldung mehr dargelegt werden. Auch dies ist dem insoweit ja sachkundigen Anwender zumutbar.

Der Anwender genügt seiner Darlegungslast auch nicht, wenn er zur Darlegung von Mängeln **Ausdrucke** überreicht, ohne diese näher zu erläutern. Werden solche Ausdrucke vorgelegt, dürfen sie keinesfalls den Sachvortrag ersetzen. Sie dürfen ihn nur erläutern. Außerdem muss dargelegt werden, wer den Ausdruck wann angefertigt hat. Gegebenenfalls ist auch dafür Beweis anzutreten.[908] Im Übrigen gelten die obigen Ausführungen zu den Problemen der bloßen Mitteilung von Fehlermeldungen.[909]

720 Sind Fehler konkret dargelegt, muss der **Lieferant sie konkret widerlegen**, indem er z.B. im Detail darlegt, dass es sich um Bedienungsfehler handelt. Tut er dies nicht, bestreitet er den Mangel nicht substantiiert, so dass die Mängel als zugestanden betrachtet werden.[910]

721 Anders als bislang geschildert ist die Situation dann, wenn es nicht um die Lieferung vollständiger DV-Systeme geht, sondern etwa Hardware, Individualsoftware und Datenübertragungssoftware **von verschiedenen Lieferanten stammen** oder getrennten Vertragsbeziehungen unterliegen. In diesem Fall muss der Anwender bei einer Klage gegen einen Lieferanten darlegen, dass dieser und kein anderer für die Mängel verantwortlich ist. Er muss also **neben dem Erscheinungsbild** des Mangels in diesem Fall auch in großem Umfang seine **Ursachen darlegen**.[911] Diese Konsequenz gemischter Bestellung ist ihm durch eine Beweislastumkehr in der Regel nicht abzunehmen, da sie unmittelbarer Ausfluss seiner Entscheidung zur Bestellung bei verschiedenen Herstellern bzw. aufgrund verschiedener Verträge ist. Auch im Hinblick auf die Darlegungslast ist die Frage der Vertragseinheit daher wichtig. Anders ist dies dann, wenn der Kunde eine einzelne Software erwirbt und diese auf den bei ihm vorher ordnungsgemäß laufenden System Fehler verursacht. Erfüllt das System die vom Lieferanten der neuen Software verlangten Voraussetzungen, reicht der Vortrag aus, die Software verursache Fehler. Der Lieferant muss dann substantiiert darlegen, dass der Fehler aus dem System des Kunden herrührt.

Bei beiderseitigem Handelsgeschäft muss der Kunde auch die **rechtzeitige Rüge** darlegen.

---

[908] Ausführlich dazu *Streitz*, NJW-CoR 1996, 309.
[909] Rdn. 716.
[910] LG München I, Beil. Nr. 14 zu BB 1992, S. 8.
[911] Vgl. z.B. LG Köln, IuR 1986, 317 (319).

VIII. Prozessuale Fragen

Trifft den Lieferanten die Pflicht, nach der Installation die Anlage zu prüfen, muss er letztendlich darlegen, dass er geprüft hat oder dass der Mangel auch bei Prüfung nicht beseitigt worden wäre. Faktisch dreht sich hier die Beweislast zu Lasten des Lieferanten um.[912]

Im Übrigen lassen sich zum **Umfang der Darlegungslast keine generellen Aussagen** treffen.[913] Viel hängt von der prozessualen Situation, insbesondere auch vom Umfang der Darlegungen des jeweiligen Gegners ab.[914] Ergibt sich z. B. aus den Ausführungen des Herstellers, dass die an sich überzeugend dargelegten Probleme doch durch Bedienungsfehler verursacht worden sein könnten, muss der Anwender diese Möglichkeit ausräumen.[915] Er kann vielleicht die möglichen Bedienungsfehler auf Fehler im Handbuch oder der Bildschirmgestaltung zurückführen.

722

Darüber hinaus kann sich im Bereich der Herstellung von Individualsoftware der Hersteller darauf berufen, er habe die Vorgaben des Bestellers korrekt erfüllt, diese seien aber fehlerhaft. Ist er in die Herstellung dieser Vorgaben nicht eingeschaltet gewesen, schließt dies eine Mangelhaftigkeit aus. Liegen dann Fehler in den Vorgaben vor, die der Hersteller erst bei Fertigstellung des Produktes bemerken kann, so muss er, wenn er sich darauf beruft, diese Fehler und Widersprüche im Prozess konkret und detailliert vortragen. Eine pauschale Behauptung, die auftretenden Probleme seien durch das Pflichtenheft verursacht, reicht nicht aus.[916]

Dies alles gilt auch dann, wenn sich der Hersteller auf die Verletzung anderer Pflichten, insbesondere von Mitwirkungspflichten des Auftraggebers beruft.

Im **Mietrecht** ist es so, dass bei dargelegter Gebrauchsbeeinträchtigung ein Mangel vorliegt und der Vermieter darlegen und beweisen muss, dass die Mängel vom Mieter zu vertreten sind. Nur in diesem Fall entfällt seine Gewährleistung.[917]

723

Im Einzelfällen kann es bei Berücksichtigung der oben genannten Gesichtspunkte dazu kommen, dass der Anwender sich **sachverständiger Hilfe** schon dann bedienen muss, wenn er die Klage **schlüssig** machen will. Diese Tatsache allein ist aber nicht geeignet, ihn von seiner Darlegungslast zu befreien.[918]

724

Die bislang für Einwendungen im Zahlungsprozess beschriebene Darlegungslast ändert sich nicht, wenn ein Mängelprozess geführt wird, also

---

[912] *Schneider/Günther*, CR 1997, 389 (393).
[913] Die Rspr. ist auch etwas uneinheitlich, vgl. z. B. zu Bedienungsfehlern die Nachweise bei *Brandi-Dohrn*, CR 1986, 63 (71).
[914] Statt aller BL-*Hartmann*, § 253, Rdn. 32.
[915] Vgl. zum entsprechenden Problem bei der Beweislast v. *Westphalen/Seidel*, Aktuelle Rechtsfragen, S. 36 f.; sehr plastisch die Entscheidung OLG Nürnberg, CR 1986, 811.
[916] *Rehmann*, CR 1990, 575 (576).
[917] Für EDV-Miete entschieden durch OLG Hamm, CR 1989, 910 (912); generell vgl. *Sternel*, Mietrecht, Rdn. II 516.
[918] LG Köln, CR 1987, 234 (236).

insbesondere Wandlung verlangt bzw. die Rückabwicklung nach Rücktritt begehrt oder wegen Minderung ein Teil des Kaufpreises zurückverlangt wird. Auch hier muss der Kunde die Mängel in eben bezeichnetem Umfang darlegen.

In beiden Fällen muss allerdings der Hersteller/Lieferant darlegen und beweisen, dass die Mängel unerheblich sind.[919]

725   Bei **Softwarefehlern** kann man meist davon **ausgehen**, dass sie schon **bei Gefahrübergang vorhanden** waren. Jedenfalls dürfte dafür eine Vermutung sprechen.[920]

Ob dies auch für Hardwarefehler gilt, ist streitig.[921] Eine solche Vermutung kann aber nur für Fehler der Betriebssoftware gelten, für eigentliche Hardwarefehler ist eine solche Vermutung zu generell. Hardware unterscheidet sich nicht von anderen technischen Geräten.[922] Im Einzelfall kann aber aus der Art des Fehlers geschlossen werden, dass er schon bei Gefahrübergang vorlag.[923] Im Bereich des **Verbrauchsgüterkaufs** ist im Übrigen § 476 BGB zu beachten. Danach wird bei einem Sachmangel, der innerhalb von sechs Monaten nach Gefahrübergang auftritt, vermutet, dass er schon bei Gefahrübergang vorlag, es sei denn, dass diese Vermutung mit der Art der Sache oder des Mangels unvereinbar ist.

Hat freilich der Kunde die Software verändert, gelten die Vermutungen nicht. Er muss darlegen und ggf. beweisen, dass die Mängel schon in der ihm übergebenen Softwareversion vorgelegen haben.

726   Will im Übrigen der Anwender vom Vertrag über eine **gesamte EDV-Anlage zurücktreten**, obwohl nur Soft- oder nur Hardware mangelhaft sind, muss er vortragen, dass der mangelfreie Teil der Leistung für ihn ohne Interesse ist (§ 323 Abs. 5 BGB).[924] Gilt **altes Recht**, muss der Anwender für eine Gesamtwandlung die Voraussetzungen des § 469 S. 2 BGB, vor allem den ihm bei Trennung der Sachen entstehenden Nachteil darlegen und beweisen.[925] Soweit der Lieferant bei einer Wandlung bzw. einem Rücktritt Nutzungsentschädigung verlangt, ist er für eine tatsächliche Nutzung durch den Erwerber und die Höhe der Nutzungsentschädigung darlegungs- und beweispflichtig.[926]

727   Verlangt ein Kunde **Schadensersatz**, muss er in aller Regel zusätzlich zur Mangelhaftigkeit der Software bzw. DV-Anlage objektive Pflichtwidrigkeit und seinen Schaden sowie die Kausalität des Mangels für den Schaden

---

[919] BGHZ 102, 135 (145).
[920] LG Mannheim, CR 1988, 1004 (LS); LG München I, CR 1987 364 (365).
[921] Dafür LG Essen, CR 1989, 916 (LS); LG Coburg, IuR 1986, 114; dagegen AG Montabaur, CR 1989, 916 (LS).
[922] OLG Hamm, CR 1991, 289 (LS).
[923] LG Bonn, CR 2001, 587.
[924] Näher dazu oben Rdn. 689 f.
[925] *Mehrings*, NJW 1988, 2438 (2441); *Palandt-Putzo*, 61. Aufl., § 469, Rdn. 6.
[926] LG Aachen, CR 1988, 216 (218); OLG Karlsruhe, *Zahrnt*, ECR OLG 199.

darlegen. Das Verschulden des Herstellers wird vermutet (§ 280 Abs. 1 BGB).

Gilt noch **altes Recht,** muss er auch das Verschulden darlegen und beweisen. Beim Verschulden wird man ihm die Darlegung jedenfalls bei der Individualsoftware insoweit erleichtern können, als dass das Auftreten von Mängeln, die sich auf die Funktionsfähigkeit des Systems auswirken, zumindest eine mangelhafte Austestung des Programms vermuten lassen, so dass man ein Verschulden prima facie annehmen kann. Es bleibt dem Hersteller unbenommen, sich insoweit zu entlasten.[927] Er muss z.B. seine Qualitätssicherungsmaßnahmen darlegen und ggf. auch vortragen, dass diese dem aktuellen Stand einer ordnungsgemäßen Softwareentwicklung entsprechen. Der Hersteller sollte daher seine Qualitätssicherungsmaßnahmen sauber dokumentieren.[928]

Bei der Installation der Software hat der BGH in einzelnen Fällen im alten Recht die **Beweislastumkehr** sogar auf die Tatsache der Schadensverursachung ausgedehnt.[929] Er hat nämlich entschieden, dass bei fehlerhafter Kontrolle der Funktionsfähigkeit des Datensicherungsprogramms des Kunden der Anbieter beweisen muss, dass er für den später eingetretenen Datenverlust nicht verantwortlich ist. Allerdings gilt diese Beweislastumkehr nur dann, wenn der Fehler auf jeden Fall im Bereich des Lieferanten liegt. Kommt auch ein Anwenderfehler in Betracht, gilt sie nicht. Vielmehr muss dann der Kunde alle Anspruchsvoraussetzungen voll darlegen und beweisen.[930] 728

Außerdem kann immer auch eine **Verletzung von Beratungspflichten** gegeben sein. Dazu muss der Kunde darlegen, dass solche Beratungspflichten bestanden.[931] 729

Weiterhin muss er darlegen, dass die Beratungspflichten nicht erfüllt wurden. Dies kann er allerdings nur pauschal dadurch tun, dass er vorträgt, er sei überhaupt nicht beraten worden. In Entgegnung muss dann der Lieferant darlegen, wann er wie beraten hat. Diese Behauptung muss ihm vom Kunden widerlegt werden. Faktisch liegt damit der Schwerpunkt der Darlegungslast bei Lieferanten, die Beweislast aber beim Kunden.[932]

Streitig ist die Frage der **Darlegungslast,** wenn es um Schadensersatzansprüche nach § 326 BGB a.F. wegen Nichterfüllung geht. Die herrschende Meinung geht auch dann davon aus, dass der Kunde darlegen muss, dass die 730

---

[927] Vgl. BGHZ 48, 310 (311 f.) zum Architektenvertrag.
[928] *Schneider/Günther,* CR 1997, 389 (394).
[929] Vgl. BGH, NJW 1996, 2924 = CR 1996, 663; zustimmend *Schneider/Günther,* CR 1997, 389 (392).
[930] OLG Frankfurt/Main, CR 1996, 26 (27).
[931] Dazu oben Rdn. 418 ff.
[932] *Brandi/Dohrn,* in: Lehmann (Hrsg.), Rechtsschutz und Verwertung von Computerprogrammen, S. 931 (948); BGH, NJW 1985, 264 (Rechtsanwalt); NJW 1986, 2570 (Steuerberater).

Software mangelbehaftet ist, während bei einer Erfüllung des Lieferanten dieser die Mangelfreiheit der Software darlegen muss.⁹³³ Dieser Meinung kann aber nicht gefolgt werden. Auch im Rahmen der Schadensersatzansprüche muss man der allgemeinen Darlegungs- und Beweislast folgen. Für die Mangelfreiheit ist daher auch in diesen Fällen der Lieferant darlegungs- und beweispflichtig.⁹³⁴ Dies gilt auch für Ansprüche nach § 281 BGB n. F.

731 Bei Schadensersatzansprüchen liegt ein weiteres Problem oft in der Darlegung der **Schadenshöhe** und der **Kausalität** der Mängel bzw. des Beratungsfehlers für den Schaden. Insbesondere die Kausalität des Beratungsfehlers für den Schaden verlangt wegen der dabei notwendigen Darlegung eines hypothetischen Kausalverlaufs eine sorgfältige Behandlung.⁹³⁵

Schwierigkeiten ergeben sich auch bei der **Darlegung von Umsatzausfällen**. Prinzipiell hilft hier § 287 ZPO. Die Rechtsprechung ist teilweise sehr weit gegangen und hat die Vermutung aufgestellt, dass dann, wenn der Umsatzrückstand feststehe, er von dem Mangel bzw. der Fehlberatung verursacht sei.⁹³⁶ Angesichts der vielfältigen Ursachen, die einen Umsatzrückgang verursachen können, erscheint diese Vermutung aber generell nicht haltbar. Es sind genaue Darlegungen des Geschädigten erforderlich, aus dem sich für den konkreten Fall Anhaltspunkte für die Ursachen eines Umsatzrückgangs der durch die Mängel verursachten Schadenshöhe ergeben. Erst aufgrund solcher Anhaltspunkte kommt eine **Schadensschätzung nach § 287 ZPO** in Betracht.⁹³⁷ § 287 ZPO kann auch Hilfe geben bei der Darlegung eines eventuellen Zeitaufwandes, den der Geschädigte nutzlos erbracht hat.⁹³⁸ Steht freilich fest, dass ein Schaden entstanden ist, muss das Gericht den Mindestschaden schätzen.⁹³⁹

Beruft sich der Lieferant darauf, dass die geltend gemachten Schadenspositionen **Ohnehin-Kosten** seien,⁹⁴⁰ ist er für diese Behauptung darlegungs- und beweispflichtig.

732 Bei Gewährleistungsprozessen **nach altem Recht** ist außerdem wichtig, dass der Kunde zwischen den einzelnen **Gewährleistungsansprüchen** wählen kann, bis entweder der Lieferant einem der geltend gemachten Ansprüche zustimmt oder ein rechtskräftiges Urteil ergangen ist.⁹⁴¹ Solange es daran fehlt, kann der Kunde ggf. auch noch Schadensersatzansprüche nach §§ 325, 326 BGB geltend machen.⁹⁴² Ist er freilich nach §§ 325, 326 BGB zu-

---

⁹³³ Vgl. *Brandi/Dohrn* in: Lehmann (Hrsg.), Rechtsschutz und Verwertung von Computerprogrammen, S. 931 (948).
⁹³⁴ LG Ulm, CR 1994, 219; OLG Nürnberg, CR 1995, 343.
⁹³⁵ Dazu *Schneider*, Handbuch des EDV-Rechts, Rdn. P 94.
⁹³⁶ LG Freiburg, CR 1988, 382 (384 f.).
⁹³⁷ So auch *Chrocziel*, CR 1988, 385 f.
⁹³⁸ BGH, *Zahrnt*, ECR BGH 21.
⁹³⁹ BGH, BB NJW 2002, 3317 (3320) zum Bereicherungsrecht.
⁹⁴⁰ Dazu oben Rdn. 442.
⁹⁴¹ RGZ 48, 423; 66, 73.
⁹⁴² BGH, BB 1999, 1025.

rückgetreten, entfällt jedes weitere Wahlrecht.[943] Mit der Klageschrift ist daher eine endgültige Festlegung oft noch nicht verbunden. Außerdem kann ein Anspruch auch wahlweise auf mehrere Gewährleistungsrechte gestützt werden.[944] Dies ist vor allem dann wichtig, wenn primär Schadensersatzansprüche geltend gemacht, aber möglicherweise nicht alle Anspruchsgrundlagen dargelegt und bewiesen werden können. Man kann dann auf Wandlung bzw. Minderung zurückgreifen. Diese Möglichkeit gibt es nach dem neuen Recht nicht mehr. Sowohl Minderung als auch Rücktritt sind als Gestaltungsrechte ausgestaltet.

Dies alles gilt auch im Hinblick auf eventuelle Ansprüche aus Wartungs- bzw. Pflegeverträgen. Auch hier muss der Kunde darlegen und beweisen, dass der Unternehmer seinen **Wartungsverpflichtungen** nur mangelhaft nachgekommen ist.[945] Rügt er z.B. Mängel, die durch eine neue Softwareversion entstanden sind, muss er auch darlegen, dass die Mängel nicht schon vor Übernahme dieser Version vorhanden waren. 733

Bei der **Verjährung** ist es so, dass derjenige, der sich auf sie beruft, die ihr zugrunde liegenden Tatsachen darlegen muss. Der Lieferant muss also das Abnahme- oder Ablieferungsdatum darlegen. Will sich der Kunde umgekehrt auf Hemmung oder Unterbrechung der Verjährungsfrist berufen, müssen die dazu notwendigen Voraussetzungen wiederum von ihm dargelegt werden. Im Rahmen des § 639 Abs. 2 BGB muss er vortragen, dass der Lieferant tatsächlich versucht hat, die Mängel, um die es im Prozess geht, zu beseitigen.[946] Beruft sich der Kunde auf die Verjährung wegen **Arglist** bzw. Organisationsverschulden, muss er im Prinzip die Voraussetzungen dieser Vorschrift darlegen. Im Prinzip müsste er damit auch die mangelhafte Organisation des Unternehmens darlegen. Hier schließt die Rechtsprechung aus besonders gravierenden Fehlern aber auf das Organisationsverschulden, wofür sich dann der Unternehmer entlasten muss. Dieser muss dann – nach langer Zeit – noch die Organisation seiner Qualitätskontrolle darlegen.[947] 734

Es daher zu empfehlen, entsprechende Unterlagen aufzubewahren. Wieweit die Darlegungslasten konkret gehen, ist aber Sache des Einzelfalls.[948]

4. Der Beweis von Mängeln

Zentraler Punkt von Mängelprozessen dürfte in aller Regel der **Nachweis der Fehler** sein. Als Beweismittel stehen hier Zeugenaussagen und der Sachverständigenbeweis zur Verfügung. Daneben ist in Einzelfällen denkbar, dass das Gericht unmittelbar Augenschein nimmt. 735

---

[943] OLG Köln, *Zahrnt*, ECR OLG 210.
[944] RGZ 87, 237; 131, 343 (346).
[945] OLG München, CR 1988, 282 (284).
[946] Vgl. OLG München, CR 1991, 19 (21).
[947] BGHZ 117, 318; vgl. oben Rdn. 396.
[948] Vgl. dazu auch *Jansen*, OLG-Report Köln 1999, H. 14, K 5 f.

a) Der Beweisbeschluss

736 Den meisten Beweisaufnahmen geht ein **Beweisbeschluss** voraus. Dieser ist insbesondere bei präsenten Zeugen allerdings entbehrlich. Es ist allerdings oft sinnvoll, einen förmlichen Beweisbeschluss selbst dann zu erlassen, wenn er nicht zwingend erforderlich ist. Die Formstrenge des Beschlusses zwingt zu einer genauen Formulierung der Beweisfragen und damit zu einem gründlichen Durchdenken des Prozessstoffes.

737 Wichtig ist, dass der **Beweisbeschluss die Beweisthemen präzise** benennt.[949] Dies gilt insbesondere im Hinblick auf Sachverständigengutachten. Dem Sachverständigen muss klar und deutlich vorgeben werden, was er untersuchen und begutachten soll. Ein Beweisbeschluss des Inhalts, der Sachverständige solle die streitbefangene Sache dahingehend untersuchen, ob sie dem Stand der Technik entspricht, ist schlichtweg falsch und führt zu einem unzulässigen Ausforschungsbeweis.[950] Bei Mängeln muss der Beweisbeschluss die einzelnen Mängel, um deren Vorliegen oder Nichtvorliegen es geht, deutlich benennen. Dies kann er nicht ohne hinreichenden Vortrag der Parteien. Auf solchen Vortrag muss das Gericht ggf. gem. § 139 ZPO hinwirken.

Oft ist es sinnvoll, den **Sachverständigen** schon an der Formulierung des Beweisbeschlusses, ggf. auch an der Formulierung von Hinweisen nach § 139 ZPO zu beteiligen. Dies kann in Einzelfällen sogar im Rahmen eines **Erörterungstermins** geschehen. Dies kann den Prozess selbst fördern.[951]

Es kann auch einen **Einweisungstermin** für den Sachverständigen geben, an dem die Parteien teilnehmen können (§ 404a Abs. 2, 5 ZPO). In der Praxis gibt es solche Termine nur äußerst selten. Auch die Kommentarliteratur spricht von Ausnahmefällen.[952] Gerade in technisch komplizierten Sachverhalten sollte man diese Möglichkeit aber häufiger einsetzen, um die Beweisaufnahme unter Beteiligung aller Parteien vernünftig steuern zu können. In einem solchen Termin können Parteien und Sachverständige auf die Formulierung des Beweisbeschlusses und damit die Beweiserhebung Einfluss nehmen.

738 Beim Zeugenbeweis muss der Beweisbeschluss nicht so präzise sein, da allein schon wegen der Frage der Glaubwürdigkeit und Glaubhaftigkeit der Zeuge seine Aussage nicht auf die Beantwortung einzelner präziser Fragen beschränken kann, sondern von sich aus seinen Sachverhalt schildern sollte und damit oft auch über Gesichtspunkte spricht, die die Parteien nicht vorgetragen haben.

---

[949] Vgl. ausführlich *Bergmann/Streitz*, NJW 1992, 1726.
[950] *Bergmann/Streitz*, NJW 1992, 1726 (1729).
[951] Vgl. *Schnupp*, NJW-CoR 1999, 217; näher *Redeker*, in: Computerrechtshandbuch, Abschn. 160, Rdn. 139 ff.
[952] *Zöller-Stephan*, § 404a, Rdn. 2.

b) Augenscheinseinnahme

Das erste in der ZPO vorgesehene Beweismittel, das hier besprochen werden soll, ist der **Augenscheinsbeweis**. 739

Der Augenscheinsbeweis, erhoben durch unmittelbare Untersuchung der DV-Anlage durch das oder die **Demonstration des Ablaufs der Software** vor dem Gericht, dürfte in der Praxis nur in seltenen Fällen vorkommen. Dazu gehört z.B. der Fall von Verkratzungen an der Hardware. Auch bei einfachen Programmen ist eine solche Möglichkeit gegeben, wenn eine Arbeit nach Vorgaben des Handbuchs zu Fehlern führt. In diesem Fall ist ja entweder die Software oder das Handbuch falsch, ohne dass es darauf für die Entscheidung des Rechtsstreits ankommt. Die Gerichte sind hier aber sehr zurückhaltend und gehen in aller Regel auf einen Sachverständigenbeweis zurück.

In einzelnen Publikationen ist z.B. die Behauptung aufgestellt worden, die Frage, ob eine Anlage „IBM-kompatibel" sei oder nicht, sei dem Beweis durch Augenscheinnahme des Gerichts zugänglich.[953] Dies ist allerdings nicht der Fall, weil schon die Frage, was „IBM-kompatibel" ist, nur bei guter Kenntnis des EDV-Bereichs beantwortet werden kann.

Allerdings kann das Gericht unter bestimmten Umständen den **Augenschein** auch **gemeinsam mit dem Sachverständigen** nehmen. 740

Dies ist insbesondere bei fehlenden Funktionalitäten möglicherweise deshalb von Belang, weil das Gericht so eher einen Eindruck von den Fehlern erhält und z.B. Minderungsquoten besser bewerten kann. In der Praxis kommt auch dies selten vor. Im Bereich der EDV-Prozesse dürfte sich eine solche Notwendigkeit – im Gegensatz etwa zu der Bewertung von Mietmängeln – auch nicht ganz so häufig aufdrängen, weil dem Gericht auch für die Bewertung der Minderungsquoten oft die Nähe zur Anwendung fehlt. In einzelnen Fällen sollte die gemeinsame Betrachtung aber durchaus in Betracht gezogen werden.

c) Zeugenbeweis

Ein **Zeugenbeweis** ist im EDV-Prozess insbesondere dann wichtig, wenn es 741 um die Frage geht, was die Parteien vertraglich vereinbart haben. Neben Urkunden kommt in aller Regel nur ein Zeugenbeweis in Betracht. Besonderheiten zum sonstigen Prozess gibt es allerdings nicht, so dass auf eine detaillierte Erörterung an dieser Stelle verzichtet werden kann.

Der Zeugenbeweis kommt aber auch dann in Betracht, wenn es um relativ **simple Erscheinungsformen von Mängeln** geht. Solche Erscheinungsformen können die Angestellten des Anwenders bzw. Freunde und Bekannte präzise beschreiben. Es geht ja um Mängel auf der Benutzerebene. Es sind

---

[953] *Ullmann*, in: Bartsch (Hrsg.), Softwareüberlassung und Zivilprozeß, S. 96 (97).

Fälle denkbar, in denen allein aufgrund solcher Zeugenaussagen ein Mangel als bewiesen angesehen werden kann. Dies gilt insbesondere dann, wenn bestimmte Teile der Software überhaupt nicht geliefert wurden oder nicht in das System eingebunden worden sind. Darüber hinaus sind präzise Aussagen eigentlich nur zu erwarten, wenn die Zeugen selbst EDV-Fachleute sind und deshalb mehr als nur das Erscheinungsbild schildern sollen. Allerdings sind andere Zeugen nicht prinzipiell ausgeschlossen, weil ein solcher Ausschluss eine vorweggenommene Beweiswürdigung darstellen würde.[954] Insbesondere bei vielen Einzelfällen, die nur schwer rekonstruierbar sind, dürften Zeugen von Bedeutung sein. Allerdings dürfte in diesen Fällen allein der Zeugenbeweis nicht ausreichen.[955] Ein Sachverständiger müsste die Zeugenaussage wohl bewerten. Dies gilt insbesondere dann, wenn der Hersteller sich mit dem Hinweis auf Bedienungsfehler verteidigt. Der Zeugenbeweis ist aber generell schwierig.[956]

742 In der Literatur wird gelegentlich auch die Meinung vertreten, der **Sachverständige solle Zeugen vernehmen**, insbesondere, um Befundtatsachen für sein Gutachten zu ermitteln.[957] Dies ist prozessual aber nicht zulässig. Ein Sachverständiger ist kein Richter und kann daher eine Zeugenvernehmung nicht durchführen. Er ist dafür auch nicht notwendigerweise ausgebildet, insbesondere die Beurteilung von Glaubwürdigkeit und Glaubhaftigkeit muss der Richter selbst vornehmen. Letztendlich kommt es insoweit auf seine Bewertung und nicht auf die Bewertung des Sachverständigen an. Dies hindert allerdings den Sachverständigen nicht, bei der Zeugenvernehmung durch das Gericht anwesend zu sein und ggf. selbst Fragen zu stellen oder das Gericht bei der Fragestellung zu beraten. Dies wird sich oft anbieten, weil der Sachverständige so auf die richtige Fragestellung und auf die ordnungsgemäße Ermittlung seiner Befundtatsachen Einfluss nehmen kann.

Die Frage, welche Befundtatsachen dem Gutachten zugrunde zu legen sind, ist letztendlich insbesondere bei der Beweiswürdigung von Zeugenaussagen vom Gericht zu entscheiden.[958]

d) Sachverständigenbeweis

aa) Die Auswahl des Sachverständigen und seine Beauftragung

743 Eine zentrale Rolle bei dem Beweis von Mängeln kommt nach dem eben Gesagten dem **Sachverständigen** zu. Dabei wird die Rolle des Sachverständigen als Gehilfe des Richters,[959] der die mangelnden technischen Kenntnisse des Richters ausgleicht, im EDV-Prozess besonders deutlich. Ein Sach-

---

[954] LG Rottweil, ECR LG 54.
[955] So auch BGH, *Zahrnt*, ECR BGH 26.
[956] Vgl. OLG Düsseldorf, *Zahrnt*, ECR OLG 201.
[957] *Rehmann*, CR 1990, 575 (577).
[958] Vgl. BGH, BB 1997, 942 = NJW 1997, 1446; OLG Köln, NJW 1994, 394.
[959] So ausdrücklich *Pieper*, ZZP 84 (1971), 1 (30f.).

verständiger wird vom Gericht beauftragt, wenn die **Sachkunde der Richter** (einschließlich der möglicherweise beteiligten Handelsrichter) nicht ausreicht. Wann dies der Fall ist, wird vom Gericht selbst entschieden. Wenn es sich für nicht sachkundig genug hält, muss es den Sachverständigen auch ohne entsprechenden Beweisantritt beauftragen.[960] Die Erhebung des Sachverständigenbeweises ist auch von Amts wegen möglich (§ 144 Abs. 1 S. 1 ZPO). Hält sich das Gericht für sachkundig genug, kann es sich aber auch für die entsprechenden Beweisantritte der Parteien hinwegsetzen.[961] Dies muss den Parteien vor der Entscheidung allerdings mitgeteilt werden.[962] Trotz dieser Besonderheiten wird der Sachverständige in der ZPO nicht als Richtergehilfe, sondern lediglich als Beweismittel behandelt (vgl. §§ 402ff. ZPO).

Das Gericht sollte mit der Annahme der eigenen Sachkunde **äußerst vorsichtig sein**.[963] In vielen Prozessen besteht die Sachkunde auch der Handelsrichter oder sonstigen sachkundigen Beisitzer etwa in Arbeitsgerichtsprozessen in einer sehr rudimentären und ausschnittsweisen Kenntnis der DV-Praxis, gesehen aus ihrer eigenen beruflichen Perspektive. Eine solche Kenntnis ist mit der Sachkunde des besonders ausgebildeten und geprüften, in der Praxis vielfältig als Beurteiler verschiedener Sachverhalte tätigen Sachverständige nur in den seltensten Fällen vergleichbar. In aller Regel wird sich das Gericht auch einfach nicht die Zeit nehmen, nicht nur den Sachvortrag der Parteien, sondern auch die DV-Anlage entsprechend genau anzusehen und zu begutachten. Von daher ist die Beauftragung eines Sachverständigen fast immer sinnvoll.

Kommt es zum Sachverständigenbeweis, ist zunächst die **Auswahl des Sachverständigen** wichtig. Der Sachverständige muss gerade im Hinblick auf die anstehenden Beweisfragen sachkundig sein. Denkbar ist es, die Parteien zu fragen.[964] Sind sie sich einig, ist das Gericht an ihren Vorschlag gebunden (§ 404 Abs. 3, 4 ZPO). Sind sie sich nicht einig, sollte das Gericht selbst entscheiden und nicht eine langwierige Korrespondenz mit den Parteien über einen gemeinsam beauftragten Sachverständigen führen wollen. Dadurch können nämlich wieder monatelange Verzögerungen eintreten.

Geht es um normale Anwendersoftware, dürfte ein Sachverständiger mit Hilfe der **Verzeichnisse der Industrie- und Handelskammer** zu finden sein, wobei angesichts der nicht allzu hohen Anzahl von Sachverständigen allenfalls Zeitprobleme auftreten. Liegt ein Streit um andere Arten von Software vor, so ist das Finden von Sachverständigen schwierig. Die Verzeichnisse weisen nicht allzu viele Sachverständige aus. Es kann leider auch

---

[960] Falsch LG Düsseldorf, DuD 1999, 236.
[961] *Braun*, in: Bartsch (Hrsg.), Softwareüberlassung und Zivilprozeß, S. 83 (85).
[962] BGH, JZ 68, 670.
[963] Etwas übervorsichtig allerdings LG Düsseldorf, DuD 1999, 236.
[964] So *Ullmann*, in: Bartsch (Hrsg.), Softwareüberlassung und Zivilprozeß, S. 96 (102f.).

zu Fällen kommen, insbesondere bei komplexeren Programmen der Individualsoftware für im Prinzip neue Anwendungen, dass außerhalb des Herstellerbereichs überhaupt keine Sachverständigen existieren, die die Qualität des Produkts beurteilen können. In diesem Fall steht praktisch kein Sachverständiger zur Verfügung. Dies führt zu einer prozessualen ungünstigen Situation für den Beweisbelasteten, die ihm aber auch durch eine Beweislasterleichterung nicht abgenommen werden kann, weil das Fehlen von Sachverständigen immer zu seinen Lasten gehen muss.[965]

Der Fall solch komplexer Individualsoftware ist letztendlich auch nicht so gravierend, weil in aller Regel eine solche Individualsoftware von einem sachkundigen Anwender bestellt wird, so dass sich manche Probleme schon im Vorfeld aufklären können.

Der Sachverständige sollte allerdings **nicht nur sachverständig** sein, sondern auch in der Lage, sein **Wissen** in der für ein Gerichtsverfahren notwendigen Art und Weise **darzustellen**.[966] Er muss in der Lage sein, seine Feststellungen nach der Fragestellung des Gerichts zu ordnen und sie auch für den Laien nachvollziehbar darzustellen.[967] Darüber hinaus muss er in der Lage sein, auch laienhafte Fragen ordnungsgemäß zu beantworten und nicht ungeduldig zu werden. Umgekehrt sollte er selbst die juristische Bedeutung einzelner Fragestellungen zumindest grundsätzlich erkennen, damit er seine Antworten auch an diesen Fragestellungen ausrichten kann.

745 Für den Erfolg eines Sachverständigengutachtens ist es wichtig, dass das **Beweisthema präzise** angegeben wird. Dies ist im Hauptprozess Aufgabe des Gerichts. Die Parteien müssen nur ihre Darlegungen präzise genug machen, damit das Gericht einen ordnungsgemäßen Beweisbeschluss erlassen kann.[968] Sind diese Angaben dem Gericht nicht präzise genug, muss es weiterführende Hinweise erteilen. Es sollte aber die Sachkunde des Anwenders nicht überfordern und nur auf detaillierten Darlegungen der Erscheinungsform der Mängel bestehen. Umgekehrt ist es aber auch Aufgabe der Parteien, anhand des Beweisbeschlusses z.B. zu überprüfen, ob der Sachvortrag verstanden wurde.[969] Die hier aufgezeigten praktischen Schwierigkeiten lassen sich am besten überwinden, wenn Sachverständige und Gericht – soweit erforderlich – laufend zusammenarbeiten. Die Verständigungsschwierigkeiten verringern sich dann.[970] Ein Sachverständiger sollte auch das Ergebnis seiner Tätigkeit kennenlernen, also z.B. auch das Urteil zur Kenntnis erhalten.[971]

---

[965] *Koch*, Zivilprozeßpraxis, S. 223.
[966] Sehr weitgehende Anforderungen an den Sachverständigen bei *Goebel*, CR 1987, 571 (574).
[967] Vgl. dazu auch *Werner/Pastor*, Bauprozeß, Rdn. 2316 ff.; großzügig in dieser Hinsicht OLG Oldenburg, NJW 1991, 1241; vgl. auch *Wolff*, NJW 1993, 1510.
[968] Ebenso v. *Westphalen/Seidel*, Aktuelle Rechtsfragen, S. 40 f.
[969] Vgl. hier *Braun* in: Bartsch (Hrsg.), Softwareüberlassung und Zivilprozeß, S. 83 (95).
[970] Ebenso *Pieper*, ZZP 84 (1971), 1 (34).
[971] Dazu *Jessnitzer/Frieling*, Der gerichtliche Sachverständige, Rdn. 711.

VIII. *Prozessuale Fragen* 295

Möglich ist es auch, die Aufgabenstellung des Sachverständigen in einem **Einweisungstermin** zu erörtern (§ 404a Abs. 2 ZPO). Von dieser Möglichkeit kann in komplexen Fällen mit großem Vorteil Gebrauch gemacht werden.[972] In der Praxis wird diese Möglichkeit zu selten genutzt.[973]

Sachverständige können aus den gleichen Gründen wie Richter **abgelehnt werden** (§ 406 Abs. 1 ZPO). Dies kommt dann in Betracht, wenn engere Beziehungen zu einer der Prozessparteien bestehen. Das bloß gelegentliche frühere Tätigwerden reicht bei freien Sachverständigen für die Annahme einer Besorgnis der Befangenheit nicht aus, wohl aber eine dauernde Beratertätigkeit oder gar ein Anstellungsverhältnis.[974] Es kann auch Anlass zur Befangenheit sein, wenn der Sachverständige in einem anderen Prozess als Prozesspartei oder maßgeblicher Mitarbeiter einer Prozesspartei beteiligt ist und in ähnlicher Weise angegriffen wird wie die Partei, deren Leistung er bewerten soll, selbst wenn die Prozesse nichts miteinander zu tun haben und nur die Prozessbevollmächtigten die gleichen sind.[975] In Fällen wie diesen ist allerdings eine sorgfältige Bewertung des Einzelfalls durch das Gericht erforderlich. Jedenfalls ist der Sachverständige befangen, wenn er in der Prozesssache ein Privatgutachten erstellt hat.[976]

746

bb) Aufgaben und Befugnisse des Sachverständigen

Bei der Vorbereitung des Gutachtens wird der Sachverständige in aller Regel einen **Ortstermin anberaumen,** um die Anlage zu untersuchen. Die bloße Analyse von Computerausdrucken wird ihm nicht ausreichen.[977] Bei der Durchführung des Ortstermins wird er nicht nur als Sachverständiger, sondern auch als **Augenscheinsgehilfe** des Gerichts tätig. Er untersucht nämlich das Objekt, um gegenwärtige Tatsachen festzustellen; er vermittelt bei dieser Untersuchung nicht abstrakte Erfahrungssätze an das Gericht und er wendet auch abstrakte Erfahrungssätze nicht auf einen bereits feststehenden Sachverhalt an. Der Sachverständige wird zwar vom Gericht wegen seiner besonderen Sachkunde eingesetzt, er soll aber letztendlich das Vorliegen bestimmter Tatsachen durch Untersuchung einer Sache feststellen. Diese Möglichkeit ist in § 372 ZPO ausdrücklich vorgesehen. Allerdings ist dort nicht die Möglichkeit geregelt, dass der Sachverständige alleine, ohne Gericht, den Augenschein nimmt. Dies ist allerdings in § 485 Abs. 2 Nr. 1 ZPO ausdrücklich als Sachverständigenaufgabe vorgesehen. Schon vor Einführung dieser Möglichkeit wurde diese Tätigkeit allgemein als zulässig angesehen, jedenfalls dann, wenn es für die

747

---

[972] A. A. *Zöller-Stephan,* § 404a Rdn. 2.
[973] Vgl. auch oben Rdn. 737.
[974] *Schneider,* Handbuch des EDV-Rechts, Rdn. P 104 f.
[975] OLG Naumburg, MedR 1999, 183 für Arzthaftpflichtprozesse.
[976] OLG Köln, OLG-Report Köln 1999, 163.
[977] *Streitz,* NJW-CoR 1996, 309.

Sachverhaltsaufklärung auf die Sachkunde ankam. Dies gilt auch heute noch.[978]

Die Tätigkeit des Sachverständigen wird sich in aller Regel nicht auf die Feststellung der Tatsachen beschränken, er muss vielmehr darüber hinaus auch **Schlussfolgerungen** ziehen. Er stellt Fehlerursachen fest oder legt dar, dass ein EDV-Produkt den Anforderungen nach dem derzeitigen Stand der Technik, den Vorschriften einer DIN-Norm oder den Beschreibungen des Pflichtenheftes entspricht oder nicht.

748 Probleme entstehen, wenn derjenige, der im Besitz der EDV-Anlage ist, den **Ortstermin** und damit die Augenscheinnahme **verhindert**. In diesem Fall kann der Sachverständige den Ortstermin ebenso wenig wie das Gericht erzwingen. Verweigert freilich die Partei, die den **Beweis angeboten hat**, ohne Grund die Inaugenscheinnahme, so wird sie in aller Regel mit dem **Beweismittel** gem. § 367 ZPO **auszuschließen** sein.[979]

Ähnliches gilt im Fall einer Anordnung des Beweises von Amts wegen für die beweisbelastete Partei.

749 **Verweigert** die **jeweilige Gegenpartei** des Beweisführers bzw. die nicht beweisbelastete Partei, so kann das Gericht die Behauptungen des Gegners nach § 373 Abs. 3 ZPO als bewiesen ansehen, muss dies aber nicht. Vielmehr muss es die Umstände des Einzelfalls betrachten und daraus seine Schlüsse ziehen. Insbesondere wenn der Gegner triftige Gründe für seine Weigerung hat und auch sonst die Umstände eher gegen die Behauptung des Beweisführers sprechen, wird es von der Annahme absehen, die Behauptungen seien bewiesen. Fehlen dagegen triftige Gründe und geben die sonstigen Umstände Anlass dazu, die Behauptungen des Beweisführers als wahr anzusehen, sollte das Gericht diese Behauptungen als bewiesen betrachten.[980] So ist in einem Softwareverletzungsprozess die Beweisvereitelung des Beklagten durch Nichtzugänglichmachung des Quellcodes angenommen worden, weil es ganz erhebliche Gründe für die Annahme einer identischen Leistungsübernahme gab.[981]

750 **Verweigert ein Dritter** die Inaugenscheinnahme, kann das Gericht die Vorlage des in Augenschein zu nehmenden Gegenstandes anordnen (§ 144 Abs. 1 S. 2 ZPO), wenn die Vorlage dem Dritten nicht unzumutbar ist und ihm kein Zeugnisverweigerungsrecht zur Seite steht. Theoretisch kann es auch die Duldung des Augenscheins anordnen, allerdings nur dann, wenn keine Wohnung betroffen ist. Da aber hier der Wohnungsbegriff des GG zu Grunde zu legen ist und dieser auch Geschäfts- und Betriebsstätten umfasst, dürfte diese Vorschrift ziemlich leer laufen.

---

[978] *Zöller-Greger*, § 402, Rdn. 5; *Jessnitzer/Frieling*, Der gerichtliche Sachverständige, Rdn. 554 ff.
[979] BL-*Hartmann*, Übersicht § 371 Rdn. 7; *Zöller-Greger*, § 372 Rdn. 4.
[980] Ein Beispiel nach altem Recht: OLG Köln, CR 2000, 815; eher falsch *Zekolt/Bolt*, NJW 2002, 3129 (3130).
[981] LG Karlsruhe, Beil. Nr. 7 zu BB 1991, S. 3 f.

VIII. Prozessuale Fragen

Hat die beweisbelastete Partei gegen ihren Gegner bzw. gegen den Dritten einen Anspruch auf Duldung der Inaugenscheinnahme, so kann sie diesen Anspruch in einem getrennten Prozess durchsetzen und ggf. vollstrecken. Im Erstprozess wird ein solcher Anspruch freilich im Rahmen des § 144 Abs. 1 ZPO zu berücksichtigen sein.

Aus dieser Tatsache ergibt sich, dass derjenige, der für Mängel bzw. für **Fehlerfreiheit** der Anlage **beweisbelastet ist,** die Anlage, um die es geht, möglichst in seinem Einflussbereich behalten soll, um keine Risiken bei der Beweisführung einzugehen. Er sollte sie auch vor Schädigungen und Veränderungen schützen, weil auch bei solchen Schädigungen und Veränderungen die Gefahr eines Beweismittelverlustes droht. Der Lieferant muss nicht etwa anstelle des Kunden die Software im Auslieferungszustand aufbewahren.[982] Umgekehrt muss auch der Kunde die Software nicht zu Beweiszwecken aufbewahren oder gar auf seinem Rechner installiert lassen, wenn der Lieferant den Zustand vor Abnahme nicht dokumentiert.[983]

751

Die vorgenannten Überlegungen gelten auch für das Zugänglichmachen anderer Dinge als der EDV-Anlage bzw. der jeweiligen Software. Dazu gehört etwa die **Zugänglichmachung des Quellcodes** oder der Schaltpläne der Anlage. Es kann aber hier durchaus sein, dass der jeweilige Beweisgegner vernünftige Gründe hat, etwa den Quellcode nicht herauszugeben. Hier steht die Frage der leichten Vervielfältigung der Software wie auch die Frage der Betriebsgeheimnisse des Softwareerstellers im Vordergrund. Es ist denkbar, dass der Quellcode nur dem Sachverständigen zugänglich gemacht wird, wie dies z.B. im Hinblick auf den Besichtigungsanspruch[984] auch vertreten wird.

752

cc) Die Hilfsmittel des Sachverständigen

Gerade im EDV-Prozess ist es nicht ganz unwichtig, die **Hilfsmittel** des Sachverständigen zu betrachten. Welche solcher Hilfsmittel der Sachverständige einsetzt, bleibt letztendlich seiner Sachkunde überlassen. Die Parteien können im Ortstermin wie auch später Einwände gegen die Eignung der verwendeten Prüfmittel erheben. Sind diese Einwände einigermaßen plausibel dargelegt, muss sich der Sachverständige zu ihnen äußern, ggf. muss sogar ein weiteres Gutachten über die Geeignetheit der Hilfsmittel eingeholt werden. Dies gilt vor allem für den Einsatz von Prüfgeräten und Prüfsoftware. Dabei ist es dem Sachverständigen grundsätzlich nicht verwehrt, auch ein Prüfhilfsmittel einzusetzen, das eine der Parteien entwickelt hat. Dies sollte er aber aus grundsätzlichen Erwägungen nur dann tun, wenn er wirklich keine anderen Mittel zur Feststellung des Sachverhalts hat oder

753

---

[982] OLG Celle, *Zahrnt,* ECR OLG 234 = DuD 1997, 295; LG Oldenburg, NJW 1992, 1771; LG Köln, Beil. Nr. 7 zu BB 1994, S. 13.
[983] LG Köln, CR 2000, 815 f.
[984] Vgl. dazu oben Rdn. 113 f., 156.

diese Mittel so unverhältnismäßig aufwendig und teuer sind, dass sie praktisch nicht verwendet werden können. Außerdem kann er das Prüfhilfsmittel dann einsetzen, wenn es allgemein anerkannt wird. Verfährt der Sachverständige anders, wird er sich rasch dem begründeten Verdacht der Befangenheit aussetzen.

dd) Das Gutachten

754 Meist wird der Sachverständige sein **Gutachten schriftlich fixieren**. Er muss dabei die für ihn maßgeblichen Tatsachen ebenso festhalten wie die für das Gutachten wichtigen wissenschaftlichen Erfahrungssätze und die von ihm aus Tatsachen und Erfahrungssätzen gezogene Schlüsse nachvollziehbar darstellen. Wichtig ist, dass **Parteien und Gericht** als Laien die Darlegung **verstehen können**. Das Sachverständigengutachten muss von der Partei und insbesondere vom Gericht kritisch gewürdigt werden. Es ist darauf zu achten, dass die aufgeworfenen Beweisfragen vollständig und genau beantwortet werden. Ggf. muss der Sachverständige um eine Ergänzung seines Gutachtens gebeten werden. Dies gilt besonders, weil das Gericht im Urteil die Gründe darzulegen hat, aus denen es dem Sachverständigen folgt. Dies geschieht freilich oft nur rudimentär.

Dieses Defizit ist keinesfalls nur den Gerichten anzulasten. Finden sich die Parteien mit dem Gutachten ab, dürfte es für das in der Regel noch weniger sachkundige Gericht schwierig, das Gutachten kritisch zu würdigen, zumal eine Abweichung vom Gutachten noch exakter begründet werden muss als die Übernahme seiner Beweisergebnisse.[985] Bei nicht zu behebenden Unklarheiten und Unsicherheiten kommt zwar auch eine Neubegutachtung in Betracht (§ 412 Abs. 1, Satz 2 ZPO). Ohne entsprechende Hinweise der Parteien dürfte ein Gericht diesen kosten- und zeitintensiven Weg nur in seltenen Ausnahmefällen gehen.

755 Besonders schwierig ist die **Abgrenzung** zwischen den **Aufgaben des Sachverständigen**, der lediglich **Tatsachenfragen** zu beantworten und keine rechtlichen Wertungen vorzunehmen hat und der **Aufgabe des Gerichts, Rechtsfragen** zu beantworten. Speziell die Frage, ob es sich um Mängel im Rechtssinne handelt und ob diese erheblich oder unerheblich sind, kann vom Sachverständigen lediglich aus technischer Sicht andeutungsweise beantwortet werden. Die verbindliche rechtliche Bewertung bleibt dem Gericht überlassen.[986] Der Sachverständige sollte insoweit keine Urteile abgeben. Sehr wichtig ist, darauf zu achten, dass der Sachverständige nicht

---

[985] Ausführlich mit Nachweisen dazu *Pieper,* ZZP 84 (1971), 1 (24 ff.); *Zöller-Greger,* § 402 Rdn. 7 a.
[986] Vgl. z. B. LG München I, CR 1987, 364 (365) zur Blindeingabe numerischer Daten; LG Köln, CR 1986, 23 (24) zur Auslegung von AGBs durch Sachverständigen mit zust. Anm. *Mehrings;* grundsätzlich auch *Goebel,* CR 1987, 571 (574); *Jessnitzer/Frieling,* Der gerichtliche Sachverständige, Rdn. 447.

VIII. Prozessuale Fragen   299

bislang nicht gerügte Mängel feststellt und wegen dieser Mängel die Software bzw. die Anlage für mangelbehaftet erklärt. Ansprüche wegen solcher Mängel dürften häufig verjährt sein, insbesondere dann, wenn es sich um Mangelerscheinungen oder Mängel handelt, die mit dem bislang im Streit befindlichen Problem nichts zu tun haben. Außerdem kann ihre Geltendmachung an §§ 377, 382 HGB scheitern.

Eine saubere Unterscheidung zwischen technischen Fehlern und der juristischen Einordnung ist freilich nur dann durchzuhalten, wenn im Beweisbeschluss die festzustellenden Fehler hinreichend präzisiert sind und nicht pauschal nach Mängel oder Abweichung vom Stand der Technik oder dem gewöhnlichen Gebrauch gefragt wird.[987]

Die Durchführung des Beweisverfahrens durch Sachverständige setzt daher eine genaue Durchdringung der Materie seitens der Parteien voraus.

Nach Vorlage eines schriftlichen Gutachtens kann der Sachverständige **mündlich gehört** werden (§ 411 Abs. 3 ZPO). Jede Partei hat das Recht, eine solche Anhörung zu erzwingen, wenn das Gutachten entscheidungserheblich ist.[988] Dies wird in aller Regel von der Partei getan, zu deren Ungunsten das Gutachten ausgefallen ist. Die Partei wird versuchen, den Sachverständigen umzustimmen oder zu erschüttern. In der Praxis gelingt ihr das eher selten. In dieser Phase kann allerdings ein Privatgutachten helfen, wenn es den Sachverständigen erschüttern oder eine neue Begutachtung durch einen neuen Gutachter erzwingen kann. Besser wird es freilich vor der Begutachtung erstellt, damit sich der Sachverständige mit ihm auseinandersetzen kann, bevor er sich selbst festgelegt hat.[989]

756

ee) Weitere Aufgaben des Sachverständigen

In der Literatur wird oft angeregt, den Sachverständigen schon **vor Abfassung** des Beweisbeschlusses im Hinblick auf dessen **Formulierung** heranzuziehen.[990] Noch weitergehend wird vorgeschlagen, den Sachverständigen zur mündlichen Verhandlung zu dem Zweck zu laden, den Prozessstoff dem Gericht zu übersetzen.[991] Darüber hinaus wird angeregt, den Sachverständigen auch Zeugen vernehmen zu lassen.[992]

757

Im Hinblick auf die Beratung des Gerichts bei der Formulierung des Beweisbeschlusses dürften an der Tätigkeit des Sachverständigen keine Be-

758

---

[987] Vgl. *Bergmann/Streitz*, NJW 1992, 1726 (1729).
[988] H.M., BL-*Hartmann*, § 411 Rdn. 9 ff.; BGH, Urt. v. 7. 10. 1997, VI ZR 252/96, Mitt. der RAK Köln 1998, 45 (LS); OLG Köln, OLG-Report Köln 1997, 69; zu Einschränkungen BGH, NJW-RR 1989, 953 (954); a. A. *Schneider*, Handbuch des EDV-Rechts, Rdn. P 106.
[989] *Brandi-Dohrn*, in: Lehmann (Hrsg.), Rechtsschutz und Verwertung von Computerprogrammen, S. 931 (954).
[990] So z. B. *Jessnitzer/Frieling*, Der gerichtliche Sachverständige, Rdn. 269.
[991] *Schneider*, Handbuch des EDV-Rechts, Rdn. P 83.
[992] Vgl. z. B. *Rehmann*, CR 1990, 575 (577).

denken entgegenstehen. Diese Beratung hängt eng mit seiner Gutachtertätigkeit zusammen und beschleunigt das Verfahren, da der Sachverständige sonst bei ungeeigneten Formulierungen während der Bearbeitungszeit beim Gericht nachfragen und ggf. Änderungen anregen muss (vgl. § 407a Abs. 3 ZPO). Sie wird im Gesetz in Form des Einweisungstermins (§ 404a ZPO) ausdrücklich vorgesehen. Sie sollte dann auch in dieser Form durchgeführt werden.

759 Hinsichtlich **weiterer Tätigkeiten** finden sich in der ZPO **keine Vorschriften**. Weder die §§ 402 ff. noch § 144 ZPO sehen den Sachverständigen in einer anderen Rolle als der eines Beweismittels. Auch die Aufzählung möglicher Gegenstände eines Beweissicherungsgutachten in § 485 Abs. 2 S. 1 ZPO, die die Aufgaben des Sachverständigen bislang am konkretesten beschreibt, kennt weitere Tätigkeiten nicht. Der Sachverständige darf im Prinzip sogar die seinem Gutachten zugrunde liegenden Tatsachen nur dann selbst ermitteln, wenn dem Gericht dazu die notwendige Sachkunde fehlt[993] – und zwar in aller Regel durch Augenscheinseinnahme, wo seine Tätigkeit im Gesetz ausdrücklich vorgesehen ist (§ 372, 485 Abs. 2 S. 1 Nr. 1 ZPO). Als Regelfall geht das Gesetz davon aus, dass das Gericht dem Sachverständigen die **Anknüpfungstatsachen** mitteilt. Freilich ist es in der Praxis im EDV-Prozess so, dass jedenfalls die Augenscheinseinnahme in aller Regel durch den Sachverständigen selbst durchgeführt wird, so dass sich das Regel-Ausnahme-Verhältnis umkehrt.

Dies liegt aber daran, dass gerade bei der Augenscheinseinnahme die besondere Sachkunde des Sachverständigen von Bedeutung ist. Für andere Beweismittel gilt dies nur in beschränktem Maß. Sicher kann der Sachverständige bei der Zeugenvernehmung geeignete Fragen stellen. Schon die Bewertung der Glaubwürdigkeit und Glaubhaftigkeit des Zeugen fällt aber nicht mehr in seine Kompetenz. Darüber hinaus sind bei der Zeugenvernehmung prozessualer Regeln wie z.B. die Belehrung zu beachten, so dass eine eigenständige Zeugenvernehmung durch den Sachverständigen nicht in Betracht kommt. Diese Vernehmung muss das Gericht durchführen, wobei der Sachverständige anwesend sein und eventuell auf die Stellung zweckmäßiger Fragen hinwirken kann.[994]

760 Ebenso problematisch ist die **Mitwirkung in der mündlichen Verhandlung** zur Übersetzung des Prozessstoffes. Die unmittelbare Befragung der Parteien zur Ermittlung des Streitstoffes und zur Übersetzung der Parteibehauptung ist sogar problematischer als die schon behandelte Mitwirkung bei der Vernehmung von Zeugen. Diese Übersetzungsarbeit ist im Prinzip eine der zentralen Aufgaben der jeweiligen Prozessbevollmächtigten.

---

[993] *Zöller-Greger*, § 355 Rdn. 2.
[994] Dies gilt jedenfalls im Zivilprozeß: *Jessnitzer/Frieling*, Der gerichtliche Sachverständige, Rdn. 273; *Zöller-Greger*, § 355, Rdn. 2.

Die Hinzuziehung eines Sachverständigen setzt zunächst voraus, dass feststeht, dass überhaupt ein erheblicher Tatsachenstoff streitig ist. Anderenfalls soll der Sachverständige auch nach § 273 ZPO nicht geladen werden (vgl. § 273 Abs. 3 ZPO).[995] Aus dem Vortrag der Parteien muss sich daher zumindest nachvollziehbar ergeben, warum sich der Streit dreht, bevor die Ladung eines Sachverständigen erfolgen kann. Sie erfolgt auch immer im Hinblick darauf, dass er als Sachverständige im Sinne der ZPO, also als Beweismittel, beauftragt wird und nicht zu anderen Zwecken, die nicht der Vorbereitung dieser Tätigkeit dienen, herangezogen werden kann.

Darüber hinaus muss das Gericht bei seinen Ermittlungen den Beibringungsgrundsatz beachten und darf nicht von sich aus Nachforschungen anstellen. Umgekehrt muss es auf eine **vollständige Darlegung des Streitstoffes hinwirken** (§ 139 ZPO). Die **Grenzziehung** zwischen gebotenen Hinweisen und verbotenen Nachforschungen **ist schwierig**. Durch die Hinzuziehung eines Sachverständigen im unmittelbaren Verkehr mit den Parteien wird ihre Einhaltung noch schwieriger. Meist wird nur eine Beratung des Gerichts durch den Sachverständigen sinnvoll sein, die möglichst außerhalb der mündlichen Verhandlung stattfinden sollte.

Es ist sicher nicht zu verkennen, dass sich eine Situation ergeben kann, in der eine nicht sachkundige Partei einem mit der Sachmaterie auch nicht näher vertrauten Prozessbevollmächtigten beauftragt. In diesem Fall kann sachlich durchaus Falsches vorgetragen werden.[996] In diesem Fall kann das Gericht aber nur im Rahmen des § 139 ZPO helfen, wobei die Frage der Grenzziehung zwischen erlaubten und unerlaubten Hinweisen dem Gericht und nicht dem Sachverständigen überlassen bleiben muss.

Die Hinzuziehung eines Sachverständigen zur Übersetzung des Prozessstoffes sollte daher eine seltene Ausnahme sein.

ff) Die Haftung des Sachverständigen

Die **Haftung** des Sachverständigen richtet sich nach **§ 839 a BGB**. Danach gilt Folgendes:

Wenn der Sachverständige vorsätzlich oder grob fahrlässig ein unrichtiges Gutachten erstellt, haftet er den Verfahrensbeteiligten für den Schaden, der auf einer gerichtlichen Entscheidung beruht, die auf dieses Gutachten zurückzuführen ist. Der Verfahrensbeteiligte muss freilich – wie bei der Amtshaftung – versuchen, diesen Schaden ggfs. durch ein Rechtsmittel zu verhindern. Tut er dies nicht, haftet der Sachverständige nicht (§ 839 a Abs. 2 in Vbdg. mit § 839 Abs. 3 BGB). Für die Haftung kommt es nicht darauf an, ob der Sachverständige vereidigt ist oder nicht.[997]

761

---

[995] *Zöller-Greger*, § 273, Rdn. 11.
[996] *Braun*, in: Bartsch (Hrsg.), Softwareüberlassung und Zivilprozeß, S. 83 (87).
[997] *Bollweg/Hellmann*, Das neue Schadensersatzrecht, S. 63.

5. Die Besonderheiten des selbstständigen Beweisverfahrens

762 Gerade bei Softwaremängelprozessen wird ein **selbstständiges Beweisverfahren** häufig ein geeignetes Mittel darstellen, die notwendigen Beweise zu erheben. Das Verfahren ist relativ rasch. In vielen Fällen wird außerdem nach Ausgang eines selbstständigen Beweisverfahrens ein Hauptsacheprozess vermeidbar sein, weil die Mängel, ggf. auch deren Ursachen oder das Fehlen von Mängeln, bereits verbindlich für beide Parteien festgestellt sind. Diese Funktion des selbstständigen Beweisverfahrens ist in § 485 Abs. 2 S. 2 ZPO vom Gesetzgeber ausdrücklich anerkannt worden. Auch in diesem Verfahren wird mittlerweile der Sachverständige verantwortlich durch das Gericht ausgesucht.

a) Zuständigkeit

763 Zuständig für ein selbstständiges Beweisverfahren ist während des laufenden Verfahrens das **Gericht der Hauptsache** (§ 486 Abs. 1 ZPO), nur in Eilfällen das Amtsgericht, in dessen Bezirk sich die Sache bzw. der zu vernehmende Zeuge befindet. Ein selbstständiges Beweisverfahren während des laufenden Verfahrens ist allerdings praktisch eher selten.

Außerhalb des Hauptsacheverfahrens ist ein selbstständiges Beweisverfahren dort zu betreiben, wo nach den Angaben des Antragstellers das Hauptsacheverfahren durchzuführen wäre (§ 486 Abs. 2 S. 1 ZPO). Mit der Wahl dieses Gerichts bindet sich der Antragsteller auch für das Hauptsacheverfahren (§ 486 Abs. 2 S. 2 ZPO). Auch hier ist nur in Eilfällen das Amtsgericht zuständig, in dessen Bezirk sich die Sache bzw. der zu vernehmende Zeuge befindet.

Abweichende vertragliche Vereinbarungen sind hinsichtlich der Vorschriften des § 486 ZPO unzulässig, da es sich um eine ausschließliche Zuständigkeit handelt.[998] Eine Gerichtsstandsvereinbarung für das Hauptsacheverfahren wirkt sich allerdings auch auf die Zuständigkeit nach § 486 Abs. 2 S. 1 ZPO aus.

b) Gegenstand des Verfahrens, Antragsbefugnis

764 Gegenstand eines selbstständigen Beweisverfahrens kann zunächst jedes Beweisthema sein (§ 485 Abs. 1 ZPO), wenn entweder der Gegner zustimmt oder der Verlust des Beweismittels oder die Erschwerung seiner Benutzung zu besorgen ist. Nur in diesem Fall kann im Übrigen während eines laufenden Hauptsacheverfahrens die Beweissicherung betrieben werden. Da eine Zustimmung des Antragsgegners selten zu erlangen sein wird, kommt praktisch nur der Fall in Betracht, dass ein **Verlust des Beweismittels** zu besor-

---

[998] *Koch*, Zivilprozeßpraxis, S. 168.

gen ist. Die kann im EDV-Recht leicht der Fall sein, weil man in aller Regel EDV-Systeme nicht unverändert über Jahre weiterbenutzen, sondern regelmäßig Updates oder sonstige Systemveränderungen durchführt und damit die Beweismittel vernichtet werden.

Wird das selbstständige Beweisverfahren außerhalb eines laufenden Prozesses durchgeführt, ist es dann zulässig, wenn der Antragsteller an der Beantwortung der **Beweisfragen ein rechtliches Interesse hat** (§ 485 Abs. 2 Satz 1 ZPO). Ein solches rechtliches Interesse wird immer dann gegeben sein, wenn **vertragliche bzw. vorvertragliche Beziehungen** zwischen den Parteien des selbstständigen Beweisverfahrens bestehe und der Antragsteller daraus im Hinblick auf den Zustand der Sache **vertragliche Ansprüche herleiten will**.[999] Diese Voraussetzungen dürften im Hinblick auf Mängelansprüche jederzeit vorliegen. Darüber hinaus liegt ein rechtliches Interesse nach § 485 Abs. 2 Satz 2 ZPO immer dann vor, wenn die Beweiserhebung der **Vermeidung eines Rechtsstreits** dienen können. Dafür reicht schon aus, dass der Antragsteller bei negativem Ausgang des Verfahrens auf die weitere Geltendmachung von Ansprüchen verzichtet.[1000] Dies dürfte in den hier interessierenden Sachverhalten fast immer der Fall sein, so dass ein selbstständiges Beweisverfahren vor Einleitung eines Hauptsacheverfahrens praktisch immer zulässig sein dürfte. 765

Fraglich könnte allenfalls sein, ob es sich bei Software um eine **Sache** und bei den Mängeln, um die es bei EDV-Prozessen geht, überhaupt um Sachmängel im Sinne von § 485 ZPO handelt. Nach der hier vertretenen Meinung ist Software keine Sache. Dennoch stellen sich in der Praxis hier keine Probleme. Wie bei der Anwendung des Sachmängelgewährleistungsrecht beim Kaufvertrag nach altem Schuldrecht[1001] ist es auch hier so, dass die Vorschrift des **§ 485 ZPO** im Hinblick auf Software und Softwaremängel **jedenfalls analog** heranzuziehen ist. In vielen Fällen ist es ja auch so, dass so Mängel an Anlagen geht, die ohne Zweifel Sachen darstellen. Hinsichtlich der analogen Anwendung muss das Prozessrecht dem materiellen Recht folgen. 766

c) Inhalt des Antrags

Im Antrag muss genau bezeichnet werden, über **welche Beweisfragen durch welche Beweismittel** Beweis erhoben werden soll (§ 487 Nr. 2 u. 3 ZPO). Über Fragen, die im Antrag nicht gestellt werden, kann kein Beweis erhoben werden. Der Antragsteller ist daher gehalten, sämtliche ihn interessierenden Mängel und ggf. deren Verursachung aufzulisten und zur Fest- 767

---

[999] BL-*Hartmann*, § 485, Rdn. 8; Zöller-Herget, § 485 Rdn. 7 a.
[1000] Str., vgl. näher *Redeker*, in: Computerrechtshandbuch, Abschn. 160, Rdn. 245 f.; aus der Rechtsprechung wie hier OLG Saarbrücken, NJW 2000, 2439; a. A. LG Deggendorf, NJW-RR 2000, 514.
[1001] Vgl. dazu oben Rdn. 563.

stellung anzubieten. Eine pauschale Frage des Inhalts, dass Mängel festgestellt werden sollen, ist unzulässig, weil es sich um einen Ausforschungsbeweis handelt.[1002]

Streitig ist die Frage, ob hinsichtlich der **Beseitigungskosten** generell gefragt werden kann, wie hoch diese für konkrete Mängel sind oder ob hier auch im Antrag genaue Zahlen genannt werden müssen. Aus Gründen der Praktikabilität sollte eine generelle Frage zugelassen werden. Anderenfalls erzwingt man entweder teure und sinnlose Privatgutachten oder stimuliert die Parteien zur Behauptung „ins Blaue hinein". Durch die Notwendigkeit der konkreten Mangelbezeichnung ist der Gefahr des Ausforschungsbeweises hinreichend vorgebeugt.

Unzulässig sind Fragen nach eventuellen **Organisationsmängeln,** weil es dabei um eine rechtliche Bewertung geht.[1003]

768 Die Voraussetzungen für ein selbstständiges Beweisverfahren (rechtliches Interesse bzw. Besorgnis des Verlustes des Beweismittels) müssen ebenso **glaubhaft gemacht werden** wie die Tatsachen, wegen derer das Gericht zuständig ist (§ 487 Nr. 4 ZPO). Dies kann ggf. auch durch eidesstattliche Erklärung geschehen.

Außerdem muss der Antragsgegner bezeichnet werden (§ 487 Nr. 1 ZPO). Darauf kann allerdings verzichtet werden, wenn der Antragsteller ihn ohne Verschulden nicht bezeichnen kann. Dies mag bei Unfällen, insbesondere bei Verkehrsunfällen, im Falle der Unfallflucht häufiger vorkommen. Im hier betrachteten Zusammenhang dürfte eine solche Situation nicht auftreten. Allenfalls bei Softwareverletzungsprozessen kann eine solche Lage gelegentlich gegeben sein, wenn der illegale Wettbewerber oder Schutzrechtsverletzter anonym auftritt.

d) Abwehrmaßnahmen des Antragsgegners

769 Der Antragsgegner muss alle ihm zumutbaren **Einwendungen gegen das Verfahren** und die Behauptung des Antragstellers im selbstständigen Beweisverfahren vortragen, soweit diese dort von Bedeutung sein können. Anderenfalls trifft ihn die volle Beweislast dafür, dass das im selbstständigen Beweisverfahren erzielte Ergebnis unzutreffend ist. Die wesentlichen Einwände dürfen sich darauf beziehen, dass die unter Beweis gestellten Behauptungen des Antragstellers nicht stimmen. Dabei wird man oft auch zu ihrer rechtlichen Bewertung Stellung nehmen müssen, insbesondere zu der Frage, ob es sich um Mängel im Rechtssinn handelt oder nicht. Die Entscheidung über diese Frage ist zwar eigentlich nicht Gegenstand des selbstständigen Beweisverfahrens. Dennoch können diese rechtlichen Bewertungsfragen durchaus das Beweisergebnis beeinflussen. Hinzu kommt, dass die Abgrenzung zwischen technischer Fehlerbeschreibung und rechtlicher

---

[1002] OLG Köln, OLG-Report Köln 2000, 234.
[1003] OLG Köln, Baurecht 1999, 195.

VIII. Prozessuale Fragen

Bewertung der Fehler als Mängel fließend ist. Entscheidend ist, dass im Hauptsacheprozess eine **Bindung an das Beweisergebnis des selbstständigen Beweisverfahrens** besteht (§ 493 ZPO). Allein schon deshalb sollte auch der Antragsgegner rechtzeitig reagieren.[1004]

Dies kann insbesondere dann schwierig werden, wenn die Beweisfragen 770 des Antragstellers aus Sicht des Antragsgegners nicht ausreichend sind, um die tatsächlichen Voraussetzungen des Falles hinreichend aufzuklären. Hier müsste der Antragsgegner überlegen, ob er die Möglichkeit sieht, eine Aufhebung des Beschlusses zu erreichen. Ein Rechtsmittel gegen einen die Durchführung eines selbstständigen Beweisverfahrens anordnenden Beschluss gibt es freilich nicht. Es sind daher nur formlose **Gegenvorstellungen** möglich. Eine Aufhebung des Beschlusses kann jederzeit von Amts wegen erfolgen. Ein solches Vorgehen kann aber nur in Ausnahmefällen sinnvoll sein.

Eher ist es möglich, einen **Gegenantrag zu stellen**, in dem der Antrags- 771 gegner die aus seiner Sicht richtigen Beweisfragen stellt. Diese müssen bei der Beweissicherung nach § 485 Abs. 2 ZPO allerdings von den Beweisfragen des Antragstellers abweichen, da eine doppelte Beweiserhebung nur dann in Betracht kommt, wenn das erste Gutachten ungenügend ist. Hinsichtlich des Gegenantrages müssen die Zulässigkeitsvoraussetzungen in gleicher Weise erfüllt sein wie beim Erstantrag. Es handelt sich um ein – möglicherweise mit dem ersten verbundenes – eigenständiges selbstständiges Beweisverfahren.[1005]

Über diese Fragen hinaus wird man meist nur vortragen müssen, wenn man an einem Vergleich interessiert ist und diesen im selbstständigen Beweisverfahren erreichen möchte. Diese Möglichkeit ist in § 492 Abs. 3 ZPO ausdrücklich vorgesehen worden.

Ob die Einwände schriftsätzlich oder beim Ortstermin mündlich vorge- 772 tragen werden, ist mehr eine taktische Frage. Rechtliche Vorgaben gibt es nicht. Im Allgemeinen ist es zweckmäßig, kompliziertere, dem Sachverständigen nicht zu vertraute oder von ihm nicht unmittelbar überprüfbare Einwände schriftlich vorzutragen, da solche Einwände bei erstmaligem Erheben im Ortstermin leicht untergehen. Je nach den Umständen kann dies aber im Einzelfall auch anders sein.

Im Übrigen kann bei Vorliegen der üblichen **Befangenheitsgründe** der 773 Sachverständige auch im selbstständigen Beweisverfahren abgelehnt werden.[1006] Ob diese Möglichkeit besteht, ist zwar nach wie vor leicht streitig, dennoch ist es dringend zu empfehlen, eine Ablehnung auszusprechen,

---

[1004] Ebenso *Bergmann/Streitz*, NJW 1992, 1726.
[1005] Teilweise werden auch weitere Voraussetzungen verlangt: vgl. *Zöller-Herget*, § 487 Rdn. 4; BL-*Hartmann*, § 487 Rdn. 8; OLG Nürnberg, NJW-RR 2001, 859; teilweise a. A. OLG München, NJW-RR 1997, 318 (319).
[1006] OLG Köln, OLG-Report 1993, 315; OLG Celle, NJW-RR 1995, 1004; OLG Düsseldorf, BauR 1998, 365; KG, NJW-RR 1998, 144; *Zöller-Herget*, § 487 Rdn. 5; a. A. BL-*Hartmann*, § 487 Rdn. 8.

wenn Gründe vorliegen. Dies gilt schon deshalb, weil das Hauptsachegericht mit dem selbstständigen Beweisgericht nicht übereinstimmen muss. Schließlich ist nur der Antragsteller an seine Gerichtswahl gebunden, nicht jedoch der Antragsgegner an einer Rüge.

Lehnt das Beweissicherungsgericht den Befangenheitsantrag ab, weil es diese Möglichkeit im Verfahren für nicht gegeben hält, so kann das Hauptsachegericht einen späteren Befangenheitsantrag nicht wegen Untätigkeit im selbstständigen Beweisverfahren als verspätet zurückweisen.

In Einzelfällen müsste es wichtig sein, das Ergebnis des selbstständigen Beweisverfahrens auch Dritten gegenüber, insbesondere Vorlieferanten oder Beratern gegenüber, bindend zu machen. In einem solchen Fall muss den Dritten der Streit verkündet werden. Dies ist auch im selbstständigen Beweisverfahren zulässig.[1007]

e) Verjährung

774　Das **selbstständige** Beweisverfahren hat eine besondere Bedeutung, weil es die **Verjährung** der Mängelansprüche hemmt. Diese Hemmung bezieht sich lediglich auf die Mängel, wegen derer es eingeleitet worden ist. Auch unter diesem Gesichtspunkt ist die vollständige Auflistung der Mängel im Beweissicherungsantrag von großer Bedeutung.

Die Hemmung bezieht sich auf sämtliche Ansprüche, die in irgendeiner Weise auf diese Mängel gestützt werden. Dies gilt sowohl für Wandlungs- als auch für Minderungsansprüche nach altem Recht als auch für alle Ansprüche nach neuem Recht, aber auch für Schadensersatzansprüche etwa aus positiver Vertragsverletzung oder Fehlberatung.[1008]

f) Kosten des selbstständigen Beweisverfahrens

775　Folgt auf ein selbstständiges Beweisverfahren ein Hauptsacheverfahren zwischen den Parteien des selbstständigen Beweisverfahrens und wird das Ergebnis des selbstständigen Beweisverfahrens im Hauptsacheprozess verwendet, sind die **Kosten des selbstständigen Beweisverfahrens Teil der Kosten des Hauptsacheprozesses**. Die Kostentragung folgt dem Ergebnis des Folgeprozesses.

776　Ist dies nicht so, gibt es die Möglichkeit, dass das Gericht dem Antragsteller eine Frist zur Klageerhebung setzt (§ 494a, Abs. 1 ZPO). Wird die **Klage nicht** binnen der gesetzten Frist **erhoben**, trägt der **Antragsteller die Kosten** des selbstständigen Beweisverfahrens (§ 494a, Abs. 2 ZPO).[1009] Dieser Weg wird in aller Regel dann einzuschlagen sein, wenn das selbstständige Beweisverfahren als Ergebnis gehabt hat, dass etwa die geltend ge-

---

[1007] BGH, NJW 1997, 859; BauR 1998, 172 = ZfBR 1998, 26.
[1008] Deutlich *Erman-Weitnauer*, § 477 Rdn. 18.
[1009] A. A. OLG Frankfurt a. M., AnwBl. 1999, 235.

machten Mängel nicht vorliegen und deswegen keine Klage erhoben wird. Allerdings haben einzelne Gerichte die Meinung vertreten, dass diese Regel auch dann eingreife, wenn der Antragsteller zwar selbst keine Klage erhebt, das selbstständige Beweisverfahren aber zur Abwehr der gegnerischen Klage erfolgreich einsetzt.[1010] Diese Meinung ist aber ausgesprochen zweifelhaft und muss jedenfalls dann abgelehnt werden, wenn das Ergebnis des selbstständigen Beweisverfahrens dazu dient, den gegnerischen Zahlungsanspruch wegen Mängelrügen abzuwehren.[1011] Dann sind die Kosten des selbstständigen Beweisverfahrens Kosten der Hauptsache.

Die Fristsetzung wirkt im Übrigen nur zu Gunsten desjenigen, der sie beantragt hat.[1012]

Erhebt der Antragsteller eine **Klage**, die **nur einen** der im selbstständigen Beweisverfahren **beteiligten Antragsgegner betrifft** oder klagt er nur wegen eines **Teils der Forderung,** so ergeben sich anteilige Kostenerstattungspflichten. Im ersten Fall hat er die Kosten des Antragsgegners zu tragen, der nicht verklagt wird. Im zweiten Teil trägt er einen von dem nicht eingeklagten Anteil entsprechenden Kostenanteil.[1013] Ob eine Entscheidung darüber im selbstständigen Beweisverfahren oder im Hauptsacheverfahren ergehen muss, ist streitig.[1014] Bei Rücknahme des Antrags auf Durchführung des selbstständigen Beweisverfahrens wird allgemein § 269 ZPO analog angewandt.[1015] Die Kosten des Verfahrens trägt der Antragsteller. Das Gleiche gilt, wenn der Antragsteller den angeforderten Kostenvorschuss nicht zahlt.[1016]

777

Der Streitwert des selbstständigen Beweisverfahrens richtet sich nach einer mittlerweile weitgehend verbreiteten Meinung nach der Höhe des Hauptsacheverfahrens, das mit dem selbständigen Beweisverfahren angestrebt wird.[1017]

6. Bemerkungen zur Vorgehensweise bei Mängelauseinandersetzungen

Zeichnet sich eine **Auseinandersetzung** über einen DV-Vertrag ab, so sind neben der **Ermittlung des Sachverhalts** zur Vorbereitung oder auch zur

778

[1010] Ausführlich etwa LG Kleve, NJW-RR 1997, 1356 ff.; OLG Köln, OLG-Report Köln 1997, 67.
[1011] Wie hier AG Stuttgart-Bad Cannstatt, NJW-RR 1999, 1370.
[1012] OLG Stuttgart, NJW-RR 2001, 863.
[1013] *Zöller-Herget,* § 494 a Rdn. 4 a.
[1014] Für das Hauptsacheverfahren: OLG Düsseldorf, NJW-RR 1998, 358; AG Göttingen, NJW-RR 2000, 1094; für selbstständiges Beweisverfahren *Zöller-Herget,* § 494 a Rdn. 4 a; OLG Düsseldorf, NJW-RR 1998, 210.
[1015] OLG Köln, OLG-Report Köln 1999, 17; 184; zu Spezialfällen: OLG Köln, OLG-Report Köln 2001, 355.
[1016] OLG Celle, NJW-RR 1998, 1079 ; OLG Frankfurt, NJW-RR 1995, 1150 ; a. A. OLG Köln, NJW-RR 2001, 1650 (1651).
[1017] Übersicht zuletzt bei OLG Köln, OLG-Report Köln 1999, S. 246.

Vermeidung eines Prozesses zunächst taktische Überlegungen anzustellen. Für diese Überlegungen seien hier einige Hinweise gegeben:

Insbesondere bei Auseinandersetzungen über Mängel ist es von zentraler Bedeutung, die aufgetretenen Mangelerscheinungen und evtl. bekannte Mangelursachen exakt aufzuzeichnen. Festzuhalten sind auch evtl. Mängelbeseitigungsversuche. Sehr sorgfältig ist auch zu prüfen, was eigentlich an Leistung geschuldet ist.[1018] Sollte es hier noch an einer exakten Beschreibung der Mängel fehlen, muss diese ggf. noch erarbeitet werden.[1019]

Ist das System nicht komplett aus einer Hand erworben worden, ist es oft dringend erforderlich, Schadensursachen zu überprüfen. Anderenfalls droht die Gefahr, dass sämtliche Angriffe in eine falsche Richtung gehen.[1020]

Je nach vertraglicher Einordnung sind sodann **Fristsetzungen** erforderlich, um zu Kündigungs-, Minderungs- oder Wandlungsmöglichkeiten zu kommen. Wichtig ist bei diesen Fristsetzungen die möglichst vollständige Aufzählung der Fehler, die Aufforderung zur Mängelbeseitigung und der Hinweis auf die Konsequenzen bei Nichteinhaltung der Frist.

Spätestens nach Fristablauf ist die Möglichkeit und Notwendigkeit eines **selbstständigen Beweisverfahren** zu prüfen und dieses ggf. einzuleiten und durchzuführen.[1021] Meist wird während oder nach dem selbstständigen Beweisverfahren erneut eine Einigung versucht. Scheitert sie, ist dann das Klageverfahren einzuleiten.

IX. Vollstreckungsprobleme

779 Die meisten Titel im Bereich des EDV-Vertragsrechts sind **Zahlungstitel**. Für sie stellen sich keine besonderen Vollstreckungsprobleme.

Anders ist dies mit **Zug-um-Zug-Titel**. Diese enthalten als Gegenleistung meist Verpflichtungen, die Herausgabe- und Beseitigungstiteln im Softwareverletzungsprozess entsprechen. Wegen dieser Gegenansprüche wird nicht vollstreckt. Allerdings lässt sich der Zahlungsanspruch aus Zug-um-Zug-Titeln nur dann vollstrecken, wenn entweder der Gerichtsvollzieher die Gegenleistung in einer den Annahmeverzug begründenden Weise angeboten oder die Befriedigung bzw. der Annahmeverzug durch öffentliche oder öffentlich beglaubigte Urkunden nachgewiesen wird. Diese Urkunden müssen dem Schuldner darüber hinaus zugestellt werden (§ 756 ZPO).

Üblicherweise werden Gegenstände, die zurückzugeben sind, dem Gerichtsvollzieher einfach mitgegeben. Dies geht bei EDV-Anlagen und Software nur, wenn diese Gegenstände im Titel exakt beschrieben sind. Insoweit

---

[1018] Vgl. dazu oben insbesondere Rdn. 302 ff.
[1019] Dazu Rdn. 354 f.
[1020] Plastische Beispiele bei *Schnupp*, NJW-CoR 1999, 217.
[1021] Dazu eben Rdn. 762 ff.

IX. Vollstreckungsprobleme

ist auf die Ausführungen zu den Herausgabetiteln[1022] zu verweisen. Ist die Beschreibung nicht exakt genug, muss der Gerichtsvollzieher ggf. einen **Sachverständigen** mit der Identifizierung beauftragen. Reicht auch dies nicht, wird eine neuerliche (Feststellungs-)klage unvermeidbar. Dabei ist zu beachten, dass Grundlage der Zwangsvollstreckung allein der Titel (einschließlich Begründung) ist. Weitergehende Umstände, insbesondere Listen, Verzeichnisse u. ä. Unterlagen werden nicht herangezogen, wenn sie nicht Teil des Titels sind.[1023]

Ist als **Gegenleistung** auch die **Löschung** von Software geschuldet, scheidet ein Anbieten durch den Gerichtsvollzieher aus. Man ist auf den Nachweis des Annahmeverzuges bzw. der Befriedigung durch öffentliche oder öffentlich beglaubigte Urkunden angewiesen. 780

Eine solche Urkunde ist theoretisch in der Weise zu erreichen, dass die Löschung vor den Augen des Gerichtsvollziehers vollzogen wird. In diesem Fall kann er in seinem Protokollvermerken, dass die Löschung erfolgt ist. Es liegt dann eine öffentliche Urkunde über die Erfüllung der Verpflichtung vor. Sollte sich der Gerichtsvollzieher für die Errichtung dieser Urkunde – richtigerweise – nicht für sachverständig genug halten, müsste er einen Sachverständigen hinzuziehen. Der Vollstreckungsaufwand nimmt erheblich zu. Dennoch ist dieser Weg rechtlich nur schwer zu umgehen.

Freilich kann sich z. B. der Wandlungsgegner auch mit einer eidesstattlichen Erklärung über die vollzogene Löschung zufrieden geben. Diese kann dann der Gerichtsvollzieher anbieten und ggf. übergeben, worauf die Voraussetzungen des § 756 ZPO gegeben sind. Einer notariellen Beurkundung der eidesstattlichen Versicherung bedarf es nicht.[1024]

Zu einer solchen Verfahrensweise ist der Wandlungsgegner aber nicht verpflichtet.

Die öffentliche Urkunde kann – worauf schon hingewiesen wurde[1025] – allerdings auch in einem **Urteil** bestehen, dass den **Annahmeverzug** des Schuldners feststellt. In diesem Fall sind die geschilderten Vollstreckungsprobleme vermieden. Es empfiehlt sich deswegen dringend, einen solchen Feststellungsantrag im Hauptprozess zu stellen.

[1022] Oben Rdn. 276.
[1023] KG, NJW-RR 1998, 424 (strenge Anforderungen).
[1024] *Münchberg*, BB 1990, 1011.
[1025] Oben Rdn. 702.

C. Spezielle Fragen

Neben den bislang erörterten Vertragsgestaltungen beim Erwerb von Software zur eigenen Nutzung gibt es eine ganze Reihe weiterer Verträge mit EDV-Bezug. Die wichtigsten sollen in der Folge erörtert werden. Außerdem wird die gelegentlich auftretende Frage nach einer Produkthaftung für Software oder Datenverarbeitungsanlagen behandelt.

I. Der Rechenzentrumsvertrag

1. Der wesentliche Vertragsinhalt

Der erste zu erörternde Vertrag ist der sogenannte **Rechenzentrumsvertrag**. Dabei geht es um Verträge, in denen nicht eine konkrete Software oder eine konkrete Datenverarbeitungsanlage einem Kunden zur alleinigen Nutzung überlassen wird. Vielmehr gibt der Kunde einem Rechenzentrum den Auftrag, **für ihn Datenverarbeitungsleistungen durchzuführen**. Im Vordergrund der Verträge standen und steht hier die Nutzung einer vorhandenen Datenverarbeitungsanlage, insbesondere die Nutzung der vorhandenen Hardware einschließlich der vorhandenen Betriebssoftware. In manchen Fällen ist die von Seiten des Rechenzentrumsbetreibers zu erbringende Leistung damit bereits erschöpft. Die spezielle Anwendersoftware wird vom Kunden mit eingebracht. In wohl eher der Mehrheit der Fälle wird demgegenüber auch die Anwendersoftware von Seiten des Rechenzentrumsbetreibers angeboten. Sie kann auf die Bedürfnisse des Kunden speziell abgestimmt, möglicherweise für diesen sogar speziell entwickelt werden. Allerdings wird auch speziell entwickelte Software in aller Regel nicht dem Kunden zur Nutzung überlassen, sondern verbleibt im Bereich des Rechenzentrumsbetreibers, der diese Software auch Dritten anbieten kann, wenn diese Interesse daran haben. In besonderen Fällen bleibt er zwar Nutzungsberechtigter, darf aber eine Drittüberlassung nicht anbieten.

Als Gegenleistung zahlt der Kunde meist eine **monatliche Festvergütung**. Denkbar ist, dass er für spezielle Leistungen spezielle Sonderentgelte entrichtet, insbesondere für die Entwicklung von Software, aber auch für die exorbitante Nutzung der vorhanden Software oder für die einmalige Nutzung von Software, die ihm üblicherweise nicht zur Verfügung steht.[1] Mög-

---

[1] Zum Vorstehenden *Schneider,* Handbuch des EDV-Rechts, Rdn. M 1 ff. und in: Redeker (Hrsg.), Handbuch der IT-Verträge, Abschn. 7.1; *Wächter,* NJW-CoR 1999, 292.

lich ist auch eine Abrechnung verbrauchter CPU-Zeit oder eine ähnlich aufwandsabhängige Berechnung.

784 Neuerdings werden Verträge dieser Art wieder sehr wichtig, weil sehr viele Unternehmen dazu übergeben, auch ihre EDV-Abteilung oder Teile davon im Rahmen des **Outsourcing** auszulagern. Dabei ergeben sich auch im EDV-Bereich die üblichen arbeitsrechtlichen Probleme, die hier nicht näher erörtert werden sollen, zumal sie nicht EDV-spezifisch sind. Der Vertrag zwischen dem Anbieter der ausgelagerten EDV und dem Unternehmen, das die ausgelagerte EDV betreibt, ist zivilrechtlich ein Rechenzentrumsvertrag.

2. Die rechtliche Einordnung

785 Auch für Rechenzentrumsverträge stellt sich zunächst die Frage nach ihrer **rechtlichen Einordnung** in die Vertragstypik des BGB.

In der Literatur wird teilweise angenommen, man könne hier mietvertragliche Regeln anwenden.[2] Dafür spricht, dass in der Tat eine Sache, nämlich die Hardware zur Verfügung gestellt wird. Dagegen spricht allerdings, dass diese Hardware in aller Regel einem Kunden nicht als einzigem Nutzer zur Verfügung gestellt wird. Vielmehr wird die Hardware gleichzeitig von verschiedenen Nutzern in Anspruch genommen. Der Kunde verfügt auch meist nicht selbst über die Hardware. Unmittelbar verfügungsberechtigt bleibt der Rechenzentrumsbetreiber. Ein Mietvertrag scheidet demgemäss im Regelfall aus.

Allerdings kann es auch so sein, dass das Rechenzentrum **stundenweise** oder gar **ganz einzelnen Nutzern zur Verfügung gestellt** wird.[3] In diesem Fall liegt ein Mietvertrag vor.[4] Solche Fälle dürften insbesondere im Bereich des Outsourcing häufiger auftreten.

786 In der Rechtsprechung wird des weiteren die Annahme vertreten, es käme ein **Dienstvertrag** in Betracht.[5]

In der Erstauflage ist die Auffassung vertreten worden, dieser Ansicht könne schon deshalb nicht gefolgt werden, weil bei Dienstverträgen die Erbringung menschlicher Dienstleistungen im Vordergrund stünde. Ein

---

[2] Tendenziell so wohl *Schneider*, Handbuch des EDV-Rechts, Rdn. M 7 ff.; aber stark einschränkend gegenüber der Erstauflage; ebenso OLG Hamm, CR 1987, 910 (911), allerdings in einem untypischen Fall.
[3] So offenbar in dem Fall BGH, *Zahrnt*, ECR BGH 18; *Wächter*, NJW CoR 1999, 292 (296) spricht von Single Customer Systemen.
[4] So BGH, *Zahrnt*, ECR BGH 18; *Staudinger-Emmerich*, §§ 535, 536, Rdn. 23.
[5] LG Düsseldorf, *Zahrnt*, DV-Rechtsprechung I, RZ-2, S. 182 ff.; LG Osnabrück, *Zahrnt*, DV-Rechtsprechung I, RZ-1, S. 180; ähnlich LG Traunstein, *Zahrnt*, DV-Rechtsprechung I, RZ-10, S. 203 ff. (Geschäftsbesorgungsvertrag mit Dienstleistungscharakter).

I. Der Rechenzentrumsvertrag

Dienstvertrag ohne Erbringung menschlicher Dienstleistung sei nicht denkbar. Ob an dieser Meinung festgehalten werden kann, ist fraglich. Dennoch bleibt die Einordnung des Rechenzentrumsvertrags als Dienstvertrag fraglich.

Ein anderer Teil der Rechtsprechung geht nämlich von einem **Werkvertrag** aus.[6] Der für den Werkvertrag erforderlicher Erfolg liegt darin, dass das Rechenzentrum verpflichtet ist, die vom Kunden gelieferten Daten gem. den vertraglichen Vereinbarungen ordnungsgemäß zu verarbeiten und die entsprechenden Ergebnisse an den Kunden zurückzuliefern.

Für ältere Rechenzentrumsverträge, wo in der Tat Daten vom Kunden dem Rechenzentrum entweder in Papierform oder in Form von Lochkarten oder auch Magnetbändern geliefert wurden und die entsprechenden Ergebnisse in ähnlicher Weise zurücktransportiert wurden, spricht vieles dafür, dass man eine entsprechende **vertragstypologische Einordnung** vornehmen muss, wobei allerdings wie schon bei Wartungsverträgen[7] kein reiner Werkvertrag anzunehmen ist, sondern ein **Dauerschuldverhältnis**, dessen wesentliche Leistung Werkvertragsregeln folgt, während etwa Fragen der Kündigung anderen Regeln folgen müssen. Solche Batchverarbeitung wird offenbar auch heute noch durchgeführt.[8]

Bei **neueren Rechenzentrumsverträgen**, bei denen die Daten vom Kunden unmittelbar telekommunikativ dem Rechenzentrum übermittelt werden, ist diese Einordnung zweifelhaft. Diese Verträge nähern sich aber den im nächsten Kapitel noch etwas ausgiebiger zu erörterdenden **Verträgen** über die Nutzung von **Telekommunikationsleistungen,** so dass auf die dortigen Ausführungen zu verweisen ist.[9]

Mit der Rechtsprechung ist daher hier im wesentlichen von einer **werkvertraglichen Qualifikation** der Hauptleistungspflicht bei Rechenzentrumsverträgen auszugehen. Dies gilt – wie bei allen vertragstypologischen Einordnungen – allerdings nur für den Regelfall. Es kann durchaus Vertragsgestaltungen geben, die abweichend zu qualifizieren sind.

In der Rechtsprechung wird für ein **Kündigungsrecht auf § 649 BGB** verwiesen.[10] Aus dem beim Wartungsertrag genannten Gründen ist dies aber nicht richtig. Die Kündigungsrechte folgen wie beim Wartungsvertrag dem Dienstvertragsrecht.[11]

---

[6] LG Duisburg, *Zahrnt*, DV-Rechtsprechung I, RZ-3, S. 185 ff.; LG Stuttgart, *Zahrnt*, DV-Rechtsprechung I, RZ-4; OLG Frankfurt, *Zahrnt*, DV-Rechtsprechung II, RZ-12, S. 234; OLG Düsseldorf, *Zahrnt*, DV-Rechtsprechung II, RZ-13, S. 236; *Heussen*, in: Computerrechtshandbuch, Abschn. 30, Rdn. 80.
[7] Vgl. oben Rdn. 631 ff.
[8] Vgl. *Wächter*, NJW-CoR 1999, 292 (297).
[9] Vgl. unten Rdn. 949 ff.
[10] LG Duisburg, *Zahrnt*, DV-Rechtsprechung I, RZ-3, S. 185 ff.; OLG Düsseldorf, *Zahrnt*, DV-Rechtsprechung I, RZ-5, S. 191 ff.
[11] Vgl. oben Rdn. 662 ff.

3. Die Leistungspflichten im Einzelnen

789 Hinsichtlich der **Leistungspflichten** des Rechenzentrumsbetreibers bedarf es noch einiger ergänzender Bemerkungen. Vereinbart wird regelmäßig neben den grundsätzlichen Inhalten der Leistungspflicht insbesondere, in welchem **zeitlichen Umfang das Rechenzentrum** seinen Kunden zur Verfügung steht. Dabei ist zu beachten, dass bei den üblicherweise zugrunde gelegten Vertragsmustern die Zeit der Leistungsbereitschaft positiv vereinbart werden muss, also z.b. zu vereinbaren ist, dass die Leistungsbereitschaft in der Zeit von 8.00 Uhr bis 20.00 Uhr besteht. Solche Klauseln unterliegen nicht der Inhaltskontrolle nach §§ 307–309 BGB, weil sie die Leistungsinhalte des Rechenzentrums-Vertrages festsetzen und deswegen unter § 307 Abs. 3 BGB fallen. Sollte demgegenüber nicht die Leistungszeit festgelegt werden, sondern die Gewährleistung für die ständige Bereitschaft für eine bestimmte Zeit ausgeschlossen werden, unterfällt eine solche Klausel 307–309 BGB. Sie dürfte im Hinblick auf die Einschränkung von Gewährleistungsrechten gemäß § 309 Nr. 8 b BGB in aller Regel unwirksam sein.[12]

790 Daneben sind im Hinblick auf die Dauer des Vertrages **Preiserhöhungsklauseln** üblich. Solche Preiserhöhungsklauseln sind im Rahmen von Dauerschuldverhältnissen auch in allgemeinen Geschäftsbedingungen grundsätzlich zulässig. Dies ergibt sich aus einem Umkehrschluss aus § 309 Nr. 1 BGB, wo Dauerschuldverhältnisse von dem Verbot kurzfristiger Preiserhöhungen ausdrücklich ausgenommen sind. Insbesondere bei **Verträgen mit Nichtkaufleuten** sind aber strenge Anforderungen an solche Preiserhöhungsklauseln zu setzen.

Diese Klauseln müssen zum einen die **Faktoren benennen,** aufgrund derer der Verwender **die Preise erhöhen** will. Ferner muss die Preiserhöhung in eine Beziehung zur Erhöhung dieser Kostenfaktoren gesetzt werden, z.B. also bei Verträgen der vorliegenden Art zur Erhöhung der Löhne der Beschäftigten oder zur Miete der vorhandenen Hardware u.ä. Dingen. Ferner muss die Klausel bei zu großen Preiserhöhungen eine **Kündigungsmöglichkeit** für den Kunden vorsehen. Dabei orientiert sich die Rechtsprechung u.a. daran, dass eine Preiserhöhung dann unangemessen ist, wenn sie deutlich oberhalb der allgemeinen Lebenskostensteigerung liegt. Diese Kündigungsmöglichkeit kann auch nicht nur zum Ende des Vertragsjahres, sondern muss vorher möglich sein.[13]

791 Im Verkehr **unter Unternehmern** sind demgegenüber wesentlich mehr Klauseln zulässig. In der veröffentlichten Rechtsprechung zum unternehme-

---

[12] Vgl. dazu insbesondere *Brandner*, in: Ulmer/Brandner/Hensen, § 8 Rdn. 28.
[13] Vgl. im Einzelnen *Schneider*, Handbuch des EDV-Rechts, Rdn. G 122 ff. und in: Redeker (Hrsg.), Handbuch der IT-Verträge, Abschn. 7.1, Rdn. 77; *Hensen*, in: Ulmer/Brandner/Hensen, § 11 Nr. 1 AGBG, Rdn. 10 ff.; *v. Westphalen*, Beil. zu NJW 2001, H. 43, S. 17.

rischen Geschäftsverkehr ist noch überhaupt keine Preisanpassungsklausel aufgehoben worden. Jedenfalls gebilligt wurden Bezugnahmen auf Tagespreise oder Listenpreise. Zulässig sind selbstverständlich auch die Bezugnahme auf Kostenfaktoren. Eine völlig beliebige Preisanpassungsklausel dürfte auch im geschäftlichen Verkehr problematisch sein, jedenfalls dann, wenn sie nicht mit einer kurzfristige Kündigungsmöglichkeit verbunden ist.[14]

Über diese Frage hinaus ist zu klären, in welchem Umfang dem **Kunden Rechte** an der von ihm genutzten Software zustehen. Üblicherweise wird lediglich die Möglichkeit eingeräumt, diese Software durch den Rechenzentrumsbetreiber nutzen zu lassen. Bei für den Kunden selbst hergestellter Software ist allerdings fraglich, ob nicht darüber hinausgehend Rechte gewährt werden müssen. Hier ist eine Vereinbarung in jedem Einzelfall anzuraten. Insbesondere dann, wenn die Entgelte für die Erstellung dieser Software den üblichen Marktpreis für die Erstellung von Individualsoftware erreichen, ist eine bloße Nutzungsmöglichkeit auf der Anlage des Rechenzentrumsbetreibers eine zu geringe Gegenleistung. Sie kann jedenfalls in allgemeinen Geschäftsbedingungen nicht vereinbart werden.[15] 792

Im Bereich des **Outsourcing** ist bei der Auslagerung dafür zu sorgen, dass die dem auslagernden Unternehmen bislang zustehenden Rechte so auf das Rechenzentrum übertragen werden, dass dieses dem Kunden seine Dienste anbieten kann. Dazu bedarf es im Regelfall Absprachen mit dem Softwarehersteller.[16] Jedenfalls dürfte die Nutzung der Software durch ein betriebsfremdes Softwareunternehmen auch dann keinen bestimmungsgemäßer Gebrauch gem. § 69d Abs. UrhG durch den Kunden des Rechnungszentrums darstellen, wenn die Software nur dem Kunden zur Verfügung gestellt wird.[17] 793

Zu klären ist weiterhin, in welchem Umfang **Releaseänderungen** und andere Weiterentwicklungen der Software vom Rechenzentrum zur Verfügung gestellt werden müssen, wenn sie auf dem Markt erhältlich sind. Ohne eine konkrete Vereinbarung wird man eine **Anpassungspflicht** des Rechenzentrumsbetriebs nicht ohne weiteres annehme können.[18] Weiterhin sollte in den Verträgen geklärt werden, in welchem Verfahren eventuell zusätzliche Anforderungen des Kunden diskutiert und realisiert werden können. 794

---

[14] Im Einzelnen streitig; vergleiche *Schneider,* Handbuch des EDV-Rechts, Rdn. G 123 ff.; *Hensen,* in: Ulmer/Brandner/Hensen § 11 Nr. 1 AGBG, Rdn. 19 ff.; *v. Westphalen,* in: v. Westphalen (Hrsg.), Vertragsrecht und AGB-Klauselwerke, Preisanpassungsklauseln, Rdn. 48.
[15] *Schneider,* Handbuch des EDV-Rechts, Rdn. M 38.
[16] Vgl. *Wächter,* NJW-CoR 1999, 292 (295 f.); *Schneider,* in: Redeker (Hrsg.), Handbuch der IT-Verträge, Abschn. 7.1, Rdn. 44.
[17] Vgl. oben Rdn. 70.
[18] *Schneider,* Handbuch des EDV-Rechts, Rdn. M 47 f.

795 Geklärt werden muss ferner, welche **Pflichten und Obliegenheiten** den Kunden treffen. Sicher ist, dass auch ohne solche Absprachen der Kunde dafür Sorge tragen muss, dass aus dem von ihm zur Verfügung gestellten Materialien oder Daten keine Viren oder trojanische Pferde in die DV-Anlage des Rechenzentrums eindringen. Dies entbindet freilich das Rechenzentrum nicht davon, seinerseits auch insoweit Sicherungsvorkehrungen zu treffen. In aller Regel wird die ordnungsgemäße Eingabe der Daten oder jedenfalls die Übergabe ordnungsgemäßer Daten, die das Rechenzentrum dann eingeben muss, Sache des Kunden sein.

Einzelheiten solcher Pflichten sollten aber konkret festgelegt werden.

4. Gewährleistung und Haftung

796 Folgt man der oben angeführten Qualifizierung des Rechenzentrumsvertrages als Werkvertrag mit Elementen eines Dauerschuldverhältnisses, so ergeben sich die **Mängelrechte bei Schlechtleistung** im wesentlichen aus dem Werkvertragsrecht. Insbesondere ist zunächst Gelegenheit zur **Nacherfüllung** zu gewähren, sodann sind Rücktritt und Minderung und auch Schadensersatzansprüche gegeben. Dies gilt auch für den Fall, dass etwa durch eine Übernahme von zuviel Kunden die Bearbeitungszeiten im Rechenzentrum zu langsam werden. Steht das Rechenzentrum zeitweise nicht oder nur teilweise zur Verfügung, kann die Gegenleistung gemindert werden. Eine Nacherfüllung ist wegen Zeitablaufs nicht möglich.[19]

Im letzten Fall dürfte bei Nichtbeseitigung des Mangels trotz Mahnung neben den eben geschilderten Rechten, die sich auf die einzelnen Leistungen beziehen, ein außerordentliches Kündigungsrecht bestehen (§ 314 BGB).

797 Der **Schadensersatzanspruch** setzt ein Verschulden des Rechenzentrumsbetreibers voraus. Dieses kann aber schon z.B. in der Übernahme von zuviel Aufträgen bestehen. Auch die Verwendung ungeeigneter Software kann schuldhaft sein.

Was Klauseln betrifft, die die Gewährleistung bzw. die Haftung einschränken oder ausschließen, gelten die oben im Bereich der Individualsoftware näher dargelegten Begrenzungen durch §§ 305 ff. BGB.[20]

Hinsichtlich der Haftung ist insbesondere § 309 Nr. 7 BGB ebenso zu beachten wie die Rechtsprechung des BGH zu den Kardinalpflichten. Es dürfte zu den Kardinalpflichten eines Rechenzentrumsbetreibers gehören, im wesentlichen funktionsgerechte Software zur Verfügung zu stellen, so dass eine Haftung im Hinblick auf diese Kardinalpflicht nicht ausgeschlossen werden kann. Eine Einschränkung ist aber in engen Grenzen möglich.

---

[19] So auch *Schneider*, Handbuch des EDV-Rechts, Rdn. M 45 unter Berufung auf den Mietcharakter des Rechenzentrumsvertrages.
[20] Vgl. oben Rdn. 454 ff.

5. Nebenpflichten

Auch im Hinblick auf **Rechenzentrumsverträge** gibt es **Nebenpflichten**. Hierzu gehört insbesondere die Beratung darüber, ob die Angebote des jeweiligen Rechenzentrums für den Kunden wirklich geeignet sind. Insoweit ist auf die Beratungspflichten zu verweisen, die oben schon für die Erstellung und die Überlassung von Software beschrieben worden sind.[21] Die **Beratungspflichten** dürfen eher noch weitergehend sein, da es im vorliegenden Fall um eine werkvertragliche Leistung des Beratenden geht, die in enger Verknüpfung mit der Tätigkeit des Kunden steht.[22]

Darüber hinaus ist wichtig, dass in aller Regel die Rechenzentren **personenbezogene Daten** ihrer Kunden verarbeiten. Im Sprachgebrauch des Bundesdatenschutzgesetzes handelt es sich um Datenverarbeitung im Auftrag.[23] Hier regelt das Bundesdatenschutzgesetz gewisse Pflichten sowohl seitens des Auftraggebers als auch auf Seiten des Auftragnehmers (vgl. § 11 BDSG). Dazu gehört, dass der Auftraggeber Herr der Daten bleiben muss, also im Hinblick auf die Verarbeitung der konkreten Daten weisungsbefugt bleiben muss. Der Auftragnehmer muss bestimmte **Datensicherungsverpflichtungen** erfüllen. Es gehört zu den vertraglichen Nebenpflichten des Rechenzentrumsbetreibers, zum einen selbst die ihm auferlegten Pflichten nach dem Bundesdatenschutzgesetz zu erfüllen und zum anderen dem Auftraggeber zu ermöglichen, seine Verpflichtungen zu erfüllen, also insbesondere konkrete Weisungen über die Verarbeitung von Daten zu geben, die auch befolgt werden können. Darüber hinaus muss es dem Auftraggeber jederzeit möglich sein, seine Daten wieder zurückzuerhalten und sie dem Auftragnehmer zu entziehen. Dies ist ebenfalls Ausfluss der Weisungsmöglichkeiten.

Die **Daten** müssen auch in irgendeiner Weise elektronisch lesbaren Art und Weise **zurückgegeben werden** und nicht etwa als Papierausdruck. Ob für eine solche Rückgabe eine gesonderte Vergütung verlangt werden kann, hängt mangels anderer konkreter Vereinbarungen von Treu und Glauben ab. Im Zweifel besteht eine solche Vergütungspflicht – jedenfalls für die Überlassung in einem gängigen Format – nicht. Es steht dem Rechenzentrumsbetreiber selbstverständlich frei, eine solche **Vergütungspflicht** gesondert zu vereinbaren.[24] Wünscht der Kunde die Herausgabe der Daten in einem spezifischen, nicht im vorhinein konkret vereinbarten Format, ist die Frage, ob die Herausgabe in diesem Format und wenn ja zu welcher Vergütung verlangt werden, mangels anderer Vereinbarungen auch eine Frage

---

[21] Vgl. oben Rdn. 418 ff. bzw. 541.
[22] So jedenfalls *Schneider*, Handbuch des EDV-Rechts, Rdn. M 19.
[23] *Schneider*, Handbuch des EDV-Rechts, Rdn. M 39.
[24] Vgl. näher zu den hier erwähnten Problemen *Schneider*, Handbuch des EDV-Rechts, Rdn. M 62 ff., 72 ff.

der Auslegung des Einzelfalls und der Zumutbarkeit der Erstellung eines entsprechenden Formats durch den Rechenzentrumsbetreibers.

Ohne gesonderte Vereinbarung dürfte darüber hinaus eine **Herausgabepflicht** hinsichtlich der Daten für den Rechenzentrumsbetreiber am Ende der Vertragsbeziehung gegeben sein und zwar genau in dem Umfang, der eben geschildert worden ist. Es ist nämlich davon auszugehen, dass der Kunde die seiner Verarbeitung zugeordneten Daten weiter benutzen möchte.[25]

Weil es datenschutzrechtlich hier um Datenverarbeitung im Auftrag geht, muss das Problem der Datenherrschaft und der Datenherausgabe im Vertrag unbedingt ausdrücklich geregelt werden, jedenfalls dann, wenn es um personenbezogene Daten geht.

6. Prozessuale Probleme

801 Hinsichtlich der hier zu führenden Auseinandersetzungen kann im Hinblick auf **Darlegungslasten** im Wesentlichen auf die Ausführungen am Ende des letzten Abschnitts[26] verwiesen werden. Auch hier geht es um einen Vertrag mit im wesentlichen werkvertraglichen Charakter.

Wichtig ist auch hier, zumindest die Erscheinungsformen etwaiger Mängel präzise darzulegen. Bloße Behauptungen der Art, durchgeführte Arbeiten, z.B. angefertigte Lohnabrechnungen, seien unvollständig, reichen nicht aus.[27]

Zu bemerken ist, dass im Hinblick auf das Verschulden beim Schadensersatzanspruch auch **im bisherigen Recht** wohl von einer **Beweislastumkehr** dahingehend ausgegangen werden muss, dass der Rechenzentrumsbetreiber nachweisen muss, dass er für die mangelhafte Erfüllung seines Vertrages kein Verschulden trägt. Dies ergibt sich daraus, dass im Gegensatz zu den bisher erörterten Verträgen der Rechenzentrumsbetreiber Herr der gesamten Datenverarbeitungsanlage einschließlich sämtlicher verwendeter Software ist und der Kunde keinen Zugang zu dieser Anlage hat. In diesem Fall ist es dem Kunden praktisch unmöglich, ein Verschulden des Vertragspartners nachzuweisen, weil er keinen Zugriff auf dessen Anlage hat.[28] Im **neuen Recht** ergibt sich die Beweislastumkehr unmittelbar aus § 280 Abs. 1 BGB.

---

[25] Ebenso LG Stuttgart, *Zahrnt*, DV-Rechtsprechung I, RZ-4, S. 187 ff.; LG Traunstein, *Zahrnt*, DV-Rechtsprechung I, RZ-10, S. 203 ff. (allerdings gegen Vergütung); OLG München, CR 1999, 484.

[26] Oben Rdn. 709 ff.

[27] LG Düsseldorf, *Zahrnt*, DV-Rechtsprechung I, RZ-2, S. 182 ff.

[28] OLG Hamm, CR 1989, 910; ähnlich auch *Schneider*, Handbuch des EDV-Rechts, Rdn. M 53 f.

II. Vertriebsverträge

1. Vorbemerkung; Rückgriffsketten

Auch im Bereich der EDV werden nicht sämtliche Produkte unmittelbar vom Hersteller an den Endkunden geliefert. Wie in allen Produktbereichen gibt es verschiedene Formen **des Vertriebs**, bei dem zwischen Endkunden und Hersteller Vertriebsstufen bestehen. Für den EDV-Vertrieb sind in der Praxis verschiedene spezielle Vertriebsformen aufgetreten, die in der Folge kurz skizziert werden sollen. Allgemeine Probleme des Vertriebsrechts, etwa des Handelsvertreterrechts oder auch Franchise-Verträge sollen hier nicht erörtert werden. Insoweit ist auf die umfangreiche Spezialliteratur zu verweisen. Spezielle rechtliche Probleme, die in den EDV-spezifischen Vertriebsverträgen auch im Gegensatz zu den bislang erörterten Endkundenverträgen auftreten, ergeben sich nur in geringem Umfang. Sie sollen hier soweit diskutiert werden, wie sie EDV-rechtliche Spezifika aufweisen.

Durch die **Novellierung des Schuldrechts** ist allerdings ein Problem verschärft worden, dass jetzt der Erörterung bedarf. Im **Verbrauchsgüterkauf** gibt es mittlerweile ein weitgehend der vertraglichen Disposition entzogenes Mängelrecht, das auf Nacherfüllung aufbaut und weiterhin Rücktritt und Minderung sowie Schadensersatzansprüche vorsieht. Der Vertragspartner des Verbrauchers ist aber in der Regel nicht Hersteller der von ihm vertriebenen Produkte. Gerade im Verbraucherbereich gibt es auch im EDV-Bereich verstärkt die hier diskutierten Vertriebsketten. Dies gilt insbesondere beim Vertrieb von PCs und Software für Endverbraucher.

Im Verhältnis zwischen Hersteller und Verkäufer gelten zwar im Prinzip auch die Mängelrechte. Diese können aber im Prinzip auch in allgemeinen Geschäftsbedingungen abbedungen werden. Außerdem können Verjährungsfristen wegen unterschiedlicher Ablieferungsdaten unterschiedlich sein.[29]

Der Gesetzgeber hat allerdings in §§ 478 f. BGB für diese Probleme **Sonderregeln** getroffen, die im Bereich der Vertriebsverträge generell zu beachten sind. Danach gilt zunächst, dass dann, wenn der Endhändler ein Produkt vom Verbraucher zurücknehmen muss oder der Verbraucher gemindert hat, der Endhändler gegenüber seinem Lieferanten keine Frist setzen muss, um seinerseits Mängelrechte zu haben, weil in diesen Fällen eine Nacherfüllung sinnlos wäre (§ 478 Abs. 1 BGB). Hat der Endhändler gegenüber dem Verbraucher Nacherfüllung erbracht, hat er gegenüber seinem Lieferanten einen Anspruch auf Aufwendungsersatz (§ 478 Abs. 2 BGB). Die Verjährung der Ansprüche des Endhändlers tritt nach § 479 Abs. 2

---

[29] Vgl. zu den ähnlichen Problemen bei Subunternehmerverträgen oben Rdn. 496 ff.

BGB erst 2 Monate nach Erfüllung der Ansprüche des Verbrauchers durch den Endhändler ein. Im übrigen gilt das allgemeine Mängelrecht.

805 Grundsätzlich bleibt es möglich, von diesen Vorgaben durch vertragliche Regelungen abzuweichen. Allerdings sind solche Vereinbarungen unwirksam, wenn dem Endhändler für evtl. ausgeschlossene oder beschränkte Ansprüche kein gleichwertiger Ersatz eingeräumt wird. Lediglich Schadensersatzansprüche können im üblichen Rahmen eingeschränkt werden.

Was gleichwertiger Ersatz ist, ist noch offen. In der Literatur wird z.B. die Meinung vertreten, dies könne in einem deutlichen Rabatt liegen.[30] Für individuell ausgehandelte Rabatte mag das richtig sein, kaum aber für entsprechende Vereinbarungen in allgemeinen Geschäftsbedingungen.[31] Ebenso offen ist es, ob der Endhändler durch allgemeine Geschäftsbedingungen verpflichtet werden kann, vor einer evtl. Erfüllung der Ansprüche des Verbrauchers seinem Lieferanten Gelegenheit zur Nacherfüllung zu geben.

Die dargestellten Regel gelten bei einer mehrgliedrigen Vertriebskette für alle Vertriebsstufen, also nicht nur für den Endhändler im Verhältnis zu seinem Lieferanten (§ 478 Abs. 5 BGB).

806 Wichtig ist, dass für die in der Vertriebskette beteiligten Kaufleute § 377 HGB weiterhin gilt. Die gelieferte Ware muss also im Regelfall stichprobenartig untersucht werden. Wenn freilich der Hersteller dies seinem Händler – z.B. durch entsprechende Gestaltung der Nutzungsrechte bei Software – verbietet, gibt es keine Untersuchungspflicht.

2. Hardwarevertriebsverträge

a) Allgemeiner Händlervertrag

807 Der einfachste Fall des Vertriebs von Hardware ist der, dass ein **Händler** den **Vertrieb für den Hersteller** übernimmt. Er benutzt dabei für den Vertrieb Namen und Zeichen des Händlers. Dabei sind die für den Händler vertragsüblichen Verträge Vorbild. Denkbar sind Großhändler wie auch Kommissionshändler wie auch jede andere übliche Vertriebsform einschließlich des Franchising.

808 Wichtig ist, dass der **Händler** in aller Regel auch das Recht erhält, die für die jeweilige Hardware spezifische **Betriebssoftware** mitzuvertreiben, in aller Regel zu gegenüber dem Einzelvertrieb dieser Betriebssoftware günstigeren Bedingungen. Auch heute noch ist selbst im PC-Bereich der Vertrieb von Hardware ohne entsprechende Betriebssoftware selten, weil ohne die entsprechende Betriebssoftware die Hardware nicht verwendbar ist. Demgemäss muss im Händlervertrag vereinbart werden, dass der Händler die jeweils mitzuliefernde Betriebssoftware weiter vertreiben darf. Er muss

---

[30] *Palandt-Putzo*, § 478 Rdn. 17.
[31] Ähnliche Bedenken bei *Matthes*, NJW 2002, 2505 (2507).

mindestens ermächtigt werden, seinen Endabnehmern das üblicherweise eingeräumte Recht, also zumeist das nicht ausschließliche, nicht übertragbare Recht zur Nutzung der Betriebssoftware, einzuräumen.[32]
Oft wird dabei auch vereinbart, dass die Nutzung nur auf den Produkten des Herstellers erfolgen darf. Als Händlerbindung soll eine solche Bedingung wirksam vereinbart werden können. Eine Weitergabe an Endkunden ist freilich problematisch.[33]

In dem beschriebenen Händlervertrag bestehen **Mängelrechte** nach den üblichen Regeln. Kauft der Händler als Großhändler die Ware beim Hersteller, so gelten die entsprechenden Mängelrechte des Kaufrechts bzw. des Werklieferungsrechts. Ein Problem besteht nur dann, wenn der Händler zusätzlich noch Software zu diesen Produkten entwickelt und sie mit dieser Software zusammen vertreibt. Er kann nicht erst dann bestellen und kaufen, wenn ihm ein Endabnehmer sicher ist und die Ware sofort an den Endabnehmer ausliefern lassen. Vielmehr muss er die Ware vorher haben und entsprechende Maßnahmen zur Programmierung treffen. In diesem Fall können sich die Verjährungsfristen, die er selbst gegenüber dem Hersteller hat, mit denen, die er dem Kunden einräumt, nicht decken. Ist eine solche Vertriebskonstellation im Vertriebsvertrag grundsätzlich vorgesehen, möglicherweise sogar beabsichtigt, ist daher eine Verlängerung der Verjährungsfrist zu vereinbaren, jedenfalls wenn § 479 Abs. 2 BGB nicht eingreift. Dies dürfte angesichts der hier geschilderten Umstände auch in die allgemeinen Geschäftsbedingungen des Händlers aufgenommen werden.[34] Allerdings sind auch hier Grenzen zu beachten. 809

In beiden Vertragskonstellationen ist darauf zu achten, dass nicht etwa der Händler die Mängel des Produkts durch unsachgemäßen Umgang während der Entwicklungszeit erst hervorruft. Insoweit muss eine entsprechende Ausnahmeklausel aufgenommen werden.

Händlerverträge sehen in aller Regel auch das Verbot des **Exports** der Gegenstände vor. In vielen Fällen wird auch der Vertriebspartner verpflichtet, sowohl die Exportbestimmungen der Bundesrepublik Deutschland als auch die Exportbestimmungen des Herkunftslandes, z.B. der USA, zu beachten. 810

Oft wird noch eine gesonderte Geheimhaltungsklausel aufgenommen.[35]

Möglich sind auch **Alleinvertriebsverträge,** in denen der Händler ein Exklusivrecht für den Vertrieb in bestimmten Bereichen erhält. Im Gegenzug ergeben sich oft Mindestabnahmepflichten. Wie diese bei Nichterfüllung zu behandeln sind, ist Auslegungssache. Der BGH geht für den typischen Fall davon aus, dass noch kein Kaufvertrag über die Ware vorliegt, 811

---

[32] Ebenso *Schneider,* Handbuch des EDV-Rechts, Rdn. N 20.
[33] Vgl. oben Rdn. 81.
[34] Dazu *Schneider,* Handbuch des EDV-Rechts, Rdn. N 22.
[35] Zu den Einzelheiten vgl. *Schneider,* Handbuch des EDV-Rechts, Rdn. N 26.

sondern der Hersteller auf Abruf der Ware klagen muss.[36] Dies führt zu großen Umständlichkeiten. Es ist daher dringen zu empfehlen, die Konsequenz einer Verletzung der Mindestabnahmepflicht zu regeln.

812 In vielen Fällen führt die Nichterfüllung der **Mindestabnahmepflicht** auch nur dazu, dass der Hersteller den Vertrag kündigen kann. Jedenfalls dürfte es nicht zulässig sein, in allgemeinen Geschäftsbedingungen formale, in jedem Fall gleich hohe Mindestabnahmepflichten aufzunehmen, die als solche eingeklagt werden können, wenn nicht gleichzeitig Gebietsschutz gewährt wird.[37]

Inwieweit solche Alleinvertriebsverträge kartellrechtlich oder auch allgemein wettbewerbsrechtlich zulässig sind, soll an dieser Stelle nicht weiter erörtert werden. Für den EDV-Bereich gelten gegenüber dem allgemeinen Geschäftsverkehr keine Besonderheiten.

b) OEM-Vertrag

813 Eine Besonderheit des Hardwarevertriebs stellt der sogenannte **OEM-Vertrag** dar. Dieser ist begrifflich zu unterscheiden von dem OEM-Vertrag im PC-Bereich. Dort heißt OEM nur, dass Software (Betriebssoftware und Standardanwendungssoftware) zusammen mit der Hardware zu besonders günstigen Preisen veräußert wird.[38] Im hier betrachteten OEM-Vertrag erlaubt der Vertreibende seinem zwischenhandelnden Abnehmer, die von ihm hergestellten Hardwareprodukte unter dem Zeichen des Abnehmers zu verkaufen. Der Händler vertreibt damit unter seinem Zeichen Produkte, die er nicht hergestellt hat. Er erreicht, dass seine Produktpalette insgesamt vergrößert wird und er seinen Kunden eine umfangreiche Produktpalette anbieten kann, ohne selbst so umfangreich produzieren zu müssen.[39]

Der Veräußerer in diesem Vertrag, der eigentliche Hersteller, heißt Original Equipment Manifacturer (OEM), sein Vertragspartner OEM-Partner.

Auch der OEM-Partner muss vom OEM das Recht zum Weitervertrieb der Hardware einschließlich der Betriebssoftware in dem eben bezeichneten Umfang erhalten. Darüber hinaus muss er das Recht erhalten, die Ware mit seinem eigenen Zeichen zu versehen und das Zeichen des Herstellers zu entfernen. Dieses Recht gibt es bei OEM-Verträgen im PC-Bereich gerade nicht.

814 Oft werden all diese Vereinbarungen nur in einem Rahmenvertrag festgehalten, der jedenfalls dem OEM-Partner **keine Abnahmeverpflichtung** auferlegt. In aller Regel wird demgegenüber der OEM eine Lieferverpflichtung übernehmen, allerdings nur nach einer rechtzeitigen Vorankündigung der Abnahme. Oft behält sich der OEM auch vor, für eine bestimmte Zeit

---

[36] BGH, *Zahrnt*, ECR BGH 26; vgl. auch oben Rdn. 587.
[37] OLG Frankfurt a. M., *Zahrnt*, ECR OLG 142.
[38] Zur urheberrechtlichen Problematik oben Rdn. 52 ff.
[39] Ausführlich zu diesem Vertrag *Bachofer*, CR 1988, 1 ff.

seine Lieferverpflichtung aussetzen zu können. In der Praxis sind die Einzelheiten dieses Vertrages unterschiedlich.
Wie in allen langfristigen Lieferbindungen werden regelmäßig auch bei dem OEM-Vertrag Preisanpassungen vorgesehen. Gegebenenfalls ist von Neuverhandlungen auszugehen. Zweckmäßig ist bei Preisänderungen ein Kündigungsrecht beider Seiten.

Zusätzlich wird häufiger vereinbart, dass **Stornierungen** gegen Zahlung einer Abstandssumme zulässig sind. Umgekehrt muss für den Fall des Lieferverzugs auch eine Regelung getroffen werden. Hier ist ein pauschaler Schadensersatz denkbar, wobei allerdings die Grenzen des § 10 AGBG eingehalten werden müssen. 815

Auch im Bereich des OEM-Vertrages muss darauf geachtet werden, dass die Gewährleistungsfrist für den OEM-Partner an die angepasst wird, die er seinen Kunden einräumen muss.

Darüber hinaus stellt sich noch das Problem, dass möglicherweise der OEM-**Partner als Quasi-Hersteller** im Sinne von § 4 Abs. 1 Satz 2 ProdHaftG[40] in Anspruch genommen wird, wenn das Vertriebsprodukt mangelhaft ist und bei dem Abnehmer oder einem Dritten Schaden angerichtet hat. Hier können im OEM-Vertrag Regelungen zur angemessenen Schadensverteilung vorgesehen werden.[41] Fehlt es daran, gelten gem. § 5 ProdHaftG die Gesamtschuldregeln. 816

3. Softwarevertrieb

Der Softwarevertrieb ist in vieler Hinsicht dem Hardwarevertrieb ähnlich geregelt. Allerdings ist es so, dass OEM-Verträge hier seltener sind. Vielmehr ist es meistens so, dass Softwarehäuser sich ggf. Hardware hinzukaufen und diese gemeinsam mit ihrer Software, aber mit dem Zeichen des Hardwareherstellers versehen vertreiben. Man spricht in solchen Fällen im Verhältnis zum Hardwarehersteller vom **VAR-Vertrag** (Value-Added Resale-Vertrag).[42] 817

Ansonsten treten beim Softwarevertrieb in aller Regel **übliche Vertriebsverträge** auf. Dabei gibt es durchaus auch Verträge, die Handelsvertretercharakter haben, also den Vertriebspartner nur berechtigen, im Namen und für Rechnung des Herstellers Software zu vertreiben. Dies führt dazu, dass der jeweilige Hersteller die Bedingungen, zu denen seine Software vertrieben wird, besser kontrollieren kann. Umgekehrt geht er ein erhöhtes Risiko deswegen ein, weil er selbst Vertragspartner des Endkunden ist und z.B. Mängelrechte erfüllen muss. Außerdem stellt sich das Problem der Abrechnung mit dem Handelsvertreter. 818

---

[40] Dazu gleich Rdn. 825.
[41] Ebenso *Schneider*, Handbuch des EDV-Rechts, Rdn. N 15 ff.
[42] Zu diesem Vertrag *Bachofer*, CR 1988, 809.

Daneben gibt es Vertragshändler- und Großhändlerverträge. Bei diesen Verträgen kann rein praktisch in zweierlei Weise verfahren werden. Dieser Großhändler kann selbst eine Masterkopie mit der Folge erhalten, dass er selbst Kopien für seine Kunden ziehen kann. Es kann aber auch so verfahren werden, dass er einzelne vom Hersteller hergestellte Kopien der Software bezieht und sie einfach weitervertreibt. Welche Fallgestaltung gewählt wird, hängt u. a. davon ab, wie stark der Hersteller seinen Vertragshändlern vertraut. Die Überlassung solcher Masterkopien, eventuell auch des Quellcodes, geht mit erheblich erleichterten Missbrauchsmöglichkeiten des Zwischenhändlers einher.

819 Je nach Vertragsgestaltung ist der Vertrag zwischen Softwarehersteller und Großhändler rechtlich unterschiedlich einzuordnen. Werden dem **Großhändler nur einzelne** vom Hersteller erzeugte Kopien geliefert, geht es um reines **Kaufrecht**, wobei natürlich Rahmenverträge zwischen Herstellern und Großhändlern über das reine Kaufrecht hinausgehende Regelungen enthalten können (z.B. Markennutzungsrechte, Vertriebseinschränkung, Alleinvertriebsberechtigung, Pflegevertrag usw.). Die Übergabe der einzelnen vorgefertigten Kopien vollzieht sich aber im Rahmen rein kaufrechtlicher Regelungen. Stellt demgegenüber **der Großhändler die Kopien selbst her,** überwiegen hinsichtlich dieses Leistungsbestandteils **lizenzvertragliche Elemente**. Reiner Sachkauf dürfte auf die Vertragsbeziehungen insoweit nicht einschlägig sein.[43] Hier kann es z.B. möglich sein, dass bei Verletzung wesentlicher Vertragspflichten auch ein Rücktritt möglich ist, der eine Rückabwicklung der Vertriebsbeziehung möglich macht.[44] In der Regel wird aber auch hier nur eine Kündigung in Betracht kommen.

Weiterhin kann der Vertrieb auch so organisiert werden, dass der Quellcode komplett und endgültig einem Zwischenhändler übertragen wird und dieser sämtliche Rechte erhält und auf eigene Rechnung und eigenes Risiko weitervertreibt. Auch eine solche rechtliche Regelung dürfte eher einem lizenzrechtlichen Vertragsrahmen als einem Kaufvertrag unterliegen, weil die Rechtsübertragung im Vordergrund steht.[45]

820 Zu den möglichen Vertriebsformen gehört auch der sog. **SHAP-Vertrag,** bei dem der Softwarehersteller zwar Hardware (und ggf. auch von ihm nicht hergestellte Software) zusammen mit seiner eigenen Software vertreibt, aber für diese Zusatzsoftware nicht wie bei der eigenen Software im eigenen Namen, sondern im Namen des Herstellers kontrahiert. SHAP ist dabei die Abkürzung von Software House Assistant Program.[46] Soweit hier keine Handelsvertreter tätig werden, sondern eigenständige Händler von Software,

---

[43] Wie hier *König*, NJW 1992, 1731 ff.
[44] Vgl. LG Coburg, Urt. v. 29. 1. 2002, 22 O 398/01, JurPC Web-Dok. 346/2002.
[45] Wie hier auch insoweit *König*, NJW 1992, 1731 ff.; a. A. OLG Karlsruhe, NJW 1992, 1773.
[46] Zu diesem Vertrag *Bachofer*, CR 1989, 89.

erhalten diese in aller Regel lediglich das Recht, Dritten ein nicht ausschließliches und nicht übertragbares Nutzungsrecht an der Software einzuräumen.

III. Produkthaftung

1. Grundsätzliche Bemerkungen

In der Vergangenheit hat sich gezeigt, dass für Schäden, die sich aus fehlerhaften Produkten ergeben, die **Schadensersatzregelungen,** die das BGB im Rahmen vertraglicher Regelungsmodelle vorgesehen hat, nicht ausreichen. Daneben erwies es sich weiterhin als schwierig, die in §§ 823 ff. BGB geregelte deliktische Haftung dahingehend fruchtbar zu machen, den Hersteller schadhafter Produkte für die Folgen seiner **Herstellungsfehler** verantwortlich zu machen. Dies lag insbesondere daran, dass das Rahmen der Delikthaftung erforderliche Verschulden dem Hersteller in aller Regeln nicht nachgewiesen werden konnte, weil dazu Kenntnisse der Einzelheiten der Produktherstellung erforderlich waren, über die die meisten Verletzten nicht verfügten und auch bei Anstrengung aller ihrer Möglichkeiten nicht verfügen konnten. 821

Dies hat dazu geführt, dass schon vor vielen Jahren der Bundesgerichtshof in einer ganzen Reihe von Entscheidungen[47] die **Beweislast** im Hinblick auf das Verschulden umgekehrt hat. Nicht mehr der Geschädigte musste dem Hersteller Verschulden nachweisen, umgekehrt musste vielmehr der Hersteller sich im Hinblick auf sein Verschulden entlasten. Diese Rechtsprechung ist in der Folge nicht nur auf Geschädigte angewandt worden, die in keinen vertraglichen Beziehungen zum Hersteller standen, sondern auch auf seine Vertragspartner. Sie ist primär nur auf Gegenstände angewandt worden, die letztendlich verkauft wurden, selten auf Gegenstände, die als Werk hergestellt oder in sonstiger Weise vertrieben wurden.

Daneben tritt seit gut 10 Jahren das seit dem 1. 1. 1990 in Kraft befindliche **Produkthaftungsgesetz,** das grundsätzlich eine Gefährdungshaftung für Schäden vorsieht, die durch fehlerhafte Produkte verursacht wurden. 822

Allerdings gelten beide Regelungen nur für die Verletzung absoluter Rechte, also insbesondere für Sach- und Gesundheitsbeschädigungen. Dabei schützt das ProdHaftG nur vor Verletzungen bzw. der Tötung von Personen oder der Beschädigung von Sachen, während die §§ 823 ff. BGB auch die Verletzung anderer absoluter Rechte betreffen.

Auf den ersten Blick erscheint im Bereich der Datenverarbeitungsanlagen die Anwendung dieser Produkthaftungsregeln deswegen unwahrscheinlich, 823

---

[47] Beginnend mit BGHZ 51, 91 „Hühnerpest".

weil die Verletzung fremder absoluter Rechte, insbesondere aber die Verletzung von Gesundheit oder Sachen durch Datenverarbeitungsanlagen nur schwer vorstellbar ist. In Deutschland sind auch bislang demgemäss keine gerichtlichen Entscheidungen über Produkthaftungsfällen von Software veröffentlicht worden.

824 Dennoch sind solche **Fälle vorstellbar.** Dies gilt nicht nur für Hardwarefehler, die Kabelbrände und Schäden an sonstigen Teilen der Hardware auslösen können, sondern auch für **spezielle Softwareprodukte,** insbesondere im Bereich der **Medizin,**[48] der Sicherungstechnik wie auch der **Verkehrslenkung.**[49] Man stelle sich nur vor, dass eine Ampel fehlgesteuert wird und dadurch Zusammenstöße verursacht werden oder dass etwa die Herz-Lungen-Maschine fehlerhaft gesteuert wird und der Patient deswegen stirbt. Möglich ist es auch, dass durch das fehlerhafte Programm andere Sachen des Bestellers beschädigt werden. Dies kann beim Einbau eines abtrennbaren Einzelteils auch die gesamte Anlage sein, wenn nur das Einzelteil mangelhaft ist und eine Reparatur unverhältnismäßig teuer wird (sog. weiterfressender und Integrationsschaden). Denkbar ist auch die Beschädigung der beim Erwerber eines Softwareprodukts vorhandenen **Programme durch Viren,** die mit dem neu erworbenen Programm in die Anlage transportiert werden.[50] Überhaupt kann eine Änderung von Daten oder Programmen durch eine fehlerhafte Software eine Sachbeschädigung darstellen.[51]

Im oben geschilderten Rahmen kann es auch zu einer Produkthaftung für „**Jahr-2000-Fehler**" kommen.[52] In solchen Fällen sind bei Schäden auch die Regeln der Produkthaftung zu beachten.[53]

2. Das deliktische Modell der Produkthaftung (Produzentenhaftung)

825 Entsprechend der herkömmlichen deutschen Rechtstradition wird man bei allen Überlegungen zunächst auf die **Produkthaftung nach §§ 823 ff. BGB** zurückgreifen. Hier kommt als Verantwortlicher der **Hersteller** des fehlerhaften Produkts in Frage, und zwar auch für zugekaufte Produkte.[54] In seltenen Fällen haftet daneben auch der sogenannte **Quasi-Hersteller,** der zwar nicht selbst produziert, aber im eigenen Namen oder mit eigenem Wa-

---

[48] Dazu *Kort,* CR 1990, 251 ff.
[49] Vgl. die Aufstellung bei *Littbarski,* in: Computerrechtshandbuch, Abschn. 180, Rdn. 2.
[50] *Rombach,* CR 1990, 101 (105 f.).
[51] *Abel,* CR 1999, 680 (681); *Koch,* NJW-CoR 1999, 423 (424 f.); kritisch zu diesen Fällen *Spindler,* NJW 1999, 3737 (3738).
[52] *Jaeger,* OLG-Report Köln, Heft 17, K 9 (11); *Abel,* CR 1999, 680 ff.
[53] Zum Folgenden vgl. die Übersicht von *Meier/Wehlau,* CR 1990, 95 f.
[54] Zum letzteren Fall OLG Köln, CR 1990, 268 ff.

renzeichen tätig wird.[55] Die Haftung trifft daneben auch den verantwortlichen Geschäftsleiter, wenn ihm einzelne Pflichten wirksam übertragen worden sind.[56]

Daneben können in Einzelfällen auch ein Montagebetrieb,[57] der Importeur[58] oder auch ein einzelnes Vertriebsunternehmen als Verantwortlicher in Betracht kommen. Wichtig ist immer, dass die Verantwortlichen eine Verkehrssicherungspflicht für das In-Verkehr-Bringen des Produkts haben, gegen die sie verstoßen haben. Dies ist nämlich der Anknüpfungspunkt der deliktischen Haftung.[59]

Die Verantwortlichen müssen jeweils dafür sorgen, dass das Produkt bei Auslieferung dem **neuesten technischen Standard** entspricht, soweit dieser erkennbar und ermittelbar ist. Dies bedeutet z.B. hinsichtlich der „**Jahr-2000-Problematik**", dass jedenfalls ab Geltung der DIN 50008, die eine vierstellige Jahreszahl vorsah, eine zweistellige Programmierung fehlerhaft ist. Insoweit ist das entscheidende Jahr 1996. Da die entsprechende internationale Norm ISO 8601 allerdings schon seit 1988 galt, wird man den Zeitpunkt, zu dem Jahreszahlen vierstellig zu programmieren waren, wahrscheinlich schon früher ansetzen müssen.[60] Die Verantwortlichen müssen die Herstellung des Produkts, insbesondere auch verwandte Teilprodukte von Drittherstellern **kontrollieren.** Sie müssen Gebrauchsanweisungen korrekt formulieren und regelmäßig kontrollieren und insbesondere in diesen Gebrauchsanweisungen vor Gefahren bei der Produktnutzung warnen. Darüber hinaus müssen sie das Produkt im Markt beobachten und eventuelle Fehler feststellen. Bei auftretenden Fehlern kommt eventuell sogar ein Rückruf in Betracht. Eine solche Rückrufpflicht gibt es z.B. dann, wenn ein Virenbefall des Programms bekannt wird.[61] Ggf. reicht es auch aus, allen Nutzern auf Anforderung (und nicht nur durch Herunterladen im Internet) ein Patch zu liefern.

Verletzte Güter können alle **absoluten Rechte** sein. Neben den offenkundigen absoluten Rechten wie dem Recht auf körperliche Integrität oder den Eigentumsrechten kommt auch die Verletzung fremder Software in Betracht. Diese ist jedenfalls dann nach § 823 ff. BGB geschützt, wenn sie urheberrechtlich geschützt ist. Im Hinblick auf die speziellen Regelungen über den Urheberschutz von Software dürfte dies für alle relevante Software immer der Fall sein.

---

[55] Näher dazu *Littbarski*, in: Computerrechtshandbuch, Abschn. 180, Rdn. 29.
[56] Grundlegend BGH, NJW 1975, 1827; kritisch *Littbarski*, in: Computerrechtshandbuch, Abschn. 180, Rdn. 34 f.
[57] Vgl. dazu BGH, CR 1990, 402 f. (LS).
[58] Dazu *Heymann*, CR 1990, 176 (177).
[59] *Meier/Wehlau*, CR 1990, 95 (96 ff.).
[60] *Abel*, CR 1999, 680 (682); *Spindler*, NJW 1999, 3737 (3738 ff.).
[61] *Rössel*, ITRB 2002, 214 (215); *Bartsch*, CR 2000, 721 lässt offen, was gegen Virenbefall getan werden kann.

828 Praktisch sehr wichtig ist generell im Bereich der Produkthaftung das **Verhältnis** der Produkthaftung **zu vertraglichen Gewährleistungs- und Haftungsansprüchen.** Insbesondere dann, wenn vertragliche Ansprüche entweder – wie im alten Recht im Kaufrecht – gar nicht gegeben sind oder – wie im alten Recht im Werkvertragsrecht – einer raschen Verjährung unterliegen, kann es von Bedeutung sein, ob im konkreten Fall für den eingetretenen Schaden Produkthaftungsansprüche gegeben sein können. Angesichts der jetzt im Kaufrecht gegebenen Schadensersatzansprüche und der verlängerten Verjährung dürfte das Problem praktisch weniger wichtig werden.

In der Rechtsprechung des **BGH** hat sich **zum bisherigen Recht** eine **Abgrenzung** danach durchgesetzt, dass alle Schäden, die **am gelieferten Produkt allein** entstehen und diesem anhaften, lediglich dem **Gewährleistungsrecht** und damit ausschließlich vertraglichen Ansprüchen unterworfen sind. Insoweit besteht beim Geschädigten nur ein Nutzungs- und Äquivalenzinteresse, das durch die Gewährleistungsrechte abschließend geschützt ist. Wenn über den Vertragsgegenstand hinaus Eigentums- oder andere Rechte des Vertragspartners geschädigt werden, kommt die Produkthaftung in Betracht. Dies führt z.B. bei der Lieferung von fehlerhaftem Putz dazu, dass dann, wenn lediglich an der verputzten Mauer im Putz Schäden entstanden sind, keine Produkthaftung eingreift, wohl aber, wenn die Schäden am Putz sich als Schäden an der unverputzten Mauer, also etwa den Mauersteinen oder dem Mörtel auswirken.[62] Darüber hinaus kann sogar der Wert der gesamten Sache als Schaden liquidiert werden, wenn diese durch den Einbau eines Teils wertlos wird.[63] Dieser Fall dürfte allerdings eher selten vorkommen.[64] Ob diese Abgrenzung auch im neuen Recht weiterhin gilt, ist abzuwarten.

Streitig ist im Übrigen die Frage, ob ein Datenverlust eine Sachbeschädigung darstellt, die zu Ansprüchen nach § 823 Abs. 1 BGB führen kann.[65] Nimmt man dies an, führt ein Virenbefall, der immer auch Datenveränderungen zur Folge hat, bei Vorliegen der übrigen Voraussetzungen zur Produkthaftung.

Hinsichtlich der zuletzt genannten Schäden besteht im übrigen eine echte Anspruchskonkurrenz zwischen der Produkthaftung und eventuellen Gewährleistungsansprüchen.

829 Zu beachten ist unter Umständen auch ein **Mitverschulden des Geschädigten.** Angesichts der breiten öffentlichen Debatte um die „Jahr-2000-Problematik" dürfte ein solches Mitverschulden gerade in diesem Bereich wichtig werden, wenn der Geschädigte hier nichts unternommen hat.[66] Dies

---

[62] BGHZ 67, 359 (364 f.); BGH, NJW 1981, 2248 (2250); NJW 1985, 194.
[63] BGHZ 138, 230 (236).
[64] Skeptisch *Spindler*, NJW 1999, 3737 (3738 ff.).
[65] Dafür *Bartsch*, CR 2000, 721 (723); dagegen AG Brandenburg, Urt. v. 22. 4. 2002, 32 C 619/99, besprochen in ITRB 2002, 199.
[66] *Spindler*, NJW 1999, 3737 (3744 f.).

gilt ganz besonders deswegen, weil die Vorsorge hier offenkundig viel geholfen hat.

3. Produkthaftung nach dem Produkthaftungsgesetz

Das Produkthaftungsgesetz sieht prinzipiell eine **Gefährdungshaftung** des Produktherstellers vor. Diese ist für den Fall der Sachbeschädigung beschränkt auf eine Beschädigung einer anderen Sache als dem fehlerhaften Produkt und einer Beschädigung nur von Gegenständen, die ihrer Art nach für den privaten Ge- oder Verbrauch bestimmt sind und dazu vom Geschädigten auch hauptsächlich verwendet wurden (§ 1 Abs. 1 ProdHaftG).[67] Hier ist zunächst die Frage, ob **Software** im hier bezeichneten Sinne eine **Sache** und damit überhaupt ein Produkt im Sinne des ProdHaftG ist. Produkte im Sinne des ProdHaftG sind nur bewegliche Sachen. Dies ist bei Hardware kein großes Problem, da Hardware eine bewegliche Sache und damit ein Produkt ist. Wird Hardware gemeinsam mit Software vertrieben, wird man auch das Gesamtprodukt als bewegliche Sache ansehen können, so dass in diesem Falle auch Softwarefehler Produktfehler sein können. Anders mag dies dann sein, wenn lediglich Software vertrieben wird. Software ist selbst keine bewegliche Sache.[68] Sie kann auch ohne Nutzung von beweglichen Sachen vertrieben werden. Demgemäss liegt es nahe, Software nicht als Produkt im Sinne des Produkthaftungsgesetzes anzusehen und damit Software vom Produkthaftungsgesetz auszuschließen.[69]

830

Diese Frage ist streitig und bislang nicht entschieden. Wenn man der BGH-Meinung zur Sacheigenschaft von Software folgt, ergeben sich allerdings keine Probleme. Zu beachten ist freilich, dass Elektrizität ausdrücklich neben den beweglichen Sachen als Produkt bezeichnet wird. Bei Software ist dies nicht geschehen, obwohl das Problem der Sacheigenschaft von Software bei der Vorbereitung des Gesetzes bekannt war. Dies spricht eher gegen die Annahme, dass Software ein Produkt im Sinne von § 2 ProdHaftG sein soll. Umgekehrt ist zu beachten, dass dem Sinn des Gesetzes nach jede vertriebene Ware, soweit sie nicht reinen Dienstleistungscharakter hat, die Entstehung der Produkthaftung auslösen soll. Dies spricht wiederum für die Annahme, dass Software ein Produkt ist.

Insbesondere im Hinblick auf die schwierige Trennung zwischen Hardware und Software und die sich daraus ergebende sonst völlig unübersichtliche Konsequenzen scheint es sachgerechter, auch Software als Produkt im

---

[67] *Meier/Wehlau*, CR 1990, 95 (99).
[68] Vgl. oben 191 ff.
[69] So *v. Westphalen*, NJW 1990, 83 (87); *Taschner/Frietsch*, § 2 ProdHaftG Rdn. 22 für online-übertragene Software.

Sinne von § 2 ProdHaftG anzusehen, so dass die Produkthaftung nach ProdHaftG auch Software umfassen kann.[70]

831 Ein **Produkt** nach § 3 ProdHaftG **ist fehlerhaft,** wenn es nicht die Sicherheit bietet, die von ihm unter Berücksichtigung aller Umstände, insbesondere seiner Darbietung des Gebrauchs, mit dem billigerweise gerechnet werden kann, und des Zeitpunkts, in dem es in den Verkehr gebracht wurde, berechtigterweise erwartet werden kann. Hier ist vor allem auf das Zeitmoment hinzuweisen. Ein Produkt kann nicht ex post als gefährlich beurteilt werden, wenn es zum Zeitpunkt seines In-Verkehr-Bringens als sicher angesehen werden musste. Allerdings ist dies kein Freibrief. Speziell bei der Herstellung von Produkten, die nach ihrer Bestimmung sicher sein müssen, kann eine Unsicherheit, die allen Produkten zum fraglichen Zeitpunkt anhaftet, nicht zum Ausschluss der Produkthaftung führen. Dies ist insbesondere auch beim „Jahr-2000-Problem" zu beachten. Wer Software vertreibt, die nicht „Jahr 2000" fest ist, haftet wahrscheinlich schon wegen fehlerhafter Herstellung. Jedenfalls muss er sehr frühzeitig auf die Probleme hinweisen, um seiner Produktbeobachtungspflicht zu genügen.[71] Möglicherweise hätten auch generell bei unsicheren Produkten die Produkte nicht in Verkehr gebracht werden dürfen, wenn sie nicht sehr umfangreich getestet wurden. Dies gilt ganz besonders natürlich für medizinische Überwachungsinstrumente oder etwa Software für Flugzeuge.

832 Verantwortlich ist zunächst der **Hersteller,** der das Produkt tatsächlich hergestellt und auch in Verkehr gebracht hat. Ihm ist gleichgestellt derjenige, der sich durch das Anbringen seines Namens, seines Warenzeichens oder eines anderen unterscheidungskräftigen Kennzeichens als Hersteller ausgibt, der sogenannte **Quasi-Hersteller.** Im Softwarebereich dürfte faktisch der Lizenzgeber der Hersteller sein.[72]

Verantwortlich als Hersteller ist auch der Importeur, der das Produkt in den Bereich der europäischen Gemeinschaft einführt. Der Importeur aus Ländern der europäischen Gemeinschaft ist nicht mit umfasst.[73] Kann man Hersteller, Quasi-Hersteller oder Importeur nicht finden, gilt der Lieferant als Hersteller. Dieser kann sich von der Haftung entlasten, wenn er den entsprechenden Hersteller nennt.[74]

---

[70] Wie hier *Koutses/Lutterbach,* RDV 1989, 5 (6f.); *Meier/Wehlau,* CR 1990, 95 (98f.); *Heymann,* CR 1990, 176; *Littbarski,* in: Computerrechtshandbuch, Abschn. 180, Rdn. 42ff., 120; *Taeger,* Außervertragliche Haftung, S. 109ff.; *Lehmann,* NJW 1992, 1721 (1724); *Spindler,* NJW 1999, 3737 (3742); *Junker/Benecke,* Computerrecht, Rdn. 366; *Schneider,* Praxis des EDV-Rechts, Rdn. J 297; mit ausführlicher Begründung: *Günther,* Produkthaftung, S. 668ff.; wohl auch *Koch/Schnupp,* Software-Recht I, S. 162.
[71] *Jaeger,* OLG-Report Köln, H. 17, K 9 (11); vgl. auch oben Rdn. 826.
[72] *Günther,* Produkthaftung, S. 679f.
[73] Zu den Problemen des Importeurs *Heymann,* CR 1990, 176 (177f.).
[74] *Meier/Wehlau,* CR 1990, 95 (99).

Die Gefährdungshaftung ist der **Höhe** nach auf **85 Millionen €** pro Produkthaftungsfall beschränkt. Im Falle einer Sachbeschädigung hat der Geschädigte ein Schaden bis zu einer Höhe von 500 € selbst zu tragen. Gerade die letztere Regelung dürfte dazu führen, dass die Produkthaftung nach §§ 823 ff. BGB weiterhin eine gewichtige Rolle spielen wird. In diesem Bereich gibt es eine solche Ausnahme nicht.[75]

833

Ferner kommt nach § 8 S. 2 ProdHaftG[76] bei einer Körper- oder Gesundheitsverletzung auch Schmerzensgeld in Betracht.

4. Prozessuale Fragen

Prozessual muss im Rahmen der **Verschuldenshaftung** der Anspruchsteller die Tatsache eines Produktfehlers, die Tatsache, dass der in Anspruch Genommene eine Verkehrssicherungspflicht zur Verhinderung gerade des Fehlers und des eingetretenen Schadens hat, die Verletzung eines der Rechtsgüter, die in §§ 823 ff. BGB geschützt sind sowie im Regelfall die Tatsache, dass der Produktfehler im Verantwortungsbereich des in Anspruch Genommenen unter Verletzung der Verkehrssicherungspflicht entstanden ist, darlegen und beweisen. Hinsichtlich des letzteren Bereichs besteht in Sonderfällen eine Beweislastumkehr.[77]

834

Bei der Konkurrenz mit vertraglichen Ansprüchen muss weiterhin dargelegt werden, dass das Integritätsinteresse verletzt ist.

Der **Verletzte** hat nur die **objektive Pflichtwidrigkeit** darzulegen und zu beweisen. Demgegenüber hat der in Anspruch Genommene sich hinsichtlich seines Verschuldens zu entlasten. Insoweit tritt gegenüber der Regelung des §§ 823 ff. BGB eine **Beweislastumkehr** ein. Bei Virenbefall muss demnach – entgegen Deutsch[78] – vorgetragen werden, auf welche Weise die Schädigung durch Produktfehler verursacht wurde.

Auch im Bereich des **ProdHaftG** sind sämtliche oben dargelegten Voraussetzungen vom Anspruchsteller vorzutragen. Dazu gehören insbesondere das Vorliegen eines Produktfehlers, die Herstellereigenschaft des in Anspruch Genommenen, die Verletzung eines der im ProdHaftG genannten Rechtsgüter und die Kausalität des Fehlers für den Schaden.[79]

Durch das Produkthaftungsgesetz ergeben sich damit rein praktisch gegenüber der Rechtslage nach § 823 BGB nur wenig Entlastung.

---

[75] *Meier/Wehlau*, CR 1990, 95 (100).
[76] In Kraft seit 1. 8. 2002.
[77] *Littbarski*, in: Computerrechtshandbuch, Abschn. 180, Rdn. 20 ff.; *Spindler*, NJW 1999, 3737 (3741 f.) für Produkthaftung im Bereich des „Jahr-2000-Problems".
[78] CR 2000, 721 (723 f.).
[79] *Littbarski*, in: Computerrechtshandbuch, Abschn. 180, Rdn. 151.

D. Rechtsprobleme des Internet

I. Einige einführende Bemerkungen

In einem gegenüber der Zeit der ersten Auflage (1992) ganz stark verstärk- **835** ten Umfang spielt heute die Telekommunikation im Bereich des Rechtsverkehrs eine wichtige Rolle. Seit der weiten Verbreitung des **Internet** ist der Einsatz von Telekommunikation und der Kontakt zwischen Rechnern nicht nur Praxis innerhalb großer Unternehmen oder zwischen weltweiten Banken, die entsprechende Systeme in Form von SWIFT schon seit den 70er Jahren einsetzen, sondern Alltagspraxis für viele kleine Firmen und Privathaushalte. Die früher immer nur prognostizierte und in seltenen Anwendungsfällen auch praktische Verknüpfung von Telekommunikation und Datenverarbeitung ist allgemeine Erfahrung geworden. Immer stärker werden auch geschäftliche Aktivitäten über diese Wege abgewickelt. Man spricht von „**e-commerce**".[1] Dabei ist Telekommunikation als solche gar nichts neues. Jedenfalls als Telefon-, Telegrafen- und Funkverkehr gibt es entsprechende Dienste schon seit mehr als einem Jahrhundert, in eingeschränktem Umfang noch länger. Auch der Telex-Dienst ist schon viele Jahrzehnte alt. Trotzdem sind die Rechtsprobleme der Telekommunikation erst in den letzten drei Jahrzehnten in einer größeren Fachöffentlichkeit stärker wahrgenommen worden. Erst in den letzten Jahren haben sie sich darüber hinaus als Probleme auch für die Allgemeinheit gestellt. Dies hängt damit zusammen, dass sich zunächst gerade durch den Einsatz moderner Datenverarbeitungstechniken viele neue Leistungen im Bereich elektronischer Dienste ergeben haben. In der Folge kam es dann zu dem Einsatz von elektronischen Netzwerken, in denen jeweils örtlich vorhandene Datenverarbeitungsanlagen direkt und ohne Zwischenschaltung menschlicher Vermittler mit der jeweiligen Telekommunikationseinrichtung verbunden werden. Das Internet ist die am weitesten verbreitete Einrichtung dieser Art. Man spricht allgemein in diesem Zusammenhang von Telematik als einer Verknüpfung von Telekommunikation und Informatik.

Den speziellen Problemen, die sich aus dem Zusammenhang des Einsatzes **836** elektronischer Übermittlungsdienste und der Anwendung von Computern ergeben, sind die folgenden Darstellungen gewidmet. Zentraler Ansatzpunkt ist das Internet. Dabei wird zwischen drei Problemgruppen unterschieden.

---

[1] Dazu technisch z.B. *Merz/Tu/Lamersdorf,* Informatik Spektrum 22 (1999), 328; *Esswein/Zumpe,* Informatik Spektrum 25 (2002), 251; umfassend *Schwarze/Schwarze:* Electronic Commerce, 2002.

Ein erster Teil beschäftigt sich mit den Fragen, die sich im Zusammenhang mit herkömmlichen Geschäften dadurch ergeben, dass die jeweils rechtsverbindlich gemachten **Erklärungen unter Benutzung von elektronischen Medien übermittelt** oder dort auch angestoßen werden. In der Praxis wird dieser Bereich oft als „e-commerce" gekennzeichnet. Hier gab es im BGB seit 1900 im Hinblick auf den Telefondienst in § 147 Abs. 1 Satz 2 eine Regelung. Diese Regelung ist 2001 novelliert und auf moderne Formen der Telekommunikation erweitert worden. Es stellen sich aber über die dort geregelten Problem hinaus aber noch eine ganze Reihe weiterer Probleme. In den letzten Jahren hat der Gesetzgeber auch viele neue Normen erlassen, die darzustellen sind.

837 In der Industrie herrschte und herrscht viel Unsicherheit über Rechtsfragen, die als ein **Haupthindernis** für die Einführung des e-commerce angesehen werden.[2] Die Einschätzung ist – wie im Folgenden im Einzelnen darlegt wird – im Großen und Ganzen falsch. Wirkliche Probleme liegen im Beweisbereich; die Lösung liegt aber bei der Installierung von technischen Verfahren, die die Beweisbarkeit von Rechtshandlungen sichern. Rechtliche Hindernisse zum Einsatz von Telekommunikationsmittel gab es bislang kaum und gibt es seit Einführung der elektronischen Form praktisch nicht mehr. Lediglich im Bereich des Verbraucherschutzes hat der Gesetzgeber teilweise die Schriftform beibehalten und damit elektronische Erklärungen zum Schutze des Verbrauchers verhindert.

838 Eine zweite Problemgruppe beschäftigt sich mit den **Rechtsbeziehungen zwischen den Anbietern von elektronischen Diensten, insbesondere im Internet** und ihren **Kunden.** Hier besteht juristisch sehr viel Nachholbedarf, da in der Vergangenheit Telekommunikationsdienste praktisch ausschließlich von der Deutschen Bundespost angeboten wurden. Die Weiterentwicklung der Dienste und die Lockerung und schließliche Aufhebung des Monopols durch die verschiedenen Fassungen der Poststrukturreform haben hier viele Änderungen bewirkt. Mittlerweile sind in den kommerziell interessanten Beziehungen viele private Anbieter am Markt vorhanden. Dementsprechend bestehen **privatrechtliche Beziehungen** zwischen Anbietern und Kunden. Darüber hinaus werden vielfältige neue Dienstleistungen angeboten, die erst durch die Verknüpfung von EDV und Telekommunikation möglich werden und die einer rechtlichen Untersuchung bedürfen. Dabei kann es – worauf aber in der Folge nicht näher eingegangen wird – durchaus so sein, dass der Anbieter des eigentlichen Telekommunikationsdienstes nicht identisch ist mit dem jeweiligen Anbieter einzelner Dienstleistungen. Im Internet bieten die sog. Provider (ein äußerst unscharfer Begriff) eine Vielfalt von Leistungen in unterschiedlichen Kombinationen an. Für die juristische Bewertung der jeweiligen Dienstleistungen ist dies ohne Belang. Man wird nur sorgfältig zwischen

---

[2] Vgl. *Schröder/Müller*, Informatik Spektrum 22 (1999), 252.

den jeweiligen Vertragspartnern und ihren Leistungspflichten unterscheiden müssen.

Nachdem in diesem gesamten Bereich lange Jahre relativ wenig an juristischer Diskussion stattfand, ist im Zuge der **Weiterentwicklung des Internet** hier geradezu eine Flut von Veröffentlichungen in der Literatur zu verzeichnen. Viele interessante neue Erkenntnisse führen allerdings nicht dazu, dass die Grundwertungen, die in der Vergangenheit erarbeitet worden sind, im Bereich jedenfalls der zivil- und vertragsrechtlichen Überlegungen grundlegend neu überdacht werden müssten. Eine genaue Analyse der Regelung des BGB führt zu vielen praktischen Lösungen. Einzelne neue gesetzliche Regelungen wie das Signaturgesetz oder §§ 312 b–e BGB haben zu neuen Akzenten beigetragen. Welche Probleme sich in der Praxis stellen, ist mit wenigen Ausnahmen noch schwer abschätzbar, weil es – im Gegensatz zu den zahlreichen Veröffentlichungen in der Literatur – wenig publizierte gerichtliche Entscheidungen gibt. Angesichts der Streitwerte handelt es sich in der Regel um amtsgerichtliche Urteile. Höchstrichterliche Rechtsprechung ist selten. 839

Eine dritte Problemgruppe war und ist besonders streitträchtig. Es geht um **namens-, marken- und wettbewerbsrechtliche Auseinandersetzungen** zwischen verschiedenen Internetanbietern, zu denen neuerdings noch Streitigkeiten hinzutreten, die auf Datenbankrechten beruhen. Ganz besonders wichtig war hier das System der **Domain-Namen**, das eine Fülle von Streitigkeiten produziert hat. Aber auch neue Vertriebsformen im Internet haben Streitigkeiten hervorgerufen. Die große Zahl der Auseinandersetzungen ist ein Indikator für die wirtschaftliche Bedeutung des Internet und des e-commerce. Nachdem der BGH eine ganze Reihe von Grundsatzentscheidungen getroffen hat, lassen sich heute auch wichtige Leitlinien des geltenden Rechts darstellen. 840

II. Die Übermittlung von Willenserklärungen im Internet

Telekommunikationsdienste, insbesondere verschiedene Internet-Dienste werden zunehmend häufiger zur **Übermittlung von Willenserklärungen** benutzt, die sich auf ganz normale Geschäfte beziehen. Die einzige Besonderheit gegenüber den herkömmlichen Erklärungen liegt darin, dass diese Erklärungen über elektronische Übermittlungseinrichtungen übertragen werden, in einzelnen Fällen auch durch Datenverarbeitungsanlagen erzeugt und unmittelbar ohne Einschaltung von Menschen dem Erklärungsempfänger zugesandt werden. 841

1. Formprobleme

842 Die erste Frage, die sich in diesem Zusammenhang stellt, ist die, ob elektronisch übermittelte Erklärungen ausreichend sind, wenn eine bestimmte Willenserklärung **formgebunden** ist.[3]

843 Das gängigste Formerfordernis ist das der **Schriftform**. § 126 BGB regelt die Anforderungen an die Schriftform bei gesetzlichen Schriftformvorschriften. Ist im Gesetz die Schriftform vorgesehen, ist gemäß § 126 BGB erforderlich, dass der Erklärende seine Erklärung eigenhändig unterschreibt. Sogar das Überschreiben der Erklärung ist unzulässig.[4] Die Unterschrift muss unter dem Text stehen. Genügt die Erklärung nicht diesen Anforderungen, ist sie gemäß § 125 BGB nichtig. Die Urkunde mit der **eigenhändigen Unterschrift** des Erklärenden muss dem **Erklärungsempfänger** zugehen.[5]

Damit können telekommunikativ übermittelte Erklärungen dem gesetzlichen Schriftformerfordernis nicht genügen. Mit Hilfe von Telekommunikationsmitteln kann eine Originalurkunde jedenfalls nicht übermittelt werden.[6]

844 Allerdings enthält § 126 Abs. 3 BGB mittlerweile eine Sondervorschrift für Online-Erklärungen. Danach kann – soweit das Gesetz nicht im Einzelfall Abweichendes regelt – an Stelle der Schriftform die **elektronische Form** treten. Die Anforderungen dieser Form sind erfüllt, wenn der Aussteller der Erklärung dieser seinen Namen hinzufügt und das elektronische Dokument mit einer qualifizierten elektronischen Signatur nach dem Signaturgesetz (SigG) versieht.

---

[3] Zum Folgenden generell *Köhler*, in: Hübner u.a., Rechtsprobleme des Bildschirmtextes, S. 51 (65); *Swoboda*, Btx-Staatsvertrag, S. 19; *Rott*, NJW-CoR 1998, 420.

[4] BGHZ 113, 48; *Palandt-Heinrichs*, § 126 Rdn. 5; zu den entsprechenden Vorschriften der §§ 416, 440 Abs. 2 ZPO, vgl. BGB, BB 1991, 156 (157).

[5] *Palandt-Heinrichs*, § 126 Rdn. 11; *Buckenberger*, DB 1980, 289 (291).

[6] H.M. BGHZ 121, 224 = NJW 1993, 1126; NJW 1997, 3169; OLG Hamm, NJW 1991, 1185 f.; *Bizer*, in: Kröger/Kellersmann, Internet-Handbuch für Steuerberater und Wirtschaftsprüfer, S. 150 (166 ff.); *Brinkmann*, BB 1981, 1183 (1187); *Buckenberger*, DB 1980, 289 (291); *Florian*, in: Hübner u.a., Rechtsprobleme des Bildschirmtextes, S. 16 (32); *Köhler*, in: Hübner u.a., Rechtsprobleme des Bildschirmtextes, 1986, S. 51 (65); *Probandt*, UFITA 98 (1984), 9 (20 f.); *M. Schneider*, CR 1988, 868 (871 f.); *Kilian*, DuD 1993, 606 (608); *Ernst*, BB 1997, 1057; JuS 1997, 776 (777); *Geis*, NJW 1997, 3000 und in: Hoeren/Sieber (Hrsg.), Handbuch Multimediarecht, Abschn. 13.2 Rdn. 3; *Fringuelli/Wallhäuser*, CR 1999, 93 (95 f.); *Waldenberger*, in: Hoeren/Sieber (Hrsg.), Handbuch Multimediarecht, Abschn. 13.4, Rdn. 14; *Albrecht*, GRUR 1999, 649 (653) (zur Lizenzbereitschaftserklärung gem. § 23 PatG); *Metternich*, GRUR 2001, 647 (zum Markenrecht); OLG Hamburg, CR 1990, 463 für die Gegendarstellung im Presserecht; BGH NJW 1993, 1126 (1127); OLG Frankfurt, NJW 1991, 2154 f.; OLG Düsseldorf, NJW-RR 1995, 93 = BB 1994, 2101; LG München I, BB 1998, 2599 = NJW 1999, 2127 (zu § 7 Abs. 2 VerbrKrG); ArbG Gelsenkirchen, CR 1989, 823; a.A. wohl nur *Greulich*, DB 1954, 491 für Fernschreiben; OLG Düsseldorf, NJW 1992, 1050 für § 8 Nr. 5 VOB/B; OLG München, NJW 1990, 2895 zur Gegendarstellung sowie AG Köln, WuM 1992, 194 für eine Kündigung; *Hohenegg/Tauschek*, BB 1997, 1541 (1547); *Härting*, Internetrecht, Rdn. 100 für Verfahren nach dem SigG.

Der Begriff der **qualifizierten elektronischen Signatur** ist in § 2 Nr. 3 **845**
SigG[7] definiert. Um den Begriff zu verstehen, muss man freilich zunächst
den Begriff der **elektronischen Signatur** klären. Nach § 2 Nr. 1 SigG besteht eine elektronische Signatur aus Daten in elektronischer Form, die anderen elektronischen Daten beigefügt oder logisch mit ihnen verknüpft sind und die zur Authentifizierung dienen. Dies bedeutet: Irgendwelche Daten, die einem Text oder einem anderen elektronischen Dokument, z. B. einem Bild, beigefügt sind und auf den Verfasser hinweisen, sind elektronische Signaturen. Dazu gehören Unterschriften unter e-mails ebenso wie ein Verfassername, der von einem Bild auf einer Internetseite erst nach mehreren Links erreichbar ist.[8] Ob die Zuordnung der Unterschrift zum Text vom Namensträger stammt – ob er überhaupt an der Erstellung des elektronische Dokuments beteiligt war, all dies spielt an dieser Stelle noch keine Rolle. Demnach ist eine elektronische Signatur zwar ein Hinweis auf einen Verfasser, im Streitfall belegt sie aber gar nichts.

Dies ist anders bei den **qualifizierten elektronischen Signaturen**. Diese **846**
werden über eine hier nicht interessierende Zwischenstufe, die fortgeschrittene elektronische Signatur als elektronische Signaturen definiert, die
– ausschließlich dem Signaturschlüssel-Inhaber zugeordnet sind,
– die Identifizierung des Signaturschlüssel-Inhabers ermöglichen,
– mit Mitteln erzeugt werden, die der Signaturschlüssel-Inhaber unter seiner alleinigen Kontrolle halten kann,
– mit den Daten, auf die sie sich beziehen, so verknüpft sind, dass eine nachträgliche Veränderung der Daten erkannt werden kann,
– auf einem zum Zeitpunkt ihrer Erstellung gültigen qualifizierten Zertifikat beruhen und
– mit einer sicheren Signaturerstellungseinheit erzeugt werden.

In der eben dargestellten Definition sind wieder **weitere Begriffe** enthal- **847**
ten, die ebenfalls in § 2 SigG definiert sind. So definiert § 2 Nr. 9 SigG den Signaturschlüssel-Inhaber als natürliche Person, die einen oder mehrere Signaturschlüssel besitzt und der die zugehörigen Signaturprüfschlüssel durch qualifizierte Zertifikate zugeordnet sind. **Sichere Signaturschlüsseleinheiten** werden in § 2 Nr. 10 SigG als Software- oder Hardwareinheiten zur Speicherung und Anwendung des jeweiligen Signaturschlüssels definiert, die mindestens die Anforderungen nach § 17 oder § 23 SigG und der Vorschriften der SigV erfüllen und die für qualifizierte elektronische Signaturen bestimmt sind. **Qualifizierte Zertifikate** sind nach § 2 Nr, 6 und 7 SigG elektronische Bescheinigungen, mit denen Signaturprüfschlüssel einer Per-

---

[7] Zum Folgenden und zu anderen Problemen der elektronischen Signatur vgl. die umfassende Darstellungen bei *Roßnagel*, NJW 2001, 1817; *Schmidt*, CR 2002, 508 und *Bizer*, in: Kröger/Gimmy (Hrsg.), Handbuch zum Internet-Recht, S. 39ff.

[8] *Micklitz/Ebers*, VersR 2002, 641 (654); eher einschränkend auf eingescannte Unterschriften: *Schmidt*, CR 2002, 508 (510).

son zugeordnet werden und die Identität dieser Person bestätigt wird und die für natürliche Personen bestimmt sind, wenn sie die Voraussetzungen des § 7 SigG erfüllen und von Zertifizierungsdiensteanbietern ausgestellt werden, die mindestens die Anforderungen nach §§ 4–14 oder 23 SigG und den entsprechenden Vorschriften der SigV erfüllen. **Signaturprüfschlüssel** sind nach § 2 Nr. 5 SigG elektronische Daten wie öffentliche kryptografische Schlüssel, die zur Überprüfung einer elektronischen Signatur bestimmt sind. Signaturschlüssel sind nach § 2 Nr. 4 SigG einmalige elektronische Daten wie private kryptografische Schlüssel, die zur Erstellung einer elektronischen Signatur verwendet werden.

848 Wie man sieht, handelt es sich um eine **höchst komplexe juristisch-technisch gemischte Begriffswelt** mit zahlreichen Begriffen. Hinzu kommt, dass eine Reihe der hier dargestellten Begriffe in ihrer Subsumtion auf die einzelnen technischen Komponenten eines Signatursystems schwierige Zweifelsfragen aufwerfen. Dies gilt insbesondere für die Frage, welche einzelnen Komponenten eines solchen Systems zu der sicheren Signaturerstellungseinheit gehören, die den Anforderungen nach §§ 17 oder 23 SigG unterliegt.[9] Kein Anwender wird in seinem konkreten Fall prüfen können, ob die von ihm oder seinem Partner verwendete elektronische Signatur wirklich eine qualifizierte elektronische Signatur ist. Vielmehr muss er dem Anbieter der Technik trauen. Um dies zu erleichtern, hat das SigG für solche Anbieter die Möglichkeit geschaffen, sich freiwillig zu akkreditieren und damit eine auf Prüfung beruhende Bescheinigung vorzulegen, mit der der Nachweis der umfassend geprüften technischen und administrativen Sicherheit für auf den qualifizierten Zertifikaten des jeweiligen Anbieters beruhenden qualifizierten elektronischen Signaturen zum Ausdruck gebracht wird (§ 15 Abs. 1 S. 3 SigG).

Ohne eine solche Akkreditierung wird sich ein Anbieter kaum durchsetzen können. Ob sich das Konzept der qualifizierten elektronischen Signaturen wirtschaftlich überhaupt durchsetzen wird, muss man abwarten.[10] Dies setzt jedenfalls voraus, dass nicht nur Waren mit geringem Warenwert elektronisch bestellt werden.

849 Wird freilich eine qualifizierte elektronische Signatur verwendet, kann sie meist auch dort verwendet werden, wo das Gesetz Schriftform vorsieht.

Allerdings enthalten verschiedene Gesetze wieder Vorschriften, die **eine elektronische Form ausschließen**, z.B. bei der privaten Bürgschaft (§ 766 S. 2 BGB), dem Schuldversprechen (§ 780 S. 2 BGB) und dem Schuldanerkenntnis (§ 781 S. 2 BGB). Die praktische Bedeutung der elektronischen Form ist daher derzeit gering.

850 Im Handelsrecht gibt es weiterhin Formvorschriften, bei denen die Schriftform insbesondere das **Original** kennzeichnet. Bei elektronischen

---

[9] Dazu *Bovenschulte/Eifert*, DuD 2002, 76.
[10] Äußerst skeptisch *Bizer*, DuD 2002, 276.

Dokumenten kann es ein solches transportfähiges Original nicht geben. Die **Originalitätsfunktion** muss technisch neuartig substituiert werden. Davon geht auch das Mustergesetz der UNCITRAL aus.[11] Solche elektronischen Mittel sind aber für den breiten Einsatz noch nicht entwickelt worden. Neue internationale Überlegungen sehen daher die Anerkennung elektronischer Dokumente nur bei Vertragslösungen vor.[12]

Diese Aussage gilt generell für alle **Wertpapiere**. Digitale Dokumente können die Wertpapierfunktion, bei der ein Recht in einer Sache verbrieft wird, nicht erfüllen, weil es ihr digitaler Charakter ausschließt, das es ein identifizierbares Original gibt. Es daher keine digitalen Inhaberschuldverschreibungen nach § 793 BGB. Auch ist § 405 BGB bei digitalen Dokumenten nicht anwendbar. Ferner kommt ein gutgläubiger Erwerb des Rechts nach §§ 932 ff. BGB nicht in Betracht, wenn das Recht lediglich digital „verbrieft" ist.[13] Für sämtliche anderen Formvorschriften, wie etwa die **notarielle Beglaubigung**, die notarielle Beurkundung oder gar das eigenhändige Testament gilt das Gleiche. 851

Anders als bislang dargestellt ist es bei vertraglich **vereinbarter Schriftform** gelten. Hier besagt § 127 BGB lediglich, dass die Regelung des § 126 BGB im Zweifel gilt. In der Regel reicht hier aber auch die telekommunikative Übermittlung etwa per Fax aus (§ 127 Abs. 2 BGB). Ist vertraglich elektronische Form vereinbart, so reicht auch eine einfache Signatur aus, wenn nichts anderes vereinbart ist (§ 127 Abs. 3 BGB). In beiden Fällen kann nachträglich die Übermittlung eines den Vorschriften der §§ 126 oder 126a BGB entsprechenden Dokuments verlangt werden. § 127 BGB schweigt zu der Frage, ob bei einer vertraglich vereinbarten Schriftform auch die elektronische Form reicht. Man wird davon aber wegen des Verweises auf § 126 BGB in § 127 Abs. 1 BGB und der Regelung des § 126 Abs. 3 BGB, der wieder auf die elektronische Form verweist, ausgehen können. Dann gilt auch hier § 127 Abs. 3 BGB, so dass mangels abweichender Vereinbarung auch ein e-mail die vertragliche Schriftform erfüllt.[14] In vielen Fällen wird man diese Konsequenz wegen der Unsicherheit des Mediums ausschließen wollen. Dies sollte man dann explizit tun. Nach einer Entscheidung des OLG Frankfurt/a. M.[15] soll ein **Faxschreiben** auch dann ausreichend sein, wenn vertraglich ein **Einschreibebrief** verlangt wird. 852

Auch im Bereich strafbewehrter Unterlassungserklärungen kommt im übrigen eine telekommunikativ übermittelte Unterlassungserklärung in Betracht. Allerdings muss diese auf Anforderung schriftlich bestätigt werden.[16]

---

[11] Dazu *Clift*, IBL, Vol. 27 (1999), p. 31.
[12] Vgl. z. B. CMI, Draft Instrument on Transport Law, 10.12.01.
[13] *Oberndorfer*, CR 2002, 358.
[14] *Einsele* in MünchKomm, § 127, Rdn. 10.
[15] NJW-RR 1999, 455.
[16] BGH, CR 1990, 657 f. (LS).

853 Der Gesetzgeber hat im Übrigen mit der **Textform**[17] eine weitere neue Form eingeführt. Die Anforderungen der Textform sind erfüllt, wenn die Erklärung in einer Urkunde oder in einer anderen zur dauerhaften Wiedergabe der Schriftzeichen geeigneten Weise abgegeben, die Person des Erklärenden genannt und der Abschluss der Erklärung durch Nachbildung der Namensunterschrift oder auf andere Weise erkennbar gemacht wird (§ 126b BGB). Der Abschluss muss also nicht durch die Unterschrift erkennbar sein. Eine Formulierung wie „Textende" reicht, wenn der Erklärende auf anderem Wege erkennbar ist.[18] Eine per **Fax** übermittelte schriftliche Erklärung genügt diesen Anforderungen ohne weiteres. Nach allgemeiner Meinung genügt dieser Form aber auch das **e-mail**, wenn es den Aussteller erkennen lässt und einen klaren Abschluss hat. Das e-mail wird ja – zunächst auf dem Server des Providers des Adressaten und wenn dieser will auf seinem Rechner so abgespeichert, dass es dauerhaft lesbar ist.[19] Dass der Empfänger es löschen kann, ist unerheblich. Er kann ja auch einen Brief zerreißen oder verbrennen. Die bloße Möglichkeit, den Text von einer Website **herunterzuladen**, reicht für die Textform aber nicht.[20] Der Text muss im Übrigen in einem technischen Format zur Verfügung gestellt werden, dass der Kunde auch lesen kann. Verwenden dabei Sender und Empfänger unterschiedliche Textverarbeitungsprogramme, können gleiche elektronische Dateien unterschiedliche Texte repräsentieren.[21] Nicht absolut gängige Formate reichen daher nicht.[22] Ob eine Word-Datei ausreicht, ist wegen der Gefahr, die von Makros ausgehen, problematisch. Neben reinen e-mail-Texten im „txt"-Format kommen daher in erster Linie „rtf"-Dateien in Betracht.

2. Geschäftsabwicklung im Internet, insbesondere elektronische Willenserklärungen

854 Im **Internet** gibt es mittlerweile eine Fülle von **Geschäftsabschlüssen** – wenn auch weniger als in der Euphorie der vergangenen Jahre erwartet. Zu den juristischen Problemen dieser Geschäfte sind einige Anmerkungen nötig. Diese Anmerkungen beziehen sich auf Verträge, die mit Hilfe des

---

[17] Sehr kritisch zu dieser Form *Hähnchen*, NJW 2001, 2831 (2832f.): Form überflüssig.
[18] *Micklitz/Ebers*, VersR 2002, 641 (659); *Lütcke*, Fernabsatzrecht, § 312c, Rdn. 117; *Härting*, in: Redeker (Hrsg.), Handbuch der IT-Verträge, Abschn. 3.1, Rdn. 61; *Dörner*, AcP 202 (2002), 365 (393f.).
[19] *Micklitz/Ebers*, VersR 2002, 641 (656); *Lütcke*, Fernabsatzrecht, § 312c, Rdn. 113
[20] *Micklitz/Ebers*, VersR 2002, 641 (659); *Lütcke*, Fernabsatzrecht, § 312c, Rdn. 114; a.A. wohl *Hammel/Weber*, AGB, S. 47f.; OLG München, CR 2001, 401 = NJW 2001, 2263 noch zu § 8 Abs. 1 VerbrKrG.
[21] Vgl. *Gassen*, Elektronische Signatur, passim.
[22] So für „pdf"-Dokumente *Lütcke*, Fernabsatzrecht, § 312c, Rdn. 111, obwohl das entsprechende Leseprogramm recht leicht kostenfrei im Internet heruntergeladen werden kann.

e-mail-Dienstes geschlossen werden. Abgesehen von den Formproblemen handelt es sich dabei um ganz herkömmliche Verträge, die nur mit Hilfe eines neuen Kommunikationsmittels abgeschlossen werden. Betrachtet werden sollen Rechtsbeziehungen zwischen Personen, die sich elektronischer Bestellplattformen oder ähnlicher technischer Mittel entweder als Marketinginstrument oder zur Bestellung von Waren oder Dienstleistungen bedienen.

Geschäfte dort gehen in der Regel auf elektronische Kataloge oder ähnliche Werbung zurück, Diese Werbe- und Angebotsmedien stellen in aller Regel keine Willenserklärungen des Anbieters und damit auch keine Angebote im Rechtssinne dar, sondern lediglich eine „**invitatio ad offerendum**".[23] Mit seinem elektronischen Angebot will sich der Unternehmer noch nicht endgültig binden. Ob bei einem im Dialog zwischen Kunden und Rechner des Versandhandelsunternehmers zusammengestellten Warenkorb der letzte Warenkorb, an dessen Inhalt der Unternehmer bzw. sein Rechner intensiv beteiligt waren, abweichend von der Grundregel bereits ein Angebot des Unternehmers darstellt,[24] ist allerdings Frage des Einzelfalls. 855

Der Kunde füllt dann **elektronische Formulare** aus, die auf seine Veranlassung hin an das Unternehmen übermittelt werden. Evtl. sendet er auch e-mails ab. Diese Erklärungen des Kunden sind bindende Angebote, die letztendlich wie herkömmliche Willenserklärungen behandelt werden können, weil sie konkret von dem Erklärenden erstellt und abgeschickt wurden. 856

Nach dem Gesetz muss der Anbieter den **Eingang** dieser **Bestellung** unverzüglich auf elektronischem Wege **bestätigen** (§ 312e Abs. 1 Nr. 3 BGB[25]). Die Erklärung kann eine Annahme des Angebots des Kunden darstellen, muss dies aber nicht. Vorgeschrieben ist nur eine Empfangsquittung für die Bestellung des Kunden. 857

Meist ist allerdings die Annahme bereits in der Bestellung enthalten. Wenn nicht, kommt sie kurze Zeit später, manchmal modifiziert sie die Bestellung (z.B. wegen Lieferproblemen). Manchmal wird auch nur der Empfang bestätigt und mitgeteilt, dass die Bestellung bearbeitet wird. Dies ist

---

[23] *Waldenberger*, BB 1996, 2365; *Köhler*, NJW 1998, 185 (187); *Waltl*, in: Loewenheim/Koch (Hrsg.), Praxis des Online-Rechts, S. 179 (182); *Härting*, Internetrecht, Rdn. 88f.; *Dilger*, Verbraucherschutz, S. 31ff.; *Grigoleit*, NJW 2002, 1151 (1158); *Holzbach/Süßenberger*, in: Moritz/Dreier (Hrsg.), Rechts-Handbuch zum E-Commerce, Abschn. C, Rdn. 203ff.; AG Butzbach, CR 2002, 765 = NJW-RR 2003, 54; a.A. *Mehrings*, BB 1998, 2373 (2375) und in: Hoeren/Sieber (Hrsg.), Handbuch Multimediarecht, Abschn. 13.1 Rdn. 57; differenzierend: *Glatt*, Vertragsschluss im Internet, S. 40ff.; *Thot/Gimmy*, in: Kröger/Gimmy (Hrsg.), Handbuch zum Internet-Recht, S. 3 (5f.).

[24] So wohl *Holzbach/Süßenberger*, in: Moritz/Dreier (Hrsg.), Rechts-Handbuch zum E-Commerce, Abschn. C, Rdn. 266ff.

[25] Zu dieser Vorschrift näher unten Rdn. 895ff.

noch keine Annahme.²⁶ Ob bei Änderungen der Bestellung in der Annahme ein Vertrag zustande kommt, richtet sich nach den allgemeinen Regeln und bedarf daher hier keiner Diskussion.

Allerdings werden diese Erklärungen in der Regel ohne Beteiligung von Menschen auf der Seite des Anbieters von seiner EDV-Anlage erstellt und an den Kunden übermittelt.

858 Dogmatisch spannend ist die Frage, **ob solche Erklärungen, sog. elektronische Willenserklärungen** wenn sie eine Annahme darstellen, den Betreibern **der Datenverarbeitungsanlage** als deren eigene **Willenserklärung** zugerechnet werden können. Vom Grundsatz her soll eine Willenserklärung dann vorliegen, wenn ein Mensch durch sie willentlich rechtlich verbindliche Aussagen trifft. Im oben geschilderten Fall ist aber ist aber in vielen Fällen für alle Beteiligten klar erkennbar, dass auf Seiten des Unternehmens bei der Abgabe der konkreten Erklärung keine menschliche Person beteiligt ist. Dies gilt aber auch für andere Fälle wie z. B. bei Bestellungen eines Lagerverwaltungsprogramms, wenn das jeweilige Verfahren zwischen den beteiligten Partnern entsprechend vereinbart ist. Dennoch ist praktisch unstreitig, dass die elektronische Willenserklärung dem Betreiber der elektronischen Datenverarbeitungsanlage als dessen Willenserklärung zugerechnet wird. Die Begründungen für diese Zurechnung sind freilich unterschiedlich.²⁷ Dieses Ergebnis gilt auch für sogenannte Bietagenten, d. h. Bietprogramme bei Internetauktionen. Wer solche Bietprogramme einsetzt, ist an deren Gebote gebunden.²⁸

859 Geht man davon aus, dass es sich um Willenserklärungen handelt, gelten für diese Willenserklärungen auch die **Anfechtungsregeln**.²⁹ Soweit es dabei um Irrtumsanfechtungen geht, stellt sich das Problem, wessen Irrtum überhaupt beachtlich ist. Ein Irrtum der Datenverarbeitungsanlage als solcher ist schon theoretisch nicht denkbar, so dass es nur auf einen Irrtum des Betreibers ankommen kann, aufgrund dessen die Datenverarbeitungsanlage eine Erklärung abgibt, die nicht den grundsätzlichen Vorgaben ihres Betreibers

---

²⁶ AG Butzbach, CR 2002, 765 (766) = NJW-RR 2003, 54 (55).
²⁷ Vgl. z. B. *R. Schmitt*, AcP 166 (1966), 1 (21); *Köhler*, in: Hübner u. a., Rechtsprobleme des Bildschirmtextes, S. 51 (351); *Redeker*, NJW 1984, 2390 (2392); *Kohl*, in: Scherer (Hrsg.), Telekommunikation und Wirtschaftsrecht, S. 91 (96f.); *Paefgen*, Bildschirmtext, S. 18; *Geis*, NJW 1997, 3000; *Härting*, Internetrecht, Rdn. 59; ausgiebig dargestellt bei Kuhn, Rechtshandlungen, S. 54 ff.; *Mehrings*, MMR 1998. 30 (31) und in: Hoeren/Sieber (Hrsg.), Handbuch Multimediarecht, Abschn. 13.1, Rdn. 33 ff.; *Fringuelli/Wallhäuser*, CR 1999, 93; *Glatt*, Vertragsschluss im Internet, S. 32 f.; *Dilger*, Verbraucherschutz, S. 19 f.; *Hähnchen*, NJW 2001, 2831 (2833); *Holzbach/Süßenberger*, in: Moritz/Dreier (Hrsg.), Rechts-Handbuch zum E-Commerce, Abschn. C, Rdn. 82 ff.; a. A. lediglich *Möschel*, AcP 186 (1986), 187 (196); *Clemens*, NJW 1985, 1998 (2001).
²⁸ AG Hannover, NJW-RR 2002, 131.
²⁹ Zum Folgenden vgl. auch die ausführliche Darstellung bei *Kuhn*, Rechtshandlungen, S. 140 ff.

entspricht und daher von ihm eigentlich nicht abgegeben werden sollte. Ein solch **fehlerhafte Erklärung** kann auf **Hardwarefehler**, insbesondere aber auf **Programmierfehler** und auf **Fehler bei der** Eingabe von Daten zurückzuführen sein. Was Programmier- und Hardwarefehler betrifft, so handelt es sich in beiden Fällen um Fehler, die in den Bereich der Erklärungsvorbereitung fallen. Mit der unmittelbaren Erklärung haben sie nichts zu tun. Vielmehr ist die vorhandene Hardware mangelhaft oder die vorhandene Programmierung falsch. Fehler bei der Erklärungsvorbereitung als solcher berechtigen aber nicht zur Anfechtung, so dass eine fehlerhafte Programmierung oder eine fehlerhafte Hardware keine Anfechtungsgründe liefern. Im Prinzip sind die Fälle dem **Kalkulationsirrtum** vergleichbar, der nach außen hin nicht erkennbar ist.[30]

Soweit Daten falsch eingegeben werden, muss man unterscheiden, ob diese Daten vom Erklärenden bzw. seinem Personal falsch eingegeben werden oder ob der Erklärungsempfänger diese Daten selbst eingegeben hat, ein Fall, der im Bereich von Internetbestellungen durchaus denkbar erscheint. Im ersten Fall liegt wiederum ein Fehler in der Erklärungsvorbereitung vor, der zu keiner Anfechtung berechtigt, es sei denn, der Computer wird nur zur Textverarbeitung benutzt.[31] In diesem Fall liegt ein Erklärungsirrtum vor, der zur Anfechtung berechtigt.[32] Dieses Ergebnis entspricht auch dem Ergebnis, das bei einem verdeckten Kalkulationsirrtum vertreten wird.

Gibt der **Erklärungsempfänger die Daten selbst falsch ein**, so ist zunächst zu prüfen, ob diese Teil einer verbindlichen Erklärung sind. Sollte dies der Fall sein, besteht im Hinblick auf die elektronische Willenserklärung keine Anfechtungsmöglichkeit. Dafür besteht auch kein Bedarf, da diese Erklärung dem Angebot des Erklärungsempfängers entspricht. Dieser kann möglicherweise seinerseits seine Erklärung anfechten mit der Folge, dass der Vertrag auf diesem Wege entfällt.

860

Sollten die eingegebenen **Daten** nicht Teil einer verbindlichen Erklärung des jetzigen Erklärungsempfängers sein, sondern nur unverbindliche Vorabinformationen, so ist die Lage jedenfalls dem des offenen Kalkulationsirrtums vergleichbar. Die fehlerhaften Daten, auf denen die fehlerhafte Erklärung beruht, sind dem Erklärungsempfänger bekannt. In diesem Fall

---

[30] Wie hier *R. Schmidt*, AcP 166 (1966), 1 (21); *Köhler*, AcP 182 (1982), 126 (135); ebenso in: Hübner u.a., Rechtsprobleme des Bildschirmtextes, S. 51 (55); *Paefgen*, Bildschirmtext, S. 51; *Mehrings*, MMR 1998, 30 (32) und in: Hoeren/Sieber (Hrsg.), Handbuch Multimediarecht, Abschn. 13.1, Rdn. 98 ff.; *Härting*, Internetrecht, Rdn. 107; a. A. *R. Schmidt*, AcP 166 (1966), 1 (21 f.) für den Fall von Hardwarefehlern.
[31] Ebenso *Köhler*, AcP 182 (1982), 126 (135 ff.); AG Frankfurt, CR 1990, 469; LG Frankfurt/M., CR 1997, 738; a.M. *Zuther*, Auswirkungen, S. 116; *Mehrings*, MMR 1998, 30 (31 f.); AG Bad Homburg, NJW-RR 2202, 1282.
[32] Ähnlich OLG Hamm, NJW 1993, 2321; *Mehrings*, in: Hoeren/Sieber (Hrsg.), Handbuch Multimediarecht, Abschn. 13.1, Rdn. 58 f.

besteht eine **Anfechtungsmöglichkeit wegen Irrtums**. Sollten die Daten absichtlich falsch eingegeben worden sein, so besteht daneben eine Anfechtungsmöglichkeit in analoger Anwendung des § 123 BGB.[33]

Insgesamt ergibt sich, dass Anfechtungsmöglichkeiten bei elektronischen Willenserklärungen nur relativ selten bestehen dürfen.

3. Weitere Wirksamkeitsvoraussetzungen

a) Zugang

861 Auch auf eine Reihe weiterer Wirksamkeitsvoraussetzungen von Willenserklärungen hat der Einsatz von elektronischen Übermittlungsorganen Auswirkungen.

Eine erste solcher Voraussetzung ist die des **Zugangs**. Bekanntlich ist eine Willenserklärung erst ab Zugang wirksam und bindet erst ab diesem Zeitpunkt den Erklärenden. Dabei unterscheidet das BGB zwischen Willenserklärungen **unter Anwesenden** und **Willenserklärungen unter Abwesenden**. Auf den ersten Blick scheint es so, dass Willenserklärungen, die mit Hilfe von Telekommunikationsmitteln abgegeben werden, Willenserklärungen unter Abwesenden sind. Allerdings kennt schon der Gesetzestext Ausnahmen. § 147 Abs. 1 Satz 2 BGB setzt nämlich eine Willenserklärung von Person zu Person voraus, die telefonisch oder auf anderem technischen Weg übertragen wird, jedenfalls für den Fall einer Annahmefrist einer Willenserklärung unter Anwesenden gleich. Damit werden in einem Fall telekommunikativ übermittelte Willenserklärungen ausdrücklich wie Willenserklärungen unter Anwesenden behandelt.

Diese Vorschrift lässt sich aber nur in ganz geringem Umfang auf andere telekommunikativ abgegebene Erklärungen verallgemeinern. Sie bezieht sich nämlich ausdrücklich nur auf **Erklärungen von Person zu Person** und geht außerdem von einer Lage aus, in der klar ist, dass eine unmittelbare persönliche Gesprächssituation besteht.

862 Diese Situation ist in nahezu allen anderen Fällen elektronisch übermittelter Erklärungen nicht gegeben. Eine Ausnahme wird von der Literatur zunächst für die Fälle gemacht, wo auf Seiten des **Erklärungsempfängers** eine **Datenverarbeitungsanlage** beteiligt ist, die schon nach ihrer Bestimmung jederzeit auf die Erklärungen des Geschäftspartners reagieren soll und muss. Dann wird von einer Erklärung unter Anwesenden ausgegangen.[34] Dennoch wird man aber auch in diesem Fall von einer **Erklärung unter**

---

[33] Direkt ist diese Vorschrift nicht anwendbar, weil kein Mensch getäuscht wird; vgl. auch *Holzbach/Süßenberger*, in: Moritz/Dreier (Hrsg.), Rechts-Handbuch zum E-Commerce, Abschn. C, Rdn. 107 f.

[34] So *Köhler*, in: Hübner u. a., Rechtsprobleme des Bildschirmtextes, S. 51 (54, 57); ähnlich auch *Brinkmann*, NJW 1981, 1183 (1185), aufgegeben in: ZUM 1985, 337 (339).

Abwesenden ausgehen müssen. Eine Erklärung unter Anwesenden ist nämlich dann zugegangen, wenn sie vom Erklärungsempfänger verstanden wird. Schon vom Begriff her dürfte es kaum möglich sein, eine solche Aussage für eine EDV-Anlage zu treffen. Sie führt zu komplizierten Problemen der inneren Gestaltung von Datenverarbeitungsanlagen und letztendlich auch dem grundsätzlichen Problem der Gleichsetzung von Mensch und Maschine. Die Situation des „Dialogs" mit einer EDV-Anlage ist eine ganz andere als die Situation eines Dialogs mit einem anderen Menschen. Daher ist eine Erklärung, die über Telekommunikationsmittel gegenüber einer Datenverarbeitungsanlage abgegeben wird, immer eine **Erklärung unter Abwesenden**.[35] **Anderes** gilt bei telekommunikativ abgegebenen Erklärungen **nur für den Fall**, dass ein **unmittelbarer Dialog zwischen Menschen** stattfindet, der einem persönlichen Gespräch zwischen Menschen vergleichbar ist.[36]

Im Bereich des **Internet** ist eine solche Kommunikation **möglich**. Wichtig ist aber, dass diese Kommunikation tatsächlich aktuell stattfindet und nicht nur unter normalen Umständen stattfinden kann oder stattfinden wird. Dies ist z. B. im Bereich von Chatdiensten gängig.[37] Diese werden aber in aller Regel nicht zum Vertragsschluss benutzt. Dagegen gibt es eine solche Kommunikationssituation im e-mail-Verkehr nicht, zumal e-mails nicht unbedingt sofort zugehen.[38] Rein praktisch dürfte daher im Bereich des Internet nur selten eine rechtlich verbindliche Willenserklärung unter Anwesenden vorliegen.[39]

Willenserklärungen unter Abwesenden gehen dann zu, wenn sie so in den Herrschaftsbereich des Empfängers gelangen, dass dieser sie zur Kenntnis nehmen kann und unter den üblichen Umständen von ihm auch erwartet werden kann, dass er sie zur Kenntnis nimmt.[40]

Wann dieser Zeitpunkt gegeben ist, hängt naturgemäß stark von den Umständen des Einzelfalls ab. Sicher ist, dass die Erklärung beim Empfänger eingehen muss. Eingang ist dabei sicher der Zugang auf dem eigenen Rechner. Im Bereich des **e-mail** ist es aber der Regelfall, dass das **Postfach**, das

---

[35] *Glatt*, Vertragsschluss im Internet, S. 39 f.
[36] Wie hier *Kohl*, in: Scherer (Hrsg.), Telekommunikation und Wirtschaftsrecht, S. 91 (95); wohl auch *Rott*, NJW-CoR 1998, 422; ähnlich *Fringuelli/Wallhäuser*, CR 1999, 93 (97 f.); *Mehrings*, in: Hoeren/Sieber (Hrsg.), Handbuch Multimediarecht, Abschn. 13.1, Rdn. 69 ff.; *Thot/Gimmy*, in: Kröger/Gimmy (Hrsg.), Handbuch zum Internet-Recht, S. 3 (7).
[37] *Glatt*, Vertragsschluss im Internet, S. 37 f.; *Dilger*, Verbraucherschutz, S. 24; *Holzbach/Süßenberger*, in: Moritz/Dreier (Hrsg.), Rechts-Handbuch zum E-Commerce, Abschn. C, Rdn. 178; a. A. *Dörner*, AcP 202 (2002), 363 (373 f.): Erklärung unter Abwesenden.
[38] *Glatt*, Vertragsschluss im Internet, S. 35 f.
[39] Ebenso *Hoeren*, in: Computerrechtshandbuch, Abschn. 143 Rdn. 10; *Ernst*, BB 1997, 1057; *Geis*, NJW 1997, 3000; *Mehrings*, MMR 1998, 30 (32 f.); *Härting*, Internetrecht, Rdn. 74 ff.; *Micklitz/Ebers*, VersR 2002, 641 (644).
[40] H. M. z. B. MünchKomm *Förschler*, § 130 Rdn. 10 mwN; *Ebnet*, NJW 1992, 2985 (2990).

als E-Mail-Adresse unterhalten wird, gar nicht auf dem Rechner des Anwenders liegt, sondern auf dem Rechner des Internet-Providers. Soweit die **E-Mail-Adresse mit Kenntnis** des Adressaten bekannt geworden ist, dürfte der **Zugang dort** ausreichen.[41] Problematisch ist freilich die Situation dann, wenn aufgrund technischer Störungen der Zugang zu diesem Rechner des Providers nicht gegeben ist. Es bleibt offen, ob unter diesen Umständen schon ein Zugang mit Ablage auf dem Provider-Rechner angenommen wird, selbst wenn technisch für den Empfänger gar keine Möglichkeit besteht, auf diesen Speicher überhaupt zuzugreifen oder ob ein Zugang in diesem Fall nicht angenommen wird. Der Fall ist auch nicht vergleichbar mit einem zerstörten oder blockierten Briefkasten in einem Mehrfamilienhaus oder großen Geschäftshaus. Die technische Störung muss nämlich vom Empfänger noch nicht einmal bemerkt werden. Allerdings merkt auch der Absender diese Störung nicht. Wem das Risiko solcher Störungen hier zumutbar wird, muss daher als offen bezeichnet werden. Jedenfalls für den Geschäftsverkehr liegt es nahe, sie dem Empfänger zuzumuten, der ja die E-Mail-Adresse auf dem Provider-Rechner eröffnet und der Allgemeinheit bekannt gegeben hat. Ob dies auch für Privathaushalte so gilt, ist offen, jedenfalls, solange die entsprechenden Problematiken noch gar nicht im Bewusstsein der Öffentlichkeit existieren.[42]

865 Eine zweite Frage ist, wie oft ein solches elektronisches Postfach **kontrolliert werden muss**. Bei den heutigen geschäftlichen Gebräuchen mit den zahlreichen elektronischen Postfächern muss man von dem **Unternehmer,** der ein solches Postfach unterhält und die Anschrift bekannt gibt, erwarten, dass er den Eingang mehrfach täglich kontrolliert jedenfalls, falls es sich um ein berufliches e-mail-Postfach handelt. Sicherlich muss dies nicht stündlich geschehen. **Jedenfalls unmittelbar vor Büroschluss sollte und muss eine solche Kontrolle** erfolgen. Allerdings bedeutet dies nicht, dass ein sofortiger Zugang erfolgt. Vielmehr wird man von einem Zugang am gleichen Tag ausgehen müssen.[43] Wird eine Erklärung zur Nachzeit, am Wochenende oder

---

[41] So schon OLG Köln, NJW 1990, 1608 = CR 1990, 323; ebenso *Franguelli/Wallhäuser*, CR 1999, 93 (99); *Moritz*, CR 2000, 61 (63); *Mehrings*, in: Hoeren/Sieber, Handbuch Multimediarecht, Abschn. 13.1, Rdn. 78; *Ultsch*, NJW 1997, 3007 (3008); *Härting*, Internetrecht, Rdn. 78 ff. für geschäftliche e-mail-Adressen; *Dilger*, Verbraucherschutz, S. 26 f.; a. A. *Waltl*, in: Loewenheim/Koch (Hrsg.), Praxis des Online-Rechts, S. 179 (184).

[42] I. E. ähnlich *Ultsch*, NJW 1997, 3007 (3008 f.); *Härting*, Internetrecht, Rdn. 78 ff.; *Holzbach/Süßenberger*, in: Moritz/Dreier (Hrsg.), Rechts-Handbuch zum E-Commerce, Abschn. C, Rdn. 154 ff. unterscheiden zwischen Störungen vor und nach der Speicherung der E-mails; strenger auch für Privatleute OLG Köln, NJW 1990, 1608 = CR 1990, 323; ausgiebig: *Dörner*, AcP 202 (2002), 363 (369 ff.).

[43] LG Nürnberg-Fürth, NJW-RR 2002, 1721; *Ernst*, BB 1997, 1057; *Geis*, NJW 1997, 3000 (Zugang bei Büroschluss); *Mehrings*, MMR 1998, 30 (33) und in: Hoeren/Sieber (Hrsg.), Handbuch Multimediarecht, Abschn. 10 f., Rdn. 10 f.; *Moritz*, CR 2000, 61 (63); *Glatt*, Vertragsschluss im Internet, S. 63; *Holzbach/Süßenberger*, in: Moritz/Dreier (Hrsg.), RechtsHandbuch zum E-Commerce, Abschn. C, Rdn. 169;

an Feiertagen im elektronischen Postfach abgelegt, geht sie erst am nächsten Arbeitstag zu.

Bei **Privatleuten** ist schon die Frage, wann eine e-mail-Adresse überhaupt zum Empfang rechtlich relevanter Erklärungen bestimmt ist, offen.[44] Auch hier muss man eine aktive Bekanntgabe der e-mail-Adresse durch den Empfänger erwarten – und zwar im Geschäftsverkehr. Die bloße Bekanntmachung auf dem Briefkopf des privaten Briefpapiers reicht nicht ohne weiteres. Es muss klar sein, dass das e-mail nicht nur für soziale, sondern auch für rechtlich verbindliche Erklärungen bereit gehalten wird.[45] Kann man aus einer solchen Bekanntgabe darauf schließen, dass die e-mail-Adresse für den Geschäftsverkehr eröffnet ist, wird in der Literatur teilweise von längeren Abrufzeiten ausgegangen.[46] Falsch ist es jedenfalls, bei Privatleuten anzunehmen, dass ihnen zugegangenen e-mails in aller Regel zwischen 9.00 Uhr und 18.00 Uhr abgerufen werden. Dies geht in vielen Fällen nicht – insbesondere bei privaten e-mail-Anschlüssen, die nur vom heimischen PC abgerufen werden können.[47] Ist die e-mail-Adresse von Privatleuten nicht für geschäftliche Erklärungen bestimmt worden, gehen solche Erklärungen nur dann zu, wenn sie der Empfänger abruft und liest.[48]

866

Im Übrigen muss auch die e-mail samt Anhängen in einem **Format** übermittelt werden, von dem der Absender annehmen kann, dass der Empfänger es mit seinen technischen Mitteln **lesen kann**.[49]

867

Der Gesetzgeber geht für die Fälle des § 312e Abs. 1 S. 2 BGB vom Zugang dann aus, wenn die Partei, für die sie bestimmt ist, sie unter gewöhnlichen Umständen abrufen kann. Damit soll nach dem Willen des Gesetzgebers und der h. M.[50] erreicht werden, dass auch für diese Erklärungen das

868

Dörner, AcP 202 (2002), 363 (368); ähnlich, aber noch einschränkender *Schneider*, CR 1988, 868 (872); *Hoeren*, in: Computerrechtshandbuch, Abschn. 143 Rdn. 8; übertrieben OLG Köln, CR 1990, 323 (324) = NJW 1990, 1608 für einen Zugang im Rahmen von Btx am 31. 12. um 11.37; die Entscheidung ist unter heutigen Gesichtspunkten generell nicht haltbar; *Micklitz/Ebers*, VersR 2002, 641 (644); *Dilger*, Verbraucherschutz, S. 28 f.; wohl auch *Berger*, NJW 2001, 1530 (1534); *Hoeren*, Grundzüge, S. 190 und *Thot/Gimmy*, in: Kröger/Gimmy (Hrsg.), Handbuch zum Internet-Recht, S. 3 (9 f.) gehen während der Geschäftszeiten vom sofortigen Zugang aus.

[44] Sehr zurückhaltend: *Dörner*, AcP 202 (2002), 363 (368).
[45] *Schmitz/Schlatmann*, NVwZ 2002, 1281 (1285).
[46] *Micklitz/Ebers*, VersR 2002, 641 (644): alle 2–3 Tage; *Glatt*, Vertragsschluss im Internet, S. 63; *Dilger*, Verbraucherschutz, S. 29; *Hoeren*, Grundzüge, S. 190 und *Holzbach/Süßenberger*, in: Moritz/Dreier (Hrsg.), Rechts-Handbuch zum E-Commerce, Abschn. C, Rdn. 169, 262: Zugang am Tag nach dem Eingang.
[47] Wie hier *Thot/Gimmy*, in: Kröger/Gimmy (Hrsg.), Handbuch zum Internet-Recht, S. 3 (9); a. A. *Lüttcke*, Fernabsatzrecht, § 312c, Rdn. 122.
[48] *Dörner*, AcP 202 (2002), 363 (368).
[49] *Dörner*, AcP 202 (2002), 363 (373 f.); *Schmitz/Schlatmann*, NVwZ 2002, 1281 (1285 f.); vgl. oben Rdn. 853.
[50] So ausdrücklich *Grigoleit*, NJW 2002, 1151 (1158); *Micklitz/Ebers*, VersR 2002, 641 (645): Zugang nach spätestens 24 Stunden zu fingieren; wohl auch *Glatt*, Ver-

allgemeine Zugangsrecht gilt. Dies kommt im Wortlaut des Gesetzes freilich nur rudimentär zum Ausdruck, weil der Adressat die Erklärung technisch immer abrufen kann und außerdem die Einschränkung auf den deutschen Zugangsbegriff in der e-commerce-Richtlinie, die diese Regelung umsetzt, nicht enthalten ist. Gerade im Hinblick auf diese Richtlinie wird man eher davon ausgehen müssen, dass die Erklärungen, um die es in dieser Vorschrift geht, auch des Nachts sofort zugehen. Diese Regelung gilt aber nur für bestimmte Erklärungen im Rahmen des elektronischen Geschäftsverkehrs und nicht generell.

Das Vorstehende gilt sinngemäß auch bei dem Eingang auf dem eigenen Rechner. Geht allerdings eine Erklärung auf Empfängerseite bei einer Datenverarbeitungsanlage ein und ist das System so eingerichtet, dass solche Erklärungen von der Datenverarbeitungsanlage entweder sofort selbst verarbeitet werden oder unmittelbar eine Meldung an einen Sachbearbeiter erfolgt, so kann man von einem sofortigen Zugang ausgehen. Gerade bei Bestellungen im Internet kommt dieser Fall oft vor.[51]

869 Streng genommen müsste man im Übrigen bei **einer Erklärung, die in eine Datenverarbeitungsanlage eingeht,** zunächst noch fragen, ob überhaupt ein Zugang gegeben ist, weil der Zugang nach den gesetzlichen Regelungen explizit den Zugang bei Menschen voraussetzt (vgl. §§ 130, 131 BGB). Man wird aber zwanglos davon ausgehen können, dass derjenige, der eine Datenverarbeitungsanlage so programmiert und installiert, dass sie für ihn Willenserklärungen empfangen kann, damit einverstanden ist, dass von diesem Erfordernis eines Zugangs abgesehen werden kann, er also insoweit auf den Zugang verzichtet hat.[52]

Bei einem sofortigen Zugang einer Willenserklärung scheiden Widerrufsmöglichkeiten – außer im Bereich des Verbraucherrechts – aus.

b) Annahme

870 Eng mit der Frage des Zugangs ist die Frage der **Annahme** eines Angebots verbunden. Eine solche Annahme ist nur dann rechtzeitig und der Vertrag damit zustande gekommen, wenn sie innerhalb einer sogenannten Annahmefrist erfolgt. Für den Bereich der Erklärung unter Anwesenden ist es sogar so, dass die Erklärung nur sofort angenommen werden kann. Bei der Erklärung unter Abwesenden bemisst sich die Annahmefrist danach, in welchen Zeitraum mit dem Eingang der Antwort unter regelmäßigen Umständen gerechnet werden kann (§ 147 Abs. 2 BGB). Bei Verwendung der Telekommunikation wurde in der Literatur jedenfalls in der Vergangenheit

---

tragsschluss im Internet, S. 95; *Lütcke,* Fernabsatzrecht, § 312 e, Rdn. 50 nimmt einen sofortigen Zugang nur zwischen 9 und 18 Uhr an.
[51] *Dilger,* Verbraucherschutz, S. 29 f.; *Holzbach/Süßenberger,* in: Moritz/Dreier (Hrsg.), Rechts-Handbuch zum E-Commerce, Abschn. C, Rdn. 174 ff.
[52] Ebenso für das EDI–Verfahren *Kilian,* DuD 1993, 606 (607).

weitgehend die Meinung vertreten, eine **Annahme** müsste hier **besonders rasch erfolgen.** Dies lag zum einen daran, dass die sogenannte Überlegungsfrist, die Zeit, die zur Überlegung eines Angebots eingeräumt wird, bei Verwendung von Telekommunikationsmitteln zur Übermittlung von Erklärungen besonders kurz bemessen wurde, weil die Verwendung solcher Telekommunikationsmittel eine besondere Eilbedürftigkeit des Geschäfts erkennen ließe. Darüber hinaus wird noch eine sogenannte Korrespondenz der Beförderungsmittel vertreten, d. h., es wird verlangt, dass auch die Annahme auf dem Wege der Telekommunikation mit gleicher Geschwindigkeit erklärt wird.[53] Diesen Überlegungen kann nur teilweise gefolgt werden. Hinsichtlich der Überlegungsfrist mag in früheren Zeiten der Eingang einer elektronisch übermittelten Erklärung eine besondere Eilbedürftigkeit angezeigt haben. Dies gilt angesichts der massenweisen Verbreitung dieses Übermittlungsmittels für alle möglichen Erklärungen, von denen der Großteil nicht eilbedürftig ist, heute generell nicht mehr. Sowohl Telefax als auch E-Mail wird von denen, die diese Mittel einsetzen, für Erklärungen jeder Art benutzt, sei es, weil die unmittelbare Erklärung vom PC-Arbeitsplatz aus leichter fällt, sei es aus Kostengründen.[54] **Die Verwendung solcher Telekommunikationsmittel indiziert daher nicht mehr, dass auf ein damit übermitteltes Angebot besonders schnell geantwortet werden muss.** Dies dürfte nur dann gelten, wenn sich aus dem Angebot die besondere Eilbedürftigkeit ergibt oder zwischen den Parteien bestimmte Reaktionsfristen üblich oder vereinbart sind. Eine rasche Reaktion ist auch dann zu erwarten, wenn eine Bestellung beim Rechner des Vertragspartners aufgegeben wird und dieser von sich aus das Angebot annimmt.

Anders ist dies wohl mit der **Korrespondenz der Beförderungsmittel.** Es spricht viel dafür, dass zumindest Antworten oder Reaktionen auf elektronischem Wege sinnvoll sind und sich aus den üblichen Brieflaufzeiten ergebende längere Antwortfristen nicht toleriert werden können. Allerdings ist auch dies von den Umständen des Einzelfalls abhängig. Generelle Regelungen wird man hier nicht ohne weiteres annehmen können. Eine generelle Korrespondenz der Beförderungsmittel in dem Sinne, dass eine elektronisch übermittelte Erklärung nur elektronisch beantwortet werden kann, gibt es im deutschen Recht nicht.[55]

---

[53] Vgl. z. B. *Bartl,* DB 1982, 1097 (1100); *Köhler,* in: Hübner u. a., Rechtsprobleme des Bildschirmtextes, S. 51 (57 f.); *Kohl,* in: Scherer (Hrsg.), Telekommunikation und Wirtschaftsrecht, S. 91 (95 f.).

[54] *Glatt,* Vertragsschluss im Internet, S. 59; vgl. dazu auch OLG Hamm, NJW 1991, 1185 (1186).

[55] A.A. insoweit *Kohl,* in: Scherer (Hrsg.), Telekommunikation und Wirtschaftsrecht, S. 91 (95); *Brinkmann,* BB 1981, 1183 (1185); *Köhler,* in: Hübner u. a., Rechtsprobleme des Bildschirmtextes, S. 51 (57); *Härting,* Internetrecht, Rdn. 90; *Glatt,* Vertragsschluss im Internet, S. 59; differenzierend *Paefgen,* Bildschirmtext, S. 31 f.; ähnlich wie hier *Kuhn,* Rechtshandlungen, S. 114 ff.

4. Handeln unter fremden Namen

872 Der Einsatz von Telekommunikationsmitteln reizt dazu, sich **fremder Namen zur Abgabe** von Willenserklärungen **zu bedienen**. Ein alt bekanntes Beispiel sind die scherzhaften Bestellungen mittels Telefon, durch die z. B. Abiturienten ihrem ehemaligen Klassenlehrer etwas absonderliche Güter vor die Tür laden ließen. Dennoch können solche Fälle auch zu sehr ernst zu nehmenden Problemen führen.

873 Dabei ist mit der herrschenden Meinung davon auszugehen, dass auch für solche Erklärungen unter falschem Namen die **Regeln über die Stellvertretung analog** anwendbar sind, da den beteiligten Parteien gerade an einem Geschäft mit demjenigen gelegen ist, dessen Name benutzt wird.[56] Generell kommt damit ein Vertrag mit dem Namensinhaber nur dann zustande, wenn dieser dem Handelnden die Erlaubnis zur Verwendung seines Namens für die Abgabe der zum Vertrage führenden Willenserklärung erteilt hat oder diese Verwendung nachträglich genehmigt (§ 177 Abs. BGB). Gibt es keine Erlaubnis oder Genehmigung, gibt es keinen Vertrag mit dem Namensinhaber. Vielmehr haftet der unberechtigt Handelnde dem Dritten auf Erfüllung oder Schadensersatz (§ 179 Abs. 1 BGB).

Allerdings gilt für den Fall, dass Familienangehörige tätig werden, die Besonderheit, dass **Kinder unter 7 Jahren** auf diese Weise ihre Eltern nicht verpflichten können, weil sie selbst als bevollmächtigte Stellvertreter keine Erklärungen abgeben können (§ 104 Nr. 1, § 105 Abs. 1 BGB). Bei **Kindern unter 18 Jahren** greift die Vertreterhaftung nicht ein, weil sie nicht unbeschränkt geschäftsfähig sind (§ 179 Abs. 3 Satz 2 BGB). Bei **Ehegatten** haften, soweit es sich um Geschäfte handelt, die zur Deckung des Lebensbedarfs dienen, beide, egal, wer die Erklärungen abgegeben hat (§ 1357 BGB).

Die Haftung aus **§ 179 Abs. 1 BGB** wird darüber hinaus in vielen Fällen der fehlerhaften Verwendung eines fremden Namens nicht greifen, weil der Handelnde nicht gefunden werden kann.

874 Demgemäss besteht auf Seiten des Erklärungsempfängers ein Interesse daran, **den Namensträger haften zu lassen**. Man wird Rechtsscheinsregeln anwenden können, soweit das benutzte Telekommunikationssystem besondere Sicherungssysteme bereitstellt, die zu einer Identifizierung des jeweils Handelnden führen, dementsprechend sicher sind und auch tatsächlich benutzt wurden. Ohne solche Systeme haftet der Namensträger nie. Umge-

---

[56] So auch *Köhler,* in: Hübner u. a., Rechtsprobleme des Bildschirmtextes, S. 51 (61 ff.) mit einer Ausnahme für Bildschirmtext; *Waldenberger,* BB 1996, 2365 (2366); *Thot/Gimmy,* in: Kröger/Gimmy (Hrsg.), Handbuch zum Internet-Recht, S. 3 (32).

II. Übermittlung von Willenserklärungen

kehrt ist es so, dass dann, wenn der Namensträger etwa eine Scheckkarte aus der Hand gibt und außerdem seine persönliche Identifizierungsnummer (**PIN**) einem Dritten mitteilt, er letztlich dafür haften muss, dass der Dritte mit der Karte fehlerhafte Erklärungen abgibt. Er hat letztendlich den entstehenden Rechtsschein mit verursacht.[57] Ähnliches dürfte auch für die Verwendung einer sicheren elektronischen Signatur gelten, z. B. für die Verwendung einer qualifizierten **Signatur**, die den Anforderungen von SigG und SigV genügt.[58] Demgegenüber sind bloße Passwörter, die im Internet verwendet werden, nicht sicher genug.[59]

In **Nr. 4 der AGB** der Deutschen Telekom AG Telefondienst (T-Net Anschlüsse und T-ISDN Anschlüsse), Stand: 1. 1. 2002, wird außerdem eine Haftung dahingehend konstruiert, dass der **Kunde** der Telekom für **alle** von seinem Anschluss ausgeführten **Gespräche haftet,** wenn und soweit er diese Nutzung zu vertreten hat.[60] Diese Klausel konstruiert möglicher weise einen Rechtsschein. Sie kann auch Schadensersatzansprüche regeln oder eine Beweislast umkehren. Würde sie die Situation abweichend von der Gesetzeslage regeln, wäre sie wohl unwirksam. Dies ist aber nicht der Fall. Da sich der Anschluss im Bereich des Kunden befindet, dürfte es ihm zuzurechnen sein, wenn jemand den Anschluss in seinem Bereich missbraucht. Er muss Vorkehrungen gegen den Missbrauch treffen. Für die Darlegung dieser Vorkehrungen dürfte er nach allgemeinen Regeln als Teilbereich seines Verantwortungsbereichs beweisbelastet sein. Immerhin geht es um die Inanspruchnahme einer den Kunden der Telekom im Rahmen eines bestehenden Vertragsverhältnisses zur Verfügung gestellten Anlage. Für **Bestellungen** über das **Telefonnetz** oder über **Internet** ist sie schon deshalb nicht anwendbar, weil es nicht um die Abwicklung bestehender Vertragsverhältnisse, sondern um neue Verträge geht.

Dennoch bleiben einige Anmerkungen. Zum einen müssen die **Betreiber des Systems erhebliche Vorkehrungen** getroffen haben, damit ein **Missbrauch durch Dritte** ausgeschlossen bleibt. Das System muss also ein sicheres Identifizierungsverfahren enthalten. Dass am weitesten verbreitete System ist das der persönlichen Identifikationsnummer (PIN), das sowohl bei Scheckkarten als auch bei den bisher üblichen Chipkarten eingesetzt wird.

---

[57] Vgl. *Köhler,* in: Hübner u.a., Rechtsprobleme des Bildschirmtextes, S. 51 (59ff.); ähnlich auch LG Koblenz, NJW 1991, 1360; ausgiebig *Kuhn,* Rechtshandlungen, S. 214ff.; *Demmel/Skrebolz,* CR 1999, 561 (565f.) (zu 0190-Nummern).
[58] Ebenso *Jäger/Kussel,* in: Hoeren/Schüngel (Hrsg.), Rechtsfragen der digitalen Signatur, S. 241 (276ff.).
[59] LG Bonn, CR 2002, 293 m. Anm. *Hoeren; Thot/Gimmy,* in: Kröger/Gimmy (Hrsg.), Handbuch zum Internet-Recht, S. 3 (33f.); AG Erfurt, CR 2002, 767 m. Anm. *Winter.*
[60] Zitiert nach *Demmel/Skrebolz,* CR 1999, 561 (566); vgl. z. B. LG Bielefeld, NJW-RR 1999, 1512.

877 Zu solch gesichertem System gehört auch die **Einrichtung einer Sperrmöglichkeit** für abhanden gekommene oder sonstige außer Kontrolle geratene Sicherungsmittel wie z.B. Scheckkarten, Chipkarten, Passworte etc. Die **Zurechnung eines Rechtsscheins** an den Scheckkarteninhaber bzw. Chipkartennutzer setzt voraus, dass dieser dann, wenn die Karte – aus welchem Grund auch immer – abhanden gekommen ist, das Risiko rasch begrenzen kann.[61] Wenn dies nicht möglich ist, ist ihm der Rechtsschein nicht mehr zurechenbar, da die Tatsache, dass er den Missbrauch der Karte praktisch nicht mehr stoppen kann, nicht mehr von ihm zu vertreten ist. Dies führt zu Problemen insbesondere in sehr großen Systemen, wo nicht eine zentrale Stelle online die jeweilige Kartennutzung kontrolliert. In diesem Falle müssten sämtliche Außenstellen rasch über die Sperrung unterrichtet werden. Da aber solche Vorkehrungen nur vom Systembetreiber getroffen werden können und nur er dafür Sorge tragen kann, dass ein Missbrauch von außer Kontrolle geratenen Identifizierungsmitteln verhindert wird, muss er solche Vorkehrungen treffen, wenn eine Rechtsscheinshaftung für seinen Kunden überhaupt noch bestehen bleibt.

878 Ein sehr problematischer Bereich betrifft die **Weitergabe etwa von Passworten und PINs innerhalb der Familie,** insbesondere hinsichtlich solcher Passworte, die nicht nur für Rechtsgeschäfte, sondern auch für Unterhaltungsbedürfnisse möglicherweise sogar unentgeltlicher Art gelten. Dies betraf das früher verwendete Hauptpasswort im Bildschirmtext. Dies gilt aber auch für Zugangspaßworte etwa im Internet. Hier wird man aus Gründen des Familienschutzes die Weitergabe nicht generell mit einer Haftung für einen Missbrauch etwa durch das Handeln minderjähriger Kinder verbinden können.[62]

Dieses Problem dürfte sich aber durch die **technische Weiterentwicklung** dahingehend erledigen, dass es sehr wohl möglich ist, getrennte Passworte für die Benutzung eines Gesamtsystems und für einzelne kostenpflichtige Dienste zu vergeben. Die **qualifizierte elektronische Signatur** ist im übrigen so stark mit den einzelnen Personen verbunden, dass eine Weitergabe von Karten, die diese elektronische Unterschrift beinhalten, generell auch innerhalb der Familie nicht ohne Risikoübernahme durch den Übergebenden möglich ist.

879 Auch bei **innerbetrieblichen Netzen** müssen Nutzungsmöglichkeiten und Authentifizierung klar geregelt und das System durch Sicherungsmaßnahmen zuverlässig gemacht werden.[63]

---

[61] Vgl. dazu BGH, BB 1991, 1146 (1149).
[62] A.A. *Florian*, in: Hübner u.a., Rechtsproblem des Bildschirmtextes, S. 17 (31 f.); *Köhler*, in: Hübner u.a. Rechtsprobleme des Bildschirmtextes, S. 51 (61); *Paefgen*, Bildschirmtext, S. 73; *Härting*, Internetrecht, Rdn. 125; OLG Köln, NJW-RR 1994, 177 f. ohne Diskussion des Problems; i.E. wie hier auch *Borsum/Hoffmeister*, NJW 1985, 1205 (1206); noch einschränkender als hier im Hinblick auf die Rechtsscheinshaftung *Kohl*, in: Scherer (Hrsg.), Telekommunikation und Wirtschaftsrecht, S. 91 (98 ff.).
[63] Dazu *Rawolle/Lassahn/Schumann*, Informatik Spektrum 22 (1999), 181.

II. Übermittlung von Willenserklärungen

Einen letzten Bereich betrifft hier die **Haftung** in den Fällen, in denen feststeht, dass die **Karte missbraucht** wurde und die Karte auch nicht vom Handelnden weitergegeben wurde, diese ihm vielmehr entwendet wurde. Hier kommt eine Haftung des Karteninhabers unter dem **Gesichtspunkt der positiven Vertragsverletzung** in Betracht.[64] Dies gilt z.B. dann, wenn er etwa auf der Scheckkarte auch die PIN vermerkt hat oder die PIN unmittelbar neben der Scheckkarte aufbewahrt hat. Auch diese Anforderungen dürften für sichere elektronische Signaturen in gleicher Weise gelten.

880

Die **Rechtsprechung** einzelner Gericht geht im Hinblick auf die Trennung von PIN und Scheckkarte oder auch PIN und Chipkarte sehr weit. Die **Sorgfaltsanforderungen** werden **deutlich überspannt**. Es muss möglich sein, ohne Risiko PIN und Scheckkarte in getrennten Bereichen gleichzeitig mit sich zu tragen, da nicht alle Bürger in der Lage sind, sich die PIN, insbesondere zu Beginn der Nutzung, zu merken.[65] Sicherlich ist es falsch, sie unmittelbar im Zusammenhang aufzubewahren. Sie aber an getrennten Stellen am Körper oder in Taschen mit sich zu führen, dürfte zulässig sein und kein Verstoß gegen vertragliche Verpflichtungen darstellen.

881

Ist freilich der Erklärungsempfänger kein Vertragspartner des Karteninhabers, was im Bereich der elektronischen Signatur der Regelfall ist, scheidet ein Anspruch aus § 282 BGB aus. Eine Rechtsscheinhaftung ist auch kaum gegeben,[66] so dass hier den Erklärungsempfänger das Missbrauchsrisiko trifft. In diesem Bereich sind aber noch viele Fragen offen, so dass man die Entwicklung abwarten muss.

Im Übrigen ist der Kunde natürlich verpflichtet, nach Entdecken des Abhandenkommens sofort eine Sperrung zu veranlassen, zumal die meisten Systeme auch Telefonnummern angeben, unter denen eine Sperrung praktisch zu jeder Tages- und Nachtzeit möglich ist.

5. Einbeziehung allgemeiner Geschäftsbedingungen

Ein weiteres Problem bei der Verwendung des **Internet** im Rahmen allgemeiner Vertragsbeziehungen ist die Frage, wie **allgemeine Geschäftsbedingungen** Bestandteil eines Vertrages werden können, wenn die Erklärungen über diesen Vertrag ausschließlich elektronisch ausgetauscht werden.

882

Dies ist dann **einfach**, wenn die allgemeinen Geschäftsbedingungen demjenigen, dem gegenüber sie verwendet werden, **bereits schriftlich** vorliegen, er also z.B. aufgrund eines Versandhauskatalogs elektronisch bestellt. Ist dies nicht der Fall, so ist die Einbeziehung allgemeiner Geschäftsbedingungen nur gegenüber Unternehmern oder juristischen Personen des öffentlichen

---

[64] Dazu z.B. *Rott*, NJW-CoR 1998, 420 (423); LG Hannover, DuD 1999, 235.
[65] A.A. AG Kassel, NJW-RR 1993, 630; geradezu absurd LG Bonn, Urt. v. 16.6.1999 – 5 S 41/99.
[66] A.A. *Dörner*, AcP 202 (2002), 363 (391 ff.).

Rechts gegenüber ohne besondere Gestaltung des Internetauftritts möglich. Dieser Personenkreis muss ja auf die Geltung allgemeiner Geschäftsbedingungen lediglich hingewiesen werden. Die darüber hinausgehenden Einbeziehungsvoraussetzungen des 305 Abs. 2 BGB gelten für sie nicht (§ 310 Abs. 1 S. 1 BGB).

883 Gegenüber **anderen Personen** können allgemeine Geschäftsbedingungen nur dann wirksam einbezogen werden, wenn dem jeweiligen Vertragspartner die Möglichkeit gegeben wird, nach einem entsprechend deutlichem Hinweis in zumutbarer Weise vom Inhalt der allgemeinen Geschäftsbedingungen Kenntnis zu nehmen und er darüber hinaus mit der Geltung der allgemeinen Geschäftsbedingungen einverstanden ist.

Es muss also zunächst unmittelbar vor **Geschäftsabschluss ausdrücklich** auf die Geltung der allgemeinen Geschäftsbedingungen **hingewiesen werden.** Dies bedeutet z. B. für Angebot im Internet – aber auch für entsprechend andere Dienste – dass nicht an irgendeiner Stelle des Internetauftritts des jeweiligen Anbieters ein Hinweis der Art erfolgen kann, dass er nur zu seinen Geschäftsbedingungen abschließen wolle, sondern dass dieser Hinweis praktisch auf der Bildschirmseite enthalten sein muss, mit deren Hilfe dann auch bestellt wird.[67]

884 Darüber hinaus muss dem **Teilnehmer** in **zumutbarer Weise** die Möglichkeit gegeben werden, von den allgemeinen Geschäftsbedingungen **Kenntnis zu nehmen.** Er muss die Möglichkeit haben, praktisch im Zusammenhang mit dem Vertragsschluss den gesamten Text der allgemeinen Geschäftsbedingungen lesen zu können. Dafür kann im Internet ein Link zu einer Seite gesetzt werden, die die allgemeinen Geschäftsbedingungen enthält.[68] Dies bedeutet auch heute noch, dass die allgemeinen Geschäftsbedingungen **nicht zu lang sein können.** Die Kapazität auch moderner Bildschirme ist im Verhältnis zur Kapazität einer Druckseite nach wie vor relativ gering, so dass umfangreiche Vertragswerke nur unter Verwendung zahlreicher Bildschirmseiten dargestellt werden können. Das Lesen solcher Bildschirmseiten ist u. U. erheblich komplizierter als das Lesen von Papiertexten. Insbesondere wird es schwierig, verschiedene Klauseln miteinander zu vergleichen oder in Beziehung zu setzen.[69]

Hilfreich kann natürlich die Möglichkeit sein, die jeweiligen Texte der allgemeinen Geschäftsbedingungen ausdrucken zu lassen. Dies wird von

---

[67] So auch *Brinkmann*, BB 1981, 1183 (1189); ZUM 1985, 337 (347); *Probandt*, UFITA 98, (1984) 9, (19); OLG Hamm, Urt. v. 13. 6. 2002 – 3 U 168/00 – JurPC Web-Dok. 288/2002; zu speziellen Problemen vgl. LG Bielefeld, CR 1990, 463 (464 f.), alles zu Bildschirmtext; *Löhnig*, NJW 1997, 1688; *Roth*, in: Loewenheim/Koch (Hrsg.), Praxis des Online-Rechts, S. 57 (113) zu Internetangeboten; noch strenger (Hinweis auf Bestellseite des Kunden): *Mehrings*, BB 1998, 2373 (2376).
[68] *Berger*, NJW 2001, 1530 (1534).
[69] Wie hier zu Bildschirmtext LG Bielefeld, CR 1990, 463 (465); *Paefgen*, Bildschirmtext, S. 38 ff.; *Kuhn*, Rechtshandlungen, S. 131.

§ 312e Abs. 1 Nr. 4 BGB sogar ausdrücklich gefordert. Ob diese Möglichkeit alleine, die ja auch nicht unbedingt zu einem übersichtlichen Druckbild führen muss, ausreicht, um die Grenzen zumutbarer Kenntnisnahme zu erweitern, erscheint aber fraglich. Immerhin erfordert sie erhebliche Anstrengungen vom jeweiligen Kunden, der ja nicht notwendig auch einen Drucker installiert haben muss.[70] Dies gilt ganz besonders für die zunehmend genutzte Möglichkeit, Internetangebote auch von mobilen Stationen aus zu nutzen. Dort steht in aller Regel ein Drucker nicht zur Verfügung.[71]

Nach wie vor müssen daher die Vertragsbedingungen auch bei Verwendung im **Internet kürzer** sein als bei der Verwendung in gedruckter Form.[72]

Es darf auch nicht **zu schwer sein**, zu den allgemeinen Geschäftsbedingungen zu gelangen, wenn man sie lesen will. So ist es z. B. unzulässig, vom Kunden zu verlangen, dass er sich **durch zahlreiche Links** durchklicken muss, um zu den Bedingungen zu gelangen.[73] Umgekehrt können besonders suggestive Bestellformulare, die potentielle Käufer zur Bestellung extrem animieren, u. U. dazu führen, dass die allgemeinen Geschäftsbedingungen nicht wirksam einbezogen werden.[74] Angesichts der gegenüber Haustürgeschäften gegenüber dem Verkäufer deutlich distanzierteren Situation[75] wird man aber mit solchen Annahmen sehr vorsichtig sein müssen. Nicht nötig ist es, den Kunden vor Vertragsschluss zu zwingen, die allgemeinen Geschäftsbedingungen auch zu lesen. Es reicht der eindeutige Hinweis auf ihre Geltung, verbunden mit der Möglichkeit, sie zur Kenntnis zu nehmen.[76]

---

[70] **A. A.** wohl *Palandt-Heinrichs*, § 305 Rdn. 38; *Hoeren*, Grundzüge, S. 207 f.
[71] *Dilger*, Verbraucherschutz, S. 46 f.
[72] *Schneider*, Handbuch des EDV-Rechts, Rdn. O 136; *Köhler*, NJW 1998, 185 (189); *Waltl*, in: Loewenheim/Koch (Hrsg.), Praxis des Online-Rechts, S. 179 (185 ff.); *v. Leweinski*, DuD 2002, 395 (397 f.); *Münz*, in: Redeker (Hrsg.), Handbuch der IT-Verträge, Abschn. 1.16, Rdn. 10; differenzierend: 5–10 Bildschirmseiten, wenn ansonsten klar: *Dilger*, Verbraucherschutz, S. 47 f.; a. A. *Waldenberger*, BB 1996, 2365 (2368 f.) und in: Hoeren/Sieber (Hrsg.), Handbuch Multimediarecht, Abschn. 13.4, Rn. 42; *Löhnig*, NJW 1997, 1688; *Ernst*, BB 1997, 1057; JuS 1977, 776 (777); *Fringuelli/Wallhäuser*, CR 1999, 93 (94); *Moritz*, CR 2000, 61 (64 f.); *Härting*, Internetrecht, Rdn. 139 f.; differenzierend nach Umfang des Geschäfts: *Mehrings*, BB 1998, 2373 (2378 f.); *Roth*, in: Lowenheim/Koch (Hrsg.), Praxis des Online-Rechts, S. 57 (117).
[73] *Härting*, Internetrecht, Rdn. 144.
[74] Beispiele bei *Scheller*, in: Loewenheim/Koch (Hrsg.), Praxis des Online-Rechts, S. 199 (204 ff.).
[75] So auch *Scheller*, in: Loewenheim/Koch (Hrsg.), Praxis des Online-Rechts, S. 199 (206 ff.); *Waldenberger*, in: Hoeren/Sieber (Hrsg.), Handbuch Multimediarecht, Abschn. 13.4, Rdn. 9.
[76] Teilweise a. A. *Waltl*, in: Loewenheim/Koch (Hrsg.), Praxis des Online-Rechts, S. 179 (187).

6. Spezialvorschriften

886 Es gibt eine ganze Reihe spezieller Vorschriften, die beim Rechtsverkehr im Internet zu berücksichtigen sind. Die wichtigsten werden hier dargestellt. Dabei geht es in weiten Bereichen um Informationspflichten und Widerrufsrechte.[77]

a) Fernabsatzverträge

887 Für alle telekommunikativ abgeschlossenen Verträge zwischen Unternehmern und Verbrauchern gelten die Spezialvorschriften der §§ 312b–312d BGB. Die Vorschriften gelten für alle Verträge, bei denen die Parteien eine oder mehrere Fernkommunikationstechniken verwendet haben und bei Vertragsschluss nicht gleichzeitig körperlich anwesend sind.[78] Ob **Waren** geliefert oder **Dienstleistungen** erbracht werden, ist ohne Belang. Die Vorschriften betreffen **beide Bereiche**. An der grundsätzlichen Anwendbarkeit der Vorschriften auf die in diesem Abschnitt betrachteten Geschäfte bestehen keine ernsthaften Zweifel. Im Gegensatz zur Ansicht des AG Wiesloch[79] kommt es auch nicht darauf an, ob das Geschäft zwischen den Parteien auch persönlich hätte vereinbart werden können. § 312b Abs. 3 BGB enthält freilich eine Liste zahlreicher Bereiche, die diesen Vorschriften nicht unterfallen. Dazu gehören u.a. Finanzgeschäfte (Nr. 3) und Hotelreservierungen und Kartenbestellungen für Bahn oder Flugzeug (Nr. 6). Eine Systematik der Ausnahmetatbestände ist nicht erkennbar.

888 Für die hier betrachteten Fernabsatzverträge gelten folgende besondere Regeln:
Der Verbraucher muss gemäß § 312c Abs. 1 BGB i.V.m. § 1 Abs. 1 der Verordnung über Informationspflichten nach Bürgerlichem Recht (BGB-InfoV) rechtzeitig vor Abschluss des Vertrages über exakte, klare und verständliche **Informationen über Vertragspartner und wesentliche Vertragskonditionen** verfügen. Ein wesentlicher Teil der Informationen muss ferner in Textform[80] und in einer hervorgehobenen und deutlich gestalteten Form an den Verbraucher übermittelt werden (§ 312c Abs. 2 i.V.m. § 1 Abs. 2 BGB-InfoV). Die Übermittlung muss spätestens bis zur vollständi-

---

[77] Zum Folgenden vgl. auch *Ernst*, ITRB 2002, 265.
[78] Zum Folgenden vgl. *Lütcke*, Fernabsatzrecht; *Grigoleit*, NJW 2002, 1151; zur Fernabsatzrichtlinie und früherem Recht: *Scheller*, in: Loewenheim/Koch (Hrsg.), Praxis des Online-Rechts, S. 199 (207 ff.); *Waldenberger*, in: Hoeren/Sieber (Hrsg.), Handbuch Multimediarecht, Abschn. 13.4, Rdn. 107 ff.; *Gößmann*, MMR 1998, 97; *Bodewig*, DZWiR 1997, 447; *Reich*, EuZW 1997, 581; Formulierungsbeispiele (auch für § 312 e BGB) bei *Roth*, ITRB 2002, 248.
[79] Urt. v. 16. 11. 2001 – 1 C 282/01 – JurPC Web-Dok. 280/2002, zu § 1 Abs. 1 FernAbsG.
[80] Dazu oben Rdn. 853.

gen Erfüllung des Vertrages, bei Warenlieferungen spätestens bei Lieferung der Waren an den Verbraucher erfolgen. Zu den per Textform geschuldeten Informationen gehören Informationen über die Identität und die Anschrift des Unternehmens; über wesentliche Merkmale der Ware oder Dienstleistung; darüber, wie der Vertrag zustande kommt; über die Mindestlaufzeit des Vertrages bei Dauerschuldverhältnissen; über einen evtl. Vorbehalt, statt der geschuldeten Leistung eine gleichwertige erbringen zu wollen oder bei Nichtverfügbarkeit der Leistung nicht zu leisten; über den Preis der Ware einschließlich aller Steuern und Preisbestandteile sowie ggf. anfallende Liefer- und Versandkosten; über Einzelheiten der Zahlung, Lieferung oder Erfüllung und über das Bestehen eines Widerrufs- oder Rückgaberechts sowie über seinen Ausschluss; über die Anschrift der Niederlassung des Unternehmens, bei der der Verbraucher Beanstandungen vorbringen kann sowie über eine ladungsfähige Anschrift des Unternehmens einschließlich des Namens eines Vertretungsberechtigten; über Einzelheiten des Kundendienstes und geltende Gewährleistungs- und Garantiebedingungen und zuletzt über Kündigungsbedingungen bei Dauerschuldverhältnissen mit unbestimmter Dauer oder Dauer über einem Jahr.

Für die **Widerrufsbelehrung** enthält Anlage 2 zur BGB-InfoV ein amtliches Muster. Wird dieses verwendet, reicht es nach § 14 Abs. BGB-InfoV als korrekte Belehrung aus. **889**

Nicht in Textform übermittelt werden, aber dennoch vor Vertragsschluss vorhanden, müssen sein Informationen über evtl. Zusatzkosten für die Telekommunikationsmittel, wenn solche in Zusammenhang mit dem Fernabsatzgeschäft entstehen und Informationen über die Gültigkeitsdauer befristeter Angebote. **890**

Ein Teil der in Textform zu übermittelnden Informationen muss wiederum vor Vertragsschluss nicht vorhanden sein. Es reicht außerdem nicht, alle Informationen formgerecht vor Vertragsschluss zu übermitteln. Bestimmte, in § 1 Abs. 3 BGB-InfoV genannte Informationen müssen dann nach Vertragsschluss noch einmal formgerecht übermittelt werden.[81]

Daher **empfiehlt es sich,** die in § 1 Abs. 1 BGB-InfoV genannten Informationen zunächst **vorvertraglich** zur Verfügung zu stellen. Dies geschieht zweckmäßig im Rahmen der Benutzerführung durch den Internetauftritt des Unternehmens. Der Verbraucher muss so geführt werden, dass er die Informationen sieht, ein Link auf sie dürfte nicht ausreichen.[82] Die Situation ist hier anders als bei der Frage der wirksamen Einbeziehung von allgemeinen Geschäftsbedingungen. Der Wortlaut des § 312c BGB („hat zu infor- **891**

---

[81] *Palandt-Heinrichs,* § 312c Rdn. 8; a. A. *Lütcke,* Fernabsatzrecht, § 312c Rdn. 102; *Grigoleit,* NJW 2002, 1151 (1156f.).
[82] So zum FernAbsG: OLG Frankfurt, CR 2001, 782; offen gelassen von OLG Karlsruhe, GRUR 2002, 730 = CR 2002, 682; a. A. wohl *Hammel/Weber,* AGB, S. 47 f.; *Mankowski,* CR 2001, 767 (771 f., zum FernAbsG).

mieren") weicht deutlich von dem des § 305 Abs. 2 Nr. 2 BGB („ die Möglichkeit verschafft, von ihrem Inhalt Kenntnis zu nehmen") ab, so dass der bloße Link nicht ausreichen dürfte, obwohl den Verbraucher der Zwang zum Überblättern zahlreicher Informationen, die ihn aktuell nicht interessieren, ärgern dürfte. Ferner muss der Unternehmer spätestens zusammen mit seiner Auftragsbestätigung die in § 312c Abs. 2 u. 3 BGB-InfoV genannten Informationen in Textform übermitteln.

892 Nach § 312d Abs. 1 i. V. m. § 355 BGB kann der Verbraucher jeden Vertragsabschluss **binnen zwei Wochen widerrufen**. Dieses Widerrufsrecht tritt nach § 312d Abs. 5 BGB zurück, wenn ein Widerrufsrecht aufgrund von Finanzierungshilfen nach §§ 499 Abs. 1, 500, 501, 503 BGB oder infolge einer Ratenlieferung nach § 505 Abs. 1 BGB existiert.[83] Allerdings beginnt dann, wenn ein Fernabsatzgeschäft vorliegt, die **Frist für den Widerruf** nach den anderen Vorschriften erst dann, wenn die Voraussetzungen des § 312d Abs. 2 S. 1 BGB vorliegen.[84] Die **Widerrufsfrist beginnt** gem. § 312d Abs. 2 S. 1 BGB **frühestens mit Übermittlung der notwendigen Informationen in Textform** und bei der Lieferung von Waren nicht vor dem Tag ihres Eingangs beim Verbraucher[85]; bei wiederkehrender Lieferung gleichartiger Waren nicht vor dem Tag des Eingangs der ersten Teillieferung und bei Dienstleistungen nicht vor Vertragsschluss. Fehlt es an der ordnungsgemäßen Übermittlung der Informationen, gibt es eine Widerrufsfrist von 6 Monaten. Fehlt es an einer ordnungsgemäßen Widerrufsbelehrung, gibt es keine Widerrufsfrist (§ 355 Abs. 3 BGB).[86]

893 Für eine Reihe von Verträgen gibt es freilich kein Widerrufsrecht. Dies gilt insbesondere für die Lieferung von Software, die vom Verbraucher schon entsiegelt wurde oder bei Dienstleistungen, die vor Ablauf der Widerrufsfrist ganz oder teilweise schon erbracht wurden. Die einzelnen Fälle sind in § 312d Abs. 4 BGB aufgeführt. Ob Software, die elektronisch übermittelt wurde, Software gleichzustellen ist, die entsiegelt wurde,[87] ob es sich bei dieser Übermittlung um Dienstleistungen handelt[88] oder ob es ein Widerrufsrecht gibt,[89] ist noch nicht entschieden. Letztendlich dürfte hier ein Fall vorliegen, der der Entsiegelung von Software vergleichbar ist und eine analoge Anwendung von § 312d Abs. 4 Nr. 2 BGB verlangt. Teilweise wird für solche Software auch ein Widerrufsausschluss nach § 312d Abs. 4 Nr. 1 BGB angenommen, weil sie nach ihrer Beschaffenheit nicht zur Rücksen-

---

[83] A. A. zum früheren VerbrKrG: OLG München, NJW-RR 2002, 399 = CR 2002, 287 m. abl. Anm. *Günther*.
[84] Diese Regelung kam durch das OLG-Vertretungsänderungsgesetz vom Juli 2002 in das Gesetz.
[85] OLG Frankfurt/M., CR 2002, 638 zu § 2 FernAbsG.
[86] *Tonner*, in: Micklitz/Tonner, Vertriebsrecht, § 355 Rdn. 61 f.
[87] Dagegen *Lütcke*, Fernabsatzrecht, § 312d, Rdn. 84.
[88] So *Moritz*, CR 2000, 61 (67); a. A. *Lütcke*, Fernabsatzrecht, § 312d Rdn. 59.
[89] *Tonner*, in: Micklitz/Tonner, Vertriebsrecht, § 312d Rdn. 23.

dung geeignet sei.⁹⁰ Dies ist aber falsch: Software kann zurückgegeben werden.⁹¹ Es ist nur schwer zu kontrollieren, ob der Empfänger dies auch wirklich tut und alle bei ihm vorhandenen Kopien der Software löscht. § 312d Abs. 4 Nr. 1 BGB ist daher auf Software nicht anwendbar.⁹² Überraschend ist nur, dass der Richtliniengesetzgeber und damit auch das novellierte BGB das Problem nicht klar geregelt hat.

Bei Hardware kommt in Ausnahmefällen auch eine Ausnahme vom Widerrufsrecht nach § 312d Abs. 4 Nr. 1 BGB in Betracht, wenn sie sehr speziell auf den Abnehmer zugeschnitten ist. Diese Ausnahme hat aber enge Grenzen.⁹³

Bei **Dienstleistungen erlischt das Widerrufsrecht** dann, wenn der Unternehmer mit ausdrücklicher Zustimmung des Verbrauchers mit der Ausübung der Dienstleistung begonnen hat (§ 312d Abs. 3 BGB). Eine solche ausdrückliche Zustimmung liegt bei Internet-Dienstleistungen jedenfalls dann vor, wenn der Verbraucher mit dem Herunterladen der für die Dienstleistung notwendigen Dateien begonnen hat. Das Widerrufsrecht kann bei der Lieferung von Waren durch ein **Rückgaberecht** nach § 356 BGB ersetzt werden (§ 312d Abs. 1 S. 2 BGB).

894

b) § 312e BGB

Eine weitere Spezialvorschrift enthält **§ 312e BGB**. Diese Vorschrift setzt Teile der e-commerce-Richtlinie in das deutsche Recht um. Es handelt sich dabei nicht um eine Verbraucherschutzvorschrift. Die Vorschrift gilt vielmehr für alle Verträge.

895

Sie ist anwendbar, wenn sich ein Unternehmer zum Zwecke des Abschlusses eines Vertrages über die Lieferung von Waren oder die Erbringung von Dienstleistungen eines Tele- oder Mediendienstes bedient. Dieser Fall wird als **Vertrag im elektronischen Geschäftsverkehr** bezeichnet. Was ein **Teledienst** ist und wie er sich vom Mediendienst abhebt, bestimmt § 2 TDG. Ohne in die Einzelheiten zu gehen, ist es so, dass dann, wenn Waren oder Dienstleistungen über das Internet oder in vergleichbarer Form angeboten werden, immer ein Teledienst, bei publizistischen Inhalten evtl. auch ein Mediendienst vorliegt.⁹⁴ Auf diese Verträge ist damit § 312e BGB anwendbar.⁹⁵

---

⁹⁰ *Hammel/Weber*, AGB, S. 48f.
⁹¹ Wie hier: *Münz*, in: Redeker (Hrsg.), Handbuch der IT-Verträge, Abschn. 1.16, Rdn. 69; vgl. auch oben Rdn. 366.
⁹² So für RAM-Bausteine, Motherboards und Speichermedien: OLG Dresden, NJW-RR 2001, 1710 = CR 2001, 819 = MDR 2002, 79.
⁹³ OLG Frankfurt/M., CR 2002, 638 zu § 3 Abs. 2 Nr. 1 FernAbsG.
⁹⁴ *Lütcke*, Fernabsatzrecht, § 312e, Rdn. 17; LG Berlin, Urt. v. 28. 5. 2002 – 102 O 48/02 – JurPC Web-Dok. 326/2002.
⁹⁵ Zum Folgenden vgl. die Darstellung bei *Micklitz/Ebers*, VersR 2002, 641.

Dem Wortlaut nach ist die Vorschrift auch auf **reine Internet-Werbung** anwendbar, selbst wenn danach der Vertragsabschluss und die Vertragsabwicklung ganz klassisch per Brief oder persönlich erfolgen müssen. In der Literatur wird für diesen Fall eine teleologische Reduktion dahingehende vorgeschlagen, dass § 312 e BGB nur Fälle des interaktiven Verkehrs mit dem vom Unternehmer bereitgestellten Programm erfasst.[96] Dieser Vorschlag geht jedenfalls zu weit. Jedenfalls wird eine Bestellung per e-mail, auf die der Unternehmer persönlich und nicht automatisch durch sein Programm reagiert, von § 312 e BGB grundsätzlich erfasst (vgl. § 312 e Abs. 2 BGB). Allenfalls für den – praktisch seltenen – Fall, dass auch diese Möglichkeit ausscheidet, mag § 312 e BGB nicht anwendbar sein.[97]

896 Nach § 312 e Abs. 1 S. 1 Nr. 1 BGB muss der Unternehmer im elektronischen Geschäftsverkehr angemessene, wirksame und zugängliche Mittel zur Verfügung stellen, mit deren Hilfe der Kunde **Eingabefehler** vor Abgabe einer Bestellung **erkennen und beseitigen kann**. Dies bedeutet insbesondere, dass die Bestellung vor Absendung dem Kunden zur Korrektur lesbar und korrigierbar auf den Bildschirm gebracht werden muss und erst danach eine Bestellung erfolgen kann.[98] Wie dies geschieht, bleibt dem Unternehmer überlassen. Irgendeine unmittelbare Auswirkung auf das Anfechtungsrecht hat die Vorschrift nicht: Es geht um Möglichkeiten der Korrektur vor Abgabe der Erklärung.[99] Allenfalls kann das Fehlen der Korrekturmöglichkeit bzw. des Hinweises auf sie den Anspruch des Unternehmers auf Ersatz des Vertrauensschadens nach der Anfechtung ausschließen.[100] Eine unübersichtliche Benutzerführung kann außerdem dazu führen, dass ein Anfechtungsgrund vorliegt. Zumindest kann sie auch im Rahmen der Beweiswürdigung beim Streit über das Vorliegen eines Anfechtungsgrundes berücksichtigt werden.[101] Möglicherweise gibt es auch einen Anspruch wegen Verletzung von Pflichten nach § 311 Abs. 2 BGB (früher c.i.c).[102] Wichtig ist dies alles im Bereich von Unternehmern. Bei Verbrauchern besteht bei Fehlen der Korrekturmöglichkeit und damit der Informationen über sie ein zeitlich unbegrenztes Widerrufsrecht.[103]

897 Nach § 312 e Abs. 1 S. 1 Nr. 2 BGB gibt es **Informationspflichten**. Nach § 3 BGB-InfoV muss der Unternehmer informieren über die einzelnen

---

[96] *Grigoleit,* NJW 2002, 1151 (1152).
[97] Ähnlich wohl *Micklitz,* in: Micklitz/Tonner, Vertriebsrecht, § 312 e Rdn. 17 ff.
[98] Wie hier: *Glatt,* Vertragsschluss im Internet, S. 94; *Lütcke,* Fernabsatzrecht, § 312 e, Rdn. 32; *Grigoleit,* NJW 2002, 1151 (1157).
[99] A. A. *Micklitz/Erben,* VersR 2002, 641 (646).
[100] *Lütcke,* Fernabsatzrecht, § 312 e, Rdn. 62.
[101] *Dörner,* AcP 202 (2002), 363 (382).
[102] *Grigoleit,* NJW 2002, 1151 (1157); *Micklitz,* in: Micklitz/Tonner, Vertriebsrecht, § 312 e Rdn. 118 ff.
[103] *Dörner,* AcP 202 (2002), 363 (381).

II. Übermittlung von Willenserklärungen

technischen Schritte, die zu einem Vertragsschluss führen; darüber, ob der Vertragstext nach dem Vertragsschluss vom Unternehmer gespeichert wird und ob er dem Kunden zugänglich ist; darüber, wie Eingabefehler erkannt und berichtigt werden können; über die für den Vertragsschluss zur Verfügung stehenden Sprachen und über sämtliche einschlägigen Verhaltenskodizes, denen sich der Unternehmer unterwirft sowie über die Möglichkeit des elektronischen Zugangs zu diesen Regelwerken.

Zu den Verhaltenskodizes gehören satzungsrechtliche Berufsregelungen bei den verkammerten Berufen. Rechtsanwälte, Architekten oder Steuerberater müssen daher in ihren Internetauftritten auf diese hinweisen.

Im Übrigen ist es sicher zweckmäßig, evtl. notwendige Informationen nach § 312c Abs. 1 BGB i.V.m. mit § 1 BGB-InfoV gemeinsam mit den Informationen nach § 312e Abs. 1 S. 1 Nr. 2 BGB i.V.m. § 3 BGB-InfoV zu erteilen. Vorgeschrieben ist dies nicht. Allerdings beginnt eine evtl. bestehende Widerrufsfrist nicht vor Erfüllung der Informationspflichten nach § 312e Abs. 1 Nr. 2 BGB i.V.m. mit § 3 BGB-InfoV (§ 312e Abs. 3 S. 2 BGB). Ein eigenes Widerrufsrecht schafft § 312e BGB nicht.

Nach § 312e Abs. 1 S. 1 Nr. 3 BGB muss der **Zugang einer Bestellung** unverzüglich auf elektronischem Weg **bestätigt** werden. Dies ist kein Problem, wenn der Unternehmer ein elektronisches System zur Entgegennahme von Bestellungen unterhält. Lässt er dagegen – wie vielfach kleinere Unternehmen – eine Bestellung per e-mail zu, die er wiederum durch individuelle e-mail bestätigt, reicht auch eine e-mail-Eingangsbestätigung. Die von § 312e Abs. 1 S. 1 Nr. 3 BGB verlangte Erklärung ist eine bloße Eingangsbestätigung und keine Annahmeerklärung.[104] Fehlt es an ihr, hat der Kunde, soweit er ein Verbraucher ist, ein unbefristetes Widerrufsrecht (§§ 312e Abs. 3 S. 2, 312d Abs. 1, 355 Abs. 3 S. 3 BGB). 898

Allerdings finden die bislang geschilderten Regeln in einem solchen Fall wohl ohnehin keine Anwendung, weil nach § 312e Abs. 2 BGB diese Pflichten für den Fall eines Vertragsschlusses durch individuelle Kommunikation nicht gelten. Ihre Geltung kann im Übrigen zwischen Unternehmen auch ausgeschlossen werden (§ 312e Abs. 2 S. 2 BGB).

Nicht ausschließbar und auch bei individueller Kommunikation anwendbar ist die sich aus § 312e Abs. 1 S. 1 Nr. 4 BGB ergebende **Pflicht**, dem Kunden die Möglichkeit zu verschaffen, die **Vertragsbestimmungen** einschließlich der allgemeinen Geschäftsbedingungen bei Vertragsschluss **abzurufen** und in **wiedergabefähiger Form zu speichern**. Diese Vorschrift gilt unabdingbar auch zwischen Unternehmen. Sie hat aber keine Auswirkungen auf den Vertragsinhalt. Ob allgemeine Geschäftsbedingungen Vertragsinhalt werden oder nicht, entscheidet sich ausschließlich nach § 305 899

---

[104] *Lütcke*, Fernabsatzrecht, § 312e Rdn. 42; *Grigoleit*, NJW 2002, 1151 (1158); *Micklitz*, in: Micklitz/Tonner, Vertriebsrecht, § 312e Rdn. 99; wohl auch *Dörner*, AcP 202 (2002), 363 (378).

Abs. 2 BGB.[105] Dabei ist im Verhältnis zu Nichtunternehmern der Inhalt von § 312e Abs. 1 S. 1 Nr. 4 BGB wichtig. Ein Unternehmen, das die Voraussetzungen von § 312e Abs. S. 1 Nr. 4 BGB nicht erfüllt, wird keine zumutbare Kenntnisnahmemöglichkeit im Sinne von § 305 Abs. 2 Nr. 2 BGB verschaffen. Im Zwischenunternehmensverkehr kommt es darauf nicht an. Hier können allgemeine Geschäftsbedingungen auch dann Vertragsbestandteil werden, wenn die Voraussetzungen des § 312e Abs. 1 S. 1 Nr. 4 BGB nicht erfüllt sind. In diesem Bereich können daher Verstöße nur über das UWG sanktioniert werden.[105] Soweit es um verbraucherschützende Vorschriften geht, kommt eine Sanktionierung über das UKlaG hinzu.

c) Informationspflichten nach TDG

900 Weitere Informationspflichten enthält § 6 TDG. Diese Vorschrift gilt für **geschäftsmäßige Teledienste**,[107] also ebenfalls für die hier betrachteten Leistungsbeziehungen.

Die sich aus § 6 TDG ergebenden Leistungsbeziehungen **überschneiden** sich teilweise mit den Anforderungen aus der **BGB-InfoV**, wobei auch für ähnliche Zwecke unterschiedliche Begriffe verwendet werden. Dies gilt ganz besonders für die Informationspflicht, die sich aus **§ 6 S. 1 Nr. 1 TDG** ergibt. Nach dieser Vorschrift muss der Diensteanbieter Name und Anschrift angeben, unter der er niedergelassen ist; ferner ist bei juristischen Personen der Vertretungsberechtigte anzugeben. Nach **§ 1 Abs. 1 Nr. 1 und 2 BGB-InfoV** sind demgegenüber Identität und ladungsfähige Anschrift anzugeben.[108] Zur ladungsfähigen Anschrift gehört bei juristischen Personen auch der Vertretungsberechtigte, so dass wohl die Angaben nach § 6 S. 1 Nr. 1 TDG jedenfalls auch nach § 1 Abs. 1 Nr. 1 und 2 BGB-InfoV gemacht werden müssen. Ob dies auch umgekehrt gilt, ist offen. Der Adressatenkreis der Normen ist auch teilweise unterschiedlich. Man muss mit dieser Vielfältigkeit teilweise übereinstimmender, teilweise unterschiedlicher Vorschriften leben und sie alle beachten. Der Erleichterung des elektronischen Geschäftsverkehrs dient dieser auf EU-Normen beruhende Wirrwarr nicht.

901 Neben der schon dargestellten Informationspflicht sind nach § 6 TDG noch folgende **Informationen** leicht erkennbar, unmittelbar erreichbar und ständig verfügbar zu halten: Angaben, die eine schnelle elektronische Kontaktaufnahme und unmittelbare Kommunikation mit dem Diensteanbieter ermöglichen, einschließlich der Adresse der elektronischen Post (§ 6 S. 1 Nr. 2 TDG); Angaben zur zuständigen Aufsichtsbehörde, soweit der Tele-

---

[105] *Palandt-Heinrichs*, § 312e Rdn. 8; *Lütcke*, Fernabsatzrecht, § 312e, Rdn. 57; *Grigoleit*, NJW 2002, 1151 (1157).
[106] LG Berlin, Urt. v. 28. 5. 2002 – 102 O 48/02 – JurPC Web-Dok. 326/2002.
[107] Zum Begriff oben Rdn. 895.
[108] Zu dieser Vorschrift oben Rdn. 888; zu den Anforderungen nach § 6 TDG: LG Berlin, CR 2003, 139.

dienst im Rahmen einer Tätigkeit erbracht wird, die der behördlichen Zulassung bedarf (§ 6 S. 1 Nr. 3 TDG); Angaben zur Eintragung in das Handelsregister, Vereinsregister, Partnerschaftsregister oder Genossenschaftsregister (§ 6 S. 1 Nr. 4 TDG); bei bestimmten Berufen Angaben zur Kammer, in der der Diensteanbieter Mitglied ist, seiner gesetzlichen Berufsbezeichnung und des Staates, in dem die Berufsbezeichnung verliehen worden ist sowie die Bezeichnung der berufsrechtlichen Regelung und dazu, wie diese zugänglich sind (§ 6 S. 1 Nr. 5 TDG) sowie der Umsatzsteueridentifikationsnummer, soweit vorhanden (§ 6 S. 1 Nr. 6 TDG). Der Zugang zu den berufsrechtlichen Regelungen kann z.B. durch einen Link auf entsprechende Seiten vermittelt werden. Am besten werden die Informationen auf eine Seite des Internet-Auftritts gestellt, auf die mit einem Link schon von der Eingangsseite verwiesen wird.

Weitere Informationspflichten bestehen nach **§ 7 TDG** dann, wenn es um **kommerzielle Kommunikation** geht. Was dies ist, ist in § 3 Nr. 5 TDG definiert. Letztendlich liegt bei der üblichen kommerziellen Nutzung des Internet dieser Fall immer vor. § 7 Nr. 1 TDG verlangt, dass kommerzielle Kommunikationsanbieter als solche klar zu erkennen sind. Nach § 7 Nr. 2 TDG muss derjenige, in dessen Auftrag kommuniziert wird, klar identifiziert werden. § 7 Nr. 3 und 4 TDG verlangt vor allen Dingen Klarheit, nämlich über evtl. konkrete Werbemaßnahmen und ihre Bedingungen wie z.B. Preisnachlässen oder Gewinnspielen. § 7 TDG bringt damit insgesamt das Verlangen zum Ausdruck, dem Kunden gegenüber **Klarheit** zu schaffen – ein durchaus berechtigtes Anliegen.

Verstöße gegen die Informationspflichten des § 6 S. 1 TDG sind bußgeldbewehrt (§ 12 Abs. 1 TDG). Aller **Verstöße** sind im übrigen **wettbewerbswidrig,** so dass sie durch Unterlassungsansprüche nach § 1 UWG sanktioniert sind.[109] Außerdem kommt ein Vorgehen nach dem Unterlassungsklagegesetz in Betracht (§ 2 Abs. 1 Nr. 2 UKlaG). Unmittelbare Auswirkungen auf die Wirksamkeit oder den Inhalt von Verträgen haben Verstöße nicht. Indirekte Einflüsse sind aber denkbar. So kann die Unklarheit über einen Vertragspartner z.B. zu Lasten des Diensteanbieters gehen.

§ 10 **MediendiensteStV** enthält Regelungen mit gleichem Inhalt wie §§ 6 und 7 TDG, so dass es für die Informationspflichten inhaltlich nicht auf die Frage ankommt, ob ein Dienst Mediendienst oder Teledienst ist.

902

903

904

7. Beweisfragen

Im Hinblick auf sämtliche telekommunikativ übermittelten Erklärungen stellen sich zusätzlich zu den hier gestellten grundsätzlichen rechtlichen Problemen prozessual vor allem Probleme dahingehend, dass die Abgabe,

905

---

[109] LG Berlin, CR 2003, 139; LG Düsseldorf, Urt. v. 29. 1. 2003 – 340188/02, JurPC Web-Dok. 102/2003; **a. A.** LG Hamburg, NJW-RR 2001, 1075 zu § 6 TDG a. F.

der Empfang und der Inhalt der jeweils elektronisch übermittelten Erklärungen **bewiesen werden muss.**[110] Dies ist bei Erklärungen, die ohne zusätzliche Sicherungsmechanismen übermittelt werden, in aller Regel sehr schwierig, möglicherweise auch unmöglich. Schon bei telefonisch übermittelten Erklärungen lässt sich ein sicherer Beweis darüber, dass sie überhaupt abgegeben wurden, nur in wenigen Fällen führen. Ein solcher Beweis ist insbesondere dann möglich, wenn zufällig ein Zeuge zur Verfügung steht, der den jeweils anderen Telefonpartner anhand seiner Stimme sicher identifizieren kann. Ein solcher Zeuge wird aber oft fehlen.

906 Bei **unsigniert eingegangenen e-mails** lässt sich meist **nicht** einmal **nachweisen,** dass sie überhaupt vom angeblichen **Absender** stammen. Jedenfalls lässt sich der Text auch vom Empfänger leicht verändern. Solche e-mails und ihre Ausdrucke beweisen daher nichts.[111] Auch der Einsatz von **Passworten** führt nach Meinung verschiedener Instanzgerichte **nicht** zu einem **sicheren Beweis** dafür, dass die entsprechende Mitteilung vom angeblichen Absender stammt.[112] Ob man bei der Verwendung von Passworten in einem geschlossenen System evtl. doch einen Anscheinsbeweis[113] oder zumindest eine tatsächliche Vermutung annehmen kann, bedarf noch der Diskussion. Dabei dürfte es auch auf die Sicherheit des jeweils verwendeten Systems ankommen. Insbesondere Gefahr des Vortäuschens der Identität (sog. Spoofing)[114] oder auch illegaler Aktionen von Mitarbeitern des Passwortverwalters müssen bewertet werden. Da aber bei entsprechenden Anstrengungen im Gesamtsystem des Internet sehr wohl noch weitere Beweismöglichkeiten außer dem Ausdruck von e-mails oder dem Speicherinhalt des Empfängers zur Verfügung stehen, dürfen die Voraussetzungen für solche zu Lasten des angeblichen Absenders gehenden, von der gesetzlichen Beweislage abweichenden Annahmen keinesfalls zu niedrig angesetzt werden. Außerhalb der geschilderten geschlossenen Passwortsysteme scheiden Beweiserleichterungen jedenfalls aus, die es ja auch im Hinblick auf den Beweis der Echtheit traditioneller Privaturkunden nicht gibt (§ 440 Abs. 1 ZPO).[115]

907 Im Hinblick auf elektronisch übermittelte Erklärungen gibt es mittlerweile die Anforderungen des **Signaturgesetzes,** die in der Signaturverordnung konkretisiert sind, die gerade sicherstellen sollen, dass eine sichere Identifizierung des Erklärenden und darüber hinaus mit Sicherheit bewiesen

---

[110] Umfassend rechtsvergleichend untersucht von *Britz,* Urkundenbeweisrecht und Elektroniktechnologie, 1996. Vgl. auch *Roßnagel/Pfitzmann,* NJW 2003, 1209 ff.
[111] OLG Köln, CR 2003, 55 = OLG Report Köln 2002, 396; AG Bonn, CR 2002, 301 = NJW-RR 2002, 1303; AG Erfurt, CR 2002, 767 m. Anm. *Winter; Dästner,* NJW 2002, 3469; falsch: AG Hannover, WM 2000, 412; *Mankowski,* NJW 2002, 2822; CR 2003, 44.
[112] LG Konstanz, CR 2002, 609; OLG Köln, CR 2003, 55 = OLG Report Köln 2002, 396.
[113] So *Winter,* CR 2002, 767 (769).
[114] Dazu *Schwarze/Schwarze:* Electronic Commerce, S. 116 f.
[115] Diese Vorschrift übersieht *Mankowski,* NJW 2002, 2822 (2824 f.).

werden kann, dass auch der übermittelte Text von dem Identifizierten stammt.[116] Auf diese Vorschriften wurde schon oben näher eingegangen.[117] Bei Verwendung einer **qualifizierten elektronischen Signatur** gibt es nach § 292 a ZPO eine tatsächliche Vermutung ihrer Echtheit. Dass es sich bei der jeweils verwendeten elektronischen Signatur tatsächlich um eine qualifizierte Signatur handelt, muss freilich bewiesen werden. Ein solcher Beweis dürfte von dem, der sich auf die Signatur beruft, vor allem dann zu erbringen sein, wenn die qualifizierte elektronische Signatur von einem akkreditierten Anbieter stammt (vgl. § 15 Abs. 1 S. 4 SigG).[118] Ist dies nicht der Fall und bestreitet der Gegner die Tatsache, dass die elektronische Signatur eine qualifizierte elektronische Signatur ist, wird der Beweis schwierig.[119] Derzeit gibt es außerdem noch keine auf dem Markt eingeführten und für alle benutzbaren Systeme, die qualifizierte elektronische Signaturen anbieten.

Alle geplanten und in kleinen Teilbereichen verwendeten Systeme beruhen auf der sogenannten **asymmetrischen Verschlüsselung**,[120] auf die sich auch das Signaturgesetz gelegentlich bezieht (z.B. in § 2 Nr. 4 u. 5 SigG). Sie dienen – wie erwähnt – gleichzeitig der Sicherung der Identifizierung des Absenders und des Inhalts der Erklärung. Im Grundsatz beruhen die Verfahren darauf, dass es zwei Schlüssel gibt, die jeweils einer konkreten Person zugeordnet werden. Ein Schlüssel ist geheim und nun dieser Person bekannt, der sogenannte „geheime Schlüssel". Der zweite, sogenannte „offene Schlüssel", ist allgemein zugänglich. Verschlüsselt nun die jeweilige Person eine Erklärung mit ihrem Geheimschlüssel und übermittelt sie an Dritte, so kann diese von dem Dritten mit dem offenen Schlüssel dieser Person entschlüsselt und gelesen werden. Wird sie in verschlüsselter Form wieter aufbewahrt, so kann man sicher sein, dass die Erklärung jedenfalls mit dem geheimen Schlüssel dieser Person abgegeben worden ist. Eine Manipulation an der verschlüsselten Erklärung ist praktisch nicht möglich.

908

---

[116] Dazu *Geis*, NJW 1997, 3000 (3001) und in: Hoeren/Sieber (Hrsg.), Handbuch Multimediarecht, Abschn. 13.2, Rdn. 9 ff.; *Fischer*, NVwZ 1999, 1284; ausführlich *Mertes/Zeuner*, in: Hoeren/Sieber (Hrsg.), Handbuch Multimediarecht, Abschn. 13.3; Fox, DuD 1999, 508; *Altenstein*, in: Hoeren/Schüngel (Hrsg.), Rechtsfragen der digitalen Signatur, S. 1.
[117] Rdn. 845 ff.
[118] Dazu *Roßnagel*, NJW 2001, 1817 (1822); zur Akkreditierung oben Rdn. 848.
[119] *Lapp*, ITRB 2001, 70 (72).
[120] Technische Systeme sind dargestellt bei *Hammer*, DuD 1993, 636; *Kumbruck*, DuD 1994, 20; *Pordesch/Roßnagel*, DuD 1994, 82; *Eisele*, DuD 1995, 401; *Fumy*, DuD 1995, 607; *Grimm*, DuD 1996, 27; *Raßmann*, CR 1998, 36; kurze Übersicht bei *Fringuelli/Wallhäuser*, CR 1999, 93 (99 f.); *Kühn*, in: Hoeren/Schüngel, Rechtsfragen der digitalen Signatur, S. 65; eine Bewertung des gängigen RSA-Verfahrens findet sich bei *Bourseau/Fox/Thiel*, DuD 2002, 84; zu anderen Verfahren: *Benzler*, DuD 1996, 723; eine Sicherheitsanalyse unter Einbeziehung von exemplarischen Einsatzbedingungen findet sich bei *Pordesch*, DuD 1993, 561; eine neue Übersicht bei *Fox*, DuD 2001, 452.

909 Die **Sicherheit dieses Verfahrens** beruht im Wesentlichen darauf, dass es nicht möglich ist, mit Hilfe des offenen Schlüssel oder auf anderem Wege den geheimen Schlüssel **zu entschlüsseln.** Die Sicherheit beruht daher in sehr großem Umfang auf der Länge der jeweils verwendeten Schlüssel. Ferner muss das Gesamtsystem des Anbieters organisatorisch und technisch gegen ein Ausspionieren der Schlüssel oder illegale Aktionen von Mitarbeitern geschützt werden. Auch z. B. der Rückruf fehlerhaft ausgestellter oder ungültig gewordener Zertifikate muss zuverlässig organisiert werden.[121] Hinzu kommt, dass Verfahren, die früher sicher waren, bei fortschreitender EDV-Technologie unsicher werden können. Wie schon erwähnt, dürfte ein von einem akkreditierten Signaturanbieter ausgegebener Schlüssel nach derzeitigem Erkenntnisstand sicher sein.[122] Dies kann sich im Lauf der Zeit ändern.[123] Neben den hier beschriebenen Schlüsseln gehört zu diesem Verfahren auch noch immer die Verwendung der PIN, weil derjenige, der dieses Verfahren einsetzt, beim Einsatz dieser Verfahren von der Verschlüsselungsanlage ja identifiziert werden muss. Dies geschieht noch mit der PIN, soll in Zukunft aber mit Hilfe sogenannter biometrischer Verfahren geschehen.

910 Mit Hilfe der eben genannten Verfahren ist auch die **Abspeicherung** in elektronischen Datenverarbeitungsanlagen zu einem **relativ sicheren Beweismittel** geworden. Ohne solche Sicherungsmittel ist der Beweiswert der abgespeicherten Erklärungen praktisch gleich Null, weil der Betreiber der Anlage jederzeit die Möglichkeit hat, an den bei ihm gespeicherten Texten Veränderungen vorzunehmen, ohne dass dies hinterher kontrolliert werden kann. Mit den Sicherungen ist eine solche Möglichkeit praktisch auf ganz seltene Fälle reduziert. Man wird allerdings immer dann, wenn ein solches Verfahren ins Spiel gebracht wird, die Sicherheit des Gesamtverfahrens gegen Manipulation ggf. durch einen Sachverständigengutachten zu klären haben. Dieses ist bei Verfahren, die dem Signaturgesetz genügen und bei denen der Anbieter entsprechend akkreditiert ist, nicht erforderlich. Das Gleiche gilt dann, wenn sich ein anderes Verfahren anderweitig hinreichend bewährt hat. Letztendlich unterliegen die Anforderungen der freien Beweiswürdigung des Gerichts.

911 Die Verwendung solcher Verfahren ändert freilich nichts daran, dass Computerspeicher und ihre Inhalte **keine Urkunden** im Sinne des Urkundsbeweis der ZPO sind. Dies ergibt sich schon daraus, dass die Voraussetzungen des § 416 ZPO, die auf eine Unterschrift unter einer Urkunde be-

---

[121] Zum Ganzen ausgiebig *Gassen,* Digitale Signaturen; vgl. auch *Mack,* DuD 2001, 464.
[122] Verfahren dieser Art sind z. B. im Projekt TeleTrusT, aber auch an anderen Stellen entwickelt worden; vgl. dazu z. B. *Rihaczek,* DuD 1983, 116; DuD 1985, 213; *Pütter,* DuD 1987, 67 (72 f.); vgl. dazu auch *v. Sponeck,* CR 1991, 269 ff.; *Peuckerd,* DuD 1991, 393; *Hammer/Bizer,* DuD 1993, 689; *Hammer,* DuD 1996, 147; vgl. auch oben Fn. 49.
[123] Vgl. dazu aus technischer Sicht *Weiß/Lucks/Geyer,* DuD 2000, 150.

ruhen, nicht vorliegen. Ein **Computerspeicher** ist ein **Augenscheinsobjekt**, keine Urkunde (so jetzt ausdrücklich § 371 Abs. 1 S. 2 ZPO).[124]

Der Gesetzgeber hat durch die Regelung des § 292a ZPO die sich ergebenden Nachteile auszugleichen versucht. Ob dadurch viel gewonnen wird, ist freilich fraglich. Wie dargelegt, ist der Beweis, dass es sich im Einzelfall um eine qualifizierte elektronische Signatur handelt, schwierig. Ist er erbracht, dürfte auch ohne § 292a ZPO von der Echtheit der Signatur auszugehen und ihrer Zuordnung zum Aussteller auszugehen sein, wenn nicht im Einzelfall konkrete Anhaltspunkte für das Gegenteil vorliegen. Auch ohne § 292a ZPO und außerhalb seines Anwendungsbereiches ist ja die Beweisführung mit elektronischen Dokumenten möglich. Sie richtet sich nach den allgemeinen Regeln.

Es **gilt nicht** der – bei Privaturkunden auch eher zweifelhafte – **Strengbeweis**, sondern die sonst übliche freie richterliche Beweiswürdigung. Im Übrigen muss dann, wenn die Echtheit der Unterschrift bestritten wird, auch nach herkömmlichen Prozessrecht ihre Echtheit vom Beweisführer (§ 440 Abs. 1 ZPO) bewiesen werden, was sich als teilweise sehr schwierig herausstellt. Daher bestehen die etwa von *Geis*[125] geäußerten Zweifel an der Überzeugungskraft elektronischer Dokumente nach herkömmlichem Beweisrecht nicht.

Die **tatsächliche Vermutung des § 292a ZPO** kann der Signaturinhaber dadurch entkräften, dass er hinreichende Anhaltspunkte dafür vorträgt und ggf. beweist, dass die signierte Erklärung nicht in seinem Namen abgegeben worden ist (§ 292a 2. Hlbs. ZPO). Er muss nicht etwa einen vollen Gegenbeweis führen. Es reicht, dass er lediglich tatsächlich Anhaltspunkte dafür vorträgt, dass die Vermutung im konkreten Einzelfall unberechtigt ist.

Hat er diese Gesichtspunkte vorgetragen, bleibt noch zu entscheiden, ob ihm nicht aufgrund von **Rechtsschein** auch ein Handeln dritter Personen zurechenbar ist oder er etwa wegen der Verletzung vertraglicher Verpflichtungen **schadensersatzverpflichtet** ist. Dies ist aber keine Frage des Beweises. Praktisch dürfte schon die Beibringung von hinreichenden tatsächlichen Gesichtspunkten zur Erschütterung der tatsächlichen Vermutung des § 292a ZPO schwierig sein, wenn denn das Vorliegen einer qualifizierten elektronischen Signatur unstreitig oder bewiesen ist. In aller Regel sind diese nur so vorzutragen, dass sich eine Haftung nach Rechtsscheinsgrundsätzen oder ein

---

[124] *Goebel/Scheller*, Elektronische Unterschriftsverfahren, S. 38 ff.; *Schneider*, CR 1988, 668 (872); *Roth*, in: Lowenheim/Koch (Hrsg.), Praxis des Online-Rechts, S. 57 (115 f.); näher dazu *Redeker*, NJW 1984, 2390 (2394); *v. Sponeck*, CR 1991, 269 (270 ff.); *Bizer/Hammer*, DuD 1993, 619; *Geis*, NJW 1997, 3000 (3001) und in: Hoeren/Sieber (Hrsg.), Handbuch Multimediarecht, Abschn. 13.2 Rdn. 5 ff.; *Rott*, NJW CoR 1998, 420 (424); *Franguelli/Wallhäuser*, CR 1999, 93 (100 f.); a.A. *Kilian*, DuD 1993, 606 (609); *Lapp*, ITRB 2001, 70 (71).

[125] NJW 1997, 3000 (3001), zurückhaltender in: Hoeren/Sieber (Hrsg.), Handbuch Multimediarecht, Abschn. 13.2, Rdn. 8; *Roth,* in: Lowenheim/Koch (Hrsg.), Praxis des Online-Rechts, S. 57 (115 f.); ähnlich *Kilian*, DuD 1993, 606 (609); vgl. auch *Rihaczek*, DuD 1994, 127.

Schadensersatzanspruch ergibt, weil entweder hier der geheime Schlüssel oder die Karte weitergegeben wurden oder möglicherweise sonstige Vertragspflichten verletzt worden sind.[126] All dies galt nach hier vertretener Ansicht schon bislang.[127]

915 Gibt es Anhaltspunkte für einen **Diebstahl**, dürfte dies eine Erschütterung des Anscheinsbeweises nach § 292a ZPO darstellen[128] und zwar möglicherweise auch dann, wenn Chipkarte und PIN nicht hinreichend getrennt aufbewahrt wurden. Die bloße falsche Aufbewahrung solcher technischen Gerätschaften dürfte keinen Rechtsschein setzen können; die in geschlossenen, durch Verträge gesteuerten Systemen übliche Argumentation über einen Pflichtverstoß greift bei beliebigen Partnern in offenen Kommunikationssystemen nicht ein, weil es Vertragspflichten gegenüber jedermann nicht gibt.[129]

916 Ein letztes Problem sei an dieser Stelle noch erwähnt. Sollte ein wie oben skizziert sicheres System vorliegen, das eine **Abspeicherung identifizierbarer Willenserklärungen** z.B. mit Hilfe qualifizierter elektronischer Signaturen vorsieht, so ist es zunächst so, dass die Tatsache, dass eine Willenserklärung von einer Person abgegeben worden ist, jeweils nur vom Erklärungsempfänger nachgewiesen werden kann, weil nur dieser die entsprechend verschlüsselte Erklärung abgespeichert hat. Sollte es zu einem Streit kommen, in dem zugunsten des jeweils Erklärenden der Inhalt von dessen Erklärung nachgewiesen werden muss, so kann er diesen Nachweis selbst möglicherweise gar nicht erbringen. Je nach Systemkonstruktion liegt es aber nahe, dass eine entsprechende Abspeicherung bei seinem Vertragspartner vorliegt. In diesem Falle kann das Gericht nach § 144 Abs. 1 S. 2 ZPO die **Vorlage des elektronischen Dokuments** anordnen, wenn eine solche Vorlage etwa durch Vorlage eines Speichermediums möglich ist. Eine solche Anordnung kann nach § 371 Abs. 2 S. 1 ZPO auch vom Beweisführer beantragt werden. Vereitelt eine Partei eine ihr zumutbare Inaugenscheinnahme, weil sie einer solchen Anordnung nicht nachkommt, oder auch auf andere Weise, können die Behauptungen des Gegners über die Beschaffenheit der Sache als bewiesen angesehen werden. Dies muss freilich nicht gemacht werden. Was geschieht, wird der freien Beweiswürdigung des Gerichts überlassen werden. Dies wird insbesondere zu berücksichtigen haben, wie die Beweislage ohne den Augenschein ist, und welche Interessen der Betroffene für seine Weigerung, den Augenschein zu ermöglichen, dargetan hat.

917 Allerdings muss in diesen Fällen seitens des **Beweisführers der Nachweis** erbracht werden, dass seine Erklärung der Gegenseite überhaupt **zugegan-**

---

[126] Vgl. die ausführlichen Hinweise zur Rechtsprechung bei elektronischen Zahlungssystemen unten Rdn. 984 ff.; deswegen irrelevant die Kritik von *Dästner*, NJW 2001, 3469 an § 292a ZPO.
[127] Vgl. Vorauflage Rdn. 599 f.
[128] A.A. (aber unklar) *Hähnchen*, NJW 2001, 2831 (2833).
[129] Vgl. oben Rdn. 880 f.

II. Übermittlung von Willenserklärungen

gen ist.[130] Ein solcher Nachweis ist in vielen Fällen schwer zu führen. Die Rechtsprechung hat bekanntlich im Falle der Übermittlung durch einfachen Brief keine tatsächliche Vermutung des Inhalts anerkannt, dass ein abgesandter Brief auch zugegangen ist. Das gleich gilt für die Telefaxübermittlung selbst dann, wenn eine Quittung vorgelegt wird, aus der sich ergibt, dass das Sendegerät keinerlei Störungen bei der Übermittlung gemerkt hat und die deswegen einen „o. K.-Vermerk" enthält.[131]

Ähnliches dürfte auch im Falle elektronischer Übermittlungen gelten, selbst wenn man in diesen Fällen ein Protokoll des Übermittlungsvorgangs vorlegen kann. Auch in diesen Fällen hängt allerdings viel von der technischen Ausgestaltung und der Störanfälligkeit des jeweiligen Systems ab. Im **e-mail Betrieb** kann z.B. eine **Eingangsbestätigung** verlangt werden. 918

Besondere Schwierigkeiten ergeben sich auch bei der **Einbeziehung von allgemeinen Geschäftsbedingungen.** Hier muss der Verwender beweisen, dass zum Zeitpunkt der Bestellung der Hinweis auf die allgemeinen Geschäftsbedingungen an der richtigen Stelle auf seinem Internetauftritt enthalten und dort ein Link zu einer Fassung der allgemeinen Geschäftsbedingungen vorhanden war, die auch die von ihm herangezogenen Klauseln enthielten. Werden die allgemeinen Geschäftsbedingungen im konkreten Fall elektronisch übermittelt, muss nachgewiesen werden, dass sie mit dem vorgetragenen Inhalt beim Vertragspartner eingegangen sind.[132]

Zuletzt sei darauf hingewiesen, dass **Beweisvereinbarungen,** nach denen 919 zwischen den Parteien vereinbart wird, dass bei bestimmten Dingen der Beweis als erbracht gilt, im Hinblick auf die Beweisführung nach ZPO **unwirksam sind.** Die Zuordnung eines Beweisgegenstandes zu den Beweismitteln der ZPO steht nicht zur Disposition der Vertragsparteien.[133] Allerdings könnte es sein, dass bei Einhaltung der entsprechenden Vereinbarungen ein Berufen darauf, dass etwa eine Erklärung nicht zugegangen ist oder einen bestimmten Inhalt nicht habe, vertraglich ausgeschlossen sein kann.[134] **Möglicherweise bindet sie auch ein Schiedsgericht.**[135] In allgemei-

---

[130] AG Karlsruhe-Durlach, Urt. v. 2.5. 2001 – 1 C 355/01 – JurPC Web-Dok. 63/2002.
[131] BayObLG NJW 1994, 3172; OLG München, NJW 1993, 2447; OLG Dresden, NJW-RR 1994, 1485; AG Düsseldorf, NJW-RR 1999, 1510; *Schneider,* Handbuch des EDV-Rechts, Rdn. B 790f.; a.A. OLG München, NJW 1994, 527; differenzierend OLG Rostock, NJW 1996, 1831 für einen speziellen Einzelfall.
[132] Vgl. dazu OLG Hamburg, Urt. v. 13. 6. 2002 – 3 U 168/00 – JurPC Web-Dok. 288/2002.
[133] *Kilian,* DuD 1993, 606 (609); *Geis,* NJW 1997, 3000 (3001); *Rott,* NJW-CoR 1998, 420 (424); *Waltl,* in: Loewenheim/Roth (Hrsg.), Praxis des Online-Rechts, S. 179 (195).
[134] Ähnlich auch *Rott,* NJW-CoR 1998, 420 (424); *Geis,* in: Hoeren/Sieber (Hrsg.), Handbuch Multimediarecht, Abschn. 13.2, Rdn. 48.
[135] So jedenfalls *Geis,* NJW 1997, 3000 (3001) und in: Hoeren/Sieber (Hrsg.), Handbuch Multimediarecht, Abschn. 13.2, Rdn. 44 zum EDI-Agreement.

nen Geschäftsbedingungen dürfte freilich auch die Klausel, nach der ein Bestreiten elektronischer Dokumente unzulässig ist, jedenfalls im Verbraucherbereich nicht wirksam vereinbart werden können (§ 309 Nr. 12 BGB). Im geschäftlichen Bereich können solche Klauseln allerdings zulässig sein.[136]

III. Internet-Dienstleistungen

1. Grundlagen

a) Zum Vorgehen

920 Im **Internet** bieten einzelne **Dienstleister** vielfältige Dienste an. Viele dieser Dienstleistungen nutzen dabei allerdings nur ein neues Kommunikationsmittel, sind aber ansonsten **seit langem bekannt**. Dies gilt z.B. für die Angebote von Versandhändlern.

Es gibt aber eine ganze Reihe von Dienstleistern, die Dienste anbieten, die sich gerade auf das neue Medium elektronischer Dienste über die Telekommunikation beziehen. Zum Teil werden benötigt, um überhaupt Zugang zum Medium zu erhalten oder dort Auftritte präsentieren können, zum Teil nutzen sie die Möglichkeiten des Mediums aber auch zu weiteren **neuen Diensten** aus. Nur diese neuen Dienste, die sich aus dem neuen Medium ergeben, sollen in der Folge betrachtet werden.

Die Möglichkeiten, die sich aus der Flexibilität des Mediums ergeben, werden dabei vielfältig ausgenutzt. Die Dienstleister bieten sehr unterschiedlich kombinierte Leistungsprofile in vielfältiger Kombination an.

In der Folgen werden daher nicht einzelne Leistungspakete, sondern einzelne Leistungen betrachtet. Nur **Auktionsplattformen,** die ein sehr spezifisches und sehr erfolgreiches Modell darstellen, werden gesondert im Paket betrachtet. Besondere Probleme der **Zahlungssysteme** folgen in einem letzten Abschnitt.

b) Probleme des Gesamtvertrages

921 Das dargestellte Vorgehen verlangt aber eine **systematische Einführung** im Hinblick auf ein gemeinsames Charakteristikum vieler Verträge. Dabei geht es darum, dass bei einem Angebot vieler verschiedener, in der Folge getrennt betrachteter Einzelleistungen dennoch ein einheitlicher Vertrag mit dem Kunden vorliegt, aufgrund dessen der Kunde das Leistungspaket des Anbieters (in aller Regel Provider genannt) nutzen kann.[137]

---

[136] *Geis*, in: Hoeren/Sieber (Hrsg.), Handbuch Multimediarecht, Abschn. 13.2, Rdn. 60 f.
[137] Zum Folgenden vgl. den ähnlichen Ansatz bei *Kloos/Wagner*, CR 2002, 865.

III. Internet-Dienstleistungen 371

In vielen Fällen wird er dafür ein monatlich wiederkehrendes Entgelt entrichten. Nimmt er dann tatsächlich Leistungen in Anspruch, werden diese oft zusätzlich nach den dafür ebenfalls gültigen Tarifen nach Aufwand abgerechnet. Dies muss aber nicht so sein – wie dies die sog. Flat Rates der Access Provider zeigen.

Aus dem vorstehenden Befund kann man zunächst schließen, dass der jeweilige **Dienstleister dazu verpflichtet ist**, seine **Dienste dauernd bereitzuhalten** und die für eine solche dauernde Bereitstellung notwendigen Aufwendungen zu treffen. Diese dauernde Pflichtenanspannung ist genau das, was in der juristischen Literatur ein **Dauerschuldverhältnis** kennzeichnet.[138] 922

Generelle Regeln über Dauerschuldverhältnisse sind im BGB nur rudimentär enthalten. Es gibt lediglich die Regelung des § 314 BGB über die außerordentliche Kündigung aus wichtigem Grund. Ausführlich geregelt sind nur einzelne spezifische Dauerschuldverhältnisse. Die hier betrachteten Dauerschuldverhältnisse sind in ihrer Gesamtheit keinem der im BGB typisierten Dauerschuldverhältnisse zu vergleichen.

Oft wird in der Literatur die Meinung vertreten, der **Vertrag** über den **Internetzugang** oder über den **Netzzugang** zu einem **Telekommunikationssystem** sei ein **Mietvertrag**[139] oder müsse nach seinen Regeln behandelt werden. Dies scheitert schon daran, dass es in diesem Vertrag nicht um eine konkrete Sache geht. Wichtiger ist aber, dass es bei diesem Vertrag nicht darum geht, dem Nutzer – auch nicht zeitweise –[140] eine Sache zur ausschließlichen Nutzung zur Verfügung zu stellen. Vielmehr geht es um die Mitbenutzung eines Systems, bei dem die Systemverwaltung vom Anbieter und nicht vom Nutzer durchgeführt wird. Die technischen Details der Nutzung regelt daher immer der Systembetreiber, der auch immer erst im konkreten Einzelfall festlegt, welcher Systembestandteil gerade vom Nutzer genutzt wird. Mit der Situation eines Vermieters lässt sich daher die **Situation des Anbieters so wenig vergleichen** wie sich der Nutzer wie ein Mieter verhält. 923

Der **Vertrag** über den **Zugang zum Internet** oder zu einem **Telekommunikationssystem** ist daher kein **Mietvertrag**. Anders ist die Situation nur dort, wo während der Vertragsdauer tatsächlich Sachen zur alleinigen Benutzung überlassen werden. Dies ist in aller Regel nur bei Anschlussverträgen z.B. im Bereich der Telekommunikation der Fall, weil dort technische Mittel zur Verbindungsherstellung überlassen werden (z.B. Modem oder SIM-Karte, früher oft auch das Telefon). Dort kann man von einer 924

---

[138] *Soergel-Teichmann*, § 242 Rdn. 6.
[139] *Roth*, in: Loewenheim/Koch (Hrsg.), Praxis des Online-Rechts, S. 57 (89 ff.); *Kormanicki*, in: Hoeren/Sieber (Hrsg.), Handbuch Multimediarecht, Abschn. 12, Rdn. 33 ff.; *Gottschalk*, in: Kröger/Gimmy (Hrsg.),: Handbuch zum Internet-Recht, S. 245 (258 f.); *Heyms/Prieß*, Werbung Online, S. 24 ff.
[140] Das ist der Unterschied zum Rechenzentrumsfall BGH ECR BGH 18.

mietvertragsrechtlichen Komponente sprechen.[141] Dies gilt aber nicht für die im Bereich des Internet üblichen Verträge mit Access-Providern u.ä. Dienstleistern. Diese bieten solche Komponenten nicht an.

925 Ein **Dienstvertrag** dürfte auch **nicht vorliegen**, weil in den meisten Fällen Verträge nicht nur Dienste, sondern viele unterschiedliche Leistungen angeboten werden.[142]

Man kann daher für die rechtliche Bewertung einzelner sich aus dem Dauerschuldverhältnis Telekommunikationsvertrag ergebende Probleme keine expliziten gesetzlichen Regelungen heranziehen. Man muss vielmehr **eigenständige Lösungen erarbeiten**.[143]

926 Dabei sind wie immer bei Dauerschuldverhältnissen der **Gesamtvertrag** und die **Einzelleistungen** zu unterscheiden.[144] Für die Lösung der Probleme der Einzelleistungen wird primär an den Charakteristika dieser Einzelleistungen anzuknüpfen sein. Dies gilt ganz besonders für den Fall von Leistungsstörungen. Der **Verzug** bezüglich einer **Teilleistung** z.B. begründet primär **Rechtsfolgen im Hinblick auf einzelne Teilleistungen**. Entsprechendes gilt auch für Schlecht- oder Nichtleistungen. Nur dann, wenn sich aus dem Problem gravierende Störungen für das Vertragsverhältnis insgesamt ergeben, wirken sich diese Probleme auf das gesamte Vertragsverhältnis aus. Dann nämlich ist wieder von Bedeutung, dass man insgesamt von einem einheitlichen Schuldverhältnis ausgeht, innerhalb dessen sowohl die Leistung des andauernden Bereithaltens des Systems als auch die anderen Leistungen und die Gegenleistungen erbracht werden.

Eine Besonderheit des hier zu betrachtenden Schuldverhältnisses ergibt sich speziell daraus, dass die Einzelleistungen ganz unterschiedlich und auch rechtlich ganz unterschiedlich zu bewerten sind:

927 Innerhalb des **Gesamtvertrages** wird meist geregelt, **welches System mit welchen Leistungskomponenten für welche Zeit der Anbieter zur Verfügung** stellt und welche Entgelte dafür zu entrichten sind. Diese Leistungsbeschreibung muss unmissverständlich und deutlich sein. Dabei reicht die Bezugnahme auf bei Vertragsschluss vorhandene Handbücher aus. Diese müssen aber selbst wieder klar und eindeutig sein. Angesichts fehlender gesetzlicher Leitbilder sind Vereinbarungen über den Leistungsinhalt praktisch von sehr hoher Bedeutung.[145]

---

[141] *Leitermann*, in: Heun (Hrsg.), Handbuch Telekommunikationsrecht, S. 527 (538 ff.).
[142] Für einen Dienstvertrag *Schuppert*, in: Spindler (Hrsg.), Vertragsrecht der Internet-Provider, Teil II Rdn. 18; *Härting*, ITRB 2002, 218; ähnlich wohl auch AG Ulm, Urt. v. 29.10.1999 – JurPC Web-Dok. 124/2000, allerdings für einen speziellen Vertrag.
[143] I.E. ähnlich *Spindler*, BB 1999, 2037 ff.; ausführlich auch *Schneider*, Handbuch des EDV-Rechts, Rdn. O 83 ff.
[144] Dazu oben schon Rdn. 651.
[145] *Roth*, in: Loewenheim/Koch (Hrsg.), Praxis des Online-Rechts, S. 57 (118 f.).

Bei der **Vertragsgestaltung** wird auch die Tatsache berücksichtigt, dass 928
die Telekommunikationssysteme und die auf ihrer Nutzung beruhenden
Dienste einer **raschen technischen Weiterentwicklung** unterliegen. Durch
diese technische Weiterentwicklung kommen im Laufe der Zeit neue Leistungen hinzu, möglicherweise werden alte abgeschafft. Daher behält sich
der Anbieter meist das **Recht der Leistungsänderung** vor, wenn ein solch
neues Angebot technisch möglich ist.[146]

Individualvertraglich ist eine solche Regelung **unproblematisch**. In aller
Regel wird allerdings eine Vereinbarung dieser Art in **allgemeinen Geschäftsbedingungen** getroffen. Hier sind die Grenzen des **§ 308 Nr. 4 BGB**
zu beachten. Leistungsänderungsklauseln sind dann unwirksam, wenn die
Vereinbarung der Änderung oder Abweichung unter Berücksichtigung der
Interessen des Verwenders für den anderen Teil nicht zumutbar ist.[147]

Aus dieser Vorschrift ergibt sich, dass solche **Änderungsklauseln durchaus zulässig sein können**, wenn sie der sinnvollen technischen Weiterentwicklung des Systems dienen. Sie bedeutet aber auch, dass Änderungen unzulässig werden, wenn sie den Betreiber berechtigen, angebotene Leistungen
des Systems einseitig wesentlich zu ändern. Möglicherweise werden sie dann
wieder zumutbar, wenn die Leistungsänderung zu einer sofortigen Kündigungsmöglichkeit führt, wie dies teilweise schon in allgemeinen Vertragsbedingungen geregelt ist. Aber auch in diesen Fällen muss an der einseitigen
Änderung der Leistungsangebote des Verwenders ein besonderes technisches Interesse bestehen oder zumindest das bisherige Leistungsangebot bis
zum Ablauf einer regulären Kündigungsfrist aufrecht erhalten bleiben.

Eine zweite Frage, die sich im Zusammenhang mit der Leistungsbeschreibung stellt, ist die Frage der **Zuverlässigkeit von Telekommunikationssystemen**. Auch solche Systeme – und die mit ihnen verbundenen EDV-Systeme – unterliegen – wie alle technischen Systeme – gelegentlichen Ausfällen.[148] Viele Anbieter regeln in ihren allgemeinen Geschäftsbedingungen,
dass solche Systemausfälle in gewissen Grenzen als noch leistungsgerecht
gelten. Dies ist nichts ungewöhnliches. Fehlertoleranzen werden teilweise in
DIN-Normen sogar vorgesehen.[149]

Im Hinblick auf die Regelungen über allgemeine Geschäftsbedingungen
muss man allerdings darauf achten, dass die Klausel so formuliert ist, dass
sie **nicht eine Einschränkung einer ursprünglich gewährten Leistungs-** 929

---

[146] Hierzu z.B. *Redeker*, in: Scherer (Hrsg.), Telekommunikation und Wirtschaftsrecht, S. 111 (117); *Roth*, in: Loewenheim/Koch (Hrsg.), Praxis des Online-Rechts, S. 57 (120 ff.).

[147] Grundsätzlich zu diesen Problemen *Brandner*, in: Ulmer-Brandner-Hensen, § 8 Rdn. 20; *Kormanicki*, in: Hoeren/Sieber (Hrsg.), Handbuch Multimediarechts, Abschn. 12 Rdn. 51.

[148] Näher dazu *Kormanicki*, in: Hoeren/Sieber (Hrsg.), Handbuch Multimediarecht, Abschn. 12, Rdn. 7 ff.

[149] Vgl. hier z.B. DIN 105, Teil 3 Mauerziegel, Abschnitt 3.8.2.

zusage darstellt, sondern Bestandteil einer positiven Leistungszusage ist.[150] Eine Einschränkung einer einmal gewährten Leistungszusage ist nämlich nicht gemäß § 307 Abs. 3 BGB von der Inhaltskontrolle frei, sondern unterliegt der Inhaltskontrolle. Bestimmt z. B. eine allgemeine Geschäftsbedingung, dass das System von 8.00 Uhr bis 24.00 Uhr zur Verfügung steht, so ist diese Klausel der Inhaltskontrolle entzogen. Bestimmt eine Klausel aber, dass das System prinzipiell von 0.00 Uhr bis 24.00 Uhr zur Verfügung steht, für die Verfügbarkeit in der Zeit von 0.00 Uhr bis 8.00 Uhr aber keine Gewährleistung übernommen wird, so unterliegt diese Klausel hinsichtlich dieser mangelnden Gewährleistung für die Zeit von 0.00 Uhr bis 8.00 Uhr der Inhaltskontrolle.[151] Dabei kommt man oft zu einer Unwirksamkeit der Klausel, weil sie wie ein Haftungsausschluss wirkt.[152]

Man muss also schon eine Leistung des Inhalts vereinbaren, dass eine bestimmte prozentuale Zuverlässigkeit oder eine Leistung mit Ausfällen in Höhe von x-mal pro Tag oder Woche geschuldet ist. In individuellen Verträgen können für unterschiedliche Systemkomponenten auch differenzierte Regelungen vereinbart werden – je nach Bedeutung für den Kunden.[153]

930   Ist im Vertrag der Umfang der **Verfügbarkeit des Systems** nicht geregelt, wird man davon ausgehen müssen, dass das System rund um die Uhr immer zur Verfügung stehen muss. Gelegentliche Systemausfälle müssen vom Kunden hingenommen werden, soweit sie in dem technisch nach dem aktuellen Stand der Kommunikations- und Datenverarbeitungstechnik unvermeidlichen Umfang auftreten.[154]

In jedem Fall muss der Systembetreiber **Vorkehrungen** ergreifen, um auftretende Ausfälle möglichst kurzfristig zu beheben. Dazu gehören z. B. das Bereithalten von **Back Up-Möglichkeiten**, die Möglichkeit des raschen Ausweichens auf andere Kommunikationsanlagen, wenn der Netzbetreiber oder ein Rechner ausfällt usw. Fehlen solche Vorkehrungen, dürften Mängel- und auch sehr rasch Schadensersatzansprüche eingreifen.[155] Das Internet

---

[150] *Intveen/Lohmann*, ITRB 2002, 210 (213); *Gottschalk*, in: Kröger/Gimmy (Hrsg.), Handbuch zum Internet-Recht, S. 245 (260 f.); *Leitermann*, in: Hein (Hrsg.), Handbuch Telekommunikationsrecht, S. 527 (561 f.).

[151] Beispiel nach MünchKomm-Koetz, 4. Aufl. § 8 AGBG, Rdn. 5; vgl. auch *Roth*, in: Loewenheim/Koch (Hrsg.), Praxis des Online-Rechts, S. 57 (116 f.); *Kormanicki*, in: Hoeren/Sieber (Hrsg.), Handbuch Multimediarecht, Abschn. 12, Rdn. 42.

[152] BGH, NJW 2001, 751 = BGHZ 146, 138; vgl. aber auch OLG Düsseldorf, NJW-RR 1997, 374 (378) zu entsprechenden Klauseln in Mobilfunkverträgen und OLG Köln, CR 2000, 537 (540) (Vorinstanz zu BGHZ 146, 138), beide weit großzügiger als der BGH.

[153] Eine detaillierte Darstellung möglicher Regelungsmodelle geben *Towle/Bruggemann*, CRInt. 2002, 75.

[154] *Kormanicki*, in: Hoeren/Sieber (Hrsg.), Handbuch Multimediarecht, Abschn. 12, Rdn. 43.; AG Charlottenburg, CR 2002, 297 (299).

[155] *Roth*, in: Loewenheim/Koch, Praxis des Online-Rechts, S. 57 (62 f.); AG Charlottenburg, CR 2002, 297 ff.

III. Internet-Dienstleistungen 375

ist zwar insgesamt sehr stark fehlertolerant konstruiert. Aber auch der Anbieter etwa eines e-mail-Dienstes muss mit Hilfe solcher Techniken dafür sorgen, dass seine Kunden bei ihm gespeicherte e-mails zuverlässig abrufen können.

In Systemverträgen stellt sich oft auch die Frage von **Preisanpassungsklauseln**. 931
Hier ist grundsätzlich auf die Ausführungen oben[156] zu verweisen. Konkrete Gerichtsentscheidungen für Online-Verträge sind bislang nicht veröffentlicht worden.

Des Weiteren ergeben sich aus einem **Systemvertrag** über die Benutzung 932
von Telekommunikationsdiensten auch **Nebenpflichten**. Dazu dürfte die Pflicht gehören, eine Beschreibung des Systems und ggf. ein **Benutzerhandbuch** zur Verfügung zu stellen. Auf die entsprechende Rechtsprechung im Bereich von Softwareverträgen sei hier nur verwiesen. Mit zunehmender technischer Gestaltung ist es allerdings so, dass ein solches Benutzerhandbuch durch entsprechende Hinweise im System selbst ersetzt werden kann, zumal dann, wenn die Verträge selbst online geschlossen werden. Selbstverständlich muss ein solches Handbuch auch nicht etwa Hinweise zur Benutzung anderer Dienste enthalten, die mit Hilfe des geschuldeten Dienstes erreicht werden können. Ein Access-Provider muss also möglicherweise Hinweise dazu geben, wie man den von ihm gestellten Anschluss nutzen und ins Internet hineinkommen kann. Er muss aber nicht beschreiben, wie man auf den Internet-Seiten von Internet-Anbietern Waren bestellen oder Dienstleistungen aufrufen kann.

Darüber hinaus hat der **Diensteanbieter** selbstverständlich die **Daten-** 933
schutzvorschriften zu beachten, die für ihn gelten. Dies dürfte neben der öffentlich-rechtlichen Pflicht, die sich aus den entsprechenden Normen ergibt, auch eine **vertragliche Pflicht** sein, die auch eine Pflicht zur Vornahme der zumutbaren technischen und organisatorischen Sicherungsmaßnahmen umfasst.[157] Zu beachten ist, dass sich datenschutzrechtliche Verpflichtungen für die verschiedenen Systemanbieter keinesfalls nur aus dem BDSG ergeben. Vielmehr werden vorrangig § 85 TKG und die TDSV bzw. das TDDSG oder der Mediendienstestaatsvertrag eingreifen.

Außerdem muss der Netzbetreiber die notwendigen und technisch möglichen Maßnahmen ergreifen, um von seinen Nutzern Schaden abzuwehren. Er muss z.B. durch Verwendung neuester **Virenscanner** dafür Sorge tragen, dass von seinen eigenen Angeboten möglichst keine Viren übertragen werden.[158]

---

[156] Rdn. 790f.
[157] Zu Details vgl. *Koch,* BB 1996, 2049 (2056f.); *Roth,* in: Loewenheim/Koch (Hrsg.), Praxis des Online-Rechts, S. 57 (63, 151f.); *Moos,* in: Kröger/Gimmy (Hrsg.), Handbuch zum Internet-Recht, S. 497ff.
[158] *Roth,* in: Loewenheim/Koch (Hrsg.), Praxis des Online-Rechts, S. 57 (142); *Kormanicki,* in: Hoeren/Sieber (Hrsg.), Handbuch Multimediarecht, Abschn. 12,

934 Ein wesentliches Problem ist die Frage der **Kündigungsmöglichkeiten**. Da keine ausdrücklichen gesetzlichen Regelungen vorhanden sind, gibt es keine generelle Regelung für den Fall, dass vertraglich keine Vereinbarung über Kündigungsmöglichkeiten getroffen werden. Aufgrund von § 314 BGB ist lediglich eine **außerordentliche Kündigung** aus wichtigem Grund zulässig. Dieses Recht ist vertraglich nicht abdingbar.

Schwieriger ist die Frage, ob mangels einer anderweitigen Regelung eine ordentliche Kündigung möglich ist. Hier sind die Meinungen in Literatur und Rechtsprechung zu Dauerschuldverhältnissen durchaus nicht eindeutig.[159] Die Systembetreiber sehen daher in ihren allgemeinen Geschäftsbedingungen fast immer die Möglichkeit einer ordentlichen Kündigung vor. Angesichts der Gesamtstruktur des Vertrages dürften hier aber **bei Lücken** in den vertraglichen Regelungen die **Kündigungsregeln des Dienstvertragsrechts** eingreifen.

Verträge können auch befristet geschlossen werden. Hier ist allerdings darauf hinzuweisen, dass in allgemeinen Geschäftsbedingungen eine Frist von mehr als zwei Jahren und eine stillschweigende Verlängerung von jeweils mehr als einem Jahr unzulässig sind (§ 309 Nr. 9 BGB). Die Rechtsprechung hat in vielerlei Fallgestaltungen sogar strengere Anforderungen gestellt. Im geschäftlichen Verkehr gilt die Vorschrift freilich nicht. Hier hat die Rechtsprechung teilweise auch viel längere Fristen gebilligt.[160]

935 All die vorstehenden Überlegungen gelten selbstverständlich für alle herkömmlichen Telekommunikationsverträge, im Prinzip also auch für die Verträge über Telefondienstleistungen. Sie gelten aber in gleicher Weise auch für Verträge, die etwa **Internet-Provider** mit ihren Kunden abschließen. Die Vielfalt der unter diesen allgemeinen Überlegungen fallenden Verträge hat in den letzten Jahren mit der zunehmenden Liberalisierung des Telekommunikationsmarkts ständig zugenommen.

c) Allgemeine Geschäftsbedingungen

936 Zunehmend steht in letzter Zeit auch die **Inhaltskontrolle allgemeiner Geschäftsbedingungen** in solchen Verträgen zur Diskussion.[161]

Dabei ist zu beachten, dass die **Inhaltskontrolle** sich zunächst nach den allgemeinen Vorschriften richtet. Zu Einzelfragen ist zunächst auf die ausführlichen Bemerkungen im Softwarevertragsteil[162] zu verweisen. Im Übri-

---

Rdn. 60 f. sieht dies sogar als Hauptpflicht; vgl. auch LG Köln, NJW 1999, 3206 (zum Diskettenversand).

[159] Vgl. BGH, NJW 1972, 1128; *Soergel-Teichmann*, § 241 Rdn. 9.

[160] Wartungsvertrag für Telefonanlagen: 10 Jahre, OLG Stuttgart, NJW-RR 1994, 952; zustimmend *Palandt-Heinrichs*, § 307 Rdn. 132; 10 Jahre zu lang bei TK-Anlagen: AG Bremen, NJW-RR 2000, 1585.

[161] Namentlich *Spindler*, BB 1999, 2037; CR 1999, 626; in: Spindler (Hrsg.), Vertragsrecht der Internet-Provider, Teil IV, Rdn. 220 ff.

[162] Rdn. 454 ff.

gen wird zu Einzelfragen an den geeigneten Stellen Stellung genommen. Generell ist zu bemerken, dass auch in diesem Zusammenhang die Frage der Wirksamkeit allgemeiner Geschäftsbedingungen sich danach richtet, ob die allgemeinen Geschäftsbedingungen von den Grundprinzipien der Leistungsbeziehungen nach den Vorgaben des BGB abweichen und die Abweichung angemessen ist oder nicht. Eine generelle Aussage kann daher prinzipiell nicht erfolgen. Die Zulässigkeit wird sich nach der Einordnung der einzelnen Leistung und der Abänderung der sich damit verbundenen Pflichten ergeben.[163]

Allerdings gibt es im Zusammenhang mit dem Systemvertrag die **Problematik**, dass es sich um einen **typengemischten Vertrag** mit sehr vielen Spezialitäten handelt. Insoweit sind hier gesetzliche Leitbilder nur mit Vorsicht und analog anzuwenden. Dies gilt auch bei der Inhaltskontrolle. Dies hat die Rechtsprechung in der Vergangenheit bei der Entwicklung etwa im Leasingrecht auch schon ähnlich gehandhabt. Im Leasingrecht sind Gewährleistungsausschlüsse zulässig, die im Mietrecht unvorstellbar sind, obwohl die Leasingverträge prinzipiell Mietverträge darstellen. Demgemäss wird man auch in den hier betrachteten Verträgen die Übertragung gesetzlicher Leitbilder nur vorsichtig annehmen können.[164] Ohne sie fehlt es aber an **Kontrollmaßstäben,** so dass hier durchaus Übernahmen angezeigt erscheinen, die um so intensiver sind, je näher die Leistung an dem gesetzlichen Leitbild liegt. 937

Eine besondere Problematik stellt auch die Abgrenzung zwischen der Leistungsbeschreibung, die kontrollfrei ist und Nebenbestimmungen, die der Inhaltskontrolle unterliegen, dar. Dazu ist im Hinblick auf die Verfügbarkeit des Systems schon oben[165] Stellung genommen worden. 938

Eine besondere Problematik stellt sich im Rahmen vieler hier betrachteter Verträge, insbesondere solcher Telekommunikationsdienste und Access-Providing deswegen, weil in diesem Zusammenhang auch die **Telekommunikationskundenschutzverordnung** (TKV) zu beachten ist.[166] Die Vorschriften der TKV gelten für Anbieter von Telekommunikationsdienstleistungen für die Öffentlichkeit. Viele Provider und viele Anbieter sonstiger Telekommunikationsdienstleistungen bieten solche Leistungen an, d. h. insbesondere den Zugang zum Netz mittels eigener oder gemieteter Telekommunikationseinrichtung, bieten aber auch darüber hinausgehende Dienstleistungen an, die nicht der TKV unterliegen. Damit ergeben sich für solche Anbieter zwei verschiedene Maßstäbe für die Wirksamkeit ihrer allgemeinen Geschäftsbedingungen. Dies wird namentlich an der **Haftungsbegren-** 939

---

[163] So auch *Spindler*, BB 1999, 2037 (2039 f.).
[164] Ebenso *Spindler*, BB 1999, 2037 (2040).
[165] Rdn. 929.
[166] Dazu *Leitermann*, in: Heun (Hrsg.), Handbuch Telekommunikationsrecht, S. 527 (554 ff.).

zungsklausel deutlich. Gemäß § 7 TKV besteht die Möglichkeit einer summenmäßigen Haftungsbegrenzung. Die Haftung für Vermögensschäden kann auf 12 500,00 € im Einzelfall begrenzt werden, ausgenommen sind lediglich vorsätzlich begangene Beschädigungen (§ 7 Abs. 2 Satz 7 TKV). Die Gesamtsumme für Haftungsansprüche der Geschädigten für ein schadensverursachendes Ereignis ist mit 10 Millionen € festgesetzt. Kommt die Gesamtsumme darüber hinaus, kann der Anspruch des einzelnen noch unter 12 500,00 € reduziert werden. Eine vergleichbare Klausel wäre bei einer Klauselkontrolle nach AGBG unzulässig. Zum einen ist eine Haftungshöchstgrenze für das Verschulden für grobfahrlässige Handlungen unzulässig, zum andern wären die Höhenbegrenzungen aus der Gesamtsumme nicht zulässig. Möglicherweise ist auch die Höchstsumme von 12 500 € bei Verletzung einer Kardinalpflicht nicht zulässig.

Umgekehrt lässt sich nach allgemeinen Geschäftsbedingungen für Nebenpflichten ein Haftungsausschluss bei leichter Fahrlässigkeit vereinbaren. Dies wiederum wäre nach TKV nicht zulässig, weil Abweichungen von den Vorgaben der TKV nur zugunsten des Kunden erlaubt sind.[167]

940 Wegen der **unterschiedlichen Maßstäbe** müssen die Klauseln sorgfältig zwischen Leistungen unterscheiden, die der TKV unterliegen und solchen, die den Vorschriften über allgemeine Geschäftsbedingungen unterliegen. Ob dies mit der **von § 307 Abs. 1 S. 2 BGB geforderten Transparenz** überhaupt möglich ist, erscheint fraglich, weil die gesetzestechnischen Fachbegriffe, die Grundlage des Anwendungsbereichs der TKV sind, komplex sind und teilweise auch vom allgemeinen Sprachgebrauch abweichen. Legt man hier die Rechtsprechung zugrunde, die auch die Verwendung der Gesetzesbegriffe Wandlung (im alten Recht) und Minderung in allgemeinen Geschäftsbedingungen ausschließt, kommt man schnell zu der Überzeugung, dass eine wirksame Abgrenzung zwischen TKV und § 305 ff. BGB in allgemeinen Geschäftsbedingungen kaum möglich ist.

Hier wird in Zukunft noch viel Arbeit zu leisten sein, sowohl von den Anbietern und ihren Beratern als auch von der Rechtsprechung. Probleme gibt es hier in Hülle und Fülle. Hinzu kommt, dass möglicherweise auch Grenzen aus TDG und MDStV zu berücksichtigen sind.[168]

2. Einzelleistungen

941 Neben dem Systemvertrag als Dauerschuldverhältnis sind die **Einzelleistungen** zu betrachten. Hier gibt es in der Praxis eine Vielzahl von Leistungen, die Telekommunikationsanbieter erbringen. In den letzten Jahren sind insbesondere die **Internet-Provider** als große Anbieter mit neuem Leistungsangebot hinzugekommen. Dabei ist das Leistungsspektrum insgesamt

---

[167] Vgl. im Einzelnen *Spindler*, CR 1999, 626 (627 f.).
[168] *Spindler*, CR 1999, 626.

III. Internet-Dienstleistungen 379

gegenüber den früheren Überlegungen, die insbesondere zu Bildschirmtext angestellt worden sind, nicht so stark erweitert worden. Was aber hinzugekommen ist, dass viele der Leistungen, die früher mehr theoretischen Hintergrund hatten, mittlerweile in großem Umfang auch praktisch genutzt werden.

Für **einzelne Leistungen** soll in der Folge die Frage ihrer **rechtlichen Bewertung** einer näheren Betrachtung unterzogen werden. Dabei ist zu betonen, dass es im jeweils konkreten Fall es durchaus sein kann, dass die verschiedenen Einzelleistungen im Rahmen unterschiedlicher Verträge, möglicherweise auch im Falle von Einzelabrufen und Einzelverträgen angeboten werden. Für die hier notwendige und wegen der Kürze der Untersuchung gebotene Betrachtung kommt es auf diese Frage nicht an. Bei der modernen Nutzung von Telekommunikationssystemen kommt es sehr oft zu zahlreichen Verträgen. So ist z. B. bei der üblichen **Internetnutzung** zu unterscheiden zwischen den Verträgen mit dem Anbieter der ursprünglichen Telekommunikationsverbindung, dem Vertrag mit dem Access-Provider und dem Vertrag, der mit Hilfe von Internet mit Dritten abgeschlossen wird. Dabei können auch dies noch Dauerverträge sein, z. B. dann, wenn über Internet etwa mit einem Anbieter kommuniziert, von dem man regelmäßig zu besonderen Bedingungen Daten abfragt.

Unter diesen Rahmenbedingungen sollen jetzt die Einzelleistungen betrachtet werden:

a) Nachrichtenübermittlung

Die Übermittlung von Nachrichten ist das eigentliche Grundcharakteristikum aller Telekommunikationssysteme. Es dürfte kaum ein System geben, wo nicht die Möglichkeit gegeben ist, Nachrichten von einem Systemkunden zu einem anderen zu übermitteln. Ein Vertrag über Nachrichtenübermittlung könnte vom Grundsatz her ein sowohl ein Dienst- als auch ein Werkvertrag sein. Eine solche Dienstleistung biete auch ein e-mail-Dienstanbieter. 942

Da bei der Nachrichtenübermittlung auch der Erfolg, nämlich die Durchführung der Übermittlung, im Vordergrund steht, ist von einem **Werkvertrag** auszugehen.[169]

Damit unterliegt die Nachrichtenübermittlung auch dem **Mängelrecht des Werkvertrags**.[170] Hier ist insbesondere zu fragen, was denn ein Mangel im Sinne des Werkvertragsrechts ist. Immerhin gibt es Nachrichten, die 943

---

[169] Wie hier: *Leitermann*, in: Heun (Hrsg.), Handbuch Telekommunikationsrecht, S. 527 (540ff.); offengelassen bei *Koch*, BB 1996, 2049 (2055); a. A. BGH, Urt. v. 18. 4. 2002 – III ZR 199/01 – JurPC Web-Dok. 187/2002 zum Telefonverkehr; *Härting*, CR 2001, 37 (38).

[170] *Schuppert*, in: Spindler (Hrsg.), Vertragsrecht der Internet-Provider, Teil II Rdn. 23 für e-mails.

etwas verstümmelt übermittelt werden, semantisch aber dennoch korrekt sind. Gerade in Telekommunikationssystemen ist es allerdings so, dass der Empfänger der Nachrichten oft eine Datenverarbeitungsanlage ist. Diese benötigt zur Weiterverarbeitung nicht nur semantisch, sondern auch syntaktisch korrekte Nachrichten. Auch kleinste Tippfehler können hier zu Problemen führen. Deshalb wird man bei jeder **noch so geringen Abweichung** in der Ermittlung von einem Mangel sprechen können.

Sollten also Nachrichten fehlerhaft übermittelt werden, hat der Absender einen Nacherfüllungs-, d. h. wohl einen Neu-Übermittlungsanspruch. Daneben kann er bei Verschulden des Systembetreibers Schadensersatzansprüche haben.

Letzteres gilt auch für den **Nachrichtenempfänger**, der auch Vertragspartner des Telekommunikationsanbieters ist. Ihm gegenüber dürfte der Anbieter dazu verpflichtet sein, für ihn bestimmte Nachrichten auch korrekt zu ihm zu übermitteln. Tut er dies nicht, hat er gegen Vertragspflichten verstoßen. Auch hier greifen die **Mangelregeln** und Schadensersatzansprüche des Werkvertragsrechts ein.[171]

944 Angesichts der Vielfältigkeit der heute im Telekommunikationsbereich tätigen Anbieter stellt sich freilich die Frage, ob ein Anbieter auch dafür haften kann, dass etwa im **Internet** ein **E-Mail** auch **zugeht**, obwohl er auf Übermittlungswege und den Rechner des Empfängers keinerlei Einfluss hat. Die oben genannten Bemerkungen dürften uneingeschränkt nur dann gelten, wenn sowohl Absender als auch Empfänger beim gleichen Anbieter Vertragspartner sind und diese auch über das Leitungsnetz verfügt. Für alle anderen Fälle stellt sich die Frage, ob die **Benutzung anderer Leitungen** dazu führen, dass die **Mitanbieter Erfüllungsgehilfen** des jeweiligen Vertragspartners sind. In aller Regel wird mit dieser Begründung eine Werkleistungshaftung in der Literatur abgelehnt.[172] Vielmehr würden dann nur Dienstleistungen geschuldet. Dies klammert vielleicht die speziellen Mängelrechte aus, bringt aber im Hinblick auf die wesentlich wichtigeren Haftungsfragen letztendlich nichts, weil sich auch im Dienstleistungsvertrag die Frage stellt, ob eventuelle Schäden, die durch mangelnde Vertragserfüllung entstanden sind, von dem jeweiligen Anbieter zu tragen sind. Angesichts der relativ restriktiven Haltung des BGH zur Haftungsbegrenzungsvereinbarung ist dies für die Praxis von entscheidender Bedeutung.

Der im deutschen Recht **üblichen Praxis** entspricht es, wenn die anderen im Internet mitwirkenden Unternehmen, die Transportwege und Rechner zur Verfügung stellen, als **Erfüllungsgehilfen** betrachtet werden, also insbe-

---

[171] Dazu oben Rdn. 349 ff.; 381 ff.
[172] So z. B. bei *Roth*, in: Loewenheim/Koch, Praxis des Online-Rechts, S. 57 (68 f.); *Schuppert*, in: Spindler (Hrsg.), Vertragsrecht der Internet-Provider, Teil II, Rdn. 20, 22.

III. Internet-Dienstleistungen 381

sondere die Netzübertragungsanbieter, die Betreiber sonstiger Knotenrechner usw. Wer sich der Hilfe Dritter für irgend etwas bedient, haftet für diesen, sobald dieser Fehler macht.[173] Nur dann, wenn die Leistung des Dritten nicht als eigene Leistung des Systemanbieters geschuldet ist, gilt dies nicht. Es können gerade im Bereich der Nachrichtenübermittlung auch erhebliche Schäden auftreten, wenn etwa Vertragsangebote nicht ordnungsgemäß übermittelt werden oder gar Vertragsannahmen nicht ordentlich zugänglich werden. Von daher ist die Entscheidung dieser **Frage von erheblicher Bedeutung.**

Wichtig in diesem Zusammenhang ist, dass der einzelne Dienstanbieter, etwa der **Access-Provider,** nach der Gestaltung des Internet überhaupt keinen Einfluss darauf hat, welche Leitungen und welche Rechner von der Nachricht jeweils benutzt werden. Von daher kann nur entweder die Ansicht vertreten werden, er habe sämtliche in diesem Netz irgendwo auf der Welt tätigen Betreiber als Erfüllungsgehilfen bewusst eingeschaltet oder die Ansicht, eine Erfüllungsgehilfenschaft und damit eine Haftung scheide aus. Es spricht hier viel für den zweiten Standpunkt, weil anderenfalls die Risiken für die Access Provider und anderen Anbieter unabsehbar werden. Allerdings ist auch der erste Gesichtspunkt nicht ganz abseitig, weil die Eröffnung des Zugangs verbunden mit der technischen Zusammenschaltung ja gerade die Dienstleistung des Access-Providers darstellen, der diese Risiken bewusst eingegangen ist und der die Risiken möglicherweise besser beherrschen kann als der jeweilige Nutzer.

945

Die Entscheidung der Frage ist völlig unentschieden. Nach hier vertretener Ansicht dürfte eine **Erfüllungsgehilfenschaft tendenziell eher ausscheiden,** zumal auch im deutschen Recht sonst Verwerfungen entstehen, die nicht beherrschbar werden So würde der Access-Provider unbegrenzt und nur mit sehr eingeschränkten Möglichkeiten der Haftungsbegrenzung haften, während etwa der Netzbetreiber aufgrund der Vorschriften in der Telekommunikationskundenschutzverordnung seine Haftung auf 12 500 € pro Einzelfall begrenzen kann.

Nach hier vertretener Auffassung dürfte daher eine **Haftung des Systemanbieters** für die **eingeschalteten Dienstleister** unter dem Gesichtspunkt des Erfüllungsgehilfen **ausscheiden.**[174] Damit haftet der Nachrichtenübermittler nur für Mängel in seinem eigenen Bereich.

Naturgemäß werden viele Unternehmer unabhängig von dem eben Gesagten versuchen, ihre **Mängelbeseitigungs- und Schadensersatzpflichten sowie die Rücktritts- und Minderungsrechte des Vertragspartners** durch allgemeine Geschäftsbedingungen **einzuschränken** oder auszuschließen.

946

---

[173] *Kormanicki,* in: Hoeren/Sieber (Hrsg.), Handbuch Multimediarecht, Abschn. 12, Rdn. 55.
[174] Ebenso *Roth,* in: Loewenheim/Koch (Hrsg.), Praxis des Online-Rechts, S. 57 (119).

Dies ist allerdings nur begrenzt möglich. Insoweit ist auf die Ausführungen oben[175] zu verweisen.

b) Speicherplatznutzung und Webhosting

947 In vielen Telekommunikationssystem, in denen neben der reinen Übermittlung zusätzliche Leistungen angeboten werden, wird dem Benutzer auch die Möglichkeit angeboten, irgendwelche ihm interessant erscheinenden **Informationen im System zu speichern.** Der Systembetreiber schuldet dabei die Möglichkeit, Informationen unter einer bestimmten Bezeichnung, einer sog. **Adresse, abzuspeichern,** und Kunden die Möglichkeit zu geben, sie unter dieser **Adresse jederzeit abrufen zu können.** Dies bedingt technisch nicht, dass die jeweiligen Informationen physikalisch immer an der gleichen Stelle im System abgespeichert werden. Dies ist auch anders als bei der Nutzung von Teilen einer Mauer zu Werbezwecken.[176] Vielmehr ist eine Änderung des Abspeicherungsplatzes durch den Diensteanbieter jederzeit möglich, wenn nur die Zugriffsmöglichkeiten unter der ursprünglichen Bezeichnung erhalten bleibt.

Diese technische Gestaltung **schließt** die Charakterisierung einer solchen Speicherplatznutzung als **Mietvertrag aus.** Es wird keine Sache überlassen. Vielmehr wird die Aufbewahrung von Informationen und die jederzeitige Abrufbarkeit der Informationen geschuldet. Die „Obhut" über den Speicherplatz hat auch der Anbieter, der für die Verfügbarkeit des Systems – im Rahmen der vereinbarten Begrenzungen – garantiert. Gerade diese Systemverantwortung **schließt einen Mietvertrag aus.** Von allen im BGB vertypten Verträgen entspricht dieser technischen Gestaltungsmöglichkeit der Verwahrungsvertrag **am ehesten.**[177] Man kann die Informationsaufbewahrung als eine Art Lagerhaltung für Informationen bezeichnen.

Aber auch diese Parallele ist **nur beschränkt tragfähig.** Die Verwahrungsregeln im BGB beziehen sich auf körperliche Gegenstände, nicht auf die Aufbewahrung von Informationen. Der wesentliche Unterschied besteht darin, dass abgespeicherte Informationen vom Nutzer mehrfach aufgerufen werden können und dennoch im Speicher verbleiben, bis sie explizit gelöscht werden. Bei der Verwahrung dagegen werden die Gegenstände in der Regel nach Ablauf der Verwahrungsdauer zurückgegeben. Wenn sie herausgegeben sind, können sie nicht beim Verwahrer verbleiben.

Dieser Unterschied führt aber nicht zu einer grundsätzlich anderen rechtlichen Bewertung. Man wird also zur Ausfüllung von Lücken und ggf. auch

---

[175] Rdn. 454 ff.
[176] Dies Beispiel zieht *Kormanicki,* in: Hoeren/Sieber (Hrsg.), Abschn. 12, Rdn. 35 heran.
[177] Zur Abgrenzung Mietvertrag/Verwahrungsvertrag vgl. *Soergel-Heintzmann,* Vor § 535, Rdn. 335.

III. Internet-Dienstleistungen 383

zur Inhaltskontrolle von allgemeinen Geschäftsbedingungen die Regelungen des BGB zur Verwahrung heranziehen können.[178]

Bei **Webhosting-Verträgen** ist ein Teil der Leistung die Speicherung der Homepage. Zu dieser Speicherung kommt noch hinzu, dass die gespeicherten Homepages jederzeit für alle Internet-Nutzer abrufbar gehalten werden müssen. Die **Abrufbarkeit** stellt dabei einen vom Dienstanbieter geschuldeten Erfolg dar, so dass man von einer **Werkleistung** ausgehen kann. In der Literatur[179] wird freilich die Meinung vertreten, dass ein Abruf wegen der technischen Gestaltung des Internet nicht garantiert werden könne und daher von einem Dienstvertrag auszugehen sei. Der Webhostbetreiber soll aber nicht garantieren, dass die Seiten auch erfolgreich abgerufen werden. Seine Aufgabe ist es, die Seiten so bereitzustellen, dass sie abrufbar sind, wenn das Internet im üblichen Rahmen den Zugang ermöglicht. Diese **Leistung ist Werkleistung**.

948

Darüber hinaus ist diese Abrufbarkeit zentrale Leistung, die so im Vordergrund steht, dass die Abspeicherung ihr gegenüber als Nebenleistung zurücktritt. Der gesamte **Webhostingvertrag** ist daher als **Werkvertrag** anzusehen.[180] Dies gilt ganz besonders dann, wenn zum Leistungsumfang auch die Herstellung der Homepage gehört. Dieser Leistungsteil unterliegt unzweifelhaft Werkvertrags- bzw. Werklieferungsvertragsrecht.[181]

Können die gehosteten Seiten zeitweilig nicht abgerufen werden, liegt eine mangelhafte Leistung vor. Diese Leistung kann auch nicht nachgeholt werden, weil sie mit dem Zeitablauf steht und fällt, so dass Minderungs- und bei Verschulden auch Schadensersatzansprüche bestehen.[182]

Gehört auch die Erstellung der Homepage zum Leistungsumfang, werden auch Regelungen über Rechte am Inhalt (Urheberrechte, Markenrechte) zu treffen sein.

---

[178] A. A. *Koch,* BB 1996, 2049 (2054f.): *Roth,* in: Loewenheim/Koch, Praxis des Online-Rechts, S. 57 (78f., 105): Mietvertrag; *Kormanicki,* in: Hoeren/Sieber (Hrsg.), Handbuch Multimediarecht, Abschn. 12 Rdn. 33ff.; *Spindler,* BB 1999, 2037; *Härting,* CR 2001, 37 (39) und ITRB 2002, 218 (219); *Heyms/Proeß,* Werbung Online, S. 33 f.; AG Charlottenburg, CR 2002, 297; OLG Köln, CR 2002, 832; *Röhrborn/Sinhart,* Cr 2001, 69 (73); *Schuppert,* in: Redeker (Hrsg.), Handbuch der IT-Verträge, Abschn. 3.3, Rdn. 11 f. (zumindest Mietrecht analog).

[179] *Roth,* in: Loewenheim/Koch, Praxis des Online-Rechts, S. 57 (78 f.); *Kormanicki,* in: Hoeren/Sieber (Hrsg.), Handbuch Multimediarecht, Abschn. 12, Rdn. 57 f.; *Schuppert,* in: Spindler (Hrsg.), Vertragsrecht der Internet-Provider, Abschn. II, Rdn. 49; *Härting,* CR 2001, 37 (39).

[180] Ebenso *Kormanicki,* in: Hoeren/Sieber (Hrsg.), Handbuch Multimediarecht, Abschn. 12, Rdn. 39, allerdings nur für den Fall, dass der Webhosting-Betreiber die Seite auch inhaltlich betreut.

[181] Zu diesem Problem vgl. oben Rdn. 296 ff.; für Werkvertrag (i. d. R. nach altem Recht): *Gottschalk,* in: Kröger/Gimmy (Hrsg.), Handbuch zum Internet-Recht, S. 245 (255 f.).

[182] I. E. genauso AG Charlottenburg, CR 2002, 297 (298 f.) aufgrund mietrechtlicher Vorschriften.

c) Programmnutzung (Application Service Providing)

949 Ein weiteres Leistungsangebot im Internet oder auch durch Verwendung anderer Telekommunikationsverbindungen kann darin bestehen, dass der Systembetreiber seinen Kunden von ihm erarbeitete oder von ihm lizenzrechtlich erworbene **Programme** für eine jeweilige Einzelbearbeitung in der Weise **zur Verfügung stellt,** dass die Benutzer diese Programme aufrufen und für sich arbeiten lassen können, ohne den Programmtext in irgendeiner Form in ihren Rechner zu kopieren. Man kann diese Leistung als **Nutzungsüberlassung an Programmen für einzelne Nutzungen** charakterisieren.

Diese Dienstleistung wird heute als **Application Service Providing (ASP)** bezeichnet, wobei der Dienstleister neben der Kernleistung Programmnutzung gegenüber seinem Kunden meist noch weitere Dienstleistungen übernimmt, die allerdings meist in engem Zusammenhang mit der Programmnutzung stehen. Dazu gehört insbesondere die Pflicht, das Programm zu aktualisieren, wenn dies vom Hersteller angeboten wird und – bei eigenem Programm – Fehler zu beheben.[183] Gelegentlich wird auch eine Parametrisierung des Programms für den Kunden angeboten. In aller Regel wird das Programm nicht nur einem, sondern mehreren Kunden zur Verfügung gestellt, die es dadurch kostengünstiger nutzen. Gedacht ist das ASP als Outsourcing für kleinere und mittlere Unternehmen.

950 Rechtlich wird ASP meist als Mietvertrag eingeordnet, weil das Programm dem Kunden jeweils zur Nutzung überlassen wird.[184] Dieser Auffassung ist aber zu widersprechen. Dazu ist zunächst auf die bei der rechtlichen Einordnung der Rechenzentrumsverträge[185] und der Speicherplatznutzung[186] zu verweisen. Auch beim ASP keine körperliche Sache zur Nutzung überlassen. Die Datenverarbeitungsanlage des Systembetreibers steht dem Nutzer nie vollständig zur Verfügung. Praktisch schuldet der Systembetreiber die Dienste eines bestimmten Programms innerhalb eines Telekommunikationssystems. Man kann hier evtl. auch von einer Rechtspacht sprechen.[187] Letztendlich wird der Programmablauf aber von der Betriebssoftware des Dienstanbieters gesteuert. Dem Kunden dürfte es auch gleichgültig sein, welche konkrete Software auf welchem Rechner er nutzt, wenn er nur ein seinen Vorgaben entsprechendes, korrekt arbeitendes Programm nutzen kann. Schon wegen dieser intensiven Steuerung der gesamten Verar-

---

[183] Zu Details vgl. *Witzel,* ITRB 2002, 183; *Intveen/Lohmann,* ITRB 2002, 210; *Bettinger/Scheffelt,* CR 2001, 729; *Röhrborn/Sinhart,* CR 2001, 69; *Schneider,* Handbuch des EDV-Rechts, Rdn. M 28 ff.
[184] *Witzel,* ITRB 2002, 183 (184); *Intveen/Lohmann,* ITRB 2002, 210 (211); *Bettinger/Scheffelt,* CR 2001, 729 (731); *Röhrborn/Sinhart,* CR 2001, 69 (70 f.); *Schneider,* Handbuch des EDV-Rechts, Rdn. M 27.
[185] Oben Rdn. 785 ff.
[186] Soeben Rdn. 947.
[187] So *Alpert,* CR 2000, 345 (349).

beitung durch den Systembetreiber liegt es nahe, von einem **Dienstvertrag** auszugehen.[188]

Das Dienstvertragsrecht enthält keine besonderen Regelungen für den Fall schlechter Leistungen.

Daraus ergibt sich, dass für die Folgen von **Leistungsstörungen ausschließlich die allgemeinen Regeln, mithin §§ 280ff. BGB** gelten. Auch hier liegt es nahe, in allgemeinen Geschäftsbedingungen die Haftung für Fehlläufe der Programme auszuschließen oder einzuschränken. 951

Auch hier ist zunächst auf die Ausführungen oben[189] zu verweisen.

Insbesondere lässt sich die Haftung für Vorsatz und grobe Fahrlässigkeit nicht ausschließen (§ § 309 Nr. 7 BGB). Darüber hinaus dürfte es aber zu den Kardinalpflichten des Betreibers gehören, **korrekte Programme zur Verfügung** zu stellen, so dass er sich im Hinblick auf die Korrektheit der Programme nicht freizeichnen kann. Wohl kann er aber – da dies Leistungsbeschreibung ist (§ 307 Abs. 3 BGB) – vor Vertragsschluss bzw. vor Aufruf der Programme darauf hinweisen, dass es sich um ungetestete oder in sonstiger Weise unfertige Programme, möglicherweise sogar um Beta-Versionen handelt. Diese Einschränkung kann aber nur explizit vor Vertragsschluss im Hinblick auf das konkrete zur Nutzung geschuldete Programm gemacht werden, nicht generell in allgemeinen Geschäftsbedingungen.

Die Verwendung der neuesten Programme einschließlich aller Updates und Upgrades schuldet der Dienstleister nur, wenn dies ausdrücklich vereinbart ist.

Bei längerdauernden oder sehr gravierenden Störungen besteht auch ein außerordentliches Kündigungsrecht.[190]

Im Übrigen muss sich der ASP-Anbieter die notwendigen Nutzungsrechte verschaffen.[191]

d) Informationsabruf

Eine weitere, in der Praxis schon seit langem verbreitete Nutzungsform ist die des sogenannten **Informationsabrufs**. Gerade im Internet dürfte dies einen zentralen Teil der Nutzung darstellen. Dabei kann der Betreiber des Systems in dieser Nutzungsform dem Systembenutzer Informationen zur Verfügung stellen, die dieser beliebig abrufen kann. Häufiger ist es freilich, dass nicht der Systembetreiber diese Informationen zur Verfügung stellt, sondern dass dies Dritte tun. In diesem Fall ist nicht der Systembetreiber Vertragspartner, sondern diese Dritten. Dies geht bei der Nutzung des Internet in großem Umfang, wobei natürlich große Provider auch eigene Informationen zur Verfügung stellen. Bei größeren Informationsmengen 952

---

[188] *Intveen/Lohmann*, ITRB 2002, 210 (212) nehmen dies für Nebenleistungen an.
[189] Rdn. 469ff.
[190] *Intveen/Lohmann*, ITRB 2002, 210 (213).
[191] Vgl. oben Rdn. 70f.

spricht man auch vom „**Downloaden**".[192] Die nachfolgenden rechtlichen Betrachtungen gelten für beide Fälle.

Rechtlich gesehen handelt es sich bei dem Abruf von Informationen gegen Entgelt um den **Kauf von Informationen**.[193] Dies wird in der Literatur teilweise bezweifelt.[194]

Letztendlich ist es aber so, dass eine vorgefertigte Information gegen Entgelt auf Dauer zur Verfügung gestellt wird. Diese Information wird nicht für den Einzelfall konkret hergestellt, so dass ein Werkvertrag ausscheidet. Sie wird dem jeweiligen Partner auch auf Dauer überlassen, so dass eine dauernde Bereicherung beim Käufer vorhanden ist. Freilich verbleibt die Information auch im Bereich des Veräußerers. Dies hindert aber die Annahme eines Kaufvertrages nicht.[195]

Verkauft werden keine Sachen. Nach § 453 Abs. 1 BGB sind aber die Regeln über den Sachkauf analog anwendbar.

953 Problematisch ist, was man unter einem **Mangel** verstehen kann. Hier ist auf die entsprechende Rechtsprechung zu fehlerhaften Druckwerken zurückzugreifen, da diese Rechtsprechung zu fehlerhaften Informationen ergangen ist und es keinen Grund für eine Differenzierung zwischen Druckwerken und elektronischen Informationen gibt.[196] Danach liegt **kein Fehler** vor, wenn die abgerufene Information dem Abrufenden von ihrer **inhaltlichen Tendenz** her **nicht passt**. Allerdings kann man vertraglich eine bestimmte Tendenz von Textinhalten festlegen.[197]

Fehlerhaft sind Texte dann, wenn sie an reinen **Editionsfehlern** leiden, also Buchstaben vertauscht, verrutscht o. ä. Dinge passiert sind.

Hier stellt sich nur die Frage, ob die Mängel wesentlich sind und sich aus ihnen die Rechte der §§ 434ff. BGB ergeben. Bei **elektronischem Informationsabruf** darauf zu verweisen, dass unter Umständen auch hier EDV-Anlagen Abrufer sein können und es deswegen möglicherweise auf **syntaktische Korrektheit** mehr ankommt als bei einem menschlichen Abrufer.[198]

Rechtlich am problematischsten sind die falsch dargestellten Fakten. Bei Zeitungen ist hier anerkannt, dass einzelne Fehler dieser Art in Zeitungen hinzunehmen sind und keine rechtlichen Sanktionen durch sie ausgelöst werden können.[199]

---

[192] Vgl. dazu auch unten Rdn. 957 ff.
[193] Ausführlich *Redeker*, DB 1986, 1057; i.E. ebenso *Allgaier*, CR 1990, 762 (766); *Schneider*, Handbuch des EDV-Rechts, Rdn. O 106; *Koch*, BB 1996, 2049 (2052); *Roth*, in: Loewenheim/Koch (Hrsg.), Praxis des Online-Rechts, S. 57 (99); *Gottschalk*, in: Kröger/Gimmy (Hrsg.), Handbuch zum Internet-Recht, S. 245 (248).
[194] Insbesondere *Hackemann*, in: Neue Medien für die Individualkommunikation, S. 43ff. (Vertrag sui generis).
[195] Vgl. oben Rdn. 532 f.
[196] Vgl. zu dieser Rechtsprechung insbesondere *Röhl*, JZ 1979, 369;
[197] BGH, LM Nr. 4 zu § 459 Abs. 1 BGB.
[198] Vgl. oben Rdn. 943.
[199] *Röhl*, JZ 1979, 369 (372).

Dies wird damit begründet, dass einzelne falsche Fakten keine wesentliche Mängel für ein komplettes Presseerzeugnis darstellen, da Presseerzeugnisse in ihrer Gesamtheit gelesen werden. Gerade das letzte Argument zeigt aber den wesentlichen Unterschied zwischen den bisherigen Druckwerken und dem Informationsabruf. Beim Informationsabruf wird nicht eine gesamte Zeitung oder gar ein gesamtes Buch gekauft, vielmehr werden einzelne gezielte Informationen abgerufen. Sind in diesen **Informationen falsche Fakten** enthalten, wird man in der Regel von einem **wesentlichen Mangel** ausgehen müssen, so dass Mängelrechte eingreifen.[200] In erster Linie kommen Rücktritts- und Minderungsrechte in Betracht. Diese dürften allerdings wirtschaftlich in aller Regel nicht interessant sein.

Interessant können **Schadensersatzansprüche** sein. Für diese gelten die oben[201] genannten Regeln. Für den klassischen Nichterfüllungsschaden kommt § 281 BGB in Betracht, der eine Fristsetzung zur Nacherfüllung als Voraussetzung eines Schadensersatzanspruchs vorsieht. Anders ist dies bei Schäden, die aufgrund der falschen Information an anderen Rechtsgütern des Kunden entstehen. Diese Schäden werden generell nach § 280 BGB entschädigt. Fraglich sind im hier betrachteten Vertrag insbesondere die Maßstäbe, nach denen sich die vertraglichen Pflichten bei der Prüfung der Richtigkeit der übermittelten Informationen richten. So wird man bei unentgeltlichen publizistischen Nachrichten eher geringere Pflicht- und Verschuldensmaßstäbe ansetzen. Dies dürfte anders sein, wenn der **Informationsabruf gezielt zur Beratung** der Abrufenden dient. Hier hat die Rechtsprechung auch bisher durchaus auch schon **Schadensersatzansprüche** anerkannt,[202] obwohl solche Ansprüche im bisherigen Kaufrecht eher selten waren.

954

Häufig werden im übrigen **Informationsabrufe unentgeltlich** zur Verfügung gestellt. Ob solche unentgeltlichen Informationsabgaben überhaupt vertragliche Beziehungen im Hinblick auf diese Einzelinformationen zur Folge haben können, kann durchaus problematisch sein. Die Rechtsprechung nimmt bei unentgeltlichen Auskünften einen Vertrag nur an, wenn von der Auskunft nicht unwesentliche Vermögenspositionen abhängig gemacht werden und dies dem sachkundigen Auskunftgeber auch erkennbar ist.[203]

955

Gerade im Rahmen des **Internet** mag dies bei einzelnen Informationsseiten durchaus der Fall sein, wenn es etwa um Informationen über Versiche-

---

[200] I. E. ebenso *Gottschalk*, in: Kröger/Gimmy (Hrsg.), Handbuch zum Internet-Recht, S. 245 (251).
[201] Rdn. 951.
[202] Vgl. dazu *Schneider*, Handbuch des EDV-Rechts, Rdn. O 373 ff.; *Hoeren*, in: Computerrechtshandbuch, Abschn. 143, Rdn. 9f.
[203] *Palandt/Sprau*, § 675 Rdn. 30; *Schuppert*, in: Spindler (Hrsg.), Vertragsrecht der Internet-Provider, Teil II, Rdn. 58, spricht von Schenkungen.

rungsverträge o. Ä. geht. Oft liegt dieser Fall aber auch nicht vor. Hier wird man aber viel der Entscheidung im Einzelfall vorbehalten müssen.

e) Einzelauskunft

956 Möglich ist es auch, dass im Rahmen der hier betrachteten Dienste Programm bereit gehalten werden, die **einem Nutzer** im Hinblick au dessen Eingaben **konkret auf ihn bezogene Informationen erteilen.** Es wäre z.b. denkbar, dass ein solches Programm mögliche Kreditbedingungen für einen Benutzer ausrechnet, wenn dieser dies wünscht.

Diese Fälle unterscheiden sich von den Fällen der reinen Programmnutzung hauptsächlich darin, dass nicht lediglich die Nutzung des Programms, sondern die **Auskunft als konkreter Erfolg geschuldet** wird. Man wird daher von einem **Werkvertrag** ausgehen können.[204] Es gelten dann die Gewährleistungsregeln der §§ 633 ff. BGB.

Interessant sind auch **Schadensersatzansprüche.** Dabei geht es in aller Regel bei den Schäden um die Folgen falscher Dispositionen, die der Auskunftsberechtigte aufgrund der falschen Auskunft getroffen hat. Bei sich dabei ergebenden Schäden greift § 280 BGB ein. § 281 BGB liegt eher fern, weil es nicht um einen Nichterfüllungsschaden geht. Auf die bisherige Abgrenzung zwischen Mangel- und (entfernten) Mangelfolgeschäden wird man kaum zurückgreifen können.[205]

Alle Schadensersatzansprüche setzen ein Verschulden voraus. Die Verwendung funktionsgerechter Hard- und Software gehört dabei zu den Pflichten des Auskunftgebers. Allerdings ist darauf hinzuweisen, dass die tatsächlich erteilen Auskünfte in der Regel von den Eingaben der Nutzer abhängen und dass die Eingaben der Nutzer vom Auskunftgebenden faktisch nicht kontrolliert werden können. Von daher dürfte die **Haftung für Fehlauskünfte nur sehr begrenzt** eingreifen.

f) Elektronische Recherchen

957 Ein weiterer Dienst, der im Rahmen von Telekommunikationsbeziehungen den Kunden angeboten wird, ist der der sogenannten **elektronischen Recherche.** Die Kunden können dabei in Datenbanken oder Dokumentationssystemen für sie interessante Informationen gezielt suchen und sich die dabei gefundenen Informationen ausdrucken. Teilweise können sie auch die entsprechenden Daten im Volltext auf ihre eigene Datenverarbeitungsanlage umladen (sogenanntes „Down-Loading").

Gerade dieser Dienst wird im **Internet zunehmend** angeboten. Das Datenangebot ist vielfältig. Zu ihm gehören auch Dokumentationssysteme wie

---

[204] Näher *Redeker,* DB 1986, 1057; a. A. *Hackemann,* in: Neue Medien für die Individualkommunikations, S. 43.
[205] Vgl. dazu gleich noch Rdn. 960.

III. Internet-Dienstleistungen 389

z.B. JURIS. Vorhanden sind aber auch Datenbanken, die Wirtschaftsinformationen oder technische Informationen erhalten. Die Entwicklung des Internet hat es hier sehr leicht gemacht, international vorhandene Datenbanken auch von Deutschland aus zu nutzen. Gerade diese Dienstleistung ist daher von zunehmender Bedeutung.

Die **rechtliche Einordnung** der eben beschriebenen Leistung **ist umstritten**. So wird in der Literatur die Meinung vertreten, es handele sich um die Kombination eines **Mietvertrages über eine Datenbank mit einem Kaufvertrag** über einzelne Informationen.[206] Diese Annahme scheitert schon daran, dass der Nutzer der Datenbank im Gegensatz zu einem Mieter auf die Datenbank nur zur Recherche zugreifen kann und will. In anderer Weise verfügt der Nutzer nicht über sie. Dabei muss ihm die Datenbank freilich jederzeit zugänglich sein. Dies ist aber nur nötig, weil sonst die Recherche nicht jederzeit möglich ist. Es handelt sich um keine eigenständige Leistung. Sie stellt daher auch keinen eigenständigen Vertragsteil dar, der als Mietvertrag zu charakterisieren ist. Auch ist die Annahme eines Kaufvertrages falsch, weil im Rahmen der Recherche keine vorgefertigte Information abgerufen, sondern eine individuelle Information hergestellt wird. Die oben genannte rechtliche Einordnung ist daher falsch. 958

Annehmen könnte man auch, dass es sich um einen **Dienstvertrag** bzw. einen Geschäftsbesorgungsvertrag mit Dienstcharakter handelt. Dies wäre dann richtig, wenn es um eine Leistung ohne Erfolgscharakter ginge. Hier ist aber ein Erfolg geschuldet. Der Kunde stellt eine konkrete Suchfrage, auf die er eine konkrete Antwort erhält. Geschuldet wird seitens des Dienstanbieters eine korrekte Antwort auf die Anfrage, d.h. eine Antwort, die von einem durchschnittlichen Anbieter für diese Anfrage bezogen auf die konkrete Datenbank oder das konkrete Dokumentationssystem geschuldet wird. Geschuldet wird damit ein konkreter Erfolg. Ein **Dienstvertrag scheidet aus.** Es liegt nahe, **Werkvertragsregeln** anzuwenden.

Allerdings könnte es fraglich sein, dass hier ein Werkvertrag vorliegt, weil die konkrete Antwort auf die konkrete Frage von der Eingabe abhängt. Der Datenbankanbieter prüft diese Suchfrage nicht und hat auch keinen Einfluss auf ihre konkrete Gestaltung. Der Erfolg einer Suchanfrage beruht daher auch auf der mehr oder minder geschickten Anfrage des Kunden, nicht nur auf Leistung der Datenbank.

Im Prinzip ist es auch richtig, dass die konkrete Suchanfrage von konkreten Nutzern gestellt wird und der Inhalt der Antwort von ihr abhängt. Der Einwand geht aber am Problem vorbei. Geschuldet ist nur eine korrekte Antwort auf die Suchanfrage, nicht eine Antwort, die die Erwartung des

---

[206] *Roth*, in: Loewenheim/Koch (Hrsg.), Praxis des Online-Rechts, S. 57 (89 ff.); *Koch*, BB 1996, 2049 (2053); *Gottschalk*, in: Kröger/Gimmy (Hrsg.), Handbuch zum Internet-Recht, S. 245 (248 f.); *Holzbach/Süßenberger*, in: Moritz/Dreier (Hrsg.), Rechts-Handbuch zum E-Commerce, Abschn. C Rdn. 368.

Benutzers an die Suchanfrage befriedigt. Die Suchfrage ist sozusagen die Leistungsbeschreibung. Ist die Suchanfrage falsch gestellt, aber korrekt beantwortet, ist der geschuldete Erfolg eingetreten.

Man kann im vorliegenden Fall daher **von einem Werkvertrag ausgehen.**[207]

959 Es gelten also für die Rechercheleistung die allgemeinen werkvertraglichen Regeln, insbesondere die **Regeln über die Folgen von Mängeln.** Allerdings bedarf die Rechercheleistung keiner Abnahme. Eine solche Abnahme ist bei der elektronischen Leistungserbringung nicht möglich. Vor allem ist eine Abnahmeerklärung gegenüber dem Datenbankanbieter nicht vorgesehen. Anstelle der Abnahme tritt dann gemäß § 646 BGB die Erbringung der Leistung. Damit ist mit Ablieferung der Information das geschuldete Entgelt fällig. Die **Rechercheleistung ist mängelbehaftet,** wenn sie nicht den Erwartungen entspricht, die ein Benutzer für eine Antwort auf seine Fragen im Hinblick auf eine Datenbank hegen kann, die in Art und Umfang dem entspricht, bei der er nachgefragt hat. Beschreibt z. B. ein medizinisches Datenbanksystem seine Leistung so, dass es angibt, die gesamte deutschsprachige medizinische Literatur seit 1900 abgespeichert zu haben, muss es bei einer konkreten Nachfrage zu bestimmten Stichworten alle deutschsprachigen Literaturstellen aus der Zeit ab 1900 nachweisen, die den Stichworten entsprechen. Fehlt eine Literaturstelle, so ist die Information mangelhaft. Dem Nutzer stehen die Rechte der §§ 633 ff. BGB zu. Das Gleiche gilt, wenn Literaturstellen geliefert werden, die nicht den Stichworten entsprechen. Hier wird man allerdings eine etwas größere Toleranzgrenze im Hinblick auf die Erheblich des Mangels annehmen können. Werden zahlreiche Literaturstellen korrekt nachgewiesen, mag die eine oder andere unkorrekte Literaturstelle noch hinzunehmen sein. Soweit technisch gewisse Fehlermengen unvermeidlich sind, muss dies in der Leistungsbeschreibung dargestellt werden.

Eine **Nacherfüllung scheidet im Übrigen** bei der Rechercheleistung in aller Regel gemäß **aus,** da eine erneute Recherche aller Wahrscheinlichkeit nach das gleiche Ergebnis bringen wird.

960 Ein schwerwiegendes Problem des bisherigen Rechts bestand darin, bei eventuell auftretenden **Schadensersatzansprüchen Mangel- und Mangelfolgeschäden** zu unterscheiden. Hier ist insbesondere auf die äußerst differenzierte Rechtsprechung zu der Abgrenzung von Mangelschäden und Mangelfolgeschäden im Hinblick auf Fehlgutachten und fehlerhafte Leistung von Bauleitern abzustellen.[208]

Mangelschäden waren nach dieser Rechtsprechung primär dann anzunehmen, wenn sich die Schäden gerade aus dem bestimmungsgemäßen Gebrauch eines Gutachtens ergeben und sich zusätzlich in einem aufgrund des Gutachtens bzw. der Information zu schaffenden Werk realisieren. Die

---

[207] A. A. *Hackemann,* CR 1987, 660 (662).
[208] Dazu oben Rdn. 391.

III. Internet-Dienstleistungen 391

zweite Voraussetzung dürfte bei elektronischen Recherchen selten vorliegen, so dass man in **aller Regel** von **Mangelfolgeschäden** und damit einer langen Verjährungsfrist ausgehen konnten.
Nach heutigem Recht dürften sich Schadensersatzansprüche unmittelbar aus § 280 BGB ergeben. Wegen der mangelnden Nacherfüllungsmöglichkeit liegen die Voraussetzungen des § 281 BGB in der Regel auch vor.

Es dürfte auch kein Problem darin liegen, hier **durch allgemeine Geschäftsbedingungen die Rechte auf Rücktritt und Minderung** einzuführen. Eine Nacherfüllungspflicht ist ohnehin sinnlos, so dass die sich aus § 309 Nr. 8 b bb BGB ergebenen Probleme mit der Übernahme der gesetzlichen Gewährleistungsregeln des Werkvertrages in allgemeinen Geschäftsbedingungen hier nicht einschlägig sind. Mit einer solchen Regelung kommt der Anbieter daher nur der gesetzlichen Regelung nahe.

961

Was die **Einschränkung der Haftung** unabhängig von der Gewährleistung betrifft, so sind die oben[209] geschilderten Grenzen zu beachten. Eine ordentliche Gestaltung der Datenbank und ihrer Recherchemöglichkeiten könnte durchaus eine Kardinalpflicht im Sinne der Rechtsprechung des BGH sein.

g) Informationsbroker

Der Umgang mit elektronischen Recherchediensten, Datenbanken und anderen Informationen im Internet und anderen Telekommunikationssystemen ist nicht ganz trivial. Für gelegentliche Benutzer bieten daher Dienstanbieter auch den Service von sog. **Informationsbrokern** an. Diese recherchieren aufgrund einer Suchanfrage selbst in den Systemen und übermitteln die gefundenen Informationen an ihre Kunden. Diese können die gefundenen Ergebnisse elektronisch abrufen.[210] Die Informationen können auch Informationen über mögliche Käufe sein.[211]

962

Der **Informationsbroker** schuldet – ähnlich wie ein Gutachter – **einen Erfolg**. Auf diese Dienstleistung ist daher **Werkvertragsrecht** anwendbar.

Allerdings kann sich ein Informationsbroker auch als Makler darstellen, wenn er z. B. Käufe makelt. In diesem Fall kann u. U. auch das Maklerrecht Anwendung finden.

3. Internet-Auktionen

Großen praktischen Erfolg haben Auktionsplattformen im Internet erreicht. Sehr viele Diskussionen hat es daher um die Frage gegeben, wann und wie **Vertragsschlüsse** im Rahmen dieser **Internet-Auktionen** gegeben

963

---

[209] Rdn. 469 ff.
[210] *Roth*, in: Loewenheim/Koch (Hrsg.), Praxis des Online-Rechts, S. 57 (84).
[211] *Merz/Tu/Lamersdorf*, Informatik Spektrum 1994, 328 (337).

sind.[212] Generelle Aussagen verbieten sich freilich. Die Gestaltungen der verschiedenen Auktionsplattformen und der bei ihnen möglichen Auktionen sind sehr unterschiedlich. Man wird in jedem **Einzelfall** den Erklärungswert der verschiedenen Handlungen des Anbieters und der einzelnen Bieter **bewerten müssen.** Dabei dürften auch die vom Plattformbetreiber in seinen allgemeinen Geschäftsbedingungen gegebenen Hinweise zum Ablauf der Auktionen eine Rolle spielen,[213] sind aber nicht geeignet, konkrete Erklärungen der Parteien außer Kraft zu setzen.[214] Diese dürfen z.b. den Vertragsschluss mit dem Höchstbietenden bei Zeitablauf vorsehen.[215] Das gleiche gilt für den Inhalt von im Rahmen der Auktion verwendeter Formulare. Behält sich z.b. der Anbieter die Annahme des Höchstgebots vor, kommt der Vertrag erst zustande, wenn er diesem Angebot zustimmt. Erklärt er demgegenüber ausdrücklich, der Vertrag käme mit dem bis zum Ende der vorgegebenen Bietzeit höchsten Angebot zustande – unabhängig von dessen tatsächlichem Inhalt und einer eventuellen Bonität des Bietenden – dann kommt der Vertrag am Ende der Bietzeit mit dem höchsten Bieter zustande.[216] Erklärt der Anbieter nichts, findet aber eine befristete Auktion statt, wird man davon ausgehen können, dass der Vertrag mit dem zustande kommt, der zum Schluss der Auktionszeit das Höchstgebot abgegeben hat.[217] Jedenfalls kann man – entgegen LG Münster[218] – nicht annehmen, dass in dieser Konstellation ein deutlich unterwertiges Höchstgebot den Vertragsschluss ausschließe. Andere Fallgestaltungen (z.B. Mindestgebote, Vorbehalte der Bieter usw.) sind denkbar.[219] Auch eine Gestaltung in der Form ist möglich, dass erst ein Zuschlag wie bei einer traditionellen Auktion zum Vertrag führt. In einem solchen Fall ist erst das Gebot des Bieters ein Angebot, das gilt, bis es überboten oder die Veranstaltung zu Ende ist. Der Zuschlag ist die Annahmeerklärung.[220] Um eine Einzelfallentscheidung wird man nicht herumkommen.

---

[212] Dazu LG Münster, MMR 2000, 280 m. Anm. *Wiebe* = CR 2000, 313 = NJW-CoR 2000, 167; AG Neumarkt i.d. Opf., CR 2000, 852 m. Anm. *Tröber;* OLG Hamm., CR 2001, 117 m. Anm. *Ernst* = NJW 2001, 1142 = GRUR 2001, 766; BGH, NJW 2202, 363 = CR 2002, 213 m. Anm. *Wiebe; Günther,* ITRB 2002, 93; *Mehrings,* BB 2002, 469.
[213] So OLG Hamm, CR 2001, 117 m. Anm. *Ernst* = NJW 2001, 1142 = GRUR 2001, 766; zustimmend *Grapentin,* GRUR 2001, 713; *Ulrici,* NJW 2001, 1112; *Ernst,* in: Redeker (Hrsg.), Handbuch der IT-Verträge, Abschn. 3.13, Rdn. 76ff.
[214] AG Kerpen, Urt. v. 25. 5. 2001, 31 C 53/01, JurPC Web-Dok. 167/2002.
[215] KG, NJW 2002, 1583 = BB 2002, 168; a.A. LG Berlin, CR 2001, 412.
[216] So BGH, NJW 2002, 363 = CR 2002, 213 m. Anm. *Wiebe;* ebenso AG Wiesbaden, CR 2001, 53.
[217] *Glatt,* Vertragsschluss im Internet, S. 49 ff.
[218] MMR 2000, 280 m. Anm. *Wiebe* = CR 2000, 313 = NJW-CoR 2000, 167; ebenso AG Neumarkt i.d. Opf., CR 2000, 852 m. Anm. *Tröber.*
[219] Ein Beispiel bei LG Darmstadt, Urt. v. 24. 1. 2002, 3 O 289/01, JurPC Web-Dok. 374/2002.
[220] So der Fall AG Hannover, NJW-RR 2002, 131.

Im Übrigen es gerade im Rahmen von Auktionen wichtig, Mechanismen 964
zu entwickeln, die einen **Beweis** dafür ermöglichen, wer wann welches **Angebot abgegeben** hat.[221] Die derzeitigen Auktionsplattformen bieten solche Sicherheit nicht. Insbesondere kann in der Regel nicht nachgewiesen werden, dass ein Angebot auch tatsächlich von dem abgegeben wurde, dem es zugeordnet wurde.[222] Ähnliches dürfte auch für das Angebot des Warenanbieters gelten. Sicherheit dürfte auch hier nur mit Hilfe elektronischer Signaturen erreichbar sein.[223]

Ob bei **Internet-Auktionen** ein **Widerrufsrecht** nach § 312d Abs. 1 965
i.V.m. § 355 BGB gegeben ist oder nicht, hängt davon ab, ob man für sie die Ausnahmeregelung des § 156 BGB eingreifen lässt oder nicht.[224] Es spricht viel dafür, die Ausnahme nicht eingreifen zu lassen, weil Internet-Auktionen das Leitbild des § 156 BGB kaum erfüllen dürften.[225] Dann muss der Anbieter der Auktionsplattform den Verbraucher informieren und ihm auch notwendige Informationen in Textform zur Verfügung stellen. Ferner besteht ein Widerrufsrecht.

Wichtig ist auch die Frage, ob und in welcher Weise **Betreiber von Auk-** 966
tionsplattformen für das **Verhalten ihrer Kunden haften**. Dabei wird das Verhältnis zwischen dem Plattformbetreiber und seinen Kunden (Bieter und Anbieter) in der Literatur als Maklervertrag bezeichnet.[226] Diese Einordnung ist eher zweifelhaft, weil primär eine technische Plattform zur Verfügung gestellt wird. Wichtiger ist die von dieser vertragstypologischen Einordnung unabhängige Frage, ob und inwieweit der Plattformbetreiber die **Bonität** seiner Kunden im Interesse anderer Kunden prüfen muss. Die Betreiber installieren zur Prüfung dieser – und auch anderer Fragen der ordnungsgemäßen Vertragsabwicklung – oft **Bewertungssysteme**,[227] die Stellungnahmen der jeweiligen Vertragspartner über die Vertragsabwicklung auswerten. Sie behalten sich das Recht vor, Anbieter und Bieter bei unseriösem Verhalten auszuschließen. Außerdem prüfen sie oft von sich aus auch Angebote darauf, ob sie gesetzeswidrig (z.B. strafbar) sind. Besteht ein Bewertungssystem und machen die Plattformbetreiber Stichproben, müssen sie die Ergebnisse auch bewerten und Konsequenzen ziehen. Allerdings sind insbesondere Plattformbetreiber mit hohem Marktanteil an § 20 GWB gebunden und dürfen daher geschäftliche Kunden nur bei sachlichem

---

[221] Dazu *Steinbrecher*, DuD 2001, 648.
[222] So z.B. LG Konstanz, CR 2002, 609; OLG Köln, OLG-Report Köln 2002, 396 = CR 2003, 55.
[223] Dazu oben Rdn. 845 ff.
[224] Näher *Günther*, ITRB 2002, 92 (95); *Lütcke*, Fernabsatzrecht, § 312d Rdn. 91.
[225] So auch OLG Hamburg, NJW-RR 2002, 1043 (1044); *Ernst*, in: Redeker (Hrsg.), Handbuch der IT-Verträge, Abschn. 3.13, Rdn. 17, 26; LG Hof, CR 2002, 844; a.A. *Holzbach/Süßenberger*, in: Moritz/Dreier (Hrsg.), Rechts-Handbuch zum E-Commerce, Abschn. C, Rdn. 310 ff.; *Meents*, CR 2000, 610 (613 f.).
[226] *Wilmer*, NJW-CoR 2000, 94 (98).
[227] Näher *Wilmer*, NJW-CoR 2000, 94 (95).

Grund ausschließen. Dies verlangt eine sorgfältige Auswertung der Kundenbeschwerden, deren inhaltliche Berechtigung meist nicht überprüfbar ist. Ausschlüsse sind daher nur bei gravierenden Umständen möglich. Auch unabhängig von solchen Bewertungssystemen müssen Plattformbetreiben konkreten Hinweisen auf die fehlende Bonität und Seriosität ihrer Kunden nachgehen und darauf ggf. reagieren. Auch hier ist § 20 GWB zu beachten. Darüber hinausgehende **allgemeine Prüfpflichten bestehen nicht**, insbesondere auch nicht als Vertragspflichten gegenüber evtl. geschädigten Vertragspartnern der unseriösen Kunden.[228]

967 Auch sonst stellt sich die Frage, inwieweit ein Betreiber einer Auktionsplattform für **wettbewerbsrechtliche, markenrechtliche** oder sonstige **Gesetzesverstöße** seiner **Kunden verantwortlich** ist. Klar ist, dass es sich bei den Angeboten der Kunde um für den Plattformbetreiber **fremde Inhalte** handelt.[229] Für Schadensersatzansprüche gilt dann die Privilegierung des § 11 S. 1 TDG. Die Plattformbetreiber sind dann für fremde Inhalte nicht verantwortlich, wenn sie keine (positive) Kenntnis oder der Information haben und ihnen keine Tatsachen oder Umstände bekannt sind, aus denen die rechtswidrige Handlung oder die Information offensichtlich wird und sie unverzüglich tätig geworden sind, um das rechtswidrige Angebot zu entfernen, sobald sie diese Kenntnis erlangt haben. Für Unterlassungsansprüche gelten die allgemeinen Regeln.[230] Eine Prüfpflicht des Plattformbetreibers besteht nicht (§ 8 Abs. 2 S. 1 TDG). Wird freilich der Verstoß dem Betreiber angezeigt, muss er dem nachgehen. Mehr als die Presse für ihren Anzeigenteil muss er freilich nicht prüfen. Eine komplexe rechtliche Prüfung, gar die Aufklärung des Sachverhalts bei widerstreitenden Aussagen, kann und muss er nicht leisten. Nur beim Verstoß gegen diese Prüfpflichten besteht ein Unterlassungsanspruch gegen den Plattformbetreiber als Mitstörer des von seinem Kunden begangenen Verstoßes, anderenfalls nicht.[231]

968 Wettbewerbsrechtlich relevant ist neuerdings auch die Frage geworden, ob der Bieter dritte Softwareanbieter durch ein entsprechend gestricktes Programm in seinen Bietprozess einbeziehen kann. Das LG Hamburg[232] hat das Angebot dieser Softwareanbieter jedenfalls dann für **wettbewerbswidrig** gehalten, wenn der Kunde dafür sein **Passwort** entgegen den allgemeinen Geschäftsbedingungen des Plattformbetreibers dem Softwareanbieter verraten muss. Im Ergebnis erscheint dies zweifelhaft, weil der Kunde ja letztendlich auf eigenes Risiko einen Erfüllungsgehilfen in seinen Bietprozess einschaltet und diesen normalerweise auch das Passwort verraten darf. Je-

---

[228] Ähnlich AG Westerstede, CR 2002, 317.
[229] LG Potsdam, Urt. v. 10. 10. 2002, 51 O 12/02, JurPC Web-Dok. 339/2002.
[230] Dazu unten Rdn. 1026; a.A. offenbar LG Potsdam, Urt. v. 10. 10. 2002, 51 O 12/02, JurPC Web-Dok. 339/2002.
[231] Ähnlich OLG Köln, OLG-Report Köln 2002, 80; a.A. (Haftung angenommen): LG Köln, CR 2001, 417.
[232] CR 2002, 763.

III. Internet-Dienstleistungen 395

denfalls dürfte eine allgemeine Geschäftsbedingung, die ihm dies verbietet, kaum zulässig sein, weil kein schützenswertes Interesse des Plattformbetreibers an diesem Verbot erkennbar ist.

Nach umstrittener Ansicht einzelner Gerichte soll es sich bei **Versteige-** 969 **rungen** im Internet ferner um Veranstaltungen im Sinne von § 34 b GewO handeln.[233]

4. Elektronische Zahlungssysteme

Seit vielen Jahren werden mit immer größerem Erfolg **elektronische Zah-** 970 **lungssysteme** eingesetzt.[234] Die Durchführung elektronischer Überweisungen ist heute für viele Alltagspraxis. Im Hinblick auf diese Vorgänge gibt es allerdings keine zusätzlichen rechtlichen Probleme. Es geht im wesentlichen um die Probleme der Abgabe und des Zugangs von Erklärungen sowie ihre Beweisbarkeit, die schon erörtert wurden.[235]

Praktisch durchgesetzt haben sich seit einigen Jahren auch Automaten, 971 die es erlauben, zu jeder Tages- und Nachtzeit **Bargeld abzuheben**. Ebenso Alltagspraxis ist die Möglichkeit, an Kassen von Einzelhändlern, Tankstellen oder anderen Endverkäufern mit einer Karte bargeldlos zu bezahlen. Außerhalb Deutschlands geschieht dies in der Regel mit herkömmlichen Kreditkarten, in Deutschland in der Regel mit der Euroscheckkarte. Man spricht generell von **Point-Of-Sale-Systemen (POS)**.[236] Diese POS hat Vorbilder, nämlich die schon seit Jahrzehnten üblichen Kreditkarten. In der Bundesrepublik Deutschland hatten diese bargeldlosen Zahlungssysteme allerdings keine allzu weite Verbreitung gefunden. Erst der Einsatz der weitverbreiteten Eurocheck-Karten als Karte im Rahmen von POS-Systemen hat zu einer weiteren Verbreitung von POS-Punkten geführt. Nach wie vor gibt es allerdings zu den damit verbundene Rechtsfragen nur sporadische gerichtliche Entscheidungen. Den Systemen liegen überdies verschiedene Vereinbarungen zu Grunde. Teilweise beruhen sich auch nur auf einem automatisierten Abbuchungsverfahren.[237]

Im **Internet** werden darüber hinaus seit einigen Jahren **Zahlungen auch** 972 **elektronisch** durchgeführt. Praktisch geschieht dies im Augenblick meist so, dass der Verkäufer den Kunden nach Kreditkartennummer und Ablaufzeit

---

[233] LG Hamburg, K & R 1999, 424; ebenso *Klinger*, DVBl. 2002, 810; *Heckmann*, in: Graf/Paschke/Stober (Hrsg.), Wirtschaftsrecht, S. 69 (76 ff.); *ders.*, NJW 2000, 1370; *Hoeren*, Grundzüge, S. 160 f.; a. A. KG NJW 2001, 3272; Bund-Länder-Kommission im Gewerberecht, zit. bei *Hoeren*, Grundzüge, S. 159; *Wilmer*, NJW-CoR 2000, 94 (102 f.).
[234] Zum Folgenden vgl. die ausführliche Beschreibung verschiedener Zahlungssysteme und der zugrundeliegenden vertraglichen Vereinbarungen bei *Werner*, in: Hoeren/Sieber (Hrsg.), Handbuch Multimediarecht, Abschn. 13.5.
[235] Vgl. dazu oben Rdn. 861 ff., 905 ff.
[236] Zur Technik vgl. *Kiranas*, DuD 1994, 707; 1995, 35; 1996, 94.
[237] Näher *Werner*, Geldverkehr im Internet, S. 21 ff.

der Kreditkarte fragt und auf die Richtigkeit der Angaben des Kunden vertraut.[238] Man spricht von Mailorderverfahren.

Einige **Kreditkartensysteme** haben im Zusammenhang mit der elektronischen Unterschrift[239] **spezifische Zahlungssysteme** für den „**electronic commerce**" entwickelt. Letztendlich beruhen diese Systeme darauf, dass mit Hilfe einer elektronischen Signatur der Urheber die Angaben über Kreditkartennummer und Ablaufdatum sicher identifiziert und mit dem Karteninhaber verglichen werden können.[240] Ob die Signatur im SET-Standard eine qualifizierte elektronische Signatur ist, ist der Literatur nicht zu entnehmen.[241] Einige Banken setzen auch **spezifische Internetzahlungssysteme** ein.[242]

973 Die übliche Regelung bei **POS-Systemen** ist, dass bei Kreditkartensysteme mit Hilfe der Karte das Konto beim Kreditkartenunternehmer oder – so bei der EC-Karte – bei der Hausbank „belastet" wird und der Händler die entsprechende Weisung als Zahlung akzeptiert. Dieses **System** setzt voraus, dass der jeweilige Karteninhaber vom System **sicher identifiziert** werden kann. Die dabei auftretenden Probleme unterscheiden sich aber nicht vom allgemeinen **Identifizierungsproblem** bei elektronisch übermittelten Erklärungen. Auch insoweit ist auf die obigen Ausführungen zu verweisen.[243] Mittlerweile möglich ist auch eine Zahlung in der Weise, dass die Karte zuvor mit einem gewissen Geldbetrag aufgeladen wird und diese bei der Bezahlung abgebucht wird. Dieses System ist dort praktisch, wo es um kleine Beträge geht, bei der nicht jede einzelne Buchung nachher auf Kontoauszügen erscheinen soll. Außerdem ist mit diesem System theoretisch die Möglichkeit verbunden, weiterhin – wie bislang bei Bargeld – **anonym zu zahlen,** da durch die Abbuchungsfunktion eine Identifizierung des Zahlenden nicht mehr erforderlich ist. Die Karte ist vorab bezahlt worden. Die Gutschrift erfolgt zwischen Leistungsempfänger und kartenausgebender Stelle, die ja zuvor das Geld erhalten hat. Ein solches Kartensystem ist mit der **Telefonkarte** schon seit Jahren erfolgreich im Einsatz. Mittlerweile wird es im Rahmen auch der EC-Karte als Geldkarte angeboten. Die Geldkarte wird als Zahlungssystem im Internet in der Literatur empfohlen und praktisch auch erprobt. Ihr Einsatz setzt aber die Verwendung spezieller Lesegeräte beim Kunden voraus.[244] Allerdings ist die Bezahlung dort in Wirklichkeit

---

[238] Näher zu den damit verbundenen Problemen *Pichler,* NJW 1998, 3234.
[239] Dazu oben Rdn. 905 ff.
[240] Näher dazu insbesondere zum Protokoll SET: *Pichler,* NJW 1998, 3234 (3237 ff.); Rechtsnatur, S. 69 ff.; *Werner,* Geldverkehr im Internet, S. 36 f., 54 ff.; SET ist dargestellt bei *Zwißler,* DuD 1998, 711: 1999, 13.
[241] Vgl. *Werner,* Geldverkehr im Internet, S. 56.
[242] Dazu gleich, Rdn. 975 ff.; eine technische Übersicht über denkbare Modelle findet sich z. B. bei *Beutelspacher/Hueske/Pfarr,* Informatik Spektrum 1993, 99; *Merz/Tu/Lamersdorf,* Informatik Spektrum 1999, 328 (335 f.).
[243] Vgl. oben Rdn. 874., 905 ff.
[244] *Werner,* Geldverkehr im Internet, S. 33 f.; *Zitzelsberger/Hogen,* DuD 2002, 271 (273 f.).

III. Internet-Dienstleistungen 397

nicht anonym,²⁴⁵ es sei denn, es wird eine kontoungebundene sog. weiße Karte verwendet.²⁴⁶ Auch nicht anonym ist die Verwendung von Handys mit vorausbezahlten Karten, weil der Anbieter gezwungen ist, die Inhaber solcher Handys (im Interesse der Strafverfolgungsbehörden) zu speichern.²⁴⁷

Die **ersten Prototypen** und im Ausland auch schon im Einsatz befindlichen technischen Systeme gibt es auch schon im Hinblick auf **Zahlungssysteme**, die nur für Telekommunikationssysteme bestimmt sind. Insoweit hat auch der Gesetzgeber schon reagiert und solche Systeme in § 1 Abs. 1 Satz 2 Nr. 12 KWG als **Netzgeldgeschäft** den Banken vorbehalten. 974

In der juristischen Literatur werden zwei Systeme erwähnt.²⁴⁸

Das eine ist das sogenannte **Ecash-System**.²⁴⁹ In diesem System werden 975
den Bankkunden sogenannte elektronische Zahlungseinheiten zur Verfügung gestellt, die er vorab gezahlt hat. Diese digitalen Datensätze, denen ein Geldwert in gleicher Weise wie Banknoten und Geldmünzen zugeordnet wird, stehen ihm zur Bezahlung zur Verfügung. Das System ist so organisiert, dass der Kunde gegenüber dem Händler anonym bleiben oder unter einem Pseudonym²⁵⁰ handeln kann. Die Sicherheit der Bezahlung für den Händler ergibt sich daraus, dass bei Verwendung dieser elektronischen Münzen („Cyber Coins") von der Bank geprüft wird, ob diese Münzen echt sind und nicht schon einmal verwendet wurden. Erst danach wird bestätigt, dass es sich um zahlungsfähige Münzen handelt. Die Münzen können jedoch nur einmal verwendet werden.

Anders ist das sogenannte **Cyber-Cash-System**²⁵¹ organisiert. 976

Dieses läuft im Prinzip ganz ähnlich wie die aufladbaren Kreditkarten ab. Der Kunde bezahlt im vorhinein und erhält dadurch eine Gutschrift, die er im elektronischen Verkehr verwenden kann. Von dieser Gutschrift wird dann abgebucht. Die Prüfung, ob eine Gutschrift noch vorhanden ist, erfolgt beim elektronischen Zahlungsvorgang. Auch dieses System kann so eingesetzt werden, dass der Kunde dem Händler gegenüber anonym bleibt. Der Bank gegenüber muss er sich aber identifizieren.

---

²⁴⁵ Näher dazu *Knorr/Schläger*, DuD 1997, 396 (401); *Störmer*, Elektronische Kartensysteme, Heidelberg 1997, S. 211; *Werner*, Geldverkehr im Internet, S. 70 ff.
²⁴⁶ *Werner*, Geldverkehr im Internet, S. 78; *Zitzelsberger/Hogen*, DuD 2002, 271 (272).
²⁴⁷ OVG Münster, CR 2002, 662.
²⁴⁸ *Kümpel*, NJW 1999, 313 (314 f.); ausführlich *Pichler*, Rechtsnatur; für Kleinstbeträge existiert noch das System „millicent", vgl. *Pichler*, Rechtsnatur, S. 80 ff.; zu diesen und weiteren Techniken vgl. *Janson/Waidner*, DuD 1996, 350; *Hagemann/Schaup/Schneider*, DuD 1999, 5; *Escher*, WM 1997, 1173; vgl. auch *Scheller*, in: Loewenheim/Roth (Hrsg.), Praxis des Online-Rechts, S. 199 (233 ff.); zu ecash auch *Werner*, Beil. 12 zu BB 1999, S. 21.
²⁴⁹ Ausführlich dargestellt bei *Werner*, Geldverkehr im Internet, S. 144 ff.
²⁵⁰ Wie von § 4 Abs. 1 TDDSG verlangt.
²⁵¹ Ausführlich dargestellt bei *Werner*, Geldverkehr im Internet, S. 160 ff.; *Gramlich*, in: Kröger/Gimmy (Hrsg.), Handbuch zum Internet-Recht, S. 95 (110 f.).

977 POS und auch die **Bezahlung über Internet** sowohl mit Hilfe der Angaben der Kreditkarte als auch mit den eben beschriebenen Systemen weisen allerdings noch einige rechtliche Besonderheiten auf, die bislang nicht erörtert wurden.

978 Dabei ist zwischen **verschiedenen Rechtsverhältnissen** zu unterscheiden. Bei jeder Benutzung der Karten, auch bei der Angabe von Kartennummer und Ablaufdatum per Internet sind zumindest drei Rechtspersönlichkeiten beteiligt, nämlich der Betreiber des Kartensystems, der Händler, bei dem das POS-Terminal steht oder der sich die elektronischen Angaben übermitteln lässt und der Kunde, der das System nutzt und Ware einkauft. Man muss daher die Rechtsverhältnisse zwischen Betreiber und Kunden, Kunden und Händler und zwischen Händler und Betreiber unterscheiden.

979 Die Betrachtung zwischen **Händler und Kunden** ist einfach. Dieses Verhältnis wird von den herkömmlichen Vertragsbeziehungen beim Einkauf von Waren oder Bezahlung von Dienstleistungen geregelt.

980 Darüber hinaus gestattet der Händler bzw. Dienstbringer dem Kunden, seine Verpflichtung durch Benutzung der Karte bzw. durch Angabe der maßgeblichen Kartendaten zu erfüllen. Man wird allerdings von einer Leistung erfüllungshalber ausgehen können. Erst durch die endgültige Gutschrift der Leistung ist die tatsächliche Erfüllung eingetreten.[252]

981 Interessant ist das **Rechtsverhältnis zwischen Betreiber und Kunden**. Diesem Verhältnis liegt ein **Geschäftsbesorgungsvertrag** des Inhalts zu Grunde, dass der Kartenausgeber durch den Vertrag verpflichtet wird, bei jeder berechtigten Nutzung der Karte die Summe, die der Kunde im jeweiligen Terminal eingibt oder deren Bezahlung er über **Internet anweist**, dem Händler, an dessen Terminal die Karte benutzt wird oder der die Leistung über Internet erbringt, im Auftrage des Kunden gutzuschreiben.[253]
Der Kunde ist verpflichtet, dem Betreiber diese Summe zuzüglich eventueller Bearbeitungsgebühren zu ersetzen. Dies ergibt sich schon aus den gesetzlichen Vorschriften der §§ 675, 676 BGB, wird in aller Regel im jeweiligen Vertrag aber auch ausdrücklich vereinbart.[254] Bei der aufladbaren Geldkarte oder im ecash-System zahlt der Kunde der Bank bei Aufladung bzw. Generierung der elektronischen Münzen einen **Vorschuss**.

---

[252] *Eckert,* WM 1987, 161 (167); *Pichler,* Rechtsnatur, S. 25, 65; *Harbeke,* Sonderbeilage 1 zu WM 1994, 3 (7); *Escher,* WM 1997, 1173 (1183); *Kümpel,* WM 1998, 365 (370 f.).

[253] So zu Kreditkarten BGHZ 91, 221 (223 ff.) und NJW 1994, 1532 (1534); *Eckert,* WM 1987, 161 (164); zur Internetanwendung *Pichler,* NJW 1998, 3234 (3235); Rechtsnatur, S. 16, 63; *Weber,* Zahlungsverfahren, S. 96 ff.; *Kümpel,* WM 1997, 1037 (1039); *Häde,* ZBB 1994, 33 (35); *Martinek,* in: Schimansky/Bunte/Lwowski (Hrsg.), Bankrecht Handbuch I 1997, § 67 Rdn. 7; *Meder,* AcP 1998, 72, 75; *Schwintowski/ Schäfer,* Bankrecht 1997, § 6 Rdn. 22; *Schön,* AcP 198 (1998), 400 (408); zu POS-Systemen: *Rossa,* CR 1997, 138 (141).

[254] Vgl. auch *Canaris,* Bankvertragsrecht, Bd. I Rdn. 527 zu Geldausgabeautomaten; *Pichler,* Rechtsnatur, S. 35 f. zu ecash.

In diesem Zusammenhang ist die Verwendung der Karte, die Angabe der 982
Kartendaten oder der Einsatz der elektronischen Münzen als **konkrete Weisung** zur Auszahlung des Betrages anzusehen. Dies wird man trotz mancher Bedenken auch dann annehmen müssen, wenn der konkrete Zahlungsvorgang anonym bleibt.[255]

Ist der **Kartenausgeber eine Bank,** wird der nach §§ 675, 676 BGB geschuldete Wertersatz in der Regel durch **Belastung des Kontos** erfolgen. In aller Regel wird bei diesen Verbindungen auch vereinbart, dass der Kunde die Karte nur im Rahmen eines Guthabens bzw. eines vorher eingeräumten Kredites benutzen darf.[256] Einwendungen aus dem Geschäft gegen den Händler kann der Kunde dem POS-Betreiber in aller Regel nicht entgegensetzen. Dies ergibt sich für die hier vertretene Weisungskonstruktion schon daraus, dass generell der Anweisende solche Einwendungen gegenüber dem Angewiesenen nicht geltend machen kann. Für die Zukunft wird sich hier die Frage stellen, ob die neuen Regelungen der **§§ 676 a ff. BGB** auf die rechtliche Bewertung Einfluss haben werden. Im Gesetz wird nämlich ausdrücklich geregelt, dass die **Überweisung,** die bislang als Weisung im Rahmen des Giro-Vertrages behandelt wurde, einen eigenständigen Vertrag darstellt.[257] Es spricht manches dafür, diese rechtlichen Konsequenzen auch auf die – nicht direkt geregelten – hier erörterten Fälle zu übertragen. Ob dies geschieht und welche praktischen Konsequenzen daraus zu ziehen sind, wird die Diskussion der nächsten Jahre ergeben.

Interessant ist die Frage, wieweit der **Kartenausgebende verpflichtet ist,** 983
sein System **aufrechtzuerhalten.** In aller Regel erhält er gesonderte Entgelte für die Möglichkeit, die Karte auch im POS-System zu benutzen. Der Kunde ist auch auf das Vorhandensein des Systems angewiesen. Er wird in aller Regel zuverlässig damit rechnen können und müssen, dass er das System einsetzen kann, so dass er z. B. kein Bargeld und keine Schecks mit sich führen muss, wenn er Waren oder Dienstleistungen erwerben will. Dies gilt um so mehr, je weiter das entsprechende System verbreitet ist. Eine **generelle Garantie** für die Aufrechtaltung des Systems im Hinblick auf **jeden Terminal** kann der Betreiber freilich **nicht geben,** da er nicht Herr über die Terminals ist. Diese werden nämlich nicht von ihm, sondern von den Händlern benutzt und gewartet. Für den Zustand dieser Terminals kann er ebenso wenig eine Haftung übernehmen wie für die Tatsache, dass überhaupt jeder Händler solche Terminals hat. Allerdings ist der Systembetreiber schon dazu verpflichtet, alles mögliche dafür zu tun, das Gesamtsystem aufrechtzuerhalten, insbesondere die dafür notwendigen Kommunikations-

---

[255] *Kümpel,* WM 1998, 365 (368); a. A. (Kaufvertrag über „Geldwerte"); *Escher,* WM 1997, 1173 (1180); *Werner,* Beil. Nr. 12 zu BB 1990, S. 21 (27 f.) („Anweisung" gem. §§ 783 ff. BB analog).
[256] So z. B. Ziff. 8.1 der Sonderbedingungen der Sparkassen für den EC-Service, die auch für POS geltend.
[257] Zur Neuerung *Klamt/Koch,* NJW 1999, 2776.

anlagen bereitzuhalten und die entsprechenden Fernmeldeleitungen anzumieten bzw. entsprechende Anschlüsse bereit zu stellen. Eine **solche Verpflichtung** wird allerdings in allgemeinen Geschäftsbedingungen oft **ausgeschlossen**.[258] Je weiter das System verbreitet ist, um so fraglicher ist es, ob man die Klauseln wie bislang als Leistungsbeschreibungsklauseln behandelt und sie daher der Inhaltskontrolle nach § 307 Abs. 1 u. 2 BGB entzieht. Die ständige Verfügbarkeit des Systems wird zunehmend vorausgesetzt. Eine Einschränkung in allgemeinen Geschäftsbedingungen dürfte eine Einschränkung der schon versprochenen Leistung sein. Will der Betreiber eine solche Leistungsgarantie abbedingen, müsste er dies schon im Bereich der unmittelbaren Leistungsbeschreibung eindeutig und klar sagen. Dies dürfte in aller Regel nicht geschehen.[259]

984 Wird die **Karte** oder das **sonstige Zahlungsmittel** missbräuchlich eingesetzt, liegt ein wirksamer Auftrag nicht vor. § 670 BGB greift daher nicht ein.[260] § 676h BGB schließt eine Inanspruchnahme des Kunden in diesem Fall zusätzlich aus und verhindert auch eine vertragliche Überwälzung des entsprechenden Risikos auf ihn.[261] Im Rahmen der Verwendung von POS-Systemen könnten u. U. freilich **Rechtscheinsgrundsätze** eingreifen.[262]

985 Dies ist bei Einsatz der **PIN** sicher in gewissem Umfang denkbar. Diese Frage wird im Rahmen der Bankautomaten allerdings in der Rechtsprechung kontrovers diskutiert.[263] Der Ansatzpunkt ist dort zwar in aller Regel nicht der Rechtsschein, sondern die Frage, ob die Verwendung der PIN einen Beweis des ersten Anscheins dafür bietet, dass der Kunde selbst gehandelt hat[264] oder dieser Anscheinsbeweis dadurch entkräftet wird, dass das System als nicht mehr so sicher gekennzeichnet werden kann, weil unter Verwendung von EDV-Anlagen z. B. auch bei gestohlenen Karten, denen die PIN nicht beigefügt war, die PIN aus den auf der Karte verwendeten Schlüsseln ausgelesen werden kann. Ein Missbrauch ist ja auch dadurch denkbar, dass im System die übermittelten Daten ausgelesen und dann entschlüsselt werden. Sieht man das System als sicher an, dürfte man von einer Haftung als Anscheinsbeweis ausgehen. Ist das System nicht mehr sicher genug, was sich auch aufgrund von technischen Entwicklungen im Laufe der Jahre ändern kann, dürfte kein Anscheinsbeweis gegeben sein.[265] Gerade

---

[258] So Ziff. 7.2 der Sonderbedingungen der Sparkassen für den EC-Service.
[259] Andere Meinung noch die Erstauflage Rdn. 526; vgl. auch BGH, CR 2001, 181.
[260] BGHZ 91, 221 (224) zu Kreditkarten.
[261] *Palandt-Sprau*, § 676h, Rdn. 16.
[262] Vgl. dazu oben Rdn. 874ff.
[263] Vgl. hierzu auch *Rossa*, CR 1997, 138 (142ff., 145).
[264] So z. B. AG Nürtingen, NJW-RR 1998, 494; LG Hannover, DuD 1999, 235, NJW-RR 1998,494; **a. A.** OLG Hamm, BB 1997, 1864; AG Frankfurt a. M., DuD 1999, 168 = MMR 1999, 113.
[265] Zur Rechtsprechung bei den verschiedenen derzeit eingesetzten Systemen; OLG Hamm, BB 1997, 1864; OLG Stuttgart, NJW-RR 2002, 1274 (zu ec-Karten); LG Bad Kreuznach, CR 1997, 215; LG Aachen, CR 1997, 153 (Btx-Verträge); LG Dortmund,

diese Entwicklung hat die neuerliche Diskussion bei der Nutzung von Bankautomaten ausgelöst.

Wird in dem System die **PIN nicht** verwendet, kommt eine Haftung nach **Rechtscheinsgrundsätzen** in aller Regel **nicht in Betracht**, so dass es hier an einem wirksamen Auftrag fehlt. Es fehlt eher dann möglicherweise schon an einem wirksamen Vertrag zwischen Händler und Kunden, da auch in diesem Verhältnis ja nicht klar ist, dass der Kunde überhaupt bestellt hat. Ganz sicherlich kommt der bloßen Übermittlung von Kartendaten durch nicht sicher identifizierte Vertragsparteien im Internet keinerlei Rechtsschein bei. Bei Verwendung von ecash oder sonstigen elektronischen Zahlungsmitteln gilt sinngemäß das gleiche, wobei viel von der Ausgestaltung im einzelnen abhängt. 986

Sicherer als die PIN dürfte im Übrigen die Verwendung **qualifizierter elektronischer Signaturen** sein, bei deren Verwendung darüber hinaus die tatsächliche Vermutung des § 292 a ZPO eingreift. 987

In den Fällen, wo die **Rechtsscheinhaftung** nicht eingreift, haben die Kartenbetreiber **keinen Wertersatzanspruch**. Geht ein solcher Wertersatzanspruch über die Haftung aus Rechtsscheinsgesichtspunkten hinaus, kann er wegen § 676 h BGB auch nicht vertraglich vereinbart werden 988

Im Rechtsverhältnis zwischen **Systembetreiber und Händler** ist es wesentlich, dass der jeweilige Systembetreiber die **Verpflichtung zur Zahlung** der von seinen Kunden angegebenen und geschuldeten Summen **übernimmt**. Dies geschieht in aller Regel durch vertragliche Vereinbarungen, die bestimmte Abwicklungsmechanismen voraussetzen. Es geht im wesentlichen um formelle Details der Form der Inanspruchnahme der Karte. Werden diese formal eingehalten, ist der Systembetreiber zur Zahlung verpflichtet. Geschieht dies nicht, ist er dies nicht.[266] Der Systembetreiber kann sich auch nicht etwa auf Einwendungen des Kunden oder darauf berufen, der Kunde habe ihm gegenüber seine Deckungspflicht nicht erfüllt. Man wird insoweit von einem abstrakten Schuldversprechen ausgehen müssen.[267] 989

CR 1999, 556 (ec-Karte); AG Frankfurt a. M., NJW-RR 1997, 568; CR 1998, 723 (ec-Karte); AG München, NJW-CoR 1998, 494 (495); AG Nürtingen, NJW-CoR 1998, 494; LG Stuttgart, NJW-CoR 1999, 432 (LS); AG Berlin-Mitte, NJW-CoR 1999, 432 (LS); LG Berlin, BB 1996, 818 = DuD 1997, 49 (Mobilfunkgebühren) und DuD 199, 360 (zur ec-Karte); OLG Oldenburg, NJW-RR 1996, 829; OLG Köln, CR 1998, 244 (Btx-Anbieter); LG Wiesbaden, DuD 1999, 299 (Btx); vgl. auch *Schindler* (Gespräch), NJW-CoR 1997, 823; AG Pinneberg, CR 1998, 692 (Btx-Anbieter); AG Hannover, CR 1997, 742 (ec-Karte); vgl. zum Ganzen auch *Pausch*, CR 1997, 174.

[266] KG, ZIP 1993, 1303.

[267] Zu Internetsystemen *Pichler*, NJW 1998, 3234 (3237) und Rechtsnatur, S. 24 f., 64 f.; zum elektronischen Verfahren mit EC-Karte *Harbeke*, Sonderbeilage 1 zu WM 1994, 3 (9); *Zahrnt* 1972, 1077 (1078 f.); *Rossa*, CR 1997, 138 (141); zu ecash: *Werner*, Beil. Nr. 12 zu BB 1999, S. 21 (28); so jetzt auch BGH, Urt. v. 16. 4. 2002, XI ZR 375/00, JurPC Web-Dok. 181/2002 zu Kreditkartensystemen generell.

990   Teilweise wird auch von einem **Garantieversprechen** ausgegangen,[268] insbesondere deswegen, weil eine selbständige abstrakte Verpflichtung neben der Verpflichtung des Kunden nicht bestehen soll und im Übrigen bei Einwendungen des Kunden aus dem Kundenverhältnis auch kondizierbar sei. Dass eine solche Kondizierbarkeit des Versprechens der Bank bei Einwendungen aus dem Grundgeschäft z. B. bei Mängelrügen, nicht besteht, ist ganz sicherlich Inhalt des Vertrages. Dennoch wird man nicht generell von einem Garantieversprechen ausgehen können. In den Fällen, in denen der Kunde seine Karten ähnlich wie eine EC-Karte mit Scheckausgabe verwendet, mag dies noch so sein. Dies gilt ganz besonders dann, wenn zwischen dem Händler und dem Kartenbetreiber keine unmittelbaren eigenen vertraglichen Beziehungen bestehen, sondern die Abwicklung über das Kreditinstitut des Händlers geht. Dies ist insbesondere beim System von Scheckkarten und bei der vom Cyber-Cash wohl so. Anders ist dies bei üblichen Kreditkartensystemen und bei der Betreibung von POS-Terminals. Hier bestehen ja besondere vertragliche Beziehungen. An einer reinen Garantie kann man aber z. B. bei dem ecash-System nicht festhalten, weil unter Umständen der Name des Kunden, der zahlt, gar nicht bekannt wird und gar nicht bekannt werden braucht, weil das System so organisiert ist, dass eine anonyme Zahlung wie mit Münzen oder Banknoten vorgesehen ist. In diesem Falle muss dieses System ein abstraktes Schuldversprechen beinhalten, dass allerdings **nicht an das Grundverhältnis** anknüpft, sondern ein **eigenständiges abstraktes Schuldversprechen** ist, das darin besteht, dass bei Vorlage dieses elektronischen Geldes eben gezahlt wird.[269]

991   Nach der neuen Entscheidung des BGH[270] wird man auch generell und unabhängig von Details der Begründung von einem abstrakten Schuldversprechen bei allen Kreditkartenverträgen ausgehen können. Der BGH hat seine frühere einzelfallbezogene andere Meinung[271] ausdrücklich aufgegeben und eine generelle Aussage zu Kreditkartensystemen getroffen.

992   Gleichgültig, ob um welche Einordnung es geht: Eine **Zahlungspflicht des Systembetreibers** besteht nur bei **Einhaltung der vertraglich vereinbarten formellen Voraussetzungen.** Diese dürften z. B. in dem oben geschilderten Internetverfahren, in dem lediglich die Kreditkartennummer übermittelt wird, in aller Regel nicht eingehalten sein, so dass sich aus dem Verhältnis unmittelbar eine abstrakte Zahlungspflicht des Systembetreibers nicht ergibt. Ge-

---

[268] So z. B. *Kümpel,* WM 1997, 1037 (1038 f., 1040); WM 1998, 365 (370); NJW 1998, 313 (314 ff.); wohl auch *Häde,* ZBB 1994, 33 (41).
[269] *Pichler,* Rechtsnatur, S. 24 f.; 64 f.; *Werner,* Geldverkehr im Internet, S. 146 (zu ecash), 165 f. (zu cybercash).
[270] BGH, BB 2002, 1386 = NJW 2002, 2234 (2235 f.) = CR 2002, 747 (748 f.); kritisch *Meder,* NJW 2002, 2215.
[271] BGH, NJW 1990, 2880 (2881 f.) (Forderungskauf); wie dort auch *Weber,* Zahlungsverfahren, S. 109 ff.

zahlt werden muss nur, wenn eine Weisung des Kunden an den Betreiber zur Zahlung vorliegt, der Kunde also seine korrekte Kreditkartennummer übermittelt. Fehlt es an dieser Weisung, kommt im Verhältnis zwischen Händler und Betreiber keine Zahlungsverpflichtung zustande. Ein abstraktes Schuldversprechen oder eine Garantie des Systembetreibers besteht nicht. Demgemäss muss der Betreiber hier auch nicht zahlen. Das Systemrisiko bei Nichteinhaltung der Formalitäten liegt daher ausschließlich beim Händler.

Anders ist dies, wenn das Kreditkartenunternehmen wie bei den sog. **Telefon- und Mailorderverfahren** auf Formalitäten wie die Unterschrift des Kunden ausdrücklich verzichtet. Dann haftet es, wenn die in diesen Verfahren vorgesehenen Mindestanforderungen eingehalten sind, voll. Es kann die sich aus diesen Verfahren ergebenden Risiken dem Händler auch nicht durch allgemeine Geschäftsbedingungen auferlegen.[272]

993

Allerdings dürfte es dem Händler schwer fallen, nachzuweisen, dass der Karteninhaber oder ein ihm zuzurechnender Dritter gehandelt hat. Jedenfalls sind Kreditkartennummer und Gültigkeitsdauer der Karte, die Daten, die in der Regel nachgefragt werden, keine Geheimnisse, sondern legal vielen bekannt, so dass in der Regel der Händler nicht nachweisen kann, dass das Kreditkartenunternehmen überhaupt haftet.[273] Die vom BGH angesprochene zu Lasten des Kreditkartenunternehmens gehende Möglichkeit, die Kreditkartennummer für den Händler unerkennbar zu missbrauchen, ist nur schwer vorstellbar. Auch dem Händler ist bekannt, dass die Kreditkartennummer nicht geheim und daher zur Identifizierung des Vertragspartner ungeeignet ist. Anders kann man dies im Ergebnis nur sehen, wenn man dem Kreditkartenunternehmen unterstellen wollte, dass es durch die Genehmigung des Mailorderverfahrens auch für alle typischen Risiken haften wolle, die sich daraus ergeben. Zu diesen Risiken gehört insbesondere das Missbrauchsrisiko durch Unbekannte. Eine solche Annahme wird schon dadurch schwierig, dass das Kreditkartenunternehmen durch die Verwendung der nach Ansicht des BGH unwirksamen allgemeinen Geschäftsbedingungen klar zum Ausdruck bringt, dass es für solche Risiken nicht haften will. Handelt aber ein unberechtigter Dritter, haftet das Kreditkartenunternehmen nicht.[274]

Bei **Verwendung** der von den **Kartenbetreiber selbst eingeführten**, allerdings praktisch nur wenig verwendeten Systemen wie z.B. ecash oder cyber-cash sieht die Situation freilich anders aus. In diesem Falle dürfte bei Einsatz des technischen Systems, das die Kartenbetreiber anbieten, es ja

994

---

[272] BGH, NJW 2002, 2234 (2236 ff.) = BB 2002, 1386 = CR 2002, 747; a.A. OLG Frankfurt a. M., NJW 2002, 2114.
[273] *Werner*, BB 2002, 1382 (1383 f.); Geldverkehr im Internet, S. 53.
[274] A.A. BGH, NJW 2002, 2234 (2236) = CR 2002, 747 (750), allerdings ohne nähere Begründung.

wieder möglich sein, die von diesen verlangten formellen Voraussetzungen einzuhalten. Geschieht dies, sind die Betreiber wieder zur Zahlung verpflichtet. Dies gilt auch bei Verwendung des Protokolls SET, bei der eine auf den konkreten Fall bezogene Erklärung des Kartenbetreibers bzw. seines Vertreters abgegeben wird, dass er haftet.[275] In all diesen Systemen gibt es spezielle Vorkehrungen, die einen Missbrauch ausschließen sollen.

995 Auch im Verhältnis zum Händler stellt sich die Frage, ob der Systembetreiber eine **Pflicht zur Aufrechterhaltung** des Systems übernimmt. Dies dürfte zumindest für eine gewisse Zeit schon deshalb gelten, weil anderenfalls die ja nicht ganz unbeträchtlichen Aufwendungen für die Anschaffung etwa des POS-Terminals fehlgehen. Allerdings können in den einzelnen Verträgen natürlich auch andere Inhalte vereinbart werden.

996 Eine letzte Frage stellt sich dann, wenn die formellen Voraussetzungen des Systems eingehalten und der Systembetreiber daher verpflichtet ist, dem Händler die Summe auszuzahlen, es aber im Verhältnis zum Kunden feststeht, dass dieser nicht gehandelt hat. In diesen Fällen ist es zunächst so, dass mangels Anweisung keine unmittelbare Verpflichtung zum Ausgleich der vom Betreiber gezahlten Summe durch den Kunden besteht. Allerdings könnte der Kunde zum einen aus Gründen des Rechtsscheins haften oder sich auch im Verhältnis zum Systembetreiber **schadensersatzpflichtig** gemacht haben, weil er möglicherweise nicht hinreichend Vorkehrungen gegen eine missbräuchliche Verwendung seiner Karte bzw. seiner Kartendaten getroffen hat.[276] Diese Folgen treten sicher ein, wenn er seine Karte nebst PIN einem Dritten weitergeben und dieser Karte und PIN missbräuchlich verwendet hat. Eine Schadensersatzpflicht wird von der Rechtsprechung auch dann angenommen, wenn etwa Karte und PIN in unmittelbarem räumlichen Zusammenhang aufbewahrt und dann gemeinsam entwendet werden, sogar, wenn die PIN in einem Adressbuch versteckt aufgeschrieben wird.[277] Die **Anforderungen der Rechtsprechung** an die Sorgfaltspflichten des Kunden sind hier **sehr hoch** und lassen sich nur sehr begrenzt in der Praxis einhalten. Ob etwa die entsprechenden Sorgfaltswirkungen auch innerhalb von Familien unbegrenzt eingehalten werden müssen, erscheint nach wie vor als äußerst problematisch.[278]

Jedenfalls lassen sich diese **Haftungsmaßstäbe** nur dann **aufrechterhalten**, wenn der **Systembetreiber dafür Sorge trägt**, dass die **Haftung** beendet wird, wenn ihm eine Missbrauchsmöglichkeit, das Entwenden der Karte u.ä. angezeigt wird. Er muss für das System sichere Vorkehrungen treffen,

---

[275] Vgl. dazu *Zwißler*, DuD 1999, 13 (15 f.).
[276] Zu den Maßstäben bei Internet-Zahlungsvorgängen: *Pichler*, Rechtsnatur, S. 44 ff.; 65 ff.; 77 ff.
[277] AG Kassel, NJW-RR 1993, 630.
[278] Vgl. die Diskussion oben Rdn. 878.

dass nach Anzeige eine Benutzung der missbräuchlichen Benutzung der Karte systemseits ausgeschlossen wird.[279]
Die Regelungen des Fernabsatzrechts sind gem. § 312b Abs. 3 Nr. 3 BGB auf Finanzgeschäfte nicht anwendbar.

997

IV. Weitere Probleme im Internet

Im Bereich des **Internets** sind eine Reihe für dieses Medium spezifischer, insbesondere wettbewerbs-, namens- und markenrechtlicher Probleme aufgetreten. Diese sollen in einem letzten Abschnitt darstellt werden.

998

1. Domain-Namen

a) Namens- und Markenschutz

Die am meisten diskutierten Problematiken der letzten Jahre waren die Internet-**Domain-Namen**. Diese **Namen** stellen **Adressen dar,** mit deren Hilfe man die Eingangsseite des Internet-Auftritts, die Homepage, aufrufen kann. Sie sind insoweit wichtig, als sie sinntragend sind, während die eigentlichen technischen Adressen, die im Netz verwendet werden, lediglich alpha-numerische Zeichenkombinationen ohne irgendeinen Sinn darstellen. Um den Benutzern den Zugriff im Netz zu erleichtern, wurden schon vor langer Zeit sinntragende Namen erfunden, die diese alpha-numerischen Zeichenkombinationen in der Benutzeroberfläche ersetzen. Die Vergabe dieser sinntragenden Namen ist im Netz bestimmten Organisationen vorbehalten. Jede Organisation vergibt Namen innerhalb sogenannter Top-Level-Domains.[280] **Sinntragende Bestandteile** der Domain-Namen werden von den jeweiligen **Nutzern selbst ausgewählt.** Die meisten Anbieter verwenden ihre eigenen Namen oder Marken, um eine Identifizierung ihrer Homepages mit der eingeführten Firma oder dem eingeführten Namen herzustellen. In Kenntnis dieser Bedeutung hat es vielfach Versuche geschäftstüchtiger Personen gegeben, sich solche Adressen vorab zu sichern, um sie dann teilweise bewusst an die eigentlichen Namensträger zu veräußern, teilweise aber auch nur, um die Namensträger an der Nutzung zu hindern. Darüber hinaus gibt es innerhalb des Netzes namensmäßige Konflikte, weil einzelne Personen ja gleiche oder sehr ähnliche Namen haben. Daraus haben sich vielfältige Gerichtsverfahren entwickelt.

999

---

[279] Näher zu diesem Problem im Bereich des Internet *Pichler,* NJW 1998, 3234 (3236, 3238f.).
[280] Zum Verfahren vgl. z. B. *Renck,* NJW 1999, 3587f.

Nach einer Vielfalt von Entscheidungen in diesem Bereich haben sich allerdings in der Rechtsprechung klare Linien ergeben.[281]

1000 Eine Person, die ein **Namensrecht** hat, vermag dies auch gegenüber Internetadressen durchzusetzen. Mit anderen Worten: Wer selbst einen geschützten Namen hat, kann gem. § 12 BGB gegenüber einem Nichtnamensträger durchsetzen, dass dieser nicht seinen Namen als sinntragenden Teil der Internetadresse verwendet. Dies ist insbesondere von deutschen Städten gegenüber Personen durchgesetzt worden, die Städtenamen als Domain-Namen gesichert haben.[282] Der Namensschutz gilt auch für sonstige Gemeinden und auch für Teilorte,[283] Stadtteile und eingemeindete Orte[284] sowie für sonstige Gebietskörperschaften.[285] Auch Gerichtsnamen, sogar nicht amtliche, sollen Namensrechtsschutz genießen.[286] Das Gleiche gilt für nichtamtliche Behördennamen wie „Verteidigungsministerium".[287] Namensschutz gilt aber auch für Vereine[288] und eingeführte Pseudonyme.[289] Namensschutz kommt auch dann in Betracht, wenn lediglich ein prägender Namensteil unbefugt in einer Internet-Domain verwendet wird.[290]

---

[281] Dargestellt auch bei *Baumbach/Hefermehl*, UWG, Allg. Rdn. 248 ff.; *Hoeren*, Rechtsfragen des Internet, S. 17 ff.; *Härting*, BB 2002, 2028; knapp auch bei *Schönberger*, GRUR 2002, 478.

[282] Vgl. z. B. KG, NJW 1997, 3321 = CR 1997, 685 (686); OLG Frankfurt, Urt. v. 12. 4. 2000 – 6 W 33/00 – JurPC Web-Dok. 86/2000; OLG München, NJW-RR 1998, 984 = CR 1998, 556; BB 1999, 2422; MMR 2000, 100 = GRUR 2000, 518; OLG Karlsruhe, WRP 1998, 900; MMR 1999, 304 = CR 1999, 783 (für eine „*.com"-Domain); OLG Köln, NJW-RR 1999, 622; OLG-Report Köln 1999, 141; OLG Nürnberg, Urt. v. 11. 1. 2000, JurPC Web-Dok. 146/2000; LG Mannheim, NJW 1996, 2736 = DuD 1996, 691 = GRUR 1997, 377; LG Lüneburg, GRUR 1997, 470; LG Ansbach, NJW 1997, 2688; LG Braunschweig, NJW 1997, 2687; LG Düsseldorf, NJW-RR 1999, 623 = MMR 1999, 369; LG Frankfurt/M., NJW-RR 1998, 974; LG Hamburg, CR 1999, 47; LG Köln, NJW-RR 1999, 629; LG Mainz, Urt. v. 9. 8. 2001, 1 O 488/00, JurPC Web-Dok. 127/2002; LG München I, NJW-RR 1998, 973; NJW-CoR 1998 1998, 111; LG Wiesbaden, Beschl. v. 9. 8. 2000, 3 O 129/00, JurPC Web-Dok. 26/2002; a. A. nur LG Köln in gleichlautenden Entscheidungen GRUR 1997, 377; NJW-RR 1998, 976; BB 1998, 1121 (LS); wie hier auch *Göbel*, NJW-CoR 1996, 322; *Stratmann*, BB 1997, 689 (692); *Renck*, NJW 1999, 3587 (3588 f.); *Vogt*, NJW 1999, 3601 (3608 f.); *Perrey*, CR 2002, 349; differenzierend *Bücking*, NJW 1997, 1886; für Österreich: Öster. OGH, NJW-CoR 1999, 54 (LS).

[283] LG Münster, Urt. v. 25. 2. 2002 – 12 O 417/01; LG München I, Urt. v. 7. 5. 2002 – 7 O 12248/01 – dargestellt ITRB 2002, 207.

[284] LG München I, CR 2002, 840 m. Anm. *Eckhardt*.

[285] LG Berlin, CR 2000, 700.

[286] *Schönberger*, GRUR 2002, 478 (481 f.).

[287] LG Hannover, CR 2001, 860; ähnlich LG Potsdam, Urt. v. 16. 1. 2002, 2 O 566/01, JurPC Web-Dok. 85/2002 („Polizeibrandenburg.de").

[288] OLG München, CR 2002, 449.

[289] OLG Köln, OLG-Report Köln 2000, 377 = DuD 2001, 47 = CR 2000, 696.

[290] LG Berlin, Urt. v. 6. 3. 2001, 16 O 33/01, JurPC Web-Dok. 141/2001; OLG München, Urt. v. 10. 1. 2002, 6 U 3512/01, JurPC Web-Dok. 266/2002; OLG Hamburg, Beschl. v. 27. 8. 2002, 3 W 78/02, JurPC Web-Dok. 308/2002.

IV. Weitere Probleme im Internet

Die Rechtsprechung[291] hat Namensschutz auch gegenüber bloß reservierten Domains und damit auch gegenüber Domains zugelassen, die bloß auf leere Seiten verweisen. Dies ist zwar fraglich, weil die namensrechtlichen Tatbestandsvoraussetzungen Namensanmaßung und Namensleugnung nur bedingt vorliegen, praktisch aber sinnvoll.[292] Namensschutz greift auch gegenüber Dispute-Einträgen ein.[293]

Neben den Namensträgern sind auch **Inhaber eingetragener Marken** berechtigt, Dritten, die Nichtinhaber einer Marke sind, die Verwendung der jeweils geschützten Marke gem. **§§ 14,15 MarkenG als Internet-Domain-Name zu verbieten.**[294] Ein gleichwertiger Schutz besteht für **Unternehmenskennzeichen** und **Werktitel**[295] gem. § 5 Abs. 1 MarkenG. In beiden Fällen kann jedenfalls eine vorbeugende Unterlassungsklage schon dann erhoben werden, wenn die Namen nur registriert sind und noch nicht verwendet werden.[296] Kein Anspruch besteht allerdings aus einer Marke, wenn die Internet-Domain rein privat benutzt wird.[297] In diesem Fall kann aber ergänzender Namensschutz aus § 12 BGB eingreifen,[298] eine Möglichkeit, die im geschäftlichen Bereich neben den Ansprüchen aus dem MarkenG nicht besteht.[299] Ferner muss Branchennähe bestehen.[300] In Frage kommt auch ein Schutz nach § 823 BGB wegen eines Eingriffs in den eingerichteten und ausgeübten Gewerbebetrieb,[301] sowie ein Schutz wegen vorsätzlicher sittenwidriger Schädigung nach § 826 BGB.[302] Ist die Domain freilich nur

1001

---

[291] OLG Düsseldorf, NJW-RR 1999, 626 (627); LG Magdeburg, MMR 1999, 607; OLG München, BB 1999, 2421 = GRUR 2000, 519; BGH, GRUR 2002, 622 (624) = NJW 2002, 2031 = CR 2002, 525 (526).
[292] *Perrey*, CR 2002, 349 (353 f.); zustimmend auch *Foerstl*, CR 2002, 518 (521 f.).
[293] OLG Nürnberg, Urt. v. 5. 6. 2001, 3 U 817/01, JurPC Web-Dok. 357/2002.
[294] Vgl. die oben zitierte Rechtsprechung; zum amerikanischen Recht: *Brunel*, IBL 1996, 147; zum kanadischen: *Odutola*, IBL 1999, 38; zum Markenrecht allgemein und zu den sich daraus ergebenden Ansprüchen vgl. oben Rdn. 162 ff.
[295] OLG Hamburg, Urt. v. 2. 5. 2002, 3 U 269/01, JurPC Web-Dok. 319/2002; ausgiebig *Freitag*, in: Kröger/Gimmy (Hrsg.), Handbuch zum Internet-Recht, S. 459 (476 f.); im Prinzip auch LG LG Düsseldorf, CR 2003, 64.
[296] *Nordemann*, NJW 1997, 1890 (1892); *Renck*, NJW 1999, 3587 (3589); OLG München, BB 1999, 2421; OLG Dresden, NJWE WettbR 1999, 133; OLG Düsseldorf, NJW-RR 1999, 626; LG Braunschweig, NJW-CoR 1998, 112 (LS); LG Düsseldorf, GRUR 1998, 159 = NJW-RR 1998, 979; a. A. noch *Bücking*, NJW 1997, 1886 (1890).
[297] *Nordemann*, NJW 1997, 1890 (1892); *Stratmann*, BB 1997, 691 (692); LG München I, Urt. v. 9. 11. 2001, 3 HK 02 064/01, JurPC Web-Dok. 345/2002.
[298] BGH, GRUR 2002, 622 (623) = NJW 2202, 2031 = CR 2002, 525 (526); KG, CR 2002, 760; zustimmend *Ubber*, BB 2002, 1267; ebenso *Althammer/Ströbele/Klauka*, § 15 MarkenG, Rdn. 35; a. A. wohl LG Hamburg, Urt. v. 21. 3. 2002 – 315 O 380/00.
[299] OLG Hamm, CR 2002, 217.
[300] OLG Frankfurt/M., CR 2000, 698.
[301] LG Essen, Urt. v. 23. 5. 2002 – 11 O 96/02.
[302] *Hoeren*, Grundzüge, S. 45 f.

von einem Internetprovider für einen Kunden registriert, der noch nicht feststeht, kommen markenrechtliche Ansprüche mangels feststellbarer Branchennähe nicht in Betracht. Nach Ansicht des OLG Karlsruhe[303] kann in solchen Fällen allenfalls ein Anspruch wegen überragender Verkehrsgeltung oder sittenwidriger Behinderung gegeben sein. Gibt es aber auch namensrechtliche Ansprüche, müssten diese durchgehen, weil der Internetprovider seinerseits keine namensrechtliche Berechtigung vortragen kann.[304] Diese sind auch nicht durch Ansprüche aus dem MarkenG begrenzt, weil auch eine Vergabe an Private nicht ausscheidet.

1002 Die entsprechenden Rechte **gelten allerdings nicht** gegenüber **Personen**, die selbst ein **eigenes Recht** an dieser Marke oder diesem Namen haben, insbesondere deswegen, weil sie eine gleichlautende Marke oder einen gleichlautenden Namen haben,[305] und zwar auch dann, wenn sie nur einen Teilnamen verwenden.[306] Die Doppelvergabe ist selbst bei Marken durchaus denkbar, weil **gleiche Marken** für **unterschiedliche Waren** vergeben werden können, wenn die Waren nur weit genug auseinanderliegen. Markenrechtlich gibt es hier nur ein Verbot verwechslungsfähiger Bezeichnungen bei gleichen oder ähnlichen Waren. Diese Einschränkung gilt im Internet nicht. Eine Verwendung doppelter Namen ist dort nur dann möglich, wenn die gleichen sinntragenden Bestandteile innerhalb unterschiedlicher Top-Levels verwendet werden. So wären z.B. „Beck.de" und „Beck.com" für unterschiedliche Namensträger nebeneinander verwendbar. Demgegenüber kann es nicht zwei Personen geben, die „Beck.de" nebeneinander verwenden.[307] Damit ist das Konfliktpotential im Internet höher als im Markenrecht herkömmlicher Art. Konflikte dieser Art gibt es auch außerhalb des Internet. Sie lassen sich dort aber viel leichter lösen, weil sich z.B. die Namensträger wegen geografischer Unterschiede oder Unterschiede im Warenkatalog leicht unterscheiden lassen. Im Internet ist der Konflikt schärfer. Zur **Lösung dieses Konflikts** gilt prinzipiell das **Prioritätsprinzip:** Der, der seinen Domain-Name zuerst anmeldet, darf den Domain-Namen verwenden.[308] Allerdings kann er u.U. zu klärenden Zusätzen verpflichtet sein.[309]

---

[303] NJW-RR 2002, 771.
[304] **A.A.** OLG Karlsruhe, NJW-RR 2002, 271; LG Hamburg, Urt. v. 21. 3. 2002 – 315 O 380/01; OLG Hamburg, CR 2002, 833 m. Anm. *Florstedt*.
[305] LG Bonn, NJW-RR 1998, 977; ausführlich zum Problem der Namensgleichheit im Internet: *Linke*, CR 2002, 271.
[306] LG Düsseldorf, MMR 2002, 398.
[307] Vgl. auch LG Berlin, NJW-CoR 1999, 248 (LS); LG Düsseldorf, NJW-RR 1999, 623.
[308] *Nordemann*, NJW 1997, 1890 (1894); krit., aber ohne Alternative im geltenden Recht *Omsels*, GRUR 1997, 328 (335); BGH, GRUR 2002, 622 (625) = NJW 2002, 2031 = CR 2002, 525 (527); OLG Frankfurt, NJW-RR 2001, 547; kritisch: *Foerst*, CR 2002, 518 (522f.); relativierend (Teil einer Güterabwägung): OLG Nürnberg, Urt. v. 5. 6. 2001, 3 U 817/01, JurPC Web-Dok. 357/2002.

IV. Weitere Probleme im Internet   409

Eventuell ist auch ein Hinweis auf die Seite weiterer Namensträger nötig.[310] Ein prioritätsälterer Domain-Name kann auch durch eine prioritätsjüngere Marke nicht verdrängt werden.[311]
Dieser Grundsatz erfährt eine Ausnahme, wenn der **spätere Anmelder** über einen sogenannten **bekannten Namen** mit **überragender Verkehrsgeltung** verfügt. Hier setzt sich der bekannte Name auch gegenüber einem ansonsten berechtigten Namensträger durch, selbst dann, wenn dieser seinen Namen auch im geschäftlichen Verkehr – wenn auch in bescheidenerem Umfang und bei anderen Warenbereichen – bislang verwendet hat[312] und sogar **gegenüber der privaten Namensverwendung**.[313] Insoweit folgt die Rechtsprechung bei der Entscheidung von Konflikten im Bereich der Internet-Domain-Namen **hergebrachten Grundsätzen** der Konfliktbehandlung bei konfligierenden Firmenbezeichnungen, Namen und Marken. Letztendlich werden Internetadressen wie Namen oder Firmen behandelt. Dies entspricht auch der Interessenlage und wird heute praktisch im Ansatz nicht mehr bezweifelt.   1003

Letztendlich gilt dies auch bei einem Konflikt von privaten Namensträgern mit Städten und Gemeinden. Auch hier haben Städte und Gemeinden nur dann Vorrang, wenn sie überragend bekannt sind. Am Fehlen dieser Voraussetzungen sind auch kleinere Städte gescheitert.[314] In einer neuen Entscheidung hat das OLG Köln einen Schutz wegen überragender Bekanntheit für Privatpersonen ausdrücklich abgelehnt und auch in diesem Bereich eine Abwägung vorgesehen.[315]   1004

Das Namensrecht hat dann keinen Vorrang, wenn der Name im Internet als **Sachbegriff** erscheint.[316] So habe der Namensträger „Netz" keinen Vor-   1005

---

[309] LG Düsseldorf, NJW-CoR 1999, 304; *Härting*, Internetrecht, Rdn. 309.; OLG Düsseldorf, CR 2002, 447 (448).
[310] BGH, NJW 2002, 2096 (2097) = GRUR 2002, 706 (708) = CR 2002, 678 m. Anm. *Koschorrek*.
[311] LG Magdeburg, NJW-CoR 1999, 431.
[312] OLG Hamm, NJW-RR 1998, 909 = CR 1998, 241; OLG Düsseldorf, BB 1999, 1287 = NJW-CoR 1998, 175 m. Anm. *Ernst*; LG Düsseldorf, NJW-RR 1999, 841 = K & R 1999, 137; *Nordemann*, NJW 1997, 1890 (1894); zustimmend *Schmieder*, NJW 1999, 3088 (3094).
[313] OLG München, BB 1999, 1287; ebenso BGH, NJW 2002, 2031 (2034)= GRUR 2002, 622 (626) = CR 2002, 525; zustimmend *Ubber*, BB 2002, 1167; i. E. auch *Körner*, NJW 2002, 3442.
[314] OLG Koblenz, CR 2002, 280 m. Anm. *Eckhardt*; OLG München, Urt. v. 11. 7. 2001, 27 U 922/00, JurPC Web-Dok. 236/2001; LG Augsburg, Urt. v. 15. 11. 2000, 6 O 3536/00, JurPC Web-Dok. 89/2001 („boos.de"); LG Coburg, Urt. v. 13. 6. 2001, 12 O 284/01, JurPC Web-Dok. 212/2001; LG Erfurt, CR 2002, 302 (LS); LG Flensburg, Urt. v. 18. 10. 2001, 3 O 178/01, JurPC Web-Dok. 321/2002 und CR 2002, 537; LG Leipzig, Urt. v. 8. 2. 2001, 11 O 8573/00, JurPC Web-Dok. 6/2002; dazu auch *Linke*, CR 2002, 271 (274 ff.).
[315] LG Köln, OLG-Report Köln 2002, 326 (328 f.) = CR 2002, 533 m. Anm. *Ernst*; i. E. ähnlich OLG Dresden, CR 2001, 408 m. abl. Anm. *Röhrborn*.
[316] OLG Stuttgart, CR 2002, 529; LG München I, CR 2001, 555.

rang gegenüber dem Gattungsbegriff „Netz", der als „netz.de" verwendet werde. Es fehle nämlich an einer Namensleugnung.

1006 Eine Einschränkung des Namensrechts kann sich auch aus **Art. 5 GG** ergeben, nämlich dann, wenn die Domain-Bezeichnung sozusagen wie der Titel eines Zeitschriftenbeitrages verwendet wird und als Blickfang für die Meinungsäußerung in der Weise dient, dass er Suchmaschinen zu den in dem Internetauftritt enthaltenen Meinungsäußerungen führt.[317]

1007 Auch die Beurteilung, wann **Verwechslungsgefahr** vorliegt, dürfte sich an der bisherigen Rechtsprechung zur Verwechslungsgefahr orientieren, wie sie in großer Fülle zum Marken- und Firmenrecht ergangen ist.[318] Möglicherweise dürfte allerdings die Problematik der Verwechslung von Marken geringer sein, wenn sich die Verwechslungsgefahr nur bei Aussprechen der Marken ergibt.[319] Auch die Branchennähe spielt eine wichtige Rolle, wobei die Branche sich nach dem Inhalt des Internetauftritts bestimmt.[320] Es zeichnet sich freilich wegen des geringen Umfangs des Namensraums der Domainnamen eine Tendenz ab, die **Verwechslungsgefahr** auf den Bereich der Identität und sehr ähnlicher Bezeichnungen zu **reduzieren**.[321] So sollen „Westlotto" und „Lotto-privat" nicht verwechslungsfähig sein.[322] Da es im Prinzip nur um den Schutz davor geht, dass die Kunden bei Eingabe des Namens oder der Firma nicht fehlgeleitet werden, ist den Entscheidungen zu folgen. Auch bei der Warenähnlichkeit werden oft sehr enge Schutzgrenzen gezogen.[323]

Allerdings gibt es von dieser allgemeinen Regel **Ausnahmen**. So nützt die Domainbezeichnung „welt-online" die bekannte Marke „Die Welt" unlauter aus und ist deshalb wettbewerbswidrig.[324] Diese Entscheidung ist richtig

---

[317] KG, CR 2002, 760 m. zust. Anm. *Graf.*

[318] So ausdrücklich, OLG Hamburg, CR 2002, 833 m. Anm. *Florstedt.*

[319] Ähnlich wie hier *Renck,* NJW 1999, 3587 (3590 f.); *Härting,* Internetrecht, Rdn. 303 f.; differenzierend *Nordemann,* NJW 1997, 1890 (1893 ff.); Einzelfälle: OLG Hamm, NJW-RR 1999, 631 („Pizza-Direct"); LG Berlin, NJW 1998, 3503; LG Berlin, NJW 1998, 3503.

[320] OLG Hamburg, CR 2002, 833 m. Anm. *Florstedt;* OLG Karlsruhe, NJW-RR 2002, 771; LG Hamburg, Urt. v. 21. 3. 2002, 315 O 380/01, JurPC Web-Dok. 185/2002; KG, Urt. v. 5. 2. 2002, 5 U 178/01, JurPC Web-Dok. 268/2002.

[321] So explizit KG, Beschl. v. 16. 2. 2001, 5 U 9865/00; *Hoeren,* Grundzüge, S. 38.

[322] OLG Köln, CR 2002, 285; ähnlich OLG Düsseldorf, CR 2002, 447 („duisburg" und „duisburg-info"); anders noch LG Köln, Urt. v. 18. 1. 2001, 84 O 66/00, JurPC Web-Dok. 84/2001: „freelotto.de" und „Lotto" sind verwechslungsfähig; vgl. auch LG München I, Urt. v. 13. 8. 2002, 9 HK 08263/02: „Bioland" und „Biolandwirt" nicht verwechslungsfähig.

[323] Z. B. LG Düsseldorf, CR 2003, 64.

[324] LG Hamburg, Urt. v. 13. 1. 1999, 315 O 478/98, JurPC Web-Dok. 57/2001; ähnlich auch LG Köln, Urt. v. 23. 5. 2000, 33 O 216/00, JurPC Web-Dok. 221/2000: „wdr.org" und „WDR" verwechslungsfähig sowie LG Hamburg, Urt. v. 18. 10. 2002, 416 O 75/02, JurPC Web-Dok. 353/2002, „Publikom" und „public-com" nicht verwechslungsfähig.

und zwar deswegen, weil alle größeren Verlage eigene Online-Auftritte ihrer Zeitungen veranstalten und diese mit der Kombination des Zeitungsnamens mit dem Zusatz „online" bezeichnen und/oder bewerben.

Gibt es einen namens- oder markenrechtlichen Anspruch, geht dieser nur auf **Löschung** des Domain-Namens durch den Nichtberechtigten, **nicht** jedoch auf **Übertragung** des Domain-Namens auf den Berechtigten, weil die bessere Berechtigung des Obsiegenden nur im Verhältnis zum Unterlegenen, nicht jedoch gegenüber Dritten festgestellt wird.[325] 1008

Störer ist in der Regel der Domain-Inhaber. Sein Provider kann es sein, wenn der Domain-Inhaber praktisch nicht oder nur schwer erreichbar ist. Ein Sitz des Domain-Inhabers im Ausland reicht dafür oft aus.[326] Dabei herrscht auch Streit darüber, ob der Administrative Contact für wettbewerbs- oder markenrechtliche Ansprüche passiv legitimiert ist[327] oder nicht.[328] 1009

Neben dem Unterlassungsanspruch gibt es auch **Schadensersatzansprüche**. Schwierig ist dabei, festzustellen, welchen Wert eine konkrete Domainbezeichnung für den Geschädigten hat. Ohne konkrete Anhaltspunkte hat das LG Hamburg einen Wert von 50 € monatlich angesetzt.[329] 1010

Bei Namensrechtsverletzungen ist die Berechnung des **Schadens** im Wege der Lizenzanalogie zulässig.[330]

Im Einzelfall kann sich im übrigen umgekehrt eine schon **eingeführte Internet-Adresse** markenrechtlich gegen eine prioritätsjüngere Marke durchsetzen und zwar sowohl als Benutzungsmarke (§ 4 Abs. 2 MarkenG) als auch als besondere Geschäftsbezeichnung oder als Werktitel der Homepage.[331] 1011

b) Gattungsbezeichnung als Internet-Adresse

Unterschiedlich haben die Gerichte zunächst die Frage beurteilt, ob es rechtswidrig ist, eine **Gattungsbezeichnung als Internet-Adresse**[332] zu be- 1012

---

[325] BGH, GRUR 2002, 622 (626) = NJW 2002, 2031 (2035) = CR 2002, 525 (528 f.); *Foerstl,* CR 2002, 518 (524); *Freitag,* in: Kröger/Gimmy (Hrsg.), Handbuch zum Internet-Recht, S. 459 (484 f.); a. A. LG Braunschweig, Urt. v. 14. 6. 2000, 9 O 1152/99 (170), JurPC Web-Dok. 229/2000; LG Saarbrücken, Urt. v. 30. 1. 2001, 7 IV O 97/00, JurPC Web-Dok. 175/2001.
[326] LG Bremen, CR 2000, 549; OLG Hamburg, CR 2000, 385; LG München I, Urt. v. 27. 2. 2002, 1 HK O 16 598/01, JurPC Web-Dok. 344/2002.
[327] So OLG München, MMR 2000, 277.
[328] So OLG Koblenz, Urt. v. 25. 1. 2002, 8 U 1842/00, JurPC Web-Dok. 52/2002.
[329] Urt. v. 2. 7. 2002, 312 O 116/02, JurPC Web-Dok. 324/2002.
[330] LG Hamburg, CR 2002, 296.
[331] *Omsels,* GRUR 1997, 328 (331 ff.); *Nordemann,* NJW 1997, 1890 (1892); *Schmieder,* NJW 1999, 3088 (3095); *Kleespies,* GRUR 2002, 764 (774 f.); *Ubber,* Markenrecht im Internet, S. 63 ff.; OLG Hamburg, NJW-RR 1999, 625; Urt. v. 15. 2. 2001, 3 U 200/00, JurPC Web-Dok. 165/2002; OLG München, CR 1999, 778; OLG Düsseldorf, Urt. v. 19. 6. 2001, 20 U 5/01, JurPC Web-Dok. 38/2002; LG Coburg, Urt. v. 7. 2. 2001, 22 O 9/01, JurPC Web-Dok. 83/2001; vgl. auch OLG Hamburg, Urt. v. 4. 5. 2000, 3 U 197/99, JurPC Web-Dok. 23/2001.
[332] Übersicht dazu bei *Mulch,* OLG Report Köln, 2002, K 39.

setzen. Klar ist nur, dass sich Freihalteansprüche hinsichtlich dieser Gattungsbezeichnung nicht aus einer analogen Anwendung der Regeln des Markenrechts über die Nichteintragungsfähigkeit solcher Bezeichnung als Marke herleiten können.[333]

Ob sich aus sonstigen rechtlichen Regeln, insbesondere dem Gesichtspunkt des Verbotes der Monopolisierung einer Branchenbezeichnung die Wettbewerbswidrigkeit solcher Domain-Namen ergibt, wird dagegen unterschiedlich gesehen. Viel wird hier von den Umständen des Einzelfalls abhängen.[334]

1013 Der **BGH**[335] geht allerdings davon aus, dass Gattungsbezeichnungen als Domain-Namen grundsätzlich zulässig sind. Nur bei Hinzutreten weiterer Umstände kann ein Fall von Wettbewerbswidrigkeit gegeben sein. Ggfs. muss gegebenen Monopolisierungstendenzen durch Hinweise entgegengetreten werden. Welche Umstände zu einer Wettbewerbswidrigkeit führen, muss sich in der Praxis noch zeigen. In einem obiter dictum hat der BGH ausgeführt, die Blockierung aller Schreibweisen eines beschreibenden Begriffs neben der Blockierung des Begriffs in verschiedenen Top-Level-Domains stelle solche Umstände, die zur Wettbewerbswidrigkeit führen.[336] Diesem auf den ersten Blick naheliegenden Argument ist in der Literatur mit beachtlichen Gründen insbesondere im Hinblick auf die im Internet übliche Praxis und den dieser entsprechenden Erwartungen der Benutzer widersprochen worden.[337] Möglicherweise ist hier auch zwischen konkurrierenden Unternehmen und konkurrierenden Verbänden zu unterscheiden.

1014 Ferner drohen bei der Verwendung von **Gattungsbezeichnungen** als Domain-Namen Verstöße gegen das **Irreführungsverbot** des § 3 UWG. So soll dies z.B. nach der vom BGH[338] zwischenzeitlich aufgehobenen Entscheidung mit der Verwendung der Domain „presserecht.de" durch eine

---

[333] Insbesondere OLG Frankfurt/M, CR 1997, 271.

[334] Vgl. Entscheidungen OLG Hamm, Urt. v. 2. 11. 2000, 4 U 95/00, JurPC Web-Dok. 213/2001; OLG Frankfurt/Main, CR 1997, 271; OLG Braunschweig, CR 2000, 614; LG Hamburg, CR 2000, 617 m. Anm. *Bettinger;* LG Köln, NJW-RR 2001, 549 LG München I, CR 2001, 194; OLG München, CR 2001, 463 (alle gegen Wettbewerbswidrigkeit); OLG Hamburg, CR 1999, 799 m. krit. Anm. *Hartmann;* LG Köln, CR 2001, 193; LG München I, CR 2001, 128 = NJW 2001, 2100; LG Frankfurt/M., CR 2001, 713 m. Anm. *Pahlow* (alle für Wettbewerbswidrigkeit); OLG Nürnberg, GRUR 2002, 460 f.

[335] BB 2001, 2080 = GRUR 2001, 1061 = NJW 2001, 3262 = CR 2001, 3262; bestätigt: BGH BB 2002, 1716 (1718 f.) = NJW 2002, 2642 (2645) = GRUR 2002, 902 (905) = CR 2002, 729 (732) = AnwBl. 2002, 603 (605); OLG Frankfurt/M., Urt. v. 12. 9. 2002, 6 U 128/01, JurPC Web-Dok. 322/2002; dazu auch *Heyms/Prieß,* Werbung Online, S. 150 ff. und ausführlich *Schmidt-Bogatzky,* GRUR 2002, 941.

[336] BGH, BB 2001, 2080 = GRUR 2001, 1061 = NJW 2001, 3262 = CR 2001, 3262; zustimmend *Beckmann,* CR 2002, 446 (447); OLG Frankfurt, Urt. v. 12. 9. 2002, 6 U 128/01, JurPC Web-Dok. 322/2002.

[337] *Schafft,* CR 2002, 434.

[338] BGH, NJW 2003, 662.

IV. Weitere Probleme im Internet 413

Anwaltskanzlei sein, weil die Kunden unter dieser Domain keinen Anwalt, sondern allgemeine Informationen über das Presserecht erwarten.[339] „Rechtsanwaelte.dachau.de" soll irreführend sein, weil der Verbraucher sie als Domain einer zentralen Stelle mit einem großen Angebot von Anwaltskanzleien im Raum Dachau ansieht.[340] „Rechtsanwalt.Kempten.de" soll aber zulässig sein, weil die Singularform nur auf einen Anwalt und nicht auf eine Mehrheit verweist.[341] Irreführend soll auch „www.steuererklaerung.de" für einen Lohnsteuerhilfeverein sein,[342] ebenso die von „rechtsanwalt.com" durch eine AG.[343] Eine etwaige Irreführung soll nach einer Entscheidung des OLG Nürnberg[344] auch nicht durch Hinweise auf der Homepage des Internetauftritts ausgeräumt werden können. Diese Ausführungen widersprechen den Ausführungen des BGH in der oben zum Recht der Gleichnamigen zitierten Entscheidung.[345] Auch die bloße Besetzung einer Gattungsbezeichnung in der Absicht, sie teuer zu verkaufen, soll eine Sittenwidrigkeit nach § 826 BGB begründen.[346] Insgesamt muss die Entwicklung abgewartet werden. Die Tendenz des BGH geht eher gegen die Annahme von Wettbewerbswidrigkeit, wobei der BGH sein Leitbild des mündigen Verbrauchers betont.[347] Insbesondere gibt es beim BGH auch keinen Anhaltspunkt dafür, dass standesrechtliche Vorschriften im Hinblick auf die Irreführungsproblematik engere Grenzen setzen als das allgemeine Wettbewerbsrecht.[348] Die gegenteiligen Auffassungen einiger Instanzgerichte und einiger Anwaltsgerichtshöfe[349] dürften sich daher nicht durchsetzen.

---

[339] AnwGH Berlin, CR 2002, 845 = BRAK-Mitt. 2002, 187 mit (zu Recht) krit. Anm. *Hoskamp;* wie AnwGH Berlin *Sobola,* NJW 2001, 1113 (1114); a.A. OLG Braunschweig, Beschl. v. 21. 6. 2002, 2 W 26/02, JurPC Web-Dok. 286/2002 zu „pruefungsrecht.de"; ausführlich zur Irreführungsproblematik für Anwaltsdomains: *Hoß,* AnwBl. 2002, 377 (381 f.).
[340] LG München II, Urt. v. 13. 11. 2001 – 3 O 4826/01, bespr. in ITRB 2002, 157; OLG München, NJW 2002, 2113 = CR 2002, 757.
[341] OLG München, Urt. v. 10. 5. 2001 – 29 U 1594/01, zit. in NJW 2002, 2113; ebenso LG Duisburg, NJW 2002, 2114 für „anwalt.muelheim.de"; a.A. OLG Celle, NJW 2001, 2100: „anwalt-hannover" ist irreführend.
[342] OLG Nürnberg, GRUR 2002, 460.
[343] OLG Hamburg, NJW-RR 2002, 1582; a.A. wohl LG Mannheim, NJW-RR 2002, 1580.
[344] GRUR 2002, 460 f.; ebenso AnwGH Berlin, Beschl. v. 21. 2. 2002 – I AGH 11/01.
[345] BGH, NJW 2002, 2096 (2097) = GRUR 2002, 706 (708) = CR 2002, 674 m. Anm. *Koschorrek;* NJW 2003, 504 (505); wie BGH auch LG Duisburg, NJW 2002, 2114.
[346] LG Düsseldorf, Urt. v. 6. 7. 2001, 38 O 18/01, JurPC Web-Dok. 8/2002; ähnlich auch LG Hamburg, Urt. v. 23. 3. 2001, 315 O 856/00, JurPC Web-Dok. 7/2002.
[347] BGH, BB 2002, 1716 (1718 f.) = NJW 2002, 2642 (2645) = CR 2002, 729 (732) = GRUR 2002, 902 (905) zur sog. „Vanity"-Nummer „Rechtsanwalt".
[348] Vgl. insbesondere BGH, BB 2002, 1716 = NJW 2002, 2642 = GRUR 2002, 902 = AnwBl. 2002, 603 = CR 2002, 729.
[349] AnwGH Berlin, BRAK-Mitt. 2002, 187 mit (zu Recht) krit. Anm. *Hoskamp;* vgl. auch *Härting,* BB 2002, 2028.

Auch die bloße Registrierung einer Vielzahl beschreibender Domains, z.B. um Internet-Portale für solche Gattungsbezeichnungen zu ermöglichen, führt nicht zur Sittenwidrigkeit.[350]

Insgesamt ergibt sich damit, dass die Behandlung von Domain-Namen herkömmlichen Grundsätzen in der Behandlung von namens- und markenrechtlichen Bezeichnungen folgt.

c) Internationale Fragen

1015 Wie schon oben geschildert, ist freilich das **Konfliktpotential** größer, zumal die Verwendung einer Internet-Domain internationale Auswirkung hat – auch wenn es sich um eine deutsche „*.de"-Domain handelt. Dies gilt ganz besonders, weil die **deutsche Rechtsprechung für sich reklamiert**, in allen Fällen, in denen die Internet-Domain auch in Deutschland aufgerufen werden kann, gem. § 322 ZPO oder Artikel 5 Nr. 3 EuGVVO **zuständig zu sein**,[351] auch wenn es z.B. um eine „*.com" Domain[352] oder um eine ausländische Domain[353] geht. Da die Rechtsprechung im Ausland oft ähnlich ist,[354] müsste ein Internet-Domain-Inhaber marken- und namensrechtliche Vorschriften weltweit beachten. Dabei können auch Marken aufeinanderstoßen, die in verschiedenen Ländern für gleiche Waren registriert sind.[355]

1016 Man wird diese **Rechtsprechung** allerdings dahingehend **einschränken müssen**, dass sie sich nicht beziehen kann auf Domains, bei denen sich klar ergibt, dass sie von vornherein nicht für den deutschen Markt bestimmt sind.[356] Eine Internet-Adresse einer Diskothek in den USA wird daher in Deutschland wettbewerbs- und markenrechtlich keine Bedeutung haben.[357]

---

[350] KG, Urt. v. 5. 2. 2002, 5 U 178/01, JurPC Web-Dok. 268/2002.

[351] KG, CR 1997, 695 = NJW 1997, 3321; LG Braunschweig, CR 1998, 364; OLG Stuttgart, NJW-RR 1998. 1341 = K & R 1998, 263 = WRP 1998, 900; OLG Frankfurt/M., K&R 1999, 138; LG Düsseldorf, NJW-RR 1999, 629; LG Karlsruhe, NJW-CoR 1999, 171 (LS); LG Nürnberg-Fürth, AnwBl. 1997, 276 = DuD 1997, 487; *Härting*, Internetrecht, Rdn. 48; a.A. soweit ersichtlich nur OLG Bremen, Urt. v. 17. 2. 2000 – CR 2000, 770 (für einen innerdeutschen Fall Zuständigkeit abgelehnt).

[352] So ausdrücklich OLG Karlsruhe, MMR 1999, 604 = CR 1999, 783; OLG München, CR 2002, 449; OLG München, MMR 2000, 277; LG Braunschweig, NJW-CoR 1998, 112 (LS).

[353] OLG Hamburg, Urt. v. 2. 5. 2002, 3 U 212/01, JurPC Web-Dok. 317/2002; a.A. *Renck*, NJW 1999, 3587 (3592).

[354] Zur USA z.B. International Technology Newsletter, Vol. 15, No. 1 (May 1997), S. 13; zu Frankreich: *Gaucher*, Technology and e-commerce Newsletter, IBA, Vol. 19, No. 1 (June 2001), p. 10; abweichend teilweise Kanada, IBL Committee R News, Vol. 20 No. 1 (June 2002), p. 6.

[355] Beispiele bei *Hoeren*, Grundzüge, S. 39f.

[356] So ausführlich *Renck*, NJW 1999, 3587 (3592); *Omsels*, GRUR 1997, 328 (335ff.).

[357] Ebenso i.E. OLG Hamburg, Urt. v. 2. 5. 2002 – 3 U 212/01, das mit diesem Argument aber nicht seine Zuständigkeit, sondern nur markenrechtliche Ansprüche ausschließt.

IV. *Weitere Probleme im Internet* 415

Anders dürfte dies bei dem Anbieten von Waren oder Dienstleistungen sein, die zugesandt oder abgerufen werden können. Diese lassen sich ja international leicht vertreiben. Hier lässt sich eine Beschränkung und ein **Ausschluss nationaler Rechtsprechung** möglicherweise dadurch erreichen, dass auf der Seite **ausdrücklich darauf hingewiesen wird**, dass diese nicht für den deutschen oder sonstige Teilmärkte bestimmt ist. Der Anbieter sollte dann auch noch sicherstellen, dass Bestellungen aus dem ausgeschlossenen Gebiet von ihm nicht angenommen werden. Solche Hinweise werden bei entsprechender Deutlichkeit von der Rechtsprechung auch akzeptiert.[358] Eine Einschränkung kann sich auch daraus ergeben, dass auf der Seite eine in Deutschland ungebräuchliche Fremdsprache verwendet wird. Dies ist aber schon problematisch, weil bei allen Fremdsprachen eine durchaus hinreichende Anzahl von Einwohnern in der Bundesrepublik existiert, die diese Fremdsprache versteht oder für die diese auch eine Muttersprache ist. Es ist daher schon zweifelhaft, ob z.B. portugiesische Seiten nur für Portugal bestimmt sind. Eine solche Annahme lässt sich allenfalls bei selten gesprochenen Fremdsprachen machen. Sie gilt insbesondere nicht für englischsprachige Seiten, da englisch-sprachige Seiten international gelesen werden können und auch von vielen Personen gelesen werden.[359] In der Abklärung dieser **internationalen Konfliktlagen** besteht nach wie vor der größte Regelungs- und Klärungsbedarf. Man muss allerdings zugeben, dass die von den deutschen Gerichten getroffenen Entscheidungen sich in aller Regel auf Domain-Namen bezogen, bei denen die Benutzung innerhalb Deutschlands eindeutig waren. Auch § 4 Abs. 2 TDG[360] hat hier nichts geändert. Diese Vorschrift gilt nicht für Marken- und Namensrecht (§ 4 Abs. 4 Nr. 6 TDG).

Die innerdeutschen Rechtsfragen sind – bis auf manche Details – weitgehend geklärt.

Für internationale Konfliktfälle insbesondere über *.com,*.net- und *.org-Domains sowie wenige nationale Domains steht auch ein Streitbeilegungsverfahren nach den Regeln der ICANN zur Verfügung, allerdings nur für klare Missbrauchsfälle und nicht für nationale Domain-Namen.[361] 1017

d) Haftung der Vergabestelle

Mittlerweile ist auch das **Vergabeverfahren der Organisation DENIC**, die die Domain-Name der deutschen Top-Level „*.de" vergibt, so geregelt worden, dass offenkundig Konflikte geklärt werden. Der Rechtsprechung lässt sich entnehmen, dass auch gegen DENIC vorgegangen werden kann, wenn diese es unterlässt, trotz einer eindeutigen Situation ihr mögliche 1018

---

[358] LG Köln, Urt. v. 20. 4. 2001, 81 O 160/99, JurPC Web-Dok. 148/2001.
[359] OLG Frankfurt/M., K & R 1999, 138.
[360] Dazu unten Rdn. 1038.
[361] Näher dazu *Luckey*, NJW 2001, 2527; *Pfeiffer*, GRUR 2001, 92; *Wichard*, Beil. Nr. 13 zu BB 46/2002, S. 13; *Ubber*, Markenrecht im Internet, S. 229 ff.

Maßnahmen gegenüber einem unberechtigtem Domain-Namensträger zu ergreifen.[362] Allerdings kann es DENIC nicht zugemutet werden, sich um die Prüfung ungeklärter Konfliktfälle zu kümmern. Dafür reichen weder Kompetenzen noch Prüfungsmöglichkeiten aus.

b) Verträge über Domains

1019 Domains können auch **übertragen** und damit gehandelt werden.[363] Sachlich handelt es sich um einen Rechtskauf, wobei kein absolutes Recht, wohl aber ein Bündel von Ansprüchen gegen die Registrierungsstelle übertragen werden. Solche Übertragungen bedürfen allerdings in der Regel gewisser Formalitäten.[364] Domains können auch auf Zeit übertragen werden. Dabei handelt es sich, da keine Sachen, sondern Rechte übertragen werden, um Pacht- und nicht um Mietverträge.[365]

1020 Die **Domainbeschaffung** ist oft auch Gegenstand einer **Providerdienstleistung**. Der Provider wird dabei dahingehend Vorsorge zu treffen haben, dass ihn sein Kunde von den Kosten und Konsequenzen evtl. Domainverletzungen freistellt.[366] Praktisch hat sich ein weiteres Problem ergeben: Provider, die Domain-Namen für ihre Kunden erworben haben, haben diese dem Kunden nach Vertragsende nicht weitergeben oder gar Dritten zum Verkauf angeboten. Ob sie das dürfen oder einer Überschreibung der Namen auf den Kunden zustimmen müssen, ist relativ streitig.[367] Es empfehlen sich daher klare vertragliche Regelungen. Benutzt der Provider die behaltene Domain freilich, kann darin eine Verletzung der Namensrechte des früheren Kunden liegen.[368]

2. Weitere wettbewerbsrechtliche Probleme

1021 Neben der Problematik der Domain-Namen gibt es noch eine Reihe weiterer wettbewerbsrechtlicher Probleme.

---

[362] LG Frankfurt/M., NJW 1999, 3587 (3593); CR 2001, 785; OLG Frankfurt/M., CR 1999, 707; LG Magdeburg, NJW-CoR 1999, 431 (LS); OLG Dresden, CR 2001, 408 m. Anm. *Röhrborn;* BGH, GRUR 2001, 1038 = NJW 2001, 3265 = CR 2001, 850 m. Anm. *Freytag;* ähnlich OLG Köln, CR 2002, 533 m. Anm. *Ernst* auch für andere Domain-Registrierverfahren; vgl. auch OLG Köln, CR 2001, 622 m. Anm. *Ernst.*
[363] AG München, Beschl. v. 17. 1. 2000 – 1551 M 52605/99 – Jur PC Web-Dok. 164/2000.
[364] Näher *Härting,* CR 2001, 37 (41 f.) und ITRB 2002, 96 (97 f.); Einzelbeispiel: AG Ettlingen, Urt. v. 11. 5. 2001 – 2 C 259/00.
[365] *Härting,* ITRB 2002, 96 (98); OLG Köln, CR 2002, 832.
[366] Vorschlag: *Härting,* ITRB 2002, 96 (97).
[367] Vgl. LG Hamburg, MMR 1999, 624, n.w.N.; LG Stuttgart, Beschl. v. 26. 4. 2000, 11 KfH O 28/00, JurPC Web-Dok. 194/2000; *Schuppert,* in: Spindler (Hrsg), Vertragsrecht der Internet-Provider, Teil VI, Rdn. 34.
[368] LG Coburg, Urt. v. 7. 2. 2001, 22 O 9/01, JurPC Web-Dok. 83/2001.

IV. Weitere Probleme im Internet 417

a) Verdecktes Profitieren an Leistungen und Rechten Dritter

Eine besondere Art von Wettbewerbswidrigkeit kann sich bei einer be- 1022
stimmten Homepage-Gestaltung ergeben. Ein Anbieter kann insbesondere
an versteckter Stelle und ohne Erkennbarkeit nach außen, aber für Suchmaschinen lesbar mit Hilfe sog. „Meta-Tags", seine Homepage so gestalten,
dass der Name des Wettbewerbers auftaucht. Wird nun innerhalb von
Suchmaschinen nach dem Namen oder der Marke des Wettbewerbers gesucht, wird dem Kunden dieser Suchmaschine die Homepage des Konkurrenten präsentiert.[369] Dieses versteckte Profitieren am Namen des Gegners
ist mit den guten Sitten des Wettbewerbs nicht vereinbar und kann daher
ebenfalls untersagt werden. Möglicherweise bestehen auch Ansprüche aus
§§ 14, 15 MarkenG.[370] Schwierig wird dies dann, wenn als Metatags Marken
verwendet werden, die der Verwenden an sich nutzen darf, die er aber
übermäßig nutzt.[371] Auch namensrechtliche Ansprüche können bestehen.

Manchmal werden als **Metatags** auch **Begriffe** verwendet, die der **All-** 1023
tagssprache entlehnt sind, mit der Internetpräsenz des Betreibers jedoch
nichts zu tun haben. Der Verwender dieser Metatags will erreichen, dass
seine Seite von Suchmaschinen auch gefunden wird, wenn diese Begriffe
eingegeben werden. Auch dies hat das LG Düsseldorf[372] für wettbewerbswidrig gehalten und zwar zum einen als irreführende Werbung und zum
anderen, weil die Trefferlisten der Suchmaschinen so systematisch mit Fehlhinweisen gefüllt werden, was vor allem die Benutzer störe. Wer solche
Fehlverweise freilich nur duldet und nicht erzeugt, haftet nicht.[373]

Problematisch ist unter dem Gesichtspunkt der Rufausbeutung auch eine
Werbegestaltung, bei der bei der Frage nach bestimmten Produkten in einer
Suchmaschine während der Wartezeit Werbebanner mit Links erscheinen,
die zu Dritt-, insbesondere zu Konkurrenzprodukten führen.[374]

Unzulässig ist es auch, wenn ein Anbieter von **Internet-Präsenzen** unter 1024
seiner Internet-Domain **gewerbliche Inserenten** eines Konkurrenten aufführt, ohne deutlich zu machen, dass die Homepages dieser Inserenten nicht
von ihm, sondern von dem Konkurrenten stammen.[375] Das Gleiche gilt bei

---

[369] OLG München, CR 2000, 461; LG Frankfurt a. M., CR 2000, 462; LG Hamburg, NJW-CoR 1999, 500 (LS); LG Mannheim, DuD 1998, 46; LG Verden, NJW-CoR, 1999, 171 (LS).
[370] *Ernst,* NJW-CoR 1997, 493; *Koch,* NJW-CoR 1998, 45 (47f.); *Varadinek,* GRUR 2000, 279; *Kur,* CR 2000, 448; *Strittmatter,* CR 2000, 701; LG Hamburg, NJW-CoR 1999, 500 (LS); OLG München, WRP 2000, 775; *Sobola,* NJW 2001, 113 (114).
[371] Dazu *Hoeren,* Grundzüge, S. 178; *Kur,* CR 2000, 448 (451 ff.).
[372] CR 2002, 610; a. A. OLG Düsseldorf, CR 2003, 133.
[373] OLG Zweibrücken, NJW-RR 2002, 910.
[374] LG Hamburg, CR 2000, 392.
[375] OLG Celle, NJW-CoR 1999, 366; OLG Hamburg, GRUR 2001, 831 = NJW-RR 2001, 1198.

der Verwendung von Links auf Seiten anderer Anbieter, wenn den Benutzern nicht klar gemacht wird, dass er durch die Verwendung dieser Links auf die Homepage eines anderen Anbieters kommt. Dabei kann bei einem durchschnittlichen Internetanbieter unterstellt werden, dass er dies bei einem offenen Link weiß. Wird aber die Tatsache der **Verlinkung verschleiert** oder der sog. Inline-Link verwendet,[376] ist dies anders. Wer hier andere inhaltlich in sein Angebot einbezieht, nützt deren Leistung unlauter aus und begeht damit einen Verstoß gegen § 1 UWG,[377] allerdings nur dann, wenn auch wettbewerblich eigenartige Leistungen übernommen werden.[378] U.U. kommt auch ein Urheberrechtsverstoß oder eine Verletzung von Datenbankrechten in Betracht. Auch die **Einbeziehung fremden Inhalts** in einen **eigenen Frame** mit eigener Werbung ist unzulässig, sei es aus wettbewerbsrechtlichen Gründen, sei es, weil dieses Vorgehen die Rechte des Fremden als Datenbankanbieter verletzt.[379] Demgegenüber ist der offene Link auf die Seiten Dritter im Internet üblich und im Allgemeinen zulässig, auch wenn der Link zu einem Konkurrenten führt.[380]

1025 Äußerst streitig ist die Zulässigkeit von **Diensten**, die es ihren Kunden ermöglichen, unmittelbar auf eine im Internet-Auftritt eines Dritten **tiefer gelegene Seite** zu gelangen, wenn darauf hingewiesen wird, dass es sich nicht um eine Seite des Diensteanbieters, sondern um die Seite eines Dritten handelt und diese Seite prinzipiell von jedermann kostenfrei angewählt werden kann, wenn ihm nur die entsprechende Adresse bekannt ist.[381] Die Anbieter der angewählten Seiten haben sich gegen solche Dienste gewandt, weil der Kunde dadurch unmittelbar auf die Seite gelangt, ohne vorher von Ihnen dorthin geführt zu werden und sich dabei die lästige Notwendigkeit vom Halse schafft, dauernd Bannerwerbung ignorieren oder gar wegklicken zu müssen. Durch ein solches Vorgehen werden damit Einnahmen aus Bannerwerbung reduziert. Rechtlicher Ansatzpunkt der Angriffe gegen solche Dienste sind § 1 UWG und der Datenbankschutz nach §§ 69a ff. UrhG. Die Bewertung des Konflikts ist schwierig. Der Anbieter der Such- und Zu-

---

[376] Zum Begriff: *Stadler,* Haftung für Informationen im Internet, Rdn. 193.
[377] OLG Hamburg, CR 2001, 704 m. Anm. *Dieselhorst; Ernst,* NJW-CoR, 1997, 224 (225f.); *Koch,* NJW-CoR 1998, 45f.; *Sosnitza,* CR 2001, 693 (703); a.A. wohl LG Düsseldorf, DuD 1999, 236 und OLG Düsseldorf, CR 2000, 184; *Hoeren,* Grundzüge, S. 175f.
[378] LG Verden, DuD 2000, 52.
[379] LG Köln, Urt. v. 11. 4. 2001 – 28 O 141/01, bespr. ITRB 2002, 154.
[380] *Freitag,* in: Kröger/Gimmy (Hrsg.), Handbuch zum Internet-Recht, S. 413 (444); *Sosnitza,* CR 2001, 693 (702); a.A. wohl *Müglich,* CR 2002, 583 (586); LG Hamburg, CR 2001, 265 m. abl. Anm. *Metzger.*
[381] Zulässig: LG München, CR 2002, 452; *Stadler,* Haftung für Informationen im Internet, Rdn. 204ff.; OLG Köln, NJW-RR 2001, 904 = CR 2001, 708 = MMR 2001, 387; *Sosnitza,* CR 2001, 693 (702f.); unzulässig: LG Köln, Urt. v. 28. 2. 2001, 28 O 692/00, JurPC Web-Dok. 138/2001; *Hartmann/Koch,* CR 2002, 441; vgl. auch OLG Frankfurt, NJW-RR 2001, 550 und LG Hamburg, CR 2000, 776 m. Anm. *Metzger;* ausgiebig erörtert: *Wiebe,* in: Ernst/Vassilaki/Wiebe, hyperlinks, Rdn. 28ff.

IV. Weitere Probleme im Internet 419

gangsdienste weist nur den Zugang zu Seiten auf, die frei zugänglich sind. Den Zugang selbst führt der Kunde durch, der urheberrechtlich freien Zugang zu der Seite hat. Ein urheberrechtlich oder wettbewerbsrechtlich geschütztes Interesse, den Zugang zu der Seite nur auf einem Weg zu gestatten, ist nicht erkennbar. Umgekehrt gefährden solche Dienste die gesamte Finanzierungsstruktur solcher für den Kunden kostenfreier Internetauftritte. Zur Entscheidung des Konflikts wird eine höchstrichterliche Rechtsprechung notwendig sein.

Übernimmt freilich der Diensteanbieter z. B. **Abstracts** der Datenbankinhalte in sein eigenen Such- oder Nachweissystem, dürfte dies schon als Verletzung des Datenbankrechts des durchsuchten Anbieters **unzulässig** sein.[382]

b) Haftung für Inhalte Dritter

Ein weiterer Komplex von Fragen ergibt sich daraus, dass im Internet an vielen Stellen auf der Site eines Anbieters **Inhalte Dritter** erscheinen oder der Zugang zu ihnen ermöglicht wird. Dies geschieht in ganz unterschiedlicher Art und Weise. Häufig wird der Inhaber der Site für die Inhalte dieser Dritten verantwortlich gemacht – sei es, weil der Dritte nicht zu finden ist, sei es, weil er im Ausland sitzt. Es stellt sich die Frage, wann der Inhaber der site für diese Inhalte Dritter verantwortlich ist. Bei Beantwortung dieser Fragen sind insbesondere die **§§ 8–11 TDG** zu beachten, die freilich nicht alle Probleme regeln. Insbesondere gelten die Vorschriften nicht für Unterlassungsansprüche. Für diese gelten die allgemeinen Regeln. 1026

Dies bedeutet zunächst, dass **Access Provider** prinzipiell nicht für beliebige, mit ihrer Hilfe im Internet erreichbare Inhalte haften – weder auf Unterlassung noch auf Schadensersatz (vgl. § 9 TDG). Hier gilt im Prinzip nichts anderes als für sonstige Telekommunikations-Dienstleister, die auch nicht für die mit Hilfe ihrer Einrichtungen transportierten Inhalte haften.[383] Das Gleiche gilt nach § 10 TDG auch für die automatische, zeitlich begrenzte Zwischenspeicherung, die nur der Beschleunigung der Übermittlung dient, auch wenn sie zur Übermittlung nicht zwingend erforderlich ist (Caching). Dieser unmittelbar nur für andere Ansprüche geltende Grundsatz dürfte im Rahmen der Mitstörerhaftung auch für Unterlassungsansprüche gelten. Erfahren freilich die Zwischenspeicherer von der Rechtswidrigkeit der Inhalte, müssen sie unverzüglich tätig werden, um den weiteren Zugang zu verhindern und/oder die Speicherung zu löschen. 1027

Der Betreiber eines **Internet-Servers**, der Dritten die Möglichkeit bietet, über diesen für ihre Leistungen zu werben, kann jedenfalls wegen ihm bekannter wettbewerbswidriger Werbung der Dritten auf Unterlassung in An- 1028

---

[382] LG München I, Urt. v. 18. 9. 2001 – 7 O 6910/01.
[383] Vgl. OLG München, CR 2000, 541 für den Zugang zum Wissenschaftsnetz.

spruch genommen werden, wenn er nach allgemeinen Grundsätzen Störer ist. Allerdings gilt dies nur, wenn die Wettbewerbswidrigkeit offenkundig ist, weil der Internet-Provider nicht an Stelle des Gerichts komplexere Rechtsfragen klären kann.[384] Er hat auch keine eigenen Prüfpflichten im Hinblick auf die Wettbewerbswidrigkeit (§ 8 Abs. 2 S. 1 TDG). Vor einer Anzeige des Betroffenen dürften daher gar keine Ansprüche bestehen. Wird dem Internet-Provider die Wettbewerbswidrigkeit angezeigt, dürften bei reinen wettbewerbsrechtlichen Fragen die Grundsätze gelten, die für die Prüfpflichten der Presse bei Anzeigen gelten. Hier gelten aber die generellen Regeln für Unterlassungsansprüche, nicht die speziellen Regeln des TDG.

1029 Wer ein **Internetforum** unterhält, dessen Themen er vorgibt, soll nach einer Entscheidung des OLG Köln für dort vorhandenen Beiträge trotz eines gegenteiligen Hinweises wie für **eigene Inhalte** haften[385] – eine sehr fragliche und nur wegen besonderer allgemeiner Geschäftsbedingungen im konkreten Fall noch vertretbare Entscheidung.[386] Richtig ist lediglich, dass nach einem entsprechenden Hinweis rechtswidrige Inhalte sofort entfernt werden müssen. Auf § 8 Abs. 2 S. 1 TDG und die sich daraus ergebende mangelnde Prüfpflicht des Beklagten geht das OLG Köln nicht ein, weil es am 28. 5. 2002 einen Unterlassungsanspruch noch nach altem Recht entschied.[387]

Demgegenüber ist die Auffassung des OLG Düsseldorf[388] richtig, nach der derjenige für fremde Meldungen als **eigene Inhalte** haftet, der diese unter einer speziellen, mit seinem **Firmenschlagwort** gekennzeichneten **Newsrubrik** in sein der eigenen Vermarktung dienendes Internetportal aufnimmt, auch wenn er auf den fremden Ursprung der Meldung hinweist.[389]

1030 Wer ein **Gästebuch** im Internet unterhält haftet dafür nach einer Entscheidung des LG Trier[390] nur wie ein Anbieter fremder Inhalte. Das LG Trier hat dem Unterhalter des Gästebuchs aber die Pflicht auferlegt, die Inhalte wöchentlich zu prüfen und erkennbar rechtswidrige Inhalte zu entfernen, andernfalls würde unterstellt, der Unterhalter des Gästebuchs habe sich die Inhalte zu eigen gemacht. Diese Entscheidung ist noch zu § 5 TDG a. F. ergangen. Nach neuem Recht scheidet allerdings eine Prüfpflicht nach § 8

---

[384] *Stadler,* Haftung für Informationen im Internet, Rdn. 30.
[385] OLG-Report Köln 2002, 304 = CR 2002, 678 m. abl. Anm. *Eckhardt* = NJW-RR 2002, 1700.
[386] Zum neuen Recht eindeutig a. A. als OLG Köln: *Spindler,* NJW 2002, 921 (923).
[387] Ähnlich OLG München, NJW 2002, 2398, weil Sachverhalt in der Vergangenheit abgeschlossen und OLG Karlsruhe, CR 2002, 751 ohne Begründung; zu recht kritisch *Hoffmann,* NJW 2002, 2602 (2607).
[388] NJW-RR 2002, 910 f.
[389] Sachlich richtig auch OLG München, NJW 2002, 2398 bei Haftung für sog. Verbraucherschutzseiten.
[390] Urt. v. 16. 5. 2001 – 4 O 106/00; i. E. gleich LG Düsseldorf, Urt. v. 14. 8. 2002, 2 a O 312/01, JurPC Web-Dok. 323/2002 (auch zum alten Recht).

IV. Weitere Probleme im Internet 421

Abs. 2 S. 1 TDG aus, wenn der Unterhalter des Gästebuchs ein Anbieter fremder Inhalte ist. Es ist daher fraglich, ob die Entscheidung des LG Trier auch nach neuem Recht aufrecht erhalten werden kann.

Jedenfalls **tritt** eine **Haftung** immer **ein,** wenn der Unterhalter des Gästebuchs die rechtswidrigen Inhalte als **rechtswidrig kennt** und sie auf der Seite belässt.[391]

Anders hat allerdings das LG Potsdam[392] entschieden. Nach seinem Judiz haftet der Betreiber einer Internet-Seite nicht für Äußerungen von Wettbewerbsteilnehmern, die diese im Rahmen eines von ihm ausgelobten Wettbewerbs auf seiner Internetseite ablegen, wenn er sich von diesen Äußerungen nur deutlich genug distanziert. 1031

Generell ist zu bemerken, dass insbesondere für **Hosting-Dienstleister** die Haftungsprivilegierung des § 11 TDG wichtig ist. Danach entfällt ist die Haftung, wenn die Dienstleister keine Kenntnis von der rechtswidrigen Handlung oder der Information haben und ihnen im Falle von Schadensersatzansprüche auch keine Tatsachen oder Umstände bekannt sind, aus denen die rechtswidrige Handlung oder die Information offensichtlich ist, oder sie unverzüglich tätig geworden sind, um die Information zu entfernen oder den Zugang zu ihr zu sperren, sobald sie diese Kenntnis erlangt haben. Diese Vorschrift gilt nicht für Unterlassungsansprüche. Sie gilt freilich auch im Urheberrecht.[393] 1032

Auch Betreiber von Auktionsplattformen können (in sehr engem Rahmen) haften. Dazu ist auf die obigen Ausführungen[394] zu verweisen. 1033

Wer mit **Links auf Seiten verweist,** die beleidigenden Inhalt haben und diesen Inhalt kennen, **haftet ebenfalls**.[395] Allerdings **muss nicht jeder,** der mit Hilfe von Links verweist, den Inhalt der Seite, auf die durch diese Links Bezug genommen wird, **regelmäßig prüfen.** Dies setzt aber voraus, dass die Nutzer eindeutig erkennen können, dass eine Verknüpfung mit einer Seite eines anderen Anbieters vorgenommen wurde und sich der Verweiser auch nicht mit dieser Seite identifiziert.[396] Für die Haftung für Links gelten die allgemeinen Regeln. Die besonderen zusätzlichen Haftungsregeln der §§ 9–11 TDG gelten nicht.[397] 1034

---

[391] Dazu vgl. auch VGH München, NJW 2002, 3044 zur Haftung im öffentlichen Recht (Schulrecht).
[392] MMR 1999, 739 = CR 2000, 123 m. Anm. *Schmitz.*
[393] A. A. OLG München, GRUR 2001, 499 = NJW 2001, 3553 zur Vorgängervorschrift des § 5 TDG.
[394] Rdn. 967.
[395] OLG Hamburg, NJW 1998, 3650 = DuD 1999, 112; ähnlich OLG München, NJW-RR 2002, 1048: Wer einen Link setzt, hat „Internet-Verkehrssicherungspflicht".
[396] LG Lübeck, NJW-CoR 1999, 429 m. Anm. *Ernst* = DuD 2000, 368; vgl. auch *Hoeren,* Grundzüge, S. 282 f.
[397] *Stadler,* Haftung für Informationen im Internet, Rdn. 156; *Nickels,* CR 2002, 302 (308); *Spindler,* NJW 2002, 921 (924); vgl. auch *Wiebe,* in: Ernst/Vassilaki/Wiebe, hyperlinks, Rdn. 133 ff.

1035 Keine Haftung für Links gibt es für **Suchmaschinen,** die Links nach den Vorgaben des Suchenden herausgeben.[398] Auch beim Link selbst muss man darauf achten, dass keine fremden Rechte verletzt werden. Im Allgemeinen ist aber z.b. die Anbringung eines Links zu Informationszwecken keine kennzeichenmäßige Benutzung im Sinne von § 14 MarkenG.[399]

c) Allgemeines Wettbewerbsrecht

1036 Im übrigen gilt im Internet **normales Wettbewerbsrecht.**[400] Somit müssen auch Bruttopreise für Verbraucher angegeben werden.[401] Das Werben mit Lockpräsenten ist auch für Internetauktionen verboten.[402]

Auch das sog. „**Powershopping**", bei dem ein Anbieter Waren dann billiger an Besteller veräußert, wenn es viele Besteller gibt, ist nach Ansicht verschiedener Oberlandesgerichte rechtswidrig. Wurde die Rechtswidrigkeit zunächst auf das RabattG gestützt,[403] so wird sie nach Aufhebung des Gesetzes mit dem Gesichtspunkt des übertriebenen Anlockens begründet.[404] Ob dies auch für einen weltweiten Anbieter gilt, der außerhalb Deutschlands operiert, erscheint allerdings mehr als zweifelhaft. Streitig und von den Umständen des Einzelfalls abhängig ist auch die Zulässigkeit von sogenannten Abwärtsversteigerungen, bei denen der Preis im Zeittakt sinkt.[405]

Unzulässig sind auch öffentliche Schuldnerverzeichnisse im Internet.[406]

Wer für Deutsche über das Internet ohne deutsche Erlaubnis **Glücksspiele** ermöglicht, handelt strafbar und wettbewerbswidrig, auch wenn er im Ausland sitzt. Das Herkunftslandsprinzip gilt nicht (§ 4 Abs. 4 Nr. 4 TDG).[407]

---

[398] LG Frankfurt a.M., NJW-RR 2002, 545; Urt. v. 10.11.2000, 3–08 O 159/00, JurPC Web-Dok. 182/2001; LG München I, CR 2001, 46; 196; *Hammel/Weber,* AGB, S. 88.

[399] LG Berlin, Urt. v. 5.10.2001, 15 O 254/01, JurPC Web-Dok. 61/2002.

[400] Zu Recht kritisch dazu *Imhof,* in: Graf/Paschke/Stober (Hrsg.), Wirtschaftsrecht, S. 37 (40 ff.).

[401] LG Ellwangen, NJW-CoR 1999, 500 (LS); LG Hannover, Urt. v. 30.8.2001, 25 O 3590/01–110, JurPC Web-Dok. 189/2002.

[402] OLG Hamburg, CR 2002, 291.

[403] OLG Hamburg, BB 2000, 115 = MMR 2000, 278 = GRUR 2000, 549 = NJW 2000, 2033 = CR 2000, 183: LG Hamburg, CR 2000, 774.

[404] OLG Köln, BB 2001, 1973 = CR 2001, 545 m. Anm. *Leible/Sosnitza;* OLG Report Köln 2001, 363; außerdem schon LG Hamburg, CR 2000, 774.

[405] OLG Hamburg, CR 2001, 340; NJW-RR 2002, 1042 = CR 2002, 753 m. abl. Anm. *Sosnitza:* wettbewerbswidrig; OLG München, CR 2001, 338: nicht wettbewerbswidrig; umfassend: *Schafft,* CR 2001, 393.

[406] OLG Rostock, DuD 2001, 689.

[407] OLG Hamburg, Urt. 10.1.2002 – 3 U 218/01; zu Rennwetten: VG Saarlouis, Urt. v. 17.1.2000, 1 K 78/99, JurPC Web-Dok. 112/2001.

d) Internationale Konfliktlagen

Auch für **ausländische Anbieter** gilt freilich **deutsches Wettbewerbsrecht**, soweit sich ihre Handlung auf den deutschen Markt auswirkt. Dies ist im Internet nicht anders als im allgemeinen Wettbewerbsrecht. Probleme ergeben sich freilich daraus, dass man mit einer Internetseite viele Länder erreicht und viele Wettbewerbsregeln beachten muss. Die oben[408] erwähnten Hinweise auf die mangelnde Geltung der Seite für Deutschland oder andere Länder können hier weiterhelfen.

Für Internetanbieter, die im **EU-Ausland** sitzen, gilt nach § 4 Abs. 2 TDG, dass durch das deutsche Wettbewerbsrecht der freie Dienstleistungsverkehr innerhalb der EU nicht eingeschränkt werden soll. Im Prinzip soll es damit bei der Geltung der Gesetzes des Landes bleiben, in dem der Anbieter seinen Sitz hat, wobei ein Verstoß gegen Regeln, die dort strenger als in Deutschland sind, in Deutschland nicht geltend gemacht werden können (sog. **Herkunftslandprinzip**). Das Gleiche gilt nach § 5 Abs. 2 MDStV auch für Mediendienste.[409] Es gibt allerdings eine ganze Reihe von Regelungsgebieten, für die dies alles nicht gilt (§ 4 Abs. 4 TDG; § 5 Abs. 5 MDStV). Ähnliche Vorschriften gelten auch in anderen EU-Ländern in Folge der Umsetzung der e-commerce-Richtlinie.

1037

1038

e) Spamming

Sehr umstritten ist die Zulässigkeit des **Spamming**. Es geht dabei um die unverlangte Zusendung von Werbe-e-mails.[410] Während ein Teil der Rechtsprechung dies wie das unverlangte Zusenden von Faxen und das unverlangte Anrufen für wettbewerbswidrig und persönlichkeitsverletzend und damit unzulässig hält,[411] halten es andere Entscheidungen in Parallele zum traditionellen Briefverkehr für zulässig.[412] Diese Parallele trägt aber nicht. Das Versenden von Werbebriefen mit der traditionellen Post ist aufwändig

1039

---

[408] Rdn. 1016.
[409] *Spindler*, NJW 2002, 921 (926); *Bröhl* u.a., Das neue E-Commerce-Recht, S. 29; *Nickels*, CR 2002, 302 (303), allerdings ohne die Einschränkung hinsichtlich günstigeren deutschen Rechts; *Glatt*, Vertragsschluss im Internet, S. 168f.
[410] Ausführlich dargestellt von *Ayad*, CR 2001, 533.
[411] KG, CR 2002, 759; LG Augsburg, NJW-CoR, 1999, 52 (LS); LG Berlin, NJW-CoR 1998, 431; NJW 1998, 3208; NJW-CoR 1998, 52 (LS); CR 2000, 622; Urt. v. 10. 8. 2000, 16 O 421/00, JurPC Web-Dok. 16/2002; Urt. v. 19. 9. 2002, 16 O 515/02, JurPC Web-Dok. 333/2002; LG Ellwangen, NJW-CoR 1999, 500 (LS); LG Kiel, DuD 2000, 737; LG Traunstein, NJW 1998, 1648; AG Brakel, NJW 1998, 3209; *Härting*, Internetrecht, Rdn. 261 ff.; *Zehentmeier*, BB 2000, 940; US Court of Appeal of the State of California, CR International 2002, 55; wohl auch *Hoeren*, Grundzüge, S. 164 ff.; LG Berlin, CR 2002, 606.
[412] LG Braunschweig, MMR 2000, 50 m. krit. Anm. *Ernst* = NJW-RR 2000, 924; *Lettl*, GRUR 2000, 977 (981 f.); AG Kiel, DuD 2000, 739; LG Kiel, CR 2000, 848 m. abl. Anm. *Schmittmann; Freitag*, in: Kröger/Gimmy (Hrsg.), Handbuch zum Internet-Recht, S. 413 (434 f.); unklar AG Dachau, CR 2002, 455 m. krit. Anm. *Wirth*.

sowohl was das Material als auch was die Versandkosten betrifft. Demgegenüber ist eine Spammingaktion für den Werbenden äußerst billig und verlangt nur geringen Einsatz von Material und Versandkosten. Demgegenüber verursacht sie beim Adressaten zusätzlichen Aufwand. Das Werbe-e-mail beansprucht Speicherplatz, ggfs. Kosten beim Herunterladen und Ausdruckskosten. Auch wenn es rasch gelöscht wird, muss es von gewünschten E-mails unterschieden werden. Dies kostet Privatleute Freizeit und Firmen bezahlte Arbeitszeit. Die geringen Kosten für den Versender führen außerdem zu Nachahmeffekten. Es droht eine Überflutung mit solchen Werbe-e-mails. Daher ist Spamming eher mit dem unverlangten Zusenden von Faxen als mit der Briefzustellung vergleichbar und daher unzulässig.

3. Probleme außerhalb des Wettbewerbsrechts

1040   Auch außerhalb des Wettbewerbsrechts gibt es rechtliche Probleme. Auch hier gilt: Auch im Internet gelten die allgemeinen Regeln.

Insbesondere für Chaträume und Newsforen ist zu beachten, dass sie von den Gerichten zu Recht als öffentliche und nicht als private Räume angesehen werden. Für dort verbreitete Texte gelten daher relativ strenge Regeln z. B. im Hinblick auf die **Persönlichkeitsrechte**. Keinesfalls gelten Regeln wie für das gesprochene Wort wie etwa bei Diskussionen unter Freunden oder am Stammtisch.[413] Dies ist auch richtig, weil der Kreis der Teilnehmer, die die Texte zur Kenntnis nehmen können, jedenfalls potentiell viel größer ist als bei mündlichen Diskussionen und die Texte auch zeitlich viel länger wirksam bleiben.

1041   Ferner stellt sich die Frage, wann und ob und unter welchen Konditionen der Veranstalter eines solchen Chat-Dienstes einzelne Personen von der Benutzung der **Chat-Dienste ausschließen** darf. Das LG Bonn[414] geht davon aus, dass ein solches Ausschließungsrecht als sozusagen virtuelles Hausrecht besteht, allerdings nur in dem Rahmen ausgeübt werden kann, in dem auch Kaufhäuser etwa einzelne Kunden ausschließen können, also nur dann, wenn es um konkrete schwerwiegende Verstöße geht. Leider begründet das LG Bonn nicht näher, warum ein virtuelles Hausrecht besteht. Dies ist sicherlich dann richtig, wenn der Chat-Dienst auf einem PC angeboten wird, der dem jeweiligen Veranstalter des Chat-Dienstes gehört. Unter diesen Umständen könnte man das Hausrecht über PC wegen der Nutzung des PC`s nutzen. Aber auch dies ist schon fraglich, weil ja nur ein virtuelles Eindringen und kein tatsächliches Eindringen vorhanden ist. Auch das Verbot unerlaubter Telefonanrufe ist bis jetzt nicht auf das Hausrecht abgestützt worden. Möglicherweise lässt sich ein ähnliches Ergebnis dadurch erzielen,

---

[413] So AG Charlottenburg, Urt. v. 25. 1. 2002, 230 C 150/01, JurPC Web-Dok. 336/2002.
[414] LG Bonn, CR 2000, 245.

IV. Weitere Probleme im Internet 425

dass die Teilnahme am Chat-Dienst ein – möglicherweise unentgeltlicher – Vertragsabschluss ist und jeder natürlich sich weigern kann, Verträge mit Dritten abzuschließen. Das **Ergebnis** des LG Bonn ist **durchaus vernünftig**. Seine **dogmatische Begründung** bedarf allerdings noch erheblich **vertiefter Durchdringung**.[415] Leider hat sich auch das OLG Köln im Berufungsrechtszug in einem rein kostenrechtlichen Beschluss zwar der Ansicht des LG Bonn angeschlossen, diese aber auch nicht genauer begründet.[416]

---

[415] Kritisch auch *Wiebe*, in: Ernst/Vassilaki/Wiebe, hyperlinks, Rdn. 114 ff.
[416] OLG Köln, OLG-Report Köln 2000, 474 = CR 2000, 843.

Anhang

I. Formular einer Rückabwicklungsklage

Das folgende Formular stellt eine Rückabwicklungsklage dar.
Die besondere Problematik der Softwarerückabwicklungsklage liegt in der Spezifizierung des EDV-Systems. Eine solche konkrete Spezifizierung lässt sich formularmäßig nur grob andeuten. Im Einzelnen muss mit dem jeweiligen Mandanten intensiv besprochen werden, aus welchen Teilen die jeweilige EDV-Anlage, die zurückgegeben werden muss, besteht. Sie muss so präzise wie nur irgend möglich dargestellt werden. Dies kann in Einzelfällen schwierig werden. Dazu ist im Text schon Stellung genommen worden. Eine Rückfrage mit dem Mandanten oder eine Durchsicht etwa der Lieferscheine hilft in vielen Fällen weiter.
Die Klagebegründung ist sehr knapp gehalten und enthält nur das im allgemeinen Typischen. Da meistens kaufmännische Rechtsbeziehungen anstehen, ist der Zinssatz des § 288 Abs. 2 BGB gewählt worden.
Die Strukturierung des Antrages kann auch durch Aufteilung des Antrags zu Ziff. 1 und 2 erfolgen. Außerdem kann der Antrag um Löschungsverpflichtungen erweitert werden.
Für alle anderen Klagearten kann auf die in der Praxis bekannten Klagemuster zurückgegriffen werden. Das Problem ist jeweils die präzise Beschreibung der Software bzw. Hardware oder des DV-Systems. Für diese Probleme kann das vorliegende Formular als Muster dienen.

Landgericht
....

KLAGE

Der Firma E........................... vertreten durch ....
– Kläger –
Prozessbevollmächtigte: ....

gegen

die Firma H. .... vertreten durch ....
– Beklagte –
wegen Rückabwicklung.
Hiermit bestelle ich uns zu Prozessbevollmächtigten des Klägers. Namens und in Vollmacht des Klägers beantrage ich,
1. Die Beklagte zu verurteilen, an die Klägerin € 20 000 nebst 8% Zinsen über dem Basiszinssatz aus € 19 500 seit dem 1. 5. 2002 sowie aus weiteren € 500 seit Klagezustellung Zug um Zug gegen Rückgabe des von der Beklagten gelieferten Computersystems Brimborium, bestehend aus einer Zentralanlage CPU Super, Typ XYZ, Seriennummer 7501357.312, einer Mehrplatzsteuerkarte MPS, 2 Nadeldruckern, TYP DFN sowie 2 Schallschluckhauben Z 37375 und 5 Arbeitsplatzbildschirmen CPW und den Softwarepaketen 1 Stück Betriebssystem Windows XP, 1 Stück Anwendungspaket Lagerverwaltung LVW RE, einer

Druckersteuerung DST 10 000, einem Stück Cash-Memory und dem Spielprogramm Chess, zu zahlen;
2. festzustellen, dass sich der Beklagte hinsichtlich der Rücknahme des unter Antrag 1. näher bezeichneten Computersystems einschließlich der entsprechenden Softwarepakete in Annahmeverzug befindet;
3. im Falle des schriftlichen Vorverfahrens bei mangelnder Verteidigungsabsichtserklärung Versäumnisurteil ohne mündliche Verhandlung zu erlassen;
4. im Falle des schriftlichen Vorverfahrens bei Anerkenntnis bzw. Teilanerkenntnis, Anerkenntnis- bzw. Teilanerkenntnisurteil ohne mündliche Verhandlung zu erlassen.

Begründung:

Der Kläger kaufte beim Beklagten das vorhandene Computersystem. Dies ist grob mangelhaft.

Es handelt sich im Einzelnen um folgende Mängel: Der Drucker ist nicht in der Lage, lateinische Buchstaben zu drucken. Er druckt lediglich chinesische Zeichen. Die Bildschirme zeigen demgegenüber arabische Schriftzeichen an. Das zugrundeliegende Betriebssystem ist nicht in der Lage, Befehle zu verarbeiten, die über die Bildschirme eingegeben werden.

Der Beklagte ist auf diese Mängel mehrfach hingewiesen worden und hat sie abgestritten, insbesondere behauptet, das System sei in der vorliegenden Fassung bestellt worden.

Beweis: Vorlage des Schreibens des Beklagen vom 1. 4. 2002

Der Kläger hat daraufhin am 20. 4. 2002 den Rücktritt erklärt und Rückzahlung des Kaufpreises gegen Rückgabe des Computersystems zum 30. 4. 2002 verlangt. Dieses Begehren ist zurückgewiesen, die Rücknahme des Computersystems abgelehnt worden.

Die Klage ist daher begründet.

Mit der Klage werden über die Rückgabe des Kaufpreises von € 19 500, hinaus noch € 500,– an Kosten geltend gemacht, die eine Schadensersatzposition darstellen, weil es sich um Installationskosten handelt. Diese Kosten sind nutzlos und können auch für Drittsysteme nicht verwandt werden.

Rechtsanwalt

II. Besondere Vertragsbedingungen BVB

1. BVB – Kauf

Vertrag über

Zwischen

– im Folgenden „Auftraggeber" genannt –

und

– im Folgenden „Auftragnehmer" genannt –

wird folgender Vertrag geschlossen:

1 Vertragsgegenstand
1.1 _____
1.2 Für alle in diesem Vertrag genannten Beträge gilt einheitlich der Euro als Währung.
1.3 Der Gesamtpreis (netto) dieses Vertrages beträgt _____ zuzüglich der zum Zeitpunkt der Lieferung/Leistungserbringung gültigen Umsatzsteuer.

2 Vertragsbestandteile
2.1 Es gelten nacheinander als Vertragsbestandteile:
 – Dieser Vertrag mit Ausnahme der Nummer 4
 – BVB-Kaufschein (Seite 1 bis ____) einschließlich der Anlage(n) Nr. ____
 – Nummer 4 dieses Vertrages einschließlich der Anlagen in der dort festgelegten Rangfolge
 – Besondere Vertragsbedingungen für den Kauf von EDV-Anlagen und -Geräten (BVB-Kauf) in der bei Vertragsschluss geltenden Fassung
 – Verdingungsordnung für Leistungen – ausgenommen Bauleistungen – Teil B (VOL/B) in der bei Vertragsschluss geltenden Fassung. BVB-Kauf und VOL/B liegen beim Auftraggeber zur Einsichtnahme bereit.
2.2 Weitere Geschäftsbedingungen sind ausgeschlossen, soweit in diesem Vertrag nichts anderes vereinbart ist.

3 Ergänzende Regelungen auf Grund der Schuldrechtsreform vom 1. 1. 2002
3.1 Die Regelung in § 7 Nr. 4 Absatz 2 BVB-Kauf wird wie folgt gefasst:
Im Verzugsfall kann der Auftraggeber dem Auftragnehmer eine angemessene Frist zur Leistung setzen. Nach Ablauf dieser Frist kann der Auftraggeber vom Vertrag ganz oder teilweise zurücktreten und Schadensersatz statt der Leistung verlangen. Anstelle des Schadensersatzes statt der Leistung kann gemäß § 284 BGB Ersatz der Aufwendungen verlangt werden. Es gilt die Haftungsbegrenzung nach § 7 Nr. 5 BVB-Kauf in der Neufassung gemäß 3.2 dieses Vertrages.

Der Auftraggeber ist verpflichtet, auf Verlangen des Auftragnehmers zu erklären, ob er wegen der Verzögerung der Leistung vom Vertrag zurücktritt oder auf der Leistung besteht. Diese Anfrage ist während der Frist gemäß § 7 Nr. 4 Absatz 2 Satz 1 BVB-Überlassung in der Neufassung gemäß 3.1 dieses Vertrages und mit angemessener Frist vor deren Ablauf zu stellen. Bis zum Zugang der Antwort beim Auftragnehmer bleibt dieser zur Leistung berechtigt.

3.2 Die Regelung in § 7 Nr. 5 BVB-Kauf wird wie folgt gefasst:
Die Zahlungsverpflichtung des Auftragnehmers nach Nummern 1, 2 und 3 ist auf hundert Verzugstage beschränkt; im Falle des Rücktritts gemäß Nummer 4 zahlt der Auftragnehmer unabhängig vom Zeitpunkt des Rücktritts eine Vertragsstrafe für hundert Verzugstage. Die Beschränkung der Haftung gilt nicht bei der Verletzung des Lebens, des Körpers oder der Gesundheit.

3.3 Die Regelung in § 9 Nr. 1 Absatz 3 BVB-Kauf wird wie folgt gefasst:
Die Gewährleistung beginnt mit dem Tag nach Erklärung der Betriebsbereitschaft (§ 5 Nr. 4). Die Gewährleistungsfrist beträgt 24 Monate, sofern nichts anderes vereinbart ist. Sie verlängert sich um die Zahl der Kalendertage, an denen die Anlage oder Geräte infolge Mängel, die unter die Gewährleistung fallen, mehr als zwölf Stunden nicht genutzt werden konnten.

3.4 Die Regelung in § 9 Nr. 9 BVB-Kauf wird wie folgt gefasst:
Die Zahlungverpflichtung für die Vertragsstrafe gemäß Nummer 3 bis 7 ist auf hundert Kalendertage beschränkt; im Falle der Nummer 8 und des § 8 Nr. 6 zahlt der Auftragnehmer unabhängig vom Zeitpunkt des Rücktritts Vertragsstrafe für hundert Kalendertage. Die Beschränkung der Haftung gilt nicht bei der Verletzung des Lebens, des Körpers oder der Gesundheit.

3.5 Die Regelung in § 10 Nr. 2 Absatz 2 BVB-Kauf wird wie folgt gefasst:
Beweist der Auftragnehmer, dass ihm dies nicht möglich oder wegen der Auswirkungen auf seine Wirtschaftslage nicht zumutbar ist, kann auch der Auftragnehmer vom Vertrag zurücktreten, es sei denn, dass sich der Auftraggeber auf eigene Kosten mit dem Schutzrechtsinhaber einigt. Im Übrigen gelten die Bestimmungen des § 9 in der Neufassung gemäß 3.3 und 3.4 dieses Vertrages entsprechend auch nach Ablauf der Gewährleistungsfrist. Werden Schutzrechte geltend gemacht, die dem Auftragnehmer bei Vertragsabschluss nicht bekannt sein konnten, entfällt die Verpflichtung zur Zahlung einer Vertragsstrafe nach § 9. Diese Beschränkung der Haftung gilt nicht bei der Verletzung des Lebens, des Körpers oder der Gesundheit.

3.6 Die Regelung in § 11 Nr. 1 BVB-Kauf wird wie folgt gefasst:
Der Auftragnehmer haftet für Sachschäden, die dem Auftraggeber entstehen, soweit er sie zu vertreten hat. Für sonstige Schäden haftet der Auftragnehmer, soweit sie durch den Auftragnehmer oder die Kaufsache unmittelbar verursacht wurden und der Auftragnehmer sie zu vertreten hat. Die Haftungshöchstsumme je Schadensfall beträgt bei Sachschäden 1 Million €, bei sonstigen Schäden 500 000 €. Die Haftungsregelung gilt nicht für Verzug, Gewährleistung und für Schutzrechtsverletzungen, soweit der Schaden dadurch entsteht, dass die Anlage oder Geräte keine oder fehlerhafte Ergebnisse liefern; die Haftung hierfür ist in den §§ 7, 9 und 10 abschließend geregelt.

Der Auftragnehmer haftet nicht für die Wiederbeschaffung von Daten, es sei denn, dass er deren Vernichtung grob fahrlässig oder vorsätzlich verursacht und der Auftraggeber sichergestellt hat, dass diese Daten aus Datenmaterial, das in maschinenlesbarer Form bereitgehalten wird, mit vertretbarem Aufwand rekonstruiert werden können.
Die Beschränkung der Haftung in § 11 Nr. 1 BVB-Kauf in der Neufassung gemäß 3.6 dieses Vertrages gilt nicht bei der Verletzung des Lebens, des Körpers oder der Gesundheit.

3.7 Die Regelung in § 12 Nr. 1 Absatz 2 BVB-Kauf wird wie folgt gefasst: Das gilt nicht, wenn die Behinderung oder Unterbrechung durch einen Arbeitskampf verursacht wird, den der Auftragnehmer durch rechtswidrige Handlungen verschuldet hat oder bei der Verletzung des Leben, des Körpers oder der Gesundheit.

3.8 Die übrigen Regelung der BVB-Kauf bleiben unverändert.

4 Ergänzende Beschreibung des Vertragsgegenstandes

Die Beschreibung des Vertragsgegenstandes ergibt sich ergänzend aus

☐ folgenden Teilen des Angebotes des Auftragnehmers vom _____
_____ Anlage(n) Nr. _____

☐ folgenden Teilen der Leistungsbeschreibung des Auftraggebers vom _____ Anlage(n) Nr. _____

☐ folgenden weiteren Dokumenten _____
_____ Anlage(n) Nr. _____

Es gelten die Dokumente in
☐ obiger Reihenfolge
☐ folgender Reihenfolge

Ort _____, Datum   Ort _____, Datum
Firma   Auftraggeber

Name (in Druckschrift)   Name (in Druckschrift)
Unterschrift Auftragnehmer   Unterschrift Auftraggeber

---

§ 1. Sachlicher Geltungsbereich

Die nachstehenden Bedingungen gelten für den Kauf von EDV-Anlagen und -Geräten, für die Grundsoftware, für die Wartung während der Gewährleistungsfrist und für andere vereinbarte Leistungen.

§ 2. Art und Umfang der Leistungen

Art und Umfang der beiderseitigen Leistungen werden durch die vertraglichen Abmachungen geregelt. Maßgebend dafür sind:
a) Leistungsbeschreibung (Kaufschein einschließlich Ergänzungen und Änderungen gemäß § 25),
b) nachstehende Bedingungen einschließlich der Begriffsbestimmungen (Anhang),
c) allgemein angewandte technische Richtlinien und Fachnormen,
d) die Allgemeinen Bedingungen für die Ausführung von Leistungen (VOL/B).

Bei Unstimmigkeiten gelten die vertraglichen Abmachungen in der vorstehenden Reihenfolge.

§ 3. Preis

1. Der Kaufpreis ist das Entgelt für alle vertraglichen Leistungen, soweit nichts anderes vereinbart ist.
2. Der Kaufpreis und die Vergütung für Nebenleistungen (Vergütung für die Vorhaltung bzw. die Nutzung einer Ausweichanlage, für Personalausbildung, Beratung und Testzeiten – soweit diese Leistungen nicht durch den Kaufpreis abgegolten sind – sowie Wartungsleistungen nach § 17 Nr. 1 Satz 2) sind in der Leistungsbeschreibung aufzugliedern.
3. Der vereinbarte Kaufpreis und die Vergütung für Nebenleistungen sind feste Preise, es sei denn, dass in der Leistungsbeschreibung ein Preisvorbehalt vereinbart ist.
Für den Fall, dass für den Preisvorbehalt keine anderweitige Regelung vereinbart ist, gilt folgendes:
a) Der Kaufpreis kann bis zum vereinbarten Anlieferungstermin geändert werden, wenn sich nach Angebotsabgabe der Ecklohn für die Metallindustrie durch Änderungen der Tarife, oder bei einem tariflosen Zustand durch Änderungen von orts- und gewerbeüblichen Betriebsvereinbarungen ändert und wenn die Frist zwischen Angebotsabgabe und der Preisänderung mehr als 6 Monate beträgt. Änderungen des Ecklohns auf Grund von Tarifverträgen oder orts- und gewerbeüblichen Betriebsvereinbarungen, die bereits bei Angebotsabgabe abgeschlossen waren, bleiben unberücksichtigt. Der Auftragnehmer hat in der Leistungsbeschreibung anzugeben, um wieviel Prozent sich der Kaufpreis ändert bei einer Änderung des oben angeführten Ecklohns um 1 Dpf./Stunde. Bei einer Preiserhöhung trägt der Auftragnehmer von dem so errechneten Mehrbetrag 10% als Selbstbeteiligung, mindestens jedoch 0,5% des Kaufpreises. Bei einer Preissenkung ist der Auftragnehmer berechtigt, 10% des so errechneten Mindestbetrages, mindestens jedoch 0,5% des Kaufpreises einzubehalten.
Der Preisvorbehalt bezieht sich nur auf den Teil der Leistung, der durch die Änderung der maßgeblichen Kostenfaktoren betroffen wird. Zur Feststellung des Leistungsumfanges wird, wenn der Auftragnehmer den Wert der bis zum Tage der Änderung des maßgebenden Lohnes erbrachten Leistung nicht nachweist, ein lieferzeitproportionaler Fertigungsablauf unterstellt. Danach ergibt sich der Fertigungsstand am Änderungsstichtag aus dem Verhältnis von abgelaufener Lieferzeit zu vertraglicher Gesamtlieferzeit.
Ein neu festgesetzter Kaufpreis darf jedoch die unter gleichartigen Voraussetzungen von anderen Käufern allgemein und stetig geforderten und erzielten Kaufpreise nicht überschreiten.
b) Handelt es sich bei dem Kaufpreis ganz oder teilweise um einen nachgewiesenen Listenpreis und ist nicht eine Regelung nach Buchstabe a vereinbart, so wird bei einer Erhöhung der Listenpreise bis zum vereinbarten Anlieferungstermin der Mehrbetrag entrichtet, wenn der Auftragnehmer nachweist, dass die Preisliste der Koordinierungs- und Beratungsstelle der Bundesregierung für die EDV beim Bundesminister des Innern vorliegt und dass er den erhöhten Kaufpreis als Listenpreis von anderen Käufern allgemein und stetig fordert und erzielt und dass die Frist zwischen Angebotsabgabe und Listenpreiserhöhung mehr als sechs Monate beträgt.
Sind gemäß § 4 Nr. 2 Vorauszahlungen vereinbart worden, bezieht sich der Preisvorbehalt auf den um die geleisteten Zahlungen geminderten Kaufpreis.
Erhöhungen sind wenigstens drei Monate vor ihrem Inkrafttreten dem Auftraggeber schriftlich anzukündigen. Geht die Ankündigung dem Auftraggeber verspätet zu, wird die beabsichtigte Erhöhung nicht vor Ablauf dieser

Frist, gerechnet vom Tage des Zugangs der Ankündigung beim Auftraggeber an, wirksam.

Wird die Preiserhöhung bis drei Monate vor Lieferung oder innerhalb der ersten acht Monate nach Vertragsabschluss vorgenommen, steht dem Auftraggeber innerhalb einer Frist von einem Kalendermonat nach Zugang der Ankündigung durch den Auftragnehmer ein Rücktrittsrecht für die Geräte zu, die von der Preiserhöhung betroffen sind, wenn Vereinbarungen über den neuen Preis nicht zustande kommen. Das Rücktrittsrecht erstreckt sich auch auf solche Geräte, deren Nutzung durch die Rückgabe der von der Preiserhöhung betroffenen Geräte dem Auftraggeber nicht mehr möglich oder für ihn nicht wirtschaftlich sinnvoll ist; dieses Rücktrittsrecht ist jedoch ausgeschlossen, wenn die von der Preiserhöhung betroffenen Geräte einen verhältnismäßig geringen Teil des Auftragwertes darstellen.

Ermäßigen sich bis zum Zeitpunkt der Anlieferung die für gleichartige Leistungen durch den Auftragnehmer von anderen Auftraggebern allgemein geforderten Preise, so gelten diese für den Auftraggeber.

c) Die Vergütung für Nebenleistungen kann sechs Monate nach Angebotsabgabe erhöht werden, wenn der Auftragnehmer nachweist, dass die erhöhte Vergütung von anderen Käufern allgemein und stetig gefordert und erzielt wird. Ermäßigt sich die für gleichartige Leistungen durch den Auftragnehmer von anderen Auftraggebern allgemein und stetig geforderte Vergütung, so gilt diese für den Auftraggeber vom Zeitpunkt ihres Inkrafttretens an.

4. Eine Preisänderung auf Grund einer Änderung der Umsatzsteuer ist ausgeschlossen, es sei denn, dass ein Preisvorbehalt für die Umsatzsteuer vereinbart ist. In diesem Fall kann die Umsatzsteuer mit dem am Tage des Entstehens der Steuerschuld geltenden Steuersatz (§ 13 Umsatzsteuergesetz) in Rechnung gestellt werden. Ist der Steuersatz in der Zeit zwischen Angebotsabgabe und Entstehen der Steuerschuld durch Gesetz geändert worden und sind in diesem Zusammenhang durch die Änderungen anderer Steuern Minderbelastungen eingetreten, so sind diese bei der Berechnung des neuen Preises zu berücksichtigen. Wird aus Anlass der Änderung des Umsatzsteuergesetzes eine gesetzliche Regelung für die Abwicklung bestehender Verträge getroffen, so tritt an Stelle dieser vertraglichen Regelung die gesetzliche.

§ 4. Zahlungen

1. Der Auftraggeber wird alle Rechnungen unverzüglich nach Eingang prüfen, feststellen und den Betrag zahlen. Ist eine Abnahme nach § 8 vorgesehen, erfolgt die Zahlung – ausgenommen bei Vorauszahlungen – jedoch nicht vor der Abnahmeerklärung.
Dies gilt auch für vereinbarte Teilleistungen.

2. Vorauszahlungen können nur bis zur Höhe von 50% des Kaufpreises vereinbart werden; Voraussetzung hierfür ist, dass Sicherheit durch selbstschuldnerische Bankbürgschaft oder eine gleichwertige Sicherheit gestellt wird.

3. Muss der Auftragnehmer eine unverzinsliche Vorauszahlung aus von ihm zu vertretenden Gründen ganz oder teilweise zurückzahlen, so ist der zurückzuzahlende Betrag vom Tage der Leistung der Vorauszahlung bis zu ihrer Rückzahlung mit 2% über dem Diskontsatz der Deutschen Bundesbank zu verzinsen.
Für Verzugszeiten (§ 7) und für den über dreißig Tage hinausgehenden Zeitraum der Funktionsprüfung (§ 8), soweit die Verzögerung vom Auftragnehmer zu vertreten ist, sind unverzinsliche Vorauszahlungen in gleicher Weise zu verzinsen. Gerät der Auftragnehmer mit einem Teil der Leistung, für die unverzins-

liche Vorauszahlungen geleistet wurden, in Verzug, so sind diese anteilmäßig für die nichtgelieferten Geräte und die Geräte, deren Nutzung durch die nichtgelieferten Geräte dem Auftraggeber nicht möglich oder für ihn nicht wirtschaftlich sinnvoll ist (§ 7 Nr. 3), in gleicher Weise zu verzinsen.

Entsprechendes gilt, wenn die Anlage oder Geräte nicht genutzt werden können, weil der Auftragnehmer mit der Lieferung der Grundsoftware oder der übrigen Software gemäß § 7 Nr. 2 in Verzug gerät.

§ 5. Anlieferung, Aufstellung und Betriebsbereitschaft

1. Ort und Zeitpunkt der Anlieferung sowie der Zeitpunkt der Betriebsbereitschaft (Nummer 4) sind in der Leistungsbeschreibung anzugehen. Können infolge langer Lieferfristen bei Vertragsabschluss verbindliche Termine nicht angegeben werden, so ist zunächst ein frühester und ein spätester Anlieferungstermin zu vereinbaren; das Gleiche gilt für den Zeitpunkt der Betriebsbereitschaft. Spätestens acht Monate vor dem vereinbarten frühesten Termin sind der Anlieferungstermin sowie der Zeitpunkt der Betriebsbereitschaft endgültig zu vereinbaren.

2. Rechtzeitig, spätestens bei Vertragsabschluss, gibt der Auftragnehmer dem Auftraggeber die Installations- und Aufstellungsvoraussetzungen schriftlich verbindlich bekannt. Auf Verlangen berät er den Auftraggeber ohne besondere Berechnung bei der Durchführung der notwendigen Maßnahmen in angemessenem und für ihn zumutbarem Umfang.

3. Der Auftraggeber verpflichtet sich, bis zum Anlieferungstermin die Installations- und Aufstellungsvoraussetzungen gemäß Nummer 2 zu schaffen. Auf Verlangen teilt er dem Auftragnehmer rechtzeitig vor Ablauf des Anlieferungstermins mit, dass die Installations- und Aufstellungsvoraussetzungen erfüllt sind.

4. Der Auftragnehmer liefert die Anlage oder Geräte bis in die Aufstellungsräume des Auftraggebers und versetzt sie in betriebsbereiten Zustand. Die Betriebsbereitschaft weist er anhand seiner Prüfprogramme nach; die Betriebsbereitschaft ist dem Auftraggeber schriftlich mitzuteilen.

Auf Verlangen hat der Auftragnehmer dem Auftraggeber die Unterlagen über durchgeführte erfolgreiche Prüfungen der Anlage oder Geräte in einer für Käufer nachprüfbaren Form zur Verfügung zu stellen.

Soweit die Kosten für den Transport der Anlage oder Geräte vom Hof des Auftraggebers bis in die Aufstellungsräume nicht durch den Kaufpreis abgegolten werden, sind diese in der Leistungsbeschreibung anzugeben. Ist dies in Ausnahmefällen nicht möglich, werden diese Kosten zusammen mit der Zahlung des Kaufpreises gegen Nachweis erstattet.

5. Auf Verlangen stellt der Auftraggeber dem Auftragnehmer für die Zeit der Aufstellung und Inbetriebsetzung der Anlage oder Geräte sowie während der Gewährleistungsfrist den notwendigen Raum zum Aufbewahren von Geräten, Werkzeugen, Ersatzteilen usw. sowie gegebenenfalls für das Aufstellungs- bzw. Wartungspersonal zur Verfügung.

6. Der Auftragnehmer übergibt die Grundsoftware und die übrige vereinbarte Software funktionsbereit auf dem vereinbarten Datenträger.

§ 6. Eigentums- und Gefahrübergang, Nutzungsrechte an der Software

1. Die Gefahr geht mit Zugang der Erklärung der Betriebsbereitschaft (§ 5 Nr. 4 Abs. 1) auf den Auftraggeber über.

Das Eigentum an der Anlage oder den Geräten geht mit der Abnahme auf den Auftraggeber über, soweit im Einzelfall nichts anderes vereinbart ist.

2. Der Auftragnehmer räumt dem Auftraggeber nicht ausschließlich und unwiderruflich die Rechte zur vollen Nutzung der im Kaufschein angegebenen Software auf der im Kaufschein angegebenen Anlage bzw. den im Kaufschein angegebenen Geräten sowie den hieran angeschlossenen Geräten anderer Hersteller ein.

Der Auftraggeber verpflichtet sich, die erhaltene Software mit den Rechten nach Absatz 1 Dritten nur weiterzugeben, soweit dies für den Betrieb der Anlage oder Geräte notwendig ist, und hierbei dem Dritten die gleichen Verpflichtungen weiterzugeben, die ihm insoweit selbst auferlegt sind.

§ 7. Verzug

1. Kommt der Auftragnehmer mit der betriebsbereiten Übergabe der Anlage oder Geräte in Verzug, teilt er insbesondere aus von ihm zu vertretenden Gründen die Betriebsbereitschaft nicht zu dem nach § 5 Nr. 1 maßgeblichen Zeitpunkt mit, so stellt er dem Auftraggeber, sofern in der Leistungsbeschreibung vereinbart, eine Ausweichanlage zur Verfügung. Einzelheiten, insbesondere der späteste Zeitpunkt für die Bereitstellung der Ausweichanlage, sind in der Leistungsbeschreibung festzulegen.

Die dem Auftraggeber durch die Benutzung der Ausweichanlage entstehenden zusätzlichen Kosten (Kosten für die Benutzung der Ausweichanlage, Reise- und Aufenthaltskosten für das Bedienungspersonal. Kosten für den Transport der erforderlichen Materialien wie Datenträger, Formulare usw.) trägt der Auftragnehmer. Stellt der Auftragnehmer die Ausweichanlage nicht zum vereinbarten Zeitpunkt zur Verfügung, so hat er von diesem Zeitpunkt an eine Vertragsstrafe zu zahlen. Die Höhe der Vertragsstrafe beträgt für jeden Verzugstag $1/1500$ des in der Leistungsbeschreibung festgelegten Kaufpreises. Die Verpflichtung zur Zahlung der Vertragsstrafe endet an dem Tag, an dem die Ausweichanlage nachträglich zur Verfügung gestellt oder die Betriebsbereitschaft der Anlage oder Geräte dem Auftraggeber mitgeteilt wird.

Kann der Auftraggeber an diesem Tag die Ausweichanlage bzw. die gekaufte Anlage mehr als zwölf Stunden nutzen, endet die Verpflichtung zur Leistung des pauschalierten Schadenersatzes bereits mit Ablauf des Vortages.

Ist eine Ausweichanlage nicht vereinbart und überschreitet der Verzug dreißig Kalendertage, so ist für jeden Tag des Verzugs $1/1500$ des in der Leistungsbeschreibung festgelegten Kaufpreises als Vertragsstrafe an den Auftraggeber zu zahlen.

2. Verzug bei der Übergabe der funktionsbereiten Grundsoftware nach § 1 oder der in der Leistungsbeschreibung festgelegten übrigen Software, zu deren Lieferung spätestens zusammen mit der Anlage oder den Geräten sich der Auftragnehmer verpflichtet hat, gilt als Verzug bei der betriebsbereiten Übergabe der Anlage oder Geräte, zu deren Nutzung diese Software bestimmt ist.

3. Gerät der Auftragnehmer mit der betriebsbereiten Übergabe eines Teils der Anlage oder Geräte in Verzug und ist für den Auftraggeber die Nutzung der gelieferten Geräte wirtschaftlich sinnvoll, so hat der Auftragnehmer eine Vertragsstrafe nach Nummer 1, bezogen auf den Kaufpreis für die nichtgelieferten Geräte, zu leisten. Falls der Auftraggeber sich darauf beruft, dass die Benutzung der gelieferten Geräte für ihn wirtschaftlich nicht sinnvoll ist, hat er die Gründe dem Auftragnehmer mitzuteilen.

Wird durch den Verzug die Nutzung bereits gelieferter Geräte gemindert, so ist unbeschadet der Regelung nach Absatz 1 für diese Geräte eine Vertragsstrafe zu zahlen; die Höhe der Vertragsstrafe richtet sich nach der Gebrauchsminderung der gelieferten Geräte. Eine unerhebliche Minderung bleibt außer Betracht.

Die vorstehenden Bestimmungen gelten sinngemäß auch, wenn der Auftragnehmer mit einem Teil der Software gemäß Nummer 2 in Verzug gerät.

4. Kündigt der Auftragnehmer dem Auftraggeber vor dem vereinbarten Liefertermin schriftlich an, dass er um mehr als hundert Kalendertage in Verzug kommen wird, so hat er die voraussichtliche Verzugsdauer mitzuteilen. Der Auftraggeber kann innerhalb einer Frist von neunzig Kalendertagen nach Zugang der Ankündigung vom Vertrag ganz oder für einen Teil der Leistungen zurücktreten. Hat der Auftraggeber dieses Rücktrittsrecht nicht ausgeübt, so lebt es wieder auf, wenn der Auftragnehmer die mitgeteilte Verzugsfrist überschreitet.
Kommt der Auftragnehmer ohne Ankündigung in Verzug, kann der Auftraggeber dem Auftragnehmer eine angemessene Nachfrist mit der Erklärung setzen, dass er nach Ablauf dieser Frist vom Vertrag ganz oder teilweise zurücktreten wird.

5. Die Zahlungsverpflichtung des Auftragnehmers nach den Nummern 1, 2 und 3 ist auf hundert Verzugstage beschränkt; im Falle des Rücktritts gemäß Nummer 4 zahlt der Auftragnehmer unabhängig vom Zeitpunkt des Rücktritts eine Vertragsstrafe für hundert Verzugstage.

6. Kommt der Auftraggeber mit seiner Verpflichtung nach § 5 Nummer 3 in Verzug, werden 90% des Kaufpreises dreißig Tage nach der vereinbarten Betriebsbereitschaft fällig. Überschreitet der Verzug des Auftraggebers hundert Kalendertage, so ist der Auftragnehmer berechtigt, die Zahlung des restlichen Kaufpreises zu verlangen. Die Zahlung erfolgt unter dem Vorbehalt einer erfolgreichen Abnahme nach § 8.
Darüber hinaus steht im Ersatz der durch diese Verzögerung nachweislich entstandenen notwendigen Kosten zu. An Stelle der Kostenerstattung gegen Nachweis der entstandenen Aufwendungen kann eine pauschalierte Kostenerstattung vereinbart werden.

7. Die Regelungen des § 343 BGB über die Herabsetzung der Vertragsstrafe bleiben in den vorgenannten Fällen unberührt.

§ 8. Abnahme

1. Entspricht die Leistung des Auftragnehmers den Vereinbarungen, erklärt der Auftraggeber unverzüglich nach erfolgreicher Funktionsprüfung (Leistungs- und Zuverlässigkeitsprüfung) schriftlich die Abnahme. Zum Zweck der Funktionsprüfung stellt der Auftragnehmer dem Auftraggeber mit der Mitteilung der Betriebsbereitschaft die Anlage oder Geräte zur Verfügung. Die Funktionsprüfung beginnt am ersten Werktag nach Zugang der Mitteilung über die Betriebsbereitschaft. Für die Funktionsprüfung dürfen (außer in den Fällen der Nummer 2 Buchstabe c) nur solche Programme verwendet werden, die auf vergleichbaren Anlagen erfolgreich geprüft sind. Welche Anlagen vergleichbar sind, bestimmen Auftragnehmer und Auftraggeber im gegenseitigen Einvernehmen.
Der Auftraggeber ist verpflichtet, den Auftragnehmer unverzüglich zu unterrichten, wenn während der Funktionsprüfung Mängel auftreten.

2. Die Funktionsprüfung ist erfolgreich durchgeführt, wenn im Rahmen der vertragsgemäßen Nutzung an dreißig aufeinander folgenden Kalendertagen
   a) die Anlage oder Geräte und die Grundsoftware nach § 1 die Leistungen erbringen, die den in der Leistungsbeschreibung festgelegten Spezifikationen und zugesicherten Eigenschaften entsprechen.
   b) die vom Auftragnehmer zu vertretene Ausfallzeit bei einer Nutzungszeit von mindestens hundert Stunden nicht mehr als 10% der Summe der Nutzungszeit und der Ausfallzeit beträgt.

c) die in der Leistungsbeschreibung festgelegte übrige Software, zu deren Lieferung spätestens zusammen mit der Anlage oder den Geräten der Auftragnehmer sich verpflichtet hat, den dort festgelegten Spezifikationen und zugesicherten Eigenschaften entspricht und

d) von der Anlage oder den Geräten und der Grundsoftware nach § 1 die bei Vertragsabschluss vorhandenen, ablauffähigen Programme des Auftraggebers verarbeitet werden, zu deren Nutzung die Anlage oder Geräte ausdrücklich beschafft wurden und die in der Leistungsbeschreibung aufgeführt sind.

Für die dreißig aufeinander folgenden Kalendertage gelten Ausfalltage, die nicht vom Auftragnehmer zu vertreten sind, nicht als Unterbrechung der Funktionsprüfung. Die Funktionsprüfung verlängert sich auf Verlangen des Auftraggebers um die Zahl dieser Tage, es sei denn, dass der Auftraggeber die Unterbrechung zu vertreten hat.

3. Sind für einzelne Geräte einer Anlage in der Leistungsbeschreibung unterschiedliche Anlieferungstermine vereinbart, so beschränkt sich die Funktionsprüfung jeweils auf die unter die Teillieferung fallenden Geräte. Die Funktionsprüfung der gesamten Anlage nach Abschluss der Teillieferungen bezieht sich auf das Zusammenwirken aller Geräte. Die Einzelheiten der Gesamtprüfung werden gesondert vereinbart.

Die vorstehenden Bestimmungen finden auch Anwendung im Falle des § 7 Nr. 3.

4. Führt die Funktionsprüfung nur deshalb nicht zum Erfolg, weil innerhalb der Prüfperiode gemäß Nummer 2 aus vom Auftraggeber zu vertretenden Gründen keine hundert Nutzungsstunden für die Anlage oder Geräte erreicht werden, gelten Anlage oder Geräte als abgenommen.

5. Der Auftraggeber wird im Einvernehmen mit dem Auftragnehmer auf die Durchführung einer Funktionsprüfung schriftlich verzichten, wenn eine sachliche Notwendigkeit für eine Prüfung nicht besteht.

6. Kann die Funktionsprüfung aus vom Auftragnehmer zu vertretenden Gründen nicht innerhalb von hundert Kalendertagen – gerechnet vom Zeitpunkt der Meldung der Betriebsbereitschaft an – erfolgreich abgeschlossen werden, kann der Auftraggeber vom Vertrag zurücktreten. § 9 Nr. 8 findet insoweit keine Anwendung.

§ 9. Gewährleistung

1. Der Auftragnehmer gewährleistet für die Dauer der Gewährleistungsfrist, dass seine vertraglichen Leistungen die in der Leistungsbeschreibung zugesicherten Eigenschaften haben und nicht mit Fehlern behaftet sind, die den Wert oder die Tauglichkeit zu dem nach dem Vertrag vorausgesetzten Gebrauch aufheben oder mindern. Eine unerhebliche Minderung des Wertes oder der Tauglichkeit bleibt außer Betracht. Die Gewährleistung erstreckt sich nicht auf die Mängel, die auf äußeren vom Auftragnehmer nicht beeinflussbaren Umständen beruhen.

Der Auftraggeber hat im Rahmen des Zumutbaren die Maßnahmen zu treffen, die eine Feststellung der Fehler und ihrer Ursachen erleichtern und Wiederholungsläufe abkürzen (z. B. Prüfsummenbildung, Programm-Fixpunktroutinen).

Die Gewährleistung beginnt mit dem Tag nach Erklärung der Betriebsbereitschaft (§ 5 Nr. 4) und endet frühestens neun Monate nach der Abnahme; sie verlängert sich um die Zahl der Kalendertage, an denen die Anlage oder Geräte infolge Mängeln, die unter die Gewährleistung fallen, mehr als zwölf Stunden nicht genutzt werden konnten.

Sind für einzelne Geräte einer Anlage in der Leistungsbeschreibung unterschiedliche Anlieferungstermine vereinbart, so gilt für das Zusammenwirken der Geräte eine gesonderte Gewährleistungsfrist. Sie endet nach Ablauf der Gewährleistungsfrist für das zuletzt gelieferte Gerät. Einzelheiten werden gesondert vereinbart.

2. Treten während der Gewährleistungsfrist an der Anlage oder den Geräten bei vertragsgemäßer Nutzung Mängel auf, die unter die Gewährleistung fallen, so hat der Auftragnehmer unverzüglich durch Instandsetzung für die Beseitigung der Störung zu sorgen. Nach Durchführung der Arbeiten werden in den Unterlagen (z. B. im Betriebsbuch) des Auftraggebers folgende Angaben gemacht:
   - Tag und Uhrzeit der Störungsmeldung
   - Tag und Uhrzeit der Wiederherstellung der Betriebsbereitschaft
   - Beschreibung der Störung, insbesondere Darstellung der Ursache.

   Die Angaben sind vom Wartungspersonal zu unterschreiben.
   Für Instandsetzungsarbeiten, die außerhalb der Zeit montags bis freitags von 7 bis 18 Uhr oder an Feiertagen durchgeführt werden, kann in der Leistungsbeschreibung eine gesonderte Vergütung für den Mehraufwand vereinbart werden.
   Auf Verlangen unterrichtet der Auftraggeber den Auftragnehmer über die vorgesehenen Einsatzzeiten der Anlage oder Geräte.

3. Können wegen Mängeln, die unter die Gewährleistung fallen, die Anlage oder Geräte nicht oder nicht voll genutzt werden, stellt der Auftragnehmer dem Auftraggeber, sofern in der Leistungsbeschreibung vereinbart, unverzüglich eine Ausweichanlage zur Verfügung. Einzelheiten, insbesondere der späteste Zeitpunkt für die Bereitstellung der Ausweichanlage, sind in der Leistungsbeschreibung festzulegen. Während der Funktionsprüfung wird auf die Bereitstellung einer Ausweichanlage verzichtet, es sei denn, dass Gegenteiliges in der Leistungsbeschreibung vereinbart ist.
   Bei Gestellung einer Ausweichanlage trägt der Auftragnehmer die durch die Benutzung der Ausweichanlage entstehenden zusätzlichen Kosten (Kosten für die Benutzung der Ausweichanlage, Reise- und Aufenthaltskosten für das Bedienungspersonal, Kosten für den Transport der erforderlichen Materialien wie Datenträger, Formulare usw.).
   Im Falle des § 7 Nr. 6 endet die Verpflichtung des Auftragnehmers zur Bereitstellung einer Ausweichanlage 9 Monate nach dem ursprünglich für die Betriebsbereitschaft vereinbarten Zeitpunkt.
   Wird eine Ausweichanlage nicht zum vereinbarten Zeitpunkt bereitgestellt, leistet der Auftragnehmer für jeden Kalendertag, an dem die Anlage oder Geräte genutzt werden sollten, aber wegen Mängeln, die unter die Gewährleistung fallen, vom Zeitpunkt der Störungsmeldung an mehr als zwölf Stunden nicht genutzt werden konnten, $^{1}/_{1500}$ des Kaufpreises als Vertragsstrafe.

4. Ist eine Ausweichanlage nicht vereinbart, beginnt die Verpflichtung zur Zahlung der Vertragsstrafe nach Nummer 3 Abs. 4 mit dem dritten vorgesehenen Nutzungstag, an dem die Anlage oder Geräte mehr als 12 Stunden nicht genutzt werden können.

5. Die Verpflichtung zur Zahlung der Vertragsstrafe endet mit Ablauf des Tages, an dem die Ausweichanlage nachträglich zur Verfügung gestellt oder die gekaufte Anlage bzw. die gekauften Geräte wieder betriebsbereit übergeben werden. Kann der Auftraggeber an diesem Tag die Ausweichanlage bzw. die gekaufte Anlage oder die gekauften Geräte mehr als zwölf Stunden nutzen, so endet die Verpflichtung zur Leistung des pauschalierten Schadenersatzes bereits mit Ablauf des Vortages.

6. Wird durch Mängel, die unter die Gewährleistung fallen, die Nutzung der Anlage oder Geräte nur gemindert, so ist der Auftraggeber berechtigt, Zahlung der Vertragsstrafe in einer der Gebrauchsminderung entsprechenden Höhe zu verlangen; für die Berechnung gilt Nummer 4 entsprechend.

7. Der Auftragnehmer gewährleistet die einwandfreie Funktion der Grundsoftware nach § 1 sowie der in der Leistungsbeschreibung festgelegten übrigen Software, zu deren Lieferung spätestens zusammen mit der Anlage oder den Geräten sich der Auftragnehmer verpflichtet hat. Mängel an dieser Software gelten als Mängel an der Anlage oder den Geräten. Der Gewährleistung unterliegt die letzte vom Auftraggeber übernommene Programmversion. Eine neue Programmversion ist vom Auftraggeber, sobald es ihm zumutbar ist, zu übernehmen, wenn die Programmänderung zur Vermeidung von Ausfällen der Anlage oder Geräte oder zur Behebung von Schutzrechtsverletzungen notwendig ist oder der Fehlerbeseitigung dient; § 16 Nr. 3 bleibt unberührt. Übernimmt der Auftraggeber eine neue Programmversion berechtigterweise nicht, ist der Auftragnehmer verpflichtet, Mängel der bisher verwendeten Programmversion zu beseitigen.
Werden Programme des Auftraggebers, zu deren Nutzung die Anlage oder Geräte ausdrücklich beschafft wurden und die in der Leistungsbeschreibung aufgeführt sind, von der Anlage oder den Geräten nicht verarbeitet oder führt ihre Verarbeitung zu falschen oder unvollständigen Ergebnissen, obwohl sie auf vergleichbaren Anlagen oder Geräten fehlerfrei verarbeitet werden können, gilt dies als Mangel an der Anlage oder den Geräten.
Die Nummern 1 bis 6 und 8 bis 12 gelten sinngemäß.
Die Gewährleistung entfällt für vom Auftraggeber geänderte Programme, es sei denn, dass ein Mangel erkennbar nicht auf die Änderung zurückzuführen ist.

8. Werden während einer Frist von dreißig Kalendertagen gerechnet vom Zeitpunkt der Störungsmeldung an den Auftragnehmer, Mängel nicht so beseitigt, dass die Kaufsache vertragsgemäß genutzt werden kann, kann der Auftraggeber vom Vertrag zurücktreten. Hat der Auftragnehmer eine Ausweichanlage zur Verfügung gestellt, kann der Auftraggeber erst nach Ablauf einer Nachfrist von dreißig Tagen vom Vertrag zurücktreten. Kosten für die Benutzung einer Ausweichanlage können vom Auftragnehmer nur insoweit geltend gemacht werden, als sie den Höchstbetrag der Vertragsstrafe überschreiten.

9. Die Zahlungsverpflichtung für die Vertragsstrafe gemäß Nummer 3 bis 7 ist auf hundert Kalendertage geschränkt; im Falle der Nummer 8 und der § 8 Nr. 6 zahlt der Auftragnehmer unabhängig vom Zeitpunkt des Rücktritts Vertragsstrafe für hundert Schadenersatztage.

10. Gewährleistungsansprüche können auch nach Ablauf der Gewährleistungsfrist geltend gemacht werden, wenn die entsprechenden Mängel vor Ablauf der Gewährleistungsfrist dem Auftragnehmer gemeldet worden sind.

11. Wiederholt sich eine auf derselben Ursache beruhende Störung innerhalb von acht Nutzungsstunden nach Beendigung der Instandsetzungsarbeiten, so gilt die gesamte Zeit von der Meldung der ersten Störung an als Nutzungsauslass nach den Nummern 3, 4 und 6, es sei denn, dass die zwischenzeitlich erzielten Arbeitsergebnisse für den Auftraggeber einwandfrei und ohne besonderen Zeitaufwand erkennbar fehlerfrei und damit voll verwertbar waren.

12. Die Regelungen des § 343 BGB über die Herabsetzung der Vertragsstrafe bleiben in den vorangegangenen Fällen unberührt.

§ 10. Haftung des Auftragnehmers für die Verletzung von Schutzrechten

1. Der Auftragnehmer steht dafür ein, dass die Kaufsache im Bereich der Bundesrepublik Deutschland frei von Schutzrechten Dritter (z. B. Patente, Urheberrechte, bekanntgemachte Patentanmeldungen, eingetragene Warenzeichen, Gebrauchsmuster) ist, die ihre Nutzung ausschließen bzw. einschränken. Das Gleiche gilt für nicht bekanntgemachte Patentanmeldungen, von denen der Auftragnehmer Kenntnis hat.

2. Werden nach Vertragsabschluss Verletzungen von Schutzrechten gemäß Nummer 1 geltend gemacht und wird die Nutzung der Kaufsache beeinträchtigt oder untersagt, ist der Auftragnehmer verpflichtet, nach seiner Wahl entweder die Kaufsache in der Weise zu ändern oder zu ersetzen, dass sie nicht mehr unter die Schutzrechte fällt, gleichwohl aber den vertraglichen Bedingungen entspricht, oder das Recht zu erwirken, dass der Auftraggeber die Kaufsache uneingeschränkt ohne Anlastung von Lizenzgebühren benutzen kann.
Beweist der Auftragnehmer, dass ihm dies nicht möglich oder wegen der Auswirkungen auf seine Wirtschaftslage nicht zumutbar ist, kann auch der Auftragnehmer vom Vertrag zurücktreten, es sei denn, dass sich der Auftraggeber auf eigene Kosten mit dem Schutzrechtsinhaber einigt. Im Übrigen gelten die Bestimmungen des § 9 entsprechend auch nach Ablauf der Gewährleistungsfrist.
Werden Schutzrechte geltend gemacht, die dem Auftragnehmer bei Vertragsabschluss nicht bekannt sein konnten, entfällt eine Verpflichtung zum Schadenersatz nach § 9.

3. Der Auftragnehmer übernimmt die alleinige und in der Höhe unbegrenzte Haftung Dritten gegenüber wegen Verletzung von Schutzrechten, soweit diese nicht durch Maßnahmen des Auftraggebers verursacht wurde. Er ist insbesondere verpflichtet, alle Rechtsstreitigkeiten, die sich aus Ansprüchen Dritter gegen den Auftraggeber ergeben, auf eigene Kosten durchzuführen.
Der Auftraggeber ist verpflichtet, den Auftragnehmer unverzüglich schriftlich zu benachrichtigen, wenn gegen ihn Ansprüche wegen Verletzung von Schutzrechten geltend gemacht werden, und bei Auseinandersetzungen mit Dritten im Einvernehmen mit dem Auftragnehmer zu handeln; Nummer 2 Abs. 2 Satz 1 letzter Halbsatz bleibt unberührt.

4. Können die Anlage oder Geräte wegen Verletzung von Schutzrechten nicht genutzt werden, stellt der Auftragnehmer dem Auftraggeber auf Verlangen kostenlos eine Ausweichanlage in zumutbarer Entfernung zur Verfügung, es sei denn, dass dies einen unverhältnismäßig großen Aufwand erfordert.

§ 11. Haftung für sonstige Schäden, Versicherung

1. Der Auftragnehmer haftet für Personen- und Sachschäden die dem Auftraggeber entstehen, soweit er sie zu vertreten hat. Für sonstige Schäden haftet der Auftragnehmer, soweit sie durch den Auftragnehmer oder die Kaufsache unmittelbar verursacht wurden und der Auftragnehmer sie zu vertreten hat. Die Haftungshöchstsumme je Schadensfall beträgt bei Personen- und Sachschäden 2 Millionen DM, bei sonstigen Schäden 1 Million DM. Die Haftungsregelung gilt nicht für Verzug, Gewährleistung und für Schutzrechtsverletzungen, soweit der Schaden dadurch entsteht, dass die Anlage oder Geräte keine oder fehlerhafte Ergebnisse liefern; die Haftung hierfür ist in den §§ 7, 9 und 10 abschließend geregelt.
Der Auftragnehmer haftet nicht für die Wiederbeschaffung von Daten, es sei denn, dass er deren Vernichtung grobfahrlässig oder vorsätzlich verursacht und der Auftraggeber sichergestellt hat, dass diese Daten aus Datenmaterial, das in maschinenlesbarer Form bereitgehalten wird, mit vertretbarem Aufwand rekonstruiert werden können.

2. Der Auftraggeber kann vom Auftragnehmer den Nachweis verlangen, dass diese Ansprüche – soweit sie zu angemessenen Bedingungen bei einem im Inland zum Geschäftsbetrieb zugelassenen Versicherer versicherbar sind – durch eine Versicherung abgedeckt sind.

§ 12. Behinderung und Unterbrechung der Leistung

1. Soweit der Auftragnehmer seine vertraglichen Leistungen infolge Arbeitskampf, höherer Gewalt, Krieg, Aufruhr oder anderer für den Auftragnehmer unabwendbarer Umstände nicht erbringen kann, treten für ihn keine nachteiligen Rechtsfolgen ein.
Das gilt nicht, wenn die Behinderung oder Unterbrechung durch einen Arbeitskampf verursacht wird, den der Auftragnehmer durch rechtswidrige Handlungen verschuldet hat.
Tritt die Behinderung oder Unterbrechung aus den in Absatz 1 genannten Gründen bei Vor- oder Unterlieferern ein, so gilt Absatz 1 nur, wenn die Leistung der Vor- oder Unterlieferer von Teilen oder Ersatzteilen hierdurch länger als zwanzig Kalendertage und die Leistung der Unterlieferer von Geräten hierdurch länger als zehn Tage verzögert wird.
2. Sieht sich der Auftragnehmer in der ordnungsgemäßen Durchführung der übernommenen Leistungen behindert, so hat er dies dem Auftraggeber unverzüglich schriftlich anzuzeigen. Sobald zu übersehen ist, zu welchem Zeitpunkt die Leistung wieder aufgenommen werden kann, ist dies dem Auftraggeber schriftlich mitzuteilen.
3. Sobald die Ursache der Behinderung oder Unterbrechung wegfällt, hat der Auftragnehmer unter schriftlicher Mitteilung an den Auftraggeber die Leistungen ohne besondere Aufforderung unverzüglich wieder aufzunehmen.
4. Die Nummern 1 bis 3 gelten entsprechend für die vertraglichen Leistungen des Auftraggebers.

§ 13. Personalausbildung, Einsatzvorbereitung

1. Der Auftragnehmer ist verpflichtet, auf Anforderung des Auftraggebers für einen Zeitraum von fünf Jahren nach Anlieferung der Anlage oder Geräte in angemessenem Umfang das zur Programmerstellung und Maschinenbedienung notwendige geeignete Personal auszubilden und das hierzu notwendige Material einschließlich der Literatur über Grundsoftware in deutscher Sprache, bei Übersetzungen auf Verlangen auch im Originaltext, zu überlassen. Soweit nicht Abweichendes vereinbart ist, erfolgt die Ausbildung in den Ausbildungskursen des Auftragnehmers.
2. Der Auftragnehmer berät den Auftraggeber bei der Einsatzvorbereitung (Systemanalyse, Organisation, Programmierung und Programmtest) und während der Anlaufphase in angemessenem Umfang durch entsprechend qualifiziertes Personal und überlässt ihm das entsprechende Informationsmaterial in deutscher Sprache, bei Übersetzungen auf Verlangen auch im Originaltext. Er haftet nicht für ein bestimmtes Ergebnis.
3. Der Auftragnehmer stellt dem Auftraggeber rechtzeitig vor dem Anlieferungstermin auf einer geeigneten Anlage ausreichende Testzeiten zur Verfügung.
4. Die beiderseitigen Leistungen sind in der Leistungsbeschreibung oder in einem gesonderten Vertrag zu vereinbaren.

442   Anhang II. Besondere Vertragsbedingungen

§ 14. Einweisung des Personals, Bedienung der Anlage

1. Der Auftragnehmer weist das Bedienungspersonal rechtzeitig ein und stellt gleichzeitig die notwendigen Bedienungsanweisungen in angemessenem Umfang in deutscher Sprache, bei Übersetzungen auf Verlangen auch im Originaltext, zur Verfügung.
Der Auftraggeber ist verpflichtet, die Anlage oder Geräte während der Gewährleistungsfrist entsprechend der Bedienungsanweisung des Auftragnehmers zu benutzen.

2. Während der Gewährleistungsfrist auftretende Mängel sind dem Auftragnehmer unter Angabe der für die Störungsbeseitigung zweckdienlichen Informationen unverzüglich zu melden.

3. Über die Betriebs-, Stillstands- und Wartungszeiten der Anlagen oder Geräte und den Zeitpunkt der Störungsmeldung führt der Auftraggeber während der Gewährleistungsfrist Aufzeichnungen (z. B. ein Betriebsbuch). Die Angaben über den Zeitpunkt der Störungsmeldung und die Wartungszeiten sind vom Wartungspersonal des Auftragnehmers zu unterschreiben. Bei Ansprüchen aus Gewährleistung sind die unterschriebenen Zeitangaben in diesen Aufzeichnungen für beide Seiten verbindlich.

§ 15. Zutritt zu der Anlage

Für Instandsetzungsarbeiten aus Gewährleistung hat der Auftraggeber dem Auftragnehmer unverzüglich und ohne unzumutbare Auflagen Zutritt zu der Anlage oder den Geräten zu gewähren; die Sicherheitsauflagen sind in § 22 geregelt.

Für alle sonstigen Tätigkeiten des Auftragnehmers im Rahmen des Kaufvertrages wird der Zutritt durch besondere Vereinbarung geregelt.

§ 16. Erweiterung und Änderung der Anlage

1. Nimmt der Auftragnehmer allgemein Änderungen an von ihm aufgestellten Anlage- oder Gerätetypen vor, so hat er den Auftraggeber rechtzeitig zu unterrichten, soweit die Anlage oder Geräte des Auftraggebers zu diesem Typ gehören.
Hält der Auftragnehmer während der Gewährleistungsfrist die Durchführung der Änderungen an der Anlage oder den Geräten des Auftraggebers für erforderlich, hat der Auftraggeber sie zuzulassen, soweit ihm hierdurch keine Ausgaben oder keine unzumutbaren Nachteile entstehen. Änderungen an der vom Auftragnehmer vertraglich übergebenen Software, die durch diese Änderungen an der Anlage oder den Geräten notwendig werden, hat der Auftragnehmer ebenfalls ohne Berechnung durchzuführen.
Änderungen gemäß Absatz 1, die der Auftraggeber verlangt, führt der Auftragnehmer – soweit technisch möglich – durch; Einzelheiten werden gesondert vereinbart.

2. Beabsichtigt der Auftraggeber, während der Gewährleistungsfrist Änderungen an der Anlage oder den Geräten oder der Grundsoftware vorzunehmen oder Geräte anderer Hersteller anzuschließen, zeigt er dies dem Auftragnehmer rechtzeitig an.
Ist der Auftragnehmer der Auffassung, dass er durch die Änderungen oder durch den Anschluss von Geräten in der Erfüllung seiner vertraglichen Verpflichtungen beeinträchtigt wird, weist er den Auftraggeber hierauf schriftlich hin.
Führt der Auftraggeber Änderungen im Einvernehmen mit dem Auftragnehmer durch, so wird hiervon die Gewährleistungsverpflichtung des Auftragnehmers für seine vertraglichen Leistungen nicht berührt; andernfalls erlischt die Ge-

währleistung des Auftragnehmers, es sei denn, dass ein Mangel erkennbar nicht auf die Änderung zurückzuführen ist.

Schließt der Auftraggeber an die Anlage oder die Geräte, die vom Auftragnehmer geliefert wurden, Geräte anderer Hersteller an, so erstreckt sich die Gewährleistungspflicht des Auftragnehmers bis zur Schnittstelle der von ihm gelieferten Anlage oder Geräte.

Beeinflussen die Änderungen oder der Anschluss von Geräten die Instandhaltungsarbeiten nach § 17 Nr. 1 wesentlich, so ist auf Verlangen des Auftragnehmers eine Vereinbarung nach § 17 Nr. 1 Abs. 1 Satz 2 zu treffen.

Der Auftragnehmer ist verpflichtet, die für den Anschluss der Geräte anderer Hersteller notwendigen Geräte oder Geräteteile dem Auftraggeber zu vermieten oder zu verkaufen, soweit diese allgemein verfügbar sind.

Der Auftragnehmer ist verpfichtet, den Auftraggeber zu unterrichten, wenn ihm bekannt ist, dass durch die Änderungen oder den Anschluss der Geräte Schutzrechte Dritter verletzt werden.

3. Sollen die Anlage oder Geräte vereinbarungsgemäß im Zusammenwirken mit in der Leistungsbeschreibung aufgeführten Anlagen oder Geräten anderer Hersteller genutzt werden, so gewährleistet der Auftragnehmer, dass seine Geräte anschlusskompatibel sind und dass die von ihm gelieferte Software auch in Zusammenwirken mit den Geräten, die vereinbarungsgemäß an die Geräte des Auftragnehmers angeschlossen werden, ordnungsgemäß arbeitet. Für alle Nachteile, die dem Auftraggeber dadurch entstehen, dass die genannten Voraussetzungen nicht gegeben sind, haftet der Auftragnehmer im Rahmen der Vertragsbedingungen. Dies gilt auch für Schäden oder Mängel, die durch diese Geräte an den Geräten verursacht werden, an die sie angeschlossen sind, und für Schutzrechtsverletzungen.

Änderungen nach Nummer 1, die der Auftragnehmer nach Lieferung an den Geräten des Auftraggebers vornimmt, dürfen die Anschlusskompatibilität nach Absatz 1 nicht beeinträchtigen; ebenso darf durch diese Änderungen oder durch Änderungen an der gelieferten Software deren Funktionsfähigkeit auch in Bezug auf die angeschlossenen Fremdgeräte nicht beeinträchtigt werden.

Einzelheiten können gesondert vereinbart werden.

4. Der Auftragnehmer ist in den Fällen der Nummern 2 und 3 während der Gewährleistungsfrist verpflichtet, sich auf Verlangen des Auftraggebers im Rahmen des Zumutbaren an der Eingrenzung der Fehler zu beteiligen, die sich aus dem Zusammenwirken der Geräte ergeben können. Stellt sich hierbei heraus, dass der Fehler von den Geräten verursacht wurde, die an die vom Auftragnehmer gelieferten Geräte angeschlossen sind, ist der Auftragnehmer berechtigt, die Vergütung für seine Leistungen bei der Fehlereingrenzung zu verlangen.

§ 17. Wartung während der Gewährleistungsfrist

1. Der Auftragnehmer ist verpflichtet, während der Gewährleistungsfrist die erforderlichen Instandhaltungsarbeiten regelmäßig durchzuführen. Die Vergütung hierfür ist, soweit sie nicht im Kaufpreis enthalten ist, in der Leistungsbeschreibung zu vereinbaren.

Der Auftraggeber stellt dem Auftragnehmer die Anlage oder Geräte für die Durchführung der erforderlichen Instandhaltungsarbeiten zur Verfügung. Die Arbeiten werden nach einem zu vereinbarenden Zeitplan durchgeführt.

2. Der Auftragnehmer hat während der Gewährleistungsfrist auch die Instandsetzungsarbeiten, zu denen er nicht nach § 9 und § 11 verpflichtet ist, unverzüglich durchzuführen; hierfür kann er eine Vergütung verlangen.

3. Nach Durchführung der Wartungsarbeiten hat das Wartungspersonal des Auftragnehmers in den Unterlagen (z. B. im Betriebsbuch) des Auftraggebers (§ 14 Nr. 3) anzugeben, dass die Betriebsbereitschaft der Anlage oder Geräte wieder hergestellt wurde; die Angaben sind vom Wartungspersonal zu unterschreiben.

4. Um behördliche Genehmigungen für Arbeiten an Sonn- und Feiertagen wird der Auftragnehmer mit Unterstützung des Auftraggebers nachsuchen.

5. Ist auf Grund der §§ 7, 9 und 10 eine Ausweichanlage vereinbart, kann der Auftraggeber während der Gewährleistungsfrist diese gegen besondere Vergütung auch dann benutzen, wenn die gekaufte Anlage oder die gekauften Geräte aus anderen Gründen nicht genutzt werden können. Die Nutzungszeiten bedürfen der Vereinbarung.

§ 18. Wartung nach Ablauf der Gewährleistungsfrist

1. Der Auftragnehmer ist auf Verlangen des Auftraggebers verpflichtet, die Anlage oder Geräte auch nach Ablauf der Gewährleistung zu warten. Hierüber ist auf der Grundlage der für die öffentlichen Auftraggeber maßgebenden „Besonderen Vertragsbedingungen für die Wartung von EDV-Anlagen und -Geräten" ein gesonderter Wartungsvertrag zu schließen. Das Verlangen ist vom Auftraggeber dem Auftragnehmer rechtzeitig, spätestens drei Monate vor dem beabsichtigten Wartungsbeginn, schriftlich mitzuteilen.
Wurden die Anlage oder Geräte nicht ständig vom Auftragnehmer gewartet, so überprüft der Auftragnehmer im Einvernehmen mit dem Auftraggeber die Anlage oder Geräte. Die Kosten dieser Überprüfung sind dem Auftraggeber vor Beginn der Arbeiten schriftlich verbindlich bekanntzugeben und werden dem Auftraggeber gesondert in Rechnung gestellt. Nach dem Ergebnis der Überprüfung teilt der Auftragnehmer schriftlich mit, auf Grund welcher Überholungsarbeiten und für welche Mindestdauer er die Wartung nach den „Besonderen Vertragsbedingungen für die Wartung von EDV-Anlagen und -Geräten" zu übernehmen bereit ist. Einzelheiten der Überholung, insbesondere die Kosten, werden auf Grund eines Kostenvoranschlages gesondert vereinbart.

2. Macht der Auftraggeber von der Möglichkeit der Wartung durch den Auftragnehmer keinen Gebrauch, kann der Auftraggeber verlangen, dass ihm der Auftragnehmer unverzüglich nach Aufforderung das für die Wartung notwendiges Material (z. B. Wartungsanleitung, Anlagenbeschreibung, Testprogramme, Ersatzteillisten, Ersatzteile usw.) zur Verfügung stellt. Die Weitergabe dieses Materials an Dritte (Wartungsunternehmen) bedarf der Zustimmung durch den Auftragnehmer. Einzelheiten über das zur Verfügung zu stellende Material und ggf. die Preise sind gesondert zu vereinbaren.

3. Der Auftragnehmer hält das für die Wartung notwendige Material für die Dauer von sieben Jahren nach der Abnahme der Anlage oder Geräte bereit, soweit im Einzelfall nichts anderes vereinbart ist.

§ 19. Ergänzung der Software

1. Der Auftragnehmer unterrichtet den Auftraggeber über seine vorhandene Grundsoftware sowie über eigene Neuentwicklungen der für die Anlagenkonfiguration des Auftraggebers geeigneten Grundsoftware und bietet ihm diese zur Benutzung an, soweit sie allgemein verfügbar sind.

2. Verbesserungen oder Änderungen der dem Auftraggeber überlassenen Grundsoftware – einschließlich Informationsmaterial – sind unverzüglich nach Erprobung dem Auftraggeber auf Verlangen zur Verfügung zu stellen. Hält der Auftragnehmer während der Gewährleistungsfrist die Übernahme der geänderten

Programme aus Gründen, die nicht in der Gewährleistung liegen, für erforderlich, hat der Auftraggeber diese Programme zu übernehmen, soweit ihm hierdurch keine Ausgaben und keine unzumutbaren Nachteile entstehen. Einzelheiten werden gegebenenfalls gesondert vereinbart.
3. Im Übrigen unterrichtet der Auftragnehmer den Auftraggeber ständig über die von ihm entwickelte Software, soweit sie allgemein verfügbar ist und für den Auftraggeber nach dessen Aufgabenbereich von Bedeutung sein kann.

§ 20. Datenträger, Zubehör

Während der Gewährleistungsrist müssen die vom Auftraggeber verwendeten Datenträger und Zubehörteile den allgemein angewandten Richtlinien und Fachnormen entsprechen. Der Auftragnehmer berät den Auftraggeber in allen im Zusammenhang mit der Beschaffung von Datenträgern, Zubehör und Arbeitsmitteln auftretenden Fragen; er stellt ihm hierbei seine Spezifikationen zur Verfügung. Die Spezifikationen des Auftragnehmers sind für den Auftraggeber insoweit verbindlich als allgemein angewandte Richtlinien oder Fachnormen noch nicht vorliegen oder aus maschinenspezifischen Gründen ein Abweichen von diesen Richtlinien und Fachnormen notwendig ist.

§ 21. Umsetzungen, Abbau der Anlage

1. Soweit vom Auftraggeber während der Gewährleistungsfrist Umsetzungen der Anlage oder Geräte vom ursprünglichen Standort an einen anderen Standort innerhalb der Bundesrepublik Deutschland gewünscht werden und die Installations- und Aufstellungsvoraussetzungen am neuen Standort gegeben sind, hat der Auftragnehmer die Umsetzung durchzuführen. Einzelheiten werden gesondert vereinbart.
2. Der Auftraggeber trägt die aus der Umsetzung sich ergebenden Risiken.
Der Auftragnehmer hat den Auftraggeber auf mögliche Gewährleistungsrisiken hinzuweisen. Beeinflusst die Umsetzung die Gewährleistungsverpflichtungen des Auftragnehmers, so kann er verlangen, dass über die Gewährleistung eine neue Vereinbarung getroffen wird.
3. Soweit sich nach den §§ 7, 9 und 10 eine Rücknahme ergibt, übernimmt der Auftragnehmer den Abbau, die Verpackung und den Rücktransport der Anlage oder Geräte auf seine Kosten. Die Anlage oder Geräte sind spätestens 14 Tage nach Aufforderung vom Auftragnehmer oder dessen Beauftragten abzuholen.

§ 22. Geheimhaltung, Sicherhalt

1. Der Auftragnehmer hat mit der gebotenen Sorgfalt darauf hinzuwirken, dass alle Personen, die von ihm mit der Bearbeitung oder Erfüllung dieses Vertrages betraut sind, die gesetzlichen Bestimmungen über Datenschutz beachten und die aus dem Bereich des Auftraggebers erlangten Informationen, soweit sie nicht offenkundig sind, nicht an Dritte weitergeben oder sonst verwerten.
Der Auftraggeber ist verpflichtet, alle im Rahmen des Vertragsverhältnisses erlangten Kenntnisse von Fabrikations- oder Geschäftsgeheimnissen vertraulich zu behandeln; unberührt hiervon bleibt der Erfahrungsaustausch zwischen den öffentlichen Auftraggebern.
2. Über die Verpflichtung der Nummer 1 hinaus können weitere Sicherheitsvereinbarungen in der Leistungsbeschreibung oder in einem besonderen Vertrag getroffen werden.

§ 23. Kauf einer Mietanlage

Übt der Auftraggeber ein ihm eingeräumtes Kaufrecht gemäß Mietvertrag für bereits installierte Anlagen oder Geräte aus, wird die Mietzeit, gerechnet von der gemeldeten Betriebsbereitschaft an, auf die Gewährleistungsfrist angerechnet. Die Funktionsprüfung gemäß § 8 gilt als erbracht, wenn die Anlage vom Auftraggeber abgenommen wurde oder von ihm mindestens drei Monate genutzt wurde.

§ 24. Erfüllungsort, Gerichtssand, Abtretung

1. Erfüllungsort ist der in der Leistungsbeschreibung angegebene Aufstellungsort.
2. Für Rechtsstreitigkeiten ist ausschließlich das Gericht zuständig, in dessen Bezirk diejenige Stelle des Auftraggebers ihren Sitz hat, die für die Prozessvertretung zuständig ist.
3. Die Abtretung von Forderungen des Auftragnehmers aus dem Vertrag bedarf der Zustimmung des Auftraggebers.

§ 25. Schriftform

Der Kaufvertrag, seine Ergänzungen und Änderungen bedürfen der Schriftform. Ergänzungen und Änderungen müssen als solche ausdrücklich gekennzeichnet sein.

2. BVB – Miete

Vertrag über

Zwischen
　　　　　　　　　　　– im Folgenden „Auftraggeber" genannt –
und
　　　　　　　　　　　– im Folgenden „Auftragnehmer" genannt –
wird folgender Vertrag geschlossen:

1　Vertragsgegenstand
1.1 _____
1.2 Für alle in diesem Vertrag genannten Beträge gilt einheitlich der Euro als Währung.
1.3 Der Gesamtpreis (netto) dieses Vertrages beträgt _____ zuzüglich der zum Zeitpunkt der Lieferung/Leistungserbringung gültigen Umsatzsteuer.

2　Vertragsbestandteile
2.1 Es gelten nacheinander als Vertragsbestandteile:
 – Dieser Vertrag mit Ausnahme der Nummer 4
 – BVB-Mietschein (Seite 1 bis _____) einschließlich der Anlage(n) Nr. _____
 – Nummer 4 dieses Vertrages einschließlich der Anlagen in der dort festgelegten Rangfolge
 – Besondere Vertragsbedingungen für die Miete von EDV-Anlagen und -Geräten (BVB-Miete) in der bei Vertragsschluss geltenden Fassung

– Verdingungsordnung für Leistungen – ausgenommen Bauleistungen – Teil B (VOL/B) in der bei Vertragsschluss geltenden Fassung. BVB-Miete und VOL/B liegen beim Auftraggeber zur Einsichtnahme bereit.

2.2 Weitere Geschäftsbedingungen sind ausgeschlossen, soweit in diesem Vertrag nichts anderes vereinbart ist.

3 Ergänzende Regelungen auf Grund der Schuldrechtsreform vom 1. 1. 2002

3.1 Die Regelung in § 9 Nr. 4 BVB-Miete wird wie folgt gefasst:
Für jeden Kalendertag, an dem die Anlage oder Geräte genutzt werden sollten, aber wegen der in Nummer 2 genannten Mängel – beginnend mit dem Zeitpunkt der Störungsmeldung an den Vermieter – mehr als zwölf Stunden nicht genutzt werden können, entfällt die Mietzahlung, sofern der Vermieter für die nicht rechtzeitige Behebung der Mängel einzustehen hat. Einstehen ist nicht auf Verschulden beschränkt, andererseits umfasst es nicht höhere Gewalt oder andere vom Vermieter nicht beeinflussbare Umstände; es sei denn, dass sie in der Mietsache begründet sind. In diesem Fall verringert sich bei Geräten mit Zählwerk die nach § 4 Nr. 1 der Berechnung von Mehrbenutzungsstunden zugrunde zu legende und durch die Grundmonatsmiete abgegoltene vierteljährliche Nutzungsdauer von 540 Stunden je Ausfalltag um sechs Stunden. Die Haftungsbeschränkung gilt nicht bei der Verletzung des Lebens, des Körpers oder der Gesundheit.

3.2 Die Regelung in § 11 Nr. 1 BVB-Miete wird wie folgt gefasst:
Der Vermieter stellt den Mieter, soweit gesetzlich zulässig, von der Haftung für Verlust und Beschädigung der Anlage oder Geräte frei, mit Ausnahme des Verlustes und der Beschädigung durch Kernreaktion, radioaktive Strahlung oder radioaktive Verseuchung, soweit der Mieter diese Ursachen gesetzlich zu vertreten hat. Die Haftungsbeschränkung gilt nicht bei der Verletzung des Lebens, des Körpers oder der Gesundheit.

3.3 Die Regelung in § 11 Nr. 2 BVB-Miete wird wie folgt gefasst:
Der Vermieter haftet für Sachschäden, die dem Mieter oder Dritten entstehen, soweit er dafür einzustehen hat (vgl. hierzu § 9 Nr. 4 Abs. 1 Satz 2). Für sonstige Schäden haftet der Vermieter soweit sie durch den Vermieter oder die Mietsache unmittelbar verursacht wurden und den Vermieter ein Verschulden trifft. Die Haftungshöchstsumme je Schadensfall beträgt 500 000 €. Die Haftungsregelung gilt nicht für Verzug, Gewährleistung und für Schutzrechtsverletzung, soweit der Schaden dadurch entsteht, dass die Anlage oder Geräte keine oder fehlerhafte Ergebnisse liefern; die Haftung hierfür ist in den §§ 7, 9 und 10 abschließend geregelt.
Der Vermieter haftet nicht für die Wiederbeschaffung von Daten, es sei denn, dass er deren Vernichtung grob fahrlässig oder vorsätzlich verursacht und der Mieter sichergestellt hat, dass diese Daten aus Datenmaterial, das in maschinenlesbarer Form bereitgehalten wird, mit vertretbarem Aufwand rekonstruiert werden können.
Die Haftungsbeschränkung in § 11 Nr. 2 BVB-Miete in der Neufassung gemäß 3.3 dieses Vertrages gilt nicht bei der Verletzung des Lebens, des Körpers oder der Gesundheit.

3.4 Die Regelung in § 12 Nr. 1 Absatz 1 BVB-Miete wird wie folgt gefasst:
Soweit der Vermieter seine vertraulichen Leistungen infolge Arbeitskampf, höherer Gewalt, Krieg oder Aufruhr nicht erbringen kann, treten für ihn keine nachteiligen Rechtsfolgen ein. Das gilt nicht, wenn die Behinderung oder Unterbrechung durch einen Arbeitskampf verursacht werden, den der Vermieter durch rechtswidrige Handlungen verschuldet hat oder bei der Verletzung des Lebens, des Körpers oder der Gesundheit.

3.5 Die übrigen Regelung der BVB-Miete bleiben unverändert.

4 Ergänzende Beschreibung des Vertragsgegenstandes

Die Beschreibung der EDV-Anlage und -Geräte ergibt sich ergänzend aus

☐ folgenden Teilen des Angebotes des Auftragnehmers vom _____
_____ Anlage(n) Nr. _____

☐ folgenden Teilen der Leistungsbeschreibung des Auftraggebers vom _____Anlage(n) Nr. _____

☐ folgenden weiteren Dokumenten _____
_____ Anlage(n) Nr. _____

Es gelten die Dokumente in
☐ obiger Reihenfolge
☐ folgender Reihenfolge

Ort _____, Datum   Ort _____, Datum
Firma   Auftraggeber

Name (in Druckschrift)   Name (in Druckschrift)
Unterschrift Auftragnehmer   Unterschrift Auftraggeber

§ 1. Sachlicher Geltungsbereich

Die nachstehenden Bedingungen gelten für die Miete von EDV-Anlagen und -Geräten, die Überlassung der Grundsoftware, die Wartung und andere vereinbarte Leistungen.

§ 2. Art und Umfang der Leistungen

Art und Umfang der beiderseitigen Leistungen werden durch die vertraglichen Abmachungen geregelt. Maßgebend dafür sind:
a) Leistungsbeschreibung (Mietschein)
b) nachstehende Bedingungen einschließlich der Begriffsbestimmungen (Anhang)
c) allgemeingültige technische Richtlinien und Fachnormen
d) die Allgemeinen Bedingungen für die Ausführung von Leistungen (VOL/B).
Bei Unstimmigkeiten gelten die vertraglichen Abmachungen in der vorstehenden Reihenfolge.

§ 3. Mindestmietzeit, Kündigung

1. Die Mindestmietzeit wird im Mietschein festgelegt, sie beträgt wenigstens ein Jahr, gerechnet von dem vereinbarten Zeitpunkt der Betriebsbereitschaft an. Zum Ende der Mindestmietzeit oder zum Ende eines jeden darauf folgenden Kalendermonats können Anlage und/oder Geräte mit einer 6monatigen Frist

vom Mieter oder Vermieter durch eingeschriebenen Brief gekündigt werden. Kürzere oder längere Kündigungsfristen können vereinbart werden.

2. Bei der Kündigung der Zentraleinheit können angeschlossene oder zugeordnete Geräte zusammen mit der Zentraleinheit gekündigt werden, auch wenn sie weniger als ein Jahr in Betrieb sind. Voraussetzung hierfür ist, dass die Kündigung der Zentraleinheit bei Anmietung dieser Geräte nicht vorhersehbar war und deren Weiterverwendung für den Mieter technisch nicht möglich oder wirtschaftlich nicht vertretbar ist.

Wurde für diese Geräte eine Mindestmietzeit von mehr als einem Jahr vereinbart und war hiermit ein Preisnachlass verbunden, so hat der Mieter, wenn ein Gerät vor Ablauf der vereinbarten Mindestmietzeit gekündigt wird, den entsprechenden Preisvorteil zurückzugewähren oder im Mietschein vereinbarte Ablösebeträge zu zahlen.

Der Absatz 1 gilt nicht, wenn eine Zentraleinheit zum Zwecke des Austausches gekündigt wird und der wirtschaftliche Wert der auszutauschenden Zentraleinheit zu dem der übrigen Anlagenkonfiguration in einem solchen Verhältnis steht, dass dem Mieter zugemutet werden kann, die neue Zentraleinheit der bestehenden Konfiguration anzupassen.

§ 4. Mietzins

1. Der Mietzins ist von dem in § 8 Nr. 6 bestimmten Tage an zu entrichten. Er errechnet sich nach einer monatlichen Nutzungsdauer (Kalendermonat) von 180 Stunden, die durch Zähler an den einzelnen Geräten ermittelt wird (Grundmonatsmiete). Während eines Kalendervierteljahres werden Mehr- und Minderstunden gegeneinander verrechnet, mindestens sind jedoch im Vierteljahr drei Grundmonatsmieten zu zahlen. Werden im Kalendervierteljahr mehr als 540 Nutzungsstunden ermittelt und sind Zuschläge für Mehrstunden vereinbart, so ist für jede volle Mehrstunde ein Betrag zu entrichten, der aus einem Prozentsatz aus $1/180$ der Grundmonatsmiete errechnet wird. Dieser Prozentsatz ist im Mietschein festzulegen. Ob und in welchem Umfang im ersten Vierteljahr bei der Berechnung des Mietzinses Mehrstunden außer Ansatz bleiben, wird im Mietschein festgelegt.
2. Werden in einem Rechenzentrum mehrere Anlagen oder Geräte gleichen Typs und gleicher Ausstattung verwendet, für die gleiche Grundmonatsmieten vereinbart sind, so werden innerhalb eines Kalendervierteljahres deren Nutzungsstunden gegeneinander verrechnet; mindestens ist jedoch je Monat eine Grundmonatsmiete für jede Anlage oder jedes Gerät zu zahlen.
3. Für Geräte ohne Zählwerk gilt unabhängig von der Nutzungsdauer eine Pauschalmonatsmiete.
4. Für Anlagen oder Geräte, für die die Mietzahlungsverpflichtung im Laufe eines Kalendervierteljahres beginnt oder endet, beträgt der Mietzins je Kalendertag $1/30$ der Grundmonatsmiete gemäß Nummer 1 bzw. der Pauschalmonatsmiete gemäß Nummer 3.
Bei Anlagen oder Geräten, für die eine Grundmonatsmiete und Zuschläge für Mehrstunden vereinbart sind, werden Mehrstunden vergütet, wenn die Zahl der Nutzungsstunden das Produkt aus sechs Stunden und der Zahl der Kalendertage, für die die Grundmonatsmiete anteilig berechnet wird, übersteigt.
5. Der vereinbarte Mietzins (Grund- und Pauschalmonatsmiete, der Zuschlag für Mehrbenutzung) und die Vergütung für Nebenleistungen (Personalausbildung, Beratung, Testzeiten, Vergütung für nicht durch den Mietzins abgegoltene Wartungsleistungen) gelten grundsätzlich für die Dauer des Vertrags, es sei denn, dass im Mietschein ein Preisvorbehalt vereinbart ist.

Für den Fall, dass für den Preisvorbehalt keine anderweitigen Regelungen vereinbart sind, gilt folgendes:
a) Eine Erhöhung der Grund- bzw. Pauschalmonatsmiete ist auf den im Mietschein angegebenen Wartungskostenanteil beschränkt. Dieser kann nur erhöht werden, wenn sich nach Angebotsabgabe der Ecklohn für die Metallindustrie auf Grund einer oder mehrerer Erhöhungen um mindestens 8% durch Änderungen der Tarife oder bei einem tariflosen Zustand durch Änderungen von orts- und gewerbeüblichen Betriebsvereinbarungen erhöht und wenn die Frist zwischen Angebotsabgabe und der Mietpreiserhöhung mehr als zehn Monate beträgt. Der Vermieter hat im Mietschein anzugeben, um wieviel Prozent sich der Wartungskostenanteil der Grund- bzw. Pauschalmonatsmiete erhöht bei einer Erhöhung des o. a. Ecklohns um 1 Dpf./Stunde. Die auf Grund der Erhöhung des Wartungskostenanteils neu festgelegte Grund- bzw. Pauschalmonatsmiete darf jedoch die unter gleichartigen Voraussetzungen von anderen Mietern allgemein und stetig geforderte und erzielte Grund- bzw. Pauschalmonatsmiete nicht überschreiten.
b) Handelt es sich bei der Grund- bzw. Pauschalmonatsmiete um einen nachgewiesenen Listenpreis und ist nicht eine Regelung nach Buchstabe a vereinbart, so wird bei einer Erhöhung der Listenpreise der Mehrbetrag entrichtet, wenn der Vermieter nachweist, dass die Preisliste der Koordinierungs- und Beratungsstelle der Bundesregierung für die EDV vorliegt und dass er die erhöhte Miete als Listenpreis von anderen Mietern allgemein und stetig fordert und erzielt und die Frist zwischen Angebotsabgabe und Mietpreiserhöhung mehr als zehn Monate beträgt.
c) Erhöhungen der Vergütungen für Nebenleistungen kann der Vermieter nur insoweit geltend machen, als die Frist zwischen Angebotsabgabe und der Erhöhung mehr als zehn Monate beträgt und er nachweist, dass diese Vergütungen von anderen Mietern allgemein und stetig gefordert und erzielt werden.

Erhöhungen nach den Buchstaben b oder c sind wenigstens drei Monate vor ihrem Inkrafttreten dem Mieter schriftlich anzukündigen.

Ist eine Mietpreiserhöhung oder eine Erhöhung der Vergütungen für Nebenleistungen erfolgt, können weitere Erhöhungen nur geltend gemacht werden, wenn die vorherigen Preise mindestens zehn Monate beibehalten wurden und im Falle des Buchstaben a seit der letzten Erhöhung der Ecklohn sich um mindestens 8% erhöht hat.

Bei einer Erhöhung nach Buchstabe b kann der Mieter jedes von der Erhöhung betroffene Gerät mit einer Frist von einem Monat zu dem Tage, an dem die Erhöhung in Kraft tritt, kündigen. Diese Kündigungsmöglichkeit besteht auch für solche Geräte, deren Nutzung durch die Kündigung der von der Erhöhung betroffenen Geräte dem Mieter nicht mehr möglich oder zumutbar ist.

Ermäßigen sich für gleichartige Leistungen von anderen Mietern allgemein und stetig geforderten Grund- bzw. Pauschalmonatsmieten oder die Vergütungen für Nebenleistungen, so sind die niedrigeren Sätze vom Zeitpunkt des Inkrafttretens der neuen Preise an vom Mieter zu entrichten.

§ 5. Zahlungen

1. Der Vermieter wird
a) die Grund- bzw. Pauschalmonatsmieten vierteljährlich zum Ersten des zweiten Vierteljahresmonats,
b) die über die Grund- bzw. Pauschalmonatsmieten hinausgehenden Zuschläge für Mehrstunden vierteljährlich nachträglich,
c) die Vergütung für sonstige Leistungen nach Leistungserbringung
in Rechnung stellen.

2. Der Mieter wird alle Rechnungen unverzüglich nach Eingang prüfen, feststellen und den Betrag zahlen.

§ 6. Anlieferung, Aufstellung und Betriebsbereitschaft

1. Ort und Zeitpunkt der Anlieferung sowie der Zeitpunkt der Betriebsbereitschaft (Nummer 4) sind im Mietschein anzugeben. Können infolge langer Lieferfristen bei Vertragsabschluss verbindliche Termine nicht angegeben werden, so ist zunächst ein frühester und spätester Anlieferungstermin zu vereinbaren; das Gleiche gilt für den Zeitpunkt der Betriebsbereitschaft. Spätestens acht Monate vor dem vereinbarten frühestens Termin sind der Anlieferungstermin sowie der Zeitpunkt der Betriebsbereitschaft endgültig zu vereinbaren.
2. Rechtzeitig, spätestens bei Vertragsabschluss gibt der Vermieter dem Mieter die Installations- und Aufstellungsvoraussetzungen schriftlich verbindlich bekannt. Auf Verlangen berät er den Mieter ohne besondere Berechnung bei der Durchführung der notwendigen Maßnahmen in angemessenem und für ihn zumutbarem Umfang.
3. Der Mieter verpflichtet sich, bis zum Anlieferungstermin die Installations- und Aufstellungsvoraussetzungen gemäß Nummer 2 zu schaffen. Auf Verlangen teilt er dem Vermieter rechtzeitig vor Ablauf des Anlieferungstermins mit, dass die Installations- und Aufstellungsvoraussetzungen erfüllt sind.
4. Der Vermieter übernimmt die Anlieferung der Anlage oder Geräte bis in die Aufstellungsräume des Mieters, versetzt sie in betriebsbereiten Zustand und teilt die Betriebsbereitschaft dem Mieter schriftlich mit.
Soweit die Kosten für den Transport der Anlage oder Geräte vom Hof des Mieters bis in die Aufstellungsräume nicht durch den Mietzins abgegolten werden, sind diese im Mietschein anzugeben. Ist dies in Ausnahmefällen nicht möglich, werden diese Kosten zusammen mit der ersten Mietzahlung gegen Nachweis erstattet.
Auf Verlangen hat der Vermieter dem Mieter die Unterlagen über die durchgeführte erfolgreiche Prüfung der Anlage oder Geräte in einer für Mieter nachprüfbaren Form zu Verfügung zu stellen.
5. Auf Verlangen stellt der Mieter dem Vermieter den notwendigen Raum zum Aufbewahren von Geräten, Werkzeugen, Ersatzteilen usw. sowie ggf. für Wartungspersonal zur Verfügung.

§ 7. Verzug

1. Kommt der Vermieter mit der betriebsbereiten Überlassung der Anlage oder Geräte in Verzug, teilt er insbesondere in von ihm zu vertretenden Gründen die Betriebsbereitschaft nicht zu dem nach § 6 Nr. 1 maßgeblichen Zeitpunkt mit, so stellt er dem Mieter, sofern im Mietschein vereinbart, eine Ausweichanlage zur Verfügung. Einzelheiten, insbesondere der späteste Zeitpunkt für die Bereitstellung der Ausweichanlage, sind im Mietschein festzulegen.
Bei der Bereitstellung einer Ausweichanlage ist für deren Benutzung – nach Abzug der Kosten für die dem Mieter zusätzlich entstehenden Nutzungszeit, die der Vorbereitung der programmwirksamen Nutzung der Ausweichanlage dient – der übliche Preis zugrunde zu legen. Die Summe der hierfür anfallenden Vergütung und der dem Mieter zusätzlich entstehenden Kosten für das Bedienungspersonal (Reise- und Aufenthaltskosten) sowie für den Transport der erforderlichen Materialien (Datenträgermaterial, Formulare usw.) trägt bis zur Höhe des Mietzinses, der sich bei gleicher Benutzung der Mietanlage ergeben hätte, der Mieter; der darüber hinausgehende Betrag und die Kosten für die

Nutzungszeit der Ausweichanlage, die der Vorbereitung der programmwirksamen Nutzung dient, gehen zu Lasten des Vermieters, § 4 Nr. 1 Satz 3 bis 6 sowie § 4 Nr. 3 bleibt unberührt. Kann der vorhandene Rechenbedarf des Mieters nicht auf der Ausweichanlage gedeckt werden, so dass bei Inbetriebnahme der gemieteten Anlage oder Geräte Mehrstunden erforderlich werden, bleibt diese Rechenzeit bei der Berechnung des Zuschlags für Mehrstunden (§ 4 Nr. 1) außer Ansatz.

Stellt der Vermieter die Ausweichanlage nicht zum vereinbarten Zeitpunkt zur Verfügung, so hat er von diesem Zeitpunkt an für jeden Kalendertag $^1/_{30}$ der im Mietschein festgelegten Grund- bzw. Pauschalmonatsmiete als Vertragsstrafe zu zahlen. Die Verpflichtung zur Zahlung der Vertragsstrafe endet mit Ablauf des Tages, an dem die Ausweichanlage nachträglich zur Verfügung gestellt oder die Betriebsbereitschaft der Anlage oder Geräte dem Mieter mitgeteilt wird. Kann der Mieter an diesem Tage die Ausweichanlage bzw. die Mietanlage oder die gemieteten Geräte mehr als zwölf Stunden nutzen, endet die Verpflichtung zur Zahlung der Vertragsstrafe bereits mit Ablauf des Vortages.

Ist eine Ausweichanlage nicht vereinbart und überschreitet der Verzug 30 Kalendertage, so ist für jeden Tag des Verzugs $^1/_{30}$ der im Mietschein festgelegten Grund- bzw. Pauschalmonatsmiete als Vertragsstrafe an den Mieter zu zahlen.

2. Verzug bei der Überlassung der Grundsoftware nach § 1 oder der im Mietschein festgelegten übrigen Software, zu deren Überlassung spätestens zusammen mit der Anlage oder den Geräten sich der Vermieter verpflichtet hat, gilt als Verzug bei der Überlassung der Anlage oder Geräte, zu deren Nutzung diese Software bestimmt ist.

3. Gerät der Vermieter mit einem Teil der Leistung in Verzug und ist dem Mieter die Nutzung der gelieferten Geräte zuzumuten, so entfällt nur für die nichtgelieferten Geräte die Mietzahlung.
Falls der Mieter sich darauf beruft, dass ihm die Benutzung der gelieferten Geräte nicht zumutbar ist, hat er die Gründe dem Vermieter mitzuteilen.
Die Schadenersatzleistung richtet sich nach den Vorschriften der Nummer 1 bezogen auf den Mietzins für die nicht gelieferten Geräte.
Wird darüber hinaus durch die Nichtlieferung von Geräten die Nutzung der gelieferten Geräte gemindert, so ist unbeschadet der Regelung nach Absatz 1 der Mietzins für diese Geräte um den Teil herabzusetzen, der der Gebrauchsminderung entspricht. Die Höhe der Vertragsstrafe wird nach dem Maß der Gebrauchsminderung berechnet.
Die vorstehenden Bestimmungen gelten entsprechend, wenn der Vermieter mit einem Teil der Software gemäß Nummer 2 in Verzug gerät.

4. Steht fest, dass der Vermieterverzug 100 Kalendertage überschreiten wird, so kann der Mieter fristlos kündigen. Macht der Mieter nicht innerhalb der Frist von 100 Kalendertagen von seinem Kündigungsrecht Gebrauch, kann er erst dann kündigen, wenn feststeht, dass der Vermieter auch während einer weiteren vom Mieter gesetzten Nachfrist seine Leistungen nicht erbringt.

5. Die Zahlungsverpflichtung des Vermieters nach den Nummern 1, 2 und 3 ist auf 100 Verzugstage beschränkt; im Falle der Nummer 4 zahlt der Vermieter unabhängig vom Zeitpunkt der Kündigung eine Vertragsstrafe in Höhe des Betrages für 100 Verzugstage.

6. Werden vom Mieter die technischen Installations- und Aufstellungsvoraussetzungen aus von ihm zu vertretenden Gründen nicht termingerecht erfüllt, so kann der Vermieter für jeden Kalendertag, um den sich die Betriebsbereitschaft der Anlage oder Geräte nachweislich verzögert, die Zahlung einer Vertrags-

strafe von ¹/₃₀ der Grund- bzw. Pauschalmonatsmiete verlangen, wenn der Verzug 30 Kalendertage überschreitet.
Ist für den Fall des Vermieterverzugs bereits innerhalb der Ersten 30 Verzugstage eine Ausweichanlage vorgesehen, so beginnt die Verpflichtung zur Mietzahlung mit dem Tage, für den die Bereitstellung einer Ausweichanlage vereinbart ist.
7. Die Regelung des § 343 BGB über die Herabsetzung der Vertragsstrafe bleiben in den vorgenannten Fällen unberührt.

§ 8. Abnahme

1. Entspricht die Leistung des Vermieters den Vereinbarungen, erklärt der Mieter unverzüglich nach erfolgreicher Funktionsprüfung (Leistungs- und Zuverlässigkeitsprüfung) schriftlich die Abnahme. Zum Zweck der Funktionsprüfung stellt der Vermieter dem Mieter mit der Mitteilung der Betriebsbereitschaft die Anlage oder Geräte zur Verfügung. Die Funktionsprüfung beginnt am ersten Werktag nach Zugang der Mitteilung über die Betriebsbereitschaft. Für die Funktionsprüfung dürfen außer den Fällen der Nummer 2 Buchstabe c nur solche Programme verwendet werden, die auf vergleichbaren Anlagen erfolgreich geprüft sind. Welche Anlagen vergleichbar sind, bestimmen Vermieter und Mieter im gegenseitigen Einvernehmen.
Der Mieter ist verpflichtet, den Vermieter unverzüglich zu unterrichten, wenn während der Funktionsprüfung Mängel auftreten.
2. Die Funktionsprüfung ist erfolgreich durchgeführt, wenn im Rahmen der vertragsgemäßen Nutzung an 30 aufeinander folgenden Kalendertagen
a) die Anlage oder Geräte und die Grundsoftware nach § 1 die Leistungen erbringen, die den Spezifikationen des Vermieters sowie den vertraglich zugesicherten Eigenschaften entsprechen,
b) die vom Vermieter zu vertretende Ausfallzeit bei einer Nutzungszeit von mindestens 100 Stunden nicht mehr als 10% der Summe der Nutzungszeit und der Ausfallzeit beträgt,
c) die im Mietschein festgelegte übrige Software, zu deren Lieferung spätestens zusammen mit der Anlage oder den Geräten sich der Vermieter verpflichtet hat, ihren Zweck erfüllt, so dass die Aufgaben wahrgenommen werden können, und
d) von der Anlage oder den Geräten und der Grundsoftware nach § 1 die bei Vertragsabschluss vorhandenen ablauffähigen, auf vergleichbaren Anlagen erfolgreich geprüften Programme des Mieters verarbeitet werden, zu deren Nutzung die Anlage oder Geräte ausdrücklich beschafft wurden und die im Mietschein aufgeführt sind.
Für die 30 aufeinander folgenden Kalendertage gelten Ausfalltage, die nicht vom Vermieter zu vertreten sind, nicht als Unterbrechung der Funktionsprüfung. Die Funktionsprüfung verlängert sich auf Verlangen des Mieters um die Zahl dieser Tage, es sei denn, dass der Mieter die Unterbrechung vorsätzlich oder grob fahrlässig verursacht hat. Bei Verschulden des Mieters kann der Vermieter die Erstattung der notwendigen Mehraufwendungen verlangen.
3. Sind für einzelne Geräte einer Anlage im Mietschein unterschiedliche Anlieferungstermine vereinbart, so beschränkt sich die Funktionsprüfung jeweils auf die unter die Teillieferung fallenden Geräte. Auf eine Funktionsprüfung der gesamten Anlage kann der Mieter verzichten, wenn nach Abschluss der Teillieferung der Anlage insgesamt ordnungsgemäß arbeitet.
Die vorstehenden Bestimmungen finden auch Anwendung im Falle des § 7 Nr. 3.

4. Führt die Funktionsprüfung nur deshalb nicht zum Erfolg, weil innerhalb der Prüfperiode gemäß Nummer 2 aus vom Mieter zu vertretenden Gründen keine 100 Nutzungsstunden für die Anlage oder Geräte erreicht werden, gelten Anlagen oder Geräte als abgenommen.

5. Der Mieter kann im Einvernehmen mit dem Vermieter auf die Durchführung einer Funktionsprüfung schriftlich verzichten, wenn eine sachliche Notwendigkeit für eine Prüfung nicht besteht.

6. Die Mietzahlungsverpflichtung – auch bei Teillieferungen gemäß Nummer 3 – beginnt mit dem ersten Tag der erfolgreichen dreißigtätigen Prüfperiode. Verlängert sich diese Prüfperiode gemäß Nummer 2, so ist auch für die Verlängerungstage der vereinbarte Mietzins zu zahlen, soweit der Mieter die Verlängerung zu vertreten hat.
Im Falle der Nummer 5 beginnt die Mietzahlungsverpflichtung mit dem Tage nach Eingang der Betriebsbereitschaftserklärung.

7. Kann die Funktionsprüfung aus vom Vermieter zu vertretenden Gründen nicht innerhalb von 100 Kalendertagen – gerechnet vom Zeitpunkt der Meldung der Betriebsbereitschaft an – erfolgreich abgeschlossen werden, kann der Mieter den Vertrag fristlos kündigen. § 9 Nr. 7 findet insoweit keine Anwendung.

§ 9. Gewährleistung

1. Der Vermieter gewährleistet im Rahmen der vertragsgemäßen Nutzung die ständige Betriebsbereitschaft der im Mietschein aufgeführten Anlagen oder Geräte.
Der Mieter hat im Rahmen des Zumutbaren die Maßnahmen zu treffen, die eine Feststellung der Fehler und ihrer Ursachen erleichtern und Wiederholungsläufe abkürzen (z. B. Prüfsummenbildung, Programm-Fixpunktroutinen).
Die Gewährleistung beginnt mit dem Tage nach Erklärung der Betriebsbereitschaft (§ 6 Nr. 4) der Anlage oder Geräte durch den Vermieter.

2. Treten bei vertragsgemäßer Nutzung Mängel an der Anlage oder den Geräten auf, so hat der Vermieter unverzüglich durch Instandsetzung für die Beseitigung der Störungen zu sorgen. Nach Durchführung der Arbeiten hat der Vermieter in den Unterlagen (z. B. im Betriebsbuch) des Mieters anzugeben, dass die Betriebsbereitschaft der Anlage oder Geräte wiederhergestellt wurde; die Angaben sind vom Wartungstechniker zu unterschreiben. Auf Verlangen unterrichtet der Mieter den Vermieter über die vorgesehenen Einsatzzeiten der Anlage oder Geräte.

3. Können wegen der in Nummer 2 genannten Mängel die Anlage oder Geräte nicht oder nicht voll genutzt werden, stellt der Vermieter dem Mieter, sofern im Mietschein vereinbart, unverzüglich eine Ausweichanlage zur Verfügung. Einzelheiten, insbesondere der späteste Zeitpunkt für die Bereitstellung der Anlage, sind im Mietschein festzulegen. Während der Funktionsprüfung wird auf die Bereitstellung einer Ausweichanlage verzichtet, es sei denn, dass Gegenteiliges im Mietschein vereinbart ist.
Wird eine Ausweichanlage bereitgestellt, ist bei der Berechnung der Vergütung für deren Benutzung der übliche Preis zugrunde zu legen. Hierbei sind die Kosten abzuziehen, die daraus entstehen, dass der Mieter zur Vorbereitung der programmwirksamen Nutzung der Ausweichanlage zusätzliche Nutzungszeit in Anspruch nehmen musste. Die Summe aus der so errechneten Vergütung und der dem Mieter entstehenden Kosten für das Bedienungspersonal (Reise- und Aufenthaltskosten) sowie der Kosten für den Transport der erforderlichen Materialien (Datenträgermaterial, Formulare usw.) trägt bis zur Höhe des Mietzinses, der sich bei gleicher Benutzung der Mietanlage ergeben

hätte, der Mieter; der darüber hinausgehende Betrag geht zu Lasten des Vermieters.
§ 4 Nr. 1 Satz 3 bis 6 und § 4 Nr. 3 bleiben unberührt.
Kann der vorhandene Rechenbedarf des Mieters nicht auf der Ausweichanlage gedeckt werden, so dass nach Inbetriebnahme der gemieteten Anlage oder Geräte Mehrstunden erforderlich werden, bleibt diese Rechenzeit bei der Berechnung des Zuschlags für Mehrstunden (§ 4 Nr. 1) außer Ansatz.

4. Für jeden Kalendertag, an dem die Anlage oder Geräte genutzt werden sollten, aber wegen der in Nummer 2 genannten Mängel – beginnend mit dem Zeitpunkt der Störungsmeldung an den Vermieter – mehr als zwölf Stunden nicht genutzt werden können, entfällt die Mietzahlung, sofern der Vermieter für die nicht rechtzeitige Behebung der Mängel einzustehen hat. Einstehen ist nicht auf Verschulden beschränkt, andererseits umfasst es nicht höhere Gewalt oder andere vom Vermieter nicht beeinflussbare Umstände, es sei denn, dass sie in der Mietsache begründet sind. In diesem Fall verringert sich bei Geräten mit Zählwerk die nach § 4 Nr. 1 der Berechnung von Mehrbenutzungsstunden zugrunde zu legende und durch die Grundmonatsmiete abgegoltene vierteljährliche Nutzungsdauer von 540 Stunden je Ausfalltag um sechs Stunden.
Wird eine Ausweichanlage zum vereinbarten Zeitpunkt nicht bereitgestellt, so zahlt der Vermieter für jeden Kalendertag – beginnend mit dem Tage, an dem die Mietzahlungsverpflichtung entfällt – $1/30$ der Grund- bzw. Pauschalmonatsmiete als Vertragsstrafe. Die Verpflichtung zur Zahlung der Vertragsstrafe endet mit Ablauf des Tages, an dem die Ausweichanlage nachträglich zur Verfügung gestellt wird bzw. die Anlage oder Geräte wieder betriebsbereit übergeben werden. Kann der Mieter an diesem Tage die Ausweichanlage bzw. die Mietanlage oder die gemieteten Geräte mehr als zwölf Stunden nutzen, endet die Verpflichtung zur Zahlung der Vertragsstrafe bereits mit Ablauf des Vortages.
Ist eine Ausweichanlage nicht vereinbart, beginnt die Verpflichtung zur Zahlung der Vertragsstrafe mit dem dritten vorgesehenen Nutzungstag der Anlage oder Geräte nach Wegfall des Mietzinses; sie endet mit Ablauf des Tages, an dem die Anlage oder Geräte wieder betriebsbereit übergeben werden. Kann der Mieter an diesem Tage die Anlage oder Geräte mehr als zwölf Stunden nutzen, endet die Verpflichtung zur Zahlung der Vertragsstrafe bereits mit Ablauf des Vortages.

5. Wird durch einen der in Nummer 2 genannten Mängel die Nutzung der Anlage oder Geräte nur gemindert, so ist der Mieter berechtigt, den Mietzins um den Teil herabzusetzen, der der sich für ihn ergebenden Gebrauchsminderung entspricht. Die Höhe der Vertragsstrafe berechnet sich nach Maßgabe der Mietzinsminderung.

6. Der Vermieter gewährleistet die einwandfreie Funktion der Grundsoftware nach § 1 sowie der im Mietschein festgelegten übrigen Software, zu deren Lieferung spätestens zusammen mit der Anlage oder den Geräten sich der Vermieter verpflichtet hat. Mängel an dieser Software gelten als Mängel an der Anlage oder den Geräten. Der Gewährleistung unterliegt die letzte vom Mieter übernommene Programmversion. Eine neue Programmversion ist vom Mieter, sobald es ihm zumutbar ist, zu übernehmen, wenn die Programmänderung zur Vermeidung von Ausfällen der Anlage oder Geräte oder zur Behebung von Schutzrechtsverletzungen notwendig ist oder der Fehlerbeseitigung dient; § 17 Nr. 3 Abs. 2 bleibt unberührt. In allen übrigen Fällen kann der Mieter die Übernahme einer neuen Programmversion aus berechtigten Gründen ablehnen.

Im Falle des Absatzes 1 Satz 4 hat der Vermieter Mängel der bisher vom Mieter genutzten Programmversion zu beheben, bis der Mieter eine neue Programmversion übernehmen kann. Übernimmt der Mieter aus den in Absatz 1 Satz 5 genannten Gründen eine neue Programmversion nicht, ist der Vermieter verpflichtet, Mängel der bisher verwendeten Programmversion während eines Zeitraums von 2 Jahren, beginnend mit dem Zeitpunkt, an dem der Vermieter eine neue Version angeboten hat, zu beseitigen.

Werden Programme des Mieters, zu deren Nutzung die Anlage oder Geräte ausdrücklich beschafft wurden und die im Mietschein aufgeführt sind, von der Anlage oder den Geräten nicht verarbeitet oder führt ihre Verarbeitung zu falschen oder unvollständigen Ergebnissen, obwohl sie in vergleichbaren Anlagen oder Geräten fehlerfrei verarbeitet werden können, gilt dies als Mangel an der Anlage oder den Geräten.

Nummern 2, 4, 5 und 7 bis 9 gelten sinngemäß.

Die Gewährleistung entfällt für vom Mieter geänderte Programme.

7. Werden Mängel während einer Frist von 30 Kalendertagen, gerechnet vom Zeitpunkt der Störungsmeldung an den Vermieter an, nicht so beseitigt, dass die Mietsache vertragsgemäß genutzt werden kann, kann der Mieter den Vertrag fristlos kündigen.

Hat der Vermieter eine Ausweichanlage zur Verfügung gestellt, kann der Mieter den Vertrag nach Ablauf von 30 Ausfalltagen mit einer Frist von 30 Tagen kündigen. Absatz 1 gilt auch für Software gemäß Nummer 6 Abs. 3.

Das Recht zur außerordentlichen Kündigung gilt nicht bei Minderung (Nummer 5), vorausgesetzt, dass der Mieter die Aufgaben im Wesentlichen erfüllen kann.

8. Die Verpflichtung zur Zahlung der Vertragsstrafe gemäß den Nummern 4, 5 und 6 ist auf 100 Kalendertage beschränkt; im Falle der Nummer 7 und des § 8 Nr. 7 zahlt der Vermieter unabhängig vom Zeitpunkt der Kündigung eine Vertragsstrafe in Höhe des Betrages für 100 Kalendertage.

9. Wiederholt sich eine auf derselben Ursache beruhende Störung innerhalb von acht Nutzungsstunden nach Beendigung der Instandsetzungsarbeiten, so gilt die gesamte Zeit von der Meldung der ersten Störung an als Nutzungsausfall gemäß den Nummern 4 und 5, es sei denn dass die zwischenzeitlich erzielten Arbeitsergebnisse für den Mieter einwandfrei und ohne besonderen Zeitaufwand erkennbar fehlerfrei und damit voll verwertbar waren.

10. Die Regelung des § 343 BGB über die Herabsetzung der Vertragsstrafe bleiben in den vorgenannten Fällen unberührt.

§ 10. Haftung des Vermieters für die Verletzung von Schutzrechten

1. Der Vermieter steht dafür ein, dass die Mietsache frei von Schutzrechten Dritter (z. B. Patente, Urheberrecht, bekanntgemachte Patentanmeldungen, eingetragene Warenzeichen, Gebrauchsmuster) ist, die ihre Nutzung ausschließen bzw. einschränken. Das Gleiche gilt für nicht bekanntgemachte Patentanmeldungen, von denen der Vermieter Kenntnis hat.

2. Werden nach Vertragsabschluss Verletzungen von Schutzrechten gemäß Nummer 1 geltend gemacht und wird die Nutzung der Mietsache beeinträchtigt oder untersagt, ist der Vermieter verpflichtet, nach seiner Wahl entweder die Mietsache in der Weise zu ändern oder zu ersetzen, dass sie nicht mehr unter die Schutzrechte fällt, gleichwohl aber den vertraglichen Bestimmungen entspricht oder das Recht zu erwirken, dass der Mieter die Mietsache uneingeschränkt ohne Anlastung von Lizenzgebühren benutzen kann. Ist dies dem Vermieter nicht möglich, gelten die Bestimmungen des § 9 entsprechend. Werden Schutzrechte geltend gemacht, die dem Vermieter bei Vertragsabschluss

2. BVB – Miete

nicht bekannt sein konnten, entfällt eine Verpflichtung zur Zahlung einer Vertragsstrafe nach § 9.

3. Der Vermieter übernimmt die alleinige Haftung Dritten gegenüber wegen Verletzung von Schutzrechten. Er ist insbesondere verpflichtet, alle Rechtsstreitigkeiten, die sich aus Ansprüchen Dritter gegen den Mieter ergeben, auf eigene Kosten durchzuführen. Dies gilt unter der Voraussetzung, dass die Mietsache vom Mieter vertragsgemäß genutzt wurde. Der Mieter ist verpflichtet, den Vermieter unverzüglich schriftlich zu benachrichtigen, wenn gegen ihn Ansprüche wegen Verletzung von Schutzrechten geltend gemacht werden.

4. Können die Anlage oder Geräte wegen Verletzung von Schutzrechten nicht genutzt werden, ist, wenn im Mietschein vereinbart, eine Ausweichanlage zur Verfügung zu stellen. Die Nummer 1 bis 3 gelten entsprechend.

§ 11. Haftung für sonstige Schäden, Versicherung

1. Der Vermieter stellt den Mieter, soweit gesetzlich zulässig, von der Haftung für Verlust und Beschädigung der Anlage oder Geräte frei, mit Ausnahme des Verlustes und der Beschädigung durch Kernreaktion, radioaktive Strahlung oder radioaktive Verseuchung, soweit der Mieter diese Ursachen gesetzlich zu vertreten hat.

2. Der Vermieter haftet für Personen- und Sachschäden, die dem Mieter oder Dritten entstehen, soweit er dafür einzustehen hat (vgl. hierzu § 9 Nr. 4 Abs. 1 Satz 2). Für sonstige Schäden haftet der Vermieter, soweit sie durch den Vermieter oder die Mietsache unmittelbar verursacht wurden und den Vermieter ein Verschulden trifft. Die Haftungshöchstsumme je Schadensfall beträgt eine Million DM. Die Haftungsregelung gilt nicht für Verzug, Gewährleistung und für Schutzrechtsverletzungen, soweit der Schaden dadurch entsteht, dass die Anlage oder Geräte keine oder fehlerhafte Ergebnisse liefern: die Haftung hierfür ist in den §§ 7, 9 und 10 abschließend geregelt.
Der Vermieter haftet nicht für die Wiederbeschaffung von Daten, es sei denn, dass er deren Vernichtung grob fahrlässig oder vorsätzlich verursacht und der Mieter sichergestellt hat, dass diese Daten aus Datenmaterial das in maschinenlesbarer Form bereitgehalten wird, mit vertretbarem Aufwand rekonstruiert werden können.

3. Der Mieter kann vom Vermieter den Nachweis verlangen, dass diese Ansprüche – soweit sie versicherbar sind – durch eine Versicherung abgedeckt sind.

§ 12. Behinderung und Unterbrechung der Leistung

1. Soweit der Vermieter seine vertraglichen Leistungen infolge Arbeitskampf, höherer Gewalt, Krieg oder Aufruhr nicht erbringen kann, treten für ihn keine nachteiligen Rechtsfolgen ein. Das gilt nicht, wenn die Behinderung oder Unterbrechung durch einen Arbeitskampf verursacht werden, den der Vermieter durch rechtswidrige Handlungen verschuldet hat.
Tritt die Behinderung oder Unterbrechung aus den in Absatz 1 genannten Gründen bei Vor- oder Unterlieferern ein, so gilt Absatz 1 nur, wenn die Leistung der Vor- oder Unterlieferer von Teilen oder Ersatzteilen hierdurch länger als zwanzig Kalendertage und die Leistung der Unterlieferer von Geräten hierdurch länger als zehn Tage verzögert wird.

2. Sieht sich der Vermieter in der ordnungsgemäßen Durchführung der übernommenen Leistungen behindert, so hat er dies dem Mieter unverzüglich anzuzeigen. Sobald zu übersehen ist, zu welchem Zeitpunkt die Leistung wieder aufgenommen werden kann, ist dies dem Mieter mitzuteilen.

3. Sobald die Ursache der Behinderung oder Unterbrechung wegfällt, hat der Vermieter unter schriftlicher Mitteilung an den Mieter die Leistungen ohne besondere Aufforderung unverzüglich wieder aufzunehmen.

4. Die Nummern 1 bis 3 gelten entsprechend für die vertraglichen Leistungen des Mieters.

§ 13. Personalausbildung, Einsatzvorbereitung

1. Der Vermieter ist verpflichtet, auf Anforderung des Mieters in angemessenem Umfang das zur Programmerstellung und Maschinenbedienung notwendige geeignete Personal auszubilden und das hierzu notwendige Material einschließlich der Literatur über Grundsoftware in deutscher Sprache, bei Übersetzungen auf Verlangen auch im Originaltext, zu überlassen.
Soweit nichts Abweichendes vereinbart ist, erfolgt die Ausbildung in den Ausbildungskursen des Vermieters.

2. Der Vermieter berät den Mieter bei der Einsatzvorbereitung (z. B. Systemanalyse, Organisation, Programmierung und Programmtest) und während der Anlaufphase in angemessenem Umfang durch entsprechend qualifiziertes Personal. Er haftet nicht für ein bestimmtes Ergebnis.

3. Der Vermieter stellt dem Mieter rechtzeitig vor dem Auslieferungstermin auf einer geeigneten Anlage ausreichende Testzeiten zur Verfügung.

4. Die beiderseitigen Leistungen sind im Mietschein oder in einem gesonderten Vertrag zu vereinbaren.

§ 14. Einweisung des Personals, Bedienung der Anlage

1. Der Vermieter weist das Bedienungspersonal rechtzeitig ein und stellt gleichzeitig die notwendigen Bedienungsanweisungen in angemessenem Umfang in deutscher Sprache, bei Übersetzungen auf Verlangen auch im Originaltext, zur Verfügung.

2. Der Mieter ist verpflichtet, die Anlage oder Geräte entsprechend der Bedienungsanweisung des Vermieters zu benutzen. Auftretende Mängel sind dem Vermieter unter Angabe der für die Störungsbeseitigung zweckdienlichen Informationen unverzüglich zu melden.

3. Über die Betriebs-, Stillstands- und Wartungszeiten der Anlage oder Geräte führt der Mieter Aufzeichnungen (z. B. ein Betriebsbuch). Die Angaben über die Wartungszeiten sind vom Wartungspersonal des Vermieters zu unterschreiben. Bei Ansprüchen aus Gewährleistung sind die unterschriebenen Zeitangaben in diesen Aufzeichnungen für beide Seiten verbindlich.

§ 15. Zutritt zu der Anlage

Für Instandsetzungsarbeiten hat der Mieter dem Vermieter unverzüglich und ohne unzumutbare Auflagen Zutritt zu der Anlage oder den Geräten zu gewähren; die Sicherheitsauflagen sind in § 23 geregelt.

Für alle sonstigen Tätigkeiten des Vermieters an der Anlage oder den Geräten wird der Zutritt durch besondere Vereinbarung geregelt.

§ 16. Gebrauchsüberlassung

1. Der Mieter ist berechtigt, die Mietsache anderen Stellen des Bundes, der Länder, der Gemeinden und Gemeindeverbänden und kommunalen Zweckverbänden sowie sonstigen juristischen Personen des öffentlichen Rechts zur Benutzung zu überlassen.

2. Die Benutzung der Anlage oder Geräte durch Dritte, die nicht unter Nummer 1 fallen, ist im Rahmen eines vorübergehenden Kapazitätsausgleichs einschließlich der Bereitstellung als Ausweichanlage zulässig; sie ist vom Mieter dem Vermieter anzuzeigen. Eine weitergehende Gebrauchsüberlassung bedarf der Zustimmung des Vermieters.

3. In den Fällen der Nummern 1 und 2 gewährleistet der Mieter, dass nur geschultes Personal eingesetzt wird und der Benutzer die Verpflichtungen, die vertragsgemäß mit dem Betrieb der Anlage oder Geräte verbunden sind, erfüllt und dass dem Vermieter keine über den Rahmen dieser Vertragsbedingungen hinausgehende Verpflichtung entsteht.

4. Im Rahmen seiner betrieblichen Möglichkeiten stellt der Mieter dem Vermieter jeweils nach Vereinbarung auf der Anlage Rechenzeit zur Verfügung.

§ 17. Erweiterung und Änderung der Anlage

1. Nimmt der Vermieter Änderungen an den von ihm vertriebenen Anlagen oder Geräten vor, so hat er den Mieter rechtzeitig zu unterrichten, soweit die Anlage oder Geräte des Mieters hiervon betroffen werden. Entstehen dem Mieter durch derartige Änderungen keine unzumutbaren Nachteile, hat er diese Änderungen zuzulassen. Der Vermieter führt in diesem Falle diese Änderung und ggf. hierdurch notwendige Änderungen an der von ihm vertraglich zur Verfügung gestellten Software ohne Berechnung durch. Werden durch die Änderung der Mietsache auch Änderungen an der Software des Mieters notwendig, kann der Mieter die Änderung der Mietsache ablehnen, es sei denn, dass der Vermieter auf Verlangen des Mieters diese Software-Änderung ohne Berechnung vornimmt oder dem Mieter die Änderungskosten erstattet.

2. Der Mieter ist berechtigt, an der Anlage oder den Geräten Anbauten oder Änderungen vorzunehmen oder Geräte anderer Hersteller anzuschließen. Voraussetzung hierfür ist, dass der eigentliche Verwendungszweck, die Sicherheit und ordnungsgemäße Arbeitsweise sowie die Wartung der Anlage oder Geräte oder die Durchführung einer vom Vermieter geplanten Änderung an einem Gerät nicht beeinträchtigt bzw. wesentlich erschwert werden. Die Durchführung dieser Maßnahme bedarf der vorherigen Anzeige an den Vermieter. Schließt der Mieter an die Anlage oder Geräte des Vermieters Geräte anderer Hersteller an, so erstreckt sich die Gewährleistungspflicht des Vermieters bis zur Schnittstelle seiner Anlage oder Geräte. Der Vermieter ist verpflichtet, die für den Anschluss der Geräte anderer Hersteller notwendigen Geräte oder Geräteteile dem Mieter zu vermieten, soweit diese allgemein verfügbar sind.
Sind nach Auffassung des Vermieters die Voraussetzungen für die Durchführung der angezeigten Änderungen oder Anbauten bzw. den Anschluss der Fremdgeräte nicht gegeben, so ist der Vermieter verpflichtet, den Mieter hierauf schriftlich hinzuweisen. Der Vermieter übernimmt jedoch keine Gewähr dafür, dass die Voraussetzungen für die geplanten Maßnahmen gegeben sind, und zwar auch dann nicht, wenn eine entsprechende Prüfung durch ihn erfolgt ist. Für Schutzrechtsverletzungen, die durch derartige Maßnahmen des Mieters entstehen, haftet der Mieter. Ungeachtet dessen ist der Vermieter verpflichtet, den Mieter zu unterrichten, wenn ihm bekannt ist, dass durch die Anbauten oder Änderungen oder den Anschluss der Fremdgeräte Schutzrechte Dritter verletzt werden oder verletzt werden könnten.

3. Sollen die Anlage oder Geräte vereinbarungsgemäß im Zusammenwirken mit anderen EDV-Anlagen oder -Geräten genutzt werden, so gewährleistet der Vermieter der anzuschließenden Geräte, dass diese anschlusskompatibel sind und dass die von ihm gelieferte Software auch im Zusammenwirken mit den

460   Anhang II. Besondere Vertragsbedingungen

Geräten, die vereinbarungsgemäß an die Geräte des Vermieters angeschlossen werden, ordnungsgemäß arbeitet. Für alle Nachteile, die dem Mieter dadurch entstehen, dass die genannten Voraussetzungen nicht gegeben sind, haftet der Vermieter dieser Geräte im Rahmen der Vertragsbedingungen. Dies gilt auch für Schäden oder Mängel, die durch diese Geräte an den Geräten verursacht werden, an die sie angeschlossen sind und für Schutzrechtsverletzungen. Änderungen, die der Vermieter nachträglich an seinen Geräten vornimmt, dürfen die Anschlusskompatibilität nicht beeinträchtigen; ebenso darf durch Änderungen an der Anlage oder den Geräten oder durch Änderungen an der gelieferten Software deren Funktionsfähigkeit auch in Bezug auf die angeschlossenen Fremdgeräte nicht beeinträchtigt werden.

4. Werden an die Anlage oder Geräte des Vermieters Geräte anderer Hersteller angeschlossen, so ist der Vermieter verpflichtet, sich auf Verlangen des Mieters im Rahmen des Zumutbaren an der Eingrenzung der Fehler zu beteiligen, die sich aus dem Zusammenwirken der Geräte ergeben können. Stellt sich hierbei heraus, dass der Fehler von den Geräten verursacht wurde, die an die Geräte des Vermieters angeschlossen wurden, ist der Vermieter berechtigt, eine Vergütung für seine Leistungen bei der Fehlereingrenzung zu verlangen.

5. Beeinflussen Änderungen oder Anbauten die Wartungsleistungen derart, dass eine Neufestsetzung des Mietpreises erforderlich ist, teilt dies der Vermieter dem Mieter unverzüglich nach Erhalt der Mitteilung über die vom Mieter beabsichtigten Maßnahmen mit.

Kann der Vermieter vor Durchführung der Änderungen oder Anbauten den Mehrpreis nicht ermitteln und führt der Mieter die Änderungen dennoch durch, stellt der Vermieter dem Mieter seine üblichen Preise, bezogen auf den Mehraufwand, in Rechnung.

6. Auf Verlangen des Vermieters stellt der Mieter bei Rückgabe der Mietsache deren ursprünglichen Zustand wieder her. Dasselbe gilt, wenn sich nach der Durchführung von Anbauten oder Änderungen oder dem Anschluss von Fremdgeräten herausstellt, dass die Voraussetzungen gemäß Nummer 2 nicht gegeben waren.

§ 18. Wartung

1. Der Vermieter ist verpflichtet, die erforderlichen Instandhaltungsarbeiten regelmäßig durchzuführen. Die Kosten hierfür sind durch den Mietzins abgegolten, soweit die Instandhaltungsarbeiten während der im Mietschein vereinbarten normalen Wartungszeiten des Vermieters durchgeführt werden. Für Instandhaltungsarbeiten, die auf Verlangen des Mieters zu anderen Zeiten durchgeführt werden, kann ein prozentualer Zuschlag auf $1/180$ des Wartungskostenanteils der Grund- bzw. Pauschalmonatsmiete je Wartungsstunde vereinbart werden; der Zuschlagsatz ist im Mietschein festzulegen. Der Mieter stellt dem Vermieter die Anlagen oder Geräte für die Durchführung der erforderlichen Instandhaltungsarbeiten zur Verfügung. Die Arbeiten werden nach einem zu vereinbarenden Zeitplan durchgeführt.

2. Für Instandsetzungsarbeiten aus Gewährleistung, die auf Verlangen des Mieters an Samstagen oder Sonn- und Feiertagen, für die der Mieter die Nutzung der Anlage oder Geräte nicht vorgesehen hat, durchgeführt werden, kann ein prozentualer Zuschlag auf $1/180$ des Wartungskostenanteils der Grund- bzw. Pauschalmonatsmiete je Wartungsstunde vereinbart werden; der Zuschlagsatz ist im Mietschein festzulegen.

Der Vermieter hat auch die Instandsetzungsarbeiten, zu denen er nicht nach § 9 und § 11 verpflichtet ist, unverzüglich durchzuführen; hierfür kann er eine Vergütung verlangen.

3. Nach Durchführung der Wartungsarbeiten hat der Wartungstechniker in den Unterlagen (z. B. im Betriebsbuch) des Mieters (§ 14 Nr. 3) anzugeben, dass die Betriebsbereitschaft der Anlage oder Geräte wieder hergestellt wurde; die Angaben sind vom Wartungstechniker zu unterschreiben.
4. Wird im Rahmen der Wartung von den Zählern an den Geräten Betriebszeit ermittelt, so bleibt diese Zeit bei der Mietberechnung außer Ansatz. Die Zählerstände sind in den Unterlagen (z. B. im Betriebsbuch) des Mieters (§ 14 Nr. 3) zu vermerken und vom Wartungstechniker zu unterschreiben. Entsprechendes gilt für die Instandsetzungsarbeiten, die im Rahmen der §§ 9 und 11 durchgeführt werden.
5. Um behördliche Genehmigungen für Arbeiten an Sonn- und Feiertagen wird der Vermieter mit Unterstützung des Mieters nachsuchen.
6. Ist auf Grund der §§ 7, 9 und 10 eine Ausweichanlage vereinbart, kann der Mieter diese gegen besondere Vergütung auch dann benutzen, wenn die gemietete Anlage oder die gemieteten Geräte aus anderen Gründen ausfallen.

§ 19. Ergänzung der Software

1. Der Vermieter unterrichtet den Mieter über seine vorhandene Grundsoftware sowie über eigene Neuentwicklungen der für die Anlagenkonfiguration des Mieters geeigneten Grundsoftware und bietet ihm diese zur Benutzung an, soweit sie allgemein verfügbar sind.
2. Verbesserungen oder Änderungen der dem Mieter überlassenen Grundsoftware sind unverzüglich nach Erprobung dem Mieter auf Verlangen ohne Berechnung zur Verfügung zu stellen.
3. Im Übrigen unterrichtet der Vermieter den Mieter ständig über die von ihm entwickelte Software, soweit sie allgemein verfügbar und für den Mieter nach dessen Aufgabenbereich von Bedeutung sein kann.

§ 20. Datenträger, Zubehör

Die vom Mieter verwendeten Datenträger und Zubehörteile müssen den üblichen Richtlinien und Fachnormen entsprechen. Der Vermieter berät den Mieter in allen im Zusammenhang mit der Beschaffung von Datenträgern, Zubehör und Arbeitsmitteln auftretenden Fragen; er stellt ihm hierbei seine Spezifikationen zur Verfügung. Die Spezifikationen des Vermieters sind für den Mieter insoweit verbindlich, als allgemeingültige Richtlinien und Fachnormen noch nicht vorliegen oder aus maschinenspezifischen Gründen ein Abweichen von diesen Richtlinien und Fachnormen notwendig ist.

§ 21. Umsetzungen, Rückgabe, Rücktransport der Anlage

1. Eine örtliche Verlagerung von Geräten innerhalb der Bundesrepublik ist zulässig. Soweit die Verlagerung nach Bauart und Konstruktion der Geräte ohne technischen Aufwand und ohne Mitwirkung des Vermieters durchgeführt werden kann, bedarf sie lediglich der Anzeige an den Vermieter; der Mieter trägt die aus der örtlichen Verlagerung sich ergebenden Risiken.
Ist die Mitwirkung des Vermieters erforderlich, hat der Vermieter den Abbau, die Verpackung und den Transport und die Wiederinstallation gegen Vergütung durchzuführen. Der Mieter ist nicht berechtigt, die Umsetzung durch Dritte durchführen zu lassen.
Beeinflusst die Umsetzung von Geräten die Wartungsleistungen derart, dass eine Neufestsetzung des Mietzinses erforderlich wird, teilt dies der Vermieter

dem Mieter unverzüglich nach Erhalt der Mitteilung über die beabsichtigte Umsetzung mit. § 17 Nr. 5 Abs. 2 gilt entsprechend.

2. Nach Beendigung des Mietvertrags übernimmt der Vermieter den Abbau, die Verpackung und den Rücktransport der Anlage oder Geräte. Die Kosten hierfür sind bei einer Mietzeit von mindestens vier Jahren durch den Mietzins abgegolten. Bei einer kürzeren Mietzeit trägt der Mieter die Kosten für den Abtransport der Anlage bis zu einem Ort innerhalb der Bundesrepublik, der bei Vertragsabschluss im Mietschein festzulegen ist.

§ 22. Kaufrecht des Mieters

Der Mieter kann jederzeit – bei Verträgen mit einer Mindestmietzeit von fünf Jahren bis zum Ablauf von 36 Monaten nach Beginn der Mietzahlungsverpflichtung – die Umwandlung des Mietvertrags in einen Kaufvertrag verlangen. Der Vermieter ist verpflichtet, auf den zu vereinbarenden Kaufpreis den bereits gezahlten Mietzins prozentual anzurechnen; die Höhe des Prozentsatzes ist im Mietschein zu vereinbaren. Im Mietschein wird ferner festgelegt, wieviel Prozent des Kaufpreises der Vermieter in jedem Fall bei Umwandlung des Mietvertrags in einen Kaufvertrag verlangen kann.

Einem derartigen Kaufvertrag werden die Besonderen Bedingungen für den Kauf von EDV-Anlagen und -Geräten zugrunde gelegt. Soweit in den Besonderen Bedingungen für den Kauf von EDV-Anlagen und -Geräten Fristen enthalten sind, die sich auf den Beginn des Vertrags oder auf die Betriebsbereitschaft beziehen, gelten die entsprechenden Daten des Mietvertrags.

§ 23. Geheimhaltung, Sicherheit

1. Der Vermieter hat mit der gebotenen Sorgfalt darauf hinzuweisen, dass alle Personen, die von ihm mit der Bearbeitung oder Erfüllung dieses Vertrages betraut sind, die hierbei erlangten Informationen, soweit sie nicht offenkundig sind, nicht an Dritte weitergeben oder sonst verwerten. Der Mieter ist verpflichtet, alle im Rahmen des Vertragsverhältnisses erlangten Kenntnisse von Fabrikations- oder Geschäftsgeheimnissen vertraulich zu behandeln; eine weitergehende Verpflichtung ist im Mietschein festzulegen. Unberührt hiervon bleibt der Erfahrungsaustausch zwischen den öffentlichen Auftraggebern.

2. Dem Vermieter können über die Verpflichtungen der Nummer 1 hinaus Sicherheitsauflagen gemacht werden, wenn dies insbesondere aus Gründen der Geheimhaltung oder der öffentlichen Sicherheit erforderlich ist. Einzelheiten sind im Mietschein oder in einem gesonderten Vertrag zu vereinbaren.

§ 24. Erfüllungsort, Gerichtsstand

Erfüllungsort ist der im Mietschein angegebene Aufstellungsort.

Für Rechtsstreitigkeiten ist ausschließlich das Gericht zuständig, in dessen Bezirk diejenige Stelle des Mieters ihren Sitz hat, die für die Prozessvertretung zuständig ist.

§ 25. Schriftform

Der Mietvertrag, seine Änderungen und Ergänzungen bedürfen der Schriftform; Ergänzungen und Änderungen müssen als solche ausdrücklich gekennzeichnet sein.

Anhang zu den Besonderen Vertragsbedingungen für die Miete von EDV-Anlagen und -Geräten

Begriffsbestimmungen einiger in den Besonderen Vertragsbedingungen für die Miete von EDV-Anlagen und -Geräten verwendeter Begriffe

Anlage:	Zentraleinheit(en) einschließlich angeschlossener und zugeordneter Geräte.
Ausfallzeit:	Die Zeit, in der die Anlagen oder Geräte keine oder fehlerhafte Leistungen erbringen.
Ausweichanlage:	Eine der Konfiguration des Anwenders entsprechende Anlage, die für die Programme des Anwenders geeignet ist.
Betriebsbereitschaft:	Uneingeschränkte Einsatzfähigkeit der Anlage oder Geräte.
Geräte:	Zentraleinheit oder die an die Zentraleinheit unmittelbar oder mittelbar angeschlossenen oder der Anlage zugeordneten Maschinen.
Grundsoftware:	Programme (einschließlich fest verdrahteter Programme), die zum Betrieb einer festverlegten Anlagenkonfiguration Voraussetzung sind, insbesondere die zur Steuerung, Überwachung, Wartung und Diagnose der einzelnen Systemelemente (Zentraleinheit, Arbeitsspeicher, Anschlussgeräte) sowie die zur Verwaltung und Kontrolle der Programmabläufe erforderlichen Organisationsprogramme eines Betriebssystems.
Instandhaltung:	Alle vorbeugenden, zur Werterhaltung und Aufrechterhaltung der Betriebsbereitschaft der Anlage oder Geräte erforderlichen Leistungen.
Instandsetzung:	Beseitigung von Störungen an der Anlage oder den Geräten durch Reparatur und/oder Ersatz.
Mietsache:	Die gemäß Mietschein vom Vermieter zu liefernde Anlage oder Geräte und Software.
Nutzungsdauer/ -Stunden/-Zeit:	Die Zeit, während der die Anlage oder Geräte programmwirksam – ausgenommen Programmläufe für Wartungszwecke – eingesetzt sind.
Rechenzentrum:	Eine oder eine Mehrzahl von EDV-Anlagen oder -Geräten, die eine organisatorische Einheit bilden und ein und derselben unmittelbaren Leitung unterstehen.
Wartung:	Leistungen zur Instandhaltung und Instandsetzung der EDV-Anlage oder -Geräte.
Wartungszeiten:	Tag, Uhrzeit und Dauer der Instandhaltungs- oder Instandsetzungsarbeiten.

464 Anhang II. Besondere Vertragsbedingungen

3. BVB – Wartung

§ 1. Sachlicher Geltungsbereich

Die nachstehenden Bedingungen gelten für die Wartung von EDV-Anlagen und -Geräten und andere vereinbarte Leistungen.

§ 2. Art und Umfang der Leistungen

Art und Umfang der beiderseitigen Leistungen werden durch die vertraglichen Abmachungen geregelt. Maßgebend dafür sind:
a) Leistungsbeschreibung (Wartungsschein einschließlich Ergänzungen und Änderungen gemäß § 16),
b) nachstehende Bedingungen einschließlich Begriffsbestimmungen (Anhang),
c) allgemein angewandte technische Richtlinien und Fachnormen,
d) die Allgemeinen Bedingungen für die Ausführung von Leistungen (VOL/B).

Bei Unstimmigkeiten gelten die vertraglichen Abmachungen in der vorstehenden Reihenfolge.

§ 3. Mindestdauer der Leistungsverpflichtung, Kündigung

1. Der Beginn der Leistungsverpflichtung wird in der Leistungsbeschreibung festgelegt. Der Vertrag kann mit einer sechsmonatigen Frist vom Auftraggeber oder Auftragnehmer durch eingeschriebenen Brief gekündigt werden. Abweichende Kündigungsfristen können vereinbart werden. Eine Kündigung des Auftraggebers ist frühestens zum Ende des dritten Jahres nach dem Beginn der Leistungsverpflichtung für die zu wartende Anlage oder das zu wartende Gerät zulässig, eine Kündigung durch den Auftragnehmer frühestens zum Ende des fünften Jahres. Der Auftragnehmer kann jedoch vom Ende des dritten Jahres an eine Änderung der Vergütung nach § 5 Nr. 10 Abs. 2 verlangen.

Wird eine Anlage, für die bereits ein Wartungsvertrag mit dem Auftraggeber besteht, durch Geräte ergänzt, so kann die Dauer der Leistungsverpflichtung für diese Geräte derjenigen der Anlage angepasst werden.

2. Setzt der Auftraggeber die in der Leistungsbeschreibung aufgeführten Anlage oder Geräte dauernd außer Betrieb, kann die Wartung für diese Anlage oder Geräte vom Auftraggeber auch vor Ablauf der jeweiligen Mindestdauer der Leistungsverpflichtung mit einer Frist von drei Monaten zum Monatsende gekündigt werden.

§ 4. Leistungen des Auftragnehmers und des Auftraggebers

1. Der Auftragnehmer hat die zur Erhaltung der Betriebsbereitschaft notwendige Instandhaltung und Instandsetzung der in der Leistungsbeschreibung aufgeführten Anlage oder Geräte durchzuführen.

2. Der Auftragnehmer führt die Wartung mit Personal durch, das mit der zu wartenden Anlage oder den zu wartenden Geräten vertraut ist. Er hat geeignetes Personal sowie Ersatzteile, Werkzeuge, Messgeräte und andere Hilfsmittel jederzeit in ausreichendem Umfang zur Verfügung zu halten.

3. Nach Durchführung der Wartungsarbeiten werden in den Unterlagen (z. B. Betriebsbuch) des Auftraggebers folgende Angaben gemacht:
   – Tag und Stunde des Wartungsbeginns,
   – Typ, Modell, Nummer des gewarteten Geräts,
   – Dauer der Wartungsleistung.

Bei Instandsetzungsarbeiten zusätzlich:
- Tag und Uhrzeit der Störungsmeldung,
- Tag und Uhrzeit der Wiederherstellung der Betriebsbereitschaft,
- Beschreibung der Störung, insbesondere Darstellung der Störungsursache.

Die Angaben sind vom Wartungspersonal zu unterschreiben.

4. Der Auftragnehmer berät den Auftraggeber über Verbesserungsmöglichkeiten in Bezug auf den Betrieb der Anlage oder der Geräte.

5. Der Auftraggeber ist verpflichtet, die Anlage oder Geräte entsprechend den technischen Betriebsbedingungen (z. B. Klimatisierung) sowie der Bedienungsanweisung des Herstellers zu benutzen.

Die vom Auftraggeber verwendeten Datenträger und Zubehörteile müssen den üblichen Richtlinien und Fachnormen entsprechen. Spezifikationen des Herstellers der Anlage sind für den Auftraggeber insofern verbindlich, als allgemein angewandte Richtlinien und Fachnormen noch nicht vorliegen oder aus maschinenspezifischen Gründen ein Abweichen von diesen Richtlinien und Fachnormen notwendig ist.

6. Auftretende Mängel sind dem Auftragnehmer unter Angabe der für die Störungsbeseitigung zweckdienlichen Informationen unverzüglich zu melden.

7. Auf Verlangen stellt der Auftraggeber dem Auftragnehmer den notwendigen Raum zum Aufbewahren von Geräten, Werkzeugen, Ersatzteilen usw. sowie gegebenenfalls für das Wartungspersonal zur Verfügung; dies gilt auch für Strom, Wasser und Telefonverbindungen, soweit dies für die Erfüllung der Wartungsleistungen erforderlich ist.

8. Zur Erlangung eventuell notwendig werdender behördlicher Genehmigungen für die Erbringung der Wartungsleistungen durch den Auftragnehmer wird der Auftraggeber den Auftragnehmer unterstützen.

9. Der Auftraggeber hat im Rahmen des Zumutbaren die Maßnahmen zu treffen, die eine Feststellung der Fehler und ihrer Ursachen erleichtern und Wiederholungsläufe abkürzen (z. B. Prüfsummenbildung, Programm-Fixpunktroutinen).

§ 5. Vergütung

1. Die in § 4 genannten Leistungen des Auftragnehmers werden durch eine monatliche Grundpauschale abgegolten. Die Grundpauschale gilt bei einer Nutzungsdauer von 180 Stunden je Monat für eine Wartungsleistung von acht Stunden montags bis freitags in der Zeit zwischen 7 und 18 Uhr.
Leistungen für die Behebung von Ausfällen, die durch äußere vom Auftragnehmer nicht beeinflussbare Umstände verursacht sind, werden nach dem Zeit- und Materialaufwand des Auftragnehmers und den hierfür jeweils geltenden Preisen vergütet, es sei denn, dass etwas anderes vereinbart ist.
Nicht unter die Grundpauschale fallen die Kosten für Verbrauchsmaterial (z. B. Farbbänder, Filzwalzen, Papier), Datenträger, Neulackieren und äußere Reinigung sowie die Vergütung für die Vorhaltung und Nutzung einer Ausweichanlage (§ 8, Nr. 2).

2. Werden bei Geräten mit Zählwerk im Monat mehr als 180 Stunden ermittelt, kann vereinbart werden, dass für jede Mehrstunde ein Betrag bezahlt wird, der aus einem in der Leistungsbeschreibung festzulegenden Prozentsatz aus $^{1}/_{80}$ der Grundpauschale errechnet wird. Bei Geräten ohne Zählwerk kann für die Mehrbenutzung ein monatlicher Zuschlag zur Grundpauschale erhoben werden.

3. Sind die Leistungen innerhalb acht zusammenhängender Stunden ganz oder teilweise außerhalb der Zeit montags bis freitags von 7 bis 18 Uhr zu erbrin-

gen, kann ein prozentualer Zuschlag auf die Grundpauschale in der Leistungsbeschreibung vereinbart werden.

4. Sind die Leistungen montags bis freitags innerhalb mehr als acht zusammenhängender Stunden zu erbringen, kann für jeweils zwei zusätzliche Stunden ein prozentualer Zuschlag auf die monatliche Grundpauschale in der Leistungsbeschreibung vereinbart werden.

5. Sind die Leistungen auch an Samstagen und/oder Sonn- und oder Feiertagen zu erbringen, können hierfür ebenfalls prozentuale Zuschläge auf die Grundpauschale in der Leistungsbeschreibung vereinbart werden.

6. Der Auftraggeber kann vom Auftragnehmer – soweit nichts anderes vereinbart – mit einer Frist von einem Monat zum Monatsbeginn verlangen, dass die Wartungsleistungen anstatt im gewählten Wartungszeitraum fortlaufend in einer anderen Zeit ausgeführt werden, soweit diese im Rahmen der festgelegten Wartungszeiten liegt (Nummer 2.1 des Wartungsscheins).

7. Die Wartungsvergütung (Grundpauschale und Zuschläge für zusätzliche Wartungszeiten) ist von dem Tag an zu entrichten, der in der Leistungsbeschreibung als Beginn der Leistungsverpflichtung festgelegt ist.

8. Für laufende pauschal abzugeltende Wartungsleistungen, die während eines Kalendermonats beginnen oder enden, zahlt der Auftraggeber je Kalendertag $1/30$ der monatlichen Wartungsvergütung nach Nummer 1 bis 5.

9. Für Instandsetzungsarbeiten, die auf Verlangen des Auftraggebers ausnahmsweise außerhalb des gewählten Wartungszeitraums (Nummer 2.1 des Wartungsscheins) ausgeführt werden, wird eine besondere Vergütung als Ersatz für die personellen Mehraufwendungen geleistet.

10. Die vereinbarte Wartungsvergütung gilt mindestens für die Dauer von drei Jahren nach Leistungsbeginn, die Vergütung für Nebenleistungen für die Dauer des Vertrages, es sei denn, dass ein Preisvorbehalt vereinbart ist.
Nach Ablauf der in § 3 Nr. 1 genannten Dreijahresfrist kann der Auftragnehmer verlangen, wenn er maschinenbedingte Mehrkosten glaubhaft macht, dass die Wartungsvergütung angemessen erhöht wird. Kommt eine Vereinbarung über die Erhöhung nicht zustande, so führt der Auftragnehmer die Wartung gegen eine Vergütung nach Aufwand an Zeit und Material durch.
Ist ein Preisvorbehalt vereinbart, so gilt, falls keine anderweitige Regelung vorgesehen ist, folgendes:
  a) Die Grundpauschale kann geändert werden, wenn sich nach Angebotsabgabe der Ecklohn für die Metallindustrie durch Änderung der Tarife oder bei einem tariflosen Zustand durch Änderungen von orts- und gewerbeüblichen Betriebsvereinbarungen ändert. Änderungen des Ecklohns auf Grund von Tarifverträgen oder orts- und gewerbeüblichen Vereinbarungen, die bereits bei Angebotsabgabe abgeschlossen waren, bleiben unberücksichtigt. Der Auftragnehmer hat in der Leistungsbeschreibung anzugeben, um wieviel Prozent sich die Grundpauschale ändert, bei einer Änderung des oben angegebenen Ecklohns um 1 Dpf./Stunde. Bei einer Preiserhöhung trägt der Auftragnehmer von dem so errechneten Mehrbetrag 10% als Selbstbeteiligung, mindestens jedoch 0,5% der Grundpauschale. Bei einer Preissenkung ist der Auftragnehmer berechtigt, 10% des so errechneten Minderbetrags, mindestens jedoch 0,5% der Grundpauschale einzubehalten. Eine neu festgesetzte Grundpauschale darf jedoch die unter gleichartigen Voraussetzungen von anderen Auftraggebern allgemein und stetig geforderte und erzielte Grundpauschale nicht überschreiten.
  b) Handelt es sich bei der Grundpauschale um einen nachgewiesenen Listenpreis und ist nicht eine Regelung nach Buchstabe a vereinbart, so wird

bei einer Erhöhung der Listenpreise der Mehrbetrag entrichtet, wenn der Auftragnehmer nachweist, dass die Preisliste der Koordinierungs- und Beratungsstelle der Bundesregierung für die EDV beim Bundesminister des Innern vorliegt und dass er die erhöhte Grundpauschale als Listenpreis von anderen Auftraggebern allgemein und stetig fordert und erzielt. Eine Erhöhung der Grundpauschale tritt frühestens zehn Monate nach Angebotsabgabe in Kraft. Weitere Erhöhungen können nur gefordert werden, wenn die vorherigen Preise jeweils mindestens zehn Monate beibehalten worden sind.

Erhöhungen sind wenigstens drei Monate vor ihrem Inkrafttreten dem Auftraggeber schriftlich anzukündigen. Geht die Ankündigung dem Auftraggeber verspätet zu, wird die beabsichtigte Erhöhung nicht vor Ablauf dieser Frist, gerechnet vom Tage des Zugangs der Ankündigung beim Auftraggeber an, wirksam.

Bei einer Erhöhung kann der Auftraggeber innerhalb einer Frist von einem Kalendermonat nach Zugang der Ankündigung durch den Auftragnehmer den Wartungsvertrag für die Geräte kündigen, die von der Erhöhung betroffen sind, wenn Vereinbarungen über den neuen Preis nicht zustande kommen. Das Kündigungsrecht erstreckt sich auch auf die Geräte, deren Nutzung durch die Kündigung des Wartungsvertrages für die von der Preiserhöhung betroffenen Geräte dem Auftraggeber nicht mehr möglich oder für ihn nicht wirtschaftlich sinnvoll ist.

Ermäßigen sich die für gleichartige Leistungen von anderen Auftraggebern allgemein und stetig geforderten Wartungsvergütungen, so gelten diese vom Zeitpunkt ihres Inkrafttretens an.

c) Die Vergütung für Nebenleistungen kann zehn Monate nach Angebotsabgabe erhöht werden, wenn der Auftragnehmer nachweist, dass die erhöhte Vergütung von anderen Auftraggebern allgemein und stetig gefordert und erzielt wird. Weitere Erhöhungen können nur gefordert werden, wenn die vorherigen Preise mindestens zehn Monate beibehalten worden sind.

Ermäßigt sich die für gleichartige Leistungen von anderen Auftraggebern allgemein und stetig geforderte Vergütung, so gilt diese für den Auftraggeber vom Zeitpunkt ihres Inkrafttretens an.

11. Eine Preisänderung auf Grund einer Änderung der Umsatzsteuer ist ausgeschlossen, es sei denn, dass ein Preisvorbehalt für die Umsatzsteuer vereinbart ist. In diesem Fall kann die Umsatzsteuer mit dem am Tage des Entstehens der Steuerschuld geltenden Steuersatz (§ 13 Umsatzsteuergesetz) in Rechnung gestellt werden.

Ist der Steuersatz in der Zeit zwischen Angebotsabgabe und Entstehen der Steuerschuld durch Gesetz geändert worden und sind in diesem Zusammenhang durch die Änderung anderer Steuern Minderbelastungen eingetreten, so sind diese bei der Berechnung des neuen Preises zu berücksichtigen. Wird aus Anlass der Änderung des Umsatzsteuergesetzes eine gesetzliche Regelung für die Abwicklung bestehender Verträge getroffen, so tritt anstelle dieser vertraglichen Regelung die gesetzliche.

§ 6. Zahlungen

1. Der Auftragnehmer wird
   a) die monatliche Wartungsvergütung vierteljährlich zum Ersten des zweiten Vierteljahresmonats,
   b) die Vergütungen für andere Leistungen nach Leistungserbringung
   in Rechnung stellen.

2. Der Auftraggeber wird alle Rechnungen unverzüglich nach Eingang prüfen, feststellen und den Betrag zahlen.

§ 7. Wartungszeiten

1. Für die Durchführung der Instandhaltungsarbeiten wird im Rahmen der nach § 5 im Wartungsschein festgelegten Zeiten ein Zeitplan vereinbart, der an geänderte betriebliche Belange der Vertragsparteien oder an technische Erfordernisse anzupassen ist.
2. Instandsetzungsarbeiten werden während der nach § 5 im Wartungsschein festgelegten Zeiten unverzüglich durchgeführt. Auch außerhalb dieser Zeiten führt der Auftragnehmer auf Verlangen des Auftraggebers im Rahmen des Zumutbaren, Instandsetzungsarbeiten durch (siehe auch § 5, Nr. 9).
3. Als Instandsetzung innerhalb der nach § 5 im Wartungsschein festgelegten Zeiten gelten auch Tätigkeiten des Auftragnehmers an der Anlage oder den Geräten außerhalb dieser Zeiten, wenn sie während der festgelegten Zeiten hätten begonnen werden können.

Der Auftragnehmer ist auf Verlangen verpflichtet, begonnene Instandsetzungsarbeiten auch über den gewählten Wartungszeitraum hinaus im Rahmen des Zumutbaren weiterzuführen, wobei für die erste Stunde eine Vergütung nach § 5, Nr. 9 nicht gefordert werden kann.

Instandsetzungen, die wegen Wiederholung derselben Störungsursache innerhalb eines Zeitraumes von acht Stunden notwendig werden, sind auf Verlangen ebenfalls über den gewählten Wartungszeitraum hinaus im Rahmen des Zumutbaren weiterzuführen, wobei für die Ersten zwei Stunden eine Vergütung nach § 5, Nr. 9 nicht gefordert werden kann. Der Auftraggeber stellt dem Auftragnehmer die Anlage oder Geräte für die Durchführung der erforderlichen Wartungsarbeiten zur Verfügung.

§ 8. Gewährleistung

1. Der Auftragnehmer gewährleistet die vertragsgemäße Erbringung der Leistungen aus diesem Vertrag, insbesondere aus den §§ 4 und 7.
2. Werden Mängel nicht so beseitigt, dass die Anlage oder Geräte genutzt werden können, stellt der Auftragnehmer dem Auftraggeber – sofern in der Leistungsbeschreibung vereinbart – unverzüglich eine Ausweichanlage zur Verfügung. Einzelheiten über die Bereitstellung der Ausweichanlage, insbesondere der späteste Zeitpunkt für die Bereitstellung, sind in der Leistungsbeschreibung festzulegen. Ist der Mangel durch äußere vom Auftragnehmer nicht beeinflussbare Umstände verursacht, wird der Zeitpunkt im Einzelfall vereinbart. Benutzt der Auftraggeber die Ausweichanlage, trägt er die hierdurch entstehenden Kosten.

Wird eine Ausweichanlage zum vereinbarten Zeitpunkt nicht bereitgestellt, zahlt der Auftragnehmer für jeden Kalendertag, an dem die Anlage oder Geräte genutzt werden sollten, aber wegen der nicht beseitigten Mängel – beginnend mit dem Zeitpunkt der Störungsmeldung – mehr als zwölf Stunden nicht genutzt werden können, $5/30$ der monatlichen Wartungsvergütung für die durch die Ausweichanlage zu ersetzende Anlage oder Geräte als Vertragsstrafe. Die Verpflichtung zur Zahlung der Vertragsstrafe endet mit Ablauf des Tages, an dem die Ausweichanlage nachträglich zur Verfügung gestellt wird oder die Anlage oder Geräte wieder betriebsbereit übergeben werden. Kann der Auftraggeber an diesem Tag die Ausweichanlage bzw. die zu wartende Anlage oder Geräte mehr als zwölf Stunden nutzen, endet die Verpflichtung zur Zahlung der Vertragsstrafe bereits mit Ablauf des Vortages.

3. Ist eine Ausweichanlage nicht vereinbart und können die Anlage oder Geräte wegen Ausfalls nicht genutzt werden, leistet der Auftragnehmer vom siebten Ausfalltag an eine Vertragsstrafe in Höhe von $^5/_{30}$ der monatlichen Wartungsvergütung je Ausfalltag. Ausfalltag im Sinne dieser Vorschrift ist jeder vorgesehene Nutzungstag, an dem die Anlage oder Geräte mehr als zwölf Stunden nicht genutzt werden können. Die Verpflichtung zur Zahlung der Vertragsstrafe entfällt, wenn Ausfälle durch äußere vom Auftragnehmer nicht beeinflussbare Umstände verursacht sind und die Überschreitung der Instandsetzungsfrist vom Auftragnehmer nicht zu vertreten ist.

Die Zahlungsverpflichtung beginnt mit dem ersten Ausfalltag, wenn der Auftragnehmer innerhalb der in der Leistungsbeschreibung festgelegten Zeit nicht mit der Fehlerbeseitigung beginnt oder eine begonnene Fehlerbeseitigung ungerechtfertigt unterbricht. Dieselbe Rechtsfolge tritt ein, wenn der Auftragnehmer geeignetes Personal nicht in ausreichender Zahl einsetzt oder notwendige Ersatzteile bei Bedarf nicht unverzüglich zur Verfügung stellt.

Die Zahlungsverpflichtung endet mit Ablauf des Tages, an dem die Anlage oder Geräte wieder betriebsbereit übergeben werden. Kann der Auftraggeber an diesem Tag die Anlage oder Geräte mehr als zwölf Stunden nutzen, endet die Verpflichtung zur Zahlung der Vertragsstrafe bereits mit Ablauf des Vortages.

4. Wird die Nutzung der Anlage oder Geräte nur gemindert, so zahlt der Auftragnehmer eine Vertragsstrafe nach Nummer 3 in der Höhe, die der sich für den Auftraggeber ergebenden Nutzungsminderung entspricht.

5. Wiederholt sich eine auf derselben Ursache beruhende Störung innerhalb von acht Nutzungsstunden nach Beendigung der Instandsetzungsarbeiten, so gilt die gesamte Zeit von der Meldung der ersten Störung an als Nutzungsausfall mit den Nummern 3 und 4, es sei denn, dass die zwischenzeitlich erzielten Arbeitsergebnisse für den Auftraggeber einwandfrei und ohne besonderen Zeitaufwand erkennbar fehlerfrei und damit voll verwertbar waren.

6. Werden Störungen während einer Frist von dreißig Kalendertagen, gerechnet vom Zeitpunkt der Störungsmeldung an, nicht so behoben, dass die Anlage oder Geräte wie vorgesehen genutzt werden können, kann der Auftraggeber nach vorheriger schriftlicher Mitteilung an den Auftragnehmer einen anderen Wartungsunternehmer hinzuziehen. Hat der Auftragnehmer die Nichtbeseitigung der Störung zu vertreten, geht die Beauftragung des anderen Wartungsunternehmers zu seinen Lasten. In diesem Fall steht dem Auftraggeber das Recht zur fristlosen Kündigung zu. Stellen sich nach der Kündigung noch Mängel heraus, die auf Wartungsfehler des Auftragnehmers zurückzuführen sind, geht deren Beseitigung zu dessen Lasten.

7. Die Zahlungsverpflichtung für die Vertragsstrafe nach den Nummern 2, 3, 4 und 5 ist auf hundert Schadenersatztage beschränkt, unberührt hiervon bleibt die Fristenregelung für die Hinzuziehung des anderen Wartungsunternehmers und die Beseitigung von Wartungsfehlern nach Nummer 6.

8. Die Regelungen des § 343 BG über die Herabsetzung der Vertragsstrafe bleiben in den vorgenannten Fällen unberührt.

§ 9. Haftung für sonstige Schäden, Versicherung

1. Der Auftragnehmer haftet für Personen- und Sachschäden, die dem Auftraggeber entstehen, soweit er sie zu vertreten hat. Für sonstige Schäden haftet der Auftragnehmer nur, soweit sie durch ihn oder die Anlage oder Geräte unmittelbar verursacht wurden und der Auftragnehmer sie zu vertreten hat. Die Haftungshöchstnummer je Schadensfall beträgt bei Personen- und Sachschäden 2 Millionen DM, bei sonstigen Schäden 1 Million DM. Die Haftungsregelung gilt

nur für Schäden, die dadurch entstehen, dass die Anlage oder Geräte keine oder fehlerhafte Ergebnisse liefern, die Haftung hierfür ist in § 8 (Gewährleistung) abschließend geregelt.
Der Auftragnehmer haftet nicht für die Wiederbeschaffung von Daten, es sei denn, dass er deren Vernichtung ggf. fahrlässig oder vorsätzlich verursacht und der Auftraggeber sichergestellt hat, dass diese Daten aus Datenmaterial, das in maschinenlesbarer Form bereitgehalten wird, mit vertretbarem Aufwand rekonstruiert werden können.
2. Der Auftraggeber kann vom Auftragnehmer den Nachweis verlangen, dass diese Ansprüche – soweit sie zu angemessenen Bedingungen bei einem im Inland zum Geschäftsbetrieb zugelassenen Versicherer versicherbar sind – durch eine Versicherung abgedeckt sind.

§ 10. Behinderung und Unterbrechung der Leistung

1. Soweit der Auftragnehmer seine vertraglichen Leistungen infolge Arbeitskampf, höherer Gewalt, Krieg, Aufruhr oder anderer für den Auftragnehmer unabwendbarer Umstände nicht erbringen kann, treten für ihn keine nachteiligen Rechtsfolgen ein.
Das gilt nicht, wenn die Behinderung oder Unterbrechung durch einen Arbeitskampf verursacht wird, den der Auftragnehmer durch rechtswidrige Handlungen verschuldet hat.
Tritt die Behinderung oder Unterbrechung aus den in Absatz 1 genannten Gründen bei Vor- oder Unterlieferern ein, so gilt Absatz 1 nur, wenn deren Leistungen hierdurch länger als zwanzig Kalendertage verzögert wird.
2. Sieht sich der Auftragnehmer in der ordnungsgemäßen Durchführung der übernommenen Leistungen behindert, so hat er dies dem Auftraggeber unverzüglich schriftlich anzuzeigen. Sobald zu übersehen ist, zu welchem Zeitpunkt die Leistung wieder aufgenommen werden kann, ist dies dem Auftraggeber schriftlich mitzuteilen.
3. Sobald die Ursache der Behinderung oder Unterbrechung wegfällt, hat der Auftragnehmer unter schriftlicher Mitteilung an den Auftraggeber die Leistungen ohne besondere Aufforderung unverzüglich wieder aufzunehmen.
4. Die Nummern 1 bis 3 gelten entsprechend für die vertraglichen Leistungen des Auftraggebers.

§ 11. Zutritt zu der Anlage

Für Instandsetzungsarbeiten hat der Auftraggeber dem Auftragnehmer unverzüglich und ohne unzumutbare Auflagen Zutritt zu der Anlage oder den Geräten zu gewähren, die Sicherheitsauflagen sind in § 14 geregelt.
Für alle sonstigen Tätigkeiten des Auftragnehmers im Rahmen des Wartungsvertrages wird der Zutritt durch besondere Vereinbarungen geregelt.

§ 12. Erweiterung und Änderung der Anlage oder Geräte

1. Nimmt der Auftragnehmer allgemein Änderungen an von ihm gewarteten Anlage- oder Gerätetypen vor, so hat er den Auftraggeber rechtzeitig zu unterrichten, soweit die Anlage oder Geräte des Auftraggebers zu diesen Typen gehören.
Hält der Auftragnehmer aus wartungstechnischen Gründen die Durchführung der Änderung an der Anlage oder den Geräten des Auftraggebers für erforderlich, hat sie der Auftraggeber zuzulassen, soweit ihm hierdurch – auch hinsichtlich der Software – keine Ausgaben und keine unzumutbaren Nachteile entstehen.

Änderungen gemäß Absatz 1, die der Auftraggeber verlangt, führt der Auftragnehmer – soweit technisch möglich – durch. Einzelheiten werden gesondert vereinbart.

2. Beabsichtigt der Auftraggeber Änderungen an der Anlage oder den Geräten oder der Grundsoftware vorzunehmen oder Geräte anzuschließen, die nicht vom Auftragnehmer gewartet werden, zeigt er dies dem Auftragnehmer an. Führt der Auftraggeber Änderungen im Einvernehmen mit dem Auftragnehmer durch, so werden hiervon die Verpflichtungen des Auftragnehmers für seine vertraglichen Leistungen nicht berührt, andernfalls erlischt die Gewährleistung des Auftragnehmers, es sei denn, dass ein Mangel erkennbar nicht auf die Änderung zurückzuführen ist.

Schließt der Auftraggeber an die vom Auftragnehmer gewartete Anlage oder Geräte andere Geräte an, so erstreckt sich die Verpflichtung des Auftragnehmers für seine vertraglichen Leistungen bis zur Schnittstelle der von ihm gewarteten Anlage oder Geräte.

3. Werden an die vom Auftragnehmer gewartete Anlage oder Geräte nicht von ihm gewartete Geräte angeschlossen, so ist der Auftragnehmer verpflichtet, sich auf Verlangen des Auftraggebers im Rahmen des Zumutbaren an der Eingrenzung der Fehler zu beteiligen, die sich aus dem Zusammenwirken der Geräte ergeben können. Stellt sich hierbei heraus, dass die Fehler von den von ihm nicht gewarteten Geräten verursacht sind, ist der Auftragnehmer berechtigt, eine Vergütung für seine Leistungen bei der Fehlereingrenzung zu verlangen.

4. Beeinflussen die Änderungen und Anschlüsse die Wartungsleistungen derart, dass eine Neufestsetzung der Wartungsvergütung erforderlich ist, teilt dies der Auftragnehmer dem Auftraggeber unverzüglich mit. Kann der Auftragnehmer vor der Durchführung der Änderungen den Mehrpreis nicht ermitteln und führt der Auftraggeber die Änderungen dennoch durch, stellt der Auftragnehmer dem Auftraggeber seine üblichen Preise, bezogen auf den Mehraufwand, in Rechnung.

§ 13. Umsetzungen

1. Bei einer Umsetzung der Anlage oder Geräte innerhalb der Bundesrepublik Deutschland bzw. des in der Leistungsbeschreibung festgelegten Wartungsbereiches des Auftragnehmers ist der Auftragnehmer verpflichtet, die Wartung weiter durchzuführen. Die Umsetzung ist vom Auftragnehmer rechtzeitig vorher anzuzeigen.

2. Der Auftraggeber trägt die aus der Umsetzung sich ergebenden Risiken. Der Auftragnehmer hat den Auftraggeber auf mögliche Gewährleistungsrisiken hinzuweisen. Beeinflusst die Umsetzung die Gewährleistungsverpflichtungen des Auftragnehmers, so kann er verlangen, dass über die Gewährleistung eine neue Vereinbarung getroffen wird.

3. Beeinflusst die Umsetzung von Geräten die Wartungsleistungen derart, dass eine Neufestsetzung der Wartungsvergütung erforderlich wird, teilt dies der Auftragnehmer dem Auftraggeber unverzüglich mit. Auf Verlangen des Auftragnehmers muss eine neue Vereinbarung getroffen werden.

4. Auf Verlangen des Auftraggebers führt der Auftragnehmer die Umsetzung der Anlage oder Geräte durch. Einzelheiten werden gesondert vereinbart.

§ 14. Geheimhaltung, Sicherheit

1. Der Auftragnehmer hat mit der gebotenen Sorgfalt darauf hinzuwirken, dass alle Personen, die von ihm mit der Bearbeitung oder Erfüllung dieses Vertrages

betraut sind, die gesetzlichen Bestimmungen über Datenschutz beachten, die aus dem Bereich des Auftraggebers erlangten Informationen, soweit sie nicht offenkundig sind, nicht an Dritte weitergeben oder sonst verwerten.

Der Auftraggeber ist verpflichtet, alle im Rahmen des Vertragsverhältnisses erlangten Kenntnisse von Fabrikations- oder Geschäftsgeheimnissen vertraulich zu behandeln, unberührt hiervon bleibt der Erfahrungsaustausch zwischen den öffentlichen Auftraggebern.

2. Über die Verpflichtung der Nummer 1 hinaus können weitere Sicherheitsvereinbarungen im Wartungsschein oder in einem besonderen Vertrag getroffen werden.

§ 15. Erfüllungsort, Gerichtsstand

Erfüllungsort ist der im Wartungsschein angegebene Aufstellungsort der zu wartenden Anlage oder Geräte.

Für Rechtsstreitigkeiten ist ausschließlich das Gericht zuständig, in dessen Bezirk diejenige Stelle des Auftraggebers ihren Sitz hat, die für die Prozessvertretung zuständig ist.

§ 16. Schriftform

Der Vertrag, seine Ergänzungen und Änderungen bedürfen der Schriftform; Ergänzungen und Änderungen müssen als solche ausdrücklich gekennzeichnet sein.

Anhang zu den Besonderen Vertragsbedingungen für die Wartung von EDV-Anlagen und -Geräten

Begriffsbestimmungen einiger in den Besonderen Vertragsbedingungen für die Wartung von EDV-Anlagen und -Geräten verwendeter Begriffe

Anlage:	Zentraleinheit(en) einschließlich angeschlossener und zugeordneter Geräte.
Ausfallzeit:	Die Zeit, in der die Anlagen oder Geräte keine oder fehlerhafte Leistungen erbringen.
Ausweichanlage:	Eine der Konfiguration des Anwenders entsprechende Anlage, die für die Programme des Anwenders geeignet ist.
Betriebsbereitschaft:	Uneingeschränkte Einsatzfähigkeit der Anlage oder Geräte.
Geräte:	Zentraleinheit oder die an die Zentraleinheit unmittelbar oder mittelbar angeschlossenen oder der Anlage zugeordneten Maschinen.
Instandhaltung:	Alle vorbeugenden, zur Aufrechterhaltung der Betriebsbereitschaft der Anlage oder Geräte erforderlichen Leistungen.
Instandsetzung:	Beseitigung von Störungen an der Anlage oder den Geräten durch Reparatur und/oder Ersatz.
Nutzungsdauer/-Stunden/-Zeit:	Die Zeit, während der die Anlage oder Geräte programmwirksam – ausgenommen Programmläufe für Wartungszwecke – eingesetzt sind.
Wartung:	Leistungen zur Instandhaltung und Instandsetzung der EDV-Anlage oder -Geräte.

4. BVB – Überlassung

Vertrag über die Überlassung von Standardsoftware einschließlich der Herbeiführung der Funktionsfähigkeit

Zwischen
  – im Folgenden „Auftraggeber" genannt –
und
  – im Folgenden „Auftragnehmer" genannt –
wird folgender Vertrag geschlossen:

1 Vertragsgegenstand

1.1 _____

1.2 Für alle in diesem Vertrag genannten Beträge gilt einheitlich der Euro als Währung.

1.3 Der Gesamtpreis (netto) dieses Vertrages beträgt _____ zuzüglich der zum Zeitpunkt der Lieferung/Leistungserbringung gültigen Umsatzsteuer.

2 Vertragsbestandteile

2.1 Es gelten nacheinander als Vertragsbestandteile:
 – Dieser Vertrag mit Ausnahme der Nummer 4
 – BVB-Überlassungsschein Vertragstyp II (Seite 1 bis ____) einschließlich der Anlage(n) Nr. ____
 – Nummer 4 dieses Vertrages einschließlich der Anlagen in der dort festgelegten Rangfolge
 – Besondere Vertragsbedingungen für die Überlassung von DV-Programmen (BVB-Überlassung) in der bei Vertragsschluss geltenden Fassung
 – Verdingungsordnung für Leistungen – ausgenommen Bauleistungen – Teil B (VOL/B) in der bei Vertragsschluss geltenden Fassung.
BVB-Überlassung und VOL/B liegen beim Auftraggeber zur Einsichtnahme bereit.

2.2 Weitere Geschäftsbedingungen sind ausgeschlossen, soweit in diesem Vertrag nichts anderes vereinbart ist.

3 Ergänzende Regelungen auf Grund der Schuldrechtsreform vom 1. 1. 2002

3.1 Die Regelung in § 8 Nr. 4 BVB-Überlassung wird durch folgende Regelung ersetzt:
Im Verzugsfall kann der Auftraggeber dem Auftragnehmer eine angemessene Frist zur Leistung setzen. Nach Ablauf dieser Frist kann der Auftraggeber vom Vertrag ganz oder teilweise zurücktreten und Schadensersatz statt der Leistung verlangen. Anstelle des Schadensersatzes statt der Leistung kann gemäß § 284 BGB Ersatz der Aufwendungen verlangt werden. Es gilt die Haftungsbegrenzung in § 8 Nr. 5 BVB-Überlassung in der Neufassung gemäß 3.2 dieses Vertrages.
Der Auftraggeber ist verpflichtet, auf Verlangen des Auftragnehmers zu erklären, ob er wegen der Verzögerung der Leistung vom Vertrag zurücktritt oder auf der Leistung besteht. Diese Anfrage ist während der Frist gemäß § 8 Nr. 4 Absatz 1 Satz 1 BVB-Überlassung in der

Neufassung gemäß 3.1 dieses Vertrages und mit angemessener Frist vor deren Ablauf zu stellen. Bis zum Zugang der Antwort beim Auftragnehmer bleibt dieser zur Leistung berechtigt.

3.2 Die Regelung in § 8 Nr. 5 BVB-Überlassung wird wie folgt gefasst:
Die Zahlungspflicht des Auftragnehmers nach Nummern 1 bis 3 ist auf 100 Verzugstage beschränkt; im Falle des Rücktritts nach Nummer 4 in der Neufassung gemäß 3.1 dieses Vertrages zahlt der Auftragnehmer unabhängig vom Zeitpunkt des Rücktritts eine Vertragsstrafe in Höhe des Betrages für 100 Verzugstage, wobei eine nach Nummern 1 bis 3 gezahlte Vertragsstrafe angerechnet wird. Die Beschränkung der Haftung gilt nicht bei der Verletzung des Lebens, des Körpers oder der Gesundheit.

3.3 Die Regelung in § 10 Nr. 10 BVB-Überlassung wird wie folgt gefasst:
Die Zahlungspflicht für die Vertragsstrafe gemäß Nummern 7 und 8 ist je Tag für jedes Programm auf $1/30$ der monatlichen Überlassungsvergütung bzw. der auf einen Monat umgerechneten einmaligen Überlassungsvergütung beschränkt. Die Zahlungspflicht je Schadensfall (Mängelmeldung gemäß Nummer 4) ist auf 100 Kalendertage beschränkt. Die Beschränkung der Haftung gilt nicht bei der Verletzung des Lebens, des Körpers oder der Gesundheit.

3.4 Die Regelung in § 13 Nr. 2 Absatz 2 BVB-Überlassung wird wie folgt gefasst:
Ist dies dem Auftragnehmer nicht möglich, gelten die Bestimmungen des § 10 oder § 11 entsprechend. Werden Schutzrechte geltend gemacht, die der Auftragnehmer bei Vertragsabschluss nicht kannte und auch nicht kennen musste, entfällt eine Verpflichtung zum Schadenersatz nach § 10 oder § 11. Die Beschränkung der Haftung gilt nicht bei der Verletzung des Lebens, des Körpers oder der Gesundheit.

3.5 Die Regelung in § 14 Nr. 2 BVB-Überlassung wird wie folgt gefasst:
Im Übrigen haften Auftraggeber und Auftragnehmer einander für von ihnen zu vertretende Schäden je Schadensereignis bei Sachschäden bis 500 000 € und bei anderen Schäden bis zur Höhe der 50-fachen monatlichen Überlassungsvergütung oder bis zur Höhe der vereinbarten einmaligen Überlassungsvergütung, jedoch mindestens bis 12 500 € und höchstens bis 37 500 €. Abweichend davon haftet der Auftraggeber bis 500 000 € oder einen in der Leistungsbeschreibung vereinbarten Betrag, wenn er gegen seine vertraglichen Verpflichtungen gemäß § 16 Nr. 8 verstößt und hierdurch Schutzrechte des Auftragnehmers an den Programmen innerhalb der Bundesrepublik Deutschland verletzt werden.
Der Auftragnehmer haftet für die Wiederbeschaffung von Daten nur, wenn er deren Vernichtung vorsätzlich oder grob fahrlässig verursacht und der Auftraggeber sichergestellt hat, dass diese Daten aus Datenmaterial, das in maschinenlesbarer Form bereitgehalten wird, mit vertretbarem Aufwand rekonstruiert werden können.
Die Beschränkung der Haftung in § 14 Nr. 2 gemäß Neufassung BVB-Überlassung gilt nicht bei der Verletzung des Lebens, des Körpers oder der Gesundheit.

3.6 Die Regelung in § 15 Nr. Absatz 1 BVB-Überlassung wird wie folgt gefasst:
Soweit der Auftragnehmer seine vertraglichen Leistungen infolge Arbeitskampf, höherer Gewalt, Krieg, Aufruhr oder anderer für den Auf-

tragnehmer unabwendbarer Umstände nicht oder nicht fristgerecht erbringen kann, treten für ihn keine nachteiligen Rechtsfolgen ein. Das gilt nicht, wenn die Behinderung oder Unterbrechung durch einen Arbeitskampf verursacht wird, den der Auftragnehmer durch Rechtswidrige Handlungen verschuldet hat oder bei der Verletzung des Lebens, des Körpers oder der Gesundheit.

3.7 Die übrigen Regelungen der BVB-Überlassung bleiben unverändert.

4   Ergänzende Beschreibung des Vertragsgegenstandes

Die Beschreibung des DV-Programms ergibt sich ergänzend aus
☐ folgenden Teilen des Angebotes des Auftragnehmers vom _____
_____ Anlage(n) Nr. _____
☐ folgenden Teilen der Leistungsbeschreibung des Auftraggebers vom _____ Anlage(n) Nr. _____
☐ folgenden weiteren Dokumenten _____
_____ Anlage(n) Nr. _____

Es gelten die Dokumente in
☐ obiger Reihenfolge
☐ folgender Reihenfolge

Ort _____, Datum   Ort _____, Datum
Firma   Auftraggeber

Name (in Druckschrift)   Name (in Druckschrift)
Unterschrift Auftragnehmer   Unterschrift Auftraggeber

§ 1. Sachlicher Geltungsbereich

Die nachstehenden Bedingungen gelten
a) für die Überlassung von Programmen für EDV-Anlagen und -Geräte (Vertragstyp I),
b) für die Überlassung von Programmen und die Herbeiführung ihrer Funktionsfähigkeit auf bestimmten EDV-Anlagen und -Geräten (Vertragstyp II),
sowie für andere vereinbarte Leistungen; sie gelten nicht für die Erstellung von Programmen.

§ 2. Art und Umfang der Leistungen

Art und Umfang der beiderseitigen Leistungen werden durch die vertraglichen Abmachungen geregelt. Maßgebend dafür sind:
a) Leistungsbeschreibung (Überlassungsschein einschl. der Anlage für Vertragstyp I oder Vertragstyp II),
b) nachstehende Bedingungen einschließlich der Begriffsbestimmungen (Anhang),
c) allgemein angewandte Richtlinien und Fachnormen,
d) die Allgemeinen Bedingungen für die Ausführung von Leistungen (VOL/B).
Bei Unstimmigkeiten gelten die vertraglichen Abmachungen in der vorstehenden Reihenfolge.

§ 3. Rechte des Auftraggebers an den Programmen

1. Der Auftragnehmer räumt dem Auftraggeber ein nicht ausschließliches und nicht übertragbares Recht zur Nutzung der in der Leistungsbeschreibung aufgeführten Programme auf den in der Leistungsbeschreibung angegebenen

EDV-Anlagen und -Geräten innerhalb der Bundesrepublik Deutschland ein. Der Auftragnehmer verpflichtet sich, der Nutzung auf einer anderen Anlage zuzustimmen, soweit er die Programme auch für die Nutzung auf diesen Anlagen allgemein anbietet, Einzelheiten werden gesondert vereinbart.
Das Recht gemäß Absatz 1 umfasst die Nutzung dieser Programme auf den in der Leistungsbeschreibung aufgeführten Anlagen durch andere Stellen des öffentlichen Rechts oder durch Stellen, die öffentliche Aufgaben wahrnehmen.

2. Können die für die Nutzung der Programme in der Leistungsbeschreibung aufgeführten Anlagen wegen Ausfalls oder aus anderen zwingenden Gründen zeitweise nicht genutzt werden, so ist der Auftraggeber berechtigt, die Programme vorübergehend auf einer anderen Anlage (z. B. Ausweichanlage) zu nutzen.

3. Der Auftragnehmer verpflichtet sich auf Anordnung des Auftraggebers, die in der Leistungsbeschreibung aufgeführten Programme – solange sie allgemein auf dem Markt angeboten werden – auch anderen Stellen des öffentlichen Rechts oder Stellen, die öffentliche Aufgaben wahrnehmen, zur Nutzung auf deren Anlage anzubieten; gehört die andere Stelle derselben juristischen Person oder demselben Sondervermögen wie der Auftraggeber an, kann ein Angebot zu gleichen Bedingungen verlangt werden. Die Vergütung wird gesondert vereinbart.
Bei befristeter Überlassung kann der Auftragnehmer im Vertrag mit der anderen Stelle die Leistungsdauer für diese Programme einschränken; sie endet jedoch frühestens mit Ablauf der im Vertrag mit dem anfordernden Auftraggeber vereinbarten Leistungsdauer.
Soweit die Programme an neue Nutzungserfordernisse angepasst werden müssen, bedarf es hierzu einer besonderen Vereinbarung.

§ 4. Leistungsdauer, Kündigung

1. Die Leistungsdauer für die Leistungen gemäß § 5 Nr. 1 wird in der Leistungsbeschreibung befristet (Mindestleistungsdauer) oder unbefristet festgelegt; sie beginnt mit dem Tag, an dem der Auftraggeber die Abnahme der Programme erklärt hat. Bei vereinbarter Mindestleistungsdauer verlängert sich das Vertragsverhältnis nach deren Ablauf, wenn es nicht schriftlich gekündigt wird. Die Kündigung kann vom Auftraggeber oder Auftragnehmer mit einer Frist von sechs Monaten zum Ende eines jeden Kalendermonats, frühestens zum Ende der Mindestleistungsdauer, erklärt werden. Kürzere oder längere Kündigungsfristen können vereinbart werden.

2. Eine Kündigung ist – auch vor Ablauf einer vereinbarten Mindestleistungsdauer – mit einer Frist von einem Monat zum Ende eines Kalendermonats für diejenigen Programme zulässig, deren Nutzung dadurch betroffen ist, dass
   a) vorhandene, für die Nutzung der Programme erforderliche Geräte oder Programme gekündigt oder länger als 6 Monate außer Betrieb gesetzt werden oder
   b) dem Auftraggeber die Aufgaben, für deren Erledigung die Programme genutzt wurden, durch Gesetz oder Verordnung entzogen werden.
Voraussetzung hierfür ist, dass die Kündigung oder Außerbetriebsetzung der Geräte oder Programme bei Vertragsabschluss nicht vorhersehbar war und die Weiterverwendung der überlassenen Programme nicht möglich oder wirtschaftlich vertretbar ist.
Der Auftraggeber hat im Falle einer Kündigung nach Absatz 1 vor Ablauf einer vereinbarten Mindestleistungsdauer die in der Leistungsbeschreibung vereinbarten Ablösebeträge zu zahlen.

§ 5. Vergütung

1. Die Überlassungsvergütung (monatliche Überlassungsvergütung, einmalige Überlassungsvergütung für eine befristete oder unbefristete Nutzung) ist das Entgelt für die Überlassung der Programme sowie für die Leistungen, die in den nachstehenden Bedingungen aufgeführt sind und für die eine Vereinbarung einer gesonderten Vergütung nicht vorgesehen ist. Die Überlassungsvergütung ist in der Leistungsbeschreibung nach den einzelnen Programmen aufzugliedern.
Soweit nachstehend eine gesonderte Vergütung vorgesehen ist (z. B. für die Einführung – bei Vertragstyp I – oder für das Herbeiführen der Funktionsfähigkeit – bei Vertragstyp II –), wird diese ebenfalls in der Leistungsbeschreibung festgelegt.

(Nur für Vertragtyp I)	(Nur für Vertragstyp II)
2. Hat der Auftraggeber die Abnahme der Programme erklärt (§ 9 Nr. 1), ist er zur Zahlung der monatlichen Überlassungsvergütung vom ersten Kalendertag nach Ablauf der für die Funktionsprüfung vereinbarten Zeit verpflichtet. Die einmalige Überlassungsvergütung wird nicht vor der Abnahme der Programme gezahlt.	2. Hat der Auftraggeber die Abnahme der Programme erklärt (§ 9 Nr. 1), ist er zur Zahlung der monatlichen Überlassungsvergütung vom ersten Tag der Funktionsprüfung an verpflichtet. Für Funktionsprüfungstage, an denen die Programme aus vom Auftragnehmer zu vertretenden Gründen mehr als 12 Stunden nicht oder nicht wirtschaftlich sinnvoll genutzt werden konnten, wird eine Überlassungsvergütung nicht gezahlt. Die einmalige Überlassungsvergütung wird nicht vor der Abnahme der Programme gezahlt.

3. Beginnt oder endet die Zahlungspflicht im Laufe eines Kalendermonats, beträgt die Überlassungsvergütung je Kalendertag $1/30$ der monatlichen Überlassungsvergütung.
4. Die Vergütung für Datenträger und Versandkosten ist gesondert auszuweisen.
5. Die vereinbarte monatliche Überlassungsvergütung und die Vergütung für sonstige Leistungen gelten für die Dauer des Vertrages, es sei denn, dass in der Leistungsbeschreibung ein Preisvorbehalt vereinbart ist.
Für den Fall, dass für einen Preisvorbehalt keine anderweitige Regelung vereinbart ist, gilt folgendes:
a) Eine Änderung der monatlichen Überlassungsvergütung ist auf den in der Leistungsbeschreibung angegebenen Anteil für die Programmpflege beschränkt. Dieser kann geändert werden, wenn sich nach Angebotsabgabe der Ecklohn ändert. Maßgebend ist der für den Industrie- oder Gewerbezweig des Auftragnehmers an seinem Sitz innerhalb der Bundesrepublik Deutschland gültige Tarif. Falls keine entsprechenden Tarifvereinbarungen bestehen, ist der für den in der Leistungsbeschreibung festgelegten Industrie- oder Gewerbezweig gültige Tarif, bei einem tariflosen Zustand sind die orts- und gewerbeüblichen Betriebsvereinbarungen maßgebend. Änderungen des Ecklohns auf Grund von Tarifverträgen oder orts- und gewerbeüblichen Betriebsvereinbarungen, die bereits bei Angebotsabgabe abgeschlossen waren, bleiben unberücksichtigt. Der Auftragnehmer hat in der Leistungsbeschreibung anzugeben, um wieviel Prozent sich der Anteil für die Programmpflege bei einer Änderung des oben angeführten Ecklohns um 1 Pf./Std. ändert. Bei einer Erhöhung der monatlichen Überlassungsvergü-

tung trägt der Auftragnehmer von dem Mehrbetrag 10% als Selbstbeteiligung, mindestens jedoch 0,5% des Anteils für die Programmpflege. Bei einer Senkung der monatlichen Überlassungsvergütung ist der Auftragnehmer berechtigt, 10% des Minderbetrages, mindestens 0,5% des Anteils für die Programmpflege einzubehalten. Eine auf Grund der Änderung des Anteils für die Programmpflege neu festgesetzte monatliche Überlassungsvergütung darf jedoch die unter gleichartigen Voraussetzungen von anderen Auftraggebern allgemein und stetig geforderte und erzielte monatliche Überlassungsvergütung nicht überschreiten.

b) Handelt es sich bei der monatlichen Überlassungsvergütung um einen nachgewiesenen Listenpreis und ist nicht eine Regelung nach Buchstabe a vereinbart, so wird bei einer Erhöhung der Listenpreise der Mehrbetrag entrichtet, wenn der Auftragnehmer nachweist, dass die Preisliste der beim Bundesminister des Innern eingerichteten Koordinierungs- und Beratungsstelle der Bundesregierung für die Datenverarbeitung in der Bundesverwaltung (KBSt) vorliegt und dass er die erhöhte monatliche Überlassungsvergütung als Listenpreis von anderen Auftraggebern allgemein und stetig fordert und erzielt. Eine Erhöhung der monatlichen Überlassungsvergütung wird frühestens zehn Monate nach Angebotsabgabe wirksam. Weitere Erhöhungen können nur gefordert werden, wenn die vorherigen Preise jeweils mindestens zehn Monate beibehalten worden sind.

Erhöhungen sind wenigstens drei Monate vor ihrem Wirksamwerden dem Auftraggeber schriftlich anzukündigen. Geht die Ankündigung verspätet zu, wird die beabsichtigte Erhöhung nicht vor Ablauf dieser Frist, gerechnet vom Tage des Zugangs der Ankündigung an, beim Auftraggeber an, wirksam.

Bei einer Erhöhung kann der Auftraggeber innerhalb einer Frist von einem Kalendermonat nach Zugang der Ankündigung den Vertrag für die Programme kündigen, die von der Erhöhung betroffen sind, wenn Vereinbarungen über den neuen Preis nicht zustandekommen. Das Kündigungsrecht erstreckt sich auch auf die Programme, deren Nutzung dem Auftraggeber durch die Kündigung nach Satz 1 nicht mehr möglich oder für ihn wirtschaftlich nicht sinnvoll ist.

Ermäßigen sich die für gleichartige Leistungen von anderen Auftraggebern allgemein und stetig geforderten monatlichen Überlassungsvergütungen, so gelten diese für den Auftraggeber vom Zeitpunkt ihres Wirksamwerdens an.

c) Die Vergütung für sonstige Leistungen kann zehn Monate nach Angebotsabgabe erhöht werden, wenn der Auftragnehmer nachweist, dass die der Vergütung zugrunde liegenden Vergütungssätze erhöht wurden und die neuen Sätze von anderen Auftraggebern allgemein und stetig gefordert und erzielt werden. Weitere Erhöhungen können nur gefordert werden, wenn die vorherigen Preise jeweils mindestens zehn Monate beibehalten worden sind.

Ermäßigen sich die für gleichartige Leistungen von anderen Auftraggebern allgemein und stetig geforderten Vergütungen, so gelten diese für den Auftraggeber vom Zeitpunkt ihres Wirksamwerdens an.

6. Eine Preisänderung auf Grund einer Änderung der Umsatzsteuer ist ausgeschlossen, es sei denn, dass ein Preisvorbehalt für die Umsatzsteuer vereinbart ist. In diesem Fall kann die Umsatzsteuer mit dem am Tage des Entstehens der Steuerschuld geltenden Steuersatz (§ 13 Umsatzsteuergesetz) in Rechnung gestellt werden. Ist der Steuersatz in der Zeit zwischen Angebotsabgabe und Entstehen der Steuerschuld durch Gesetz geändert worden und sind in diesem Zusammenhang durch die Änderung anderer Steuern Minderbelastungen eingetreten, so sind diese bei der Berechnung des neuen Preises zu berücksichtigen. Wird aus Anlass der Änderung des Umsatzsteuergesetzes eine gesetzli-

4. BVB – Überlassung

che Regelung für die Abwicklung bestehender Verträge getroffen, so tritt anstelle dieser vertraglichen Regelung die gesetzliche.

§ 6. Zahlungen

1. Der Auftragnehmer wird
   a) die monatliche Überlassungsvergütung vierteljährlich zum Ersten des zweiten Vierteljahresmonats,
   b) die einmalige Überlassungsvergütung nach Vereinbarung,
   c) die Vergütung für sonstige Leistungen nach Leistungserbringung in Rechnung stellen.
2. Der Auftraggeber wird die Rechnungen unverzüglich nach Eingang prüfen, feststellen und den Betrag zahlen; § 5 Nr. 2 bleibt unberührt.

(Nur für Vertragstyp I)
§ 7. Anlieferung, Einführung

1. Der Auftragnehmer liefert die Programme in einem einführungsbereiten Zustand auf den vereinbarten Datenträgern. Er führt – wenn bei Vertragsabschluss in der Leistungsbeschreibung vereinbart – die Programme auf den in der Leistungsbeschreibung aufgeführten EDV-Anlagen oder -Geräten ein und teilt dem Auftraggeber den Abschluss der Einführung mit. Hat der Auftragnehmer Testfälle verwendet, stellt er sie dem Auftraggeber zur Verfügung.
Der Beginn der Einführungsarbeiten und der Zeitpunkt, zu dem sie spätestens abgeschlossen sein müssen, sind in der Leistungsbeschreibung festzulegen.
2. Führt der Auftragnehmer die Einführung durch, wird die Mitwirkung des Auftraggebers an der Einführung in der Leistungsbeschreibung festgelegt (z. B. Unterstützung durch Personal). Der Auftraggeber ist verpflichtet, die in der Leistungsbeschreibung festgelegten Einsatzvoraussetzungen (z. B. Mindestanforderungen an Anlagen, Geräte und Programme, benötigte Speicherkapazitäten und Rechenzeiten) bis zum Beginn der Einführungsarbeiten zu schaffen und während der Einführung aufrechtzuerhalten.
3. Für die Einführung der Programme kann eine Vergütung vereinbart werden.

(Nur für Vertragstyp II)
§ 7. Anlieferung, Herbeiführen der Funktionsfähigkeit

1. Der Auftragnehmer liefert die Programme in einem einführungsbereiten Zustand auf den vereinbarten Datenträgern, führt die Funktionsfähigkeit entsprechend den Vereinbarungen in der Leistungsbeschreibung auf den dort aufgeführten EDV-Anlagen und -Geräten herbei und teilt dem Auftraggeber mit, dass die Programme funktionsfähig sind.
Der Beginn der Arbeiten und der Zeitpunkt, zu dem sie spätestens abgeschlossen sein müssen, sind in der Leistungsbeschreibung festzulegen.
2. Die Mitwirkung des Auftraggebers an der Herbeiführung der Funktionsfähigkeit der Programme wird in der Leistungsbeschreibung festgelegt (z. B. Unterstützung durch Personal). Der Auftraggeber ist verpflichtet, die in der Leistungsbeschreibung festgelegten Einsatzvoraussetzungen (z. B. Mindestanforderungen an Anlagen, Geräte und Programme, benötigte Speicherkapazitäten und Rechenzeiten) bis zum Beginn der Arbeiten zu schaffen und für deren Dauer aufrechtzuerhalten.
3. Für das Herbeiführen der Funktionsfähigkeit kann eine Vergütung vereinbart werden.

§ 8. Verzug

(Nur für Vertragstyp I)
1. Kommt der Auftragnehmer mit den Leistungen gemäß § 7 in Verzug und überschreitet der Verzug bei der Anlieferung 10 Kalendertage oder – wenn eine Einführung vereinbart ist – 30 Kalendertage, so sind $^1/_{30}$ der in der Leistungsbeschreibung festgelegten monatlichen Überlassungsvergütung bzw. der auf einen Monat umgerechneten einmaligen Überlassungsvergütung für jeden Verzugstag als Vertragsstrafe zu zahlen.

(Nur für Vertragstyp II)
1. Kommt der Auftragnehmer mit den Leistungen gemäß § 7 in Verzug und überschreitet der Verzug 30 Kalendertage, so sind $^1/_{30}$ der in der Leistungsbeschreibung festgelegten monatlichen Überlassungsvergütung bzw. der auf einen Monat umgerechneten einmaligen Überlassungsvergütung für jeden Verzugstag als Vertragsstrafe zu zahlen.

2. Die Verzugsfolgen nach Nummer 1 treten auch dann ein, wenn sich der Auftragnehmer durch Kauf- oder Mietvertrag verpflichtet hat, Anlagen oder Geräte einschließlich Grundsoftware zusammen mit den Programmen zu liefern und er mit der Lieferung der Anlage oder Geräte einschließlich Grundsoftware

(Nur für Vertragstyp I)
in Verzug ist.

(Nur für Vertragstyp II)
in Verzug ist, es sei denn, dass § 9 Nr. 3 Satz 1 angewandt wird.

(Nur für Vertragstyp I)
3. Hat der Auftragnehmer mehrere Programme, die nach der in der Leistungsbeschreibung getroffenen Vereinbarung zusammenwirken sollen, zu liefern bzw. einzuführen und gerät er mit der Anlieferung bzw. Einführung eines oder mehrerer dieser Programme in Verzug, und hält der Auftraggeber die Nutzung der übrigen Programme für wirtschaftlich sinnvoll, so treten die Verzugsfolgen nur für die nicht gelieferten bzw. nicht eingeführten Programme ein. Falls sich der Auftraggeber darauf beruft, dass die Nutzung der gelieferten bzw. eingeführten Programme für ihn nicht wirtschaftlich sinnvoll ist, hat er die Gründe dem Auftragnehmer mitzuteilen und die Programme zurückzugeben; in diesem Fall treten die Verzugsfolgen gemäß Nummer 1 auch für die zurückgegebenen Programme ein.

(Nur für Vertragstyp II)
3. Hat der Auftragnehmer mehrer Programme, die nach der in der Leistungsbeschreibung getroffenen Vereinbarung zusammenwirken sollen, zu liefern und ihre Funktionsfähigkeit herbeizuführen und gerät er mit dieser Leistung für eines oder mehrere dieser Programme in Verzug, und hält der Auftraggeber die Nutzung der übrigen Programme für wirtschaftlich sinnvoll, so treten die Verzugsfolgen nur für die nicht gelieferten bzw. nicht funktionsfähigen Programme ein. Falls sich der Auftraggeber darauf beruft, dass die Nutzung der funktionsfähigen Programme für ihn nicht wirtschaftlich sinnvoll ist, hat er die Gründe dem Auftragnehmer mitzuteilen und die Programme zurückzugeben; in diesem Fall treten die Verzugsfolgen gemäß Nummer 1 auch für die zurückgegebenen Programme ein.

4. Kommt der Auftragnehmer in Verzug, kann der Auftraggeber dem Auftragnehmer eine angemessene Nachfrist mit der Erklärung setzen, dass er nach Ablauf dieser Frist vom Vertrag ganz oder für einen Teil der Leistung zurücktreten wird.

5. Die Zahlungspflicht des Auftragnehmers nach Nummer 1 bis 3 ist auf 100 Verzugstage beschränkt; im Falle des Rücktritts nach Nummer 4 zahlt der Auftragnehmer unabhängig vom Zeitpunkt des Rücktritts Vertragsstrafe in

Höhe des Betrages für 100 Verzugstage, wobei eine nach Nummer 1 bis 3 gezahlte Vertragsstrafe angerechnet wird.

6. Die Regelungen des § 343 BGB über die Herabsetzung der Vertragsstrafe bleiben in den vorgenannten Fällen unberührt.

7. Kommt der Auftraggeber mit seinen Pflichten nach § 7 Nr. 2 in Verzug, so kann der Auftragnehmer für jeden Verzugstag, um den sich die Abnahme der Programme verzögert, ¹/₃₀ der monatlichen Überlassungsvergütung bzw. der auf einen Monat umgerechneten einmaligen Überlassungsvergütungen verlangen, wenn die Verzögerung 30 Kalendertage überschreitet. Darüber hinaus steht dem Auftragnehmer Ersatz der durch den Verzug nachweislich entstandenen notwendigen Kosten zu.

8. Bei Programmen, für die eine unbefristete Nutzung vereinbart wurde, wird bei der Anwendung der Nummern 1 bis 3 und 6 für die Umrechnung der einmaligen auf eine monatliche Überlassungsvergütung ein Zeitraum von 50 Monaten zugrunde gelegt.

(Nur für Vertragstyp I)

§ 9. Abnahme nach vereinfachtem Verfahren

1. Entspricht die Leistung des Auftragnehmers der Leistungsbeschreibung, erklärt der Auftraggeber nach erfolgreicher Funktionsprüfung unverzüglich schriftlich die Abnahme.

2. Die Funktionsprüfung ist erfolgreich durchgeführt, wenn feststeht, dass die Programme den in der Leistungsbeschreibung festgelegten Spezifikationen entsprechen und für den vorgesehenen Einsatzzweck geeignet sind. Die Dauer der Funktionsprüfung wird in der Leistungsbeschreibung festgelegt; eine Verlängerung kann vereinbart werden.

3. Wurden während der Funktionsprüfung Abweichungen von den in der Leistungsbeschreibung festgelegten Spezifikationen festgestellt und werden die Programme dennoch abgenommen, werden die Abweichungen in der Abnahmeerklärung als Mängel festgehalten.

4. Hält der Auftraggeber auf Grund der Funktionsprüfung die Programme für nicht geeignet, hat er ausschließlich das Recht, innerhalb von 2 Wochen nach Ablauf der für die Funktionsprüfung vereinbaren Zeit vom Vertrag zurückzutreten. Während der Erklärungsfrist ist eine Nutzung unzulässig. § 20 Nr. 1 findet entsprechende Anwendung; § 20

(Nur für Vertragstyp II)

§ 9. Abnahme auf Grund vereinbarter spezieller Abnahmekriterien

1. Entspricht die Leistung des Auftragnehmers der Leistungsbeschreibung, erklärt der Auftraggeber nach erfolgreicher Funktionsprüfung unverzüglich schriftlich die Abnahme

2. Die Funktionsprüfung ist erfolgreich durchgeführt, wenn unter Verwendung der in der Leistungsbeschreibung angegebenen Anlagen oder Geräte einschließlich Grundsoftware die Programme die in der Leistungsbeschreibung definierte Aufgabe in der festgelegten Programmumgebung entsprechend den vereinbarten Anforderungen an das Programm unter Zugrundelegung der Abnahmekriterien lösen.
Wurden während der Funktionsprüfung Abweichungen von der Leistungsbeschreibung festgestellt und werden die Programme dennoch abgenommen, werden die Abweichungen in der Abnahmeerklärung als Mängel festgehalten.
Art, Umfang und Dauer der Funktionsprüfung sowie die Abnahmekriterien (z. B. Testdaten und Testprozeduren des Auftraggebers) werden in der Leistungsbeschreibung festgelegt; auf Verlangen des Auftraggebers oder Auftragnehmers wird, wenn notwendig, die Funktionsprüfung angemessen verlängert. Die

Nr. 2 findet keine Anwendung. Erklärt der Auftraggeber nicht den Rücktritt, gilt die Abnahme als erklärt.

Funktionsprüfung beginnt am ersten Werktag nach Zugang der Mitteilung über den Abschluss der Arbeiten zur Herbeiführung der Funktionsfähigkeit (§ 7 Nr. 1).

Der Auftraggeber wird auf die Durchführung einer vereinbarten Funktionsprüfung schriftlich verzichten, wenn sie sachlich nicht notwendig ist.

3. Stehen die in der Leistungsbeschreibung angegebenen Anlagen oder Geräte einschließlich Grundsoftware für die Herbeiführung der Funktionsfähigkeit der Programme noch nicht zur Verfügung, kann im beiderseitigen Einvernehmen die Funktionsprüfung auf gleichartigen Anlagen oder Geräten durchgeführt werden. Soweit dem Auftragnehmer hierdurch ein zusätzlicher Aufwand entsteht, kann er dessen Erstattung verlangen.

4. Wurde aus vom Auftragnehmer zu vertretenden Gründen eine Verlängerung der Funktionsprüfung vereinbart, zahlt der Auftragnehmer für jeden Tag, um den die Funktionsprüfung verlängert wurde, $1/30$ der monatlichen Überlassungsvergütung bzw. der auf einen Monat umgerechneten einmaligen Überlassungsvergütung der Programme, für die die Funktionsprüfung verlängert werden musste, als Vertragsstrafe. Bei Programmen, für die eine unbefristete Nutzung vereinbart wurde, wird für die Umrechnung der einmaligen auf eine monatliche Überlassungsvergütung ein Zeitraum von 50 Monaten zugrunde gelegt. Die Zahlungspflicht des Auftragnehmers ist auf 100 Kalendertage beschränkt; eine auf Grund des § 8 gezahlte Vertragsstrafe wird angerechnet.

Hat der Auftraggeber seine Leistungen vereinbarungsgemäß erbracht und wurden während der Funktionsprüfung Abweichungen von der Leistungsbeschreibung festgestellt, kann der Auftraggeber vom Vertrag zurücktreten. In diesem Fall zahlt der Auftragnehmer unabhängig vom

Zeitpunkt des Rücktritts eine Vertragsstrafe in Höhe des Betrages für 100 Kalendertage, wenn die Funktionsprüfung ergeben hat, dass das Programm nicht wirtschaftlich sinnvoll genutzt werden kann, es sei denn, der Auftragnehmer weist nach, dass er die Gründe hierfür nicht vertreten hat. Eine nach Absatz 1 und nach § 8 gezahlte Vertragsstrafe wird angerechnet.

5. Die Regelungen des § 343 BGB über die Herabsetzung der Vertragsstrafe bleiben in den vorgenannten Fällen unberührt.

6. Sind für mehrere Programme, die vertragsgemäß zusammenwirken sollen, unterschiedliche Termine für den Abschluss der Arbeiten zur Herbeiführung der Funktionsfähigkeit vereinbart, so beschränkt sich die Funktionsprüfung jeweils auf die unter die Teillieferung fallenden Programme. Bei Abnahme der letzten Teillieferung wird – soweit erforderlich – durch eine Funktionsprüfung, in die alle Programme einbezogen werden, festgestellt, ob die Programme ordnungsgemäß zusammenwirken.

Die vorstehenden Bestimmungen finden auch Anwendung, wenn der Auftragnehmer in Teilverzug gemäß § 8 Nr. 3 gerät und der Auftraggeber die Nutzung der gelieferten Programme für wirtschaftlich sinnvoll hält.

7. Erklärt der Auftraggeber aus von ihm zu vertretenden Gründen nicht fristgerecht die Abnahme, ist er zur Zahlung der Überlassungsvergütung verpflichtet (§ 5 Nr. 2). Darüber hinaus kann der Auftragnehmer dem Auftraggeber eine angemessene Frist zur Abgabe der Erklärung setzen. Erklärt der Auftraggeber innerhalb dieser Frist weder die Abnahme noch den Rücktritt, gilt das Programm als abgenommen.

§ 10. Gewährleistung für Programme mit Verpflichtung zur Mängelbeseitigung

(Nur für Vertragstyp I)
1. Der Auftragnehmer gewährleistet die in der Leistungsbeschreibung festgelegten Programmspezifikationen. Der Gewährleistung unterliegt die letzte vom Auftraggeber übernommene Programmversion.

(Nur für Vertragstyp II)
1. Der Auftragnehmer gewährleistet, dass die in der Leistungsbeschreibung aufgeführten Programme bei vertragsgemäßer Nutzung die vertraglich vereinbarten Leistungen erbringen. Der Gewährleistung unterliegt die letzte vom Auftraggeber übernommene Programmversion.

2. Eine neue Programmversion ist vom Auftraggeber zu übernehmen, wenn und sobald es ihm zumutbar ist und die Programmänderung zur Vermeidung von Ausfällen anderer Programme, der Anlage oder Geräte notwendig ist oder der Vermeidung oder Beseitigung von Mängeln dient. Für die Prüfung der Zumutbarkeit steht dem Auftraggeber eine angemessene Zeit zur Verfügung. Soweit die neue Programmversion der Behebung von Schutzrechtsverletzungen dient, ist sie unverzüglich zu übernehmen. Der Auftragnehmer hat die Programmdokumentation anzupassen und das Personal des Auftraggebers soweit erforderlich rechtzeitig in die neue Programmversion einzuweisen. Die in der Leistungsbeschreibung enthaltene Aufstellung der für die Mängelbeseitigung benötigten Unterlagen (Nummer 4) wird ggf. berichtigt.
Übernimmt der Auftraggeber aus den in Absatz 1 genannten Gründen eine neue Programmversion nicht, gilt folgendes:
   a) Der Auftragnehmer hat für die bisher verwendete Programmversion Gewähr zu leisten. Die Gewährleistung endet ein Jahr nach dem Zeitpunkt, an dem der Auftragnehmer die neue Programmversion angeboten hat. Wurde eine unbefristete Nutzung vereinbart, endet die Gewährleistung spätestens mit Ablauf der Frist gemäß Nummer 3. Danach hat der Auftragnehmer für den Rest der Mindestleistungsdauer nach seiner Wahl Mängel gegen Vergütung zu beseitigen oder, soweit er dazu berechtigt und in der Lage ist, dem Auftraggeber die Quellprogramme und Programmabläufe für eine Fehlerbeseitigung zur Verfügung zu stellen.
   b) Der Auftraggeber hat daneben ein außerordentliches Kündigungsrecht.

3. Die Gewährleistung beginnt mit dem Tag nach Erklärung der Abnahme (§ 9 Nr. 1); sie endet mit Ablauf des Vertrags.
Abweichend davon endet die Gewährleistung bei Programmen, für die eine unbefristete Nutzung vereinbart ist, zu dem in der Leistungsbeschreibung festgelegten Zeitpunkt, frühestens jedoch zwölf Monate nach Erklärung der Abnahme; diese Frist verlängert sich um die Zahl der Kalendertage, an denen die Programme infolge von Gewährleistungsmängeln nicht wirtschaftlich sinnvoll genutzt werden können.

4. Macht der Auftraggeber Mängel geltend, teilt er dem Auftragnehmer mit, wie sich die Mängel bemerkbar machen; dabei müssen die in der Leistungsbeschreibung festgelegten Unterlagen für die Mängelbeseitigung zur Einsichtnahme oder Anforderung zur Verfügung stehen. Benötigt der Auftragnehmer weitere Unterlagen, hat der Auftraggeber diese Unterlagen unverzüglich zur Verfügung zu stellen. Darüber hinaus hat der Auftraggeber den Auftragnehmer bei der Mängelbeseitigung in dem in der Leistungsbeschreibung festgelegten Umfang zu unterstützen.

5. Bei Mängeln an den Programmen, die in der Abnahmeerklärung festgehalten wurden und bei anderen Gewährleistungsmängeln hat der Auftragnehmer mit

entsprechend qualifiziertem Personal die Arbeiten zur Mängelbeseitigung unverzüglich zu beginnen. Der Zeitpunkt, zu dem spätestens damit zu beginnen ist, wird in der Leistungsbeschreibung festgelegt.

Können diese Mängel nicht kurzfristig beseitigt werden, hat der Auftragnehmer – soweit möglich und im Hinblick auf die Auswirkungen des Mangels angemessen – eine behelfsmäßige Lösung (z. B. temporäre Fehlerkorrektur) zur Verfügung zu stellen.

Der Auftragnehmer hat die Programmdokumentation ggf. zu berichtigen.

6. Bei Gewährleistungsmängeln entfällt, beginnend mit dem Tag der Mängelmeldung gemäß Nummer 4, für jeden Kalendertag, an dem die Programme wegen dieser Mängel mehr als zwölf Stunden nicht wirtschaftlich sinnvoll genutzt werden konnten, die Zahlung von $^1/_{30}$ der monatlichen Überlassungsvergütung für diese Programme; dies gilt jedoch nur wenn der Auftragnehmer die Mängel nicht innerhalb von sieben Kalendertagen oder einer in der Leistungsbeschreibung vereinbarten Frist, beginnend mit dem Tag der Mängelmeldung gemäß Nummer 4, so behoben oder umgangen hat, dass die Programme wirtschaftlich sinnvoll genutzt werden können.

Ist eine einmalige Überlassungsvergütung vereinbart, so hat der Auftraggeber unter den in Absatz 1 genannten Voraussetzungen je Kalendertag Anspruch auf Rückerstattung von $^1/_{30}$ der auf einen Monat umgerechneten einmaligen Überlassungsvergütung.

7. Beginnt der Auftragnehmer schuldhaft nicht zu dem in der Leistungsbeschreibung festgelegten Zeitpunkt mit den Arbeiten zur Beseitigung von Mängeln nach Nummer 5, hat er für jeden Tag, um den sich die Aufnahme dieser Arbeiten verzögert, eine Vertragsstrafe in Höhe von $^1/_{30}$ der monatlichen Überlassungsvergütung bzw. der auf einen Monat umgerechneten einmaligen Überlassungsvergütung zu zahlen. Die Vertragsstrafe ist auch dann zu zahlen, wenn der Auftragnehmer diese Arbeiten schuldhaft unterbricht.

> (Nur für Vertragstyp II)
> Können die Programme nach Ablauf von 14 Kalendertagen oder einer in der Leistungsbeschreibung vereinbarten Frist, beginnend mit dem Tag der Mängelmeldung gemäß Nummer 4, nicht wirtschaftlich sinnvoll genutzt werden, zahlt der Auftragnehmer für jeden Tag, für den die Überlassungsvergütung gemäß Nummer 6 Abs. 1 entfällt, $^1/_{30}$ der monatlichen Überlassungsvergütung bzw. der auf einen Monat umgerechneten einmaligen Überlassungsvergütung als Vertragsstrafe. Diese Verpflichtung gilt für die Dauer der Gewährleistung, soweit nicht in der Leistungsbeschreibung ein kürzerer Zeitraum vereinbart ist.

8. Hat sich der Auftragnehmer durch Kauf- oder Mietvertrag verpflichtet, Anlagen oder Geräte einschließlich Grundsoftware zusammen mit den Programmen zu liefern, so entfällt die Zahlung der Überlassungsvergütung, wenn die Programme nicht genutzt werden können, weil die in der Leistungsbeschreibung festgelegten Anlagen oder Geräte wegen Gewährleistungsmängeln nicht genutzt werden können. Dies gilt von dem Zeitpunkt an, zu dem nach dem

Mietvertrag die Mietzahlungspflicht entfällt oder nach dem Kaufvertrag eine Vertragsstrafe zu zahlen ist. Ist eine einmalige Überlassungsvergütung vereinbart, so hat der Auftraggeber von dem genannten Zeitpunkt an je Ausfalltag Anspruch auf Rückerstattung von $^1/_{30}$ der auf einen Monat umgerechneten einmaligen Überlassungsvergütung.

> (Nur für Vertragstyp II)
> Ferner ist von dem genannten Zeitpunkt an für jeden Tag, an dem die Programme nicht genutzt werden können, eine Vertragsstrafe in Höhe von $^1/_{30}$ der monatlichen Überlassungsvergütung bzw. der auf einen Monat umgerechneten einmaligen Überlassungsvergütung zu zahlen.

9. Werden Gewährleistungsmängel nach Ablauf einer Frist von 100 Kalendertagen, beginnend mit dem Tag der Mängelmeldung gemäß Nr. 4 nicht beseitigt, kann der Auftraggeber den Vertrag hinsichtlich der betroffenen Programme fristlos kündigen. Macht der Auftraggeber von diesem Kündigungsrecht keinen Gebrauch, kann der Auftragnehmer nach Ablauf von weiteren 60 Kalendertagen seinerseits den Vertrag kündigen, wenn die Zahlung der Überlassungsvergütung gemäß Nummer 6 entfallen ist. Im Fall der Nummer 8 tritt an die Stelle der Frist von 100 Tagen diejenige Frist, nach deren Ablauf der Auftraggeber frühestens den Mietvertrag kündigen oder vom Kaufvertrag für die Anlage oder Geräte zurücktreten kann.

Bei Kündigung von Programmen, für die eine einmalige Überlassungsvergütung für eine befristete oder unbefristete Nutzung gezahlt wurde, hat der Auftraggeber Anspruch auf Rückerstattung eines Teils dieser Vergütung. Bei Programmen, für die eine unbefristete Nutzung vereinbart wurde, errechnet sich der Rückerstattungsbetrag nach der tatsächlichen Überlassungsdauer und der der einmaligen Überlassungsvergütung zu Grunde gelegten Überlassungsdauer der Programme.

10. Die Zahlungspflicht für die Vertragsstrafe gemäß Nummer 7 und 8 ist je Tag für jedes Programm auf $^1/_{30}$ der monatlichen Überlassungsvergütung bzw. der auf einen Monat umgerechneten einmaligen Überlassungsvergütung beschränkt. Die Zahlungspflicht je Schadensfall (Mängelmeldung gemäß Nummer 4) ist auf 100 Kalendertage beschränkt.

11. Die Regelungen des § 343 BGB über die Herabsetzung der Vertragsstrafe bleiben in den vorgenannten Fällen unberührt.

12. Bei Programmen, für die eine unbefristete Nutzung vereinbart wurde, wird bei der Anwendung der Nummern 6 bis 9 für die Umrechnung der einmaligen auf eine monatliche Überlassungsvergütung ein Zeitraum von 50 Monaten zugrunde gelegt.

13. Weist der Auftragnehmer nach, dass Gewährleistungsmängel nicht vorgelegen haben, kann er die Erstattung des Aufwandes für die auf Grund der Mängelmeldung erbrachten Leistungen nach den allgemein von ihm angewandten Vergütungssätzen verlangen, soweit nichts anderes vereinbart wird.

§ 11. Gewährleistung für Programme ohne Verpflichtung zur Mängelbeseitigung

1. Die Gewährleistung für Programme, die vom Auftragnehmer allgemein auf dem Markt ohne Verpflichtung zur Mängelbeseitigung angeboten werden, richtet sich nach den folgenden Bestimmungen, soweit in der Leistungsbeschreibung nichts anderes vereinbart ist.

2. Der Auftragnehmer gewährleistet die in der Leistungsbeschreibung festgelegten Programmspezifikationen. Der Gewährleistung unterliegt die letzte vom Auftraggeber übernommene Programmversion.
   Die Gewährleistung beginnt mit dem Tag nach Erklärung der Abnahme (§ 9 Nr. 1); sie endet mit Ablauf des Vertrags.
   Abweichend davon endet die Gewährleistung bei Programmen, für die eine unbefristete Nutzung vereinbart ist, nach zwölf Monaten; diese Frist verlängert sich um die Zahl der Kalendertage, an denen die Programme infolge von Gewährleistungsmängeln nicht wirtschaftlich sinnvoll genutzt werden können.

3. Macht der Auftraggeber Gewährleistungsmängel geltend, teilt er dem Auftragnehmer mit, wie sich die Mängel bemerkbar machen; dabei müssen die in der Leistungsbeschreibung festgelegten Unterlagen oder Angaben für die Beurteilung der Mängel zur Verfügung stehen.
   Erklärt der Auftragnehmer, die Mängel beseitigen zu wollen, müssen die in der Leistungsbeschreibung festgelegten Unterlagen für die Mängelbeseitigung zur Einsichtnahme oder Anforderung zur Verfügung stehen. Benötigt der Auftragnehmer weitere Unterlagen, hat der Auftraggeber diese Unterlagen unverzüglich zur Verfügung zu stellen. Darüber hinaus hat der Auftraggeber den Auftragnehmer bei der Mängelbeseitigung in dem in der Leistungsbeschreibung festgelegten Umfang zu unterstützen.

4. Bei Gewährleistungsmängeln entfällt, beginnend mit dem Tag der Mängelmeldung gemäß Nummer 3, für jeden Kalendertag, an dem die Programme wegen dieser Mängel mehr als zwölf Stunden nicht wirtschaftlich sinnvoll genutzt werden konnten, die Zahlung von 1/30 der monatlichen Überlassungsvergütung für diese Programme; dies gilt jedoch nur, wenn die Mängel nicht innerhalb von 30 Kalendertagen, beginnend mit dem Tag der Mängelmeldung gemäß Nummer 3, so behoben oder umgangen sind, dass die Programme wirtschaftlich sinnvoll genutzt werden können.

5. Hat sich der Auftragnehmer durch Kauf- oder Mietvertrag verpflichtet, Anlagen oder Geräte einschließlich Grundsoftware zusammen mit den Programmen zu liefern, so entfällt die Zahlung der Überlassungsvergütung, wenn die Programme nicht genutzt werden können, weil die in der Leistungsbeschreibung festgelegten Anlagen oder Geräte wegen Gewährleistungsmängeln nicht genutzt werden können. Dies gilt von dem Zeitpunkt an, zu dem nach dem Mietvertrag die Mietzahlungspflicht entfällt oder nach dem Kaufvertrag eine Vertragsstrafe zu zahlen ist.

6. Die Regelungen des § 343 BGB über die Herabsetzung der Vertragsstrafe bleiben in den vorgenannten Fällen unberührt.

7. Ist eine einmalige Überlassungsvergütung vereinbart, so hat der Auftraggeber im Falle der Nummern 4 und 5 während der Dauer der Gewährleistung von den dort genannten Zeitpunkten an je Ausfalltag Anspruch auf Rückerstattung von 1/30 der auf einen Monat umgerechneten einmaligen Überlassungsvergütung. Bei den Programmen, für die eine unbefristete Nutzung vereinbart wurde, wird für die Umrechnung ein Zeitraum von 50 Monaten zugrunde gelegt.

8. Bei Mängeln, die nicht nach Nummer 3 Abs. 2 beseitigt werden, unterstützt der Auftragnehmer auf Verlangen nach seiner Wahl den Auftraggeber bei der Mängelbeseitigung oder stellt ihm die Quellprogramme und Programmablaufpläne zur Verfügung; § 16 Nr. 4, 5, 6 und 8 findet entsprechende Anwendung. Wird das Programm wegen der Mängel 30 Kalendertage nicht genutzt, können Auftraggeber oder Auftragnehmer den Vertrag hinsichtlich der betroffenen Programme fristlos kündigen. Hinsichtlich der Programme, für die eine einmalige Überlassungsvergütung vereinbart wurde, gilt Nummer 6.

§ 12. Gewährleistung für umgestufte Programme

1. Für Programme, die der Auftragnehmer nach Vertragsabschluss allgemein in die Gruppe der Programme ohne Verpflichtung zur Mängelbeseitigung umstuft, kann in der Leistungsbeschreibung vereinbart werden, dass nach Ablauf einer Ankündigungsfrist von 12 Monaten § 11 gilt.
In der Leistungsbeschreibung können kürzere oder längere Ankündigungsfristen vereinbart werden.

2. Bei einer Programmumstufung kann der Auftraggeber den Überlassungsvertrag mit einer Frist von drei Monaten zum Wirksamwerden der Umstufung kündigen. Hinsichtlich der Programme, für die eine einmalige Überlassungsvergütung vereinbart wurde, gilt § 11 Nr. 6.

3. In der Leistungsbeschreibung kann vereinbart werden, dass eine Einschränkung der Gewährleistung im Zusammenhang mit der Umstufung von Programmen während der vereinbarten Mindestleistungsdauer ausgeschlossen ist oder dass bei der Umstufung die Überlassungsvergütung angemessen ermäßigt wird.

§ 13. Haftung des Auftragnehmers für die Verletzung etwa bestehender Schutzrechte

1. Der Auftragnehmer steht dafür ein, dass die Programme im Bereich der Bundesrepublik Deutschland frei von Schutzrechten Dritter sind, die ihre Nutzung durch den Auftraggeber ausschließen bzw. einschränken.

2. Werden nach Vertragsabschluss Verletzungen von Schutzrechten gemäß Nummer 1 geltend gemacht und wird die vertragsgemäße Nutzung der Programme beeinträchtigt oder untersagt, ist der Auftragnehmer verpflichtet, nach seiner Wahl entweder die Programme in der Weise zu ändern oder zu ersetzen, dass sie nicht mehr unter die Schutzrechte fallen, gleichwohl aber den vertraglichen Bestimmungen entsprechen, oder das Recht zu erwirken, dass die Programme uneingeschränkt und ohne zusätzliche Kosten vertragsgemäß genutzt werden können.
Ist dies dem Auftragnehmer nicht möglich, gelten die Bestimmungen des § 10 oder § 11 entsprechend. Werden Schutzrechte geltend gemacht, die der Auftragnehmer bei Vertragsabschluss nicht kannte und auch nicht kennen musste, entfällt eine Verpflichtung zum Schadenersatz nach § 10 oder § 11.

3. Der Auftragnehmer übernimmt die alleinige und in der Höhe unbegrenzte Haftung gegenüber denjenigen, die die Verletzung von Schutzrechten geltend machen. Er ist insbesondere berechtigt und verpflichtet, alle Rechtsstreitigkeiten, die sich aus diesen Ansprüchen ergeben, auf eigene Kosten durchzuführen.
Der Auftraggeber ist verpflichtet, den Auftragnehmer unverzüglich schriftlich zu benachrichtigen, wenn gegen ihn Ansprüche wegen Verletzung von Schutzrechten geltend gemacht werden und bei Auseinandersetzungen mit Dritten im Einvernehmen mit dem Auftragnehmer zu handeln.

4. Werden die Schutzrechte gegenüber dem Auftragnehmer oder Auftraggeber geltend gemacht, hat der Auftragnehmer das Recht, dem Auftraggeber die Nutzung der Programme mit sofortiger Wirkung zu untersagen; in diesem Fall gelten die Nummern 2 und 3 entsprechend.

5. Die Nummern 1 bis 4 gelten nur, wenn die Programme vertragsgemäß genutzt wurden und die Schutzrechtsverletzung nicht durch eine Änderung der Programme verursacht wurde, die der Auftraggeber selbst oder durch einen Dritten vorgenommen hat.

6. Hat sich der Auftragnehmer durch Kauf- oder Mietvertrag verpflichtet, Anlagen oder Geräte einschließlich Grundsoftware zusammen mit den Programmen zu liefern, werden in Bezug auf pauschalierten Schadenersatz die Vorschriften des § 10 Nr. 8 sinngemäß angewandt, wenn die Anlagen oder Geräte einschließlich Grundsoftware wegen Verletzung von Schutzrechten ganz oder teilweise nicht genutzt werden können und eine vereinbarte Ausweichanlage nicht zur Verfügung gestellt wird.

§ 14. Haftung für sonstige Schäden

1. Die Haftung des Auftragnehmers für Schäden, die dem Auftraggeber dadurch entstehen, dass der Auftragnehmer mit seinen Leistungen gemäß § 7 in Verzug gerät, sowie für Schäden des Auftraggebers auf Grund von Gewährleistungsmängeln oder Schutzrechtsverletzungen ist in den §§ 8, 10 bis 13 abschließend geregelt.

2. Im Übrigen haften Auftraggeber und Auftragnehmer einander für von ihnen zu vertretende Schäden je Schadensereignis bei Personen- und Sachschäden bis 1 Million DM und bei anderen Schäden bis zur Höhe der 50fachen monatlichen Überlassungsvergütung oder bis zur Höhe der vereinbarten einmaligen Überlassungsvergütung, jedoch mindestens bis 25000 DM und höchstens bis 75000 DM. Abweichend davon haftet der Auftraggeber bis 1 Million DM oder einen in der Leistungsbeschreibung vereinbarten Betrag, wenn er gegen seine vertraglichen Verpflichtungen gemäß § 16 Nr. 8 verstößt und hierdurch Schutzrechte des Auftragnehmers an den Programmen innerhalb der Bundesrepublik Deutschland verletzt werden.
Der Auftragnehmer haftet für die Wiederbeschaffung von Daten nur, wenn er deren Vernichtung vorsätzlich oder grob fahrlässig verursacht und der Auftraggeber sichergestellt hat, dass diese Daten aus Datenmaterial, das in maschinenlesbarer Form bereitgehalten wird, mit vertretbarem Aufwand rekonstruiert werden können.

§ 15. Behinderung und Unterbrechung der Leistung

1. Soweit der Auftragnehmer seine vertraglichen Leistungen infolge Arbeitskampf, höherer Gewalt, Krieg, Aufruhr oder anderer für den Auftragnehmer unabwendbarer Umstände nicht oder nicht fristgerecht erbringen kann, treten für ihn keine nachteiligen Rechtsfolgen ein. Das gilt nicht, wenn die Behinderung oder Unterbrechung durch einen Arbeitskampf verursacht wird, den der Auftragnehmer durch rechtswidrige Handlungen verschuldet hat.
Tritt die Behinderung oder Unterbrechung aus den in Absatz 1 genannten Gründen bei Unterauftragnehmern ein, so gilt Absatz 1 entsprechend.

2. Sieht sich der Auftragnehmer in der ordnungsgemäßen Durchführung der übernommenen Leistungen behindert, so hat er dies dem Auftraggeber unverzüglich anzuzeigen. Sobald zu übersehen ist, zu welchem Zeitpunkt die Leistung wieder aufgenommen werden kann, ist dies dem Auftraggeber mitzuteilen.

3. Sobald die Ursache der Behinderung oder Unterbrechung wegfällt, hat der Auftragnehmer unter schriftlicher Mitteilung an den Auftraggeber die Leistungen ohne besondere Aufforderung unverzüglich wieder aufzunehmen.

4. Die Nummern 1 bis 3 gelten entsprechend für die vertraglichen Leistungen des Auftraggebers.

§ 16. Programmdokumentation, Einsatzunterstützung, Personalausbildung, Programmbenutzung

1. Der Auftragnehmer stellt die Programmdokumentation, z. B. DV-Handbuch (Beschreibung für Einführung und Test, Beschreibung für den Betrieb), Benutzerhandbuch sowie sonstige programmbezogene Literatur in angemessener Zahl in deutscher Sprache, bei Übersetzung auf Wunsch auch im Originaltext, zu dem in der Leistungsbeschreibung vereinbarten Zeitpunkt zur Verfügung. Die Überlassung weiterer Unterlagen (z. B. Programmablaufpläne, Umwandlungslisten, Quellprogramme) ist ggf. in der Leistungsbeschreibung zu vereinbaren.

2. Der Auftragnehmer weist – soweit in der Leistungsbeschreibung nichts anderes vereinbart ist – das vom Auftraggeber für die Programmbenutzung vorgesehene und entsprechend qualifizierte Personal rechtzeitig in die Handhabung der Programme ein.

3. Der Auftragnehmer bildet – soweit in der Leistungsbeschreibung vereinbart – das vom Auftraggeber für die Programmbenutzung vorgesehene und entsprechend qualifizierte Personal in erforderlichem Umfang und rechtzeitig für die Anwendung bzw. den Einsatz der Programme aus.

4. Der Auftragnehmer unterstützt den Auftraggeber – soweit in der Leistungsbeschreibung vereinbart – durch entsprechend qualifiziertes Personal beim Einsatz der Programme sowie bei der Beseitigung von Mängeln, die nicht unter die Gewährleistung fallen.

5. Der Auftragnehmer haftet bei den Leistungen gemäß Nummern 2 bis 4 nicht für ein bestimmtes Ergebnis, es sei denn, dass im Einzelfall eine Haftung ausdrücklich vereinbart ist.

6. Vergütungen für die Leistungen gemäß Nummern 1 bis 4 können in der Leistungsbeschreibung vereinbart werden.

7. Der Auftraggeber ist verpflichtet, die Programme entsprechend dem Benutzerhandbuch des Auftragnehmers einzusetzen.

8. Der Auftraggeber wird die Programme und Programmunterlagen in der Weise nutzen, vervielfältigen und aufbewahren, dass sie gegen eine nicht vertragsgemäße Nutzung, Vervielfältigung und Weitergabe angemessen gesichert sind. Einzelheiten können in der Leistungsbeschreibung vereinbart werden.

9. Der Auftraggeber führt über die Ausfallzeiten der Programme Aufzeichnungen; dabei sind anzugeben: Zeitpunkt (Tag und Uhrzeit) der Mängelmeldung gemäß § 10 Nr. 4 bzw. § 11 Nr. 3 sowie der Zeitpunkt zu dem die Programme wieder wirtschaftlich sinnvoll genutzt werden konnten. Die Aufzeichnungen können z. B. im Betriebsbuch für die Anlage oder Geräte gemacht werden.

§ 17. Allgemeine Programmänderungen des Auftragnehmers

1. Hält der Auftragnehmer den Einsatz einer neuen Programmversion aus anderen als den § 10 Nr. 2 Abs. 1 genannten Gründen für erforderlich, hat der Auftraggeber den Einsatz zuzulassen, soweit ihm hierdurch keine Ausgaben und keine unzumutbaren Nachteile entstehen. Im Übrigen gilt § 10 Nr. 2 Abs. 2.
Der Auftragnehmer hat die Programmdokumentation anzupassen und das Personal des Auftraggebers im allgemein von ihm angebotenen Umfang rechtzeitig in die neue Programmversion einzuweisen.

2. Ändert der Auftragnehmer Programme, die der Auftraggeber benutzt, so hat der Auftragnehmer diese Änderungen dem Auftraggeber mitzuteilen.

Der Auftraggeber kann verlangen, dass der Auftragnehmer ihm die neuen Programmversionen einschließlich Programmdokumentation gemäß § 16 Nr. 1 zu den im Einzelfall zu vereinbarenden Vergütungssätzen zur Verfügung stellt.

§ 18. Programmänderungen des Auftraggebers

1. Der Auftraggeber ist berechtigt, an den Programmen Änderungen vorzunehmen. Änderungen durch Dritte bedürfen der Zustimmung des Auftragnehmers; er wird die Zustimmung bei Anpassung an geänderte Anlagen, Geräte und Grundsoftware erteilen, wenn er sie nicht selbst gegen Vergütung durchführt. Die Nutzungsrechte an diesen Änderungen stehen dem Auftraggeber zu. Dem Auftragnehmer können auf Verlangen Nutzungsrechte an den Änderungen eingeräumt werden; hierzu bedarf es einer gesonderten Vereinbarung.
2. Soweit nicht im Rahmen des § 16 Nr. 1 Vereinbarungen über die Überlassung der Quellprogramme getroffen wurden, stellt der Auftragnehmer dem Auftraggeber für Änderungen die Quellprogramme einschließlich vorhandener Erläuterungen zur Verfügung. Ist dies in begründeten Ausnahmefällen nicht möglich, ist der Auftragnehmer im Rahmen des Zumutbaren verpflichtet, auf Verlangen des Auftraggebers die Änderung gegen Vergütung durchzuführen. Einzelheiten werden gesondert vereinbart.
   Die Verpflichtung nach Absatz 1 Satz 1 endet je Programmversion fünf Jahre nach deren Übergabe, frühestens mit Ablauf der Gewährleistung. Wenn der Auftraggeber eine Programmversion über das Ende der vorgenannten Frist hinaus benutzen will, so kann er vor Ablauf der Frist verlangen, dass der Auftragnehmer nach seiner Wahl entweder das Quellprogramm weiterhin verwahrt oder dem Auftraggeber übergibt. Die Verpflichtung nach Absatz 1 Satz 2 endet mit Ablauf der Gewährleistung, bei nach § 12 umgestuften Programmen mit dem Zeitpunkt der Umstufung; sie gilt nicht bei nach § 11 angebotenen Programmen. In der Leistungsbeschreibung kann abweichendes vereinbart werden.
   Für die Übergabe der Quellprogramme können Bedingungen gestellt werden, die eine nicht vertragsgemäße Nutzung ausschließen; im Übrigen gilt § 16 Nr. 8.
3. Für nicht vom Auftragnehmer geänderte Programme entfällt die Gewährleistung nach §§ 10 bis 12 und die Haftung nach § 13, es sei denn, dass Mängel oder Schutzrechtsverletzungen erkennbar nicht auf die Änderung zurückzuführen sind.

§ 19. Datenträger

Die Beschaffung der für die Aufzeichnung der Programme erforderlichen Datenträger obliegt dem Auftraggeber, soweit sie nicht vereinbarungsgemäß vom Auftragnehmer zur Verfügung gestellt werden. Die vom Auftragnehmer verwendeten Datenträger müssen den Spezifikationen des Herstellers der Anlage oder Geräte entsprechen.

§ 20. Behandlung der Programme nach Wegfall des Nutzungsrechts

1. Nach Wegfall des Nutzungsrechts an einem Programm ist der Auftraggeber verpflichtet, die vom Auftragnehmer erhaltenen Programme und Programmunterlagen und die selbst hergestellten Vervielfältigungen zu vernichten; die Vernichtung teilt der Auftraggeber dem Auftragnehmer spätestens 30 Tage nach Wegfall des Nutzungsrechts schriftlich mit.
2. Der Auftraggeber ist jedoch berechtigt, eine Programmausfertigung sowie eine vollständige Programmdokumentation für Prüf- und Archivzwecke zu behalten; der Auftragnehmer ist hierüber zu unterrichten.

§ 21. Programmpflege nach Ablauf der Gewährleistung

Auf Verlangen des Auftraggebers übernimmt der Auftragnehmer bei Programmen, für die eine unbefristete Nutzung gegen Zahlung einer einmaligen Überlassungsvergütung vereinbart ist, nach Ablauf der Gewährleistung die Programmpflege; Einzelheiten werden gesondert vereinbart. Dies gilt nur für solche Programme, die vom Auftragnehmer allgemein auf dem Markt mit der Verpflichtung zur Mängelbeseitigung angeboten werden.

§ 22. Nachträgliche Einräumung einer unbefristeten Nutzung

1. In den Leistungsbeschreibungen kann dem Auftraggeber das Recht eingeräumt werden, anstelle der befristeten eine unbefristete Nutzung gemäß § 3 zu verlangen. Die Ausübung des Rechts ist ausgeschlossen, wenn Schutzrechte der Vertragsumwandlung entgegenstehen oder eine Kündigung gemäß § 10 Nr. 2 oder Nr. 9, § 11 Nr. 7 oder § 12 Nr. 2 erfolgte.
Übt der Auftraggeber das Umwandlungsrecht innerhalb der um die Kündigungsfrist gemäß § 4 Nr. 1 gekürzten Mindestleistungsdauer oder einer in der Leistungsbeschreibung vereinbarten kürzeren oder längeren Frist aus, endet die Gewährleistung zum Zeitpunkt der Vertragsumwandlung, frühestens jedoch zwölf Monate nach Abnahme des Programms durch den Auftraggeber.
Übt der Auftraggeber das Umwandlungsrecht zu einem späteren Zeitpunkt aus, so gelten ausschließlich die §§ 1, 2 Satz 1, Satz 2 Buchstabe a, b und c, Satz 3, § 3 Nr. 1 und Nr. 2, §§ 5, 6 Nr. 1 Buchstabe b und Nr. 2, § 13 Nr. 2 Abs. 1 sowie § 13 Nr. 2 Abs. 2 in Verbindung mit § 10 Nr. 9, § 13 Nr. 4, §§ 15, 16 Nr. 8 in Verbindung mit § 14 Nr. 2, §§ 18, 23 in Verbindung mit § 14 Nr. 2, §§ 24 und 25 weiter.
2. In der Leistungsbeschreibung kann bei Vertragsabschluss vereinbart werden
   a) die Höhe der Überlassungsvergütung für eine unbefristete Nutzung,
   b) ob und in welchem Umfang eine vor der Ausübung des Umwandlungsrechts gezahlte Überlassungsvergütung auf die nach Buchstabe a zu leistende Überlassungsvergütung angerechnet wird.

§ 23. Geheimhaltung, Sicherheit

1. Der Auftragnehmer hat mit der gebotenen Sorgfalt darauf hinzuwirken, dass alle Personen, die von ihm mit der Bearbeitung oder Erfüllung dieses Vertrages betraut sind, die gesetzlichen Bestimmungen über den Datenschutz beachten und die aus dem Bereich des Auftraggebers erlangten Informationen nicht an Dritte weitergeben oder sonst verwerten.
Der Auftraggeber ist verpflichtet, alle im Rahmen des Vertragsverhältnisses erlangten Kenntnisse von Geschäftsgeheimnissen vertraulich zu behandeln; im Übrigen bleibt der Erfahrungsaustausch zwischen den öffentlichen Auftraggebern unberührt.
Nicht unter die vorstehenden Verpflichtungen der Vertragsparteien fallen nicht geschützte Ideen, Konzeptionen, Erfahrungen und sonstige Techniken, die sich aus Anlass der Vertragserfüllung ergeben und sich ausschließlich auf die Datenverarbeitung beziehen sowie andere Kenntnisse und Informationen, die offenkundig sind.
2. Über die Verpflichtungen der Nummer 1 hinaus können weiter Sicherheitsvereinbarungen in der Leistungsbeschreibung oder in einem gesonderten Vertrag getroffen werden.

§ 24. Erfüllungsort, Gerichtsstand

1. Der Erfüllungsort wird in der Leistungsbeschreibung angegeben.
2. Für Rechtsstreitigkeiten ist ausschließlich das Gericht zuständig, in dessen Bezirk diejenige Stelle des Auftraggebers ihren Sitz hat, die für die Prozessvertretung zuständig ist; der Gerichtsstand wird in der Leistungsbeschreibung angegeben.

§ 25. Schriftform

Der Vertrag, seine Änderungen und Ergänzungen bedürfen der Schriftform; Ergänzungen und Änderungen müssen als solche ausdrücklich gekennzeichnet sein.

Anhang zu den Besonderen Vertragsbedingungen für die Überlassung von DV-Programmen

Begriffsbestimmungen einiger in den Besonderen Vertragsbedingungen für die Überlassung von DV-Programmen verwendeter Begriffe

Anlage:	Zentraleinheit(en) einschließlich angeschlossener und zugeordneter Geräte.
Ausweichanlage:	Eine der Konfiguration des Anwenders entsprechende Anlage, die für die Programme des Anwenders geeignet ist.
Geräte:	Zentraleinheit oder die an die Zentraleinheit unmittelbar oder mittelbar angeschlossenen oder der Anlage zugeordneten Maschinen.
Grundsoftware:	Programme (einschließlich festverdrahteter Programme), die zum Betrieb einer festgelegten Anlagenkonfiguration Voraussetzung sind, insbesondere die zur Steuerung, Überwachung, Wartung und Diagnose der einzelnen Systemelemente (Zentraleinheit, Arbeitsspeicher, Anschlussgeräte) sowie die zur Verwaltung und Kontrolle der Programmabläufe erforderlichen Organisationsprogramme eines Betriebssystems.
Einführung der Programme:	Das Programm wird auf einer bestimmten EDV-Anlage in einen Zustand versetzt, der die Aufnahme der Funktionsprüfung ermöglicht.
Funktionsfähigkeit der Programme:	Einsatzfähigkeit auf bestimmten EDV-Anlagen und -Geräten entsprechend den in der Leistungsbeschreibung festgelegten Einsatzvoraussetzungen bei Vorliegen der in der Leistungsbeschreibung vereinbarten Spezifikationen und zugesicherten Eigenschaften.
Mängelbeseitigung:	Umfasst neben der endgültigen Beseitigung des Mangels auch die Diagnose und ggf. eine behelfsmäßige Lösung (temporäre Fehlerkorrektur).
Programme:	Eine zur Lösung einer Aufgabe vollständige, in beliebiger Sprache abgefasste Arbeitsvorschrift, die im gegebenen Zusammenhang wie auch im Sinne der benutzten Sprache abgeschlossen ist, zusammen mit allen erforderlichen Absprachen über darin auftretende Sprachelemente einschließlich Daten (entsprechend DIN 44300 Nr. 40).

Wirtschaftlich nicht sinnvolle Nutzung:	Das Programm wird nicht genutzt, weil und solange es in einer für den Auftraggeber unzumutbaren Weise von den Vereinbarungen in der Leistungsbeschreibung abweicht, so dass für den Auftraggeber unaufschiebbare Arbeiten nicht erbracht werden können.

5. BVB – Erstellung

Vertrag über

Zwischen

– im Folgenden „Auftraggeber" genannt –

und

– im Folgenden „Auftragnehmer" genannt –

wird folgender Vertrag geschlossen:

1 Vertragsgegenstand

1.1 _____

1.2 Für alle in diesem Vertrag genannten Beträge gilt einheitlich der Euro als Währung.

1.3 Der Gesamtpreis (netto) dieses Vertrages beträgt _____ zuzüglich der zum Zeitpunkt der Lieferung/Leistungserbringung gültigen Umsatzsteuer.

2 Vertragsbestandteile

2.1 Es gelten nacheinander als Vertragsbestandteile:
- Dieser Vertrag mit Ausnahme der Nummer 4
- BVB-Erstellungsschein (Seite 1 bis ____) einschließlich der Anlage(n) Nr. ____
- Nummer 4 dieses Vertrages einschließlich der Anlagen in der dort festgelegten Rangfolge
- Besondere Vertragsbedingungen für das Erstellen von DV-Programmen (BVB-Erstellung) in der bei Vertragsschluss geltenden Fassung
- Verdingungsordnung für Leistungen – ausgenommen Bauleistungen – Teil B (VOL/B) in der bei Vertragsschluss geltenden Fassung. BVB-Erstellung und VOL/B liegen beim Auftraggeber zur Einsichtnahme bereit.

2.2 Weitere Geschäftsbedingungen sind ausgeschlossen, soweit in diesem Vertrag nichts anderes vereinbart ist.

3 Ergänzende Regelungen auf Grund der Schuldrechtsreform vom 1. 1. 2002

3.1 Die Regelung in § 10 Nr. 3 BVB-Erstellung wird wie folgt gefasst:
Im Verzugsfall kann der Auftraggeber dem Auftragnehmer eine angemessene Frist zur Leistung setzen. Nach Ablauf dieser Frist kann der Auftraggeber vom Vertrag ganz oder teilweise zurücktreten und Schadensersatz statt der Leistung verlangen. Anstelle des Schadensersatzes statt der Leistung kann gemäß § 284 BGB Ersatz der Aufwendungen verlangt werden. Es gilt die Haftungsbegrenzung in § 10 Nr. 3 Absatz 4 BVB-Erstellung. Die Haftungsbegrenzung in § 10

Nr. 3 Absatz 4 BVB-Erstellung gilt allerdings nicht bei der Verletzung des Lebens, des Körpers und der Gesundheit. Der Auftraggeber ist verpflichtet, auf Verlangen des Auftragnehmers zu erklären, ob er wegen der Verzögerung der Leistung vom Vertrag zurücktritt oder auf der Leistung besteht. Diese Anfrage ist während der Frist gemäß § 10 Nr. 3 Absatz 1 Satz 1 BVB-Erstellung in der Neufassung gemäß 3.1 dieses Vertrages und mit angemessener Frist vor deren Ablauf zu stellen. Bis zum Zugang der Antwort beim Auftragnehmer bleibt dieser zur Leistung berechtigt.

Hat der Auftraggeber bereits Teilleistungen abgenommen, kann er den Rücktritt auf die noch fehlenden Teile der Leistung beschränken. Wenn sein Interesse an der gesamten Leistung durch den Verzug aufgehoben oder nicht nur unerheblich gemindert ist, kann er vom gesamten Vertrag zurücktreten; dies soll der Auftraggeber schon bei der Nachfristsetzung zu erkennen geben. Im Falle des Rücktritts hat der Auftraggeber die vom Auftragnehmer erhaltenen Erstellungsleistungen zurückzugeben und die selbst hergestellten Vervielfältigungen nach seiner Wahl zurückzugeben oder zu vernichten; die Vernichtung teilt der Auftraggeber dem Auftragnehmer unverzüglich nach erfolgtem Rücktritt schriftlich mit.

Erfolgt der Rücktritt wegen Verzugs des Auftragnehmers, zahlt der Auftragnehmer unabhängig vom Zeitpunkt des Rücktritts eine Vertragsstrafe von je Tag $^1/_{5000}$ der Vergütung für die in Verzug geratene Leistung für 100 Verzugstage.

3.2 Die Regelung in § 11 Nr. 6 Absatz 3 BVB-Erstellung wird wie folgt gefasst:
Bleibt die Funktionsprüfung erfolglos, obwohl der Auftraggeber die ihm obliegende Mitwirkung ordnungsgemäß erbracht hat, kann der Auftraggeber dem Auftragnehmer eine angemessene Nachfrist setzen; § 10 Nr. 3 und 4 in der Neufassung gemäß 3.1 diesen Vertrages gelten entsprechend.

3.3 Die Regelung in § 12 Nr. 1 BVB-Erstellung wird wie folgt gefasst:
Der Auftragnehmer erbringt die Erstellungsleistungen gemäß den im Erstellungsschein vereinbarten Anforderungen an die Programme, insbesondere die unverzichtbaren Leistungsmerkmale, frei von Sachmängeln. Auch die anderen Leistungen entsprechen den Festlegungen im Erstellungsschein.
Ist ein Mangel auf die Leistungsbeschreibung oder auf Forderungen des Auftraggebers zur Ausführung der vertraglichen Leistungen zurückzuführen, so ist der Auftragnehmer von der Gewährleistung für diese Mängel frei. Dies gilt nicht, wenn er die ihm obliegende Mitteilung gemäß § 3 Nr. 1 Abs. 2 unterlassen hat.
Die Dauer der Gewährleistung wird im Erstellungsschein vereinbart; sie beträgt 12 Monate, sofern nichts anderes vereinbart ist. Die Gewährleistungsfrist beginnt mit der Abnahme (§ 11 Nr. 1). Bei der Abnahme von Teilleistungen beginnt sie mit der Abnahme der letzten Teilleistung (§ 11 Nr. 2). Wird eine Teilleistung vom Auftraggeber genutzt, beginnt die Gewährleistungsfrist für diese Teilleistung mit dem ersten Tag der nach der Teilabnahme erfolgten Nutzung; unberührt bleibt Satz 3 hinsichtlich der Gewährleistung für das vertragsgemäße Zusammenwirken aller Teilleistungen und die Erfüllung der Leistungsmerkmale der gesamten Leistung. Bei Programmen verlängert sie

sich um die Zahl der Kalendertage, an denen die Programme infolge von Gewährleistungsmängeln mehr als 12 Stunden nicht aufgabengerecht nutzbar sind.

3.4 Die Regelung in § 12 Nr. 7 BVB-Erstellung wird wie folgt gefasst: Schließt der Auftragnehmer die Mangelbehebung nicht innerhalb einer Frist gemäß Nummer 6 Satz 1 erfolgreich ab, kann ihm der Auftraggeber eine angemessene Nachfrist setzen. Nach Ablauf der Nachfrist kann der Auftraggeber Herabsetzung der Vergütung oder Rücktritt vom Vertrag und – bei Vorliegen der gesetzlichen Voraussetzungen – neben dem Rücktritt Schadensersatz verlangen. Unberührt bleibt § 14 Nr. 3 Buchstabe a Sätze 2 und 3 VOL/B. § 10 Nr. 2 Abs. 1, Nr. 3 Abs. 1 Satz 2 bis 4 und Abs. 4 sowie Nr. 4 in der Neufassung gemäß 3.1 dieses Vertrages gelten entsprechend; eine nach Nummern 5 und 6 gezahlte Vertragsstrafe wird angerechnet.

3.5 Die Regelung in § 14 Nr. 1 bis 3 BVB-Erstellung wird wie folgt gefasst:
1. Die Haftung des Auftragnehmers für Schäden, die dem Auftraggeber dadurch entstehen, dass der Auftragnehmer mit seinen Leistungen gemäß § 9 in Verzug gerät, sowie für Schäden des Auftraggebers wegen Verzögerung der Abnahme, wegen während der Funktionsprüfung auftretender Mängel, wegen Gewährleistungsmängeln oder wegen Schutzrechtsverletzungen ist in den §§ 10–13 abschließend geregelt; weitere Schadenersatzansprüche sind ausgeschlossen. Die Beschränkung der Haftung gilt nicht bei Vorsatz oder grober Fahrlässigkeit und bei der Verletzung des Lebens, des Körpers oder der Gesundheit.
2. Im Übrigen haften Auftraggeber und Auftragnehmer einander für von ihnen zu vertretende Schäden je Schadensereignis bei Sachschäden bis 500 000 € und bei anderen Schäden bis zur Höhe der nach diesem Vertrag zu zahlenden Gesamtvergütung. Abweichend davon haftet der Auftragnehmer bei einem von ihm zu vertretenden Verstoß gegen eine Datenschutzvorschrift oder eine Sicherheitsvereinbarung bis zu dem Betrag, den der Auftraggeber auf Grund des Verstoßes an Dritte zu zahlen hat, höchstens bis zu dem nach Nummer 4 versicherbaren Betrag, jedoch mindestens in Höhe von 125 000 € für jeden Betroffenen und jedes Schadensereignis. Die Beschränkung der Haftung gilt nicht bei Vorsatz oder grober Fahrlässigkeit und bei der Verletzung des Lebens, des Körpers oder der Gesundheit.
3. Für die Wiederbeschaffung von Daten haftet der Auftragnehmer nur, wenn er deren Vernichtung vorsätzlich oder grob fahrlässig verursacht und der Auftraggeber sichergestellt hat, dass diese Daten aus Datenmaterial, das in maschinenlesbarer Form bereitgehalten wird, mit vertretbarem Aufwand rekonstruiert werden können. Die Beschränkung der Haftung gilt nicht bei der Verletzung des Lebens, des Körpers oder der Gesundheit.

3.6 Die übrigen Regelungen der BVB-Erstellung bleiben unverändert.

4 Ergänzende Beschreibung des Vertragsgegenstandes
Die Beschreibung des DV-Programms ergibt sich ergänzend aus
☐ folgenden Teilen des Angebotes des Auftragnehmers vom _____
_____ Anlage(n) Nr. _____

☐ folgenden Teilen der Leistungsbeschreibung des Auftraggebers
vom _____ Anlage(n) Nr. _____
☐ folgenden weiteren Dokumenten _____
_____ Anlage(n) Nr. _____
Es gelten die Dokumente in
☐ obiger Reihenfolge
☐ folgender Reihenfolge

Ort _____, Datum   Ort _____, Datum
Firma   Auftraggeber

Name (in Druckschrift)   Name (in Druckschrift)
Unterschrift Auftragnehmer   Unterschrift Auftraggeber

Besondere Vertragsbedingungen für das Erstellen von DV-Programmen

§ 1. Sachlicher Geltungsbereich

1. Die nachstehenden Bedingungen gelten für das Erstellen von Programmen für DV-Anlagen und -Geräte auf der Grundlage eines fachlichen Feinkonzeptes (Erstellungsleistungen) und andere mit der Programmerstellung zusammenhängende vereinbarte Leistungen. Erstellungsleistungen im Sinne dieser Bedingungen sind
   a) das Feststellen des DV-technischen Feinkonzeptes,[1]
   b) die Programmierung sowie das Herbeiführen der Funktionsfähigkeit auf bestimmten DV-Anlagen und -Geräten,
   c) das Erstellen der Dokumentation.
   Andere mit der Programmerstellung zusammenhängende vereinbarte Leistungen können zum Beispiel die Personalausbildung, Einsatzunterstützung, Mitwirkung beim Verfahrenstest sein.
2. Die Bedingungen gelten nicht für die Planung von DV-gestützen Verfahren.[2]

§ 2. Art und Umfang der Leistungen

Art und Umfang der beiderseitigen Leistungen werden durch die vertraglichen Abmachungen geregelt. Maßgebend dafür sind:
a) Erstellungsschein,
b) nachstehende Bedingungen einschließlich Begriffsbestimmungen (Anhang 1),
c) Richtlinien und Fachnormen, soweit sie zum Zeitpunkt der Angebotsabgabe allgemein angewandt werden,
d) Allgemeine Bedingungen für die Ausführung von Leistungen – ausgenommen Bauleistungen – (VOL/B).

---

[1] Die Programmierung kann nur dann gleichzeitig mit dem Erstellen des DV-technischen Feinkonzeptes vergeben werden, wenn die Anforderungen an die Programme so genau bezeichnet sind, dass die Vergütung (vgl. § 7) und die Ausführungsfristen (vgl. § 3 Nr. 2) für die gesamten geforderten Leistungen festgelegt werden können (vgl. § 8 Nr. 1 VOL/A-neu); andernfalls sind DV-technisches Feinkonzept und Programmierung gesondert zu vergeben.

[2] Für die Abgrenzung zwischen den BVB-Erstellung und der Planung von DV-gestützten Verfahren ist Anhang 2 maßgebend.

Bei Unstimmigkeiten gelten die vertraglichen Abmachungen in der vorstehenden Reihenfolge.

§ 3. Leistungen des Auftragnehmers

1. Der Auftragnehmer ist verpflichtet, nach Maßgabe des Erstellungsscheines unter Ausnutzung des Standes der Wissenschaft und Technik bei Vertragsschluss das DV-technische Feinkonzept, funktionsfähige Programme einschließlich Dokumentation zu erstellen sowie vereinbarte sonstige Leistungen zu erbringen.
Wenn der Auftragnehmer erkennt, dass die Leistungsbeschreibung (Ziffer 1 bis 3 des Erstellungsscheines) oder eine Forderung des Auftraggebers zur Vertragsausführung fehlerhaft, unvollständig, nicht eindeutig oder objektiv nicht ausführbar ist, hat er dies und die ihm erkennbaren Folgen dem Auftraggeber unverzüglich schriftlich mitzuteilen. Der Auftraggeber wird seinerseits unverzüglich über eine Änderung der Leistungsbeschreibung (§ 5) oder seiner Forderungen zur Vertragsausführung (Nummer 3) entscheiden.

2. Im Erstellungsschein sind die Ausführungsfristen (Zeit- und Aktivitätenplan), sofern erforderlich auch für einzelne in sich abgeschlossene Teile der Leistung, zu vereinbaren. Kann bei länger dauernder Vertragsausführung für die Übergabe und das Herbeiführen der Funktionsfähigkeit gemäß § 9 kein verbindlicher Zeitpunkt angegeben werden, so ist zunächst ein voraussichtlicher und ein spätester Zeitpunkt zu vereinbaren. Spätestens 2 Monate vor dem voraussichtlichen Zeitpunkt sind die Zeitpunkte endgültig zu vereinbaren, andernfalls gilt jeweils der späteste Zeitpunkt.
Der Auftragnehmer hat den Auftraggeber nach einem im Erstellungsschein festgelegten Zeitplan über den Stand der Arbeiten und die Einhaltung der Anforderungen an die Programme zu unterrichten und Zwischenergebnisse mitzuteilen. Darüber hinaus kann der Auftraggeber Einsicht in die entsprechenden Unterlagen und Auszüge hiervon verlangen. Einzelheiten und eine evtl. Vergütung für Zwischenberichte werden im Erstellungsschein vereinbart.
Erkennt der Auftragnehmer, dass er die Ausführungsfristen nicht einhalten kann, hat er dem Auftraggeber unverzüglich die Gründe für die Verzögerung und ihre voraussichtliche Dauer mitzuteilen. Ein Anspruch auf Verlängerung der Ausführungsfristen besteht unbeschadet § 15 nicht.

3. Auftragnehmer und Auftraggeber benennen jeweils eine Ansprechstelle. Der Auftragnehmer hat die ihm vom Auftraggeber benannte Ansprechstelle für verbindliche Auskünfte, zu Forderungen des Auftraggebers zur Vertragsausführung sowie für alle sich aus der Vertragserfüllung ergebenden Fragen einzuschalten, wenn und soweit die Ausführung des Auftrags dies erfordert sowie in den Fragen, in denen sich der Auftraggeber die Mitwirkung vorbehalten hat. Die Ansprechstelle wird unverzüglich Auskünfte erteilen und Forderungen zur Vertragsausführung treffen. Diese sind nur verbindlich, wenn sie von der Ansprechstelle schriftlich vorgenommen oder bestätigt wurden.
Hat der Auftragnehmer neben der Programmierung auch das DV-technische Feinkonzept zu erstellen, wird er das DV-technische Feinkonzept unverzüglich nach Fertigstellung dem Auftraggeber zur Kenntnis geben. Der Auftraggeber wird von ihm erkannte Fehler unbeschadet von § 11 Nr. 1 Abs. 4 unverzüglich schriftlich dem Auftragnehmer mitteilen.

4. Im Erstellungsschein kann die fachliche Qualifikation (z. B. Projektleiter, Systemprogrammierer) der bei dem Erstellen der Programme einzusetzenden Arbeitnehmer festgelegt werden.
Wenn ein zur Vertragserfüllung eingesetzter Arbeitnehmer des Auftragnehmers durch einen anderen ersetzt werden muss, so geht dessen Einarbeitung zu Lasten des Auftragnehmers.

Der Auftraggeber kann mit schriftlicher Begründung den unverzüglichen Austausch eines Arbeitnehmers verlangen, wenn dieser wiederholt gegen vertragliche Pflichten verstoßen hat. Die durch den Wechsel entstehenden Kosten trägt der Auftragnehmer.

§ 4. Mitwirkung des Auftraggebers

1. Der Auftraggeber hat dem Auftragnehmer die zur Durchführung der Arbeiten erforderlichen Unterlagen und Informationen zur Verfügung zu stellen, insbesondere über vorhandene Anlagen, Geräte, Programme und Programmteile, die mit den zu erstellenden Programmen zusammenwirken sollen.
2. Einzelheiten der Mitwirkung des Auftraggebers, z. B. die Bereitstellung von Personal, Anlagen, Geräten und Programmen, Rechenzeiten, Testdaten und Arbeitsplätzen, sowie Fristen und Termine hierfür werden im Erstellungsschein festgelegt. Der Auftraggeber wird die festgelegten Einsatzvoraussetzungen für das Herbeiführen der Funktionsfähigkeit gemäß § 9 bis zum Beginn dieser Arbeiten und für deren Dauer aufrechterhalten.

Soweit im Erstellungsschein nichts Abweichendes vereinbart ist, erbringt der Auftraggeber die ihm obliegende Mitwirkung unentgeltlich. Der Auftragnehmer trägt die Kosten für die von ihm beim Auftraggeber geführten Telefongespräche, soweit nichts anderes vereinbart ist.

§ 5. Änderung der Leistung

1. Der Auftraggeber kann bis zur Abnahme oder dem im Erstellungsschein vereinbarten Zeitpunkt schriftlich die Änderung der im Erstellungsschein festgelegten Anforderungen an die Programme verlangen. Der Auftragnehmer hat die geänderten Leistungen auszuführen, soweit sie ihm im Rahmen seiner betrieblichen Leistungsfähigkeit nicht unzumutbar sind. Sofern der Auftragnehmer nicht innerhalb von 21 Kalendertagen ab Zugang des Änderungsverlangens die Änderung als unzumutbar ablehnt oder eine Prüfung nach Absatz 2 geltend macht, hat der Auftragnehmer die Änderung durchzuführen.

Erfordert das Änderungsverlangen vom Auftragnehmer eine umfangreiche Prüfung, ob und zu welchen Bedingungen die Änderung durchführbar ist, so kann er hierfür eine Vergütung insoweit verlangen, als er den Auftraggeber schriftlich darauf hingewiesen und der Auftraggeber daraufhin den Prüfungsauftrag schriftlich erteilt hat; die Frist, bis zu deren Ablauf dem Auftraggeber das Ergebnis der Prüfung schriftlich mitgeteilt sein muss, ist einvernehmlich festzulegen.

2. Beeinflusst die Änderung einer Leistung oder eine Forderung zur Vertragsausführung vertragliche Regelungen, z.B. Preis, Ausführungsfristen, Abnahme, wird unverzüglich die durch die Änderung bedingte Anpassung im Erstellungsschein unter Berücksichtigung entstehender Mehr- oder Minderaufwendungen vereinbart. Sofern der Auftragnehmer die Anpassung des Erstellungsscheines nicht innerhalb von 21 Kalendertagen nach Zugang des Änderungsverlangens oder bis zum Ablauf der Frist gemäß Nummer 1 Abs. 2 Satz 2 schriftlich geltend macht, ist die geänderte Leistung im Rahmen der bestehenden Vereinbarungen auszuführen.

Der Auftraggeber kann verlangen, dass die von der Leistungsänderung betroffenen Arbeiten bis zur Anpassung des Erstellungsscheines entsprechend der geänderten Leistung und Gegenleistung unterbrochen werden. Wird die Ausführung nicht vom Auftraggeber unterbrochen und erkennt der Auftragnehmer, dass die zwischen Zugang des Änderungsverlangens und Anpassung des Erstellungsscheines auszuführenden Arbeiten im Falle der Durchführung der Änderung nicht verwendbar sind, hat er dies dem Auftraggeber unverzüglich mitzuteilen.

3. Kommt eine Anpassung des Erstellungsscheines nicht innerhalb von 21 Kalendertagen nach Zugang des Verlangens des Auftragnehmers zur Anpassung der vertraglichen Regelung zustande, so werden die Arbeiten auf der Grundlage der bestehenden Vereinbarungen weitergeführt, soweit der Auftraggeber den Vertrag nicht gemäß § 649 BGB kündigt. Die Ausführungsfristen verlängern sich um die Zahl der Kalendertage, an denen infolge des Änderungsverlangens bzw. der Prüfung des Änderungsverlangens gemäß Nummer 1 Abs. 2 die Ausführung unterbrochen wurde. Der Auftragnehmer kann für die Dauer der Unterbrechung die vereinbarte Vergütung sowie die entsprechende Erhöhung einer vereinbarten Obergrenze bzw. die entsprechende Erhöhung eines vereinbarten Festpreises verlangen, wenn und soweit die von der Unterbrechung betroffenen Arbeitnehmer nicht anderweitig eingesetzt werden konnten und dem Auftraggeber dies schriftlich mitgeteilt wurde.

§ 6. Nutzungsrechte

Der Auftraggeber erhält mit der Entstehung oder Bearbeitung das unwiderrufliche, unbeschränkte und nach Maßgabe des Erstellungsscheines das ausschließliche oder nicht ausschließliche sowie das übertragbare oder nicht übertragbare Recht, die im Rahmen dieses Vertrages erbrachten Erstellungsleistungen sowie sonstige Leistungen auf sämtliche Nutzungsarten zu nutzen. Er hat insbesondere das Recht zu vervielfältigen und zu ändern, sowie, soweit aus wichtigem Grund im Erstellungsschein nichts anderes vereinbart ist, ohne besondere Einwilligung des Auftragnehmers über die Leistungen öffentlich zu berichten.

Hat der Auftraggeber das ausschließliche Nutzungsrecht erworben und will der Auftragnehmer die Erstellungsleistungen selbst nutzen oder an Dritte weitergeben, wird der Auftraggeber zustimmen, soweit keine wichtigen Gründe entgegenstehen und eine Vereinbarung darüber zustande kommt, mit welchen Sätzen und bis zu welcher Höhe die Vergütung des Auftraggebers zu erstatten ist und wann diese Verpflichtung endet. Einzelne Programmbausteine kann der Auftragnehmer ohne Zustimmung des Auftraggebers nutzen, soweit im Erstellungsschein nichts anderes vereinbart ist.

Ein vom Auftraggeber erworbenes übertragbares (ausschließliches oder nicht ausschließliches) Nutzungsrecht berechtigt ihn nur, anderen Stellen der öffentlichen Verwaltung und privatrechtlich organisierten Datenzentralen nach der Abnahme ein einfaches, nicht übertragbares Nutzungsrecht an den erbrachten Erstellungsleistungen einzuräumen, den Datenzentralen jedoch nur insoweit, als es zur Erfüllung der von diesen für Stellen der öffentlichen Verwaltung zu erledigenden Aufgaben erforderlich ist. Im Erstellungsschein kann ein weitergehendes Recht zur Übertragung festgelegt werden. Das Nutzungsrecht des Auftraggebers bleibt unberührt.

§ 7. Vergütung

1. Die Vergütung ist im Erstellungsschein vereinbart. Sofern für einzelne in sich abgeschlossene Teilleistungen eine Zahlung erfolgen soll, ist die Vergütung hierfür im Erstellungsschein gesondert festzulegen. Die vereinbarte Vergütung umfasst alle nach diesem Vertrag vom Auftragnehmer zu erbringenden Leistungen.
Für die Festlegung der Vergütung sind die Bestimmungen der Verordnung PR Nr. 30/53 über die Preise bei öffentlichen Aufträgen vom 21. November 1953 (Bundesanzeiger Nr. 244 vom 18. Dezember 1953, zuletzt geändert durch die Verordnung PR Nr. 7/67, Bundesanzeiger Nr. 237 vom 19. Dezember 1967) mit den Leitsätzen für die Preisermittlung auf Grund von Selbstkosten maßgebend.

2. Die vereinbarte Vergütung gilt grundsätzlich für die Dauer des Vertrages, es sei denn, dass entsprechend den „Grundsätzen zur Anwendung von Preisvorbehalten bei öffentlichen Aufträgen" vom 4. Mai 1972 (Gemeinsames Ministerialblatt 1972 S. 384 und 1974 S. 75) im Erstellungsschein ein Preisvorbehalt vereinbart wird.

3. Eine Preisänderung auf Grund einer Änderung der Umsatzsteuer ist ausgeschlossen, es sei denn, dass ein Preisvorbehalt für die Umsatzsteuer vereinbart ist. In diesem Fall kann die Umsatzsteuer mit dem am Tage des Entstehens der Steuerschuld geltenden Steuersatz (§ 13 Umsatzsteuergesetz) in Rechnung gestellt werden.

Ist der Steuersatz in der Zeit zwischen Angebotsabgabe und Entstehen der Steuerschuld durch Gesetz geändert worden und sind in diesem Zusammenhang durch die Änderung anderer Steuern Minderbelastungen eingetreten, so sind diese bei der Berechnung des neuen Preises zu berücksichtigen. Wird aus Anlass der Änderung des Umsatzsteuergesetzes eine gesetzliche Regelung für die Abwicklung bestehender Verträge getroffen, so tritt an die Stelle dieser vertraglichen Regelung die gesetzliche.

§ 8. Zahlungen

1. Der Auftraggeber wird die Rechnungen unverzüglich nach Eingang prüfen, feststellen und nach der Abnahme, bei vereinbarten Zahlungen für in sich abgeschlossene Teile der Leistung nach der Teilabnahme, die Vergütung zahlen. In der Schlussrechnung hat der Auftragnehmer alle Teil- und Abschlagszahlungen aufzuführen. Ist ein Selbstkostenerstattungspreis vereinbart, sind in der Rechnung die erbrachten Personal- und Sachleistungen prüffähig anzugeben; der Rechnung sind, soweit nichts anderes vereinbart ist, Tätigkeitsnachweise für jeden an der Vertragserfüllung eingesetzten Arbeitnehmer beizufügen.

2. Im Erstellungsschein vereinbarte Abschlagszahlungen werden in Höhe des Wertes der jeweils nachgewiesenen vertragsmäßigen Leistungen einschließlich des ausgewiesenen darauf entfallenden Umsatzsteuerbetrages gezahlt. Nummer 1 Satz 1 gilt entsprechend. In jeder Abschlagsrechnung, die als solche zu kennzeichnen ist, sind die erbrachten Leistungen prüffähig anzugeben.

3. Muß der Auftragnehmer Beträge aus von ihm zu vertretenden Gründen ganz oder teilweise zurückzahlen, so ist der zurückzuzahlende Betrag vom Tage der Zahlung bis zu ihrer Rückzahlung mit 2% über dem jeweils gültigen Diskontsatz der Deutschen Bundesbank zu verzinsen.

§ 9. Übergabe, Herbeiführen der Funktionsfähigkeit

1. Der Auftragnehmer übergibt die vertraglichen Leistungen in der vereinbarten Form zu dem im Erstellungsschein festgelegten Zeitpunkt.

2. Der Auftragnehmer führt die Funktionsfähigkeit der Programme gemäß den Vereinbarungen im Erstellungsschein herbei und teilt sie dem Auftraggeber schriftlich mit. Der Beginn der Arbeiten und der Zeitpunkt, an dem die Funktionsfähigkeit vorliegen muss, sind im Erstellungsschein festzulegen.

§ 10. Verzug

1. Kommt der Auftragnehmer mit den Leistungen gemäß § 9 in Verzug und überschreitet der Verzug 30 Kalendertage oder eine im Erstellungsschein vereinbarte Anzahl von Kalendertagen, so ist für jeden Tag des Verzugs eine Geldsumme in Höhe von $1/1500$ der Vergütung für die in Verzug geratene Leistung zu zahlen. Sofern die für die Berechnung der Vertragsstrafe maßgebende Vergü-

tung nicht feststeht, wird bei einem Selbstkostenerstattungspreis die festgelegte Obergrenze zugrundegelegt; bei in sich abgeschlossenen Teilleistungen wird die maßgebende Vergütung zwischen Auftraggeber und Auftragnehmer vereinbart. Die Zahlungspflicht ist auf 100 Verzugstage beschränkt. Die Vertragsstrafe kann bis zur Schlusszahlung geltend gemacht werden.

Gerät der Auftragnehmer nur mit Teilleistungen in Verzug, so treten die Verzugsfolgen nur für die noch fehlenden Teile der Leistung ein, wenn der Auftraggeber die bereits erbrachten Leistungen nutzen kann. Sofern der Auftraggeber die bereits erbrachten Leistungen nicht nutzen kann, teilt er dem Auftragnehmer unverzüglich die Gründe schriftlich mit. Die Verzugsfolgen für die bereits erbrachten Leistungen beginnen frühestens am Tage nach Zugang der Mitteilung beim Auftragnehmer; in diesem Fall ist die Nutzung durch den Auftraggeber ausgeschlossen und der Auftragnehmer kann für die Dauer des Verzugs die Rückgabe der entsprechenden Teilleistungen verlangen.

2. Hat der Auftragnehmer im Zusammenhang mit diesem Vertrag Anlagen, Geräte oder Programme geliefert und kann der Auftraggeber diese infolge eines Verzuges bei der Programmerstellung nicht oder nur eingeschränkt nutzen, so kann der Auftraggeber für die Dauer der Nutzungsbehinderung die vereinbarte Vergütung für die Anlagen, Geräte oder Programme in angemessener Höhe einbehalten.

Stehen Anlagen, Geräte oder Programme, zu deren Lieferung sich der Auftragnehmer im Zusammenhang mit diesem Vertrag verpflichtet hat, aus Gründen, für die der Auftragnehmer einzustehen hat, nicht zur Verfügung, so kann der Auftraggeber die nach diesem Vertrag zu zahlende Vergütung insoweit einbehalten, als er dadurch die erstellten Programme nicht nutzen kann.

Anlagen, Geräte und Programme, für die Absätze 1 und 2 Anwendung finden, sind im Erstellungsschein festzulegen. Weitergehende Ansprüche nach dem Vertrag für diese Leistungen bleiben unberührt.

3. Im Falle des Verzuges kann der Auftraggeber dem Auftragnehmer eine angemessene Nachfrist mit der Erklärung setzen, dass er nach Ablauf dieser Frist vom Vertrag ganz oder teilweise zurücktreten wird. Hat der Auftraggeber bereits Teilleistungen abgenommen, kann er den Rücktritt auf die noch fehlenden Teile der Leistung beschränken. Wenn sein Interesse an der gesamten Leistung durch den Verzug aufgehoben oder nicht nur unerheblich gemindert ist, kann er vom gesamten Vertrag zurücktreten; dies soll der Auftraggeber schon bei der Nachfristsetzung zu erkennen geben. Im Falle des Rücktritts hat der Auftraggeber die vom Auftragnehmer erhaltenen Erstellungsleistungen zurückzugeben und die selbst hergestellten Vervielfältigungen nach seiner Wahl zurückzugeben oder zu vernichten; die Vernichtung teilt der Auftraggeber dem Auftragnehmer unverzüglich nach erfolgtem Rücktritt schriftlich mit.

Erfolgt der Rücktritt wegen Verzuges des Auftragnehmers, zahlt der Auftragnehmer unabhängig vom Zeitpunkt des Rücktritts eine Vertragsstrafe von je Tag $^{1}/_{1500}$ der Vergütung für die in Verzug geratene Leistung für 100 Verzugstage.

4. Anstelle der Rechtsfolgen nach Nummern 1, 2 Abs. 1 und Nummer 3 kann der Auftraggeber, soweit nichts anderes vereinbart ist, vom Auftragnehmer unentgeltlich die Überlassung von diesem vertriebener DV-Anlagen, Geräte und Programme und sonstige behelfsmäßige Lösungen insoweit verlangen, als die durch den Verzug verursachten Nachteile dadurch ausgeglichen werden können und dies technisch und wirtschaftlich sinnvoll und für den Auftragnehmer nicht unzumutbar ist. Einzelheiten sind im Verzugsfall festzulegen. Die Verpflichtung zur unentgeltlichen Überlassung erlischt mit Ende des Verzugs. Sie erlischt spätestens 6 Monate nach dem vereinbarten Zeitpunkt der Übergabe

der Programme; anschließend kann der Auftraggeber mit sofortiger Wirkung ganz oder teilweise vom Vertrag zurücktreten.

5. Die Regelungen des § 343 BGB über die Herabsetzung der Vertragsstrafe bleiben in den vorgenannten Fällen unberührt.

§ 11. Abnahme

1. Entspricht die Leistung des Auftragnehmers der Leistungsbeschreibung, erklärt der Auftraggeber unverzüglich schriftlich die Abnahme.
Die Abnahme der Programme oder in sich abgeschlossener Teile der Programme setzt eine erforderliche Funktionsprüfung voraus. Die Funktionsprüfung ist erforderlich durchgeführt, wenn die Programme die im Erstellungsschein vereinbarten Anforderungen erfüllen.
Art, Umfang und Dauer der Funktionsprüfung werden im Erstellungsschein festgelegt. Dabei können auch Vereinbarungen über eine besondere Bereitschaft entsprechend qualifizierter Arbeitnehmer des Auftragnehmers während der Dauer der Funktionsprüfung getroffen werden. Die Funktionsprüfung beginnt am ersten Arbeitstag nach Zugang der Mitteilung über die Funktionsfähigkeit (§ 9 Nr. 2). Auf Verlangen des Auftraggebers oder Auftragnehmers wird, wenn notwendig, die Funktionsprüfung angemessen verlängert.
Hat der Auftragnehmer auch das DV-technische Feinkonzept zu erstellen, so werden nur die Programme abgenommen.

2. Sind für einzelne Programme oder in sich abgeschlossene Teile der Programme unterschiedliche Zeitpunkte für das Herbeiführen der Funktionsfähigkeit vereinbart, so beschränkt sich die Funktionsprüfung jeweils auf die Teilleistung. Bei Abnahme der letzten Teilleistung wird durch eine Funktionsprüfung, in die alle Teilleistungen einbezogen werden, das vertragsgemäße Zusammenwirken der Programme festgestellt.

3. Stehen die im Erstellungsschein angegebenen Anlagen oder Geräte einschließlich Programme noch nicht zur Verfügung, kann im beiderseitigen Einvernehmen die Funktionsprüfung auf vergleichbaren Anlagen oder Geräten durchgeführt werden. Soweit der Auftragnehmer über geeignete Anlagen oder Geräte einschließlich Programme verfügt, so sind diese soweit zumutbar für die Funktionsprüfung zu verwenden. Dem Auftragnehmer ist der zusätzliche Aufwand zu ersetzen; dies gilt nicht, sofern der Auftragnehmer eine Lieferverzögerung der entsprechenden Anlagen und Geräte einschließlich Programme zu vertreten hat.

4. Der Auftraggeber ist verpflichtet, dem Auftragnehmer während der Funktionsprüfung auftretende Abweichungen von den Anforderungen an die Programme unverzüglich schriftlich mitzuteilen; § 12 Nr. 2 und 4 gelten entsprechend.

5. Wurden während der Funktionsprüfung Abweichungen von den Anforderungen an die Programme festgestellt und werden die Programme dennoch abgenommen, werden die Abweichungen in der Abnahmeerklärung als Mängel festgehalten. Die Abnahme darf nicht wegen unerheblicher Abweichungen verweigert werden sowie nicht wegen Abweichungen, für die der Auftragnehmer gemäß § 12 Nr. 1 Abs. 2 von der Gewährleistung frei ist.

6. Wurde aus vom Auftragnehmer zu vertretenden Gründen eine Verlängerung der Funktionsprüfung erforderlich und überschreitet die Verlängerung 30 Kalendertage oder eine im Erstellungsschein vereinbarte Anzahl von Kalendertagen, zahlt der Auftragnehmer für jeden Tag, um den die Funktionsprüfung verlängert wurde, eine Vertragsstrafe in Höhe von $^1/_{1500}$ der Vergütung für das betroffene Vertragsstrafe. § 10 Nr. 1 Abs. 1 Satz 2 gilt entsprechend. Die Zahlungspflicht ist auf 100 Kalendertage beschränkt; eine nach § 10 zu leistende Vertragsstrafe

wird angerechnet. Die Frist nach Satz 1 verringert sich um die Verzugstage, für die gemäß § 10 keine Vertragsstrafe zu zahlen ist. Die Vertragsstrafe kann bis zur Schlusszahlung geltend gemacht werden.
Werden die Programme nach Ablauf der im Erstellungsschein für die Funktionsprüfung festgelegten Frist nicht abgenommen, weil erhebliche Abweichungen von den Anforderungen an die Programme festgestellt wurden, und muss der Auftraggeber die Programme trotzdem über die vereinbarte Verwendung zum Zwecke der Funktionsprüfung hinaus nutzen, so ist der Auftragnehmer hiervon unverzüglich zu unterrichten. Der Auftragnehmer wird der Nutzung nur widersprechen, sofern durch die Nutzung die Durchführung seiner vertraglichen Pflichten unzumutbar behindert wird. Der Auftragnehmer hat Anspruch auf eine angemessene Abschlagszahlung insoweit, als die Programme vom Auftraggeber genutzt werden; für diese Programme bereits geleistete Zahlungen werden angerechnet. Absatz 1 gilt mit der Maßgabe, dass die für die Berechnung der Geldsumme maßgebende Vergütung der Gebrauchsminderung entspricht.
Bleibt die Funktionsprüfung erfolglos, obwohl der Auftraggeber die ihm obliegende Mitwirkung ordnungsgemäß erbracht hat, kann der Auftraggeber dem Auftragnehmer eine angemessene Nachfrist mit der Erklärung setzen, dass er nach Ablauf dieser Frist vom Vertrag zurücktreten wird. § 10 Nr. 3 und 4 gelten entsprechend.

7. Erklärt der Auftraggeber nicht fristgerecht die Abnahme, kann der Auftragnehmer eine angemessene Frist zur Abgabe der Erklärung setzen. Die Programme gelten mit Ablauf der Frist als abgenommen, wenn der Auftraggeber weder die Abnahme erklärt, die Gründe für die Verlängerung der Funktionsprüfung nennt noch eine Nachfrist nach Nummer 6 Abs. 3 Satz 1 setzt.

8. Hat der Auftragnehmer nur das DV-technische Feinkonzept zu erstellen, so finden für die Abnahme Nummer 1 Abs. 1 und 3 und die Nummern 5 bis 7 sinngemäße Anwendung.

9. Die Regelungen des § 343 BGB über die Herabsetzung der Vertragsstrafe bleiben in den vorgenannten Fällen unberührt.

§ 12. Gewährleistung

1. Der Auftragnehmer gewährleistet, dass die erbrachten Erstellungsleistungen die im Erstellungsschein vereinbarten Anforderungen an die Programme, insbesondere die unverzichtbaren Leistungsmerkmale, erfüllen und die anderen Leistungen den Festlegungen im Erstellungsschein entsprechen.
Ist ein Mangel auf die Leistungsbeschreibung oder auf Forderungen des Auftraggebers zur Ausführung der vertraglichen Leistungen zurückzuführen, so ist der Auftragnehmer von der Gewährleistung für diese Mängel frei. Dies gilt nicht, wenn er die ihm obliegende Mitteilung gemäß § 3 Nr. 1 Abs. 2 unterlassen hat.
Die Dauer der Gewährleistung wird im Erstellungsschein vereinbart; sie soll 12 Monate nicht unterschreiten. Die Gewährleistungsfrist beginnt mit der Abnahme (§ 11 Nr. 1). Bei der Abnahme von Teilleistungen beginnt sie mit der Abnahme der letzten Teilleistung (§ 11 Nr. 2). Wird eine Teilleistung vom Auftraggeber genutzt, beginnt die Gewährleistungsfrist für diese Teilleistung mit dem ersten Tag der nach der Teilabnahme erfolgten Nutzung; unberührt bleibt Satz 3 hinsichtlich der Gewährleistung für das vertragsgemäße Zusammenwirken aller Teilleistungen und die Erfüllung der Leistungsmerkmale der gesamten Leistung. Bei Programmen verlängert sie sich um die Zahl der Kalendertage, an denen die Programme infolge von Gewährleistungsmängeln mehr als 12 Stunden nicht aufgabengerecht nutzbar sind.

2. Mängel, die in der Abnahmeerklärung festgehalten wurden und Gewährleistungsmängel, die der Auftraggeber vor Ablauf der Gewährleistungsfrist geltend macht, werden vom Auftragnehmer auf seine Kosten beseitigt. Weist der Auftragnehmer nach, dass Gewährleistungsmängel nicht vorgelegen haben, kann er die Erstattung des Aufwandes für die auf Grund der Mängelbeseitigung erbrachten Leistungen nach den allgemein von ihm angewandten Vergütungssätzen verlangen, soweit nichts anderes vereinbart wird.

3. Für nicht vom Auftragnehmer geänderte Programme entfällt die Gewährleistung, es sei denn, dass Mängel erkennbar nicht auf die Änderung zurückzuführen sind.

4. Macht der Auftraggeber Mängel geltend, teilt er dem Auftragnehmer mit, wie sich die Mängel bemerkbar machen; dabei müssen die im Erstellungsschein festgelegten Unterlagen für die Mängelbeseitigung zur Einsichtnahme oder Anforderung zur Verfügung stehen. Benötigt der Auftragnehmer weitere Unterlagen, hat der Auftraggeber diese Unterlagen unverzüglich zur Verfügung zu stellen. Darüber hinaus hat der Auftraggeber den Auftragnehmer bei der Mängelbeseitigung in dem im Erstellungsschein festgelegten Umfang zu unterstützen.
Der Auftragnehmer hat mit den Arbeiten zur Mängelbeseitigung unverzüglich zu beginnen, spätestens zu dem im Erstellungsschein festgelegten Zeitpunkt. Im Rahmen der betrieblichen Möglichkeiten und soweit zur kurzfristigen Mängelbeseitigung erforderlich, sind die Mängelbeseitigung entsprechend qualifizierte Arbeitnehmer, die an der Programmerstellung mitgewirkt haben, einzusetzen.
Können Mängel nicht kurzfristig beseitigt werden, hat der Auftragnehmer – soweit möglich und im Hinblick auf die Auswirkungen des Mangels angemessen – eine behelfsmäßige Lösung zur Verfügung zu stellen. Der Auftragnehmer hat die Programmdokumentation ggf. zu berichtigen.
Der Auftraggeber führt über die Ausfallzeiten der Programme Aufzeichnungen. Dabei sind anzugeben der Zeitpunkt (Tag und Uhrzeit) der Mängelmeldung gemäß Absatz 1 sowie der Zeitpunkt, zu dem die Programme nach der Mängelbeseitigung wieder aufgabengerecht nutzbar waren.

5. Beginnt der Auftragnehmer schuldhaft nicht zu dem festgelegten Zeitpunkt mit den Arbeiten zur Beseitigung von Mängeln nach Nummer 4, so hat er für jeden Tag, um den sich die Aufnahme dieser Arbeiten verzögert, eine Vertragsstrafe in Höhe von $^1/_{1500}$ der Vergütung für die von den Mängeln betroffenen Programme zu zahlen. Dies gilt entsprechend, wenn die Mängelbeseitigung dadurch verzögert wird, dass der Auftragnehmer die Arbeiten schuldhaft unterbricht. Die Zahlungspflicht ist für jeden Schadensfall (Mängelmeldung gemäß Nummer 4 Abs. 1) auf 100 Kalendertage beschränkt.

6. Sind die Programme wegen Gewährleistungsmängel nach Ablauf von 14 Kalendertagen oder einer im Erstellungsschein vereinbarten Frist nicht aufgabengerecht nutzbar, zahlt der Auftragnehmer für jeden Tag eine Vertragsstrafe in Höhe von $^1/_{1500}$ der Vergütung für die von dem Mangel betroffenen Programme, es sei denn, der Auftragnehmer weist nach, dass er unverzüglich ab dem Eingang der Mängelmeldung mit qualifiziertem Personal und größtmöglichem Einsatz ständig an der Mängelbeseitigung gearbeitet hat. Wird durch den Gewährleistungsmangel die Nutzung der Programme nur gemindert, so entspricht die für die Berechnung maßgebende Vergütung der Gebrauchsminderung. Die Frist beginnt mit der Mängelmeldung gemäß Nummer 4 Abs. 1. Die Zahlungspflicht ist für jeden Schadensfall (Mängelmeldung gemäß Nummer 4 Abs. 1) auf 100 Kalendertage beschränkt; eine nach Nummer 5 gezahlte Vertragsstrafe wird angerechnet.

506 Anhang II. Besondere Vertragsbedingungen

7. Sind die Mängel nach Ablauf der Frist gemäß Nummer 6 Satz 1 nicht behoben, kann der Auftraggeber dem Auftragnehmer zur Mängelbeseitigung eine angemessene Frist mit dem Hinweis setzen, dass er die Mängelbeseitigung nach Ablauf dieser Frist ablehne. Sind die Mängel nicht rechtzeitig behoben worden, kann der Auftraggeber nach dem Ablauf dieser Frist entweder die Mängelbeseitigung für Rechnung des Auftragnehmers veranlassen, ganz oder teilweise den Vertrag rückgängig machen oder die Vergütung herabsetzen. Unberührt bleibt § 14 Nr. 3 Buchstabe a Sätze 2 und 3 VOL/B.
§ 10 Nr. 2 Abs. 1, Nr. 3 Abs. 1 Satz 2 bis 4 und Abs. 2 sowie Nr. 4 gelten entsprechend; eine nach Nummer 5 und 6 gezahlte Vertragsstrafe wird angerechnet.

8. Hat der Auftragnehmer nur das DV-technische Feinkonzept zu erstellen, so finden Nummer 1 Abs. 1, Abs. 2, Abs. 3 Satz 1 und 2, Nummer 2, Nummer 4 Abs. 1 Satz 1 erster Halbsatz und Abs. 2 Satz 1 und 2, sowie sinngemäß die Nummern 5, 6 und 7 Anwendung.

9. Die Regelungen des § 343 BGB über die Herabsetzung der Vertragsstrafe bleiben in den vorgenannten Fällen unberührt.

§ 13. Haftung des Auftragnehmers für die Verletzung etwa bestehender Schutzrechte

1. Der Auftragnehmer steht dafür ein, dass die vertraglichen Leistungen im Bereich der Bundesrepublik Deutschland frei von Schutzrechten Dritter sind, die ihre Nutzung gemäß § 6 ausschließen bzw. einschränken.

2. Werden Verletzungen von Schutzrechten gemäß Nummer 1 geltend gemacht, kann der Auftragnehmer dem Auftraggeber die Nutzung der betroffenen Leistungen mit sofortiger Wirkung untersagen. Wird die vertragsgemäße Nutzung durch geltend gemachte Schutzrechtsverletzungen beeinträchtigt oder untersagt, ist der Auftragnehmer verpflichtet, nach seiner Wahl entweder die vertraglichen Leistungen in der Weise zu ändern oder zu ersetzen, dass sie nicht mehr unter die Schutzrechte fallen, gleichwohl aber den vertraglichen Bestimmungen entsprechen, oder das Recht zu erwirken, dass sie uneingeschränkt und ohne zusätzliche Kosten für den Auftraggeber vertragsgemäß genutzt werden können.
Ist dies dem Auftragnehmer nicht möglich, gelten die Bestimmungen des § 12 Nr. 6 und 7 entsprechend. Werden Schutzrechte geltend gemacht, die der Auftragnehmer nicht kannte und auch nicht kennen musste, entsteht keine Verpflichtung zur Zahlung der Vertragsstrafe.

3. Der Auftragnehmer übernimmt die alleinige und in der Höhe unbegrenzte Haftung gegenüber denjenigen, die Verletzung von Schutzrechten geltend machen. Er ist insbesondere berechtigt und verpflichtet, alle Rechtsstreitigkeiten, die sich aus diesen Ansprüchen ergeben, auf eigene Kosten zu führen.
Der Auftraggeber ist verpflichtet, den Auftragnehmer unverzüglich schriftlich zu benachrichtigen, wenn gegen ihn Ansprüche wegen Verletzung von Schutzrechten geltend gemacht werden sowie bei Auseinandersetzungen mit Dritten im Einvernehmen mit dem Auftragnehmer zu handeln.

4. Hat der Auftragnehmer im Zusammenhang mit diesem Vertrag Anlagen, Geräte oder Programme geliefert, gilt § 12 Nr. 6, 7 und 9, wenn die Anlagen, Geräte oder Programme wegen Verletzung von Schutzrechten ganz oder teilweise nicht genutzt werden können und eine Ausweichanlage nicht zur Verfügung gestellt wird. § 10 Nr. 2 Abs. 3 gilt entsprechend.

5. Die Nummern 1 bis 4 gelten nur, wenn die vertraglichen Leistungen vereinbarungsgemäß genutzt wurden und die Schutzrechtsverletzung nicht durch eine Änderung verursacht wurde, die der Auftraggeber selbst oder durch einen Dritten vorgenommen hat.

§ 14. Haftung

1. Die Haftung des Auftragnehmers für Schäden, die dem Auftraggeber dadurch entstehen, dass der Auftragnehmer mit seinen Leistungen gemäß § 9 in Verzug gerät, sowie für Schäden des Auftraggebers wegen Verzögerung der Abnahme, wegen während der Funktionsprüfung auftretender Mängel, wegen Gewährleistungsmängeln oder wegen Schutzrechtsverletzungen ist in den §§ 10–13 abschließend geregelt; weitere Schadensersatzansprüche sind ausgeschlossen. Die Beschränkung der Haftung gilt nicht bei Vorsatz oder grober Fahrlässigkeit.
2. Im Übrigen haften Auftraggeber und Auftragnehmer einander für von ihnen zu vertretende Schäden je Schadensereignis bei Personen- und Sachschäden bis 1 Million DM und bei anderen Schäden bis zur Höhe der nach diesem Vertrag zu zahlenden Gesamtvergütung. Abweichend davon haftet der Auftragnehmer bei einem von ihm zu vertretenden Verstoß gegen eine Datenschutzvorschrift oder eine Sicherheitsvereinbarung bis zu dem Betrag, den der Auftraggeber auf Grund des Verstoßes an Dritte zu zahlen hat, höchstens bis zu dem nach Nummer 4 versicherten Betrag, jedoch mindestens in Höhe von 250 000 DM für jeden Betroffenen und jedes Schadensereignis. Die Beschränkung der Haftung gilt nicht bei Vorsatz oder grober Fahrlässigkeit.
3. Für die Wiederbeschaffung von Daten haftet der Auftragnehmer nur, wenn er deren Vernichtung vorsätzlich oder grob fahrlässig verursacht und der Auftraggeber sichergestellt hat, dass diese Daten aus Datenmaterial, das in maschinenlesbarer Form bereitgehalten wird, mit vertretbarem Aufwand rekonstruiert werden können.
4. Der Auftraggeber kann vom Auftragnehmer den Nachweis verlangen, dass Ansprüche nach Nummern 2 und 3 – soweit sie zu angemessenen Bedingungen bei einem im Bereich der Europäischen Gemeinschaften zum Geschäftsbetrieb zugelassenen Versicherer versicherbar sind – durch eine Versicherung abgedeckt sind.

§ 15. Behinderung und Unterbrechung der Leistung

1. Soweit der Auftragnehmer seine vertraglichen Leistungen infolge Arbeitskampf, höherer Gewalt, Krieg, Aufruhr oder anderer für den Auftragnehmer unabwendbarer Umstände nicht oder nicht fristgerecht erbringen kann, treten für ihn keine nachteiligen Rechtsfolgen ein. Das gilt nicht, wenn die Behinderung oder Unterbrechung durch einen Arbeitskampf verursacht wird, den der Auftragnehmer durch rechtswidrige Handlungen verschuldet hat.
Tritt die Behinderung oder Unterbrechung aus den in Absatz 1 genannten Gründen bei Unterauftragnehmern ein, so gilt Absatz 1 entsprechend.
2. Sieht sich der Auftragnehmer in der ordnungsgemäßen Durchführung der übernommenen Leistungen behindert, so hat er dies dem Auftraggeber unverzüglich anzuzeigen. Sobald zu übersehen ist, zu welchem Zeitpunkt die Leistung wieder aufgenommen werden kann, ist dies dem Auftraggeber mitzuteilen.
Ausführungsfristen verlängern sich angemessen, wenn die Behinderung vom Auftraggeber zu vertreten ist. Sie verlängern sich außerdem angemessen, wenn der Auftraggeber eine ihm obliegende Mitwirkungshandlung unterlassen oder nicht fristgerecht erbracht hat.

3. Sobald die Ursache der Behinderung oder Unterbrechung wegfällt, hat der Auftragnehmer unter schriftlicher Mitteilung an den Auftraggeber die Leistungen ohne besondere Aufforderung unverzüglich wieder aufzunehmen.
4. Die Nummern 1 bis 3 gelten entsprechend für die vertraglichen Leistungen des Auftraggebers.

§ 16. Dokumentation, Personalausbildung, Einsatzunterstützung, Programmbenutzung

1. Der Auftragnehmer stellt dem Auftraggeber – wie im Erstellungsschein vereinbart – eine ausführliche Dokumentation (Programmentwicklungsdokumentation, Programmdokumentation) sowie sonstige programmbezogene schriftliche Unterlagen in deutscher Sprache zur Verfügung.
2. Der Auftragnehmer weist – soweit im Erstellungsschein nichts anderes vereinbart ist – das vom Auftraggeber für die Programmbenutzung vorgesehene Personal rechtzeitig in die Handhabung der Programme ein.
3. Der Auftragnehmer bildet – soweit im Erstellungsbereich vereinbart – das für die Programmbenutzung vorgesehene Personal in erforderlichen Umfang und rechtzeitig für die Anwendung und den Einsatz der Programme aus.
4. Der Auftragnehmer unterstützt den Auftraggeber – soweit im Erstellungsschein vereinbart – durch entsprechend qualifiziertes Personal beim Einsatz der Programme sowie bei der Beseitigung von Mängeln, die nicht unter die Gewährleistung fallen.
5. Der Auftragnehmer haftet bei den Leistungen gemäß Nummern 2 bis 4 nicht für ein bestimmtes Ergebnis, es sei denn, dass im Einzelfall eine Haftung ausdrücklich vereinbart ist.
6. Vergütungen für Leistungen gemäß Nummern 3 und 4 können im Erstellungsschein vereinbart werden.

§ 17. Datenträger

Die Beschaffung der für die Aufzeichnung der Programme erforderlichen Datenträger obliegt dem Auftragnehmer, soweit sie nicht vereinbarungsgemäß vom Auftraggeber zur Verfügung gestellt werden. Die vom Auftragnehmer verwendeten Datenträger müssen im Rahmen der Spezifikationen der Anlagen oder Geräte, auf denen die Programme eingesetzt werden sollen, den gemäß § 2 Satz 2 Buchstabe c geltenden Vorschriften entsprechen.

§ 18. Programmpflege nach Ablauf der Gewährleistung

Auf Verlangen des Auftraggebers übernimmt der Auftragnehmer nach Ablauf der Gewährleistung die Programmpflege auf der Grundlage der Besonderen Vertragsbedingungen für die Pflege von DV-Programmen. Das Verlangen ist dem Auftragnehmer rechtzeitig schriftlich mitzuteilen, bei einer Dauer der Gewährleistung von 12 Monaten und länger spätestens 6 Monate, ansonsten spätestens 3 Monate vor Ablauf der Gewährleistung.

Für nicht vom Auftragnehmer geänderte Programme entfällt diese Verpflichtung, es sei denn, der Auftragnehmer hat der Änderung zugestimmt.

§ 19. Geheimhaltung, Sicherheit

1. Der Auftragnehmer hat mit der gebotenen Sorgfalt darauf hinzuwirken, dass alle Personen, die von ihm mit der Bearbeitung oder Erfüllung dieses Vertrages betraut sind, die gesetzlichen Bestimmungen über den Datenschutz beachten

und die aus dem Bereich des Auftraggebers erlangten Informationen nicht an Dritte weitergeben oder sonst verwerten. Eine nach Datenschutzrecht erforderliche Verpflichtung dieser Personen auf die Wahrung des Datengeheimnisses ist vor der erstmaligen Aufnahme ihrer Tätigkeit vorzunehmen und dem Auftraggeber auf Verlangen nachzuweisen.

Auf Verlangen des Auftraggebers hat der Auftragnehmer dafür zu sorgen, dass sich die von ihm mit der Bearbeitung oder Erfüllung dieses Vertrages vorgesehenen Personen dem Verfahren für den personellen Geheimschutz unterziehen und nur überprüfte Personen mit der Erarbeitung oder Erfüllung dieses Vertrages betraut werden.

Der Auftraggeber ist verpflichtet, alle im Rahmen des Vertragsverhältnisses erlangten Kenntnisse von Geschäftsgeheimnissen vertraulich zu behandeln; im Übrigen bleibt der Erfahrungsaustausch zwischen den öffentlichen Auftraggebern unberührt.

Nicht unter die vorstehenden Verpflichtungen der Vertragsparteien fallen nichtgeschützte Ideen, Konzeptionen, Erfahrungen und sonstige Techniken, die sich aus Anlass der Vertragserfüllung ergeben und sich ausschließlich auf die Datenverarbeitung beziehen, sowie andere Kenntnisse und Informationen, die offenkundig sind.

Der Auftragnehmer hat alle im Zusammenhang mit der Vertragserfüllung zur Kenntnis gelangten Unterlagen, die vom Auftraggeber als schutzbedürftig bezeichnet sind, gegen die Kenntnisnahme durch Unbefugte zu sichern. Der Auftragnehmer ist verpflichtet, dem Auftraggeber diese Unterlagen einschließlich Vervielfältigungen spätestens mit Ablauf der Gewährleistung herauszugeben.

Der Auftragnehmer hat die erbrachten Erstellungsleistungen angemessen gegen eine nicht vertragsgemäße Nutzung, Vervielfältigung und Weitergabe zu sichern. Dies gilt entsprechend für den Auftraggeber, wenn dem Auftragnehmer das Weitergaberecht eingeräumt wurde.

2. Über die Verpflichtungen Nummer 1 hinaus können Sicherheitsvereinbarungen im Erstellungsschein oder in einem gesonderten Vertrag getroffen werden.

3. Der Auftraggeber kann fristlos ganz oder teilweise vom Vertrag zurücktreten, wenn der Auftragnehmer seiner Pflicht nach Nummer 1 Abs. 1 und 2 schuldhaft innerhalb einer gesetzten angemessenen Frist nicht nachkommt oder vom Auftragnehmer Datenschutzvorschriften oder Sicherheitsvereinbarungen vorsätzlich oder grob fahrlässig verletzt werden. Der Auftragnehmer hat Anspruch auf anteilige Vergütung der bis zum Rücktritt geleisteten nachgewiesenen und dem Auftraggeber zur Verfügung gestellten Arbeiten, soweit der Auftraggeber für sie Verwendung hat; nicht verwendbare Leistungen werden dem Auftragnehmer zurückgegeben.

§ 20. Erfüllungsort, Gerichtsstand

1. Der Erfüllungsort wird im Erstellungsschein angegeben.

2. Für Rechtsstreitigkeiten ist ausschließlich das Gericht zuständig, in dessen Bezirk diejenige Stelle des Auftraggebers ihren Sitz hat, die für die Prozessvertretung zuständig ist, sofern die Voraussetzungen nach § 38 der Zivilprozessordnung vorliegen; der Gerichtsstand wird im Erstellungsschein angegeben.

§ 21. Schriftform

Der Vertrag, seine Änderungen und Ergänzungen bedürfen der Schriftform; sie müssen als solche ausdrücklich gekennzeichnet sein.

Anhang 1 zu den Besonderen Vertragsbedingungen für das Erstellen von DV-Programmen (BVB-Erstellung)

Begriffsbestimmungen

DV-Anlage:
Zentraleinheit(en) einschließlich angeschlossener und zugeordneter Geräte.

DV-Geräte:
Zentraleinheit oder die an die Zentraleinheit unmittelbar oder mittelbar angeschlossenen oder der Anlage zugeordneten Maschinen.

Fachliches Feinkonzept:
Vollständige Festlegung eines Verfahrens durch detaillierte Beschreibung seiner Funktionen, der Schnittstellen und des Zusammenwirkens der Funktionen sowie der von ihnen benötigten und zu erzeugenden Informationen. Bei DV-gestützen Verfahren sind deren maschinell auszuführende Funktionen als solche ausgewiesen.

DV-technisches Feinkonzept:
Festlegung der DV-technischen Realisierung der maschinell auszuführenden Funktionen eines DV-gestützten Verfahrens zur Erfüllung der in der Leistungsbeschreibung angegebenen Anforderungen an die Programme; die Festlegung ermöglicht unmittelbar und ohne weitere Vorarbeiten die Programmierung.

Programm:
Eine zur Lösung einer Aufgabe vollständige Anweisung zusammen mit allen erforderlichen Vereinbarungen (entsprechend DIN 44300). In den BVB auch benutzt für Systeme solcher Programme einschließlich der für deren Funktionsfähigkeit notwendigen Hilfsmitteln (z. B. Prozeduren zur Steuerung bestimmter Programmfolgen oder des Wiederanlaufs nach Programmabbrüchen).

Geldsumme:
Geldsumme gemäß § 339 BGB

Funktionsfähigkeit von Programmen:
Fähigkeit von Programmen, vom Verwendungszweck beabsichtigte spezifizierte Funktionen unter gegebenen Bedingungen erfüllen zu können. Unter gegebenen Bedingungen werden die in der Leistungsbeschreibung vereinbarten Anforderungen an die Programme verstanden.

Mängelbeseitigung:
Außer der endgültigen Beseitigung des Mangels auch die Diagnose und ggf. eine zeitweilige behelfsmäßige Lösung (z. B. temporäre Fehlerkorrektur).

Nicht aufgabengerechte Nutzung:
Die Programme oder einzelne Programmfunktionen werden nicht genutzt, weil und solange sie von den Vereinbarungen in der Leistungsbeschreibung abweichen. Eine nicht aufgabengerechte Nutzung liegt auch vor, wenn die Nutzung des Programms dadurch eingeschränkt ist, dass in der Leistungsbeschreibung festgelegte unverzichtbare Leistungsmerkmale nicht erfüllt werden.

Anhang 2 zu den Besonderen Vertragsbedingungen für das Erstellen von DV-Programmen (BVB-Erstellung)

Hinweise zum sachlichen Geltungsbereich (§ 1)

Die BVB-Erstellung gelten nicht für die Planung von DV-gestützten Verfahren (§ 1 Nr. 2). Grundlage für die Abgrenzung der BVB-Erstellung von der Planung von DV-gestützten Verfahren ist das nur diesem Zweck dienende nachfolgende Phasenkonzept. Diese Phasenkonzept gibt das unter Berücksichtigung der vielen bestehenden Konzepte mit der Herstellerdelegation notwendigerweise herbeizuführende gemeinsame Verständnis wieder, welche Leistungen zur Entwicklung eines DV-Verfahrens der Planung zuzurechnen sind und welchen nach den BVB-Erstellung vergeben werden. Unberührt bleiben geltende Regelungen zur Durchführung von DV-Verfahren (z. B. Empfehlungen des Bundesministers des Innern für die Durchführung von DV-Vorhaben vom 7. 1. 1980, BAnz. Nr. 8 vom 12. Januar 1980; Rahmenrichtlinien des Kooperationsausschusses ADV Bund/Länder/Kommunaler Bereich für die Gestaltung von ADV-Verfahren in der öffentlichen Verwaltung).

I. Planung von DV-gestützten Verfahren (Verfahrensplanung – 1. Abschnitt)

1. Verfahrensidee – Abschnitt 1.1
2. Ist-Analyse – Abschnitt 1.2
3. Forderungen – Abschnitt 1.3

Vorbereitende Arbeiten für das Erarbeiten des Grobkonzeptes

4. Grobkonzert – Abschnitt 1.4
5. Fachliches Feinkonzept – Abschnitt 1.5
(vgl. Begriffsbestimmung im Anhang 1)

II. BVB-Erstellung (Verfahrensrealisierung – 2. Abschnitt und ggf. Verfahrenseinführung – 3. Abschnitt)
1. DV-technisches Feinkonzept – Abschnitt 2.1.1 (vgl. Begriffsbestimmung im Anhang 1)
2. Programmierung – Abschnitt 2.1.2
3. Herbeiführen der Funktionsfähigkeit, Funktionsprüfung – Abschnitt 2.1.3 (Integration und Systemtest)
und soweit vereinbart (vgl. § 1 Nr. 1 Abs. 2, § 16 Nr. 3, § 16 Nr. 4)
4. Unterstützung beim Einsatz des Programms – Abschnitt 2.2 (Einführungsvorbereitung)
5. Personalausbildung – Abschnitt 2.2.2 (Schulung)
6. Mitwirkung beim Verfahrenstest – Abschnitt 2.3 (Verfahrenstest)
7. Mitwirkung bei der Verfahrenseinführung – Abschnitt 3. (Verfahrenseinführung)

Phasenkonzept

Aus den Besonderen Vertragsbedingungen für die Erstellung von DV-Programmen vom 20. 12. 1985, BAnz. Nr. 13a vom 21. 12. 1986
Zwischen- und Endergebnisse einzelner Phasen, die für nachfolgende Phasen von Bedeutung sind, sind in geeigneter Form zu dokumentieren.

Die zu den einzelnen Themen aufgeführten Stichworte und Beispiele erheben keinen Anspruch auf Vollständigkeit.

1. Abschnitt: Verfahrensplanung

1.1 Phase: Verfahrensidee
1.1.1 Erstellung der Problembeschreibung
– auslösende Momente für das Vorhaben

- bereits erkannte Schwachstellen
- Randbedingungen
  (finanziell, gesetzlich, personell)

1.1.2 Abgrenzung
- zu bearbeitende/nicht zu bearbeitende Aufgaben
- Einbettung in die organisatorische und technische Umgebung

1.1.3 Festlegung von Zieldefinition und -bewertung
- geschäftspolitische Ziele
- verfahrenstechnische Ziele
- DV-technische Ziele
- Prioritätenvergabe für die Ziele

1.2 Phase: Ist-Analyse

1.2.1 Durchführung der Ist-Aufnahme
- Festlegung der Untersuchungsmethoden (Konferenz, Interview, Fragebogen)
- Erhebung der Organisationsstruktur und der tatsächlichen Abläufe
- Erhebung des Datenflusses mit Mengen- und Zeitangaben
- Abschätzung der zukünftigen Entwicklung
- Erhebung sonstiger relevanter Informationen

1.2.2 Auswertung des Ist-Zustandes
- zusammenhängende Darstellung der unter 1.2.1 gewonnenen Fakten

1.3 Phase: Forderungen

1.3.1 Bewertung des Ist-Zustandes gemäß 1.1.3
- Prüfung der Notwendigkeit der Arbeiten
- Ermittlung konventioneller Rationalisierungsmöglichkeiten
- Ermittlung DV-geeigneter Abläufe
- Ermittlung von Engpässen

1.3.2 Erstellung des Forderungskatalogs
- genaue Formulierung der an das Verfahren hinsichtlich seiner Leistungen und Eigenschaften zu stellenden Forderungen auf der Basis der Bewertung des Ist-Zustandes; die Forderungen sollten sich nicht an einer möglichen DV-technischen Realisierung orientieren
  o zulässiger Personalbedarf
  o zulässige Bearbeitungszeiten
  o anzuwendende Methoden (z. B. Operations Research)
  o einzuhaltende Vorschriften
  o einzuhaltende Schnittstellen

1.4 Phase: Grobkonzept

1.4.1 Erarbeitung von Lösungsansätzen
- konventionelle Ansätze
- DV-gestützte Ansätze
  o Batch/Dialog
  o zentral/dezentral

1.4.2 Rückwirkungs-Untersuchung
- Einfluss auf Aufbau- und Ablauforganisation
- Einfluss auf Tätigkeitsprofile
- Einfluss auf Motivation der Mitarbeiter
- Einfluss auf Personalbedarf
- Einfluss auf Kosten

1.4.3 Erarbeitung von Lösungsalternativen
- Aussondern der nicht-realisierbaren Ansätze auf der Basis der Rückwirkungs-Untersuchung;
Gründe können sein:
  o personell

5. BVB – Erstellung 513

        ○ technisch
        ○ organisatorisch
        ○ finanziell
      – Detaillierung der verbleibenden Ansätze zu bewertungsfähigen Lösungswegen

1.4.4   Bewertung der Alternativen
      – Nutzen-Kosten-Untersuchung
      – Nutzwert-Analyse
      – sonstige Kriterienkataloge

1.4.5   Festlegung des Grobkonzepts
      – Auswahl des günstigsten Lösungsweges

1.5   Phase: Fachliches Feinkonzept

1.5.1   Festlegung des Informationsbedarfs
      – Umfang des Bedarfs
      – Zeitpunkt des Bedarfs
      – Ort des Bedarfs
      – Abstufung des Bedarfs nach Prioritäten
      – Grob-Beschreibung der Datenerhebungsmaßnahmen
        ○ Erstdaten
        ○ Datenpflege

1.5.2   Festlegung der Informationsbasis
      – Strukturierung der Informationsbasis (logisch)
      – Mengengerüste
      – Zusammenhänge/Verknüpfungen zwischen Datenbasen

1.5.3   Festlegung des Informationsflusses
      – Definition von Quellen, Zielen und Verzweigungen
      – Datenschutz-/Datensicherungsmaßnahmen

1.5.4   Festlegung der Verarbeitungsregeln
      – organisatorische Aspekte des Datenflusses (nicht maschinenbezogene Verarbeitungsschritte)
      – Transformationsregeln/Algorithmen
      – Schnittstellen Mensch/Verfahren (Formulare, Bildschirminhalte)

1.5.5   Festlegung sonstiger Eigenschaften
      – Zuverlässigkeit
      – Benutzungsfreundlichkeit
      – Zeitverhalten
      – Pflegefreundlichkeit
      – Übertragbarkeit

1.5.6   Festlegung der Verfahrenstest-Spezifikation
      – Festlegung der Teststrategie
      – Festlegung der am Test beteiligten Bereiche
      – Ermittlung kritischer Stellen im Gesamtverfahren
      – Festlegung von Testfällen einschließlich erwarteter Resultate
        ○ Standardfälle
        ○ extreme, aber korrekte Fälle
        ○ fehlerhafte Fälle

2.   Abschnitt: Verfahrensrealisierung

2.1   Teilabschnitt: Systemrealisierung
2.1.1   Phase: DV-technisches Feinkonzept
2.1.1.1   Festlegung der Datenbasis
      – Festlegung von Umfang und Eigenschaften der Datenelemente
      – Festlegung der logischen Datenstruktur

- Festlegung der physischen Speicher
- Festlegung der physischen Speicherstruktur

2.1.1.2 Durchführung einer Produkt-Analyse (soweit nicht bereits bei der Erstellung des Grobkonzepts geschehen)
- Untersuchung der Eignung eigener/am Markt vorhandener Hardware (Zentraleinheit und Peripherie)
- Untersuchung eigener/am Markt vorhandener Software (Systeme und Bausteine) auf Verwendungsmöglichkeit

2.1.1.3 Erstellung des Systementwurfs
- Festlegung zu verwendender vorhandener Komponenten
- Konzipierung und Beschreibung der statischen und dynamischen Systemstruktur
- Festlegung systemtechnischer Komponenten zur Wahrung von Funktions-, Daten- und Ablaufsicherheit
- Festlegung der zu verwendenden Hardware-Konfiguration
- Festlegung der Einbettung in das Betriebssystem
- evtl. Simulation des Systems

2.1.1.4 Festlegung des Datenflusses
- Beschreibung des Verarbeitungsweges der Daten des Systems anhand der Systemstruktur

2.1.1.5 Festlegung der Mensch-Maschine-Schnittstelle
- Festlegung der dem Benutzer zugänglichen
  o Steuerungs- und Kontrollfunktionen
  o Ein-/Ausgabeformate
  o Lern- und Hilfsmittel
- Festlegung ggf. erforderliche Benutzerklassen (Laien, Experten, privilegierte Benutzer)

2.1.1.6 Festlegung von Programmierungs-Richtlinien
- Festlegung von Richtlinien für
  o Entwurf
  o Codierung
  o Test
  o Dokumentation
  o Qualitätssicherung

2.1.1.7 Erstellung der Programm-Spezifikation
- Verfeinerung der Systemstruktur des Entwurfs und Festlegung der einzelnen Komponenten des Systems (Programm, Programmbausteine)
- Beschreibung von Funktion, Struktur, Ein-/Ausgabedaten der einzelnen Komponenten (verbal/tabellarisch/graphisch)

2.1.1.8 Erstellung der Systemtest-Spezifikation
- Festlegung der Teststrategie
- Spezifikation von Testdaten/-programmen
- Festlegung der Hardware-/Software-Konfiguration für den Systemtest
- Festlegung von Erfolgs-/Abschlusskriterien

2.1.1.9 Festlegung von Qualitätssicherungsmaßnahmen
- Festlegung der zur Erzielung der geplanten Qualität notwendigen Maßnahmen
- Festlegung der zur Feststellung der Systemqualität erforderlichen Kontrollen (während und nach Abschluss des Projekts)

2.1.2 Phase: Programmierung

2.1.2.1 Baustein-Codierung
- evtl. Entwicklung der Bausteinlogik und Segmentierung der Bausteine
- Codierung, Kommentierung und Erfassung der Bausteine
- Umwandlung der Bausteine (Assembler, Compiler)

5. BVB – Erstellung

- Beseitigung von Syntax- und Formatfehlern
- Überprüfung des Code auf Vollständigkeit (Schreibtischtest)

2.1.2.2 Bausteintest
- evtl. Entwicklung einer Testkonzeption
- Erstellung oder Vervollständigung der Testdaten
- Erstellung eines Testrahmens
- Erstellung von Testjobs
- Durchführung der Testläufe und Prüfung der Testergebnisse
- Übergabe der Bausteine an den Systemtest

2.1.3 Phase: Integration und Systemtest

2.1.3.1 Baustein-Integration
- Aufbau/Verwaltung einer Programmbibliothek
- Übernahme der Bausteine

2.1.3.2 Systemtest (auch auf Zielanlage)
- Erstellung oder Vervollständigung der Testdaten
- Erstellung eines Testrahmens
- Erstellung eines Testjobs
- Durchführung der Testläufe und Prüfung der Testergebnisse
- Analyse der Fehlerquellen und Veranlassung/Überwachung der Programmkorrekturen
- Schaffung von Interims-Lösungen

2.2 Teilabschnitt: Einführungsvorbereitung

2.2.1 Phase: Technische/organisatorische Vorbereitung
- Erstellung eines Netzplanes
- Festlegung des Einführungszeitpunktes
- Anpassung der Infrastruktur (Organisation, Räume, Energie)
- Beschaffung von Fachpersonal und Management
- Beschaffung erforderlicher Arbeitsmittel (Vordrucke, Datenträger)
- Übernahme und Aktualisierung der Datenbestände
  o Anpassung der vorhandenen DV-lesbaren Daten
  o Ersterfassung von Daten

2.2.2 Phase: Schulung

2.2.2.1 Allgemeine Vorbereitung
- Feststellen des Kenntnisstandes des ausgewählten Fachpersonals für Rechenzentrum und Systempflege
- Lehrstoffplanung mit Systementwickler, Hersteller und Fachabteilungen

2.2.2.2 Einweisung des Rechenzentrums
- Durchführung der Schulung für Rechenzentrums-Mitarbeiter

2.2.2.3 Einweisung in die Systempflege
- Durchführung der Schulung für Systempflege-Mitarbeiter

2.2.2.4 Schulung der Benutzer
- Erstellung von Benutzeranweisungen
- Durchführung der Benutzer-Schulung

2.3 Teilabschnitt: Verfahrenstest

2.3.1 Phase: Verfahrenstest

2.3.1.1 Integration des Programm-Systems in das Verfahren
- Probeinstallation des Programmsystems in der Zielumgebung
- evtl. DV-gestützte Simulation des Verfahrens
- Konsistenztest des Gesamt-Verfahrens

2.3.1.2 Test des Verfahrens in der organisatorischen Umgebung
- Probeeinführung des Verfahrens in die organisatorische Umgebung (geschlossene/stufenweise Einführung)
- Überprüfung der Schnittstellen zur Umgebung
- Auswertung negativer und positiver Erfahrungen

- Überprüfen der Einhaltung des Forderungskataloges (siehe 1.3)
- Analyse von Fehlern und Abweichungen; Veranlassung/Überwachung von Korrekturen

3. Abschnitt: Verfahrenseinführung

3.1 Phase: Einführung

3.1.1 Einführungs-Management
- Autorisierung und Durchführung aller vorbereiteten Maßnahmen (siehe Phasen 2.2.1 und 2.2.2)

3.1.2 Freigabe des Verfahrens

Übersicht über das Phasenkonzept

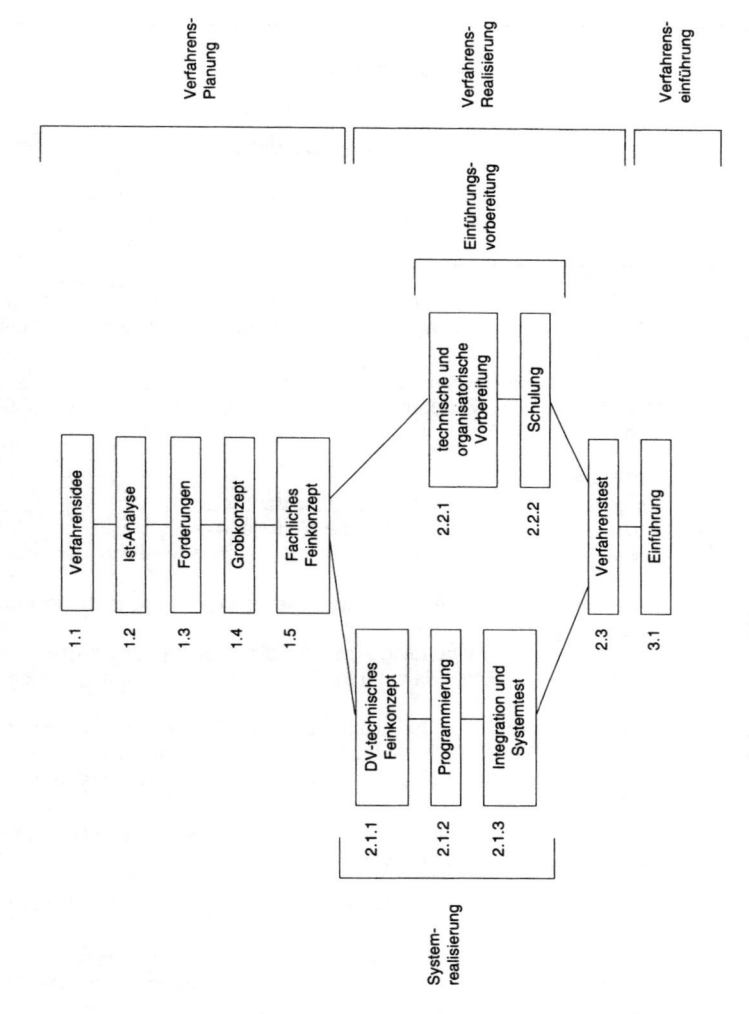

Verfahrens-Planung
- 1.1 Verfahrensidee
- 1.2 Ist-Analyse
- 1.3 Forderungen
- 1.4 Grobkonzept
- 1.5 Fachliches Feinkonzept

Verfahrens-Realisierung

Systemrealisierung
- 2.1.1 DV-technisches Feinkonzept
- 2.1.2 Programmierung
- 2.1.3 Integration und Systemtest

Einführungsvorbereitung
- 2.2.1 technische und organisatorische Vorbereitung
- 2.2.2 Schulung

- 2.3 Verfahrenstest

Verfahrenseinführung
- 3.1 Einführung

6. BVB – Planung

Vertrag über

Zwischen
– im Folgenden „Auftraggeber" genannt –
und
– im Folgenden „Auftragnehmer" genannt –
wird folgender Vertrag geschlossen:

1 Vertragsgegenstand
1.1 _____
1.2 Für alle in diesem Vertrag genannten Beträge gilt einheitlich der Euro als Währung.
1.3 Der Gesamtpreis (netto) dieses Vertrages beträgt _____ zuzüglich der zum Zeitpunkt der Lieferung/Leistungserbringung gültigen Umsatzsteuer.

2 Vertragsbestandteile
2.1 Es gelten nacheinander als Vertragsbestandteile:
   – Dieser Vertrag mit Ausnahme der Nummer 4
   – BVB-Planungsschein (Seite 1 bis _____) einschließlich der Anlage(n) Nr. _____
   – Nummer 4 dieses Vertrages einschließlich der Anlagen in der dort festgelegten Rangfolge
   – Besondere Vertragsbedingungen für die Planung von DV-gestützten Verfahren (BVB-Planung) in der bei Vertragsschluss geltenden Fassung
   – Verdingungsordnung für Leistungen – ausgenommen Bauleistungen – Teil B (VOL/B) in der bei Vertragsschluss geltenden Fassung. BVB-Planung und VOL/B liegen beim Auftraggeber zur Einsichtnahme bereit.
2.2 Weitere Geschäftsbedingungen sind ausgeschlossen, soweit in diesem Vertrag nichts anderes vereinbart ist.

3 Ergänzende Regelungen auf Grund der Schuldrechtsreform vom 1. 1. 2002
3.1 Die Regelung in § 8 Nr. 2 BVB-Planung wird wie folgt gefasst:
Im Verzugsfall kann der Auftraggeber dem Auftragnehmer eine angemessene Frist zur Leistung setzen. Nach Ablauf dieser Frist kann der Auftraggeber vom Vertrag ganz oder teilweise zurücktreten und Schadensersatz statt der Leistung verlangen. Anstelle des Schadensersatzes statt der Leistung kann gemäß § 284 BGB Ersatz der Aufwendungen verlangt werden. Es gilt die Haftungsbegrenzung in § 8 Nr. 2 Absatz 4 BVB-Planung in der Neufassung gemäß 3.1 dieses Vertrages.
Der Auftraggeber ist verpflichtet, auf Verlangen des Auftragnehmers zu erklären, ob er wegen der Verzögerung der Leistung vom Vetrag zurücktritt oder auf der Leistung besteht. Diese Anfrage ist während

der Frist gemäß § 8 Nr. 2 Absatz 1 Satz 1 BVB-Planung in der Neufassung gemäß 3.1 dieses Vertrages und mit angemessener Frist vor deren Ablauf zu stellen. Bis zum Zugang der Antwort beim Auftragnehmer bleibt dieser zur Leistung berechtigt.

Hat der Auftraggeber bereits Teilleistungen abgenommen, kann er den Rücktritt auf die noch fehlenden Teile der Leistung beschränken. Wenn sein Interesse an der gesamten Leistung durch den Verzug aufgehoben oder nicht nur unerheblich gemindert ist, kann er vom gesamten Vertrag zurücktreten; dies soll der Auftraggeber schon bei der Nachfristsetzung zu erkennen geben. Im Falle des Rücktritts hat der Auftraggeber nach seiner Wahl die vom Auftragnehmer erhaltenen Planungsleistungen und die selbst hergestellten Vervielfältigungen zurückzugeben oder zu vernichten; die Vernichtung teilt der Auftraggeber dem Auftragnehmer unverzüglich nach erfolgtem Rücktritt schriftlich mit.

Erfolgt der Rücktritt wegen Verzugs des Auftragnehmers, zahlt der Auftragnehmer unabhängig vom Zeitpunkt des Rücktritts eine Vertragsstrafe von je Tag $^1/_{1500}$ der Vergütung für die in Verzug geratene Leistung für 100 Verzugstage. Eine nach Nummer 1 gezahlte Vertragsstrafe wird angerechnet. Die Beschränkung gilt nicht bei der Verletzung des Lebens, des Körpers und der Gesundheit.

3.2 Die Regelung in § 9 Absatz 2 BVB-Planung wird wie folgt gefasst:
Der Auftragnehmer wird unverzüglich die Mängel beseitigen und die Leistungen erneut zur Abnahme bereitstellen. Der Auftraggeber kann dem Auftragnehmer für die Mängelbeseitigung eine angemessene Frist zur Leistung setzen. Nach Ablauf dieser Frist kann der Auftraggeber vom Vertrag ganz oder teilweise zurücktreten und Schadensersatz statt der Leistung verlangen. Anstelle des Schadensersatzes statt der Leistung kann gemäß § 284 BGB Ersatz der Aufwendungen verlangt werden.

3.3 Die Regelung in § 10 Nr. 2 BVB-Planung wird wie folgt gefasst:
Die Dauer der Gewährleistung wird im Planungsschein vereinbart; sie beträgt mindestens 12 Monate, sofern nicht etwas anderes vereinbart ist. Die Gewährleistungsfrist beginnt mit der Abnahme, bei Abnahme von Teilleistungen mit der Abnahme der letzten Teilleistung (§ 9 Abs. 5).

3.4 Die Regelung in § 10 Nr. 3 Absatz 2 BVB-Planung wird wie folgt gefasst:
Der Auftraggeber kann für die Mängelbeseitigung eine angemessene Nachfrist setzen. Sind die Mängel nach Ablauf der Frist noch nicht behoben, kann der Auftraggeber nach seiner Wahl eine angemessene Herabsetzung der Vergütung oder Ersatz des Aufwandes verlangen, der ihm bei Mängelbeseitigung durch eigene Mitarbeiter oder Dritte entsteht.

3.5 Die Regelung in § 11 Nr. 2 BVB-Planung wird wie folgt gefasst:
Die Haftung des Auftragnehmers für Schäden, die dem Auftraggeber dadurch entstehen, dass der Auftragnehmer mit seinen Leistungen in Verzug gerät, sowie für Schäden des Auftraggebers auf Grund von Gewährleistungsmängeln ist in §§ 8 und 10 abschließend geregelt; weitere Schadensersatzansprüche sind ausgeschlossen. Die Beschränkung der Haftung gilt nicht bei Vorsatz oder grober Fahrlässig-

keit und bei der Verletzung des Lebens, des Körpers oder der Gesundheit. Im Übrigen haften Auftraggeber und Auftragnehmer einander für von ihnen zu vertretende Schäden je Schadensereignis bei Sachschäden bis 500 000 € und bei anderen Schäden bis zur Höhe der nach diesem Vertrag zu zahlenden Gesamtvergütung. Abweichend davon haftet der Auftragnehmer bei einem von ihm zu vertretenden Verstoß gegen eine Datenschutzvorschrift oder eine Sicherheitsvereinbarung bis zu dem Betrag, den der Auftraggeber auf Grund des Verstoßes an Dritte zu zahlen hat, höchstens bis zu dem nach Satz 4 versicherbaren Betrag, jedoch mindestens bis zur Höhe von 125 000 € für jeden Betroffenen und jedes Schadensereignis. Die Beschränkung der Haftung gilt nicht bei Vorsatz oder grober Fahrlässigkeit und bei der Verletzung des Lebens, des Körpers oder der Gesundheit. Der Auftraggeber kann vom Auftragnehmer den Nachweis verlangen, dass diese Ansprüche – soweit sie zu angemessenen Bedingungen bei einem im Bereich der Europäischen Gemeinschaften zum Geschäftsbetrieb zugelassenen Versicherer versicherbar sind – durch eine Versicherung abgedeckt sind.

3.6 Die Regelung in § 12 Nr. 1 Absatz 1 BVB-Planung wird wie folgt gefasst:
Soweit der Auftragnehmer seine vertraglichen Leistungen infolge Arbeitskampf, höherer Gewalt, Krieg, Aufruhr oder anderer für den Auftragnehmer unabwendbarer Umstände nicht oder nicht fristgerecht erbringen kann, treten für ihn keine nachteiligen Rechtsfolgen ein. Das gilt nicht, wenn die Behinderung oder Unterbrechung durch einen Arbeitskampf verursacht wird, den der Auftragnehmer durch rechtswidrige Handlungen verschuldet hat und bei der Verletzung des Lebens, des Körpers oder der Gesundheit.

3.7 Die übrigen Regelungen der BVB-Planung bleiben unverändert.

4 Ergänzende Beschreibung des Vertragsgegenstandes

Die Beschreibung des DV-gestützten Verfahrens ergibt sich ergänzend aus
☐ folgenden Teilen des Angebotes des Auftragnehmers vom _____
_____ Anlage(n) Nr. _____
☐ folgenden Teilen der Leistungsbeschreibung des Auftraggebers vom _____ Anlage(n) Nr. _____
☐ folgenden weiteren Dokumenten _____
_____ Anlage(n) Nr. _____
Es gelten die Dokumente in
☐ obiger Reihenfolge
☐ folgender Reihenfolge

Ort _____, Datum   Ort _____, Datum
Firma   Auftraggeber

Name (in Druckschrift)   Name (in Druckschrift)
Unterschrift Auftragnehmer   Unterschrift Auftraggeber

Besondere Vertragsbedingungen für die Planung von DV-geschützten Verfahren

§ 1. Sachlicher Geltungsbereich

Die nachstehenden Bedingungen gelten für die Planung von DV-gestützten Verfahren (Planungsleistungen)[1] und andere damit zusammenhängende vereinbarte Leistungen. Planungsleistungen im Sinne dieser Bedingungen sind
a) vorbereitende Arbeiten für ein Grobkonzept,
b) die Erarbeitung des Grobkonzeptes,
c) die Erarbeitung des fachlichen Feinkonzeptes.

§ 2. Art und Umfang der Leistungen

Art und Umfang der beiderseitigen Leistungen werden durch die vertraglichen Abmachungen geregelt. Maßgebend dafür sind:
a) Planungsschein,
b) nachstehende Bedingungen einschließlich Begriffsbestimmungen (Anhang 1),
c) Richtlinien und Fachnormen, soweit sie zum Zeitpunkt der Angebotsabgabe allgemein angewandt werden,
d) Allgemeine Bedingungen für die Ausführung von Leistungen – ausgenommen Bauleistungen – (VOL/B).

Bei Unstimmigkeiten gelten die vertraglichen Abmachungen in der vorstehenden Reihenfolge.

§ 3. Leistungen des Auftragnehmers

1. Der Auftragnehmer ist verpflichtet, nach Maßgabe der vertraglichen Abmachungen, dem Stand von Wissenschaft und Technik bei Vertragsabschluss und dem Grundsatz der Wirtschaftlichkeit die Planungsleistungen sowie vereinbarte sonstige Leistungen zu erbringen.

Der Auftragnehmer wird den Auftraggeber bis zum Zeitpunkt der Abnahme über nach Vertragsabschluss eintretende Änderungen des Standes von Wissenschaft und Technik und über am Markt bekanntgewordene neue Produkte, die möglicherweise Auswirkungen auf den Vertragsgegenstand haben, informieren. Wenn der Auftragnehmer erkennt, dass eine Forderung an das Verfahren objektiv nicht erfüllbar ist oder auf Grund des Fortganges der Arbeiten eine Anpassung der Leistungsbeschreibung (Ziffer 1 bis 3 des Planungsscheines) oder von Forderungen zur Vertragausführung notwendig ist, hat er dies und die ihm erkennbaren Folgen dem Auftraggeber unverzüglich schriftlich mitzuteilen. Der Auftraggeber wird seinerseits unverzüglich über eine Änderung der Leistungsbeschreibung oder von Forderungen zur Vertragsausführung entscheiden.

Beeinflusst eine Änderung der Leistungsbeschreibung oder eine nachträgliche Forderung des Auftraggebers zur Vertragsausführung vertragliche Regelungen, z. B. Preis, Ausführungsfristen, wird unverzüglich die durch die Änderung bedingte Anpassung im Planungsschein unter Berücksichtigung der Mehr- und Minderaufwendungen vereinbart. Kommt eine Anpassung des Planungsscheines nicht innerhalb von 21 Kalendertagen nach Zugang des Verlangens des Auftragnehmers zur Anpassung der vertraglichen Regelungen zustande, so werden die Arbeiten auf der Grundlage der bestehenden Vereinbarungen weitergeführt, soweit der Auftraggeber den Vertrag nicht gemäß § 14 kündigt. Erfordert das Änderungsverlangen eine Unterbrechung der Arbeiten, so kann der

---

[1] Für die Abgrenzung zwischen den BVB-Planung und den BVB-Erstellung ist Anhang 2 maßgebend.

Auftragnehmer für die Dauer der Unterbrechung die vereinbarte Vergütung sowie die entsprechende Erhöhung einer vereinbarten Obergrenze bzw. die entsprechende Erhöhung eines vereinbarten Festpreises verlangen, wenn und soweit die von der Unterbrechung betroffenen Arbeitnehmer nicht anderweitig eingesetzt werden konnten und dem Auftraggeber dies schriftlich mitgeteilt wurde. Ausführungsfristen verlängern sich um die Zahl der Kalendertage, an denen wegen des Änderungsverlangens die vertraglichen Arbeiten unterbrochen werden mussten.

2. Der Auftraggeber hat über die Ergebnisse seiner Arbeiten eine ausführliche, schriftliche Dokumentation vorzulegen. Sofern im Planungsschein nichts anderes vereinbart ist, muss die Dokumentation folgenden Anforderungen genügen:

   a) Dokumenten, die Grundlagen für Entscheidungen des Auftraggebers zur Weiterführung des Verfahrens beinhalten, sind Kurzfassungen der entscheidungsrelevanten Informationen voranzustellen.

   b) Der Ist-Zustand ist in dem Umfang darzustellen, wie das für die Verständlichkeit der Dokumentation erforderlich ist.

   c) Das Grobkonzept muss entsprechend seiner Funktion als Vorgabe für die Erarbeitung des fachlichen Feinkonzeptes sowie des DV-technischen Feinkonzeptes einen gesonderten fachlichen und DV-technischen Teil enthalten. Für die vom Auftraggeber zu treffende Entscheidung über das Grobkonzept hat der Auftragnehmer alle erarbeiteten alternativen Lösungswege zusammen mit ihrer Bewertung in geeignet dokumentierter Form vorzulegen und im vereinbarten Umfang zu erläutern. Der für die Weiterführung des Verfahrens vorgeschlagene Lösungsweg ist unter Berücksichtigung von Wirtschaftlichkeits-(Nutzen-Kosten-)Erwägungen so zu detaillieren, dass der Auftraggeber die maßgebenden Gründe leicht nachvollziehen kann.

   d) Sofern das fachliche Feinkonzept die Beschaffung von DV-Leistungen vorsieht, sind die dazu erforderlichen Vorgaben gesondert darzustellen und eindeutig und erschöpfend zu beschreiben, so dass sie als Leistungsbeschreibung für ein wettbewerbliches Vergabeverfahren verwandt und von allen Bewerbern im gleichen Sinne verstanden werden können.
   Vorgaben für das Erstellen von DV-Programmen haben Ziffer 3 des Erstellungsscheines zu den Besonderen Vertragsbedingungen für das Erstellen von DV-Programmen zu entsprechen.

   Der Auftragnehmer ist nach Übergabe der Dokumentation zu einer eingehenden Besprechung mit dem Auftraggeber verpflichtet. Soweit nichts anderes vereinbart ist, hat er hierfür mindestens 1 Tag am Sitz des Auftraggebers zur Verfügung zu stehen.

3. Für die Ausführung der Leistung und einzelner in sich abgeschlossener Teile der Leistung sind die im Planungsschein vereinbarten Ausführungsfristen (Zeit- und Aktivitätenplan) maßgebend. Erkennt der Auftragnehmer, dass er die Ausführungsfristen nicht einhalten kann, hat er dem Auftraggeber unverzüglich die Gründe und die Dauer für die voraussichtliche Verzögerung mitzuteilen. Ein Anspruch auf Verlängerung der Ausführungsfristen besteht unbeschadet § 12 nicht.

4. Der Auftragnehmer ist verantwortlich für die sachgerechte Auswahl und Anwendung der Arbeitsmethoden, soweit in der Leistungsbeschreibung nichts anderes vereinbart ist. Er ist verpflichtet, den Auftraggeber auf Verlangen über den Stand der Arbeiten zu unterrichten und Zwischenergebnisse mitzuteilen. Darüber hinaus kann der Auftraggeber Einsicht in die entsprechenden Unterlagen und ggf. Auszüge hiervon verlangen. Einzelheiten und eine evtl. Vergütung für Zwischenberichte werden im Planungsschein vereinbart.

5. Auftragnehmer und Auftraggeber benennen jeweils eine Ansprechstelle. Der Auftragnehmer hat die ihm vom Auftraggeber benannte Ansprechstelle für verbindliche Auskünfte zu Forderungen des Auftraggebers zur Vertragsausführung sowie für alle sich aus der Vertragserfüllung ergebende Fragen einzuschalten, wenn und soweit die Ausführung des Auftrags dies erfordert, sowie in den Fragen, in denen sich der Auftraggeber die Mitwirkung vorbehalten hat. Die Ansprechstelle wird unverzüglich die zur Vertragsausführung erforderlichen Auskünfte erteilen und Forderungen stellen. Sie sind nur verbindlich, wenn sie in einem von den beiderseitigen Ansprechstellen unterzeichneten Ausführungsprotokoll niedergelegt sind; dies hat ebenfalls unverzüglich zu erfolgen.

Hat der Auftragnehmer neben dem Grobkonzept auch das fachliche Feinkonzept zu erarbeiten, wird er das Grobkonzept unverzüglich nach Fertigstellung der Ansprechstelle des Auftraggebers zur Kenntnis geben. Der Auftraggeber wird das Grobkonzept unverzüglich prüfen sowie von ihm erkannte Mängel und die erforderlichen Entscheidungen für die Weiterführung des Verfahrens unverzüglich schriftlich dem Auftragnehmer mitteilen.

6. Die vom Auftragnehmer zur Erfüllung seiner Leistungen eingesetzten Arbeitnehmer müssen die zur ordnungsgemäßen Vertragserfüllung notwendigen Kenntnisse und Erfahrungen besitzen. Im Planungsschein kann die fachliche Qualifikation der einzusetzenden Arbeitnehmer festgelegt werden.

Wenn ein zur Vertragserfüllung eingesetzter Arbeitnehmer des Auftragnehmers durch einen anderen ersetzt werden muss, so geht dessen Einarbeitung zu Lasten des Auftragnehmers.

Der Auftraggeber kann mit schriftlicher Begründung den unverzüglichen Austausch eines Arbeitnehmers verlangen, wenn dieser wiederholt gegen vertragliche Pflichten verstoßen hat. Die durch den Wechsel entstehenden Kosten trägt der Auftragnehmer.

§ 4. Mitwirkung des Auftraggebers

Der Auftraggeber hat dem Auftragnehmer die zur Durchführung der Arbeiten erforderlichen Unterlagen und Informationen zur Verfügung zu stellen. Er wird dafür sorgen, dass der Ansprechstelle fachlich qualifiziertes Personal angehört.

Einzelheiten der Mitwirkung des Auftraggebers werden im Planungsschein festgelegt, z.B. die Bereitstellung von Personal, Sachmitteln, Arbeitsplätzen sowie Fristen und Termine hierfür.

Soweit im Planungsschein nichts Abweichendes vereinbart ist, erbringt der Auftraggeber die ihm obliegende Mitwirkung unentgeltlich. Der Auftragnehmer trägt die Kosten für die von ihm geführten Telefongespräche, soweit nichts anderes vereinbart ist.

§ 5. Nutzungsrechte

1. Der Auftraggeber erhält mit der Entstehung oder Bearbeitung, soweit im Ausnahmefall nichts anderes vereinbart ist, das ausschließliche, unwiderrufliche, unbeschränkte und übertragbare Recht, die im Rahmen dieses Vertrages erbrachten Leistungen auf sämtliche Nutzungsarten zu nutzen. Er hat insbesondere das Recht, zu vervielfältigen und zu ändern sowie ohne besondere Einwilligung des Auftragnehmers unter Namensangabe des Auftragnehmers über die Leistungen öffentlich zu berichten.

Das Verfügungsrecht des Auftragnehmers an eingebrachten oder entwickelten Modellen, Methoden, Bausteinen u. ä. bleibt unberührt.

Das vom Auftraggeber erworbene übertragbare Nutzungsrecht berechtigt ihn nur, anderen Stellen der öffentlichen Verwaltung und privatrechtlich organisierten Datenzentralen nach der Abnahme ein einfaches, nicht übertragbares Nutzungsrecht an den erbrachten Planungsleistungen einzuräumen, den Datenzentralen jedoch nur insoweit, als es zur Erfüllung der von diesen Stellen der öffentlichen Verwaltung zu erledigenden Aufgaben erforderlich ist. Im Planungsschein kann ein weitergehendes Recht zur Übertragung festgelegt werden. Das Nutzungsrecht des Auftraggebers bleibt unberührt.

2. Der Auftraggeber hat Dritte, denen er vom Auftragnehmer erbrachte Planungsleistungen zur Abgabe von Angeboten oder zur Vergabe von Aufträgen zugänglich macht, zu verpflichten, die Planungsleistungen nur für diese Zwecke zu nutzen.

3. Der Auftragnehmer bedarf zu Veröffentlichungen der vorherigen Zustimmung des Auftraggebers.

§ 6. Vergütung

1. Die Vergütung ist im Planungsschein vereinbart. Sofern für einzelne in sich abgeschlossene Teilleistungen eine Zahlung erfolgen soll, ist die Vergütung hierfür im Planungsschein gesondert festzulegen. Die vereinbarte Vergütung umfasst alle nach diesem Vertrag vom Auftragnehmer zu erbringenden Leistungen.

2. Die vereinbarte Vergütung gilt grundsätzlich für die Dauer des Vertrages, es sei denn, dass entsprechend den „Grundsätzen zur Anwendung von Preisvorbehalten bei öffentlichen Aufträgen" vom 4. Mai 1972 (Gemeinsames Ministerialblatt 1972 S. 384 und 1974 S. 75) im Planungsschein ein Preisvorbehalt vereinbart wird.

3. Eine Preisänderung auf Grund einer Änderung der Umsatzsteuer ist nur möglich, wenn ein Preisvorbehalt für die Umsatzsteuer vereinbart ist. In diesem Fall kann die Umsatzsteuer mit dem am Tage des Entstehens der Steuerschuld geltenden Steuersatz (§ 13 Umsatzsteuergesetz) in Rechnung gestellt werden. Ist der Steuersatz in der Zeit zwischen Angebotsabgabe und Entstehen der Steuerschuld durch Gesetz geändert worden und sind in diesem Zusammenhang durch die Änderung anderer Steuern Minderbelastungen eingetreten, so sind diese anteilig bei der Berechnung des neuen Preises zu berücksichtigen. Wird aus Anlass der Änderung des Umsatzsteuergesetzes eine gesetzliche Regelung für die Abwicklung bestehender Verträge getroffen, so tritt an Stelle der vertraglichen Regelung die gesetzliche.

§ 7. Zahlungen

1. Der Auftraggeber wird die Rechnungen unverzüglich nach Eingang prüfen, feststellen und nach der Abnahme zahlen. Eine vereinbarte Vergütung für in sich abgeschlossene Teile der Leistung ist unverzüglich nach der Teilabnahme zu zahlen. In der Schlussrechnung hat der Auftragnehmer alle Teil- und Abschlagszahlungen aufzuführen. Ist ein Selbstkostenerstattungspreis vereinbart, sind in der Rechnung die erbrachten Personal- und Sachleistungen prüffähig anzugeben: der Rechnung sind, soweit nichts anderes vereinbart ist, Tätigkeitsnachweise beizufügen.

2. Rechnungen über im Planungsschein vereinbarte Abschlagszahlungen in Höhe des Wertes der jeweils nachgewiesenen vertragsmäßigen Leistungen einschließlich des ausgewiesenen darauf entfallenden Umsatzsteuerbetrages werden unverzüglich geprüft, festgestellt und gezahlt. In jeder Abschlagsrechnung, die als solche zu kennzeichnen ist, sind die erbrachten Leistungen prüffähig anzugeben.

3. Muß der Auftragnehmer Beträge aus von ihm zu vertretenden Gründen ganz oder teilweise zurückzahlen, so ist der zurückzuzahlende Betrag vom Tage der

Zahlung bis zu ihrer Rückzahlung mit 2% über dem jeweils gültigen Diskontsatz der Deutschen Bundesbank zu verzinsen.

§ 8. Verzug

1. Kommt der Auftragnehmer in Verzug und überschreitet der Verzug 30 Kalendertage oder eine im Planungsschein vereinbarte andere Anzahl von Kalendertagen, so ist für jeden Tag des Verzugs eine Vertragsstrafe in Höhe von $^1/_{1500}$ der Vergütung für die in Verzug geratene Leistung zu zahlen. Sofern die für die Berechnung der Geldsumme maßgebende Vergütung nicht feststeht, wird bei einem Selbstkostenerstattungspreis eine evtl. festgelegte Obergrenze zugrunde gelegt: bei in sich abgeschlossenen Teilleistungen wird die maßgebende Vergütung zwischen Auftraggeber und Auftragnehmer vereinbart. Die Zahlungspflicht ist auf 100 Verzugstage beschränkt. Die Vertragsstrafe kann bis zur Schlusszahlung geltend gemacht werden.
Gerät der Auftragnehmer nur mit Teilleistungen in Verzug, so treten die Verzugsfolgen nur für die noch fehlenden Teile der Leistung ein, wenn der Auftraggeber die bereits erbrachten Leistungen aufgabengerecht nutzen kann. Sofern der Auftraggeber die bereits erbrachten Leistungen nicht aufgabengerecht nutzen kann, teilt der dem Auftragnehmer unverzüglich die Gründe schriftlich mit. Die Verzugsfolgen für die bereits erbrachten Leistungen beginnen frühestens am Tage nach Zugang der Mitteilung beim Auftragnehmer; in diesem Fall ist die Nutzung durch den Auftraggeber ausgeschlossen, und der Auftragnehmer kann für die Dauer des Verzugs die Rückgabe der entsprechenden Teilleistungen verlangen.
2. Im Falle des Verzuges kann der Auftraggeber dem Auftragnehmer eine angemessene Nachfrist mit der Erklärung setzen, dass er nach Ablauf dieser Frist vom Vertrag ganz oder teilweise zurücktreten wird. Hat der Auftraggeber bereits Teilleistungen abgenommen, kann er den Rücktritt auf die noch fehlenden Teile der Leistung beschränken. Wenn sein Interesse an der gesamten Leistung durch den Verzug aufgehoben oder nicht nur unerheblich gemindert ist, kann er vom gesamten Vertrag zurücktreten, dies soll der Auftraggeber schon bei der Nachfristsetzung zu erkennen geben. Im Falle des Rücktritts hat der Auftraggeber nach seiner Wahl die vom Auftragnehmer erhaltenen Planungsleistungen und die selbst hergestellten Vervielfältigungen zurückzugeben oder zu vernichten; die Vernichtung teilt der Auftraggeber dem Auftragnehmer unverzüglich nach erfolgtem Rücktritt schriftlich mit.
Erfolgt der Rücktritt wegen Verzugs des Auftragnehmers, zahlt der Auftragnehmer unabhängig vom Zeitpunkt des Rücktritts eine Vertragsstrafe von je Tag $^1/_{1500}$ der Vergütung für die in Verzug geratene Leistung für 100 Verzugstage. Eine nach Nummer 1 gezahlte Vertragsstrafe wird angerechnet.
3. Die Regelungen des § 343 BGB über die Herabsetzung einer Vertragsstrafe bleiben in den vorgenannten Fällen unberührt.

§ 9. Abnahme

Entsprechen die Planungsleistungen des Auftragnehmers den vertraglichen Abmachungen einschließlich Ausführungsprotokollen (§ 3 Nr. 5 Abs. 1 Satz 4), erklärt der Auftraggeber unverzüglich schriftlich die Abnahme, spätestens einen Monat nach Übergabe und Besprechung der Dokumentation. Andernfalls teilt der Auftraggeber dem Auftragnehmer unverzüglich schriftlich die Abweichungen von den vertraglichen Abmachungen einschließlich Ausführungsprotokollen mit. Die Abnahme darf nicht wegen unerheblicher Mängel verweigert werden; diese werden in der Abnahmeerklärung festgehalten.

Der Auftragnehmer wird unverzüglich die Mängel beseitigen und die Leistungen erneut zur Abnahme bereitstellen. Der Auftraggeber kann dem Auftragnehmer für die Mängelbeseitigung eine angemessene Nachfrist mit der Erklärung setzen, dass er nach Ablauf dieser Frist vom Vertrag zurücktreten wird, wenn nicht die Mängelbeseitigung rechtzeitig erfolgt ist.

Kommt die Besprechung der Dokumentation aus im Einflussbereich des Auftraggebers liegenden Gründen nicht innerhalb des im Planungsschein festgelegten Zeitraumes zustande, so beginn die Frist gemäß Absatz 1 Satz 1 mit dem ersten Tage nach Ablauf des Zeitraumes zu laufen. Der Anspruch des Auftraggebers zur Besprechung bleibt unberührt. Ein durch die verspätete Besprechung der Dokumentation entstehender nachgewiesener notwendiger Mehraufwand ist vom Auftraggeber zu ersetzen.

Erklärt der Auftraggeber nicht fristgerecht die Abnahme oder die Gründe für die Nichtabnahme, kann dieser eine angemessene Frist zur Abgabe der Erklärung setzen. Die Planungsleistungen gelten mit Ablauf der Frist als abgenommen, wenn der Auftraggeber weder die Abnahme erklärt noch Gründe für die Nichtabnahme nennt.

Die Absätze 1 und 4 gelten entsprechend für Teilleistungen, wenn dafür eine Abnahme durch den Auftraggeber vereinbart ist.

§ 10. Gewährleistung

1. Der Auftragnehmer gewährleistet, dass seine Leistungen den vertraglichen Abmachungen einschließlich Ausführungsprotokollen entsprechen.

2. Die Dauer der Gewährleistung wird im Planungsschein vereinbart: sie soll 12 Monate nicht unterschreiten. Die Gewährleistungsfrist beginnt mit der Abnahme, bei Abnahme von Teilleistungen mit der Abnahme der letzten Teilleistung (§ 9 Abs. 5).

3. Der Auftraggeber wird Mängel unverzüglich schriftlich dem Auftragnehmer mitteilen. Mängel, die in der Abnahmeerklärung festgehalten wurden, und Mängel, die der Auftraggeber vor Ablauf der Gewährleistungsfrist geltend macht, werden vom Auftragnehmer auf seine Kosten beseitigt. Der Auftragnehmer wird mit der Mängelbeseitigung unverzüglich beginnen und sie ohne Verzögerung durchführen.
Der Auftraggeber kann für die Mängelbeseitigung eine angemessene Nachfrist setzen. Sind die Mängel nach Ablauf der Frist noch nicht behoben, kann der Auftraggeber nach seiner Wahl eine angemessene Herabsetzung der Vergütung oder Ersatz des Aufwandes verlangen, der ihm bei Mängelbeseitigung durch eigene Mitarbeiter oder Dritte entsteht.
Für den Fall, dass wegen des Mangels das Interesse des Auftraggebers an der Leistung aufgehoben oder nicht nur unerheblich gemindert ist, findet § 8 Nr. 2 entsprechend Anwendung.

§ 11. Haftung

1. Der Auftragnehmer steht dafür ein, dass die vertraglichen Leistungen im Bereich der Bundesrepublik Deutschland frei von Schutzrechten Dritter sind, die ihre Nutzung gemäß § 5 ausschließen bzw. einschränken.

2. Die Haftung des Auftragnehmers für Schäden, die dem Auftraggeber dadurch entstehen, dass der Auftragnehmer mit seinen Leistungen in Verzug gerät, sowie für Schäden des Auftraggebers auf Grund von Gewährleistungsmängeln ist in §§ 8 und 10 abschließend geregelt; weitere Schadenersatzansprüche sind

ausgeschlossen. Die Beschränkung der Haftung gilt nicht bei Vorsatz oder grober Fahrlässigkeit. Im Übrigen haften Auftraggeber und Auftragnehmer einander für von ihnen zu vertretende Schäden je Schadensereignis bei Personen- und Sachschäden bis 1 Million DM und bei anderen Schäden bis zur Höhe der nach diesem Vertrag zu zahlenden Gesamtvergütung. Abweichend davon haftet der Auftragnehmer bei einem von ihm zu vertretenden Verstoß gegen eine Datenschutzvorschrift oder eine Sicherheitsvereinbarung bis zu dem Betrag, den der Auftraggeber auf Grund des Verstoßes an Dritte zu zahlen hat, höchstens bis zu dem nach Satz 4 versicherbaren Betrag, jedoch mindestens bis zur Höhe von DM 250000,- für jeden Betroffenen und jedes Schadensereignis. Die Beschränkung der Haftung gilt nicht bei Vorsatz und grober Fahrlässigkeit. Der Auftraggeber kann vom Auftragnehmer den Nachweis verlangen, dass diese Ansprüche – soweit sie zu angemessenen Bedingungen bei einem im Bereich der Europäischen Gemeinschaften zum Geschäftsbetrieb zugelassenen Versicherer versicherbar sind – durch eine Versicherung abgedeckt sind.

§ 12. Behinderung und Unterbrechung der Leistung

1. Soweit der Auftragnehmer seine vertraglichen Leistungen infolge Arbeitskampf höherer Gewalt, Krieg, Aufruhr oder anderer für den Auftragnehmer unabwendbarer Umstände nicht oder nicht fristgerecht erbringen kann, treten für ihn keine nachteiligen Rechtsfolgen ein. Das gilt nicht, wenn die Behinderung oder Unterbrechung durch einen Arbeitskampf verursacht wird, den der Auftragnehmer durch rechtswidrige Handlungen verschuldet hat.
Tritt die Behinderung oder Unterbrechung aus den in Absatz 1 genannten Gründen bei Unterauftragnehmern ein, so gilt Absatz 1 entsprechend.

2. Sieht sich der Auftragnehmer in der ordnungsgemäßen Durchführung der übernommenen Leistungen behindert, so hat er dies dem Auftraggeber unverzüglich anzuzeigen. Sobald zu übersehen ist, zu welchem Zeitpunkt die Leistung wieder aufgenommen werden kann, ist dies dem Auftraggeber mitzuteilen.
Ausführungsfristen verlängern sich angemessen, wenn die Behinderung vom Auftraggeber zu vertreten ist. Die verlängern sich außerdem angemessen, wenn der Auftraggeber eine ihm obliegende Mitwirkungshandlung unterlassen oder nicht fristgerecht erbracht hat.

3. Sobald die Ursache der Behinderung oder Unterbrechung wegfällt, hat der Auftragnehmer unter schriftlicher Mitteilung an den Auftraggeber die Leistungen ohne besondere Aufforderung unverzüglich wieder aufzunehmen.

4. Die Nummern 1 bis 3 gelten entsprechend für die vertraglichen Leistungen des Auftraggebers.

§ 13. Geheimhaltung, Sicherheit

1. Der Auftragnehmer hat mit der gebotenen Sorgfalt darauf hinzuwirken, dass alle Personen, die von ihm mit der Bearbeitung oder Einfüllung dieses Vertrages betraut sind, die gesetzlichen Bestimmungen über den Datenschutz beachten und die aus dem Bereich des Auftraggebers erlangten Informationen nicht an Dritte weitergeben oder sonst verwerten. Eine nach Datenschutzrecht erforderliche Verpflichtung dieser Personen auf die Wahrung des Datengeheimnisses ist vor der erstmaligen Aufnahme ihrer Tätigkeit vorzunehmen und dem Auftraggeber auf Verlangen nachzuweisen.
Auf Verlangen des Auftraggebers hat der Auftragnehmer dafür zu sorgen, dass sich die von ihm mit der Bearbeitung oder Erfüllung dieses Vertrags vorgesehenen Personen dem Verfahren für den personellen Geheimschutz unterziehen

und nur überprüfte Personen mit der Bearbeitung oder Erfüllung dieses Vertrages betraut werden.

Der Auftraggeber ist verpflichtet, alle im Rahmen des Vertragsverhältnisses erlangten Kenntnisse von Geschäftsgeheimnissen vertraulich zu behandeln; im Übrigen bleibt der Erfahrungsaustausch zwischen den öffentlichen Auftraggebern unberührt.

Nicht unter die vorstehenden Verpflichtungen der Vertragsparteien fallen nicht geschützte Ideen, Konzeptionen, Erfahrungen und sonstige Techniken, die sich aus Anlass der Vertragserfüllung ergeben und sich ausschließlich auf die Datenverarbeitung beziehen, sowie andere Kenntnisse und Informationen, die offenkundig sind.

Der Auftragnehmer hat alle ihm im Zusammenhang mit der Vertragserfüllung zur Kenntnis gelangten Unterlagen, die vom Auftraggeber als schutzbedürftig bezeichnet sind, gegen die Kenntnisnahme durch Unbefugte zu sichern. Der Auftragnehmer ist verpflichtet, dem Auftraggeber diese Unterlagen einschließlich Vervielfältigungen spätestens mit Ablauf der Gewährleistung herauszugeben.

Der Auftragnehmer hat die erbrachten Planungsleistungen angemessen gegen eine nicht vertragsgemäße Nutzung, Vervielfältigung und Weitergabe zu sichern. Dies gilt entsprechend für den Auftraggeber, wenn dem Auftragnehmer das Weitergaberecht eingeräumt wurde.

2. Über die Verpflichtungen der Nummer 1 hinaus können Sicherheitsvereinbarungen im Planungsschein oder in seinem gesonderten Vertrag getroffen werden.

3. Der Auftraggeber kann fristlos ganz oder teilweise vom Vertrag zurücktreten, wenn der Auftragnehmer seiner Pflicht nach Nummer 1 Abs. 1 und 2 schuldhaft innerhalb einer gesetzten angemessenen Frist nicht nachkommt oder vom Auftragnehmer Datenschutzvorschriften oder Sicherheitsvereinbarungen vorsätzlich oder grob fahrlässig verletzt werden. Der Auftragnehmer hat Anspruch auf anteilige Vergütung der bis zum Rücktritt geleisteten nachgewiesenen und dem Auftraggeber zur Verfügung gestellten Arbeiten, soweit der Auftragnehmer für sie Verwendung hat; nicht verwendbare Leistungen werden dem Auftragnehmer zurückgegeben.

§ 14. Kündigung

Der Auftraggeber kann den Vertrag jederzeit ohne Einhaltung einer Kündigungsfrist ganz oder zu einem Teil schriftlich kündigen. Die Kündigungsfolgen richten sich nach § 649 BGB.

§ 15. Erfüllungsort, Gerichtsstand

1. Der Erfüllungsort wird im Planungsschein angegeben.

2. Für Rechtsstreitigkeiten ist ausschließlich das Gericht zuständig, in dessen Bezirk diejenige Stelle des Auftraggebers ihren Sitz hat, die für die Prozessvertretung zuständig ist, sofern die Voraussetzungen nach § 38 der Zivilprozessordnung vorliegen; der Gerichtsstand wird im Planungsschein angegeben.

§ 16. Schriftform

Der Vertrag, seine Änderungen und Ergänzungen bedürfen der Schriftform; sie müssen als solche ausdrücklich gekennzeichnet sein.

Anhang 1 zu den Besonderen Vertragsbedingungen für die Planung von DV-gestützten Verfahren (BVB-Planung)

Begriffsbestimmungen

DV-gestützte Verfahren:
Aufgabendurchführung, bei der DV-Anlagen, -Geräte, -Programme (entsprechend DIN 44 300) eingesetzt werden sollen.

Vorbereitende Arbeiten:
Der Erarbeitung des Grobkonzeptes vorausgehende Arbeiten wie das Erarbeiten der Verfahrensidee, der Ist-Analyse und der Forderungen an das DV-gestützte Verfahren (vgl. Anhang 2 Abschnitt 1.1 bis 1.3).

Grobkonzept:
Der nach vorbereitenden Arbeiten aus erarbeiteten alternativen Lösungswegen für die Weiterführung des Verfahrens vorgeschlagene Lösungsweg. Lösungsweg in diesem Sinne ist ein Verfahrenskonzept, das die Forderungen an Leistung und Eigenschaften des Verfahrens berücksichtigt.

Fachliches Feinkonzept:
Vollständige Festlegung eines Verfahrens durch detaillierte Beschreibung seiner Funktionen, der Schnittstellen und des Zusammenwirkens der Funktionen sowie der von ihnen benötigten und zu erzeugenden Informationen. Bei DV-gestützten Verfahren sind deren maschinell auszuführende Funktionen als solche ausgewiesen.

DV-technisches Feinkonzept:
Festlegung der DV-technischen Realisierung der maschinell auszuführenden Funktionen eines DV-gestützten Verfahrens zur Erfüllung der in der Leistungsbeschreibung angegebenen Anforderungen an die Programme; die Festlegung ermöglicht unmittelbar und ohne weitere Vorarbeiten die Programmierung.

Geldsumme:
Geldsumme gemäß § 339 BGB.

Anhang 2 zu den Besonderen Vertragsbedingungen für die Planung von DV-gestützten Verfahren (BVB-Planung)

Hinweise zum sachlichen Geltungsbereich (§ 1)

Grundlage für die Abgrenzung der BVB-Planung von den BVB-Erstellung ist das nur diesem Zweck dienende nachfolgende Phasenkonzept. Dieses Phasenkonzept gibt das unter Berücksichtigung der vielen bestehenden Konzepte mit der Herstellerdelegation notwendigerweise herbeizuführende gemeinsame Verständnis wieder, welche Leistungen zur Entwicklung eines DV-Verfahrens der Planung zuzurechnen sind und welche nach den BVB-Erstellung vergeben werden. Unberührt bleiben geltende Regelungen zur Durchführung von DV-Verfahren (z. B. Empfehlungen des Bundesministers des Innern für die Durchführung von DV-Vorhaben vom 7. 1. 1980, Bundesanzeiger Nr. 8 vom 12. 1. 1980; Rahmenrichtlinien des Kooperationsausschusses ADV Bund/Länder/Kommunaler Bereich für die Gestaltung von ADV-Verfahren in der öffentlichen Verwaltung).

530   Anhang II. Besondere Vertragsbedingungen

I. Planung von DV-gestützten Verfahren (Verfahrensplanung – 1. Abschnitt)

1. Verfahrensidee – Abschnitt 1.1 ⎫
2. Ist-Analyse – Abschnitt 1.2   ⎬ Vorbereitende Arbeiten für die Erarbeitung des Grobkonzeptes
3. Forderungen – Abschnitt 1.3   ⎭
4. Grobkonzept – Abschnitt 1.4
5. Fachliches Feinkonzept – Abschnitt 1.5
   (vgl. Begriffsbestimmung im Anhang 1)

II. BVB-Erstellung (Verfahrensrealisierung – 2. Abschnitt und ggf. Verfahrenseinführung – 3. Abschnitt)
1. DV-technisches Feinkonzept – Abschnitt 2.1.1 (vgl. Begriffsbestimmung im Anhang 1)
2. Programmierung – Abschnitt 2.1.2
3. Herbeiführen der Funktionsfähigkeit, Funktionsprüfung – Abschnitt 2.1.3 (Integration und Systemtest)
   und soweit vereinbart (vgl. § 1 Nr. 1 Abs. 2, § 16 Nr. 3, § 16 Nr. 4)
4. Unterstützung beim Einsatz des Programms – Abschnitt 2.2 (Einführungsvorbereitung)
5. Personalausbildung – Abschnitt 2.2.2 (Schulung)
6. Mitwirkung beim Verfahrenstest – Abschnitt 2.3 (Verfahrenstest)
7. Mitwirkung bei der Verfahrenseinführung – Abschnitt 3 (Verfahrenseinführung)

Phasenkonzept

Zwischen- und Endergebnisse einzelner Phasen, die für nachfolgende Phasen von Bedeutung sind, sind in geeigneter Form zu dokumentieren.

Die zu den einzelnen Themen aufgeführten Stichworte und Beispiele erheben keinen Anspruch auf Vollständigkeit.

1 Abschnitt: Verfahrensplanung
1.1 Phase: Verfahrensidee
1.1.1 Erstellung der Problembeschreibung
  – auslösende Momente für das Vorhaben
  – bereits erkannte Schwachstellen
  – Randbedingungen
    (finanziell, gesetzlich, personell)
1.1.2 Abgrenzung
  – zu bearbeitende/nicht zu bearbeitende Aufgaben
  – Einbettung in die organisatorische und technische Umgebung
1.1.3 Festlegung von Zieldefinition und -bewertung
  – geschäftspolitische Ziele
  – verfahrenstechnische Ziele
  – DV-technische Ziele
  – Prioritätenvergabe für die Ziele
1.2 Phase: Ist-Analyse
1.2.1 Durchführung der Ist-Aufnahme
  – Festlegung der Untersuchungsmethoden
    (Konferenz, Interview, Fragebogen)
  – Erhebung der Organisationsstruktur und der tatsächlichen Abläufe
  – Erhebung des Datenflusses mit Mengen- und Zeitangaben
  – Abschätzung der zukünftigen Entwicklung
  – Erhebung sonstiger relevanter Informationen
1.2.2 Auswertung des Ist-Zustandes
  – zusammenhängende Darstellung der unter 1.2.1 gewonnenen Fakten

6. BVB – Planung 531

1.3 Phase: Forderungen
1.3.1 Bewertung des Ist-Zustandes gemäß 1.1.3
 – Prüfung der Notwendigkeit der Arbeiten
 – Ermittlung konventioneller Rationalisierungsmöglichkeiten
 – Ermittlung DV-geeigneter Abläufe
 – Ermittlung von Engpässen
1.3.2 Erstellung des Forderungskatalogs
 – genaue Formulierung der an das Verfahren hinsichtlich seiner Leistungen und Eigenschaften zu stellenden Forderungen auf der Basis der Bewertung des Ist-Zustandes; die Forderungen sollten sich nicht an einer möglichen DV-technischen Realisierung orientieren
  o zulässiger Personalbedarf
  o zulässige Bearbeitungszeiten
  o anzuwendende Methoden
   (z. B. Operations Research)
  o einzuhaltende Vorschriften
  o einzuhaltende Schnittstellen
1.4 Phase: Grobkonzept
1.4.1 Erarbeitung von Lösungsansätzen
 – konventionelle Ansätze
 – DV-gestützte Ansätze
  o Batch/Dialog
  o zentral/dezentral
1.4.2 Rückwirkungs-Untersuchung
 – Einfluss auf Aufbau- und Ablauforganisation
 – Einfluss auf Tätigkeitsprofile
 – Einfluss auf Motivation der Mitarbeiter
 – Einfluss auf Personalbedarf
 – Einfluss auf Kosten
1.4.3 Erarbeitung von Lösungsalternativen
 – Aussondern der nicht-realisierbaren Ansätze
   (auf der Basis der Rückwirkungs-Untersuchung);
   Gründe können sein:
  o personell
  o technisch
  o organisatorisch
  o finanziell
 – Detaillierung der verbleibenden Ansätze zu bewertungsfähigen Lösungswegen
1.4.4 Bewertung der Alternativen
 – Nutzen-Kosten-Untersuchung
 – Nutzwert-Analyse
 – sonstige Kriterienkataloge
1.4.5 Festlegung des Grobkonzepts
 – Auswahl des günstigsten Lösungsweges
1.5 Phase: Fachliches Feinkonzept
1.5.1 Festlegung des Informationsbedarfs
 – Umfang des Bedarfs
 – Zeitpunkt des Bedarfs
 – Ort des Bedarfs
 – Abstufung des Bedarfs nach Prioritäten
 – Grob-Beschreibung der Datenerhebungsmaßnahmen
  o Erstdaten
  o Datenpflege

1.5.2 Festlegung der Informationsbasis
- Strukturierung der Informationsbasis (logisch)
- Mengengerüste
- Zusammenhänge/Verknüpfung zwischen Datenbasen
1.5.3 Festlegung des Informationsflusses
- Definition von Quellen, Zielen und Verzweigungen
- Datenschutz-/Datensicherungsmaßnahmen
1.5.4 Festlegung der Verarbeitungsregeln
- organisatorische Aspekte des Datenflusses
  (nicht maschinenbezogene Verarbeitungsschritte)
- Transformationsregeln/Algorithmen
- Schnittstellen Mensch/Verfahren
  (Formulare, Bildschirminhalte)
1.5.5 Festlegung sonstiger Eigenschaften
- Zuverlässigkeit
- Benutzerfreundlichkeit
- Zeitverhalten
- Pflegefreundlichkeit
- Übertragbarkeit
1.5.6 Festlegung der Verfahrenstest-Spezifikation
- Festlegung der Teststrategie
- Festlegung der am Test beteiligten Bereiche
- Ermittlung kritischer Stellen im Gesamtverfahren
- Festlegung von Testfällen einschließlich erwarteter Resultate
  o Standardfälle
  o extreme, aber korrekte Fälle
  o fehlerhafte Fälle

2 Abschnitt: Verfahrensrealisierung

2.1 Teilabschnitt: Systemrealisierung
2.1.1 Phase: DV-technisches Feinkonzept
2.1.1.1 Festlegung der Datenbasis
- Festlegung von Umfang und Eigenschaften der Datenelemente
- Festlegung der logischen Datenstruktur
- Festlegung der physischen Speicher
- Festlegung der physischen Speicherstruktur
2.1.1.2 Durchführung einer Produkt-Analyse (soweit nicht bereits bei der Erstellung des Grobkonzepts geschehen)
- Untersuchung der Eignung eigener/am Markt vorhandener Hardware
  (Zentraleinheit und Peripherie)
- Untersuchung eigener/am Markt vorhandener Software (Systeme und Bausteine) auf Verwendungsmöglichkeit
2.1.1.3 Erstellung des Systementwurfs
- Festlegung zu verwendender vorhandener Komponenten
- Konzipierung und Beschreibung der statischen und dynamischen Systemstruktur
- Festlegung systemtechnischer Komponenten zur Wahrung von Funktions-, Daten- und Ablaufsicherheit
- Festlegung der zu verwendenden Hardware-Konfiguration
- Festlegung der Einbettung in das Betriebssystem
- evtl. Simulation des Systems
2.1.1.4 Festlegung des Datenflusses
- Beschreibung des Verarbeitungsweges der Daten des Systems anhand der Systemstruktur

2.1.1.5 Festlegung der Mensch-Maschine-Schnittstelle
- Festlegung der dem Benutzer zugänglichen
  o Steuerungs- und Kontrollfunktionen
  o Ein-/Ausgabeformate
  o Lern- und Hilfsmittel
- Festlegung ggf. erforderlicher Benutzerklassen (Laien, Experten, privilegierte Benutzer)

2.1.1.6 Festlegung von Programmierungs-Richtlinien
- Festlegung von Richtlinien für
  o Entwurf
  o Codierung
  o Test
  o Dokumentation
  o Qualitätssicherung

2.1.1.7 Erstellung der Programm-Spezifikation
- Verfeinerung der Systemstruktur des Entwurfs und Festlegung der einzelnen Komponenten des Systems (Programme, Programmbausteine)
- Beschreibung von Funktion, Struktur, Ein-/Ausgabedaten der einzelnen Komponenten (verbal/tabellarisch/graphisch)

2.1.1.8 Erstellung der Systemtest-Spezifikation
- Festlegung der Teststrategie
- Spezifikation von Testdaten/-programmen
- Festlegung der Hardware-/Software-Konfiguration für den Systemtest
- Festlegung von Erfolgs-/Abschlusskriterien

2.1.1.9 Festlegung von Qualitätssicherungsmaßnahmen
- Festlegung der zur Erzielung der geplanten Qualität notwendigen Maßnahmen
- Festlegung der zur Feststellung der Systemqualität erforderlichen Kontrollen (während und nach Abschluss des Projekts)

2.1.2 Phase: Programmierung
2.1.2.1 Baustein-Codierung
- evtl. Entwicklung der Bausteinlogik und Segmentierung der Bausteine
- Codierung, Kommentierung und Erfassung der Bausteine
- Umwandlung der Bausteine (Assembler, Compiler)
- Beseitigung von Syntax- und Formatfehlern
- Überprüfung des Code auf Vollständigkeit (Schreibtischtest)

2.1.2.2 Baustein-Test
- evtl. Entwicklung einer Testkonzeption
- Erstellung oder Vervollständigung der Testdaten
- Erstellung eines Testrahmens
- Erstellung von Testjobs
- Durchführung der Testläufe und Prüfung der Testergebnisse
- Übergabe der Bausteine an den Systemtest

2.1.3 Phase: Integration und Systemtest
2.1.3.1 Baustein-Integration
- Aufbau/Verwaltung einer Programmbibliothek
- Übernahme der Bausteine

2.1.3.2 Systemtest (auch auf Zielanlage)
- Erstellung oder Vervollständigung der Testdaten
- Erstellung eines Testrahmen
- Erstellung von Testjobs
- Durchführung der Testläufe und Prüfung der Testergebnisse

- Analyse der Fehlerquellen und Veranlassung/Überwachung der Programmkorrekturen
- Schaffung von Interims-Lösungen

2.2 Teilabschnitt: Einführungsvorbereitung
2.2.1 Phase: Technische/organisatorische Vorbereitung
- Erstellung eines Netzplanes
- Festlegung des Einführungszeitpunktes
- Anpassung der Infrastruktur (Organisation, Räume, Energie)
- Beschaffung von Fachpersonal und Management
- Beschaffung erforderlicher Arbeitsmittel (Vordrucke, Datenträger)
- Übernahme und Aktualisierung der Datenbestände
  o Anpassung der vorhandenen DV-lesbaren Daten
  o Ersterfassung von Daten

2.2.2 Phase: Schulung
2.2.2.1 Allgemeine Vorbereitung
- Feststellen des Kenntnisstandes des ausgewählten Fachpersonals für Rechenzentrum und Systempflege
- Lehrstoffplanung mit Systementwickler, Hersteller und Fachabteilungen

2.2.2.2 Einweisung des Rechenzentrums
- Durchführung der Schulung für Rechenzentrums-Mitarbeiter

2.2.2.3 Einweisung in die Systempflege
- Durchführung der Schulung für Systempflege-Mitarbeiter

2.2.2.4 Schulung der Benutzer
- Erstellung von Benutzeranweisungen
- Durchführung der Benutzer-Schulung

2.3 Teilabschnitt: Verfahrenstest
2.3.1 Phase: Verfahrenstest
2.3.1.1 Integration des Programm-Systems in das Verfahren
- Probeinstallation des Programmsystems in der Zielumgebung
- evtl. DV-gestützte Simulation des Verfahrens
- Konsistenztest des Gesamt-Verfahrens

2.3.1.2 Test des Verfahrens in der organisatorischen Umgebung
- Probeeinführung des Verfahrens in die organisatorische Umgebung (geschlossene/stufenweise Einführung)
- Überprüfung der Schnittstellen zur Umgebung
- Auswertung negativer und positiver Erfahrungen
- Überprüfung der Einhaltung des Forderungskatalogs (siehe 1.3)
- Analyse von Fehlern und Abweichungen; Veranlassung/Überwachung von Korrekturen

3 Abschnitt: Verfahrenseinführung
3.1 Phase: Einführung
3.1.1 Einführungs-Management
- Autorisierung und Durchführung aller vorbereiteten Maßnahmen (siehe Phasen 2.2.1 und 2.2.2)

3.1.2 Freigabe des Verfahrens

6. BVB – Planung 535

Übersicht über das Phasenkonzept

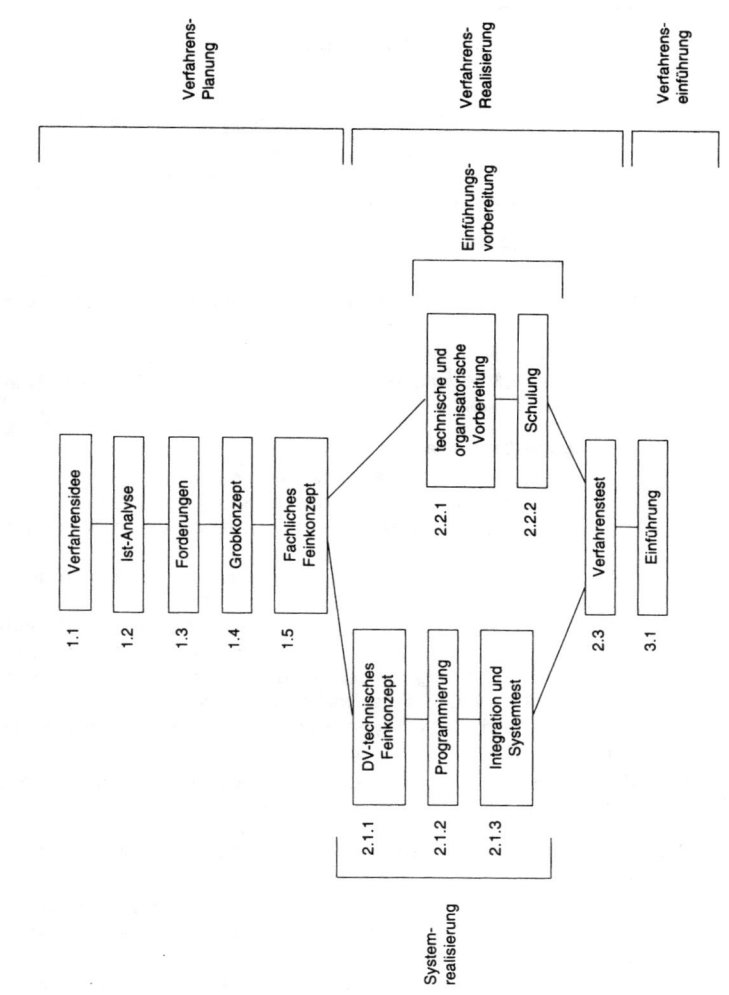

Verfahrens-Planung
- 1.1 Verfahrensidee
- 1.2 Ist-Analyse
- 1.3 Forderungen
- 1.4 Grobkonzept
- 1.5 Fachliches Feinkonzept

Verfahrens-Realisierung

Systemrealisierung
- 2.1.1 DV-technisches Feinkonzept
- 2.1.2 Programmierung
- 2.1.3 Integration und Systemtest

Einführungsvorbereitung
- 2.2.1 technische und organisatorische Vorbereitung
- 2.2.2 Schulung

- 2.3 Verfahrenstest

Verfahrenseinführung
- 3.1 Einführung

7. BVB – Pflege

Vertrag über

Zwischen

– im Folgenden „Auftraggeber" genannt –

und

– im Folgenden „Auftragnehmer" genannt –

wird folgender Vertrag geschlossen:

1 Vertragsgegenstand

1.1 _____

1.2 Für alle in diesem Vertrag genannten Beträge gilt einheitlich der Euro als Währung.

1.3 Der Gesamtpreis (netto) dieses Vertrages beträgt _____ zuzüglich der zum Zeitpunkt der Lieferung/Leistungserbringung gültigen Umsatzsteuer.

2 Vertragsbestandteile

2.1 Es gelten nacheinander als Vertragsbestandteile:
- Dieser Vertrag mit Ausnahme der Nummer 4
- BVB-Pflegeschein (Seite 1 bis _____) einschließlich der Anlage(n) Nr. _____
- Nummer 4 dieses Vertrages einschließlich der Anlagen in der dort festgelegten Rangfolge
- Besondere Vertragsbedingungen für die Pflege von DV-Programmen (BVB-Pflege) in der bei Vertragsschluss geltenden Fassung
- Verdingungsordnung für Leistungen – ausgenommen Bauleistungen – Teil B (VOL/B) in der bei Vertragsschluss geltenden Fassung. BVB-Pflege und VOL/B liegen beim Auftraggeber zur Einsichtnahme bereit.

2.2 Weitere Geschäftsbedingungen sind ausgeschlossen, soweit in diesem Vertrag nichts anderes vereinbart ist.

3 Ergänzende Regelungen auf Grund der Schuldrechtsreform vom 1. 1. 2002

3.1 Die Regelung in § 8 Nr. 1 Absatz 1 BVB-Pflege wird wie folgt gefasst: Die Gewährleistung für eine Mängelbeseitigung, für eine Programmänderung und für sonstige nach diesem Vertrag erbrachte Leistungen des Auftragnehmers endet 12 Monate nach Abnahme der jeweiligen Leistung. Erklärt der Auftraggeber aus von ihm zu vertretenden Gründen nicht die Abnahme, so gilt die Leistung als abgenommen mit Ablauf von 14 Kalendertagen nach deren Übergabe an den Auftraggeber oder mit Ablauf einer ggf. für die Abnahme vereinbarten Frist.

3.2 Die Regelung in § 9 Nr. 2 BVB-Pflege wird wie folgt gefasst: Im Übrigen haften Auftraggeber und Auftragnehmer für von ihnen zu vertretende Schäden je Schadensereignis bei Sachschäden bis 500 000 € und bei anderen Schäden bis zur Höhe der 50fachen monatlichen Vergütung, bei Vergütung nach Aufwand bis zur Höhe des

300fachen des in der Leistungsbeschreibung für die Vertragsstrafe festgelegten Betrages, jedoch mindestens bis 12 500 € und höchstens bis 37 500 €, bei einem Verstoß des Auftragnehmers gegen eine Datenschutzvorschrift oder eine Sicherheitsvereinbarung haftet er bis zu dem Betrag, den der Auftraggeber auf Grund des Verstoßes an Dritte zu zahlen hat, höchstens bis 125 000 €.

Der Auftragnehmer haftet für die Wiederbeschaffung von Daten nur, wenn er deren Vernichtung vorsätzlich oder grob fahrlässig verursacht und der Auftraggeber sichergestellt hat, dass diese Daten aus Datenmaterial, das in maschinenlesbarer Form bereitgehalten wird, mit vertretbarem Aufwand rekonstruiert werden können.

Die Haftungsbeschränkungen in § 9 Nr. 2 BVB-Pflege in der Neufassung gemäß 3.2 dieses Vertrages gelten nicht bei der Verletzung des Lebens, des Körpers oder der Gesundheit.

3.3 Die Regelung in § 10 Nr. 1 BVB-Pflege wird wie folgt gefasst:
Soweit der Auftragnehmer seine vertraglichen Leistungen infolge Arbeitskampf, höherer Gewalt, Krieg, Aufruhr oder anderer für den Auftragnehmer unabwendbarer Umstände nicht oder nicht fristgerecht erbringen kann, treten für ihn keine nachteiligen Rechtsfolgen ein. Das gilt nicht, wenn die Behinderung oder Unterbrechung durch einen Arbeitskampf verursacht wird, den der Auftragnehmer durch rechtswidrige Handlungen verschuldet hat und bei der Verletzung des Lebens, des Körpers oder der Gesundheit.

3.4 Die übrigen Regelungen der BVB-Pflege bleiben unverändert.

4 Ergänzende Beschreibung des Vertragsgegenstandes

Die Beschreibung des DV-Programms ergibt sich ergänzend aus
☐ folgenden Teilen des Angebotes des Auftragnehmers vom _____
_____ Anlage(n) Nr. _____
☐ folgenden Teilen der Leistungsbeschreibung des Auftraggebers vom _____Anlage(n) Nr. _____
☐ folgenden weiteren Dokumenten _____
_____ Anlage(n) Nr. _____

Es gelten die Dokumente in
☐ obiger Reihenfolge
☐ folgender Reihenfolge

Ort _____, Datum   Ort _____, Datum
Firma   Auftraggeber

Name (in Druckschrift)   Name (in Druckschrift)
Unterschrift Auftragnehmer   Unterschrift Auftraggeber

§ 1. Sachlicher Geltungsbereich

Die nachstehenden Bedingungen gelten für die Pflege von Programmen für EDV-Anlagen und -Geräte und andere damit zusammenhängende vereinbarte Leistungen; sie gelten nicht für die Erstellung von Programmen.

§ 2. Art und Umfang der Leistungen

Art und Umfang der beiderseitigen Leistungen werden durch die vertraglichen Abmachungen geregelt. Maßgebend dafür sind:

a) Leistungsbeschreibung (Pflegeschein),
b) nachstehende Bedingungen einschließlich der Begriffsbestimmungen (Anhang),
c) allgemein angewandte Richtlinien und Fachnormen,
d) die Allgemeinen Bedingungen für die Ausführung von Leistungen (VOL/B)
Bei Unstimmigkeiten gelten die vertraglichen Abmachungen in der vorstehenden Reihenfolge.

§ 3. Leistungsdauer, Kündigung

1. Der Beginn der Leistungspflicht und die Mindestleistungsdauer werden in der Leistungsbeschreibung festgelegt. Das Vertragsverhältnis verlängert sich nach Ablauf der Mindestleistungsdauer auf unbestimmte Zeit, wenn es nicht schriftlich gekündigt wird. Die Kündigung kann vom Auftraggeber oder Auftragnehmer mit einer Frist von sechs Monaten zum Ende eines jeden Kalendermonats, frühestens zum Ende der Mindestleistungsdauer, erklärt werden. Kürzere oder längere Kündigungsfristen können vereinbart werden.
2. Eine Kündigung ist – auch vor Ablauf einer vereinbarten Mindestleistungsdauer – mit einer Frist von drei Monaten zum Ende eines Kalendermonats für diejenigen Programme zulässig, deren Nutzung dadurch betroffen ist, dass
    a) vorhandene, für die Nutzung der Programme erforderliche Geräte oder Programme gekündigt oder länger als sechs Monate außer Betrieb gesetzt werden oder
    b) dem Auftraggeber die Aufgaben, für deren Erledigung die Programme genutzt wurden, durch Gesetz oder Verordnung entzogen werden.
Voraussetzung hierfür ist, dass die Kündigung oder Außerbetriebsetzung der Geräte oder Programme bei Vertragsabschluss nicht vorhersehbar war und die Weiterverwendung der Programme nicht möglich oder wirtschaftlich vertretbar ist.

§ 4. Mängelbeseitigung und Programmänderung

1. Der Auftragnehmer übernimmt die Beseitigung von Mängeln der Programme und der Programmdokumentationen; die Programme haben bei vertragsgemäßen Einsatz die in der Leistungsbeschreibung festgelegten Leistungen zu erbringen.
Der Auftragnehmer hat ihm bekannte allgemein wichtige Änderungen von Programmen, die der Auftraggeber benutzt und sonstige Informationen über die Programme im Rahmen des Marktüblichen dem Auftraggeber unverzüglich mitzuteilen; Einzelheiten können in der Leistungsbeschreibung vereinbart werden.
Der Auftraggeber kann verlangen, dass der Auftragnehmer ihm neue Programmversionen einschließlich Programmdokumentationen zur Verfügung stellt, soweit der Auftragnehmer verfügungsberechtigt ist. Der Auftragnehmer hat das Personal des Auftraggebers, soweit erforderlich, rechtzeitig in die neue Programmversion einzuweisen. Hierfür und für die neue Programmversion kann der Auftragnehmer eine Vergütung verlangen; dies gilt nicht, wenn eine Pflege gegen monatliche Vergütung vereinbart ist und die neue Programmversion keine Leistungsverbesserung erbringt.
Auf Verlangen des Auftraggebers übernimmt der Auftragnehmer im Rahmen der betrieblichen Möglichkeiten und soweit zumutbar die Anpassung der Programme an geänderte oder neue Anlagen, Geräte oder Grundsoftware oder an geänderte Nutzungserfordernisse. Der Auftragnehmer hat die Programmdokumentation entsprechend anzupassen oder zu ergänzen. Sobald die vom Auf-

traggeber verlangten Leistungen im Einzelnen festliegen, werden sie und die Gegenleistung in der Leistungsbeschreibung oder in einem Nachtrag vereinbart; sie werden jedoch in einem gesonderten Vertrag vereinbart, wenn dies wegen des Umfangs der zu treffenden Vereinbarungen oder wegen der Bedeutung der zu erbringenden Leistungen zweckmäßig ist.

2. Der Pflege unterliegen die in der Leistungsbeschreibung aufgeführten Programme in der Letzten durch den Auftraggeber vom Auftragnehmer übernommenen Fassung.

Hat der Auftraggeber oder ein Dritter ein Programm geändert, so ist das geänderte Programm zu pflegen, wenn der Auftragnehmer dem zustimmt. Der Auftraggeber hat dem Auftragnehmer für die Entscheidung über die Zustimmung die Spezifikationen vorzulegen. Innerhalb eines Monats hat der Auftragnehmer schriftlich zu erklären, ob er die Pflege des geänderten Programms übernimmt. Der Pflegevertrag für das betroffene Programm kann vom Auftraggeber gekündigt werden, wenn der Auftragnehmer die Übernahme der Pflege des geänderten Programms ablehnt. Er kann vom Auftraggeber oder Auftragnehmer gekündigt werden, wenn eine Vereinbarung über eine durch die Programmänderung erforderliche Anpassung der Leistungsbeschreibung nicht zustande kommt. Die Kündigungsfrist beträgt einen Monat zum Ende eines Kalendermonats.

Die Verpflichtung zur Pflege der Programme besteht fort, wenn der Auftraggeber sie auf anderen als den in der Leistungsbeschreibung beschriebenen Anlagen und Geräten nutzt. Nutzt der Auftraggeber die Programme auf anderen als den in der Leistungsbeschreibung festgelegten Anlagen und Geräten und kommt eine Vereinbarung über eine dadurch erforderlich Anpassung der Leistungsbeschreibung nicht zustande, kann der Vertrag vom Auftraggeber oder vom Auftragnehmer mit einer Frist von einem Monat zum Ende eines Kalendermonats gekündigt werden. Nutzt der Auftraggeber die Programme auf anderen als den in der Leistungsbeschreibung festgelegten Anlagen und Geräten und wird dadurch die Pflege der Programme unzumutbar, kann der Auftragnehmer die Pflege ablehnen; der Auftraggeber kann dann den Vertrag mit einer Frist von einem Monat zum Ende eines Kalendermonats kündigen.

3. Bietet der Auftragnehmer dem Auftraggeber zur Vermeidung oder Beseitigung von Mängeln oder zur Vermeidung von Ausfällen anderer Programme, der Anlage oder Geräte eine neue Programmversion an, so ist diese vom Auftraggeber zu übernehmen, wenn und sobald es für ihn zumutbar ist. Für die Prüfung der Zumutbarkeit steht dem Auftraggeber eine angemessene Zeit zur Verfügung. Soweit die neue Programmversion der Behebung von Schutzrechtsverletzungen dient, ist sie unverzüglich zu übernehmen; der Auftragnehmer trägt bei von ihm zu vertretenden Schutzrechtsverletzungen den anfallenden Übernahmeaufwand, leistet Änderungsunterstützung und übernimmt die Anpassung der von ihm überlassenen sonstigen Programme. Der Auftragnehmer hat die Programmdokumentation anzupassen und das Personal des Auftraggebers, soweit erforderlich, rechtzeitig in die neue Programmversion einzuweisen. Die in der Leistungsbeschreibung enthaltene Aufstellung der für die Mängelbeseitigung benötigten Unterlagen wird ggf. berichtigt.

Übernimmt der Auftraggeber aus dem in Absatz 1 Satz 1 genannten Grund eine neue Programmversion nicht, gilt folgendes:

a) Der Auftragnehmer hat die bisher verwendete Programmversion weiter zu pflegen. Diese Verpflichtung und die Verpflichtung zur Zahlung der monatlichen Vergütung enden ein Jahr nach dem Zeitpunkt, an dem der Auftragnehmer dem Auftraggeber die neue Programmversion angeboten hat, spätestens mit Ablauf des Vertrages. Nach Ablauf der Verpflichtung zur

Programmpflege hat der Auftragnehmer für den Rest der Mindestleistungsdauer nach seiner Wahl Mängel gegen Vergütung nach Aufwand zu beseitigen oder, soweit er dazu berechtigt und in der Lage ist, dem Auftraggeber die Quellprogramme und Programmabläufe für eine Mängelbeseitigung zur Verfügung zu stellen.
  b) Der Auftraggeber hat daneben ein außerordentliches Kündigungsrecht.
4. Macht der Auftraggeber Mängel geltend, teilt er dem Auftragnehmer mit, wie sich die Mängel bemerkbar machen; dabei müssen die in der Leistungsbeschreibung festgelegten Unterlagen für die Mängelbeseitigung zur Einsichtnahme oder Anforderung zur Verfügung stehen. Benötigt der Auftragnehmer weitere Unterlagen, hat der Auftraggeber diese Unterlagen unverzüglich zur Verfügung zu stellen. Darüber hinaus hat der Auftraggeber den Auftragnehmer bei der Mängelbeseitigung in dem in der Leistungsbeschreibung festgelegten Umfang zu unterstützen.
5. Der Auftragnehmer hat mit entsprechend qualifiziertem Personal die Arbeiten zur Mängelbeseitigung unverzüglich zu beginnen. Der Zeitpunkt, zu dem spätestens damit zu beginnen ist, wird in der Leistungsbeschreibung festgelegt; in Ausnahmefällen kann von der Festlegung abgesehen werden.
Können die Mängel nicht kurzfristig beseitigt werden, hat der Auftragnehmer – soweit möglich und im Hinblick auf die Auswirkungen des Mangels angemessen – eine behelfsmäßige Lösung (z. B. temporäre Fehlerkorrektur) zur Verfügung zu stellen.
Der Auftragnehmer hat die Programmdokumentation ggf. zu berichtigen.
6. Der Auftraggeber führt über die Ausfallzeiten der Programme Aufzeichnungen; dabei sind anzugeben: Zeitpunkt (Tag und Uhrzeit) der Mängelmeldung gemäß Nummer 4 sowie der Zeitpunkt, zu dem die Programme nach der Mängelbeseitigung wieder wirtschaftlich sinnvoll genutzt werden konnten.
7. Weist der Auftragnehmer nach, dass ein Mangel nicht vorgelegen hat, kann er die Vergütung des Aufwandes für die auf Grund der Mängelmeldung erbrachten Leistungen nach den allgemein von ihm angewandten Vergütungssätzen verlangen, soweit nichts anderes vereinbart wird.

§ 5. Vergütung

1. Die Vergütung für die Programmpflege wird für überlassene Programme in der Regel als monatliche Vergütung und für individuell erstellte Programme als monatliche Vergütung oder als Vergütung nach Aufwand vereinbart. Die monatliche Vergütung ist das Entgelt für die Leistungen, die in diesen Bedingungen aufgeführt sind und für die eine Vereinbarung einer gesonderten Vergütung nicht vorgesehen ist; sie ist in der Leistungsbeschreibung nach den einzelnen Programmen aufzugliedern. Bei der Vergütung nach Aufwand werden Nebenkosten nur insoweit gesondert vergütet, als dies in der Leistungsbeschreibung vereinbart ist. In begründeten Ausnahmefällen kann für die Vergütung eine abweichende Regelung getroffen werden.
Soweit für sonstige Leistungen eine gesonderte Vergütung vorgesehen ist, wird diese ebenfalls in der Leistungsbeschreibung festgelegt.
2. Die Zahlungspflicht bei einer vereinbarten monatlichen Vergütung beginnt mit der Leistungspflicht nach § 3 Nr. 1. Beginnt oder endet die Zahlungspflicht im Laufe eines Kalendermonats, beträgt die Vergütung je Kalendertag $1/30$ der monatlichen Vergütung.
3. Die vereinbarte Vergütung für die Programmpflege und für sonstige Leistungen gilt für die Dauer des Vertrages, es sei denn, dass in der Leistungsbeschreibung ein Preisvorbehalt vereinbart ist.

Für den Fall, dass für den Preisvorbehalt keine anderweitige Regelung vereinbart ist, gilt folgendes:
a) Eine Änderung der Vergütung für die Programmpflege ist nur zulässig, wenn sich nach Angebotsabgabe das Tarifgehalt ändert. Maßgebend ist der für den Industrie- oder Gewerbezweig des Auftragnehmers an seinem Sitz innerhalb der Bundesrepublik Deutschland einschließlich Berlin (West) gültige Tarif für die der Pflegeleistung angemessenen Fachposition. Falls keine Tarifverträge bestehen, ist der für den in der Leistungsbeschreibung festgelegten Industrie- oder Gewerbezweig gültige entsprechende Tarif, bei einem tariflosen Zustand sind die orts- und gewerbeüblichen Betriebsvereinbarungen maßgebend. Änderungen des Tarifgehalts auf Grund von Tarifverträgen oder orts- und gewerbeüblichen Betriebsvereinbarungen, die bereits bei Angebotsabgabe abgeschlossen waren, bleiben unberücksichtigt. Die Änderung der Vergütung ist insoweit begrenzt, als die Änderung des Tarifgehalts die Vergütung für die Programmpflege unmittelbar beeinflusst. Der Auftragnehmer hat in der Leistungsbeschreibung die dem Preisvorbehalt zugrunde liegende Fachposition, das zum Zeitpunkt des Vertragsabschlusses maßgebende Tarifgehalt und den Prozentsatz, um den sich infolge des unmittelbaren Einflusses bei einer Änderung des Tarifgehalts um 1% die Vergütung ändert, anzugeben. Bei einer Erhöhung der Vergütung trägt der Auftragnehmer von dem Mehrbetrag 10% als Selbstbeteiligung, mindestens jedoch 0,5% der Vergütung. Bei einer Senkung der Vergütung ist der Auftragnehmer berechtigt, 10% des Minderbetrages, mindestens jedoch 0,5% der Vergütung, einzubehalten. Eine neu festgesetzte Vergütung darf jedoch die unter gleichartigen Voraussetzungen von anderen Auftraggebern allgemein und stetig geforderte und erzielte Vergütung nicht überschreiten.
b) Handelt es sich bei der Vergütung für die Programmpflege um einen nachgewiesenen Listenpreis und ist nicht eine Regelung nach Buchstabe a vereinbart, so wird bei einer Erhöhung der Listenpreise der Mehrbetrag entrichtet, wenn der Auftragnehmer nachweist, dass die Preisliste der beim Bundesminister des Innern eingerichteten Koordinierungs- und Beratungsstelle der Bundesregierung für die Datenverarbeitung in der Bundesverwaltung (KBSt) vorliegt, und dass er die erhöhte Vergütung als Listenpreis von anderen Auftraggebern allgemein und stetig fordert und erzielt. Eine Erhöhung der Vergütung wird frühestens 10 Monate nach Angebotsabgabe wirksam. Weitere Erhöhungen können nur gefordert werden, wenn die vorherige Vergütung jeweils mindestens 10 Monate beibehalten worden ist.
Erhöhungen sind mindestens 3 Monate vor ihrem Wirksamwerden dem Auftraggeber schriftlich anzukündigen. Geht die Ankündigung verspätet zu, wird die beabsichtigte Erhöhung nicht vor Ablauf dieser Frist, gerechnet vom Tage des Zugangs der Ankündigung beim Auftraggeber an, wirksam.
Bei einer Erhöhung kann der Auftraggeber innerhalb einer Frist von einem Kalendermonat nach Zugang der Ankündigung den Vertrag für die Pflege der Programme kündigen, die von der Erhöhung betroffen sind, wenn Vereinbarungen über die neue Vergütung nicht zustande kommen. Das Kündigungsrecht erstreckt sich auch auf die Programme, deren Nutzung dem Auftraggeber durch die Kündigung nach Satz 1 nicht mehr möglich oder für ihn wirtschaftlich nicht sinnvoll ist.
Ermäßigen sich die für gleichartige Leistungen von anderen Auftraggebern allgemein und stetig geforderten Vergütungen, so gelten diese für den Auftraggeber vom Zeitpunkt ihres Wirksamwerdens an.
c) Die Vergütung für sonstige Leistungen kann 10 Monate nach Angebotsabgabe erhöht werden, wenn der Auftragnehmer nachweist, dass die der Vergütung zugrunde liegenden Vergütungssätze erhöht wurden und die neuen

Sätze von anderen Auftraggebern allgemein und stetig gefordert und erzielt werden. Weitere Erhöhungen können nur gefordert werden, wenn die vorherigen Preise jeweils mindestens 10 Monate beibehalten worden sind. Ermäßigen sich die für gleichartige Leistungen von anderen Auftraggebern allgemein und stetig geforderten Vergütungen, so gelten diese für den Auftraggeber vom Zeitpunkt ihres Wirksamwerdens an.

4. Eine Preisänderung auf Grund einer Änderung der Umsatzsteuer ist ausgeschlossen, es sei denn, dass ein Preisvorbehalt für die Umsatzsteuer vereinbart ist. In diesem Fall kann die Umsatzsteuer mit dem am Tage des Entstehens der Steuerschuld geltenden Steuersatz (§ 13 Umsatzsteuergesetz) in Rechnung gestellt werden.
Ist der Steuersatz in der Zeit zwischen Angebotsabgabe und Entstehen der Steuerschuld durch Gesetz geändert worden und sind in diesem Zusammenhang durch die Änderung anderer Steuern Minderbelastungen eingetreten, so sind diese bei der Berechnung des neuen Preises zu berücksichtigen. Wird aus Anlass der Änderung des Umsatzsteuergesetzes eine gesetzliche Regelung für die Abwicklung bestehender Verträge getroffen, so tritt an Stelle dieser vertraglichen Regelung die gesetzliche.

§ 6. Zahlungen

1. Der Auftragnehmer wird
   a) die monatliche Vergütung vierteljährlich zum Ersten des zweiten Vierteljahresmonats,
   b) die Vergütung nach Aufwand gemäß § 5 Nr. 1 Abs. 1 und für sonstige Leistungen nach Leistungserbringung in Rechnung stellen.
2. Der Auftraggeber wird die Rechnungen unverzüglich nach Eingang prüfen, feststellen und den Betrag zahlen.

§ 7. Verzug

1. Beginnt der Auftragnehmer schuldhaft nicht zu dem in der Leistungsbeschreibung festgelegten Zeitpunkt mit den Arbeiten zur Mängelbeseitigung, hat er für jeden Tag, um den sich die Aufnahme dieser Arbeiten verzögert, eine Vertragsstrafe in Höhe von $5/30$ der monatlichen Vergütung zu zahlen.
Bei Vergütung nach Aufwand ist zur Festlegung der Vertragsstrafe der voraussichtliche Betrag der durchschnittlich auf den Monat entfallenden Vergütung zu schätzen und in der Leistungsbeschreibung zu vereinbaren. Die Vertragsstrafe beträgt $5/30$ dieses Betrages.
2. Für den Fall, dass mindestens eins der in der Leistungsbeschreibung festgelegten Programme, die mit den zu pflegenden Programmen zusammenwirken, wegen eines Verzugs nach Nummer 1 ebenfalls nicht wirtschaftlich sinnvoll genutzt werden kann, verdoppelt sich die Vertragsstrafe.
3. Die Regelungen des § 343 BGB über die Herabsetzung der Vertragsstrafe bleiben in den vorgenannten Fällen unberührt.
4. Bestehen Anhaltspunkte dafür, dass der Auftragnehmer mit den Arbeiten zur Mängelbeseitigung in Verzug geraten sein könnte, hat er auf Anforderung auf Grund seiner Unterlagen Nachweise über Beginn und über evtl. Unterbrechungen der Arbeiten zu erbringen, soweit er ohne Verpflichtung solche Unterlagen führt oder bei Vergütung nach Aufwand solche Unterlagen führen muss.

§ 8. Gewährleistung

1. Die Gewährleistung für eine Mängelbeseitigung, für eine Programmänderung und für sonstige nach diesem Vertrag erbrachte Leistungen des Auftragnehmers endet neun Monate nach Abnahme der jeweiligen Leistung. Erklärt der Auftraggeber aus von ihm zu vertretenden Gründen nicht die Abnahme, so gilt die Leistung als abgenommen mit Ablauf von 14 Kalendertagen nach deren Übergabe an den Auftraggeber oder mit Ablauf einer ggf. für die Abnahme vereinbarten Frist.
Tritt nach einer Mängelbeseitigung innerhalb der Gewährleistungsfrist eine auf derselben Ursache beruhende Störung auf, ist dieser Mangel vom Auftragnehmer ohne Vergütung zu beseitigen. Dies gilt entsprechend, wenn infolge der Mängelbeseitigungsarbeiten ein anderer Mangel entsteht; jedoch nicht, wenn ein bisher verborgener Mangel offenkundig wird.
Wenn im Einzelfall der Auftraggeber den Umfang der Arbeiten für eine Mängelbeseitigung beschränkt hat oder andere vom Auftragnehmer nicht zu vertretende Umstände es rechtfertigen, ist eine dadurch bedingte Einschränkung der Gewährleistung zu vereinbaren. Bis zum Abschluss einer entsprechenden Vereinbarung ist die Gewährleistung auf den vom Auftragnehmer angegebenen Umfang beschränkt. Kommt die Vereinbarung nicht zustande, kann der Auftraggeber verlangen, dass der Auftragnehmer die Mängelbeseitigungsarbeiten fortsetzt; die Vergütungsvereinbarung bleibt unberührt.
Tritt nach einer Änderung von Programmen innerhalb der Gewährleistungsfrist eine auf diese Änderung beruhende Störung auf, ist dieser Mangel vom Auftragnehmer ohne Vergütung zu beseitigen; dies gilt jedoch nicht, wenn ein bisher verborgener Mangel offenkundig wird. Absatz 3 ist entsprechend anzuwenden.
2. Können die Programme nach Ablauf von 14 Kalendertagen oder einer in der Leistungsbeschreibung vereinbarten Frist, beginnend mit dem Tag der Mängelmeldung gemäß § 4 Nr. 4, nicht wirtschaftlich sinnvoll genutzt werden, zahlt der Auftragnehmer für jeden Kalendertag, an dem die Programme mehr als 12 Stunden nicht wirtschaftlich sinnvoll genutzt werden konnten, $5/30$ der monatlichen Vergütung als Vertragsstrafe. Weist der Auftragnehmer nach, dass er für die Mängelbeseitigung entsprechend qualifiziertes Personal in angemessenem Umfang eingesetzt hat, kann er für diesen Einzelfall eine angemessene einmalige Verlängerung dieser Frist verlangen.
Bei Vergütung nach Aufwand ist zur Festlegung der Vertragsstrafe der voraussichtliche Betrag der durchschnittlich auf den Monat entfallenden Vergütung zu schätzen und in der Leistungsbeschreibung zu vereinbaren. Die Vertragsstrafe beträgt $5/30$ dieses Betrages.
3. Für den Fall, dass mindestens eines der in der Leistungsbeschreibung festgelegten Programme, die mit den zu pflegenden Programmen zusammenwirken, wegen der in Nummer 2 Abs. 1 beschriebenen Umstände nach Ablauf der dort beschriebenen Frist ebenfalls nicht wirtschaftlich sinnvoll genutzt werden kann, verdoppelt sich die Vertragsstrafe.
4. Die Regelungen des § 343 BGB über die Herabsetzung der Vertragsstrafe bleiben in den vorgenannten Fällen unberührt.
5. Werden Mängel an den Programmen bis zum Ablauf einer Frist von 100 Kalendertagen, beginnend mit dem Tag der Mängelmeldung gemäß § 4 Nr. 4, nicht so beseitigt, dass die Programme wirtschaftlich sinnvoll genutzt werden können, kann der Auftraggeber den Vertrag hinsichtlich der betroffenen Programme fristlos kündigen. Macht der Auftraggeber von diesem Kündigungsrecht keinen Gebrauch, entfällt seine Zahlungspflicht und der Auftragnehmer kann nach Ablauf von weiteren 60 Kalendertagen seinerseits den Vertrag kündigen.

6. Die Zahlungspflicht für die Vertragsstrafe gemäß Nummern 2, 3 und § 7 ist je Schadensfall (Mängelmeldung gemäß § 4 Nr. 4) auf 100 Kalendertage beschränkt.

§ 9. Haftung für sonstige Schäden, Versicherung

1. Die Haftung des Auftragnehmers aus Verzug seiner Gewährleistungspflicht ist in den §§ 7 und 8 anschließend geregelt.
2. Im Übrigen haften Auftraggeber und Auftragnehmer für von ihnen zu vertretende Schäden je Schadensereignis bei Personen- und Sachschäden bis 1 Million DM und bei anderen Schäden bis zur Höhe der 50 fachen monatlichen Vergütung, bei Vergütung nach Aufwand bis zur Höhe des 300 fachen des in der Leistungsbeschreibung für die Vertragsstrafe festgelegten Betrages, jedoch mindestens bis 25 000 DM und höchstens bis 75 000 DM; bei einem Verstoß des Auftragnehmers gegen eine Datenschutzvorschrift ode reine Sicherheitsvereinbarung haftet er bis zum Betrag, den der Auftraggeber auf Grund des Verstoßes an Dritte zu zahlen hat, höchstens bis 250 000 DM.
Der Auftragnehmer haftet für die Wiederbeschaffung von Daten nur, wenn er deren Vernichtung vorsätzlich oder grob fahrlässig verursacht und der Auftraggeber sichergestellt hat, dass diese Daten aus Datenmaterial, das in maschinenlesbarer Form bereitgehalten wird, mit vertretbarem Aufwand rekonstruiert werden können.
3. Der Auftraggeber kann den Nachweis verlangen, dass die Risiken des Auftraggebers aus Nummer 2 bei einem im Bereich der Europäischen Gemeinschaften zum Geschäftsbetrieb zugelassenen Versicherer abgedeckt sind.

§ 10. Behinderung und Unterbrechung der Leistungen

1. Soweit der Auftragnehmer seine vertraglichen Leistungen infolge Arbeitskampf, höherer Gewalt, Krieg, Aufruhr oder anderer für den Auftragnehmer unabwendbarer Umstände nicht oder nicht fristgerecht erbringen kann, treten für ihn keine nachteiligen Rechtsfolgen ein. Das gilt nicht, wenn die Behinderung oder Unterbrechung durch einen Arbeitskampf verursacht wird, den der Auftragnehmer durch rechtswidrige Handlungen verschuldet hat.
2. Sieht sich der Auftragnehmer in der ordnungsgemäßen Durchführung der übernommenen Leistungen behindert, so hat er dies dem Auftraggeber unverzüglich anzuzeigen. Sobald zu übersehen ist, zu welchem Zeitpunkt die Leistung wieder aufgenommen werden kann, ist dies dem Auftraggeber mitzuteilen.
3. Sobald die Ursache der Behinderung oder Unterbrechung wegfällt, hat der Auftragnehmer unter schriftlicher Mitteilung an den Auftraggeber die Leistungen ohne besondere Aufforderung unverzüglich wieder aufzunehmen.
4. Die Nummern 1 bis 3 gelten entsprechend für die vertraglichen Leistungen des Auftraggebers.

§ 11. Geheimhaltung, Sicherheit

1. Der Auftragnehmer hat mit der gebotenen Sorgfalt darauf hinzuwirken, dass alle Personen, die von ihm mit der Bearbeitung oder Erfüllung dieses Vertrages betraut sind, die gesetzlichen Bestimmungen über den Datenschutz beachten und die aus dem Bereich des Auftraggebers erlangten Informationen nicht an Dritte weitergeben oder sonst verwerten. Eine nach Datenschutzrecht erforderliche Verpflichtung dieser Personen auf die Wahrung des Datengeheimnisses ist vor der erstmaligen Aufnahme ihrer Tätigkeit vorzunehmen und dem Auftraggeber auf Verlangen nachzuweisen.

Der Auftraggeber ist verpflichtet, alle im Rahmen des Vertragsverhältnisses erlangten Kenntnisse von Geschäftsgeheimnissen vertraulich zu behandeln; im Übrigen bleibt der Erfahrungsaustausch zwischen den öffentlichen Auftraggebern unberührt.

Nicht unter die vorstehenden Verpflichtungen der Vertragsparteien fallen nicht geschützte Ideen, Konzeptionen, Erfahrungen und sonstige Techniken, die sich aus Anlass der Vertragserfüllung ergeben und sich ausschließlich auf die Datenverarbeitung beziehen, sowie andere Kenntnisse und Informationen, die offenkundig sind.

Der Auftragnehmer hat alle ihm im Zusammenhang mit der Pflege zur Kenntnis gelangenden Unterlagen, die vom Auftraggeber als schutzbedürftig bezeichnet sind, gegen die Kenntnisnahme durch Unbefugte zu sichern. Der Auftragnehmer ist verpflichtet, dem Auftraggeber diese Unterlagen einschließlich evtl. Kopien spätestens mit der Übergabe der jeweiligen Pflegeleistung herauszugeben.

2. Über die Verpflichtungen der Nummer 1 hinaus können Sicherheitsvereinbarungen in der Leistungsbeschreibung oder in einem gesonderten Vertrag getroffen werden.

3. Der Auftraggeber kann das Vertragsverhältnis fristlos kündigen, wenn der Auftragnehmer seiner Pflicht nach Nummer 1 Abs. 1 innerhalb einer gesetzten angemessenen Frist nicht nachkommt oder vom Auftragnehmer Datenschutzvorschriften oder Sicherheitsvereinbarungen vorsätzlich oder grob fahrlässig verletzt werden.

§ 12. Erfüllungsort, Gerichtsstand

1. Der Erfüllungsort wird in der Leistungsbeschreibung angegeben.

2. Für Rechtsstreitigkeiten ist ausschließlich das Gericht zuständig, in dessen Bezirk diejenige Stelle des Auftraggebers ihren Sitz hat, die für die Prozessvertretung zuständig ist; der Gerichtsstand wird in der Leistungsbeschreibung angegeben.

§ 13. Schriftform

Der Vertrag, seine Änderungen und Ergänzungen bedürfen der Schriftform; Ergänzungen und Änderungen müssen als solche ausdrücklich gekennzeichnet sein.

Anhang zu den Besonderen Vertragsbedingungen für die Pflege von DV-Programmen

Begriffsbestimmungen einiger in den Besonderen Vertragsbedingungen für die Pflege von DV-Programmen verwendeter Begriffe

Anlage: Zentraleinheit(en) einschließlich angeschlossener und zugeordneter Geräte.

Geräte: Zentraleinheit oder die an die Zentraleinheit unmittelbar oder mittelbar angeschlossenen oder der Anlage zugeordneten Maschinen.

Grundsoftware: Programme (einschließlich festverdrahteter Programme), die zum Betrieb einer festgelegten Anlagenkonfiguration Voraussetzung sind, insbesondere die zur Steuerung, Überwachung, Wartung und Diagnose der einzelnen Systemelemente (Zentraleinheit, Arbeitsspeicher, Anschlussgeräte) sowie die zur Verwaltung und Kontrolle der Programmabläufe erforderlichen Organisationsprogramme eines Betriebssystems.

Mängelbeseitigung: Umfasst neben der endgültigen Beseitigung des Mangels auch die Diagnose und ggf. eine behelfsmäßige Lösung (temporäre Fehlerkorrektur).

Programme: Eine zur Lösung einer Aufgabe vollständige, in beliebiger Sprache abgefasste Arbeitsvorschrift, die im gegebenen Zusammenhang wie auch im Sinne der benutzten Sprache abgeschlossen ist, zusammen mit allen erforderlichen Absprachen über darin auftretende Sprachelemente einschließlich Daten (entsprechend DIN 44300 Nr. 40).

Wirtschaftlich nicht sinnvolle Nutzung: Das Programm wird nicht genutzt, weil und solange es in einer für den Auftraggeber unzumutbaren Weise von den Vereinbarungen in der Leistungsbeschreibung abweicht, so dass für den Auftraggeber unaufschiebbare Arbeiten nicht erbracht werden können.

Sachverzeichnis

(Die Zahlen verweisen auf die Randnummern)

Ablaufenlassen des Programms als Vervielfältigung 49
Ablieferung 570f., 578
Abmahnung 214
Abnahme 340ff., 382, 435, 600
Abnahmezeitpunkt 343ff.
– und allgemeine Geschäftsbedingungen 346f.
Abrufpflicht 587
Abwärtsversteigerungen 1036
Access-Provider 924, 945
Änderungsrechte im Mietvertrag 600
Änderungsrechte bei Software 38
Änderungsverfahren bei Softwareerstellung 436ff.
Äquivalenz der Unterlassungshandlung 210f.
Algorithmus 8f., 182
Allgemeine Geschäftsbedingungen
– und Abnahme 346f.
– Beweislastregeln 483
– Einbeziehung im Internet 882ff.
– Fälligkeitsvereinbarungen 403f.
– Gewährleistungsregeln 454ff., 607, 695
– Haftungsbegrenzung 469ff., 939
– Inhaltskontrolle bei Internet- und Telekommunikationsdienstleistungen 936ff.
– und Leistungsbeschreibung 929
– und Mitwirkungsobliegenheiten 434
– Pflichten nach § 312e BGB
– Transparenzgebot 645, 940
Alleinvertriebsvertrag 811

Amortisation 184, 259
Anfechtung elektronischer Willenserklärungen 859f.
angestellte Programmierer und Urheberrechte 25ff.
Anknüpfungstatsachen 759
Annahme 870
Anonymität 973
Anpassung der Rechenzentrumssoftware 794
Anschluss von Drittgeräten 616
Anweisungen an den menschlichen Geist 128
Application Service Providing (ASP) 70f., 949
Arbeitnehmer
– als Urheber 25ff.
– Abgrenzung zu freien Mitarbeitern 504
Aufhebung der einstweiligen Verfügung 253
Aufklärungspflicht s. Beratungspflicht
Augenschein 739, 911
Auskunft und Rechnungslegung 105f., 157, 168, 212, 253
Ausschlussfrist für Mängelanzeige 461

Beamte als Softwareerzeuger 29
Bearbeitung eines Werkes 23, 61
Begleitmaterial, Urheberschurz 7
Benutzerschnittstelle 5, 186
Benutzerdokumentation
s. Benutzungsanleitung
Benutzungsanleitung 312, 343, 508, 540, 932

Beratungspflicht 418, 420 ff., 526, 541, 551, 601, 625 f., 697, 729, 798
Bereicherungsanspruch 109, 155, 248
Berichtigung von Eingabefehlern 896
Beschlagnahme durch Zollbehörde 169, 268
Beschränkung der Gewährleistung auf Nacherfüllung 458 f.
Beseitigungsanspruch
s. Vernichtungsanspruch
Beseitigungsmaßnahmen im Antrag 249 ff.
Besichtigungsanspruch 113 ff., 156, 168, 215, 254 ff.
– Antrag 254
– Einstweilige Verfügung 262
– Mitwirkungspflicht des Schuldners 277
Bestimmungsgemäße Nutzung 60, 63
Betriebssoftware
– Fehler und Darlegungslast 719
– und Hardwarekauf 508, 808
Beweis
– bei Vollstreckung von Unterlassungstiteln 272
– des Zugangs von Willenserklärungen 917
Beweisbarkeit
– des Inhalts von EDV-Speichern 910
– von elektronischen Erklärungen 905 ff., 964
– des Zugangs von Willenserklärungen 917
Beweisbeschluss 736 ff.
Beweislast
– Änderung durch allgemeine Geschäftsbedingungen 483
– bei Handeln in Telekommunikationssystemen 907, 912 ff.
– Verbrauchsgüterkauf 725

Beweislastumkehr 727, 801, 821, 834
Beweisvereinbarungen 919
Beweisverfahren, selbständiges 270, 762 ff.
– Formulierung des Antrags 767
– Glaubhaftmachung 768
– Kosten 775 ff.
– Verhalten des Antragsgegners 769 f.
Bezugnahme auf Anlagen 207
BVB 291 ff.; Anhang II

Change-Request-Verfahren 437
Chat-Dienste 863, 1040 f.
Computerspeicher als Urkunden 911
Computerspiele 116 ff.
CPU-Klausel 81
Cyber-Cash 976

Darlegungslast
– bei Auskunfts- und Rechnungslegungsanspruch 253
– bei Beseitigungsanspruch 252
– bei Mängeln 713 ff.
– bei Halbleiterschutzverletzungen 235
– bei Kündigung nach § 649 BGB 448 f., 712
– bei mehreren Verträgen 721
– bei Markenverletzungen 239
– im Mietrecht 723
– bei Patentverletzungen 234
– bei Produkthaftung 834
– bei Rechenzentrumsverträgen 801
– bei Schadensersatzanspruch wegen Mängeln 727
– bei Schadensersatzansprüchen wegen Schutzrechtsverletzungen 246
– für Schadenshöhe 247, 731
– bei Unterlassungsansprüchen 213 ff.

Zahlen = Randnummern 549

- im Urheberrecht 219 ff.
- bei Wartungs- und Pflege-
  verträgen 733
- beim Werktitelschutz 240
- bei Zahlungsklagen 709 ff.
Datenschutz 799, 933
Datenverarbeitungsanlage als
  Erklärungsempfänger 869
Dauerschuldverhältnis 649, 787,
  922, 926
Dekompilierung 68, 95 ff.
Deliktische Ansprüche 202
Demoversion 550, 715
DENIC 1018
Dienstvertrag 299, 502 ff.
Disketten. Bezeichnung im Antrag
  250
Dokumentation 312 ff.
Domain-Namen 999 ff.
- DENIC 1018
- Gattungsbezeichnungen 1012 ff.
- als Geschäftsbezeichnung 1011
- Gleichnamigkeit 1002 ff.
- ICANN-Schiedsgericht 1017
- Internationale Konflikte 1015 ff.
- Schutz gegen illegale Domain-
  Namen 999 ff.
- Störer 1009
- Übertragungsanspruch 1008
- Verwechslungsgefahr 1007
Dongle 67, 192, 543

Ecash 975
Ec-Karte 973
e-commerce s. electronic
  commerce
Eigenart gem. § 1 HalbSchG 160,
  236
Eigenart, wettbewerbliche 181,
  215
Eingabefehler 896
Einheitlicher Vertrag 681 ff.
- Anfechtung 688
- und einheitliche Urkunde 682

- und einheitliche Problemlösung
  683
- und getrennte Urkunden 685
- Rechtsnatur 687
- Rücktritt 689 f.
- und verschiedene Vertragspartner
  686
- Wandlung 692 ff.
- Widerruf 697
Einlesen in Arbeitsspeicher als
  Vervielfältigung 48 f.
einstweilige Verfügung 257 ff.
Einweisung 521, 542
Einweisungstermin 737, 744, 758
Einzelauskunft 956
electronic commerce 835 ff., 972
elektronische Form 844 ff.
elektronische Recherche 957 f.
elektronische Signatur 844 ff.
- qualifizierte 845 f., 907 ff.
elektronische Willenserklärung 858
elektronischer Geschäftsverkehr
  895 ff.
Empfangsbestätigung 898
Entervereinbarungen 582 ff.
Entwicklungsvertrag 488 ff.
Entwurfsmaterial 4
Erfindung 128, 133, 139
Erfüllungsgehilfe in Telekommuni-
  kationssystemen 944
Erörterungstermin 737
Erschöpfungsgrundsatz 55 ff., 74,
Exportvereinbarungen 810

Fälligkeit der Vergütung 402 ff.
Fehlerberichtigung und Urheber-
  recht 65
Fehlschlagen der Nacherfüllung
  458
Feinkonzept
- DV-technisches 306
- fachliches 306
Fernabsatzverträge 887 ff., 965
Fernwartung 635

Festpreis und Projektänderungen 439
Filmwerkschutz für Computerspiele 118 f.
Formerfordernisse 842 ff.
Freie Benutzung eines Werks 62
Freie Mitarbeiter als Urheber 32 ff.

Garantieerklärung 400, 547 f.
Gefahrübergang 725
Geheimhaltungspflicht 427 f., 451
Geheimnisschutz 199 ff.
– und Prozessführung 227 f.
Generallizenz 76
Gesamtwandlung 692 ff.
Geschäftsbesorgungsvertrag 981
Gewährleistungsansprüche s. Mängelansprüche
Gesamtvertrag bei Telekommunikation und Internetdienstleistungen 921 ff.
– Änderungen 928
– Leistungen 927
Gewährleistungsausschluss 454 ff.
– und allgemeine Geschäftsbedingungen 454 ff.
– im Leasingvertrag 620
– im Werkvertragsrecht 454 ff.
Glücksspiele 1036
grafische Gestaltungen 117
Gütesiegel s. Qualitätssiegel
Gutachten 754

Haftung
– des Access Providers 1027
– des Betreibers einer Auktionsplattform 966 f.
– von Hosting-Dienstleistern 1032
– für den Inhalt eines Gästebuchs 1030
– für Inhalte verlinkter Seiten 1034
– für fremde Inhalte im Internet 1028 ff.

Haftungsbegrenzung 469 ff., 612. 939, 961
– bei Datenverlust 477
– im Produkthaftungsgesetz 833
Halbleiterschutzrecht 158 ff.
– Schutzvoraussetzungen 160 f.
Handbuch s. Benutzungsanleitung
Handeln unter fremdem Namen 872 ff.
Hausrecht, virtuelles 1041
Hemmung der Verjährung
– altes Recht 395, 579
– neues Recht 395, 774
Herkunftslandsprinzip 1038
Herstellerdokumentation 315
Herstellung von Software 296 ff.
Hilfehinweise als Ersatz für Benutzungsanleitung 313
Hinterlegung von Software 588 ff.
Hotline-Verträge 634

Identität von Programmen 183
Individuelle Eigenart 10 ff., 20, 119
lnformationsabruf 952 ff.
– unentgeltlicher 955
Informationsbroker 962
Informationspflichten
– im elektronischen Geschäftsverkehr 897
– nach Fernabsatzrecht 887 ff.
– nach Teledienstegesetz 900 ff.
Insolvenz 591, 594 f., 617
Installationsarbeiten 510, 535
Internetauftritte
– Geschäftsabwicklung 854 ff.
– Urheberschutz 6
– Werbung als „invitatio ad offerendum" 855
Interoperabilität 95 ff.
Irreführung 189

Jahr-2000-Problem 331 ff., 398, 604, 665, 680, 824, 826, 829, 831

Kardinalpflichten 473 ff., 612, 951
Kauf auf Abruf 587
Kerntheorie
– im Unterlassungsprozess 209 f., 271
– im Patentrecht 133
Kontrahierungszwang 674 ff.
Kopierschutz 190
– Sittenwidrigkeit des Überwindens 190
– Wettbewerbswidrigkeit, von Überwindungsprogrammen 192 f.
Korrespondenz der Beförderungsmittel 871
Kosten der Nacherfüllung 361, 468, 515
Kosten des Sachverständigen bei Besichtigungsansprüchen 256
Kosten des selbständigen Beweisverfahrens 775 ff.
Kündigung 428, 447 ff.
– aus wichtigem Grund 451, 660 f., 665, 934
– gem. § 649 BGB 448 f., 452, 663, 788
– Gleichzeitigkeit bei Wartung und Leasing 666
– im Gesamtvertrag für Telekommunikations- und Internetdienstleistungen 934
– im Wartungsvertrag 660 ff.
– in allgemeinen Geschäftsbedingungen 453, 665

Laufbildschutz für Computerspiele 120
Leasing 618 ff.
Leistungsübernahme 180
Lieferbestätigung 627 f.
Links 1024
Lizenzanalogie 104, 154, 196, 247, 1010
Lizenzvertrag 597, 819

Löschung 702
– von Domains 1008

Mängelansprüche
– bei Erstellung von Software 349 ff., 383 ff. (altes Recht)
– bei Kauf von Software 545 ff., 563 ff. (altes Recht)
– bei Rechenzentrumsverträgen 796
– bei Vertriebshändlern 809
– bei Wartungs- und Pflegeverträgen 652 ff.
– Wahlrecht 732
Mängelbeseitigung
s. a. Nacherfüllung
– im Mietrecht 609
– nach altem Recht 383, 385 f.
Mängelanzeige 354 ff.
Mangelbegriff 319 ff., 511 f., 546, 602 ff.
– bei Wartung und Pflege 653
– bei der elektronischen Recherche 959
– beim Informationsabruf 953
– bei der Nachrichtenübermittlung 943
– technischer und rechtlicher Mangelbegriff 320
Mangelbeispiele 326 ff., 512
Mangelbewertung durch Sachverständigen 755
Mangelfolgeschäden 372, 391, 393, 956, 960
Mangelschäden 372. 391 ff., 956, 960
Markenschutz 162 ff.
– gegenüber Domain-Namen 1001
– Rechte des Markeninhabers 165
Meta-Tags 1022 f.
Minderung 362, 386, 605
– Ausschluss im Mietrecht 606 f.
– Berechnung bei Wartung und Pflege 654
Mindestabnahmepflicht 811
Miturheberschaft 19 f.

Mitwirkungsobliegenheiten des
  Kunden 432 f.
Mitwirkungspflichten des Kunden
  434 f., 641
Mitwirkungspflichten beim Pflichtenheft 303
Mitwirkungspflichten des Schuldners bei Besichtigungsansprüchen
  277

Nacherfüllung 349, 353 ff., 514
– in Allgemeinen Geschäftsbedin-
  gungen 458, 515, 556
– Updates und Patches 553 ff.
– Verhältnis zur Pflege 643 ff.
– Verweigerungsrecht 362, 514
– Wahlrecht 349, 514 f.
Nachrichtenübermittlung 942 ff.
Nachschaffende Leistungs-
  übernahme 187 f.
Namensnennungsrecht 40
Namensschutz gegenüber Domain-
  Namen 1000
– bekannter Namen 1003
– Konflikte von Gleichnamigen
  1002 ff.
Nutzungsentschädigung 387, 393
Nutzer, berechtigter 74
Nutzungsrechte eines Rechen-
  zentrums-Kunden 70 f., 792 f.
Nutzungseinschränkungen 78 ff.
– und Internetnutzung 86 ff.

Objektprogramm 4, 96, 539
OEM-Lieferung von Software 54,
  58, 508
OEM-Vertrag 813
Open Source Software 90 ff.
– Aktivlegitimation 230, 245
– als eigenständige Nutzungsform
  93
– GPL 91
– und Patentrecht 145
– Werkverbindung 22

Originaldokument 850
Ortstermin 747 f.
Outsourcing 784, 793

Pachtvertrag 529, 1019
Patentschutz 126 ff.
– Neuheit 144
– Programme als solche 126 ff., 132
– Rechte des Patentinhabers 151 f.
– Technizität von Programmen
  132 ff.
persönliche Identifizierungsnummer
  (PIN) 874, 878, 880 f., 985 f.,
  996
Persönlichkeitsrechte im Internet
  1040
Pflegevertrag 631 ff.
– Einschränkung auf neueste
  Version 639
– Inhalt 634 ff.
– Kontrahierungszwang 674 f.
– und Mietvertrag 646
– rechtliche Einordnung 648 ff.
– Verhältnis zu Mängelansprüchen
  645 ff.
– Vertriebspartner 677
– Vorauszahlung 668 f.
– und Wandlung 678
Pflichtenheft 302, 321, 425, 535
– Nichtherstellung 307 ff.
– Pflicht zur Herstellung 302 ff.
PIN s. persönliche Identifizierungs-
  nummer
Point-of-Sale-Systeme (POS) 971,
  973, 977 f.
Portierung 69
Powershopping 1036
Preisanpassungsklauseln 672, 790 f.,
  931
Prioritätsprinzip 1002
Privatgutachten 232
Produkt
– Fehlerhaftigkeit 831
– Software als Produkt 830

Produkthaftung 821 ff.
- Verhältnis zu Gewährleistung und vertraglicher Haftung 828
Produkthaftungsgesetz 822, 830 ff.
Produzentenhaftung 825 ff.
Programmbibliotheken 16
Programmnutzung als Vertragsinhalt 949 f.
Programmsperre 328, 430, 451
Public-Domain-Software 88 f.

Qualifizierte elektronische Signatur 845 f., 907 ff.
Qualitätssiegel 549
Quasi-Hersteller 816, 825, 832
Quellcode 4, 96, 315, 589

Reaktionszeit 633, 657
Rechenzentrumsvertrag 782 ff.
- Nutzungsrechte 70 f., 792 f.
- rechtliche Einordnung 785 ff.
Recht auf Fehlerberichtigung 65
Recht auf Urheberbezeichnung 40
Rechtsmängel 561 f.
Rechtsschein 874 ff., 984
- und allgemeine Geschäftsbedingungen 875
- und Familie 878
Reisekosten 515
„reverse engineering" 96, 161, 201, 238
Richtlinie des Bundespatent- und Markenamtes 141
Rückgabe
- von Daten durch Rechenzentrumsbetreiber 800
- der gemieteten Sache 615
Rückgriff in Händlerkette 803 ff.
Rückruf virenbefallener Software 826
Rückrufrecht
- wegen nicht ausgeübter Nutzung 41

- wegen gewandelter Überzeugung 42
Rücktritt 351, 363 ff.
- Antragstellung bei Leasing 704
- Antragstellung im Prozess 700 ff.
- Ausschluss 367
- Feststellungsantrag auf Annahmeverzug 701 f., 779
- vom Gesamtvertrag 689 ff.
- Nutzungsersatz 363 f.
- Vollstreckung 779
- Voraussetzungen bei Mängeln 351
- Rügepflicht 380, 516, 568, 629
- in allgemeinen Geschäftsbedingungen 461

Sachkunde des Gerichts 743
Sachverständigenbeweis 743 ff.
- Tatsachengrundlage 759
Sachverständiger 743 ff.
- Ablehnung 745
- Aufgaben 746
- Auswahl 745
- Fähigkeiten 744
- Hilfsmittel 753
- in der Vollstreckung 779
- Mitwirkung in der mündlichen Verhandlung 760
- mündliche Anhörung 756
Schadensberechnung 104, 154, 196, 247, 393, 1010
Schadensersatzanspruch
- bei Aufhebung der einstweiligen Verfügung 265
- bei Domainstreitigkeiten 1010
- bei falscher Abnahmebestätigung 627
- wegen gescheiterter Vertragsverhandlungen 317
- bei Informationsabruf 954
- Kausalität 731
- des Kunden bei Zahlungssystemen 996

- des Leasinggebers 623
- bei Miete 611
- bei Nachrichtenübermittlung 943
- des Rechenzentrums 797
- gegen Sachverständigen 761
- bei Softwareerstellung 369 ff., 391 ff.
- bei Softwareerwerb 567
- wegen unberechtigter Schutzrechtsverwarnung 115
- bei unzulässiger Kopie 103, 154, 168, 177, 196
- bei Verletzung von Beratungspflichten 419, 426
- bei Wartung und Pflege 655, 658

Schadenspauschalierung 484
Schnittstelle 5
Schiedsgutachtenabrede 630
Schmerzensgeld 107, 374, 833
Schriftform 843 ff.
- gesetzliche 843
- vertragliche 852

Schuldversprechen 989, 991
Schuldnerverzeichnisse, öffentliche im Internet 1036
Schutzhüllenverträge 582 ff.
Schutzrechtsverwarnung 115
Selbstvornahmerecht 350, 359, 384
Service Level Agreements 633
SHAP-Vertrag 820
Shareware 88
Sicherungskopie 73
Signatur, elektronische 844 ff.
- qualifizierte 845 f., 878, 907 f., 916

Sittenverstoß 180, 189 f.
Sklavische Nachahmung 180
Software
- als bewegliche Sache 296 ff.
- Bezeichnung im Antrag 207, 249
Softwareerstellung im Dienstvertrag 299, 502 ff.
Software-Generatorprogramme 15
Spamming 1039
Speicherplatznutzung 947

Spielbeschreibung 116
Spielidee 116, 181
Spielstände 124
Stand der Technik 324
Störer bei Domainverletzungen 1009
Störungsbeschreibung s. Mängelanzeige
Subunternehmervertrag 492 ff.
- Abnahme 497
- Mängelhaftung 496
- Koordinierung mit Hauptvertrag 494 f., 499
- Kündigung 499
- Rechtsübertragung 500

Suchmaschinen 1035
Systemaufrechterhaltung 983, 995

Teams als Urheber 18 ff.
Technische Vorlagen (§ 18 UWG) 200
Teilübernahme von Programmen 185
Teledienst 895
Telekommunikationskundenschutz-Verordnung 939
Teleorderverfahren 993
Textform 853
Topographien 853

Übertragung von Domains 1008
Überweisungsvertrag 982
Umarbeitungsrecht 61
Umsatzausfälle 731
Unmöglichkeit
- anfängliche 415 f., 480
- nachträgliche 414, 581

Unterbrechung der Verjährung 395
Unterlassungsanspruch 102, 153, 168, 177, 195
Unterlassungsantrag 206 f.
Unternehmensinhaber 112
Unternehmenskennzeichen 1001
Update 635

- als Nacherfüllung 553 ff.
- Rechtscharakter der Lieferung 659
- Verpflichtung zur Abnahme von 636
Urheberpersönlichkeitsrechte 37 ff.
Urheberrecht
- Änderungsverbot 38
- Algorithmus 8 f.
- Arbeitsvertrag 25 ff.
- Aufspaltung des Verbreitungsrechts 52 ff.
- Ausübung der Befugnisse (§ 69 b UrhG) 25 ff.
- Bearbeitung 23
- Bereithalten zum Abruf 51
- Berechtigte Nutzer 74
- Bestimmungsgemäße Nutzung 63
- Computerspiele 116 ff.
- Dekompilierung 68, 95 f.
- Erschöpfungsgrundsatz 55, 74
- Fehlerbehebung 65
- Freie Bearbeitung 62
- Freie Mitarbeiter 32 ff.
- Ideen und Grundsätze 8
- Individuelle Eigenart 10 ff., 20, 118
- Internetseite 6
- Miturheberschaft 19 f.
- Portierung 69
- Programmbibliotheken 16
- Rechenzentrumsnutzung 70, 793
- Rückrufrechte 41 f.
- Schutzgegenstand 4
- Software-Generatorprogramme 15
- Subunternehmervertrag 500
- Urheberbezeichnung 40
- Urheberpersönlichkeitsrechte 37 ff.
- Verbreitungsrecht 50 ff.
- Vervielfältigungsrecht 45 ff., 60
- Verletzung von Urheberrechten 102 f.

- Zugang zum Werkstück 43
- Zweckübertragungslehre 3033 ff.
Urkundsbeweis 911

VAR-Vertrag 817
Verbreitungsrecht 50 ff.
Verfügbarkeitsgarantie 632
Verfügungsanspruch 258
- Ersatz durch Sicherheitsleistung 264
Verfügungsbeschränkungen 78 ff.
Vergütungspflicht für nicht hergestelltes Pflichtenheft 310 f.
Verjährung 108, 154, 377 f., 395 f., 400, 570, 575 ff., 679, 734
- Verkürzung durch allgemeine Geschäftsbedingungen 294, 463, 471
- Verlängerung durch allgemeine Geschäftsbedingungen 482, 523, 572
Vernichtungsanspruch 110, 195
Verschlüsselungsverfahren 908 f.
Verschuldensmaßstab 103, 246, 956
- bei Verzug 406
Versteigerungen im Internet 963 ff.
- Bewertungssysteme 966
- Vertragsschluss 963
- Widerrufsrecht 965
Vertragsänderung 436 ff., 928
Vertragskosten 389
Vertragsstrafe 427, 484 ff., 615
Vertragsverhandlungen, gescheiterte 317 f.
Vertrieb von Hardware 807 ff.
Vertrieb von Software 817 ff.
Vervielfältigungsrecht 45 ff., 60
Verwechslungsgefahr 1007
Verzug bei Softwareerstellung 405
- Verschulden 406 f.
Verzugsschaden 408
Viren 474, 795, 824, 933
Vollstreckung
- bei Beseitigungstiteln 273 ff.

– bei Besichtungsansprüchen 277
– bei Herausgabetiteln 276
– bei Unterlassungstiteln 271 f.
– bei Zug-um-Zug-Titeln 779
Vorauszahlungspflichten des Kunden im Wartungs-/Pflegevertrag 668 f.
Vorlage der Speicherinhalte durch Erklärungsempfänger 916

Wandlung
– Antragstellung bei Leasing 704
– Antragstellung im Prozess 700 ff.
– Anwendung von § 254 BGB 367
– Feststellungsantrag auf Annahmeverzug 701 f., 779
– Nutzungsersatz 387
– Vollstreckung 779
– Voraussetzungen im Werkvertragsrecht 384, 386
Wandlungskosten 389
Wartungsvertrag 631 ff.
– rechtliche Einordnung 648 ff.
– und Mängelrechte 643 ff.
– und Rücktritt 678
Webhosting-Verträge 948
Wegfall der Geschäftsgrundlage 622, 696
Weitergabeverbote 78 ff.
– in allgemeinen Geschäftsbedingungen 78 ff.
Weisung in Zahlungssystemen 982
Werktitelschutz 172 ff.
Werkverbindung 22
Wettbewerbliche Eigenart 181, 215

Wettbewerbsrecht
– Geheimnisschutz 199 ff.
– im Internet 1022 ff.
– Irreführung 189 f., 1014
– Schutz vor Kopie 178 ff.
– Zeitgrenze 184
Willenserklärung 841 ff.
– unter Abwesenden 861 ff.

Zahlung als Abnahme 342
Zahlung im Internet 972
Zeitgrenze des wettbewerbsrechtlichen Schutzes 184
Zeugenbeweis 741 f.
– Vernehmung durch Sachverständigen 742
Zugang
– von e-mails 864 ff.
– von Willenserklärungen in Telekommunikationssystemen 864 ff., 947
Zurückbehaltungsrechte 673
Zusatzaufwand bei Änderung 437, 439 f.
Zusicherung 565, 613
– Beispiele 566
Zuständigkeit der Gerichte 706 ff.
– internationale 205, 1015 f.
– bei Konflikten im Internet 1015 f.
– bei Rückabwicklungsklagen 707
– bei Softwareverletzungsklagen 204 f.
– im selbständigen Beweisverfahren 763
Zuverlässigkeit 929
Zweckübertragungslehre 30, 33 ff.